DAS EWIGE EVANGELIUM
DES GEISTZEITALTERS IN EINER GESAMTSCHAU

Franz Deml

DAS EWIGE EVANGELIUM

des Geistzeitalters in einer Gesamtschau

Theologie der Zukunft
auf prophetischer Grundlage

BAND 2

TURM-VERLAG BIETIGHEIM/WÜRTT.

ISBN 3-7999-0201-5
© 1980 by Turm-Verlag Bietigheim
Alle Rechte, insbesondere das der Übersetzung vorbehalten
Gesamtherstellung: Hieronymus Mühlberger, Augsburg

Inhalt

B. Kosmologie und Kosmogonie

1. Urschöpfung und Entstehung des physischen Universums 15
   a) Innergöttliche Vorgänge im Schöpfungsprozeß 15
   b) Urkosmos und Engelssturz 18
   c) Die Welt der Engel 30
   d) Erschaffung und Wesenheit der Engel bei Jakob Lorber 39
   e) Wesen und Bedeutung Luzifers 48
   f) Der Ursprung des Bösen und die Gegensatzlehre 57
   g) Rückführung der gefallenen Geister durch Metempsychose 65
2. Der Aufbau des physischen Universums im Lichte der Neuoffenbarung 83
   a) Die Tradition der geistigen Naturlehre 83
   b) Der Makrokosmos 88
   c) Der Mikrokosmos 94

C. Anthropologie

1. Der Mensch als Krone der Schöpfung 107
   a) Der Mensch im Kosmos 109
   b) Die Erdenmenschheit: Präadamiten und Adamiten 115
   c) Erschaffung und Sündenfall des ersten Menschenpaares 119
2. Der Mensch als eine Dreieinheit von Leib, Seele und Geist 127
   a) Die verschiedenen Wesensglieder des Menschen 127
   b) Das Wesen von Leib, Seele und Geist im Lichte der Neuoffenbarung 143
3. Wesen und Beschaffenheit der menschlichen Aura 155
4. Präexistenz und Reinkarnation 162
5. Schicksalsbestimmung und Willensfreiheit 180
   a) Wie weit ist der Mensch dem Schicksal gegenüber willensfrei? 180
   b) Die dreifache Gebundenheit der menschlichen Seele an Einströme aus dem Naturreich (Metempsychose), aus Eltern und Vorfahren (Vererbung) und aus den Sternen (Astrosophie) 193
6. Die Erde als Wiege der Kinder Gottes 204

D. Theologie und Prophetie

1. Der Mensch auf der Flucht vor Gott — 215
2. Entmythologisierung und Fortschrittsglaube — 225
3. Genügt eine Theologie der Hoffnung? — 243
4. Die kirchliche Glaubenskrise und ihre Überwindung mit Hilfe der sog. Okkultbewegungen (In Anlehnung an Dr. Kurt Huttens Rundbrief „Impulse Nr. 4") — 254
5. Die mystische Strömung der Gegenwart in ihrem theologischen Aspekt — 272
6. Die mystische Strömung der Gegenwart in ihren verschiedenen Erscheinungsformen — 281
7. Prophetie, das große Versäumnis der Kirchen — 290
8. Die einzigartige Bedeutung der neueren Prophetie für die Zukunft des Christentums — 299
   a) Das Evangelium der Lust — 301
   b) Das entleerte Christusbild ohne Jenseitsglaube — 305
   c) Die Mitschuld der Kirche am heutigen Glaubensabfall durch unverständliche Dogmen und ein verzerrtes Gottesbild — 309
   d) Die entscheidende Rolle der christlichen Gnosis bei einer wirksamen Glaubensverkündigung — 311
   e) Umrisse einer künftigen Christenheit nach den Vorstellungen der Progressisten — 312
   f) Ohne Hinwendung zum Weltbild der neueren Prophetie kein Fortbestand der Kirche — 315

E. Das Endzeitgeschehen in prophetischer Schau

1. Die jetzige Endzeit im Spiegel der Johannes-Apokalypse — 321
2. Die jetzige Endzeit im Spiegel neuerer Prophetien — 334
   a) Von der Bibel bis zu Nostradamus — 334
   b) Das Dreigestirn der „Christlichen Theosophen": Jakob Böhme, E. Swedenborg und Jakob Lorber — 343
3. Der Antichrist in Vorstellungswelt und Prophetie — 350
4. Endkatastrophen und Letztes Gericht — 365
5. Der zweite Advent und die Königsherrschaft Christi im Tausendjährigen Reich — 382

F. Eschatologie

1. Die kirchlich-theologische Auseinandersetzung
   mit der Eschatologie 401
2. Die Aussagen des Herrn über die „Letzten Dinge" 413
   a) Die Lehre vom Seelenschlaf 414
   b) Jüngster Tag und Jüngstes Gericht 415
   c) Auferstehung des Fleisches 418
   d) Wiedereinzeugung im Fleische 424
   e) Ewigkeit der Höllenstrafen 427

G. Jenseitskunde

1. Das Zeugnis der Antike vom Jenseits und Dantes
   „Göttliche Komödie" 437
2. Das biblische Zeugnis vom Fortleben nach dem Tode 447
3. Grundsätzliches über den Umgang mit der Geisterwelt 450
4. Stimmen aus dem Jenseits
   (Jenseitsliteratur der letzten hundertfünfzig Jahre) 461
5. Wissenschaftliche Jenseitsforschung und Jenseitsleugnung
   durch die sog. Neue Theologie 469
6. Die Fürsorge für unsere Verstorbenen und das Wiedersehen
   im Jenseits 475
7. Todesbangen und Sterbensfreude 484
8. Der Vorgang des Sterbens 494
9. Die ersten Erlebnisse der Seele im Jenseits
   (Mit einer Auswahl typischer Beispiele) 503
10. Das Jenseitspanorama in einem kurzen Überblick 519
11. Die Gesetze der geistigen Welt 530
12. Raumörtlichkeit und Stufenbau des geistigen Kosmos 541
13. Die Vorgänge im großen Mittelreich 547
    a) Das Mittelreich als „Eintrittszimmer" ins Jenseits 547
    b) Der Gerichtsakt der „Enthüllung" und die „Scheidung
       der Geister" 551
    c) Der Zustand der „Unterrichtung" 557
14. Das Obere Mittelreich oder Paradies bei Jakob Lorber 563
15. Die unteren Stufen des Mittelreichs 571
16. Die Hölle 581
17. Das Obere Mittelreich oder Paradies in verschiedenen
    Jenseitskundgaben 589

18. Die heilige Hochzeit von Seele und Geist und das
    Himmlische Jerusalem 606
19. Das Leben der Vollendeten 612
20. Der Himmel 624

Ausklang

Der Prophet Jakob Lorber 635
   a) Wesensgestalt und Werk 635
   b) Die wichtigsten Lebensdaten 642

Erläuterung der Buchtitelabkürzungen

Jakob Lorber

Gr.Ev.	= Das große Evangelium Johannes (10 Bde.)
H.	= Die Haushaltung Gottes (Die Urgeschichte der Menschheit) (3 Bde.)
Jug.	= Die Jugend Jesu
Ed.	= Erde und Mond
NS.	= Die natürliche Sonne
GS.	= Die geistige Sonne (2 Bde.)
Rbl.	= Robert Blum (heutiger Titel: Von der Hölle bis zum Himmel) (2 Bde.)
BM.	= Bischof Martin
Hi.	= Himmelsgaben
Bw.	= Briefwechsel Jesu

Gottfried Mayerhofer

Pr	= Predigten des Herrn
LGh	= Lebensgeheimnisse
SGh	= Schöpfungsgeheimnisse

DER ENGEL ZEIGT JOHANNES DAS
HIMMLISCHE JERUSALEM
Offenbarung Johannis, Kap. 21, 9–27
Nach einem Stich von Gustav Doré

Kosmologie und Kosmogonie

1. Urschöpfung und Entstehung des physischen Universums

a) Innergöttliche Vorgänge im Schöpfungsprozeß

Wie mochte das All wohl ausgesehen haben, bevor noch die sichtbare Schöpfung entstand? Wenn es vor der sichtbaren Schöpfung schon eine geistige Urschöpfung gab, in der alle Wesen noch eins miteinander waren und eins auch mit Gott im „Hen kai Pan", welches war dann der innergöttliche Prozeß, aus dem dies alles hervorging? – Zu welchem Zwecke sind die Wesen überhaupt erschaffen worden?

Jakob Böhme antwortet zunächst auf diese Fragen: „Gott hat die Welt um keiner anderen Ursache wegen erschaffen, als daß Er will in Seiner ewigen Weisheit die Wunder, so in der ewigen Natur sind, offenbaren, daß sie sollen zum Wesen kommen und am Licht erscheinen, zu Seiner Freude, Ehre und Herrlichkeit, nicht allein in dieser Zeit der Verborgenheit, sondern auch nach dieser."

Umfassender ist die Antwort bei J. Lorber. Wir werden da zutiefst hineingeführt in das innergöttliche Mysterium. Im ersten Band der „Haushaltung Gottes" (Kap. 5) sagt der Herr: „Ich will euch ein großes Geheimnis enthüllen, damit ihr sehen möget, wie sich euer liebevollster, heiliger Vater euch von Angesicht zu Angesicht zu schauen und zu genießen brüderlich gibt. Denn die Kinder müssen eingeweiht sein in die große Haushaltung ihres Vaters von Ewigkeit her. ... Die Gottheit war von Ewigkeit her die alle Unendlichkeit der Unendlichkeiten durchdringende Kraft und war und ist und wird sein ewig die Unendlichkeit selbst. In der Mitte Ihrer Tiefe war Ich von Ewigkeit die Liebe und das Leben selbst in Ihr. Aber siehe, Ich war blind wie ein Embryo im Mutterleib. Die Gottheit aber gefiel Sich in der Liebe und drängte sich ganz zu Ihrer Liebe. Und der Liebe ward es immer heißer und heißer in Ihrer Mitte, und es drängten sich Massen und Massen der Gottheit dahin, und alle Mächte und Kräfte stürmten auf dieselbe los. ... Und siehe, da entstand ein großes Rauschen, Brausen und Toben, und siehe, die Liebe ward geängstigt und gedrückt von allen Seiten, so daß die Liebe bis ins Innerste erbebte. Und die Liebe gewahrte es, und das Rauschen ward zum Ton, der Ton aber ward in der Liebe zum Worte, und das Wort sprach: ‚Es werde Licht!' – Und da loderte im Herzen die Flamme der entzündeten Liebe auf, und es ward Licht in allen Räumen der Unendlichkeit ...

Und Gott sah in Sich die große Herrlichkeit Seiner Liebe, und die Liebe ward mit der Kraft der Gottheit gestärkt, und so verband sich die Gottheit mit der Liebe ewiglich, und das Licht ging aus der Wärme hervor. ... Da sah die Liebe alle Herrlichkeiten, deren Zahl kein Ende ist, in der Gottheit, und die Gottheit sah, wie dieses alles aus der Liebe in Sie überging, und die Liebe sah in der Gottheit Ihre Gedanken und fand großes Wohlgefallen an ihnen. Da entzündete Sich die Liebe von neuem, und die Kräfte der Gottheit rauschten um Sie und siehe: Die Gedanken der Liebe waren selbst Liebe und waren ohne Zahl! Da sah die Gottheit Ihre Herrlichkeit und die Liebe empfand Ihre Macht. Da sprach die Liebe in der Gottheit: ‚Lasset Uns die Gedanken der Herrlichkeit festhalten und heraustreten, daß sie frei werden und Uns empfinden und sehen, wie Wir sie empfinden und sehen und Wir sie empfanden und sahen, ehe noch das Licht ihre Formen erleuchtete!... Da ging das Wort in die Gottheit über, und Sie ward überall Liebe. Und siehe, da sprach die Gottheit zum ersten Male: ‚Es werde!' – Und es ward ein Heer der Geister aus Gott frei, deren Zahl kein Ende hat, und die Liebe sah Sich Selbst verunendlichfältigt und sah Ihre unendliche Schönheit vollkommen... Aber alle die Wesen waren noch nicht lebendig und empfanden noch nicht und sahen noch nicht, denn sie waren noch außer der Liebe in der Gottheit fixierte Formen. ... Und es dauerte die Liebe, und Sie regte Sich, und das Regen stieg in der Gottheit empor, und die Gottheit gab ihre Gefangenen der Liebe frei, und Liebe durchdrang alles. Und siehe, da wurden die Formen lebendig und staunten sich an und wärmten sich an den Flammenströmen der göttlichen Liebe und bekamen dadurch selbständige Bewegung und Regsamkeit. Aber sie erkannten sich noch nicht. Da sprach die Liebe abermals: ‚Lasset Uns machen, daß sie sich erkennen, damit sie dann Mich und durch Mich auch Dich erkennen mögen!'... Da stieg wieder das Wort in der Gottheit empor, und in der Gottheit ertönte das Wort, und das Wort ward zum Gesetz, und das Gesetz war die Liebe und strömte in alle über. – Und siehe, da wurden gebildet drei, und aus ihnen gingen hervor sieben. Und die Drei waren gleich der Liebe, dem Lichte und der Gottheit. Und die Sieben waren gleich den sieben Geistern Gottes."

Der dramatische Vorgang einer Welt- und Wesensschöpfung, wie er sich in Gott selbst ereignete, bekommt noch einen geheimnisvollen Hintergrund in der Aussage über die sieben Geister Gottes. Wie ein Lichtstrahl durch das Prisma in sieben Farben zerteilt wird, offenbart sich die Wesenheit Gottes als eine Siebenheit von Wirkungskräften. Bei J. Böhme lesen wir darüber: „In der Offenbarung siehest du, daß der Mensch Jesus Christus (Gottes Sohn) sieben Sterne in seiner Hand hat und stehet zwischen sieben güldenen Leuchtern... (Apk. I. 12, 16). Die sieben Sterne sind die sieben Geister Gottes des Vaters, welche verborgene Siegel sind, wie ich euch berichtet habe, wie je eine Gestalt aus der anderen erboren werde, und wie eine jede Gestalt ohne die andere nichts wäre. Und da sich je ein Siegel nach dem anderen auftut. ... Aber die Sieben Siegel sind im Wesen, denn durch die Menschheit Christi sind sie offenbar worden. Darum zeigt sich der Geist

Gottes in Gestalt sieben güldener Leuchter, und leuchten in dem Vater aus des Sohnes Zentrum." –
Die verhüllt raunende Sprache des Görlitzer Mystikers, in der von der „Versiegelung" die Rede ist, nimmt Bezug auf die „verschlossenen" Siegel in der Johannes-Apokalypse und deren allmähliche Öffnung in der „großen Zeit der Zeiten", wie sie bei Lorber genannt wird; gemeint ist die Wiederkunft Christi. Sinn und Plan der Schöpfung werden dann dem Menschen offenbar.
Über die sieben Geister Gottes wird uns bei Lorber einführend gesagt: „Liebe und Leben sind eines – und doch zwei: Liebe der Grund und Leben die Wirkung. Also sind auch Licht und Weisheit eines und sind dennoch wieder zwei: Licht der Grund und Weisheit die Wirkung. – Aus Liebe und Leben aber geht noch ein Drittes hervor, das ist die Tatkraft, welche der mächtige Geist ist. Und aus dem Licht und der Weisheit geht auch ein Drittes hervor, und das ist die Ordnung, aus welcher das Gestaltliche aller Dinge und das den Endzweck Bestimmende ist. – Und aus der Liebe und dem Leben und aus dem Licht und der Weisheit geht der Geist aller Heiligkeit hervor (Heiliger Geist), und dieser ist das Wort aus dem Munde Gottes. Dieses Wort ist wesenhaft (schöpferisch) und ist der Grund, aus dem alle Dinge urwesentlich geschaffen sind...
Wenn du betrachtest das Wesen der Liebe und des Lebens und die aus den beiden hervorgehende Tatkraft und betrachtest das Wesen des Lichtes und der Weisheit und die aus den beiden hervorgehende Ordnung und endlich noch betrachtest die aus all dem Früheren hervorgehende Heiligkeit oder das Wesen des ewigen Wortes aus dem Munde Gottes, so hast du sieben Geister, welche alle aus der Liebe hervorgehen, und die Liebe selbst ist der erste aus sich gehende Geist, und die anderen sechs zu gleicher Zeit hervorgehend aus der Liebe und mit ihr dennoch eines von Ewigkeit seiend" (H. Bd. 2, Kap. 252).
In der Zusammenfassung heißen diese sieben Geister Gottes: Liebe, Weisheit, Wille; Ordnung, Ernst, Geduld und Barmherzigkeit. Sie finden wohl in den sieben Fürstenengeln ihren Wesensausdruck, denn auch diese sind zusammen mit Gott und seinen sieben Geistern am Erlösungswerk beteiligt. Die Tatsache, daß Gottes Eigenschaften voneinander trennbar sind, ermöglicht in den geschaffenen Wesen ein Ungleichverhältnis der Disharmonie. Dabei entsteht die „Sonderung", die wir Sünde heißen. Der Herr selbst macht uns klar bewußt: „Liebe und Leben aber kann getrennt werden, und dann gleicht die Liebe einem Eisklumpen, da keine Wärme innen ist. Das Leben für sich aber wird ein ledig Feuer, welches zerstört und sich darin eine erträgliche Sänftigung sucht. – Also kann auch Licht und Weisheit geschieden werden. Das Licht ist dann im zerstörenden Feuer wie tot, und die Weisheit wird zur Nacht, zum Trug, zum Falschen und zur Lüge. – Also kann

auch das aus der Liebe und dem Leben und aus dem Licht und der Weisheit hervorgehende Wort getrennt werden wesenhaft. ... Daß solches möglich ist, zeigt dir die ganze Schöpfung, und in der (materiellen) Schöpfung magst du alle die vorgenannten Trennungen erschauen. Sie sind schon alle aus Mir bewerkstelligt worden und ihr Grund bin Ich, und der Endzweck dessen heißt: Die Lebensprobe oder des ewigen Lebens fortwährende Übung und Stärkung... Trotz aller dieser Trennungen bin Ich dennoch ungeteilt da im Vollbesitze Meiner Geister!" (H., Bd. 2, Kap. 252).

Auch die gnostische Tradition spricht gewöhnlich von „sieben Geistern Gottes", die das Fundament der Weltschöpfung bilden. Bei J. Böhme werden sie auch als „Quellgeister", „Prinzipien" oder „Urmütter" bezeichnet, was darauf hinweist, daß wir darunter keine selbständigen Geistwesen in personifizierter Form, sondern Kräfte Gottes zu verstehen haben. Wenn diese auch in den einzelnen theologischen Systemen verschieden benannt werden, so entsprechen sie doch den sieben Attributen Gottes, welche die Neuoffenbarung aufzählt. Die Ordnung gibt allen Wesen ihre bestimmte Form; der Ernst legt die Grundlage zu rechtem Gedeihen, ewigem Bestand und immerwährender Fortzeugung; die Geduld ist es, die den Reifeprozeß selbst in ungeheuren Zeiträumen von innen her lenkt und leitet; die Barmherzigkeit endlich führt den ganzen Evolutionsvorgang auch bei gottfeindlichem und disharmonisch-leidvollem Verhalten der Geschöpfe zu schließlicher herrlicher Vollendung. Es ist Aufgabe des Menschen als Ebenbild (Imago) des Schöpfers, in sich selbst diese göttlichen Wesenseigenschaften, die seiner eigenen Seele zugrunde liegen, in ein ausgewogenes Verhältnis zueinander zu bringen. In Lorbers großer Jenseitslehre gibt es ohne eine solche Harmonisierung keinen Zugang zum Paradies oder Himmel.

b) Urkosmos und Engelssturz

In der Kosmologie (Lehre vom Weltall) gilt es grundsätzlich zu unterscheiden zwischen Himmel (Regnum coelorum) und Urschöpfung (Urkosmos, Archäum). Der Himmel als Reich der Übernatur und Gnade schließt in sich die absolute Willenseinheit aller himmlischen Wesen mit dem Willen des Vaters. Wesentlicher Ausdruck dieser „Alleinheit" (Hen kai Pan) aller Urbilder der Schöpfung sind vor allem die neun Engelchöre, die zusammen die „Himmelsrose" (s. auch Dante!) ausmachen. In harmonischer Spiegelung der göttlichen Dreieinheit (Mysterium trinitatis) durchdringen sie mit ihrem Dreiklang den ganzen Himmel, einerseits die Allmacht, Majestät und Urewigkeit (sempiternitas) der Trinität Gottes abbildend, anderseits die Macht, Erhabenheit und Ewigkeit (aeternitas) der „himmlischen Triade".

Nach alter esoterischer Tradition, die ein sehr strenges Schema kosmologischer Vorgänge zeichnete – in unserer Zeit wiederaufgenommen durch das prophetische Medium Johanna van der Meulen –, wird der „Urvater" als das Prinzip der Konzentration, als das Zentrum und Fundament des Weltalls angesehen. Er ist der „Wille zur Schöpfung" und das „Wesen" (die Substanz) der Schöpfung zugleich, ein ewiger Quell lebendiger „Wärme". Der Heilige Geist umschließt das väterliche Zentrum peripherisch als „leuchtender Weisheitsspiegel". Er strahlt die Lebenswärme (das Feuer) und den schöpferischen Willen des Urvaters als „Licht der Weisheit" zurück. Auf diese Weise entsteht die „himmlische Urform", die „Urmutter" des Weltalls. Sie ist bekannt unter dem Namen „Lichtjungfrau". Von ihren Eigenschaften wird gesagt: „Sie sammelt, bildet um, ordnet harmonisch und begrenzt die schöpferische Kraft des Urvaters; sie stellt das Prinzip der Expansion, der unendlichen Breite und Mannigfaltigkeit des Himmelreiches und der Harmonie der Schöpfung dar. Sie ist die leuchtende Weberin der Urbilder des Alls, die große, unbefleckte Seele des Himmels, die von Urzeiten her unter verschiedenen Namen und Symbolen als wahre, himmlische Weisheit (Sapientia, Sophia) verehrt wurde" (Kobilinski-Ellis in „Christliche Weisheit").

Der Sohn erscheint in dieser Perspektive als die Stimme des Vaters, als das göttliche Wort, der Logos; zugleich aber auch als der ewige „Mittler" zwischen dem Lebenszentrum Urvater und dem Weisheitsspiegel Urmutter (Lichtjungfrau, Sophia). „Er stellt das Prinzip der Union dar, der Liebe, die das Leben und die Weisheit in sich vereinigt und sie beide durch den harmonischen Zusammenklang allen Urbildern der Schöpfung mitteilt. Er ist zugleich der Mittler Christus, der sich durch seine absolute Einheit mit dem Sohne, der zweiten göttlichen Person (besser „Hypostase") mit der Natur des ewigen himmlischen Menschen (Imago coelestis) sub specie aeternitatis vereinigt" (Kobilinski-Ellis).

Aus dem „Herzen" (Urvater), dem „Auge" (Urmutter) und der „lebendigen Stimme" (Mittler) der Gottheit ging nach den Worten der Genesis die vollkommene Alleinheit (Bereschit = Weisheit-Alleinheit) der Urschöpfung als einer prima creatio und praecreatura hervor. Kobilinski-Ellis sagt darüber: „Das Wort bara (lat. creavit) bedeutet den direkten göttlichen Schöpfungsakt im Unterschied zu dem Worte vajizer (lat. formavit), welches die Genesis bei der Beschreibung des Sechstagewerkes Gottes gebraucht. Die Worte: ‚Haschammaim et Haarez' (lat. coela et mundus) bezeugen die ursprüngliche (urbildliche) Alleinheit der Urschöpfung, d. h. die vollständige Harmonie zwischen den beiden Prinzipien, die sich erst später (Gen. I, 2) voneinander trennten und zwei verschiedene Reiche (das himmlische und das kosmische) bildeten. Jede Einheit, die nicht mehr eine übernatürliche Alleinheit ist, muß unvermeidlich eine Vielheit werden, d. h. eine äußerlich

begrenzte Relativität. Sie muß dann zeitlich, räumlich, stofflich (wenn auch nicht notwendig physisch-stofflich) sein. Letzteres aber weist auf den Abfall von dem urkreatürlichen status perfectionis hin."
Der Himmel als das Reich der direkten Urschöpfung und der übernatürlichen Alleinheit kann auch als das Reich der „Übernatur" bezeichnet werden. Ihm stellt sich mit der Erschaffung der Wesen ein Reich der „Urnatur" an die Seite, bedingt durch die Freiheitsprobe, die jedes Geschöpf in seinem uranfänglichen Status durchzumachen hat. Dieses Archäum (Urkosmos, Erstschöpfung) enthält in sich ein dualistisches Prinzip, das den Wesen die Möglichkeit geben soll, in Selbstbestimmung und voller Freiheit ihres Willens sich für oder gegen Gott und seine himmlische Ordnung zu entscheiden. Voraussetzung dafür ist die „Selbstbegrenzung der göttlichen Allmacht" in der „Noluntas dei" und die Verschleierung des göttlichen Angesichts. Dieser Zustand des bloß „natürlichen Seins" (status naturalis), der zunächst noch eine ungestörte Einheit im Sinne der Fülle (plenitudo) darstellt, wird oft auch als das Reich der Lichtjungfrau (Weisheit) „Regnum Sophiae" genannt. Denn die Urnatur in ihrer freien und schöpferischen Tätigkeit gilt als ein reiner Spiegel des Himmels und als ein wahrer, vollkommener Kosmos (Kosmos = lat. Ornamentum, Schmuck). Sie ist ein Abbild der Himmelsrose und wird in der christlichen Tradition als „weiße Lilie" versinnbildet (bei den Ägyptern als blauer Lotos, der später zur „blauen Blume" der Romantiker wurde).
Bei Johanna van der Meulen wird über das Reich der Urnatur in der Zusammenfassung durch Kobilinski-Ellis noch folgendes ausgesagt: „Archäum ist das eigene Reich der Lichtjungfrau (der Weisheit), ihre nächste (eigene) Peripherie, weil das reine Licht, aus welchem alle Reiche des Archäums gebildet und alle seine Gestalten gewoben sind, die eigene Ausstrahlung der Lichtjungfrau (Weisheit) ist, ein weißes, ungebrochenes Licht, das sich zugleich als die siebenfarbige Pracht des über dem Abgrund ruhig schwebenden Regenbogens offenbart. Die Hauptfarben dieses siebenfarbigen Lichtreiches sind: das Purpurrot (die Farbe der Macht), das Goldgelb (die Farbe der Erhabenheit) und das Azurblau (die Farbe der Weisheit und der Unsterblichkeit)." In Fußnote lesen wir noch: „Das Wesen und die Gestalten des Archäums waren schon den vorchristlichen Mysterien bekannt und durch die symbolische Weisheitssprache bezeichnet. Die altägyptischen (hermetischen) Mysterien verehrten die himmlische Isis als die Göttin und Mutter der reinen Urnatur. Der bekannte Weisheitsspruch von dem ‚Schleier der Isis' ist eine Hindeutung auf die Unmöglichkeit für die Sterblichen, d. h. den nichtgereinigten, nicht eingeweihten Erdenmenschen, die ‚entschleierte' (d. h. hüllenlose, verklärte) Weltseele (Urnatur) zu schauen. Das althermetische Symbol des Archäums war die Lotosblume, die einem Kelche gleich nach

oben geöffnet ist. Die Weisheitslehre der Isismysterien war die esoterische Urquelle der späteren altgriechischen Mystik und Philosophie, speziell der Lehre Platons, dessen Ideenlehre eine abstrakt formulierte hermetische Weisheitslehre über das Reich der entschleierten Urnatur war. Dante gibt die poetisch-symbolische Darstellung des Archäums als des verklärten Reiches der Sternensphären in seinem ‚Paradiso' (vom 1.–23. Gesang) wieder."

Schließlich hören wir noch: „Im Vergleich mit dem kosmischen sogenannten ‚Elementenmeer' bildet das Archäum ein unermeßliches, durchsichtiges Meer des seelischen Lichtes, voll von harmonischen Wellenbewegungen. Aus den höheren Regionen des Universums (der abgefallenen Schöpfung) geschaut, offenbart sich das Archäum demjenigen, der es betritt, als das verklärte, urbildliche Sternenreich mit allen seinen harmonisch leuchtenden und klingenden Sphären. In seinem viel höheren Aspekte, an der Schwelle des Himmels, offenbart sich das Archäum in der Gestalt des großen, kristallenen Weltentempels, der die Form eines Riesenkreuzes hat, dessen vier Richtungen durch die Strahlen von vier roten Rosen durchglüht und durchleuchtet sind. Für denjenigen, der den Weg vollendet hat und die Schwelle des Himmels überschreitet, offenbart sich das Archäum als eine goldene Glorienkrone mit den zwölf Lichtern, welche die zwölf Pforten des nun offen stehenden Himmelreiches abbilden."

Nach dem Sturze des Widersachers (Adversarius) und nach der Entstehung des physischen Universums mit seinen Astralbereichen, die durch den Sturz Luzifers ausgelöst wurde, kam insofern ein neuer „Status naturalis" für alle zu prüfenden Wesen zustande, als von nun an „durch die Entziehung der übernatürlichen Gnade der Himmelseinheit und des Schutzes" eine verstärkte Möglichkeit luziferischer Einwirkung bestand. Der Vorgang stellt sich folgendermaßen dar: „Durch die Selbstkonzentration des Bewußtseins, des himmlischen, urbildlichen Wesens entsteht sein Abbild (der Archetypus) im Reiche des Archäums, das desto lebendiger, mächtiger und selbstbewußter wird, je stärker seine Selbstkonzentration ist. Falls der dadurch gestärkte natürliche Willen selbständig und freiwillig zum Entschluß kommt, sich zu verleugnen, sich dem göttlichen Willen völlig zu ergeben und dadurch wiederum das Himmelreich zu erreichen, wird das Erwachen des übernatürlichen (urbildlichen) Bewußtseins und die Wiedervereinigung mit der himmlischen Alleinheit unvermeidlich. Falls aber diese Selbstkonzentration, durch die Gestalt und Stimme Luzifers beeinflußt, jene Grenze überschreitet, die das Gleichgewicht aller Archetypen und ihre Willenseinheit festhält, dann muß das verführte Wesen, der geistigen Ohnmacht verfallen, das Reich der reinen Urnatur verlassen und als ein kosmisches Wesen innerhalb der Regionen des Universums in Gefangenschaft geraten. Dort muß es leben und leiden, bis die Erlösung durch den Gottmenschen Christus, der innerhalb aller Regionen des Kosmos wirkt, zustande kommt." Ehe die verhängnisvolle Katabolae (der Engelssturz) sich ereignete, konnte der Urkosmos (das Archäum) noch die himmlische Triade (Urvater, Mittler, Urmutter) in reiner Form abbilden, und zwar „als die flammende (feurige), atmende und spiegelnde Kraft des roten, gelben und blauen Lichtes". Diese drei Urkräfte sind schließlich nach der Entstehung des physischen Universums zu den drei kosmischen Elementen des Feuers, der Luft und des Wassers geworden. Zwar leben auch die sieben Engelschöre (ohne Seraphim und Cherubim) mit ihren Archetypen im Reiche des Urkosmos, „doch verhalten sich ihre archäischen Gestalten wie die Schatten ihrer himmlischen Urbilder" (Kobilinski-Ellis). Während das Reich des Archäums das wahre Wesen des Universums ausmacht, kommt das dualistische, in sich gespaltene Gebilde des Kosmos (Universums) nur einem vergänglichen „Schleier" gleich. Die Inder sprechen von einer Maya- oder Scheinwelt. Einmal wird das Feuer des Gerichtes (Dies irae) diesen Schleier „verklären oder verzehren". „Dann wird", nach Kobilinski-Ellis, „im Lichte des neuen Himmels und der neuen Erde die gesamte erlöste Schöpfung ihre alte, übernatürliche Alleinheit wiederherstellen und als die makellose Braut Christi und das verklärte Reich der ewigen Weisheit (Sophia-Ecclesia) erstrahlen, weil Christus dann alles in allem sein wird." –

Fragen wir uns nach der Entstehung des Weltalls, so scheint es angebracht, die mehr bildhafte und vereinfachte Darstellung der Neuoffenbarung durch Jakob Lorber dem vorherigen streng theologischen Schema vorzuziehen. Demnach liegt schon in Gottes Grundeigenschaft, der Liebe, ein so unvorstellbar großer Drang zur Tätigkeit, daß immer neue Schöpfungen daraus hervorgehen. So hören wir, daß es lange schon vor dieser Schöpfungsperiode unzählige andere gegeben hat, wobei sich immer die nachfolgende aus der vorhergehenden organisch entfaltete. Nach Ausreifung einer jeweiligen Schöpfungsperiode gibt es freilich auch für Gott gewisse Ruhepausen, so daß Tätigkeit und Stillstand miteinander rhythmisch abwechseln. Es sind die „Tage und Nächte Brahmas", wie die Inder sagen. An diesen gewaltigen Vorgängen sind aber neben der Liebe noch weitere Wesenseigenschaften Gottes mit beteiligt, so vor allem seine Weisheit und seine Kraft (oder Macht). Liebe, Weisheit und Kraft machen die Trinität Gottes aus (Vater, Sohn und Geist).

Wie nun im Zusammenwirken der sieben Geister Gottes der Schöpfungsakt im einzelnen vor sich ging, erfahren wir am besten durch den Herrn selbst. Da heißt es im Großen Evangelium, Band 11 (Kap. 17): „Als die Gottheit sich durch Vorgänge, die euch stets geheimnisvoll bleiben werden, gefunden und in sich den schaffenden und alles umfassenden Weltengeist erkannt hatte, da entstand in ihr ein mächtiges Wogen und Drängen und sie sprach in sich: ‚Ich will Meine Ideen aus Mir herausstellen, damit Ich an diesen erschaue, was Meine Kräfte vermögen!' Denn solange keine Tätigkeit entsteht, kann die Gottheit sich selbst nur in geringem Maße erkennen. Erst an ihren Werken erkennt sie ihre Macht immer mehr und freut sich daran (gleichwie jeder Meister an seinen Produkten erst erkennt, was in ihm ruht, und seine Freude daran hat).

Sie wollte also schaffen und sagte sich weiter: ‚In Mir ruhet alle Kraft der Ewigkeiten; also schaffen Wir ein Wesen, das ausgerüstet sei mit aller Kraft gleich Mir Selbst, jedoch so, daß es in sich trage die Eigenschaften, an denen Ich Mich Selbst erkennen kann!' Und es ward ein Geist erschaffen, der ausgerüstet wurde mit aller Kraft aus Mir, Meine in Mir ruhenden Kräfte beschaulich der Gottheit vorzuführen...

Wenn Ich euch nun sage, daß dieser erstgeschaffene Geist ‚Luzifer' (d. h. Lichtträger) hieß, so werdet ihr jetzt auch begreifen, warum er so und nicht anders hieß. Er trug in sich das Licht der Erkenntnis und konnte als erstes Geistwesen die Grenzen der innergeistigen Polaritäten recht wohl erkennen. Er, ausgerüstet mit Meiner völligen Macht, rief nun andere Wesen ins Leben, die ihm völlig ähnlich waren, auch die Gottheit in sich empfanden und dasselbe Licht der Erkenntnis in sich erbrennen sahen wie er, ebenfalls selbstschöpferisch auftraten und ausgerüstet wurden mit aller Kraft meines Geistes...

Luzifer, wohl wissend, daß er in sich den Gegenpol Gottes vorstellen sollte, vermeinte nun zu ermöglichen, die Gottheit gewissermaßen in sich aufsaugen zu können, und verfiel in den Irrtum, als geschaffenes und damit endliches Wesen die Unendlichkeit in sich aufnehmen zu können; denn auch hier galt das Gesetz: ‚Niemand kann Gott (die Unendlichkeit) sehen und dabei das Leben behalten.' Demzufolge konnte er das Wesen der Gottheit wohl empfinden, ihre Befehle, solange er im gerechten Mittelpunkte stand, hören, niemals aber sie persönlich sehen.

Wie nun das endliche Wesen niemals die Unendlichkeit begreifen kann und wird und daher in diesem Punkte stets leicht in Irrtümer verfallen und bei absteigender Bewegung in diesen verharren kann, so versank trotz aller Warnungen Luzifer dennoch in den Wahn, die Gottheit aufnehmen und gefangennehmen zu können. Damit verließ er den gerechten Standpunkt, entfernte sich aus dem Mittelpunkte Meines Herzens und verfiel stets mehr und mehr in den falschen Wunsch, seine Geschöpfe, die durch ihn, aber aus Mir entstanden waren, um sich zu versammeln, um die mit Wesen aller Art bevölkerten Räume zu beherrschen.

Es entstand nun ein Zwiespalt, das ist eine Trennung der Parteien, der schließlich dazu führte, daß die Luzifer gegebene Macht von Mir zurückgezogen und er mit seinem Anhange machtlos und der Schaffenskraft beraubt wurde. Es entstand naturgemäß die Frage: Was soll nun mit diesem Heere der Gefallenen und wie tot, das heißt untätig Erscheinenden, geschehen? Es ergaben sich da nur zwei Wege. Der erste Weg war: Luzifer mit seinem Anhange zu vernichten, um sodann einen zweiten zu schaffen, der wahrscheinlich demselben Irrtum unterworfen gewesen wäre, da ein vollkommenerer Geist, den Ich frei hinausstelle, der demnach nicht abhängig von Meinem Willen war, nicht geschaffen werden konnte. Maschinen zu schaffen, die willenlos ausführen, was Ich befehle, war keine Schwierigkeit. Um aber das Licht der Selbsterkenntnis zu erringen, war der bisherige Weg der einzige. Da aber durch, das heißt mittels Luzifer, auch die anderen Mir treu gebliebenen Geister erschaffen wurden, so gehörten sie in seine Sphäre. Eine plötzliche Vernichtung Luzifers hätte also auch die Vernichtung aller Lebewesen bedeutet...

Wodurch aber hätte Luzifer, dessen Fall nur durch Irrtum geschehen war, folglich also die Möglichkeit des Ablegens des Irrtums einschließt, dieses verdient? Weshalb hätten die treu gebliebenen Wesen ihre Vernichtung verdient und schließlich: Wo bliebe Meine Weisheit, wenn Ich nicht von Anbeginn die Möglichkeit eines Abfalles erkannt und vorhergesehen hätte, weswegen eine Wiederholung des Schöpfungsganges auszuschließen ist? Und vor allen Dingen: Wo bliebe Meine Liebe, wenn diese nicht von einer Vernichtung abgesehen hätte, vielmehr Mittel durch die Weisheit fände, die verlorenen Wesen zum Lichte der Erkenntnis zurückzuführen, damit sie also in dem gerechten Gleichgewichte der polaren Eigenschaften verbleiben?

Es blieb also nur der zweite Weg übrig, den ihr in der materiellen Schöpfung vor euch habt. Stellet euch einen Menschen vor, der durchaus nicht einsehen will, daß der König des Landes ein mächtiger Herrscher ist, weil er von ihm zwar mit aller Kraft und Vollmacht ausgerüstet ist, jedoch ihn selbst nie gesehen hat! Dieser rebelliert gegen ihn und möchte sich selbst zum Könige aufschwingen. Der König, um die ihm treuen Untertanen nicht verderben zu lassen, wird ihn ergreifen, ihn seines Schmuckes berauben, aller Vollmacht entkleiden und in ein festes Gemach werfen lassen, so lange, bis er zur Vernunft gebracht sein wird, und dasselbe wird er mit den Anhängern tun. Je nachdem nun die Anhänger Buße tun und ihren Irrtum einsehen, werden diese befreit werden und dem Könige, der sich ihnen nun auch sichtbar gezeigt hat, fest anhangen.

Dieses schwache, irdische Bild zeigt euch Meine Tat an; denn die Einkerkerung ist die materielle Schöpfung. Jedoch müßt ihr zum Verständnis des weiteren eure seelischen Empfindungen erregen, da der menschliche Verstand zum Begreifen zu kurz ist. Eine Seele ist zusammengesetzt aus zahllosen Partikeln, deren jedes einer Mir entstammenden Idee entspricht. Sie kann, wenn sie einmal sich zusammengefunden hat, nicht mehr anders werden als sie ist, weil sie sodann dem Charakter entspricht, den sie erhalten hat. Ein Kristall, wenn auskristallisiert, kann in seiner Wesenheit nicht mehr geändert werden und kristallisiert entweder als Rhomboeder oder Hexaeder, Oktaeder usw., je nachdem, welche Form seinem Charakter, das heißt der Anhäufung der Partikel um seinen Lebensmittelpunkt entspricht.

Soll da nun eine Änderung geschaffen werden, weil die Kristalle nicht ganz rein ausgefallen sind, so müssen dieselben durch Wärme (Liebe) aufgelöst werden, um sodann beim Erkalten des warmen Liebewassers, das gleichbedeutend ist dem Freigeben ihres Willens, von neuem auszukristallisieren. Nun bilden sich wieder neue, schöne Kristalle, und jeder vorsichtige Chemiker wird es verstehen, möglichst schöne, klare und große Kristalle zu erzielen, die seinen Zwecken entsprechen.

Sehet, so ein Chemiker bin Ich! Ich löste die unrein gewordenen Kristalle (Luzifer und seinen Anhang) auf in dem warmen Liebewasser und ließ diese Seelen nun wieder neu auskristallisieren, damit sie klar würden. Daß dies durch Aufsteigen durch das Mineralreich und das Pflanzenreich bis zum Menschen geschieht, ist euch bekannt. Da die Seele des Luzifer jedoch die gesamte materielle Schöpfung umschließt, so muß auch diese sich in der Form des Menschen ausdrücken. So vereinen sich auch stets alle Geistervereine in einer Person, die durch den Leiter dieses Vereines ausgedrückt wird, und bilden das, was man dessen Sphäre nennt. Ähnliches, welches dies klar ausdrückt, gibt es im Materiellen nicht, daher sagte Ich: Öffnet eure seelischen Empfindungen!

Jetzt wird es euch klarer werden, daß Luzifer glaubt, er müsse so handeln, wie es geschieht, damit die Materie hätte geschaffen werden können – ein Irrtum deshalb, da nicht die Materie der Endzweck Meiner Schöpfung ist, sondern nur das freie Erkennen, Lieben und Begreifen der Gottheit das Ziel der aus Mir gestellten Wesen ist, die Materie aber hierzu nur ein Notbehelf. Luzifer bestand auf diesem zweiten Irrtum und verlor sich in den Enden seiner polaren Eigenschaften, sich selbst belügend, dadurch die Materie erhalten zu müssen. Es war ihm so viel Freiheit gegeben, die Materie durchdringen zu können, das heißt bewußt in sich zu beschauen, damit er als der urgeschaffene Geist erkenne, welches Leid er seinen Gefährten gebracht habe, und er dadurch zur Umkehr geführt werde. Er tat dies jedoch nicht, sondern wollte erst recht herrschen als ein Fürst der Materie, die ihm gehöre. Er verdunkelte daher möglichst die sich wieder ausbildenden Menschenkristalle, um sein Reich zu erhalten; denn der Kampf mit Gott schien ihm groß, erhaben und das Leben erhaltend.

Die Menschenkristalle, welche ebenfalls wieder zur Erreichung des Zweckes freigestellt werden mußten, können sich ihm zuneigen oder Mir, und fielen allerdings zu Lebzeiten viel in seine Netze. Siehe das Heidentum, in dem er sich als König und seine polaren Eigenschaften, die ebenfalls größte Weisheit in sich bergen, als Götter verehren ließ! Man wird nun fragen: Warum ließ Ich solches Treiben zu? Unverständlich bleibt es, wenn man nicht das Endziel betrachtet, und das ist freiestes Selbsterkennen in Gott. Wenn ein großer Volksführer sich in Verkehrtheiten gefällt und seine Anhänger mit sich fortreißt, wie kommt man da am schnellsten zu dem Ziele, allen das rechte Licht zu bringen? Sicher, wenn der Volksführer selbst von seinen Verkehrtheiten abläßt; denn die Anhänger werden ihm schnellstens folgen. Sucht man ihm aber die Anhänger einzeln abwendig zu machen, so lange, bis er allein dasteht, so wird das Ziel weit mehr hinausgeschoben. Bei Mir heißt es nun allezeit, an den Kern gehen, und wenn dieser nicht geändert werden kann, sodann den Umweg einschlagen!

Da nun während der Gefangenschaft – denkt jetzt an das Bild des Königs – der stete Vorwurf gemacht wurde: ‚Könnte ich den König sehen, so würde ich an ihn glauben!', so wurde dadurch Meine Menschwerdung bedingt; erstens für die Gefallenen, und zweitens, um den Nichtgefallenen die Gottheit persönlich sichtbar zu machen und so ihren Glauben zu krönen.

Hier liegt das Geheimnis Meiner Menschwerdung, welche die Materie durchbrechen mußte, die sonst immer härter und härter werden mußte, falls Luzifer sich immer mehr in die Härten des Gegenpols verlor. Meine Menschwerdung gebot daher einen Halt und zeigte genau den Weg zur Loslösung von dem Götzendienst und der Verehrung der polaren Eigenschaften und mußte nun auch den Beweis liefern, daß erstens – als das höchst Erreichbare – der Tod, durch welchen die Menschen an die Materie und deren Genüsse gebunden wurden, überwunden werden kann, und zweitens, daß das Leben nicht in der Materie, sondern im Geiste geschieht und erstere nur ein Gefängnis des letzteren ist...

‚Die abgefallenen Geister, die sich freiwillig von Mir entfernten und den verkehrten Weg angetreten hatten, konnten oder wollten nichts von der Vervollkommnung, vom Fortschritt wissen. Um aber auch ihnen den Weg nicht gänzlich abzusperren, mußten sie in Verhältnisse gebracht werden, wo, unbeirrt ihrer eigenen Freiheit, sie umkehren können, wann sie wollen. Hierzu wurde nun die materielle Welt oder das ganze Universum oder der materielle Schöpfungsmensch gegründet. In ihm wurden die Geister nach dem Grad ihrer Böswilligkeit in die Materie eingehüllt, Kämpfen, Versuchungen und Leiden ausgesetzt; erstens, um sie nach und nach zur Einsicht ihrer eigenen Fehler durch die auf sie einwirkenden Verhältnisse zu bringen, und zweitens, um auf dieser Art ihre freiwillige Rückkehr selbst einzuleiten. ... Überall ist das Prinzip der Freiheit als erstes und das Prinzip der Vervollkommnung als zweites festgestellt" (SGh, S. 91 f.).

„Die ganze gefestete Erde also und die zahllosen anderen Weltkörper sind gestaltet aus der einen großen Seele Satans, welche in diesen Weltkörpern in zahllose Kompendien geteilt wurde. Die Seele ist teilbar, und somit auch die Urseele des erstgeschaffenen Urgeistes. Aus dieser einen Seele wird nun fortwährend eine zahllose Menge neuer Seelen gewonnen" (Ed, Kap. 53, 9). Eine Vernichtung dieses großen Geistes Luzifer, so hören wir weiter, war „zufolge der ewigen Liebe und Erbarmung" Gottes unmöglich. „Was Gott einmal ins Dasein gerufen hat, kann wohl die Form verändern und aus einer minder edleren in eine edlere übergehen oder auch umgekehrt, doch niemals vernichtet werden" (Gr. Ev. Bd. 2, Kap. 232, 7). In Ergänzung dazu erfahren wir: „Alles, was diese Erde von ihrem Mittelpunkt an bis weit über ihre höchste Luftregion hinaus enthält, ist Seelensubstanz, und zwar bis zu einer gewissen Lösezeit in einem mannigfach härter oder milder gerichteten Zustand, weshalb sie dem Auge des Menschen wie auch seinem Gefühl als härtere oder weichere Materie sichtbar oder fühlbar wird. Dahin gehören einmal alle Steinarten, Mineralien, Erdarten, Wasser, Luft und alle noch ungebundenen Stoffe in Mir." Hinzu kommt „alles Pflanzenreich im Wasser und auf der Erde samt seinem Übergang ins Tierreich" (Gr. Ev. Bd. 10, Kap. 21, 1 u. 2).

„Alles, was nun Materie ist, war dereinst Geistiges, das da freiwillig aus der guten Ordnung Gottes getreten ist, sich in den verkehrten Anreizungen begründete und darin verhärtete. Die Materie ist demnach nichts anderes als ein gerichtetes und aus sich selbst verhärtetes Geistiges. Noch deutlicher gesprochen ist sie eine allergröbste und schwerste Umhülsung des Geistigen. ... Das Geistige kann aber ... nie selbst zur vollkommenen Materie werden, sondern lebt und besteht in der Materie" (Gr. Ev. Bd. 4, Kap. 103, 4–5).

Kurt Eggenstein macht in seinem aufschlußreichen Buch „Der Prophet" alle diese Vorgänge durch ein naheliegendes Beispiel noch anschaulicher: „Es gibt in der Natur eine Analogie, die die Verwandlung von Geist in Materie dem Verständnis auch des Laien näherbringen kann. Ein zugefrorener Teich besteht aus härtestem Eis; im Frühjahr löst sich das Eis auf in das weiche Wasser, in der Hitze des Sommers trocknet der Teich aus und das Wasser ist in Form einer lichten Wolke sichtbar. Auch die Wolke löst sich auf in die Wasserstoffatome, und für das Auge ist nichts mehr sichtbar, denn ein Wasserstoffatom ist nur ein zehnmillionstel Millimeter groß. Im folgenden Herbst und Winter spielt sich derselbe Vorgang in umgekehrter Reihenfolge ab. Aus dem scheinbaren Nichts wird wieder härteste Materie. Dieser ans Wunder grenzende Vorgang der Veränderung der Aggregatzustände der Materie kommt uns gar nicht absurd vor, wir halten ihn für so selbstverständlich, daß wir kaum einen Gedanken daran verschwenden. Die vielen wun-

derbaren Vorgänge in der Natur finden wir nicht der Beachtung wert, weil wir sie ständig wahrnehmen und nicht leugnen können, auch wenn wir sie nicht zu begreifen vermögen. Kann man annehmen, daß Gottes Schöpfungsmöglichkeiten dort aufhören, wo unsere Fassungskraft aufhört?"
Die Welt der Materie erscheint heute auch unseren Physikern als ein bloßer Trug der Sinne, denn sie wissen seit langem nur zu gut, daß allem Materiellen „Kraft" zugrunde liegt. Die Formel „Materie ist Kraft" genügt aber dennoch nicht, denn auch hinter der Kraft muß ein Anreger stehen, den Max Planck mit „Geist" bezeichnet. In der Neuoffenbarung sagt der Herr: „Kraft als selbständiges Ding, so wie es die gelehrten Materialisten wollen, existiert gar nicht. Der Geist ist der Anreger der Kraft, Zusammenhalter des Stoffes und so der Hauptfaktor des ganzen Lebens. Ohne Geist gibt es kein Leben, ohne Leben keinen Stoff" (LGh, S. 78).

Die letzte Schlußfolgerung muß also lauten: „Was da vorhanden ist in der ganzen Unendlichkeit, das ist aus Gott, also im Grunde völlig geistig. Daß es in der Welt als feste Materie erscheint, das macht die beharrliche Festigkeit des göttlichen Willens. Hörte dieser auf, einen Gedanken festzuhalten, so wäre von ihm für kein materielles Auge mehr eine Spur zu entdecken" (Gr. Ev. Bd. 6, Kap. 107, 11). Was ist nun das Geheimnis der Form, um das sich schon der Fürst der Scholastik, Thomas von Aquin, im Anschluß an Aristoteles so viele Gedanken machte? Der Herr sagt uns darüber: „Alles dem Menschen sichtbar Erschaffene ist gerichtetes Geistiges und hat die Bestimmung, durch eine lange Reihe von allerlei Formen endlich in ein freies und selbständiges Leben überzugehen. Diese Formen beginnen vom Steine an und gehen durch die Mineralreiche über zum Pflanzenreich, durch das Pflanzenreich ins Tierreich und von da bis zum Menschen. Alle diese Formen sind Aufnahmegefäße vom Leben aus Gott. ... Jede Form entspricht einer gewissen Intelligenz. Je einfacher die Form ist, desto einfacher und geringfügiger ist auch die ihr innewohnende Intelligenz" (Gr. Ev. Bd. 6, Kap. 53, 5–7).

„Jedes Tier kennt seine ihm zusagende Nahrung und weiß sie zu finden. ... So kennt auch der Geist der Pflanzen genau *den* Stoff im Wasser, in der Luft und im Erdreich, der seiner besonderen Individualität dienlich ist. Der Geist oder die Naturseele der Eiche wird niemals *den* Stoff an sich ziehen, von dem die Zeder ihr Sein und Wesen schafft. Ja, wer lehrt denn das eine Pflanze? Seht, das alles ist die Wirkung der höchsten und allgemeinsten Raumlebensintelligenz Gottes. Aus dieser schöpft jede Pflanzen- und Tierseele die ihr nötige, gesonderte Intelligenz und ist dann nach deren Weisung tätig" (Gr. Ev. Bd. 8, Kap. 29, 8–9).

„Die Seelen der Pflanzen und der Tiere haben die euch freilich noch unbekannte Bestimmung, einst selbst Menschenseelen zu werden. Denn Pflanzen und Tiere sind nach Meiner Weisheit und Einsicht taugliche Vorgefäße zur

Ansammlung und Ausbildung der im unermeßlichen Schöpfungsraum vorhandenen allgemeinen Naturlebenskraft, aus der auch eure Seelen herstammen" (Gr. Ev. Bd. 4, Kap. 216, 1–2). Natürlich kann „aus einer einfachen Tierseele niemals eine Menschenseele werden" (Gr. Ev. Bd. 6, Kap. 165, 11). Es müssen schon mehrere Tierseelen zusammenkommen, die sich mit weiteren zahllosen Seelenfunken (aus der Erbmasse, aus den Sternen, usw.) vereinigen, wenn eine den ganzen Kosmos in sich spiegelnde Menschenseele sich bilden soll. An der Zerstörung und Umwandlung der äußeren Form ist nichts gelegen; sie ist doch nur eine „organisch-mechanische und für den Zweck der ihr innewohnenden Lebensintelligenz wohleingerichtete Hülse" (Gr. Ev. Bd. 6, Kap. 53, 9).

„Alles, was aus dem Dasein tritt, kehrt allezeit in ein vollkommeneres Dasein wieder zurück, hinauf bis zum Menschen und von da wieder zu Mir selbst" (H. Bd. 2, Kap. 124, 32). „Siehe, alle Materie dieser Erde – vom härtesten Stein bis zum Äther hoch über den Wolken – ist Seelensubstanz, aber in einem notwendigerweise gerichteten und somit gefesteten Zustand. Ihre Bestimmung aber ist, wieder ins ungebundene, rein geistige Sein zurückzukehren, so sie eben durch diese Isolierung die Lebensselbständigkeit erreicht hat. Um aber diese durch eine stets erhöhte Selbsttätigkeit zu erlangen, muß die aus der gebundenen Materie frei gemachte Seele alle möglichen Lebensstufen durchmachen und muß sich in jeder neuen Lebensstufe auch wieder von neuem in einen materiellen Leib einpuppen, aus dem sie dann wieder neue Lebens- und Tätigkeitssubstanzen an sich zieht und solche sich zu eigen macht" (Gr. Ev. Bd. 6, Kap. 133, 3).

„Das Leben ist und bleibt so lange ein Kampf mit allerlei Feinden, bis es sich über alle Materie als ein Sieger mit eigener Kraft emporgerungen hat. Und so darfst du dich über die materiellen Lebensfeinde gar nicht wundern; denn sie sind nicht Feinde des eigentlichen Lebens, sondern nur Feinde des materiellen Scheinlebens, das eigentlich gar kein Leben ist, sondern nur ein Werkzeug des wahren, inneren, geistigen Seelenlebens, mittels welchem sich dieses stets höher und höher zur wahrsten, eigentlichsten Lebensfreiheit emporarbeiten kann, was ohne dieses zeitliche Mitleben gar nicht denkbar möglich wäre.

Gott kann infolge seiner Allmacht freilich einen Geist mit vollendeter Weisheit und Macht aus sich hinausstellen oder erschaffen, und das in einem Momente gleich zahllos viele, – aber alle solche Geister haben keine Selbständigkeit; denn ihr Wollen und Handeln ist kein anderes als das göttliche selbst, das unaufhörlich in sie einfließen muß, auf daß sie sind, sich bewegen und handeln nach dem Zuge des göttlichen Willens. Sie sind für sich gar nichts, sondern pur momentane Gedanken und Ideen Gottes. Sollen sie aber mit der Zeit möglicherweise selbständig werden, so müssen sie den Weg der

Materie oder des gerichteten und also gefesteten Willens Gottes durchmachen auf die Art, wie ihr sie auf dieser Erde vor euren Augen habt. Haben sie das, dann sind sie erst aus sich selbständige, selbstdenkende und freiwillig handelnde Kinder Gottes, die zwar auch allzeit den Willen Gottes tun, aber nicht, weil er ihnen durch die Allmacht Gottes aufgedrungen ist, sondern weil sie solchen als höchst weise erkennen und sich selbst bestimmen, nach solchem zu handeln, was dann für sie selbst lebensverdienstlich ist und ihnen erst des Lebens höchste Seligkeit und Wonne gibt" (Gr. Ev. Bd. 6, Kap. 133, 9–11).

„Sehet, was Ich eines einzigen hochmütigen Engels wegen tue! Ich sage euch, es wäre nie eine Erde noch Sonne, noch irgend etwas Materielles erschaffen worden, wäre dieser Einzige demütig geblieben" (Hi. Bd. 1, S. 66).

c) Die Welt der Engel

Wer von den Engeln künden will, der muß zuerst vom Lichte reden; denn das sind die Engel: „Licht aus dem Urfeuer Gottes", „Scintillae", ein Teil jener Lichtemanationen, von denen die ganze Schöpfung Gottes funkelt und strahlt. Am tiefsten hat dies vielleicht geschaut die deutsche Mystikerin Hildegard von Bingen. In ihrem Buche „Sci vias" (d. h. Wisse die Wege!) lesen wir, daß Gott dieses Licht erschaffen habe, damit „leuchtender Tag" sei. „Ein Licht, dem lebendige Sphärenkreise anhangen, das sind die Engel." Licht der Himmel sind sie und „spiegelnde Wasser", in denen das Wort Gottes „aufrauscht und hochquillend ertönt".

Mit seinem Fiat sprach der Schöpfer auch das Wort: „Es werden leuchtende Wesen!" Gott selbst ist „ein verborgenes Feuer", das keiner unter den Sterblichen anzuschauen vermöchte. „Aber die Engel in ihrer Lichtnatur erblicken immerfort auch das feurige Antlitz ... freilich vermögen sie Ihn deshalb nicht voll anzuschauen und bis an die Grenzen zu begreifen. Und deshalb erleiden sie keine Ermüdung und werden nie satt an solcher Größe und Schönheit."

Einmal, in der Urerschaffung, war einer da, „einer unter allen, der zuerst die Herrlichkeit Gottes erschaute". Dieser alles überragende Geist, Luzifer, der Lichtträger, „lichttragend und lichtwerfend", wie die Seherin von Bingen sagt, war geschmückt mit aller Zier der Schöpfung „und in aller Schönheit der Welt gestaltet". Er war „der erste Edelstein", ein großer „Stern" von lichtem Glanz im Schmucke blitzender Herrlichkeit. Er hat am treuesten Gottes Lichtquelle in sich aufgenommen und gespiegelt; denn er war ein Spiegelwesen: „Lichtester Spiegel der Gottheit". „Alle Schönheit in den

Werken seiner Allmacht zeichnete Gott im ersten Engel. Ihn schmückte Er gleich einem Himmel als eine ganze Welt aus mit all den Sternen und der Schöne im Grünen und aller Art von funkelndem Gestein. Und er nannte ihn Luzifer, Lichtträger, weil er aus Ihm, der allein ewig ist, sein Licht trug. ... Der unzählbare Schwarm von Funken, der im Urbeginn dem verlorenen Engel anhaftete, erstrahlte wider im Glanz seines ganzen Schmuckes, um so die Welt mit Licht zu erhellen. Jener aber, da er doch spüren mußte, daß er mit seinem schönen Schmuck nur Gott zu dienen hatte, sonderte sich aus seiner Liebe ab und neigte sich zum Dunkeln hin, indem er bei sich zu sprechen anhub: ‚Was wär das für ein herrlich Ding, wenn ich aus eigenem Willen wirken könnte und Werke täte, die ich Gott allein nur machen sah!' Ihm stimmte sein ganzer Anhang zu und er rief aus: ‚Ja, wir wollen den Thron unseres Herrn nach Norden setzen und gegen den Allerhöchsten!'" – Der Adversarius, der Widersacher oder Gegenpol, ward inthronisiert von der eigenen Gefolgschaft! Aus den ursprünglich „zehn Engelchören" (nach Hildegard von Bingen) sonderte sich der zehnte ab und stürzte in die Tiefe. Wie ist es zu verstehen, daß nun der Mensch zur Faszination wird für die Engel? Sogar in seiner kosmischen Verlorenheit! Die Seherin antwortet: „So sehr hat Gott den Menschen geliebt, daß Er ihn für den Platz, aus dem der gefallene Engel geworfen ward, bestimmte und daß Er ihm alle Herrlichkeit und Ehre, die jener mit seiner Seligkeit verloren hatte, zuordnete." Über einen mächtigen Berg, von weißem Gesteine glitzernd, sieht Hildegard von Bingen eine Taube emporschweben. Sie stellt die göttliche Ordnung dar, die „Divina ordinatio". Die beiden Flügel enthüllen das Wesen einer zweifachen Kreatur: der Engel und der Menschen. Zum vollen Fluge konnte der Mensch aber erst gelangen, „da der Sohn Gottes das Gewand des Fleisches annahm und als Mensch mit dem Menschen aufflog, eine Tat, über welche die Engel nur staunen konnten".

Über die Engel, unter deren Schutz nun der Mensch von Gott gestellt wurde, sagt die Visionärin: Ihre erste Ordnung besteht „im reinen, brennenden Spiegeln vor Gott". Ihre zweite Ordnung neigt sich zur menschlichen Natur herab, dieweil die dritte des Menschen Tun vor Gott hinträgt. Als der Schöpfungsakt sich vollzog, da war die Urwelt noch ein einziges hell leuchtendes Feuer. Es blitzte in Flammen und zeugte Funken. Licht ging aus dem Licht der Gnadensonne hervor. Ein besonders geformtes Licht aber sind die Engel in ihrer Gestaltwerdung. Sie wurden als begnadete Mitwisser des Schöpfers auch Zeugen und Eingeweihte in die Heilsgeschichte, in der sie das Hauptwerk zu vollbringen haben durch die „Wiederbringung alles Verlorenen". Der Anfang und das Ende der Genesis wird von ihnen geschaut in einer Zusammenschau, wie sie nur durch Christus auf einer noch höheren Ebene seinen Aposteln und Jüngern gegeben wurde. „Denn Gott wollte seine

Herrlichkeit nicht allein haben. Er verteilte sie vielmehr auf seine Geschöpfe, auf daß sie sich mit Ihm freuten. Gott tat dies so, wie eine Henne ihre Küken unter ihre Flügel sammelt. Aber der erste Engel fiel und so vernichtete er sich selbst und brachte auch den Menschen zu Fall. Mit seinem Fall aber wurden die Elemente der Welt verwirrt. Gott jedoch wollte im Menschen den gesamten Kosmos erlösen."

Mensch und Engel: welch eine Gegensatzspannung! Als verkörperter Lobgesang hat der Engel das innigste Verhältnis zur Natur. Er allein als der Erstgeborene und Geistgestaltete sieht die Schöpfung als Ganzes; er trägt sie gleichsam verdichtet in sich. So wird er zu ihrem tönenden Instrument. Mehr noch bedeutet das Wesen des Menschen: „Denn wie der Engel in Gott reinster Lobgesang ist, so ist der Mensch in Gott eine Tat. Wie herrlich, daß im Schaffen und Wirken an Ihrem Geschöpf sich die Gottheit tätig offenbart. ... Wie gewaltig ist doch die Liebe, daß Gott im Erdenlehm erstrahlt und daß Engel, die Gott dienen, Ihn schauen als Mensch!" Auch in Dantes Göttlicher Komödie, dieser „Landschaft der Ewigkeit" und Tapisserie der jenseitigen Welten, begegnet der Engel dem Wanderer auf allen Stationen seines Weges. Er geleitet ihn und schützt ihn, unterweist ihn und segnet ihn. Der Engel ist überall zugegen. Sein festes Amt als Geburtshelfer ins Diesseits und ins Jenseits ist ihm von Gott bestimmt. Der Engel ist „Lob" (Laus), nach Hildegard von Bingen, die Natur ist „Sonus" mit ihren klingenden Sphärenharmonien, der Mensch ist „Opus": ein Nachbild des ewigen Meisters, schöpferisch tätig und gestaltend.

Wie aber steht der Mensch zur Natur? Er ist auf sie abgestimmt in allen ihren Klängen; „denn des Menschen Seele hat in sich einen Wohlklang und sie ist selber klingend (,symphonizans'), weshalb sie oftmals Leid erfährt, wenn sie jenen Urklang vernimmt. Erinnert sie sich doch dann daran, daß sie aus dem Vaterhaus in die Fremde vertrieben ward". In der Johannes-Apokalypse gibt es Engel des Feuers, Engel des Wassers, Engel der Sonne. Und im slawischen Henochbuch heißt es: „Alles hat seine Engel, Zeiten und Jahre, Flüsse und Meere, Früchte und Gras, Schnee und Wolken, und auch die Sterne!" Durch ihren Lichtglanz und die Vielfalt ihrer Erscheinungsweisen sind die Engel ein getreues Abbild von Gottes Wesen. Alle seine Attribute spiegeln sich in ihrer hierarchischen Gliederung gesondert: die Liebe, die Weisheit, die Kraft, usw. Die alte Engelslehre des Dionys Areopagit unterscheidet neun Chöre: Seraphime, Cherubine, Throne; Herrschaften (Kyriathetes), Gewalten (Dynameis), Mächte (Exousiai); Fürstentümer (Archai), Erzengel und Engel. Die klingenden, singenden, jubilierenden Reigen durchtönen das ganze All, in neunfachen Kreisen einen leuchtenden Ring ziehend um die Gnadensonne. Alle zusammen bilden sie bei Dante die Himmelsrose mit der Himmelskönigin (Sophia-Maria) im Mittelpunkt.

Das rote, gelbe und blaue Licht als die Urbilder der kosmischen Elemente Feuer, Luft und Wasser – nach Intermediarius (Johanna van der Meulen) zugleich in seiner flammenden, atmenden und spiegelnden Kraft eine indirekte Abbildung der „himmlischen Triade" Urvater (Macht und Wille), Mittler (Liebe) und Urmutter (Weisheit) – prägt auch die Gewänder der Engel, je nachdem, welcher Hierarchie sie zugeordnet sind. Im allgemeinen herrschen bei den Engelsdarstellungen mit ihren griechisch anmutenden faltenreichen Gewändern die Farben Rosa und Blau als Ausdruck der Liebe und Weisheit vor (z. B. bei Fra Angelico). Es gibt aber auch jede andere Farbschattierung. In tiefes Grün kleidet Melozzo da Forli einen Teil seiner Angeli suonanti. Zu einem seiner Bilder schrieb ein Dichter die Verse:

Angelo suonante

Der Engel, der die Laute schlägt,
Aus blauen Tiefen hergebeugt,
Ist Auge, das verwundert frägt,
Und Antlitz, das vom Lichte zeugt.

Rotgolden flammt sein kurzes Haar,
Vom Glorienscheine rings entbrannt,
Wie Heliotrop das Flügelpaar
Umschattet dunkelgrün Gewand.

Der Mund, die Stirne marmorschön,
Sind noch versiegelte Gewalt,
Zu künden, was aus fernsten Höhn
Auf Bethlems Fluren niederschallt.

Ist's nicht, als sei der Schöpfungstag,
An Gottes Urlicht einst entfacht,
Herabgestürzt mit einem Schlag
In diese finstre Erdennacht?

Der Engel, der die Laute schlägt,
Aus blauen Tiefen hergebeugt,
Ist Auge, das verwundert frägt,
Und Antlitz, das vom Lichte zeugt.

Schon das Alte Testament vermittelt uns präzise Vorstellungen vom Dienst der Engel. Die Cherubime zum Beispiel tragen nach Ezechiel den göttlichen Thron. Sie wirken aber auch im Kosmos mit gewaltigen Kräften. Es sind „ungeheure Machtwesen jenseits der Sterne" (A. Rosenberg). Sie spannen ihre Flügel über die Bundeslade und streuen ihr goldenes Licht über das Heiligtum. Im Gegensatz zu ihnen bleiben die Seraphime meist im Verborgenen. Sie sind die von Liebe „feurig Glühenden", denn das bedeutet ihr

Name. Als Liturgen des himmlischen Kultes rufen sie das „dreimal Heilig" in der ewigen Anbetung Gottes (nach einer Vision des Jeremias). Manchmal treten sie aber auch als Strafengel auf, wie am Ende der Zeiten. Es gehen dann Feuerstrahlen aus ihnen hervor. Auf keinen Fall sind sie das, was eine verdorbene christliche Phantasie aus ihnen gemacht hat: kindliche Putten mit angehängten Flügelchen. Das Gegenteil ist der Fall: zu fürchtende Machtwesen sind sie! „Ihre Schrecklichkeit wird faßbar in ihrem Namen: denn Seraph bedeutet im Hebräischen Schlange" (A. Rosenberg). Als „tödliche Vögel der Seele" hat Rilke sie in seinen Duineser Elegien bezeichnet. Sie bauen „die Treppen, die Gänge und die Throne", die himmlische Leiter zu den Sternen hin. Besonders als Verkündigungsengel sind sie die Verkörperung eines göttlichen Befehlswortes, aus dem Urfeuer kommend und wieder in dasselbe zurücktretend. In dieser Rolle ist ihnen Macht gegeben, gleich den Elohims, die Allgewalt Gottes zu offenbaren. Eine richterliche Strenge geht dann von ihnen aus, vor welcher der sündige Mensch nicht zu bestehen vermag. Die Gewalt ihrer Erscheinung ist oft so groß, daß sie körperlich spürbar wird. Selbst Daniel stürzte vor Gabriel erst zu Boden, als dieser bei seinem Herannahen sein starkes Licht noch nicht eingezogen und „umschattet" hatte. Der goldgegürtete Engel half ihm wieder empor mit den Worten: „Fürchte dich nicht!" Es ist fast immer die erste Anrede der himmlischen Boten an die Menschen. Auch die Hirten von Bethlehem sind durch sie besänftigt worden. Zu Boden stürzten ebenfalls die Wächter am Grabe, als zwei Engel herzutraten und der Heiland auferstand.

Wir dürfen sicher sein, daß hauptsächlich in geschichtlichen Momenten, in denen der ewige Heilsplan seiner Verwirklichung harrt, die Engel aus der unmittelbaren Sphäre Gottes herniedersteigen. Im Buche Hiob werden sie als „Söhne Gottes" bezeichnet. Am mächtigsten erscheint immer der sogenannte Engel des Herrn, hinter dem sich im Alten Testament der Herr selbst verbirgt. Gegenüber den „Flügelengeln", den Cherubinen und Seraphimen, erscheinen die anderen Engel menschlicher. Sie offenbaren nicht so sehr die Macht als die Güte Gottes. Denken wir nur an den Schutzengel, von dessen übergroßer Milde Trost und Geborgenheit ausgeht! In vielen Jenseitskundgaben fließen die Begriffe Schutzgeist und Schutzengel zusammen. Nach Swedenborg wird jeder einzelne Mensch zumindest von zwei Schutzengeln und Schutzgeistern betreut, die auch bei seinem Sterbeakt zugegen sind. Lange hatte der Mensch nach seiner Vertreibung aus dem Paradiese durch die feurigen Schwerter der Cherubime noch direkten Umgang mit den Engeln. Wenn sie sich vermaterialisieren, können sie in Tischgemeinschaft mit ihm treten und irdische Speise und Trank zu sich nehmen. Hat doch auch der auferstandene Heiland im Kreise seiner Jünger Fisch, Brot und Honigseim zu sich genommen! Manchmal, wenn Engel reden, klingt es wie das Rauschen vieler Wasser oder das Tosen einer Volksmenge aus ihrem Munde, als seien sie nur Gefäß für eine Vielheit von Wesenheiten. So übermächtig kann ihr Auftreten sein, daß die Betroffenen dabei die Sprache verlieren wie Daniel und Zacharias.

Es gibt Völker- und Gemeindeengel, die mit der Aufgabe des Schutzes und der geistigen Führung betraut sind. Die echten gottgesalbten Könige pflogen einst mit ihnen Rat. „Der Engel des Herrn lagert sich um die, so ihn fürchten, und rettet sie", heißt es im Psalm 34, 8. Zur Sterbehilfe sind sie ebenso bestellt wie zur Hilfe bei der Geburt ins irdische Dasein. Die „Pistis Sophia" berichtet uns von den „Liturgoi", die die präexistente Seele des Menschen in den materiellen Leib zu bringen haben. Der Engel gehört zum Menschen nicht nur als Austräger des Willens Gottes, sondern auch, um dessen Allgegenwart spürbar zu machen; sind sie doch eine vielfarbige Strahlenbrechung der Schönheit und Heiligkeit Gottes. Es gibt überhaupt kein Zuhausesein im Reiche des Vaters, wo sie nicht als Mysterienkünder und Liebesboten zugegen sind. Vor allem spenden sie den Segen als eine Lichtkraft von oben. Tröstlicherweise gibt es auch im Jenseits noch Einweihungsstätten, kleine und große Tempel der Herrlichkeit, von wo der Mensch sich die Kraft holen kann, um höher zu steigen. In dem schlichten, aber aufschlußreichen Büchlein „Die Somnambule von Weilheim am Teck", einer Kostbarkeit der Jenseitsliteratur, lesen wir nicht nur von prächtigen Gebäuden, in denen die Verstorbenen durch gereiftere Seelen oder von Engeln unterrichtet werden; wir hören da auch von Einsegnungstempeln, wo Engel ihnen die Hände auflegen in feierlichem Zeugungsakt. Dabei werden sie, von der Kraft Gottes emporgehoben, meist in eine höhere Stufe versetzt. Sie vertauschen dort ihr früheres Gewand mit einem lichteren und schöneren. Diese Entwicklung führt von Stufe zu Stufe, bis die Seele über alle Astralbereiche der Planeten hinaus ins Neue Jerusalem aufsteigen kann.

Ganz menschlich zeigten sich die drei Gestalten, die einst im Hain von Mambre auf den vor seinem Zelte sitzenden Abraham zukamen; einer von ihnen war der Herr. Sie ließen sich vom Patriarchen bewirten und unterhielten sich mit ihm wie mit ihresgleichen. Ja, er wusch ihnen sogar die Füße. Manchmal geben sich die Engel im Aussehen wie ganz gewöhnliche Sterbliche; da erscheinen sie zum Beispiel als bärtige Wanderer, was sogar noch in der Kunst seinen Niederschlag fand (z. B. bei Grünewald). Als gestaltgewordene Ideen und Kräfte Gottes halten sie das Schöpfungsgefüge zusammen. Ihrer Obhut ist auch die abgefallene Schöpfung, das physische und astrale Universum anvertraut. Insonderheit überwachen sie die Tätigkeit der Naturgeister (nach Lorber) und sind schöpferisch zeugend am Aufbau der Welten beteiligt. In den Händen eines einzelnen von ihnen kann nicht nur die Leitung ganzer Sonnensysteme, sondern auch einer einzelnen riesenhaften

"Hülsenglobe" liegen. Nach Lorberscher Terminologie ist dies eines der zahllosen Weltsysteme, die von einer „Urzentralsonne" zusammengehalten werden. Aber auch die Rückführung der gerichteten Materiegeister innerhalb des „Großen Schöpfungsmenschen", der Seelengestalt Luzifers, ist Aufgabe der Engel. Sie lösen diese in kleinen und kleinsten Teilchen, Lebensfunken um Lebensfunken aus ihrer Erstarrnis, um sie schließlich in den rein geistigen Zustand, das heißt in die „Freiheit und Herrlichkeit der Kinder Gottes" (Paulus, Röm. 8, 19) zurückzuführen. Dieses große Werk der Schöpfungsdiener Gottes im einheitlichen Lebensbereich von Mineral, Pflanze, Tier und Mensch mit allen ihren „Sonderintelligenzkräften" erfordert eine ungeheure Weisheit, die nur die reinen urgeschaffenen Engel besitzen.

Bei Swedenborg findet sich eine Engelslehre, die in ihrer Ausführlichkeit und Systematik kaum ihresgleichen hat. Es ist eine Besonderheit des nordischen Sehers, daß er auch die Menschenseelen nach ihrem Eintritt in den Himmel zu Engeln werden läßt. Diese Aufnahme in die himmlischen Gesellschaften entspricht einem Ordnungsbild, das Swedenborg, den „großen Lichtmenschen" vor Augen als das Gegenstück zum „großen Schöpfungsmenschen", eine Gliedschaft im Corpus Christi mysticum annehmen läßt. Seine Auffassung gibt Heintschel-Heinegg mit den Worten wieder: „Der Himmel ist keineswegs bloß die äußere Umwelt der Engel, nein, jeder trägt ihn in seinem Inneren. Jeder Engel ist selbst der Himmel in kleinster Gestalt. Die Gesellschaften werden durch neu eingetretene Mitglieder dabei ständig noch weiter vervollkommnet. Ebenso ist auch die Entwicklung des Einzelnen mit seiner Aufnahme in eine himmlische Gemeinschaft keineswegs zu Ende, sondern sie setzt sich immer weiter fort. Nach Swedenborgs Anschauung ist also der Himmel nicht statisch ruhend, vielmehr ist er ständig in Bewegung, ewiges Leben.

Über die Ordnung des Himmels teilt Swedenborg noch etwas sehr Eigenartiges mit, als ‚ein in der Welt noch nicht bekanntes Geheimnis': Der Himmel stellt in seiner Gesamtheit die Gestalt eines Menschen dar. Die Engel nennen ihn ‚den größten und den göttlichen Menschen'. Das Leben Gottes strömt unmittelbar in diese Gestalt ein und belebt sie. Die einzelnen Gesellschaften stellen die verschiedenen Teile und Partikel dieses universellen Leibes dar, und Swedenborg wird niemals müde, diese Entsprechungen bis in die feinsten anatomischen Einzelheiten zu erläutern. Gleichzeitig erscheint aber dem geistigen Auge auch jede einzelne Gesellschaft für sich betrachtet als eine menschliche Gestalt. – Ein Bild nur? Wer will, könnte gerade hier einmal versuchen, das Gesagte tiefer in sich aufzunehmen, um es zu prüfen und die Konsequenzen zu überlegen. Der ‚größte Mensch' (homo maximus) gehört nämlich zum Genialsten, was Swedenborg überhaupt gegeben hat."

Bei Lorber werden diese Ideen noch weiter ausgesponnen; nur daß dieser größte aller Propheten die Menschen nicht zu direkten Engeln werden läßt. Zu tief ist der Gedanke von der Gotteskindschaft in seiner Lehre eingewurzelt, als daß er nicht den Menschen über den Engel stellte. Auch spiegelt nur der Mensch allein in seiner Gottebenbildlichkeit alle Eigenschaften seines Urbildes, während die Engel auf bestimmte Attribute Gottes festgelegt sind. Wie Angelus Silesius könnte auch Lorber von einer „Überengelheit" beim Menschen sprechen. Ansatzpunkte für die Idee des „großen Lichtmenschen" (Jesus Christus) sind schon in der jüdischen Mystik vorhanden, besonders in Anknüpfung an die Merkaba, die Thronwagenvision Ezechiels. Dabei wird Gottes ursprüngliche Menschengestalt (hebr. Schi'ur Koma) als das „Maß der Höhe" beschrieben. Rabbi Akiba sagt: „Er ist gleichsam wie wir, ist aber größer als alles; und das ist seine Glorie, die uns verborgen ist." Die Kabbala hat später diesen göttlichen Kosmosmenschen in ein ganz reales Zahlenverhältnis gestellt und detailliert wiedergegeben. In den einzelnen Gliedern seiner Schi'ur Koma glaubte man alle seine Geheimnamen aufgezeichnet. Für die Gestalt des himmlischen Königs und Demiurgen verwendete man Zahlen- und Buchstabenmystik. Dieses Eingegliedertsein in den kosmischen Leib Jesu Christi bedeutet zugleich eine Kommunio, die offensichtlich auch als Teilnahme an seinem „Fleisch und Blut" verstanden werden muß.

Zahllose Engelsgesellschaften füllen nach Swedenborg die Gestalt des göttlichen Lichtmenschen aus. Alles steht bei ihnen in „Entsprechung", selbst ihre Gewandung, ihre Sprache, ihre Schrift, ihre Wohngegend (ob näher oder ferner dem Zentrum), je nachdem sie mehr das Gute (die Liebe) oder das Wahre (die Weisheit) ausdrücken. Von den engelischen Kleidern sagt Swedenborg: „Die Einsichtsvollsten haben wie im Feuerglanz schimmernde, einige aber wie von Lichtglanz leuchtende Kleider. Die minder Einsichtsvollen haben glänzend weiße oder mattweiße Kleider. Und die noch weniger Einsichtigen haben bunte Kleider." Dasselbe können wir von den Geistern seliger Menschen annehmen. Von den Gewändern der Engel erzählen uns auch die Propheten in meist hochpoetischer Sprache. In Edelsteinen prangend werden sie dargestellt.

An einer Stelle des Propheten Ezechiel (28, 11–14) versucht der Herr dem übermütig gottlosen König von Tyrus dadurch ins Gewissen zu reden, daß er ihn an seine vorzeitlich präexistente Herrlichkeit als Engelsfürst erinnern läßt: „Der du das Bild der Vollkommenheit warst, voll von Weisheit und vollkommen an Schönheit; in Eden, dem Garten Gottes befandest du dich! Allerlei Edelsteine bedeckten deine Gewandung: Karneol, Topas und Jaspis, Chrysolith, Beryll und Onyx, Saphir, Rubin und Smaragd. Aus Gold waren deine Einfassungen und Verzierungen gearbeitet; am Tage deiner Erschaffung wurden sie bereitet. Du warst ein gesalbter Cherub, der da schirmt; ich hatte dich dazu bestellt. Auf dem heiligen Gottesberge weiltest du, inmitten feuriger Steine wandeltest du. Unsträflich warst du in all deinem Tun vom Tage deiner Erschaffung an, bis Schuld an dir gefunden wurde. Infolge deines regen Verkehres (mit Luzifer) füllte sich dein Inneres mit Frevel. Als du dich versündigt hattest, trieb ich dich vom Gottesberge weg und verließ dich, du schirmender Cherub, aus der Mitte der feurigen Steine. Dein Sinn war hochfahrend geworden infolge deiner Schönheit, und du hattest deine Weisheit außer acht gelassen um deines Glanzes willen. Darum stürzte ich dich auf die Erde hinab... Infolge der Menge deiner Verschuldungen durch die Untreue deines Tuns hast du deine Heiligtümer entweiht. Darum habe ich ein Feuer aus deiner Mitte hervorgehen lassen, das dich verzehrt hat, und habe dich zum Staub auf der Erde gemacht vor den Augen aller, die dich sahen. Ein Ende mit Schrecken hast du genommen und bist dahin für unabsehbare Zeiten."

In apokryphen Schriften lesen wir auch von zeptertragenden Engeln. Herrlich und hoheitsvoll ist die Erscheinung des Engels Jaoel, der „in eines Mannes Ähnlichkeit" vor Abraham hintritt. Ein goldenes Zepter glänzt in seiner Rechten. Sein Leib gleicht einem Saphir; sein Antlitz einem Chrysolith, das Haar dem Schnee, des Hauptes Diadem dem Regenbogen und seine Gewandung dem Purpur (Apk. Abr. 10–11). Die echte würdevolle Königsgestalt mit purpurner Gewandung und Insignien hat also ihr Urbild schon im Kosmischen! Auch hier gilt das hermetische Gesetz von dem „Oben wie unten" (wie in der Tabula smaragdina). Im Neuen Testament erscheinen die Engel gewöhnlich „einem Blitze gleich"; ihre Gewänder aber glänzen „weiß wie Schnee" (Matth. 28, 3; Mark. 16, 5; Luk. 24, 4; Joh. 20, 12).

Über die Wohnungen der Engel im Himmel sagt Swedenborg: „Ich sah Paläste des Himmels, welche so herrlich waren, daß sie nicht beschrieben werden können. Oben glänzten sie wie von reinem Gold und unten wie von Edelsteinen, immer ein Palast schimmernder als der andere. Im Inneren ebenso. Die Werke der Baukunst des Himmels sind von der Art, daß man sagen möchte, hier sei die Kunst in ihrer Kunst, was auch kein Wunder ist, da diese Kunst selbst vom Himmel stammt. Die Engel sagten, dergleichen Dinge und unzählige andere mehr, welche noch vollkommener sind, werden vom Herrn vor ihre Augen hingestellt, und dieselben ergötzten mehr noch ihre Gemüter als ihre Augen, und dies darum, weil sie in den Einzelheiten Entsprechungen und mittels der Entsprechungen das Göttliche sehen."

Daß auch Schriftzeichen von den Engeln gebraucht werden, wissen wir schon von der Bibel her. Ezechiel erlebte einmal folgendes: „Als ich hinblickte, siehe, da streckte sich eine Hand gegen mich aus und in ihr war eine Buchrolle, die sich vor meinen Augen entfaltete. Sie war von vorne und hinten

beschrieben" (2, 9 f.). Und Johannes berichtet: „Ich sah zur Rechten dessen, der auf dem Throne saß, ein Buch, inwendig und auswendig beschrieben, versiegelt mit sieben Siegeln" (Offb. 5, 1).
Unbeschreiblich ist im Himmel die „Freudigkeit" und der Friede (nach Swedenborg). „Kindliche Unschuld" rufen sie hervor. Mit dem „Spiele" der himmlischen Sophia, das heißt der göttlichen Weisheit, sind die Engel ebenso beschäftigt wie die Kinder auf Erden mit ihrem Spielzeug. Darum sagt Swedenborg: „Auch bei diesen wohnen ja Unschuld und Frieden beieinander; und weil sie im Frieden sind, so ist bei ihnen auch alles lauter Spiel."

d) Erschaffung und Wesenheit der Engel bei Jakob Lorber

Entwicklungsvorgänge in der Gottheit selbst führten einst zur Erschaffung der ersten Geister. Es war ein dialektischer Prozeß, der auch in einem Dialog seinen Niederschlag fand. Bei J. Lorber lesen wir: „Es sprach die Liebe in der Gottheit: ‚Lasset Uns die Gedanken der Herrlichkeit festhalten und hinaustreten, daß sie frei werden und Uns empfinden und sehen, wie Wir sie empfinden und sehen und Wir sie empfanden und sahen, ehe noch das Licht ihre Formen erleuchtete!' Da ging das Wort in die Gottheit über, und Sie ward überall Liebe. Und siehe, da sprach die Gottheit zum ersten Male: ‚Es werde!' Und es ward ein Heer der Geister aus Gott frei, deren Zahl kein Ende hat, und die Liebe sah sich selbst verunendlichfältigt'" (H. Bd. 1, Kap. 5, 6–7).
Als „Sammelgefäße" der Gedanken und Ideen Gottes, aber auch als „Austräger seines Willens" stellen sich die Engel dar. Daß einige von ihnen mit einer außerordentlichen Fülle von „Lebensfunken" oder „Urelementen" ausgestattet wurden, gab ihnen einen höheren Rang in der Stufenfolge der Geister. Sie entwickelten sich zu gewaltigen „Machtzentren", die selbstschöpferisch eine ungeheure Zahl von „Untergeistern" aus sich hervorbringen konnten. Das waren Wesen, die ganz ihrer eigenen Sphäre, ihrem eigenen „Lebenskreis" verhaftet blieben. Im Großen Evangelium Johannis wird uns über sie gesagt: „Wenn ein Urengel aus dem Willen Gottes heraus etwas will, so erfüllt dieser Wille auch schon die zahllosen, ihm unterstehenden Diener, die sogleich in die vollste Tätigkeit treten und eine verlangte Tat in den schnellsten Vollzug setzen" (Bd. 5, Kap. 2, 4).
Welches war nun der eigentliche Anlaß, daß Gott überhaupt etwas schuf? Hatte er denn nicht genug an seiner eigenen inneren Wesensfülle? Naiv gedacht könnten wir tatsächlich von der Einsamkeit Gottes sprechen, so lange er diese Wesensfülle nicht ganz aus sich herausstellte. So sagt der Herr einmal im Großen Evangelium Johannis zu einem seiner Jünger: „Meinst du

denn, daß ohne ebenbildliche, Mich erkennende und liebende Wesen Mir Meine unendliche, ewige Lebensvollendung zu etwas frommte und Mir eine Seligkeit abgäbe? – Wahrlich nicht! In dem Mitwachsen Meiner zahllos vielen unvollendeten Kindlein, in ihrem zunehmenden Erkennen und Vollkommenerwerden und in ihrer daraus erwachsenden Tätigkeit liegt auch Meine eigene höchste Seligkeit. Ihre Freude über eine mühsam errungene, vollendetere Fähigkeit ist auch Meine stets erneute Freude. Und Meine unendliche Vollkommenheit bekommt erst dadurch den unschätzbarsten Wert, so sie von den noch unmündigen Kindlein stets mehr und mehr angestrebt wird und sich auch in ihnen unverkennbar wachsend zu erkennen gibt. – Wäre es nicht also, meinst du, daß Ich je eine Welt und irgendein lebendes Wesen auf ihr gestaltet hätte? – Alles das ist Mir schon von Ewigkeit her ein unerläßliches Bedürfnis gewesen, ohne welches nie eine Erde erschaffen und mit allerlei Wesen belebt worden wäre" (Bd. 5, Kap. 157, 7 ff.).

Das „Risiko Gottes", von dem Luther spricht, und damit auch eine unverkennbare Tragik, beginnt in dem Augenblick, da Gott seine Geschöpfe mit einem freien Willen ausstattet. Wie hätten sie auch ohne einen solchen wahrhaft lieben können? Als ebenbürtig bis zu einem gewissen Grad in ihrer Freiheit und Selbständigkeit sollten sie die Resonanz geben können, das Liebesecho auf die Liebe des Schöpfers. Es sollte ein tönendes, das ganze All durchdringendes harmonisches Miteinander werden, ein Jubelchor um das Angesicht des Allerhöchsten. Das Gegenüber von Schöpfer und Geschöpf bedeutete letzten Endes für die Gottheit eine allertiefste Selbstbewußtwerdung. Von ähnlichen Vorstellungen und Gedanken ist auch die philosophische Richtung des deutschen Idealismus getragen, der häufig von einer „Selbstentfaltung des Absoluten", das heißt der Gottheit redet. (s. bes. Hegel u. Schelling!)

Das Bedürfnis der Gottheit nach einem liebenden und tätigen Miteinander konnte sich nur erfüllen, wenn er keine von ihm abhängigen Puppen oder Maschinenwesen schuf. Er sehnte sich nach Ebenbildern, in denen er sein eigenes Urbild wieder erkannte. Um solche „Kinder Gottes" mit völlig freiem Willen und einem „Geistfunken" aus ihm selbst heranzuziehen, bedurfte es aber einer langen Entwicklung und allerhöchster Geduld. Die „sieben Geister Gottes" (Liebe, Weisheit, Kraft oder Wille, Ordnung, Ernst, Geduld und Barmherzigkeit) begannen ihre Tätigkeit an den Geschöpfen.

Alle Urgeister waren ganz „nach Gottes Ebenmaß gestaltet und es ward ihnen darum auch die Fähigkeit zu eigen", lesen wir bei Lorber, „sich selbst zu konsolidieren"; und zwar aus dem Kampf der streitenden Gegensätze, die Gott in sie hineingelegt. „Jedem Wesen", heißt es im Großen Evangelium, „ward Ruhe und Bewegung, Trägheit und Tätigkeitssinn, Finsternis und Licht, Liebe und Zorn, Heftigkeit und Sanftmut zu eigen gegeben; nur war in dem Maß ein Unterschied" (Bd. 2, Kap. 229, 6). Wir erinnern uns, daß auch im Schöpfer selbst diese streitenden Gegensätze vorhanden waren, nur waren sie bei ihm „schon von Ewigkeit her in der höchst besten Ordnung. Bei den geschaffenen Wesen aber mußten sie erst durch den freien Kampf in die rechte Ordnung wie von sich selbst heraus durch die Selbsttätigkeit gelangen" (Gr. Ev. Bd. 2, Kap. 229, 7).

Wir Menschen machen uns keine Vorstellung davon, welche ungeheuren Zeiträume erst vergehen mußten, ehe die Ausreifung der Urgeister zu völlig selbständigen Wesen abgeschlossen war. In ihrer eigenen Bemühung und Anstrengung wurden sie freilich immer unterstützt vom Schöpfer selbst, der ihnen ihre „Selbstbildung" erleichterte durch einen förmlichen Unterricht. Er gab ihnen zuerst das Grundgesetz aller göttlichen Ordnung mit auf den Weg, das sie frei annehmen, aber auch ablehnen konnten: „Liebe Gott über alles und deine Mitbrüder wie dich selbst!" Eine Art von Dekalog verkündete ihnen ganz konkret, wie sie mit der Liebe Gottes in Übereinstimmung bleiben konnten. Diese „Du-sollst-Gebote" bedeuteten aber keinen Zwang; sie wurden ihrer freien Einsicht anheimgegeben. Eine Menge von Versuchungsreizen, die gerade bei den urgeschaffenen Geistern in höchster Intensität vorhanden waren, bildeten eine ständige Gefahr. Aus diesem Grunde wurden ihnen die Übertretungsfolgen der göttlichen Ordnungsgesetze mit größter Deutlichkeit vor Augen gestellt. Es ist also keineswegs so, daß der Abfall eines Teiles der himmlischen Heerscharen von Gott durch Unwissenheit und Ahnungslosigkeit mitbedingt war. Sie hatten vor allem die Mahnung in den Wind geschlagen: „Euer Äußeres sei der getreue Widerschein eures inneren Spiegels, in welchem sich die Liebe der Gottheit beschaut, sonst wird der innere Spiegel zerbrochen werden und eure Gestalt wird schrecklich werden" (H. Bd. 1, Kap. 5, 12).

Die Katastrophe des Engelsturzes hat nicht nur die Erschaffung der materiellen Welten als Creatio secunda notwendig gemacht, die Engel waren seitdem auch in zwei Lager gespalten. Luzifer und Michael führten die feindlichen Heerscharen an. Für die treu gebliebenen Engel Gottes gab es insofern eine Schicksalswende, als sie von nun an in verstärkter Weise „zu Gottesfurcht, Gehorsam, Gottesliebe, Demut und zum Leben in der Freiheit" hinerzogen wurden. Das enge Band zwischen ihnen und Gott wurde aber ganz von selbst dadurch immer fester, daß die „ewige Liebe" sich ihnen zum ersten Mal persönlich offenbarte (nach Lorber). Sie durften sie in ihrer Herrlichkeit erschauen, und ihre ganze Liebe und Sehnsucht richtete sich darauf. Es wäre aber verkehrt anzunehmen, daß sie mit der gänzlichen Hingabe ihres Eigenwillens an den Willen der Gottheit zu keinem selbständigen Wollen mehr fähig gewesen wären. Wie sehr auch diese nicht gefallenen Engelsgeister noch einen eigenen Geschöpfeswillen besitzen, bezeugt einer von ihnen gegenüber den Jüngern Jesu mit den Worten: „Ich fühle gar wohl, was ich will und was der Herr will. Ich nehme aber des Herrn Willen leichter, bestimmter und schneller wahr als ihr Menschen und ordne den meinen dem Willen des Herrn urplötzlich ganz und gar unter. Dessen ungeachtet könnte ich freilich so wie ein Mensch dem Willen des Herrn auch zuwider handeln; aber das kann in Wirklichkeit dennoch nie geschehen, weil ich die Weisheit in einem so hohen Grade besitze, daß ich, als Selbstlicht aus dem göttlichen Urlichte, zu sehr die ewige, unwandelbare Gerechtigkeit des göttlichen Willens als das allerhöchste Lebensgut aller Menschen, Engel und Welten erkenne und darum aus meiner höchst eigenen Bestimmung stets nur den wohlerkannten göttlichen Willen in Vollzug bringe" (Gr. Ev. Bd. 3, Kap. 244, 6 ff.).

Wie müssen wir uns aber nun das Äußere dieser Geistwesen vorstellen, die samt und sonders, entgegen der Behauptung des Thomas von Aquin, daß sie keine Leiber hätten, selbstverständlich auch eine „Form" besitzen? In der Kunst werden sie zumeist als androgyne Wesen dargestellt, holdselige Jünglingsgestalten von großer Anmut und Schönheit, deren Angesichter überhaucht sind von jungfräulichem Reize. Tatsächlich sind sie männlich und weiblich in einer Person, wie auch der erstgeschaffene Mensch Adam. „Bei ihnen allen ist aber", wie uns das Große Evangelium Johannes lehrt, „ausnahmslos das männlich-positive Wesen vorwaltend; aber es ist dennoch in einem jeden auch das weiblich-negative Prinzip vollkommen gegenwärtig." Und so stellt ein jeder Urengel in sich „die vollkommenste Ehe der Himmel Gottes" dar. Ob sie sich nun in männlicher oder weiblicher Form zeigen wollen, hängt ganz von ihnen selbst ab. „Und darin, daß sie ein Zweiwesen sind, liegt auch der Grund, daß sie nie altern können, weil sich in ihnen die beiden Pole ewig fort unterstützen" (Bd. 2, Kap. 156, 12 ff.).

So selig die nichtgefallenen Engel in ihrem jetzigen Zustande auch sein mögen, zur höchsten vorgesehenen Stufe ihrer Entwicklung, nämlich zur Kindschaft Gottes, können sie erst dann gelangen, wenn sie in einem wahren Opfergang, dem Beispiel des Herrn folgend, sich in die Materie einkörpern lassen. „Der Weg, den der Herr (als Vorbild für alle Menschen und Engel) selbst ging, wird noch der Weg aller urgeschaffenen Geister aller Himmel werden!" So steht es im Großen Evangelium (Bd. 3, Kap. 180, 12) geschrieben. Es ist einleuchtend, daß eine Inkarnation in einem Menschenleibe für diese überaus seligen Himmelsbewohner eine ungeheure Überwindung bedeutet. Schon der Gedanke, daß sie die Herrlichkeit der himmlischen Welten mit einem ungewissen Schicksal in der „Welt der Finsternis" tauschen sollten, läßt sie erschauern. Am Ende ist es nur ihre bedingungslose Liebe zum Herrn des Kosmos Jesus Christus, die sie das Opfer auf sich nehmen läßt. Als Gewinn wird ihnen von Jesus verheißen: „Wenn ein Urerzengel gleich

Mir den Weg des Fleisches wird durchgemacht haben, dann wird er mehr zu fassen imstande sein als zuvor – aber alles in der ganzen, ewig nie endenden Unendlichkeit niemals!" (Gr. Ev. Bd. 4, Kap. 254, 2).
Der oft im Großen Evangelium als Begleiter und sozusagen „Leibdiener des Herrn" auftretende Erzengel Raphael erläutert einmal den Jüngern Jesu seine eigene Entwicklung vom geschöpflichen Diener Gottes zum Gotteskind mit folgenden Worten: „Unbegreifbar lange früher, als je eine Welt im endlosen Raume zu schweben begann, war ich schon ein vollendeter Diener des höchsten Geistes Gottes. Das bin ich noch und werde es auch für ewig bleiben, wenn auch etwas verändert nach dem Maße des Herrn, nachdem nun wohl alle noch so vollendeten Geister streben werden" (Gr. Ev. Bd. 5, Kap. 81, 8). Bei dieser Gelegenheit erfahren wir auch, daß gerade Raphael in Gestalt des ersten Hohenpriesters der Urkirche Henoch sich längst bereits auf Erden inkarnierte. Von sich selber bekundet er: „Ich bin nichts mehr und nichts weniger als ein Mensch, der einst von einem Weibe in die Welt geboren wurde, aber nicht gestorben ist und auch nie sterben, sondern ewig fortleben wird, weil er als reiner Geist ein Herr seines Lebens geworden ist, – was aber auch ihr alle werden könnet, wenn ihr nach der Lehre des Herrn lebt und handelt" (Gr. Ev. Bd. 8, Kap. 146, 9).
Einmal fragt ein Dorfvorsteher namens Barnabe den Heiland: „In der Schrift las ich oftmals von Engeln Gottes, die da reinste Geister sein sollen. Sind das jene Geister, die sich mit unseren Seelen vereinen sollen, um sie dadurch gottähnlich zu machen?" Die Antwort lautete: „Zu einem sehr geringen Teile dann und wann ja, wenn Meine Ordnung sie aus ganz besonderen Gründen dazu bestimmt. – Was aber zu öfteren Malen geschieht und hinfür noch öfters geschehen wird, das besteht darin, daß viele Engel den Weg des Fleisches durchmachen werden, wie Ich Selbst ihn nun durchmache, auf daß sie Gottes wahre Kinder werden können. Aber da werden sie sich selbst eine rechte, noch nie in einem Fleische gewesene Seele erwählen und sie in das Fleisch irgendeiner reinen Mutter geben, und sie werden dann sorgen für das Weitergedeihen und für eine gute Lebensbildung nach ihrem Lichte und nach ihrer Kraft, auf daß eine solche Seele erstarke für die ewige Einigung mit ihnen" (Gr. Ev. Bd. 5, Kap. 267, 7 ff.).
Wie Raphael sich in Henoch inkarnierte, so Michael im Erzvater Sehel, und später dann wieder in Elias und Johannes dem Täufer. Auch Michael, als der Schwertträger Gottes mit besonderer Kraft ausgerüstet und gleich Raphael „einer der Sieben vor dem Throne Gottes", ist also bereits den Erdenweg gegangen. Und wie Johannes der Täufer nach dem Berichte der Bibel in seinem Erdendasein nichts wußte von seiner hohen Wesenheit, so war auch Sehel zunächst ahnungslos. Erst als Abedam-Jehova, der Herr in „erscheinlicher" Gestalt, ihn in seine Himmel zurücknahm, schloß er ihm das Wissen

davon auf mit den Worten: „Sehel, sieh, Meine großen Äcker sind bestellt, der Same ist in die Furchen gelegt; nun braucht er der guten Pflege, damit er aufgehe und reife zur ewig lebendigen Frucht. Daher berufe Ich dich nun zurück (von der Erde) und gebe dir eine große Macht, zu wirken im endlosen Weltenraume nach Meinem Willen. Hier ist das Schwert Meiner Macht und dort der Feind Meiner Liebe; ergreife es, gehe hin und kämpfe allzeit gegen den Drachen!" Bald darauf, so lesen wir in der „Haushaltung Gottes" (Bd. 2, Kap. 280, 35), „verschwand plötzlich der Sehel und ward fürder nicht mehr gesehen".

Eine ähnliche leibliche Aufnahme in den Himmel wie dieser „oberste Fürst aller Engel" wird später auch dem Henoch zuteil. Die große Bedeutung der beiden Erzengel im Erlösungsplane Gottes wird erst recht während des Erdenlebens Jesu ersichtlich. Johannes der Täufer (Michael) als der Wegbereiter des Messias führt ein scharfes geistiges Schwert. Nicht mehr als Mensch inkarniert begleitet der Engel Raphael in „erscheinlicher" Gestalt den Herrn auf allen seinen Wegen. Oft führt er, stellvertretend für Jesus, dessen Jünger in die tiefsten Geheimnisse der Schöpfung ein. Schon in der Geschichte des Tobias tritt er als der „schöne Jüngling" auf, der nicht nur überaus „heil- und wegekundig" ist, sondern in ganz menschlicher Weise sogar Heiratsvermittler spielt. Als „Genius der Freundschaft" wird er manchmal gepriesen. Im Großen Evangelium Johannes schließt er den Jüngern Jesu zu wiederholten Malen die „innere Sehe" auf; dabei läßt er sie einen unmittelbaren Einblick nehmen in das innerste Getriebe der Natur, in ferne Sternenwelten oder in das Jenseits. Auch wir wollen uns von ihm die nötige Auskunft holen über seine und aller Engel Wesenheit.

Da gesteht uns Raphael zunächst einmal im Gespräch mit indischen Magiern, die ihn wegen seiner Wundermacht geradezu für einen Gott halten: „Was bin ich gegen Gott? Was ich wirke, vermag ich nur durch den Geist Gottes, der mein Innerstes erfüllt, weil es voll ist von der Liebe zu Gott und voll des Willens Gottes. In mir ist nur ein Fünklein des Geistes Gottes, aber dieses steht im Verbande mit dem ewig unendlichen Geiste Gottes. Und was dieser Geist Gottes will, das will mit Ihm auch das eng verbundene Fünklein in mir, und so geschieht das im Augenblick, was in mir Gottes Geist will!" (Gr. Ev. Bd. 7, Kap. 103, 2, 3) Dem verwunderten Römer Agrikola sucht er seine Wundermacht, die er öfters vor den Jüngern demonstriert, mit den Worten begreiflich zu machen: „Wir Engel sind durch unsere Liebe zu Gott auch völlig in Seiner uns ertragbaren Weisheit und Macht, und so ist Gottes Liebe auch unsere Liebe, Seine Weisheit unsere Weisheit, Sein Wille unser Wille und Seine Macht unsere Macht. – Aber dennoch gibt es in Gott noch unergründliche Tiefen, die kein geschaffener Geist je ergründen wird; und könnte er das, so wäre er nicht selig, weil er dann aus Gott keine steigende Seligkeit mehr zu erwarten hätte!" (Gr. Ev. Bd. 7, Kap. 68, 8).

Dem römischen Statthalter Cyrenius schließlich, der bei den vielen Wundertaten des Raphael zunächst keinen Unterschied zu erkennen vermochte zwischen der Allmacht Gottes und der Macht der Engel, mußte Joseph, der Ziehvater Jesu, erklären: „O Freund, da besteht ein endlos großer Unterschied! Siehe, der Herr tut ewig alles aus sich selbst, Seine Diener aber vermögen solches aus dem Herrn nur dann zu tun, wann Er es haben will! Sonst aber vermögen sie aus sich so wenig wie ich und du, und alle ihre eigene Kraft vermag nicht ein Sonnenstäubchen zu zermalmen!" (Jug., Kap. 118, 7–9). Auf die Frage eines römischen Oberstadtrichters, worin eigentlich das Geheimnis seiner Wundertätigkeit bestünde, antwortete Raphael: „Was ein Geist aus dem Willen des Herrn in sich denkt und will, daß es da sei, das ist auch schon da. Aber das Denken eines reinen Engelsgeistes ist ein bei weitem anderes als das eines Menschen. Der Mensch kann sich nur die äußeren Formen denken und vorstellen, aber was die Formen inwendig vom Kleinsten bis zum Größten enthalten, und wie sie gebaut sein müssen, um lebensfähig zu werden, das kann sich kein Mensch denken und darauf seinen Willen richten, daß durch ihn die Formen belebt und tätig würden. Das aber kann ein vollkommener Engelsgeist und in einem geringeren Grade auch ein weniger vollkommener" (Gr. Ev. Bd. 10, Kap. 204, 6 u. 7).

Auch Lazarus von Bethanien bekommt von Raphael einmal gesagt: „Ich als vollkommener Geist sehe den Stoff, aus dem das reine Gold besteht, in der Luft herumschwimmen und kann ihn von den zahllos vielen anderen Stoffen sehr wohl unterscheiden. Ebenso kann ich durch meinen Willen den in der Luft enthaltenen Goldstoff sogleich auf einen sichtbaren Haufen hier zusammenziehen oder ihn in eine beliebige Form, etwa ein Trinkgefäß, zusammenfügen" (Gr. Ev. Bd. 7, Kap. 16, 1). Über die „Augenblicksschnelligkeit", mit der ein jeder Engel sich von Ort zu Ort bewegen kann, gab es unter den Jüngern Jesu viel Kopfzerbrechen; bis einer der Erzengel ihnen erklärte: „Siehe, das kann ich und jeder Geist meiner Art, weil für uns in der ganzen Unendlichkeit kein noch so leisestes Hindernis besteht; die Materie aber findet allerlei Hindernisse selbst im freiesten Ätherraume und kann daher eines Geistes Schnelle nie erreichen" (Gr. Ev. Bd. 2, Kap. 141, 15).

Als ein Jünger Jesu Näheres über die leibliche Beschaffenheit der Engel erfahren möchte, gibt ihm der Herr selbst folgende Auskunft: „Der Erzengel Raphael zeigt sich verhüllt vor euch. Würdest du ihn in seiner himmlischen Glorie und Schönheit erschauen, so würde dieser Anblick deinen Leib augenblicklich töten und deine Seele auf langehin betäuben. Es ist darum sein inneres Wesen mit einer Art körperlichen Umkleidung verhüllt, auf daß die, mit denen er umgeht und verhandelt in Meinem Namen, seine persönliche

Gegenwart ertragen können" (Gr. Ev. Bd. 8, Kap. 106, 15). Einen neugierigen griechischen Arzt fordert Raphael auf: „Fühle mich an, und du wirst einen Menschen mit Fleisch und Blut gewahren, so lange ich das will; will ich mich aber wieder ins Reingeistige verwandeln, so wirst du mich zwar noch ebenso sehen wie nun, doch nicht mit deinen Fleischesaugen, sondern mit den Augen deiner Seele, die ich dir öffnen kann, wann und auf wie lange ich das will!" (Gr. Ev. Bd. 9, Kap. 174, 12). Bestätigend sagt der Oberstatthalter Cyrenius: „Ja, ja, das ist alles Natur und im Ernst Materie! Er hat alle Glieder und dieselbe Form wie unsereins, nur ist alles edler und um sehr vieles schöner, und die Anmut seines Gesichtes ist unübertrefflich herrlich! Es ist ein durchaus männlich schönes, strahlendes Antlitz" (Gr. Ev. Bd. 2, Kap. 218, 4).

Schon manchmal lasen wir in der Bibel, daß Engel auch irdische Nahrung zu sich nehmen, wenn sie auf Erden erscheinlich werden. Man denke nur an den Besuch dreier Erzengel bei Abraham in seinem Zelt von Mambre! Da mußte Sara schleunigst Kuchen backen. Es wurde Sahne und Milch herbeigebracht und zusammen mit einem gebratenen Jungrind den Gästen vorgesetzt. Im Großen Evangelium fragt einmal ein Herbergswirt den Herrn, ob er auch für den Erzengel Raphael ein Gedeck auflegen solle. Da erwiderte ihm Jesus: „Allerdings; denn nun ist auch er für diese Zeit mit einem Leibe umhüllt, welcher der Luft dieser Erde entnommen ist, und bedarf ebensogut einer irdischen Stärkung wie Ich, der Herr, selbst. Die aufgenommene Speise wird in ihm freilich auf eine ganz andere Weise verwandelt wie bei einem natürlichen Menschen. Er wird sonach mit uns Speise und Trank zu sich nehmen wie wir, nur bedeutend mehr als wir, worauf du dich im voraus gefaßt machen mußt. Nun laß sogleich Brot und Wein auf den Tisch setzen und später erst die Fische und ein wohlzubereitetes gebratenes Lamm!" (Bd. 10, Kap. 205, 3).

Wie das Essen und Trinken bei dieser auffallend reichen Nahrungsaufnahme vor sich geht, beobachtete dereinst ein weiser Samariter bei drei erscheinlich gewordenen Erzengeln. Voll Erstaunen berichtete er: „Ich sah, wie jede Speise, welche von den dreien zum Munde geführt wurde, sich schon vor dem Munde derart auflöste und verflüchtigte, daß von ihr auch nicht ein kleinster Brosamen in den Mund der drei Jünglinge kam. Und ich vermute, daß diese drei außerordentlichen Geistmenschen durch ihre Macht die materielle Leibesspeise vorher in ihr geistiges Element verkehren und solches dann erst in sich aufnehmen und es mit ihrer Wesenheit vereinen" (Gr. Ev. Bd. 9, Kap. 128, 8 u. 9).

Die Frage nach der Gewandung der Engel beantwortete Raphael lächelnd mit den Worten: „Siehe, wir Engel haben es (mit den Kleidersorgen) leichter als ihr Menschen; denn wir tragen unseren reichlichst bestellten Kleiderschrank in unserem Willen. Was wir antun wollen, mit dem sind wir dann auch alsbald bekleidet. – Würdest du mich aber sehen in meinem Lichtgewande, dann würdest du erblinden und dein Fleisch würde sich auflösen vor mir; denn gegen das Leuchten meines Kleides ist das Leuchten der irdischen Sonne die barste Finsternis!" (Gr. Ev. Bd. 2, Kap. 156, 10).

Oft hören wir bei visionär veranlagten Menschen, daß sie nicht nur imstande sind, wie etwa Swedenborg, die Engel zu schauen und mit ihnen zu sprechen – was ja auch die Urväter taten –, manchmal ist es ihnen sogar vergönnt, ihre himmlischen Gesänge zu vernehmen. Ein bekanntes Beispiel dafür ist die Frage J. Böhmes in seiner Todesstunde an seine Angehörigen, ob sie nicht die himmlische Musik vernähmen. Von der Wirkung des Engelsgesanges auf das Gemüt des Menschen gibt Raphael im Großen Evangelium den Jüngern eine Kostprobe. Dabei läßt er nur einen einzigen Ton aus seiner Kehle erschallen. „Dieser Ton beginnt pianissimo beim eingestrichenen As, erhebt sich im Quartsextakkord, von der kleinen in die eingestrichene Oktave reichend, mit Wiederholung der Oktave zu allerhöchster Kraft wie von vielen Posaunen, um dann im eingestrichenen As pianissimo auszuklingen." Die Hörer wurden davon zutiefst erschüttert. (Dargestellt im Gr. Ev. Bd. 4, Kap. 21, 19 u. Kap. 22, 5 f.)

Über die Wundertaten, welche die Engel vor den Augen der Jünger im einzelnen vollbracht haben, lese man im Großen Evangelium Johannes nach! Sie sind so zahlreich und oft auch so unfaßlich, daß man mit der Bibel ausrufen möchte: „Bei Gott ist kein Ding unmöglich!" Wie steht nun aber der Mensch gegenüber den Engeln da? Müßte er in seiner Niedrigkeit und scheinbaren Ohnmacht nicht vor der Größe der himmlischen Wesen verzagen? Zu dieser verständlichen Sorge des Römers Agrikola äußert sich im Großen Evangelium ein Weisheitsengel folgendermaßen: „Wir (Weisheits-)Engel sind als Geschöpfe aus Gottes Weisheit hervorgegangen; darum müssen wir erst aus unserer großen Weisheit die Liebe zu Gott in uns selbst schaffen, was um ein kaum Begreiflicheres schwerer ist, als aus Liebe zu Gott die höchste Weisheit und Macht in sich zu finden" (Gr. Ev. Bd. 6, Kap. 190, 4). – Also hat der Mensch vor dem Engel doch etwas voraus? Dies bestätigt der Engel mit den Worten: „Eure Lebensaufgabe auf Erden ist, Weisheit aus der Liebe zu suchen und zu entwickeln, und unsere Aufgabe ist es, aus der Weisheit die Liebe Gottes zu suchen und zu entwickeln. – Der nie beschreibbar große Unterschied zwischen euch und uns besteht darin, daß ihr Menschen dieser Erde Gott gleich werden könnet, wir aber nie, – außer, wir nehmen das Fleisch dieser Erde an, wozu wir aber bis jetzt wahrlich keine große Lust verspüren; denn wir alle sind mit unserem Lose mehr als zufrieden und leisten auf ein besseres gern Verzicht. Wer ein vollkommenes

Kind Gottes werden kann, der ist freilich endlos glücklich, aber wir bedürfen eines höheren Loses nicht!" (Gr. Ev. Bd. 6, Kap. 190, 12–14).

In einer rührenden Szene im Hause des Joseph während der Jugend Jesu sprechen Engel einmal ihren Dank darüber aus, daß sie am Tische des Herrn verweilen durften. Mit überquellendem Herzen bitten sie: „Wahrlich, Ewigkeiten sind unter unseren Blicken vergangen, voll der höchsten Wonne, aber alle die wonnevollsten Ewigkeiten sind aufgewogen durch diesen Augenblick, in dem wir am Tische des Herrn speisen, ja am Tische Seiner Kinder, unter denen Er ist in aller Seiner Fülle! O Herr, laß auch uns zu Deinen Kindern werden!" (Jug., Kap. 113, 20 u. 21). Unwillkürlich denken wir an die innige Tischgemeinschaft des Herrn mit seinen Jüngern beim letzten Abendmahl; aber auch an sein Versprechen, daß sich diese in seinem himmlischen Reiche fortsetzen werde. Es ist ein besonderer Vorzug des Menschen, in diese ewige Tischgemeinschaft mit Jesus treten zu dürfen als ein wahres Kind im Hause des Vaters. Darin vor allem und in der vollkommenen Einswerdung mit Jesus auf dem Wege der Unio mystica besteht die „Überengelheit" des Menschen, von der Angelus Silesius spricht. Zu dem Römer Agrikola sagte ein Engel:

„Ihr Erdenbürger, die ihr nun von dem Allerhöchsten von Ewigkeit belehrt und geleitet werdet, seid um ein Unaussprechliches besser daran als wir Engel. Denn es ist durchaus nicht dasselbe, ob man ein Sohn oder nur ein Knecht des Hauses ist. Den Kindern gehört alles, was der große Vater besitzt; den Knechten aber nur das, was der Herr ihnen geben will" (Gr. Ev. Bd. 6, Kap. 190, 15).

e) Wesen und Bedeutung Luzifers

Da alle urgeschaffenen Geister im Besitze ihrer vollen Willensfreiheit sich auch gegen die Ordnung Gottes auflehnen konnten, wurde ihnen zuallererst vor Augen gestellt, welche furchtbaren Folgen ein Abfall von Gott nach sich ziehen würde. Ihnen wurde gesagt: „Euer Äußeres sei der getreue Widerschein eures inneren Spiegels, in welchem sich die Liebe der Gottheit beschaut, sonst wird der innere Spiegel zerbrochen werden und eure Gestalt wird schrecklich werden" (Haushaltung Gottes, Bd. 1, Kap. 5, 12). Trotz allen Ermahnungen geschah es dennoch: Der oberste der drei Urgeister, „gleich dem Lichte der Gottheit, entzündete sich in seiner Begierde, um sich der Gottheit vollends zu bemächtigen. Durch ihn entzündete sich ein großer Teil der Geister, die durch ihn wurden. Und durch sie erbrannte auch die Gottheit in Ihrem Grimme gleich den zwei niederen Geistern der drei und schleuderte die böse Rotte in die Tiefe der Tiefe ihres Zornes" (V. 14).

Nach diesem dramatischen Ereignis der Katabolae (wörtlich „des Hinauswurfes" aus den Himmeln) geschah etwas völlig Neues: Gott offenbarte sich den treu gebliebenen Engeln zum ersten Mal als die „ewige Liebe". Darüber lesen wir: „Da staunten die Heere der Zahllosen und es entstand ein großer Jubel und eine große Freude unter ihnen; denn sie sahen die Macht Gottes in der Liebe und sahen die Liebe in sich und auch die Kraft, die sie werden hieß, und erkannten sich und erkannten die Liebe und erkannten Gott. ... Durch Erkennen beugten sie sich in Gehorsam und Demut in das Gesetz der ewigen Freiheit. Die Demut befähigte sie dazu, das, was die Liebe zu ihnen redete, zu verstehen. Ihre Zungen lösten sich, sie sprachen das erste Wort – und es hieß „Liebe" (V. 16–18).

Nachdem sie als zweites auch das Wort „Gott" ausgesprochen hatten, sagte die „ewige Liebe" zu ihnen: „Der erste unter euch ging verloren. Daher übernehme Ich seine Stelle und werde sein unter euch ewiglich" (V. 19). Es kündigt sich bereits der Erlöser an; denn zunächst verlieh die Gottheit alle Macht dieser „Liebe". „Mir ist gegeben alle Gewalt im Himmel und auf Erden!" sagte später Jesus Christus. In dieser Macht stand auch das schöpferische „Es werde!", aus dem alle Wesen einst in einer creatio prima hervorgegangen waren. Nun aber entstand eine zweite Weltschöpfung als „creatio secunda". Darüber heißt es in der „Haushaltung Gottes: Eine „erste Träne" floß aus dem Auge der ewigen Liebe. Sie kam „aus dem Herzen der Gottheit" und heißt „die Erbarmung". Durch sie allein konnte „das Feuer des Grimmes Gottes" zum Erlöschen gebracht werden. – Der letzte Tropfen dieser Träne schließlich, die Gott über die abtrünnigen Engel geweint, zugleich „das Innerste aller Erbarmung", war diese Erde. Und das ist ihr großes Geheimnis: Sie „wurde zum Mittelpunkt und Schauplatz der größten Taten der ewigen Liebe bestimmt", während „die anderen Tropfen geschaffen wurden zu Sonnen, Erden und Monden aller Art, deren Zahl kein Ende hat" (Bd. 1, Kap. 5, 22 f.).

Wie wahr erscheint auf diesem Hintergrunde das bekannte Wort des Dichters Ovid „Sunt lacrimae in omnibus", das heißt, in allen Dingen verbergen sich Tränen. Wenn Luther vom „Risiko Gottes" spricht, das dieser mit seiner Geisterschöpfung eingegangen sei, rührt er ebenfalls an dieses Trauerspiel. Es wurde durch den freien Willen der Geschöpfe möglich. Was die Erde anbelangt, ist sie „vom Geistigen her gesehen" der trübste aller Himmelskörper und dennoch „der heilige Stern im All", denn auf ihm vollzog sich ja der Anfang aller Erlösung. Mit Schaudern denken wir an die Worte des wahnsinnig gewordenen King Lear bei dem Dichter William Shakespeare: „Schon das Kind fängt zu weinen an bei seiner Geburt, wenn es diese Narrenbühne betritt."

Was aber trug sich mit der gefallenen Schöpfung im einzelnen zu? In einem harten Gerichte stehend wurden die widerstrebenden Geister nicht nur mit Gott, sondern untereinander selbst uneins „Durch dieses stets wachsende Eingehen in die Selbstsucht, in Hochmut und Herrschsucht schrumpften die zahllos vielen Lebensformen endlich nach dem Gesetz der Schwere (Zusammenziehung aus Ichbezogenheit) zu einem übergroßen Klumpen zusammen, und die materielle Urzentralsonne einer Hülsenglobe war entstanden. Nun aber gibt es im unendlichen Raum eine Unzahl solcher Weltsysteme oder Hülsengloben, wo überall eine solche Urzentralsonne zahlreichen Weltgebieten (Spiralnebeln) zum gemeinsamen Mittelpunkt dient. Solche Ursonnen sind somit die zusammengeschrumpften Urgeistervereine, aus denen in äonenlangen Zeiten alle anderen Sonnenalle, Sonnengebiete, Nebenzentralsonnen, Planetarsonnen, Planeten, Monde und Kometen hervorgegangen sind" (Gr. Ev. Bd. 4, Kap. 105, 2–3).

Wissenschaftler reden heute von einem möglichen „Urknall", durch welchen vor etwa zwölf (bzw. zwanzig) Milliarden Jahren das physische Universum seinen Anfang nahm. Daß dabei ein Materialisationsvorgang im Spiele ist, indem aus den feinstofflichen Welten durch geistige Verursachung die grobstofflichen hervorgingen, entzieht sich noch ihrer Denkmöglichkeit. Die beobachtete stete Ausdehnung des Weltalls scheint inzwischen ihre Grenze längst erreicht zu haben; ja man nimmt sogar an, daß bereits ein rückläufiger Prozeß eingesetzt hat. Man hat Kenntnis von sogenannten „schwarzen Löchern", deren Sogkraft alles Sichtbare wieder in sich einzufangen und ins Unsichtbare zu verschlingen droht. Ist dieser Vorgang nicht eine verblüffende Bestätigung des ganzen Heilsgeschehens? Die Apokatastasis ton hapanton, die „Wiederbringung alles Verlorenen" spiegelt sich in diesem ungeheuren Schauspiel auf der Weltenbühne.

Wie weit der Mensch in diese Vorgänge mit hineingezogen wird, geht aus den Worten des Herrn hervor: „Die Schöpfung ist in ihrer Gesamtheit vom Größten bis zum Kleinsten aller geistigen und materiellen Welten gleich und entspricht völlig einem Menschen, weil der Mensch den eigentlichen Grund und das Endziel der ganzen Schöpfung bildet. Da der Mensch dasjenige ist, was Gott durch alle die zahllosen Vorschöpfungen erreichen wollte und auch erreicht hat, so entspricht alles in den Himmeln und auf sämtlichen Weltkörpern in allem und jedem einem Menschen. ... Dieser große Weltenmensch in seinem ganzen Gehalte ist der gefestigte Seelenleib des urgeschaffenen Lichtgeistes. ... Daß dieser Geist in lauter feste Hülsengloben gesondert ist, das ist sein selbstgeschaffenes Gericht. Sein Leben – dadurch in beinahe endlos viele abgeschlossene Teile getrennt – ist als kein Ganzes mehr, sondern als ein höchst geteiltes Leben anzusehen. Denn nur innerhalb jeder Globe ist Leben, außer ihr aber kein anderes als jenes des ewig unwandelbaren Gotteswillens" (Gr. Ev. Bd. 2, Kap. 222, 4–5; Rbl. Bd. 2, Kap. 301, 6 f.).

Es ist ein Trost, daß nach den Aussagen der Neuoffenbarung die Schar der treu gebliebenen Engelsgeister gegenüber den aufständischen um ein Sechsfaches in der Überzahl ist. Auf diese Weise stehen Gott für den langen Rückführungsprozeß eine Unzahl von Helfern zur Verfügung. Der Heilsplan erstreckt sich ja nicht nur auf den Menschen, sondern auch auf die gefallenen Engel, ja auf Luzifer selber. Und schließlich sogar auf die gesamte materielle Schöpfung.

Unergründlich ist das Geheimnis Luzifers. Ohne Klarstellung seines Wesens ist es nicht möglich, sagt der Herr, „die Schöpfung, Mein Darniederkommen, Mein Leiden und Sterben richtig aufzufassen". Im einzelnen hören wir: „Als Satana war dieser Geist der Gottheit also gegenübergestellt, wie das Weib gestellt ist gegenüber dem Mann. Die Gottheit hätte in sein Wesen ihre ewigen Ideen ohne Zahl hineingezeugt, daß sie reif geworden wären in seinem gesammelten Lichte. Und es wäre aus dem Lichte dieses Geistes eine Wesenschöpfung von höchster Klarheit hervorgegangen und die ganze Unendlichkeit wäre fort und fort aus eben diesem Lebenslichte stets mehr und mehr bevölkert worden. Aber da dieser Geist eine so endlos große Bestimmung hatte, ein zweiter Gott neben dem Schöpfer zu sein, so mußte er auch eine seiner Bestimmung entsprechende Freiheitsprobe bestehen, welche er jedoch nicht bestanden hat – weil er sich über die Gottheit erheben und diese sich unterwürfig machen wollte. Ein Rangstreit also war es, was dieser Geist gegen die Gottheit verbrochen. Da aber die Gottheit ihm den Vorrang nicht erteilen konnte, so erbrannte er in seinem Grimme und wollte die Gottheit förmlich vernichten. Sie aber ergriff ihn in allen seinen Teilen, nahm ihm alle spezifischen Wesenheiten, bildete daraus Weltkörper und umhüllte den Geist dieser endlosen Wesenseele mit den allermächtigsten Banden in der Tiefe der Materie. ...

Und wollt ihr wissen, wo dieser allerböseste Geist mit seinem eigentlichen Ich oder Lebenszentrum seinen Aufenthaltsort hat, so kann euch dieses unschwer gesagt werden. Der Sitz oder Kerker dieses Geistes ist der eigentliche festeste Mittelpunkt dieser eurer Erde, auf den alles eindrückt, auf daß der Gefangene sich nicht allzu gewaltig bewege und alles Wesen der Erde zerstöre. Wenn aber der einstige große Urgeist jetzt auch noch so sehr gebunden ist, so versäumt er dennoch nie, sein Erzböses in die aufsteigenden Lebenskräfte zu hauchen, welcher Willenshauch noch mächtig genug ist, den Tod in alle Seelenspezifika einzupflanzen. Und dies bekundet sich an allen Kreaturen der Erde gar treulich. Denn alles Organische ist zerstörbar, und alle Materie ist fähig, Tod und Zerstörung zu bewirken. Und das alles rührt von dem Willenshauche des Allerbösesten her, dessen Böses in sich so unbeschreiblich schrecklich ist, daß ihr euch davon nimmer auch nur den geringsten Begriff zu machen imstande seid. Denn alles, was ihr über diesen Geist schon gehört habt, ist nur ein leisestes Schattenbild der Wahrheit, das, von Gottes Gnade allseits umhüllt, eben nur hinreicht, um das Wesen dieses Geistes für euer Bedürfnis euch ahnen zu lassen" (Ed. Kap. 56 u. 55). Über Luzifers Bedeutung und Wesen hat der Herr seinen Jüngern wie bereits den Urvätern volle Aufklärung gegeben. Als „Lichtträger" (lat. Luzifer) dem Wesen der Sophia unmittelbar verhaftet, stellte er sich ursprünglich für alle anderen Engel in weiblicher Gestalt dar. Seine Herrlichkeit als „Satana" (d. h. Gegenpol der Gottheit) war so unbeschreiblich, daß er ihnen zu einer Art Idol werden mußte. War es doch seine einstige hehre Bestimmung, „neben Gott wie ein zweiter Gott zu sein und zu herrschen mit Ihm, aber dennoch Ihn zu lieben über alles und Ihm zu sein (in tiefst geistiger Bedeutung), was da ein treues Weib ist dem Manne".

In dem Lorberwerk „Robert Blum" gibt der Herr einmal einigen Jenseitsbürgern die Gelegenheit, Luzifer-Satana auf eine kurze Zeit in seiner ursprünglichen Gestalt zu schauen. Überwältigt von seiner alles übertrumpfenden Schönheit finden sie nur noch Worte des Staunens. Und einer von ihnen, namens Kado, ruft, vom Herrn dazu inspiriert, erschüttert aus: „Alle die zahllosen Engel haben eine Freude darüber, daß du in deiner schönsten, urwahren Gestalt so lange verharrst und sie Gelegenheit haben, die erste Urschönheit, den ersten ‚Grundgedanken allen Seins aus Gott' vor sich zu haben und anzustaunen. – O ‚Lichtträgerin' alles dessen, was der geschaffene Geist schön nennen kann, mache keine Bedingungen mehr und komm! Denn mein Inneres sagt es mir, daß auf deine Rückkehr alle Himmel schon äußerst lange Zeitenläufe vergeblich harrten und sich nach der Lust sehnten, dich als die Krone endlicher Vollendung aller Dinge und Wesen die Ihrige nennen und ehren zu können" (Bd. 2, Kap. 175, 6).

Dieser allzu stürmische Versuch, in Satana einen Sinneswandel hervorzurufen, mußte kläglich mißlingen. Wie oft hatte der Herr selbst schon auf Luzifer eingeredet, um sein Herz anzurühren, jedoch immer vergeblich! Der erstgeschaffene Geist, den Gott liebt über alle Maßen, verhärtete sich nur immer mehr in seinem Trotz. Von einem Zwiegespräch zwischen Gott und Satan berichtet uns auch das uralte „Buch Job". Bei Lorber klagt der Herr einmal: „Was alles habe Ich getan, um dieses Wesen Luzifer (Satan) zu retten und es der endlichen Vollendung zuzuführen; allein es will Mir dieses Werk nicht gelingen! – Ja, Ich habe an diesem Wesen einen Fehler begangen, da Ich es zu vollkommen geschaffen habe, um es nach der Vollendung so endlos glücklich zu machen als es nur immer in Meiner ewigen Allmacht, Weisheit, Güte, Liebe und Erbarmung steht! Allein dieses nicht einmal zu einer Viertelreife gediehene Wesen setzt sich gerade jetzt in den allerwichtigsten und heikelsten Augenblicken seiner Ausbildung so sehr gegen Meine alles leitende Ordnung, daß Ich im Ernste traurig werden muß über solchen Starrsinn!

Und da Ich Satana dennoch nicht auflösen kann zufolge Meiner ewigen Liebe und Erbarmung, so sehe Ich Mich genötigt, einen endlos langen Prozeß einzuleiten, um dadurch nach und nach diesen Starrsinn zu schwächen und Mir auf der anderen Seite zu bilden eine ganz neue Kreatur aus Meinen Kindlein nach Meinem Herzen!" (H. Bd. 3, Kap. 22, 18–21).

Noch nicht einmal zur „Viertelreife" gediehen, also gewissermaßen in den Brausejahren seines Lebens, „der allerwichtigsten und heikelsten Zeit der Ausbildung", hat Luzifer nach der Aussage des Herrn sich gegen seinen Schöpfer erhoben. Wie kam es zu einem solchen Aufstand? Darüber sagt Jesus zu seinen Jüngern: „Der Hauptgeist des Lichtes, dem zahlreiche andere Lichtgeister innewohnten, jeder davon mit zahllos vielen Intelligenzen reichst versehen, sprach bei sich: ‚Was bedarf es da noch weiteres? In mir liegen alle Eigenschaften wie in Gott, und Gott hat alle seine Kraft in mich gelegt. Nun bin ich stark und mächtig über alles. Gott hat alles, was Er hatte, hergegeben, und ich habe alles genommen. Da ich nun alles habe, wollen wir jetzt sehen, ob der durch die Übertretung des gegebenen Gebotes erreichte Vorteil wirklich nur von einer kurzen Dauer sein wird. Wir meinen: Mit unserer nunmehrigen Allmacht werden wir die Dauer des kurz währensollenden Vorteils wohl auf Ewigkeit hinaus zu verlängern vermögen. Wer wird uns daran hindern können? Außer uns trägt der endlose Raum keine höhere Macht und Intelligenz mehr als da ist die unsrige; wer sollte uns dann den Vorteil streitig machen?' – Sehet, so dachte und sprach der erste Lichtgeist zu sich selbst und zu seiner ihm unterstehenden Sondergeisterschar" (Gr. Ev. Bd. 2, Kap. 231, 5 u. 6).

Anschließend hören wir: „Die Folge von Luzifers Machtwahn war die Selbstgefangennehmung in seiner Trägheit im gottverordneten Verhalten (im trägen Widerstreben der göttlichen Ordnung), darin er sich immer mehr verdichtete, und wiederum die Folge davon war die Erschaffung der Materiewelt." Auch der einstige Bischof Martin versucht in dem gleichnamigen Werk J. Lorbers auf Luzifer mit den Worten einzuwirken: „Ich glaube fest, daß an deinem Elend niemand schuld ist als du ganz allein! Wolltest du in diesem Augenblicke dich zum Herrn wenden und als ein wahrhaft verlorener Sohn zurückkehren in den Schoß deines heiligen, ewigen Vaters, – fürwahr, auf ewig will ich an deiner Statt das elendste Wesen der Unendlichkeit sein, so Er dir nicht augenblicklich liebeerfüllt mit offenen Armen entgegenkäme und dich unter der größten Festlichkeit aller Himmel als Seinen liebsten Sohn aufnähme" (Kap. 192, 6).

Als Urbild des „verlorenen Sohnes" gilt Luzifer in der Lorberschen Prophetie. Mit Nachdruck betont der Herr: „Es gibt in der ganzen Heiligen Schrift keinen Vers und kein Kapitel, das da Größeres in sich fassen möchte als das Gleichnis vom ‚verlorenen Sohn'. – Sehet, er heißet ‚Luzifer'! In diesem

Namen steckt das ganze Kompendium des verlorenen Sohnes. Nun denkt euch, daß beinahe die gesamte gegenwärtige Menschheit nichts als Glieder dieses einen ‚verlorenen Sohnes' sind!" (Hi. Bd. 1, S. 306, 1 u. 9).

Dürfen wir schlußfolgernd annehmen, daß eine Rückkehr des einstigen Lichtträgers möglich ist? Darauf antwortet der Herr: „Will er sich demütigen und zu Mir wiederkehren, so soll sein Urleben wieder freigegeben werden. Und dieser große Mensch wird dann wie von einem ganz freiesten Leben durchweht sein. – Will aber dieser Urgeist Meiner Schöpfung in seinem hochmütigsten Starrsinne verharren, so mag diese Ordnung, wie sie nun bestellt ist, so lange verbleiben, bis die ganze Materie in ein neues, endlos vervielfachtes Seelen- und Geisterleben sich wird aufgelöst haben. Diese letztere Ordnung wird auch dann fortbestehen, so der urgeschaffene große Geist eine rechte Umkehr machen würde. Denn er kann nunmehr nur als ein ganz einfacher Geist gedemütigt umkehren und muß frei aus sich seine Urtotalität für ewig fahren lassen. – Wofür ihm freilich eine unermeßbar größere, aber, wie jedem anderen Menschengeiste, äußerlich nur ganz einfache (Stellung als Gotteskind) zuteil würde. Das Hülsen- und Schotenwerk aber, das ohnehin bloß nur aus Meinem ewig festesten und unwandelbarsten Willen besteht, wird dann bleiben, entledigt alles nun in ihm enthaltenen Seelen- und Geisterlebens, als feste Unterlage und als ein ewiges Denkmal Unseres großen Wirkens, an das sich dann ewig neue und rein geistige Schöpfungen reihen sollen!" (Rbl. Bd. 2, Kap. 301, 10–12).

Die Heimkehr Luzifers, als „letzte Seele" vielleicht, wird wohl am ehesten erfolgen, wenn er von seinem Anhang ganz verlassen ist. Entblößt, entmachtet und bis aufs äußerste gedemütigt wird ihm wohl kein anderer Weg bleiben, als seinen Irrweg einzugestehen. Viel rascher könnte sich der Heilsplan Gottes verwirklichen, wenn er aus freien Stücken schon jetzt die Umkehr vollzöge. Es ist nicht auszudenken, welches dann die Folgen wären. Seine „Horde" würde ihn ganz sicher fürs erste „reiten", wie es in einer prophetischen Kundgabe heißt; das heißt seine „Untergeister" würden sich zunächst alle gegen ihn wenden und ihren Zorn an ihm austoben. Daß er sich aber unerwarteter Weise in einen barmherzigen Samariter verwandeln könnte, der allen angerichteten Schaden wiedergutzumachen versuchte, ist höchst unwahrscheinlich. Ist er doch in dem unheilvollen Wahn befangen, daß ohne ihn in dem notwendigen Streit der Gegensätze eine Entwicklung in der Schöpfung nicht denkbar sei. Auch schmeichelt er sich, als „jene Kraft, die stets das Böse will und doch das Gute schafft" (Goethe), gerade so sein zu müssen, wie er eben ist. Wohl wissend, daß, er von Gott dazu ausersehen wurde, als „Schmelztiegel" zu dienen für alle anderen Geschöpfe, verfiel er in den schauderhaften Irrtum, den „Gegenpol" Gottes nicht als polares Prinzip (wie im Falle Mann und Weib), sondern als Adversarius, das heißt als feindlicher Gegenspieler verkörpern zu müssen. So bekennt er einmal in einem Zwiegespräch mit Jesus in der Geisterwelt: „Obwohl ich neben Deiner ewigen unendlichen Macht meine Ohnmacht zutiefst fühle, sehe ich es als einen Triumph meines Stolzes an, daß ich Dir ewig trotzen kann!" (Bischof Martin, Kap. 119, 5).

Dieser selbstherrlichen Dialektik, die immerzu im Widersinn enden muß, begegnet der Herr mit folgender Rede: „Weißt du denn, ob es nicht Mein geheimer Wille ist, daß du so sein mußt, wie du bist? Weißt du es, ob Ich dich nicht schon von Urbeginn zum Fall bestimmt habe?! Kann das Werk wohl je dem Werkmeister vorschreiben, wie und wozu er es gestalten solle? – Ein Erzgießer fertigt aus einer feuerfesten Masse seine großen Schmelztiegel; diese kommen in ein mächtig Feuer, und in ihnen kocht dann das harte Erz. Und wenn es genug zerkocht ist, dann fließt es wie Wasser in verschiedene brauchbare Formen. Ist das Erz in Formen gegossen, dann werden diese abgekühlt und erleiden keine Glut mehr; aber der Tiegel bleibt in der Glut, damit anderes Erz in ihm geschmolzen werde, und wird nicht eher abgekühlt, als bis er unbrauchbar geworden ist. Dann wird er verworfen, für immer als nicht mehr brauchbare, ausgebrannte Materie.

Bin Ich nicht ein Werkmeister aller Werke?! Wenn Ich Mir Werkzeuge schaffe, wie Ich sie brauche und haben will, – sage, kannst du Mir trotzen, weil du so bist, wie du bist, und nicht anders sein kannst als so nur, wie Ich es will? – Ich aber bin kein harter Erzgießer, sondern ein Meister voll Liebe, so daß Ich sogar Meine Tiegel aus ihrer langen Glut ziehe, wenn sie es wünschen und in die Ordnung Meiner freien Werke übergehen wollen; wollen sie das aber nicht, und macht es ihnen mehr Freude, Meine ewigen Schmelztiegel zu verbleiben, so ist es Mir auch recht, denn da brauche Ich Mir keine neuen zu schaffen! Bleiben sie aber Tiegel, so sind sie, wie sie sein müssen, und unmöglich, wie sie sein wollen; denn ein Werkzeug kann nicht anders sein, als wie Ich es gestalte und haben will!" (Bischof Martin, Kap. 119, 10–13). Auch der mit Gott hadernde Job bekam einmal vom Herrn eine Strafrede zu hören aus dem Wettersturz. Sie begann mit der Frage: „Wer ist es, der den Weltenplan verdunkelt mit Gerede ohne Einsicht?" ... Und es folgten Donnerworte, wie sie nur der Schöpfer selbst in solcher Weisheit und Tiefe über die Lippen bringt. Dem Luzifer sagte einmal der Herr bei J. Lorber: „So wenig ein Topf zum Töpfer sagen kann: ‚Ich bin, wie ich sein will!', während ihn doch der Töpfer gestaltet, ebensowenig kannst du zu Mir sagen, daß du seiest, wie du wolltest, – während du doch nur sein mußt, wie Ich es will! Nur gebe Ich, als selbst die ewige Liebe, dir nebst diesem deinem Gericht so viel lebendige Freiheit, derzufolge du deinen qualvollsten Zustand fühlen, begreifen und ändern kannst, wenn du es willst; willst du es aber nicht, so bleibe, wie und was du bist, – nicht aber, weil du es so willst, sondern weil Ich es also will! – Willst du aber dein Los verbessern, so werde Ich an deine Stelle ein anderes, Mir in deiner Art dienliches Werkzeug setzen!" (Bischof Martin, Kap. 119, 14–15).

Der Hauptirrtum Luzifers besteht darin, daß er sich mit einem Prinzip identifiziert, das zunächst nur theoretisch, aber nicht in der Personwerdung vorhanden sein muß: das Prinzip des Verneinenden, Negativen. Es ist durch die Willensfreiheit bedingt. Kobilinski-Ellis sagt: „Wo die Freiheit endet, endet das geistige Leben. Die Freiheit des göttlichen Wesens ist absolut, die des Kreatürlichen relativ, d. h. autonom. Ihre Grenze liegt in der absoluten Freiheit des göttlichen Willens. Deshalb besteht die autonome Freiheit des kreatürlichen Willens in der Notwendigkeit der freien (freiwilligen) Erfüllung des absoluten göttlichen Willens... Jeder kreatürliche Wille, der sich von dieser höheren Abhängigkeit zu lösen sucht oder sich bewußt derselben entgegenstellt, muß unvermeidlich zur vollständigen inneren Verkehrtheit, zur völligen Trennung von Gott (privatio Dei) und der himmlischen Alleinheit führen. Das kreatürliche Wesen, das sich bewußt dem Willen seines eigenen Schöpfers und dem gesamten göttlichen Plane entgegenstellt, zerstört selbst das Band zwischen sich und dem Urgrund von jedem Sein, jedem Leben und jeder Ordnung und untergräbt dadurch die Urquelle seines eigenen ‚Selbst'. Es begeht einen geistigen Selbstmord" (in „Christliche Weisheit").

Entgegen allen anderen geschaffenen Urgeistern, die stets nur ein ganz bestimmtes Attribut der Gottheit widerspiegeln (wie z. B. Liebe, Weisheit, Macht), trug Luzifer die Eigenschaften der ganzen himmlischen Triade in sich. Damit stand er über allen anderen Wesen, auch über den höchsten Engeln. Er hieß deshalb der „Morgenstern der Schöpfung", die „Morgenröte des Himmels" und der „wahre Lichtträger". „Seine Macht, Weisheit und Schönheit", heißt es bei Kobilinski-Ellis, dem Interpreten des Intermediarius, „übertrafen alle himmlischen Hierarchien, und sein Urbild war dem Schöpfer am nächsten. Deshalb besaß Luzifer die allergrößte Freiheit und die ihr entsprechende Verantwortlichkeit. Als erste, mächtigste Schöpfung bewegte sich Luzifer durch das ganze Himmelreich, vom urväterlichen Zentrum bis zur urmütterlichen Peripherie, unabhängig von der Bewegung der neun Engelchöre, ohne jedoch dieselbe zu stören. Ein großer himmlischer Bote Gottes, ein leuchtender, jubelnder Herold der ganzen Schöpfung war er, und das Licht, der Klang und das Leben des ganzen Himmelreiches spiegelten sich in ihm".

Der gewalttätige Streiter wider das Gottesreich, der Bildner seines eigenen höllischen Herrschaftsbereiches sendet noch immer ein Licht aus. „Es ist ein blendendes, kaltes Licht der eigensinnigen falschen Weisheit." Seinen geistigen Niederschlag findet es im kalten Verstandeswesen, der bloßen Ratio.

Wir stehen auf dem festen Boden der Johannes-Apokalypse als der wichtigsten aller Weisheitsurkunden des Neuen Testamentes, wenn wir bei Kobilinski-Ellis lesen: „Der Widersacher begegnet (seit seinem Falle) überall, wo die (von Gott selbst bestimmte, äußere) Grenze seines Reiches liegt, dem großen Hüter, dem Erzengel Michael, und er muß überall dem Engel des göttlichen Angesichtes weichen. Das Himmelreich ist durch die zwölf Himmelswächter vor dem Widersacher geschützt, und als die heilige Stadt des ewigen Friedens (Hiero-salem = Jerusalem) ist es allen seinen Angriffen unerreichbar. Der große Erzengel bestimmt die äußeren Grenzen seines Reiches. Die innere und vollständige Zerstörung seiner Macht innerhalb des gesamten Universums ist die Sache des Gottmenschen Christus, als des Allkönigs und Richters des Alls.

Das Mysterium des Widersachers ist dreifach. Dort, wo er als eigentlicher Widersacher (‚Satan‘) dem Himmelreiche entgegentritt, d. h. vor den Pforten des Himmels, offenbart er sein wahres Wesen und seine ganze Macht. Dort begegnet er dem allerstärksten Widerstand und muß deshalb seinen furchtbaren Sturz in den Abgrund immer wiederholen. Dort, wo er als Luzifer (der falsche Lichtträger) sein Wort erklingen läßt, die Macht seiner blendenden Weisheit (der falschen Urmutter, der Weberin des Weltscheines) entfaltet und als ‚der Fürst dieser Welt‘ innerhalb aller Regionen des dualistischen Kosmos zu herrschen sucht, begegnet er dem wahren Lichtträger, dem großen Erzengel. Der große Streit der beiden Gegner um das gesamte Universum bildet jenen Zentralpunkt, wo das wahre himmlische Licht mit dem falschen Schein gemischt wird, wodurch der Dualismus des ganzen Universums bedingt wird. Dieses Zentrum des Kosmos wird in der Weisheitssprache ‚die kosmische Ursonne‘ genannt. Dort ist Luzifer selbst anwesend, während er innerhalb des Kosmos durch seine Diener und Taten unsichtbar wirkt."

Was hier bei Kobilinski-Ellis die „kosmische Ursonne" genannt wird, ist uns von der Neuoffenbarung J. Lorbers her als „Urzentralsonne" unserer Hülsenglobe bekannt. Damit sind wir wieder beim Urnebel der Materie angelangt, in welchem durch Zusammenklumpung gefallener Geister ein solches Riesengestirn als erstes entstehen mußte.

f) Der Ursprung des Bösen und die Gegensatzlehre

Was Gott den gefallenen Engeln vorausgesagt hatte, das trat unerbittlich ein: Nach Zerbrechen des „inneren Spiegels" durch eigene Verschuldung erhielten sie im Lichte des Himmels eine Zerrgestalt, die „schrecklich" war. In einer als „Schatzhöhle" bekannten Sammlung altjüdischer Sagen und Legenden wird der Vorgang kurz geschildert mit den Worten: „Da ward er (Luzifer) gestürzt und fiel mit seiner ganzen Schar aus dem Himmel. Und es wurden ihm die Gewänder der Glorie genommen. Sein Name ward seitdem ‚Satana' genannt, weil er sich abgewandt hatte, und ‚Scheda', weil er gestürzt worden war, und ‚Daiwa', weil er das Kleid seiner Glorie verlor. Von jenem Tage an bis heute sind er und seine Heerscharen nackt und bloß und häßlich anzuschauen."

Nicht so sehr unter sich waren die Tiergestalten wahrnehmbar, durch deren symbolische Maske sich von nun an ihr Wesenscharakter offenbaren sollte; Mischgestalten von furchtbarer Monströsität, die das Böse in seiner ganzen Häßlichkeit entlarven. Nein, für diese abtrünnigen Wesen war selbst Luzifer immer noch der „Schöne", aus seiner androgynen Doppelnatur, die jedem Engel zu eigen ist, jetzt mehr das männlich-aktive Element nach außen verkörpernd. Als einstiger Lichtträger schuf er sich seine eigene Trinität. In der Johannes-Apokalypse tritt sie auf unter dem Namen „Satan", „Tier" und „falscher Prophet".

Wenn außerdem in den religiösen Urkunden immer auch von der „alten Schlange" die Rede ist, so wird damit die Verführungskunst Luzifers angesprochen. Aber er ist nicht nur die Schlange des Paradieses, die als Dämonenwesen „Lilith" die Eva verführte, sondern er ist auch der furchtbare „Drache", dessen Schwanz ein Dritteil der „Sterne" (Engel) vom Himmel fegte (Johannes-Apokalypse). Daß diese Schreckgestalt Luzifers wie auch alle anderen Dämonenfratzen nur für die Augen derjenigen sich so drastisch abbilden (als „Erscheinlichkeit"), die noch von Gott her das „Gute, Wahre und Schöne" (nach Swedenborg) in sich tragen, versteht sich von selbst.

Da Satan einen großen Anhang hat (ein Siebtteil aller Engel nach Lorber), vermag er auch wie ein Herrscher zu residieren. Der Hofstaat um ihn herum ist eine treue Kopie der himmlischen Hierarchien. In dieser Nachäffung sich gefallend, ist er ein unumschränkter Herr in seinem Königreiche. Daß dieses seinen astralen Mittelpunkt in der Erde hat, lesen wir nicht nur bei Dante, sondern auch bei Lorber. Zwei Arten von „Untergeistern" stehen Luzifer zu Diensten: Ganz allgemein sind sie als Dämonen und Teufel bekannt. Das Wort Teufel (lat. Diabolus) bedeutet „Durcheinanderwerfer". Es wird gewöhnlich auch für Luzifer selbst angewandt. In Wirklichkeit bezeichnet es nur jene Geister, die bereits auf dem langen Erlösungsweg durch die verschiedenen Naturreiche (Mineral-, Pflanzen- und Tierreich) zur Menschenform gelangt waren, als Menschen aber auf dieser Erde wieder rückfällig wurden. Trotz der Liebesmühe und hilfreichen Nähe der schützenden Engel Gottes ließen sie sich von Satan abermals umstricken. Die Folge war eine drastische Verschlimmerung ihrer höllischen Gesinnung.

Dr. Walter Lutz sagt von ihnen: „Solche Teufel gibt es im irdisch-leiblichen

Leben wie im Geisterreich leider eine große Zahl. Alle diese Mächte der Finsternis und Widerordnung wirken gegenüber den Mächten des Lichts und der Ordnung als ‚Gegenkraft' versucherisch, zersetzend und vernichtend. Wo die Engel Gottes zum Guten mahnen, wo sie aufbauen und zu retten versuchen, da locken diese verhängnisvollen Wesen zum Bösen, zum Abfall von Gott, zum Aufruhr wider die göttliche Ordnung und führen ihre Opfer in Vernichtung und Tod. Paulus sagt daher (Eph. 6, 12): ‚Wir haben nicht allein mit Wesen von Fleisch und Blut zu kämpfen, sondern auch mit überirdischen Mächten und Gewalten, mit den Herrschern der Finsternis, dem Heere der bösen Geister unter den Himmeln.'"

Im Gegensatz zu den Teufeln sind die Dämonen als gefallene Engel zu betrachten, deren Seelen noch nicht einmal den zur Demut erziehenden Entwicklungsweg durch das Naturreich gingen, geschweige denn, daß sie sich als Menschen inkarnierten. Auch von ihnen gibt es eine große Menge, die nicht nur auf unserem Planeten Erde, sondern auch im ganzen astralen Kosmos dem „Fürsten dieser Welt" dienlich sind.

Bei Lorber wird uns gesagt: „Der Satan, der eine gar große Menge seiner bösen Anhänger zählt, läßt seine Helfershelfer zu gewissen Zeiten unter das menschliche Geschlecht treten mit dem Auftrage, alles zu fangen, was nur immer zu fangen ist, und kein Mittel unversucht zu lassen, durch welches irgendeine Seele für den Hofstaat des Fürsten aller Bosheit und Lüge zu kapern wäre. Auf solch einen Auftrag begeben sich dann die bösen Spießgesellen auf allen möglichen Schleichwegen zur Oberwelt hinauf und maskieren dabei ihre Absicht so fleißig als möglich, damit ja kein ihnen begegnender besserer Geist einen Argwohn gegen sie schöpfen möchte. Da aber im Reiche der Geister, ob der guten oder der bösen, nichts so sehr geachtet werden muß wie der freie Wille (insoweit er nicht gar zu Arges im Schilde führt), so werden denn diese Wesen auch heraufgelassen, natürlich aber unter fortwährender heimlicher Aufsicht" (Ed., Kap. 58, 2 u. 3).

Besessenheit und Krankheiten aller Art gehen von ihnen aus und das ganze erwerbsüchtige Weltgetriebe steht unter ihrem Einfluß. Alle ausschweifenden Lustbarkeiten, darunter besonders die Entartungen auf sexuellem Gebiet, sind für sie eine einzigartige Gelegenheit, Menschenseelen für Luzifer zu gewinnen. Angesichts des unendlichen Unheils, das dabei angerichtet wird, stellt sich von selbst die Frage: Warum läßt Gott dies alles zu? Wie können wir uns überhaupt das „Geheimnis der Bosheit" (mysterium iniquitatis) erklären, das Böse, die Sünde? Woher rühren alle die üblen Eigenschaften, wie Zorn, Rachegefühl, Herrschsucht, Hurerei, usw.? Schon die Erzväter zerbrachen sich den Kopf darüber und bestürmten den Herrn mit Fragen.

Eine verständliche Antwort darauf kann nur gegeben werden, wenn wir uns vertraut machen mit dem elementaren Gesetz: Keine Kraft kann wirken ohne Gegenkraft. Diesbezüglich erklärte der Herr seinen Jüngern: „Sehet, alles, was da ist, besteht und irgendein Dasein hat, kann nicht anders bestehen und ein Dasein haben als durch einen gewissen beständigen Kampf. Ein jedes Dasein, das göttliche nicht ausgenommen, hat daher in sich lauter Gegensätze als verneinende und bejahende Kräfte, die einander stets also entgegenstehen wie Kälte und Wärme, Finsternis und Licht, hart und sanft, bitter und süß, schwer und leicht, Haß und Liebe, böse und gut, Lüge und Wahrheit. Keine Kraft kann irgend etwas wirken, wenn sich ihr nicht eine Gegenkraft entgegenstellt...

Es muß daher ein jedes Sein irgendein Gegensein haben, damit es selbst wirkend sei. In allem, was da ist, muß dieses polarische (gegensätzliche) Verhältnis im rechten Maße vorhanden sein. Und selbst das vollkommenste Dasein Gottes muß in sich selbst in jeder Hinsicht die ausgebildetsten Gegensätze fassen, ohne die es ebenfalls so gut wie gar kein Wesen wäre. – Diese Gegensätze sind in einem ununterbrochenen Kampfe begriffen, aber stets so, daß der Sieg der einen Kraft auch stets zur Stütze der gewisserart besiegten Kraft dient...

Wollte nun Gott aus sich heraus ihm ähnliche freie Wesen erschaffen, so mußte er sie demnach auch mit eben den streitenden Gegensätzen versehen, die er in sich selbst von aller Ewigkeit her in den besten und reinst abgewogenen Verhältnissen besaß und besitzen mußte. Die Wesen wurden denn also völlig nach Gottes Ebenmaße gestaltet. Und es ward ihnen am Ende auch die Fähigkeit notwendig zu eigen, sich selbst zu konsolidieren aus dem Widerstreite der in ihnen aus Gott niedergelegten kämpfenden Gegensätze. Jedem Wesen ward Ruhe und Bewegung, Trägheit und Tätigkeitssinn, Finsternis und Licht, Liebe und Zorn, Heftigkeit und Sanftmut und Tausenderleiartiges völlig zu eigen gegeben; nur war dabei in dem Maße (der Mischung) ein Unterschied. In Gott waren alle diese Gegensätze schon von Ewigkeit her in der höchstbesten Ordnung (d. h. die Kräfte der Ordnung, des positiven Pols, befanden sich in herrschender, die Kräfte der Widerordnung, des negativen Pols, in dienender Stellung). Bei den geschaffenen Wesen aber mußten sie erst durch den freien Kampf wie von sich selbst heraus, also durch die bekannte Selbsttätigkeit, in die rechte Ordnung gelangen. ...

Bei vielen Wesen aber haben die Gegensätze ein rechtes Maß nach der Ordnung Gottes erreicht und ihr Sein ist dadurch ein vollkommenes, weil sich ihre gegensätzlichen Intelligenzfähigkeiten fortwährend allerbestens unterstützen" (Gr. Ev. Bd. 2, Kap. 228, 4–6; Kap. 229, 1–7, 9).

Um den Gottesstandpunkt und den Menschenstandpunkt gegenüber dem Ja und Nein der Schöpfung noch besser zu erfassen, hören wir noch einmal den Herrn im Gespräch mit dem König Lamech: „In Meinem Angesichtsbündel gibt es durchaus nichts Böses, sondern nur Unterschiede in der Wirkung Meines Willens; und dieser ist in der Hölle wie im Himmel, im Schaffen wie im Zerstören gleich gut. Aber im Angesichtsbündel der Geschöpfe ist nur *eines* als gut zu betrachten, nämlich der Verhältnisteil der Bejahung, unter dem das Geschöpf bestehen kann neben Mir und in Mir. Und das ist der erhaltende oder stets schaffende Teil aus Mir. Der auflösende oder zerstörende Teil aber ist in Anbetracht des Geschöpfes stets als böse zu erachten, weil das Geschöpf in selbem neben Mir und in Mir nicht als existierbar gedacht werden kann. In Mir ist also das Ja wie das Nein gleich gut. Denn im Ja schaffe Ich und im Nein ordne und leite Ich alles. Aber fürs Geschöpf ist nur das Ja gut und böse das Nein, und das so lange, bis es völlig eins im Ja mit Mir geworden ist, allwo es dann auch im Nein wird bestehen können. Sonach gibt es für Mich keinen Satan und keine Hölle; wohl aber in Anbetracht seiner selbst und der Menschen dieser Erde, weil es sich hier um die Bildung Meiner Kinder handelt. Es gibt noch zahllose andere Welten, auf denen man den Satan nicht kennt und somit auch das Nein nicht, sondern allein nur das Ja in seinen Verhältnissen. – Siehe, so stehen die Dinge! Die Erde ist eine Kinderstube, und so gibt es auf ihr auch allzeit viel Geschrei und blinden Lärm. Aber Ich schaue das mit anderen Augen an als du, ein Mensch dieser Erde. Verstehst du solches?!" (H. Bd. 3, Kap. 67, 13–19).

Die Notwendigkeit der streitenden Gegensätze ist längst auch ein Generalthema der Philosophie. Daß Kampf (Streit, Gegensatz) der „Vater aller Dinge" ist, wurde schon von Heraklit behauptet. Auch bei dem Mystiker J. Böhme spielt die Gegensatzlehre eine wichtige Rolle. „Ohne Gegensatz wird nichts offenbar", heißt es da lapidar und „der Leser soll wissen, daß im Ja und Nein alle Dinge bestehen." Der Görlitzer Schuster hatte blitzartig das Weltgeheimnis aufgedeckt, als er erkannte: „Kein Bild erscheint im Spiegel, wenn nicht eine Seite verfinstert ist; wer weiß von Freuden zu sagen, der kein Leid empfunden, oder wer vom Frieden, der keinen Streit gesehen. ... Kein Ding kann sich selber ohne Widerwärtigkeit (Gegensatz) offenbar werden."

Für Böhme war dies der Schlüssel nicht nur zur Welterkenntnis, sondern auch zur Gotteserkenntnis. „Der Grimm (Gegensatz) ist die Wurzel aller Dinge", gilt bei ihm auch für Gott selbst; doch in der Gottheit gibt es eben diese ‚coincidentia oppositorum' (die Einigung der Gegensätze), von welcher schon der Renaissance-Philosoph und Kardinal Nikolaus Cusanus (gest. 1464) gesprochen hatte. Indem der Philosophus teutonicus (Böhme) an die „Liebe" und den „Zorn" Gottes anknüpft, von dem die Bibel redet, stellt er sich selbst die heikle Aufgabe, diese Gegensätze zu einer Synthese zusammenzubringen. Er bezeichnet darum die Gottheit „als ein Wesen", welches die Gegensätze des Guten und Bösen bereits in sich selbst enthält, jedoch

noch nicht als Gutes und Böses, sondern als eine Spannung entgegengesetzter, aber harmonisch zusammenwirkender Kräfte" (in der Interpretation von Deußen). Es sind die gleichen Gedanken wie bei J. Lorber. Wohl stellen diese „Kräfte" schon in sich das Gute und Böse dar, aber nur in der Möglichkeit und noch nicht „entzündet", wie Böhme sagt. Wörtlich lesen wir bei ihm: „Gott ist einig und gut, außer aller Qual und obgleich alle Qual (der Gegensatz von Gut und Böse) in ihm ist, so ist sie doch nicht offenbar. Denn das Gute hat das Böse oder Widerwärtige (Widerstrebende) in sich verschlungen und hält es im Guten im Zwang."
Zum wirklich Bösen wird das mögliche Böse nur in der Seele des Menschen (oder Engels). Darüber schreibt Böhme: „Der innere Grund der Seele ist die göttliche Natur. Sie ist weder böse noch gut (wie die Gottheit!), aber... im angezündeten Leben der Seele, da scheidet sich derselbe Wille..., sie ist selber ihr Grund zum Bösen oder Guten (infolge der Willensfreiheit), denn sie ist das Zentrum Gottes, da Gottes Liebe und Zorn in einem Grunde unausgewickelt (d. h. als bloße Möglichkeit) liegt." Es ist bemerkenswert, daß die Gegensatzlehre J. Böhmes schon zu seinen Lebzeiten einen so starken Widerhall fand, daß selbst die Kunst davon nicht unberührt blieb; besonders aber die Malerei. Denken wir nur an Rembrandts Hell-Dunkel-Technik (1606–1669)! Er ist nachweislich von Böhmes Büchern angeregt worden. In der Zeit der Romantik hat Otto Philipp Runge die Mystik Böhmes ins Bild umgesetzt. Es ist „die Mystik des aufglänzenden Lichtes aus der Finsternis", wie H. Preuß es formuliert. In der Literatur waren es vor allem die Romantiker, die sich von Böhme beeinflussen ließen, allen voran Novalis. Ja, er wurde geradezu ihr großer Anreger. Das gleiche gilt von der philosophischen Richtung des deutschen Idealismus. Die dialektische Methode Wilhelm Hegels nach dem Schema Thesis, Antithesis, Synthesis beruht auf der Gegensatzlehre. Sie ist auf alle Erscheinungen des Daseins übertragbar, weswegen auch Karl Marx sie auf sein Geschichtsverständnis anwandte (im sog. historischen Materialismus).

Nicht ganz in Deckung zu bringen sind die „sieben Geister Gottes" bei J. Lorber und die „sieben Quellgeister" bei J. Böhme. Bei letzterem stehen sie in einem direkten Zusammenhang mit dem „Ja und Nein in Gott". Wir wollen uns deshalb kurz mit ihnen befassen. Diese „Kräfte" in Gott, die auch in der Welt der Seele zu finden sind, heißen zunächst beim schlesischen Mystiker die „drei Prinzipien" oder „Quellbrunnen" oder „Qualitäten" allen Seins. Er versteht darunter Vater, Sohn und Geist. In einer für uns Heutige ungewohnt dunklen Sprache knüpft er an den „Vater" die Eigenschaften „Härte", „Fliehen", „Angst", „Feuer". Sie bilden zusammen das Reich des Zornes, des Grimmes und der Finsternis; der „Sohn" dagegen als

"Licht", "Schall", "Leiblichkeit" verkörpert das triumphierende Freudenreich der Liebe. Der "Geist" ist die geistige (die ideale) Welt.
Hören wir nun, wie sich aus den "drei Prinzipien" bei Böhme die Geburt der Gottheit vollzieht! Das Reich des Zornes als die "Natur in Gott" bildet für sich schon den Sündenfall, da es im Gegensatz zu Gottes "Urliebesfülle" steht. Wir lesen den entscheidenden Satz, daß "das Böse eine Ursache des Lebens und Lichtes sein muß". Die "Natur in Gott" bedeutet den ersten "Quellgeist", die "Härte". Sie ist "haltend" und stellt sich a) in der Natur als das Einzelding, b) im Menschen als die sich von anderen abschließende Individualität dar. Böhme sieht in dieser Selbstheit des Ichs einen Mißton im Weltall, weswegen er das "All-Eine" als sein Ideal anstrebt.
Der zweite Quellgeist wird als das "Fliehen" bezeichnet. Als solches ist er eine "Kraft der Abstoßung", wie später der Böhme-Schüler Fr. W. Schelling sie nannte. Sie führt zur "Scheidung der Formationen" (Gestaltungen). Im Menschen wird sie wirksam als die Kraft der logischen Unterscheidung. In der dritten "Qualität", der "Angst" oder "Empfindlichkeit" kann das Leben deshalb nicht zur Ruhe (Harmonie) kommen, weil es als "Selbst" sich einerseits eingeengt fühlt, andererseits doch nicht gewillt ist, in die unendliche Ureinheit zurückzukehren in der Furcht, dabei sein Selbst zu verlieren. "Empfindlichkeit" wird sie auch genannt, weil nur im Unterschied, im Gegensatz, im Kampf das Leben sich als Leben empfinden kann. Zusammenfassend sagt Böhme: "In diesen drei ersten Eigenschaften steht das Fundament des Zornes und der Hölle und alles dessen, was grimmig ist."
Zwischen dem "Reich des Zorns" (Vater) und dem "Reich der Liebe" (Sohn) steht der "Feuerblitz", die vierte "Qualität" Gottes. Sie wird als das "Zentrum naturae" bezeichnet, als "die Angel". – "Da mag sich der Wille schwingen, wohin er will", entweder in die Zorneswelt der von Gott gelösten Selbstheit oder in die Welt der Liebe. Wenn er als "Wärme" die Selbstheit sprengt, gelangt er zur Liebe. Im Reich "der Liebe und Sanftmut" entsteht so die Einheit der Gegensätze, die Harmonie der Sphären. "Die Gegensätze, die aus der Gottheit zur Natur hervorgehen, kehren wieder in sie zurück."

Diese Lehre vom Zusammenwirken der Gegensätze in der Natur wurde schließlich zum Grundgedanken hervorragender Geister, wie Herder, Schelling und Hegel. – Als fünften "Quellgeist" bezeichnet Böhme das "Licht". Es ist ein himmlisches Liebesfeuer, das die durch den vierten Quellgeist befreite Selbstheit zur Liebe hinführt. Wenn als sechste Qualität der "Hall" oder "Schall" genannt wird, müssen wir dies symbolisch auffassen. Gemeint ist eine musikalische Empfindung des menschlichen Geistes, die dann zustande kommt, wenn er die Harmonie des Weltalls in sich aufnimmt, sie durch sich rauschen hört und zutiefst erlebt. "Hier herzet", heißt es bei J.

Böhme, „der Bräutigam seine Braut und es entsteht das wahre Leben aller Kreatur in jedem Ding."

Im siebten Quellgeist erleben wir das dritte Reich des „Heiligen Geistes". Es führt den Namen „Leiblichkeit". Wer erinnert sich hier nicht an den Ausspruch des Böhme-Schülers und christlichen Theosophen Fr. Ch. Oetinger: „Leiblichkeit ist das Ende der Wege Gottes." (Gemeint ist die Geistleiblichkeit des Auferstehungskörpers.) In diesem Reich nehmen alle vorherigen sechs „Geister" oder „Kräfte" sinnliche Gestalt an. Nach Böhme ist Leiblichkeit „das geformte Wesen der Kräfte als eine Offenbarung der Kräfte; was die ersten sechs Gestalten im Geiste sind, das ist die siebente im begreiflichen Wesen als ein Gehäuse der anderen allen, als ein Leib des Geistes".

Noch ein Wort von Böhme soll uns Aufschluß geben über das innerseelische Wesen der drei genannten Reiche: „Also findest du in einem Menschen drei Quellbrunnen: erstlich die Kraft in deinem ganzen Gemüte, das bedeutet Gott den Vater; danach das Licht in deinem ganzen Gemüte, das das ganze Gemüt erleuchtet, das bedeutet Gott den Sohn. Danach so geht aus all deinen Kräften und auch aus deinem Licht ein Geist hervor, der ist verständig; denn alle Adern samt dem Lichte in dir, sowohl Herz wie Hirn und alles, was in dir ist, das macht denselben Geist und das ist deine Seele und das bedeutet recht den heiligen Geist, der vom Vater und Sohn ausgeht und in dem ganzen Vater regiert. ... Denn die Seele des Menschen regiert im ganzen Leibe."

In der Wurzel stimmt diese Weltanschauung mit der altägyptischen Lehre überein, wonach die Welt aus Osiris, Isis und Horus besteht, das heißt aus Essenz (Wesen), Substanz und Leben, entsprechend Geist, Seele und Körper. Auch in der kabbalistischen Lehre spiegeln sich Böhmes „drei Reiche" wider als das „Seiende" (die „Krone"), die „Weisheit" und der „Verstand". Sie bilden zusammen die Dreieinigkeit der Urkräfte. In der indischen Philosophie ist die Parallelität zu Böhme noch offensichtlicher. Dort wird nach Richard Otto „der Atman im Menschen dualistisch entgegengesetzt zunächst dem Körper des Menschen; sodann aber wird noch in ihm (dem Atman) selber ein Dualismus (Zweiheit) erkannt und das, was wir ‚Geist' nennen würden, wird dem niederen Seelischen, dem Animalischen, dem Triebleben, dem Spiel weltlicher Wünsche, Interessen, Leidenschaften, Qualitäten entgegengesetzt, und dieser höhere Mensch im Menschen wird nun begriffen als geknechtet, als gefesselt durch Leib- und Sinnenleben, als bedürftig der Erlösung".

Es bildet einen gewissen Reiz, die absolut durchsichtige und leicht verständliche Lehre J. Lorbers von den „sieben Geistern Gottes" und dem Ursprung des Bösen aus den Gegensätzen neben die echt mystisch verschleierte Lehre J. Böhmes zu stellen. Trotz der gänzlich verschiedenen Sprache ließe sich doch im Endeffekt die Gleichartigkeit beider Vorstellungswelten beweisen. Es ist theosophisches Gedankengut. Unter Theosophie aber versteht man „eine Lehre, die von einem Werdeprozeß innerhalb der Gottheit spricht und dieses Werden gemäß dem Werden der Welt und der Seele beschreibt" (Hans Hofer in „Die Weltanschauungen der Neuzeit").

g) Rückführung der gefallenen Geister durch Metempsychose

Die sichtbare Weltenschöpfung, das physische Universum mit seinen Astralbereichen, entstand nach der Neuoffenbarungslehre durch einen Materialisationsvorgang. Seine einzelnen Phasen werden von Dr. W. Lutz anschaulich in die Sätze zusammengefaßt: „Indem sie (Luzifer und seine Scharen) sich von Gott abkehrten, beraubten sie sich selbst der für alle Wesen sonnengleich von Gott ausgehenden, nährenden Lebensströme. Ihre Kräfte schwanden, ihre Wesenheit schrumpfte sozusagen ein, verdichtete sich, und ihr ganzes Lebensreich zerfiel todesartig in eine Art Erstarrung und Verwesung. – So entstand aus lichten, weit ausgebreiteten Ätherwesen der scheinbar leblose ‚Weltstoff', der ‚Urnebel der Materie' (wie aus unsichtbarem Wasserdampf durch Wärmeverlust sichtbares Nebelgewölk entsteht). Es war dies für die betroffenen Urgeister eine tragische, furchtbare Wandlung, ein schauerliches Gericht. – Aber der göttliche Schöpfer und Wesenbildner verstieß und verließ seine irrenden Geschöpfe nicht. Seine väterliche Liebe erbarmte sich der Gefallenen. Aus den zahllosen sich weiter verdichtenden Urnebelwolken der Materie gestaltete seine Weisheit und Macht mit Hilfe der zahlreichen rein und treu gebliebenen Urgeister die ganze materielle Weltenschöpfung als eine wunderbare Neuordnung zu weiteren großen, wahrhaft göttlichen Entwicklungs- und Heilszwecken" (in „Die Grundfragen des Lebens").

Die Erschaffung der Materiewelt als einer Creatio secunda, die aus der Creatio prima mit ihren beiden Reichen „Himmel" und „Archäum" hervorging, geschah ganz nach der Ordnung Gottes; „denn die Folge des Nichtbeachtens des göttlichen Gebotes war ebenso bestimmt vorgesehen wie der freie Zustand jener Geister, die das Gottesgebot erfüllt haben" (Gr. Ev. Bd. 2, Kap. 231, 6). Große Unterschiede bestehen aber doch in der Dichtigkeit (dem Aggregatzustand) und der allgemeinen Beschaffenheit der neugeschaffenen Welten, denn nicht alle abgefallenen Geister wurden in die gleiche Tiefe der Finsternis geworfen wie Luzifer selbst und sein engster Anhang. Gab es doch wie bei allen großen Revolutionen neben den eigentlichen Rädelsführern auch das Gros der sogenannten Mitläufer, die sich weniger aus Bosheit als vielmehr aus Schwachheit von dem einstigen „Lichtträger" mitreißen ließen. Da Gott immer nur nach dem Maße des Schuldigwerdens bestraft, war ihr Los ein weniger hartes als das der anderen. Und so wurde ihnen ein Platz zugewiesen in Astralbereichen von noch sehr hoher Schwingungspotenz. Wir können sie als „kosmische Paradiese" bezeichnen gegenüber dem späteren „irdischen Paradies" des ersten Menschenpaares. Selbst ihre Leiber waren noch stark leuchtend und offenbarten die einstige Glorie, ebenso wie die Natur um sie herum. Dennoch war dieser neue Prüfungsort, in dem sich die Wesen abermals entscheiden mußten für oder wider Gott, nur eine Abschattierung der Herrlichkeiten des ursprünglichen Archäums. Immer aber stand ihnen der Rückweg offen in das Reich des Vaters. Eine zutreffende Schilderung ihrer jetzigen Wohnwelt finden wir in den medialen Kundgaben bei Pfarrer Greber. Dort lesen wir: „Gott verfuhr mit ihnen sehr gnädig. Eine verhältnismäßig geringe Strafe legte er ihnen auf. Er schloß sie zwar aus der bisherigen Herrlichkeit aus, versetzte sie aber in eine Sphäre, die ihr für den Himmel ansehen würdet, wenn ihr sie sehen könntet. Sie ist zwar nicht in Vergleich zu setzen mit der Herrlichkeit, welche die Mitläufer vorher im Reiche Gottes besaßen, aber doch so, daß ihr den Begriff des Paradieses damit verbindet. Denn die Sphäre, in die sie versetzt wurden, ist das ‚Paradies' eurer Bibel.

Es war also nicht auf dieser Erde, wie ihr es auslegt. Denn eine materielle Welt gab es damals noch nicht. Die biblische Schilderung des Paradieses als eines schönen Gartens mit Flüssen, Bäumen, Blumen und Früchten hat euch veranlaßt, es auf eure Erde zu verlegen. Ihr wißt nichts davon, daß es auch in den jenseitigen Sphären alles das in geistiger (feinstofflicher) Form gibt, was ihr auf eurer Erde in materieller Form vor euch seht. Dort gibt es Gestalten, Wohnungen, Flüsse, Bäume, Sträucher, Blumen, Früchte, Speise und Trank, Gold und Edelsteine, Berge und Täler, Musik und Gesang, Wohlgerüche, Farben und Töne. An vielen Stellen der Heiligen Schrift findest du meine Angabe bestätigt. Darin wird euch die ‚Stadt Gottes' geschildert mit ihren Mauern und Toren, den Wassern, die da fließen, und den Blumen, die da blühen, und all den Kostbarkeiten, die das Herz erfreuen können. Ihr meint, das sei bloß bildlich zu verstehen. Es ist kein Bild, sondern Wirklichkeit. Hat nicht Christus selbst gesagt: ‚In meines Vaters Hause sind viele Wohnungen; wenn es nicht so wäre, würde ich es euch gesagt haben. Denn ich gehe hin, euch eine Stätte zu bereiten. Und wenn ich hingegangen bin und euch eine Stätte bereitet habe, dann komme ich wieder und will euch zu mir nehmen, damit da, wo ich bin, auch ihr seid' (Joh. 14, 2–4). – Hat ferner Christus nicht gesagt: ‚Ich werde von nun an von dem Erzeugnis des Weinstocks nicht mehr trinken bis zu jenem Tage, an dem ich es neu trinke im Reiche meines Vaters' (Mark. 14, 25)? – Und hatte nicht schon im Alten Bunde der Engel Raphael zu Tobias gesagt: ‚Ich genieße eine unsichtbare

Speise und einen Trank, den Menschen nicht sehen können' (Tob. 12, 19)? – Ist ferner nicht in der Schilderung des abgefallenen Cherubs beim Propheten Hesekiel ausdrücklich seine herrliche Geistergewandung erwähnt, besetzt mit Edelsteinen und mit Gold verziert, in die jener hohe Geist vor seinem Sturz gekleidet war? ... Nicht der materielle Leib ist der schönste, sondern der geistige. Nicht der materielle Edelstein ist der prachtvollste, sondern der geistige; nicht das materielle Gold das wertvollste, sondern das geistige. Denn Gold und Edelsteine sind sowohl in materieller als auch in geistiger (feinstofflicher) Form nichts anderes als wunderbar zubereitetes Od, das in dem einen Falle in verdichtetem, im anderen Falle in unverdichtetem Zustand sich befindet" (in „Der Verkehr mit der Geisterwelt").

Grundsätzlich dürfen wir die astralen Jenseitswelten, ebenso wie die physische Materiewelt, nicht nur als Straforte ansehen. Sie sind entstanden durch einen Akt der Gerechtigkeit und Güte Gottes, und wenn sie auch „eine große Demütigungsschule hoffärtiger Geister" darstellen, so sind sie andererseits auch wieder die brauchbarsten „Erlösungsanstalten". Ja, das ganze physische Weltall ist nichts anderes als eine „Seelenläuterungsschule", in der nach Gottes hochweisem Erlösungsplan die Geister wieder aus dem Materiegericht zurückgeführt werden sollen in die alte Ordnung der Himmel. Dazu sagt uns der Erzengel Raphael: „Aber es ist in dieser freien, selbständigen Umkehr auf den zahllos vielen und höchst verschiedenartigen Weltkörpern ein ebenso großer Unterschied wie in und zwischen den Weltkörpern selbst! Die vollkommenste Rückkehr zu Gott ist und bleibt nur auf und von dieser Erde möglich, weil hier jeder Mensch in seiner Seele und in seinem Geiste Gott vollkommen ähnlich werden kann" (Gr. Ev. Bd. 7, Kap. 17, 8).

Die besondere Stellung, welche die Erde ihrer geistigen Bedeutung nach als der Stern der Erlösung, als der „heilige Stern", im ganzen Rückführungsprozeß einnimmt, wird hier angedeutet. Wenn man das geistige Wesen aller Materie und den Gottesfunken in jeder Kreatur als die treibende Kraft in jedem Entwicklungsvorgang zugrunde legt, wird auch die Verheißung der Johannes-Apokalypse von einem „neuen Himmel" und einer „neuen Erde" bereits zur Gewißheit. Natürlich sind unendlich lange Zeiträume erforderlich, um diesen Prozeß zum Abschluß zu führen. Dennoch bietet die Inkarnierung Gottes auf diesem Planeten die einmalige Gelegenheit, einen gekürzten Rückweg einzuschlagen. Die „Kinder Gottes", die in Jesus Christus zu ihrer Wiedergeburt gelangen, erfahren das „Himmelreich" bereits auf dieser Erde. Viel langwieriger und schwieriger gestaltet sich der Vollendungsweg auf anderen Himmelskörpern. Es ist noch die spiralige Aufwärtsbewegung nach dem Gesetz von Schuld und Sühne (Karma), die stufenweise in mühsamster Selbstentfaltung ohne die unmittelbar tragende Kraft Christi sich vollzieht.

Zahlreiche Gründe sind dafür maßgebend. Einer der wichtigsten ist die Tatsache, daß nach einem inneren Gesetz „jede Gegensätzlichkeit eines Geistes zu Gott auch eine Änderung des geistigen Odleibes zur Folge hat. Dieser wird getrübt, verliert die rein geistige Gestaltung und erhält eine größere Verdichtung. Dadurch wird nicht nur die Erkenntnis geschwächt, sondern dem Geist vor allem die Erinnerung an das frühere Dasein genommen. Daher konnten sich die Geister in der Paradieses-Sphäre nicht mehr der Herrlichkeit erinnern, die sie vor ihrem Abfall im Reiche Gottes besaßen. Sonst wäre ja auch eine Prüfung dieser Geister im Paradies unmöglich gewesen. Denn eine Rückerinnerung an den früheren Zustand des Glückes und der Vergleich mit dem jetzigen hätten sie keine Sekunde schwanken lassen, für wen sie sich entscheiden wollten. Aber weder die verlorene Herrlichkeit, noch der erfolgte Geisterkampf, noch ihr eigener Abfall bei diesem Kampf war ihnen bekannt. Sie kannten bloß ihr jetziges Dasein, so wie ihr Menschen auch bloß euer jetziges Leben kennt und keine Rückerinnerung mehr an eure früheren Daseinsstufen habt, so daß die meisten Menschen glauben, sie seien bei ihrer jetzigen menschlichen Geburt zum ersten Mal ins Leben getreten. Weder von dem früheren Verweilen bei Gott, noch von den darauf folgenden irdischen Verkörperungen ihres Geistes wissen sie etwas. Nur bei wenigen besteht noch eine dunkle Ahnung, daß sie schon früher einmal gelebt haben" (Greber).

Den „kosmischen Paradiesen" im Universum steht ein „Reich der Finsternis" gegenüber. Nachdem Satan „wie ein Blitz aus dem Himmel gestürzt" (Luk. 10, 18) und der Kampf zwischen Michael und dem „Drachen" (Offb. 12, 7–8) wenigstens vorläufig beendet war, hat es sich in den tiefsten Sphären der Schöpfung wie von selbst gebildet. Allein durch den Entzug des Lichtes und dadurch auch jeglicher Farbe wurde diese Welt zu einem Abödungsort, der jeder Seele die größte Pein bereiten muß; zumal die Geister dort in der Hölle sich gegenseitig unausdenkliche Qualen zufügen. Die Natur entbehrt dort jeglichen Schmuckes; kahl und öde, wie auch die armseligen Wohnstätten, ist sie stets in dickste Dämmerung und Finsternis gehüllt, oder in jenes künstliche Licht, das als brandig roter Schein in den untersten Bulgen der Hölle den Umkreis ein wenig erleuchtet, aber doch nur um alle Scheußlichkeiten der dortigen Gestalten und Umwelt zu offenbaren. Denn alles ist Spiegelbild und Hinausprojizierung des inneren Wesens dieser Geister. Nur Dämonen oder Teufel bevölkern diese Stätten, die in allem das genaue Gegenbild darstellen zum himmlischen Lichtreich. Die Perversion im sittenwidrigen Verhalten und in der Feindschaft gegen Gott kennt dort keine Grenzen.

Dennoch sind auch in der Hölle noch deutliche Abstufungen zu erkennen. Ein eigentliches Entrinnen aus dem Herrschaftsbereich Luzifers gibt es aber erst seit der Erlösungstat Christi. Erst durch Jesus konnte der Schuldbrief, von dem Paulus redet und der ein „unübersteigliches Hindernis" für die Rettung der Gefallenen bedeutete, zerrissen werden. Der Heilsbringer sprengte selbst die Pforten zur Unterwelt, als er nach seiner Auferstehung in die Hölle hinabstieg. Wie groß mag die Schar derer wohl gewesen sein, die in Reuegefühlen und Sehnsucht sich verzehrend sich von Jesus emporführen ließen zu Läuterungsorten im Zwischenreich?

Eine besondere Stellung nimmt der Mensch im Erlösungsplan Gottes ein; war er doch dafür bestimmt, an die Stelle Luzifers zu treten und zum Mittler zu werden zwischen Gott und der gefallenen Schöpfung. Sein Versagen durch den Sündenfall im Paradiese brachte ihn fast auf die Stufe der tiefst gesunkenen Geister. Um einen noch weiteren Absturz zu verhindern und die ganze Schöpfung nicht einem gnadenlosen Schicksal auszuliefern, wurde ein „zweiter Adam" nötig. Gott selbst inkarnierte sich auf unserer Erde, um im „Menschensohne" Jesus Christus das Erlösungswerk fortzuführen und zu vollenden. Seitdem weist eine leuchtende Spur den Weg durch alle Sternen- und Jenseitsreiche, bis hinauf in das himmlische Jerusalem.

Auch Adam hatte seine Herkunft einst in dem Reiche der Urbilder (des Urkosmos). In den Offenbarungsschriften des Intermediarius (Johanna van der Meulen) wird besonders auf die wesentliche personale Einheit zwischen dem Gottessohn und dem Menschen hingewiesen, was Adam vor allen anderen Geschöpfen auszeichnete. Der Abstieg Adams aus dem Urkosmos in das Reich der kosmischen Sphären geschah nach dieser Prophetie stufenweise durch wiederholten Sündenfall. „Der himmlische Mensch" (Imago coelesti), heißt es da, „der berufene König (Beherrscher und Hüter) des ganzen Kosmos, wurde nach seiner Verführung und Gefangenschaft innerhalb der kosmischen Regionen zum kosmischen Menschen (Homo universalis), das heißt zum wesentlichen Bestandteil des Makrokosmos. Er wurde durch die Macht der oberen siderischen Regionen (der Ursonne, des großen Zodiakus und des Planetariums) überwältigt und selbst dreifach gestaltet im Sinne des Zentralen, des Vermittelnden und des Peripherischen. Durch die göttliche Macht vermittels der sieben Elohim in der zentralen Sonnensphäre kosmisch gebildet und durch den dreifachen, göttlichen Odem belebt, wurde der Sonnenmensch wiederum durch Luzifer verführt. Er versank in das Elementenmeer und betrat schließlich das Erdenreich, wo er als die natürliche Vielheit, die zersplitterte Erdenmenschheit, das vierte Naturreich bildet" (in der Zusammenfassung von Kobilinski-Ellis „Christliche Weisheit").

Eingebettet in den Makrokosmos ist Adam nun schicksalhaft ausgeliefert den kosmischen Mächten, die nun über ihn regieren, wogegen sein einstiges Urbild, der „Deus creatus", volle Macht über die Natur besaß. In der esoterischen Astrologie, der „Astrosophie" (s. die Bücher Arthur Schults!) wird darauf hingewiesen, daß ein großer Unterschied besteht „zwischen der Entstehung der Seelen im Reiche der Alleinheit (ex Deo nascimur) und der Erscheinung derselben innerhalb der Grenzen der Zeit und des Raumes, im Kosmos und auf Erden. Das Überschreiten der Grenze des Kosmos (aus dem Archäum) bedeutet die Herausbildung der äußeren Hüllen und die Entstehung der Abhängigkeit von den kosmischen Zusammenhängen. Hier bleibt kein Platz für den Zufall oder für direktes Wirken der ersten Ursache allein. Deshalb ist auch das Erscheinen (die Inkarnation) und die Art des Erscheinens einer jeden Seele auf Erden keineswegs zufällig, sondern von dem inneren Zustande der Seele, wie auch von allen äußeren Zusammenhängen zwischen ihrer kosmischen Hülle und der Hülle des Universums abhängig.

Der Augenblick der Empfängnis, die Art und die Zeit der Geburt, alle Umstände der äußeren Umgebung, wie auch alle günstigen und ungünstigen Bedingungen während des irdischen Lebens stellen nur die irdische Projektion der kosmischen (hauptsächlich der siderischen) Notwendigkeiten und Zusammenhänge dar. Diese siderischen Notwendigkeiten gehören wie alle Naturnotwendigkeiten zu den sog. ‚causae secundae' (Zwischenursachen), deren Wirklichkeit außer jedem Zweifel steht. Die Möglichkeit der genauen Berechnung der Wirkungen der siderischen Einflüsse durch die Feststellung des Status der sichtbaren Konstellationen ist ebenfalls unzweifelhaft. Es ist aber eine andere Frage, ob diese Möglichkeit auch wirklich realisiert wird, weil die Berechnung der Sterneneinflüsse (Horoskop) nicht nur viele rein technische Bedingungen voraussetzt, sondern auch eine außerordentliche Gabe der moralischen und mystischen Intuition der urbildlichen (geistigen) Qualitäten beim Astrologen erfordert" (Kobilinski-Ellis).

Der himmlische Mensch war noch völlig frei und handlungsfähig; eine „Freiheit", in die wir nur durch Christus wieder zurückfinden können. Seine schöpferische Kraft war unbegrenzt. In seiner übernatürlichen Spiritualität als Imago coelestis stand er über Raum und Zeit und Zahl und Stoff. Als kreatürliches Kleinbild des Sohnes Gottes, des ewigen Logos, war er selbst ein Mikrologos seinem geistigen Prinzipe nach. Dagegen trägt das seelische Prinzip des himmlischen Menschen einen peripherischen Charakter, obgleich es noch dem Reiche der „Alleinheit" zugehört. In der Lehre des Intermediarius findet es „in dem Antlitze der Lichtjungfrau (oder der himmlischen Urmutter) seine menschlichen Züge. Die himmlische Lichtjungfrau, als die Königin des ganzen Himmels und des Engelreiches, ist zugleich die große Seele der Urschöpfung und das himmlische Urbild der menschlichen Seele. In diesem Sinne bildet sie als Mutter des Seelischen (Ave) einen Gegensatz zur Mutter des lebendigen (des kosmisch-irdischen) Seins (Eva) und einen absoluten Antitypus der falschen, blendenden und verführenden Weisheit als der Weberin des Scheins, der Luzifera (Satana)" (Kobilinski-Ellis).

Die Gerichte, die auf Adam zukamen, waren mannigfaltig. Er mußte sie alle durchkosten, da sie allein die große Schule des „Abödens" bildeten, in der sein Geist wieder ganz zu sich selbst fand. Der negative Pol Gottes, Luzifer, wirkte sich vor allem in der Erfahrung des Materiellen und seiner Starrheit auf das Wesen des Menschen aus. Alle Stufen, die er aus dem Urkosmos in immer neuer Vertreibung aus höheren Ebenen abwärts stieg, verhärteten nicht nur seine Welt, sondern schlugen ihn selbst und sogar seinen freien Willen in immer stärkere Bande. Er wurde, nach der Ausdrucksweise der Mysteriensprache, ans „kosmische Kreuz" geschlagen. „Die kosmische Allmacht", heißt es bei Kobilinski-Ellis „versetzte den siderisch zersplitterten Menschen ins lichte Reich des Paradieses, d. h. in das Reich der göttlichen Engel der zentralen Sonnensphäre.

Gott formte aus der kosmischen Substanz vermittels der sieben Elohim den Sonnenmenschen und hauchte ihm seinen ‚göttlichen Odem' ein. Der Sonnenmensch wurde dadurch zu einem zentralen Wesen in bezug auf seine siderische Form. Er vereinigte aber in sich zwei Typen, einen geistigen, zentralen, seiner Person entsprechenden Typus und einen seelischen, peripherischen, seiner Natur entsprechenden Typus. Die Heilige Schrift bezeichnet sie beide halbsymbolisch als den ‚Mann' und die ‚Frau' in ‚einem Menschen' (I, 27). (Dieser gefallene, kosmische Mensch ist der ‚Adam Kadmon' der Kabbalisten, welche denselben mit dem himmlischen Menschen verwechseln und als den göttlichen, absoluten Menschen anstatt des ewigen Gottmenschen Christus kosmolatrisch verehren.) Dadurch spiegelte sich harmonisch die ursprüngliche, geistig-seelische Dualität des archäischen Menschen in dem Sonnenmenschen wider. Durch die Wiederherstellung der ursprünglichen (archäischen) lebendigen Seelenkraft (‚die Einhauchung des göttlichen Odems') in dem kosmischen Menschen wachten in ihm das himmlische Licht, der Klang und das Leben wiederum auf, welche auch das Reich des ‚Paradieses' (der Sonnensphäre) erfüllten. Den Mittelpunkt des Paradieses bildete ‚der Lebensbaum', d. h. jenes lebendige Lichtgebilde, das sich aus den harmonischen Verbindungslinien und Lichtströmungen zwischen den innerhalb des Kosmos wirkenden treuen Engeln und Gott gestaltete. Das makrokosmische Kreuz bildete sich im Paradiese als die vier horizontalen ‚Ströme' ab, während ‚der Baum der Erkenntnis des Guten und des Bösen' sich im Zentrum dieses horizontalen Kreuzes erhob. Er selbst hatte auch eine kreuzartige Gestalt, denn in ihm begegneten sich die Wirkungen der treuen und der gefallenen Hierarchien. Die verbotenen Früchte dieses Baumes gaben die Erkenntnis aller Arcana des dualistischen (‚des Guten und

Bösen') Kosmos, d. h. der kosmischen Weisheit, ohne das Kriterium absolutum der himmlischen Weisheit, d. h. der urbildlichen Alleinheit."
Wie kam es nun zum abermaligen Sündenfall? In der zentralen Sonnensphäre mit ihrem „kristallenen Lichtzentrum", wohin Adam durch seinen ersten Sündenfall versetzt wurde, war alles noch überherrlich. Doch das Erinnerungsvermögen schwand langsam auch für Adam dahin, wie für alle gefallenen Engelwesen. Die „Binde" wurde ihm sozusagen vor die Augen gelegt. Wir dürfen dies aber nicht so sehr als Strafe wie als Gnade verstehen. Sein neuer Garten Eden spiegelte schon die Gespaltenheit in seinem Wesen, die der dualistische Kosmos mit sich brachte. Noch verkehrten die Engel Gottes mit ihm, noch zeigte sich manchmal auch der Herr. Dabei gab er ihm auch die Gebote, die ihn erretten sollten. Durch Nichtbeachtung derselben geriet er aber immer tiefer in das materielle Universum. Seine Beziehung zur „Lichtjungfrau" ging ihm schließlich ganz verloren (nach J. Böhme), so daß er als ein Einsamer die Spaltung seines androgynen Wesens nötig hatte. Der mehr seelenhafte und „eigenliebige" (Lorber) Teil seiner selbst wurde durch Gottes Gnade aus ihm herausgestellt als Ersatz sozusagen für die himmlische Braut Sophia, deren Spiegelbild im Wesen Adams sie immer schon darstellte.
Ein „Schlaf" war über ihn gefallen, wie bei allen künftigen Verwandlungen. Wir haben uns darunter einen tranceartigen Zustand mit Entrückung des ganzen Leibes vorzustellen. Zusammen mit Eva fand er sich in einem neuen Paradiese wieder, das, weniger glanzvoll als das erste, wohl im Astralbereich unseres Planeten zu suchen ist. So hat es jedenfalls Dante auf Grund alter Geheimlehren dargestellt. Das ursprüngliche „Kleid der Glorie" verdunkelte sich mehr und mehr, bis zuletzt bei der Versetzung auf die materielle Seite der Erde ein „Tierfell" an seine Stelle trat. Dies ist die wörtliche Bezeichnung der Bibel. Der physische Garten Eden auf unserer Erde (eine fruchtbare Landschaft) war schließlich das letzte Paradies. Mit ihm läßt auch der Herr bei J. Lorber die Geschichte des ersten Menschenpaares beginnen.
Im „Schweiße seines Angesichts" mußte Adam nun unter Dornen und Disteln, dem Entsprechungsbild zu seinem Inneren, den Boden der Erde bestellen. Dieses Leben wurde aber jetzt auch von Krankheit und Schmerz heimgesucht. In Verwesung und Zerfall des Körpers zeichnet sich das Schreckhafte ab, die Entstellung und Disharmonie, die der Tod mit sich brachte. Der Schoß der Erde, eine Widerspiegelung der Urnatur im Wesen der Sophia, wurde karger im Geben; nicht mehr lagerten Löwe und Lamm, von der Lichtaura des Menschen befriedet, in Eintracht beieinander. Die dunklen Trommeln des Abgrunds erschütterten die innere Welt des Menschen und wurden immer hörbarer, als schließlich Kain, der Erstgeborene, den Totschlag an Abel beging.

Bei Kobilinski-Ellis erfahren wir noch: „Der gefallene Mensch sollte selbst dem Gesetze der Zersplitterung folgen, die Merkmale der niederen Natur an seinen eigenen Hüllen spüren (‚da gingen beiden die Augen auf und sie wurden gewahr, daß sie nackt seien') und das Gefühl der Reue, der Scham und der Angst erleben. Gleich der Vielheit der isolierten, physischen Zentren (corpora materialia) des Universums, der Vielheit der nacheinander folgenden Zeitmomente und der sich nebeneinander lagernden Raumespunkte entstand die Vielheit der empirischen Menschheit als Nachkommen des ersten Menschen Adam. An der Wiege der irdischen Menschheit vollzog sich diese unaussprechliche Tragödie der mikrokosmischen Zersplitterung, die eine Folge der Ursünde (der Verführung) aller Seelen war, die einstmals eine geistig-seelische Einheit in dem Lichte des Paradieses bildeten."

Wie wir wissen, gehörte es zum Erlösungsplan Gottes, daß er für die gefallenen Wesen „Besserungssphären" oder „Erlösungsanstalten" schuf. Sie waren sehr unterschiedlich gestaltet. Eine der wichtigsten Einrichtungen auf diesem Gebiete ist das „Hindurchgeseihtwerden" (Lorber) der gefallenen Seelen durch die verschiedenen Naturreiche. Dieser Vorgang allein beantwortet uns auch die Frage, wie Adams Seele und Leib auf Erden beschaffen war. Es hängt mit der Eigenart der Seele zusammen, daß sie in ihrem gefallenen Zustand erst wie ein Gewebe in ihre ursprünglichen Bestandteile aufgelöst werden und mit allen ihren Sonderintelligenzen und kleinsten Partikelchen neu zusammengesetzt werden muß, will sie wieder auf eine höhere Daseinsstufe gelangen. Diese Art von Evolutionsprozeß, der eine Teilbarkeit der Seele voraussetzt, wird nicht nur in östlichen Religionssystemen gelehrt; auch die antiken Philosophen Empedokles, Pythagoras u. a. gründeten darauf ihre Metempsychoselehre. Metempsychose bedeutet die Wanderung der Seele aus einem Körper in den anderen, die jeweils beim Tod erfolgt. Der Glaube an Metempsychose war bei den Indern und Ägyptern weit verbreitet und bildet einen Bestandteil der buddhistischen, orphischen und pythagoreischen Philosophie. Wir können sie kurz als „Umseelung" bezeichnen. In ihr wird eine Form der „Seelenwanderung" behauptet, die eine notwendige Ergänzung zur sogenannten Palingenese, der eigentlichen Reinkarnation einer persönlichen Menschenseele bildet.

Im Formenwandel alles Lebendigen lassen sich die verschiedensten Phasen unterscheiden. Nach Teilhard de Chardin vollzieht er sich auf der Linie Biogenese, Noogenese und Christogenese. Diese schrittweise zum Menschen hinführenden Komplexitäten biologischer Gestaltformen kennzeichnen ein einheitliches Natur- und Lebensreich. So lesen wir in „Erde und Mond" bei J. Lorber: „Im Grunde genommen gibt es weder ein Mineral-, noch ein Pflanzen-, noch ein Tierreich als abgesondert für sich, sondern es gibt im ganzen nur *ein* Reich, und das ist das *Wesenreich* Gottes unter allerlei For-

men, und alles ist ursprünglich Tier, weil beseelt, und weder Mineral noch Pflanze! Nur in der Ordnung des Aufsteigens der Wesen sind gewisse Stufen gestellt, die jedermann leicht erkennt" (Kap. 48, 15 u. 16).
Der Ausgangspunkt für die stufenweise Aufwärtsentwicklung im gesamten Naturreich bleibt kosmologisch bestimmt. Bei Lorber sind es die mit Luzifer aus der Ordnung Gottes gefallenen, im sichtbaren Weltstoff vermaterialisierten „Lebensfunken" mit ihren spezifischen Potenzen und Intelligenzen, die zu ihrer geistigen Befreiung aus dem Materiegericht sich erst in viele Körper einpuppen müssen. Überhaupt ist die Naturgeschichte der Erde ein lebendiges Bilderbuch, in dem die Kosmogenese als Rückführungsprozeß der gefallenen großen Luziferseele sich drastisch abbildet. Vom Kristall über die Pflanze und das Tier führt die Stufenleiter hin zum Menschen, dem alle spezifischen Seelenelemente der ganzen Schöpfung (auch der Sterne!) eingeordnet sind. Diese Tatsache prägt vor allem auch sein „inneres Gedächtnis" (Swedenborg) und kann sowohl in seiner Physiognomie wie im ganzen Wesenscharakter entsprechenden Ausdruck finden.

Im Großen Evangelium Johannes lesen wir über die Entstehung einer Menschenseele: „Um eine Menschenseele so zu gestalten, daß sie fähig ist, ein Kind Gottes zu werden, muß sie nach einer langen Reihe von Jahren aus einer Unzahl von Seelenpartikeln aus dem Reiche aller Kreaturen dieser Erde zusammengefügt werden. Dieses Zusammenfügen der oft zahllosen Kreaturenseelen nannten die alten Weisen ‚die Seelenwanderung'. – Zwar verzehren sich die äußeren, materiellen Formen der Kreaturen gegenseitig, dadurch aber werden viele in den Kreaturen wohnende Seelen frei, und es vereinigen sich die gleichartigen und werden auf einer nächsten, höheren Stufe wieder in eine materielle Form eingezeugt und so fort bis zum Menschen" (Bd. 10, Kap. 184, 3–4).

Und noch einmal hören wir: „Die Seelen der Pflanzen wie der Tiere haben die den meisten Menschen unbekannte Bestimmung, einst selbst zu Menschenseelen zu werden. Denn Pflanzen und Tiere sind nach Meiner Weisheit und Ordnung taugliche Vorgefäße zur Ansammlung und Ausbildung der im unermeßlichen Schöpfungsraum vorhandenen allgemeinen Naturlebenskraft, aus der auch eure Seelen herstammen" (Gr. Ev. Bd. 4, Kap. 216, 1–2).
Die reiche Zusammensetzung der Menschenseele geht aus folgenden Worten hervor: „Die einzelnen Intelligenzen sind immer dieselben, ob in Mineralien, Pflanzen oder Tieren, nur mit dem Unterschiede, daß in den Mineralien nur wenige Intelligenzen vereint in Erscheinung treten, während in den Pflanzen und besonders in den ausgebildeten Tierseelen schon eine bei weitem größere Menge wirkend vorhanden ist. Wo das Mineral etwa acht bis zwanzig Intelligenzen zählt, da sind bei mancher Pflanze schon viele Tausende, bei manchem Tiere viele Millionen und bei dem Menschen zahllose aus allen

Sternen und aus allen atomistischen Teilen der Erde wirksam" (Erde u. Mond, Kap. 46, 7).

Bei primitiv gearteten Individuen muß demnach die Zusammensetzung ihrer Seele eine andere sein als bei höheren: „Menschenseelen", heißt es bei Lorber, „die sich aus den Elementen der urzeitlichen Großtiere entwickelt haben, stehen auf einer sehr niederen Stufe. Sie wurden von den alten Weisen ‚Kinder der Drachen und der Schlangen' genannt; denn die alten Weisen wußten in ihrer Einfalt vieles von der Seelenentwicklung" (Gr. Ev. Bd. 6, Kap. 62, 12). Diese ganz nüchternen Feststellungen sollten uns allerdings nicht zu einer lieblosen Rassenideologie verleiten, die schon einmal so viel Unheil angerichtet hat.

Es ist also unser eigener „jenseitiger" und niemals gefallener „reiner Geist", der sogenannte Gottesfunke in uns, welcher die Auslese trifft; ebenso wie jede Pflanze, jedes Tier seinen geistigen „Leiter" hat. Auch die kleinsten Teile der Materie sind ursprünglich eine Ideenkraft aus Gott; sie wird mit dem Wort „Seelenfunke" oder „Geistfunke" bezeichnet. In dem Lorberwerk „Erde und Mond" wird ausgesagt, „daß die Materie aus lauter Seelenfunken, also Intelligenzen besteht, welche von höheren Kräften und Intelligenzen nach Ordnung und Notwendigkeit zeitweilig festgehalten werden. Wenn aber die Zeit des Festhaltens vorbei ist, dann erwachen die einzelnen Intelligenzen und einen sich als Ursubstanz wieder in jenem Wesen, in welchem sie uranfänglich aus Mir, dem Schöpfer, gestaltet worden sind. Und diese Wiedervereinigung ist dann zum Teil das Werk der Intelligenzen selbst und zum Teil das der höheren Geister" (Kap. 41, 10).

Sind das nicht umwälzende Erkenntnisse, die wir durch das Neuoffenbarungswerk empfangen dürfen? Die christlichen Kirchen haben im Rahmen ihres zu eng gesteckten Dogmas kaum einen Platz dafür; und dennoch wären sie ihre festeste Handhabe im Kampf gegen die sogenannten Evolutionisten, die immer noch in der Vorstellung Darwins befangen sind von einer direkten biologischen Abstammung des Menschen aus dem Tierreiche (Affen). Es ist schon ein großer Gewinn, daß Kurt Eggenstein in seinem Buch „Der Prophet" eine so gründliche Abrechnung hält mit diesen falschen Propheten. Haben sie doch durch ihre unselige Deszendenztheorie wegen des darin enthaltenen rein materialistischen Denkansatzes schon sehr viel Unheil in der Weltgeschichte angerichtet. Gar viele wurden durch sie zur Gottlosigkeit verführt. Darüber schreibt K. Eggenstein:

„Unter Evolution versteht man die stufenweise Entwicklung in der Natur vom Niederen zum Höheren. Die ausgestorbenen Lebensformen beweisen, daß sich die Arten weitgehend zu Reihen abgestufter Ähnlichkeit ordnen lassen. Insoweit ist die Evolutionstheorie unbestritten. Der Evolutionismus behauptet aber, daß diese Entwicklung ohne übernatürliche Einwirkung nur durch äußere, rein mechanische Ursachen und in der Natur herrschende Gesetze vor sich geht. Des göttlichen Schöpfers bedarf es nach dieser Theorie nicht. ... Es ist jedoch zu prüfen, ob es zutrifft, daß die Entwicklung durch Kräfte, die in der Materie liegen, mit Hilfe des Zufalls möglich gewesen ist. Die Theorie, die auch Deszendenztheorie (= Abstammungslehre) genannt wird, läßt den Menschen vom Tier abstammen. Der Geist, der nach materialistischer Lehre aus der Natur hervorgegangen, also nicht wie in christlicher Sicht das Primäre ist, kam im Laufe der Zeit aus dem Stoff hinzu. Eines Schöpfergottes bedarf es nach Auffassung der Evolutionisten nicht und er findet demzufolge in der Literatur der Vertreter dieser Theorie auch keine Erwähnung. Der Evolutionismus beherrscht heute die öffentliche Meinung. Er hat Eingang gefunden in die Lehrbücher und beherrscht auch die Erörterungen bei allen Massenmedien. Studenten und Schüler erfahren eine einseitige Darstellung des Sachverhaltes und lernen die in großer Zahl vorliegenden kritischen Verlautbarungen nur in seltenen Fällen kennen. ... Zahlreiche angesehene Wissenschaftler haben aber erkannt, daß es kaum in einer anderen wissenschaftlichen Disziplin so viele widerspruchsvolle und unbewiesene Behauptungen gibt wie beim Evolutionismus."

Nach beweiskräftiger Anführung einer großen Zahl von Zitaten, die von Gegnern der Deszendenztheorie stammen – darunter sehr bekannte Namen von Wissenschaftlern –, erklärt Eggenstein abschließend: „Es gibt eine Evolution – und das bestreitet niemand –, aber es gibt keinen Evolutionismus, das heißt keine Zufälligkeiten ohne Ende, keine Abstammung des einen aus dem anderen mit zahllosen kleinen Übergängen. Es gibt nur ein Nacheinander durch die Schöpferkraft Gottes und seiner Engel und Geister. Die Schöpfung ist das Werk einer unerhörten Weisheit, und nicht das Produkt eines dummen und blinden Zufalls, der angeblich aus Milliarden Möglichkeiten stets das Richtige trifft. Es kommt auch kein neuer Typ durch Auslese zustande. Die Selektion merzt Schwaches aus, bringt aber nie einen neuen Bauplan und eine neue Art hervor. Es gibt – wie die Wissenschaftler zugeben müssen – keine nahtlos aneinander gefügten Übergänge, sondern nur Sukzession. Plötzlich erscheinen die neuen, höheren Arten ohne unmittelbare Verbindung zum Vorangegangenen. Eine Kluft von Millionen Jahren, in denen keine Lebewesen vorhanden waren, trennt die höheren und niedrigeren Typen. Das Ganze ist das zielbewußte Werk eines göttlichen Schöpfers, dem ein großartiger, aus einer unfaßbaren Liebe Gottes entstandener Plan zugrunde liegt. Dieser Plan, der sich schon über Millionen Jahre erstreckt, erreicht im adamitischen Menschen seinen Kulminationspunkt. Das Ziel ist die Heimholung des verlorenen Sohnes ins göttliche Vaterhaus. ... Dieser Plan findet im Evolutionsprozeß seinen Ausdruck. Aber den Wissenschaftlern wird es wohl nie gelingen, die Labyrinthe der Entwicklungs- und Schöpfungsvorgänge vollends zu erhellen. Das wird nach Aussagen der Neuoffenbarung keinem sterblichen Auge je möglich sein. ‚Nur der urälteste Zeuge allen Werdens und Seins, nämlich Gott allein, vermag das alles zu überblicken'."

Die „geistige Naturlehre" der Neuoffenbarung schließt uns wirklich die von dem Zoologen Ernst Haeckel so gründlich mißdeuteten „Welträtsel" auf. Daß in jeder Kreatur ein „Geistfunke" aus Gott wirksam ist, erklärte der Erzengel Raphael den Jüngern Jesu mit den Worten: „In allen Keimen der Pflanzen und Bäume wohnt in einer kleinen, zarten Hülse eine sonderheitliche Intelligenz in der Gestalt eines deinem Auge nicht sichtbaren Fünkleins. Dieses Fünklein ist das eigentliche Naturleben des Samens und hernach der ganzen Pflanze. Nun denke dir aber die beinahe zahllosen verschiedenartigen Pflanzen und Bäume, die natürlich auch alle verschiedenartige Samen tragen, in deren Keimhülschen ebenso verschiedene geistige Intelligenzfünklein wohnen! Wenn du nun verschiedene Samen ins Erdreich legst, so werden sie durch die Wärme und die vom Erdreich aufgesogene Feuchtigkeit erweicht, das geistige Fünklein wird tätig und erkennt ganz bestimmt jene Stoffe in der es umgebenden Luft, die es braucht, fängt an, sie durch seine ihm eigene Willenskraft anzuziehen und bildet aus ihnen eben jene Pflanze mit ihrer Gestalt und Frucht, die zu bilden es die geeignete Intelligenz und die ihr entsprechende Willenskraft vom Herrn aus besitzt" (Gr. Ev. Bd. 7, Kap. 15, 5–6).

Vor dem größten Rätsel steht der Mensch, wenn er das Wesen des Tieres zu ergründen versucht. Etwas völlig Fremdartiges in seiner Unbewußtheit und dennoch zutiefst Verwandtes tritt ihm da entgegen. Deshalb fragt der Mensch sich oftmals: Hat das Tier auch eine unsterbliche Seele, und woher rührt sein „unfehlbarer" Instinkt? Einige kurze Antworten seien darauf gegeben. Im Großen Evangelium sagt ein Engel den Jüngern Jesu: „Die Tiere eurer Erde sind Geschöpfe der Weisheit Gottes, darum bedürfen sie keines Unterrichts, sondern bringen alles das bei der Geburt mit (was sie zu ihren natürlichen Verrichtungen brauchen) und sind sogleich in ihrem Tun und Treiben vollendete Künstler. Wer hat je einer Biene die Kräuterkunde beigebracht, wer ihr gezeigt, wo der Honig in den Blumenkelchen sitzt und wo das Wachs? Wer lehrte sie ihre Zellen bauen und in ihrem Magen aus dem süßen Blütentau den duftenden Honig bereiten? – Das alles haben die Tiere aus der Gottesweisheit, deren Erzeugnisse sie sind" (Gr. Ev. Bd. 6, Kap. 190, 9).

Jesus selbst ergänzt an einer anderen Stelle des Großen Evangeliums: „Jedes Tier hat eine Seele, aber sie ist noch zu tief in ihr Fleisch vergraben und empfindet außer den Bedürfnissen ihres Leibes nahezu nichts! Will jemand ein Tier zu einer einfachen Arbeit abrichten, so muß er sich viele Mühe nehmen, um eine Tierseele aus ihrem Fleische so weit zu wecken, damit sie versteht, was der Mensch von ihr will" (Gr. Ev. Bd. 6, Kap. 67, 11–12). Daß das Tier schon eine „freie" Seele hat, während die Seelen im Pflanzen- und Mineralbereich „noch sehr geteilt" und „mit der Materie fest verwoben sind", erlaubt ihm auch eine „beschränkte Bildungsfähigkeit", ja sogar eine stumpfe Rückerinnerung an frühere Seinszustände, „welche die Tierseele wie ein Gericht in einer gewissen Betäubung gefangen hält". Auch die Seherin von Prevorst (bekannt geworden durch den Dichter und Arzt Justinus Kerner) läßt die Tiere im sogenannten „Traumkreis" befangen sein. Daß Tiere ganz offensichtlich auch träumen können, zeigt sich besonders an gewissen Bewegungen im Schlaf.

Über ihre Abrichtbarkeit durch den Menschen sagt uns ein Engel im Großen Evangelium: „Es gibt Tiere, bei denen gewisse Anzeichen von höherer Liebe zu erkennen sind. Solche Tiere sind darum schon fähig, einen Unterricht von den Menschen anzunehmen. Je mehr Liebe bei gewissen Tieren, zum Beispiel bei Hunden und Vögeln, vorhanden ist, desto fähiger sind sie auch für eine bessere Ausbildung zu verschiedenen Verrichtungen" (Gr. Ev. Bd. 6, Kap. 190, 10). Wie sollen wir uns aber den schließlichen Übergang von einer Tierseele zur Menschenseele vorstellen? Darüber gibt uns der Herr die Antwort: „Aus einer einzelnen Tierseele kann nie eine Menschenseele werden; denn die Seele eines verendeten Tieres, zum Beispiel eines Ochsen, hört auf, eine Ochsenseele zu sein, weil sie sich bei ihrem Austritt aus dem Tierleibe alsbald mit anderen freien Tierseelen zu einer neuen und vollendeteren Seele vereinigt, sich zu einer Menschenseele ausbildet, um danach in einen Menschenleib eingezeugt zu werden" (Gr. Ev. Bd. 6, Kap. 165, 11).

Engel und Erzengel mit oft gewaltig ausgedehnten „Wirkungskreisen" walten über allem Naturgeschehen als oberste Instanz. Sie sind die Leiter „unermeßlicher Sonnen- und Weltengebiete". „Schutzgeister, Engel und große Engel überwachen die Zeugung und Entwicklung jedes Menschenleibes, sowie die Ausbildung der Menschenseele im Mutterleib", lesen wir in „Erde und Mond", Kapitel 50. Ihnen untergeordnet ist aber auch eine zahllose Menge von sogenannten Naturgeistern, die mit ihren speziellen Intelligenzen und Potenzen im großen Haushalt der Natur tätig sind. Wo kommen diese Naturgeister her, die in ihrer höheren Formgestalt als „Naturseelen" samt und sonders dafür bestimmt sind, einmal in eine Menschenseele eingezeugt zu werden? Wir hörten schon: Überall, wo in der Natur ein geschöpfliches Gebilde sich gestalten soll, ist ein Reingeistiges, ein „Liebesfunke aus Gott" als Zentrum gegeben (s. Erde u. Mond, Kap. 38). Dieser Geist zieht aus seiner naturmäßigen, materiellen Umgebung alle ihm zusagenden Lebenselemente an sich, macht die willensfügigen, seelischen, zu Schülern und Gehilfen und baut mit ihnen aus den hartnäckigeren, grobmateriellen Elementen nach göttlichem Ordnungsplane den Leib. Und so entsteht je nach der dem Geist und seinem seelischen Anhange innewohnenden Intelligenz und Willenskraft ein Kristall, ein Pflänzchen, ein Strauch, ein Baum oder ein Tier usf. (Gr. Ev. Bd. 7, Kap. 73, 9; 74; 75).

In der Zusammenfassung durch Dr. W. Lutz hören wir ferner: „Ist eine durch rein geistige Kräfte auf diese Weise aus der Materie angesammelte Seele in ihrem Leibe, sei es dem eines Minerals, einer Pflanze oder eines Tieres, durch die erhaltene Schulung und geistige Ausreifung fähig, in eine höhere Lebensstufe aufzusteigen, so erhebt sich ihr reiner Geist und verläßt ‚im Verbande mit den an sich gezogenen Seelenteilen' den alten, materiellen Leib, um in einer höheren Lebensform seinen seelischen Anhang weiter zu bereichern und zu vervollkommnen (Gr. Ev. Bd. 6, Kap. 133, 3). Was geschieht aber in der Zeit zwischen dem Verlassen der alten und dem Eingehen in eine neue, höhere Lebensform? – ‚In dieser Zwischenzeit', so wird uns durch Lorber gesagt, ‚genießt solch ein ‚Seelengeist' in einem für das materielle Menschenauge unsichtbaren, feinstofflichen Zustand eine kürzere oder längere Freiheit, die besonders den seelischen Elementen ob der geringeren Mühseligkeit und Gebundenheit sehr willkommen ist.'

Die den allereinfachsten Lebensformen des Mineral-, Pflanzen- und Tierreiches entstammenden niederen Wesen dieser Art nennt Lorber ‚Naturgeister'. Eine höhere Art solch seltsamer Wesenheiten entsteht, wenn zahlreiche entwickeltere Naturgeister sich begegnen und verbinden. Es können daraus, je nachdem dabei mineralische, pflanzliche oder tierische Seelenelemente vorwiegen, edlere Pflanzenseelen, Tierseelen oder im besten Falle auch Menschenseelen entstehen. – Lorber nennt diese höheren Naturwesenheiten ‚Naturseelen' (vgl. Gr. Ev. Bd. 4, Kap. 117). Diese dem fleischlichen Auge unsichtbaren Geister bewohnen in der von ihnen sehr geschätzten Freiheit das Erdreich, die Gewässer, Wälder, Fluren und Lüfte. Sie haben schon eine recht bedeutende Intelligenz und Willenskraft und sind in allen Dingen der Natur äußerst bewandert. Sie können alles sehen und hören, was auf der Erde geschieht und geredet wird, und können auch, wie wir in ‚Erde und Mond' (Kap. 34) lesen, mit den Menschen umgehen und ihnen mancherlei Dienste leisten. Aus den alten, ahnungsvollen Volkssagen kennen wir diese seltsamen Wesen als Kobolde, Nixen, Elfen, Wichtelmännchen usw."

Als Erd- oder Berggeister haben sie in der Mineralwelt die Ansammlung der Metalle, die Bildung der Kristalle und Gesteinsarten zu besorgen. So lesen wir im Großen Evangelium Johannes: „Jene Naturgeister in der Materie der Berge, die zum Beispiel mit dem in der Luft freien Goldstoffe am nächsten verwandt sind, ziehen, vermöge ihrer Intelligenz und Willenskraft (was die Chemiker die Anziehungskraft nennen) das freie Gold aus der Luft an sich. Und wenn das mehrere Hunderte von Jahren fort und fort geschieht, so wird an einer solchen Stelle schließlich recht viel Gold sichtbar werden. ... Diese Art Geister kommen nur ganz selten an die Oberfläche der Erde, denn ihre innere Geschäftswelt kommt ihnen viel herrlicher und gehaltvoller vor als die äußere. Nur müßt ihr nicht denken, daß ihnen die Materie bei ihrem Hin- und Herwandern im Erdinneren hinderlich sei. Mitnichten! Ein solcher Geist geht durch Wasser, Feuer und Stein noch ungehinderter als der Mensch durch Luft. Denn wo der Mensch Materie schaut, da erschaut ein solcher Geist nur die entsprechende geistig-seelische Substanz. Und diese allein ist für ihn etwas; die eigentliche grobe Materie dagegen ist für ihn nichts" (Bd. 7, Kap. 16, 2 u. „Der Großglockner", Kap. 8).

So ist jedem Naturgeist und auch jeder „Naturseele" ein bestimmtes Tätigkeitsgebiet zugewiesen. Der Mensch kann mit ihnen umgehen, zumal wenn er „natursichtig" veranlagt ist, und sie können ihm sowohl dienlich sein wie Schaden zufügen. Elfenkönig „Oberons" Reich hat in der Dichtung schon oft die Phantasie entzündet. Auch in Liedern werden die Naturgeister gern besungen (z. B. „Es freit ein wilder Wassermann..."). Bei den Griechen ist die Naturgeisterwelt aufs engste verbunden mit der Mythologie der Götter. Da sind es vor allem die Nymphen, die als Okeaniden oder Nereiden in den Meeren, als Najaden in Quellen und Bächen, als Dryaden in Wäldern und Bäumen hausen. Oft halten sie sich in blumengeschmückten Hainen, oder auf Bergen und in Grotten auf, zuweilen sogar im Gefolge von Gottheiten, wie Artemis, Dionysos u. a. Als „Töchter des Zeus" werden sie dargestellt in mädchenhafter Anmut und Schönheit, sich gerne mit Musik und Tanz vergnügend. Die frei schweifende Phantasie der Griechen kennt noch zahllose andere Naturwesen, welche auch in den Elementen tätig sind, wie die Sylphen in den Luftschichten unserer Erde. Auch bei Lorber ist das Naturgeisterreich durch die hohe Poesie seiner Erscheinungsformen ein höchst anziehendes Thema.

Bei der Bildung einer Menschenseele kommt schließlich ein Konglomerat edelster Naturkräfte zustande, das sich durch den weiteren Einstrom von Seelenelementen aus der elterlichen Erbmasse und aus den Sternen zu einem wahren Mikrokosmos gestaltet. Im Lorberwerk „Die geistige Sonne" stellt der Evangelist Johannes einmal die Frage: „Was ist ein Mensch?" Und er antwortet darauf: „Er ist in seiner vollendeten, gottähnlichen Form ein Gemeinleben von zahllosen vorangegangenen Leben, welches beim Steinmoose die ersten Lebensäußerungen zu entwickeln begann, sich dann durch alle Pflanzenwelt hindurchwand, von der Pflanzenwelt in die Tierwelt überging und von da sich erst zu der vollendeten Lebensform des Menschen ausbildete. – So ist es doch nur natürlich, daß im Reiche der vollendeten Geister es im Grunde keine anderen Formen geben kann als die Urgrundform des gottähnlichen Menschen" (Bd. 2, Kap. 66, 7 u. 8).

Zunächst unverständliche Sätze in der Genesis über die Bildung des Menschenleibes und der Menschenseele erhalten jetzt die richtige Auslegung. Im Großen Evangelium bekundet einmal ein Zöllner namens Kisjonah, nachdem er vorher vom Herrn belehrt wurde: „Ich verstehe nun, was es heißt: Gott schuf den Adam als den ersten Menschen dieser Erde aus Lehm! – Gott hat aus seiner ewigen Ordnung es also gewollt, daß die in der Erde gefangenen und gerichteten Geister sich aus der Erde, und zwar aus deren leichter fügbarem Lehm, einen Leib nach der entsprechend geistigen Form (Menschenform) bauen sollen, in der sie sich mit viel Freiheit bewegen können, ihr Ich und Gott wieder erkennen und sich so der göttlichen Ordnung freiwillig unterordnen sollen, um dadurch zu ihrer urgeistigen Natur zu gelangen und vollendet reine Geister zu werden!" (Gr. Ev. Bd. 1, Kap. 166, 3).

Göttliche Worte sind es, wenn Jesus selber dazu bemerkt: „Es ist wahrlich nichts Geringes, wenn ein Mensch aus dem Mutterleibe zur Welt geboren wird. Denn was dazu gehört, bis eine Menschenseele aus allen Stufen (der seelischen Naturreiche) reif wird zur Ausgeburt in die (Menschen-)Welt, glaube es Mir, ist mehr, als du in Ewigkeiten zu fassen imstande sein wirst! Daß die Werdung eines Menschen für Mich selbst keine Kleinigkeit ist, beweisen ja alle Taten und Vorschöpfungen, welche nur für den Menschen gewirkt und gemacht wurden. – Demnach ist es denn auch billig und gerecht, daß sogar der leibliche Geburtstag für jeden Menschen ein wichtiger Tag sein muß, da er kein zufälliger, sondern ein schon von Ewigkeit her wohl berechneter Tag ist! Denn erst, als die Welten von den Urzentralsonnen abwärts ausgebildet waren, wurde jedes Weltenatom genau auf den tausendsten Teil einer Sekunde berechnet, wann es solle gelöst werden. Und war die große Rechnung einmal bestimmt, da erst begannen die organischen Schöpfungen auf den Weltkörpern durch alle Stufen in der allerhöchst weisen, wohlberechneten Ordnung. – Und hernach kam endlich erst der Mensch als ein vollkommenstes Aufnahmeorgan aller ihm vorangegangenen zahllosen Stufen und als ein vollkommener Wiedervereinigungspunkt des einst aus Mir gegangenen Lebens" (Hi. Bd. 2, S. 135, 2, 3, 8).

Von der einzigartigen Stellung, die der Mensch als die Krone der Schöpfung einnimmt, zeugen noch folgende Jesusworte: „Auf den zahllosen Weltkörpern sind die Formen in den drei Naturreichen sehr verschiedenartig; nur die Form des Menschen ist überall stets die gleiche. Unter den Bewohnern der verschiedenen Welten gibt es nur Abstufungen bezüglich der Größe, Liebe, Weisheit und Schönheit. Ihnen allen liegt dennoch die unveränderte Menschenform zugrunde, da sie alle Mein Ebenmaß haben. Die Weisesten sind die schönsten und die mit Liebe Erfüllten sind die zartesten und herrlichsten" (BM., Kap. 51, 7). – „Im unermeßlichen Raum gibt es zahllos viele Hülsengloben. In jeder Hülsenglobe, die für sich schon einen euch unermeß-

baren Raum einnimmt, da sie die Trägerin von äonenmal Äonen Sonnen und Sonnengebieten ist, leben zahllos viele Menschengeschöpfe, entweder noch im Leibe oder schon geistig. Diese haben in ihrer Art gewöhnlich eine sehr helle Vernunft und einen feinen Verstand, der oft eine solche Schärfe erreicht, daß ihr euch vor ihm verstecken müßtet" (Gr. Ev. Bd. 5, Kap. 113, 1).
– „Der Mensch ist der Grund und das Endziel der gesamten Schöpfung. Er ist das endlich zu gewinnende Ergebnis aller Vormühen Gottes. Und weil eben der Mensch das ist, was Gott durch alle Vorschöpfungen erreichen wollte und auch erreicht hat, so entspricht auch alles in den Himmeln und auf allen Weltkörpern dem Menschen" (Gr. Ev. Bd. 2, Kap. 222, 4 u. 5).

Daß Metempsychose (Umseelung) und nicht eine direkte Deszendenz, wie sie Darwin lehrt, allen evolutiven Erscheinungen zugrunde liegt, bestätigt uns auch eine Kundgabe bei Pfarrer Greber. Sie steht in weitgehender Übereinstimmung mit der Neuoffenbarungslehre. Da hören wir zum Beispiel über die sogenannten Besserungssphären: „Diese beginnen (auf der Erde) mit der Stufe der niedrigsten Tiere und finden ihre Fortentwicklung in den Stufen der Steine, der Pflanzen, Kräuter, Blumen, der höheren Tiere und erlangen ihren Abschluß auf der Stufe des Menschen. Diese irdischen Stufen existieren nicht bloß auf eurer Erde, sondern auch auf anderen Weltkörpern. Es gibt also viele Parallelstufen zu denen eurer Erde. Auch sind die irdischen Stufen nicht bloß in der materiellen Gestaltung vorhanden, wie ihr sie in dem Tierreich, Pflanzenreich und Mineralreich vor euch seht, sondern auch in einer entsprechenden geistigen Gestaltung, so daß es auch ein geistiges Tierreich, Pflanzenreich und Mineralreich der verschiedensten Gattungen und Arten der Lebewesen gibt, die in diesen Reichen in ähnliche Od-Leiber gehüllt sind wie ihr sie auf dieser Erde in materiellen Leibern erblickt. In diese geistigen Parallelsphären der irdischen Stufen treten die nach dem irdischen Tode vom materiellen Körper getrennten Geister (Naturgeister) wieder ein und bleiben darin, bis sie in einer neuen irdischen Geburt wieder verkörpert werden. Bessert sich der Geist (Naturgeist) nicht, so wird er in derselben Stufe so oft wieder verkörpert, bis er reif ist für die Verkörperung in einer höheren Stufe.
Eine körperliche Abstammung einer höheren Stufe von einer niederen besteht nicht. Pflanzen erzeugen keine Tiere und niedere Tiere keine höheren. Jede Art der Lebewesen erzeugt ihre eigene Art. Aber in jeder Art gibt es viele Rassen. Die Glieder der verschiedensten Rassen ein und derselben Art sind untereinander zeugungsfähig."
Unter den Wissenschaftlern und Philosophen unserer Zeit kommen zwei der Neuoffenbarungslehre über den Menschen ziemlich nahe. So schreibt Edgar Daqué in seinem Buche „Urgestalt": „Des Menschen Urform war im organischen Reich schon metaphysisch anwesend, das heißt von Gott ‚gewollt', als

sich in der Frühzeit die ersten niederen Geschöpfe manifestierten. Der Mensch, obwohl der Zeit nach erst in der letzten Eisperiode als Vollmensch (Voradamiten) hervortretend, war doch schon in allen Lebewesen vor ungezählten Jahrmillionen da." Auch Leopold Ziegler vertritt in seinen „Lehrgesprächen vom allgemeinen Menschen" die Ansicht: „Wohl ist die Geschichte und Geschichtlichkeit die eigentliche Sphäre des Menschen, aber diese Geschichte spielt sich auf der naturhaften Grundlage vieler anderer Stufen des Lebens ab, die alle miteinander in einem Zusammenhang stehen."
Wie tief außerdem die Metempsychoselehre in der Mystik aller Nationen verwurzelt ist, bezeugen unter anderem die hymnisch gehaltenen Verse des persischen Dichters Dschelâl ed Din Rumi (1207–1273):

„Ich starb als Stein und sproßt' als Pflanze auf,
Ich starb als Pflanze und ward Tier darauf,
Ich starb als Tier und ward als Mensch geboren;
Was grauet mir? Hab durch den Tod ich je verloren?
Als Menschen rafft er mich von dieser Erde,
Daß ich des Engels Fittich tragen werde.
Als Engel noch ist meines Bleibens nicht,
Denn ewig bleibt nur Gottes Angesicht.
So trägt noch über Engelwelt mich fort
Mein Flug zu unerdenklich hohem Ort:
Dann ruf zu nichts mich! – Denn wie Harfenlieder
Klingt's in mir, daß zu Ihm wir kehren wieder."

2. Der Aufbau des physischen Universums im Lichte der Neuoffenbarung

a) Die Tradition der geistigen Naturlehre

Im Lorberwerk „Haushaltung Gottes" (Bd. 1, 5) steht der Satz: „Die Kinder Gottes müssen eingeweiht sein in die große Haushaltung ihres Vaters von Ewigkeit her." – Einen modernen Menschen, der gewohnt ist, das naturwissenschaftliche Weltbild als Errungenschaft der Neuzeit zu betrachten, müssen diese Worte des Herrn an die Erzväter überraschen. Gab es denn damals vor Tausenden von Jahren nur die geringste Voraussetzung, um den Aufbau der Welten „vom Kleinsten bis zum Größten" verstehen zu können? Nach der Lehre der Neuoffenbarung wird dies bejaht. Es sind nur unsere falschen Vorstellungen von der vermeintlichen Primitivität unserer frühesten Vorfahren, die uns in diesem Punkte in die Irre führen; müssen wir uns doch stets

vor Augen halten, daß gerade die frühe Menschheit mit den Engeln und Geistern Gottes, wie mit dem Herrn selbst, wenn er sich ihr „erscheinlich" zeigte, einen fast ständigen Umgang hatte. Sie besaß sogar ein erlebnishaftes Wissen von den Schöpfungsvorgängen durch innere Schau und Prophetie. Und noch in der Zeit des Moses wurde das „Auserwählte Volk" durch seinen gottgesandten Propheten in „alle Geheimnisse des Himmels und der Erde" eingeführt.
Es war ein Mysterienwissen von höchsten Graden. Besonders das später verlorengegangene „sechste Buch Mosis" enthielt „eine genaue Kunde über die natürliche Entstehung der Erde und beschrieb ihre Zustände von dem Anbeginn bis auf seine Zeit und von da an prophetisch weiter bis zu ihrer völligen Auflösung. Darin beschrieb Moses auch den gestirnten Himmel, diese Sonne und ihre Planeten sowie auch die Kometen in ihrer natürlichen, wahren Beschaffenheit; ferner Sonnen- und Mondfinsternis, deren Vorausberechnung er erläuterte. Und schließlich enthüllte dieses Buch Wesen, Größe und Entfernungen der Fixsterne. Über dieses alles sollte das Volk wohl belehrt werden, damit das Volk Gottes auf Erden und in den Gestirnen in aller Wahrheit wandle und nicht in allerlei Irrwahn der Heiden verfalle" (Gr. Ev. Bd. 6, Kap. 216, 7). – Das ebenfalls verschollene „siebte Buch Mosis" enthielt außerdem „die Wahrheit über die Schöpfung des Menschen und seine geistige Entwicklung durch den beständigen Einfluß des Geistes Gottes. Es erklärte zu jedes Menschen Verständnis das erste Buch Mosis und gab Kunde von den Büchern der Patriarchen Kenan, Henoch und Lamech und erklärte sie" (ebd., V. 9).
Der ständige Rückgriff und Hinweis in den genannten Büchern des Moses auf längst vorher bestehende Schriften der Urväter zeigt bereits damals die Notwendigkeit einer periodisch erfolgenden „Neuoffenbarung"; denn beinahe immer im Zeitraum von etwa zweitausend Jahren wird „das Licht aus den Himmeln", wie es bei Lorber heißt, fast bis zur Unkenntlichkeit „verdunkelt". Auch bei Pfarrer Greber sagt uns ein prophetischer Geist: „Leider sind die wichtigsten Lehren aus dem biblischen Schöpfungsbericht beseitigt worden. Er enthält fast nichts mehr davon. Er weiß nichts von der Geisterschöpfung Gottes, nichts von dem Kampf der Geister und ihrem Abfall, nichts von den Besserungs-Sphären und der Gestaltung der Odleiber der Gefallenen in den einzelnen Stufen, nichts von der Verkörperung der Odleiber zur irdischen Materie. Wo eure Bibel von der irdischen Schöpfung erzählt, stellt sie es so dar, als ob diese eine neue und völlig selbständige Schöpfung sei, die mit der Geisterschöpfung und mit dem Abfall eines Teiles der Geisterwelt in keinerlei Verbindung stehe.
Die Urbibel enthielt alle diese Wahrheiten. Bei der späteren Gestaltung der Heiligen Schrift war die Macht des Bösen am Werk, die Zusammenhänge in

dem Erlösungsplan Gottes der menschlichen Kenntnis zu entziehen. Der Menschheit sollte die tröstliche Wahrheit vorenthalten werden, daß alles wieder zu Gott kommt. ‚Denn Gott will, daß alle gerettet werden und zur Erkenntnis der Wahrheit gelangen' (1. Tim. 2, 4). Alles wieder zu Gott zu führen, ist auch der Zweck der materiellen Schöpfung...

Manchen Abschnitten eurer Bibel ist es ergangen wie den Gemälden der alten Meister, die auf den Wänden eurer alten Kirchen angebracht waren. Später kamen die sogenannten ‚Kirchenmaler' und haben ihre alltäglichen Figuren darübergestrichen. Und wenn ihr heute die später aufgetragene Tünche vorsichtig von diesen Wänden abwaschet, dann kommt das alte Gemälde wieder zum Vorschein, und ihr steht bewundernd vor dem Kunstwerk der großen Meister. So ist auch das Bild der Wahrheit, das die ursprüngliche Bibel enthielt, später entstellt worden. Irrende Menschen schoben die biblischen Berichte zurecht. Was sie nicht verstanden, ließen sie weg oder versahen es mit falschen Erklärungen. Die nach ihnen kamen, ‚verbesserten' von neuem daran, machten Zusätze, nahmen Streichungen vor. So wurde nicht bloß die Wahrheit verdrängt, sondern es schlichen sich manche Dinge in die Bibel ein, die geeignet sind, das Wort Gottes lächerlich zu machen.

Über die im Alten Testament vorgekommenen Fälschungen beklagt sich Gott durch den Propheten Jeremia: ‚Wie könnt ihr sagen: wir sind weise, wir sind im Besitze des göttlichen Gesetzes? Jawohl, zur Lüge hat es der Fälschergriffel der Abschreiber verdreht. Beschämt müssen daher die Weisen dastehen und bestürzt. Denn sie haben sich selbst gefangen. Sie haben das Wort des Herrn weggeworfen. Welcherlei Weisheit besitzen sie da noch?' (Jer. 8, 8–9). An anderen Stellen der Heiligen Schriften hat die Wahrheit dadurch Schaden gelitten, daß eure Übersetzer Wörter und Ausdrücke des Urtextes so falsch wiedergegeben haben, daß der richtige Sinn nicht mehr zu erkennen ist. In dem Gesagten findest du den Grund für die große Verwirrung und Entstellung der Wahrheit, die in dem biblischen Schöpfungsbericht enthalten ist, wie er heute vorliegt. Nur aus ganz vereinzelten Angaben dringt noch ein schwacher Schimmer der Wahrheit durch. So sind darin zwar einige Entwicklungsperioden der materiellen Schöpfung angedeutet; sie stimmen jedoch weder in der Zahl noch in der Reihenfolge mit der Wirklichkeit überein.

Dasselbe gilt von der Erschaffung der ersten Menschen. Hier ist die Erschaffung der Geister mit der Verkörperung der ersten Geister im materiellen Menschenleib durcheinandergeworfen. Im ersten Kapitel der Bibel wird mitgeteilt, daß Gott die Menschen als seine letzte Schöpfung ins Dasein rief. Erde, Pflanzen und Tiere waren schon da. Dann heißt es: ‚Nun schuf Gott den Menschen nach seinem Bilde, nach dem Bilde Gottes schuf er ihn; als Mann und Weib erschuf er sie. Gott segnete sie dann und sprach: Seid fruchtbar und mehret euch!' (1. Mos. 1, 27). Richtig ist, daß Gott die beiden Geister, die als erste zum Menschen verkörpert wurden und den Namen ‚Adam' und ‚Eva' führten, einst vor ihrem Abfalle nach seinem Bild geschaffen hatte. Richtig ist, daß er sie als männlichen und weiblichen Geist ins Dasein gerufen und ihnen den Segen zur Fortpflanzung gegeben hatte. Aber das war nicht nach der Erschaffung der Erde, Pflanzen und Tiere geschehen, sondern bezieht sich auf ihre Schöpfung als Geister. Wenn Gott etwas nach seinem Bilde schafft, dann kann es nur Geist sein. Denn Gott ist Geist und nur Geist, also nicht Materie. Und was er nach seinem Bilde schafft, ist ebenfalls nur Geist und nicht teils Geist und teils Materie wie die irdischen Menschen.

In den weiteren Einzelheiten des biblischen Berichtes von der Erschaffung des Menschen finden sich noch größere Widersprüche. Denn einige Zeilen weiter wird gesagt, daß Gott den Menschen gebildet, und zwar bloß einen männlichen Menschen, und das zu einer Zeit, als sonst noch nichts Lebendes auf der Erde war, während nach dem ersten Bericht der Mensch nach allen anderen Lebewesen erschaffen sein soll. Nach dem zweiten Bericht soll also Gott den Menschen auf die kahle Erde verpflanzt haben. Erst danach soll Gott einen Garten in Eden geschaffen haben, in den er den Menschen brachte. Und dann erst sollen in diesem ‚Paradiese', wie ihr den Garten nennt, allerlei Bäume mit wohlschmeckenden Früchten hervorgewachsen sein. Den Menschen soll er den Auftrag erteilt haben, diesen Garten zu bebauen und zu behüten. Man kann sich gar nicht denken, vor wem der Mensch den Garten zu behüten hatte. Es war ja nach demselben Bericht sonst nichts auf der Erde. So viele Sätze, so viele Widersprüche!" („Der Verkehr mit der Geisterwelt").

Im Urchristentum war es die „echte christliche Gnosis" der alexandrinischen Katechetenschule, welche das von den Aposteln und Jüngern durch Jesus empfangene und durch mündliche Tradition überlieferte Mysterienwissen weiter pflegte. Ein theurgisch-wissenschaftliches Weltbild im Sinne des sechsten und siebten Buches Mosis war darin enthalten. Doch war diese „gnostische Naturlehre", wie sie Clemens von Alexandria nannte, nur den höchsten Eingeweihten vorbehalten und bildete schon einen Bestandteil der „großen Mysterien". Sie stand unter dem strengsten Schweigegebot, wie so viele Lehren Jesu; denn das Wissen um die innersten Kräfte der Natur, darunter auch der heiligen Namen, konnte allzu leicht von Unberufenen (sog. „Unreinen") zu magischen Prozeduren mißbraucht werden.

Wie man annimmt, ist der Niedergang des alten Ägypten mit seiner hermetischen Weisheitstradition durch solchen Mißbrauch geheimsten Mysterienwissens im schwarzmagischen Sinne verursacht worden. Auf den Eingeweihten (Adepten) lastete seitdem ein Fluch. An ihre Stelle traten die „Kinder

Gottes", die nicht mehr durch den „dreimalgroßen Hermes" – hinter dem man den Propheten Henoch als Gründer der ersten Mysterienschule (nach Lorber) vermutet –, sondern durch den ewigen Logos selbst unterrichtet werden. Daß der göttliche Weisheitslehrer und Mystagoge ausgerechnet die jetzige Menschheit wieder für tauglich befindet, als Ganzes in die Geheimnisse der Schöpfung wie in den Aufbau des Weltalls vom naturgeistigen Standpunkte aus neu eingeweiht zu werden (durch Neuoffenbarung), ist leicht verständlich. Die Wissenschaftler eilen ja durch ihre Forschungsergebnisse dem uralten Mysterienwissen geradezu entgegen und bereiten den Boden dafür. Wir schlagen eine neue Seite der Menschheitsentwicklung auf, wenn wir mit Staunen feststellen, wie das alte materialistische Weltbild gerade in der Wissenschaft immer mehr in sein Nichts zusammensinkt. Das Tor für die geistigen Hintergründe des Weltgeschehens tut sich damit immer weiter auf.

Ein anderer entscheidender Grund für die große Siegelöffnung naturgeistiger Vorgänge durch den Herrn kommt dem noch entgegen. Es ist eine Art himmlischer Notrettungsdienst, den der Herr mit den Worten rechtfertigt: „Der Grund, daß schon seit mehreren Jahren Meine direkten Mitteilungen reichlicher fließen als in früheren Zeiten, und daß Ich euch so viel Himmelsbrot gebe, wie es seit Meinem irdischen Lebenswandel nie geschehen ist, ist der, daß gerade jetzt der Zeitpunkt sich nähert, an dem die Welt ihren Gipfelpunkt in den Verirrungen und im Abweichen von Meinen Schöpfungszwecken erreichen wird" (Pr., S. 163). Grundsätzlich gilt für alles echte Religionswesen die in der exoterischen Praxis fast völlig vernachlässigte Maxime: „Eine rechte Naturerkenntnis ist dem Menschen vonnöten. Denn wie wollt ihr Gott lieben, wenn ihr ihn nicht in den Werken Seiner Schöpfung erkennt?!"
Der Eifer, mit dem heute Fachgelehrte wie der Physiker Dr. W. Martin (s. auch seine Schriften!) den Lorberschen Aussagen über das Wesen der Elementarteilchen oder über den stufenweisen Aufbau der Schöpfung nachgehen, kommt nicht von ungefähr. Erst durch die riesenhaften Fortschritte der letzten Jahrzehnte auf naturwissenschaftlichem Gebiet stößt man mit schicksalhafter Notwendigkeit auf den „unbekannten Propheten", der bereits vor mehr als hundert Jahren Einsichten durch „Offenbarung" empfing, welche die Forscher erst heute bestätigen können. Die Genauigkeit, in der komplizierteste Vorgänge im Bereich des Makrokosmos oder Mikrokosmos bei Lorber wiedergegeben werden, müßte jeden Forscher neugierig machen. Ein ungeheuer weites Feld gäbe es da noch zu bearbeiten, und derjenige Wissenschaftler ist gut beraten, der die Mühe nicht scheut, Kapital daraus zu schlagen. Es ist sicher nicht zuviel gesagt, wenn wir behaupten: das neue Zeitalter braucht die Prophetie, vor allem wegen der „geistigen Naturlehre",

die hinter allen mechanistischen Abläufen im Schöpfungsgetriebe allein die letzten Ursachen aufdecken kann.

b) Der Makrokosmos

Besonders in den beiden Werken „Von der Hölle zum Himmel" (fr. Titel „Robert Blum") (Bd. 2) und „Großes Evangelium Johannes" (Bd. 6) wird uns bei Jakob Lorber der Aufbau des physischen Universums bis ins Kleinste kundgetan. Da lesen wir zum Beispiel: „Die Ordnung der Sonnensysteme müßt ihr euch so vorstellen: Die vielen Millionen Planetarsonnen, um die sich die Planeten wie eure Erde bewegen, machen mit ihrer gemeinsamen Mittelsonne ein Sonnengebiet aus. Dessen Mittelsonne ist stets so groß, daß sie den körperlichen Inhalt ihrer um sie bahnenden Sonnen samt deren Planeten manchmal um das Hundertfache oder gar ums Tausendfache, ja manchmal auch ums Millionenfache übertrifft, denn es gibt größere und kleinere Gebiete. Je größer aber ein Sonnengebiet, desto größer muß auch seine Mittelsonne sein" (Rbl. Bd. 2, Kap. 298, 4).

Ergänzend erfahren wir noch über die Größenverhältnisse eines solchen Sonnengebietes (Gr. Ev. Bd. 6, Kap. 245): „Die Erde ist gewiß kein kleiner Weltkörper, und die Sonne ist noch etwa um tausendmal tausend Male größer als die Erde. Aber schon die nächste Zentralsonne ist mehr als zehnmal hunderttausend (tausendmal tausend) Male größer als die Sonne, welche dieser Erde leuchtet, und hat mehr Körperinhalt als alle die zehnhundertmal tausendmal (tausendmal tausendmal) tausend Planetarsonnen samt allen ihren Erden, Monden und Kometen, die sich in für euch undenkbar weit gedehnten Kreisen mit ihrem Angehör um eben solch eine Zentralsonne in großer Schnelle bewegen und dennoch, besonders die entferntesten, oft tausendmal tausend Jahre dieser Erde benötigen, um nur einmal ihre weite Bahn durchzumachen und wieder am alten Flecke anzugelangen. – Eine solche Großgruppe von Weltkörpern wird ein Sonnengebiet genannt."

Der stufenförmige Aufbau des Kosmos steigert sich jedoch von Mal zu Mal zu immer größeren Dimensionen. Es übersteigt fast unsere Vorstellungskraft, wenn es in den weiteren Ausführungen heißt: „Nun gibt es aber noch eine zweite Gattung von Zentralsonnen, um die sich in noch endlos größeren Bahnen solche ganze Sonnengebiete mit ihren Zentralsonnen bewegen, von denen die entferntesten Gebiete schon einige Äonen von Erdenjahren benötigen, um diese zweite Zentralsonne nur einmal zu umkreisen. Eine solche zweite Zentralsonne, um die nun ganze Sonnengebiete mit ihren Sonnengebieten kreisen, wollen wir samt ihren tausendmal tausend Sonnengebieten ein Sonnenweltall nennen." Doch nicht genug damit! Auch über einem solchen „Sonnenweltall" gibt es noch Einheiten von Sternenwelten stets höherer Rangordnung: „Nun denket euch aber wieder eine ebenso große Anzahl solcher Sonnenweltenalle! Diese haben wieder in einer für keinen Menschenverstand mehr meßbaren Tiefe und Ferne eine gemeinsame Zentralsonne dritter Gattung, die sicher als Weltkörper noch um zehnmal tausendmal tausend (zehntausendmal tausend) Male größer ist als die Sonnenweltalle, die um sie in unermeßlich weiten Kreisen bahnen. Diese Sonnenweltenall-Gesellschaft mit einer Zentralsonne wollen wir ein Sonnen-Allall nennen.

Solcher Allale gibt es wieder eine für euch nicht zählbare Menge, und alle haben in einer endlosen Tiefe wieder eine allerungeheuerst große Urzentralsonne, um die sie, ohne Störung ihrer vielen Sonderbewegungen, wie *ein* Körper in einer nur für Engel meßbaren weiten Bahn kreisen. Und ein solches Sonnen- und Weltensystem um eine Urzentralsonne wollen wir darum, um es als einen faßbaren Begriff zu bezeichnen, eine Sonnen- und Welten-Hülsenglobe nennen, weil alle diese bezeichneten Allalle, nach allen Richtungen um die Urzentralsonne kreisend, eine unermeßlich große Kugel darstellen und infolge ihrer nahezu gedankenschnellen Bewegung und der dadurch bewirkten Wurfkraft nach außen hin in einer für euch freilich nicht meßbaren Tiefe und Ferne eine Art Hülse bilden. ... Fraget aber nicht nach der Größe und Länge des Durchschnittes einer Hülsenglobe, denn von den Menschen dürfte schwerlich eine Zahl ausgedacht werden, mit der man die Entfernung hinreichend ausdrücken könnte. ... Aber eine solche Hülsenglobe ist eigentlich nur ein einziger Punkt in Meinem großen Schöpfungsraum.

Im endlos großen Schöpfungsraum gibt es solcher Hülsengloben zahllos viele, die alle nach Meiner Ordnung in der Gesamtumfassung ganz genau einen vollkommenen Menschen darstellen. Wie ungeheuer groß muß also der Kosmische Mensch sein, wenn schon eine Hülsenglobe so endlos groß ist und noch äonenmal äonen Male größer die Entfernung von einer Hülsenglobe zur anderen."

Mit großer Kennerschaft verstand es Kurt Eggenstein bereits in seiner kleinen Einführungsschrift „Der unbekannte Prophet Jakob Lorber" und nochmals in dem umfassenden Werk „Der Prophet Jakob Lorber...", die wichtigsten astronomisch-physikalischen Daten in den Kundgaben des steirischen Mystikers als ganz mit den heutigen wissenschaftlichen Erkenntnissen konform nachzuweisen. Auf die Ergebnisse seiner Forschungsarbeit stützen sich großenteils auch die folgenden Ausführungen über die Zusammensetzung des Makrokosmos und Mikrokosmos bei J. Lorber. – Knüpfen wir noch einmal an den großen Schöpfungsmenschen an! Während unsere Wissenschafter, wie der Astronom Dr. Karl Schaifers, der Meinung sind, die Frage nach der Ausdehnung des Weltalls sei unbeantwortbar, hören wir bei J. Lorber: „Außerhalb dieses Weltenmenschen geht nach allen Richtungen der freie Ätherraum ewig fort, den dieser Mensch (der große Kosmosmensch) in einem für eure Begriffe wahrhaft endlos großen Kreise, durch Meinen Willen getrieben, mit für euch unbegreiflicher Schnelligkeit durchfliegt, und das wegen des Nährstoffes aus dem endlosen Äthermeer, das er gewissermaßen wie ein Fisch durchschwimmt" (Gr. Ev. Bd. 6, Kap. 245, 19). – „Niemand außer Gott faßt des ewigen Raumes Unendlichkeit, selbst die größten und vollkommensten Engel fassen des Raumes ewige Tiefe nicht" (Gr. Ev. Bd. 4, Kap. 56, 9).

Wenn Astronomen wie Prof. Heckmann (Santiago) offen eingestehen, daß mit den gegenwärtigen technischen Mitteln nur Teilbereiche des Universums erfaßt werden können, dann werden für sie wohl kaum jemals die folgenden Behauptungen bei J. Lorber nachprüfbar sein: „Jeder solche Komplex von Sonnen und Weltuniversen, die sich in weitesten Kreisen um eine Urmittelsonne bewegen, ist in tiefer Ferne von all den Sonnenuniversen mit einer festen Hülle umfangen, durch die kein materielles Wesen dringen kann. Diese Hülse besteht aus einer diamantartigen, durchsichtigen Materie und ist nach innen höchst spiegelglatt. Alles Licht nun, das von den zahllos vielen Sonnen hinausgeht und von keiner Erde noch Sonne aufgefangen wird, wird dann von dieser Hülse aufgefangen und wieder zurückgeworfen" (Rbl., Bd. 2, Kap. 300, 6).

Nach Lorber sind die Sonnengebiete, die etwa den Galaxien entsprechen, die unterste Stufe im Aufbau der Welten. Tatsächlich hat man neuerdings viel größere Sternensysteme, sogenannte Metagalaxien, entdeckt. Eine Supergalaxis kann manchmal „mehr als 10 000 Einzelgalaxien enthalten", lesen wir bei Bivort de la Saudée in seinem Buch „Gott – Mensch – Universum", und Kurt Eggenstein fügt hinzu: „Die Gesamtzahl der Galaxien wird nach Angaben von Pascal Jordan heute auf zehn Milliarden geschätzt. Das sind Zahlen, vor denen die Vorstellungskraft kapitulieren muß. Dabei handelt es sich aber nach den Angaben Lorbers nur um Galaxien unserer Hülsenglobe. Zahlreiche Astronomen haben längst geahnt, daß es darüber hinaus noch weitere Universen gibt."

Der stufenförmige Aufbau des Kosmos wurde erst recht bestätigt, als man mit Hilfe der neuen Radioteleskope die sogenannten Quasare entdeckte. Bei einem dieser Riesensterne, der auf optischem Wege durch das 5m-Spiegelteleskop auf dem Mount Palomar entdeckt werden konnte, war die Strahlung „größer als diejenige der 100 Milliarden Sonnen in unserem Milchstraßensystem zusammengenommen. Bis zum Jahr 1968", heißt es bei Eggenstein, „wurden von dem 5m-Teleskop fast hundert dieser mysteriösen Objekte ausfindig gemacht. Darunter waren einige Quasare, die das Erstaunen der

DER AUFBAU DES PHYSISCHEN UNIVERSUMS 91

Entdecker immer mehr steigerte. Der Quasar 3 C-48 hat zum Beispiel die 150fache Leuchtstärke der hundert Milliarden Sonnen unserer Milchstraße. Der Quasar 3 C-273 hat sogar eine Energie von tausend großen Galaxien mit je 100 Milliarden Sonnen." Ihre Entfernungen betragen 6–10 Milliarden Lichtjahre.

Nach der Einsteinschen Lehre dürfte es keine Sonne geben, die mehr als hundert Mal größer ist als unsere Sonne. Erst recht darf es nach astrophysikalischer Rechnung keine Sterne vom Ausmaß der Quasare geben, weil „Strahlungsdruck und Zentrifugaldruck zusammen die Existenz von mehr als 10^{32} kg praktisch ausschließen" (Albert Ducrocque). Auch konnte man sich vor einigen Jahrzehnten „keine Energiequelle vorstellen, die groß genug wäre, um die intensive Sonnenstrahlung Milliarden Jahre hindurch aufrechtzuerhalten. Erst sehr spät gelangte man zu der Annahme, daß diese Strahlung durch die Atomenergie hervorgerufen wird. ... Es gab in der Vergangenheit viele Hypothesen, die als gesichert angesehen wurden und dennoch aufgegeben werden mußten, weil das Gewicht der Fakten stärker war. ... J. Lorber hat die Quasare ebenfalls den heutigen Forschungsergebnissen vorweggenommen. So wie er das Weltall, das im großen Weltenmenschen seine größte Ausdehnung findet, beschrieben hat, so geht er auch im Detail auf die Quasare ein. Er gibt ein anschauliches Bild von den sich enorm steigernden Größenordnungen und der Leuchtkraft der verschiedenen Arten von Zentralsonnen. Früheren Generationen mögen diese Darstellungen als das Produkt einer blühenden Phantasie, als eine Art Gigantomanie erschienen sein. Die Leser unserer Zeit, die die Forschungsergebnisse der Astronomie kennen, werden die folgenden Voraussagen Lorbers dagegen mit Verwunderung zur Kenntnis nehmen und vielleicht nachdenklich werden.

Lorber schreibt, daß jedes Sonnengebiet (Galaxis) eine Gebietsmittelsonne hat. ‚Diese Mittelsonne ist stets so groß, daß sie den körperlichen Inhalt ihrer um sie bahnenden Planetarsonnen ums Hundertfache oder sogar ums Tausendfache, ja manchmal ums Millionenfache übertrifft; denn es gibt größere und kleinere Gebiete.' – ‚Wie sich aber die Größen solcher Mittelsonnen steigern, so steigert sich auch ihr Licht. ... Zählt zum Beispiel der Durchmesser einer Planetarmittelsonne eine Billion irdischer Meilen (deutsche Meile = 7,4 km), so zählt der Durchmesser einer Sonnengebietsmittelsonne das Millionenfache des Durchmessers einer Planetarmittelsonne. Eine All-Mittelsonne ... wächst dann wieder ums Millionenfache, manchmal sogar ums Billionenfache im Verhältnis der Größe und auch des Lichts' (Rbl., Bd. 2, Kap. 298, 4 u. 7). Das klingt ungeheuerlich; aber hören wir, was heute maßgebende Astronomen entdeckt und dazu zu sagen haben. Prof. Sandage erklärt: ‚Grob geschätzt ist die von CTA-102 ausgesandte Strahlung hundert-

billionenmal so stark wie die Energie unserer Sonne.' Eine gleiche Lichtstärke wurde beim Quasar 3 C-273 B festgestellt" (Eggenstein).
Von den Entfernungen sagt der gleiche Autor: „Die Wissenschaftler sind auch konsterniert über die Feststellung, daß diese Objekte, die man früher als kleine unbedeutende Sonnen unserer Milchstraße angenommen hatte, nach den neuesten Forschungsergebnissen hunderttausendmal weiter, nämlich viele Milliarden Lichtjahre entfernt, im Weltraum stehen. Nicht ohne Grund sagt der Astronom H. Fahr, daß ‚vielleicht unsere gesamten Vorstellungen vom Weltall revidiert werden müssen, weil sich das in der experimentellen Feststellung andeutet'. Noch zögern, wie Dr. W. Martin schreibt, die Astronomen allgemein, die endgültigen Schlußfolgerungen aus den Beobachtungen zu ziehen (W. Martin: „Sonne – Weltall – Materie"). Aber die Ansichten der Wissenschaftler nähern sich doch zusehends den Aussagen Lorbers, indem sie den Kern der Galaxien als riesige Zentralsonnen und nicht als Anhäufung von zahlreichen Einzelsternen auf engstem Raum erkennen."

Ein weiterer Beweis für die Richtigkeit Lorberscher Prophetie besteht in folgendem Umstand, auf den Eggenstein hinweist: „Bereits im Jahr 1964 wurde erkannt, daß das Zentrum von Spiralnebeln (Galaxien) nicht mehr in einzelne Sterne gegliedert ist, sondern daß dieses aus einem einzigen sternartigen Gebilde besteht." Auch andere Vorgänge, die auf Zentralsonnen beobachtet wurden, bestätigen die Angaben Lorbers. Da hat man zum Beispiel bei Aufnahmen von M 82 entdeckt, „daß aus dem Kern große Wolken von Gasen wild ausbrachen. Man konnte an diesem Objekt, das bisher ebenfalls fälschlich unserer Milchstraße zugerechnet war, deutlich einen Kern und einen langen Strahl unterscheiden, der aussieht, als würde er aus dem Stern herausgeschossen (nach P. v. der Osten-Sacken „Kosmos"). Auch die riesige M 87 im Virgohaufen schleudert gewaltige Protuberanzen in den Weltraum, ‚leuchtende Figurationen, die so lang sind wie ganze Galaxien'. Die Gaswolken lassen darauf schließen, daß im Kern der Galaxien, das heißt in den riesigen Zentralsonnen, neue Materie geschaffen wird" (Eggenstein).

Solche „Sternerzeugungsprozesse" beschreibt auch J. Lorber als die Geburt von Sonnen aus dem Körper der Zentralsonnen mit den Worten: „Auf dieser ungeheuren Sonne brennt das allerreinste Gas, und dieses muß stets in den großen untersonnischen Gasometern in Überfülle vorhanden sein" (Rbl., Bd. 2, Kap. 298, 15). Diese Gase werden nach Lorber „als stark glühende Bälle in die Unendlichkeit hinausgeschleudert. ... In irgendeiner Raumestiefe werden sie dann zu Sonnen im Gebiet einer Mittelsonne" (Rbl., Bd. 2, Kap. 299, 13 u. 16).

Ein Fragezeichen hinterläßt die Angabe des Propheten, daß unsere Erde nicht von unserer Sonne, sondern von der riesigen Urzentralsonne unserer

Hülsenglobe ausgestoßen wurde. Wir hören da: „Mit dieser Erde hat es eine höchst eigentümliche Bewandtnis. Sie gehört zwar als Planet zu dieser Sonne, aber sie ist streng genommen nicht so wie die anderen Planeten aus dieser Sonne, sondern hat ihre Entstehung ursprünglich schon aus der Urzentralsonne" (Gr. Ev. Bd. 4, Kap. 106, 8). Erstaunlicherweise führt die wissenschaftliche Untersuchung der Erde zum gleichen Ergebnis. Bei J. Mussard („Gott und der Zufall") wird festgestellt: „Die verbreitete Meinung, die Erde bestehe aus Sonnenmaterial, ist falsch. Unser Planet ist nämlich mehr als zur Hälfte aus schweren Elementen zusammengesetzt (Eisen, Nickel, Kupfer, Zink, Blei, Uran usw.), die in der Sonne nicht vorhanden sind. Die Verschiedenheit der chemischen Zusammensetzung läßt es als ausgeschlossen erscheinen, daß die Erde aus einem Bruchstück der Sonne entstanden ist. ... Die Sonnentemperatur ist viel zu niedrig – und sie war es immer –, um den Aufbau der schweren Elemente zu gewährleisten, welche den Hauptbestandteil unseres Planeten ausmachen. Die Erde entstammt sicherlich einem anderen, mindestens zehnmal größeren Gestirn. Denn nur ein Überriese entwickelt die Hitze, die notwendig ist, um 92 Elemente zu gebären, die im Naturzustand auf unserem Planeten vorhanden sind."

Daß bei Lorber der wohlbekannte Stern Regulus im Sternbild des Löwen als Urzentralsonne unserer Hülsenglobe bezeichnet wird, scheint auf den ersten Blick absurd. Unsere Astronomen behaupten nämlich, daß nicht nur seine Entfernung von der Erde, sondern auch seine Größe relativ gering seien. Von einer „unberechenbar großen Entfernung", wie Lorber behauptet, könne deshalb keine Rede sein. Dazu bemerkt K. Eggenstein: „Nun, die Astronomen wissen, daß ihre Entfernungsangaben auf schwachen Füßen stehen. Das hat sich in den letzten Jahrzehnten mehrfach erwiesen. Ducrocque bemerkt, daß im Jahr 1960 die zehn Jahre vorher ermittelten Werte bedeutend korrigiert werden mußten, weil sie samt und sonders falsch waren. Nach der Entdeckung der Quasare ergaben sich erneut Änderungen, die diesmal geradezu umwerfend waren. ... Der Regulus wird von den Astronomen in die niedrigste fünfte Klasse der Zwerge oder Hauptreihensterne, zu welchen auch unsere Sonne zählt, gerechnet (die Quasare sind noch nicht klassifiziert). Aber auch die Quasare, welche teils die billionenfache Leuchtkraft unserer Sonne haben, wurden ehedem als ganz unbedeutende schwache Sterne angesehen. Vielsagend ist in diesem Zusammenhang die Feststellung des Astronomen Dr. K. Schaifers (Sternwarte Heidelberg), daß bei der meist nur anwendbaren Farbdifferenzmethode nie gesagt werden kann, ob der unbedeutende Stern fünfter Klasse nicht in Wirklichkeit ein ungeheurer Riesenstern ist ...

Die Astronomen haben in den vergangenen Jahrzehnten ihre Vorstellungen von den Entfernungen der Sterne, ihrer Größe sowie der Größe und des

Alters des Weltalls mehrfach grundlegend ändern müssen, und jedesmal war die Gewinnung neuer Erkenntnisse gleichbedeutend mit einer Angleichung an die Kundgaben der Neuoffenbarung. Die Annahme, daß die Entwicklung auch in Zukunft in dieser Richtung verlaufen wird, erscheint deshalb berechtigt."

c) Der Mikrokosmos

Von der Zuverlässigkeit Lorberscher Prophetie zeugen nicht nur seine Kundgaben über den Makrokosmos, sondern erst recht über den Mikrokosmos. Was dieser „Schreibknecht Gottes" zum Beispiel über die Elementarteilchen zu sagen hat, läßt uns aus dem Staunen nicht herauskommen. Oft stimmt es bis in die winzigsten Details mit modernsten Forschungsergebnissen überein. Freilich mußte er dabei in Anpassung an den Wissensstand seiner Zeit vor über hundertzwanzig Jahren eine Ausdrucksweise „sui generis" wählen, da viele Begriffe und Vorstellungen von heute damals noch nicht existierten. Dennoch macht es nicht die geringsten Schwierigkeiten, sie auf die jetzige Fachsprache zu übertragen und modernste Termina dafür einzusetzen.

Wieder ist es das Verdienst K. Eggensteins, hierfür die meiste Vorarbeit geleistet zu haben. Zunächst macht dieser Autor darauf aufmerksam, „daß die Neuoffenbarung im subatomaren Bereich Vorgänge sieht, die teils in das Geistige hinüberreichen und in den Elementarteilchen die ersten Entwicklungsstufen tierischen Lebens erkennt". So sagt der Herr einmal: „Ein geistiger Partikel Meines Ichs ist in jedem Atom enthalten" (Lebensgeheimnisse, S. 163) und „In allem Geschaffenen ist ein geistiger Teil verdichtet, in ein größeres Volumen zusammengedrängt. ... Auf diese Art entstand alles, was ihr Materie nennt" (Lebensgeheimnisse, S. 84).

Diese „geistige Naturlehre" bleibt aber nicht in vagen Andeutungen stekken, sie wird vielmehr ganz konkret und darum auch nachprüfbar. Wenn Lorber oft die Wörter „Atome", „Ätheratome", „Atomtierchen", „Monaden" und „Geisterteilchen" aneinanderreiht, so ist das nicht nur eine altertümelnde Ausdrucksweise, sondern es entspricht voll und ganz der Erkenntnis: „Alles ist ursprünglich Tier, weil beseelt" (Ed., Kap. 48, 15). Von der Umwandlung der Elementarteilchen heißt es zum Beispiel: „Ihr werdet meinen, das Wasser sei die Mutter der Tiere. Allein, dem ist nicht so. Die erste Klasse der Tierwelt sind die unendlich kleinen Bewohner des Äthers. Sie sind in diesem ungefähr das, was ihr in eurer Sprache ‚Atome' nennt. Wenn ihr solche Tierchen mit euren Augen entdecken wollt, müßt ihr einen solchen Punkt trillionenmal vergrößern können, was euch wohl im irdischen Leben nie gelingen wird. Ein sterbliches Auge wird die Dinge in ihrer Wahrheit nie schauen können, sondern das kann nur das Auge des Geistes" (Hi. Bd. 1, S. 82, 7–9).

Über die Gestalt dieser „Atomtierchen" erfahren wir: „Sie ist die einer Kugel, deren Oberfläche äußerst glatt ist. Ihre Nahrung ist die Essenz des Lichtes. Ihre Lebensdauer ist der trillionste Teil einer Sekunde, worauf sie – nach ihrem Ableben zu Trillionen sich einend – eine zweite Klasse von Wesen zu bilden anfangen, die sich zwar hinsichtlich der Größe von ihren Vorgängern um nicht gar vieles unterscheiden. ... Sie sind unter dem Ausdruck ‚Monaden' zu verstehen. ... Diese Tierart hat ihren Lebensraum schon in der Planetensphäre. Ihre Lebensdauer ist der tausendbillionste Teil einer Sekunde. ... Auf gleiche Weise wird unter fast gleicher Gestalt eine Klasse nach der anderen mit stets potenzierterem Leben gebildet. Die Lebensdauer dieser Wesen ist dann schon nach und nach zum tausendmillionstel (= milliardstel) Teil einer Sekunde angewachsen" (Hi. Bd. 1, S. 83, 11–13).

An diese gewagt erscheinenden Behauptungen knüpft Eggenstein folgende Betrachtung: „Zur Zeit Lorbers war es für die Wissenschaftler unvorstellbar, daß es einen subatomaren Bereich gibt und eine trillionenfache Vergrößerung erforderlich wäre, um die kleinsten Bausteine der Materie erkennen zu können. Die phantastisch anmutende Aussage Lorbers ist aber inzwischen vollauf bestätigt worden. Die unvorstellbar winzigen Teilchen, die einer trillionenfachen Vergrößerung bedürfen, um mit dem Auge wahrgenommen zu werden, existieren. In der großen Zahl der hauptsächlich ab Ende der vierziger Jahre entdeckten Elementarteilchen gibt es einige, die alles bis dahin Vorgefundene in den Schatten stellen. Da ist zum Beispiel das Neutrino. Es ist so winzig, daß das Elektron dagegen ein Riese ist. Sein Radius ist ein 170 Quadrillionstel cm. Seine Durchschlagskraft ist ungeheuer. Auf seinem Weg von der Sonne zur Erde durchschlägt es diese ohne weiteres. Selbst ein Körper von der Größe der Sonne könnte ihm kein Hindernis bieten (s. Hans Brik „Mysterium").

Lorber berichtet, daß die ‚Atome' die Gestalt einer Kugel haben, deren ‚Oberfläche äußerst glatt ist'. Auch diese Details sind von der Wissenschaft bestätigt worden. Nach den Ausführungen von Asimov ‚können wir uns auch ein Photon des sichtbaren Lichts als eine Kugel vorstellen' (s. Asimov „Das Neutrino"). Von dem erst vor kurzer Zeit entdeckten Elementarteilchen Nullitron heißt es in einem Aufsatz in der wissenschaftlichen Zeitschrift X-Magazin 8/1972, daß es ‚vollkommen rund ist' und ‚eine ziemlich glänzende Oberfläche hat'. Es ist einleuchtend, daß mit den synonymen Ausdrucksweisen ‚äußerst glatte Oberfläche' (Lorber) und ‚ziemlich glänzende Oberfläche' (X-Magazin) derselbe Sachverhalt geschildert wird. Die Nahrung der Elementarteilchen, heißt es dann bei Lorber weiter, ‚ist die Essenz des Lich-

tes' (Hi. Bd. 1, S. 83). Auch hierzu gibt es Hinweise in der Atomphysik, die einen Analogieschluß zumindest nahelegen. Es wird dort gesagt: ‚Ein Lichtphoton (Lichtteilchen oder Korpuskel) ist zu jedem Zeitpunkt mit etwa einer Milliarde Atomen in Berührung, von denen jedes versucht, das Photon einzufangen und zu absorbieren' (Asimov)."
Das Unglaublichste bei Lorber ist die präzise Angabe über die Lebensdauer der Elementarteilchen als den „trillionsten Teil einer Sekunde" (Hi. Bd. 1, S. 83). Eggenstein führt dazu aus: „Die Lebensdauer des Sigma-Teilchens Σ wird von D. ter Haar völlig deckungsgleich mit 10^{-18} Sekunden angegeben, das ist eine trillionstel Sekunde. Das Positron hat ebenfalls eine Lebensdauer von einer Trillionstel Sekunde (s. Fritz Kahn „Das Atom"). Nach der Verwandlung in die nächste Stufe gibt Lorber die Lebensdauer mit einer tausendbillionstel Sekunde an. Dem entspricht die Lebensdauer des neutralen Pions von 10^{-15} Sekunden, das ist eine tausendbillionstel Sekunde. ‚Die Lebensdauer dieser Wesen', heißt es dann weiter in der Neuoffenbarung, ‚ist dann schon nach und nach bis zum tausendmillionsten (= milliardsten) Teil einer Sekunde angewachsen! Auch diese Lebensdauer wird von D. ter Haar bestätigt. Das Xi-Teilchen Ξ hat eine Lebensdauer von 10^{-9} Sekunden (= eine milliardstel Sekunde). Gleiche Angaben macht Ford bezüglich des Lambda-Teilchens. Bei weiteren Umwandlungen ergibt sich eine immer mehr zunehmende Lebensdauer . . .
Wenn weiter in der Neuoffenbarung gesagt ist, daß sich die ‚verschiedenen Klassen von Wesen (Elementarteilchen) . . . hinsichtlich der Größe von ihren Vorgängern um nicht gar vieles unterscheiden', so stimmt auch diese Angabe mit der folgenden von der modernen Wissenschaft getroffenen Feststellung überein: ‚Die Elementarteilchen sind alle ungefähr gleich groß. . . . Die Zerfallsprodukte sind wieder Elementarteilchen und so groß wie das Ausgangsprodukt! („Die Welt des Atoms" hrsg. von A. v. Cube)." – Solche spektakulären Übereinstimmungen von Wissenschaft und Prophetie gibt es noch eine ganze Reihe. Was im subatomaren Bereich als ein „ständiges blitzschnelles, katastrophenartiges, geheimnisvolles Geschehen der Vernichtung und Erzeugung" sich abspielt, „an dessen Ende schließlich stabile Elementarteilchen stehen" (Eggenstein), kennzeichnet Lorber ganz allgemein mit den Worten: „Wo ihr mit euren Augen wenig oder nichts erblickt, da gehen gar große Dinge vor sich, und es ist so, wie einst ein Weiser (Shakespeare) sagte: ‚Zwischen der Erde und der Sonne gehen Dinge vor sich, von denen sich die menschliche Vernunft nichts träumen läßt'." (Ed., S. 85).
Selbst der Begriff „Wechselwirkung", den die heutige Kernphysik gewöhnlich anwendet, wenn sie das Geheimnis der unbegrenzten Lebensdauer von Protonen und Neutronen im Atomkern zu begründen versucht, findet sich schon bei Lorber. Darüber sagt K. Eggenstein: „Zur Zeit Lorbers kannte

man den Begriff ‚Wechselwirkung' im Zusammenhang mit der Vernichtung und Erzeugung noch nicht. Auch waren die Elementarteilchen noch gänzlich unbekannt." Von der ungeheuren Aktivität im Inneren der Atome ahnte man im 19. Jahrhundert noch kaum etwas. Man hielt die Materie für starr und unbeweglich. Die Neuoffenbarung aber sagte bereits aus: „Auch in der scheinbar festen Materie ist ebenfalls keine Ruhe, auch in ihr regt sich alles, und zwar mit einer Schnelligkeit, die kein menschlicher Sinn fassen kann. ... Dem geistigen Auge zeigt sich dort ein fieberhaftes Regen, wo Ruhe scheint" (Schöpfungsgeheimnisse, S. 185). Über die Entstehung von Licht und Farbe hören wir: „Licht entsteht durch Vibration der Atome, die Farben entstehen ebenfalls durch billionenmaliges Vibrieren der Materie, und je nach der Anzahl dieser Vibrationen werden euren Augen die Farben sichtbar" (ebd., S. 159).

Die Feststellung der Wissenschaftler, daß auch die kleinsten Elementarteilchen nicht nur mit Intelligenz ausgestattet sein müssen, sondern auch mit Willenskraft, ist eine weitere Bestätigung der Neuoffenbarung. Eine geistige Grundkraft liegt eben allen Schöpfungsgebilden zugrunde, was lange schon der Gelehrte Paul Krannhals, der Leipziger Biologe Hans Driesch und der Botaniker R. Francé vertreten haben. Damit werden die Thesen materialistischer Weltanschauung, wie etwa die von Haeckel und Genossen, vollständig ad absurdum geführt. Selbstverständlich werden auch die bisher kleinsten Elementarteilchen, die man zu entdecken vermochte, bald vom Throne gestürzt sein. Der geistige Ursprung aller Materie läßt eben eine unendliche Teilbarkeit zu. Über die Urstoffe heißt es bei Lorber: „Ihr könnt was immer für eine Materie betrachten, so werdet ihr dennoch nicht finden, daß sie irgend als vollkommen fest und unteilbar in die Erscheinlichkeit tritt, sondern jede Materie ist teilbar, und noch kein Gelehrter ist bis jetzt darüber im reinen, in welche kleinsten Teile sie letzlich zerfällt. Man nehme zum Beispiel ein Gran Moschus, lege es in einem großen Gemache auf irgendeinen Platz: in kurzer Zeit wird der ganze Raum mit dem Moschusdufte erfüllt sein. Man darf ein solches Stückchen viele Jahre liegen lassen, es wird weder an seinem Umfange noch an seinem Gewichte etwas Merkliches verlieren. Und doch mußten in jeder Sekunde viele Millionen Teilchen sich von diesem Stückchen abgelöst haben, um fortwährend die weiten Räumlichkeiten des Gemaches mit dem Moschusdufte zu erfüllen!" (Ed., Kap. 27).

Wenn alle „diese endlos kleinen Teile" ursprünglich nichts anderes sind als eine „Gedankenkraft« aus Gott, dem Schöpfer aller Dinge, dann besteht der Ausdruck »Urfunken« für sie zu Recht. Diese Urfunken, welche die geistige Natur der ganzen Schöpfung zum Ausdruck bringen, sind auch der Ursprung aller Lebenskraft. In „Erde und Mond" (Kap. 41) sagt der Herr: „Die Naturforscher haben wohl in aller Materie gewisse Grundkräfte entdeckt, als da sind die anziehende und die abstoßende Kraft. Daneben sind noch die Dehnbarkeit, die Teilbarkeit und die Durchdringbarkeit der Materie ganz gelehrt abgehandelt und unter die Grundeigenschaften der Materie eingeteilt worden. Allein, hätten diese Gelehrten, als selbst lebende Wesen, nur einen einzigen Schritt weiter getan und hätten der alles erfüllenden und alles beherrschenden Lebenskraft einen Platz in ihren Faszikeln eingeräumt, so wären sie schon lange in ihrem Wissen eine ganz gewaltige Stufe vorwärts gekommen und hätten nicht notwendig, tote Kräfte – was ein allerbarster Unsinn ist – abzuwägen und zu zergliedern; sondern sie hätten sogleich mit jener Grundbedingung allen Seins zu tun bekommen, in welcher sie sich selbst und alle harte Materie vom rechten, allein wahren Standpunkt aus schon lange erkannt hätten. Aber so tappen, was eigentlich das Allerdümmste und Lächerlichste ist, die Lebendigen in lauter toten Kräften herum und wollen am Ende gar noch beweisen, daß die lebendige Kraft ein Mixtum-Kompositum (ein Zusammengesetztes) von lauter toten Kräften sei!"

Zur Materie im eigentlichen Sinn müssen wir auch das Licht rechnen. So heißt es kurz und bündig in der Neuoffenbarungslehre: „Licht ist Materie" (Schöpfungsgeheimnisse, S. 121). Was der englische Physiker Maxwell theoretisch und später H. Hertz praktisch nachweisen konnte, was schließlich G. Marconi zur Nachrichtenübermittlung anwandte, ist die Tatsache, daß Licht aus elektromagnetischen Schwingungen besteht. Schon 35 Jahre vor Maxwell verkündete Lorber, daß „das Licht sich mit elektromagnetischer Schnelligkeit fortbewegt" (Rbl. Bd. 2, Kap. 299). Und weiterhin heißt es: „Hier habt ihr in kleinen Umrissen den Prozeß des Lichtes als Wirkung der Elektrizität und des Magnetismus. ... Licht ist eine Emanation, hervorgerufen durch schnelles, ja billionenmaliges Vibrieren der kleinsten Atome in einem Augenblick" (Schöpfungsgeheimnisse, S. 199 u. 158).

Tatsächlich wissen wir seit de Broglies, daß das Licht sowohl korpuskularen (materiellen) als auch Wellencharakter hat. Mittelalterliche Mystiker vertraten die Ansicht, die Welt bestehe aus „gefrorenem Licht". Dies wird bestätigt durch die Worte des Herrn bei J. Lorber: „Die Substanz ist gleich dem aus der Sonne gehenden Licht, das der Materie wie gar nichts zu sein scheint und dennoch der Grundstoff der Materie ist, ohne mit ihr ein und dasselbe zu sein, denn aller Urstoff ist frei und ungebunden" (Gr. Ev. Bd. 7, Kap. 209, 20). Für Maxwell war das Licht nur eine Wellenbewegung im Äther. (Dabei wußte man in der damaligen materialistischen Weltauffassung nicht einmal zu sagen, was „Äther" eigentlich sei.) Nach der „Planckschen Quantentheorie", die von Albert Einstein bestätigt wurde, geht das Licht in kleinen Kraftmengen oder Kraftfunken von der Sonne und anderen Lichtquellen aus. Anstelle des Terminus „Quanten" wird nun bei Lorber der Ausdruck „Lichtatome" gebraucht. Im übrigen wird der Doppelcharakter des

Lichtes auch bei ihm gesehen, was wieder einmal eine Vorausnahme erst viel später erfolgter naturwissenschaftlicher Erkenntnisse bedeutet.

„Lichtatome" entstehen nach Lorber durch die Verbindung von „Lebensfunken" (Elementen aus der großen Luziferseele) mit den unmittelbar aus Gott stammenden, lebenskrafterfüllten „Urfunken" des reinen „Äthers". Dr. W. Lutz führt dazu aus: „Und so entstehen aus diesen beiden Arten von Lebensfunken, den hungrigen der Sonnenmaterie und den kraftgeladenen des freien Gottesäthers, die ersten, allerwinzigsten Kleinwesen der Lichtmaterie – Lichtatome genannt –, wobei die kraftgeladenen Ätherfunken den positiven, kleinsonnenartigen Kern, etliche lebensdurstige Funken der Sonnenmaterie die negative planetenartige Außenhülle bilden. Und nun, da die Lichtatome in der übervollen Sonnenaußensphäre sich in dieser Weise mit Gottes Liebes- und Lebenskraft geladen haben, geht es nach dem bekannten geistigen und naturmäßigen Abstoßungsgesetz mit ‚wahrhaft geisterhafter' Blitzesschnelle hinaus auf die Reise in den unendlichen Raum" (in „Grundfragen des Lebens").

Ist dieser Raum wirklich unendlich? Von der heutigen Wissenschaft wird dies bestritten. Man bezeichnet ihn als endlich und gekrümmt, indem man die Verhältnisse auf der Erdoberfläche auf den ganzen Kosmos überträgt. Nach Lorber ist dies eine irrige Rechnung, was Wilfried Schlätz folgendermaßen zu begründen versucht: „Die Planetenbahnen unseres Sonnensystems liegen alle in einer Ebene, in der sogenannten Ekliptik-Ebene. Würde man den unendlichen Raum in eine nördliche und eine südliche Hälfte oberhalb und unterhalb der Ekliptik-Ebene teilen, so wären beide Hälften zwar unendlich, aber nicht mehr nach allen Richtungen hin unendlich, denn in Richtung auf die trennende Ekliptik-Ebene sind beide unendlichen Halbräume begrenzt. Es kann daher nur einen einzigen unendlichen Raum geben, der nach allen denkbaren Richtungen hin unbegrenzt und unendlich ist. Dieser einzige unendliche Raum enthält daher nicht nur alle materiellen Schöpfungen, sondern er muß auch alle seelischen und geistigen Schöpfungsbereiche umfassen, weil es außer ihm keinen zweiten unendlichen Raum gibt. Die Unendlichkeit des Raumes ist gleichsam ein Spiegelbild der Unendlichkeit der Gottheit. Und die Ewigkeit der Zeit ist wiederum ein Spiegelbild der Ewigkeit Gottes. Deswegen hat auch der unendliche Raum nie einen Anfang gehabt" (in Zeitschrift „Das Wort", Sept./Okt. 73).

Wo hätten auch sonst die endlos vielen Vorschöpfungen vor dieser Schöpfungsperiode, von denen die Neuoffenbarung spricht, ihren Platz gehabt? Von der Wissenschaft noch nicht korrigiert ist ein anderer Trugschluß. Man nimmt heute an, daß die Atomkerne „aus lauter völlig gleichartigen Neutronen und Protonen bestehen; die Elektronenhüllen der Atome aus lauter völlig gleichen Elektronen. – Ein Elementisotop besteht aus lauter völlig gleichartigen Atomen; eine chemische Verbindung aus lauter gleichartigen Molekülen. – Alle diese Elektronen, Protonen, Neutronen, Atome, Isotope und Moleküle sind demnach im biologischen Sinne tot und unbelebt; sie tragen höchstens positive oder negative elektrische Ladungen" (W. Schlätz). Dagegen wendet sich wieder die geistige Naturlehre der Neuoffenbarung, nach welcher es selbst im Kleinstbereich der Schöpfungsbausteine ebenso wie im Mesokosmos, das heißt dem uns zugänglichen und sichtbaren Naturbereich, nichts völlig Gleichartiges geben kann; vielmehr sind „alle Dinge stets individuell und voneinander verschieden, auch wenn sie zur gleichen Art oder zu der gleichen Sorte gehören". Und das muß so sein, denn „die unendliche Schöpferkraft Gottes wiederholt sich nicht und schafft daher niemals zwei Dinge oder zwei Wesen, die einander völlig gleich sind. Jede Schöpfung Gottes ist eine einmalige Individualität, die sich niemals wiederholt".

Erst recht nicht kann man die Elementarteilchen als tote Dinge betrachten, denn diese Ansicht „verstößt gegen das zweite grundlegende Schöpfungsprinzip, nach dem jede Schöpfung Gottes lebt, weil sie ein selbständig gewordener Teil des göttlichen Urlebens ist" (W. Schlätz in „Das Wort" Juli/Aug. 1976). Nun verstehen wir auch, daß bei J. Lorber mit Betonung der in jedem Elementarteilchen vorhandenen Individualität und Lebenskraft, die zumeist mit den Ausdrücken Intelligenzen, Intelligenzspezifika, Spezifikaintelligenzen oder einfach Spezifika wiedergegeben werden, von „Elementartierchen" die Rede ist. Schon bei der errechneten Winzigkeit des Elektrons – es wiegt den tausendquadrillionsten Teil eines Gramms (eine Zahl mit 27 Nullen) stoßen wir an eine Grenze des materiell überhaupt Faßbaren, was die Frage nach der eigentlichen Natur dieses Elementarteilchens stellen läßt. Von „geisterhaften Zuständen" in diesem Falle zu sprechen, wie der Nobelpreisträger W. Heisenberg, heißt nahe an das heranrücken, was Lorber über das Elektron zu künden hat. Bei ihm lesen wir: „Das Elektron ist demnach nichts anderes als zuerst die durch einen Druck und durch ein Reiben gestörte Ruhe, und als zweites die erregte Tätigkeit der Äthergeister, als ein zum Teil rein geistiger und zum Teil auch als der natürliche Licht- und Lebensstoff in der Erdluft" (Gr. Ev. Bd. 8, 144, 1).

Wir stehen hier bereits an der Grenze von Materiellem und Geistigem. Vom „Ätheratom" heißt es dagegen: „Ein Ätheratom ist, wenngleich nach euren Begriffen ein unkörperliches, oder, mit gelehrtem Ausdruck bezeichnet, ein imponderables Ding, dennoch aber ein für sich Abgeschlossenes, Begrenztes. Ein solches Atom hat trotz seiner Kleinheit Dimensionen der Tiefe und Länge wie jeder Körper" (Lebensgeheimnisse, S. 163). Verwunderlich scheint folgendes, worauf K. Eggenstein aufmerksam macht: „Wenn die Atomphysiker heute die um den Atomkern rasenden Elektronen als ‚Materiewolke' oder ‚Ladungswolke' bezeichnet, so steht in der Neuoffenbarung der ebenso treffende Ausdruck ‚Dunsthülle'. Im Zusammenhang mit den in der Neuoffenbarung beschriebenen Anziehungs- und Abstoßungskräften ist dort weiter zu lesen: ‚So entwickelte sich zwischen den Atomen mittels ihrer umgebenden Dunsthülle (= Elektronen) die Assimilation, wobei die Dunsthüllen das Homogene anziehen und das Heterogene abstoßen.' (Lebensgeheimnisse, S. 164) Diese Darstellung entspricht der von der Wissenschaft im 20. Jahrhundert gewonnenen Vorstellung von den anziehenden und abstoßenden Kräften im Atom."

Ungewöhnlich und im stärksten Widerspruch gegen die jetzigen Theorien stehend sind die Aussagen der Neuoffenbarung über Licht- und Wärmeverhältnisse auf unserer Sonne. Schon die ersten Sätze überraschen; da heißt es: „Sehet, die Sonne ist ebenfalls, dieser unserer Erde ähnlich, eine bewohnbare und auch vollauf bewohnte Welt. Nur ist sie um tausendmal tausend Male größer als diese unsere Erde, die, wie du siehst, doch auch nicht klein ist. Aber die Ursache des Lichts, das von jener großen Welt ausgeht, ist nicht die bewohnte Sonnenerde, sondern die sie allenthalben umgebende Luft, die mit ihrer äußerst glatten Oberfläche fürs erste durch die stete große Reibung mit dem sie nach allen Richtungen umgebenden Äther in einem fort eine unberechenbare Menge des stärksten Blitzlichtes (dynamische Reibungselektrizität) erzeugt, und fürs zweite auf ihrem ungeheuren Rundspiegel das Licht von Äonen anderer Sonnen aufnimmt und wieder nach allen Richtungen hinaus zurücksendet. Durch solches Leuchten unserer Sonne wird auch diese Erde, wie noch viele andere Erden, die wir Planeten nennen, erleuchtet und erwärmt.

Die Wärme kommt jedoch nicht mit dem Lichte aus der Sonne auf dieser Erde an, sondern wird erst an Ort und Stelle durch das Licht erzeugt. Das Licht kommt wohl weit her, aber die Wärme wird erst hier erzeugt, und zwar dadurch, daß durch das Licht die Naturgeister in der Luft, im Wasser und in der Erde in eine große Tätigkeit versetzt werden. Und eben diese Tätigkeit bringt erst das hervor, was wir als Wärme und, bei noch erhöhterer Tätigkeit der bezeichneten Geister, als Hitze fühlen und benennen. Wie aber das Licht stets mehr und mehr ins Unendliche erhöht werden kann, so kann durch das Licht auch die Wärme erhöht werden. Aber, wirst du fragen, wer kann dann in der Sonne selbst bestehen? Denn weil dort das Licht am stärksten sein muß, so wird auch die Hitze nicht zurückbleiben! Allein, es ist dem nicht also. Nach dem Innern des eigentlichen Sonnenweltkörpers dringt kaum der tausendmal tausendste Teil der ganzen Lichtkraft der Sonne. Und es ist darum auf der Feste der Sonne um nicht vieles heller und wärmer als hier auf unserer Erde. Nur kann es dort keine Nacht geben, weil sich auf der Sonne alles im eigenen, unvertilgbaren Lichte befindet" (Gr. Ev. Bd. 3, Kap. 174).

Zur Vervollständigung dieser Vorgänge sei noch folgendes angeführt, was nicht übersehen werden darf: Es gibt im ganzen dreierlei Emanationen auf allen Sonnenkörpern, die Dr. W. Lutz in die Sätze zusammenfaßt: „Erstens die gewaltsame Ausgeburt neuer Weltenstoffmassen (Kometen); zweitens die Ausströmung und Widerspiegelung der zarteren Lichtmaterie (Lichtatome); drittens die reine Äthererregung. Diese drei Auswirkungen der großen Weltkörper erinnern an die dreifache Emanation der Atome radioaktiver Elemente (Alpha-, Beta- und Gammastrahlen), wovon ebenfalls zwei als stofflich, eine als bloße Äthererregung angesehen wird. Im größten und im kleinsten Maßstabe (Weltkörper und Atom) zeigt mithin auch hier die Natur eine merkwürdige Übereinstimmung" (in „Grundfragen des Lebens").

Durch die Achsendrehung unserer Sonne wie aller anderen Zentral- und Ursonnen, ja selbst der Hülsengloben, entsteht nach Lorber im Reibungsvorgang ein elektrisches, durch Spiegelung verstärktes blitzartiges „Feuerlicht, das dann als Hauptnährstoff für alle in einer solchen Globe befindlichen Weltkörper dient. Denn die ungeheure Menge dieses Stoffes, die bei solch einer Globenreibung mit dem Außenäther erzeugt wird, erfüllt den Ätherraum in der Globe. Durch die Bewegung der zahllos vielen Weltkörper innerhalb einer Globe wird dieser Stoff mittels der die Weltkörper umgebenden Atmosphären wieder erregt, teilt sich zuerst den Atmosphären in reichlichem Maße mit und durch diese den Weltkörpern selbst. Je größer ein Weltkörper – wie etwa eine Sonne oder gar eine Zentralsonne – und je heftiger seine Bewegung ist, desto mehr dieses Licht- und Nährstoffes wird auf ihm erzeugt. Von den Sonnen aus wird das Überflüssige an die Planeten gespendet" (Gr. Ev. Bd. 6, Kap. 248, 2).

Eine weitere Stufenfolge der Entwicklung sieht in der Zusammenfassung von Dr. W. Lutz so aus: „Als Weltennährstoff werden die auf der Oberfläche der Sonnen und Sonnensysteme aus Sonnenmaterie und Äther sich bildenden Lichtatome, vollgeladen mit Gottes-Lebenskraft (Geistfeuer), durch ihren eigenen, gewaltig belebten Willensdrang hinausgetrieben in den endlosen Raum der Sonnengebiete. Draußen, in den Planetensphären, vereinigen sich nach Lorber viele von ihnen zu etwas größeren Ur-Lichtwesen, sogenannten ‚Lichtmonaden'. Und diese, von Sonnen- und Gotteslebenskraft übervollen Wesen sind nun die richtige Licht- und Lebensspeise für alles, was auf den Planeten, Kometen und Monden leibt und lebt. Bei ihrem Zusammentreffen mit den Lebensformen auf diesen Weltkörpern geben sie diesen, von einem Gegenstand zum anderen eilend, ihre Lebensfracht, das heißt ihre Ladung an positiven reinen ‚Gottesgeistkräften' je nach Bedürfnis nach und nach ab, fördern und reifen so das geschöpfliche Wachstum und Gedeihen, und kehren dann schließlich ‚ihrem negativen Teile nach', das heißt als entleerte Hüllen, nach erledigter ‚Sendung' wieder zu ihrer Sonne zurück. (s. die Lorberschrift „Die Fliege"!)"

Die durch den göttlichen „Botengang" der Lichtatome entstehende Erscheinung des Leuchtens und der Farbe erklärt sich folgendermaßen: „Die Erscheinung des Leuchtens ist nichts anderes als der durch Gottes Allmacht unserem Auge sichtbar gemachte Ausdruck starker Erregungen der in der Materie (der Sonnen und Erden) eingeschlossenen Geister. ... Dieses Fiebern (Vibrieren) eines Geistes, das sich bei räumlich und geistig nahestehenden anderen Geistern leicht und schnell als ein ‚Mitfiebern' fortpflanzt, ‚wird vom Auge des Tieres, wie auch vorzugsweise des Menschen' wahrgenommen. Und diese Wahrnehmung ist eigentlich das, was man ‚Leuchten' nennt. Denn das Auge hat mit dem, was da ‚Licht' genannt wird, eine ganz gleiche Polarität, wodurch es alles ihm Verwandte zu empfinden und jene allerleisesten Schwebungen wahrzunehmen vermag" (Dr. W. Lutz). Dabei gibt es nach Lorber einen Unterschied zwichen „Grimmleuchten" oder „Liebeleuchten", je nach der Ursache der Erregung. „Die von den Sonnen ausgehenden Lichtatome aber nehmen aus der die Sonnen umhüllenden Sphäre liebevollster selig-eifrigster Gottesäthergeister natürlich nicht ein Grimmleuchten, sondern nur das allerhöchste Liebfreudeleuchten mit auf ihren Weg" (Dr. W. Lutz).

Wie aber kommt aus dem ursprünglich weißen Licht die buntschillernde Farbenskala zustande? Gehen wir von den Lichtmonaden aus, die für die Lebensgebilde auf den Planeten gleichsam „einen überreichen Futterkorb voll Himmelspeise" darstellen, so zeigt sich uns dieses Bild: „Wenn die schnellen Lichtträger aus der Sonne auf einem Planeten auf eine Form stoßen, so nimmt die Form, je nachdem sie ihrem inneren Gehalte nach beschaffen ist, alsbald die ihr zusagenden Teile (aus dem lebenden Fruchtkorbe) an sich und läßt das für sie Unbrauchbare wieder in der allerhöchsten Schnelligkeit nach beliebigen Richtungen von sich weg gehen" (Die Fliege, Kap. 11). Dr. W. Lutz fährt fort: „Dadurch verändert sich von Anprall zu Anprall, von Lebensform zu Lebensform der Wesens- und Kräfteinhalt der Lichtmonaden und so auch der Grad ihrer inneren ‚Schwebungen'. Diese verschiedenen Grade der inneren Lebenskräfte und Schwebungen empfindet unser Auge als Farbe. Die Lebensbewegung der Vollmonade, das Volllicht, erscheint uns als weiß, eine geringere Lebensbewegung als blau, grün, gelb, rot usw." Und bei Lorber heißt es schließlich: „Sonach ist denn das Auge ein Aufnahmeorgan für die mannigfachen Unterschiede des Hauptlichtes und des zurückgeworfenen Lichtes. Diese Unterschiede sind im lichtempfindlichen Auge natürlicherweise die Ursache der Bildgestaltung all der verschiedenen Dinge nach Form, Farbe und Schattierung" (Die Fliege, Kap. 11).

Eine sehr wichtige Rolle spielt bei Lorber der „Äther", wie bereits mehrmals erwähnt. Von der antiken Philosophie ist dieser Begriff überhaupt nicht wegzudenken und er bildete bis in die neueste Zeit herein eine unbekannte Größe selbst in den Naturwissenschaften, mit der man rechnete, ohne ihre Existenz beweisen zu können. Entwicklungen in der Atomphysik lassen auch neuerdings eine „Urmaterie" vermuten, die als Energielieferant dienen könnte. H. E. Sponder sagt darüber aus, daß diese „ätherartige Grundsubstanz sich im Universum überallhin erstreckt und ein Träger ist latenter Energie, der alles Stoffliche durchdringt. Sobald eine elektromagnetische Strahlung auf die winzigen, sich gegenseitig abstoßenden Energiefelder des Äthers einwirkt, wird dieser in einen dynamischen Zustand versetzt. Als Ergebnis verwandelt sich die gravitionelle Energie von abstoßender zu anziehender Polarität, wodurch zwangsläufig eine Art ‚Kondensation' zu Massenpartikeln eintreten müßte. – Damit sind wir geradewegs beim Äther im Lorberschen Sinne und somit auch beim Phänomen der Materialisation, bzw. der Dematerialisation angelangt" (in Zeitschrift „Das Wort" Sept./ Okt. 78).

Gerade das Letztere ist eine bedeutsame Feststellung, weil sich auf diese Weise auch das Zustandekommen von Wundern leicht erklären ließe. Bei Lorber nun heißt es über den Äther: „Der reine Äther ist, als noch in Zeit und Raum enthalten, ein materielles Etwas, obschon seine Urgrundstoffe beinahe gewichtslos sind" (Gr. Ev. Bd. 6, Kap. 233, 10).– „In ihm sind alle die zahllosen Stoffe und Elemente in einem noch ungebundeneren Zustand als in der allerreinsten atmosphärischen Luft dieser Erde enthalten" (Gr. Ev. Bd. 7, Kap. 72, 4). – „Der Äther ist aber auch ein geistiges Wesen, welches sich zwar zu allen Planeten positiv, zu den Sonnen aber negativ verhält (Die Fliege, Kap. 10, 9). – „Der Äther hat eine innere Ähnlichkeit mit der Substanz der Seele insofern, als sich in ihm zahllose Urkräfte aus Gott begegnen, sich verbinden und endlich wie gemeinsam wirken. Hinter der Substanz des Äthers ist das unsichtbare Geistfeuer Gottes eine ewig waltende Kraft, die ewig den unendlichen Raum erfüllt und in einem fort wirkt und schafft" (Gr. Ev. Bd. 7, Kap. 72, 5 u. 9).

Und schließlich entpuppt sich der Äther noch „als elektrisches Feuer, das den ganzen endlosen Schöpfungsraum Gottes erfüllt, und das nur in seiner vollen Ruhe jener Äther ist, in dem alle zahllosen Weltkörper sich in steter und so vielfacher Bewegung befinden." (Gr. Ev. Bd. 8, Kap. 143, 10) – Aus allen diesen Kundgaben über Makro- und Mikrokosmos läßt sich leicht entnehmen, daß das ganze physische Weltall mit seinen zahllosen Hülsengloben, die zusammen den materiellen Schöpfungsmenschen (die große Luziferseele) ausmachen, ein einziger lebendiger Organismus ist. –

Anthropologie

1. Der Mensch als Krone der Schöpfung

Nach der Neuoffenbarungslehre treffen wir das Menschenbild überall im Kosmos an; auf den Planeten so gut wie auf den Sternen, im physischen Bereich der Schöpfung so gut wie im astralen und himmlisch-geistigen. Für den Menschen ist alles geschaffen worden, was im Himmel und auf Erden existiert, denn er ist der alleinige Mittelpunkt, der Sinn und Zweck der ganzen Schöpfung.

Bei Kobilinski-Ellis lesen wir: „Das menschliche Wesen bildet die höchste Stufe des Kreatürlichen und ist das Prinzip der Einheit innerhalb desselben wie auch das der Vermittlung zwischen Schöpfer und Schöpfung, weil es das Prinzip der Alleinheit par excellence ist. Doch besteht das letzte Mysterium des Menschlichen nicht in diesen seinen Eigenschaften; es übersteigt das Reich des Creatum und offenbart sich als eine wesentliche, personale Vereinigung zwischen dem Göttlichen (dem Sohne) und dem Menschlichen (dem höchsten geistigen Ego, d. h. der Person desselben). Durch diese Wesenseinheit der Personen erhebt sich die menschliche Natur (in Christo) bis zur allerhöchsten Herrlichkeit und übernatürlichen Gottähnlichkeit sub specie aeternitatis. Diese verherrlichte menschliche Natur bildet den höchsten Aspekt der Imago coelestis und den Mittelpunkt des gesamten Himmelreiches" („Christliche Weisheit").

Nun gibt es aber einen grundlegenden Unterschied zwischen den Menschen dieser Erde und jenen auf anderen Gestirnen. In dem Lorberwerk „Erde und Mond" sagt uns der Herr: „Jeder Mensch, der hier auf dieser Erde geboren wird, bekommt einen Geist unmittelbar aus Gott und kann durch ihn nach der vorgeschriebenen Ordnung die vollkommene Kindschaft Gottes erhalten. Auf den anderen Weltkörpern bekommen die Menschen Geister aus den Engeln, die, wie der Herr selbst, den Weg des Fleisches durchgemacht haben. Denn jeder Engel, der diesen Weg durchgemacht hat und dadurch ein Kind Gottes geworden ist, hat eben hierdurch die schöpferische Kraft und kann aus dem Überflusse seiner Liebe und seines Lichtes lebendige Kräfte nehmen und in die neu werdenden Menschen legen und sich auf diese Weise wie ein Gott Kinder seines Namens ziehen. Die Menschen auf den anderen Weltkörpern sind demnach nur Nachkinder und nicht wirkliche Kinder aus Gott, können jedoch auf dem Wege einer Wiedereinzeugung auf dieser unserer Erde wohl auch zur Kindschaft Gottes gelangen" (Kap. 53, 12 u. 13).

So nahe am eigentlichen Sitz und Kerker Luzifers ist der Erdenmensch den zerstörerischen Mächten des Bösen viel unmittelbarer ausgesetzt als irgendwelche Wesen im weiten Kosmos. Diese scheinbare Benachteiligung, die sich sogar in der viel gröberen Materialität seines Körpers und in der oft bis zum Tierhaften herabgewürdigten Entstellung seines ursprünglichen Gottebenbildes auswirkt, wird aber durch einen „unendlichen Vorteil" mehr als wettgemacht: Sein „unmittelbarer" Geist aus Gott, der ihn zur Gotteskindschaft berufen sein läßt, ist als „reiner Liebesfunke" aus dem „Herzen Gottes" so mächtig und stark, daß er „der Bosheit des Bösesten" mit Leichtigkeit standhalten kann, wenn er nur will. Weil „völlig aus dem Herzen Gottes stammend" ist er „ein Gott im kleinsten Maße" (Gr. Ev. Bd. 1, Kap. 214, 10), ein „vollkommen ebenmäßiges Abbild Gottes", wie es die Genesis bezeugt. Der Ausruf der Gottheit: „Lasset uns Menschen machen, ein Bild, das uns gleich sei!", bezieht sich freilich in erster Linie auf den Geist des Menschen und nicht so sehr auf seine Seele, denn beide sind nicht ein und dasselbe.

Schon der zwölfjährige Jesusknabe versuchte den Priestern im Tempel klarzumachen: „Die Seele des Menschen ist ein geistiges Produkt aus der Materie, in der ein gerichtetes Geistiges seiner Lösung harrt. Der reine Geist aber ist niemals gerichtet gewesen. Und es hat ein jeder Mensch seinen von Gott ihm zugeteilten Geist, der alles beim werdenden Menschen besorgt, tut und leitet, aber mit der eigentlichen Seele sich erst dann in eins verbindet, so diese aus ihrem eigenen Wollen vollkommen in die erkannte Ordnung Gottes übergegangen und somit völlig rein geistig geworden ist" (Dreitagesszene, Kap. 21, 19).

Im Großen Evangelium Johannes lesen wir ergänzend: „Der lebendige Geist im Menschen ist Meine ewige Liebe, Weisheit und Macht, die alles schafft, ordnet und erhält. Dieser Geist ist der eigentliche, wahre und in sich schon ewige Mensch im Menschen, der sich nach Meiner ewigen Ordnung der Selbständigwerdung halber mit Seele und (stofflichem) Leib umkleidet und so in eine (auch dem fleischlichen Auge) äußerlich beschauliche Form tritt" (Bd. 9, Kap. 85, 10). Nicht gottgleich, aber gottähnlich wird der Mensch durch seinen Geist, der „eine Kraft in sich ist und ihrer selbst bewußt in eben jener Klarheit, aus der sie hervorgegangen ist, wirken kann. Als eine Reinkraft durchdringt er alles, was Materie heißt, kann aber von der Materie selbst nicht durchdrungen werden" (Gr. Ev. Bd. 7, Kap. 66, 6).

Es ist eine sehr aufschlußreiche Lehre, wenn wir bei J. Lorber hören: „Wisset, so ihr nicht in euch hättet alle Sonnen, die in Millionen am Himmel brennen, so könntet ihr nicht eine erschauen. Und hättet ihr nicht in euch die Erde und alles, was in und auf ihr ist vom Atom an bis zur größten allgemeinen Form, so könntet ihr nicht eines der Dinge erschauen und keines derselben denken und im Worte aussprechen. Und hättet ihr nicht das ganze Universum in euch, so wäre sternenlos der ganze Himmel für euer Auge. Und hättet ihr nicht in euch das geistige Reich der Himmel und das ewige Leben aus dem Herrn, wahrlich, ihr könntet auch solches weder denken noch aussprechen" (GS., Bd. 2, Kap. 11, 20 u. 21). Einen Widerhall dieser Gedanken finden wir bei Goethe, der das antike Mysterienwissen eines Empedokles oder Pythagoras in die Verse kleidet: „Wär nicht das Auge sonnenhaft, die Sonne könnt es nie erblicken; läg nicht in uns des Gottes eigene Kraft, wie könnt uns Göttliches entzücken?"

a) Der Mensch im Kosmos

Für die Aussagen bei J. Lorber, daß alle Himmelskörper im weiten Schöpfungsraum von Menschen bewohnt seien, gab es zu seiner Zeit noch kein rechtes Ohr. Immerhin aber bereitete sich schon in der Epoche der beginnenden Aufklärung, nicht zuletzt durch den Philosophen Immanuel Kant, eine solche Erkenntnis vor. In seiner „Allgemeinen Naturgeschichte und Theorie des Himmels etc." verfocht Kant bereits die These, daß alle Gestirne Wohnsitze verklärter Geister sein müßten und zwar der verschiedensten Artung, je nach der Qualität des von ihnen bewohnten Himmelskörpers. Kant suchte für das „Entwicklungsgesetz" einen möglichst breiten Spielraum. Er konnte ihn nur im Universum finden, auf der Folie des Schöpfungshintergrundes. Und so entwarf er seine Idee einer Typologie des Menschen, die sich auf den ganzen Weltraum erstreckte. Und dies alles noch vor Emanuel Swedenborg!

Auch nach dem nordischen Propheten ist der ganze Kosmos auf Gleichnissprache abgestimmt, weil ja die Riesenverschwendung von Stoff und Raum und Zeit und Szenarium keinen anderen Sinn hat, als das Göttliche in immer neuen Variationen abzuwandeln. So findet sich dort jedwede Entsprechung (Analogie) im Sinne von Korrespondenzen „natürlicher, geistiger und göttlicher" Dinge als ein Verhältnis von „Urbild, Abbild und Schattenbild". Vor allem aber ist nach Swedenborg das Kolossalgemälde des Schöpfungsganzen ein genaues Entsprechungsbild für die menschliche Seele. Der Mensch agiert überall im Kosmos, und nicht nur das Jenseits will durch seine Gestuftheit zugleich Orte und Zustände der Seele auf dem Wege ihres Aufstiegs zu Gott widerspiegeln; auch die physischen Plane der Himmelskörper sind nach dem nordischen Seher ganz vom Menschen beherrscht.

Vor und nach Swedenborg vertraten führende Astronomen und Naturforscher wie zum Beispiel Kepler, Huygens, Fontenelle u. a. die gleiche These. Als Stätten weitestgehender Individuation drücken Planeten und Sterne innerhalb des Weltganzen, das heißt des „Großen Kosmosmenschen", alle Möglichkeiten menschlicher Erkenntnis und Veranlagung aus; seiner Liebe, des Gemeinschaftswesens usw. Für Swedenborg gibt es sowohl in der physischen wie in der geistigen Welt „keinen Ort gesichts- und geschichtsloser, leibloser und unpersönlicher Existenzen", sondern alles ist „Schauplatz einer immer höheren Entfaltung tätiger Geistpersönlichkeiten". Da aber der Mensch und das Universum ursprünglich Bild Gottes sind, besteht auch zwischen allen Teilen des Menschen (als Mikrokosmos) und des Universums (als Makrokosmos) eine genaue Entsprechung. Gerade darauf kann sich auch die Astrologie berufen. Schon Paracelsus hatte das gesamte Naturleben als einen „auseinandergefalteten Menschen" bezeichnet. Im Organismus des Menschen ist die ganze Schöpfung so zusammengefaßt, daß er die wichtige Funktion eines Mittlers ausüben kann. Darum treffen wir sein Bild notwendigerweise auch auf allen Himmelskörpern. Unterstrichen und bis in viele Einzelheiten ergänzt wird diese Lehre in den prophetischen Schriften Jakob Lorbers, besonders in den beiden Werken „Natürliche Sonne" und „Geistige Sonne" (2 Bde.), sowie in den zahlreichen Jenseitsschilderungen wie „Bischof Martin" und „Robert Blum" (2 Bde.). Hier findet der Mensch in immer neuen Entsprechungsbildern, hinausprojiziert in den unendlichen Weltenraum, alle Spielarten seines eigenen Wesens zu seinem eigenen Selbstverständnis.

Die Frage nach außerirdischem organischem Leben und die Suche danach durch die mit modernsten Geräten ausgestatteten Satelliten mußte sich in unserer Zeit zuspitzen auf die Frage nach der Bewohnbarkeit fremder Himmelskörper. Durch Astronomen wahrgenommene rätselhafte Erscheinungen auf der Marsoberfläche (die sog. Marskanäle) schienen sogar intelligente Wesen auf diesem Planeten vorauszusetzen. Unabhängig aber von diesem bis heute ungelösten Problem gibt es zahlreiche Wissenschaftler, die lange schon mit größtem Nachdruck menschliches Leben auf anderen Sternen postulieren und zwar auf Grund rein wissenschaftlichen Kalküls. Schon im Altertum wurde der Gedanke der „Panspermie" (Leben auf allen Sternen) von Anaxagoras vertreten. Epikur lehrte eine Vielzahl von Welten, die unserer Erde ähnlich seien, und Metrodot vom Lampsakos (3. Jh. v. Chr.) meinte, die Erde als die einzige bewohnte Welt im grenzenlosen Raume anzusehen sei ebenso dumm wie die Behauptung, auf einem riesigen Acker könne nur eine einzige Ähre wachsen. Lukrez hat in seinem „Lehrgedicht über die Natur" wortwörtlich geschrieben: „Man muß anerkennen, daß es noch andere Regionen im Weltall gibt, andere Erden als die unsrige und unterschiedliche Menschenrassen."

Erst nach der Aufklärung mit ihren Vorausfühlern oft rein gedanklicher Natur bemächtigten sich die Wissenschaftler des vielumstrittenen Themas. Auf bisherige Doktrinen dogmatisch eingeschworen, zeigten sie aber meist eine ablehnende Haltung. Der deutsch-englische Astronom Friedrich Wilhelm Herschel dagegen hielt sogar den Sonnenkörper für bewohnt. Die Sonnenflecken deutete er als Risse in den grellen Wolken, welche die dunkle

Oberfläche des Gestirns umhüllen. Rein spekulative Ideen brachten allerdings, wie Adolf Schneider in seinem Buch „Besucher aus dem All" vermerkt, „die an sich logischen Vorstellungen von extraterrestrischem Leben eher in Mißkredit und vermischten begründete Hypothesen mit phantastischer Science-fiction". Daß die Erdbewohner „die einzigen vernunftbegabten Schauspieler auf der Bühne des Universums" seien, bestreiten heute vor allem die Ufo-Anhänger.
Einen Hinweis auf Panspermie erhielt man sehr deutlich bei der Untersuchung von Meteoriten. Sie enthielten Leben „in der Art einer organischen Mischung, wie sie bei primitiven Entwicklungsstadien allgemein zu finden ist (z. B. Amonisäuren sowie komplexe Moleküle)". Einen weiteren Erweis für die Möglichkeit höher organisierten Lebens auf anderen Planeten erbrachten schließlich Versuche in der Retorte. Astronomen, Physiker und Biologen ziehen daraus den Schluß, „daß sehr wahrscheinlich noch andere intelligente Lebewesen im Weltall existieren" (Schneider). Wahrscheinlichkeitsrechnungen haben schließlich zu der Einsicht geführt, daß auf etwa 40 % von den rund 12 % „lebensfähigen" Planeten einer Galaxis intelligentes Leben möglich wäre. Wissenschaftler behaupten nämlich, „daß etwa 67 % der Milchstraßensonnen von Planeten umkreist werden! Außerdem gehören etwa 10 % aller Sterne in unserer Galaxis einer ‚Spektralklasse' an, die mit unserer eigenen Sonne im wesentlichen identisch ist" (Jahrbuch für Wissenschaft und Technik, Ausg. 1964).
Man bedenke, daß nach Dr. Irene Sänger-Bredt die Gesamtzahl der zu unserem Milchstraßensystem gehörigen Sterne auf 220 Milliarden geschätzt werden muß! Prof. Hans Schirring bezifferte die mathematische Wahrscheinlichkeit für die Existenz außerirdischer Lebewesen schon vor Jahren auf 99,99 %. „In einem Umkreis von hundert Lichtjahren Entfernung von der Erde dürften etwa 3000 von 11 000 Sternen wenigstens einen Planeten mit einer geeigneten Okussphäre aufweisen" (Schneider). Inzwischen versucht man bereits, vermittels hochempfindlicher Apparate Kommunikationsmöglichkeiten mit außerirdischen Intelligenzen herzustellen, vermutete Signale aus dem Weltraum aufzufangen und durch eigene Signalisierung zu beantworten.
In der Neuoffenbarung zeigt sich uns das Menschenbild auf anderen Sternen unter einem besonderen Aspekt. Ebenso wie die Seele des Erdenmenschen aus den verschiedenen Stufen der Naturreiche gewissermaßen herausdestilliert wurde, so auch auf anderen Himmelskörpern. Auch dort konnte, wenigstens im physischen Bereich des Universums, das Menschenbild nicht eher in Erscheinung treten, bevor nicht die evolutive Höherzeugung im Reiche der Naturseelen die Voraussetzungen dazu schuf. – Werfen wir nun einen Blick in diese fernen Welten! Von Anfang an müssen wir uns dabei bewußt blei-

ben, daß gerade bei den Bewohnern von Planeten und Sternen die Dichtigkeit (der Aggregatzustand) ihres materiellen Körpers von demjenigen der Erdenmenschen sich wesentlich unterscheidet. Das hat zur Folge, daß wir sie mit unseren irdischen Sinnen oft nicht einmal wahrnehmen könnten, da sie eine zu hohe Schwingungsfrequenz aufweisen. Man könnte von einer Art Halbmaterialität sprechen. So beschreibt uns zum Beispiel der Herr bei J. Lorber eine sogenannte „Allall-Mittelsonne", die noch ein solches „Feuerlicht" besitzt, daß sie „auf ihrer für euch unmeßbar weiten Oberfläche für materielle Wesen zur Bewohnung nicht geeignet ist. Dafür wohnen desto mehr Feuergeister ganz glücklich und behaglich in solch einem unermeßlich ausgedehnten Feuermeere und haben da ihre Wohnungen und ihre Herrschgebiete. Körpermenschen (d. h. Menschen mit materiellen Leibern) bewohnen wohl auch solch eine Sonne, aber nicht die äußerste Oberfläche, sondern eine mehr innere Sphäre. Denn diese, wie überhaupt alle Sonnen, bestehen aus mehreren Sonnen, die inwendig in der äußeren Sonne sich ungefähr also befinden wie der Planet Saturn innerhalb seiner Ringe" (Rbl. Bd. 2, Kap. 298, 8).

Fortschreitend, so wird uns gesagt, werden auf den Untersonnen dritten, vierten und fünften Ranges (den Allsonnen, Gebietssonnen und Planetarsonnen) die Lebensformen „immer fester und materieller". Selbst die unserer Erde leuchtende Planetarsonne ist im Grunde schon mehr eine feste Erde als eine „Feuerlichtsonne". Von ihr hören wir: „Als planetarischer Körper ist diese Sonne also gebaut, daß sie in sich eigentlich aus sieben Sonnen besteht, von denen immer eine kleinere in der größeren steckt – wie eine hohle Kugel in der anderen. Nur die inwendigste, als gleichsam das Herz des Sonnenplaneten, ist von ihrer Oberfläche bis zum Mittelpunkte körperhaft voll" (NS. Kap. 2, 8). Alle sieben mit atmosphärischen Zwischenräumen versehenen Sphären sind aber bewohnt. Mit dem Erdenmenschen entfernt vergleichbare zart-materielle Menschen gibt es jedoch nur auf der Oberfläche der äußersten Sphäre (oder Hohlkugel), die in sieben durch Gebirge und Meere getrennte Gürtelpaare aufgeteilt ist. Sie entsprechen jeweils einem der zur Sonne gehörigen Planeten und weisen zudem alle seine charakteristischen Lebensformen auf.

In den sechs „Innensonnen" dagegen gibt es keine materiellen Körpermenschen mehr, sondern nur sogenannte „Grundlichtgeister", die „in geordneter geistiger Entwicklung von der innersten Sonne stufenweise bis zur äußersten Sonnensphäre emporsteigen, um dort schließlich materielle Leiblichkeit anzunehmen. Häufig aber unternehmen sie ordnungswidrige, gewaltsame Aufstiege und Massenausbrüche. In den ‚Sonnenflecken' sehen wir die naturmäßigen Erscheinungen und Folgen solcher gewaltsamen Ausbrüche eigenwilliger Grundlichtgeister, von denen wenigstens ein Teil nach kurzer

Freiheit meist bald von den Anziehungskräften der Sonne eingesogen und wieder in die innerste Sphäre, das Sonnenherz, zurück befördert wird" (Dr. W. Lutz). Ganz allgemein heißt es im Großen Evangelium Johannes über die Sternbewohner: „Auf jeder dieser Welten findest du Menschen, die der Form nach uns völlig ähnlich sind. Und überall findest du bei ihnen eine große Weisheit und auch der Liebe ermangeln sie nicht. Aber sie kommen, beinahe den Tieren unserer Erde ähnlich, schon vollkommen zur Welt und brauchen nicht von Grunde an alles zu lernen, was sie können, wollen und sollen. Ihre Sprache ist beinahe überall ein und dieselbe und ihr Erkennen hat ganz bestimmte Grenzen. Überall aber geht ihr Erkennen, was freilich mehr ein Ahnen ist, bis zum höchsten Geiste Gottes.

Kurz und gut, du findest also auf all den zahllosen Weltkörpern Menschen, die den besseren Heiden (Griechen und Römern) dieser unserer Erde gleichen, nur mit dem Unterschiede, daß die Menschen auf den Weltkörpern im Grunde nichts Neues erfinden, weil alles in der höchstmöglichen Vollendung schon da ist. In den großen Welten aber gibt es hie und da doch auch Weise, die zuweilen mit höheren Geistern zusammenkommen und sich von ihnen in der tieferen Erkenntnis Gottes unterweisen lassen. Da geschieht es dann, daß hie und da einen Geweckteren die Begierde anwandelt, auch ein Kind Gottes zu werden. Denn in allen Welten wissen die Weisen durch die sich offenbarenden höheren Geister, daß es im weiten Schöpfungsraume eine Welt gibt, auf der Menschen Gotteskinder sind, und daß die Seele eines Sternenmenschen, wenn sie in ihrer Welt ihres Leibes ledig geworden ist, auf jene glückliche Welt (auf welcher die wahre Gotteskindschaft erreichbar ist) sich begeben und allda von neuem in einen freilich ganz grobfleischlichen Leib treten kann. Von dem Augenblicke an aber, da ein Sternenmensch ernstlich diesen Wunsch äußert, wird ihm alles bis ins kleinste vorgestellt, was er in den gar sehr schwierigen Verhältnissen jener Welt wird zu bestehen haben. – Wenn ein Sternenmensch nach solcher Belehrung dennoch vollkommen lebensernst die Übersiedlung verlangt, wird er des leichten Leibes in einem Augenblicke ledig und schnell und unbewußt zur Einzeugung auf dieser Erde überbracht" (Gr. Ev. Bd. 3, Kap. 221, 3–7, 10).

Eine Einschränkung wird allerdings gemacht, was die Kindgotteswerdung von Sternenwesen auf Erden betrifft. Da lesen wir im Großen Evangelium: „Im für euch unermeßlichen Raume sind zahllos viele Hülsengloben. In jeder solchen Hülsenglobe, die für sich schon einen für eure Begriffe nie meßbaren Raum einnimmt (da sie die Trägerin von Äonen mal Äonen Sonnengebieten und Sonnen ist), leben zahllos viele Menschengeschöpfe entweder noch im Leibe oder aber schon rein geistig (in den astralen und geistigen Sphären). Sie haben in ihrer Art gewöhnlich eine sehr helle Vernunft und einen feinstberechnenden Verstand, der oft eine solche Schärfe erreicht, daß ihr euch vor ihm langhin verstecken müßtet. ... Am ehesten kommen die Seelen dieser (der Erde leuchtenden) Sonne zu der Gnade (der Inkarnierung auf Erden) oder auch die Urengel, denen die Pflicht obliegt, ganze Hülsengloben zu beherrschen und zu leiten. Aber so ungeheuer groß diese Urengel in allem auch sind, ebenso klein müssen sie sich gleich Mir, dem Herrn, hier auf dieser Erde zu sein begnügen und sich jede Demütigung gefallen lassen. – Auch aus der Mittelsonne des Gebiets, zu dem auch eure Sonne gehört, können Seelen auf diese Erde zur Erreichung der Kindschaft übergesiedelt werden; ebenso aus der weiteren Sonnengebiets- und Sonnenall-Mittelsonne. Dagegen aus der allgemeinen Urzentralsonne (eurer Hülsenglobe) können Seelen nicht leichtlich hierherkommen, weil die Seelen jener allerriesenhaftesten Menschen zu ungeheuer viel Substanz in sich enthalten, als daß dieselbe im kleinen Leib eines diesirdischen Menschen könnte aufgenommen werden" (Bd. 5, Kap. 113, 1, 4–5).

Von solchen sogenannten Sternenseelen, die sich „von oben" auf Erden inkarnieren – sie machen nur ein oder zwei Prozent der Menschheit aus –, wird uns gesagt, daß sie zwar die Rückerinnerung an ihre vorherigen Leben im Kosmos vollständig verlieren – was nur für die zur Kindschaft Gottes berufenen Erdenmenschen gilt, nicht aber für die Inkarnierten auf anderen Himmelskörpern –, dennoch aber ihre sonstigen Geistesgaben, Fähigkeiten und Willenskräfte beibehalten. Oft haben sie schon auf anderen Gestirnen viele Inkarnationen durchexerziert, weshalb ihre „Seelenfunken" schon sehr geläutert sind. So sind sie für das Gros ihrer Mitmenschen, deren Seelen sich zumeist (zu etwa 98 %) aus den Naturreichen dieser Erde, das heißt „von unten" heraus entwickelt haben, die gegebenen Führungskräfte. Wir finden sie vor allem unter den Künstlern, Wissenschaftlern, Philosophen und Staatsmännern. Ganz besonders aber sind sie befähigt, „die Geheimnisse des Gottesreiches zu fassen und solche nach Bedarf den Kindern der Welt mitzuteilen und ihnen, als gutes Beispiel voranleuchtend, den Weg zu zeigen, auf dem auch sie zu Kindern Gottes und zu Bürgern des himmlischen Reiches werden können" (Gr. Ev. Bd. 5, Kap. 225,5).

Ist es nicht seltsam, daß der bekannte, literarisch hochbegabte Jesuit Peter Lippert noch auf dem Sterbebett gegenüber Freunden den ernsthaften Wunsch äußerte, wieder auf den Begleitstern des Sirius zurückkehren zu dürfen, von dem er herzustammen glaubte? Gegenüber den Seelen „von oben" sind die „Erdseelen", mögen sie auch „dem Schlamme dieser Erde" entwachsen sein, keineswegs benachteiligt. Zwar herrschen bei ihnen zumeist die materiellen Interessen vor und oft auch lassen sie ihre ungezügelten Triebe dem Tiere näher stehen als dem Menschen; die Barmherzigkeit Gottes läßt sie aber dennoch nicht zu Stiefkindern werden. Im Großen Evangelium wird uns über sie gesagt: „Denen Gott der Herr weniger Licht gegeben hat, die hat er als Kindlein um so mehr lieb, indem er ihnen ihre irdische Lebensprobeaufgabe so leicht wie möglich stellt, während er den großen Geistern den Weg mit sehr viel Dornen besät, auf denen eben nicht so gar leicht zu wandeln ist" (Bd. 6, Kap. 139, 5).

b) Die Erdenmenschheit, Präadamiten und Adamiten

Bei allem, was Menschenantlitz trägt, ob auf Erden oder auf fernen Gestirnen, wird uns immer wieder die Katabolae, der einstige Engelssturz, in Erinnerung gerufen. Es war schon die Lehre des Origenes – der wie die ganze sogenannte Katechetenschule von Alexandrien zweifellos die mündliche Überlieferung der Apostel am besten zu wahren wußte –, daß die Menschenseelen zu jener abgefallenen Schar der Engel gehören, die bei der Zweitschöpfung Gottes in die Materie gebannt wurde. So sind unsere Seelen tatsächlich uralt und es ist eine lange Wanderung, die sie auf den verschiedenen Stufen ihres Abstiegs (Involution) oder Aufstiegs (Evolution) durchzumachen hatten. „Im Menschen finden viele Urgedanken und Urideen Gottes die Erlösung von ihrem alten Gericht", heißt es einmal bei Lorber (Gr. Ev. Bd. 7, Kap. 17, 7).
Engelsturz und Metempsychose prägen nicht nur die Vergangenheit des Homo viator, sondern auch sein jetziges Schicksal auf Erden. Nach Origenes wird das Maß an Gnaden, das Gott einem jeden zugedacht hat, von der vorweltlichen (präexistenten) Verschuldung bestimmt. Die kirchlich dogmatische Lehre hingegen kennt keine Präexistenz, weswegen sie auch keine vernünftige Erklärung zu geben weiß für die oft so grundverschiedenen Lebensläufe und Charaktere. Allein die Metempsychoselehre kann uns auch den Unterschied zwischen Paläoanthropus und Neoanthropus deutlich machen. Bei Lorber werden sie als „Präadamiten" und „Adamiten" charakterisiert. Die Vormenschen oder Tiermenschen unterscheiden sich vom eigentlichen Vollmenschen (Adamiten) vor allem dadurch, daß sie keinen göttlichen Geistfunken besitzen und tatsächlich noch auf der Stufe der Tiere stehen, obgleich sie diese an Intelligenz überragen. Die eingehende Beschreibung, welche uns durch die Neuoffenbarung schon vor über hundert Jahren von ihnen gegeben wurde, läßt sich heute auf ihre Richtigkeit besser nachprüfen als zur damaligen Zeit.
Wieder ist es überraschend, wie sehr sie mit den Ergebnissen der modernen Forschung übereinstimmt. In dieser Antizipation (Vorwegnahme) stimmen sogar die Zeitangaben haargenau. Bereits in der „fünften Erdbildungsperiode" (nach Lorber), als auch in der Pflanzen- und Tierwelt völlig neue Arten und Typen in Erscheinung traten, bevölkerte der Vormensch (Hominide)

diesen Planeten. Nach Lorber geschah dies „vor sehr vielen Millionen Jahren", also bereits im Tertiär, nicht erst im Quartär. Neueste Funde bestätigen diese Behauptung. Von Dr. Leakey gefundene Fossilien sind „bis zu 20 Millionen Jahre" alt (nach dem Bericht bei K. Eggenstein).

Die Gestalt dieser Vormenschenart wird uns bei Lorber mit den Worten beschrieben: „Als Menschen waren sie riesig groß und stark, und sie hatten ein so starkes Gebiß, daß sie sich dessen statt der Schneidewerkzeuge bedienen konnten" (Gr. Ev. Bd. 8, Kap. 72, 17). Diese Darstellung entspricht einem Bericht von Glowatzki, wonach dem deutschen Paläontologen von Königswald im Jahre 1925 in China Zähne gezeigt wurden, „die in ihrer Form menschlichen Zähnen ähnlich waren. ... Die gefundenen Zähne waren so groß, daß, wenn man von ihrer Größe auf die Kiefer und damit auf den ganzen Gigantopithecus schließen wollte, er ungefähr drei Meter und fünfzig groß gewesen sein mußte". Auch die Funde, die 1939 und 1941 in Ostjava gemacht wurden, lassen darauf schließen, „daß dort Vormenschen gelebt haben, die richtige Riesen waren" (K. Eggenstein).

Der berühmteste Fund von Dr. Leakey aus dem Jahre 1959 ist der sogenannte „Nußknackermensch", so genannt wegen der ungewöhnlich starken Zähne seines Schädels; J. Lorber beschreibt uns den Hominiden folgendermaßen: „Was die voradamitischen, sogenannten Tiermenschen, betrifft, so finden sich von denselben wohl noch hier und da versteinerte Überreste vor. Sie besaßen unter allen Tiergattungen die größte instinktmäßige Intelligenz und bauten sich hier und da ihre höchst einförmigen Wohnungen. Auch verlegten sie die nicht zu breiten Stellen der Bäche und Flüsse mit Steinen und bauten sich dadurch eine Art Brücke über solche Stellen. ... Diese Arbeit setzten sie nicht selten so lange fort, bis in plump terrassenförmiger Richtung oft zehn und mehr solcher Brücken entstanden. ... Von diesen Menschen waren sonach die erbauten Mauern, von denen man heutzutage noch Spuren vorfindet und denen man ein hohes Alter gibt" (H. Bd. 3, S. 453). Von Kurt Eggenstein erfahren wir: „So unwahrscheinlich es klingen mag, derartige Mauern wurden gefunden! Einer der bekanntesten deutschen Anthropologen, Prof. Gerhard Heberer, berichtet darüber in einem Sammelband über die menschliche Abstammung von den Australopethicinen, daß der A-Typus dieser pygmäenhaft kleinen Lebewesen ‚kleine Mäuerchen zu bauen vermochten', die sie, wie er vermutet, als Windschutz benutzt hätten."

Es sind also keine Phantasmagorien, was die Neuoffenbarung über den Vormenschen im einzelnen kundgibt. „Vom Ackerbau" heißt es im Großen Evangelium Bd. 8, Kap. 72, „ist bei diesen Vormenschen zwar noch keine Rede, wohl aber benützen sie schon gewisse Tierherden (z. B. große Hirsche, Kühe, Ziegen und Schafe), führen ein rohes Nomadenleben, haben kein

Gewand und bauen sich auch keine Häuser und Hütten. Aber auf den dicken Baumästen errichten sie sich Wohn- und Ruhenester und schaffen sich Vorräte von Nahrungsmitteln, die sie nach und nach verzehren. Ist der Vorrat aufgezehrt, so gehen sie wieder scharenweise auf eine neue Jagd von Nährmitteln aus. Wenn es frostig wird, dann ziehen diese Menschen samt ihren Haustieren ... in wärmere Gegenden. Mehr gegen das Ende dieser Periode erscheint auch der Esel, das Kamel, das Pferd und das Schwein, welche Tiere von diesen Vormenschen ebenfalls beherrscht werden. Denn so viel höheren Vernunftsinstinkt besitzen sie, daß sie die benannten Tiere beherrschen und gebrauchen können, teils zum Tragen, teils zur Jagd, und teils zur Gewinnung der Milch und Wolle.

Sprache haben diese Vormenschen in der Art, wie sie nun unter Menschen gang und gäbe ist, eigentlich keine. Aber sie haben dennoch gewisse artikulierte Laute, Zeichen und Gebärden, können sich besser als selbst die vollkommensten Tiere gegenseitig über ein Bedürfnis verständigen und kommen dann auch einander zu Hilfe. Wird jemand krank, gewöhnlich wegen hohen Alters, so kennt er schon das Kraut, das ihm hilft. Kann er nicht mehr gehen und es suchen, so tun das die anderen für ihn. Nur ein Feuer machen und es benützen, das können sie nicht. So sie aber hätten sehen können, wie es die Adamiten machen, so würden sie es ihnen nachgemacht haben, weil bei ihnen der Nachahmungstrieb sehr vorherrschend ist und ihre Intelligenz mit einem gewissen Grade des freien Willens schon weit über die Intelligenz eines noch so vollkommenen Affen ragt. Also würden sie auch reden erlernen können nach unserer Weise, doch aus sich nie eine weise Rede erschaffen ...

Sie hatten einen höchst starken Geruchs- und Gefühlssinn und gewahrten schon von weitem, wenn sich ihnen etwas Feindliches nahte. Mit ihren Augen und mit ihrem Willen bändigten sie die Tiere und mitunter auch die Naturgeister. Die Farbe ihrer noch ziemlich behaarten Haut war zwischen dunkel und lichtgrau; nur im Süden gab es auch haarlose Stämme. Ihre Form hatte eine bedeutende Ähnlichkeit mit den Mohren der Jetztzeit. Sie pflanzten sich bis zu Adam in den Niederungen und dichten Wäldern fort, aber auf die Berge verpflanzten sie sich niemals. Obschon aber diese fünfte Vorbildungsperiode gar sehr viel tausend mal tausend Jahre währte, so war unter diesen Menschen doch keine wie immer geartete Fortschrittskultur bemerkbar, sondern sie lebten weiterhin ihr einförmiges Nomadenleben und waren somit nur eine Vordüngung der Erde fürs gegenwärtige, Mir in allem völlig ähnliche Menschengeschlecht."

Mit der gegenwärtigen Menschheit, mit welcher die Vormenschenrassen „eine bedeutende Ähnlichkeit" hatten, beginnt die geistige Erziehung aus den Himmeln; und wir müssen es festhalten, was der Herr bei J. Lorber sagt:

„Von den Menschen, die zur Werdung der Gotteskindschaft berufen sind, wurde nur ein Paar, nämlich Adam und sein Weib Eva, auf die Erde gesetzt." Der monogenetische Charakter dieser Aussage widerspricht ganz offensichtlich den Theorien freizügiger moderner Bibelausleger, wonach im Alten Testament keine Beschränkung des „ersten Elternpaares" zu erkennen sei.

Der Streit um den Zeitpunkt der Erschaffung Adams ist noch lange nicht zu Ende. Während der Masoretentext die Zeit von Adam bis Christus auf 4163 und der Samaritaner Pentateuch auf 4249 Jahre festsetzt, spricht die Septuaginta und Josephus Flavius von 5294 Jahren. Außerbiblische Zahlen lauten dagegen ganz anders. Der babylonische Baalspriester Berossos (3. Jh. v. Chr.) zum Beispiel führt zehn babylonische Urkönige an, die von der Frühzeit bis zur großen Flut regiert hätten. Die meisten dieser Namen decken sich auffallenderweise mit denjenigen der zehn biblischen Urväter. Er gibt ihnen aber eine phantastisch hohe Regierungszeit, die zusammengenommen 432 000 Jahre (nach anderen 397 200 Jahre) ausmacht. (Siehe darüber die Bücher von Arthur Schult „Urgeschichte der Menschheit" und von P. Morant „Die Anfänge der Menschheit"!) Die Angaben dieses griechisch schreibenden Schriftstellers wurden bestätigt durch zwei keilschriftliche Königslisten, die in Larsa ausgegraben wurden. Auch die biblische Sethitenliste, welche die sumerischen Namen des Berossoss übernahm, gibt dieselben astronomischen Zahlen wieder.

Um sich zwischen diesen Widersprüchen zurechtzufinden, sollte man sich einmal die Profangeschichtsschreibung vor Augen halten. Nach ihr reichen die ältesten Kulturperioden der Menschheit nicht allzuweit in die Vergangenheit zurück. Die Chinesen zum Beispiel datieren die Entstehung ihres Volkes selbst auf etwa 3000 Jahre vor Christus; die Ägypter, von denen das Königsverzeichnis des Priesters Manetho vorliegt (mit 30 Dynastien), lassen den ersten König Menes ebenfalls um 3000 v. Chr. regieren. Im südlichen Mesopotamien, in der Gegend des Persischen Golfes, hatten die vom nördlichen Hochland eingewanderten Sumerer (die Erfinder der Keilschrift) ein erstes großes Reich gegründet. Man läßt es bis in die Zeit von 3900 v. Chr. zurückgehen.

Das biblische Reich Hanoch mit der Stadt Hanoch – Lorber beziffert ihre Einwohnerzahl während ihres Höchststandes auf zehn Millionen –, das mit der Sintflut unterging, besaß demnach wohl die älteste aller Kulturen; aber wir können kaum annehmen, daß diese von Kain und seinen Nachkommen gegründete Riesenmetropole (in der Kaspischen Senke) sehr viel früher als die anderen Kulturen entstand, Indien nicht ausgenommen.

In esoterisch-gnostischen Kreisen, wie etwa bei Anthroposophen und Theosophen, liebäugelt man mit noch viel älteren Kulturen, zum Beispiel des alten Atlantis. Man spricht von „Zeiten vor der Zeitrechnung" und fügt Namen wie Hyperboräa und Lemurien zu Atlantis hinzu. Man spricht von einem „Uradam" im Gegensatz zum „Erdenadam" und unterscheidet deutlich eine kosmische Menschheit von der irdischen, was eigentlich ganz der Neuoffenbarungslehre entspricht. Ohne uns zu weit in diese Ideen versteigen zu wollen, sei immerhin zugegeben, daß aus einer mythischen Urferne – Mythos als „Niederschlag realer Geistesschau und Ausdruck hohen Mysterienwissens" verstanden, wie bei Arthur Schult – Kunde zu uns herüberkommt, die nicht nur auf den prähistorischen Vor- und Tiermenschen hinweist, sondern auf wirkliche Hochkulturen, von denen man aber annehmen kann, daß sie jenen auf anderen Planeten und Sternen ähneln. Sie sind aus der großen „Weisheit" solcher Wesen entsprungen, wie sie Lorber auf anderen Himmelskörpern schildert, nicht aber aus dem adamitischen „Liebegeist". Es ist nicht von der Hand zu weisen, daß auch auf Erden einmal neben dem tierhaften Präadamiten solche „kosmischen Kulturen" bestanden haben.

c) Erschaffung und Sündenfall des ersten Menschenpaares

Die Geschichte, wie der Mensch auf die Erde kam, ist so ziemlich die gleiche wie bei der Menschwerdung auf anderen Himmelskörpern; denn überall war es ja derselbe Vorgang, daß die ungeheuren Scharen abgefallener Engel den Umweg über die materielle Schöpfung nehmen mußten. Sie alle mußten mit ihren Seelenelementen „hindurchgeseiht" werden durch das große Naturreich, um stufenweise aufwärts zu steigen vom Mineral über die Pflanze und das Tier zum Menschen. Die Entwicklung geht weiter in den großen Jenseitsreichen.

Was sich aber überall im gesamten materiellen und geistigen Kosmos als das große Schauspiel des Evolutionsprozesses abspielt, das findet einzig und allein auf dieser Erde als dem „Herzpünktchen Gottes", wie es bei Lorber genannt wird, eine Unterbrechung; denn der Erlösungsplan Gottes setzte hier einen neuen Anfang, als er die Menschen dieser Erde schon bei ihrer Geburt nicht mehr mit einem bloßen Weisheitsgeist wie bei den Wesen auf anderen Sternen, sondern mit einem „Liebegeist" direkt aus dem Herzen Gottes ausstattete. Damit sollte die „Wiederbringung alles Verlorenen" gewaltig beschleunigt werden. Nur ein Wesen im ganzen All war dazu ausersehen, auf diese Weise an die Stelle Luzifers zu treten (nach Lorber): der erste Mensch Adam. Von ihm hing das weitere Schicksal des Kosmos ab, so wie das Schicksal der voradamitischen Menschen von Luzifer abhing.

Der ursprüngliche Paradiesesgarten, in dem Adam zuerst wandelte, lag alten

Urkunden zufolge auf dem „heiligen Weltenberge", dem Wohnsitz der Gottheit. Wir können darin unschwer das Archäum erkennen. Worin nun bestand der erste Sündenfall Adams, der seinen Sturz zur Folge hatte? Schließen wir uns an die Sophienlehre der jüdisch-kabbalistischen Esoterik an, wie sie später wieder Jakob Böhme vertreten hat! Demnach entspricht der androgyne Urmensch Adam als Ebenbild der androgynen Gottheit. „Mann-weiblich schuf er ihn", heißt es in der Genesis (1, 27). Arthur Schult zeichnet ihn folgendermaßen: „Der paradiesische Urmensch kennt keinen Schlaf, er lebt aus einer strahlenden, ewig neuen Überfülle des Lebens. Ebensowenig ist der Urmensch der Macht der Gestirne unterworfen, er ist nicht nur Herr über die Elemente, sondern auch über die Sterne. Sein ihm von Gott eingehauchter Atem ist ein Atem im Geiste der Unsterblichkeit. Er ißt und trinkt noch unmittelbar aus dem Wesen der Dinge. Zeugen und Gebären sind Funktionen des einen androgynen Urmenschen, weder organisch noch personal geschieden. Es ist ein magisches Zeugen und Gebären, durch Betrachtung und innere Nachbildung des göttlichen Urbildes. Die Geburt vollzieht sich ohne Verletzung der Gestalt Adams, ohne Wehen. Schon die Esoterik der Kabbala und des Alten Testamentes spricht von der göttlichen Sophia, der Weisheit Gottes, die als Gottes weiblich-leibhafter Aspekt geschaut wird. Wie die Sophia in Gott, so ist ursprünglich auch Eva im Menschen" („Urgeschichte der Menschheit").

Welche Beziehung hatte nun der kosmische Adam zu dieser Sophia? Darüber heißt es, den Großteil sophiologischer Lehren zusammenfassend, bei A. Schult: „Die Sophia ist das Bild Gottes in Gott und im Menschen. Wie die Sophia die Braut Gottes ist und zugleich als Gottes Leib und Gestalt gilt, so ist sie die Braut Adams und zugleich die Seelenleiblichkeit seines Geistes. Sie ist die Gestalt, in der Adam sein himmlisches Urbild erkennt, liebt und umarmt. In ihr wird er sich seiner Gottebenbildlichkeit bewußt. In der Sophia hat Adam die Einheit aller Dinge in sich. Die Sophia ist Gestalt Gottes und Gestalterin des Gottesebenbildes im Menschen. Sie ist das Urbild, das Gott im Menschen und den Menschen in Gott offenbart. Sie läßt den Menschen in Gott aufleuchten und verhilft Gott im Menschen zur Verwirklichung und Verleiblichung."

In denselben Widerstreit der Eigenschaften und Kräfte hineingezogen wie einst der erste Engel Luzifer, wird Adam nach und nach anfällig für Einflüsterungen des Bösen. Was weiterhin mit ihm geschieht, hat am anschaulichsten J. Böhme darzustellen gewußt: „Adam ward am Reiche Gottes blind und müd", heißt es bei diesem Mystiker (in der Schrift „Von den drei Prinzipien göttlichen Wesens" Kap. 175). Das heißt aber: „Er sehnt sich aus der Einheit Gottes in die Vielheit der Dinge und will die Vielheit des Seins in buntem Gegeneinander haben. Die göttliche Einheitsschau beginnt ihm langweilig zu werden. In diesem Verlust der Identität mit dem göttlichen Bewußtsein verliert der bis dahin androgyne Adam sein himmlisches Urbild, die Gestalt der Sophia, und für die himmlische Liebe der Sophia tauscht er die Qual der Spaltung und des Gegensatzes ein. Böhme schildert diesen Fall des androgynen Menschen im Gleichnis eines Ehebruchs. Adam schaut nicht mehr in der Sophia, durch die er an Gott gebunden ist und die ihm die Wunder Gottes in ihrer Einheit offenbart, die allein beseligende Einheit des Seins in Gott, sondern er wendet sich von ihr zu den Dingen, wie sie an sich sind. Weil Adam so den Glanz der Kreaturen der göttlichen Herrlichkeit seiner Braut vorzieht, verläßt ihn die Sophia und entweicht in den Äther" (A. Schult).

Wörtlich heißt es bei J. Böhme: „Adam hat die Jungfrau verloren und dafür die Frau erlangt." Gemeint ist natürlich Eva, als Ersatz für die verlorene himmlische Braut Sophia. „Gleichgestellt der ewigen Liebe, in aller Macht und Kraft Gottes" (Lorber) hatte Adam sein kosmisches Erlösungswerk begonnen. Das irdische Schauspiel des Sündenfalles ist im Grunde nur eine Wiederholung des kosmischen. Wir hören jetzt vom „Baum des Lebens" und vom „Baum der Erkenntnis". Der „Große Drache", die „alte Schlange" ist gegenwärtig als der mächtige Versucher. Über die Erschaffung des irdischen Adam berichtet uns die Neuoffenbarung: „Die ewige Liebe ... formte mit der Hand ihrer Macht, ihrer Kraft nach der Zahl ihrer Ordnung den ersten Menschen und blies ihm durch die Nüstern den lebendigen Odem ein. Und der Odem ward ihm zur lebendigen Seele, und die Seele erfüllte ganz den Menschen, der nun gemacht wurde nach der Zahl der Ordnung, aus welcher gemacht worden waren die Geister und gemacht wurden die Welten in den Räumen und die Erde und alles, was auf ihr ist, und der Mond und die Sonne" (H. Bd. 1, Kap. 7, 7).

Den Bibeltext, wonach Adam aus Ackererde (Lehm) gestaltet wurde, näher erläuternd, sagte der Herr einst zu seinen Jüngern: „Adam ist dem Leibe nach aus den Ätherteilen des feinstofflichen Erdenlehms durch Meinen Willen nach der gesetzten Ordnung, wie Ich sie euch nun gezeigt habe, geschaffen und geformt worden" (Gr. Ev. Bd. 4, Kap. 162, 4). – „Dieser Adam trat anstelle des ersten der gefallenen Geister (Luzifer). Es ward ihm aber nicht zu erkennen gegeben, wer er war. Und siehe, da langweilte es ihn, da er sich nicht erkannte und auch nichts finden konnte, was ihm ähnlich wäre" (H. Bd. 1, Kap. 7, 9).

Ganz anders als bei Adam ging die Erschaffung der Eva vor sich: „Da wehte Adam, unsichtbar seinen noch blinden Augen der Seele, die ewige Liebe an, und er schlief zum ersten Male in der Anmut der erbarmenden Liebe ein. Und die Anmut der erbarmenden Liebe formte im Herzen Adams, gleichsam wie in einem süßen Traum, eine ihm ähnliche Gestalt von großer Anmut und ebenso großer Schönheit" (H. Bd. 1, Kap. 7, 10). Die Androgynität Adams hatte sich in ein Zweiwesen verwandelt. Im Lorberwerk „Erde und Mond" heißt es darüber: „Bei der Erschaffung des ersten Menschenpaares wurden aus einer Seele zwei. Denn es heißt nicht, daß der Schöpfer auch der Eva einen lebendigen Odem in ihre Nüstern blies, sondern die Eva ging samt Leib und Seele aus dem Adam hervor, und in diese zweite Seele wurde auch ein unsterblicher Geist gelegt, und so wurden aus einem Menschen und aus einer Seele zwei, und waren dennoch ein Fleisch und eine Seele" (Kap. 53, 1 u. 4).

Zur Erschaffung der Eva aus einer „Rippe" Adams wird uns erklärt: „Die Rippe ist nur ein Zeichen für die Sache; die Sache aber ist Adams inneres, mächtiges Liebeleben. ... Die Eva ist aus der Überfülle dieses Außenlebens Adams, dem zarten leiblichen Wesen nach, entstanden, und da dieser Lebensäther aus der Gegend der Rippen und der Brustgegend ausdünstet und hernach den Menschen weithin allseitig umgibt, so konnte Moses, dem die entsprechende Bildsprache höchst geläufig zu Gebote stand, die Eva ganz richtig aus einer Rippe Adams entstehen lassen" (Gr. Ev. Bd. 4, Kap. 162, 10 u. 11). Über die geistigen Fähigkeiten von Adam und Eva wird uns gesagt: „Sie hatten tiefe Erkenntnisse, einen höchst klaren Verstand und einen machtvollsten freien Willen, vor dem sich alle anderen Geschöpfe beugen mußten" (Gr. Ev. Bd. 7, Kap. 121, 7).

Es ist selbstverständlich, daß Gott die beiden ersten Menschen ebenso wie die Engel einst vor ihrem Sturze vor den Folgen eines Sündenfalles eindringlich warnte. Den Adam hatte der Herr gemahnt: „Siehe, Adam, Ich machte die Zeit, damit deine Prüfung nur kurz währen sollte und das erkämpfte Leben ewig. ... Du hast mit keiner fremden Macht zu kämpfen, nur mit dir selbst, denn Ich habe dir alles untertan gemacht. ... Der Wurm ist aber dein Böses von Grund aus und trägt den Stachel des Todes in sich, daher beiße nicht in den Stachel des Wurms" (H. Bd. 1, Kap. 40, 33–35). Allen beiden aber sagte er: „Nun sehet, ihr erlerntet nun alles, ihr kennt nun alles und könnt den Gebrauch machen von allem bis auf *eines,* und dieses Letzte will Ich euch jetzt lehren und die Kraft in euch legen zur Fortpflanzung von euresgleichen. Aber ihr dürft davon erst Gebrauch machen, wenn Ich wiederkomme, und euch bekleidet finden werde mit dem Kleide des Gehorsams, der Demut, der Treue und der gerechten Unschuld. Wehe aber euch, wenn Ich euch nackt finde (d. h. ohne die geforderten Tugenden). Ich werde euch verstoßen, und der Tod wird die Folge sein" (H. Bd. 1, Kap. 7, 15). Die bekannte Dichterin Edith Mikeleites bemerkt zu dieser Stelle bei J. Lorber: „Mit diesem Gebot waren Heil und Herrschaft der ersten Menschen unabdingbar verknüpft. Ungehorsam und Hochmut mußten sie der schützenden Umkleidung von Gottes Macht berauben. Sie würden anfällig

für die Einflüsse feindlicher Kräfte Luzifer-Satans werden" (aus „Der Plan Gottes"). Im Großen Evangelium lesen wir: „Hätte Adam das positive Gebot beachtet, so wäre die Menschheit, bzw. die vollkommene Seele des Menschen, nicht zu dem sehr harten, schweren und gebrechlichen Fleischleibe gekommen, der nun mit gar vielen Gebrechen und Mängeln behaftet ist. Aber der Ungehorsam gegen das Gesetz hat den ersten Menschen notwendig auf einen weiten Umweg gebracht, auf dem er nun das Ziel um vieles schwerer und um vieles später erreicht" (Bd. 2, Kap. 224, 6 u. 7).
Die Liebe Gottes hatte sich der Einsamkeit Adams erbarmt und seine „Liebe außer ihm" treten lassen. Diese weibliche Komponente in seinem Wesen wurde ihm schließlich zum Verhängnis. E. Mikeleitis schreibt: „Aus Adams träumender Seele geschaffen war in Eva die Einbildungskraft eine hervorragende Gabe des Lebens. So lange sie sich im Geist der ewigen Liebe bewährte, bewährte sie sich als erkennende Phantasie und machte Adam das Leben zu einem Abenteuer göttlicher Erforschung. Als aber die Hölle, die Lüge, sich in Evas Phantasie Raum geschaffen hatte, spaltete sie ihr Bewußtsein, reizte ihre Begierde und stachelte die Eitelkeit auf. Das Übel dieser Welt, die Bewußtseinsspaltung, trat zum ersten Mal in Erscheinung. Vorspiegelung, man könne sein ‚wie Gott', d. h. man habe genug eigene Macht, um auf ihn verzichten zu können, verwirrte die Sinne. Eva pflückte den Apfel."

Bei Lorber heißt es zu diesem Ereignis im einzelnen: „Der Apfel formte sich durch die Macht des richtenden Grimms der Gottheit zur Gestalt einer großen Schlange, nahm die Frucht des Todes in ihren Rachen, kroch auf den Baum und umschlang denselben in allen Ästen und Zweigen von der Wurzel bis zum Scheitel und richtete starre Blicke auf die Eva. Und die Eva gewahrte es und sah die Schlange an. Und der Adam gewahrte es auch durch die Eva; aber er sah die Schlange noch nicht. Die Eva näherte sich der Schlange und betrachtete mit großer Lust ihre verführerischen Windungen und die schillernden Farben ihres kalten Schuppenpanzers. Die Schlange bewegte sich und legte den Apfel in den Schoß der sitzenden Eva. ‚Eva, siehe deine Tochter, verstoßen von dir, umwinden den Baum deiner Lust! Verschmähe nicht die geringe Gabe, die ich dir in deinen Schoß legte, sondern genieße unbesorgt die Frucht deiner Liebe! Du wirst nicht nur nicht sterben, sondern wirst dich sättigen für die Erkenntnis alles Lebens über Gott, den du fürchtest, wo er doch schwächer ist denn du!'" (H. Bd. 1, Kap. 8, 7–10).
Eine furchtbare hypnotisierende Wirkung ging von der Schlange aus. Diese stach nun der Eva „zwei Giftpfeile (Zwietracht, Spaltung, Dualismus) in die Brust". Darauf erblickte Eva sich in der Schlange und vergaß ihre Gottesgestalt. Als Adam hinzutrat, bemerkte auch er, „was unter dem Baum vorging, und es gefiel ihm die zweite Eva überaus gut, und er bemerkte nicht, daß es

nur eine Schlange war". Das „Bildnis Gottes" in Adam schien ausgelöscht. Er entbrannte, wie es bei Lorber heißt, „in wollüstiger Begierde. ... Doch im Genuß erkannte er sich als den Ersten, der verlorenging durch die große Eitelkeit seiner blinden Selbstsucht im Reiche des Lichts der ewigen Liebe und ins Zornmeer gefallen ist der ewig unerbittlich tötenden Gottheit" (H. Bd. 1, Kap. 8, 11). Scham und Reue ergriff die beiden, denn sie erkannten, daß sie „nackt" waren, das heißt, des Gottesschutzes entblößt. Um diese „Nacktheit" zu verbergen, flohen sie zuerst in eine Höhle und bedeckten sich dort mit Feigenblättern. Edith Mikeleitis sagt dazu: „In der Entsprechung heißt das: Adam und Eva ziehen sich aus der Unendlichkeit ihrer gottgegebenen Herrschaft in die Enge und in das Dunkel zurück. Der Mensch stand im Gericht und fürchtete sich. Mit diesem Ungehorsam des Menschen ist auch seine Mittlerstelle zwischen der gefallenen Welt und Gott verscherzt. Die alte Schöpfung steht vor der Vernichtung. Kein Wesen, das in der Materie verkörpert, kann nunmehr in die Himmel gelangen. Die Fratze Satans schreit Sieg!"

Ob der Lebensbaum wirklich existiert hat, ist eine Streitfrage der Theologen. Im „Buch der Sprüche" wird er eindeutig symbolisch aufgefaßt; wir lesen da: die Weisheit „ist ein Lebensbaum für den, der sie ergreift" (3, 18). In literarischer Einkleidung als Sinnbild der Unsterblichkeit ist er wohl in der Hauptsache zu verstehen, ebenso wie der Baum der Erkenntnis von Gut und Böse die Gehorsamsprüfung versinnbilden soll. In der jüdischen Überlieferung ist es nicht ein Apfelbaum, zu welchem ihn erst die lateinischen Väter gemacht haben, im Anschluß an das Hohelied, sondern ein Weinstock. Auch als Ölbaum und Feigenbaum wird er gedacht. Es muß allerdings gesagt werden, daß es sehr wohl möglich ist, daß Adam und Eva den Baum des Lebens und den Baum der Erkenntnis in übersinnlich-symbolgedichteter Schau tatsächlich als Erscheinlichkeit wahrnahmen (ähnlich wie die Symbolbilder in unseren Träumen, nur viel realistischer).

Die Schlange hatte versprochen: „Es werden euch die Augen aufgehen, sobald ihr davon esset, und ihr werdet sein wie Gott, indem ihr erkennt, was gut und böse ist" (Gen. 3, 5). Wie reimt sich auf diese Worte das Eingeständnis Gottes nach der Sünde: „Jetzt ist der Mensch geworden wie unsereins, so daß er erkennt, was gut und böse ist" (3, 22)? Ja, einmal lesen wir in der Bibel sogar den Satz: Vor dem Falle „waren beide nackt, doch schämten sie sich nicht voreinander" (3, 7). Zu alledem weiß A. Schult zu sagen: „Gottes Urteil spricht nur aus, was der Mensch sich selber bereitet hat, indem er vom Erkenntnisbaume aß. Die Kräfte des Erkenntnisbaumes wecken in ihm das sinnengebundene Erkennen und ertöten das lebendige übersinnliche Schauen. Damit entsinkt er der Region des Übersinnlichen und verhaftet sich selber der irdisch materiellen Welt. In diesem materiellen Zustand darf er nicht mehr vom Lebensbaume essen, damit er wenigstens im Tode frei werden kann von der Materie. Ein Unsterblichsein in der materiellen Welt würde völligen geistigen Tod bedeuten. Darum sagt Gott: ‚Der Mensch ist jetzt geworden wie unsereiner, insofern er Gut und Böse zu unterscheiden weiß. Nun aber – daß er nur nicht seine Hand ausstreckt und auch vom Baume des Lebens nimmt und ißt und unsterblich wird!' (Gen. 3, 22). Der Mensch ist geworden wie Gott, insofern er Gut und Böse unterscheidet. Gemeinsam ist Gott und Mensch die Freiheit und das Wissen um Gut und Böse. Aber Gott lebt in ungespaltener Ganzheit über dem ihm bewußten Gegensatz von Gut und Böse. Der Mensch dagegen lebt wissend um Gut und Böse in der Welt der Spaltung unter dem Gegensatz und wird von den natürlichen Polaritäten und Gegensätzen des Kosmos vergewaltigt."

Ursprünglich brauchte sich der paradiesische Mensch seiner Nacktheit nicht zu schämen, denn seine stark ätherische Leiblichkeit war noch umhüllt und umstrahlt von einer reinen, starken Aura. Es war das Ideal der Griechen, zu einer solchen in sich selbst vollkommen harmonischen Leiblichkeit zurückzufinden, weswegen sie ihre herrlichen, wenigstens in der Frühzeit noch nicht von sinnlicher Erotik durchtränkten Götter- und Menschengestalten schufen. Ein paradiesischer Urzustand verklärter Leiblichkeit schwebte ihnen vor Augen. Erst als Adam und Eva die schützende Umhüllung ihrer Lichtaura weitgehend verloren hatten, empfanden sie sich als „nackt" und mit einem „Tierfell" bekleidet.

Über das Verhältnis von Adam und Eva zueinander sagte Jesus einmal zu seinen Jüngern: „Beim Anblick der anmutigen Gestalt des Weibes erwachte in Adam die irdische Liebe zu ihr. Er konnte sich nimmer trennen von ihrem Anblick, und wohin er ging, da folgte ihm auch das Weib. Adam fühlte des Weibes Wert und Liebe und sagte darum in einem hellen Augenblick: ‚Wir, ich ein Mann und du ein Weib, mir aus meinen Rippen entwachsen nach dem Willen Gottes, sind sonach ein Fleisch und ein Leib. Du bist meines Lebens lieblichster Teil, und es wird fortan der Mann Vater und Mutter verlassen und hangen an seinem Weibe'." (Gr. Ev. Bd. 4, Kap. 162, 7).

Der Anfang der geschlechtlichen Liebe hatte damit begonnen, daß Adam nach der Erschaffung des Weibes „in der Gegend seines Herzens wahrnahm, als drücke ihn etwas, und zwar ganz angenehm. Auch fühlte er wieder zuweilen eine Leere, und er konnte sich nimmer trennen von dem Ebenbilde, das ihm alsbald so viel Anmut verschaffte" (Gr. Ev. Bd. 4, Kap. 162, 7). Über die Fortpflanzung hören wir im einzelnen: „Nachdem der erste Mensch dieser Erde einmal in der Grotte überwintert hatte auf den Höhen, die da begrenzen den nordöstlichen Teil des Gelobten Landes, zu dem auch Galiläa gehört, da hatte er Muße, mit seinem Weibe tiefer in sich hinein zu forschen und zu schauen. Und da fand er auch ein Bedürfnis nach einer größeren

Gesellschaft. Im Traume ward er belehrt, was er zu tun hätte, um zu einer solchen größeren Gesellschaft zu gelangen. Und nach solcher Belehrung fing er an zu zeugen (unzeitig und ungesegnet) den Kain und dann bald darauf (gesegnet) den Abel und den Seth. Das Weib aber war es, das ihm den ersten Einschlag zur Zeugung gab. Denn dem Weibe kam zuerst im Traume ein Gesicht, wie dieselbe vor sich zu gehen habe" (Gr. Ev. Bd. 4, Kap. 142, 9 und 10). Die Geschichte der Urmenschheit begann.

Auf welchem Schauplatz dieser Erde hatte sich das alles abgespielt? Darüber heißt es bei Lorber: „Das erste Menschenpaar entstand in einer der fruchtbarsten Gegenden der Welt. Es überwinterte in einer Grotte auf den Höhen nordöstlich des Gelobten Landes" (Gr. Ev. Bd. 4, Kap. 142, 9). Zunächst müssen wir uns darüber klar werden, daß der biblische Garten Eden nirgendwo „ein materielles Paradies des Müßigganges und des Wohllebens" war: „War der Mensch tätig, sammelte er sich die Früchte, welche die Erde ihm trug, und hatte er sich dadurch einen Vorrat erzeugt, so wurde jede Gegend der Erde, die der Mensch kultivierte, ein rechtes irdisches Paradies.... Hatte der erste Mensch dem Leibe nach auch keine Kindheit durchzumachen (als völlig ausgewachsen aus der Hand Gottes hervorgehend) und hatte er auch eine Größe von mehr als zwölf Schuhen, wie nicht viel minder auch die Eva, so war er aber in der Erfahrung über die Beschaffenheit der Erde dennoch ein Kind und mußte erst klug werden, zumeist durch die Erfahrung" (Gr. Ev. Bd. 4, Kap. 142, 4 u. 6).

Besonders der winterliche Frost und kalte Winde „zwangen ihn dazu, eine geschützte Wohnung" aufzusuchen. Gaben Bäume und Sträucher im Winter keine Früchte mehr her, um seinen Hunger zu stillen, so ging er „weitaus und suchte Nahrung und fand noch volle Bäume. Er sammelte die Früchte und trug sie in die Grotte, die er als eine gute Wohnung auffand. Da sagte ihm schon sein mehr erfahrenes Gemüt abermals: ‚In dieser Zeit liegt die Erde in einem Fluche und du, Mensch, kannst dir nur im Schweiße deines Angesichtes deine Kost sammeln!'" (Gr. Ev. Bd. 4, Kap. 142, 8). In dieser Erziehung zur „Lebensselbständigkeit" wuchsen auch seine Söhne und Töchter heran. „Auf immer weiter ausgedehnter Nahrungssuche machten sie bald größere Reisen und wurden mit den Ländern Asien und Afrika" so ziemlich vertraut. Das bereicherte sie wieder mit allerlei Erfahrung. – „Geheim vom Gottesgeiste geleitet, kamen sie später in ihr erstes Eden zurück und blieben daselbst, von wo aus denn auch die Bevölkerung der ganzen Erde erging" (Gr. Ev. Bd. 4, Kap. 142, 13).

Im weiteren Verlauf der Menschheitsgeschichte hören wir von „Kindern der Höhe" und „Kindern der Tiefe". Die einen führten auf den gebirgigen Höhen des östlichen Vorderasien und vielleicht auch auf den Hochflächen Innerasiens ein gottgefälliges Leben, während die anderen als Nachkommen

Kains in der Tiefe der Kaspischen Senke große Städte bauten und immer mehr degenerierten. Bis die Sintflut als erstes großes Strafgericht über die Menschheit hereinbrach!

2. Der Mensch als eine Dreieinheit von Leib, Seele und Geist

a) Die verschiedenen Wesensglieder des Menschen

„Nichts ist gewaltiger als der Mensch", heißt es in der „Antigone" des Sophokles. Nichts ist aber auch rätselhafter, weswegen die Sphinx in der bekannten Ödipus-Sage ihren bannenden Blick nicht eher von dem Wanderer ließ, als bis er ihre Fragen beantwortet hatte. Letzten Endes war es die Frage nach seiner eigenen Wesenheit, die zu lösen dem Menschen aufgegeben ist sein Leben lang. Tatsächlich haben die Denker aller Jahrhunderte um kein Problem härter gerungen als um die Wesensdeutung des Menschen. Und war nicht auch von seiten der Religionen die stete Aufforderung des delphischen Gottes Apollo zu hören: „Gnothi sauton!" d. h. „Erkenne dich selbst!"? In ihr lag der Schlüssel zur Erlösung. Jedoch bis heute wissen weder die Naturwissenschaften noch Philosophie und Psychologie eine befriedigende Antwort auf die von der Sphinx gestellte Frage.
Bereits das Leib-Seele-Problem mit dem Rätsel des Aufeinandereinwirkens dieser ungleichen Gespanne bereitete den größten Denkern arges Kopfzerbrechen. Am wenigsten faßbar aber erschien bis jetzt, besonders den neuzeitlichen Statisten reiner Sinnesdaten, Funktion und Wesen des Geistes. Beim dialektischen Materialismus zum Beispiel gibt es für „Geist" im höheren Sinne – selbst wie Hegel ihn versteht als „Integralzeichen" des Kosmos – überhaupt keinen Platz mehr. Sein kausal-mechanistisches Weltbild kennt darum auch keine eigentliche Ethik. Diese unerleuchtete Lehre mit ihrem gleichmacherischen Eudämonismus stellt wohl den tiefsten Stand dar, auf den menschliche Wahrheitssuche je gesunken ist.
Nicht einmal die christlichen Theologen, die sich doch auf Offenbarung stützen, können ganz befriedigen mit ihrer Definition von Seele und Geist. Bei Thomas von Aquin zum Beispiel ist alles noch viel zu begrifflich, zu aristotelisch formuliert. Immerhin hat Aristoteles wenigstens schon die Vernunftseele von der Vitalseele unterschieden. In der Patristik wird die Seele in der Hauptsache für eine unräumliche, immaterielle Substanz gehalten. Mit der „Geistseele" beschäftigt sich vor allem die indische Philosophie. Man läßt dort den Begriff Atman – was ursprünglich „Hauch" oder „Atem" bedeutet – mit dem Wesen des „wahren Selbst" identisch sein. Es ist dies eine Annä-

herung an die Neuoffenbarung. „Atman ist also der innerste Kern unseres eigenen Selbst, auf den wir stoßen, wenn wir vom Menschen als Erscheinung zunächst die körperliche Hülle wegdenken, von dem verbleibenden lebenshauchartigen Selbst (das wir etwa ‚Psyche' nennen könnten) aber wiederum alles abrechnen, was Wollen, Denken, Fühlen, Begehren ist." So lesen wir in der „Kleinen Weltgeschichte der Philosophie" von Hans Joachim Störig. In der Weiterbildung indischen Denkens durch die Upanishads wird Brahman und Atman schließlich gleichgesetzt: „Damit gibt es überhaupt nur eine wahre Wesenheit in der Welt, die, im Weltganzen betrachtet, Brahman, im Einzelwesen Atman heißt. Das Weltall ist Brahman (Gott), Brahman aber ist der Atman in uns" (Störig). Die Mystik spricht in gleicher Weise von dem „göttlichen Geistfunken" im Menschen.

Für typisch europäisches Denken blieb das Wesen der Seele immer faßbarer als das des Geistes. Man klammerte sich an den Substanzbegriff und billigte der Substanz die Eigenschaften eines ganz feinen Stoffes zu. Diese Vorstellung setzt bereits bei den Vorsokratikern ein und reicht bis in die Zeit der Romantik. Wilhelm Wundt machte bedeutsame Vorstöße in dieser Richtung durch seine „Physiologische Psychologie", und Ludwig Klages schließlich behauptete von der Seele, sie sei die Trägerin der „rhythmisch fließenden kontinuierlichen Lebensvorgänge". Für die Gegenwartspsychologie ist die Seele die Trägerin des Unbewußten und der Ausdruck derjenigen Struktureigenschaften („Gestaltqualitäten") des Mikrokosmos, die dessen Teilen ihren individuell besonderen Rang, ihre „Gewichtigkeit" und ihre „Dynamik" verleihen.

Daß der Mensch eine „lebendige Seele" ist, sind Worte der Genesis, die zunächst nur einen Teilaspekt seines Wesens betreffen. In der zweiten biblischen Schöpfungsgeschichte (Genesis 2, 7) heißt es: „Jahve-Elohim bildete den Menschen aus Erde vom Ackerboden (haphar min ha adamah) und blies ihm den Lebensodem (neschama) in die Nase; so wurde der Mensch zu einem lebenden Seelenwesen (nephisch)." Wie der Schöpfergeist Gottes, der Creator Spiritus, aus dem Wesen Gottes hervorströmt auf die Weise, wie der Windhauch oder Sturm aus der Atmosphäre (darum auch das Wort Pneuma!), so ist der Mensch als ein Hauch (neschama) oder Odem Gottes wie auch als lebendiges Seelenwesen (nephisch) ein Teil des Schöpfers selber. Er ist leibhaft, seelenhaft und geisthaft zugleich. Auf den Leib deutet das Wort der Schöpfungsgeschichte „Erde vom Ackerboden", auf die Seele das Wort „lebendes Seelenwesen" und auf den Geist der Ausdruck „Lebensodem Gottes" hin.

Während das Ökumenische Konzil zu Konstantinopel (869 n. Chr.) formulierte: „Das Alte und Neue Testament lehren, der Mensch habe eine denkende und geistige Seele (logikän kai noeran psychän)", stellt Fr. W. Schaaf-

hausen in seiner zweibändigen deutschen Geschichte („Der Eingang des Christentums in das deutsche Wesen") fest: „Davon, daß das Neue Testament nur von einer denkenden und geistigen Seele gesprochen habe, kann nicht die Rede sein." Wir müssen auch der Triebseele als dem Sitz der Leidenschaften im Menschen eine Eigenexistenz zuerkennen. Von der Triebseele wird vor allem der Psychiker in seinem Handeln bestimmt. Arthur Schult hat ihn in seinem inhaltsreichen Büchlein „Vom übersinnlichen Wesen des Menschen" folgendermaßen charakterisiert: „Er ist ein Mensch, dessen Ich-Zentrum im Seelischen ruht. Er ist noch weitgehend abhängig von seinen Sympathie- und Antipathiegefühlen, seinen seelischen Trieben, seiner Wunschwelt; er leidet an Unzufriedenheit, Mißmut, Ärger und zorniger Erregung. Sein Geltungsdrang macht ihn leicht hochmütig, neidisch, selbstsüchtig, ehrgeizig, lieblos. Sein Schicksal kann er nicht voll bejahen. Besonders gern projiziert er seine eigenen seelischen Komplexe und Schwächen in die lieben Mitmenschen hinein und sieht in ihnen die Schuld seines eigenen Versagens. Er verwechselt Leidenschaft mit Herzenswärme und weiß nicht, daß nur die wunsch- und leidenschaftslos gewordene Seele dem Geist geöffnet ist und wahre Güte realisieren kann.
Der Sarkiker endlich, der Körpermensch, hat sein Ich-Zentrum im physischen Leib. Als wirklich gilt ihm nur das physische Sein. Er ist als Weltmensch ganz der Finsternis des äußeren Daseins verfallen. Darum sieht er auch in Welt und Menschen nur das niedere Wesen und nennt das reale Lebenserfahrung; er steht, wie er sagt, mit beiden Beinen fest auf der Erde und lehnt alle religiöse Erfahrung als Phantastik ab."
Die Trichotomie des Menschen wird gleichsam programmiert in den Worten des Paulus: „Unversehrt bleibe euch Geist, Seele und Leib bewahrt" (1. Tess. 5, 23). In der altindischen Philosophie ist der Mensch sogar ein sechs- bis siebengliedriges Wesen. In der Taitiriya-Upanishad heißt es: „Der menschliche Leib, der kraft der Nahrung besteht, ist die körperliche Hülle des Selbst. Von der sichtbaren Hülle verschieden ist die Lebenshülle (der Ätherkörper). Sie ist umgeben von der Leibeshülle und hat die gleiche Gestalt. Die Lebenshülle ist die lebendige Stütze der Leibeshülle. Von der Lebenshülle verschieden ist die Gedankenhülle (der Seelen- oder Astralleib). Sie ist von der Lebenshülle (dem Ätherkörper) umgeben und hat die gleiche Gestalt. Die Gedankenhülle (der Seelen- oder Astralleib) ist die lebendige Stütze der Lebenshülle (des Ätherkörpers). Von der Gedankenhülle (dem Seelen- oder Astralleib) verschieden ist die Erkenntnishülle (der Mentalkörper). Sie ist von der Gedankenhülle (dem Seelen- oder Astralleib) umgeben und hat die gleiche Gestalt. Von der Erkenntnishülle (dem Mentalkörper) verschieden ist die Umhüllung des Ich (die aus Wonne bestehende Hülle oder der Kausalkörper). Sie ist von der Erkenntnishülle (dem Mental-

körper) umgeben und hat die gleiche Gestalt. Über alle Hüllen erhaben ist das Selbst (der Atman, der Gottesfunke)."

Arthur Schult sagt in einem Überblick über die verschiedenen Aufgliederungen des Menschenwesens: „Die einfachste ist die Zweigliederung in Leib und Seele. Sie dringt am wenigsten tief, hat aber auch heute noch eine gewisse Berechtigung, da die Mehrzahl der Menschen Seelen-Menschen sind, in denen der Geist sich erst langsam durchringt. Grundsätzlich wichtiger ist die aus der esoterischen Mysterienweisheit stammende Dreigliederung nach Leib, Seele und Geist. Sie erfaßt im Großen die menschliche Wirklichkeit in allen ihren Zusammenhängen nach Höhe, Mitte und Niederung, als Hölle, Zwischenreich und Himmel und läßt uns den Menschen erleben als Spiegelbild der trinitarischen Gliederung von Gott und Kosmos. Allerdings birgt sie in sich die Gefahr, daß das Ich des Menschen einerseits nicht klar genug unterschieden wird von der Triebseele, die wir mit dem Tiere gemeinsam haben, und andererseits nicht deutlich genug gesondert wird vom göttlichen Geist, vom Gottesfunken, der in uns wohnt.

Die Verwechslung des Ich mit dem göttlichen Geist, dem Gottesfunken, macht den Menschen leicht überheblich. Wer sein Ich mit dem Gottesfunken identifiziert, den Gottesgeist als sein Zentrum betrachtet und meint, der Mensch sei ein göttliches Wesen in kosmischen und irdischen Hüllen, der wird notwendig luziferisch. Bei der Verwechslung des Ich mit dem Seelenwesen aber vergewaltigt die menschliche Triebseele das Ich und damit gewinnt dann das den Menschen tragende Tier die Oberhand, so daß er das irdischtierisch Begründete an sich selber für sein Wesentliches hält. Er läßt das Menschentier in sich wachsen und nennt das Erwachsenwerden. Damit verfällt er der Finsternis des äußeren Daseins, den ahrimanischen Mächten; und dieses äußere Dasein nennt er das Leben, während es in Wirklichkeit der Tod des höheren Lebens ist. Weil in ihm der Gottesfunke seine Leuchtkraft verloren hat, sieht er auch in Welt und Menschen nur noch das niedere Leben und nennt das Lebenserfahrung, Welt- und Menschenkenntnis.

Vor dieser doppelten Verwechslung des Ich mit der Triebseele und dem Gottesgeist werden wir bewahrt bleiben, wenn wir die Dreigliederung in Leib, Seele und Geist zu einer Viergliederung erweitern, indem wir unterscheiden Leib, Seele, Menschengeist und Gottesgeist oder auch in gleicher Bedeutung sagen Leib, Seele, Ich, Gottesfunken. Wenn wir beim Leibe dann noch die Unterscheidung machen zwischen dem groben physischen Leibe und den feineren, pflanzenhaften Wachstumskräften, die den mineralischirdischen Leib beleben, dem sogenannten ätherischen Leibe, so kommen wir zu jener Fünfgliederung des Menschenwesens nach Leib, Ätherleib, Triebseele, Ich und Gottesfunken, die dem Aufbau der Lebensreiche von Steinreich, Pflanzenreich, Tierreich, Menschenreich und Gottesreich ebenso entspricht wie den fünf Elementarqualitäten von Erde, Wasser, Luft, Feuer und quinta essentia oder Quintessenz. Indem nun die indische Taitiriya-Upanishad die quinta essentia, das göttliche Wesensglied des Menschen, noch einmal gliedert in die aus Wonne, Seligkeit und Liebe bestehende Hülle des Gottes-Ich und das Gottes-Ich selber, ergibt das eine Sechsgliederung." Zur weiteren Klärung fügt der Verfasser noch hinzu: „Da auch das höhere Ich, das Geist-Ich des Menschen, dem Sündenfall unterliegt, ist Heilung nur möglich durch das Gottes-Ich, den Gottesfunken, durch das Gesetz des Lebensgeistes in Jesus Christus (nomos tou pneumatos täs zoäs en christo jäsou – Röm 8, 2)." – Daß Paulus nicht nur eine Dreiteilung, sondern auch eine Vierteilung des Menschen kennt, wird daraus ersichtlich, daß er den Geist zweifach teilt in Menschengeist und Gottesgeist (oder Gottesfunken). A. Schult sagt darüber: „Der Mensch ist nach der Anschauung des Paulus nicht nur mit Körper und Seele, sondern auch mit seinem Geiste dem Sündenfall erlegen."

In verständlicher Vereinfachung unterscheidet die Lorbersche Prophetie, die ja den einfachsten Menschen ebenso wie den gebildeten ansprechen möchte, zunächst nur zwischen Leib, Seele und Geist; wobei aber der Geist mit dem Gottes-Ich des Menschen, dem „Gottesfunken", gleichgesetzt wird. Denn nur der Heilige Geist Gottes, der Gottesfunke, ist tiefster Wesensgrund des Menschen. Im Großen Evangelium Johannes lesen wir: „Der Geist ist der Seele innerste Sehe, deren Licht alles durchdringt, weil es ein innerstes und somit reinstes Licht ist. Wenn dein Geist in dir wach wird, so wirst du seine Stimme wie lichte Gedanken in deinem Herzen vernehmen. Diese mußt du wohl anhören und dich danach in deiner ganzen Lebenssphäre richten, so wirst du deinem eigenen Geist einen stets größeren Wirkungskreis verschaffen. Also wird der Geist wachsen in dir bis zur männlichen Größe und wird durchdringen deine ganze Seele und mit ihr dein ganzes materielles Wesen" (Gr. Ev. Bd. 4, Kap. 76, 9–10).

Daß der Geist nicht einfach gleichgestellt werden darf mit dem Eigengeist („Engelgeist" nach J. Böhme) bezeugt der Herr mit den Worten: „Sehet, der Mensch ist zusammengesetzt aus einem naturmäßigen Leibe, der da ist ein Gefäß, darin sich durch die verschiedenen Organe eine lebendige Seele ausbildet. Erst im siebenten Monat ... wird in der Gegend der Magengrube ein für eure Augen nicht wahrnehmbares, vom Zeuger herrührendes Bläschen, enthaltend die Substanz der Seele, geöffnet. Diese teilt sich dann dem ganzen Organismus durch die Verbindung der Nerven mit. Merket wohl auf! Gleich ungefähr drei Tage vor der Geburt wird aus der allerfeinsten und zugleich solidesten Substanz der Seele, in der Gegend des Herzens, ein anderes unendlich feines Bläschen gebildet, und in dieses Bläschen wird ein einst böse gewordener Geist, der da ist dem Wesen nach ein Funke der

göttlichen Liebe, hineingelegt; gleichviel ob der Körper männlich oder weiblich ist, so ist doch der Geist ohne geschlechtlichen Unterschied und nimmt erst mit der Zeit etwas Geschlechtliches an, was sich durch die Begehrlichkeit kundgibt.
Nun ist aber dieser Geist noch tot. ... Wie aber zuvor Säfte des Leibes zirkulierend die Wesenheit der Seele ausbildeten durch die ihr von der Außenwelt zugeführten Substanzen, ebenso soll und wird durch die Zirkulation der feinsten Substanzen in den Organen der Seele der in dem Bläschen eingeschlossene Geist genährt, so lange, bis er selbst reif wird, das Bläschen zu sprengen und somit auch nach und nach alle Organe der Seele zu durchdringen und, wie die Seele im Leibe, so auch er in der Seele ein vollkommener dritter Mensch zu werden durch die Nahrung aus dem Denken der Seele. ... Wird dem Geiste gegeben gute Kost, welche ist Mein geoffenbarter Wille und die Vermittlung durch die Werke der Erlösung oder Meiner Liebe im Vollbestande durch den lebendigen Glauben, so wird in dem Herzen des Geistes ein neues Bläschen gestaltet, in welches ein reinster Funke Meiner Liebe eingeschlossen wird. ... Wird es nun vollends reif, dann zerreißt diese heilige Liebe die lockeren Bande des Gefäßes und strömt in alle Organe des Geistes über, welcher Zustand dann die Neugeburt genannt wird, so wie die Einlegung dieses Lebensbläschens die Eingeburt genannt wird" (Kundgabe Lorbers vom 17. Juni 1840).
Wie bei Paulus wird also im Grunde auch bei Lorber eine Viergliedrigkeit des Menschen sichtbar. A. Schult kann darum sagen: „Das Wissen, daß sein Geist ein einst böse gewordener luziferischer Geist ist, der erst durch strebendes Bemühen und himmlische Begnadung vom Gottesfunken durchlichtet werden muß, wird ihn die rechte Demut lehren. Zu denselben Erkenntnissen verhilft uns die moderne Tiefenpsychologie und das Erleben der großen Mystiker und Gnostiker. Die Tiefenpsychologie hat uns das persönliche und das überpersönliche Unterbewußte des Menschen in seinen archetypischen Urbildern erschlossen. Diese Schichten des Unterbewußtseins schöpfen aus größeren Tiefen als unser Wachbewußtsein. Noch tiefer aber dringt in die Wirklichkeit ein das menschliche Überbewußtsein, wie es sich offenbart im schauenden Erleben der großen Mystiker und Gnostiker."
Leib, Seele, Eigengeist und Gottesfunken in ihrer ursprünglichen biblischen Vierteilung ergeben ganz andere Perspektiven als die kirchlich-dogmatische Zweigliederung von Seele und Leib. Bei J. Böhme wird der Geist des Menschen sogar noch dreifach unterteilt, zur besseren Verständlichmachung des Sündenfalles. Er unterscheidet 1. den animalischen Geist (das gewöhnliche Menschen-Ich); 2. den siderischen Geist (das ins Kosmische geweitete Bewußtsein des Menschen) und 3. den göttlichen Geist (den Gottesfunken). Nur animalischer und siderischer Geist unterlagen dem Sündenfall. Überaus

wichtig ist daher die grundlegende Erkenntnis, die jeder Christ aus diesen Zusammenhängen ziehen sollte. Arthur Schult definiert sie folgendermaßen: „Nicht nur in seinem animalischen Geist, seinem irdischen Ich, ist der Mensch Luzifers Einfluß erlegen, sondern auch in seinem höheren Ich, dem siderischen Geist, dem ins Kosmische geweiteten Bewußtsein. Wer nicht den göttlichen überkosmischen Geist, den vom Sündenfall frei gebliebenen Gottesfunken in sich aktiviert und steckenbleibt im siderischen, kosmischen Bewußtsein, der kann nicht die rechte Schau gewinnen von den Zusammenhängen zwischen Mikrokosmos und Makrokosmos."

Östliche Religionen, und auch die von ihnen abgeleiteten Lehren der Theosophie und Anthroposophie, erreichen diese Höhe der Erkenntnis nicht, da sie den siderischen Geist des Menschen, die Erlangung des kosmischen Bewußtseins, als höchstes Ziel ihrer Erlösungsbemühung ansehen. J. Böhme unterscheidet dagegen drei Geburten: 1. die innerste Geburt in Gott; 2. die siderische Geburt im Kosmos; 3. die äußerste Geburt im irdischen Dasein. „Denn als der Mensch in Sünde fiel, da ward er aus der innersten Geburt in die anderen zwei gesetzt. Die umfingen ihn bald und inqualierten mit ihm und in ihm als ihrem Eigentum. Der Mensch empfing alsbald den Geist und alle Gebärung der siderischen und auch der äußeren Geburt. Höre, es gehört etwas mehr dazu; ein animalischer Geist muß vorher mit der innersten Geburt in Gott inqualieren und im Lichte stehen, damit er die siderische Geburt recht erkennt und eine freie Pforte in alle Geburten hat. Anders wirst du nicht heilige und rechte Philosophie schreiben, sondern wirst als ein Spötter Gottes erfunden werden" (in „Morgenröte im Aufgang").

In der Mehrdimensionalität von Mensch und Kosmos erweist sich die natürliche Welt nur als Spezialfall einer höheren Wirklichkeit, als Hülle eines feineren ätherischen Organismus, der seinerseits wieder von einer seelisch-astralen und rein geistigen Kraftsphäre umschlossen wird. Diese Tatsache geht bereits aus den angeführten Upanishad-Texten hervor. Bei Novalis stehen die Worte: „Der Stoff der Stoffe ist Kraft; die Kraft der Kräfte ist Leben; das Leben des Lebens ist Seele; die Seele der Seele ist Geist; der Geist der Geister ist Gott" (in seinen „Fragmenten"). Alle diese Welten trägt der Mensch in sich: die physische, die ätherische, die astrale, die mentale und die göttlich-geistige. Einer „physica terrestris" entspricht eine „physica coelestis", und auf beiden Ebenen bewegen sich die Mantiker aller Zeiten. Der bekannte Satz von Pascal: „Der Mensch ragt unendlich weit über den Menschen hinaus", geht aus der Erfahrung des Mystikers hervor. Allein durch vollkommene Selbsterkenntnis gelangen wir auch zur Gotterkenntnis. Darum ist ja auch das Bemühen, Atheisten einen annehmbaren Gottesbegriff beizubringen, so lange vergeblich, als diese nicht auf die Tiefenschichten ihrer Existenz gestoßen sind.

Bei J. Lorber wird uns gesagt: „Ohne vollkommene Selbsterkenntnis ist es auch unmöglich, ein allerhöchstes Gottwesen als den Grund allen Seins wahrhaft zu erkennen." Die Erlangung des kosmischen, sogenannten supramentalen Bewußtseins durch Anstrengung des Eigengeistes im Menschen ist erst noch eine „Wiedergeburt der Seele" und nicht des Geistes. Sie kann zwar in hohe paradiesische Gefilde führen, in das eigentliche Reich Gottes, den Himmel, als das Vollendungsziel unseres Menschseins, erhebt sie sich nicht. Kein Mensch kann aus eigener Kraft, wie die Theosophen meinen, zur Erlösung gelangen. Vollkommen werden „wie der Vater im Himmel" können wir nur durch den Erlöser, der unserem Eigengeist seinen göttlichen, niemals gefallenen Gottesgeist oder Gottesfunken einsenkt. Ja, das bewußte Christsein fängt in Wirklichkeit erst dort an, wo man den Eigengeist von dem Gottesgeist (Gottesfunken), und ebenso die „Wiedergeburt der Seele" von der „Wiedergeburt des Geistes" zu unterscheiden weiß; aber auch den Kosmos mitsamt seinem Urkosmos, dem Archäum, von dem „Überkosmos", dem Himmel.

Die bekannte Dichterin Edith Mikeleitis hält uns vor Augen: „Auch in den anderen Weltreligionen – zum Beispiel Buddhismus und Hinduismus – finden wir die Notwendigkeit einer Entwicklung der Seele (Seelenwanderung), doch bleiben sie auf halbem Wege, der Wiedergeburt der Seele, stehen. Da Buddha vor Jesus gelebt hat, konnte er nur bis zum Nirvana-Glauben, einem unpersönlichen Gottleben, gelangen. Nur das Christentum schlägt die Brükke zum anderen Ufer, wo Gott und Mensch sich anschaubar gegenüberstehen und in Gemeinschaft wirken. Der Baumeister der Brücke ist Jesus Christus" (in „Der Plan Gottes"). Der Herr selbst bestätigt diese Worte im Großen Evangelium Johannes mit dem Hinweis: „Die Wiedergeburt des Geistes ist nur möglich durch den Glauben an Mich, da Ich wahrlich Christus bin, der Gesalbte, dem alle Kraft und Herrlichkeit des Vaters gegeben worden ist, damit die Menschen durch den Sohn glücklich und selig werden. Ich bin die Pforte – eine andere gibt es nicht. Wer die Wege zum Himmel betreten will, ohne Mich kennen zu wollen, der kann wohl einen hohen Grad von Vollkommenheit erreichen, nie aber in klare, anschauliche Gemeinschaft mit Gott selbst gelangen" (Gr. Ev., Bd. 11, Kap. 52, 6).

Tatsächlich ist es so, wie Edith Mikeleitis feststellt: „Ehe der Herr sich in Christus offenbarte, hätte kein Sichmühen menschlicherseits dem mächtigen Materiewall widerstehen können, der zwischen Schöpfung und Schöpfer lag. Nur vor der sündlosen Opfertat des menschgewordenen Gottes wich die Mauer der Gefangenschaft im Fleisch und gab die Brücke zur geistigen Welt frei. Es durfte keinen noch so kleinen Raum geben, der in die Erlösung nicht mit einbegriffen war. ‚Niedergefahren zur Hölle' zeugt für die allumfassende Erlöserschaft Jesu Christi. Jesus mit den großen Religionsstiftern gleichzusetzen, gehört zu den Ausflüchten, die der Mensch gern macht, um dem vollen Anspruch zu entgehen: Ihr sollt heilig sein, denn ich bin heilig!" Christus als der Mittler ist zugleich auch der ewige Logos: „Durch ihn ist alles geschaffen, was im Himmel und auf Erden ist, das Sichtbare und Unsichtbare..., es ist alles durch ihn und zu ihm geschaffen. Und er ist vor allem, und es besteht alles in ihm" (Kol. 1, 16–17). Der Mensch kann nur dann ein Mikrologos werden, das heißt ein Ebenbild Gottes, wenn er sich mit dem Logos selbst verbindet; das aber heißt auch nach der Bibel: „Allen denen, die ihn aufnahmen, gab er Macht, Kinder Gottes zu werden, die an seinen Namen glauben" (Joh. 1, 12). Ein neues Menschenbild wurde uns durch Christus geschenkt, wie wir es vordem nie ersahen. Dies ist unsere große Hoffnung auf die Zukunft hin. Die personale Vereinigung zwischen dem Göttlichen und dem Menschlichen ist die besondere Botschaft des Christentums. Eben darin besteht auch sein einzigartiger Erlösungscharakter. Um so notwendiger wäre es gewesen, daß die kirchlich-dogmatischen Formulierungen des Menschenwesens, wie diejenigen des achten Ökumenischen Konzils von Konstantinopel, nicht nur von einer „denkenden und geistigen Seele" sprechen. Gerade die personale Verbindung mit dem Logos erfordert die Herausstellung des wichtigsten Wesensgliedes im Menschen, seines Geistes; wobei natürlich Eigengeist und Gottesgeist (göttlicher Geistfunke) scharf auseinanderzuhalten sind.

Das Versäumnis hat sich im Lauf der Geschichte auch gründlich gerächt. Mit dem Fallenlassen der Trichotomie des Menschen war die Sicht versperrt auf ein pneumatisches Christsein. Der Psychiker gewann die Oberhand, womit man teilweise unter die Stufe vorchristlicher Mysterienreligionen hinabsank, denn dort war die Trinität des Menschen von Leib, Seele und Geist noch eine Selbstverständlichkeit. Wo die Ausrichtung auf den Geist nicht mehr gepredigt wird, gibt es ganz von selbst die Unterbrechung in der Beziehung des Menschen zum Kosmos. Astrosophie und Astrologie als Symbolwissenschaften verlieren dann ihre Bedeutung. Die drei Weisen aus dem Morgenlande bleiben unverstanden. Der Pneumatiker als der „Erwählte" und „Wiedergeborene im Geiste" wird auf die Seite gedrängt. Damit wird auch der Pfingstgeist lahmgelegt.

Nach urchristlicher Auffassung ist nur der Pneumatiker der wahre Christ, als lebendiger Zeuge einer neuen Heilszeit. Montanus (um 150 n. Chr.) nennt ihn sogar den „Übermenschen". Im Worte Mönch, das vom griechischen „Monachos" herstammt, das heißt der „Einzigartige", steckt die gleiche Bedeutung. Professor Ernst Benz sagt darüber aus: „Die Idee des Übermenschen ist eine durchaus genuine christliche Idee, die von charismatischen Menschen entwickelt wurde, die sich in der Geisterfahrung in einer unvorstellbaren Weise über das normale Menschsein emporgehoben fühlten und gerade darin die Gnadenwirkung Gottes und des Geistes sahen. Diese höchste aristokratische Geltendmachung gehört zum Selbstbewußtsein des christlichen Charismatikers, der sich durch die Geisterkenntnis und seine charismatischen Kräfte weit über die Stufe des sarkischen und psychischen Menschen hinausgehoben weiß und in dem die zukünftige Erhöhung des Menschseins bereits jetzt zur Wirklichkeit wird" (in seiner Schrift „Der Übermensch").

Zwar pflegt man gewöhnlich als Ersatz für den abgeschriebenen Geist eine höhere Seele von einer niederen Seele zu unterscheiden; doch die Definition genügt nicht. Nach Thomas von Aquin ist die menschliche Seele zwar das erste und immanente Prinzip der intellektuellen Betätigung; dabei begeht er aber den unbegreiflichen Fehler, von ihrer „Substantialität" eine gänzliche Unkörperlichkeit abzuleiten. Mag diese intellektuelle Seele zugleich auch die Wesensform im Menschen, die Form seines Leiblichen darstellen, es mangelt dieser Begriffsbestimmung die entscheidende Verankerung im sinnenhaften Bereich.

Über die Seele sagte einst Sokrates: „Die Seele umschließt in sich alles, und wer seine Seele kennt, kennt alle Dinge; wer aber unwissend um seine Seele ist, ist unwissend um alle Dinge." Die kosmische Größe der menschlichen Seele kommt erst recht in einem Fragment des Hermes Trismegistos zum Ausdruck. Die Mysterienworte lauten da: „Horchet hinein in euer Innerstes und richtet den Blick auf die Unendlichkeit von Raum und Zeit! Da vernehmt ihr den Sang der Sterne, die Stimmen der Zahlen und die Harmonien der Sphären. Jede Sonne ist ein Gedanke Gottes und jeder Planet ein besonderer Ausdruck dieses Gedankens. Den göttlichen Gedanken zu erkennen, o Seelen, stiegt ihr herab und erklimmt unter Pein und Schmerz wieder den Pfad der sieben Planeten und ihrer sieben Himmel. Was ist die Botschaft der Sterne, was sagen die Zahlen, was die kreisenden Sphären? O ihr Verlorenen und ihr geretteten Seelen! Sie sprechen, sie singen, sie kreisen, sie wirken euer Geschick!"

Was weiß die heutige Psychologie über die Seele auszusagen? Zunächst kannte sie nur das wache Denkbewußtsein und blieb, wenigstens im achtzehnten Jahrhundert, einseitig rational ausgerichtet. Bis Tiefenpsychologie und Parapsychologie auch in das Reich des Unterbewußten eindrangen mit seinen sehr verschiedenen Ebenen. Längst vorher schon hatte die schlichte Seherin von Prevorst (Friedrike Hauffe) aus ihrer Kenntnis der Tiefenschichten seelischer Erfahrung heraus das Urteil gefällt: „Die niederste Tätigkeit ist das Denken, und alle Philosophen, welche den reinen Gedanken oder die reine Form des Denkens zuoberst stellen, stehen auf der niedersten Stufe, indem sie gerade das, was die Kraft, die Fülle und das Leben in den Gedanken bringt, über seiner Form vergessen. Licht, Leben und Liebe sind nicht Erzeugnisse des Denkens, sie haben eine höhere Quelle im Menschen und beseelen erst den Gedanken. Wäre die Freiheit und das geistige Schauen nicht so sehr verkannt und nicht immer das äußerste Gesetz und das Wissen über jene hinaufgestellt worden, so würde die Philosophie der göttlichen Dinge schon längst einen anderen Charakter haben und nicht an den leeren Vernunftformen hängen geblieben sein."

Im wachen Bewußtsein des Menschen herrscht das rationale, logische Denken vor. Für intuitives Denken, das Goethe mit dem Worte „Vernunft" bezeichnet hat, öffnet sich bereits ein Raum des Unbewußten. Zwei Stufen müssen wir da unterscheiden: die niedere Ebene des persönlichen Unbewußten und die höhere Ebene des überpersönlichen Unbewußten. Das eine enthält die ganze subjektive Erfahrungswelt von Leidenschaften, Trieben und Komplexen aller Art; das andere die objektive Welt der Archetypen (Urbilder), die im allgemeinen nur dem höher entwickelten Menschen zugänglich ist. Das eine ist nach der Individualpsychologie Freuds und Adlers zugleich der „Ort der Dämonen", eine Zwischenwelt zwischen Mensch und Tier; das andere hat uns vor allem der Züricher Psychologe C. G. Jung erschlossen in seinem Werk: „Von den Wurzeln des Bewußtseins – Studien über den Archetypus". Der Homo sapiens mit seiner tiefen, alle Völker- und Rassenunterschiede aufhebenden Verwurzelung im Ewigen wird hier konstituiert. Diese Sphäre des menschlichen Überbewußtseins offenbart uns sowohl den kosmischen wie den überkosmischen Aspekt des Menschen. Nur in letzterem kann nach christlicher Auffassung das Urbild des Menschen voll erstrahlen.

Erst die Parapsychologie hat den menschlichen Seelenraum am weitesten aufgeschlossen. Durch sie geschah auch jene Richtigstellung, die nach der unvollständigen Definition der Seele durch den Aquinaten so bitter not tut. Man erfuhr nämlich auf experimentellem Wege, daß die Seele auch einen Leib hat; natürlich nicht einen grobmateriellen, wie wir ihn in diesem Erdenleben mit uns herumtragen, sondern einen feinstofflichen, sogenannten Ätherleib als Bindeglied zwischen Seele und Körper (bei Justinus Kerner und J. Lorber auch „Nervengeist" genannt). Schon die Vorsokratiker in der griechischen Philosophie hatten der Seele als Substanz auch die Eigenschaften eines ganz feinen Stoffes zugeschrieben. Mit der Erfahrung des sogenannten Doppelgängers bestätigte sich auch die Auffassung des dynamistischen Seelenglaubens von einer Art Kraftstoff, welche der Seele zugrunde liegen müsse. Daß die Seele „im Blute" sei, hören wir schon bei Moses. Kein Wunder, denn die Erfahrung lehrt, daß mit dem ausströmenden Blute und mit dem Aussetzen des Pulsschlages der Körper entseelt daliegt. Dasselbe gilt von dem letzten Atemzug, weshalb die Seele auch mit dem Begriff Atem oder Hauch in Verbindung gebracht wird. Das Doppelgängerphänomen erweist außerdem, daß die Seele das Abbild ihres Trägers sein müsse, als sog. Eidolon. In ihm wird die Lösbarkeit der Seele vom Körper am deutlichsten sichtbar (ebenso aber auch im Traum, bei der Vision und bei der Ekstase).

Über die Wechselwirkung zwischen Seele und Körper werden wir am besten unterrichtet durch die christliche Prophetie. Bei Swedenborg zum Beispiel wird der „Einfluß und Verkehr zwischen der Seele und dem Körper" – eine uralt philosophische Frage, die den ganzen Naturbereich mit einbezieht, – zuerst abgehandelt, bevor „die ewige Welt" der Engel und Geister ihre Darstellung findet. Ebenso erfahren wir durch Prophetie beinahe alles über den Einfluß, der auf Seele und Körper sowohl aus den Himmeln wie aus den Höllen „gemäß den gesonderten Graden des Gemüts" (Swedenborg) immerwährend stattfindet. Auf dieser Einwirkung konnte Swedenborg seine Jenseitslehre aufbauen. Als ein überaus reich zusammengesetztes Wesen wird die Seele dabei charakterisiert: „Unzählbare Myriaden von Lebensfunken oder, wie es Lorber oft heißt, ‚Spezifiken' der verschiedensten Art sind in der Seele wie die Nebelbläschen in einer großen Wolke oder die Funken in einer Flamme zu einer Gesamtintelligenz vereinigt" (Dr. W. Lutz in „Grundfragen des Lebens").

Die bekannte Lebensausstrahlung oder Aura der Seele (bei Lorber meist „Außenlebenssphäre" genannt) kann sich erst in der geistigen Wiedergeburt zur Vollkraft entfalten. Der „Heiligenschein" ist von daher gesehen eine Realität und nicht nur ein Symbolzeichen. „Unverdorbene Menschenseelen", so sagt der Herr bei J. Lorber, „wirken mit ihrer Lebensausstrahlung wie Sonnen auf die Pflanzen und Tiere ihrer Umgebung" (Gr. Ev., Bd. 4, Kap. 216). Besonders stark nähert sich die Lorbersche Leib-Seelen-Theorie an die Odlehre Stromer-Reichenbachs an. Auch der Leib, der zunächst nur als Werkzeug der Seele bestimmt ist, „besteht aus den gröbsten urseelischen Substanzen, die durch die Macht und Weisheit des göttlichen Geistes in jene organische Form gezwängt werden, die der einen solchen Formleib bewohnenden Seele in allem Nötigen wohl entspricht" (Gr. Ev., Bd. 2, Kap. 210, 1). Nicht anders sind die Formulierungen bei Pfarrer Greber, der wohl über das „Od" die gültigsten Aussagen gemacht hat (in seinem Buch „Der Verkehr mit der Geisterwelt"). Bei ihm wird nicht nur das Od als geistige Lebenskraft und die Materie als verdichtetes Od angesehen, sondern beinahe alles, was den Verkehr zwischen Lebenden und Verstorbenen möglich macht, auf dieses Od zurückgeführt.

Vom Gesetz der Odkraft lesen wir da: „Geist und Materie können wegen der Verschiedenheit ihres Seins nicht unmittelbar aufeinander wirken. Auch dein eigener Geist ist aus sich allein nicht fähig, ein Glied oder Organ deines Körpers in Tätigkeit zu setzen. Ebensowenig bin ich, der ich jetzt von dem

Körper dieses Jungen Besitz ergriffen habe, aus mir allein imstande, den Körper aufzurichten, seine Hände zu erheben oder mit seinen Sprechwerkzeugen einen Laut hervorzubringen. Sowohl dein eigener Geist als auch ich bedürfen dazu eines Kraftstromes. So hat der Maschinenführer den Kraftstrom des Dampfes oder der Elektrizität nötig, um die Maschine in Gang zu bringen. Fehlt der Kraftstrom oder ist er zu schwach, so steht die Maschine still. In unserm Fall ist der Maschinist der Geist, die Maschine ist der Körper oder die Materie. Soll die Materie vom Geist in Bewegung gesetzt werden, so ist dazu ein Kraftstrom nötig.

Die Gelehrten der alten Zeit nannten den Kraftstrom im Menschen Seele, im Gegensatz zu Geist und Körper. Sie lehrten mit Recht, daß der Mensch aus Geist, Seele und Körper besteht. Die Bibel bezeichnet den Kraftstrom oder die Lebenskraft als ‚Odem des Lebens'. ‚Und Gott hauchte dem Menschen den Odem des Lebens in die Nase; so wurde der Mensch zu einem lebendigen Wesen' (1. Mos. 2, 7). Eure heutige Wissenschaft hat dem Kraftstrom im Menschen den Namen ‚Odkraft' gegeben. Die Odkraft oder Lebenskraft befindet sich in allem und um alles, was Gott geschaffen hat. Jeder Mensch, jedes Tier, jede Pflanze, jeder Stein, jedes Mineral, jedes Wasser, jeder Weltkörper, jeder Geist und was es sonst noch gibt, hat Odkraft. Sie ist nichts Materielles, sondern etwas Geistiges und stets mit einem Geist verbunden. Sie ist die Lebenskraft des Geistes. Träger der Odkraft ist daher stets der Geist. Wo also Leben ist, ist Od, und wo Od ist, ist Geist. Da nun die Odkraft in allem und um alles ist, was Gott geschaffen hat, und stets mit dem Geist verbunden ist, so folgt daraus, daß in allem Geschaffenen ein Geist ist."

Noch vieles gäbe es auszusagen über dieses Od, das wegen seiner mannigfaltigen Eigenschaften beinahe alle sogenannten okkulten Phänomene hervorruft. Über die Seele ganz allgemein sagt der Herr bei J. Lorber: „Die Seele ist das Aufnahmorgan für alle zahllos vielen Ideen des Urgrundes, aus dem sie wie ein Hauch hervorgegangen ist. Sie ist der Träger der Formen, der Verhältnisse und der Handlungsweisen. Alle diese Ideen, Formen, Verhältnisse und Handlungsweisen sind in ihr in kleinsten Umhüllungen niedergelegt. Ein gerechtes Maß davon, in ein Wesen zusammengefaßt, bildet eine vollkommene Menschenseele" (Ed., Kap. 52, 4–5).

Viele Formulierungen sind möglich: Die Seele als Träger des Ichbewußtseins, die Seele als Hülle oder Gefäß des Geistes, die Seele als Sammelpunkt aller geistigen Regungen wie Denken, Fühlen, Wollen, usw. In der dualistischen Philosophie des Sankya-Systems (Indien) werden der Seele als einem materiellen Prinzip (genannt Prakriti im Unterschied zu Purusha, dem Geist) sogar die Vernunft als Organ der Unterscheidung, das Selbstgefühl, Verstand, Begriffsvermögen, Denken sowie alle Sinneskräfte und Sinnesorgane, ja sogar die fünf Elemente Äther, Luft, Feuer, Wasser, Erde zugeordnet. Man sieht, daß es gar nicht leicht ist, eine genaue Grenzlinie zwischen Seele und Geist oder auch zwischen Seele und Leib zu ziehen. Die bündigste Antwort auf die Frage nach dem Geist erhalten wir durch Jesus bei J. Lorber: „Der lebendige Geist im Menschen ist Meine ewige Liebe und Weisheit, die alles schafft, ordnet und erhält. Und dieser Geist ist der eigentliche wahre, in sich ewige Mensch im Menschen, der sich aber nach Meiner ewigen Ordnung, der Selbständigwerdung halber, mit Seele und Leib umkleidet und so in eine äußerlich schaubare Form tritt" (Gr. Ev., Bd. 9, Kap. 85, 10).

Die Parapsychologie hat auf experimentellem Weg den untrüglichen Beweis geliefert für einen Od- oder Fluidalkörper der Seele, der nicht nur vom grobmateriellen Leibe vorübergehend (wie im Schlaf, in Ekstase usw.) lösbar ist, sondern auch nach dem Abscheiden des Menschen selbständig weiterlebt. In seinem dreibändigen Standardwerk „Das persönliche Überleben des Todes", weitergeführt durch einen vierten Band mit dem Titel „Der jenseitige Mensch", hat der Rostocker Arzt und Universitätsdozent Dr. Emil Matthiesen diesem fluidalen Körper des Menschen seine besondere Aufmerksamkeit gewidmet. Er konnte nachweisen, daß der Fluidalkörper vom materiellen Körper völlig unabhängig ist und bei seinen Exterriorisationen oder Exkursionen in die jenseitige Welt den Zustand des Todes geradezu vorwegnimmt. Unter besonderen Umständen, wie im Schlaf, in der Hypnose, Narkose, usw., kann sich der fluidale Seelenleib spontan vom fleischlichen Leibe trennen, und oft ist es auch der Fall, daß der Betroffene noch ein Bewußtsein von seinen jenseitigen Exkursionen herüberbringt.

In Besorgnis um ein rechtes Verständnis dieses fluidalen Seelenleibes durch die Theologen, welche ja von der unzureichenden Definition der Seele durch Thomas von Aquin nicht so leicht loskommen, erklärt Alfons Rosenberg in seinem Buch „Die Seelenreise" folgendes: „Der seelische Leib entbehrt der Grobstofflichkeit, er ist fluidaler Natur, flüchtig, beweglich und nicht an die bekannten physikalischen Gesetze gebunden, durchaus wahrnehmbar, wenn auch nicht mit den groben Sinnen. Er ist noch nicht identisch mit der geistigen Seelenspitze, daher eignet ihm eine Art Feinstofflichkeit. Denn alte und neue Erkenntnisse (heute aus dem Gebiet der Parapsychologie und der Tiefenpsychologie) legen dem Forschenden nahe, zwischen dem grobphysischen Körper und der geistigen Seelenspitze eine Schicht des Feinstofflichen anzunehmen. Hierbei ist vom scholastischen Standpunkt aus zu sagen, ‚daß die Grundthesen der scholastischen Psychologie durch die neueren Erkenntnisse in keiner Weise verändert, sondern nur mit neuen lebendigeren Inhalten gefüllt werden. Die geistige Seele ist und bleibt die Substantialform des Menschen, das Prinzip des vegetativen, sensitiven und geistigen Lebens' (nach E. Spieß). Es gibt demnach eine Grenzsituation von Körper und Seele, den gewissermaßen ‚mittleren Leib' fluidaler geistiger Natur, individuell person- und gestalthaft und trotzdem, eben im Verlauf des Himmelsaufstiegs der Seele, noch wandelbar. Die Ägypter nannten diesen Seelenleib Ka, in der griechischen Antike wie im Mittelalter wurde er als das Eidolon bezeichnet. Die Überlieferung beschreibt ihn, da die Seele Formalprinzip des Körpers ist, als menschengestaltig. Im engeren Sinne mag dieser noch nicht als Geistleib bezeichnet werden, da diese Umschreibung vielleicht erst dem unwandelbaren Verklärungsleibe zukommt."

Wir sind schon in den Upanishads darauf gestoßen, daß die Seele auch ganz verschiedene Leiber hat. Der Geistleib als der Vollendungsleib ist die ewige Zielsetzung aller Leibwerdung überhaupt. Er zieht seinen Stoff aus der himmlischen Welt wonnehaften Daseins. Der Mentalleib, der Astralleib und der Ätherleib ziehen ebenfalls ihren Stoff aus der jeweiligen Zugehörigkeitssphäre der Seele. Vernunft-Seele und Triebseele, Geistleib und Seelenleib sind Unterscheidungen, an denen man nicht vorbeikommt. Sie bezeichnen ein höheres und ein niederes Prinzip im Bereich von Seele und Leib und, auf das Jenseits angewandt, auch die Entwicklungsmöglichkeit im jenseitigen Dasein. Aus dem von Dr. Matthiesen gesammelten Material lassen sich, nach A. Rosenberg, folgende Grundsätze entwickeln: „Bei der Trennung des Ichs (des fluidalen Leibes) vom Fleischleibe bleibt in ersterem das volle Ichzentrum erhalten, das heißt die Einheit und Ganzheit der Person sowie die Fähigkeit des Willens und der Erinnerung, die das Ich mit seiner Leibesvergangenheit verbindet. Ebenso ist dieses im passiven Besitz aller Sinneskräfte, das heißt, der Geist kann hören, sehen, schmecken, fühlen. ... Ein ungewöhnliches Glücksgefühl durchströmt den losgelösten Geistleib. Er empfindet sich meist als jünger, kräftiger und gesünder gegenüber dem zuweilen erkrankten Fleischesleib. ... Der fluidale Leib vermag sich im Raume ungehemmt zu bewegen, er vermag zu sehen, zu tasten, sich zu orientieren, durch geschlossene Fenster und Türen oder eine Treppe hinabzugehen, auf der Straße zu spazieren, unter voller erinnerungsfähiger Wahrnehmung der dort gesehenen Vorgänge, während der stoffliche Leib in einem todesähnlichen Zustand, das heißt bewußtlos verharrt. ... Dieser durch den Ich-Austritt, die Exkursion, beobachtete fluidale Leib hat anscheinend, auch bei vorübergehender Trennung, in seiner Beschaffenheit Ähnlichkeit mit dem verklärten Leibe: so die Agilitas, die ideale Bewegungsfreiheit, und die Subtilitas, die Geistdurchwirktheit aller Organe und Sinne, sowie die Freiheit von Leiden."

Ergänzend seien hier noch, wegen ihrer guten Verständlichkeit, aus den Jenseitskundgaben von A. Findlays Buch „Gespräche mit Toten" einige Stellen zitiert. Da heißt es in diesem Zusammenhang: „Hier auf dieser irdischen Welt ist unser Körper ein zweifacher: ein physischer, den wir sehen und berühren können, und ein feinstofflicher (ätherischer, astraler), den wir mit unseren physischen Organen nicht wahrnehmen können. Diese beiden Körper durchdringen einander, aber der feinstoffliche (geistige) ist der bleibende, dauernde, da er der Träger unseres Gedächtnisses, unserer Persönlichkeit und all der Eigenschaften ist, die unseren Charakter ausmachen. Diese Eigenschaften gehören der geistigen Welt an. Der Geist altert nie, nur das Gehirn, das Werkzeug des Geistes, das mit dem Altern des physischen Körpers schwächer wird. Nichts, was wir gelernt haben, kein erworbener geistiger Besitz geht jemals verloren. ... Unser Astralleib ist in jeder Hinsicht ein Duplikat unseres physischen Körpers. Dies mag zuerst seltsam erscheinen, und ich hatte Schwierigkeiten, es zu begreifen, bis mir die Tatsache aufging, daß der astrale Körper auf Erden inkarniert ist und vom Moment der Empfängnis an physische Materie mit langsamer Schwingung um sich sammelt. Anders würde er infolge seiner feineren und schnelleren Schwingungen in der physischen Welt nicht wirken können.

Der physische Körper ist nur eine Schutzhülle für den astralen während seines Durchganges durch das irdische Leben. In Wirklichkeit sind unsere Hände hier Astralhände, bekleidet mit einem Handschuh aus physischer Materie; und so ist es mit allen anderen Körperteilen. Unser wirkliches Gehirn ist unser astrales Gehirn, durch das der Geist wirkt, und er wirkt durch dieses, ob wir nun in dieser oder in der nächsten Welt sind. Der Geist wirkt auf das Astralgehirn und das Astralgehirn wiederum auf die materielle Hülle, die wir als physisches Gehirn bezeichnen.

Diejenigen, die die Wandlung hinter sich haben, die wir als Tod bezeichnen, können unseren Geist arbeiten sehen und unser astrales Gehirn studieren, wie es unter dem Einfluß des Geistes arbeitet, in einer Weise, wie wir es nicht können. Sie sagten mir, das sei gerade, wie wenn man einen Farbfilm ansehe, da die verschiedenen Schwingungen, die auf unsere Augen einwirken, den Geist in Bewegung versetzen; und diese Schwingungen nennen wir Sehvermögen und Farbe. Diese Bilder, die unser Geist hervorbringt, sind für die Astralwesen sichtbar. Infolgedessen kann alles, was wir denken, in der Astralwelt gelesen werden, genauso leicht, wie wir ein Buch lesen können. ... Unsere Astralkörper vibrieren mit einer Schwingungszahl, die jenseits der Aufnahmefähigkeit durch unser physisches Auge liegt; aber unter gewissen Voraussetzungen, wenn wir nach dem Tode unsere physischen Körper abgelegt haben, können diese hohen Astralschwingungen herabgesetzt werden, und die Stimmorgane können mit dem vom Medium entlehnten sogenannten Ektoplasma beim Sprechen unsere Atmosphäre wieder in Schwingung versetzen (das Phänomen der ‚direkten Stimme').

In jüngster Zeit ist man darauf gekommen, daß der Raum kein Vakuum ist, sondern eine Substanz enthält, die wir als Äther bezeichnen. Hier leben die

Myriaden der sogenannten Toten in einer Welt, die für sie so gegenständlich ist wie die unsrige für uns. Diese Äther- bzw. Astralwelt ist die eigentliche Welt, da sie die Grundlage darstellt für alles, was wir physisch nennen. Diese Astralwelt ist sowohl ein Zustand als auch ein Ort. Sie umschließt unsere Erde wie die Gürtel und Zonen um den Planeten Saturn, aber ebenso durchdringen sie dieselbe, da physische Materie keinen Teil dieser Astralwelt bildet. Hier auf Erden leben wir innerhalb der Grenzen physischer Schwingungen; dort leben wir im Bereiche von Schwingungen, denen unser Astralkörper angepaßt ist.

Für sie (die Jenseitigen) ist alles ebenso natürlich, wie es unsere Welt für uns ist. Sie haben Häuser, Schulen, Kirchen, Wälder, Bäume, Blumen, Musik, Kleider und alle Freuden, die der Geist sich wünscht. Familienbande vereinigen wieder die, die auf Erden Zuneigung verband. ... Sind unsere Gedanken rein, so werden wir bei den Reinen wohnen; sind sie böse, wird unser Platz bei den Bösen sein. Es ist daher die Pflicht jedes einzelnen, hier auf Erden so zu leben, daß seine nächste Reisestation in Wahrheit ein weiterer Schritt sei auf dem Wege zur Fülle des Wissens, die wir – wieviele Umwege wir auch im Irrtum machen mögen – erreichen werden, wenn unser Wunsch danach steht."

b) Das Wesen von Leib, Seele und Geist im Lichte der Neuoffenbarung

Der vollkommene Mensch, der wir einst werden sollen, wird Gott in einem Punkte ähnlich sein: die Gespaltenheit unserer Persönlichkeit in einen oberbewußten und unterbewußten Teil wird ganz dahinschwinden. So werden wir zu einer Einheit des Bewußtseins gelangen, die es uns ermöglichen wird, dem Geist die volle Herrschaft einzuräumen über Seele und Leib; aber auch über alle sonstige Materie. Dieser „überbewußte" Seinszustand, wie man ihn nennen könnte, ist ein „Selbstbewußtsein", das in der vollkommenen Liebe seine Wurzel hat und alle Weisheit und Erkenntnis in sich schließt; denn als werdende „Götter" oder „Christusse" (Paulus) sollen wir ja das Erbe antreten, das uns verheißen ist als Kindern des Vaters.

In der „Haushaltung Gottes" bei Lorber heißt es: „In der Gottheit gibt es nirgends einen Seiner Selbst unbewußten Punkt." Diese gewichtige Aussage läßt uns begreifen, was einst in den Mysterien der antiken Völker als höchstes Ziel angestrebt wurde: „Erkenne dein Selbst!" Auf diesem Wege kann der Mensch sogar Heilung seiner körperlichen Gebrechen erhoffen. Darüber sagt Edith Mikeleitis: „Solange in uns als den Kindern Gottes noch große Teile unseres Lebens und Erlebens, unserer Funktionen und Tätigkeiten unbewußt oder mißverstanden sind, werden wir der Krankheit und Not des

Daseins ausgesetzt und unterworfen sein. Heilung hängt daher mit geistiger Bewußtwerdung und selbstbewußter Ordnung zusammen. Daß die leidende Menschheit Mittel und Wege materieller Art sucht, um Linderung ihrer Fährnisse zu erlangen, ändert nichts an der Tatsache, daß wahre Heilung nur geistig sein kann" (in „Das Wort", Juni 1960).

Der Körper als Tempel des Heiligen Geistes sollte eigentlich keinen Krankheiten unterworfen sein. „Mens sana in corpore sano", war schon das Ideal der Alten. Seit dem Sündenfall jedoch zeigte sich immer deutlicher, wie sehr der Körper des Menschen, hineinverwoben in das Naturganze, mit den unreinen Elementen der gefallenen Luziferseele behaftet war. War einst das Paradies für den ersten Menschen ein Zustand weitestgehender Harmonie in allen Erscheinungsformen des Daseins, so ist der gefallene Mensch in seinem Wesen durch und durch gespalten. Im Großen Evangelium Johannes (Bd. 2, 210, 1–3, 8) lesen wir: „Der Leib ist Materie und besteht aus den gröbsten urseelischen Substanzen. ... Die Seele ist anfangs um nicht viel reiner als der Leib, weil auch sie der unreinen Urseele Satans entstammt. In ihr aber wohnt der reine Geistfunke Gottes, aus dem sie ein rechtes Bewußtsein der göttlichen Ordnung in der Stimme des Gewissens überkommt. ... Der Leib ist, als noch im tiefsten Gerichte stehend, des Todes fähig und ist für den Menschen die Hölle im engsten Sinn."

Daß der Tod als der „Sünde Sold" den Leib des Menschen anfiel, mit all seinen häßlichen Verwesungsbildern, macht die „Hölle im Leibe" auch nach außen hin sichtbar. Ebenso ist die Krankheit ein erscheinliches Abbild der Disharmonien im Inneren des Menschen. Sie könnte nicht entstehen ohne die innigste Wechselwirkung zwischen Seele und Leib. Es ist vor allem der Eigenwille der naturgeistigen Leibessubstanzen, der die Seele hinabzieht aus dem Leben in den Tod. Darüber offenbart uns der Herr bei J. Lorber: „Wenn der Leib die Seele reizt, sich für seine sinnliche Befriedigung in Tätigkeit zu setzen, so rührt das stets von den vielen unlauteren Natur- oder gerichteten Materiegeistern her, die so ganz eigentlich das Wesen des Leibes ausmachen. Gibt die Seele ihren Anforderungen zu viel Gehör, so tritt sie mit ihnen in Verbindung und damit in ihre Hölle und ihren höchst eigenen Tod" (Gr. Ev., Bd. 2, Kap. 210, 11).

Der Mensch müßte an sich selbst verzweifeln, hätte er nicht die Möglichkeit, den ursprünglich reinen Geistfunken Gottes, der sein eigentliches Wesen ausmacht, wieder in sich zu erwecken. Diese „Wiedergeburt im Geiste", die uns nur Christus schenken kann, wird alle unsere Wesensteile einmal, nach dem Vorbilde des Erlösers, zur Auferstehung führen. Daß auch der Leib davon nicht ausgeschlossen bleibt, entnehmen wir folgenden Worten des Herrn im Großen Evangelium Johannes: „Nun kann sich eine Seele schon ganz gereinigt haben, und es wird ihr dennoch oft eine geraume Zeit gegeben zur Mitreinigung ihres noch immer unlauteren Leibes und dessen Geister, wodurch der ganze edlere Leibesteil auch die Unsterblichkeit der Seele anzieht und dann nach dem Tode des gröbsten Teils seiner Wesenheit mit der Seele zu deren Vollkräftigung mit erweckt wird" (Gr. Ev., Bd. 2, Kap. 210, 16). Welch eine österliche Verheißung! Die Apokatastasis ton hapanton, die „Wiederbringung alles Verlorenen" ist mit darin enthalten.

Auf die Frage, was es denn eigentlich mit den gefallenen „Geistern des Leibes", von denen der Herr bei Lorber spricht, für eine Bewandtnis habe, sei kurz zusammenfassend mit Viktor Mohr erwidert: „Nichts anderes sind diese ‚Geister des Leibes' als jene Urlebensfunken, die im Durchgang durch die drei Naturreiche Mineral, Pflanze und Tier als ‚Naturgeister' eine Art Lebensschulung durchliefen, die sie aus ihrem chaotischen Widerordnungswillen zum geordneten Dienen in immer größeren Lebensgemeinschaften zurückführte. Aus den willigsten dieser Naturseelen wird (nebst anderen Substanzen) die Menschenseele geformt, während die noch stärker im Gegensatz befangenen Naturgeister im grobstofflichen Menschenkörper zusammengefaßt werden. Hier soll die Seele unter Führung ihres Geistes das neue Reich dieses lebendigen Zellenstaates verwalten und Ordnung lernen, denn auch diesen naturgeistigen Leibessubstanzen wohnt ein intelligenzbegabter Eigenwille inne. Wäre dies nicht der Fall, könnte kein Körperorgan seine komplizierten Funktionen erfüllen, und so bedeutet auch Weigerung dieser Naturgeister für den Körper Krankheit oder gar den Tod." (Aus „Die Bewährung des Menschen im Körper", „Das Wort", Aug. 1956.)

Leib und Seele des Menschen sind von ihrem Ursprung her auf das innigste verwandt. Dennoch ist zu beachten: „Die Leibeshülle des Menschen ist zwar auch seelisch-geistig in der weiteren Ergründung, aber doch von der Seelensubstanz wohl zu unterscheiden. Sie ist in sich noch zu träge, zu plump und ein zu schwerer Ausdruck der Eigenliebe, der Selbstsucht, des Hochmutes und der Herrschsucht. Solche Materie kann erst durch ein vielfaches Verwesen teilweise in die reinere Seelenumhäutung aufgenommen werden; zur eigentlichen Seelensubstanz ist sie nicht verwendbar" (Gr. Ev. Bd. 4, Kap. 106, 6). Das Körperliche des Menschen steht also in einem noch tieferen Gericht als die ätherische Seele, welche sich bereits zu irgendeinem Zeitpunkt aus dem härtesten Gericht der Materiewelt loslösen konnte. Indem sie sich „hinaufdiente" bis zur Menschenform!

Das Schicksal des Leibes ist uns bekannt: „Da das Fleisch des Menschen höllischer Natur ist, muß der Leib sterben, aufgelöst werden, in allerlei Gewürm übergehen, in diesem wieder sterben und aufgelöst werden und nach dieser Auflösung in zahllose Infusorien übergehen; und das dauert so lange fort, bis auch das letzte Atom frei wird" (Ed., Kap. 54, 9). Im Freiwerden aus dem Materiegericht besteht die eigentliche Erlösung. Äonenlang waltete das Gesetz von „Sünde und Tod" (Paulus), das Knechtschaft mit sich brachte für alle gefallenen Geister. Erst in der „Rückbringung alles Verlorenen" wird das zahllose Gemengsel „verschiedenartigster, substantieller Intelligenzpartikel", die das Universum aufbauen, wieder übergeführt in seinen ursprünglichen Freiheitsraum. Dahinter steht der unendlich weisheitsvolle Heilsplan Gottes, der die Rückführung der großen Luziferseele von Anfang an vorsah. „Die ganze gefestete Erde", sagt der Herr bei J. Lorber, „und alle anderen zahllosen Weltkörper sind gestaltet aus der *einen* Seele Satans, welche in diesen Weltkörpern in zahllose Kompendien geteilt wurde. Die Seele ist teilbar und somit auch die Urseele des erstgeschaffenen Urgeistes; aus dieser einen Seele wird nun fortwährend eine zahllose Menge neuer Seelen gewonnen" (Ed. Kap. 53, 9 ff.).

Es leuchtet ein, daß gerade das, was wir Seele nennen, äußerst schwer in seinem Wesen zu bestimmen ist; bildet sie doch das Mittelstück zwischen Materie und Geist und ist nach beiden Seiten hin geöffnet. Da nach der Aussage des Herrn bei J. Lorber der sogenannte Eigengeist, im Unterschiede zum Gottesgeist, der Seele zugehörig ist, ergeben sich Differenzierungen kompliziertester Art. Auf jeden Fall müssen wir festhalten: Da die Seele einen eigenen Willen hat, der sich dem Willen des Geistes widersetzen kann, erscheint sie wie eine eigene Persönlichkeit. Diese Feststellung ist überaus bedeutsam. Über die verschiedenen Persönlichkeitsverhalten von Geist, Seele und Leib hören wir bei Lorber: „Siehe, der Mensch ist ganz nach dem Ebenmaße Gottes erschaffen, und wer sich selbst vollkommen kennenlernen will, der muß wissen, daß er als ein und derselbe Mensch aus drei Persönlichkeiten besteht. Du hast einen Leib, versehen mit den notwendigen Sinnen und für ein freies, selbständiges Leben nötigen Gliedern und Bestandteilen. Dieser Leib hat zum Bedarf der Ausbildung der in ihm wohnenden Seele ein ganz eigenes Naturleben, das sich von dem geistigen Seelenleben in allem streng unterscheidet.

Auch die Seele ist ein vollständiger Mensch für sich, der seelisch-substantiell die gleichen Bestandteile enthält wie der Leib und in höherer geistiger Entsprechung sich ihrer ebenso bedient wie der Leib seiner materiellen. Obschon aber einesteils der Leib und andernteils die Seele zwei verschiedene Menschen oder Personen darstellen, von denen jede für sich eine ihr eigentümliche Tätigkeit ausübt, so machen sie im Grunde dennoch nur einen Menschen aus. Es muß der Leib der Seele dienen und diese mit ihrem Verstande und Willen dem Leibe, weshalb die Seele für die Handlungen, zu denen sie den Leib benützt, ebenso verantwortlich ist wie für ihre eigenen, die in allerlei Gedanken, Wünschen und Begierden bestehen.

Wenn wir nun aber das Leben und Sein der Seele näher betrachten, so werden wir bald finden, daß sie als ein substantielles Leibmenschwesen für sich um nichts höher stünde als die Seele eines Tieres, bei dem von einem Verstande und einer höheren, freien Beurteilung der Dinge und Verhältnisse keine Rede ist. Dieses höchste, gottähnliche Vermögen im Menschen bewirkt ein rein essentiell geistiger, dritter Mensch, der in der Seele wohnt. Durch ihn kann die Seele Wahres vom Falschen und Gutes vom Bösen unterscheiden, völlig frei denken und wollen und sich, wenn sie sich mit ihrem freien Willen für das Wahre und Gute entscheidet, ihrem Geiste völlig ähnlich machen. Obschon also ein im Geiste völlig wiedergeborener Mensch nur *ein* vollkommener Mensch ist, so besteht seine Wesenheit dennoch ewig fort aus einer wohl unterscheidbaren Dreiheit" (Gr. Ev. Bd. 8, Kap. 24, 6 ff.).

Warum aber diese Verselbständigung der Seele gegenüber ihrem Geiste? Die Antwort lautet: „Darum ward der Seele in ihrem Leibe ein eigener Verstand und Wille gegeben, um durch den Unterricht von außen her dahin gebracht zu werden, sich aller Weltlichkeit durch ihren eigenen Willen immer mehr zu entäußern und, in sich reiner und reiner werdend, die geistigen Wege zu betreten. In welchem Maße aber die gereinigte Seele die geistigen Wege tätig begeht, in demselben Maße eint sich dann ihr innerer, reiner, jenseitiger Geist mit ihr. Und hat sie sich durch ihren in sich selbst stets lauterer gewordenen Verstand und durch ihren dadurch auch freier gewordenen Willen aller Welt vollends entäußert, so ist sie ihrem Geiste gleich und eins mit ihm geworden, welche Einswerdung wir die geistige Wiedergeburt nennen" (Gr. Ev. Bd. 7, Kap. 69, 6–7).

Intelligenz und Kraft der Seele wurzeln also ausschließlich im Geiste. Darüber sagt uns der Heiland: „Dem Geiste oder der ewigen Essenz wohnt die göttliche Liebe inne als die alles bewirkende Kraft, die höchste Intelligenz und der lebendig-feste Wille. Alles das zusammen erzeugt die Substanz der Seele und gibt ihr die Form des Leibes. Ist die Seele oder der Mensch da nach dem Willen und nach der Intelligenz des Geistes, dann zieht sich der Geist ins Innerste zurück und gibt der Seele nach seinem Willen und seiner Intelligenz einen wie von ihm getrennten freien Willen und eine freie, selbständige Intelligenz, die sich die Seele teilweise durch äußere Wahrnehmungssinne und teils durch ein inneres Innewerden aneignet und vervollkommnet, als wäre dies ihr eigenes Werk. Infolge dieses Zustandes, in dem sich die Seele wie von ihrem Geiste getrennt fühlt, ist sie einer sowohl äußeren wie auch inneren Offenbarung fähig. Empfängt sie diese, nimmt sie sie (die innere, göttliche Offenbarung) an und tut danach, so eint sie sich mit ihrem Geiste und geht dadurch stets mehr in dessen unbeschränkte Freiheit über, sowohl in Hinsicht der Intelligenz und der Willensfreiheit als auch in der Kraft und Macht, alles das zu bewirken, was sie erkennt und will" (Gr. Ev. Bd. 8, Kap. 25, 7–9).

Für den Uneingeweihten, der die Heilsgeschichte nur als äußeres Geschehen kennt, mag es unmöglich erscheinen, die Eigenart der Seele ganz zu erfassen. Bei Lorber wird uns dies leicht gemacht. So lesen wir im Großen Evangelium: „Die Seele eines Erdenmenschen ist eine Zusammensetzung vieler Lebensteilchen, die, von Satan genommen, in der Masse des Erdkörpers als Materie gefangengehalten werden, von dieser dann durch die Pflanzenwelt in die vielen Stufen der Tierwelt übergehen, sich endlich als eine Potenz, bestehend aus zahllosen Urseelenteilchen, zu einer Menschenseele ausbilden, bei der Zeugung im Schoße der Weiber Fleisch annehmen und dann in diese Welt geboren werden" (Gr. Ev. Bd. 2, Kap. 169, 3). Diese „höchstpotenzierte Zusammenfügung von Mineral-, Pflanzen- und Tierseelen hat für ihre Vorexistenz keine Rückerinnerung, weil die einzelnen Seelenteile in den drei Naturreichen keine eigene und streng gesonderte, sondern für ihre Art nur aus dem allgemeinen Gottraumleben entliehene Intelligenz besaßen. Es sind zwar in einer Menschenseele alle die zahllos vielen Vorintelligenzen vereinigt beisammen, und das bewirkt, daß die Menschenseele aus sich alle Dinge wohl erkennen und verständig beurteilen kann, aber ein Rückerinnern an die früheren Bestands- und Seinsstufen ist darum nicht denkbar und möglich, weil in der Menschenseele aus endlos vielen Sonderseelen nur ein Mensch geworden ist" (Gr. Ev. Bd. 8, Kap. 29, 11). Bedenken müssen wir außerdem, daß jede Menschenseele in ihrer „Freischwebe zwischen Geist und Materie" sich auf den verschiedensten Seinsebenen inkarniert. Oft ist es ein Hin- und Herpendeln zwischen Diesseits und Jenseits.

Über das Aussehen der Seele herrscht auch bei den Theologen völlige Unklarheit. Darum ist es wichtig zu hören: „Die Seele hat einen ätherischen Leib, der ebenso Leib ist wie dem Fleische sein fleischlicher Leib" (Gr. Ev. Bd. 4, Kap. 51, 3). Ja, die Seele ist im Grunde die eigentliche Matritze des grobmateriellen Körpers, denn sie baut diesen auf (mit Hilfe des Geistes). „Anima format corpus", lehrte auch Thomas v. Aquin. Im Großen Evangelium stellt ein Schriftgelehrter die Frage: „Was ist die Seele des Menschen und wo hat sie ihren Sitz?" Darauf antwortet ein erleuchteter Römer: „Die Seele als eine geistige Substanz ist ganz vollkommen Mensch sowohl der Gestalt als auch allen Bestandteilen des Leibes nach. Die Hände der Seele befinden sich in den Händen des Leibes, ihre Füße in des Leibes Füßen, und so fort alle Teile der Seele in den entsprechenden Teilen des Leibes. Wird der Leib krank, so ist die Seele in den kranken Leibesteilen gegenwärtig und sehr bemüht, diese wieder gesund zu machen. Gelingt ihr das nicht, so wird sie darin untätig, und die Folge davon ist, daß dann ein solcher Leibesteil gelähmt und untätig erscheint" (Gr. Ev. Bd. 6, Kap. 218, 1).

Was also im Leibe „fühlt, hört, sieht, riecht, schmeckt, denkt und will, das ist das unsterbliche Wesen der Seele und nicht der an und für sich tote Leib, dessen Scheinleben nur durch das wahre Leben der Seele bedingt ist" (Gr. Ev. Bd. 9, Kap. 167, 6). Eine unverdorbene Seele, die in der Ordnung Gottes lebt, vermag auch den Leib bei steter Gesundheit zu erhalten. Sie darf allerdings von ihrem Geistigen her sich nicht von den „Reizungen" des Leibes zu sehr betören lassen; dann sinkt sie nämlich hinab in ihre „eigene Hölle". Die kunstvolle Maschine des Leibes dient der Seele nur als „ein Werkzeug zur Tätigkeit nach außen und sonach zu ihrer Ausbildung; das Denken, Lieben, Wollen und Handeln nach den erkannten Wahrheiten ist Sache der Seele" (Gr. Ev. Bd. 8, Kap. 129, 5).

Über den göttlichen Geistfunken im Menschen weiß eigentlich nur die mystische Theologie Bescheid. Er ist ein besonderer Edelstein in ihrem Erfahrungsschatz. Bei der Nichtkenntnis der Trichotomielehre und der Annahme kirchlicher Thesen, daß der Mensch nur aus Leib und Seele bestehe – wobei die „höhere Seele" (Geistseele oder Vernunftseele) gegenüber der „niederen Seele" (Vitalseele) ein nicht ausreichendes Ersatzwort darstellt für den eigentlichen Geistfunken – muß uns sogar das volle Verständnis fehlen für die „Wiedergeburt im Geiste". Daß in den Neuoffenbarungsschriften zwischen „Wiedergeburt der Seele" und „Wiedergeburt des Geistes" ein scharfer Trennungsstrich gezogen wird, hat allergrößte Bedeutung. Der Ausdruck „Wiedergeburt des Geistes" anstelle von „Wiedergeburt im Geiste" weist außerdem darauf hin, daß der göttliche Geistfunken im Menschen als ein Stück des ewigen Christus seiner Offenbarung harrt. Nur durch ihn können wir lebendige Glieder am Corpus Christi Mysticum werden als wahrhafte Kinder Gottes. Die „Wiedergeburt der Seele" dagegen ist nur ein Zwischenstadium auf diesem Weg.

Die organische Totalität der kosmischen Welt und alle vitalen und animalischen Eigenschaften, die der Mensch in ihr besitzt, machen zusammen die „Weltseele" aus, ein Begriff, der von der Antike her geläufig ist, und welcher die relative Einheit des Kosmos ausdrücken möchte. Er sollte uns nicht zur pantheistischen Weltauffassung verführen, wie in manchen Philosophien und Religionen des Ostens. „Diese relative Einheit ist nicht imstande", wie Kobilinski-Ellis in seinem Buch „Christliche Weisheit" ausführt, „die Individualität des höchsten Bewußtseins im Menschen, das heißt seine ewige, geistige Persönlichkeit zu vernichten. ... Das organische Leben ist von dem Leben des Geistes und der höheren Seele wesentlich verschieden, weil es dem Prinzipe der relativen Totalität entspricht, während das Prinzip des Geistig-Seelischen das der Alleinheit ist."

Was ist der Mensch in seinem Innersten wirklich, unabhängig von dieser Maya-Welt, die ja nichts weiter darstellt als den zerbrochenen Spiegel, in dem wir unser eigenes Antlitz nur verzerrt schauen können? Ist doch das

Erscheinungsbild dieser Welt (das „phänomenale Sein") aus dem Ereignis des kosmischen Falles, der sogenannten Katabolae, hervorgegangen und war schon disharmonisch, als es die Alleinheit der Urbilder in der Erstschöpfung, dem Archäum, schuldhaft verlor. Der göttliche Geist (Geistfunken) des Menschen als der Kern seines ganzen Wesens ist ein Stück vom Christus-Logos. Nach J. Böhmes Lehre besitzt er feurige Eigenschaften, im Gegensatz zum Lichtprinzip der himmlischen Seele Sophia (nicht zu verwechseln mit der Weltseele!). Geistseele und Geist „tingieren sich", wie J. Böhme sagt; sie verhalten sich zueinander wie Licht und Feuer. Ähnlich äußert sich der Herr bei J. Lorber: „Die Seele des Menschen ist eine rein ätherische Substanz, aus vielen Lichtatomen, das heißt kleinsten Teilchen durch die Weisheit und den allmächtigen Willen Gottes zu einer vollkommenen Menschenform zusammengesetzt. Der reine Geist ist der von Gott ausgehende Wille, der das Feuer der reinsten Liebe in Gott ist. Er ist ein Gedanke Gottes, hervorgehend aus seiner Liebe und Weisheit. Da aber Gott in sich ein Feuer aus seiner Liebe und Weisheit ist, so ist das gleiche auch der in ein eigenes Sein gewisserart aus Gott hinausgestellte Gedanke. Wie das Feuer eine Kraft ist, so ist dann solch ein Gedanke aus Gott auch eine Kraft in sich, ist seiner selbst bewußt und kann für sich wirken in derselben Klarheit, aus der er hervorgegangen ist. Als eine Reinkraft durchdringt er alle Materie, kann aber von der Materie nicht durchdrungen werden!

Die Seele ist durch die Kraft des Geistes wieder aufgelöste Materie, die in des Geistes eigene Urform, durch seine Kraft genötigt, übergeht und dann, mit ihrem Geiste vereint, gleichsam seinen lichtätherisch-substantiellen Leib ausmacht, so wie die Seele aus der sie umgebenden Fleischmaterie, wenn diese völlig verwest und aufgelöst ist, sich durch ihren reingeistkräftigen Willen ihr Kleid bildet. Da hast du nun eine kurze, wahre Darstellung dessen, was die Seele und was der reine Geist für sich ist" (Gr. Ev. Bd. 7, Kap. 66, 4–7).

Die Göttlichkeit des Menschengeistes ist Ursache davon, daß wir in der Wiedergeburt unseres Geistes allsehend und allfühlend werden wie Gott selbst. Haben wir einmal die „Himmelsbürgerschaft" erlangt in jener Hierarchia coelestis, durch die wir ein Glied am Leibe Christi geworden sind in der sogenannten Theosis (Vergöttlichung), von der die christliche Alexandrinerschule spricht, dann wird auch unsere Gestalt gottähnlich. Wir erinnern uns an das Pauluswort: „Ihr sollt Christusse werden, ihr sollt Götter werden!", oder an den Psalm 81, 6, wo es heißt: „Götter seid ihr und Söhne des Allerhöchsten zumal!"

Eine dreifache Auszeichnung wird uns nach Clemens von Alexandrien zuteil: Wir sind nicht nur Kinder und Freunde Gottes, sondern auch „Brüder Christi". Dasselbe sagt der Herr bei J. Lorber: „Ich bin wohl Gott, als das urewige Wesen voll Weisheit, Macht und Kraft, und du nur ein Geschöpf Meiner Willenskraft. Aber dein Geist ist ganz das, was Ich selbst bin. Und somit bleibt zwischen uns fortan das völlig gleiche Verhältnis wie zwischen Vater und Sohn oder Bruder und Bruder. Denn deiner Seele nach, die nun dein äußeres Wesen ist, bist du Mir ein Sohn und deinem Geiste nach ein Bruder. – Die Seele ging hervor aus dem Urlichte Meiner Weisheit und ist um endlos vieles minder als das erschaffenhabende Urlicht, und darum ist die Seele ein Sohn zu Mir, der Ich im Grunde des Grundes pur Liebe bin. Aber dein Geist, der da ist Meine Liebe selbst in dir und somit Mein höchst eigener Geist, ist demnach Mein Bruder durch und durch!" (Rbl. Bd. 1, Kap. 146, 9).

Die wahre Größe des menschlichen Geistes beruht vor allem darin, daß er aus dem Herzen Gottes genommen ist. „Der Geist im Menschen", so lesen wir im Großen Evangelium Bd. 1, Kap. 214, 10, „ist ein Gott im kleinsten Maße, weil völlig aus dem Herzen Gottes." Eben deshalb hat dieser Geist „alles in sich, was die Unendlichkeit vom Größten bis zum Kleinsten enthält" (Rbl. Bd. 2, Kap. 279, 5). „Lernen müssen nur Leib und Seele", heißt es ein andermal, „aber der Geist hat schon alles in sich aus Gott" (Jug., Kap. 55, 23). Entsprechend den Aussagen des Paulus, der die gewaltigen Worte spricht von der Fähigkeit des Geistes, sogar die Tiefen der Gottheit auszuloten, hören wir auch bei J. Lorber: „Niemand weiß, was im Menschen verborgen ist, als nur der Geist, der im Innersten des Menschen wohnt; und so weiß auch kein Weltweiser, was Gott selbst und in Gott ist, als nur der Geist, der alle Tiefen der Gottheit durchdringt. Wenn der Geist im Menschen als das wahre Lebenslicht aber nicht erweckt wird, dann ist es finster im Menschen, und er, der Mensch, erkennt sich nicht. Wenn aber durch den Glauben an Mich und durch die Liebe zu Mir und zum Nächsten der Geist im Menschen erweckt und zu hellem Lichte entzündet wird, dann durchdringt er den ganzen Menschen, und der Mensch durchschaut dann, was in ihm ist, und erkennet sich. Und wer sich so erkennt, der erkennt auch Gott; denn der ewige Lebensgeist im Menschen ist nicht ein Menschengeist, sondern ein Gottesgeist, ansonst der Mensch kein Ebenbild Gottes wäre!" (Gr. Ev. Bd. 9, Kap. 58, 6–7).

Was wird geschehen, wenn unser Geist dereinst die Seele vollständig an sich gezogen hat? Darauf antwortet Jesus: „Der natürliche, noch geistlose Mensch ist gerichtete Materie, und sein Naturleben ist ihm vom Geiste Gottes aus nur als ein Mittel gegeben, damit er dadurch das wahre, geistige Leben in sich erwecke. Und so kann er mit seinem Naturverstande die Gebote Gottes als solche wohl erkennen und dann den Willen fassen, nach ihnen zu leben und zu handeln. Tut er das, dann dringt der Geist Gottes so weit in seine Seele, wie diese vom Glauben an Gott und von der Liebe zu ihm und zum Nächsten erfüllt ist. Hat der Geist aus Gott die Seele ganz durchdrungen und all ihr Erkennen und Wissen geistig gerichtet, dann hat die Seele dadurch ihre früher tote Materie überwunden und ist mit dem Geiste Gottes ein Geist, eine Kraft, ein Licht und ein wahres, nimmer verwüstbares Leben geworden" (Gr. Ev. Bd. 7, Kap. 55, 10-11).

Ungeheuerlich klingt die Verheißung: „Glaubet es Mir, die zahllosen Wunder, die da in für euch unermeßbaren Räumen kreisen und bahnen, hat ein Mensch in seinem Geiste ruhend verborgen; trachtet daher vor allem, daß euer Geist völlig erweckt werde, und ihr werdet das, was kein Auge je geschaut und kein Sinn je empfunden, in euch selbst in größter Klarheit schauen und empfinden können" (Gr. Ev. Bd. 3, Kap. 175, 8). Wenn der Geist im Menschen einmal wach geworden, „so lehrt er die Seele in einer Stunde mehr, als ein Mensch auf dieser Erde von noch so weisen Lehrern in tausend Jahren erlernen könnte"(Gr. Ev. Bd. 10, Kap. 16, 7). Es ist das „schauende Erkennen", vermöge dessen der Mensch im Geist das ganze Schöpfungsall durchdringt, so daß ihm nichts von dessen Geheimnissen verborgen bleibt. Sogar die Fähigkeit, sich das Vergangene und Zukünftige zu vergegenwärtigen, wird ihm zuteil. Zu diesem Zweck besitzt er eine „Außenlebenssphäre" (Aura) gleich dem Heiligen Geiste selbst, der als die Gnadensonne mit seiner göttlichen Aura alles durchdringt und erkennt. Diese Außenlebenssphäre ist das Medium, um immer und überall Kontakt aufzunehmen mit allen anderen Geschöpfen und Welten.

Über ihre Beschaffenheit erfahren wir: „Die Außenlebenssphäre des Menschengeistes gleicht dem Äther, der den ganzen endlosen Raum erfüllt. Wenn der Geist, in der Menschenseele frei auftauchend, sich erregt, so erregt sich auch seine Außenlebenssphäre im selben Augenblick endlos weit hinaus, und sein Schauen, Fühlen und Wirken geht dann ohne Beschränkung so endlos weit hinaus, wie der Äther zwischen den Schöpfungen und in ihnen den Raum durch und durch erfüllt; denn dieser Äther ist ganz identisch mit dem ewigen Lebensgeiste in der Seele des Menschen. Dieser ewige, göttliche Menschengeist ist ein verdichteter Brennpunkt des allgemeinen Lebensäthers, der die Unendlichkeit erfüllt. Wenn der ewige Lebensgeist im Menschen durch die Seele mit dem Außenäther in Berührung kommt, so vereint sich sein Fühlen, Denken und Schauen augenblicklich mit dem unendlichen Außenlebensäther (Gottes) in die endlosen Fernen hin ungeschwächt, und was der große (göttliche) Lebensäther im endlosen Raume allenthalben alles umfließend und durchdringend fühlt, sieht, denkt, will und wirkt, das fühlt, sieht, denkt und wirkt im selben Augenblicke der Sondergeist in einer Seele und somit auch die Seele, solange sie von ihrem Geiste durchdrungen wird und dieser mit dem ihm innigst verwandten, unendlichen, allgemeinen Außenlebensäther (Gottes) im Verbande steht" (Gr. Ev. Bd. 4, Kap. 256, 2).

Die Vereinigung von menschlichem und göttlichem Lebensäther im endlosen Raume, wobei der Gottesgeist (Gottesfunke) im Menschen einen verdichteten Brennpunkt in diesem Äthermeere darstellt, macht am ehesten deutlich, daß die Trinität des Menschen in einem sehr innigen Entsprechungsverhältnis steht zur Trinität Gottes. Dennoch bleibt ein riesengroßer Unterschied zwischen der Wesenheit Jesu Christi und der Wesenheit des durch Christus wiedergeborenen Gotteskindes. Wilfried Schlätz kennzeichnet ihn so: „In Jesus wohnt die Gottheit in ihrer unendlichen Fülle körperlich-wesenhaft, während wir nur eine endliche Fülle der Gottheit in uns haben. In Jesus wohnt das wesenhafte, persönliche Machtzentrum der Gottheit, während in uns nur ein Gottesfunke wohnt, der aber in alle Ewigkeit stärker und stärker werden kann. Zusammenfassend können wir also sagen, daß sowohl in Jesus als auch in uns ein ungeschaffenes göttliches Zentrum wohnt, das in Jesus unendlich und in uns endlich ist. Dieses ungeschaffene göttliche Zentrum ist als ‚Vater' die erste Komponente der eigentlichen Trinität in Gott und Mensch.

Jesus besitzt ein geschaffenes, urindividuelles Licht, ein geschaffenes menschliches Zentrum, das auf Erden zumindest in seinem materiellen Leib und in seiner substantiellen Seele verwirklicht war. Auch wir besitzen ein geschaffenes, urindividuelles Licht, ein geschaffenes menschliches Zentrum, das auf Erden zumindest in unserem materiellen Leib und in unserer substantiellen Seele verwirklicht ist. Dieses geschaffene menschliche Zentrum ist als ‚Sohn' die zweite Komponente der eigentlichen Trinität in Gott und Mensch.

Aus Jesus strahlt die unendliche Außenlebenssphäre der Gottheit als Heiliger Geist hinaus in alle Tiefen des ewigen, unendlichen Raumes. Gleichzeitig besitzt Jesus eine endliche Außenlebenssphäre, die zu einem geschaffenen menschlichen Zentrum gehört. Da aber in Jesus das ungeschaffene göttliche Zentrum Jehova oder Jah-we und das geschaffene menschliche Zentrum Jesus völlig eins geworden sind, so ist auch die endliche menschliche Außenlebenssphäre Jesu mit der unendlichen göttlichen Außenlebenssphäre Jehovas völlig verschmolzen. Auch wir besitzen einerseits eine endliche menschliche Außenlebenssphäre, die aus unserem geschaffenen menschlichen Zentrum ausstrahlt, und andererseits eine endliche göttliche Außenlebenssphäre, die aus unserem Gottesfunken ausstrahlt und um so größer wird, je mehr der Gottesfunke in uns sich verstärkt ...

Je mehr sich unser geschaffenes Ich demütigt, desto stärker bildet sich in uns der Gottesfunke als Brennpunkt des Heiligen Geistes und desto stärker verschmilzt unsere menschliche Außenlebenssphäre mit der immer größer werdenden göttlichen Außenlebenssphäre, die aus unserem Gottesfunken ausstrahlt. Dadurch wächst unser Fühlen, Wahrnehmen und Erkennen in immer größere Tiefen des ewigen, unendlichen Raumes hinein. Diese gemeinsame, verschmolzene göttliche und menschliche Außenlebenssphäre ist als ‚Heiliger Geist' die dritte Komponente der eigentlichen Trinität in Gott und Mensch" (in „Das Wort", Sept./Okt. 1977).

Wir wundern uns nicht, daß die Schöpferkraft des menschlichen Geistes ohne Grenzen ist. Der Evangelist Johannes bekundet: „Die Kugel und der Kreis sind Symbol der Vollendung; zugleich aber stellen sie dar, daß der Geist des Menschen im vollkommenen Siege über sein Weltliches sich selbst eine neue Welt schafft, welche hervorgeht aus seiner vollendeten Weisheit. Also wird auch ein jeder vollendete Geist einst der Schöpfer seiner eigenen Welt werden, oder er wird die Welt bewohnen, die hervorgegangen ist aus den Werken seiner Liebe und aus dem lebendigen Licht seines Glaubens" (GS. Bd. 2, Kap. 38, 7).

Über den eigentlichen Sitz des Geistes innerhalb des vielgliedrigen Menschenwesens erfahren wir bei Lorber durch den Herrn: Er befindet sich „im innersten Zentrum" unserer Seele, in deren „Herz" er gelegt wurde. Von hier aus baut er auch den Körper auf und führt ihm „als der geheime Liebeswille Gottes" durch seine „hohe Intelligenz" auch alle jene Stoffe zu, die wir aus den Speisen zur Bildung unserer Leibesteile zu uns nehmen. Er scheidet sie und führt sie genau an jene Stelle, wo sie in jedem einzelnen unserer Organe gerade gebraucht werden. Ebenso wie jedes Tier seine ihm zusagende Nahrung kennt und sie auch zu finden weiß, „so kennt auch der Geist der Pflanzen genau den Stoff im Wasser, in der Luft und im Erdreich, der seiner besonderen Individualität dienlich ist. Der Geist oder die Naturseele der Eiche wird niemals den Stoff an sich ziehen, von dem die Zeder ihr Sein und Wesen schafft. Ja, wer lehrt denn das eine Pflanze? – Seht, das alles ist die Wirkung der höchsten und allgemeinsten Raumlebensintelligenz Gottes. Aus dieser schöpft jede Pflanzen- und Tierseele die ihr nötige, gesonderte Intelligenz und ist dann nach deren Weisung tätig" (Gr. Ev. Bd. 8, Kap. 29, 9).

So finden wir den Geistfunken tatsächlich in jeder Kreatur, denn immer bewirkt rein Geistiges in der organischen Welt als „ein mit Liebe, Licht und Willenskraft erfüllter Gedanke oder eine Idee Gottes" dessen Aufbau und Steuerung. Wunderbar hören sich die Worte an, die der Erzengel Raphael im Großen Evangelium Johannes zu dem Römer Agrikola spricht: „Der in einer Pflanze wirksam gewesene Reingeist erhebt sich nach vollbrachtem Werk und geht im Verbande mit den an sich gezogenen Seelenteilchen zur Bildung höherer und vollkommenerer Formen und Wesen über. – Was ich dir nun von den Pflanzen gesagt habe, das gilt in geringerem Maße auch von allen Mineralien und in einem höheren Maße auch von allen Tieren und endlich vorzüglich vom Menschen. Uranfänglich aber gilt dasselbe von der

Bildung aller Weltkörper, aller Hülsengloben des gesamten großen Weltenmenschen. – Die nun von mir dir gegebene Regel gilt also für die ganze Ewigkeit und Unendlichkeit: Verstehst du das Alpha, so verstehst du auch das Omega!" (Gr. Ev. Bd. 7, Kap. 74, 2–3, 5).

3. Wesen und Beschaffenheit der menschlichen Aura

Oft finden wir in der bildenden Kunst schon der alten Völker – Ägypter, Perser, Inder, Griechen, Römer, usw. – um das Haupt oder die ganze Gestalt von Göttern und heiligmäßigen Menschen einen Lichtkreis oder Strahlenkranz. Ist er nur um das Haupt sichtbar wie eine goldene Scheibe, dann sprechen wir von einem Nimbus oder Heiligenschein; umfließt er aber den ganzen Körper, so nennt man dies eine Aureole (von aurum, lat. Gold). Wenn Thomas von Aquin diese aurischen Erscheinungen von der Sonne herleitet, kann er natürlich nur die Geistige Sonne, das heißt das Licht des Heiligen Geistes damit gemeint haben. Eine ovale Gloriole, die sogenannte Mandorla, umgibt auf alten Bildern Christus und Maria.

Das Wort Aura selbst, aus dem Lateinischen stammend, bedeutet eigentlich sanft bewegte Luft, auch Duft oder Hauch. In der Kabbala, der jüdischen Geheimlehre, ist diese Aura, Ruach genannt, ein Bestandteil des Astralkörpers. Sie erfüllt auch den stofflichen Körper (Nephesch) zur Gänze. Besonders stark ist die fluidische Strahlung an Kopf und Händen. Ihre Farbtönung ist jeweils sehr verschieden, je nach Gemütsstimmung und Charakter. Im allgemeinen aber unterscheidet man drei Arten von Farben: „1. den Raum wie Nebel durchziehende, ihn durchsichtig machende Farben; 2. Farben, die ganz licht sind, den Raum durchhellen und mit Glanz erfüllen; und 3. strahlende, funkelnde, glitzernde, die in unaufhörlicher Bewegung sich gleichsam aus sich selbst immer wieder erneuern" (nach Horst E. Miers, „Lexikon des Geheimwissens").

Berühmt geworden sind auf schulwissenschaftlichem Gebiet die Forschungen von Dr. med. Killner über die Aura. Er benützte dazu Farbschirme, die in Alkohol gelöstes Dizyanin-Blau enthielten. Studien über die Aura des Menschen mit technisch wissenschaftlichen Mitteln gibt es heute in großer Zahl und eine reiche Literatur darüber. So hat schon Prof. Dr. Sauerbruch durch physikalische Experimente elektrische Felder in der Umgebung des Körpers nachgewiesen. Wir finden solche „Vibrationen", die durch Blut, Gewebe und Nerven gehen, auch in den Pflanzen, wie der indische Physiologe Bagadis Chandra Bose aufzeigen konnte. Aus ihnen erklärt sich auch der „tierische Magnetismus", mit dem Mesmer seine berühmten Heilkuren durchführte. Besonders aus den Fingerspitzen strömt das „ätherische Fluidum" aus.

Grundsätzlich müssen wir unterscheiden zwischen „Außenlebenslichtsphäre" (Lorber) der Seele und des Geistes. Daß der Geist des Menschen im Falle seiner Wiedergeburt geradezu göttliche Eigenschaften entwickelt, die weit über die Fähigkeit der Seele hinausreichen, erläutert der Herr seinen Jüngern mit den Worten: „Wenn zuzeiten eines gewissen Verzücktwerdens auf einige Augenblicke der Geist mit seinem Urlebensfeueräther in die vollkommene Seele überstrahlt, dann wird das Fernfühlen, Fernwirken und -schauen sehr potenziert, und der Seele ist es dann in solchen Momenten möglich, sogar bis zu den sehr weit abstehenden Sternen zu reichen und sie dort mit einer großen Genauigkeit zu überblicken; aber wie der Geist sich in der Seele wieder ordnungsgemäß zurückzieht, so kann die Seele mit ihrer puren Außenlebenssphäre nur so weit wirksam reichen, als wie weit sie im günstigsten Falle noch etwas ihr elementar Entsprechendes findet. Es gleicht ihre Außenlebenssphäre der Ausstrahlung eines irdisch ersichtlichen Lichtes. Je weiter von der Flamme abstehend, desto matter und schwächer wird sie, bis am Ende von ihr gar nichts mehr übrigbleibt als Nacht und Finsternis. Aber nicht also steht es mit der Außenlebenssphäre des Geistes. Diese ist gleich dem Äther, der den ganzen, endlosen Raum als völlig gleich verteilt erfüllt. Wenn der Geist denn einmal, als in der Seele frei auftauchend, sich erregt, so erregt sich auch seine Außenlebenssphäre im selben Augenblick endlos weit hinaus, und sein Schauen, Fühlen und Wirken geht dann ohne die geringste Beschränkung so endlos weit, als der Äther zwischen den Schöpfungen und in denselben den Raum durch und durch erfüllt; denn dieser Äther ist eigentlich ganz identisch mit dem ewigen Lebensgeiste in der Seele. Dieser ist nur ein kondensierter Brennpunkt des allgemeinen Lebensäthers, der die ganze Unendlichkeit erfüllt. Und wie er als ausgewachsen durch die Seele mit dem Außenäther in die Berührung kommt, so vereint sich sein Fühlen, Denken und Schauen augenblicklich mit dem unendlichen Außenlebensäther in die endlosesten Fernen hin ungeschwächt, und was der große Lebensäther im endlosen Raume allenthalben alles umfließend und durchdringend fühlt, sieht, denkt, will und wirkt, das fühlt, sieht, denkt, will und wirkt auch im selben Augenblicke der Sondergeist in einer Seele, und das sieht, fühlt, denkt, will und wirkt dann auch die Seele, solange sie von ihrem Geiste durchdrungen wird und dieser mit den ihm innigst verwandten unendlichen und allgemeinsten Außenlebensäther im Verbande steht" (Gr. Ev. Bd. 4, Kap. 256, 1–2).

Eine Bestätigung dieser Lehren bei J. Lorber erhalten wir in den medialen Schriften von Pfarrer Greber. Im Zusammenhang mit der sogenannten Odlehre – ursprünglich auf Freiherrn von Reichenbach (1788–1869) zurückgehend – lesen wir dort: „Das Od durchströmt den irdischen Körper in allen seinen Teilen und strahlt noch ein Stück darüber hinaus. Die dadurch bewirkte Umstrahlung des irdischen Körpers bezeichnet eure Wissenschaft mit dem Namen ‚Aura'. Alles Geschaffene hat diese Od-Aura. Auch die großen Weltkörper. Was ihr Anziehungskraft der Erde nennt, ist die Kraft der Odstrahlung, deren Reichweite in einem bestimmten Verhältnis zur Größe der Erdkugel steht. Dasselbe gilt von allen anderen Weltkörpern. In dem ganzen Universum gibt es keinen Punkt, der nicht von der Odstrahlung irgendeines Weltkörpers getroffen wird. Die Odaura umstrahlt den materiellen Körper in gleichem Abstand von jedem Teilchen des Körpers. Infolgedessen hat die Aura auch die Gestalt des Körpers, dem sie angehört und den sie umströmt. Man spricht daher auch von dem Odkörper oder dem Astralkörper oder dem fluidalen Körper der materiellen Wesen im Gegensatz zu dem materiellen Körper. Es ist das, was die Bibel den ‚geistigen Leib' nennt. Er ist für euer leibliches Auge nicht sichtbar. Doch sogenannte Hellseher, die über die Gabe des geistigen Schauens verfügen, können die Odstrahlung oder den Odkörper sehen" (aus „Der Verkehr mit der Geisterwelt").

Auch die Heilkräfte des Magnetiseurs beruhen auf aurischer Strahlung. Pfarrer Greber sagt in diesem Zusammenhang: „Jedes Lebewesen kann Od auf ein anderes übertragen. Nicht bloß Menschen auf Menschen, sondern auch Menschen auf Tiere, Pflanzen und Mineralien. Ihr könnt Pflanzen durch Übertragung eures eigenen Ods zu schnellerem Wachstum bringen. Ihr könnt Wasser, Öl und andere derartige Dinge magnetisieren, sie gewissermaßen mit eurem Od tränken und dadurch den Kranken, die das Wasser trinken, mit dem Öl gesalbt werden, eine raschere Heilung verschaffen. Der Mensch kann auch das Od von Tieren, Pflanzen und Mineralien zur eigenen Heilung verwenden. Auf dieser gegenseitigen Odübertragung beruhen die Gesetze der Heilkraft in der Schöpfung Gottes. So strömen auch die Felle mancher lebenden Tiere ein bestimmtes Od aus, das heilkräftig wirkt. Von vielen Pflanzen ist die Heilkraft allgemein bekannt. Leider kennt ihr heute die Heilkräfte der einzelnen Pflanzen für die verschiedenen Krankheiten nicht mehr in dem Maße wie die alten Völker. Dasselbe gilt von den Mineralien. Daß jeder Edelstein eine ihm eigentümliche Odkraft besitzt, dünkt den meisten als Aberglauben. Und doch ist gerade das Od der Edelsteine von ganz besonderer Reinheit und Kraft und stärkt das Od desjenigen, der den Edelstein trägt. Dabei muß allerdings vorausgesetzt werden, daß der Mensch den Edelstein wählt, der zu seinem eigenen Od paßt, und nicht Odkräfte enthält, die der eigenen Odstrahlung widerstreiten."

Eine ganze Wissenschaft haben vor allem die Theosophen aus diesen aurischen Erscheinungen entwickelt. Dabei unterscheiden sie noch genauer als Lorber, dessen seelische und geistige „Außenlebenssphäre" zunächst nur eine Zweiteilung der Aura vornimmt: die Aura des höchsten spirituellen Seinsgrundes, die Aura des Kausalkörpers, des Mental- und des Astralleibes, und schließlich des Ätherkörpers. An den stets wechselnden und fluktuierenden Aurafarben erkennt man, nach ihrer Lehre, den Wesenscharakter und die augenblickliche Gemütsverfassung eines Menschen. Darüber heißt es auch bei Pfarrer Greber: „Jeder Ausdruck des geistigen Lebens, jeder Ausdruck des Lebens in der euch umgebenden Natur, alle Naturkräfte sind Odschwingungen. Jedes Denken und Wollen äußert sich in entsprechenden Schwingungen des Od, die durch den Geist als Träger des Od erzeugt werden. Jedes körperliche Gefühl, jedes seelische Empfinden wird durch Schwingungen des Od hervorgerufen. Alle Töne, Farben, Gerüche, Geschmacks- und Tastempfindungen entstehen durch ganz bestimmte Odschwingungen. In der geistigen Welt sind es die Schwingungen des rein geistigen Od. In der materiellen Schöpfung sind es die Schwingungen des mehr oder weniger verdichteten Od.

Alles, was ihr an irdischen Erscheinungen vor euch seht, alles Wachsen, Blühen und Reifen, alle Kraftströme und Strahlungen, Elektrizität, Radio, Ätherwellen, Licht und Finsternis, alle Stufenleitern der Töne, Farben, Gerüche, der Geschmacks- und Tastempfindungen, alle Kraftströme des Universums, die Anziehungskraft der Weltkörper und ihre Bewegungen im Weltenraum – alles beruht auf diesen Odschwingungen. Ein Denker der alten Zeit hat gesagt: ‚Alles ist im Fließen.' Er hätte sagen müssen: ‚Alles ist im Schwingen.' Den Schwingungen der das ganze Universum durchströmenden und jedes Teilchen durchdringenden Odkraft liegt das große göttliche Geheimnis der Zahlen zugrunde ... Ihr sucht nach der Einheitszahl im Weltgeschehen. Ihr werdet sie nicht finden. Zwar habt ihr bereits manche Wahrheiten jenes Zahlengeheimnisses entdeckt. Ihr wißt die Zahlen der Schwingungen der einzelnen euch bekannten Töne. Ihr versucht auch die den Farben zugrunde liegenden Zahlen der Odschwingungen zu erforschen. Aber was ist das alles zu dem unendlichen Meer von Wahrheiten, das euch verschlossen ist? Ihr vermöget die sieben Siegel der Schöpfung Gottes nicht zu lösen. Ihr könnt nur staunend und anbetend euer Haupt neigen vor der Weisheit und Allmacht des Allerhöchsten."

Wer hellsehend Einblick nehmen kann in die Aura eines Menschen wird zugleich wahrnehmen, „daß Harmonie dieser Odschwingungen Schönheit, Gesundheit, Freude, Friede und Glück bedeutet. Daß aber Disharmonie der Schwingungen der Grund der Häßlichkeit, der Krankheit, des Schmerzes, des Unglücklichseins sein muß. Wie Disharmonie der Töne und Farben euer seelisches Empfinden verletzt und euch seelisch gewissermaßen weh tut, so ist Disharmonie des geschaffenen Geistes zu seinem Schöpfer dasselbe auf geistigem Gebiet. Denn diese Disharmonie äußert sich in entsprechenden

Schwingungen des geistigen Od. Sie verursacht eine geistige Häßlichkeit, ein geistiges Kranksein, einen geistigen Unfrieden, ein geistiges Sichunglücklichfühlen, – kurz, einen geistigen Schmerz, der in dem Maße wächst, als die Disharmonie des Geistes Gott gegenüber zunimmt.

Die äußerste Grenze der Disharmonie, nämlich die vollständige Gegensätzlichkeit des geschaffenen Geistes zu seinem Schöpfer bedeutet daher auch das höchste Maß des geistigen Schmerzes und Unglücks; es ist das, was ihr Hölle nennt. Weil die größte Disharmonie der geistigen Odschwingungen auch den größten Gegensatz zu Schönheit und Licht bedeutet, die ja höchste Harmonie zur Voraussetzung haben, so muß die Hölle ein Zustand größter Häßlichkeit des geistigen Odleibes und tiefste Finsternis sein. Das sind auf ewigen Gesetzen beruhende Notwendigkeiten. Nicht Gott wirft euch in die Hölle, sondern eure Disharmonie zu allem Schönen und Guten, zu allem geistig Gesunden und Reinen, zu Licht und Leben. Darum ist die Hölle der geistige Tod, in den sich derjenige stürzt, dessen geistiges Sein die größte Disharmonie zum göttlichen Sein darstellt. Disharmonie der geistigen Odschwingungen ist das Tiefensteuer beim Geistesflug, Harmonie das Höhensteuer. Die Beseitigung der Disharmonie aus dem geistigen Sein ist die Lebensaufgabe eines jeden Geschöpfes."

Besonders sensitiv gegenüber Aurastrahlung sind die Tiere. Bei J. Lorber heißt es darüber einmal: „Die Tierseelen empfinden einer Menschenseele Ausstrahlung und die daraus gebildete Sphäre des Außenlebenslichtes und der Außenlebenswärme. In einer vollkommenen Außenlebenssphäre gedeihen die Tiere wie die Planeten im Licht und in der Wärme der Sonne. Und nicht eines Tieres Seele vermag sich da gegen den Willen einer vollkommenen Menschenseele zu erheben, sondern kreist bescheiden um diese wie ein Planet um die Sonne und bildet sich in solch geistigem Licht und dessen Wärme ganz vortrefflich für einen weiteren Übergang in die höhere Sphäre aus" (Gr. Ev. Bd. 4, Kap. 216, 2–3). Geradezu krankmachende Strahlen kann die Aura eines tief gesunkenen Menschen auf seine Umgebung aussenden. Sie sind, nach den Worten des Herrn bei J. Lorber, unter Umständen so „giftig", daß sie den Tod eines Ehepartners herbeiführen können, wenn dieser ihnen längere Zeit ausgesetzt ist. Imprägniert von der Ausstrahlung ihrer Schöpfer sind bekanntlich auch Kunstwerke. Oft hat man in Kunstausstellungen, besonders bei modernen Gemälden, das penetrante Gefühl, daß dämonische Wirkungen von ihnen ausgehen.

Erst recht sind Gegenstände des täglichen Gebrauchs, wie Möbel, Schmuckstücke und dgl., stark odurchtränkt. Heute sind es hochempfindliche Apparaturen, durch die man Strahlen registriert. Der Biologe Prof. Dr. Eugen Matthias (1882–1958) hat in seinem Buch „Die Strahlen des Menschen künden sein Wesen" nachzuweisen vermocht, daß sich selbst aus Photographien, Namenszügen, Kunstwerken, Kompositionen und dgl. die Strahlkraft eines Menschen erforschen läßt. Es ist dies ja auch das Geheimnis der Tele- und Radiästhesie (Pendel und Rute). Den Rekord in der menschlichen Strahlenforschung dürfte wohl der Physiker und Therapeut Dr. Oskar Brunler in seinen „biometrischen" Messungen aufgestellt haben. Unter Verwendung des „Biometer-Instruments" von Antoine Bovis führte er seine Untersuchungen in aller Welt an mehr als 25 000 Personen durch; wobei er auch geschichtliche Größen mit einbezog. Es ergab sich dabei die Erkenntnis, daß mehr als 70 % aller Menschen, d. h. der Durchschnitts- und Massenmensch unserer Gegenwart, zwischen 220 und 240 Grad Bio-Frequenzen aufweisen.

Ganz anders verhält es sich mit den Geistesgrößen vergangener Jahrhunderte. Es ist schon eine überaus hohe Biofrequenz, wenn sie über 600 Grad hinausgeht, wie z. B. bei J. W. Goethe (608 Grad), Sir Francis Bacon (640 Grad) und vor allem Leonardo da Vinci, der mit 725 Grad Biofrequenz die höchste menschliche Schwingungszahl für sich in Anspruch nehmen kann. Was sollen wir aber dazu sagen, daß als einsamer Gipfel, weit über allen anderen ragend, die Biofrequenz des „Heiligen Grabtuches von Turin" mit dem Abbilde Jesu Christi – aufbewahrt in einem silbernen Schrein über dem Altar der Kathedrale Johannes des Täufers in Turin – auf 1050 Grad klettert? Das höchste biometrische Meßergebnis, das je registriert werden konnte!

„Brunler wurde durch seine Forschung auf diesem Gebiete zum überzeugt religiösen Gelehrten, ein Werdegang, der ja für Physiker von Weltruf wie Sir Arthur Eddington, Max Planck, Werner Heisenberg und andere beinahe typisch geworden ist. Nach seiner Meinung repräsentiert der menschliche Geist die ‚Divina essentia' (göttlicher Geist, Urkraft), aus der alle Manifestationen materieller Art geformt werden. Der Geist strahlt eine di-elektrische Wellenform aus, deren ‚Frequenz' er mit seinem Instrument messen kann, wobei das Gehirn lediglich als eine Art ‚Kondensator' oder ‚Transformator' fungiert. Diese Frequenz ist von der seelischen Fortbildungsstufe eines Individuums abhängig. Je höher die Frequenz, die er in Grad B. (Biometrisch) ausdrückt, desto näher ist die betreffende Seele, d. h. die derzeitige Inkarnation derselben, dem Göttlichen. Und natürlich auch umgekehrt."
(Aus Rolf Schaffranke „Die geheimnisvolle Energie des Dr. Brunler" in Zeitschrift „Esotera" Juli 1970.)

Dr. Brunler vertrat auch die Ansicht, daß es sich bei dem Prana der Hindus, der Mumia des Paracelsus, dem Vitalstoff der Alchimisten, dem Animal-Magnetismus A. Mesmers, der Odkraft des Freiherrn von Reichenbach, der X-Kraft des Engländers Eeman, der Lebenskraft des Arztes Westlake, der Orgone-Energie Dr. Wilhelm Reichs um die gleiche Energieform handelt.

Bei hochentwickelten Personen machen wir stets die Erfahrung, daß wir in ihrer Nähe uns besonders wohlfühlen. Man könnte sagen, sie tragen Sonnenkraft in sich, und im Großen Evangelium Johannes heißt es über sie: „Eine seelische Lichtsphäre breitet sich aus, die alles das in sich enthält, was die Seele als Lebenselement in sich faßt: Liebe, Glaube, Vertrauen, Erkennen, Wollen und Gelingen" (Bd. 4, Kap. 216, 8).

Getrübt erscheint die Aura von Kranken. Sie zieht es ganz besonders hin zu jenen Personen, von denen eine wohltuende und gesunde Strahlung ausgeht. Sie spüren es ganz instinktiv, daß diese für sie heilend wirkt. Der Rat des Apostels Jakobus ist es, die „Ältesten der Gemeinde", das heißt die seelisch Gereiftesten zu den Kranken kommen zu lassen, damit sie ihnen die Hände auflegen „im Namen Jesu". Natürlich ist Aurastrahlung auch die Ursache davon, daß selbst die Kleidungsstücke und sonstigen Gegenstände von Heiligen bei Berührung gesund machen können. Denken wir nur an die „Schweißtücher" des Petrus! Was aber dabei im eigentlichen vor sich geht, ist die Harmonisierung unausgeglichener Odströmungen beim Kranken. Paracelsus war der festen Meinung, „daß allein die Gegenwart des gottverbundenen Arztes heilsamer auf einen Kranken wirken kann als alle Arzneien. Denn die ätherischen Schwingungen dringen in das Ätherische des Menschen ein und können dadurch in ihm disharmonische Schwingung in harmonische verwandeln. Und der Nettesheimer warnt vor dem Umgang mit schlechten Menschen, weil ihre von schädlichen Strahlen erfüllten Seelen unheilvoll auf ihre Umgebung einwirken. Dagegen soll man gute Menschen aufsuchen, denn diese können durch ihre Nähe heilbringend wirken" (Erika Petrick). In Goethes „Faust" lesen wir den Satz: „Die Stätte, die ein guter Mensch betrat, die ist geweiht." Auch der Rosenkreuzer G. W. Surya (1873–1949) sagt: „Ein guter, selbstloser Mensch wirkt belebend, erfrischend auf alle Wesen ein. Er ist in jeder Hinsicht ein wandelnder Segensstrom. Wohin er kommt, verbreitet er Licht und Wärme."

Wenn Inder, zu Füßen ihres Meisters sitzend, das sogenannte Darshan üben, bezwecken sie nichts anderes, als dessen Strahlungskräfte in sich aufzunehmen. Im Umkreis des geliebten und hochverehrten Gurus wird ihnen das Meditieren leicht, ja sie werden sogar, wie die Schüler von Ramakrishna, ganz von selbst in plötzliche Ekstase versetzt. Schon die Berührung durch den Meister kann sie in einen Schwingungszustand bringen, daß unter Umständen ihre eigene Aura davon ganz rein und leuchtend wird. Auch der bekannte Maharshi vom Arunachala wirkte in diesem Sinne als Katalysator auf seine Umgebung. Wie mochte es aber erst im Umgang mit dem Gottmenschen Jesus Christus bei dessen Jüngern und Aposteln gewesen sein! Vergegenwärtigen wir uns nur die Szene vom Berge Tabor: Welche Strahlungen gingen damals von Jesus aus, „blendender als Schnee und Sonne"! Und die Jünger fielen in einen ekstatischen Schlaf. Aber haben wir nicht auch heute noch sein ausstrahlendes Wort und die immerwährende Gegenwart, die uns verheißen?

4. Präexistenz und Reinkarnation

Daß Seele und Geist des Menschen präexistent sind, ist eine uralte Lehre, die auch im frühen Christentum noch Gültigkeit hatte. Die Geschichte der Seele auf ihrem langen Entwicklungswege seit dem Sündenfall der Engel und ihrem Hineingebanntsein in die Materie war das ständige Thema einstiger Mysterienschulen.

Die letzte Etappe ihres Weges, die über das „Hindurchgeseihtwerden" der zahllosen getrennten Seelenpartikel durch die verschiedenen Naturreiche bis hin zu neuer Menschwerdung führte, wird in der Neuoffenbarung gekennzeichnet mit den Worten: „Ihr waret Geist und werdet wieder Geist werden" (Pr., S. 121).

Der Erdenmensch hält genau die Mitte in diesem Werdeprozeß. Erst wenn seine seelischen Substanzen wieder ganz durchlichtet sind und frei geworden vom Materiegericht, wird er als ein „Wiedergeborener im Geiste" sein endgültiges Ziel erreicht haben. Welche Zeiträume aber dehnen sich dazwischen nach rückwärts und nach vorwärts! „Jetzt seid ihr erst wie Embryone im Mutterleib", sagt der Herr im Großen Evangelium zu seinen Jüngern (Bd. 3, Kap. 180, 8), und Meister Ekkehart schreibt: „Aller Kreaturen Wesen und Leben ist nichts anderes als ein Rufen und Eilen zu Gott, von dem sie ausgegangen sind."

Wie groß muß demnach die Bedeutung des Menschen sein, daß Gott sich so viel Mühe durch Äonen von Zeitaltern hindurch mit seiner Vervollkommnung macht! Dazu bestimmt, „selbst ein Gott zu werden" als „Kulminationspunkt der göttlichen Liebe und Weisheit", muß der Mensch sich mit dem zufrieden geben, was Origenes in seiner Schrift „Contra Celsus" sagt: „Begreife also, wenn du es vermagst, welches diese Wanderungen der Seele sind, in denen wandern zu müssen sie mit Seufzen und Klagen betrauert. Freilich, solange sie noch wandert, stockt die Einsicht dieser Dinge und ist verhüllt; erst wenn sie zu ihrem Vaterland, ihrer Ruhe, dem Paradies gelangt sein wird, wird sie wahrer darüber belehrt werden und es klarer einsehen, welches der Wegsinn ihrer Wanderung gewesen ist." Es ist derselbe Origenes, der die Lehre von der Apokatastasis, von der „Wiederbringung alles Verlorenen' mit den Worten verkündete: „Die Vollendung ist erreicht, wenn einmal alle Seelen ihre Rettung in der Engelwerdung gefunden haben. Alle

Kreatur kehrt zu Gott zurück." Hinzunehmen müssen wir den Satz: „Der universelle Heilswille ist eine Offenbarung des allerbarmenden Gottes."
Eine oft gestellte Frage lautet: Wie kommt es, daß der Mensch von seinen vorherigen Existenzen nicht die geringste Erinnerung in sein Erdenleben mitbringt? Die Antwort bei Lorber gibt ein Engel: „Auf diese Erde begeben sich (verhältnismäßig) höchst wenige Geister, weil ihnen da der Weg des Fleisches zu beschwerlich vorkommt, indem sie hier alle Erinnerungen an ihren früheren Zustand aufgeben und ganz in ein von Anfang an neues Sein eintreten müssen, was auf den anderen Planeten und Weltkörpern nicht der Fall ist. Denn dort bleibt den eingefleischten Geistern stets eine traumartige Rückerinnerung an die früheren Zustände, und die Folge davon ist, daß die Menschen auf den anderen Planeten und Weltkörpern von Grund aus schon um vieles weiser und nüchterner sind als auf dieser Erde. Aber dafür sind sie auch keines Fortschrittes in eine höhere Stufe des freien Lebens fähig. Sie gleichen mehr den Tieren dieser Erde, die schon von Natur aus für ihr Sein eine gewisse Instinktbildung haben und darin stets eine große Fertigkeit und Vollendung an den Tag legen. Versuchet aber, ein Tier darüber hinaus zu unterrichten, und ihr werdet nicht viel Ersprießliches ihm beizubringen imstande sein! Die einfache Ursache liegt darin, daß eine stumpfe Rückerinnerung an ihre früheren Zustände die Tierseelen gleichfort noch wie ein Gericht gefangenhält und beschäftigt, und daß sie sonach in einer gewissen Betäubung leben. Allein bei allen Menschen dieser Erde tritt der sonst nirgends mehr vorkommende Fall ein, daß sie aller Rückerinnerung bar werden und daher eine ganz neue Lebensordnung und -bildung von Anfang an beginnen, die so gestellt ist, daß mit ihr ein jeder Mensch bis zur vollsten Gottähnlichkeit emporwachsen kann" (Gr. Ev. Bd. 4, Kap. 106,1 ff.).
Der wache Verstand des heutigen Menschen hätte sicher noch eine Menge Einwände gegen eine solche Erklärung vorzubringen. Ebenso antwortete zur damaligen Zeit von Jesu Erdenwandel ein kritischer Arzt dem himmlischen Boten: „Ohne eine Rückerinnerung betrachte ich ein jedes künftig zu erwartende Dasein ebenso wie ein jedes Vorsein, verglichen mit meinem gegenwärtigen, mir klar bewußten Dasein, als ein Nichtdasein. Denn bin ich nicht mehr das, was ich war, und wird mir bei einem künftigen Sein alle Rückerinnerung auf ein wie immer geartetes Vorsein gänzlich benommen, dann ist jedes Dasein für mich soviel wie gar kein Dasein. ... Was nützen einer Kette viele tausend Glieder, die niemals in einen sich unterstützenden Zusammenhang gebracht werden?!" (Gr. Ev. Bd. 9, Kap. 177, 3 u. 5).
Auf diese zu erwartende Zweifelsrede entgegnete schließlich der Engel mit wahrhaft himmlischer Logik: „Höre, mein Freund! Würdest du dir aller Vorzustände, die du der Seele nach in sehr geteilter Weise bis zu deinem gegenwärtigen Zustande schon durchgemacht hast, ganz klar bewußt wer-

den, so würdest du dadurch in deinem Denken, Urteilen und Wollen derart zerteilt und zerrissen, daß es dir unmöglich wäre, jene sittliche Einheit, Kraft und Stärke aus dem Geiste der Liebe Gottes (die nun dein inneres und allein wahres Leben ist) in deine Seele derart aufzunehmen, daß sie eins würde mit ihm (dem Gottesgeiste). Wird die Seele aber eins mit ihm (dem Gottesgeiste), dann wird sie in der Beschauung ihrer selbst schon in jene rückerinnerliche Klarheit gelangen, aus der sie die endlose Liebe und Weisheit jenes einen, großen Baumeisters im seligsten Dankgefühle allerhellst erkennen und ewig bewundern wird. Und dann wird ihr eine solche von dir schon jetzt verlangte Rückbeschauung zum ewigen Lebensnutzen dienlich sein, während sie dir jetzt gar gewaltig schaden würde" (Gr. Ev. Bd. 9, Kap. 178, 2–3).

Noch zwei weitere Gründe für Wegnahme der Rückerinnerung macht die Neuoffenbarung geltend. Vom Herrn selbst werden wir belehrt: Sinne und Bewußtsein sind dem Menschen im Leibesleben nur trüb und unvollkommen gegeben, „damit sie ihn zur inneren Denk- und Suchtätigkeit in einem fort nötigen, weil der Seele, die dem Urlichte Gottes verwandt ist, nichts lästiger und unerträglicher ist als die Trübheit und Unbestimmtheit in allem, was sie wahrnimmt. Die Seele sehnt sich also in einem fort nach der vollen Wahrheit und denkt, fragt und sucht ununterbrochen, und in dieser Seelentätigkeit besteht denn auch die fortwährend wachsende Erweckung und Stärkung des inneren geistigen Sinnes sowohl in bezug auf das Schauen, Hören und Wahrnehmen, als auch auf das Fühlen und Empfinden. – Würde aber eine Seele sogleich mit dem voll geweckten inneren Sinne in diese Welt treten, so würde sie in eine volle Trägheit und Untätigkeit versinken – was dann ebensoviel wäre, als hätte sie kein Leben. Die Seligkeit des Lebens besteht ja hauptsächlich nur in der Tätigkeit. Und so ist es der Seele nützlicher, daß sie sich in aller Tätigkeit übe, als daß sie sich (von Anfang an) gleichfort in aller Klarheit des inneren Wahrnehmens nach allen Richtungen des Lebens hin befände" (Gr. Ev. Bd. 9, Kap. 141, 7–10).

Den dritten Grund für Bewußtseinsverdunkelung gibt Dr. Walter Lutz, die Lorberlehre zusammenfassend, mit den Worten wieder: „Durch ein allzu bestimmtes und klares Wissen um die Verhältnisse der geistigen Welt könnte die Seele sich zu stark genötigt fühlen, sich dem Willen und der Ordnung Gottes blindlings zu unterwerfen. Sie käme dadurch unter einen geistigen Zwang und würde die wahre Freiheit und Selbständigkeit ihres Denkens, Wollens und Handelns einbüßen. Der Seelenbildungsplan unseres Schöpfers und himmlischen Vaters geht ja aber dahin, uns auf dem Wege der Lebenserfahrung in langsamer Reife zur freiwilligen Annahme höherer Erkenntnisse und damit zu einer wahrhaft vollkommenen Freiheit des Willens und Handelns zu reifen. Und so ist denn die Erziehung zur Selbständigkeit und

Selbsttätigkeit unseres geist-seelischen Wesens der Hauptgrund dessen, daß gerade auf Erden, dieser Hochschule der ‚Großkinder' Gottes, den Menschen ein Schleier über ihr Vordasein gelegt wird" („Grundfragen des Lebens").

Derjenige, dessen Seelenentwicklung schon so weit fortgeschritten ist, daß keine nachteiligen Folgen mehr zu erwarten sind – so hörten wir bei Lorber –, erhält manchmal durch Gottes Gnade die Augen schon vorzeitig aufgetan. Eine solche „Karmaschau", wie sie zuweilen genannt wird, als Einblick in frühere Existenzen, kann Teil einer persönlichen unmittelbaren „Einweihung" sein. Ehedem war sie ein wesentlicher Bestandteil der Mysterienschulen. Schon Krishna soll seine Schüler unterwiesen haben „in der Lehre der Unsterblichkeit der Seelen, ihrer Wiederverkörperungen und ihrer mystischen Vereinigung mit Gott' (Eduard Schuré). Als Mystagoge konnte er ihnen die innere Sehe auftun für frühere Existenzen: „Wisset aber", so lehrte er sie, „daß die Seele, die Gott gefunden hat, befreit ist von der Wiedergeburt und vom Tod, von Alter und vom Schmerz und daß sie das Wasser der Unsterblichkeit trinkt" (Bhagavad Gita).

Im ägyptischen „Totenbuch" lautet ein Aufruf an die Eingeweihten: „O blinde Seele, bewaffne dich mit der Fackel der Mysterien, und du wirst in der irdischen Nacht deinen leuchtenden Doppelkörper, deine himmlische Seele entdecken! Folge diesem göttlichen Führer! Er möge dein Genius sein; denn er bewahrt den Schlüssel zu deinen vergangenen und künftigen Existenzen!"

Das Schicksal des Menschen, seine häufigen Vorgeburten und seine künftigen Wanderungen durch den geistigen Kosmos ist in folgendem „Fragment nach Hermes" beschrieben: „Horchet in euch selbst und blickt in die Unendlichkeit des Raumes und der Zeit! Von da erklingen der Gesang der Sterne, die Sprache der Zahlen, die Harmonie der Sphären. Jede Sonne ist ein Gedanke Gottes und jeder Planet eine Form dieses Gedankens. Um die Erkenntnis des göttlichen Gedankens zu erlangen, o Seelen, steigt ihr mühsam hinab und hinauf den Weg der sieben Planeten und ihrer sieben Himmel. Was tun die Sterne? Was sagen die Zahlen? Was offenbaren die Sphären? – O ihr verlorenen oder geretteten Seelen: sie sagen, sie singen, sie offenbaren – euer Schicksal!"

Eduard Schuré begründet die Möglichkeit zur Karmaschau mit den Worten: „Die Seele hat schlafende Sinne; die Initiation erweckt sie. Durch tiefes Studium, durch beharrlichen Fleiß kann sich der Mensch in bewußte Beziehung mit den schlummernden Kräften des Universums bringen. Durch einen mächtigen Willenssporn kann er zum direkten geistigen Schauen kommen, kann er sich die Wege zum Jenseits öffnen, um sich fähig zu machen, dort zu wandeln. Dann nur kann er sagen, daß er das Schicksal besiegt und seine göttliche Freiheit erobert hat. Dann nur kann der Eingeweihte Einweihender werden, Prophet und Theurg, d. h. Seher und Schöpfer von Seelen. Denn nur derjenige, der sich selbst beherrscht, kann über andere herrschen; nur der Freie kann befreien" (in „Die großen Eingeweihten").

Auf der Barke der „Millionen Jahre", sagen die Ägypter, geht die Reise in die Unendlichkeit. Pythagoras, der Weise von Samos und zugleich höchster Repräsentant der griechischen Religion, weihte seine Schüler in Unteritalien (Krotona) in die lange Wanderung ein, welche die Seele im Niederstieg und Wiederaufstieg durch den Kosmos zurückzulegen hat. Alle ihre wichtigen Stationen, die einzig und allein ihrer Läuterung dienen, wurden von ihm bezeichnet. Er lehrte die Metempsychose und zeigte, wie die Seele bald einer Raupe, bald einem himmlischen Schmetterling gleicht. Ganz der Lorberlehre analog sagt E. Schuré:

„Gemäß den esoterischen Überlieferungen Indiens und Ägyptens haben die Individuen, welche die gegenwärtige Menschheit bilden, ihr menschliches Dasein auf anderen Planeten begonnen, auf denen die Materie viel weniger dicht ist als auf dem unsrigen. Der Körper des Menschen war damals beinahe gasartig und seine Verkörperungen waren leicht und mühelos. Seine Fähigkeiten zu unmittelbarem geistigem Schauen waren in diesem ersten menschlichen Stadium sehr stark und subtil; Verstand und Vernunft dagegen in embryonalem Zustand. In diesem halb körperlichen, halb geistigen Zustand schaute der Mensch die Geister, alles war Glanz und Herrlichkeit für seine Augen, Musik für seine Ohren. Er hörte selbst die Harmonie der Sphären. Er dachte nicht nach und überlegte nicht; er wollte kaum. Er lebte dahin, indem er die Töne, die Formen, das Licht trank, indem er gleich einem Traum vom Leben zum Tode und vom Tode zum Leben schwebte. Das nannten die Orphiker den Himmel des Saturn. Nur indem er sich, entsprechend der Lehre des Hermes, auf immer dichteren Planeten verkörperte, hat sich der Mensch vermaterialisiert.

Indem sie sich in dichtere Materien verkörperte, verlor die Menschheit zwar ihren geistigen Sinn, aber durch ihren immer intensiveren Kampf mit der äußeren Welt hat sich machtvoll ihre Vernunft, ihre Erkenntnis, ihr Wille entwickelt. Die Erde ist die letzte Stufe bei diesem Niederstieg in die Materie, den Moses die Vertreibung aus dem Paradies nennt und Orpheus den Fall in die sublunare Region. Von dort aus kann der Mensch mühsam die Sphären wieder aufwärts steigen in einer Reihe neuer Existenzen und seine geistigen Sinne wieder erobern durch den freien Gebrauch seines Verstandes und seines Willens. Dann nur, sagen die Jünger des Hermes und des Orpheus, erlangt der Mensch durch seine Tat das Bewußtsein und den Besitz des Göttlichen; dann nur wird er ein Gottessohn. Und diejenigen, die auf der Erde diesen Namen getragen haben, mußten, bevor sie unter uns erschienen, die schreckensvolle Spirale auf- und niedersteigen."

Es gibt eine Stelle im Alten Testament, die überzeugend auf die Präexistenz des Menschen hinweist. In der „Weisheit Salomonis" läßt der Verfasser dieses Buches den König Salomon von sich sagen: „Ich war ein gut veranlagtes Kind und habe eine feine Seele bekommen. Oder vielmehr, da ich gut war, kam ich in einen unbefleckten Leib." Nach indisch-brahmanischer Auffassung entstammen alle Seelen der Ureinheit Brahmas, aus der sie durch eine geistige Begierde „herausgefallen" sind. Es ist die auch von Origenes und Lorber gelehrte uranfängliche Existenzweise vor dem „Abstieg in die Materiewelt". Auch das persische Avesta läßt die Urbilder der Seele, die „Fravaschi", vor ihrem Abstieg schon in der geistigen Welt existieren. Nach dem griechischen Philosophen Heraklit, welcher der „Dunkle" genannt wird, sind die Seelen präexistent im „Weltenfeuer". Gemeint ist damit die „Weltseele", aus deren Schoß alle Wesen ausgeboren wurden. Das kosmische Gesetz des ständigen Wandels, des Kreislaufs aller Dinge, wird von ihm als ein ständiges Fließen, als ein immerwährender Strom im Entstehen und Vergehen aufgefaßt: „Panta rhei" heißt sein berühmt gewordener Lehrsatz.

Auch Platon läßt die Seelen präexistent in einem Himmel wohnen oder auf Sternen ihren Sitz haben. Alfons Rosenberg schreibt darüber: „Diese präexistenten Urseelen sind ihrer inneren Struktur nach dreifach gegliedert: nach den Kräften des Vernünftigen, des Muthaften und des Triebhaften. Erhält jedoch die letztere das Übergewicht, dann wird die Seele in die sublunare Welt hinabgerissen, wo sie je nach ihrer Art in eine der neun von Platon aufgestellten Klassen eingekörpert wird. Unsterblich ist aber – gemäß dem ‚Phaidon' – nur der vernünftige Seelenteil, der, wie Platon im Timaios berichtet, vom Weltschöpfer aus dem Stoffe der Weltseele geschaffen wurde" („Die Seelenreise").

Vergleichen wir alle diese Lehren mit der Neuoffenbarung, so ergeben sich zwar zahlreiche Berührungspunkte; im Grunde aber sind sie alle noch ergänzungsbedürftig. Die Einkörperung von Seelen aus anderen Sternen – nach Lorber sogenannte „Seelen von oben" – vertreten noch andere griechische Weise. A. Rosenberg sagt dazu: „Wie Platon sie auf Fixsternen beheimatet wußte, so nahmen andere die Milchstraße als ihren Herkunftsort an. Alexander Polyhistor lehrte nach pythagoreischen Quellen, daß die Seele ein Teilchen des Äthers darstelle; für die Stoiker war die Seele aus dem Stoff der feurig-pneumatischen Sterne gebildet – gleichsam ein Tropfen Sternenessenz. Dieser für die Stoa zentrale Gedanke von der Sternen- und Himmelsverwandtschaft der Seele erklingt sodann eineinhalb Jahrtausende später wieder in Dantes Göttlicher Komödie: Im Paradiso 4, 52 nimmt Dante den Ball auf, den ihm Platon im Timaios (42b) über die Jahrtausende hin zuwirft." – Erst recht lehrt die jüdische Kabbala ein Vorleben der Seele.

Unlösbar mit der Präexistenz verbunden ist gewöhnlich die Reinkarnation oder Palingenese. Die Art von Wiederverkörperung aber wird bestimmt durch das Karma, und zwar nach dem Gesetz von Ursache und Wirkung. In ihm drückt sich die Summe all unserer Gedanken, Worte und Taten aus. Auch diese Lehre war im Altertum allgemein verbreitet, besonders im alten Ägypten und Griechenland, wie auch bei den Germanen. Im Denken der asiatischen Völker spielt sie noch heute eine überragende Rolle. Übersetzungen der Veden und der Vedanta (einer Zusammenfassung der Gedankenwelt der Upanishads) brachten sie neuerdings auch dem Westen wieder näher. Besonders aber hat die dem Christentum in vieler Hinsicht verwandte Lehre des Buddha das Reinkarnationsproblem neu zur Diskussion gestellt. Wenn also nach demoskopischer Untersuchung zwölf Prozent aller Bundesrepublikaner an eine Wiederverkörperung glauben und neunundzwanzig Prozent sich dafür interessiert zeigen, so ist dies die Frucht jener geistigen Kommunikation, die seit dem vorigen Jahrhundert verstärkt zwischen Ost und West stattfindet.

Als Erlösungsreligion faßt sich auch der Buddhismus auf; doch geht er im Unterschied zum Christentum den Weg der Selbsterlösung, wobei das Karma, das heißt der Glaube an die automatische Wirkungskraft menschlicher Tat, den Ausschlag gibt. Der Mensch „wird, was er getan hat", und seine Tat ist „der Mutterleib, der ihn gebiert". Dies wirkt sich vor allem aus bei seiner nächsten Inkarnation. Von großen indischen Mystikern und Heiligen wissen wir aber, daß ihre Auffassung von Schuld und Sühne sich mehr der christlichen nähert und nicht die gleiche strenge Gesetzmäßigkeit zeigt wie die offizielle hinduistische oder buddhistische Lehre. So erklärte Ramakrishna einmal gegenüber einem Inder, der auf der Lehre von der Reinkarnation beharrte: „Ah, ich verstehe, ihr steht auf dem Standpunkt des Philosophen: Wie die Saat, so die Ernte. Gebt solche Ideen auf! Das Gesetz von der nachwirkenden Tat (Karma) wird ungültig, wenn man Zuflucht zu Gott nimmt." (In „Ramakrishnas Ewige Botschaft" hg. von Mahendra Nath Gupta.) Dieselbe Haltung gegenüber Reinkarnation nahm auch der berühmte Maharshi vom Arunachala ein.

Bei Buddha ist es der „Durst nach Leben" (oder „Sein"), der von Wiedergeburt zu Wiedergeburt führt. Ihn gilt es „durch gänzliche Vernichtung des Begehrens" auszulöschen, denn er bringt dem Menschen immer wieder neues Leid. So mündet diese überspitzt gedankliche Erlösungslehre in einer strengen Verhaltensdisziplin, dem sogenannten „achtteiligen Pfad": rechtes Glauben, rechtes Entschließen; rechtes Wort, rechte Tat; rechtes Leben, rechtes Streben; rechtes Gedenken, rechtes Sichversenken. Sehr willkürlich erscheint in manchen Lehren die oft in schwindeligen Höhen sich bewegende Zahl notwendiger Wiedergeburten. Ebenso fragwürdig ist es natürlich auch, wenn der zeitliche Abstand der Wiedergeburten voneinander für alle gleich festgesetzt wird. Mit Recht heißt es darum in dem lesenswerten, medial inspirierten „Buch Emanuel" (hg. v. Bernhard Forsboom): „Die Annahme, daß der Geist einer bestimmten Anzahl von Wiedergeburten unterworfen sei (etwa 1500, wie mancher Buddhist glaubt), widerspricht der Freiheit des Geistes. Für den Geist auf einer gewissen Entwicklungsstufe enthält das Leben in der Materie bestimmte Lehren, bestimmte Prüfungen, durch die seine Kräfte gestählt werden. ... Er ist frei, die Lehren, das ewig Gute, mit mehr oder weniger Willenskraft sich anzueignen, und er bestimmt so selbst die Zeitdauer seines Gebundenseins an die Welten der Materie. ... Die Materie entstand infolge des Geisterfalles. Doch wie die Materie selbst gewissermaßen das Ergebnis einer geistigen Tat war, so ist auch ihre Vergeistigung wieder das Ergebnis eures Wachstums in der Liebe, Selbstlosigkeit und Erkenntnis.

Es ist der Grad seiner Entwicklung, der den Geist in die Materie führt, so kann es auch nur wieder der Grad seiner weiteren Entwicklung sein, der ihn von der Materie befreit. Wie wenig aber lernt der Geist in einem Menschenleben! Wie schwach ist seine Erkenntnis wahrer Liebe und Güte, und überdies ist die Erkenntnis ihrer Betätigung meistens noch weit voraus. Bis aber ein Geist die Lehren und relativen Wahrheiten einer Welt erfaßt, erkannt und betätigt hat, ist er an diese Welt gebunden. Und so macht er alle Klassen dieser einen großen Schule durch; und erst wenn diese Lehren ihm nichts mehr zu sagen haben, ist er reif für höhere, geistigere Lehren. Daraus ergibt sich das Gesetz der Wiedergeburt. ... Erst wenn der Geist unbefriedigt vom irdischen Leben Höheres sucht und in einer Reihe von Wiedergeburten immer weitere, reinere Erkenntnis zu betätigen lernt, verliert die Materie als solche jede Anziehungskraft für ihn, und nur die Sehnsucht, noch eine Mission der Liebe zu erfüllen, wie es seine zunehmende Kraft im Guten ihm ermöglicht, zwingt ihn noch einmal in die Materie. (Im Buddhismus erfüllen diese Mission die sog. Bodhisattvas!) Doch trotz der gleichen äußeren Erscheinungsform der Menschengestalt bleibt Geist, was vom Geiste geboren ist, und dieser ist nun fähig, im Geistigen allein zu leben und eine Wonne zu empfinden, die dem Durchschnittsmenschen fremd ist. Bei seinem Tode breitet er die Flügel aus, um ins Reich Gottes zu entschweben."

Wie stellt sich nun aber der Christ zur Wiederverkörperungslehre? Da lesen wir bereits im Alten Testament bei Maleachi (3, 23): „Siehe, ich will euch senden den Propheten Elias, ehe denn da komme der große und schreckliche Tag des Herrn!" An diesen Text unmittelbar anknüpfend spricht Jesus bei Matthäus (11, 11): „Wahrlich ich sage euch, unter denen, die vom Weibe geboren sind, ist kein Größerer je erschienen als Johannes der Täufer. ... Und so ihr es annehmen wollt: er ist Elias, der da kommen soll." Wieder bei Matthäus 16, 13 u. 14 wird uns berichtet: „Da kam Jesus in die Gegend der

Stadt Cäsarea Philippi und fragte seine Jünger: ‚Für wen halten die Leute den Menschensohn?' Sie antworteten: ‚Die einen für Johannes den Täufer, andere für Elias, wieder andere für Jeremias oder sonst einen der Propheten.'"

Hinter all diesen Antworten steht der selbstverständliche Glaube an Reinkarnation. Bei Markus 6, 14 und 16 sagt der König Herodes über Jesus: „Johannes der Täufer ist von den Toten auferstanden; deshalb wirken Wunderkräfte in ihm (in Christus)". Andere sagten: „Er ist Elias", und noch andere: „Er ist sonst einer von den Propheten." Herodes aber, der diese Gerüchte hörte, erklärte: „Es ist Johannes, den ich enthaupten ließ. Dieser ist von den Toten auferstanden." – In Lukas 9, Vers 6 ff. finden wir denselben Text abgewandelt wieder. Als Jesus einmal die Jünger fragt: „Für wen halten mich die Leute?" antworteten diese: „Einige für Johannes den Täufer, andere für Elias; wieder andere meinen, einer von den alten Propheten sei wieder auferstanden"(Vers 18–19).

Von Johannes dem Täufer bezeugt Jesus ausdrücklich, daß er der wiedergekommene Elias sei. Bei Matthäus 17, Vers 10 fragen ihn die Jünger: „Warum sagen die Schriftgelehrten, zuerst müsse noch Elias kommen?" Da gab er ihnen zur Antwort: „Elias kommt allerdings, um alles wiederherzustellen. Ich sage euch aber, Elias ist schon gekommen; sie haben ihn aber nicht erkannt, sondern mit ihm gemacht, was sie wollten. So wird auch der Menschensohn von ihnen zu leiden haben." Da merkten die Jünger, „daß er Johannes den Täufer meinte". Bedarf es noch weiterer Bestätigungen, daß der Glaube an Reinkarnation sowohl bei Jesus wie bei seinen Jüngern wie im ganzen jüdischen Volke fest verankert war? Irritieren könnte nur die Stelle beim Evangelisten Johannes (1, 21), wo Priester und Leviten den Täufer fragen: „Bist du Elias?" Seine Antwort lautete: „Ich bin es nicht!"

Ebenso wußte nach Lorber der Erzvater Sehel, der sich später in Elias wiederverkörperte, bis unmittelbar vor seiner leiblichen Hinwegnahme in das Jenseits nicht das geringste davon, welch hoher Engelsgeist (nämlich Michael) sich in ihm verkörpert hatte (nach Lorber). Er hatte ja keine Rückerinnerung mehr! Somit erscheint die Antwort des Johannes-Elias ganz überzeugt gegeben, ist aber dennoch unrichtig. Noch eine Stelle in der Bibel belegt den Reinkarnationsglauben der Juden. Bei dem Blindgeborenen in Joh. 9, 2 u. 3 vermuten die Jünger, seine Blindheit rühre wohl daher, daß er (oder auch seine Eltern) in einer früheren Existenz gesündigt habe. Dieser Ansicht wird von Jesus nicht direkt widersprochen, er weist sie nur aus anderen Gründen ab, woraus wir schließen dürfen, daß auch er eventuelle karmische Folgen aus früheren Existenzen nicht grundsätzlich ausschließt. Bekannt ist die Anschauung der Juden, daß die Sünden der Vorfahren manchmal „bis zum dritten und vierten Glied" abgebüßt werden müssen.

Noch lange war der Reinkarnationsglaube auch im Christentum lebendig, wofür eine Reihe hochangesehener Kirchenlehrer Zeugnis ablegt. Der wohl bedeutendste unter ihnen, Origenes, – Adamantius (d. h. der Eisenmann) genannt – schreibt einmal: „Wenn man wissen will, weshalb die menschliche Seele das eine Mal dem Guten gehorcht, das andere Mal dem Bösen, so hat man die Ursache in einem Leben zu suchen, das dem jetzigen Leben vorausging. ... Jeder von uns eilt der Vollkommenheit durch eine Aufeinanderfolge von Lebensläufen zu. ... Wir sind gebunden, stets neue und stets bessere Lebensläufe zu führen, sei es auf Erden, sei es in anderen Welten. ... Erst unsere völlige Hingabe an Gott, die uns von allem Übel reinigt, bedeutet das Ende unserer Wiedergeburten."

Clemens von Alexandrien behauptet, daß die Wiederverkörperungslehre seit jeher „göttliche Tradition" gewesen sei und daß auch Paulus sie übernommen habe. Ein ganzer Chor von Stimmen setzt sich außerdem für sie ein. Der hl. Hieronymus zum Beispiel sagt: „Die Wiederverkörperungslehre ist in den ältesten Zeiten stets einer kleinen Schar von Auserwählten mitgeteilt worden als eine Wahrheit, die nicht vor der Masse breitgetreten zu werden braucht", und er fügt hinzu, daß diese Lehre als Geheimlehre auch den ersten Christen mitgeteilt worden sei. Dasselbe versichert Ruffinus in einem Brief an Anastasius. Von dem östlichen Kirchenvater Gregor von Nyssa stammt das Wort: „Für die Seele ist es eine Naturnotwendigkeit, daß sie sich durch mehrfache Lebensläufe reinigt." Auch Justin der Märtyrer (gest. um 165) war überzeugt, daß die menschliche Seele mehr als einmal in einem Körper wohne, und Augustinus stellt sogar die Frage: „Habe ich nicht schon in einem anderen Körper gelebt, ehe ich in den Leib meiner Mutter kam?" Vertreter der Reinkarnationslehre waren außerdem noch der hl. Hilarius, Tertullian, Nemesius und Synesius. Auch im Bewußtsein der frühchristlichen Gemeinden und deren Leiter war nach Ermittlungen von Osthagen die Wiederverkörperungslehre ein fester Bestandteil ihres Glaubens. Wie konnte diese allgemeine Überzeugung so plötzlich dem Anathema der Kirche zum Opfer fallen? Bei den neu gebildeten Mönchsorden, die sich meist aus Fanatikern zusammensetzten (sie sind auch schuld an der grausamen Ermordung der edlen Hypatia, einer Neuplatonikerin) und der sogenannten Unterkirche angehörten – das heißt Leuten, die zu den Nichteingeweihten zählten –, bahnte sich zuerst der Widerstand an. Als dann schließlich auf dem Konzil zu Konstantinopel im Jahre 553 ein Teil der Lehren des Origenes verworfen wurde, geriet mit ihnen auch seine Reinkarnationslehre in den Bann. Im genauen Wortlaut hieß es: „Wer eine fabulöse Präexistenz der Seele und eine monströse Restauration ihrer selbst lehrt, der sei verflucht!" Dahinter stand unter dem Druck der politisch mächtigen Mönchsorden der römische Kaiser Justinian, der nach Gefangennahme des alten Papstes und Einsetzung eines neuen (Vigilius) mit seinem Willen durchdrang. Die Kirche mußte sich ihm beugen.

Erst wieder in der neuesten Zeit wagten es Kirchenmänner, die alte Reinkarnationslehre zu rehabilitieren. So schreibt der Erzbischof Louis Passavali: „Ich bin der Ansicht, daß es einen bedeutsamen Schritt vorwärts bedeuten würde, wenn man den Gedanken der Wiedergeburt öffentlich vertreten dürfte, und zwar die Wiedergeburt auf Erden wie in anderen Welten, denn damit ließen sich viele Rätsel lösen, die heute den Geist und Verstand der Menschen als undeutliche Nebel bedrücken." Auch Kardinal Mercier von Paris äußert sich über Wiederverkörperung mit folgenden Worten: „Was diese Annahme betrifft, so sehen wir nicht, daß die Vernunft, sich selbst überlassen, diese Lehre als unmöglich oder mit Sicherheit als falsch erklärte."

Beinahe unübersehbar ist die Zahl der Philosophen und Dichter, die sich für die Reinkarnationslehre erklären. Nicht unbedingt auf Wiedereinkörperung deuten die Sätze des Paracelsus (1493–1541) hin: „Die Ursache aller Dinge ist der Geist. Der Geist bringt einen Körper hervor, durch den er seine Wunder vollführt. Ist der Körper zerstört, schafft sich der Geist einen neuen Körper, der ähnliche oder höhere Eigenschaften hat." Die gleichen Gedanken äußert auch Giordano Bruno (1548–1600). Der Dominikaner Campanella (1568–1639) aber glaubt unmißverständlich an eine vielfache Rückkehr der Seele in immer neuen Erdenleben. Überhaupt hatten die Renaissance-Philosophen, wie zum Beispiel Jerome Cardan (1501–1576), ein besonderes Aufnahmeorgan für platonische Gedankengänge.

In der Zeit des Barock und der Aufklärung häufen sich die Stimmen, die für Wiederverkörperung eintreten. Die bekanntesten unter ihnen sind der französische Philosoph Cyrano de Bergerac (1619–1655), der katholische Schriftsteller Jean Delormel, der schottische Edelmann Ramsay (1680–1743) – der selbst nach seinem Übertritt zum Katholizismus noch daran festhielt –, der Schweizer Philosoph und Naturforscher Charles Bonnet (1720–1793) mit seinem Werk „Palingenese" und der englische Theologe und Schriftsteller Soame Jenys (1704–1787). Der bekannte englische Philosoph David Hume (1711–1776) behauptete sogar: „Die Palingenese (Wiederverkörperung der Seele) ist das einzige System einer Welterklärung, mit dem sich die Philosophie befassen kann." Und von dem Gelehrten Leibniz (1646–1716) stammt der Satz: „Die Gegenwart ist die Frucht der Vergangenheit und zugleich die Saat der Zukunft." In seiner „Universalphilosophie" behauptet der Philosoph Sam Dupont de Nemours (1739–1817): „Die Prüfungen im neuen Leben entsprechen den Irrtümern in früheren Lebensläufen." Selbst der christliche Mystiker Ballanche (1776–1847) zeigt sich in seinem Werk „Soziale Palingenese" überzeugt, daß eine Vielzahl von Lebensläufen erforderlich sei, um die Entwicklung des Menschen zu Gott hin zu ermöglichen. Überraschend ist, daß auch der Aufklärungsphilosoph und Satiriker Voltaire sich zu der Meinung durchrang: „Es würde keineswegs überraschend sein, daß der Mensch wiedergeboren wird. Alles ist Auferstehung, die ganze Natur zeigt es. Die Wiedergeburtslehre ist vielleicht die älteste Lehre der Welt." Unter den deutschen Dichtern der Klassik sind es vor allem Lessing und Goethe, die ebenso wie Herder an eine Wiedergeburt glaubten. Lessing stellte die Frage: „Ist es denn schon ausgemacht, daß meine Seele nur einmal Mensch ist? Ist es schlechterdings so ganz unsinnig, daß ich auf meinem Weg der Vervollkommnung wohl durch mehr als eine Hülle der Menschheit hindurch müßte? Vielleicht wäre auf dieser Wanderung der Seele durch verschiedene menschliche Körper ein ganz neues System zu gründen." Bekannt ist die Aussage Goethes: „Ich bin sicher, daß ich so, wie ihr mich hier seht, schon viele Male da gewesen bin, und ich hoffe, noch viele Male wieder zu kommen." An Charlotte von Stein schrieb Goethe die berühmten Verse: „Ach, du warst in abgelebten Zeiten meine Schwester oder meine Braut."

Die Liste der Reinkarnationsgläubigen ließe sich in den weiteren zwei Jahrhunderten bis ins Endlose fortsetzen. Der Philosoph Schopenhauer bekannte sich uneingeschränkt zur Reinkarnationslehre.

Inzwischen ist die Literatur über dieses Thema gewaltig angestiegen. Besonders empfehlenswert sind die beiden Bücher „Wiederholte Erdenleben" (die Wiederverkörperungsidee in der deutschen Geistesgeschichte) von Lic. E. Bock, und „Wir leben nicht nur einmal" von K. O. Schmidt. Immer wieder werden heute Fälle bekannt, bei denen einzelne Personen sich oft schon von frühester Kindheit an ihrer Vorleben erinnern (eine gute Materialsammlung darüber liefert das vorerwähnte Buch von K. O. Schmidt). Wissenschaftler haben sich systematisch dieser Fälle angenommen und einen fleißigen Report darüber geliefert. So hat Prof. Jan Stevenson, USA, der an der Universität von Virginia einen Lehrstuhl für Psychiatrie und Neurologie bekleidete, innerhalb von fünfzehn Jahren 1500 Reinkarnationsfälle in aller Welt gesammelt und überprüft. So überzeugend sie im einzelnen auch sein mögen, eine exakt wissenschaftliche Handhabe für endgültige Beweisführung ist dennoch aus vielerlei Gründen nicht möglich; selbst wenn man, wie Prof. Stevenson, einen „perfekten Reinkarnationsfall" konstruiert.

Besonders aufsehenerregend war in jüngster Zeit die Bekanntwerdung des Falles Barbro Karlén. Diese junge Schwedin behauptete schon von ihrem zweiten Lebensjahr an, das jüdische Mädchen Anne Frank zu sein, das im KZ Bergen-Belsen umkam und durch sein „Tagebuch" weltbekannt wurde. Ihre Rückerinnerungen waren so stark, daß sie bei einem Besuch in Amsterdam im Alter von zehn Jahren ihre Eltern sofort auf dem kürzesten Weg an die alte Leidensstätte führen konnte, über welche das „Tagebuch" berichtet. Selbst die äußerliche Ähnlichkeit der schriftstellerisch ebenfalls sehr begabten Barbro Karlén mit Anne Frank ist ungewöhnlich. Von sich selber sagt sie mit Bestimmtheit: „Ich erinnere mich an frühere Leben genau so, wie man sich in diesem Leben an seine eigene Kindheit erinnert."

Der unwiderleglichste Fall von Reinkarnation, mit allen nur denkbaren Beweisstücken, scheint der heute noch lebende indische Wundertäter Sai Baba zu sein. (Man lese über ihn die Biographie „Sai Baba" von Howard Murphet!) Dieser große Hinduheilige mit seiner Millionenschar von Anhängern liefert selbst die auffallendsten Beweise dafür, daß er in einem früheren Leben der in Indien hoch verehrte Guru Sai Baba von Shirdi war. Was seine vielen Wundertaten anbelangt, ist er in unserer Zeit geradezu beispiellos.

Am überzeugendsten als Beweis für Wiederverkörperung sind Experimente, wie sie etwa Albert de Rochas, Dr. Lund, Morey Bernstein (in seinem Buch „Der Fall Bridey Murphy") und neuerdings Detlevson angestellt haben. Die in Tiefschlaf versetzten Versuchspersonen gaben dabei, ihnen selbst ganz unbewußt, über die Schwelle der Geburt zurückversetzt, sehr häufig die intimsten Einzelheiten aus früheren Leben bekannt. Meist haben sie sich urkundenmäßig bestätigen lassen. Merkwürdig bleibt jedoch ihr Nichtwissen über die zwischen den einzelnen Inkarnationen liegenden Phasen des jenseitigen Daseins. Im übrigen können sie in Tieftrance ihnen gänzlich unbekannte Sprachen eines früheren Lebens wieder sprechen, was als sicherster Beweis für die Echtheit ihrer Aussagen gilt.

Heute wird die Reinkarnationslehre in der Hauptsache von Theosophen und Anthroposophen vertreten. Mit mancherlei Abwandlungen der indischen Samsara-Lehre (Samsara = Rad der Wiedergeburten) haben Madame H. Blavatsky, Annie Besant und Rudolf Steiner auch den Selbsterlösungsgedanken wieder aufgegriffen mit einem stark ethischen Einschlag. Am beachtenswertesten sind die Vorstellungen der christlich gefärbten deutsch-indischen Theosophie. Indem ihre Vertreter den Begriff von Schuld und Sühne mit der Karmalehre verbinden, sagen sie: „Die Seele des Menschen ist ein mit dem Urgeiste Luzifer gefallener Geist und hat mit ihrem Abfall von Gott ein Karma, eine Schuld auf sich geladen, welche sie der Heiligkeit und Gerechtigkeit Gottes wegen nun im irdischen Leben ‚abtragen' müssen, und zwar durch Kreuz und Leiden und durch ein Tatleben der Gottes- und Nächstenliebe. Erst wenn durch ein leidgeprüftes, wahrhaft reines und werktätiges Leben der Demut und Liebe die Schuld getilgt ist, kann die Seele sich der heiligen Gottheit wieder nahen und selig werden. Da aber zum Abtragen der Karmaschuld ein einziges Menschenleben auf Erden nicht genügt, ja öfters die Schuld durch ein widergöttliches Leben noch vermehrt wird, so muß die Menschenseele sich immer wieder einfleischen lassen, und zwar so oft, bis

das ganze Karma abgetragen ist. Dies ist der Sinn der Bibelworte: ‚Du wirst von dannen nicht herauskommen, bis du den letzten Heller bezahlt hast' (Matth. 5, 26)" (wiedergegeben durch Dr. W. Lutz).
Letzte Klarheit in all diesen Fragen gibt allein die Neuoffenbarung. Mit Recht sagt Dr. Walter Lutz: „Das Lorbersche Gotteslicht kennt nicht einen Strafgott, der Gerechtigkeit und Schuldabtragung fordert, sondern einen himmlischen Vater, der seine unvollkommenen Kindlein mit unendlicher Liebe und Erbarmung auf den wunderbarsten Wegen der Seelenbildung zur Vollendung führt. Es wird darum in der Neuoffenbarung nicht von ‚Schuldabtragung', sondern von ‚Läuterung und Vervollkommung' gesprochen, und die stoffliche Welt ist kein ‚Schuldturm', aus welchem kein Schuldner ohne Zahlung herauskommt, sondern eine ‚Schule', in welcher der Schüler, je nach Leistung, von Klasse zu Klasse aufsteigt. Unsere Allgemeinschuld des Abfalls mit Luzifer hat schon der Menschensohn durch sein ‚Lösegeld' auf Golgatha beglichen. Und unsere sonderheitliche, im Erdenleben auf uns geladene Schuld wird uns vom Vater gemäß seiner Verheißung vergeben, sobald wir in wahrer Reue ihn darum angehen. Müßten wir sie mit eigenen Werken und Verdiensten ‚abtragen', dann wäre es um uns, die wir nichts Gutes und Heilvolles aus eigenen Kräften tun können, wahrlich ewig gefehlt. Weiterhin vernehmen wir durch den Gottesboten Lorber, daß sowohl vor dem irdischen Menschenleben als auch nach demselben noch ganz andere, geistige Seelenbildungsstufen liegen, von welchen den bisherigen Religionen und Philosophien wenig oder nichts bekannt war, und daß die Wiedereinfleischung auf stofflicher Ebene durchaus nicht das einzige Mittel der Vollendung ist" (in „Grundfragen des Lebens").
Auf dieser geistigen Grundlage aufbauend wollen wir nun die sehr ausführlich gehaltene Lehre der Neuoffenbarung über Reinkarnation näher kennenlernen. Schon ein einziger Satz im Großen Evangelium läßt uns aufhorchen: „Niemand wird wohl behaupten wollen, in diesem kurzen Erdenleben eine Vollendung erhalten zu können, die ihn Gott schon ganz nahebringt" (Bd. 11, Kap. 11 [L. Engel]). Noch ist damit nicht gesagt, daß eine Seele sich unbedingt auf Erden wieder verkörpern müsse. Im Gegenteil, die meisten Inkarnationen geschehen nach Lorber auf anderen Weltenkörpern. Ein irdischer Mensch mit seiner groben Fleischlichkeit könnte allerdings dort nicht leben. Die Aggregatzustände der Körper sind auf anderen Planeten und Sternen viel höher schwingend. Im Großen Evangelium heißt es dazu: „Für die Bewohner anderer Weltkörper ist die Luft der Erde ganz dasselbe, was für den Erdenmenschen das Wasser derselben ist. ... Also müssen die Menschen anderer Welten auch eine solche Beschaffenheit haben, daß sie nur auf der ihnen angewiesenen Welt bestehen können" (Gr. Ev. Bd. 6, Kap. 192, 8). Kurt Eggenstein bemerkt dazu richtig: „Danach sind Rückschlüsse, daß

auf anderen Planeten völlig andere Verhältnisse herrschen als auf Erden, als Argument für deren Unbewohnbarkeit nicht zulässig." Wenn Jesus einmal zu einem Griechen sagt: „Siehe, das ist bereits der zwanzigste Weltkörper, auf dem du lebst!" (Gr. Ev. Bd. 1, Kap. 213, 1), so darf uns dies nicht erschrecken. Der Herr fügte nämlich hinzu: „Aber welche nahezu endlose Zeitdauer bestandest du (vorher) als reiner Geist (vor dem Fall Luzifers) im vollsten Sein und klarsten Selbstbewußtsein, im endlosen Raum mit zahllosen anderen Geistern freiest lebend und das freieste Leben in aller Kraft hoch und wohl genießend" (Gr. Ev. Bd. 1, Kap. 213, 1).

Entscheidend bleibt immer die Tatsache: „Es mag eine Seele mit ihrer Vollendung noch so lange zu tun haben, so bleibt sie dennoch ihr eigenstes Ur-Ich und wird sich als solches auch für ewig unwandelbar erkennen, was denn doch tröstlicher ist, als so die Seele völlig zerteilt in ein anderes Individuum übergehen würde" (Gr. Ev. Bd. 4, Kap. 243, 7).

Natürlich muß sich der Mensch auf Erden jederzeit bewußt bleiben, welch große Entwicklungschance ihm gerade dieser Planet mit seinen schroffen Gegensätzlichkeiten von Gut und Böse zu bieten hat. Darum heißt es bei Lorber: „Ich habe nun (durch Meine Menschwerdung) die Tore zum (ewigen) Leben nicht nur für die nun auf der Erde Lebenden eröffnet, sondern auch für alle, die schon lange hinübergegangen sind. Und viele der alten Sünder werden noch einmal irgendeine kurze Fleischesprobe von neuem durchzumachen bekommen" (Gr. Ev. Bd. 6, Kap. 65, 2). – „Aus all dem könnt ihr nun zur Genüge klar entnehmen, wie Gott auf seinen, für keinen Sterblichen erforschbaren Wegen jede euch noch so verworfen dünkende Seele zum wahren Leben und Lichte zu führen vermag" (Gr. Ev. Bd. 5, Kap. 232, 13).

Lange Zeit, bis in unsere Gegenwart herauf, war die Reinkarnationslehre, wenigstens im christlichen Abendland, eine ausgesprochene Geheimlehre. Das Siegel wurde erst durch die Neuoffenbarung für alle Menschen von ihr genommen. Aber noch von den Aposteln verlangte Jesus Verschwiegenheit mit den Worten: „Ich habe das nun auch nur für euch gezeigt, weil ihr dazu die nötige Fassungskraft besitzet; der anderen Menschheit aber braucht ihr das nicht wiederzugeben, sondern nur, daß sie glaube an Meinen Namen und die Gebote Gottes halte, die da sind die wahrhaftigen Gebote der Liebe" (Gr. Ev. Bd. 5, Kap. 233, 3).

Nicht einmal Swedenborg durfte diese Geheimlehre zu seiner Zeit der Öffentlichkeit verkünden. Heute dagegen ist der Boden schon bestens bereitet. Wie uralt diese Lehre ist, bestätigt Jesus mit den Worten: „Diese allenthalben den Urvätern der Erde wohlbekannte Wahrheit (der Reinkarnation) ist durch ihre mit der Zeit aufgestandenen habsüchtigen, anfänglichen Volkslehrer und späteren Priester voll Ehrgeiz und Herrschgier ganz verunstaltet und völlig verkehrt worden, denn die wahre Lehre der Seelenwanderung hätte ihnen keine Opfer und Zinsen eingetragen, und so ließen sie die Menschenseele in die Tiere zurückwandern und in den Tieren leiden, von welchen Leiden sie nur Priester um große Opfer befreien konnten. ... Auf diese Art ist die Vielgötterei, alles Heidentum und der ganz verkehrte Glaube an die Seelenwanderung und an viele tausend andere gräßliche Dummheiten entstanden.

Sind von Gott aus auch stets wahre Lehrer unter das einmal geblendete Volk entsandt worden, so haben sie wenig ausgerichtet, denn der freie Wille muß der Menschenseele dieser Erde unangetastet belassen werden, ohne den ein Mensch zu einem Tier würde, und so heißt es mit der Menschheit Geduld haben und von ihr wohl den größten Teil in einer anderen Welt zu einem besseren Lichte gelangen zu lassen. Doch wehe allen falschen Lehrern, Priestern und Propheten, welche die alte und reine Lehre wohl für sich noch recht gut kennen, aber sie dem Volk ihrer Hab- und Herrschgier wegen hartnäckig vorenthalten; sie werden dereinst Meinem Zorngericht nicht entgehen!" (Gr. Ev. Bd. 10, Kap. 22, 8 u. Kap. 23, 8–10).

Seinen Jüngern und Aposteln gibt Jesus folgende Aufklärung: „Wer von euch etwas zu fassen imstande ist, der wisse, daß auch von anderen Welten Seelen auf dieser Erde ins Fleisch getreten sind und auch die Kinder der Schlange auf dieser Erde. Sie sind wohl einmal gestorben, und manche schon etliche Male, nahmen aber zu ihrer Vollendung wieder Fleisch an sich. Ihr habt schon oft von einer Wanderung der Seelen gehört. Das ferne Morgenland glaubt noch heutzutage fest daran. Aber es ist solcher Glaube bei ihnen sehr verunreinigt, weil sie die Menschenseelen wieder in ein Tierfleisch zurückkehren lassen. Allein, dem ist nicht von ferne also. Daß sich eines Menschen Seele von dieser Welt wohl aus dem Mineral-, Pflanzen- und Tierreich zusammensammelt und sich bis zur Menschenseele emporschwingt, das ist euch schon zum größten Teil gezeigt, und auch, wie das in der gefesteten Ordnung geschieht. Aber rückwärts wandert keine noch so unvollendete Menschenseele mehr, außer im geistigen Mittelreiche der äußeren Erscheinlichkeit nach zu ihrer Demütigung und der daraus möglich hervorgehenden Besserung.

Ist eine solche bis zu einem gewissen Grade erfolgt, über den es dann wegen Mangels an höheren Befähigungen nicht weiter gehen kann, so kann eine solche Seele dann in eine bloß geschöpfliche Beseligung auf irgendeinem andern Weltkörper, das heißt in dessen Geistiges, übergehen, oder aber auch, so sie es will, noch einmal ins Fleisch der Menschen dieser Erde treten, auf welchem Wege sie sich höhere Befähigungen aneignen und mit ihrer Hilfe sogar die Kindschaft Gottes erreichen kann. So wandern auch von anderen Welten Seelen ins Fleisch der Menschen dieser Erde, um im selben sich jene zahllos vielen geistigen Eigenschaften anzueignen, die zur Erreichung der wahren Kindschaft Gottes notwendig sind.

Weil aber diese Erde ein solches Schulhaus ist, darum wird sie auch von Mir mit so vieler Geduld, Nachsicht und Langmut behandelt. Wer von euch das fassen kann, der fasse es, aber er behalte es für sich, da es nicht allen gegeben sein soll, die Geheimnisse des Gottesreiches insgesamt zu fassen. So ihr aber jemanden findet, der eines rechten Geistes Kind ist, dem könnt ihr nach und nach ein und das andere Geheimnis offenbaren, aber auch nur für ihn selbst; denn Ich will es, daß ein rechter Mensch sich solches alles durch den eigenen Fleiß nach Meiner Lehre erwerben soll" (Gr. Ev. Bd. 6, Kap. 61, 2ff.).

Ein drastisches Beispiel von Seelenwanderung wird uns im Großen Evangelium Johannes von einem hochmütigen und herrschsüchtigen König gegeben. Nach seinem Tod in die Hölle verbannt, wird dieser dort durch die Abödungszustände, welche er zu seiner Läuterung durchzumachen hat, aufs äußerste ernüchtert. Dies ist der Augenblick, da ihn Gottes Gnade aufs neue sich auf Erden inkarnieren läßt, um frühere Fehler gutzumachen. Er kommt als Kind armer Leute auf die Welt und muß schließlich als Landarbeiter ein bescheidenes, ja kärgliches Dasein führen. Nach seinem abermaligen irdischen Tod hat er es jenseits wesentlich besser. Seine Seele hatte eine andere Richtung eingeschlagen, so daß er sich drüben mit guten Seelen in einer lichteren Sphäre zusammenfindet. Die baldige Erweckung seines göttlichen Geistes war nun möglich geworden.

Für diesen besonderen Fall kündigt der Herr an: „Ist bei einer solchen Seele die volle Vereinigung mit ihrem Geiste erfolgt, dann kehrt bei ihr auch die volle Erinnerung an all ihre Vorzustände zurück und sie lobt Gottes Weisheit, Macht und Liebe, die sie selbst aus den jammervollsten Zuständen zum wahren, ewigen Leben zurückgeführt hat" (Gr. Ev. Bd. 5, Kap. 232, 12). Daß der Seelenvollendungsweg nach Überwindung der Materie von der Erde hinwegführt zu immer höheren Sphären bis hinauf zur Gnadensonne ist ein Gesetz. Wird der Geistfunke im Menschen durch die Kommunio mit Christus zu höchster Glut entfacht, so daß eine „Wiedergeburt im Geiste" stattfindet, dann geht der Weg von der Erde unmittelbar bis in die höchsten Himmel.

Einen langsameren Entwicklungsgang haben die Menschen auf anderen Planeten und Sternen, wohin natürlich auch Erdenseelen gelangen können. Von Geistern, die in der Sonne leben, hören wir bei Lorber: „Die schon in der Sonne vollendeten Geister, deren es sehr viele gibt, verbleiben nach ihrer Vollendung nicht in der Sonne, sondern steigen aufwärts zu einer höheren Zentralsonne, von der sie einstmals ausgegangen sind samt der Sonne. Allda werden sie erst in der Demut gefestigt und steigen dann wieder höher bis zu einer noch tieferen Urzentralsonne, welche die frühere an Größe,

Licht und Herrlichkeit ums Unaussprechliche übertrifft. Wenn diese Geister aus der früheren Sonne noch so durchleuchtet und durchglüht in dieser zweiten Urzentralsonne ankommen, so kommen sie sich da aber dennoch nicht anders vor, als wären sie nahe ganz dunkel und völlig lichtlos. Daher werden sie hier wieder von Stufe zu Stufe eingeführt und von den dort waltenden Geistern wieder also durchleuchtet, daß sie dadurch fähig werden, wieder zu einer noch tieferen und nahe endlos größeren Zentralsonne aufzusteigen. Diese Sonne ist auch zugleich die letzte materielle Vorschule für den eigentlichen Himmel, welcher da ist die Urheimat aller vollkommenen Geister.

Aber in dieser letzten und zugleich auch allergrößten Mittelsonne einer Hülsenglobe gibt es sehr viele Stufen, welche die Geister mit ätherischen Leibern angetan durchzumachen haben, bevor sie erst fähig werden, in die geistige Sonnenwelt, welche da heißt der Himmel, aufgenommen zu werden. – Das ist sonach mit wenigen Worten angedeutet der Weg für die in der Sonne vollendeten Geister. So da jemand aber fragen möchte: Warum denn ein so weit gedehnter Weg?, da ist auch die Antwort schon so gut wie fertig, denn solche Geister haben ja eben auch degradatim (absteigend) diesen Weg von der letztgenannten, innersten, allergrößten Zentralsonne ausgehend gemacht und haben auf jeder solchen Sonnenstufe noch mehr Materielles in sich aufgenommen. Aus eben dem Grunde müssen sie jetzt diesen Weg wieder zurück machen, um auf ihm von Stufe zu Stufe das letzte materielle Atom abzulegen, bis sie dann erst wieder fähig werden, vollkommen wieder in die wahrhafte, allerreinste, himmlische Sonnenwelt für alle Ewigkeiten der Ewigkeiten überzugehen.

Solches wüßten wir jetzt. Aber Ich sehe schon wieder eine verborgene Frage in euch und diese lautet also: ‚Müssen denn auch die Geister der Planetarmenschen diesen zwar sehr lichten, aber dennoch sehr weiten Weg machen, bis sie in den eigentlichen Himmel gelangen?' Diese Frage kann weder mit ja noch mit nein beantwortet werden – wenn man darüber sogleich eine allgemeine Antwort verlangen würde –, sondern es kommt dabei auf drei Umstände an: Kinder und solche Menschen, welche nach dem Ableben auf der Erde noch eine weitere Reinigung nötig haben, müssen ohne weiteres diesen Weg machen; so auch zuallermeist solche große Männer der Welt, in denen sehr viel Eigendünkels und selbstsüchtigen Stolzes steckt, müssen ebenfalls diesen Weg machen und manchesmal von dieser Erde angefangen noch viel umständlicher, indem sie noch zuvor in den verschiedenen anderen Planeten eine läuternde Vorschule durchmachen müssen, bis sie erst in die Sonne gelangen" (NS., Kap. 3, 10–14).

Kann es eine erschöpfendere Auskunft geben über alle die schwierigen Fragen, die mit Reinkarnation und Karma in Zusammenhang stehen? Solche

Antworten, wie sie die Neuoffenbarung gibt, sind freilich nur möglich im Rahmen eines umfassenden Weltbildes, in dem nichts ausgelassen ist und die genaueste Abgestimmtheit aller Teile aufeinander durch ihre innere Logik überzeugt.

5. Schicksalsbestimmung und Willensfreiheit

a) Wie weit ist der Mensch dem Schicksal gegenüber willensfrei?

Kaum eine Frage stößt bei der Allgemeinheit auf mehr Interesse als die nach dem Schicksal. Man geht zum Hellseher, um sich die Zukunft voraussagen zu lassen; man befragt Handlinien und Gestirnskonstellationen und legt sich selbst die Karten. Das Wahrsagen durch Auguren zählte bereits im alten Rom zu den Dauereinrichtungen des Staates, und an den öffentlichen Orakelstätten Griechenlands wurde durch Medien geweissagt. Erhalten haben sich solche Bräuche vor allem in den östlichen Ländern. Der Nachfolger des Dalai Lama zum Beispiel wird durch ein Staatsorakel auf der Grundlage der Wiedergeburtslehre ausfindig gemacht. Und was soll man von jenem „Palmblattorakel" halten, durch das sich in Indien sowohl Einheimische wie Fremde nicht nur eine Reihe von Vorexistenzen, sondern auch von späteren Inkarnationen in einer großangelegten „Karmaschau" verkünden lassen?

Was ist unter diesen Umständen der Mensch noch in seinem Eigenwesen? Anonyme Mächte scheinen über ihn zu bestimmen. Hat er überhaupt einen eigenen freien Willen oder muß er genau so handeln, wie er es tut? Der gottbegnadete Arzt und Seher Nostradamus (1503–1566) hat in seinen berühmten Quatrains (Vierzeilern) auf viele Jahrhunderte voraus Ereignisse der Weltgeschichte schriftlich fixiert. Und alle sind sie in dem zurückliegenden nachprüfbaren Zeitraum sogar bis auf die Namensnennung historischer Persönlichkeiten eingetroffen! Nostradamus hörte nicht nur Stimmen und sah Bilder; M. Kahir sagt in seinem Buch „Nahe an 2000 Jahre" noch folgendes über ihn aus: „Zeit und Ort dieser teils größeren, teils unbedeutenderen Geschehnisse zu bestimmen, gelang ihm nach seiner eigenen Angabe durch die Anwendung einer heute verlorengegangenen ‚judiziellen', d. h. beurteilenden Astrologie. Die Lehre von den die Zeitepochen formenden (geistigen) Planetenkräften (vgl. dazu die ‚Erzengel') und die Kenntnis der ‚Örter', d. h. Kräftekonstellationen, aber auch der den kosmischen Kraftfeldern entsprechenden irdischen Weltgegenden, Länder und Rassen waren ihm als Kabbalisten wohlvertraut. War doch sein Vater ein getaufter Jude aus dem Stamme Isaschar, dem die semitische Überlieferung eine besondere Gabe der Weissagung zuschrieb." Auch das Phänomen Nostradamus könnte uns auf die Idee bringen, daß alle Schicksalsläufte im Leben des Einzelnen wie der Nationen „vorherbestimmt" sind. Welcher Spielraum bliebe in diesem Falle noch für eine freie individuelle Lebensgestaltung? Die Vorausberechenbarkeit zukünftiger Ereignisse legt den Gedanken nahe, daß ein unabänderliches Gesetz von Ursache und Wirkung mechanisch funktioniert. Daß dies allerdings eine große Täuschung ist, erfahren wir durch die Neuoffenbarung. Das treffsichere Kalkül kommt nämlich nur dann zustande, wenn ein Mensch im visionären Zustand mit Hilfe seines göttlichen Geistfunkens (d. h. im „dritten Schauensgrad" nach Lorber) die Prognose stellt. Bei Lorber sagt der Engel Raphael über diesen Umstand: „Eine frei sehende, frei fühlende Seele durchschaut schnell alle Verhältnisse, Bedingungen und möglichen Hindernisse, wie auch zugleich die besten und sicheren Mittel, wodurch die Hindernisse beseitigt werden können. Und so muß ja das, was sie sich vorgenommen hatte, auch in der bestimmten Zeit geschehen. Und siehe, darin liegt denn auch die Vorhersehensfähigkeit einer freieren und reineren Seele für das, was außer ihr in der Welt geschehen und vor sich gehen wird, weil sich eine solche Seele den Verband aller für die kommenden Ereignisse schon lange vorhanden seienden Verhältnisse, Bedingungen und Ursachen mit ihren bestimmten Wirkungen unverhüllt und also auch wie plastisch vollendet vorstellen kann" (Gr. Ev. Bd. 8, Kap. 135, 11–12).

Wer nicht in solche Zusammenhänge hineinblicken kann, wird allzuleicht dem Determinismus verfallen. Diese philosophische Richtung hatte ihre bekanntesten Vertreter in Descartes und Spinoza. Nach ihnen gibt es keinen freien Willen; vielmehr wird der Mensch in all seinem Denken, Wollen und Handeln durch die äußeren Umstände seines Lebens unausweichlich bestimmt, so zum Beispiel durch Geburt, Veranlagung, Naturgesetzlichkeit, Milieu, usw. Eine Variante des Determinismus liefert auch der Marxismus. Danach ist die Willensfreiheit eine bloße Fiktion. Der nur scheinfreie Mensch denkt und handelt in Wirklichkeit triebgebunden und wird völlig von seinem Milieu geprägt.

Eine entgegengesetzte Meinung vertritt der sogenannte Indeterminismus. Nach dieser Lehre, die schon im Mittelalter sehr verbreitet war, ist der Mensch zwar in seiner Willensrichtung durch viele äußere Umstände beeinflußbar, aber dennoch niemals so stark, daß er nicht in seinem innersten Wesen und Wollen doch allezeit frei wäre. Darum kann er auch ungenötigt („indeterminiert") in jedem einzelnen Falle seine freie Entscheidung treffen, die allerdings immer so ausfallen sollte, wie „die Stimme Gottes im Herzen", das Gewissen, aber auch die sittlichen Gebote – von Gott selbst zusammengefaßt im Dekalog – es für gut befinden. Ohne diese göttlichen Direktiven wäre der Mensch ständig verunsichert.

Für nicht religiös gebundene Geister wird die Willensfreiheit immer fragwürdig bleiben. Bei ihnen ist es nicht das feste Vertrauen der Gotteskinder auf die Führungen des Vaters, der alle unsere Geschicke in treuen Händen hält und darüber wacht, daß alle Erfahrungen in unserem Leben uns zum Besten ausschlagen, auch die leidvollen und dunklen. Bei dem Existentialisten Martin Heidegger zum Beispiel steht die „Angst" im Mittelpunkt seines Philosophierens als „Grundbefindlichkeit" des Menschen gegenüber dem Schicksal. In äußerster Steigerung ist es sogar die Angst vor der Möglichkeit des Nichtseins. Dieser stete Blick auf den Abgrund muß natürlich zu einer Lähmung der Willensfreiheit führen. Nicht geteilt wird diese beinahe ins Psychopathische ausartende Seelenhaltung von dem christlichen Existentialisten Karl Jaspers. Er kennt nicht den saugenden und hypnotisierenden Blick des Nichts. Nach seiner Meinung hat der Mensch die absolute Freiheit, „das Weltsein in der Selbstwahl zu überwinden und sich zur Transzendenz des Umgreifenden (Göttlichen) aufzuschwingen". Eine ethische Gebundenheit spricht aus diesen Worten. Ganz anders in der Existenzphilosophie von Jean Paul Sartres. Sein Freiheitsbegriff erschöpft sich in der Hauptsache darin, daß er den Menschen zur Freiheit „verdammt" sein läßt. Anstatt einfach da sein zu können, muß der Mensch „sich selbst erschaffen", weil er sonst überhaupt nichts wäre.

Diesen düsteren Aspekten hatte einst Immanuel Kant eine „transzendentale Freiheit" entgegengesetzt. Sie ist „eine Kausalität, durch welche etwas geschieht, ohne daß die Ursache davon noch weiter durch eine andere vorhergehende Ursache bestimmt wird" (Zitat aus H. Schmidt „Philosophisches Wörterbuch"). Es ist „die Unabhängigkeit der Willkür von der Nötigung durch Antriebe der Sinnlichkeit". Zumindest wird in dieser Definition das Menschenwesen selbst in seiner Gespaltenheit gesehen. Es stehen sich in ihm gegenüber „die Kräfte des Vernünftigen, des Muthaften und des Triebhaften", wie Platon sagt. Das Ideelle im Menschen hat sich mit seiner niederen Natur auseinanderzusetzen. Gehen wir ganz auf den religiösen Wurzelgrund, dann ist es wieder der Kampf der Gegensätze, die in Mensch und Gottheit gleichermaßen angelegt sind und zum Ausgleich drängen.

Bei J. Lorber sind es außerdem die „sieben Geister Gottes" (Liebe, Weisheit, Kraft; Ordnung, Ernst, Geduld, Barmherzigkeit), die im Menschenwesen harmonisiert werden müssen. Solange dies nicht geschehen ist, bleibt der Mensch allen möglichen Zwängen ausgeliefert. Seine Willensfreiheit hat im übrigen stets nur relativen Charakter gegenüber der absoluten Willensfreiheit Gottes, wie schon Thomas von Aquin betont; denn der Mensch bleibt auch auf seiner höchsten Stufe immer nur Geschöpf. Er kann sich aber mit der absoluten Willensfreiheit Gottes so in Einklang bringen, daß er die Ordnungsgesetze im Weltall zu den seinigen macht. Der mächtigste Feind des Menschen in seinem gefallenen Zustand ist die Materie. In ihr dokumentiert sich das „Gericht Gottes". Die Natur zwingt den Menschen unter ihren Willen, so daß er bis zu einem gewissen Grad ihr Sklave wird. Umgekehrt aber sollte es gerade sein. Der Mensch sollte die Natur beherrschen, und zwar mit seinen geistigen Kräften wie die nicht gefallenen Engel. Auch Adam übte einst vor dem Sündenfall eine unumschränkte Herrschaft aus über Natur und Kreatur, Sterne und Elemente. Er blickte in den innersten Kern aller Wesen – weswegen er sie auch im magisch göttlichen Sinne mit Namen nennen konnte – und Abgründe der Angst, wie sie der heutige Mensch empfindet, waren ihm völlig fremd.

Beheimatet im Herzen Gottes fühlte er sich geborgen in allen Dingen, denn alle Schöpfung um ihn herum war auf ihn hin geschaffen worden, damit er Liebe empfange und Liebe zurückstrahle. Es war noch der Zustand des Henkai-Pan, der Alleinheit in Gott und allen Geschöpfen, das Umschlossensein vom „väterlichen Lendengürtel". Sobald aber die Zersplitterung seines Wesens begann – durch Abkehr von Gott und seiner himmlischen Braut Sophia –, begann auch seine Unfreiheit. In seinem Bewußtsein an die Peripherie seines Wesens gedrängt, in den rein seelischen Bereich, geriet er in die Fremdabhängigkeit. Eine leidvolle Ohnmacht trat anstelle der bisher ungehemmten Freiheit. Unfrei wurde er auch als Geistwesen gegenüber seinen immer mächtiger werdenden naturhaften Trieben, die tief im Unterbewußtsein wurzeln. Nach Sigmund Freud ist dies ein „Ort der Dämonen". Damit er sich davon lösen könne, gab Gott ihm „das Gesetz" mit den Verhaltensmaßregeln und sittlichen Normen für sein weiteres Handeln.

Essentiell kann der Mensch allerdings nur durch seine Wiedergeburt im Geiste zur völligen Freiheit gelangen, denn auch die Gesetze und Gebote Gottes bleiben letzten Endes, wenn der Mensch sich nicht damit identifiziert, ein harter, wenn auch zeitweise heilsam-notwendiger Zwang. Von dieser „Freiheit der Kinder Gottes" handelt vor allem der Glaube. Sie ist, wie Karl Rahner sagt, ein Grundkerygma der Botschaft Christi (s. Röm. 8, 15). In K. Rahners „Kleinem theologischem Wörterbuch" steht die Definition: „Es handelt sich um die Freiheit als Frucht der Erlösung in Jesus Christus und als Entfaltung des von ihm gegebenen Geistes. Diese christliche Freiheit besagt die Befreiung von der bestimmenden Macht der Sünde, der äußerlichen Gesetzlichkeit und des Todes, und damit von der Sklaverei unter den welthaften Gewalten überhaupt. Positiv bedeutet sie die geistgeschenkte und von oben entbundene Lebendigkeit des Herzens, die aus der Offenbarung und Mitteilung der erlösenden Liebe Gottes in Jesus Christus erwächst und die ihre eigentliche Grundform in der Liebe hat als der ‚großen Gnadengabe'."

Als Bestätigung mögen die Worte des Paulus dienen: „Denn das Gesetz des Geistes, der lebendig macht, hat euch in Christus Jesus frei gemacht vom Gesetze der Sünde und des Todes" (Röm. 8, 2). Zu den Urvätern sagte der Herr einst: „Alles kann Ich euch geben, allein die freie Liebe eures Herzens zu Mir, diese kann Ich niemandem geben! Und wenn Ich solches täte, was wäre da eure Liebe? Sie wäre nur ein fremder Trieb in euch, der euch nötigen möchte, wider euren Willen Mich zu lieben und anzubeten. Ich aber habe euch zu freien Menschen und Kindern erschaffen und habe einem jeden gegeben einen eigenen guten Anteil der Liebe, die da bewirkt das Leben in euch. Mit dieser freien, eigenen Liebe müßt ihr Mich ergreifen, so werdet ihr das Leben in euch erfassen!" (H. Bd. 1, Kap.142, 4–6).

Eine der schlimmsten Verirrungen auf theologischem Gebiete ist die Lehre von der Prädestination. Dazu äußert sich der Herr einmal: „Denket ja nicht, Gott habe schon für jeden Menschen bestimmt, was er in seinem Erdenleben zu gewärtigen hat! Etwas Derartiges zu denken und zu glauben, kann der Seele den Tod bringen, weil diese Lehre eine Ausgeburt der Hölle ist und zu den wahrsten Lebensgrundsätzen aus Gott den schroffsten Gegensatz darstellt. Die Bestimmung machen sich die Menschen selbst durch die Verkehrtheit ihres freien Willens und dadurch, daß sie nicht in sich erwecken wollen alle sieben Lebensgeister Gottes, wodurch sie auch nicht zu der wahren Anschauung ihres inneren, unvergänglichen Lebensschatzes gelangen" (Gr. Ev. Bd. 7, Kap. 52, 1).

Der bekannteste Vertreter der Prädestinationslehre ist der hl. Augustinus. Dieser sonst so bedeutende Kirchenlehrer verstieg sich in seinem Kampf gegen den Häretiker Pelagius sogar zu der These, „daß die Vorausbestimmung des Menschen zum Himmel oder zur Hölle mit Gottes Vorauswissen der Willensentscheidung des Menschen und der daraus sich ergebenden guten oder schlechten Werke zusammenfallen" (in der Wiedergabe durch Berthold Altaners „Patrologie"). In dieser Prädestinationslehre spielt der freie Wille des Menschen kaum noch eine Rolle. Ja, „das menschliche Wollen vermag nichts, wenn nicht Gott hilft, daß wir Gutes vollbringen". Daß es Gute und Böse, Gläubige und Ungläubige, Selige und Verdammte gibt, wird allein auf das göttliche Wollen zurückgeführt.

B. Altaner faßt die Augustinische Lehre von der Prädestination in die Sätze zusammen: „Obwohl das ganze Menschengeschlecht durch die Adamsünde zur massa damnata geworden ist, hat Gott aus reinem Wohlgefallen, und um seine Barmherzigkeit zu offenbaren, eine fest umgrenzte und individuell bestimmte Zahl von Menschen, und zwar so viele, als Engel von Gott abgefallen sind, zur Seligkeit bestimmt. Diese Auserwählten (electi vasa misericordiae) gelangen, ganz unabhängig von ihren späteren Verdiensten, die nur Gnadengaben Gottes sind, unfehlbar in den Himmel; denn Gottes Wissen ist

untrüglich und sein Wille, der die Gnade und schließlich das donum perseverantiae verleiht, unüberwindlich. Alle übrigen Menschen, deren Zahl viel größer ist, verbleiben in der massa perditionis, d. h. gehen mangels der unbedingt notwendigen, ihnen nicht verliehenen Gnade rettungslos ewig verloren (,vasa irae'). Hiermit geschieht ihnen kein Unrecht, weil niemand einen Rechtsanspruch auf Gottes Barmherzigkeit hat; in ihrem Schicksal will Gott seine Gerechtigkeit offenbar werden lassen. Gott verhält sich gegenüber den Nichterwählten (Reprobierten) nicht aktiv wie zu den electi, sondern passiv. ... Eine Erklärung dafür verlangen, warum Gott die einen rette, die anderen im Verderben lasse, heißt etwas Unmögliches anstreben; es muß die Überzeugung genügen, daß es bei Gott keine Ungerechtigkeit gibt."
Zu diesen absurden und Gottes Wesen entstellenden Gedankengängen bemerkt B. Altaner: „Augustins Gnadenlehre, die von einem schaudererregenden Gottesbegriff getragen ist, hat von Anfang an innerhalb der Kirche Widerspruch gefunden und später schwere Irrungen hervorgerufen." Es ist anzunehmen, daß ein mißverstandener Paulus dahintersteht (besonders Römerbrief, Kap. 9, 16–23). Wie wohltuend klingen demgegenüber die Worte des Völkerapostels: „Gott will, daß alle Menschen selig werden" (1. Tim. 2, 4). Die Saat der „schweren Irrungen" des Augustinus ist viele Jahrhunderte später bei dem Genfer Theologen Calvin voll aufgegangen. Aber prüfen wir erst einmal die Bibel selbst, ob es dort irgendwelche Anhaltspunkte gibt für eine Prädestinationslehre augustinischer Prägung! Tatsächlich ist besonders im Alten Testament sehr häufig von einer Vorherbestimmung die Rede. So lesen wir in Pred. 9, 12: „Der Mensch kennt ja nicht einmal die für ihn bestimmte Zeit." Im Psalm 139, 16 heißt es: „In deinem Buche standen eingeschrieben alle Tage, die vorherbestimmt waren, als noch keiner von ihnen da war", und im Buch des Predigers Salomonis wird gesagt: „Alles, was geschieht, ist längst im voraus bestimmt worden und von vornherein steht fest, wie es einem Menschen gehen wird, und niemand vermag den Gott zur Rechenschaft zu ziehen, der stärker ist als er. Wohl findet darüber viel Redens statt. Aber das ist nutzlos. Denn wer weiß, was dem Menschen im Leben gut ist?" (Pred. 6, 10 f.). Ein andermal heißt es in Psalm 31, 16: „In deiner Hand steht mein Schicksal." Vom Propheten Jeremias stammen die Worte: „Ich weiß, Herr, daß des Menschen Schicksal nicht in seiner Hand steht und daß ein Mensch, der da wandelt, seinen Gang nicht fest zu richten vermag" (10, 23). Bei Moses steht der Satz: „Eilends kommt das Schicksal heran, das für sie festgesetzt ist" (5. Mos. 32, 35).
Aus alledem ist ersichtlich, daß Geburt und Tod und die dazwischenliegende Lebensdauer von Gott festgelegt sind. Jeder Mensch stirbt genau in jenem Augenblick, den Gott für ihn bestimmt hat. Daran können auch die Bemühungen eines Arztes nichts ändern. In Pred. 8, 8 lesen wir: „Ebenso wenig ist

jemand Herr über den Tag seines Todes." Diese Aussage wird bestätigt durch die Worte Christi: „Wer von euch vermag mit all seinen Sorgen der Länge seiner Lebenszeit auch nur eine Spanne zuzusetzen?" (Matth. 6, 27). Auch zu Moses hatte der Herr gesagt: „Sieh, die Zeit ist nahe, daß du sterben mußt!" (5. Mos. 31, 14). Und gerade in Moses war noch so viel Lebenskraft, daß die Bibel ausdrücklich von ihm erwähnt: „Moses war 120 Jahre alt, als er starb; sein Auge war nicht erloschen und sein Lebenssaft nicht geschwunden" (Deut. Kap. 34, 7). Die Hinwegnahme eines Menschen von dieser Erde unterliegt höheren Gesetzen. Nur Gott allein vermag die Lebenszeit zu verlängern oder zu verkürzen, entgegen der ursprünglichen Planung. Ein Beispiel haben wir bei Hiskia. Diesem treuen Mitarbeiter Gottes am großen Erlösungswerk der „Wiederbringung alles Verlorenen" verspricht der Herr auf seine Bitte hin: „Ich will zu deinen Lebenstagen noch fünfzehn Jahre hinzufügen" (2. Kö. 20, 6). Viel häufiger tritt allerdings der Fall ein, daß die festgesetzte Lebenszeit eines Menschen sich verkürzt, zum Beispiel durch Selbstmord oder durch Nichterfüllung der Lebensaufgabe. So lesen wir im Psalm 55, 24: „Die Männer der Blutschuld und des Truges werden ihr Leben nicht auf die Hälfte bringen", und in den Sprüchen Salomonis heißt es: „Die Furcht des Herrn verlängert die Lebenstage, aber die Jahre der Gottlosen werden verkürzt" (10, 27). Der Prophet Jeremias gibt dem Hananja auch den Grund einer solchen Lebensverkürzung bekannt mit den Worten: „Noch in diesem Jahre sollst du sterben, weil du zum Ungehorsam gegen den Herrn aufgefordert hast" (28, 16). Bei Hesekiel steht der Satz: „Durch das Blut, das du vergossen hast, hast du dich mit Schuld beladen und durch die Götzen, die du dir angefertigt hast, bist du unrein geworden und hast die Tage des Gerichtes herbeigeführt und bist zum Abschluß deiner Jahre gekommen" (22, 4).
Wie jedem einzelnen Menschen, so ist auch ganzen Völkern ihr Schicksal vorausbestimmt. Es hängt das mit den Ursachen und Absichten des Weltgeschehens zusammen und mit der Verflochtenheit zahlreicher Seelen miteinander. Die entscheidende Frage lautet: Wenn Gott so weitestgehend von oben her das Schicksal bestimmt, welcher Spielraum zu eigenem Handeln bleibt uns dann noch? Läuft nicht alles im Grunde doch auf Determination hinaus? Unumstößlich bleibt jedenfalls die Tatsache, daß der Mensch eingespannt ist in ein Netz von Verflochtenheiten, von dem er das Wie und Warum nicht kennt. Schließlich ist es für sein persönliches Schicksal nicht gleichgültig, welche Rassenzugehörigkeit, Nationalität, Zeitepoche, Sprache, usw. bei seiner Geburt auf ihn zukommen; welche Eltern, welcher Personenkreis, welcher Ort auf Erden ihm bestimmt sind; welche Erbanlagen er mitbekommt und ob er in primitiven oder gesitteten Verhältnissen aufwächst. Ob ihm etwa als Jude in der Hitlerzeit eine grausame Verfolgung und Tötung

droht, oder ob er gar als Sklave einen tyrannischen Herrn über sich hat sein Leben lang. Warum also die Verschiedenheit der Schicksalsfügungen und Umstände? Liegt es etwa an früheren Inkarnationen, in welche das Karmagesetz mit hereinspielt?

Man kann verstehen, daß im Großen Evangelium Johannes bei Lorber der Grieche Philopold zum Stoiker wurde mit der Begründung: „Was kann es Elenderes geben, als sein zu müssen, ohne jemals zu sein gewollt zu haben?" Dieselben Worte könnten auch von Sartre stammen. Eine ähnlich verzweifelte Stimmung trifft man öfters bei der heutigen Jugend an im Nichtverständnis gegenüber dem Sinn des Daseins. „Warum gibt es überhaupt etwas?" lautet ihre depressive Frage.

Zur Klärung besonders der biblischen Prädestinationslehre sei ein Zitat aus den medialen Schriften bei Pfarrer Greber angeführt. Dort sagt ein Geist von drüben: „Es ist nicht alles Schicksal, was ihr in eurem Leben tut oder erleidet. Das meiste ist das Ergebnis der Selbstbestimmung eures freien Willens. Vorherbestimmt ist bloß euer Lebensweg mit gewissen Schicksalsstationen an diesem Wege. Was ihr dabei treibt und wie ihr euch an den einzelnen Stationen verhaltet, das ist Sache eurer Willensentscheidung. Dafür tragt ihr die Verantwortung. Euer Leben hat den einzigen Zweck, daß euer Geist auf dem ihm vorgezeichneten Weg höher kommt, näher zu Gott. Euer Lebensweg ist ein Examensweg. Er ist euch nach Art und Dauer vorherbestimmt. Daran könnt ihr nichts ändern. Die Schicksalsstationen an diesem Weg sind Zwischenprüfungen. Der irdische Tod bildet den Abschluß. Ob ihr nun auf dem vorgezeichneten Weg eure Pflicht tut, das hängt alles von eurem freien Willen ab. Wer das Examen besteht, dessen Geist wird im Jenseits weiter fortschreiten bis zum letzten Ziele, der Vereinigung mit Gott. Wer durchfällt, hat das Examen so oft von neuem zu machen, bis er besteht. Das Bestehen oder Durchfallen ist nicht Schicksal, sondern eigenes Verdienst oder eigene Schuld. Die christlichen Religionen erkennen diese Wahrheit nicht. Sie wissen nicht, daß der Schöpfer es ähnlich macht wie ein Baumeister, der zuerst den Bauplan zeichnet, nach dem der Bau errichtet werden soll. Der Plan enthält nicht jede Einzelheit der inneren Ausführung des Baues und des dazu verwendeten Materials, sondern nur die äußeren Linien. So hat Gott auch für den Lebensbau eines jeden Menschen die Hauptlinien festgelegt, nach denen sich das Leben äußerlich gestaltet. Den inneren Ausbau überläßt er der freien Entscheidung des Menschen" („Der Verkehr mit der Geisterwelt").

Öfters lesen wir in der Bibel vom „Buch des Lebens". Es sind darin alle Vorgänge und Taten verzeichnet, für welche der Mensch im Leben verantwortlich ist und nach welchen er dereinst gerichtet wird. Ein solches Gericht setzt logischerweise freie Willenstat voraus. Wir können uns zum Guten oder

Schlechten hinwenden, den Pfad der Tugend oder des Lasters beschreiten. Eine Willenseinschränkung in dieser Hinsicht gäbe es nur, wenn der Mensch durch eigene Schuld so tief gesunken ist, daß er nicht mehr anders kann als das Übel wählen; zum Beispiel jemand, der durch seine Verfallenheit an Rauschgift oder Alkohol, oder auch an den Sex, zu keiner freien Entscheidung mehr fähig ist. Dieser Zustand des „geknebelten Willens" grenzt an Besessenheit. In anderen Dingen kann der gleiche Mensch unter Umständen sogar noch sehr zielbewußt handeln.

Für das in der Bibel genannte „Buch des Lebens" gibt es eine ganz reale Erklärung. Wir brauchen es nur mit dem menschlichen Od in Verbindung zu bringen. Bei Pfarrer Greber wird darüber ausgesagt: „Das Od gehört zu dem Wunderbarsten in der Schöpfung Gottes. Durch das Band des Od bleibt ihr nicht bloß mit allem verbunden, womit ihr in eurem Dasein in Berührung kamt, sondern es spiegelt auch euer ganzes Dasein wie ein Film wider: Alle eure Erlebnisse, alle eure Taten, alles Gesprochene und Gedachte. Es ist das ‚Buch des Lebens', in dem alles eingetragen ist. Es ist die photographische Platte, die alles festhält und wiedergibt. Dieser Film lügt nicht. Da gibt es kein Ableugnen. Nach diesem Film werdet ihr einst von eurem Schöpfer gerichtet werden."

Auch das allgemeine Menschenschicksal, die ganze Geschichte der Menschheit ist in diesem Buche festgehalten. Rudolf Steiner nennt es die Akashachronik. Anknüpfend an das Jesuswort an die Jünger: „Freuet euch, daß euch die Geister untertan sind; freuet euch aber noch mehr, daß eure Namen im Himmel aufgezeichnet sind" (Luk. 10, 20) versteht R. Steiner unter dem Worte Akashachronik im Grunde dasselbe, was der Okkultist Eliphas Levi bereits fünfzig Jahre vor ihm als „Astrallicht" bezeichnete. Darin sind alle Ereignisse der Vergangenheit, Gegenwart und möglicherweise Zukunft aufgezeichnet, so daß ein Hellseher darin lesen kann. Im Grunde ist es nichts anderes als der „Äther", wie ihn die Stoiker verstanden, und zwar als Quintessenz und kosmisches Element.

Eine völlige Willensunfreiheit, wie sie der Determinismus lehrt, steht im größten Gegensatz zu den Aussagen des Herrn bei J. Lorber, daß der Wille des Geschöpfes wegen seiner Erziehung zur Selbständigkeit so frei als möglich bleiben muß. Zu dem Römer Agrikola sagte Jesus einmal: „Welten erschaffen ist für Mich ein leichtes, aber freie Menschen ins Dasein zu rufen und sie aus sich selbst vollenden zu lassen, wobei die göttliche Allmacht vermöge ihrer Liebe, Weisheit und Ordnung schweigen und untätig sein muß (die ‚Noluntas dei'!), das bleibt auch für Mich keine leichte Sache! Da hilft Mir nichts als Meine unbegrenzte Geduld und Meine übergroße Sanftmut" (Gr. Ev. Bd. 8, Kap. 14, 16).

Natürlich wird ein wenig entwickelter Geist, der sklavisch an seine Triebwelt gebunden ist, bis zu einem gewissen Grade immer determiniert handeln. Tatsächlich sind wir nur in dem Maße willensfrei, wie wir den Geist über die Materie siegen lassen. Dann wird auch das „Gericht der Materie" sehr bald von uns weichen. Nun gibt es auf der Welt aber ein seltsames Beispiel, daß auch das Böse manchmal seinen ungehemmten Freilauf hat. So ist es ohne Zweifel nachdenkenswert, warum zum Beispiel die versuchten Tyrannenmorde, wie an Napoleon und Hitler, so oft scheitern mußten. Offenbar dürfen die Menschen dem Zorngerichte Gottes, das sich langsam vorbereitet und dem Schuldigen noch viel Zeit läßt, nicht einfach vorgreifen. Wissen wir, ob ein Volk in seiner Gesamtheit nicht gerade die Regierung verdient hat, unter der es augenblicklich leidet wie unter einer Geißel? Jede Frucht will zur Reife gelangen, auch die Frucht des Bösen.

Bei Lorber wird mit Nachdruck darauf hingewiesen, daß der Mensch am Anfang seiner Entwicklung noch weitgehend determiniert und unselbständig ist. Der Erwachsene hat mehr Spielraum für die Erfüllung seiner Wünsche als das Kind, das lange Zeit wegen seiner Unmündigkeit von Eltern und Erziehern am Gängelband geführt wird. So ist deutlich eine stufenweise Entwicklung des freien Willens erkennbar. Wahrhaft selbständig wird der Mensch aber erst dann, wenn er die auf dem Erfahrungswege gesammelten Erkenntnisse in der rechten Weise verwertet. „Eben darum", sagt der Herr im Großen Evangelium, „bin Ich ja selbst auf diese für die Zeugung Meiner wahren Kinder bestimmte Erde gekommen, um euch von den Banden der geschöpflichen Notwendigkeit zu befreien und euch den Weg zur wahren selbständigen, ewigen Lebens- (und Willens-) freiheit zu zeigen durch Wort und Tat und ihn zu bahnen und zu ebnen durch Mein euch allen vorangehendes Beispiel. Denn nur auf diesem Wege allein wird es euch möglich sein, einzugehen in die nie ermeßbare Herrlichkeit Gottes, Meines und eures Vaters!" (Bd. 3, Kap. 178, 1–2).

Es ist ein unabänderliches Gesetz: Betätigen kann sich der freie Wille immer erst dann, wenn die von der Materie ausgehenden Reize zu Entscheidungen zwingen. Aus der Menschheitsgeschichte wird deutlich, daß der Reiz zum Schlechten bei weitem größer ist als der zum Guten (s. auch Gr. Ev. Bd. 4, Kap. 145, 7). Als Gegengewicht gegen die von der Materie ausgehenden Reize hat Gott uns Gebote gegeben, die es uns ermöglichen sollen, innerhalb des Spannungsbereiches (zwischen Materie und Geist) den nötigen Schwebezustand zu erreichen, um einerseits dem Leib zu geben, wessen er bedarf, aber auch, um den in uns gelegten göttlichen Geistfunken zu wecken und tätig zu erhalten.

Das „Gesetz" bedeutet zwar eine Einschränkung unserer Willensfreiheit, in Wahrheit aber ist es für uns, wie beim unmündigen Kinde die Gehorsamspflicht gegenüber den Eltern, der beste Schutz vor weiterem, noch tieferem

Fall. Wer die Zehn Gebote relativiert und damit auflöst, wie dies heute so gern geschieht, rüttelt an den Grundfesten der Menschheit. Jede Freiheit ohne Zucht geht in schwächende Zügellosigkeit über. Es ist die Gefahr der Demokratie, die Grenzen einer solchen Freiheit nicht rechtzeitig zu erkennen. So sind wir heute durch die öffentliche sexuelle Reizüberflutung in größter Gefahr zu degenerieren. „In der Ordnung vorübergehender Freiheitsbeschränkung", sagt einmal der Lorberfreund Viktor Mohr, „befindet sich die gesamte Naturwelt, vom Atom bis zur größten Urzentralsonne. Der Mensch ist jedoch berufen, durch den ihm eingepflanzten Liebefunken der Gottheit zu vollster Freiheit empor zu wachsen – eine Freiheit, die ihn zum Mitregenten der Schöpfung und zum Eigenschöpfer neuer Welten machen will. Dieses höchste Ziel der Gottähnlichkeit aber bedingt die Erprobung seiner Willensfreiheit und seinen Eintritt in die Welt materieller Gegensätze, in die Seelenwelt Luzifers, die der Mensch durch seine ihm innewohnende Gotteskraft zu erlösen und wieder zu vergeistigen befähigt ist.

Willensfreiheit ist Seelenfreiheit, ist ein Schweben zwischen Himmel und Hölle und ihrem Einwirken auf die Menschenseele, die aus dem Muß-Gesetz der gerichteten Naturwelt zur unendlichen Freiheit der Himmelswelt gelangen soll. Daher sagte Jesus (im Gr. Ev. Bd. 4, 34): ‚Es gibt von Gott aus ein zweifaches Gesetz. Das eine ist ein rein mechanisches und heißt ‚Muß'! Aus ihm heraus ergehen alle Formen und Gliederungen. An diesem Naturgesetz kann ewig kein Häkchen verändert werden. Das andere Gesetz aber heißt ‚Soll', und in diesem allein gilt die Lehre des Lebens.'

Die Stellung des Menschen zu diesen beiden Gesetzen ist es nun, was ihm als Schicksal zur Antwort wird. Läßt sein freier Wille der luziferischen Seite seiner Seelennatur ungehemmten Lauf, so gerät er in Widerordnung zum Muß-Gesetz, der unwandelbaren Ordnung des Schöpfungsplans. Die Seele verdichtet sich dann zur Erdenschwere der Materie und nimmt damit zwangsläufig teil an ihrem ‚Gericht'. Leid, Schmerz und Not sind die Folgen, aber auch die weisen Mittel, ihn durch Erfahrung zum Segen des zweiten Soll-Gesetzes zurückzuführen. Denn immer weist die Hingabe an den Geist im Herzen den Weg aus der Finsternis ins Licht. Dieses Sollgesetz aber findet sich niedergelegt in den beiden einfachen Geboten der Christuslehre: Liebe zu Gott und Liebe zum Mitmenschen, wie auch zu aller Kreatur. Nur die Verlebendigung durch die Tat vermöchte gerade die heutige Menschheit aus dem Muß ihres so trüben Weltschicksals endlich zur Freiheit einer göttlich-harmonischen Lebensordnung emporzuführen" („Das Wort", Juli 1974).

Behinderungen des freien Willens gibt es übergenug. Dazu zählen nicht zuletzt unsere eingefahrenen Gewohnheiten, von denen wir uns so selten losmachen können. Eines der stärksten Hindernisse auf unserem Entwicklungsweg ist der sogenannte Blindglaube. Es gibt ihn sowohl in kirchlichen wie auch in Freidenkerkreisen, denn auch letztere versteifen sich auf dogmatische Lehrsätze. Die Gefahr eines solchen Blindglaubens besteht vor allem darin, daß der Mensch „zu einem barsten Wahne erstarren oder auf die gräßlichsten Abwege geraten" kann, wie der Herr im Großen Evangelium sagt. Wer denkt bei diesen Worten nicht sofort an die haarsträubende Prädestinationslehre des Augustinus oder an das unheilvolle Dogma von der Ewigkeit der Höllenstrafen? „Wo bei einem Menschen der Verstand unterentwickelt und der Glaube nur ein Gehorsam seines Herzens und Willens ist", heißt es bei Lorber, ist die Neigung zum Blindglauben besonders groß. „Darum", rät der Herr seinen Jüngern, „soll ein rechter Jünger Meiner Lehre niemals etwas leichtfertig ohne eine vorangegangene genaue Prüfung annehmen. Erst wenn er von allem sich eine gründliche Einsicht und Überzeugung verschafft hat, soll er das Gute und Wahre sich zu eigen machen und klug und weise danach handeln. ... Ja, Ich verlange Glauben, aber keinen blinden und keinen toten, sondern einen vollauf lebendigen! Ich lehre euch Wahrheiten, von denen der Welt nie etwas in den Sinn gekommen ist. Aber Ich sage dabei nicht: ‚Glaubst du das?' – sondern: ‚Hast du das wohl verstanden?' Und so du sagst: ‚Herr, dies und jenes ist mir dabei noch unklar', da erkläre Ich dir die Sache durch alle Mir zu Gebote stehenden Mittel so lange, bis du es vom tiefsten Grunde aus völlig begriffen hast und gehe dann erst wieder um einen Schritt weiter. Ich könnte jedem wohl gleich anfänglich eine solche Erklärung geben, daß er eine von Mir neu vorgetragene Lehre alsogleich vollauf begreifen müßte. Aber ich kenne auch, was und wieviel er auf einmal zu ertragen fähig ist und gebe auf einmal nur so viel, als jemand von euch zu fassen vermag. Auch lasse Ich dem Samen Zeit, zu keimen und Wurzeln zu fassen, und binde Mich Selbst darauf, nicht eher etwas Neues zu bringen, als bis das Erste auf den Grund begriffen worden ist. Ich lasse euch Zeit zur Prüfung des Vorgetragenen und Gezeigten! Und Ich Selbst sage zu euch: ‚Prüfet alles und behaltet das Gute und Wahre!'" – (Gr. Ev. Bd. 5, Kap. 88, 1–4).

Tatsächlich gibt es „keinen schlimmeren Zustand für einen freien Menschen als den des Blindglaubens; denn ein solcher Glaube gebiert den Tod" (H. Bd. 2, Kap. 151, 8). Die größte Schwierigkeit des Menschen gegenüber der Schicksalsführung von oben besteht in dem Umstand, daß er die Hintergründe des Geschehens nur selten zu durchschauen vermag. Was aber vom Menschenstandpunkt aus zum Hadern mit Gott verleiten könnte, wie beim leidenden Job, das ist von Gott her gesehen seine größte Wohltat an uns. In Jesajas 55, 8 f. heißt es einmal: „Meine Gedanken sind nicht eure Gedanken, eure Wege nicht meine Wege, spricht der Herr; denn so hoch der Himmel über die Erde ragt, soviel höher sind meine Wege als eure Wege und meine Gedanken als eure Gedanken."

Ein Vertrauensverhältnis zu Gott wird vom Menschen gefordert. Oft denken und wünschen wir ja auch Dinge, die dem Heil unserer Seele direkt zuwiderlaufen. Da wäre es völlig unverständlich, wenn Gott, der uns zur höchsten Freiheit und Seligkeit berufen hat, uns ganz unserer eigenen Willkür überließe. Wenn man weiß – wie es uns der christliche Glaube lehrt –, daß der Herr uns genau jenes Los auf Erden zuteil werden läßt, das für unsere innere Entwicklung am förderlichsten ist, und mag es noch so hart oder gar ungerecht erscheinen, dann wird man sich auf jeden Fall freiwillig mit seinem Schicksal einverstanden erklären. Den Moslems fällt dies offenbar leichter als uns Christen. Auch ein nicht begriffenes Schicksal wird durch die Liebe zu Gott erträglich.

Einen beinahe heroischen Akzent hat in dieser Hinsicht Nietzsches Amorfati-Standpunkt, das heißt die Bejahung des Schicksals um jeden Preis, auch wenn man die hintergründige Regie nicht durchschaut. „Selig" sein in dem, was einem jeweils „geschickt" wird – und das ist in dem Wort Schicksal bedeutungsmäßig enthalten –, kann der Mensch eigentlich nur dann, wenn er allem Geschehen um sich herum mit Hilfe eines geordneten Weltbildes einen letzten Sinn abgewinnt. Arthur Schult sagt darum mit Recht: „Wenn wir anfangen, Schicksal verstehen zu wollen mit menschlichen Begriffen, dann befinden wir uns von vornherein auf einem Abweg. Dies ist eben eine Welt, in die der menschliche Verstand und das menschliche Denken grundsätzlich nicht eindringen kann. Wenn wir uns darüber klar sind, dann können wir aber aus einer tieferen, aus einer innerlich-mystischen Erfahrung den Sinn des Schicksals fassen. Und Paulus versucht das deutlich zu machen. Auf der einen Seite spricht er von dem unverständlichen Schicksalsgang, von der Überlegenheit der Transzendenz Gottes, die wir in keiner Weise zur Rechenschaft ziehen können, vor der wir sind wie Tongefäße, die ein Töpfer formt. Und so wenig der Topf dem Töpfer Vorschriften machen kann über die Art der Formung, die er vornimmt, so wenig können wir Menschen mit Gott über Schicksal rechten. Auf der anderen Seite sagt Paulus im Römerbrief (Kap. 8, 28): In uns lebt über dem Schicksal, über der Sphäre des Schicksals, der Gottesgeist, der Gottesfunke, und wo der Mensch den Durchbruch erfährt in diese göttliche Sphäre, da ist er über den Schicksalen. Da versteht er auch das Schicksal, freilich nicht intellektuell, aber mystisch-geistig-pneumatisch. Der psychische Mensch versteht niemals Schicksal, der pneumatische Mensch versteht jedes Schicksal . . .

Der Mensch ist eben ein Wesen, das aus kosmischen Hüllen und dem Geiste Luzifers besteht. Unser menschliches Ich gehört dem Teufel; aber darüber hinaus haben wir alle das Gottes-Ich in uns. Soweit wir aus unserer menschlichen Ichbehauptung heraus leben, gehören wir dem Teufel, soweit aber die Sonnenkraft des Gottesfunkens in uns lebendig ist, sind wir frei von Sünden.

Es ist das gleiche Mysterium, das Paulus damit andeutet, daß er scheinbar sagt: Der Mensch ist prädestiniert, er kann das Schicksal nicht erkennen, er hat keine Freiheit, er ist so wenig frei wie der Topf frei ist, der vom Töpfer geformt wird, und auf der anderen Seite erklärt: Wir tragen Christi Geist in uns, wir haben den Gottesgeist in uns, der uns zu Söhnen Gottes macht, der uns die wahre Freiheit schenkt, der selbst die Tiefen der Gottheit aufschließt und erkennen läßt. – Erlösung sowohl und Opfer des Lammes wie Sündenfall besteht seit Urbeginn der Welt. Der Mensch aber reicht in seinem tiefsten Wesen, so drückt es der Epheserbrief ganz klar aus, in die Zeit vor Urbeginn der Welt. – Das also wäre kurz das, was man im echten Sinne die neutestamentliche Prädestinationslehre nennen kann" (aus „Weltenwerden und Johannes-Apokalypse").

Das Echo dieser Worte ist vernehmbar im Großen Evangelium (Bd. 9, Kap. 144, 9), wo der Herr sagt: „In einer Welt, in der ein Mensch nicht zum ärgsten aller Teufel werden kann, da kann er auch nicht zu einem wahren Kinde Gottes werden. ... Denn darum offenbare Ich nun ja selbst Meinen Willen unmittelbar euch Menschen, daß ihr ihn zu dem eurigen machen und Mir dadurch in allem vollkommen ähnlich werden könnt."

b) Die dreifache Gebundenheit der menschlichen Seele

Ausschlaggebend für unsere Willensrichtung sind zumeist mitgebrachte Anlagen und Neigungen. In dieser Hinsicht haben die Deterministen recht mit ihrer Behauptung, daß der Mensch weitgehend trieb- und milieugebunden sei. Aber nur auf der untersten Ebene des Menschseins! Von diesem rein materialistischen Standpunkt aus läßt sich eben der ganze Reichtum der menschlichen Seele mit all ihren zugrunde liegenden „Spezifika", das heißt „Lebensfunken" (Lorber), nicht im entferntesten überblicken. Dazu gehört vor allem das Wissen von der Zusammensetzung und den Ursprüngen der Seele. Viktor Mohr zeichnet darüber folgendes Bild: „Das Vorleben des Menschen als Seelenwesen ist durch die Zusammensetzung aus ungezählten psychischen Intelligenzen, aus naturgeistigen Partikeln der großen kosmischen Seele Satanas entstanden. Diese Lebensfunken sind verschiedenster Art. Sie haben äonenlang ihren Weg durch alle Naturreiche (Mineral, Pflanze, Tier) genommen und haben dabei unterschiedliche Läuterungsstufen erreicht. Somit bedingt schon die mannigfaltige Entwicklung der seelischen Naturintelligenzen die Vielfalt der daraus hervorgehenden Menschenseelen. Letzteren werden vor der irdischen Geburt noch Seelenteile aus dem Elternpaar, sowie Partikel siderisch-kosmischer Art hinzugefügt. Welche Vielfalt der Möglichkeiten ist damit gegeben! Es ist daher verständlich, daß Menschenseelen, die zum ersten Male selbstbewußte und geistbegabte Wesen werden, damit auch eine Unzahl unterschiedlichster Kräfte mitbringen, deren Betätigung zu einer ebensolchen Vielfalt der Lebensverhältnisse führen muß...

Nicht was den Menschen als vergängliches Schicksal trifft, sondern was er daraus innerlich zu gewinnen versteht, ist von geistiger Bedeutung. Schon hier formt er das Gewand seiner Seele, das ihm einst in den jenseitigen Welten als Träger seines Wesens dient. Seine Werke folgen ihm nach, bestimmen den Zustand seiner Sphäre nach dem Tode und treten ihm damit wieder als sein ureigenstes, frei geschaffenes Schicksal entgegen" (in „Das Wort" Juli 1974). Bekannt ist das Wort des Herrn bei J. Lorber, daß im Jenseits ein jeder „der Schöpfer seines eigenen Fußbodens" ist.

Es ist eine Grundtatsache, daß die Seele nicht nur aus den Naturreichen (durch Metempsychose), sondern auch aus den Vorfahren, besonders aus den leiblichen Eltern, und sogar aus den Sternen Elemente in sich aufnimmt. Unzählige Myriaden von Lebensfunken aus allen Lebensstufen unseres Planeten und des ganzen Universums lassen sie als Mikrokosmos erscheinen, in dem auch die gegensätzlichsten Kräfte sich vereinigen. Es drängt sich das Bild von zahllosen Nebelbläschen auf in einer großen Wolke oder von Funken in einer Flamme, die alle zu einer Gesamtintelligenz verschmolzen sind. Die Mitgift aus den leiblichen Eltern steht vor jedermanns Augen offen da und braucht nicht erst bewiesen zu werden. Auf dieser Beimischung elterlicher Bestandteile (Seelenfunken) beruht auch die „Vererbung" von bestimmten Krankheiten oder Anfälligkeiten dafür. Ebenso erben sich künstlerische, handwerkliche und sonstige Talente fort. Auch Rassen- und Stammeseigenschaften, die selbst nach Jahrtausenden immer wieder durchschlagen. Der ganzen Menschheit anhaftend ist immer noch die „Erbsünde", die durch das erste Menschenpaar verursacht wurde. Die Übertretung der Gottesgebote durch Adam und Eva wirkte sich biologisch aus und führte zu Krankheit und Tod. Im einzelnen heißt es bei Lorber: „Daß die Seele der Kinder zum großen Teile auch aus der Seele der leiblichen Eltern genommen ist, beweist nicht selten schon die äußere Ähnlichkeit mit den Eltern. Denn was in der Seele eines Kindes aus den Zeugern ist, das spricht sich ebenbildlich durch die Ähnlichkeit aus, und die Eltern erkennen daran ihre Kinder" (Ed., Kap. 53, 4).

Über die Erbsünde lesen wir: „Was die organische Seelengestaltung einmal angenommen hat, das kann ihr Tausende von Jahren (in den Kindern und Enkeln) bleiben, wenn solches nicht durch den Geist wieder in die volle Ordnung gebracht wird. ... Wenn aber demnach schon ein leichter (sei es leiblicher oder moralischer) Zug eines Urstammvaters noch nach Jahrtausenden in seinen Nachkommen gar wohl zu erkennen ist, um wieviel mehr muß ein Zug des ersten Erdenmenschen sich in allen seinen Nachkommen zeigen, denen das Merkmal des Vaters gleich bei der Zeugung im Strome des Lebenssamens eingeprägt wird" (Gr. Ev. Bd. 2, Kap. 225, 1 u. 2).

Ebenso bedeutsam wie die Seelenelemente aus den leiblichen Vorfahren sind die reinen Lebenskräfte, welche dem Menschen aus den Sternen zuströmen, am stärksten im Augenblick der Geburt, aber auch während der Schwangerschaft und Zeugung. Die wahre seelisch-geistige Natur der von den Gestirnen ausgehenden Lichtmaterie wird bei Lorber ausführlich beschrieben. Da ist von „Lichtatomen" und „Lichtmonaden" die Rede als allerwinzigsten mikroskopisch nicht mehr faßbaren Kleinformen des Lebens, die mit rein geistigen Kräften angefüllt sind. Ihre Bedeutung als Hauptlebensnahrung für alle Stufen mineralischen und organischen Daseins ist kaum zu überschätzen. „Ja, alles, was körperlich auf und in der Erde (und anderen Planeten) vorhanden ist", so lesen wir in „Erde und Mond", Kap. 21, 8, „ist im Grunde gegenseitige Wirkung der Sterne, und das darum, weil Ich, der Schöpfer, den großen Weltenmechanismus also eingerichtet habe."

Dazu hören wir noch: „Von den unzähligen und unendlich verschiedenartigen ‚Sternenspezifiken', die den Weltenraum erfüllen, nimmt jedes Geschöpf das ihm Zusagende und Notwendige auf. Das Bedürfnis eines irdischen Lebewesens nach dem einen oder anderen Spezifikum ist oft so groß, daß, wenn die betreffende, das Spezifikum ausstrahlende Sonne aus ihrer großen Bahn verschwindet, jene Art von Lebewesen zugrunde gehen muß, oder daß andererseits beim Neuauftauchen eines Sonnengestirns plötzlich neue Lebewesen auf Erden entstehen" (in der Zusammenfassung von Dr. W. Lutz). Wortwörtlich heißt es in „Robert Blum" („Von der Hölle zum Himmel") (Bd. 2, Kap. 265, 4): „Es haben alle Seelen auf dieser Erde etwas aus allen Sternen in sich. Vorherrschend bleibt freilich das, was sie aus der Natur derjenigen Erdenwelt haben, auf der sie zuerst als vollständige Menschenseelen ausgebildet worden sind." Dahinter steht bei J. Lorber die Unterscheidung zwischen „Sternenseelen" und „Erdenseelen".

Dr. Walter Lutz vertritt die Meinung: „Die Beobachtung der Astrologen, daß der Stand der Gestirne in der Geburtsstunde eines Menschen von besonderem Einflusse ist auf dessen seelische Wesenheit, dürfte vielfach ihren guten und wahren Grund darin haben, daß die junge Menschenseele beim Austritt aus dem Mutterleibe besonders lebenshungrig und stärkungsbedürftig ist und daß die Diener Gottes, diesem Bedürfnis entgegenkommend, der Seele gerade von den zu dieser Zeit besonders wirkungsvoll stehenden Gestirnen die erste, besonders wichtige und nachhaltende Himmelspeise reichen. Nur sollten die Astrologen berücksichtigen, daß die Seele des Menschen nicht bloß aus den Sternen der Geburtsstunde, sondern auch aus den Naturreichen dieser Erde und aus den Seelen der leiblichen Eltern stammt, und daß darum ihr Wesen und vermutliches Geschick nicht einzig und allein aus den Sternen gelesen werden kann, sondern daß dafür auch noch ganz andere Kräfte und Mächte maßgebend sind" („Die Grundfragen des Lebens").

Die Bedeutung der Astrologie für Schicksal und Wesensveranlagung des Menschen wird am umfassendsten gewürdigt in der sogenannten Astrosophie, gegen welche die heute wieder so groß in Mode gekommene Horoskopie sich geradezu primitiv ausnimmt. Als „kosmische Signaturenlehre des Menschenbildes" hat Astrosophie die Möglichkeit, mehr denn irgendeine Wissenschaft – denn sie faßt sie alle zusammen –, den ganzen Kosmos als lebendigen Geistorganismus aufzuzeigen und den intellektuellen Materialismus unserer Tage als „veräußerlichtes Bewußtsein", als „Illusion" zu entlarven. Die „überwältigende Erkenntnis vom makrokosmischen Wesen des Menschen" sollte ja, nach A. Schult (s. darüber sein Buch „Astrosophie"), beherrschend werden für ein kosmisch geweitetes, supramentales Bewußtsein, wie es erleuchtete Geister aller Zeiten besessen haben.

„Bei der echten Astrologie", so sagt Arthur Schult, „handelt es sich um eine mythisch-symbolische Denkform, die eine tiefere Schicht der Wirklichkeit erfaßt als das kausal-naturwissenschaftliche Denken. In die Tiefen des Seins dringt nur das mythisch-symbolische Denken und auf höherer Ebene die geistig-übersinnliche Schau." Schon das älteste Buch der Menschheit, das chinesische I-Ging, enthält ein Urbildersystem, das die gemeinsame Grundlage aller Religionen, als Urprinzip des Tao, die Alleinheit in sich schließt. In ihm ist auch die Lehre von Jin und Jang enthalten, das heißt, vom männlich-aktiven und weiblich-passiven Pol allen Seins. Die durch Striche dargestellte Symbolik des I-Ging mit ihrer geheimnisvoll mathematischen Weltschau kann ohne weiteres auf die Symbolzeichen der Astrologie, besonders der Planeten und des Zodiakus (der zwölf Himmelszeichen) übertragen werden. Die gemeinsamen Konstanten hat A. Schult in seinem grundlegenden Werk „Astrosophie" herausgearbeitet.

„In den Urbildern", heißt es dort, „blieb Unendlichkeit gewahrt und diese klare Gliederung, nicht Teilung, des Geistes reicht in die analogen Glieder der Seele, der Erdnatur und in den Bau des Universums hinein. Sie ermöglicht ein verantwortliches Erkennen und Erleben der ethischen, der ästhetischen, der logischen, der schöpferischen und der anderen Wirklichkeitsebenen der Seele, für deren jede eines der acht Urbilder steht." – Eine recht betriebene Astrologie kann dem Menschen nur von Nutzen sein. Ihr Vorteil liegt in der hervorragend möglichen „Charakterologie, die den einzelnen über seine Anlagen unterrichtet, so daß sie ihm außerordentlich hilfreich sein kann für die rechte Lebensführung". Zwar ist der Mensch durch die Gestirnskonstellation zur Zeit seiner Geburt sowohl körperlich wie seelischcharakterlich weitgehend bestimmt (determiniert), aber „der Mensch ist auch noch mehr als seine Gestirne, denn die untere Ebene des kosmischen Überbewußtseins wird überhöht durch die obere Ebene des überkosmischen Überbewußtseins. Der Mensch überragt mit seinem innersten Wesen den gesamten Kosmos und reicht durch alle kosmischen Sphären bis in den Urgrund Gottes hinein. L'homme passe l'homme infiniment, ‚der Mensch ragt unendlich weit über den Mensch hinaus', sagt schon der große französische Mathematiker Pascal.

Das Kraftfeld des Lebens wird, je höher wir geführt werden, um so gesättigter mit Geisteskraft. Die Erkenntnisse werden größer, umfassender und die Liebe hingebender. Je stärker das Gottes-Ich in uns aktiviert wird, das aus einer Sphäre ewigen Lebens stammt, die über allen Sternenkräften waltet, um so mehr wird der Mensch zum Meister seines Schicksals. Da wird zuletzt, wie der Apokalyptiker Johannes es schaut, der Menschensohn in uns geboren, dessen Antlitz wie die Sonne leuchtet und der als Lenker der Planetenkräfte die sieben Sterne in seiner Hand trägt. Dieser Weg zur Gotteinigung, zur Unio mystica, ist im Horoskop verankert. Denn es ist ein ganz persönlicher Weg, verschieden nach Veranlagung und Schicksal bei jedem Menschen. Alles astrosophische Weistum, jede recht verstandene Horoskopdeutung sollte nur Mittel sein zur wahren Selbst- und Schicksalserkenntnis auf dem Wege zu jenem höchsten Ziel der Gotteinigung."

Diese wahren und schönen Worte erhärten nur wieder den bekannten Satz: „Astra inclinant, non necessitant", das heißt, die Sterne machen geneigt, sie zwingen nicht; oder auch die kühne Formulierung: „Der Weise regiert die Sterne." In der „Geistigen Sonne" bei J. Lorber stellt der Herr an seine Jünger die Frage: „Habt ihr nie etwas gehört von der sogenannten alten Astrologie? Ihr saget: ‚O sicher; dergleichen Bücher finden sich noch heutigentags unter uns vor. Aber auf dieselben wird man doch nicht zu viel halten dürfen?' – Ich sage euch: Auf die Art, wie ihr darauf zu halten pfleget, freilich wohl nicht, denn das wäre ein sündhafter Aberglaube. Aber es hat jede Sache zwei Seiten, nämlich eine Licht- und eine Schattenseite! Wir wollen uns daher nicht der Schatten-, sondern der Lichtseite dieses altertümlichen Mysteriums bedienen. Wie lautet aber diese? – Ihr Name heißt: Kunde der Entsprechungen! Auf dem Wege der Entsprechung aber hat ein jedes Ding, eine jede Form und ein jedes gegenseitige Verhältnis der Formen wie der Dinge einen entsprechend geistigen Sinn. Und so hatten einen solchen Sinn und haben es noch alle die Sterne und ihre Bilder. Wer demnach diese Dinge von dieser Lichtseite lesen und verstehen kann, der ist ein rechter Astrologe aus dem Reiche des Geistes, das heißt, er ist ein wahrhaftiger Weiser, wie da auch die drei Astrologen aus dem Morgenlande wahrhaftige Weise waren, da sie erkannt haben den Stern des Herrn und haben sich

führen lassen von ihm und haben durch ihn den Herrn der Herrlichkeit gefunden" (Bd. 2, Kap. 15, 2).
Gewinnsüchtige Sterndeuter gab es schon im Altertum. Um seine Jünger vor solchem Betrug zu schützen, weihte der Herr sie durch naturgeistige Lehre in alles Wissen vom Sternenhimmel ein. Dazu sagte er ihnen: „Wollt ihr nicht selbst wieder in allerlei finsteren Aberglauben jener Falschseher verfallen, so müßt ihr auch der vollen Wahrheit nach wissen, wie die Erde, der Mond, die Sonne und die zahllos vielen anderen Sterne gestaltlich beschaffen sind. ... Die alten Ägypter wußten um das alles zum größten Teil. Und so wußte es auch Moses und hat darüber ein großes Buch geschrieben (das „6. u. 7. Buch Moses", d. Vf.), das sich bis in die Zeiten der Könige erhielt."
Ausgehend von der Lebensausstrahlung oder „Außenlebenssphäre" aller Himmelskörper machte Jesus seinen Jüngern klar, welch ungeheure Wirkung die Myriaden von Fixsternen, mögen sie noch so weit entfernt sein, durch ihre Strahlung „in aller Stille" auf den Lebensorganismus dieser Erde ausüben. Tatsächlich ist sie nicht weniger bedeutsam als die unseres Tagesgestirns, der Sonne. Das Sternenlicht ist es, „das auch die atmosphärische Luft, dieses große Weltenauge, rings um die Weltkörper bildet, wie es das Licht nur ist, welches das leibliche Auge bildet im Menschen und sich verwandt macht; denn wäre das Auge nicht Licht, nimmer könnte es das Licht erschauen. Wenn aber das Licht der Sterne durch das Auge des Menschen in höchst verjüngtem Maßstabe schon eine so entschiedene Wirkung hervorbringt, wieviel stärker wird die Wirkung des Sternenlichtes durch das große Erdauge (die irdische Luftatmosphäre) auf die Erde selbst sein! Denn die Luftatmosphäre ist auf ihrer Oberfläche, wo der Äther auf ihr ruht, ein glänzender Spiegel, in dem sich jedes Gestirn sehr bedeutend groß abbildet. Dieses Bild wird nun ganz bis zur festen Erdoberfläche hinuntergeleitet, und zwar in stets mehr konzentrierter Lichtkraft nach den bekannten optischen Grundsätzen. Dieses konzentrierte Licht selbst ist nun in sich schon ein ganz einfaches ‚Spezifikum' (Sonderkraft) in der atmosphärischen Luft, weil es auf die ihm zusagenden Teile in der Erde und auf der Oberfläche derselben einwirkt. Nun dürft ihr nur die zahllosen Sterne zählen (wenn ihr es könnt), so werdet ihr sogleich auch die Unzahl der einfachen Spezifika in eurer atmosphärischen Luft haben."
Weiter hören wir in dieser großen Lehre: „Manchmal kommt es vor, daß neue Sterne aufleuchten. Dieser Erscheinung zufolge müssen dann auch neue Spezifika auf der Erde zum Vorschein kommen, und ihnen zufolge auch neue Gebilde, die für die früher schon vorhandenen Wesen entweder günstig oder nachteilig wirken, je nachdem der Stern, von dem das Spezifikum ausgeht, ein guter oder ein böser ist. Denn es gibt gute und böse Sterne, so wie es ihnen zufolge gute und böse Pflanzen und gute und böse Tiere gibt. Also

gibt es auch Doppelsterne, die sich in gewissen Zeiträumen gegenseitig bedecken; von denen ist gewöhnlich der eine guter und der andere schlechter Natur. Steht der gute vor dem schlechten, so hebt er die Wirkung des schlechten auf; scheinen beide zugleich nebeneinander, so wird der schlechte Einfluß des schlechten Sternes durch den guten gemildert. Tritt der schlechte vor den guten, so hebt er die Wirkung des guten ganz auf, und es wird sich auf jenem Teile der Erde, über dem ein solches Gestirn im Zenite steht, bald eine schlechte Wirkung verspüren lassen, die sich entweder durch übles Wetter oder durch Mißwachs mancher Pflanzengattungen oder durch Krankheiten der Tiere und Menschen zu erkennen gibt. – So üben auch die Sternbedeckungen durch Planeten einen üblen Einfluß, manchmal aber auch einen guten auf die Erde aus. Und von diesem Standpunkte aus bestimmten die alten Weisen auch das jetzt nunmehr fabelhaft klingende ‚Regiment der Planeten', welches nicht so leer ist, wie es sich die neuen, bloß mit Ziffern rechnenden Gelehrten einbilden" (Ed., Kap. 21).

Über die Einwirkung der zwölf Himmelszeichen sagt der Herr im besonderen: „Unter so manchem anderen, was ihr gelesen habt, werdet ihr in alten Kalendern ja auch schon gefunden haben, daß auch die sogenannten zwölf Himmelszeichen einen Einfluß auf die vegetative Kraft der Erde nehmen und daß, wie in den Kalendern hie und da gewisserart mystisch-prophetisch eingeschaltet ist, diese Himmelszeichen sowie auch mit ihnen die Planeten auf die Geburt der Tiere und Menschen Einfluß haben, und daß beim Menschen sogar ihre Zukunft sich darin abspiegle.... Sehet, an dieser Sache ist wirklich etwas! Aber freilich nicht in der euch bekannten, sehr verunreinigten Art...

Durch das Fortrücken von Mond und Sonne unter den Hauptsternbildern (Himmelszeichen) geschieht es, daß sowohl durch den Mond als auch durch die Sonne fortwährend einige Sterne dieser Sternbilder bedeckt werden. Durch diese Bedeckung wird dann natürlicherweise auf eine kurze Zeit der Einfluß unterbrochen, welchen die bedeckten Gestirne der betreffenden Sternbilder auf den Erdkörper ausüben. Zufolge solcher Erscheinlichkeit muß dann schon nach früher erwähnten Grundsätzen auf dem Erdkörper irgendeine Veränderung verspürt werden, und zwar besonders bei jenen Gegenständen, die aus dem Einfluß dieser Sterne eben mit diesen Gestirnen irgendeine ähnliche Beschaffenheit haben, weil ihr Bestehen ein Spezifikum vonnöten hat, das dem Lichte dieser Sterne entstammt. – Diese (durch Bedeckung ausgeübte) Wirkung kann jedoch von keiner Dauer sein, weil diese Sterne von Sonne und Mond nie auf lange Zeit bedeckt werden. Aber ein anderer Umstand kommt vor, aus dem allerdings ein sehr fühlbarer Einfluß auf die Erde herrührt, nämlich jenes weniger bekannte Schwanken der Erde in ihrer Bahn um die Sonne und besonders das Schwanken des Mondes, der in vielen hundert Jahren kaum einmal vollkommen wieder jene Bahn einschlägt, die er schon einmal gegangen ist. Durch diese Schwankungen wird ganz natürlich der Zenitstand der zwölf Himmelssternzeichen verändert, und diese Veränderung läßt sehr fühlbare und empfindliche Veränderungen auf der Erde ins Dasein treten. – Zu diesen Situationsveränderungen gesellen sich sodann die steten Standpunktsveränderungen der Planeten, welche kaum in tausend Jahren wieder vollkommen genau in jene Stellung kommen, in der sie schon einmal ihren Einfluß auf die Erde ausgeübt haben" (Ed., Kap. 22).

Sternbedeckungen und Schwankungen der Erdachse sind also nach den Worten des Herrn die Hauptursache für Veränderungen auf der Erde im vegetativen Bereich. Aber auch der ganze Lebensablauf des Menschen wird davon beeinflußt. Die Gebundenheit an den dreifachen Einstrom von Wesenskräften (Intelligenzpartikeln) aus dem Naturreich, aus den leiblichen Eltern und aus den Sternen gibt gewöhnlich den Ausschlag für die Willensrichtung eines Menschen. Es sind aber noch andere Faktoren am Werk. Übergeordnet über alle diese Erscheinungen ist es vor allem das Gewissen, das als ständiger Begleiter des Menschen zum „rechten Tun, rechten Denken, rechtem Sichversenken" anhält, wie die Buddhisten sagen. Das Gewissen (conscientia) ist im Grunde ein „Mitwissen mit Gott", wie sein Name schon sagt. Es ist die Stimme Gottes im Menschenherzen, die unüberhörbar sich bei jedem einzelnen unserer Akte zu Worte meldet. Durch sie wissen wir von Natur aus, was gut und böse ist, und was wir tun und lassen sollen.

Ebenso bedeutsam wie das Gewissen, ja völlig unentbehrlich, ist die Offenbarung im Gewande der Religion. Größte Bedeutung wird bei J. Lorber der geoffenbarten „Lehre aus den Himmeln" zugemessen, wobei Jesus, der Herr, als die Stimme des Heiligen Geistes von allen Mysterien der Schöpfung und des Menschenwesens keines unaufgeklärt läßt. Es sage niemand, daß ihn Gott in seiner Vatergüte und Liebe in der Finsternis habe stehen lassen. Dieses geheiligte „Wort Gottes" ist im transzendentalen Sinn auch sein „Fleisch und Blut", das uns als himmlisches Manna gegeben wurde. Wohl kann auch die weltliche Philosophie zum Denken anspornen; eine echte Lebenshilfe ist sie aber nur selten. Außerdem ist zu bedenken: Jede Vervollkommnung in der Lebensschule geht schließlich durch Seelenkämpfe hindurch, die niemandem erspart bleiben. Wer aber lehrt uns die gefährliche Ichsucht überwinden? Doch nur die Religion und mit ihr die Offenbarung!

Im Lorberwerk „Robert Blum" („Von der Hölle bis zum Himmel") heißt es: „So der Mensch zu einem rechten Erkennen gelangt, wird dieses höhere Erkennen den Willen leiten wie ein guter Reiter sein Pferd. Und die Seele wird dann mehr und mehr das zu wollen anfangen, was ihr Erkennen als wahr, gut und zweckdienlich findet. Dadurch wird der Wille und das Erkennen einander stets befreundeter, bis sie endlich völlig eins werden, was dann die Vollendung des Menschen ergibt" (Bd. 2, Kap. 254, 11). Ein wirkliches „Freiwerden vom Nichtwissen", wie es einst die alten Mysterien anstrebten, kann es nur durch Offenbarung geben. Auf den weisen Wegen göttlicher Seelenerziehung, in deren Mittelpunkt immer das allumfassende Gebot der Gottes- und Nächstenliebe steht, kann selbst „ein ärgster Geist", wie der Herr im Großen Evangelium Johannes sagt, „aus den schlimmen Zuständen, in die er sich selbst durch seine böse Liebe" gebracht hat, heraus gerettet werden. „Wenn eine solche Menschenseele zufolge ihres eigenen Verhaltens sich im Gericht befindet, beginnt sie über den Grund ihres argen und unglücklichen Zustandes nachzudenken. Erkennt sie dann einmal den Grund, so wird sie auch bald den Wunsch in sich fühlen, ihres argen Zustandes los zu werden. Hat die Seele aber einmal solch einen Wunsch und Willen in sich, dann ist sie auch schon fähig, ein heilvolles, höheres Licht in sich aufzunehmen, das ihr von oben durch allerlei geeignete Mittel geboten wird. Ergreift die Seele die ihr angebotenen Mittel, so fängt ihre ehedem böse Liebe an, sich in eine gute und bessere aus und in sich selbst umzugestalten. Es wird lichter und lichter in ihr und sie geht von Stufe zu Stufe zu einer höheren Lebensvollendung über" (Bd. 7, Kap. 52, 9–11).

Es gibt keine Selbsterlösung, wie es östliche Religionen oder davon abhängige westliche Philosophien glauben machen wollen. Die stärkste Erlösungsmacht ist und bleibt der persönlich inkarnierte Gott, der uns substanzhaft mit sich eins werden läßt in Jesus Christus. Aber wird durch diese höhere Beeinflussung der freie Wille des Menschen nicht erst recht genötigt? Darauf antwortet der Herr: „Wenn Ich nun aber die Menschen also lehre die volle Wahrheit zu erkennen und danach selbständig zu handeln, so ist dadurch ihrer Seele vollste Freiheit nicht im geringsten gehemmt und was sie sich auf diese Weise nach Meiner Lehre einstens werden errungen und erkämpft haben, das wird dann ihr Werk und auch ihr volles Eigentum sein. Und sehet, das ist denn also nach der ewigen Ordnung der Wille Gottes hinsichtlich der wahren und allein wahrhaft nützlichen Lebensbildung der Menschen auf dieser Erde! Nur auf diese Art und Weise kann eine Seele zum wahren, ewigen Leben gelangen und am Ende Selbstschöpferin ihres Lebens und ihres Himmels werden" (Gr. Ev. Bd. 8, Kap. 126, 8–9).

Eine solche Hilfe von oben ist schon deshalb nötig, weil es stimmt, was in der Bibel steht: „Des Menschen Sinnen und Trachten ist böse von Jugend an" (1. Moses 8, 21). Aus diesem Grunde kann Dr. Walter Lutz im Sinne der Neuoffenbarung sagen: „Zwischen der veranlagungsmäßig gegebenen Beschaffenheit eines Wesens zu Anfang seines Werdegangs und einem auf diese Weise (der göttlichen Belehrung) durch Freitätigkeit, Führung und Erfahrung gereiften und bekehrten Menschen am Ziele der Reifung ist nun offensichtlich ein großer Unterschied! Im Anfang, beim jungen Menschen, ist alles, auch das Gute, vom Schöpfer gegeben. Der aus dem Widerstreit der verliehenen Seelenfunken sich bildende Wille ist zwar ein in der Menschenbrust unbehindert sich gestaltender und in diesen Sinne ‚freier'; aber, da er auf gegebenen Seelenkräften beruht, ist er dennoch ein unselbständiger. Beim gereiften, bekehrten Menschen dagegen bildet sich der Wille, wie wir gesehen haben, auf Grund von höheren, durch Erfahrung unter der Leitung Gottes selbst erworbenen und frei angeeigneten Erkenntnissen. Ein solcher Mensch steht also geistig auf selbsterworbenem Grunde. Sein Wille ist selbständig und der Mensch mithin erst jetzt, wie es bei Lorber mehrfach heißt: ‚wahrhaft und vollkommen frei'" („Grundfragen des Lebens").

Der „allerweiseste Unterricht von oben" setzt vor allem dann ein, wenn der Mensch durch den Lockruf der Welt immer tiefer hinabgezogen wird in Versuchungen zum Widergöttlichen aller Art. Im Großen Evangelium Johannes werden hauptsächlich drei Ursachen dafür genannt: „Eigenliebe, Hochmut und Herrschsucht" (Bd. 4, Kap. 104, 8). Dennoch aber: die Anreizung zur Nichteinhaltung der Gesetze zwingt den Menschen erst zur Betätigung seines freien Willens und ist daher unentbehrlich. Im Großen Evangelium lesen wir: „Um das ewige Leben und die Herrlichkeit des Vaters seinen wahrhaften Kindern zu verschaffen, müssen daher Himmel und Hölle unter einem Dache wohnen. Ohne Kampf gibt es keinen Sieg! Wo das Höchste zu erreichen möglich ist, muß dafür auch die höchste Tätigkeit in den vollsten Anspruch genommen werden; um ein Äußerstes zu erreichen, muß man sich von einem entgegengesetzten Äußersten loswinden" (Bd. 3, Kap. 178, 4–5). Und noch einmal heißt es: „Wäre diese Welt nicht mit allen erdenkbaren Reizungen versehen, sondern wäre sie nur das für den Menschen, was da ist eine leere Wüste für die wilden Tiere, so wäre dem Menschen sein gottähnlicher freier Wille, seine Vernunft und sein Verstand vergeblich gegeben. Denn was sollte da seine Liebe erregen und was sollte diese begehren und wollen, und was könnte da seine Vernunft läutern und seinen Verstand erwecken und beleben? Das nahezu endlos viele und höchst mannigfaltige Gute und Schlechte, Edle und Unedle ist also nur des Menschen wegen da, auf daß er alles erkenne, prüfe, erwähle und es zweckmäßig gebrauche. Daraus kann er dann auch schon zu schließen anfangen, daß das alles ein höchst weiser, guter und allmächtiger Urheber so geschaffen und eingerichtet hat, der, wenn der Mensch aus sich so zu urteilen beginnt, dann wahrlich niemals säumt, sich dem denkenden Menschen näher zu offenbaren, wie das noch zu allen Zeiten der Fall war" (Gr. Ev. Bd. 9, Kap. 23, 1–2).

In die wahrste Freiheit tritt der Mensch erst durch die „Wiedergeburt im Geiste". Darüber belehrt uns ein Jünger des Herrn im Großen Evangelium mit den Worten: „Um dieses Höchste zu erreichen, ist es notwendig, Gott nicht etwa nur teilweise, sondern leiblich, seelisch und geistig ganz in sich aufzunehmen durch die ausschließliche, alleinige Liebe zu Ihm. Ein solches Entgegenkommen wie das des Schöpfers zum Geschöpf und des Geschöpfes zum Schöpfer, muß am Ende notwendig eine volle Gleichsetzung zwischen dem schöpferischen Urwesen und dem geschöpflichen Nachwesen zur Folge haben. Gott wird eins mit uns, und wir werden eins mit ihm; ohne die geringste Beschränkung unserer persönlichen Individualität und vollkommensten Willensfreiheit. Ohne diese vollendete Gleichsetzung des Geschöpfes mit dem Schöpfer ist ewig nie an eine vollendete Willens- und Machtfreiheit zu denken, weil ja doch (wegen der Einheit und Ordnung des göttlichen Wesensreiches) nur des Schöpfers Wille in der vollsten Unbeschränktheit sich befinden kann und des Geschöpfes Wille nur dann, wenn er vollkommen eins mit dem Willen des Schöpfers geworden ist. Wollen wir das, was der Herr will, so ist mithin unser Wollen ein vollkommen freies, weil auch des Herrn Wille ein vollkommen freier ist. – Wollen wir aber das nicht oder nur zum Teil, so sind wir elende Sklaven unserer eigenen Blindheit. Nur in Gott können wir vollkommen frei werden. Außer Gott gibt es nichts als Gericht und Tod" (Bd. 4, Kap. 176, 2–4).

Den entscheidenden Schritt zu dieser höchsten Freiheit der Kinder Gottes, der auch die höchste Seligkeit für sie bedeutet, hat der Herr selbst getan durch seine Menschwerdung. Den Jüngern bringt er zum Bewußtsein: „Solange Ich als Herr allen Lebens und allen Lichtes euch in einem fort Leben und Licht einhauchen muß, seid ihr nur Meine Knechte und Diener. Nun aber bin Ich eben darum selbst auf diese für die Zeugung Meiner wahren Kinder bestimmte Erde gekommen, um euch vollkommen selbständig und selig zu machen" (Gr. Ev. Bd. 3, Kap. 177, 19; 178, 1). Die größte Verheißung liegt in den Worten: „Wenn eine Seele einmal dahin kommt, daß ihr innerer Geist sie ganz durchdringt und beherrscht, so kommt sie auch zum vollen Hellsehen und klarsten Erkennen, wie auch zur Erinnerung an alles, was sie war und wie sie geworden ist. Solch eine Seele kann dann sowohl diese Erde wie auch alle anderen Gestirne durchschauen und sich an ihrer wunderbaren Gestaltung und Einrichtung ergötzen und die wahre und höchste Freude an der Liebe, Weisheit und Macht des alleinigen Gottes empfinden. Die größere Seligkeit einer vollendeten Seele besteht aber offenbar darin, daß sie Gott, den alleinigen Herrn und Schöpfer der Unendlichkeit, als ihren höchsten Lebensfreund fort und fort um sich haben und Ihn ohne Grenzen lieben kann. Die gar allerhöchste Seligkeit einer vollendeten Seele aber besteht darin, daß sie, als mit Gott durch die Liebe völlig vereint, sich auch in der vollsten göttlichen Freiheit befindet" (Gr. Ev. Bd. 7, Kap. 66, 14–15; 67, 2–3).

6. Die Erde als Wiege der Kinder Gottes

Es war eines der folgenschwersten Ereignisse in der Geschichte der Menschheit, als das alte ptolemäische Weltbild dem neuen kopernikanischen weichen mußte. Die Vorstellung, daß der Fixsternhimmel unseren Planeten wie eine geschlossene Schale umgebe, an welche die Sterne als leuchtende Pünktchen angeheftet sind, ließ die Erde einst als Mittelpunkt der Welt erscheinen. Mit den neuen wissenschaftlichen Erkenntnissen aber wuchsen die Dimensionen des Raumes und auch die der Zeit ins Grenzenlose. Nicht mehr die Sonne bewegte sich um die Erde, sondern die Erde und alle ihre Planetengeschwister umkreisen auf weiten Bahnen die Sonne, und sehr bald erkannte man auch die wahren Größenverhältnisse im Weltall. Zur Bedeutungslosigkeit herabgesunken in seiner Winzigkeit erschien nun dem Menschen sein eigener Heimatstern. Wie konnte er sich da noch in stolzer Selbsteinschätzung als „Krone der Schöpfung" empfinden? In Frage gestellt war sogar für den abendländischen Menschen der Schöpfungsbericht der Bibel, der außerdem durch die Deszendenztheorie eines Charles Darwin einen heftigen Stoß erlitt. Und so begann das große Zerstörungswerk des Intellekts! Alle bisherigen geistigen Ordnungen und sogar die sittlichen Normen gerieten dabei ins Wanken.

Vergessen war aber bei alledem, daß schon im antiken Mysterienwesen eine genaue Kenntnis da war von der Struktur des Weltalls. Man wußte um das Eingebettetsein des Menschen in einen ungeheuren materiellen und geistigen Kosmos, der erst in seiner Ganzheit und Zusammenschau das wahre Bild von Erde und Mensch erkennen ließ. So konnte auch die platonische und pythagoreische Lehre vom Abstieg und Wiederaufstieg der gefallenen Seelen allein nur in diesem Schema einen sinngerechten Platz finden. Immerhin war auch im Mittelalter die gnostische Tradition auf der Grundlage des alten Mysterienwesens noch nicht ganz erloschen. Gerade die Eingeweihten in das Mysterium des Grals, das christliche und heidnische Uroffenbarung miteinander verschmolz, hielten noch treu daran fest. Zu ihnen gehört vor allem Dante. Seine Weltschau kommt in den Grundzügen derjenigen sehr nahe, die in der neueren Prophetie durch Intermediarius (Johanna van der Meulen) verkündet wird.

In Dantes „Göttlicher Komödie" wird uns einmal geschildert, wie der Dichter nach seinem Aufstieg durch die sieben Planetensphären, noch ehe er im Sternbild der Zwillinge das Eingangstor des Fixsternhimmels durchschreitet, von seiner Führerin Beatrice dazu aufgefordert wird, zurück zu blicken:

„Du bist so nahe jetzt dem Quell des Heiles,
Daß du benötigst doppelt scharfer Augen.

Und drum, eh mehr du dich hinein vertiefest,
Blick abwärts nun, die Welt zu sehn von oben,
Wieviel derselben liegt zu deinen Füßen,
Auf daß voll Freude sich dein Herz emporschwingt,
Zu schauen die triumphgeschmückten Scharen,
Die fröhlich wallen durch den Äther droben!"

Und Dante folgte willig ihrem Rate. Er selbst berichtet über sein Erlebnis:

„Den Blick jetzt führend durch die sieben Sphären
Sah also ich den kleinen Ball der Erde,
Daß lächeln machte mich sein kläglich Ansehn.
Drum halt ich jene Weisheit für die beste,
Die unsere Welt gering schätzt; selig jener,
Der weg von ihr nach höheren Sphären lenket!
Denn dort sah ich den Mond in höchster Schönheit,
Sah ungeblendet in das Licht der Sonne,
Und sah nächst ihr Merkur und Venus glühen.
Und zwischen Mars und dem Saturn erstrahlte
Jetzt Jupiter in seinem milden Lichte.
Und alle sieben zeigten, wie gewaltig
In ihrer Pracht und Größe sie dort kreisen,
Und wie sie laufen auf verschiedenen Bahnen,
Und zeigten mir die Größe unseres Gottes."

Je weiter der Mensch sich in den unendlichen Raum hinaus begibt, wie etwa unsere Astronauten, desto unscheinbarer muß ihm die zurückgelassene Erde in der Entfernung erscheinen. Am Ende ist sie nur noch ein winziges matt leuchtendes Pünktchen im grenzenlosen Sternenmeer, bis sie endlich vor den zahllos vielen größeren Lichtern ganz verblaßt. Entspricht das aber ihrer wirklichen geistigen Bedeutung? Wir hörten schon einmal bei J. Lorber, daß die Erde eine besondere Aufgabe zu erfüllen hat im Schöpfungsganzen. Im Großen Evangelium Johannes lesen wir: „Mit der Erde hat es eine höchst eigentümliche besondere Bewandtnis. Sie gehört zwar nun als Planet zu dieser ihrer Planetarsonne, aber sie ist, streng genommen, nicht so wie alle die anderen Planeten aus dieser Sonne, sondern hat ihre ursprüngliche Entstehung schon aus der Urzentralsonne (der uns umschließenden Hülsenglobe) und ist der Zeit nach ums Undenkliche älter als die Planetarsonne. Doch hat sie körperlich zu werden (d. h. materiell sich zu verdichten) angefangen, erst nachdem diese Planetarsonne schon lange als ein ausgebildeter Weltenklumpen den erstmaligen Umlauf um ihre Zentralsonne begonnen hatte und hat aber dann ihr eigentlich Materiell-Körperliches dennoch hauptsächlich aus dieser Planetarsonne an sich gezogen" (Bd. 4, Kap. 106, 8).

Allein schon die Mitteilung des Herrn, daß in der unermeßlich großen Hülsenglobe, in welche unser Sonnensystem eingebettet ist, das „gesamte Leben" des gefallenen urgeschaffenen Geistes Luzifer einzig „auf den Punkt" Erde konzentriert ist, gibt uns einen Begriff von der wahren Bedeutung unseres Planeten. Wenn wir aber außerdem noch hören, daß dieser unser Himmelskörper, ein Stäubchen nur im All, mit dem „Herzpünktchen" Gottes gleichzusetzen ist, dann begreifen wir auch in seiner ganzen Tiefe, warum Gott gerade auf dieser Erde Mensch werden mußte, um von hier aus die ganze gefallene Schöpfung zu erlösen. Tatsächlich hat sich durch den Willen des Allerhöchsten die Kunde von der Menschwerdung Gottes auf Erden über alle Gestirne verbreitet. Ihnen allen ist auch bekannt, daß hier allein die Kindschaft Gottes erworben werden kann. Sie nennen die Erde deshalb auch den „heiligen Stern". Mag auch die Macht der Finsternis nirgends größer sein als dort, wo das Geistwesen Luzifers gefangengehalten wird, die Macht und Liebe Gottes ist dennoch stärker. Gerade die schreienden Gegensätze zwischen dem Erzbösen Luzifers, der seinen giftigen Atem noch in die „aus der Erde aufsteigenden Lebenssonderkräfte" und „damit den Tod in alle Seelenfunken legt", und der unüberwindlichen Liebe Gottes – dieses in der Apokalypse des Johannes so drastisch dargestellte Wechselspiel von Finsternis und Licht – machen die Erde zum geeignetsten Ort für die Erziehung der Kinder Gottes. Mit dem Stachel zu höchster geistiger Tätigkeit wächst der Mensch heran, so daß man von Luzifer sagen kann: „Er ist ein Teil von jener Kraft, die stets das Böse will und doch das Gute schafft" (Goethe). – „Aus eben diesem Grunde", sagt der Herr, „wählte Ich diese Erde zum Schauplatz Meiner höchsten Erbarmungen und schuf auf ihrem Boden alle Himmel neu" (Ed., Kap. 53, 11).

Dazu muß man wissen: „Es ist zwar für sie (die Erdenbürger) ein Nachteil, daß sie so nahe dem bösesten aller Geister wohnen, der ihnen viel zu schaffen macht; sie haben aber auch den unendlichen Vorteil, daß sie einen kräftigen Geist aus Gott besitzen, mit dem sie leicht, wenn sie nur wollen, die Bosheit des Bösesten bekämpfen können, um dadurch Kinder Gottes zu werden" (Ed., Kap. 53, 14). Und weiter heißt es im Großen Evangelium (Bd. 3, Kap. 178, 5): „Zur Heranbildung der Kinder Gottes auf dieser Erde müssen hier Himmel und Hölle unter einem Dach wohnen, denn ohne Kampf gibt es keinen Sieg! Wo das Höchste zu erreichen möglich ist, muß dafür auch die größte Tätigkeit aufgeboten werden!" Die psychologische Konsequenz lautet: „In einer Welt, wo ein Mensch nicht zu einem ärgsten Teufel werden kann, vermag er auch zu keinem wahren Kinde Gottes zu werden!" (Gr. Ev. Bd. 9, Kap. 144, 9).

Es ist nicht zu leugnen, daß Risiken eingeschlossen sind. Auch Jesus malt in einer jenseitigen Szene recht düstere Farben: „Eure Erde", sagt er zum einstigen Bischof Martin, „ist der häßlichste und letzte Planet in der ganzen Schöpfung, dazu bestimmt, den höchsten Geistern als eine Schule der Demut und des Kreuzes zu dienen. Sie ist ein schmaler, dorniger Weg und eine niedrige, enge Pforte zum Leben für jene Geister, die einst übergroß waren und noch größer sein wollten" (BM., Kap. 43, 1 u. 5). Dennoch ist das Leben auf Erden nicht einfach ein Va banque-Spiel. Unser vorausgegangenes Leben in früheren Existenzen fällt ja mit in die Waagschale. – Was hier in der Lebensschule des Kreuzes gewonnen werden kann, hängt sogar mit der naturhaften Beschaffenheit der Erde zusammen, und diese ist außergewöhnlich. „Auf jedem anderen Himmelskörper", sagt Jesus, „gibt es nicht den hunderttausendsten Teil von Gattungen der Minerale, Pflanzen und Tiere wie auf dieser Erde in jedem ihrer drei Naturreiche. Eben dieser Mannigfaltigkeit wegen ist auch nur diese Erde fähig, Kinder Gottes im wahrsten Sinne zu tragen" (Gr. Ev. Bd. 4, Kap. 106, 7).

Durch die Unzahl von Seelenpartikeln, welche die werdende Seele des Menschen beim Aufstieg durch die Naturreiche in sich aufnimmt, ist sie ein Spiegelbild des gesamten Kosmos, ein wahrer Mikrokosmos. Sie reichert sich sozusagen an mit zahllosen Intelligenzen und Potenzen. Hinzu kommt, daß der göttliche Geistfunke im Menschen ihn sogar noch über die Engel erhebt. Er ist darum in seiner Gottebenbildlichkeit auch ein Mikrologos. Die Vielseitigkeit der Erde ist dem Menschen nur dienlich. Selbst die Verschiedenheit der Völker, Rassen und Charaktere wirkt sich vorteilhaft auf seine Entwicklung aus. Im Großen Evangelium lesen wir. „Wenn Gott nicht die Absicht hätte, auf dieser Erde seine Menschengeschöpfe zu seinen Kindern auszubilden, so hätte Er für sie die Erde nur ganz mager und einfach mit einigen Fruchtgattungen und zahmen Haustieren bevölkern können, gleichwie er solches auf zahllosen anderen Weltkörpern getan hat. Damit aber auf dieser Erde der Mensch eine vorzügliche Gelegenheit habe, sich im Betrachten und Denken zu üben und dadurch die volle Freiheit seines Willens kennenzulernen, so hat Gott diese Erde als sein Lebensschulhaus auch so außerordentlich mannigfaltig ausgestattet" (Bd. 6, Kap. 152, 9).

Die ungeheure Bedeutung der Erde kommt in folgenden Worten Jesu gegenüber seinen Aposteln zum Ausdruck. „Wahrlich, Ich sage euch: Hier (im Erdenleben) zählt eine Stunde mehr als dort (im Geisterreich) tausend Jahre! Diese Worte schreibt euch tief ins Herz!" Wenn der Mensch nicht schon auf Erden die Gelegenheit benützt, „das ewige Leben der Seele zu gewinnen", hat er es drüben unendlich viel schwerer. Es hängt dies mit der Eigenart der anderen Welt zusammen; denn dort nimmt ja alles das, was eine Seele denkt und will, wegen der Plastizität (Formbarkeit) und Feinstofflichkeit dieser Welten sofort eine reale Gestalt an. Im Großen Evangelium gibt uns Jesus zu bedenken: „Auf Erden hat die Seele es nur mit ihren unsichtbaren

Gedanken und Ideen zu tun, die sie leichter bekämpfen und verwerfen kann. Aber wo Gedanken und Ideen zu einer sichtbaren Realität werden, wie wird die schwache Seele da wohl ihre selbstgeschaffene Welt bekämpfen? Wen hier der pure Gedanke zum Beispiel an seines Nachbarn schönes junges Weib schon mit brennender Leidenschaft erfüllt, wie wird es dem dann ergehen, wenn im Jenseits der Gedanke an des Nachbarn Weib dieses ihm ganz nach seinem Wunsch und Willen in der vollen, wenn schon scheinbaren Wirklichkeit darstellen wird? – Wie wird da die Seele sich aus der harten Gefangenschaft ihrer bösen Leidenschaft befreien?!" (Bd. 7, Kap. 156, 10 u. 11).

Mag Gott auch zur Ausreifung einer ungeläuterten Seele noch endlos viele Reinigungsorte (Abödungsstätten) im Jenseits bereit halten – unter anderm auch die Reinkarnationsmöglichkeit –, die Entwicklung drüben geht auf jeden Fall sehr viel langsamer vor sich als auf dem diesseitigen Plan. Der Idealzustand auf Erden wäre nach den Worten des Herrn: „Es sollte jeder Mensch bis in sein dreißigstes Jahr in sich so weit mit der Bildung seines Ichs fertig sein, daß ihm das freieste, seligste Leben nach dem Tode des Leibes so voll bewußt und sicher wäre wie einem Aar der Flug in der freien Luft" (Gr. Ev. Bd. 2, Kap. 210, 14).

Die Bedingungen für einen solchen Reifeprozeß sind allerdings in unserer Gegenwart nicht gerade günstig. Darum gibt es auch nichts Wichtigeres zu tun, als die Menschen gründlich aufzuklären über die einzigartige Bedeutung des relativ so kurzen Erdenlebens. Die einmalige Gelegenheit, in die lebendige Gliedschaft Christi aufgenommen zu werden, gibt es nur auf diesem Planeten und auch nur in dieser jetzigen Schöpfungsperiode. Darüber sagt der Herr: „Nur diese Schöpfungsperiode hat die Bestimmung, auf irgendeiner kleinen Erdenwelt, eben dieser Erde, Mich für alle früheren wie für alle künftigen Schöpfungen in Meiner urgöttlichen Wesenheit im Fleische und in engster Form zu sehen und von Mir Selbst belehrt zu werden. Und so hat von allen Erdkörpern in des Sirius Zentralsonnenallgebiet (in dem wir uns befinden) gerade diese Erde den einmaligen, unermeßlichen Vorzug, von Mir erwählt zu sein, Selbst auf ihr Mensch zu werden und aus euch Menschen Meine wahren Kinder für die ganze Unendlichkeit und Ewigkeit zu erziehen!" (Gr. Ev. Bd. 4, Kap. 255, 2 u. 5).

Weil die Erde das „Schulhaus Gottes" ist, die „Hochschule der Kinder Gottes", durfte sie auch durch die Sündflut nicht ganz zerstört werden. Sie wird es nicht einmal im Endgericht; „denn wer nicht die Schule des Lebens im Fleische auf dieser Erde durchgemacht hat, der kann nicht zur Kindschaft Gottes gelangen, sondern bleibt ewig auf der geschöpflichen Stufe. Daher ist, wie begreiflich, die Erhaltung dieser Erde als des Schulhauses zur Erwerbung der Kinder Gottes notwendig" (Gr. Ev. Bd. 10, Kap. 236, 7–8). Ungewöhnliches hat Gott mit uns Menschen vor. Hören wir den Herrn: „Die Menschen dieser Erde haben die große Bestimmung, selbst mächtige Kinder Gottes zu werden; daher müssen sie auch in aller Selbsttätigkeit geübt und gebildet werden. ...Ich bin darum in diese Welt gekommen, damit die Menschen es von Mir lernen sollen, so vollkommen zu werden, wie der Vater im Himmel vollkommen ist. Denn da die Kinder dieser Erde bestimmt und berufen sind, Kinder Gottes zu werden, so müssen sie auch in allem Gott ähnlich sein; wer Gott nicht in allem ähnlich wird, der wird auch kein Gotteskind. Und darum ist Meine Lehre ein wahres Evangelium, weil sie den Menschen verkündet und ihnen die Wege zeigt, wie sie zur Gottähnlichkeit gelangen können. Wer Mein Wort hört, daran glaubt, es in sich behält und danach tut, der wird dadurch zur Gottähnlichkeit gelangen, das ewige Leben in sich haben und ewig allerseligst sein!" (Gr. Ev. Bd. 6, Kap. 111, 19 u. Bd. 7, Kap. 139, 6–8).

Sobald sich die Bewohner anderer Himmelskörper freiwillig zu einer Inkarnierung auf Erden entschließen, in der Nachfolge des Gottmenschen Jesus Christus, steht auch für sie der Weg zur Gotteskindschaft offen. Das ist aber bei ihren viel angenehmeren Lebensverhältnissen ein sehr harter Entschluß. Zu einem indischen Weisen sagte Jesus einmal: „Siehe hinauf zu den Sternen! Sie sind alle von Menschen bewohnt, von denen viele durch ihre Engel wissen, daß eine Seele nur hier auf dieser Erde zur wahren Kindschaft Gottes gelangen kann durch ein höchst beschwerliches Leben im Fleische. Wenn sie es wünschen, so wird es zugelassen, daß ihre Seelen auf dieser Erde ins Fleisch gezeugt werden. Denn das Reich Gottes kann nur mit Gewalt und großen Opfern gewonnen werden!" (Gr. Ev. Bd. 8, Kap. 16, 1–3).

Es ist ein großes Wort von J. W. Goethe, wenn er in seiner Tiefenschau und Intuition die Erde als „Pflanzschule der Geister" bezeichnet. Vielleicht hat ihm aber auch die Swedenborgsche Entwicklungslehre zu dieser Idee verholfen. Nach ihr gibt es sowohl in der physischen wie in der geistigen Welt „keinen Ort gesichts- und geschichtsloser, leibloser und unpersönlicher Existenzen", sondern alles ist „Schauplatz einer immer höheren Entfaltung tätiger Geistpersönlichkeiten". Auch der deutsche Philosoph Immanuel Kant verliebte sich in diesen Gedanken, den er in seiner Schrift „Allgemeine Naturgeschichte und Theorie des Himmels etc." breit ausspann. Was Goethe und Kant allerdings nicht erkennen konnten, ist der besondere Vorrang der Erde vor allen anderen Gestirnen. Nicht nur als „Pflanzschule der Geister" dürfen wir sie betrachten, sondern nach einem Wort des Herrn als „Pflanzschule der Kinder Gottes für die ganze Unendlichkeit".

Für die Engel stellt sich der Vorzug einer Inkarnierung auf Erden nach Raphael folgendermaßen dar: „Wenn wir Engel so bleiben, wie wir sind, dann sind wir nichts als Arme und Finger des Herrn. Es wird aber des Herrn unendliche Liebe und Gnade mit der Zeit auch für uns Engelsgeister einen Weg bestimmen, auf welchem wir euch Gotteskindern völlig ebenbürtig werden können. Der Weg, den nun der Herr Selbst geht, wird noch der Weg aller urgeschaffenen Geister werden – aber freilich nicht sofort, sondern nach und nach" (Gr. Ev. Bd. 3, Kap. 118, 5–12). Mit etwas Neid spricht ein anderer Engel zu dem Römer Agrikola: „Ihr Erdenbürger, die ihr nun von dem Allerhöchsten von Ewigkeit belehrt und geleitet werdet, seid um ein Unaussprechliches besser daran als wir Engel. Denn es ist durchaus nicht dasselbe, ob man ein Sohn oder nur ein Knecht des Hauses ist. Den Kindern gehört alles, was der große Vater besitzt; den Knechten aber nur das, was der Herr ihnen geben will!" (Gr. Ev. Bd. 6, Kap. 190, 15).

Die schwierigen Lebensbedingungen auf diesem Planeten lassen nicht nur die Engel und Sternenbewohner vor einer Inkarnation zurückschrecken, sondern auch die oft lange Zeit ihrer Weiterbildung harrenden Naturseelen. Nur äußerst ungern raffen sie sich dazu auf, aus ihrem viel freieren Naturleben im halbmateriellen Zustande von Engeln in eine Menschenseele integriert zu werden; denn dazu bedarf es ihrer persönlichen Zustimmung. Für alle inkarnierten Seelen gilt aber die Verheißung des Herrn: „Ihr, Meine werdenden Kinder – höret und begreifet es! – seid auf Meiner Universität! Ich möchte überaus vieles aus euch machen! Daher dürfen euch auch so manche besonderen Prüfungen auf dieser Hochschule nicht befremden!" (Hi. Bd. 1, S. 345, 6, S. 346).

Schon die Erzväter waren aufgeklärt über die einzigartige Bestimmung dieses Planeten. So konnte einer von ihnen, namens Horedon, zu den anderen in prophetischer Rede sagen: „Sehet, darin liegt die endlos hohe Würde und Größe unserer Kindschaft, daß der unendliche, ewige Gott sich für uns einen Vater nennt! Aber erst dann wird Er unser wahrhafter Vater in der allerhöchsten Liebe sein, wenn wir Ihn als solchen in unseren Herzen erkennen und Ihn in aller Liebe auch rufen. Wenn sich aber der unendliche Gott in uns will als Vater vollkommen manifestieren, saget, was Höheres könnte da wohl noch gedacht werden? Was läge schon daran, so wir mit dem leisesten Hauche unseres Mundes die ganze Schöpfung zu verwehen möchten und mit einem einzigen Gedanken alle Berge entzünden? Es wäre wahrlich nichts gegen die Tatsache, daß wir zu Gott in aller Liebe und Wahrheit sagen dürfen: Lieber, heiliger Vater!" (H. Bd. 2, Kap. 82, 21–24).

Diese Worte bringen uns wieder ganz zum Bewußtsein, welche Weihe gerade über dem „Vater unser" liegt. Nur der Erdenmensch kann dieses Gebet, das der Herr uns selbst gelehrt hat, in seiner vollen Bedeutung erfassen. – Da alle anderen Himmelskörper von der unmittelbaren Einwohnerschaft Luzifers völlig frei sind, ist die Erde für sie „das von Gott Entfernteste und Allerletzte". Sie können sich nur schwer an den Gedanken gewöhnen, daß ausgerechnet von ihr das Heil ausgehen soll für alle sonstige Schöpfung. Inzwischen hat es Luzifer verstanden, ihr auch den Stempel seines unversöhnlichen Gotteshasses immer tiefer einzuprägen. Wie schrecklich ist der Gedanke, daß der Homo technicus dieses Jahrhunderts in frevelhafter Selbstüberschätzung die schöne Erde – den „blauen Planeten", wie ihn Heinz Haber aus der Satellitenperspektive nennt – mit Hilfe seiner teuflischen Erfindungen bis auf ihre letzten Reserven ausplündert und dadurch seinen ganzen Lebensraum gefährdet! Müßte da nicht Gott eingreifen? Er wird es gewiß zur rechten Zeit tun. Aber gerade „weil diese Erde ein Schulhaus der Kinder Gottes ist, darum", sagt der Herr, „wird sie auch von Mir mit so viel Geduld, Nachsicht und Langmut behandelt" (Gr. Ev. Bd. 6, Kap. 61, 6).

Worum handelt es sich eigentlich bei dem großen Risiko, die Kindschaft Gottes auf Erden erwerben zu wollen? Welches ist der greifbare Vorteil? Darauf antwortet uns ein Bewohner anderer Sonnen, der sich zur Inkarnierung entschlossen hatte: „Es handelt sich bei der Erlangung der Kindschaft Gottes nicht um das Mehr- oder Glücklicherwerden, sondern um das Vollkommener- und Lebendigerwerden in der Liebe Gottes. Wenn uns schon unsere gegenseitige geschöpfliche Liebe so sehr beglückt, wie endlos beglückend muß da erst die Liebe sein, mit welcher Geschöpfe als Kinder Gottes ihren Schöpfer – als Vater sichtbar – in der allerhöchsten Liebe ergreifen und von Ihm wieder endlos allmächtig liebend ergriffen werden!" (Geistige Sonne, Bd. 2, Kap. 64, 12 u. 14).

Was das heißt, ein Kind Gottes zu werden und damit auch ein „Freund" und „Bruder" Christi, macht der Herr einigen erlösten Seelen mit den Worten klar: „Meinen Kindern (von eurer Erde) ist es von Mir aus gegeben, mit Mir zu beherrschen, zu erforschen und zu richten (ordnen) die Unendlichkeit und alle die zahllosen Schöpfungen in ihr. Und die Kinder aus den anderen Gestirnen stehen ihnen dabei so zu Diensten, wie die Glieder eines Leibes zum Dienst des Willens allezeit bereit stehen. Daher bilden diese Geister mit einem Meiner Kinder der Liebetätigkeit nach einen Menschen, versehen mit allen zum Bedarfe seines Willens notwendigen Gliedern. Demnach ist ein Kind von der Erde ein vollkommener Wille von zahllosen anderen Geistern aus den Gestirnen" (Geistige Sonne, Bd. 2, Kap. 2, 14–15). Und noch einmal hören wir: „Auch jenseits wird den Geistern aller Welten Mein Evangelium gepredigt. Seid aber hier dennoch voll Eifers; denn die rechte Kindschaft Gottes für Meinen innersten, reinsten Liebehimmel wird nur von hier aus zu erlangen sein! Für den ersten und auch zweiten Himmel kann noch jenseits Sorge getragen werden" (Gr. Ev. Bd. 4, Kap. 247, 9).

Wie sehr die Kinder Gottes bevorzugt sind gegenüber allen geschöpflichen Wesen auf anderen Himmelskörpern deutet der Herr mit den Worten an:

„Ein einziges Mich wahrhaft liebendes Herz auf eurer Erde wiegt alle erdenkliche Schönheit eines ganzen Sonnenweltalls auf! – Ja, Ich sage euch noch mehr. Ein solches Herz ist in sich ums Unaussprechliche schöner als der ganze Weisheitshimmel der Engel und auch schöner als der zweite Liebe-Weisheitshimmel der höheren Engelsgeister!" (NS., Kap. 25, 21). (Gleichsam im Schneckengang geht der Entwicklungsprozeß aller anderen Geister auf Planeten oder Sternen vor sich. Für sie gilt noch das Gesetz des Karmas. Es ist ein spiraliges Sichaufwärtswinden von einer Daseinsstufe zur anderen, auf endlos vielen Wegen. Für die Erde aber ist dieses Gesetz durch Christus aufgehoben. Wie der Senkrechtbalken am Kreuze den Querbalken durchstößt, setzt durch Christus eine plötzliche Aufwärtsentwicklung ein, viele Stufen überspringend. „Ich werde sie alle an Mich ziehen", hat der erhöhte Christus dem Gläubigen verheißen. In die „Herrlichkeit beim Vater" können jedoch nur die Kinder Gottes gelangen; jene, die an den Herrn glauben und nach seinem Worte leben. Mögen die Prüfungen, denen der Mensch auf Erden unterworfen ist, auch ungewöhnlich hart erscheinen, der Gewinn ist um so größer. Von Paulus stammen die trostreichen Worte: „Ich halte dafür, daß die Leiden dieser Zeit nicht zu vergleichen sind mit der künftigen Herrlichkeit, die an uns offenbar werden soll" (Röm. 8, 8). In einer Jenseitskundgabe wird uns gesagt: „Wie das Licht nur gewürdigt wird, wenn man auch die Finsternis kennt, so müssen die Menschen erst ihren Weg durch die materielle, finstere, leidefüllte Welt gehen, damit sie die vollkommene, geistige Welt in Dankbarkeit recht würdigen können. ...Eure Welt ist das leidvolle Wegstück, das zuerst durchmessen werden muß. Dann kommt das freudvolle, das immer größeres Glück bringt in lebendiger Verbundenheit mit Gott." (Aus P. H. Landmann „Wie die Toten leben".)

Theologie und Prophetie

1. Der Mensch auf der Flucht vor Gott

Daß Menschen auf der „Flucht vor Gott" sein können, ist ein besonderes Kennzeichen unserer Zeit. Max Piccard sagt in seinem bekannten Buch „Die Flucht vor Gott": „Der Mensch ist zu allen Zeiten vor Gott geflohen, aber das unterscheidet die Flucht heute von jeder anderen: der Glaube war früher das Allgemeine, er war vor dem Einzelnen vorhanden, es war eine objektive Welt des Glaubens da; die Flucht hingegen spielte sich nur in einzelnen Menschen ab, sie kam erst dadurch zustande, daß der einzelne sich durch einen Akt der Entscheidung von der Welt des Glaubens löste, es mußte sich einer erst seine Flucht schaffen, wenn er fliehen wollte. Heute ist es umgekehrt: Der Glaube als objektive äußere Welt ist zerstört, der einzelne muß in jedem Augenblick sich immer von neuem durch den Akt der Entscheidung den Glauben schaffen, indem er sich von der Welt der Flucht löst, denn die Flucht, nicht mehr der Glaube, ist heute als eine objektive Welt da, und jede Situation, in die der Mensch kommen kann, ist von vorneherein, ohne daß der Mensch sie erst dazu macht, eine Situation der Flucht, die selbstverständlich ist: alles in dieser Welt ist nur in der Form der Flucht vorhanden."

Die Gründe für eine solche offenbare Dämonie unserer Tage liegen zweifellos in dem „Verlust der Mitte", durch den es der einzelne schwer hat, einen festen Glaubensstand zu finden. Prophezeiungen gehen heute dahin, daß auch das althergebrachte Kirchentum, das immer mehr in Auflösung begriffen ist, dem Zorn Gottes verfällt. Und hat nicht eine neuere Theologie den reißenden Sog in den Abgrund als „Gott-ist-tot-Bewegung" geradezu auf ihre Fahnen geschrieben?

Die Situation der heutigen Christenheit gleicht auffallend derjenigen der Christengemeinde von Laodizea, von welcher die Johannes-Apokalypse spricht. Dem Engel dieser Gemeinde läßt Christus sagen (im siebenten Sendschreiben): „Ich kenne deine Werke; ich weiß, du bist weder kalt noch warm. Wärest du doch kalt oder warm! Weil du aber lau bist und weder kalt noch warm, so will ich dich ausspeien aus meinem Munde. Du sagst: Ich bin reich, ich habe Überfluß und ich brauche nichts, und du weißt nicht, daß du elend, erbärmlich, arm, blind und bloß bist. So rate ich dir: Kaufe von mir im Feuer geglühtes Gold, daß du reich wirst, und weiße Gewänder, dich zu bekleiden, damit deine schändliche Blöße nicht sichtbar werde; und salbe deine Augen mit Augensalbe, damit du sehend wirst! Alle, die ich liebe, weise ich zurecht und züchtige sie. Sei also eifrig und wandle deinen Sinn!"

Erloschen ist auch heute in dieser Periode der Endzeit das lebendige Bewußtsein für die Welt der Werte. Arthur Schult bemerkt dazu: „In der Rückschau auf die reiche Vergangenheit überblickt man die ganze Entwicklung und nimmt nichts mehr voll ernst. Alles meint man zu kennen, alles läßt man gelten. (Tout comprendre c'est tout pardonner.) Jeden läßt man nach seiner Façon selig werden. Das universale und umfassende Wissen, das man in solchen Spätzeiten leicht erwirbt, umgreift wohl die ganze Welt und alle Zeitalter, dringt aber nicht mehr in die Tiefe. Dieser oberflächliche Universalismus verbindet sich gern mit einem Agnostizismus. Man fragt mit Pilatus zweifelnd: ‚Was ist Wahrheit?' Man relativiert alle Erkenntnis und alle Werte. Die Religion zerfällt, wird weltförmig. Gott wird nicht mehr erfahren in seiner weltüberlegenen Heiligkeit und Transzendenz, sondern geht immer mehr in der Welt auf. Aus dem Pantheismus wird dann bald ein Atheismus. Das geistige Leben geht zuletzt unter in Verbürgerlichung, Blasiertheit und Sensationslust. Solche geistige Lauheit ist charakteristisch für alle Spätzeiten, insbesondere auch für unsere eigene Gegenwart. Dabei halten in der Regel die Geschlechter solcher Untergangszeiten sich selber für hochentwickelte reife Menschen. Das universale äußere Wissen gibt ihnen ein falsches stolzes Selbstbewußtsein, ‚wie herrlich weit wir es gebracht haben'.

Aller äußere Reichtum, alle sogenannten Errungenschaften der Zivilisation vermögen aber nicht über die innere Armut und Leere solcher Zeiten hinwegzutäuschen. Die Menschen sind ganz befangen in der Finsternis des äußeren Daseins. Sie sind erblindet für das Reich der übersinnlich-göttlichen Welt. Die geistige Lauheit der Glaubenslosigkeit ertötet allmählich alles kulturelle Leben. Nur durch Katastrophenschicksale können die Menschen noch aufgerüttelt und für Geistiges erweckt werden. Die Liebe Gottes zeigt sich in solchen Zeiten als Gotteszorn. So sagt auch J. Böhme: ‚Es ist Gottes Liebe, die sich im Prisma des dunklen Elementes als Gottes Zorn, als verzehrendes Feuer bricht'" (in „Weltenwerden und Johannes-Apokalypse"). Nur selten ist es „intellektuelle Redlichkeit", das heißt eine wirklich ernsthafte Auseinandersetzung mit dem Gottesproblem, die eine Flucht vor Gott auslöst. Die Blindheit reiner „Diesseitsmenschen" gegenüber allem Höheren zeugt von einem mangelnden Sensus, der wohl in erster Linie auf die Verkümmerung von Gemütskräften zurückgeht. Entsprechend der Eigenart seiner geistigen Naturlehre wird bei J. Lorber solchen Leuten ein „verdorbenes Gehirn" nachgewiesen: „Weil nun durch keine regere Gemütsbewegung geistiges Licht vom Herzen zum Gehirn aufsteigt, so muß sich die Seele statt aufs Beschauen auf das Befühlen ihrer finsteren, stereotypen Gehirntafelbilder verlegen. Indem sich aber eine solche verkümmerte Seele nur durch das Betasten jener Tafeln ihr Wissen verschafft, so leugnet sie auch im irdischen Dasein alle Begriffe des Geistes und hält nur für reelle Wahrheit, was sie mit ihren groben Erdensinnen betasten kann. Jene Gebilde eines verdorbenen Gehirns, die zumeist keine pyramidale Bildung haben, taugen für nichts. Sie erzeugen in der Seele nur das Gefühl eines trostlosen Nichterkennens. Es ist darum mit solchen Menschen ein jedes Gespräch über höhere und überirdische Dinge vergeblich, denn wenn sie schon natürliche Dinge schwer begreifen, wie sollen sie geistige oder himmlische Wahrheiten verstehen, da ihrer Seele das innere Licht mangelt?" (Gr. Ev. Bd. 4, Kap. 239).

Oft haben Enttäuschungen einen Menschen anfällig gemacht für die Einflüsterungen Satans, daß es einen liebenden Gott ja gar nicht geben könne in einer Welt, die so von Not und Elend gezeichnet ist. Der Biologe etwa lernt im Naturgeschehen neben allem begeisternd Schönen vor allem die Grausamkeit des Daseinskampfes kennen, die in der für uns meist unsichtbaren Kleinlebewelt geradezu erschreckende Ausmaße annimmt. Leider herrscht ein Unvermögen der bisherigen Theologie, vom richtigen Bibelverständnis her die Aufklärung zu geben, die solch tragisch überschattete Naturen dringend nötig haben. Der „Gottesgelehrte", der noch nicht erkannt hat, daß dieses physische Universum gar nicht die eigentliche und unmittelbare Schöpfung Gottes ist, bleibt selbst in einem Netz von Ungewißheiten gefangen. – Da gibt es aber auch jene Naturen, die gar nicht mehr interessiert sind an einem Gottesglauben, zumindest an einem solchen, wie ihn die Kirche lehrt! Die Predigt des ewigen Höllenfeuers, das fälschlicherweise von der Kirche als ewige Verdammnis ausgelegt wird, läßt vor ihren Augen einen Richter erstehen, der sich mit ihrer Vorstellung nicht mehr deckt, daß Gott ganz und gar Liebe sei. – Andererseits gibt es wieder Menschen, die in gewissen Sünden so verstrickt sind, daß ihnen zunächst die Kraft dazu fehlt, einen Sinneswandel zu vollziehen. Ihnen ist der Gottesglaube unbequem geworden, und so lassen sie ihn schließlich ganz beiseite oder schlagen sich zu jenen lauen Seelen, die das Fragen nach einem höchsten Wesen vergessen haben.

Ein Typ des Gottesleugners, der vor allem literarisch auf unser Zeitalter eingewirkt hat, ist der seiner selbst übertrieben bewußte, zum kraftvollen Titanen sich aufreckende Künstler-Philosoph. „Wenn es Götter gäbe, wie könnte ich es ertragen, kein Gott zu sein!" An diesen Ausspruch Nietzsches könnte man sogar anknüpfen vom esoterischen Verständnis des „Übermenschen" her. Wenn Paulus sagt: „Ihr sollt Christusse werden, ihr sollt Götter werden!" so heißt das aber keinesfalls, wir sollen uns an die Stelle Gottes setzen. Eine solche Hybris, bei der ein erdgeborener Mensch sein kleines Ich zur Größe eines Popanz aufbläht, ist im Grunde ein lächerliches Satyrspiel. Auf ihn paßt das reumütige Nietzsche-Wort: „Auch ich war in der Frevler Rotte!" Wie viele von diesen selbstherrlichen Gestalten sind in tragischer Gemütsverfassung geendet! Sie mußten den bittern Kelch ihres überschärften Intellektes oder ihrer inneren Trotzhaltung gegenüber Gott bis zur Hefe auskosten. Gerade Nietzsche selbst als der „Mann mit dem verwaisten Herzen", der „gottlose Selbstgott", dem man immerhin auch einen „Atheismus aus Religion" (J. Bernhart) zubilligt, ist dafür ein Beispiel. Als der Wahnsinn seinen Geist verwirrte, bildete er sich hartnäckig ein, er habe die Welt erschaffen. In lichteren Tagen fand dieser „Jäger Gottes" noch die seherischen Worte: „Wohin bewegen wir uns? Fort von allen Sonnen! Stürzen wir nicht fortwährend rückwärts, seitwärts, vorwärts, nach allen Seiten? Irren wir nicht durch ein unendliches Nichts? Haucht uns nicht der leere Raum an? ... Ist es nicht kälter geworden? Kommt nicht immerfort Nacht und mehr Nacht? Wie trösten wir uns, die größten aller Mörder?"

Die „Flucht vor Gott" findet hier ihren stärksten Ausdruck. Auch der Dichter Albert Camus, ein Nobelpreisträger unserer Tage, der in seinem literarischen Realismus nüchterner Lebensbewältigung das Wort spricht und alle religiösen „Illusionen" entbehren zu können glaubte, litt sein Leben lang an einer latenten Melancholie. Kein Wunder, denn es fehlte ihm die „innere Mitte". So hören wir ihn sagen: „Aber was heißt das schon, die Pest? Das ist das Leben, sonst nichts", und „die Welt ist absurd..., man ist verzweifelt". Solche Depressionen beherrschen sein ganzes Denken. Aber, ist dieses Hinabstürzen in die Atmosphäre letzter Bedrohung nicht schon der erste Schritt zu einer neuen Sinnfindung? Augustinus bezeugt es von sich selbst: „Der Mensch wird heilsam niedergeworfen" und „von ferne zog dein treues Erbarmen seine Kreise über mir; wie tief ich auch sank ... in allem traf mich deine Liebe." In einem alten Hymnus heißt es: „Die Mitte der Nacht ist schon der Anfang des Tages. Die Mitte der Not ist schon der Anfang des Lichts."

Wenn der „Spiegel" in seiner Weihnachtsausgabe von 1967 die Feststellung traf: „Für jeden dritten Deutschen in der Bundesrepublik ist heute Gott tot", so heißt das jedenfalls, daß Gott in aller Leben einmal eine Rolle gespielt hat; daß es aber nun schwer ist, ja fast unmöglich, diesen Glauben weiterhin festzuhalten. Man hat eben in unserer von allen Seiten her beeinflußbaren Gesellschaft aus unreifen oder schwankenden Christen Renegaten gemacht! Dafür sorgte schon die Reklame. Mit Recht sagt ein katholischer Theologe: „Aber dieses schreckliche Wort ‚Gott ist tot' stürzt doch nicht Gott, sondern den Menschen in den Abgrund! Wird nicht das ‚Gott alles in allem', das die Bibel kennt, zum ‚Tod alles in allem'?" (J. Hirschvogel). Jean Paul hat in seiner geträumten „Rede des toten Christus vom Weltgebäude herab, daß kein Gott ist" die abgründige Ohnmacht, das starre, stumme Nichts des Menschen ohne Gott geschildert: „Und es kommt kein Morgen und keine heilende Hand und kein unendlicher Vater. ... Da erwachte ich. Und meine Seele weinte vor Freude, daß sie wieder Gott anbeten durfte."

Ein erschütterndes Erlebnis ist der Besuch am Grabe eines der bekanntesten Gottesleugner unserer Zeit. Gemeint ist der Schriftsteller und Philosoph

Fritz Mauthner, der in Meersburg am Bodensee in der Zurückgezogenheit eines Klausners seinen sprachphilosophischen Studien nachging. Er schrieb ein mehrbändiges Wörterbuch des Atheismus mit dem Titel: „Der Atheismus und seine Geschichte im Abendland" (4 Bde., 1920–23, Nachdr. 1963). Ein Abgrund der Verzweiflung tut sich vor uns auf, wenn wir die Inschrift auf seinem Grabstein lesen. Dort stehen die einzigen Worte: „Vom Menschsein erlöst." Nicht etwa das Erdensein allein wird hier als Last empfunden, sondern das Menschsein überhaupt! Das ist wie ein restloses Auslöschen ohne Sinn und Gnade. Einen Aufblick nach oben gibt es nicht. – Im gleichen hochgelegenen Friedhof finden wir auch das Grab der Dichterin Annette von Droste-Hülshoff. Eine tiefe Gläubigkeit und mystische Frömmigkeit drückt sich aus in dem von ihr selbst geschaffenen Grabspruch:

> „Geliebte, wenn mein Geist geschieden,
> So weint mir keine Träne nach;
> Denn, wo ich weile, dort ist Frieden,
> Dort leuchtet mir ein ew'ger Tag!
> Wo aller Erdengram geschwunden,
> Soll euer Bild mir nicht vergehn,
> Und Linderung für eure Wunden,
> Für euern Schmerz will ich erflehn.
> Weht nächtlich seine Seraphsflügel
> Der Friede übers Weltenreich,
> So denkt nicht mehr an meinen Hügel,
> Denn von den Sternen grüß ich euch!"

Welch ein Gegensatz zu Fritz Mauthner! Die Bilanz zweier Leben ist da gezogen, eines gläubigen und eines ungläubigen. Sie verhalten sich zueinander wie Himmel und Hölle.

In dem letzten Jahrzehnt wurde ein Atheismus Mode, der deutlich die Spuren des Wirtschaftswunders an sich trägt. Es ist wie bei der Gemeinde von Laodizea: Das bequeme Versinken im Materialismus hat offensichtlich die Menschen in eine trügerische Sicherheit gewiegt. Sie fühlen sich in der Welt der sogenannten Tatsachen wohl und sind blind für ihre eigene innere „Blöße" (Joh. Apk). Eine Folge dieses Zustandes wird es wohl sein, wenn der Mainzer Theologieprofessor D. Dr. Manfred Mezger die Aussage macht: „Es gibt einen Bodensee, es gibt einen Himalaja, aber Gott gibt es nicht." In seinem Vortrag „Sprache des Glaubens heute" verglich dieser Amtsträger der Kirche die Begriffe „Gott" und „Heiliger Geist" mit einer „Währung, die im Grunde längst nicht mehr gedeckt ist". Die Aufgabe der gegenwärtigen Theologie sei es, Gott „in voller Diesseitigkeit" sagbar zu machen. Er verwirft darum das christliche Gottesbild der Vergangenheit, in dem „oft auch die Bibel von Gott redet" (welch eine phänomenale Entdeckung!).

Alle Vorstellungen von Gott, und seien sie noch so fromm und ehrfurchtsvoll, müßten verschwinden. Ohne daß man Gott zu einem „existierenden Gegenstand" machen könne, werde er in jener menschlichen Einstellung zur Welt erfahren, die sich in dem Credo ausdrückt: „Ich habe mein Leben nicht aus mir selbst. Ich bin für andere da." – Eine solche Verkürzung des Gottesglaubens auf die sozial-mitmenschlichen Beziehungen hin gehört nachgerade zum guten Ton. Zweifellos ist sie sehr stark vom atheistischen Marxismus beeinflußt. Im übrigen ist die Verbindung des Atheismus mit reformerischen Sozialideen wie im Marxismus absolut keine zwingende Notwendigkeit. Animositäten der Gründer des Marxismus, die in der Hauptsache Juden waren, sind rein historisch bedingt.

In das gleiche Horn wie der Mainzer Theologieprofessor stößt die Kölner Dozentin Dorothee Sölle-Steffinski. Wenn sie in ihren Büchern davon redet, daß Gott tot ist, daß er „abwesend" oder „verreist" ist, dann will sie damit sagen: „Der theistische Gott", wie ihn naive Fromme sich heute noch vorstellen, der Gott, der regiert, herrscht, schützt oder magisch eingreift, existiert nicht mehr. Diese Art Gott sei „weltgeschichtlich unmöglich geworden". Das Fazit ihrer Weltanschauung lautet deshalb: „Um Christ zu sein, brauche ich nicht an Gott zu glauben." Wörtlich heißt es bei ihr: „Gott ist eine Chiffre, ein Name, eine leere Vokabel" und „Gott, das ist der alltägliche Mensch". Als Person existiert er nicht. Auch die Auferstehung Jesu Christi ist nach dieser Theologin nichts weiter als ein „Irrtum". Alles, was wir brauchen, ist Liebe: das verkünden „Beatles und Bibel". Diese Liebe müsse aber politisch und gesellschaftlich, ja sogar parteilich engagiert sein.

Auch der Theologieprofessor Herbert Braun formuliert: „Gott ist nicht zu verstehen als der für sich Existierende, sondern... als das Woher meines Umgetriebenseins,... als eine bestimmte Art von Mitmenschlichkeit." In dieser Schau wird Jesus zu einem politisch-ideologisch verwertbaren Berufsrevolutionär umfunktioniert. Theologie wird zur Ersatzsoziologie und Pseudo-Politologie und das Christentum auf die soziale Forderung allein reduziert. Der transzendente Bezug schwindet ganz dahin. Ja, man ist sogar dabei, den gesellschaftlichen Gebrechen mit christlich verbrämter Gewalt beikommen zu wollen! Muß das nicht im Zynismus enden? Wir fragen uns kopfschüttelnd: Welche Art von Mensch hat an der Projizierung eines solchen Theologiezerrbildes mitgewirkt? Sind es die gleichen, die heute die Pille und die Sexwelle über sich ergehen lassen, als seien es Selbstverständlichkeiten? Und die im Rauschgift und in der Krimifaszination nichts Anstößiges mehr entdecken können? Allerdings muß man sich vor Augen halten, daß Außenseiter aus ganz verschiedenen Lagern heute in der Theologie kräftig mitzumischen versuchen. Solche getarnte Gottesfeinde führen sogar manchmal das große Wort bei Kirchenversammlungen. Sie möchten Ent-

scheidungen in ihrem Sinn herbeizwingen und benutzen dazu die Stoßkraft einer rebellischen Jugend.
Gegenüber den Atheisten im geistlichen Gewande steht man heute als Christ beinahe fassungslos da. Noch niemals ist uns so viel Sand in die Augen gestreut worden und man fragt sich verwundert: Wie kommen diese „Theologen" (d. h. Gottesgelehrte) dazu, sich überhaupt noch Christen zu nennen, oder gar ein Amt in der Kirche zu bekleiden? Auch sie müßten sich doch fragen: Welches sind denn die Grundpfeiler unseres Glaubensgebäudes? – Da ist zunächst das Apostolische Glaubensbekenntnis, das beiden christlichen Konfessionen gemeinsam eignet. Es beginnt mit den Worten: „Ich glaube an einen Gott, den allmächtigen Schöpfer Himmels und der Erde...". Und da sind die zwei Hauptgebote, die das „ganze Gesetz" ausmachen. Das erste davon lautet: „Du sollst den Herrn, deinen Gott, lieben aus deinem ganzen Herzen, aus deinem ganzen Gemüte und aus allen deinen Kräften!" Aber auch das erste der zehn Gebote Mosis enthält den markanten Satz: „Du sollst an einen Gott glauben und ihn allein anbeten!" Und schließlich ist da noch das „Vater unser", das täglich von allen Christen gebetet wird. – Dies alles sollte fallen, nur weil einige entartete Theologen moderner als modern sein wollen? Natürlich wird bei diesen Leuten auch das Prophetentum nicht mehr ernst genommen. Nehmen wir die „Entwunderung" durch Entmythologisierung hinzu, dann bleibt von Christus am Ende nur noch das ärmliche Trostbild eines tragisch geendeten Weltverbesserers. Nach ihm sich auszurichten ist für eine gewisse Sorte von gut installierten Theologen nur noch eine Art Berufspflicht. Sagte da nicht einer derselben im trivialsten Gassenjargon: „Christus war ein toller Bursche, von dem wir uns auch heute noch eine Scheibe abschneiden können?"
Auf die Frage, inwiefern sie überhaupt noch an Jesus festhalte, antwortete Dorothee Sölle-Steffinski: „In Jesu Leben hat sich eine einzigartige Freiheit, Menschlichkeit, ewiges Leben modellhaft gezeigt. Jesus – einer der probiert hat, wie weit man mit der Liebe kommt, – ist noch das Beste, was mir bisher vorgekommen ist!" Alles ist ins Zwielicht getaucht, wo außerdem eine verantwortungslose Bibelexegese das Fundament des Glaubens zerstört. Die Rammstöße gegen die „feste Burg Gottes" können aber nur dann ihre Wirkung erzielen, wenn die Menschen nicht mehr mit dem Herzen zu Gott hindenken. Wo betet man heute noch an, wie es die Engel tun, die in die Schönheit des Gottesantlitzes mit ihrem ganzen Sein entrückt sind? Der Mensch, der nicht mystisch zu glauben gelernt hat, das heißt, der nicht in die Stille des Herzkämmerleins sich einschließt, um Gott in seiner Wirklichkeit zu „erfahren", verfällt dem Geschwätz der Welt. Wie beherzigenswert für Atheisten sind die Worte eines Nichtchristen, des hinduistischen Heiligen Ramakrishna: „Du siehst nachts viele Sterne am Himmel, aber du findest sie

bei Sonnenaufgang nicht mehr. Kannst du deshalb sagen, daß tagsüber keine Sterne am Himmel stehen? So sage auch nicht, daß es keinen Gott gebe, weil du ihn in den Tagen deiner Unwissenheit nicht siehst. ... Wahrlich, wahrlich, ich sage dir: Wer sich nach Gott sehnt, der findet ihn. Geh, prüfe es in deinem eigenen Leben nach! Bemühe dich einmal an drei aufeinanderfolgenden Tagen mit großem Ernst um Gott und du kannst des Erfolges sicher sein!"

Die „Gott-ist-tot-Bewegung" innerhalb der Kirche wird manchmal auch gerechtfertigt mit dem Hinweis auf den Buddhismus, der doch als ethisch überaus hoch zu wertende Religion den Gottesbegriff ebenfalls nicht kennt. Dazu ist folgendes zu sagen: Die atheistische Form des Buddhismus gibt es nur in der abstrakt dogmatisierenden Hinayana-Sekte, die in Ceylon und Hinterindien Verbreitung fand. Wenn sie sich auch rühmt, die ursprüngliche Lehre Buddhas bewahrt zu haben, so geht doch aus ihren Glaubensvorstellungen hervor, daß der Weg der Selbsterlösung bis hin zum völligen Ausgelöschtsein im Nirwana, einem Zustand der Unerschaffenheit mit leerem Geist, unmöglich die ganze Lehre Buddhas sein kann. Dieser konnte als echter Mystiker keine andere Erfahrung machen als die Mystiker aller Zeiten, die den Zustand der Erleuchtung und Wiedergeburt mit dem Auslöschen des niederen Ichs und der Geburt eines höheren Ichs, des Gottes-Ichs, identifizieren. Nirwana wäre demnach die Rückkehr in die Alleinheit des Lichtreiches Gottes. Der weit verbreitete Mahayana-Buddhismus (China, Japan und Tibet) hat denn auch eine deutliche Korrektur an der zu eng gefaßten Lehre der Hinayana-Sekte angebracht. Deren Atheismus völlig abstoßend kann er sich gar nicht genugtun in der Verehrung zahlloser Buddhas und Boddhisatvas, ebenso wie einer vielgestaltigen Götterwelt. Er schuf damit eine theistische Weltreligion. Man sieht aus dieser Tatsache, daß keine Religion auf die Dauer mit der Forderung menschlicher Selbsterlösung auskommen kann. Ein Christentum aber, das den Gottesglauben verleugnet, ist ein besonderer Nonsens, da der Stifter dieser Religion im Gegensatz zu Buddha bei jeder Gelegenheit von Gott sprach. Er selbst war die Offenbarung des „Vaters" auf irdischer Bühne.

Ein wenig kann man es noch verstehen, wenn vor Jahren der Theologe Paul Tillich und der anglikanische Bischof Robinson einen neuen Ton in die Gottesvorstellung brachten. Als sie sich dafür einsetzten, das Wort Gott nicht dem profanen Verschleiß auszuliefern und es möglichst wenig oder gar nicht in den Mund zu nehmen, da konnten sie sich sogar auf das Vaterunser berufen, wo es heißt: „Geheiligt werde dein Name!" Bei Paul Tillich lesen wir: „Ist das profane Schweigen über Gott, das wir heute allgemein erleben, vielleicht der Weg, auf dem Gott seine Kirche dazu zwingt, wieder in heiligem Schauder von ihm zu sprechen?" Auf jeden Fall wird hier noch fest an

Gott geglaubt, wenngleich die Ausdrucksweise dieser beiden Theologen den naiven Durchschnittsmenschen allzu leicht dazu verführt, aus einem Mißverständnis heraus seine Beziehung zu Gott ganz abzubrechen. Darum ist es nötig zu fragen: Wie kann ein gesunder Glaube, in dem das Kind-Vater-Verhältnis den ständigen Inhalt all unserer Gebete und Verrichtungen im Leben ausmacht, ohne das Wort Gott auskommen? Der Aufblick zum Höchsten verbindet sich doch ganz von selbst mit einem Wortbegriff, den wir einfach brauchen, um dieses Höchste in unserer Vorstellung fixieren zu können. Die Begründung der beiden Theologen, daß dieser Gott „ganz anders" sei, als Christen sich ihn gewöhnlich vorstellen, kann nur zum Teil genügen. Auch Karl Barth hat in seiner „dialektischen Theologie" von dem „ganz anderen Gott" gesprochen. Er hatte große Schwierigkeiten, das Gottesbild der Bibel in seinem eigentlichen Sinn zu verstehen; so schuf er einen neuen Gottesbegriff, was vielen evangelischen Christen wie eine kopernikanische Tat im theologischen Denken erschien: „Gott ist Gott und ganz anders als alles Menschliche, auch als alle menschliche Religion und Kultur", heißt es da etwa. Diese „Göttlichkeit Gottes" wird durch Jesus Christus als „wahren Gott des Menschen und wahren Menschen Gottes" geoffenbart. Nicht durch eigenes Nachdenken können wir etwas über ihn erfahren und auch nicht durch einen göttlichen Funken in uns Rückschlüsse auf Gott ziehen.

Wenn diese letzte These nicht wäre, die eine Erfahrbarkeit Gottes durch die Scintilla, das Geistfünkchen des Mystikers, praktisch ausschließt, möchte man mit allem vorherigen einverstanden sein. Doch gerade die eine Lücke in diesem theologischen System mußte viel Unheil anrichten. Die Verkündigung pneumatischen Gotteswortes durch die neuere Prophetie, die doch zweifellos Aussagen über die Gottheit macht, wäre demnach unmöglich! Damit ist ein Faden abgeschnitten, der sich letzten Endes als Rettungsseil für die Menschheit erweisen könnte. Auch die Abwendung von einem transzendenten Gott bei Karl Barth führt zu einer Vereinseitigung. Mit Immanenz allein, besonders wie sie dort verstanden wird in ihrer verblaßten Form, verlieren wir den Boden unter den Füßen. Verständlich bleibt immerhin, daß man Gott aus den Niederungen menschlicher Unzulänglichkeiten zu befreien sucht und ihm seinen eigenen Platz wieder einräumt. Wir dürfen ihn aber nicht allzu erhaben in unendliche Fernen von uns rücken, auch wenn wir uns an Christus halten als den „Mittler".

Die Mystiker haben von je in heiliger Ehrfurchtshaltung vor diesem Gott gestanden, denn sie erlebten ihn an seinem ursprünglichen Ort. Sie fanden ihn in der Stille ihres Herzkämmerleins, jenes Tabernakels, von dem Gottes Licht in die Welt ausstrahlt. Darum haben sie auch in ihren Schriften ob der Übermächtigkeit ihres Erlebens sich über den heiligen Gott nur paradox auszudrücken vermocht. Sie priesen ihn etwa als die „Leere", oder gar als das „Nichts", das für sie aber ein Nichtmehrsagbares war; denn Worte können zerbrechen an der Wirklichkeit des Überweltlichen. Dort ist tatsächlich in einem gewissen Sinn alles „ganz anders". Wir aber brauchen die Leiter, um von den unteren Sprossen her hinaufzusteigen.

Auch der Dichter R. M. Rilke hatte einst in Besorgnis über eine Abnützung des Wortes Gott sich selbst ein jahrelanges Fasten auferlegt, indem er seine Dichtung frei hielt von dem Namen des Höchsten. Dies entspricht der Ehrfurchtshaltung der Juden, die den eigentlichen Namen Gottes, der ein „Tremendum" war, stets durch Umschreibungen ersetzten. Nur der Hohe Priester und höchste Eingeweihte kannten den wahren Namen Jahwes. Sie gebrauchten ihn nur höchst selten als feierliche Evokation im Allerheiligsten des Tempels. Von dort aus lenkte der Herr sein Volk und gab sich durch seine Stimme kund. Den Theologen unserer Zeit, die aus Unwissenheit das eine mit dem andern verwechseln, sei ins Gedächtnis gerufen: Der eigentliche Name Jahwes, der ob seiner divinatorischen Wirkung nicht angetastet werden darf, deckt sich auf keinen Fall mit dem Begriff „Gott". Dieses Wort kommt von „gut" und meint das Summum bonum. Damit ist eine Aussage gemacht, die nur ein Attribut Gottes darstellt. Es wäre eine falsch betriebene Ehrfurchtshaltung, durch Unterschlagung des Wortes Gott auch unseren Missionseifer abzuwürgen. Leute, die so etwas verlangen, handeln psychologisch ganz falsch, denn sie helfen bei der Masse mit, die „Gott-ist-tot-Bewegung" vorzubereiten. Diese konnte nicht plötzlich entstehen; dafür waren die Christen in früheren Zeiten zu normal. Wer aber hat ihren Geist so verwirrt, daß das Blendwerk verfangen konnte?

Auch hier müssen wir die Theologen schuldig sprechen, die schrittweise durch mißverständliche Parolen dem eigenen Glauben das Grab schaufelten. Natürlich soll man im profanen Bereich den Namen Gottes nicht „eitel nennen", etwa durch Flüche oder gedankenlose Redensarten. Es ist aber ein Irrtum zu glauben, daß die Mehrzahl der gläubigen Christen davon nichts wüßte oder diese Tatsache nicht instinktiv beachtete. In Wirklichkeit kann nur eine abstrakte Theologie im ständigen Jonglieren mit dem Begriff Gott die Sinnentleerung so weit treiben, daß von dem Heiligen nichts mehr spürbar ist. Es ist nicht mehr in jene fruchtbare Stille eingebettet, die seinen ursprünglichen Daseinsraum ausmacht; vielmehr verflattert es auf den Markt der Meinungen und Diskussionen. Dort ist es nur noch ein Gegenstand intellektueller Analysen. Davon aber sollte man es möglichst frei halten.

Die große Misere unserer Glaubenskrise besteht vor allem darin, daß an Stelle des Herzdenkens zu sehr das Verstandesdenken getreten ist. Welch herrlichen Raum archetypischer Zeichen und Bilder betreten wir in der Prophetie! Hier ist alles Kraft und Wirkung. Das Pneuma strahlt aus jedem

Wort, selbst wenn es, wie bei J. Lorber, für aufgeklärte Menschen unseres Jahrhunderts noch ganz genaue verstandesmäßige Erläuterungen hat. So spricht es zum Herzen und zum Hirn zugleich. Auch die Tiefenpsychologie, die von den Theologen viel zu wenig beachtet wird, liefert auf Grund ihrer Erfahrungen den untrüglichen Nachweis, daß der Mensch ohne den „Archetypus" Gott gar nicht auskommen kann. Er muß an Leib und Seele krank werden, wenn er sich diesem entzieht.

Der Scherbenhaufen, den atheistische Theologen innerhalb der Christenheit hinterlassen, kann nur von solchen wieder zusammengefügt werden, die wirklich „Erleuchtete" sind. Wir brauchen den Pneumatiker, der nicht nur glaubt, sondern auch weiß, weil er innere Erfahrung hat. Wir brauchen den mystisch eingestellten Theologen, sonst treiben wir immer noch weiter ab vom rettenden Ufer des Evangeliums. Wo die atheistischen Wogen schon haushoch über uns zusammenschlagen, möchte man künftigen Theologen das Dichterwort Hans Carossas zurufen: „Raube das Licht aus dem Rachen der Schlange!" Und möge es nicht wahr sein, was eine jüngste Prophetie durch innere Stimme über unsere Zeit ausgesagt hat: „Was heute Gott dienlich ist, sind Larven, Gewürm und Totenschädel."

2. Entmythologisierung und Fortschrittsglaube

Der „fortschreitende theologische Ausverkauf" (Prof. W. Künneth) innerhalb des Protestantismus hat zwar in der „Gott-ist-tot-Bewegung" seinen erschreckendsten Ausdruck gefunden; dennoch ist dieser Höhepunkt theologischer Selbstaufgabe mit seiner Leugnung dessen, was ein Kirchentum überhaupt erst möglich macht, nämlich Gott, verhältnismäßig leicht zu überwinden. Die Paradoxität ihrer Aussagen erledigt sich eines Tages von selbst, wenn das Kirchenvolk angesichts der persönlichen Konsequenzen, die jeder einzelne für sich zu ziehen hat, seinen „Seelsorgern" das unvermeidliche Valet erklärt (was sich heute schon in vielen Kirchenaustritten bemerkbar macht). Gerade in der Seelsorge muß der Standpunkt völliger Diesseitigkeit zu einer totalen Ernüchterung der Gläubigen führen. Für sie bleibt nichts mehr übrig von all den verheißenen Gütern, die die Bibel dem unerlösten Menschen nach seiner Vertreibung aus dem Paradiese als Trost vor Augen stellt: statt Krankheit und Tod ein unvergängliches Leben in einem nicht mehr gebrechlichen Leibdasein; statt der Trennung von den Lieben ein Vereinigtsein auf immer in einem verklärten Jenseits; statt Unvollkommenheit jeder Art ein ungehindertes Ausleben höchsten geistigen Schöpfertums, das uns im Reiche des Lichtes zu wahren Kindern des himmlischen Vaters macht! Was aber haben die rationalistischen Theologen aus solcher Frohbotschaft gemacht?

Da lesen wir in der Zeitschrift „Twen" vom November 1969 wörtlich: „Als der Flensburger Pastor Friedrich Hoffmann im Fernsehen von einem Schüler gefragt wurde, an wen er denn nun, da Gott für tot erklärt sei, sein Gebet richten solle, gab der Kirchenmann die Antwort: ‚An gar keinen'!

Als ein anderer Flensburger Pastor von einem jungen Mann gefragt wurde, was denn wohl unter dem Abendmahl zu verstehen sei, nun da doch Jesus nur noch ein Mensch sei, lautete die Antwort: ‚Abendmahl? – das ist für mich so eine Art Vereinsessen, wie bei einem Kleingartenverein auch!'

Als eine Frau am Grabe ihres Mannes von einem Flensburger Pastor wissen wollte, ob sie den lieben Verstorbenen wohl im Jenseits wiedersehen werde, schüttelte der Seelenhirt den Kopf: ‚Es gibt kein Jenseits; es gibt kein Weiterleben nach dem Tode. Mit dem Tode ist alles vorbei.'"

Mit doppelter Zunge sprechen diese Amtsträger der Kirche auf ihre Schutzbefohlenen ein: mit der Stimme der Gottlosigkeit einerseits und mit dem aufgeklärt-hochmütigen Tenor der Entmythologisierer andererseits! Ist das nicht der Antichrist, wie er etwa auf dem berühmten Wandgemälde von Signorelli im Dom von Orvieto durch seine Werkzeuge spricht; mit jenem Ohrengebläse, das diese gehorsam auf den Markt weitertragen und das vom Massenmenschen begierig aufgenommen wird?

Die „Gott-ist-tot-Bewegung" innerhalb des christlichen Glaubens kann man am besten mit einer totalen Sonnenfinsternis vergleichen. Es gibt aber eine partielle, die durch ihr fahles Licht, das sie auf alle Dinge des Glaubens wirft, der beginnenden Nacht des Unglaubens größten Vorschub leistet. Ich meine den Versuch Rudolf Bultmanns und seiner Schüler, die Bibel, wie sie sich ausdrücken, zu „entmythologisieren". Für den unkritischen Durchschnittsmenschen klingt es natürlich sehr plausibel, zu sagen, man müsse das Neue Testament, das nun schon beinahe 2000 Jahre alt ist, in die Vorstellungs- und Denkweise unserer Gegenwart „übersetzen". (Dieser Vorgang wird in der Theologie als Hermeneutik bezeichnet.) Besonders dem naturwissenschaftlich-technisch orientierten Zeitgenossen, der schon sein vorgeformtes Weltbild hat, versucht man mit becircenden Tönen einzureden, daß vieles im Neuen Testament, wegen der ganz anderen damaligen Seelenlage, seiner heutigen Welterfahrung gar nicht mehr entspreche. Da es aber in der Religion vor allem um die Wahrheit gehe, müsse dieses „unglaubhaft" gewordene Beiwerk der Bibel radikal „eliminiert" werden. Daß man damit einem gewissen Typ des modernen Menschen, der in der „intellektuellen Redlichkeit" sein moralisches Verantwortungsgefühl entdeckte, geradezu „nach dem Munde redet", ist einleuchtend. Leider aber sind gerade bei uns in Deutschland auch die Theologen mit ihrer einseitig verstandesmäßigen

Schulung für solche Überredungen besonders anfällig. Wer zum Beispiel nach Karl Barths „dialektischer Theologie" ausgerichtet war, mußte unwillkürlich aufhorchen, als Bultmann seine bekannte Programmschrift zur Entmythologisierung herausgab.

Der Neutestamentler Bultmann, dessen philologische Arbeit an der Bibel ihm eine gewisse Erfahrung eintrug (wobei er allerdings über dem Buchstaben den Geist austrieb), teilte zunächst die Ansichten Barths, daß griechischer Geist und griechische Mythologie in die Bibel hineingeschrieben worden seien. Eine solche „Überfremdung" habe dem ursprünglichen Wesen des Christentums sehr geschadet. Man fühlte sich also aufgefordert, die theologische Säuberungsarbeit an der Bibel zu vollziehen. Philosophische Grundbegriffe wie Logos, Pleroma (Fülle), Hypostase (Seinsweise), Eikon (Abbild, Schatten), Pneuma, Ekstase, Gnosis, Metamorphose (Verwandlung) und auch der Fundamentalbegriff A-letheia (d. h. Wahrheit als Aufhebung der Lethe-Unbewußtheit und damit Wiederherstellung paradiesischen Wissens und Gewissens) verloren damit ihren Sinn und ihre Geltung. Sie waren der Umdeutung ausgeliefert. Ein entschiedener Esoteriker unter den evangelischen Theologen, Pastor Dr. Anselm Skriver, bemerkt dazu in einem seiner herzerfrischenden Artikel: „Nun sind wir modernen Theologen ja auf den komischen Einfall gekommen, zu meinen, der Heilige Geist habe im Neuen Testament ein dialektisches Versteck- und Gesellschaftsspiel für die Theologen geschaffen, wo jeder Begriff etwas anderes bedeutet, als was er besagt. Steht da Logos, so sagen sie: das bedeutet hier nur das schlichte Wort Gottes, nicht den schöpferischen Urbildner der paradiesischen Lichtwelt, wo Adam noch kein Fell, keine grobmaterielle Leiblichkeit anhatte. Steht da Ekstase, so sagen sie: Ekstase bedeutet im Neuen Testament etwas ganz anderes als Ekstase, keine Erhebung des Geistes aus dem Leibe, keine Entrückung, keine Verzückung, denn das paßt nicht in unser liberal-materialistisches ‚christliches' Weltbild hinein, das ist Griechentum und Heidentum; wir bleiben mit beiden Beinen auf der Erde. Steht da Gnosis, so sagen sie: das bedeutet nicht höhere übersinnliche Erkenntnis, nicht Vision und Audition, sondern gewöhnliches, normales Bewußtsein, so wie es ein Theologieprofessor hat. Steht da Metamorphose und Verklärung, so sagen sie: bei uns Christen gibt's keine Verwandlung, sondern nur Creatio ex nihilo (Erschaffung aus dem Nichts), und tatsächlich wandelt sich auch kein Mensch in der Christenheit, es bleibt alles beim Alten und wir selbst bleiben die veraltete Kreatur. Bei uns Christen gibt es auch keine Verklärung, keine Klar- und Lichtwerdung, das wäre ja griechisch! Und tatsächlich tagt es ja auch nicht bei uns!"

Daß Gottes ewiges Wort gerade in die griechische Sprache gegossen wurde, war zweifellos Vorherbestimmung. Man sollte nicht daran rütteln wollen, vor allem schon deshalb nicht, weil griechischer Sprachgeist und griechische Philosophie anerkanntermaßen das brauchbarste Gefäß sind für die metaphysische und transzendente Begriffswelt des Neuen Testamentes. Selbst die hebräische Überlieferung hatte dafür zu enge Grenzen. Auch war die Vermählung von hebräischem und griechischem Sprachgeist für die Verbreitung des Logos spermatikos geradezu eine Notwendigkeit. Der Inhalt der Bibel ist von ihrer Form so wenig ablösbar wie der von Goethes „Faust" oder Dantes „Göttlicher Komödie". Es kämen sonst nichts als Gemeinplätze heraus. Alfons Rosenberg sagt darüber: „Gewiß hat Gott sich der Gaben und Formen bestimmter Zeiten bedient, aber doch nur, weil er in diesen das seinen Absichten gemäße Instrumentarium gefunden hat. Wenn wir heute weithin diese Bildsprache nicht mehr verstehen, so sollten wir diesen Mangel nicht unseren von Gott erleuchteten Vorvätern zuschreiben, sondern, um mit Hugo Rahner zu sprechen, unserer heutigen ‚Verhirnlichung'... In der Sprache der Bibel kann man zwar keine Universitätswissenschaft mitteilen, aber die Fülle und Wirklichkeit des Seins."

Immerhin ist die Theologie der Bibel durch die Gleichnisreden Christi selbst geprägt – und dieser war doch wirklich der größte Theologe! Dr. Anselm Skriver sagt: „Jesus spricht absichtlich in Sinnbildern, um Unbefugten die Wahrheit zu verbergen. Das bedeutet aber, daß wir Theologen die Aufgabe haben, diese Mysterien des Himmelreichs zu enträtseln und zu deuten. Von da aus ist es nun wirklich kein Unsinn, wenn jemand sagt, man müsse erst einmal den grammatisch-historischen Sinn der Schrift analysieren und schließlich auch noch den sinnbildlich-pneumatischen Wahrheits- und Wirklichkeitsgehalt zu erfassen suchen. Die Wahrheit ist in der Schrift verborgen und nicht vor die Säue geworfen, das kann kein Einsichtiger bestreiten. Wer es tut, hat keine Ahnung von den ungeheuren Hintergründen der Schrift."
Hören wir zur Bestätigung noch einmal Alfons Rosenberg: „Durch die fortschreitende Reduzierung und Relativierung der Hl. Schrift ist die christliche Glaubenssubstanz derart dünn geworden, daß sich die missionarische Kraft der christlichen Botschaft verflüchtigt hat und die Frohbotschaft zu einer Trauerbotschaft geworden ist. Es gibt seitdem nichts Langweiligeres auf der Welt als jenes aufgeklärte, ‚gesunde', vernünftige Christentum der Theologen mit ihrem logisierten Gott, das, ‚von allem Primitivismus eines noch ungebildeten Volkes befreit', nur noch ein abgenagtes Gerüst ohne jede magisch wirksame und pneumatisch erleuchtende Kraft geworden ist."
Seit Jahrhunderten, besonders aber seit der Zeit der Aufklärung, gab es den Versuch, die Bibel zu entmythologisieren und womöglich noch die Historizität Jesu zu bezweifeln. Am radikalsten versuchten Volney und Depuis, zwei Religionsgeschichtler der französischen Aufklärung, das Neue Testament seines historischen Charakters zu entkleiden und das Leben und die Taten

Christi als ein Stück antiker Astralmythologie zu „entlarven". Es folgte die zersetzende Bibelkritik der Renan, Bauer, Weiß, Strauß, der Tübinger Schule u. a. „Die Bibel wurde auseinandergenommen wie ein Leichnam und nach den Vorstellungen beschränkter religiöser Geister zur Mißgestalt wieder zusammengesetzt" (A. Rosenberg). Was dem Zeitgeist widersprach, wurde als Mythos, Märchen, Fabel, Legende, Volkserzählung usw. abgetan. R. Bultmann fand dazu noch eine neue Variante: Indem er eine „existentiale" Deutung der Bibel versuchte (d. h. von der Philosophie des Existentialismus her), reduzierte er ihren Gehalt an Wahrheit auf ein Minimum von „Glaubhaftigkeit". Seine Maxime „zurück zu den Sachen!" schloß vor allem auch den transzendenten Bezug des Evangeliums völlig aus und es kam zu der bekannten „Eliminierung" aller Wunderberichte, der auch das Wunder der Auferstehung Christi zum Opfer fiel. Letztere sei nicht wirklich geschehen als greifbares historisches Ereignis, sondern sie sei nur im Glauben der Jünger überliefert worden. Der Glaube an die Auferstehung Christi besage nur, daß Christus durch seinen Tod die Menschheit erlöst habe und daß folglich der Mensch nur dann zum Heil gelangen könne, wenn er Christus nachfolge und sein eigenes Kreuz im Leben auf sich nehme. – Trotz dieser heroisch klingenden ethischen Einsichten müssen wir uns bei einer solch willkürlichen Auslegung der Bibel fragen: Was bleibt von einem ernst zu nehmenden Christentum überhaupt noch übrig? Bei Paulus lesen wir (1. Kor. 15): „Ist aber Christus nicht auferstanden, so ist ja unsere Predigt nichtig und auch euer Glaube ist nichtig. Dann stehen wir als falsche Gotteszeugen da..."
In den Spuren Bultmanns wandeln heute so viele Theologen mit zum Teil hochberühmten Namen. Selbst Paul Tillich, welcher der geistigen Terrorherrschaft des Nationalsozialismus widerstand und deshalb emigrieren mußte, hat nicht den Mut, sich zum Auferstehungsbericht der Bibel zu bekennen. Freilich hat er in seiner Theologie ein anderes Wort- und Begriffsrepertoire als R. Bultmann.
Er, der das Wesen der Religion als „Dimension der Tiefe" formuliert, hütete sich ängstlich, der materialistischen Schulwissenschaft zuwiderzureden. Die Bibel ist ihm vor allem ausschöpfbar in ihrem Gehalt an philosophischen Gedankengängen und inhaltsreichen Symbolen. Bultmann kann auch die Symbole der Bibel nicht mehr anerkennen, denn für ihn sind sie ja „Mythos". So gesehen gibt es zur Johannes-Apokalypse überhaupt keine Beziehung mehr. Bei seiner totalen Mythosfeindlichkeit kann sich Bultmann übrigens gar nicht auf die existentialistische Philosophie berufen. Karl Jaspers zum Beispiel äußert über seine Lehre, sie sei nicht Aufklärung, sondern „Aufklärict". Und Heidegger gefällt sich sogar sehr in mythologischen Vorstellungsweisen. Man sieht daraus, daß mythisches Denken eine ewige Funktion des menschlichen Geistes ist, nicht eine zeitbedingte oder gar primitive.

„Auch müssen wir uns frei machen von der liberal-materialistischen Ansicht, die im Märchen nur Märchen, in Legenden nur Legenden, in Mythen nur Mythen, in Symbolen nur Symbole und in Gleichnissen nur Gleichnisse sieht" (Skriver). Bultmann geht es bei seinem Bemühen angeblich um die „nackte Wahrheit". Was aber ist „nackte Wahrheit"? Die kann es im Grunde gar nicht geben, denn des Menschen eigentümliche Erlebensweise von irgendeiner Wirklichkeit bedarf immer der bildhaften Umkleidung, da er ein Sinnenwesen ist. Darum würde ja auch die „übergeschichtliche Wahrheit des Mythos" nicht mitteilbar sein ohne jene Umhüllung, die den Erlebnischarakter der Frühmenschen widerspiegelt. Auch Bultmann kleidet instinktiv seine von ihm aus der Bibel herauskristallisierte „nackte Wahrheit" in ein existentialistisches Gewand. Es ist dabei leicht zu bemerken, daß sein Begriff von „existential" ganz unexistentialistisch ist und offensichtlich auf einem Mißverständnis beruht. „Existential" heißt für ihn einfach „unmythologisch".

Als sein eigentliches Programm verkündet er in rigoroser Kürze: „Das Weltbild des Neuen Testamentes ist ein mythisches... Sofern es eine mythologische Rede ist, ist es für den Menschen von heute unglaubhaft, weil für ihn das mythische Weltbild vergangen ist." Eine genaue Analyse dieser wenigen Sätze ergibt, wie die geistvolle Schrift „Mythos und Wahrheit" von Franz Vonessen nachweist, ziemliche Ungenauigkeiten im logischen Denkprozeß. Abgesehen davon, daß der Mythosbegriff bei Bultmann ein ganz ungewöhnlich weitgreifender ist, würden sich viele Zeitgenossen dagegen auflehnen, daß für den modernen Menschen das mythische Weltbild vergangen sein soll. Der Rationalist Bultmann läßt sich eben allzugern von Vorurteilen leiten und „Vorurteile lieben sich zu verstecken, am meisten vor dem, der sie hat" (Fr. Vonessen). An Stelle des existentiellen Charakters der Bibel bleiben bei Bultmann nur noch Relikte einer sogenannten „natürlichen Religion" in der Weise der Aufklärung übrig. Moralbegriffe, ethische Werte und das Beispiel eines großen Menschen etwa, dem es in der Imitatio Christi nachzueifern gilt. Wenigstens das historische Ereignis vom Kreuzestod Jesu wird bei Bultmann nicht geleugnet. Die gelehrte Oberflächlichkeit geht aber so weit, daß er von der Erbsünde sagen kann, sie sei „ein untersittlicher und unmöglicher Begriff". In solchen Wertungen zeigt er, „daß er das Mythische am Mythos nicht interpretiert, geschweige denn hermeneutisch betrachtet, sondern wirklich und wörtlich zerstört und ‚erledigt'" (Fr. Vonessen).

Wir kämen an kein Ende, wollten wir Bultmann auf allen seinen Irrpfaden folgen. Bedauerlich ist, daß Theologen der katholischen Kirche, die sonst wegen ihrer stärkeren Traditionsgebundenheit und einer auffallenden Hinneigung zur Mystik mehr Standhaftigkeit bewiesen als die evangelischen Bibelexegeten, allmählich auch in den Sog der Bultmannschen Strömung geraten. Der katholische Alttestamentler an der Universität Tübingen, Prof. Haag, sagt zum Beispiel von der Paradieserzählung und dem Leben des Menschen im Gottesgarten: „Daß eine solche Welt in Wirklichkeit niemals bestanden hat, ist jedem Einsichtigen (!) klar." Und nun kommt eine Ausdeutung, wie wir sie von Bultmann her so gut kennen: „Das Bild vom Garten will nichts anderes sagen, als daß der Mensch in der Nähe Gottes lebte; die Verweisung aus dem Garten bedeutet seine Verweisung aus der Nähe Gottes." Alfons Rosenberg bemerkt dazu: „Das Paradies ist also nach seiner materiellen Form, wie sie die Bibel beschreibt, nie Wirklichkeit gewesen. Eine wahrhaft treffliche marxistische Interpretation, ein Meisterstück des religiösen Materialismus. Und dies alles, wohlgemerkt, mit bischöflicher Zustimmung und dadurch für das christliche Volk als zuträglich und wahr gekennzeichnet. Quo vadis, ecclesia?"

Schlimmeres noch vernehmen wir bei Bultmann. Seine Methode, das Neue Testament von seiner „Umkleidung" durch den Mythos zu befreien, endet in einer geradezu lächerlichen, stereotyp wiederholten Formel. Daß Christus über den See wandelt, ist nach ihm ein Mythos, dessen Sinn und Aufgabe es war, „Christi Bedeutsamkeit" klar zu machen. Alle Wunder der Bibel überhaupt gehen bei ihm auf die Absicht hinaus, die „Bedeutsamkeit Christi" zu unterstreichen. Was müssen demnach die Evangelisten für unmögliche Phantasten, ja geradezu Betrüger gewesen sein, daß sie es nötig hatten, durch solch einen Aufwand an Wundergeschichten ihren Meister in der Öffentlichkeit erst hoch zu spielen! Und wen sollten sie damit gewinnen können?

Andere Beispiele bultmanntreuer Hermeneutik, welche an heilige Einfalt grenzen: Wenn es im Alten Testament heißt, Gott habe den berühmten Auszug der Kinder Israels befohlen, so besagt das nur, der Geist des Aufbegehrens habe Moses gepackt, der revolutionäre Aufbruch zu neuen Ufern. Man habe „neuen Mut gefaßt". – Bei der Geschichte von der wunderbaren Stillung des Sturmes auf dem See wird uns erklärt, dieser See sei kein „geographischer Ort" mehr, sondern nur noch ein „theologischer Ort" (!). Die Wundertat selber sei ein Märchen, aber ihre Aussage sei wahr und zwar dahingehend: „Niemand muß in Angst untergehen, auch wenn die Situation noch so ausweglos erscheint!"

Bei dieser völligen Verblassung unerhört bildhafter und aufwühlender Ereignisse wie die Taten Christi bleibt nur noch ein begriffliches Gespenst der Wirklichkeit übrig. Uns schaudert vor seiner rationalen Nüchternheit. Uns schaudert aber vor allem vor der Ausweglosigkeit, in die eine solche Theologie gerät vor den großen Fragen des Jenseits und des Lebens nach dem Tode. Fortleben nach dem Tode ist eine heidnische Anschauung, wird da verkündet. Die christliche Lehre hat nur die Botschaft von der Auferstehung zu vertreten. Schon zu Häckels Zeiten gab es diese desparaten Töne: Kein

Gott, keine Seele, kein Jenseits, keine Unsterblichkeit! Es gibt nur die irdische Welt und die sichtbare Materie. Dreiviertel der Menschheit glaubte damals an diese „Wissenschaft". Bei J. Lorber lesen wir: Würde Gott aufhören, die Welt als Wirklichkeit zu denken, so würde die Welt in Nichts zusammensinken; Gottes Gedanke erschuf die Welt, Gottes Gedanke und seine Liebe hält die Welt zusammen.

Die Botschaft von der allgemeinen Auferstehung und einem letzten Gericht klingt aus dem Munde der Entmythologisierer so unglaubhaft und unverständlich, daß man sie der logischen Denkfehler zeihen möchte. Wird Gott den Menschen wieder „aus Nichts" erschaffen und ihm dann erst seinen Himmel oder seinen Höllenpfuhl bescheren? Dazwischen aber, auch wenn alle Parapsychologie, alle Lehren vom Fegefeuer, alle nachgewiesenen Spuk- und Geistererscheinungen und vor allem die Bibel selbst dawider reden, soll ungeheure Leere und ausgelöschtes Seelentum sein? Das ist wahrhaftig keine Weisheit, sondern ein eklatantes Eingeständnis von Unwissenheit.

Nun aber wollen wir dieser seltsamen Hermeneutik kämpferisch auf den Leib rücken! Am leichtfertigsten geht Bultmann mit dem Begriff „Mythos" um. Was wird in dieses Wort wie in einen großen Sack nicht alles hineingestopft! Für uns ist es eine willkommene Gelegenheit, uns selbst einmal darauf zu besinnen, was Mythos in seinem eigentlichen Sinn bedeutet. Sehr bekannte Forscher der letzten hundertfünfzig Jahre, wie Schelling, Görres, Creuzer, Bachofen, Daqué, Ziegler u. a., haben Formulierungen des Mythos gegeben, die Bultmann in seiner Seichtigkeit völlig außer acht ließ. Es gibt eben eine Hochmutshaltung gelehrter Ignoranz, die gar nicht gewillt ist zu prüfen, ob an der Transzendenz, mit der es der Mythos hauptsächlich zu tun hat, nur das Geringste wahr sei. Man schämt sich von vornherein, als aufgeklärter Mensch etwa an Wunder zu glauben. Die Weise mystischen Erlebens, die dem Mythischen sehr nahe steht, erscheint solchen Leuten als „pathogen". Das Okkulte in seinen zahllosen Erscheinungsformen ist für sie nichts als Aberglauben, über den sie geringschätzig die Lippen schürzen. Unterstützt wird diese Haltung durch die einseitige Bevorzugung rationalistischer Propaganda innerhalb der Massenmedien.

Wieviel ist allein in unserer Sprache an mythischen Elementen im Bultmannschen Sinne enthalten! Jedes Bild, jede Metapher, jedes gute Sprichwort und Gleichnis, ja jegliche Sprachschönheit sind mythisch gefärbt. Wir vermögen uns nicht auszudrücken, wenn wir nicht Emotionen aus dem Bereich der inneren Strahlungskräfte für uns schöpfen. Im urtümlichen Sinne ließe sich sogar von „Mana" sprechen, das als vital belebendes Element die Sprache erst mit Substanz erfüllt. Jede mythische Erscheinung ist eine Wirklichkeit der Seele, die, wie C. G. Jung uns lehrt, in ihren Tiefenschichten archetypischen Charakter trägt. Für uns ist es vor allem wichtig, was die erfahrenen Esoteriker über den Mythos auszusagen haben.

Schon bei Platon, wo die Sophisten ihre ganze Zungenfertigkeit entfalten, um den Mythos als reine Fabelei abzutun, wird dieser als eine Wahrheit höherer Art aufgefaßt; mitgeteilt von Menschen, die noch in Verbindung mit den „Göttern" und Geistwesen des Jenseits standen. Eine „übergeschichtliche Wahrheitsmitteilung" auf der Ebene des Transzendenten ist also der Mythos, und sein Kleid ist zugleich sein Leib, weswegen er gar nicht „entkleidet" werden kann. Wenn man ihn in die Begriffssprache des heutigen Menschen übersetzte, ginge er ganz und gar seines Wirklichkeitscharakters verlustig. Man sage nicht, daß es heute keine Menschen mehr gebe, die auf die gleiche Weise wie der Mythos Wirklichkeit des Transzendenten in sich erfahren. Für den Homo religiosus sollte es eigentlich eine Selbstverständlichkeit sein, daß Gottes Wesen und Bereich nur im Transzendent-Bildhaften erfahrbar ist. „Suchet zuerst das Reich Gottes!" heißt es in der Bibel. Glauben denn die Entmythologisierer, daß dies ein Schattenreich wäre abstraktunsinnlicher Erfahrungen? Von der Verdichtung im Symbol, von heiligen Zeichen, vom Wortgehalt des Gleichnisses geht magische Wirkung aus. Der Geist befindet sich hier auf der Ebene seiner eigensten Übersetzbarkeit und ist der einzige „Hermeneut", der für das Religiöse wirklich legitimiert ist. Bultmann ist dabei, den Geist durch die Ratio auszutreiben. Ja, wenn wir recht sehen, setzt er an die Stelle des Bibelglaubens einen ganz anderen Glauben lediglich zeitgebundener Art; doch davon später! –

Arthur Schult hat in seiner „Urgeschichte der Menschheit" den Mythos als die „früheste bildhafte Ausdrucksform religiösen Lebens und Erlebens" bezeichnet, als den „Niederschlag realer Geistschau und hoher Mysterienweisheit": „Echte Mythen lassen uns zurückblicken in die kosmischen Werdestufen der Menschheit; der Mythos ist nicht unzuverlässige, sondern erhöhte Geschichtsschreibung." Das bloß naturwissenschaftliche Weltbild hat gar keine Befähigung, in die Wirklichkeit des Mythos einzudringen, da dieser nicht von zeitlichen, sondern von ewigen Dingen handelt; er steht „über der Zeit". Dem Schöpfungsbericht der Genesis etwa kann man mit dem naturwissenschaftlichen Denken allein nicht nahekommen. Wie viele Mißverständnisse sind aus solchen Versuchen schon entstanden! Moses war ein Eingeweihter und als solcher hatte er die Fähigkeit zu geistiger Rückschau. Deshalb konnte er von den Ursprüngen der Menschheit berichten. Ich möchte an dieser Stelle vor allem auf einen Irrtum aufmerksam machen, dem naturwissenschaftlich denkende Exegeten der Genesis immer wieder unterliegen. Pastor Skriver sagt: „Die Urwasser – das sind die Lichtenergien der Schöpfung – dürfen ebensowenig mit H_2O identifiziert werden wie die lebendigen Wasser, die Christus im Johannes-Evangelium verheißt." Freunden des Mystikers J. Lorber ist der Mythos von der Schöpfungsgeschichte ohne weiteres durchschaubar. Daß der Mythos auch eine Entwicklung aufweist, die von ursprünglich reinen Formen in einem geschichtlichen Abwärtsgefälle zur Profanierung und Sinnentleerung im exoterischen Bereich hinführt, läßt sich nicht leugnen. Den Theologen sollte man aber die „Unterscheidungsgabe" zutrauen, die ein Charisma ist. Im Neuen Testament hat das Mythische noch ganz seinen Ursprungscharakter, weswegen die Urchristenheit charismatisch inspiriert werden konnte. Ansonsten aber müssen wir bei allen Mythologien drei Stufen der Entwicklung unterscheiden. Kobilinski-Ellis hat sie in seinem Buch „Christliche Weisheit" folgendermaßen gekennzeichnet:

„Die erste (mystische) Periode ist die der großen Sehnsucht nach den verlorenen himmlischen Höhen, des geistigen Sehertums und der wahren symbolischen Weisheitssprache. Die zweite Periode ist der Weg vorzugsweise zu den kosmischen (bloß natürlichen) Regionen, die Symbolik der großen Allmutter (der Weltseele) mit ihrer Vieldeutigkeit und Neigung zur Naturvergöttlichung und Magie. Die dritte Periode kennt nur eine wirkliche Welt, die der Erde, indem sie alle anderen Ereignisse und Wesenheiten zu Abstraktionen der menschlichen Ratio oder zum Schattenspiel der eigensinnigen Phantasie macht."

Hören wir noch zur Unterstützung einen unverdächtigen Zeugen, der als reiner Logiker und Philosoph zum Mythosproblem Stellung nimmt. Der schon erwähnte Fr. Vonessen schreibt in „Mythos und Wahrheit": „Die Mythen sind wahr; aber daß sie wahr sind, heißt nicht, man solle sie rationalistisch für wahr halten. Sowenig jemand verlangt, der Erwachsene solle die Welt nicht verständig, sondern nur mit Augen betrachten, ebensowenig läßt sich die Wahrheit, die der Mythos enthält, in einer anderen, etwa modernbegrifflichen Weise erfassen. Entweder wir nehmen die mythische Wahrheit mythisch, also so wie sie ist – oder sie geht uns verloren." Niemand wird den Versuch machen, einem Blinden die Farbenpracht unserer sichtbaren Welt in rationale Begriffe zu übersetzen. Das aber tut Bultmann, indem er den transzendentalen Gehalt des Mythos in die Sprache einer vorwiegend technischen Welt überträgt. „Alle kosmologischen Strukturen, die wir kennen, sind mythischer Herkunft und wurden bis heute nicht überwunden, nicht überholt, nicht einmal verbessert – höchstens begrifflich erklärt" (Vonessen). Der Mythos als „die Offenbarung der Welt in ihrer ersten Gestalt" ist nur insofern in das Neue Testament eingegangen, als dort der Logos in Menschengestalt von seiner göttlichen Verwandlungskraft her die Welt wieder auf ihre ursprüngliche Basis hob. Wir müssen zu seiner Ebene des Wirkens und Sagens uns hinaufziehen lassen und nicht ihn herunterzerren wollen in die „Weltnacht" des modernen Menschen. („Weltnacht" ist eine Bezeichnung des Existentialisten Heidegger für unsere gefährdete Zeit.)

R. Bultmann, der dem Zeitgeist mehr als irgendein anderer huldigt, ist dieser „Weltnacht" ganz und gar verfallen. Wir müssen daher seine Theologie von dieser Seite her durchleuchten. Es ist klar, daß ein Mensch, der es „als unzumutbar" empfindet, „im Zeitalter des elektrischen Lichtes, der Radioapparate und modernen medizinischen Mittel" noch an den Mythos zu glauben, keinen Zutritt mehr hat zu Strukturen des Daseins, die weit in das Transzendente hinüberreichen. Fr. Vonessen betont mit Recht: „Nicht deshalb ist etwas unglaublich, weil es vergangen ist, sondern es vergeht, weil es nicht mehr geglaubt wird; der Mythos konnte nur darum ‚vergehen', weil der Glaube ihn losließ, weil er ihn nicht länger gegenwärtig erhielt." Wir stoßen hier auf das Problem der Zeit, und was das Christentum anbelangt, ist es eben ganz entscheidend zu wissen, daß wir mit Christus aus dem Zeitgefängnis herausgetreten sind. Wenn es je einen „Fortschritt" gegeben hat, dann war es jener in der „Fülle der Zeit", der uns das Pleroma zeitloser Erfüllung brachte. Kierkegard sagt einmal: „Ein historisches Christentum ist Galimathias und unchristliche Verwirrtheit; denn was es an wahren Christen gibt in jeder Generation, die sind gleichzeitig mit Christus, haben nichts zu schaffen mit den Christen der Generation vorher, und alles mit dem gleichzeitigen Christus. ... Im Verhältnis zum Unbedingten ist nur eine Zeit: die Gegenwart; wer nicht gleichzeitig ist mit dem Unbedingten, für den ist es nicht da. Und da Christus das Unbedingte ist, sieht man leicht, daß es im Verhältnis zu ihm nur eine Logik gibt: die der Gleichzeitigkeit."

Bultmann nimmt den entgegengesetzten Standpunkt ein. Indem er das Mythische negiert und absolut modern sein möchte, nimmt sein Christentum den Charakter eines neuen Glaubens an. Es ist der Glaube an den „Fortschritt". Auch Teilhard de Chardin hat einen solchen Fortschrittsglauben, wenn er behauptet, „daß der Glauben an Christus sich in Zukunft nur erhalten oder verbreiten kann auf dem Weg über den Glauben an die Welt". Daß dieser Fortschrittsglaube ganz andere Konturen hat als bei R. Bultmann – denn er schließt ja das Mythische nicht unbedingt aus –, macht ihn nicht weniger verdächtig. Wohl muß durch das Heilsgeschehen auch ein Fortschritt spürbar sein im weltlichen Bereich; dem Christentum geht es aber wesentlich um den Fortschritt des inneren Menschen, der in einer technisierten Welt nicht immer die günstigsten Voraussetzungen findet. Fortschritt, wie er vom Weltmenschen verstanden wird, kann eher „von Gott fort" und damit zu einem zweiten großen Sündenfall führen. Der feinsinnige Religionsphilosoph Theodor Haecker hat einen solchen vorausgeahnt, als er in einem fingierten Gespräch Gott-Vater die Frage stellen läßt: „Adam, wo warst du?" − Die reuige Antwort lautete: „Herr, ich war im Fortschritt begriffen!"

Wohl wissen wir von den prophetischen Schriften Lorbers her, daß die Früchte am Baum der Erkenntnis auch einmal gesegnet werden sollen; und zwar dann, wenn die Zeit reif dazu ist, und das ist sie bereits. Gerade die Naturwissenschaften, besonders die Physik, stoßen heute tief durch das Nebelgewölk des Materialismus auf geistiges Terrain vor. Man kann diesen Vorgang nicht deutlicher und hellsichtiger darstellen, als es Jean Gebser getan hat in seinem Buche „Abendländische Wandlung". Auch der Parapsychologe Pauwels kann mit vollem Recht feststellen: „Überall in der Wissenschaft sind heute die Pforten aufgestoßen, das Gebäude der Physik jedoch besitzt von jetzt ab fast keine Mauern mehr; es ist eine Kathedrale, die nur aus Glasfenstern besteht und in der sich die Lichter einer anderen, unendlich nahen Welt spiegeln. Man hat erkannt, daß die Materie ebenso reich an Möglichkeiten ist wie der Geist, vielleicht sogar noch reicher. Sie verfügt über eine unberechenbare Energie, sie kann eine Unzahl von Transformationen vollziehen, sie speist sich aus ungeahnten Quellen. Der Begriff Materialist hat seinen alten Sinn eingebüßt." Es ist also das, was heute als Fortschrittsglauben in den Köpfen der meisten Menschen spukt, schon deswegen ein Irrglauben, weil von ihnen gar keine Konsequenzen aus den Erkenntnissen neuester Wissenschaftsforschung gezogen werden. Wenn Wahrnehmung und Erfahrung des heutigen Menschen vorwiegend von rationalen und technischen Belangen bestimmt werden, so gleitet er unbewußt über alle Phänomene hinweg, die außerhalb seiner besonderen Interessen liegen. Dies allein schon läßt die „Wirklichkeit" seiner Welt als sehr relativ erscheinen. Ein philosophisches Problem entsteht, das Fr. Vonessen in einer genauen Analyse folgendermaßen charakterisiert: „Etwas ‚im Ohr haben' und es ‚gleichwohl nicht hören', weil man ihm ‚hörig' ist und also nur wie im Zustand der Trance ‚gehorcht' − das ist die Situation, in der sich heute bestimmt, ob etwas glaubhaft ist oder keinesfalls geglaubt werden kann. Der moderne Mensch ist einseitig durch die Ratio und im Sinne des Rationalen geprägt, und das bindet ihn einerseits an alles Begründbare und verbaut ihm andererseits den unbefangenen Blick in den Ab-grund, wie es Heidegger nennt, verbaut ihm den Zugang zu dem, was man heute mit billiger Negation als das Irrationale bezeichnet. ... Der Fortschrittsglaube, so können wir also sagen, ist ein Stück jenes Glaubens, der die Gegenwart ausmacht: der Fortschritt ist gegenwärtig, weil er geglaubt wird."

Besonders die erstaunlichen Leistungen auf dem technischen Sektor, an denen wir alle mit großem Interesse teilnehmen, ziehen den modernen Menschen so sehr in ihren Bann, daß er in seinem Denken und Bewußtsein sie als „seine Wirklichkeit" empfinden muß. Diese Wirklichkeit − oder auch

„Wahrheit", wie Bultmann meint – besitzt gegenüber dem biblischen Weltbild, das sich in drei Stockwerke aufgliedert, nur eine einzige Etage, die der reinen Diesseitigkeit. „Es fielen der Himmel droben und die Hölle drunten und nur die Erde blieb stehen. Aber mit dem ersten und dem dritten Stockwerk fiel noch vieles andere. Es fiel die Einbettung der Erde und der Menschheit und der Geschichte und des Einzelschicksals in eine übergreifende Wirklichkeit", sagt Dr. Kurt Hutten. Bultmann bekennt sich ausdrücklich zu dieser einzigen Etage reiner Diesseitigkeit. Unwillkürlich entsteht die Frage: Hat sich unser heutiges Weltbild gegenüber dem vergangenen der Bibel vielleicht gar nicht geändert, sondern nur verkürzt, indem es sich nur auf die Erfahrung eines einzigen Stockwerks beschränkt? Das bißchen lumen naturale, das der Fortschrittsmensch im Auge hat, kann auf gar keinen Fall ausreichen, um eine größere Wirklichkeit damit zu erhellen. Und das Wesentliche wirkt doch gerade meist verborgenerweise!

Aber was ist Fortschritt überhaupt? Die einseitige Verknüpfung mit dem Bild einer technisiert-naturwissenschaftlichen Erfahrungswelt wird seiner Bedeutung gar nicht gerecht. Man kann fortschreiten in der seelisch-geistigen Entwicklung und man kann fortschreiten in der rein äußerlichen Weltbemächtigung. Als Christen würden wir sagen: Der Fortschritt im Seelisch-Geistigen ist entschieden der wichtigere. Aber da spricht man eben nicht von einem „Fortschrittsglauben", denn dieses Wort wurde vom agnostischen Menschen erdacht: Er hatte einen Glauben nötig nach seinem Zuschnitt! Auch er hoffte, daß dieser Fortschritt nicht nur der Schritt von etwas weg sein würde, was auch einen Rückschritt bedeuten kann; vielmehr glaubte auch er an einen „Voranschritt" oder „Aufstieg". Gerade in diesem Punkt aber huldigt er einem schlimmen Aberglauben. Vom technischen Fortschritt zum Beispiel können wir mit Fr. Vonessen sagen, es ist eher ein „Fall in die Zeit": „Das illusionistische Bewußtsein der Gegenwart, von einem heiligen ‚Glauben an diese Welt‘ beseelt und beschwingt, notiert mit immer neuem Erstaunen die ungeheure Beschleunigung des technischen Fortschritts; jedoch ihm kommt kein Gedanke – den Teufel spürt das Völkchen nie (Goethes ‚Faust‘) –, daß diese Beschleunigung gar nicht zu seiner Idee des Fortschritts paßt. Der Fortschrittsbegriff ist weder klar noch distinkt. Schließlich weiß bis heute noch niemand, was eigentlich am Fortschritt das Positive und Vernünftige ist."

Man muß schon sehr die Augen zumachen, um nicht zu erkennen, daß der sogenannte Fortschritt meist identisch ist mit äußerster Daseinsbedrohung. Aufzuzählen, was besonders Physik und Chemie, Biologie und Technik an lebensfeindlichen, zerstörerischen Kräften über uns hereinfluten lassen, ist beinahe überflüssig. Bücher wie „Der Tanz mit dem Teufel" von Günther Schwab, „Luzifers Griff nach dem Lebendigen" von Dr. E. Gamber, „Der

stumme Frühling" von der Amerikanerin Rahel Carson legen ein beredtes Zeugnis ab. Sie sind ein gewaltiger Weckruf. Wird er aber gehört? Die allgegenwärtige Bedrohung durch die Atombombe mit ihrem radioaktiven Todeskreis allein schon bei Experimenten ist vielleicht noch das geringste der zahllosen Übel. Viel schlimmer noch, weil heimtückischer und unaufhaltsam, wirkt sich die Verpestung der Atemluft durch übelriechende Abgase, die Vergiftung des Bodens und der Nahrungsmittel, die Verseuchung von Bächen, Flüssen und Seen durch chemische Abwässer aus. Hier ist das Leben unmittelbar bedroht, und keiner entrinnt dem anonymen Mord, gegen den es keine wirksamen Staatsgesetze gibt. Im Lärm von Maschinen und Motoren, den die meisten Menschen Tag und Nacht nicht aus den Ohren bringen, wird auch der letzte Rest von Stille und Beschaulichkeit zerstört. Die Folge ist Nervosität und seelische Erkrankung. Dementsprechend sieht auch der Mensch in dieser Welt des Fortschritts aus. Was hatte er sich in seinen säkularisierten Zukunftsträumen nicht alles erhofft! Der bekannte evangelische Theologe Dr. Kurt Hutten zeichnet darüber folgendes Bild:
„Die Zukunftshoffnung sieht ihr Fernziel in der Erhebung des Menschen aus der Knechtschaft der Kreatur auf den Herrscherthron Gottes. Das bedeutet im einzelnen die annäherungsweise Erringung der göttlichen Attribute der Allwissenheit (Erforschung von Wesen, Ursache und Wirkung aller Dinge), der Allmacht (Herrschaft über die Naturkräfte), der Allgegenwart (Überwindung von Raum und Zeit durch technische Mittel), der Unsterblichkeit (Sieg über die Krankheit, Verjüngung, Vereisung) und der Vollkommenheit (Eugenik und Manipulierung der Erbströme)."
Fast täglich werden wir durch Rundfunk und Fernsehen darüber aufgeklärt, wie herrlich weit es der moderne Mensch in all diesen Dingen schon gebracht hat. Als Etappe auf dem Weg zum irdischen Paradies ist der Fortschrittsglaube geradezu eschatologisch umrandet: Er hat „Industrien aus dem Boden gestampft, die Ideologien des Liberalismus, Nationalismus und Kommunismus geschaffen, hier die freiheitlich-pluralistische Wohlstandsgesellschaft, dort die brüderlich-klassenlose Kollektivgesellschaft als Zielprogramm entworfen. Und er wirkt hüben und drüben fort in gärenden Protesten und Rebellionen – gegen rassische, nationale und soziale Diskriminierung, gegen Beeinträchtigung der Freiheit durch jede Art gesellschaftlicher Repression, gegen die überkommene Moral, besonders auf sexuellem Gebiet, gegen die Verfestigung der Macht- und Besitzverhältnisse. Er rührt sich ebenso in den Reformrevolten des kommunistischen Lagers wie in den ‚Aktionen der Selbstbefreiung' und den ‚Underground'-Gegengesellschaften der Studenten, der Beats und der Gammler" (Dr. Kurt Hutten in „Impulse" Nr. 4).
Dieser Zukunftsgläubigkeit steht aber auch das bekannte „große Unbehagen" gegenüber: „Die Technisierung und Industrialisierung schuf gewaltige

soziale und seelische Nöte – schon früh die Angst des Arbeiters, daß ihn die Maschine entbehrlich und brotlos macht; dann die Entleerung der Arbeit durch die Mechanisierung und Spezialisierung; dann die Entwertung des Menschen und seine Anonymisierung in der Massengesellschaft und in den Apparaturen der Fabriken, Organisationen und Verwaltungen; dann seine Neuversklavung durch die Abhängigkeit von Bossen und Establishment, von Konjunkturen der Märkte, Branchen und Volkswirtschaften.

Weiter: Die Herrschaft über die Welt gab dem Menschen eine weitgehende Unabhängigkeit von ihr und diese wiederum führte zugleich zu einer Herauslösung aus der Welt und einer sublimen Entwurzelung. Der Zivilisationsmensch ist zum Leben in einer gezähmten und künstlichen und manipulierten Welt verurteilt. Er bewegt sich nicht nur äußerlich auf glattem und sterilem Asphaltboden; sein Leben verläuft nach genormten Schablonen inmitten von genormten Fabrikhallen, Bürohäusern, Arbeitsaufgaben, Wohnungswaben, Massengütern, Urlaubsreisen, Städten und Landschaften. Er weiß viel und lernt viel kennen. Aber was er weiß und kennenlernt, reizt ihn nicht mehr, und die Angebote der Welt wecken nur neue Ansprüche und werden ihm schließlich fade und schal und ein Gefühl der Leere und Langeweile breitet sich aus.

Schließlich: Um seine Paradieseträume in der physischen Welt verwirklichen zu können, mußte die meta-physische Welt preisgegeben werden. Die Hoffnung auf das Jenseits wurde als ‚Opium des Volkes' verleumdet. Die naturwissenschaftliche Welterkenntnis machte die unsichtbare Welt des Glaubens unglaubwürdig, ließ Gott wohnungslos und arbeitslos und damit wesenlos werden und nötigte den Menschen zu einer Existenz, die aus ihrer einstigen Einbettung in religiöse und metaphysische Bezüge herausgerissen war. Schaudernd ward er seiner Einsamkeit inne – allein mit sich selbst und seinem bißchen Leben in diesem bißchen Welt. Und der Tod und das Schicksal und der Lebenssinn wurden zu schrecklicheren Rätseln, als sie es je waren" (Dr. K. Hutten).

Die Ausführungen von Dr. Kurt Hutten, die eine so geeignete Basis bilden zum Weiterdenken, sind immer noch bewußt sehr allgemein gehalten. Die Künste eines Höllenbreughel oder Hieronymus Bosch würden nicht dazu ausreichen, um das düstere Gemälde unserer Zeit in allen Details zu vollenden. Daß heute in der Öffentlichkeit sich alle nur denkbaren Laster breitmachen können, ist mit eine Schuld des Staates. Seine erzieherischen Aufgaben ganz vergessend, wird ihm das Schlagwort von der pluralistischen Gesellschaft immer mehr selbst zum Verhängnis. Dem Zerstörungsprozeß durch Nikotin- und Alkoholmißbrauch, besonders aber durch die in der Jugend entfesselte Rauschgiftsucht wird auch durch die Verantwortlichen (wie Erzieher und Ärzte) nicht energisch genug Einhalt geboten. Ein Augiasstall

wäre auszuräumen im gesamten öffentlichen Leben: Die Krimisucht, die Sexwelle, das perverse modische Gebaren. Psychologen und Verhaltensforscher ohne Zahl fördern eher durch ihre Instinktlosigkeit das Chaos im Erziehungswesen, das schon gemeingefährliche Formen annimmt. Die Unbegreiflichkeiten auch in der Rechtssprechung und im Strafvollzug sind für den gesunden Menschenverstand ein immerwährendes Ärgernis. Wenn Fehler auf diesem Gebiete nur nicht so schrecklich fühlbare Folgen hätten! Die Diktatur des Massenmenschen, der, von Rundfunk und Fernsehen manipuliert, heute als der Erfolgstyp auftritt, ist beinahe unerträglich. Schon hat man dem Verbrecher- und Gewaltmenschen, wenn er nur perfekt sein Handwerk versteht, einen Nimbus umgehängt wie einen Heiligenschein. Niemand schreitet dagegen ein. Beatles und Gammler können die öffentlichen Plätze umlagern und Schaustellungen ihrer Perversionen geben, als sei dies alles in bester Ordnung. Das kaum unterdrückte Faustrecht wird schon dafür sorgen, daß ein anständiger Mensch keinen Protest einlegen kann. Ganzen Berufsgruppen, darunter Erziehern, Sicherheitsbeamten und Juristen, wird ihr Dienst am Allgemeinwohl dadurch vergällt, daß man ihnen nicht einmal mehr die persönliche Sicherheit gewährleistet. So öffnet der pluralistische Staat mit seinem falsch verstandenen Freiheits- und Demokratiebegriff selber Tür und Tor für eine heraufziehende bedenkliche Ordnungslosigkeit. Der sittliche Sumpf ist unbeschreiblich. Eine entmythologisierte oder gar gottlos gewordene Christenheit, die mit sich selbst im Kampfe liegt und sich des gegenseitigen Unglaubens bezichtigt, scheint alles mitmachen zu wollen aus liberalisierter Gesinnung. Sie hat weder Kraft noch Stimme mehr, dem Unheil Einhalt zu gebieten. Waren nicht in der sogenannten Filmselbstkontrolle auch zwei Geistliche vertreten, je ein katholischer und ein evangelischer? Was aber geschieht auf diesem Gebiet? Die Hölle könnte nichts Ärgeres produzieren! Eine Aktion „Saubere Leinwand", die letzte Anstrengung unserer bürgerlichen Schlafmützenwelt, verlief sang- und klanglos im Sande. Man möchte sich aufbäumen gegen alles, was diese moderne Welt ihren „Fortschritt" nennt. Vor der Macht kapitalkräftiger Konzerne und deren Managern kapituliert Staat und Gesellschaft. Hauptsache, wenn das Geschäft läuft, und noch ist ja der trügerische Firnis da, das sogenannte Wirtschaftswunder. Mag die Seele über alledem verfaulen!
Die Illustrierten mit ihrer hemmungslosen Pornographie, deren Bilder uns auf Schritt und Tritt, sogar in den Wartezimmern von Ärzten und Friseuren, nicht loslassen wollen, sind heute das allgemeine Seelenfutter. Durch sie steht jeder einzelne unter einer Art Sexnarkose. Welche Albernheiten, welche Trivialitäten leistet sich der heutige Mensch im Kunst- und Theaterbetrieb! Die öffentlichen Institutionen geben sich für alles her. Jede neu ersonnene Entartungserscheinung findet beim Publikum willige Aufnahme. Dies

alles geht neben dem „Fortschritt" her und – wir wollen es uns nicht verhehlen – ist im letzten sein Produkt. Daß rein technische Ausrichtung zur Verflachung führt, ist eine alte Erfahrung. Der Mensch wird ungeistig, wenn er sich um Höheres nicht mehr kümmert. Aber selbst der Fachgelehrte kann zum Roboter werden, mag er auch eine Kapazität sein auf seinem Gebiet. Die Wissenschaft der Futurologie räumt ihm sogar im öffentlichen Leben der Zukunft eine gefährliche Machtstellung ein (siehe auch den Roman von Orwell „1984"). Wir sehen, die Physiogonomie der Zeit hat etwas beängstigend Unterweltliches! Triebverfallenheit, Hedonismus und Kult des Häßlichen, der Schrei nach Lust und Schamlosigkeit jeder Art sind die Ober- und Zwischentöne im Konzert dieser Zeit. Dazu kommt der Anarchismus einer Jugend, die im sorglosen Playboydasein ihr Ideal zu finden glaubt. Bei ihren Massenzusammenkünften gibt es Szenerien, die hart an Besessenheiten grenzen. Die Lust zum Zerstören ist allgemein. Eine der Hauptursachen für Anarchie ist Pietätlosigkeit. Diese wird durch eine falsche Erziehung und das flache Niveau der Massenmedien, die schon den jugendlichsten Menschen in alle Laster einer degenerierten Gesellschaft „einweihen", geradezu grundgelegt. Auf einer richtig verstandenen Ehrfurchtshaltung baut aber alles Positive im Leben auf. Ohne sie gibt es keinen Anstand mehr und keine Rücksichtnahme. Der „harte Killer" und der „schonungslose Sex" treten an ihre Stelle. Jegliche Gesittung und Kultur wird da unmöglich. Uns fehlt heute die Stimme eines Abraham a Santa Clara, der den Schuldigen einmal ordentlich ins Gewissen spräche. Doch der Fortschrittsgläubige lebt unter einer Art Hypnose; er merkt es nicht, daß neben ihm die Welt moralisch in Stücke geht. Allen wirklichen Fortschritt naturwissenschaftlicher oder technischer Art in Ehren; aber ist er denn das einzige, was des Menschen Wesen letztlich auszufüllen vermag? Selbst das große Wissen unserer Zeit, das sich gegenüber früheren Generationen ins schier Unermeßliche ausgeweitet hat, ist für den natürlich und gesund empfindenden Menschen eher eine Last als eine Bereicherung. „Viel Steine gab's und wenig Brot", möchte man mit Uhland dazu sagen. Das ungeheure Nebeneinanderher von vielerlei Erscheinungen, die in unserem Gedächtnis aufgespeichert sind, macht uns nicht nur sehr zwiespältig, sondern wir können es kaum noch produktiv verwerten. Dazu kommt die historische Retrospektivität, in der alle Kulturen und Seinsweisen von Jahrtausenden ungehemmt auf uns zufließen; mit all der Menschheitsschuld, die sich auch in ihnen angehäuft hat. Es sind die „abgelebten Zeiten", von denen Goethe spricht, und wenn wir Geschichte nicht sehr weit bis auf eine uns unähnliche Menschheit zurückverfolgen können, verlieren wir leicht das Interesse. Nur dort, wo Ursprünge noch ihren frischen Atemhauch in unsere Zeit herübersenden, wo der Mensch noch nicht im Abstieg war von

Gott weg auf einen nivellierten Alltag hin, am Scheideweg also können wir wieder anknüpfen für unsere Zeit, die hinaus will aus dem Allzugewohnten (dies sichert den Büchern von Dänikens ihren großen Erfolg!). Die meisten Zeitgenossen aber, soweit sie nicht fasziniert sind von einer allzu oft enttäuschenden Gegenwart, stürzen sich geradezu leidenschaftlich in eine erträumte Zukunft, deren Visionen ihnen leibhafter erscheinen als die des Augenblicks. Der Realismus früherer Art scheint ganz und gar vergangen. Die Literatur zeugt davon; ja es gibt sogar eine Avantgarde modernster Wissenschaftler und Techniker, die lieber bei den Magiern und Ufos in die Schule gingen, als weiterhin den alten Denkschablonen anzuhangen. Das Buch von Pauwels und Bergier „Aufbruch ins dritte Jahrtausend", wo diese Pioniere einer besseren Zukunft sich selbst als „phantastische Realisten" bezeichnen, ist ein Beweis dafür. Der Fortschrittsglaube nimmt also unmerklich ein anderes Gesicht an: Er sprengt die Fesseln der zu engen Ratio, er will wieder Intuition, Inspiration, Transzendenz. Das parapsychologische Weltbild gewinnt an Raum. Wir sind froh darum; denn die alte Welt, wie wir sie jetzt noch ertragen müssen, die Welt des erstarrten Materialismus ist völlig untergangsreif.

Dem säkularisierten Fortschrittsglauben hat das Christentum als Heilmittel vor allem eines entgegenzusetzen: seinen Mythos! Wohl dem, der an Wunder glauben kann! Etwas ganz Neues und ein wirklicher Fortschritt wäre es, wenn die Bewunderer von Technik und Naturwissenschaften eines Tages auf den Gedanken kämen, der doch so naheliegt: Vielleicht ist in den Wundern Jesu, als einer göttlichen Magie, der Ansatzpunkt zu einer echten Weltverwandlung gegeben! Sie würde ohne Lärm und Gestank aus Höllentiefen ganz leise sich vollziehen nach den Gesetzen der Harmonie und Schöngestalt. So nämlich müssen wir uns die Technik in einem fortgeschrittenen Jenseits vorstellen, wo die Plastizität des Stoffes jeder Willensregung des schöpferischen Menschen auf gehorsame Weise nachgibt. Vielleicht stehen wir auch schon unmittelbar vor jenem großen Ereignis, da Diesseits- und Jenseitswelt sich aufs innigste berühren und miteinander korrespondieren. Wir müssen in dieser Zeitenwende auf jeden Fall darauf gefaßt sein. Dann werden die feinstofflichen Kräfte, mit denen unsere Techniker noch nicht umzugehen gelernt haben, vielleicht auch auf dieser Erde das Angesicht der Zukunft bestimmen. Ein Bultmann und seine Nachbeter, denen immer noch der schale Aufguß materialistisch-liberalistischer Theologie am besten mundet, werden dann die Waffen strecken müssen. Sie werden einsehen, daß das unzerstörte Evangelium die einzige Wahrheit enthielt!

3. Genügt eine Theologie der Hoffnung?

In seinem Aufsatz „Zukunft der Theologie" vertritt Karl Rahner die Ansicht, daß künftig innerhalb der Kirchen sich ein „Pluralismus von Theologien" herausbilden werde. Einigendes Band werde jedoch immer bleiben „das Bekenntnis zum lebendigen Gott, der sich in seiner gnadenhaften Selbstmitteilung der Welt als die letzte Kraft ihrer geschichtlichen Bewegung und als ihre absolute Zukunft eingestiftet hat; das Bekenntnis zu Jesus Christus, in dem diese absolute Nähe Gottes zur Welt ihren geschichtlichen Höhepunkt und die Erscheinung ihres eschatologischen Sieges gefunden hat; das Bekenntnis zur bedingungslosen Liebe des Nächsten und zur Hoffnung des ewigen Lebens".

Wir haben hier ein kurzes, vielleicht auch weitsichtiges persönliches Glaubensbekenntnis vor uns, in dem noch sehr viel Platz bleibt für ein variables Christentum (auch ein geschliffener Diamant erhält durch viele Facetten erst seine Leuchtkraft!). Und so wird es wohl auch sein müssen, wenn in dem Durcheinander möglicher Auffassungen über das Evangelium eine Ordnung zustande kommen soll. Schon ist man ja auch dabei, nicht zuletzt auf Vorschlag von Karl Rahner, das Nicäische Glaubensbekenntnis umgestalten zu wollen, und, wie nicht anders zu erwarten, „dem Verständnis des heutigen Menschen besser anzupassen". Gegenüber solchen Bestrebungen freilich müssen wir skeptisch bleiben, denn der Geist des Liberalismus und Rationalismus, wie er bei den meisten evangelischen Theologen noch die Gehirne umlagert, ist dem Evangelium wenig zuträglich. „Geboren aus der Jungfrau Maria" würde es dann wahrscheinlich nicht mehr heißen, denn es herrscht unter den Theologen ein Streit, ob die „Jungfrauengeburt" (Parthenogenesis) eindeutig zum Dogma der Kirche gehört. Dogmenscheu geworden ist heute die ganze Christenheit, und man liebt es gar nicht mehr, einzwängende und für die Zukunft unheilvolle Formulierungen mit verpflichtendem Charakter aufzustellen.

In der Besinnung „auf den Kern und die letzten Grundfragen der christlichen Botschaft" werden nach Karl Rahner nicht mehr „neue Dogmen" das Ziel der künftigen Theologie sein, „sondern ein radikales Verständnis der ursprünglichsten und fundamentalsten Offenbarung Gottes, seiner Gnade, des einen Mittlers, der Verantwortung für die Welt und der eschatologischen Hoffnung". Natürlich müßten wir uns damit abfinden, daß es auch in der Theologie immer so etwas geben werde wie eine „berechtigte Mode, die nichts anderes bedeutet als das Ernstnehmen einer bestimmten geschichtlichen Situation". Wir können dieser Aussage zustimmen, jedoch mit der unbedingten Einschränkung, daß die Substanz des Evangeliums nicht angetastet werden darf. Auch ist es nicht gleichgültig, ob das Kerygma (die Verkündigung) in abstrakt formulierter Gehirnsprache oder in zu Herzen gehender, das Pneuma entfachender Bildsprache vor sich geht. Karl Rahner zum Beispiel ist der Überzeugung, daß die Sprache der künftigen Theologie notwendigerweise „sehr abstrakt" sein müsse, da sie eine „kritische Theologie" sei. Immerhin gesteht er zu, daß sie „mehr als in den letzten hundert Jahren vom Gebet herkommen" müsse und sich nicht bloß in „theologischer, historischer und spekulativer Gelehrsamkeit" erschöpfen dürfe. „Die Existenz des Menschen im realen Leben zu erhellen und ihm den Mut zu geben, sich anbetend einzulassen auf die Unbegreiflichkeiten des Daseins, in deren Grund Gott in seiner Gnade waltet", das heißt für ihn Theologie.

Es ist klar, daß abstrakte Aussageweisen sich häufen müssen, wo man vor der ungeheuren Materie des Wissensstoffes, den Religion im ganzen umschließt, nur sein eigenes Urteil abgibt. Ein Pneumatiker, der aus den Tiefen seiner Erfahrung schöpft, wird die dürren Formulierungen von selbst vermeiden; ihm fließen die Bilder und Gleichnisse zu wie ein mächtiger Strom, und er weiß, daß nur auf diesem Wege das Göttliche übersetzbar ist selbst für die einfältigsten Seelen. Denken wir bloß an die Fülle von Gleichnissen nicht nur bei Jesus, sondern auch bei dem Inder Sadhu Sundar Singh oder bei dem Nichtchristen Ramakrishna. In der Prophetie eines Jakob Böhme, eines Swedenborg und besonders Lorbers dominiert ganz von selbst die Bildsprache, denn hier werden Realitäten ausgesagt, die den ganzen Weltstoff umgreifen. Der Heilige Geist bedient sich hier der unmittelbaren Anschauungsmittel, welche Natur und Seele in Fülle liefern. Es ist eine Art Rückübersetzung des Geschaffenen in den Logos. Wir haben unsere größte Freude daran, wenn wir auf diese Weise hindurchgeführt werden durch alles lebendige Leben und wenn wir es am Beispiel einzelner Menschenschicksale in seiner ganzen Tiefe erfassen dürfen. Der Sinn wird uns aufgeschlossen für Analogiegesetze, die überall im Universum walten und ohne die eine wahre Erkenntnis gar nicht möglich ist.

Was haben die Theologen in ihrer exklusiven Gelehrtensprache dagegen zu bieten?

Die ungeheure Spannweite prophetischer Kündigung führt uns sogar hinüber über die Schwelle des Irdischen in ein Jenseits, das unsere eigentliche Heimat ist und von woher dem Gemüte die „Anmutung" kommt dessen, was wirklich erlöst; des Friedens, der Harmonie mit dem Unendlichen; des Lichtes, der Weisheit und der Liebe. Wir erfahren dabei in einem Satz oft mehr über die Geheimnisse der Schöpfung, des Schöpfers und aller Kreaturen als durch dickleibige Bände dogmatisierter Professorenweisheit. Wenn Karl Rahner meint, daß der künftige Theologe „trotz seiner kritischen Rationalität ein neues und unbefangenes Verhältnis zu Bild, Symbol und damit auch zum Mythos im echten Sinne des Wortes wieder gewinnen könne", so ist einfach nicht einzusehen, warum er dann dennoch die abstrakte Redeweise vorziehen soll. Hier scheint ein deutlicher Subjektivismus im Spiel! Anerkennend müssen wir aber diesem bedeutenden Theologen seine sonstigen Einsichten zugute halten. Die „zeitgemäße Aussage über das Evangelium", welche von ihm gefordert wird, stützt sich mehr auf den Primat der praktischen Vernunft als der theoretischen. Deshalb fordert er dringend, „daß Christentum nicht bloß Wesenskontemplation und passives Warten auf die Ankunft des Reiches Gottes ist, sondern zu wagende Entscheidung, Tat, Veränderung der Welt, in denen allein sich wahrhaft die eschatologische Hoffnung auf die Ankunft der absoluten Zukunft realisiert".

In der Sicht Karl Rahners werden bereits all die Töne angeschlagen, welche die neueste Moderichtung der Theologie bestimmen. Nach dem kritischen Historizismus der Tübinger Schule, dem Ethizismus und Eschatologismus Albert Schweitzers, dem Dialektismus Karl Barths und der Entmythologisierung Bultmanns spricht man neuerdings von einer „Theologie der Hoffnung", die im Entstehen ist. Die Verkündigung von Gottes Tod mag eine letzte Konsequenz des Bewußtseinswandels der Menschen zur autarken Selbstvergöttlichung hin gewesen sein; sie ist aber doch eine unerträgliche Situation der Leere. Manche meinen, als „Schocktherapie" habe sie dennoch ihre Bedeutung, denn nun werde die Frage nach dem Sinn des Daseins erst richtig gestellt. Auch der Christ werde sich vor diesem alles verschlingenden Abgrund der Negation wieder auf sich selbst besinnen müssen in der Fragestellung: Was habe ich vor den anderen wirklich voraus? „Glaube ist ganz und gar Hoffnung", antwortet da ein Stimmenchor mit Jürgen Moltmann, der durch sein Buch „Theologie der Hoffnung" das Stichwort gab. Ein anderer Theologe, Wolfhart Pannenberg, hatte das Thema schon vorher angeschnitten in seiner Schrift „Offenbarung als Geschichte". Es war ein erster energischer Versuch auf evangelischer Seite, sich aus dem Labyrinth verzweifelter Theologismen wieder herauszuwinden. Beide genannten Autoren verknüpfen ihre „Theologie der Hoffnung" mit dem auferstandenen Christus und dem Generalthema „Eschatologie".

Wie lange war es her, daß man die Frage nach den letzten Dingen nicht mehr gestellt hatte! Aus den Enttäuschungen heraus, die viele Generationen, angefangen vom Urchristentum bis in die Zeit der Aufklärung, immer wieder in ihrer „Naherwartung" erfuhren, hielt man sie verschämt unter der Decke. Noch Luther setzte seine ganze Hoffnung auf die zu seinen Lebzeiten erwartete Wiederkunft Christi und er sprach deshalb gern vom „lieben Jüngsten Tag". Bestärkt wurde er dabei durch seinen Freund Pfarrer Stiefel, der mit seinen mathematischen Exaltationen aus den Buchstaben INRI über dem Kreuze Christi den Weltuntergang für den 28. Oktober 1528 errechnet hatte. In der Zeit der Aufklärung und des Idealismus wurde das Thema Eschatologie ganz fallen gelassen. Man schuf eine „Geheimreligion der Gebildeten", die es nicht mehr mit den „letzten Dingen", sondern mit den „letzten Werten" zu tun haben wollte. Als solche erschienen ihnen etwa: „Freiheit, Gleichheit, Brüderlichkeit", die Schlagworte der Französischen Revolution. Die Aussagen Christi über das Kommen des Reiches Gottes noch in den Tagen der jungen Kirche schienen ja Lügen gestraft!

Zum ersten Mal hat sich vor etwa fünfzig Jahren der Erlanger Theologe Paul Althaus wieder mit dem Fragenkomplex beschäftigt. In seinem Buch „Die letzten Dinge" stellte er nüchtern fest, daß die Naherwartung immer nur dann aufs neue belebt wurde, wenn die Zeichen der Zeit auf Sturm standen und apokalyptische Bilder einander jagten. In ruhigeren Zeiten dagegen habe man sich höchstens noch mit seinem persönlichen Ende beschäftigt. So zutreffend diese Behauptungen auch sind, von einem Theologen wäre doch zu erwarten gewesen, daß er die richtige Deutung der biblischen Texte zu geben weiß. Paul Althaus forderte aber die Christenheit auf, die geschichtliche Enderwartung ganz aufzugeben; auch wandte er sich gegen eine „privatisierte" Eschatologie von Leuten, die das Gericht bereits unmittelbar nach ihrem Tode erwarteten. Diese nähre höchstens eine „unverantwortbare Jenseitsmystik", wie sie „in Klöstern und frommen Zirkeln" gepflegt werde. – Solche Ansichten setzten sich fort bis in unsere Tage. Hatte doch sogar der sonst hochgeschätzte Albert Schweitzer in seiner „Geschichte der Leben-Jesu-Forschung" von einem Irrtum Jesu gesprochen im Hinblick auf seine Ankündigung einer baldigen Wiederkunft. Wohl mochte so manche Aussage der Apostel die Gläubigen in diesem Punkte irreführen, so wenn zum Beispiel Johannes schreibt: „Kinder, es ist die letzte Stunde" (1. Brief Kap. 2, Vers 18), oder wenn Jakobus sagt: „Seid geduldig und stärket eure Herzen, denn die Parusie des Herrn ist nahe." Jesus selbst aber fügte seinen Verheißungen unmißverständlich hinzu: „Von dem Tage aber und der Stunde weiß niemand, auch die Engel im Himmel nicht, sondern allein mein Vater. Darum wachet, denn ihr wisset nicht, zu welcher Stunde euer Herr kommen wird" (Matth. 24, 42).

Wenn viele prophetische Zungen auch heute wieder von einer Endzeit künden und auch J. Lorber uns den zweiten Advent Christi für bald in Aussicht stellt, so gehört dazu weniger Mut als klare Einsicht; denn auch das Gleichnis vom Feigenbaum kann nicht übersehen werden, es spricht eine zu deutliche Sprache für unsere Umbruchszeit. Endgeschichtliche Ereignisse sind nun schon mit Händen zu greifen und selbst die kühlsten Überlegungen können dies nicht mehr in Abrede stellen. Die kosmische Wende, die sich allenthalben anbahnen will, wird von einem wenig zunftgemäßen evangelischen Theologen folgendermaßen beschrieben: „Nach vielem vergeblichen Irren kommt die Christuslehre wieder zu der urchristlichen Form zurück, wo die

Wiederkunft Christi das Kernstück des Glaubens war. Vor dreißig bis fünfzig Jahren glaubten nur ‚Pietisten' daran – und jahrhundertelang hat sich dieser Glaube nur in kleinen, frommen Kreisen erhalten. Heute aber glauben auch ziemlich kirchenfremde Esoteriker an die Wiederkunft Christi als eine kosmische Wende, die sogar mit dem Stand der Sterne zusammenhängt. Man könnte diese neu verstandene Lehre heute geradezu zum Grundstein einer neuen Philosophie des Geistmenschentums machen. Auch viele Seher erhalten darüber heute Offenbarungen, denn wir stehen unmittelbar vor dieser Wende. Die Kirche Christi ist nicht auf einem Irrtum aufgebaut, obwohl heute die endgeschichtlichen letzten Verfallserscheinungen der Theologie so ziemlich alles leugnen, was mit der Christuslehre zusammenhängt: Die Auferstehung der Toten, das Vorhandensein einer jenseitigen Welt, die Prophetie und die Wunder, und nicht zuletzt auch den göttlichen Charakter der Erscheinung Jesu als des himmlischen Gottessohnes, durch den die Welt geschaffen worden ist. ... Nicht die urchristliche Lehre von Jesus war der große Irrtum, sondern der große Irrtum in der christlichen Kirchengeschichte fing da an, wo man darauf verzichtete, auf die Erkenntnis vom Jenseits und endgeschichtlicher Vollendung alles zu bauen und sich lieber als Machtgruppe in dieser Welt häuslich einrichtete. Es ist ein großer Irrtum auch heute zu glauben, man könnte in dieser Endzeit weiter so gemütlich in Kirche machen, ohne sich einzustellen auf den großen Umbruch, in dessen erstem Akt sogar ganze Kirchen weggeschwemmt werden können – und auch schon jetzt weggeschwemmt worden sind. Dieser erste Akt war der Anfang des Weltgerichtes. Dazu gehörten zwei Weltkriege, Kommunismus und Revolutionen – letztere meist mit einem scharf antikirchlichen Charakter. Der zweite Akt wird die Endkatastrophe sein, noch katastrophaler als die menschenalterlangen vorangegangenen Gottesgerichte. Der dritte Akt wird die göttliche Hilfe von oben sein und einmünden in eine neue Menschheitsordnung, die an das Größte anknüpfen wird, was je auf der Erde gedacht, gelehrt und getan worden ist, – gipfelnd in einer bis dahin unvorstellbaren Gemeinschaft mit der jenseitigen Himmelswelt des Geistes und einer Gemeinschaft mit hohen Menschenwelten des Weltenalls" (Joh. Bolte in „Botschaft des Kommenden", Bl. 53).

Seltsam ist, daß die Masse der Theologen, die eigentlich die berufenen Künder sein sollten, von einer Endzeit nichts wissen will. Vielleicht haben sie sich wirklich „in der Welt zu gut eingerichtet". Das Defizit im Nachdenken über die letzten Dinge kann auch ein Jürgen Moltmann und Wolfhart Pannenberg nicht ganz aufholen; auch ihre „Theologie der Hoffnung" krankt daran, wesentliche Elemente einer neutestamentlichen Zukunftshoffnung ausklammern zu müssen: „Die Parusie als solche – die Erwartung ihrer endzeitlichen Nähe – die Hoffnung auf einen dramatischen Akt der Vernichtung und

Neuschöpfung durch das Eingreifen himmlischer Mächte. Darum steht das, was für eine Theologie der Hoffnung noch übrig bleibt, in der Gefahr, entweder als ein sehr dünnes und abstraktes Randmotiv des Glaubens sein Leben zu fristen oder sich in die Gefolgschaft säkularistischer Reformprogramme und -bewegungen zu begeben und sich mit der Rolle einer aktivierenden oder kritischen Begleitung derselben zu begnügen. Um den Unterschied zwischen der neutestamentlichen Hoffnung und der modernen ‚Theologie der Hoffnung' deutlich zu machen: die erstere steht in einer Affinität zur Apokalypse, die letztere zur Futurologie. Einen eigenen Zukunftsentwurf kann sie nicht liefern und die Erheblichkeit ihrer Rolle als Begleitmusik im Konzert der politisch-sozialen Weltreformbewegungen muß sie erst noch erweisen" (Dr. K. Hutten).

Bei Moltmann und Pannenberg wird immerhin in Übereinstimmung mit dem Apostel Paulus die Auferstehung Jesu nicht nur geglaubt, sondern als der zentrale Erlösungsvorgang neu aktualisiert. Dies allein ist schon ein Lichtblick. Nur, die Deutung der letzten Dinge, mit dem Auferstehungsereignis als Garantie der eigenen einmal todüberwindenden Zukunft, wird stark abstrahiert. Sie wird ihrer gewaltigen, in der Apokalypse des Johannes dramatisch ablaufenden Bilder bis zur Unkenntlichkeit beraubt. Pannenberg zum Beispiel deutet die Naherwartung als das ständige Offensein des Christen auf sein göttliches Gegenüber hin. Gewiß ist dieser Standpunkt nicht völlig falsch, soweit er das Kommen des Gottesreiches als innerseelisches Ereignis im Auge hat; doch fehlt hier im geschichtlichen Raum der Schlußakkord, auf den doch mit der Wiederkunft Christi und einem allgemeinen Weltgericht der Ton aller Apokalypse abgestimmt ist.

Ähnliche Einseitigkeiten finden sich bei Moltmann, der „das Eschatologische schlechterdings als das Medium des christlichen Glaubens" bezeichnet. Auch für ihn gibt es nur „ein wirkliches Problem der christlichen Theologie, das Problem der Zukunft". Jedoch der Gott, von dem Moltmann kündet, ist kein innerweltlicher oder außerweltlicher, sondern ein „Gott der Hoffnung". Man könne ihn darum nicht in sich oder über sich haben, sondern stets nur „vor sich". Für den Esoteriker, der genau weiß, daß Gott sowohl immanent wie transzendent sich offenbart, sind das unmögliche Formulierungen. Ein „Gott der Hoffnung", den man nur „vor sich" haben kann, wird stets ins Unendliche entweichen. Niemand kann sich damit zufrieden geben, daß nach Moltmanns Idee dieser Gott nur ein solcher „der Zukunftsverheißung" ist, „den man darum nicht haben, sondern immer nur erwarten kann". Wir meinen, daß auch der Christ im vergeblichen „Warten auf Godot" (S. Bekkett) allmählich kalte Füße bekäme. Wie sehr müßte gerade das Interesse jener erlahmen, die nicht nur ihre ganze Hoffnung, sondern auch ihre ganze Liebe an den in Jesus Christus geoffenbarten Schöpfer verschenken möchten. Wenn die „letzten Dinge" nach Moltmanns Worten „der eigentliche Motor der Weltgeschichte" sind und wenn „mit der Auferstehung Christi der Horizont christlicher Verheißung ein für allemal abgesteckt ist", dann sollte doch auch die trostreiche Verheißung des Herrn sich wahrmachen können: „Ich bin bei euch alle Tage bis an das Ende der Welt." Im Gegensatz zu Pannenberg, der in jedem Augenblick der Weltgeschichte Weltgericht geschehen läßt, hält Moltmann daran fest, daß sich alle Historie auf einen zweiten Advent Christi hin entwickelt. Ostern habe sich durch die Auferstehung als endgültiger Wendepunkt im Geschichtsverlauf enthüllt. Wir können ihm darin beipflichten: Alle irdische Ohnmacht und materielle Begrenzung ist dadurch überwunden, daß Christi Leiblichkeit hineingenommen wurde in die Vollendung. Alle anderen Menschen werden ihm darin folgen, denn ihm wurde vom Vater Macht gegeben, alle an sich zu ziehen. Diese Voraussetzung für jegliches Hoffenkönnen verpflichtet den gläubigen Christen zu einer Mission in der Welt, wie sie nicht ernster gedacht werden kann. Teilhard de Chardin meinte einmal: „Die Welt wird dem gehören, der ihr auf dieser Erde die größte Hoffnung anbieten kann." Daß es dabei nicht nur um die Erlösung allein der Erde, sondern des ganzen Kosmos geht, wissen wir von Paulus her. Ein großartiges Bild, wenn auch mit einigen Schönheitsfehlern, entfaltet Teilhard de Chardin über die kosmische Rolle Christi in seiner Christogenese. Aber selbst das letzte Konzil wurde sich derselben voll bewußt in folgenden Formulierungen: „1. Alles ist durch den Sohn und auf ihn hin erschaffen. 2. Alles hat in ihm seinen Bestand. 3. Durch ihn beschloß der Vater, alles mit sich zu versöhnen, indem er durch sein Kreuzesblut Frieden stiftete; alles zu versöhnen, was auf Erden, und alles, was in den Himmeln ist. 4. Christus muß herrschen, bis er alle seine Feinde unter seine Füße gelegt. Wenn ihm aber alles unterworfen sein wird, wird er das Reich dem Vater übergeben, damit Gott alles in allem sei." Der dritte Punkt, der die Rechtfertigungslehre des Paulus zum Grunde hat, wird von Moltmann freilich nicht ernst genommen. Die Kreuzigung Christi will er eher als Nebensache, als „Betriebsunfall sozusagen" verstanden wissen. Das Christentum habe an ihr als einer „schweren Hypothek" zu tragen.

Diese Auffassung rückt in die Nähe jener, die Alfons Rosenberg in seinem „Experiment Christentum" vertritt. Daß die Christologie des Paulus „zum Fundament der Kirche jeglicher Konfession geworden", mißbilligt dieser und er stellt die Frage: „Vielleicht sind wir gar keine Christen, sondern nur Paulisten?" Im Polemisieren gegen das „Gesetz", in der Hinzufügung „von Bildern des spätantiken Mysterienwesens, stoischer Begriffe und einer mysterienhaften Deutung des Kreuzestodes und der Auferstehung Christi" habe Paulus die zentrale Botschaft des vorösterlichen Christus, nämlich das

Kommen des Reiches Gottes, geradezu „korrumpiert". Er habe den Tod Jesu als einen Opfertod für alle mißdeutet.

Im Gegensatz zu Alfons Rosenberg, der in seiner revolutionären Haltung stark von Ethelbert Stauffer und Hans Blüher beeinflußt wurde, stehen die Ansichten Arthur Schults. Während Rosenberg am liebsten sähe, daß die Kirche in wesentlichen Punkten von Paulus ganz abrücke, damit das „Abgelebte und Irrige", ja die „Verwesungsstoffe", die durch Paulus in das werdende Christentum gebracht wurden, kein Unheil mehr stiften könne, stellt Arthur Schult mit Betonung fest, daß die Tragweite paulinischer Gedanken noch gar nicht ausgemessen sei; besonders im Hinblick auf den „kosmischen Christus". Paulus hinke nicht hinter den anderen Aposteln her, etwa deshalb, weil er den geschichtlichen Jesus nicht mehr persönlich kennenlernen konnte; in der mystischen Begegnung sei ihm der Herr vom Damaskuserlebnis an so innerst nahe gewesen, daß der ständige Umgang mit ihm seinem Apostolat ein besonderes Gewicht verleihe. Auch wir müssen ganz allgemein feststellen: Der Gnostiker Paulus erhielt dabei Offenbarungen, wie sie höchstens noch dem Liebesjünger Johannes in gleicher Tiefe gegeben wurden. Für eine „Theologie der Hoffnung" erscheint es jedenfalls nicht belanglos, ob man die vielen Hoffnungsfunken, die gerade Paulus in die Seelen der Menschen ausgestreut, zum Erlöschen bringen will. Nebenbei bemerkt, lehnt auch die Theosophie den Sühnetod Christi ab, zumal sie sehr stark vom Gedanken der Selbsterlösung beherrscht wird. Dagegen zeigen die Rosenkreuzer Heindelscher Prägung das tiefste Verständnis für die Rechtfertigungslehre, die sie genau umgrenzen und zu begründen wissen. Die Debatte um Paulus wird wohl auch in Zukunft die Gemüter noch stark erhitzen und die bisherige kirchliche Lehre in Frage stellen wollen.

Bei Moltmann gewinnt seine Theologie der Hoffnung, vielleicht infolge des Ausfalls der Rechtfertigungslehre, einen überaus aktiven Charakter. Sie wird zur „politischen Theologie", die eschatologisch umrandet ist. Ihm genügt es nicht, daß Christen nur über ihr Christentum debattieren, sondern er will sie „in Aktion" sehen: „Die Christenheit muß den Exodus, den Auszug wagen und damit zu einer ständigen Beunruhigung für die Gesellschaft werden." Solche Proklamierungen haben ihre Gültigkeit, solange sie nicht blindlings nur umstürzen möchten. „Zeichen der Hoffnung" zu setzen, ist Aufgabe eines jeden Christen, weshalb er auch in Staat und Gesellschaft mitrevolutionieren soll. Es besteht aber berechtigte Angst, daß durch ein Zuviel an Aktivität die Säkularisierung des Glaubens überhandnimmt. Moltmann meint, dieser Gefahr einer möglichen Gleichschaltung etwa mit dem atheistischen Marxismus dadurch begegnen zu können, daß er den tätigen Christen auf sein „konkretes Gegenüber Gott" und den Auferstandenen hinbezogen wissen will.

Zusammenfassend können wir sagen: Die „Theologie der Hoffnung" speist sich aus folgenden Quellen: 1. Aus dem Glauben an den auferstandenen Christus, der als Erstling für alle Menschen das Zeichen setzte einer einstigen Verklärung und Vollendung; 2. aus der Beschäftigung mit den letzten Dingen, die allerdings von den einzelnen Vertretern der neuen Theologie sehr verschieden gedeutet werden. Gegen eine verblaßte Eschatologie, die im fortlaufenden geschichtlichen Prozeß allein schon den ständigen Vollzug von Offenbarung und Gericht erkennen will, wendet sich Dr. Kurt Hutten. Erst in seiner Sicht wird das gewaltige Ausmaß der christlichen Erlösungslehre, wie sie uns von der Bibel her vertraut ist, wieder ganz deutlich. In seinem schon erwähnten Rundbrief Nr. 4 ist „Hoffnung" das Generalthema. Zwei Typen der Hoffnung werden da unterschieden: 1. die Vorwärts- oder Zukunftshoffnung, 2. die Aufwärts- oder Jenseitshoffnung. Die eine ist diesseitsgebunden, die andere jenseitsgerichtet auf eine Welt, „die unsichtbar, real und noch intakt ist". Diese wird mit Vorliebe von extravertierten, jene von introvertierten Menschen vertreten. Beide Typen bezeugen, daß kein Mensch ohne Hoffnung leben kann. Sie ist nach Gabriel Marcel „der Stoff, aus dem unsere Seele gemacht ist". Dr. Kurt Hutten sagt: „Ohne Hoffnung gibt es nur ein Vegetieren. Wo die Zukunftshoffnung erlischt, tritt die Jenseitshoffnung an ihre Stelle." In der urchristlichen Verkündigung seien beide Hoffnungstypen zusammengeschmolzen: „Ihre Zukunftserwartung richtete sich auf die nahe bevorstehende Wiederkunft des Herrn, der die jetzige Welt samt den sie beherrschenden Mächten der Sünde und des Todes überwinden und beenden wird; aber die neue Welt ist nicht nur Verlängerung und Verbesserung der alten Welt, sondern sie ist das Reich Gottes, ist Einbruch himmlischer Mächte in die Erdenwelt, symbolisiert durch die Herabkunft des himmlischen Jerusalem. Das Ausbleiben der Parusie war eine Katastrophe, die seit der nachapostolischen Zeit zu tiefen Eingriffen in das überkommene Glaubensgut zwang. Die beiden Hoffnungselemente traten auseinander. Um die enttäuschte Wiederkunftserwartung für die Kirche zu retten, identifizierte Augustin das Tausendjährige Reich mit der Kirche. Aber das war ein Notbehelf. Fortan mußte jede Krise der Kirche diese Gleichsetzung mit dem Tausendjährigen Reich unglaubwürdig machen. Und als im Mittelalter die Zeichen der Verderbnis offenkundig wurden und auf tiefe Strukturschäden hinwiesen, machte sich die chiliastische Zukunftshoffnung wieder frei und belebte im Protest gegen die Kirche die Parusieerwartung neu. Die Zukunftshoffnung wanderte also aus der Kirche aus, wandte sich gegen sie und schuf separatistische Bewegungen. Zumeist lud sie sich auch mit politischen oder sozialen Protestmotiven auf und wurde damit zur Herdstätte revolutionärer Bestrebungen, die tief in das säkularistische Zeitalter hereinwirken." (Siehe auch Ernst Benz „Schöpfungsglaube und Endzeiterwartung"!)

Daß die Jenseitshoffnung nach dem Ausbleiben der Parusie selbständige Wege ging, war zu erwarten: „Sie wurde, unter Verwendung biblischer und anderer Vorstellungen, voll ausgebaut – erstmals in der Petrusapokalypse um 135 n. Chr. Sie ging mit ihren farbenreichen Bildern von Himmel und Hölle, Fegefeuer, Verdammnis und ewiger Seligkeit, Teufeln, Engeln und Dämonen in die christliche Glaubenswelt ein, bestimmte und befruchtete sie in vielfältiger Weise und hatte bis zum Zeitalter der Aufklärung eine ungebrochene Stellung. Aber mit Beginn des Säkularismus schwand ihre Anziehungskraft, weil das Lebensgefühl sich nun auf das Diesseits orientierte, und ihre Glaubwürdigkeit, weil ihre Grundvorstellungen sich nicht mehr mit dem neuen Weltbild vereinbaren ließen. So wurde auch sie mehr und mehr zu einer Verlegenheit für Theologie und Verkündigung. Man mußte sich mit erbaulich klingenden Leerformeln und Allgemeinplätzen begnügen oder bestritt überhaupt die biblische Legitimität der Jenseitshoffnung."

Am Ende seiner Analysen beschäftigt sich Dr. Kurt Hutten in der Hauptsache mit der „säkularisierten Zukunftshoffnung" fortschrittsgläubiger Menschen einerseits und den „säkularistischen Aufwärtshoffnungen" der sogenannten Okkultbewegungen andererseits. Dabei entwickelt dieser geistvolle Theologe seinen eigenen Entwurf einer „Theologie der Hoffnung". Lassen wir uns von den Wogen der Begeisterung mitreißen, die seinen Ausführungen zuletzt hymnische Gewalt verleihen! Zugleich sollen diese den Schlußstein setzen für unsere eigenen Betrachtungen:

„Ceterum censeo: Was not tut, ist eine wirkliche ‚Theologie der Hoffnung', die weite Horizonte öffnet. Der Abbau der christlichen Hoffnung ist ein tödliches Verhängnis. Nutznießer der Schrumpfung sind die Okkultbewegungen. Eine tragende Hoffnung ist ein Postulat der menschlichen Existenz. Wird die Berechtigung dieses Postulats im Neuen Testament bestritten, gehört es gar zu den Dingen des ‚Fleisches', denen der Jünger Jesu abzusagen hat? Keineswegs. Die neutestamentliche Hoffnung war, wie wir sahen, ein Verbund von Zukunfts- und Aufwärtshoffnung und gerade auch die Elemente der Aufwärtshoffnung wurden nie dementiert, sondern bekräftigt. Das Evangelium wäre ja auch nicht ‚frohe' Botschaft, wenn es ein fundamentales Erfordernis des Menschseins als illegitim erklärte. Jesu Verheißungen sind zusammengefaßt in dem Wort ‚in der Welt habt ihr Angst; aber seid getrost, ich habe die Welt überwunden!' Angst in der Welt – das ist die Situation des im Käfig Gefangenen. Aber seid getrost – das ist die Ermächtigung des Gefangenen zu hoffen. Ich habe die Welt überwunden – das ist die Zusicherung, daß er nicht ins Blaue hinein hoffen muß, sondern Erlösung und Erfüllung findet.

Erlösung und Erfüllung für den in den Käfig Eingeschlossenen: das bedeutet nicht nur Befreiung von Sünde und Schuld, Hunger und Armut. Es bedeutet

GENÜGT EINE THEOLOGIE DER HOFFNUNG? 253

auch Erhellung dunklen Schicksals, Durchlichtung des Sinnlosen und Sinnwidrigen, Vollendung des Abgebrochenen und Fragmentarischen, Heimführung des Verirrten und Verführten, Reifung des Steckengebliebenen, Befreiung von der Macht des Todes. Das und noch vieles andere schließt die Hoffnung ein. Sie fordert, um atmen zu können, die Dimensionen einer unsichtbaren Welt. Das Schriftzeugnis kennt diese Dimensionen. Es ist von solchen Hinweisen förmlich durchtränkt. Aber in unseren Tagen sind sie der Entmythologisierung verfallen...

Eine Theologie der Hoffnung hätte sich mit folgenden Themen zu beschäftigen: 1) Entfaltung und Rechtfertigung einer Perspektive, die über die dreidimensionale Welt hinausführt. 2) Umfassenderes Verständnis der Heilsgeschichte und des Christuszeugnisses aus dieser Perspektive. 3) Einordnung der Menschheitsgeschichte und des Menschenlebens in die weiten Horizonte dieser Heilsgeschichte. 4) Bewahrung von Gestalt und Sendung Christi vor der Gefahr einer geozentrischen Provinzialität durch Einbeziehung des kosmischen Aspekts.

Jedes einzelne dieser Themen ist mit vielen Problemen und Schwierigkeiten befrachtet. Bei jedem Schritt lauert die Gefahr, in den Dschungel der Spekulation oder der Phantasterei zu geraten. Aber das entbindet nicht von der Aufgabe. Sie lautet in schlichten Worten:

Die Frohe Botschaft auch dem modernen Menschen,
der im Käfig seines Daseins gefangen sitzt,
der an sich und seiner Zukunft in der Welt irre geworden ist,
der an seinem Leben und Schicksal zerbrochen ist,
der auf dem Sterbebett liegt und vor der tiefen Nacht bangt –
auch ihm diese Frohe Botschaft so zu sagen und zu entfalten,
daß er sich auf folgendes verlassen und fallen lassen kann:
In der Tiefe allen Seins, meines Seins und des Universums,
haust nicht ein grausamer Urweltdrache oder das blinde,
leere, dumme Nichts,
sondern der Vater,
der der Herr ist über alle Dimensionen,
der seine Geschöpfe heimführen will aus allen Dimensionen,
der uns nicht ersticken läßt in den Fesseln der Vergänglichkeit
und des Todes
und uns nicht verhungern läßt im Elend eines verdorbenen
oder unausgelebten und zerscherbten Lebens,
sondern der uns über alle Grenzen und Niederlagen und Tode hinweg
die Vollendung geben will
und den Frieden des Heimgekehrten
und die Schau des Erkennenden

und das Glück des Liebenden und Schöpferischen,
und dem wir glauben dürfen, daß er dies alles mit uns vorhat,
weil er feierlich durch Jesus Christus vor aller Welt und
in allen Dimensionen proklamiert hat, daß er ist
‚der Vater der Barmherzigkeit und Gott allen Trostes, der
uns tröstet in aller unserer Trübsal' (2. Kor. 1, 3 f.)."

4. Die kirchliche Glaubenskrise und ihre Überwindung mit Hilfe der sogenannten Okkultbewegungen

(In Anlehnung an Dr. Kurt Huttens Rundbrief „Impulse Nr. 4")

Die Christenheit ist heute deutlich in zwei Lager gespalten. Mehr als irgendeine Konfession oder Denomination entscheidet über Zugehörigkeit zur einen oder anderen Richtung das persönliche Glaubensbekenntnis. Ob man noch an Wunder glaubt und die Gottheit Jesu Christi, an ein Jenseits mit Himmel, Hölle und Fegefeuer, oder ob man im Sinne der Entmythologisierer den offenbaren Löwenmut besitzt, auf dieses vergängliche Erdendasein alles zu bauen, auch seinen neu verstandenen Bibelglauben, dies etwa sind die maßgeblichen Kriterien. Eine apokalyptisch anmutende Scheidung der Geister führt Menschengruppen zueinander, die früher sich heftig befehdeten. Die konservativen Kirchenchristen zum Beispiel entdecken, daß in den Sekten das reformerische Element weit besser gewährleistet ist als bei den eigenen Glaubensbrüdern, die alles Alte so radikal als möglich über Bord werfen möchten. Sogar Heiden haben neuerdings durch ihren fest gegründeten Gottesglauben und das Wissen um die Transzendenz mehr innere Gemeinschaft mit den „altgläubigen" Christen als diese mit der anderen Hälfte der eigenen Konfession. Daß die Schlagbäume zwischen den Konfessionen sich plötzlich weit auftaten, ist eine Folge des Ökumene-Gedankens und der Una-Sancta-Idee. Weit geöffnet hat das Konzil sich ebenfalls zur Welt hin (im sogenannten Aggiornamento), aber auch zu den anderen Religionen, die mit einem Mal aufgrund neu entdeckter Gemeinsamkeiten (z. B. in der Front gegen den Atheismus) stärker in das Blickfeld rücken. Im guten Willen, voneinander zu lernen, tauscht man gegenseitig Sendboten aus und hütet sich sehr, die Gefühle Andersdenkender zu verletzen. Dies ist ein erfreulicher Zuwachs an Toleranz, wenn er nicht gerade ein Zeichen von Unsicherheit bedeutet.
Dennoch liegen die tiefsten Schatten über der Christenheit, die sich heute

auf eine ungewöhnliche Weise in der Kelter Gottes befindet. Es sind die offensichtlichen Zeichen der Endzeit, in welcher der Scheidungsprozeß bereits ein allgemeines Gericht einleitet. Um so tätiger ist auch der Diabolus, der „Durcheinanderwerfer", der heute über die Theologie sein Zerstörungswerk betreibt. Allzulange dauert der Notstand schon innerhalb der Christenheit. Bereits der charismatisch begabte Pfarrer Blumhardt klagte zu seiner Zeit: „Aus dem Sumpf der christlichen Kirchen sind die Menschen schwerer herauszuführen als aus der Barbarei des Heidentums." Auch der verstorbene Erzbischof von Canterbury William Temple fällte das harte Urteil: „Das Christentum ist die materialistischste aller Religionen" („geworden" müssen wir natürlich hinzufügen, denn von seinem Wesen her sollte es das Gegenteil sein). Aber, war Christus nicht schon von Anfang an ein Fremdling in dieser Welt? Nicht einmal seinen Aposteln und Jüngern konnte er sich ganz begreiflich machen: „Die mit mir sind, haben mich nicht verstanden", heißt es in den Petrusakten. Und „selig, wer sich an mir nicht ärgert", könnte Jesus auch heute wieder so vielen Theologen zurufen, die von einem wundertätigen Heiland nichts wissen wollen. Weil das Amtspriestertum nur einen erlernten Beruf voraussetzt und keine „Berufung" im Sinne einer Auserwählung, kann die Frohbotschaft durch subjektive Auslegung in ihr völliges Gegenteil verkehrt werden. Kirche als „Abbruchfirma", wie sie im öffentlichen Organ des Bischofs Lilje bezeichnet wurde, ist ein überaus trauriger Anblick. Das „Geschäft mit Gott" (oder auch ohne Gott) geht aber offenbar noch so gut, daß norddeutsche Pastoren in einem Fernsehinterview ihre Schäflein nur noch als „Kunden" abstempelten.

Die Diskrepanz zwischen Universitätstheologie und praktischer Seelsorge hat ein solches Ausmaß angenommen, daß der Pfarrer bei seiner Predigtgestaltung nicht mehr weiß, soll er weiterhin mit der „barmherzigen Lüge" eines überholten Bibelglaubens oder mit der ungeschminkten „grausamen Wahrheit" modernster Bibelexegese operieren. Aber vielleicht hat es auch einen tiefen Sinn, daß jeder einzelne in seinem Glauben nun ganz auf sich selbst gestellt ist und dieser tatsächlich zum „Wagnis" wird. Wie aber sollen sich schlichtgläubige Christen gegenüber den „Irrungen und Wirrungen" moderner Theologen behaupten? Nach und nach sorgen schon die Massenmedien dafür, allen voran das Fernsehen, daß nicht nur der abgebrühte Großstädter, sondern auch der traditionsverwurzelte Landmensch bis ins letzte „aufgeklärt" wird. Kapazitäten, deren Namen in aller Munde sind, modeln dann an seinem Glauben und er muß sich „Wahrheiten" gefallen lassen, die alles in Zweifel ziehen, was bisher sein Gemüt fromm gemacht. Wenn die Auferstehung Christi von jetzt ab nur noch eine fromme Mär ist und die zu Herzen gehende Geschichte der Jünger von Emmaus freie Erfindung der Evangelisten; wenn Thomas nicht seine Hand in die Wundmale

Jesu legte und kein Engel bei der Himmelfahrt des Herrn dessen Wiederkunft verkündete, wird da nicht alles, aber auch alles an der Bibel zum bittersten Hefetrunk, noch bitterer als der Galletrunk des Gekreuzigten?! – Merkwürdig, daß gerade die Laien den Abschied von der alten Wahrheit viel schmerzlicher empfinden als die Theologen selbst. Diese sind geradezu versessen darauf, das Evangelium in seinem ganzen Bestande zu zerstören. Diesem „Amoklauf" der Theologen versucht Dr. Kurt Hutten, ein Apologet im besten Sinne, auf seine Weise zu steuern. Auch seine Bemühungen um eine „Theologie der Hoffnung" gehen letzten Endes darauf zurück, daß er sie aus verfahrenen Geleisen herausmanövrieren und ihr den echten Stempel des Evangeliums aufprägen möchte. Die wahren Christen haben es im Grunde nicht nötig, auf der untersten Stufe der Dreiheit „Glaube, Liebe, Hoffnung" wieder anzufangen; als sei man inzwischen nicht längst schon im Vollbesitz des ganzen Christenglaubens! Die Theologen freilich haben es so weit gebracht, das Pleroma, das heißt die ganze Fülle des von Christus geschaffenen Erlösungswerkes, bis auf ein „Beinahe-Nichts" zu reduzieren. Aus diesem Grunde allein erscheint eine Theologie der Hoffnung, wie sie Moltmann und Pannenberg propagieren, für viele der Beachtung wert. Man wandelt dabei aber immer noch auf einem schmalen Grat, der wegen der abstrakt trockenen Formulierungen und gröblicher Mißdeutungen der „Letzten Dinge" auch wieder zum Absturz führen könnte. Allein die Komplexität eines Weltbildes, dessen universeller Charakter alles in sich begreift: das Physische wie das Metaphysische, das Irdische wie das Transzendente, kann uns davor bewahren. Genau dies ist die Korrektur, die Dr. Kurt Hutten an der heutigen Theologie anzubringen versucht.

Reicht der Bibelglaube dazu allein nicht aus? In der Verdunkelung, welche dieser durch die rationalistischen Theologen erfahren hat, können seine Wahrheiten heute nicht mehr strahlend genug leuchten. Die Menschen unseres Jahrhunderts, die den Primat der Wissenschaft bedenkenlos anerkennen, haben sich selbst dazu den Weg verbaut, denn sie erfassen eine Wahrheit nur noch vom Verstande her. Wollte man sie wieder an eine Jenseitswelt und das metaphysische große Eins der Gottheit glauben machen, müßte man ihnen sinnfällige Beweise liefern. Die Gelegenheit dafür ist einmalig. Sie geht von den sogenannten Okkultbewegungen aus. Es ist ein großes Verdienst Dr. Kurt Huttens, auf sie hingewiesen zu haben in seinem Rundbrief „Impulse Nr. 4", der den Titel trägt: „Die Herausforderung der Theologie durch die Okkultbewegungen". Um diese in ihrem Inhalt aufs äußerste konzentrierte und durch präzise Formulierungen überaus brauchbare Schrift genügend auszuwerten, lohnt es sich, auf Einzelheiten einzugehen.

Die Versandung der Theologie wird da auf „zwei irrige Prolegomena" (Voraussetzungen) zurückgeführt. Das eine besteht in der These, daß „der moderne Mensch als Künder einer zweiten Aufklärung" nur das annimmt, „was der Vernunft nicht widerspricht und nachprüfbar ist". Das andere hat seine Ursache darin, daß derselbe Zeitgenosse, „von einem unbändigen Glauben an den Fortschritt besessen", seine ganze Kraft und Sehnsucht darauf richtet, den Paradiesestraum schon auf dieser Erde selbst zu verwirklichen. Ein Großteil der Theologen wurde von dem ersten der beiden Prolegomena so stark angezogen, daß sie dadurch unversehens „in die babylonische Gefangenschaft einer rationalistisch-mechanistischen Weltbetrachtung" gerieten. Sie nahmen keine Rücksicht mehr darauf, „daß die Weltwirklichkeit doppelbödig ist und Tiefendimensionen besitzt". So mußte es notgedrungen zu einer Gegenbewegung kommen, „als Protestaktion sozusagen". Sie kam vornehmlich aus Laienkreisen. Obwohl sie zu identifizieren ist mit jener zweiten Art von Hoffnung, die Dr. Kurt Hutten als „Aufwärts- oder Jenseitshoffnung" charakterisiert, hatte sie doch zumeist säkularistisches Gepräge. Ihr Bestreben richtete sich hauptsächlich auf „Remythologisierung", und schon das vorige als materialistisch verschrieene Jahrhundert machte dazu die größten Anstrengungen. In ununterbrochener Folge seit etwa dem Jahre 1840, in dem auch Lorber seine ersten Diktate niederschrieb, entstanden Bewegungen dieser Art. Dr. Kurt Hutten führt dazu eine kleine Chronik an:

„1847 war das Geburtsjahr des Spiritismus. 1875 gründete Helene Blavatsky die Theosophische Gesellschaft. 1913 entsprang aus ihr die Anthroposophische Gesellschaft. Nach 1918 erfolgte die Regeneration und rapide Verbreitung der vor dem Ersten Weltkrieg schier ausgestorbenen Astrologie. 1947 war das Ursprungsjahr der UFO-Bewegung. Im Jahr 1960 begann die LSD-Seuche und Maharishi Mahesh importierte seine ‚transzendentale Meditation' ins Abendland, und die Beatles stiegen phönixgleich hoch und versetzten die Jugend in der Welt in ekstatischen Taumel."

Die teilweise Ungleichheit der Zielsetzungen läßt es als ratsam erscheinen, zwei Stufen von Okkultbewegungen zu unterscheiden: „Die eine Gruppe will und kann keine ‚Geographie' der übersinnlichen Welt vorlegen, sondern beschränkt sich darauf, Mittel für den Taumel und den Höhenflug und Methoden für den Durchstoß in eine andere Welt anzubieten; wie sie erfahren und beschrieben wird, ist Sache des individuellen Erlebens. Zu dieser Gruppe gehören die mannigfachen Rauschbewegungen: alkoholischer Eskapismus, Beatle-Kult, Drogengenuß. Weiter gehören dazu die indischen Yoga- und Meditationsschulen, die sich tief in der abendländischen Welt festgesetzt haben und ihren Schülern nicht nur Gesundheit, berufliche Erfolge, Frieden und Lebensglück, sondern als schönste Frucht die ‚Bewußtseinserweiterung' verheißen, das heißt den Durchbruch durch die Schallmauer des Ich-Bewußtseins und die Verschmelzung mit der transzendentalen Weltwirklichkeit, dem unendlichen, göttlichen Bewußtsein.

Die zweite Gruppe umfaßt Bewegungen, die nicht nur eine Erfahrung der übersinnlichen Welt suchen, sondern danach streben, diese Welt zu erforschen und darzustellen. Es sind die Okkultbewegungen im engeren Sinn. Man kann ihr Wesen und Ziel etwa so definieren: Nach ihrer Überzeugung ist die sichtbare und dem forschenden Zugriff offene Welt nur ein – relativ unbedeutendes – Teilstück der Gesamtwirklichkeit. Die Überwelt ist nicht bloß ein philosophisches Postulat oder ein Produkt der Spekulation, sondern eine Realität, die sich in mannigfacher Weise manifestiert. Erdenwelt und Menschenschicksal sind in diese Überwelt eingeborgen und empfangen von dort her ihren Sinn, ihren Auftrag und ihr Ziel. Diese Eingeborgenheit befreit aus der Enge des Käfigs, stellt das Dasein in weite Horizonte und verheißt ihm endlose Dauer und grenzenlose Möglichkeiten."

Sehen wir von der erstgenannten Gruppe mit ihren zum Teil negativen Erscheinungsformen ab, dann öffnen sich für die zweite Gruppe Perspektiven, die eigentlich genau das sind, was dem Christentum weiterhilft, wenn es sich zu seinem Ursprung hin regenerieren will. Es sind aber auch Ansätze da, die weit nach vorne weisen und über das Urchristentum hinaus Horizonterweiterung möglich machen. Modelle okkulter Weltentwürfe, wie der Spiritismus, Theosophie und Anthroposophie, alle gnostisch-esoterischen Bestrebungen, Astrologie und Kosmosophie, und nicht zuletzt die Ufo-Bewegung, bilden nicht nur eine Herausforderung für die christliche Theologie; sie sind, wenn auch außerhalb des kirchlichen Zugriffs und unabhängig für sich selbst stehend, ihre notwendige Ergänzung. In einem gewissen Sinne ist dies blamabel für unsere Christenheit, die durch ihre starken Versäumnisse in der Entfaltung ihres Glaubensbildes nun den andern das Feld überlassen muß. Am meisten rächt sich dabei die Nichtbeachtung der christlichen Prophetie, die in Jakob Böhme, Emanuel Swedenborg und Jakob Lorber (in neuester Zeit auch Johanna van der Meulen) ihre überragendsten Gestalten hat. Die Stimme des Heiligen Geistes ließ man ungehört verhallen! Wenn das Christentum irgendwo wieder eine Heimstätte finden will, dann muß es sich, ob innerhalb oder außerhalb der Kirchen, in erster Linie dort ansiedeln, wo die „Jenseitshoffnung" sich ungehindert entfalten kann.

„Weil die Okkultbewegungen elementare Lebensfragen und Sehnsüchte beantworten, haben sie eine ungeheure Verbreitung gefunden. Okkulte Vorstellungen unterwandern die Kirchen, sammeln sich konzentriert in den meisten Sekten und den sogenannten ‚Neuen Religionen', füllen die Hohlräume der Entchristlichung und rekrutieren ihre Gläubigen aus den Heeren derer, die an den wissenschaftlich-technischen oder ideologisch-politischen Zukunftsverheißungen irre geworden sind. Ihre Anhängerschaft steht in ihrem

Bildungsdurchschnitt sicher nicht unter der Anhängerschaft anderer großer Vereinigungen, etwa der Kirchen oder politischer Parteien. Sie setzt sich also nicht nur aus ‚primitivem Volk' und geistigen Analphabeten zusammen. Neben dem Kleinbürgertum sind auch Mittelschichten und Intelligenz stark vertreten. Zu den Bahnbrechern okkulter Weltauffassungen zählen Universitätsprofessoren, Nobelpreisträger (Charles Richet) und sonstige Träger international berühmter Namen. Unter den Vertretern des Spiritismus finden wir Philosophen und Naturwissenschaftler; des UFO-Glaubens Astronomen, Physiker und Flieger; der Astrologie Mediziner, Künstler und Psychotherapeuten; der gnostischen Esoterik Techniker und Ingenieure.

Eine Statistik der Okkultbewegungen ist nicht vorhanden. Aber allgemein läßt sich sagen, daß die Zahlen der organisierten Mitglieder minimal sind im Vergleich zu der enormen Verbreitung okkulter Vorstellungen. Die Ergebnisse repräsentativer Befragungen – etwa nach dem Glauben an das Horoskop oder an Geister oder an die Reinkarnation – nötigen zu dem Schluß, daß allein in der Bundesrepublik viele Millionen, in der abendländischen Welt Hunderte Millionen von okkulten Vorstellungen beeinflußt sind. Als Hoffnungsperspektiven, die weit über das Hier und Heute einer engen grauen Welt hinausweisen, helfen diese Vorstellungen dem Menschen zur Annahme seines Erdenschicksals, zur Selbstfindung und Selbstverwirklichung, und sind damit zu weltanschaulichen und seelsorgerlichen Mächten von unschätzbarer Bedeutung in der geistigen Landschaft des Säkularismus geworden.

Es wäre also ein kleinkariertes Fehlurteil, wenn man die Okkultvorstellungen lediglich als skurrile Relikte früherer Jahrtausende betrachtete. Gewiß, sie schleppen altes Traditionsgut mit sich, das dem mythischen und magischen Denken der verschiedensten Kulturräume entstammt und voller Abstrusitäten ist. Aber man hat sich mit Erfolg bemüht, dieses Material zu modernisieren und mit Ergebnissen heutiger Forschung anzureichern. Dazu kommt das geistige Erbe von Denkern und Sehern wie Theophrastus Paracelsus, Emanuel Swedenborg, Johann Kaspar Lavater, Franz Anton Mesmer, Franz Baader, Heinrich Jung-Stilling, Johann Friedrich Oberlin u. a. m. So entstanden Weltentwürfe, die im Einklang mit den wissenschaftlichen Erkenntnissen stehen wollen und sie zugleich transzendieren. Sie sind aus dem Spinnstoff säkularistischer Lebensmotive und Denkstrukturen gewoben und bieten sich dem Menschen, für den die säkularistische Zukunftshoffnung die Anziehungskraft verloren hat, als Alternative an" (Hutten).

Sich selbst verstehen die Okkultbewegungen als den „dritten Weg", der über das traditionelle Christentum und die mechanistisch-atheistische Weltanschauung hinausführen soll. Bei Hutten heißt es dazu: „Ist diese Erwartung so unbegründet? Es gibt im Westen einen Atheismus, geboren aus der Verzweiflung über eine dünn, eng und unzulänglich gewordene Verkündigung der Kirchen. Und es gibt in den kommunistischen Ländern eine Krise des Diamat-Atheismus, geboren aus der Dürre und Banalität seiner Antworten auf Grundfragen der menschlichen Existenz. Beide Erscheinungen – der Atheismus aus Verzweiflung an der herkömmlichen Religion und die Verzweiflung am herkömmlichen Atheismus – weisen über sich selbst hinaus auf eine Weltkonzeption, die fähig ist, in der Konfrontierung mit der monströsen und zerquetschenden Gewaltigkeit des Universums dem Menschen und der Menschheit einen Ort und ein Gewicht ihres Seins und Strebens zu wahren, die von den exakten Naturwissenschaften geleugneten oder ausgeklammerten Tiefendimensionen der Wirklichkeit zu deuten und für die Erhellung der großen Daseinsrätsel fruchtbar zu machen, Lebensschicksale und Menschheitsgeschichte in einen übergreifenden Seins- und Sinnzusammenhang einzufügen, der hilft, sie aus ihrer Dunkelheit und Bruchstückhaftigkeit herauszuholen. Die okkulten Weltentwürfe weisen zahlreiche Elemente auf, die diesen Forderungen gerecht werden. Damit stellen sie aber auch eine Herausforderung an die christliche Verkündigung dar."

„Grundfragen der Existenz" schließen in sich ein die Auseinandersetzung vor allem mit der Tatsache des Todes. Wenn Thanatos seine Fackel senkt über ein Menschenleben, dann beginnt auch für den fortschrittsgläubigsten Menschen das große Rätselraten. Auf keine der sphinxhaften Fragen weiß er mehr eine Antwort, und nicht einmal die Jugend, übersprudelnd von Lebensfreude und Augenblicksbejahung, kann die Schatten der Todesfurcht von der Seele wischen. In solchen Augenblicken hat die leere Betriebsamkeit der äußerlichen Welt mitsamt ihrem technisch-wissenschaftlichen Elan für sie keine Reize mehr. Sie sehnt sich nach Größerem, das angesichts der Vergänglichkeit dieses Erdenlebens auch Dauer und Sinnerfüllung verheißt. Eine Umfrage bei französischen Jugendlichen hat ergeben, daß von den religiösen 33 Prozent, von den religionslosen 35 Prozent sehr stark von dem Gedanken an den Tod umgetrieben werden. Wir kennen nur zu gut diese „Weltschmerzlichkeit" der Jünglingsjahre, in denen die Sturm- und Drangperiode auch Lebensunlust erzeugt. Der noch vorhandene Idealismus stößt sich beinahe an allen sogenannten Realitäten dieser Welt.

„Eine Verkündigung ist also falsch programmiert, wenn sie als ihre Adressaten nur den Typ des zukunftsgläubigen Menschen im Auge hat. Beschränkt sie sich gar auf eine eschatologisch umrandete ‚politische Theologie' oder ‚Theologie der Revolution', dann nimmt sie eine lebensgefährliche Amputation am Inhalt der biblischen Botschaft vor. Sie erleidet die gleiche Horizontverengung, der auch der Diamat-Kommunismus verfallen ist. Er kann zwar verlockende Perspektiven für das schöne Leben in der klassenlosen Gesellschaft bieten und genaue Richtlinien und Programme für Produktion,

Ausbildung, Erziehung, Organisierung der Massen usw. entwerfen; aber er hat keine oder nur kümmerliche Antworten auf die tieferen Lebensprobleme, die auch in einer klassenlosen Gesellschaft nicht verschwinden. ... Oder was hat der Diesseitsprediger noch dem querschnittgelähmten jungen Mann zu sagen? Oder dem verkrüppelten Contergan-Kind oder dem Spastiker? Oder der alleinstehenden Frau, deren Dasein nach freudlosem Arbeitsleben bei karger Altersrente verdämmert? Oder was hat er an einem Sterbebett, an einem offenen Grab zu sagen? Und überall da, wo nichts mehr von dieser Welt zu erwarten ist? Jesus hatte auch da noch ein Wort der Verheißung. Am Kreuz tröstete er den Schächer: ‚Heute noch wirst du mit mir im Paradiese sein'." –

Nebenbei bemerkt wird da von Jesus in einem einzigen Satze eine Jenseitslehre verkündet, die mit den Worten „heute noch" und „Paradies" auf zwei goldenen Säulen ruht. Vom „Seelenschlaf" bis zu einer allgemeinen Auferstehung faselt nur eine gewisse Sorte unerfahrener Theologen und oft auch sektiererischer Evangelisten. „Heute noch" heißt doch wahrhaftig, daß der Mensch mit seinem vollen Bewußtsein in Bälde den Tod hinter sich läßt und an seinen „gerichteten" Ort kommt. Und „im Paradiese" ist unzweifelhaft der Ausdruck dafür, daß es im Jenseits eine Stätte der Vorbereitung auf die Vollendung gibt, sehr ähnlich dem ursprünglichen Aufenthaltsort der Stammeltern. Wann endlich wird die evangelische Kirche (im Gegensatz zur katholischen) in ihrer offiziellen Verkündigung von dem verhängnisvollsten aller Irrtümer lassen, daß es im Jenseits nur Himmel und Hölle, aber kein Zwischenreich gäbe? Verstorbene Seelen müssen da arg enttäuscht werden, wenn sie hinüberkommen und erst noch ein langwieriges Purgatorium durchmachen müssen. Lassen wir uns von den Aussagen des Spiritismus belehren oder nehmen wir die Landkarte vor, die Pfarrer Oberlin in seiner Uranographie vom Jenseits gezeichnet hat! Man sollte nicht einen Übersetzungsfehler Luthers, der die griechischen Wörter Hades und Tartaros in ihrer Bedeutung nicht klar unterschied, für ewige Zeiten konservieren (Tartaros bedeutete auch für die Alten soviel wie Hölle; Hades dagegen Zwischenreich).

Wenn ein Christ heute sich mit den verschwommenen und zum Teil absurden Vorstellungen der Theologen über das Leben nach dem Tode zufriedengeben muß, dann ist er wahrhaft unerlöst. Fehlt ihm doch gänzlich der Spiegel, in dem die Ereignisse seines irdischen Daseins sich auf höherer Ebene reflektieren! Nichts zu wissen von den Zusammenhängen zwischen Diesseits und Jenseits, die im Analogie-, das heißt Entsprechungsgesetz so innig aufeinander abgestimmt sind, bedeutet für ihn auch Ziellosigkeit, da er nicht weiß, wohin sein Leben mündet. Die Folge ist ein Desinteresse an abstraktreligiösen Formulierungen. Erst das Ganze einer Weltschau, die Himmel und

Erde zusammenfaßt, den astralen und physischen Kosmos, könnte ihn voll befriedigen.

„Großartige Weltentwürfe" mit kosmischen Aspekten bieten aber die sogenannten Okkultbewegungen fast alle an. In seiner Auseinandersetzung mit ihnen unterscheidet Dr. Kurt Hutten vor allem „vier große Konfessionen". Ihr hauptsächliches Gedankengut faßt er folgendermaßen zusammen:

„SPIRITISMUS: Die Gesamtwirklichkeit zerfällt in eine grobstoffliche oder materielle und in eine feinstoffliche oder astrale Welt. Letztere ist so konkret und real wie die erstere, übertrifft sie aber bei weitem in ihren Qualitäten, Dimensionen und Möglichkeiten. Der menschliche Geist gehört durch seine physische Inkarnation zeitweilig der grobstofflichen Welt an, ist aber durch seinen Astralkörper zugleich mit der feinstofflichen Welt verbunden und kehrt nach dem leiblichen Tod wieder in sie zurück. Seine Aufwärtsentwicklung über viele Stufen wachsender Reife, Erkenntnis, Weisheit und Glückseligkeit ist die Frucht eigener Anstrengungen und Einsichten, gelangt aber dank der Hilfe gütiger Geistwesen und einer pädagogischen Automatik von Lohn und Strafe schließlich zum Hochziel der Vollendung.

UFO-BEWEGUNG: Das Weltall ist von unzähligen Menschheiten bevölkert. Dank fortgeschrittener Evolution sind viele von ihnen der Erdenmenschheit biologisch, moralisch, wissenschaftlich und technisch weit überlegen. Sie beobachten die Erde schon seit Jahrtausenden und haben sich, durch die Atombombe alarmiert, zu einem rettenden Eingreifen entschlossen mit dem Fernziel, die Erdenmenschheit durch Zwang und Entwicklungshilfe aus ihrer Verdorbenheit und Verzweiflung herauszuholen und durch die Aufnahme in die Kosmische Föderation einer paradiesischen Zukunft entgegenzuführen.

ASTROLOGIE UND KOSMOSOPHIE: Der Kosmos ist ein gewaltiger und lebendiger Organismus. Die Planeten, Sonnen und Sonnenheere sind die Zellen, Gewebe und Organe dieses kosmischen Leibes, der von einer Weltseele durchwaltet und bewegt wird. Die Sphären, Kräfte und Qualitäten des kosmischen Organismus manifestieren sich in den zwölf Tierkreiszeichen, die im Grund Symbole sind für die verschiedenartigen Kräftezentren des Kosmos und ihre Ausstrahlungen. Alles Leben und Geschehen ist in das Gewebe der kosmischen Kräftestrukturen eingebettet und wird von dort her geprägt und gelenkt. Auch der Mensch empfängt von dem ihm zugeordneten Tierkreis und den Geburts- und laufenden Konstellationen seine geistig-seelische Gestalt, seine Lebensaufgabe und seine Schicksalslinien. So kann er seine Existenz als Knotenpunkt kosmischer Wirkungen und Aufträge begreifen. Vor ihm steht das Ziel, im Aufstieg von Sphäre zu Sphäre einzumünden in die gewaltige Harmonie des Universums.

GNOSTISCH-ESOTERISCHE WELTDEUTUNG: Sie wird von einer unübersehbaren Zahl von Zirkeln, Klubs, Logen u. ä. vertreten. Mannigfaltig sind auch die Entwürfe und Speziallehren von „Meistern" und Schulen.

THEOSOPHIE (nach der Kurzbeschreibung von Frau Hannelore Schilling): In einem Prozeß der Emanation und fortschreitenden Verstofflichung gingen aus der unpersönlichen Allgottheit, die reiner, ewig und unveränderlich bleibender Geist ist, Kosmos und Mensch hervor. Alles Materielle ist als Absturz vom Reingeistigen im Grunde unwirklich, ist Illusion, Maya. Umgekehrt, je feinstofflicher und geistiger, desto „realer" sind die menschlichen Prinzipien und die Geisteswelten. Nach dem tiefsten Punkt der Materialisation erfolgt der Rückschwung zur stufenweisen Vergeistigung bis zum endlichen Wiedereingehen in den göttlichen Ursprung. – Diese Evolution der Entmaterialisierung beansprucht auf dem natürlichen Weg Millionen von Reinkarnationen. Der Mensch aber nimmt eine Sonderstellung ein: als Träger des ‚Denkprinzips' hat er die Möglichkeit, von seiner göttlichen, unsterblichen Seele, von der ‚Geistmonade' in sich Kenntnis zu nehmen. Mit dem Erwachen und Bewußtwerden des ‚höheren Ego', des ‚Christus im Menschen' werden die niederen und tierischen Prinzipien als Maya erkannt und können nun durch Ausschalten von Egoismus und Begierden überwunden werden. Wenn dies nicht gelingt, sammelt sich Karma an. Jede Reinkarnation ist die karmische Frucht der vorangegangenen Leben, – je weniger Karma der Mensch sich schafft, desto höhere geistige Ebenen öffnen sich ihm nach dem Tod, desto schneller hat er die niederen Prinzipien ausgeschaltet und sein höchstes Evolutionsziel, die Vergöttlichung, erreicht."

Aus dieser gedrängten Darstellung der sogenannten Okkultbewegungen mit ihren wichtigsten Strömungen ersehen wir schon den unermeßlichen Umfang, den solche Weltkonzeptionen haben. Das Christentum ist durch sie aufgefordert, etwas Ebenbürtiges an die Seite zu stellen. All die ungereinigten Materialien okkulter Weltentwürfe müßten dabei in einer noch größeren, umfassenderen Schau zur Harmonie mit sich selbst und in jene große Ordnung gebracht werden, die Christus allein uns geben kann als der eigentliche Schöpferlogos. Wir brauchen uns nicht einmal anzustrengen, von uns aus ein solch gewaltiges Weltgebäude aufzurichten. Der Heilige Geist tat es bereits für alle Christen in der Prophetie! Wer Swedenborg oder Jakob Lorber auf die Seite schiebt (als die auserwählten Werkzeuge Gottes), dem fehlen für unsere Zeit die Direktiven, der hat nicht mehr das Ganze, sondern nur Bruchstücke in Händen. Seine Verkündigung wird beim modernen Menschen ungehört verhallen. Diesem bleibt dann kein anderer Ausweg, wenn er geistig noch wach genug ist, als bei den Okkultbewegungen Anleihen zu machen.

Dem wissenschaftlichen Typ wird vor allem die Parapsychologie das Beweismaterial liefern für seine „Aufwärtshoffnung". Für den Freiburger Parapsychologen Prof. Hans Bender, der den einzigen Lehrstuhl auf diesem Gebiete in Deutschland innehält, sind die parapsychologischen Phänomene nicht nur kuriose Daten, sondern verpflichtende Fakten. Sie erfordern „ein neues Durchdenken der Stellung des Menschen in der Welt und der Struktur dieser Welt". Welche Möglichkeiten für ein neu konzipiertes Christentum! Dabei „stünde es", nach der Meinung von Dr. Kurt Hutten, „dem Universitätstheologen gut an, wenn er seinem allgemeinen Bildungsgut neben den Ergebnissen naturwissenschaftlicher und soziologischer Forschungen auch die Früchte parapsychologischer Untersuchungen einverleibte und darüber hinaus die großartigen Weltentwürfe von Männern wie Swedenborg und Jakob Lorber und Zeugnisse okkulter Erfahrungen, wie sie Matthiessen und Wickland gesammelt haben, zur Kenntnis nähme".

Wenn namhafte christliche Philosophen wie Karl Jaspers die längst erwiesene Tatsache der Telepathie noch immer leugnen, so sind sie einfach nicht „im Bilde". Ein Klotz hängt ihnen am Bein, der ihr Vorwärtsschreiten unmöglich macht: der hemmungslose Glaube an die Vernunft. Inzwischen hat aber die Wissenschaft von sich aus diesen Standpunkt längst überwunden. Es hat sich die Auflösung der Materie in Energie vollzogen: „Der Physiker, der in die Struktur des Atoms eindringt, der Biologe, der dem Wesen und der Entstehung des Lebens nachspürt, der Mediziner, der Ursache und Heilung der Krankheiten zu ergründen sucht: sie alle stoßen auf Sachverhalte, die sich mit den Prinzipien und Methoden exakt-wissenschaftlicher Erforschung nicht mehr erfassen lassen. Es ist, als durchdränge die erfahrbare Welt eine andere Dimension, deren Kräfte und Gesetze rätselhaft sind. Die Parapsychologie geht ihnen nach. Sie hat Phänomene des Hellsehens und prophetischer Träume verifiziert, und wenn daraus die Konsequenzen gezogen werden, müssen sie unser ganzes Schema von Raum-Zeit-Kausalität durcheinanderbringen. Ebenso unbezweifelbar sind Phänomene der Psychokinese nachgewiesen und der Kernphysiker Dr. G. Zicha kam bei der Untersuchung des ‚Falles Rosenheim' (Nov. 1967 – Jan. 1968) zu dem Schluß, daß die dortigen Phänomene ‚die spätere Einführung einer fünften Wechselwirkungsart in der Physik notwendig machen' (Grenzgebiete der Wissenschaft 1969 II).

Die theologische Reflexion darf diese Tatbestände nicht ignorieren, zumal sie auch für das naturwissenschaftliche Weltbild an Relevanz gewinnen. Natürlich sollen und können sie nicht Wunderersatz sein. Aber sie könnten dazu führen, daß man zahlreiche in der Bibel berichtete Vorgänge ernst nimmt, statt sie der Entmythologisierung zu opfern, weil sie sich angeblich mit unseren ‚modernen' Vorstellungen nicht vereinbaren lassen. Oder soll es dabei bleiben, daß Theologen etwa die Geschichte vom Wandeln Jesu auf dem Wasser als eine pure Halluzination abtun oder in den Bereich der Legende verweisen, während Physiker und Techniker nach peinlich genauer Prüfung der Rosenheimer Vorgänge – daß ohne jede physische Einwirkung Glühbirnen platzten, Teller von den Wänden sprangen, Bilder sich drehten, ein dreieinhalb Zentner schwerer Aktenschrank weggerückt, das Telephon gestört, Neonröhren gedreht, Schubladen herausgezogen wurden – zu dem Ergebnis kamen: ‚Die Ausführung dieser Bewegungen scheint von intelligent gesteuerten Kräften herzurühren (z. B. Telefonstörungen), die die Tendenz haben, sich der Untersuchung zu entziehen'."

Es ist eine unbestreitbare Tatsache: der Mensch von heute will nicht nur glauben, sondern wissen! Aber nicht nur das Wissen allein gibt uns Sicherheit. In seinem überaus instruktiven Buche „Die Wirkung des Außersinnlichen in Wissenschaft und Christentum" sagt Josef Kral: „Der Glaube ohne Wissen führt zum Aberglauben und zur Schwarmgeisterei, das Wissen ohne Glauben zum Zweifel und zur Verzweiflung." Gerade die Parapsychologie als die „Königin aller Wissenschaften" (nach Wilhelm Ostwald) vermag heute dem Glauben die wertvollste Hilfestellung zu leisten. Josef Kral meint dazu: „Wieviele Menschen, die nicht nur glauben wollen, würden durch das Wissen um die parapsychologischen Tatsachen in Verbindung mit ihrem Glauben den Frieden ihrer Seele finden, wenn die führenden christlichen Kreise in Wissenschaft und Kirche, Politik und Presse – Ausnahmen bestätigen auch hier die Regel – mehr Einsicht in die Dinge nähmen und mehr Mut, mehr praktische Toleranz und mehr Liebe aufbrächten, sie zu bekennen." Und an einer anderen Stelle seines Buches heißt es: „Es ist wahr: Das Interesse für die Probleme des Außersinnlichen, ja selbst für die Eschatologie, die Lehre von den Letzten Dingen, ist seitens der katholischen wie der protestantischen Philosophen und der Theologen leider nur gering. Auf einer Tagung der ‚Evangelischen Akademie' in Tutzing 1950, die das ‚Leben nach dem Tode' zum Gegenstand hatte, wies der Tagungsleiter bereits in der Einleitung darauf hin, daß das Thema bei den Theologen nicht beliebt ist."

Dennoch setzt sich heute eine stattliche Zahl von Glaubensstreitern für die parapsychologische Forschung ein. Zu erwähnen sind auf katholischer Seite: Dr. phil. Gebhard Frei, Professor für Religionsgeschichte und Philosophie; der Jesuit Dr. theol. Alois Gatterer, Professor für Astronomie an der Vatikanischen Sternwarte; der Zisterzienserabt Dr. theol. Aloys Wiesinger, Benediktinerpater A. Mager u. a. Die evangelische Kirche weist Namen auf wie Pfarrer Wilhelm Horkel, Philosophieprofessor Alois Wenzel, usw. Es ist verständlich, daß die meisten der gutgewillten Theologen sich höchstens auf das Abenteuer der Parapsychologie einlassen, aber keinen Schritt weitergehen. Sie brauchen den festen Boden rein wissenschaftlicher Forschungsmethoden.

Was auf diese Art dem Wunderglauben der Bibel entgegenkommt, bleibt dennoch im Rahmen des sinnhaft Nachprüfbaren. Mehrere Deutungen sind zugleich möglich. Die ganz Vorsichtigen flüchten sich meist in die Theorie des Animismus, „eine Psychologie, die uns die okkulten Phänomene als natürlich aus dem Unbewußten und Unterbewußtsein des Menschen erklären" (J. Kral). Sie ist nur ein halber Weg, denn sie kann dem Menschen keine Brücke zum Jenseits bauen. Den wirklich ganzen, auch dem Bibelglauben angemessensten Weg geht eigentlich nur der Spiritismus. Es gibt keinen besseren Wegbereiter für ein neu verstandenes Christentum, und angesichts der Entmythologisierung ist er beinahe unentbehrlich. Mehr als den Theologen lieb ist, kommt diese Weltanschauungsrichtung heute bei der Masse an. Allein die befreiende Aussicht, mit verstorbenen Anverwandten korrespondieren zu können, sichert ihr eine stets wachsende Zahl von Anhängern.

„Die Lehre vom Sein und Wirken unkörperlicher Wesen und der praktischgeistige Verkehr mit solchen" ist, nach den Worten von Dr. Walter Lutz, ein wahrer Segen. „Man darf wohl ohne Übertreibung sagen, daß Okkultismus und Spiritismus in den letzten Jahrzehnten mit ihren Ergebnissen Millionen von Menschen unter allen Zonen einem neuen Glauben an eine geistige Welt, an ein Fortleben und einen allwaltenden Gott entgegengeführt haben. Denn vielleicht mehr als manche christliche Kirche haben diese Forschungen Ungläubige zum Nachdenken und zur kritischen Prüfung ihrer alten, blinden Anschauungen gebracht" (in „Grundfragen des Lebens"). Freilich ist unbedingt zu beachten, daß die Beschäftigung mit der Geisterwelt keineswegs harmlos ist. Wer nicht unterscheiden kann zwischen „höherem" und „niederem" Spiritismus kann unversehens in die Schlingen von Dämonen geraten. Diese greifen nur allzu bereit nach jenen neugierigen Seelen, die sich ihnen kritiklos und willenlos anvertrauen. Es können Besessenheitszustände daraus hervorgehen, und gerade bei dem im Volke so beliebten „Tischerlrücken" kobolzt in der Regel nur das eigene Unterbewußtsein oder es treiben Wesen aus der „Rumpelkammer des Jenseits" ihr Lügenspiel. Bei Lorber spricht der Herr selbst über den Spiritismus die beherzigenswerten Worte: „Wie aber nur der wohl unterrichtete Apotheker es versteht, was da nach dem vorliegenden Rezept dem Kranken für eine Arznei zu bereiten ist, also soll denn auch in dieser gar wichtigen Sache, durch die im Grunde nun eine Brücke zwischen der Sinnen- und Geisterwelt bewerkstelligt werden soll, sich kein Laie lediglich aus einer albernen, wundersüchtigen Neugierde beifallen lassen, Experimente zu bewerkstelligen, wozu ihm die Grundelemente fremd sind. Aber Sachkundige und ernstlich vom besten Willen Belebte sollen die Experimente mit allem Fleiß durchführen und nicht ruhen, bis sich ihnen nicht nur der Vorhof, sondern auch der ganze Tempel des Lichtes aufgetan hat" (in „Himmelsgaben").

Schon vor Jahren hat der Theologie-Professor Haraldur Nielsson von der Universität Reykjavik für den Spiritismus eine Lanze gebrochen. In seiner Schrift „Eigene Erlebnisse auf okkultem Gebiet... Die Kirche und die psychische Forschung" (Kopenhagen 1922) sucht er vor allem nachzuweisen, daß die Parallelität der Erscheinungen bei Spiritismus und Urchristentum absolut evident sei. Nach einer Sitzung mit einem Medium äußerte sich sein eigener Bischof mit den Worten: „Nun erst kann ich vieles im Neuen Testament begreifen, was ich früher nie richtig verstanden habe." Nielsson selbst ist überzeugt, daß es wirkliche „Geister" waren, die einst bei den Zusammenkünften des Urchristentums sich kundtaten. „Die Geister der Propheten sind Propheten untertan" (1. Kor. 14, 32) heißt es bei Paulus und: „Ihr Geliebten, trauet nicht jedem Geist, sondern prüfet die Geister, ob sie von Gott sind!" lesen wir bei Johannes (1. 4, 1). Auch der katholische Pfarrer Johannes Greber behauptet vom Spiritismus, daß er nichts anderes sei als das Wiedererstehen urchristlicher Charismatik. Allerdings müssen wir uns stets bewußt bleiben, daß höher als alle Geisterkundgaben das „inwendige Erkenntnisvermögen" des Menschen steht. Der göttliche Geistfunke allein kann uns auf mystischem Wege das volle Licht der Wahrheit und die Anschauung Gottes schenken. Unbedingt beachtenswert ist die Tatsache, daß gewisse spiritistische Zirkel auch das von der Kirche vernachlässigte urchristliche Heilen durch Handauflegung pflegen. Gebet, Gesang und Bibellesungen umrahmen solche Heilveranstaltungen, und es dürfte schwer sein zu unterscheiden, was hier positiv oder negativ zu bewerten ist.

Durch manche Medien, die von höheren „Geistführern" dazu ersehen sind, erhält die Öffentlichkeit eine anschauliche Jenseitslehre. Das ist oft von hohem Wert und geht sehr in die Details, obgleich wir auch da immer kritisch wach bleiben müssen; denn meist sind es ja nur Geistwesen, die vom Standpunkt ihrer subjektiven Erlebnisse im Jenseits aus von sehr verschiedener Stufe Botschaften abgeben. Die ungeheure Literatur, die sich auf diesem Gebiet angesammelt, ermöglichte es sogar, eine „vergleichende Jenseitsforschung" mit Wissenschaftsrang zu betreiben (s. die Bücher von R. Schwarz). Mit unwiderstehlicher Gewalt setzen sich heute in manchen Ländern (z. B. in Brasilien) Tendenzen durch, die den christlichen Glauben vermischen möchten mit Primitivreligionen, in denen noch Zauberei und Magie betrieben wurde. Dies ist der natürliche Pendelausschlag nach der anderen Seite, nachdem das Rationale in Dogmen und Lehrverkündigung lange Zeit den Kahlschlag verursacht hatte. Wo der Mythos am Verdorren ist, wo keine Initiation wie im Urchristentum den direkten Zugang bildet in das Reich der Mysterien, wo Ekstase und Unio mystica als krankhafte Seelenzustände abgelehnt werden, wo jegliches Unterscheidungsvermögen zwischen echter und falscher Prophetie erloschen ist, da bleibt auch vom Christentum nichts weiter mehr übrig als ein ruinenhaftes Scheindasein. Ersatzreligionen müssen dann dafür sorgen, daß verlorengegangenes Glaubensgut wieder ans Licht gelangt. Wenn in den weiß- und schwarzmagischen Zirkeln „christlicher" Spiritisten Südamerikas der Primitivismus überhandnimmt, so ist das gewiß mit eine Schuld der Kirche. Hat sie es doch allzu lange versäumt, das Charismatische an seine Stelle zu setzen!

Folgende Fragen, die der Spiritismus heute aufwirft, gehören zuinnerst hinein in unsere christliche Glaubenslehre (leider hat die historische Entwicklung seit dem Urchristentum sie fast ganz zugedeckt): Gibt es eine Präexistenz der Seele? Wie steht es dann mit der Reinkarnation? Und wie sind die kosmischen Welten, sowohl auf physischer wie auf astraler Seite, nach oben und unten hin gegliedert? Welche Wesen und Hierarchien beherrschen das geistige Weltall? Wie ist überhaupt die Schöpfung entstanden und in welcher Phase der „rollenden Äonen" befinden wir uns? – Wenn man bedenkt, daß evangelische Theologen lange Zeit von den Boten Gottes, den Engeln, kaum noch irgendwelche Notiz nahmen und alle Wunder als „Dümmelei" primitiven Aberglaubens belächelten, dann weiß man erst, wie tief unten unser gegenwärtiges Christentum wieder seinen Anfang nehmen muß. In dieser Finsternis ohnegleichen können selbst die kalt ausgestrahlten Sterne östlicher Weisheitslehre das tote Gefilde noch erhellen.

In engem Zusammenhang mit dem Spiritismus steht auch der Somnambulismus. Aus ihm fließt eine besondere Quelle für das Christentum, da die Objektivität seiner Kundgaben ziemlich gesichert erscheint. Man kann nur mit Begeisterung lesen, was die Somnambule von Weilheim a. d. Teck oder die erst elfjährige Marie W. aus dem Schwarzwald von ihren Jenseitserlebnissen berichten. Ihre Aussagen über Glaubensdinge sind so treffsicher und einleuchtend, daß sie schon als echte Prophetie bewertet werden müssen. Als „Visionen" oder „Träume des Tiefschlafs" haben sie zwar keinen Anspruch auf Unfehlbarkeit, doch ihre Wahrheit kann mit dem Herzverstand nachgeprüft werden. Der Religionslehrer H. A. Benker äußert sich dazu folgendermaßen: „Ich habe selbst die Aussagen der Seherin Maria mit denen anderer Somnambulen verglichen, an denen das Schwabenland ja so reich ist. Die Seherin von Prevorst, Philippine Bäuerle aus Weilheim, Michael Hahn, Johannes Gommel (Geisterhannesle genannt), die mir persönlich bekannte Maria Michely (genannt die Seherin von Altenkessel), Iphigenie Stratelli, das 16jährige Töchterchen eines italienischen Arztes, sowie Sundar Singh, der christliche Apostel Indiens: sie alle stimmen in ihren Aussagen mit nur wenigen Abweichungen in unbedeutenden Dingen überein. Ich kam mit diesem Vergleich zu demselben Resultat wie der bekannte Theologe Franz Delitzsch. Dieser schreibt über den Somnambulismus: ‚Es ist immer die Grenze des Diesseits und des Jenseits, auf welcher die Somnambulen sich

befinden, das eine Mal nach göttlicher Führung, das andere Mal unter menschlicher Vermittlung (durch magnetische Behandlung) dorthin versetzt. Es sind wirklich Gottes- und Geisterwirkungen, welche auf die Hellsehenden ausgehen und in ihrem nach dem Jenseits erschlossenen Innern sich abspielen. Insofern liegt in dieser Erscheinung eine Beschämung des materialistischen Unglaubens, und da über die religiösen Somnambulen das verschiedene Geschick der Frommen und der Gottlosen in einer der göttlichen Heiligkeit entsprechenden Weise sich darstellt, so liegt darin ein gellender Ruf zur Buße. Auch ist nicht zu leugnen, daß die Aussagen aller Somnambulen in gewissen visionären Tatsachen zusammentreffen, welche das Zeugnis der Hl. Schrift bestätigen oder als erfahrungsmäßige tatsächliche Erläuterung derselben gelten können. Abgesehen von diesen Grundtatsachen bemißt sich der Wert der Aussagen nach der Stellung, welche die Somnambulen im tiefsten Herzensgrunde zum Wort Gottes und zum Erlöser haben.'" –
Der Prophetie nahestehend sind auch Aussagen von Sehern, die mit der Gabe zeitlicher Vor- und Rückschau begnadet sind. Die Echtheit ihrer Angaben ist gewöhnlich nachprüfbar, besonders wenn sie persönliche Schicksale von noch Lebenden beinhalten. Eine Jeane Dixon und ein Edgar Cayce (der sogenannte schlafende Prophet) sind heute weltberühmt. Ebenso der holländische Hellseher Croiset, der sich öfters den Parapsychologen zur Verfügung stellte. Für das Christentum ist die Beschäftigung mit dem Okkultismus beileibe keine Notwendigkeit; haben wir doch auch die Mystik mit ihrem überquellenden Reichtum innerer Erfahrungen. Gott hat es aber so gefügt, daß in einem aufgeklärten Zeitalter wie dem unsrigen noch zahllose andere Hilfsquellen für den Glauben zur Verfügung stehen. Sie lassen auch dem puren Verstandesmenschen noch Wege offen. Das Studium der Grenzwissenschaften gehört auf jeden Fall heute zur Apologetik. Daß die angehenden Theologen dieses Rüstzeug noch immer nicht mitbekommen, ist das schwerste Versäumnis in ihrer ganzen Erziehung. Ein sehr aufschlußreiches Buch über alle Probleme des Mystisch-Okkulten sei an dieser Stelle empfohlen. Der ungarische katholische Geschichtsprofessor Zsolt Aradi schrieb es nach seinen eigenen Worten „für jedermann, einschließlich der Ungläubigen und Skeptiker". Sein Titel lautet: „Wunder, Visionen und Magie". Da er mit wissenschaftlichen und philosophischen Argumenten zu Werke geht, hat es eine einzigartige Überzeugungskraft. Phänomene wie Pater Pio und Therese von Konnersreuth kann man ebenso in das Gebiet des Okkulten wie in das der Mystik einreihen. Alle Heiligengestalten überhaupt, denn sie waren meist auch Wundertäter und in diesem Sinne sogar echte Magier. (Freilich ist ihre „göttliche Magie" wohl zu unterscheiden von der Weißmagie östlicher Yogis oder gar von der satanischen Schwarzmagie.) Eine wertvolle Bereicherung auf diesem Gebiete bedeutet die umfangreiche Studie des Allgäuer

Dichters Arthur M. Miller über „Kreszentia von Kaufbeuren". Diese viel zu wenig bekannte Mystikerin weist in ihrem Leben eine solche Fülle gut beglaubigter Wundertaten und okkulter Phänomene auf, daß sie allein schon dem finsteren Unglauben den Kopf zertreten könnte!

In der Zusammenstellung der Wunder Jesu wird uns immer wieder bewußt, daß es kaum ein Phänomen der Parapsychologie und des Okkulten gibt, das Jesus nicht demonstrierte. Warum sehen unsere Theologen so blind daran vorüber? Zu seiner Lehre gehörte im übrigen auch die Gnosis. Wir müssen uns heute sehr anstrengen, verloren gegangenes Lehrgut zurückzugewinnen; sonst stehlen uns andere Weltanschauungen das ursprüngliche Glaubensbild! –

In Gebildetenkreisen der ganzen Welt bevorzugt man heute die geistige Weltdeutung, wie sie von östlichen Religionen ausgeht. Die kirchliche Auffassung vom Christentum, mit ihrer Einengung auf ein rationalistisches Dogmensystem, genügt eben niemand mehr. Wer noch Sinn hat für Transzendenz, wird unwillkürlich angezogen von östlichen Wundergeschichten. Das Yogitum und die große Zahl erleuchteter Mystiker sind aber nicht der einzige Magnet für viele westliche Menschen. Man sucht auch Systeme und Lehren für sich nutzbar zu machen, die auf praktische Erfahrung im irrationalen Bereich der Seele hinzielen. Man wünscht den Zustand des Samadhi, der Einswerdung mit dem Göttlichen, zu erleben. Man will schließlich eingeweiht werden in einer Initiation, die nur erleuchtete „Adepten" geben können. Und schließlich will man wieder von jenen Quellen trinken, die einst auch im Urchristentum noch flossen.

Eine Mittlerrolle in all diesen Bestrebungen spielt die Theosophie. Noch heute ist ihre Bedeutung überragend. Wenn auch die „christliche Theosophie" der reinste Tempel Gottes ist, so ist doch, einer Krypta ähnlich, über der sich der Oberbau des Tempels erhebt, das vorchristliche Glaubensgut mit seiner Magie und Gnosis deswegen nicht ausgelöscht. Die Brunnen des Lebens fließen aus der Tiefe der Jahrtausende zu uns her, und es wird auch für eine kommende christliche Theologie des Wassermann-Zeitalters das Hauptanliegen sein müssen, sie in Eimern und Schalen aufzufangen. Das weit übergreifende Lehrgebäude der neueren Prophetie wird uns auch diese Arbeit erleichtern.

Was die (indische) Theosophie besonders auszeichnet, ist eine hohe Ethik, die von ihren Anhängern mehr fordert an Selbstüberwindung und Selbstverwirklichung als das durchschnittliche Kirchenchristentum. Über die Beschaffenheit des Menschenwesens weiß die Theosophie Genaueres auszusagen als irgendeine andere Religion. Auch die Antike, ein Platon, ein Pythagoras, könnten uns manches lehren, das ursprünglich zu unserem Glaubensgut hinzugehört. Da ist vor allem, ebenso wie in der Theosophie, die Präexistenz-

und Reinkarnationslehre. Erst in der christlichen Prophetie eines J. Lorber finden wir sie gereinigt wieder; denn die Zeit ist offenbar reif dazu, daß auch diese Dinge wieder ans Licht gelangen. Muß die christliche Theologie in ihrer geistigen Verarmung von heute nicht dem antiken Weltbild mit seiner größeren und differenzierteren Kenntnis des Menschenwesens höchste Achtung zollen? Zum echten Bibelverständnis findet sich hier noch die urverwandt-gleichartige Ausgangsposition: der Mythos in all seinen Erscheinungsformen.

Was zum Beispiel Platon über das versunkene Atlantis berichtet, ist geheimnisvoll genug, um größte Beachtung zu verdienen. In neuester Zeit hat Edgar Cayce durch zeitliche Rückschau im Tiefschlaf interessante Ergänzungen dazu gegeben. Auch hier waltete offenbar ein Strafgericht wie in der einstigen Stadt Hanoch, die durch die Sintflutkatastrophe unterging. Die Lorbersche Prophetie weiß auch von einem Planeten „Mallona", der einst zwischen Mars und Jupiter seine Bahnen zog. Auf ihm lebte eine Menschheit, die bereits hochkultiviert war, an ihrem technischen Fortschritt und der Entsittlichung ihrer Bewohner aber schließlich zugrunde ging. Sie zerstörte sich selbst und ihren Planeten mit wohl atomähnlichen Sprengkörpern in einem furchtbaren Krieg (die bekannten „Asteroiden" oder „Planetoiden" sind ihr letztes Überbleibsel).

Menschheiten im ganzen Kosmos warten heute auf ihre Enträtselung. Zu diesem Zweck hat sich die Ufo-Bewegung gebildet. Was sie an Erfahrungsmaterial gesammelt hat, besonders auf dem Weg über angebliche „Kontaktleute", wirft das Wunschbild einer höheren Menschheit sozusagen an die kosmische Leinwand. Der „kosmische Frühling" scheint angebrochen, in dem die Erde aus ihrer Isoliertheit mit einem Mal herausgerissen und, nach dem Willen Gottes, wieder in die allgemeine Kosmosbruderschaft eingegliedert wird. Nach den Vorstellungen der Ufo-Leute bedeutet dies für die Erde keine Gefahr, da die Menschheiten im ganzen All trotz ihrer technischen Überlegenheit sittlich höher stehen als wir. Sie sind Pazifisten und Vegetarier, und ihre Welt scheint durch und durch befriedet. Seltsamerweise hat ihre Kultur nicht nur eine technisch-wissenschaftliche Seite; vielmehr ist auch die transzendent-übersinnliche Komponente überaus stark. Ihre Technik weist magische Züge auf, und für sie selbst ist das okkulte Phänomen der Materialisierung und Entmaterialisierung etwas ganz Gewohntes. Auf telepathischem Wege verschaffen sie sich genaueste Kenntnis von der Mentalität der Erdbewohner. Allgemein nimmt man auch an, daß ihre Anwesenheit im Luftraum mit der Absicht zusammenhängt, das Enfant terrible der jetzigen Menschheit vor Selbstzerstörung zu schützen. Vielleicht auch den Luftraum zu reinigen von radioaktiver Verseuchung.

Kontaktleute, die auf psychischem Wege mit den Ufos in Verbindung treten, gibt es in großer Zahl. Daraus gehen mediale Diktate hervor, die ebenfalls nichts anderes bezwecken, als die Menschheit geistig zu lenken und vorzubereiten für eine größere Zukunft. Es ist, als begegneten sich Welten von außen und von innen, und der fortschrittsgläubige Mensch, der den unleidigen Zwischenzustand einer noch unerlösten Technik bis zur Vollendung und Wiederhumanwerdung vorwärtstreiben möchte, findet hier seine Sciencefiction-Phantasie ganz real vor Augen gestellt. Das Wunschbild einer vollkommenen Menschheit muß vor allem reformerische Kreise faszinieren. Möglicherweise finden sich Beispiele von Zivilisationen und Kulturen, welche bereits eine jahrmillionenlange Entwicklung hinter sich haben. Der Mensch greift eben in die Zukunft aus mit seinem ganzen Wesen, und wenn es Gottes Gnade fügt, daß alle Kräfte des Jenseits und der kosmisch-physischen Welten zusammenhelfen, dann vollzieht sich in unserer Zeit ein Schauspiel, das seinesgleichen niemals hatte. Unter vielleicht heftigen Reifestößen und sehr schmerzhaften Geburtswehen wird dieses von Christus selbst herbeigeführte Ende des bisherigen Äons in jenen Zustand übergehen, den die christliche Prophetie als das Tausendjährige Friedensreich bezeichnet.

Lesen wir bei J. Lorber nach über die „geistige" Wiederkunft des Herrn, dann ahnen wir, daß etwas daran sein könnte an dem Glauben der Ufo-Leute, daß mit Christus der ganze Kosmos uns näherrückt und eine ursprüngliche Stufe verlorenen Paradieses den realen Umgang mit Engeln und Geistern des Jenseits wieder möglich macht. Daß dies zugleich ein allgemeines Gericht bedeutet und die Umwandlung von Erde und Menschheit solchen keine Chance mehr läßt, die allzu rücksichtslos ihr ichhaftes Wesen auszuleben versuchen, bestätigt die Apokalypse. Für die christliche Theologie ist es jedenfalls höchste Zeit, den Irrlehren eines antichristlichen und materialistischen Zeitgeistes abzuschwören. Das Gericht könnte sonst auch jene treffen, die den Namen Christi tragen.

5. Die mystische Strömung der Gegenwart in ihrem theologischen Aspekt

Das Christentum nimmt seinen Anfang als geistige Bewegung der Menschheit hauptsächlich im Pfingstereignis. Fast jede Seite der Apostelgeschichte und der Apostelbriefe berichtet von den wunderbaren Wirkungen, welche die Herabkunft des Heiligen Geistes auf Apostel und Jünger hinterließ. Wohin sie auch kamen, vollzog sich die Geistmitteilung an allen, die gläubig sich ihrer Botschaft aufschlossen. Oft mitten in der Predigt schon, auf jeden Fall aber während der Taufe. Man redete in Zungen und fremden Sprachen, man heilte und trieb Teufel aus. Man zog hinaus in alle Welt mit dem Mut der Siegesgewissen, die sie auf einmal waren, nachdem sie kurz vorher noch sich allzusehr geängstigt hatten. Die Wunderkraft war allgemein. Um Christ zu sein, genügte keineswegs die Annahme der bloßen Lehre; erst die Geistmitteilung entschied über die Zugehörigkeit zur Christusfamilie. Nach Paulus sollte es keinen Christen geben, der nicht auch Pneumaträger war. Wie streng die Auslese blieb, können wir uns heute kaum noch vorstellen; denn was ereignete sich in Wirklichkeit? Alois Mager sagt: „Und so wurde es der Welt offenbar, daß die christliche Religion etwas ganz Neues, Unerhörtes, Einzigartiges, schöpferisches Leben war" (in „Mystik als Lehre und Leben").

Eine Neuschöpfung in des Wortes vollster Bedeutung ist nach Paulus die Geistmitteilung. Sie steht in einem gewissen Gegensatz zur natürlichen Schöpfung, denn sie begründete eine Seinsordnung, die bisher noch nie dagewesen. In ihrer Wirkung kommt sie jenem ersten Wort des Logos gleich: „Es werde Licht!" (2. Kor. 4, 6; 5, 17. Gal. 6, 15). So kommt es auch, daß Paulus sich und seine Gemeinde „die Erstlinge" nennen kann. Es sind die „Kinder Gottes", die jetzt zum ersten Mal in Erscheinung treten, von der ganzen harrenden und bangenden Kreatur erwartet. Von ihnen sollte ja die Erlösung ausgehen. Dieses „königliche Geschlecht", wie Petrus es bezeichnet, trug auf seinen Schultern die Zukunft der Welten.

Als Wiedergeborene aus dem Geiste wurden sie auch „Geistmenschen" (Pneumatiker) genannt. Sie führten ein Leben „nach Art der Vollkommenen". Gerade Paulus zieht eine scharfe Trennungslinie: Die bloßen „Seelenmenschen" (Psychiker) oder gar die „Fleischesmenschen" (Somatiker oder Sarkiker) gehörten nicht zu den Erwählten. Als die Kirche später sich immer mehr konstituierte, war es der Montanist Tertullian, der ihre Schäflein verächtlich als bloße Psychiker abstempelte. Eine entscheidende Wandlung hatte sich zu jener Zeit vollzogen. Während vorher die Pneumatiker die Regel waren, gewannen nun die Psychiker die Oberhand: „Der (äußerliche) Empfang der Taufe galt nun als das sichere Merkmal der Christuszugehörigkeit. Die Geistmitteilung geschah nicht mehr in äußerlich oder innerlich wahrnehmbarer Weise" (A. Mager). Dies ist bis heute so geblieben. Eine Verfälschung des Christentums oder ein notwendiger Prozeß? Wir klagen über den Verlust des Pneumas und haben immer noch das große Beispiel der „Erstlinge" vor Augen.

Ein „notwendiger Prozeß" kann dieser Wandel nur insofern sein, als auch die Geschichte hinzugedacht werden muß, mit ihrem langsamen Gang natürlicher Umschmelzungsprozesse. Als das Christentum Staatsreligion wurde, strömten allzuviele hinzu, die gar nicht hineingehörten. In dem Prozeß der Vermassung und der opportun gewordenen Konversionen mußte es die Trübung geben. Und sie dauerte jahrhundertelang an, bis herein in unsere Gegenwart. Hatte die Massenkirche nicht die Kraft, den Pfingstgeist in sich aufzunehmen? Sauerteig blieb sie freilich trotzdem, wie die Kulturgeschichte zeigt: Ein Stück verlorenen Paradieses ist in den großen abendländischen Kunstschöpfungen enthalten; inspiriert vom Christentum!

Wie kommt es aber, daß selbst das sakramentale Leben keine Geistmitteilung im ursprünglichen Sinne auslöst? Wir müßten ein erfahrungsmäßiges Bewußtsein davon haben! Denn darauf käme doch alles an, sofern wir wirklich, beispielgebend in der Welt, zu einer neuen Kreatur umgeschaffen werden wollen. Nietzsche hat einmal geäußert: „Ich würde den Christen mehr Glauben schenken, wenn sie mir erlöster aussähen!" Von den Pneumatikern der Urkirche konnte Paulus sogar sagen, daß sie „die Abgründe" und „Geheimnisse Gottes" zu durchschauen vermöchten.

Schauen und Beschauung (theoria und contemplatio) spielten schon in der antiken Lehre eine entscheidende Rolle. Das Wort „Epoptie" zum Beispiel (d. h. Gottesschau), das in den Mysterienkulten üblich war, wird nicht nur von Paulus, sondern auch von anderen Aposteln übernommen. Der Neuplatonismus hat schließlich die Lehre von der Beschauung zu einem umfangreichen System ausgearbeitet. Das war auch dem Christentum sehr dienlich, denn man suchte in dieser Zeit das immer seltener werdende Pneuma irgendwo aufzufangen und festzuhalten. Vor allem war es Dionys Areopagita am Ausgang des fünften Jahrhunderts, der das neuplatonische System der Beschauung auf das Christentum übertrug; hauptsächlich in seiner „Mystischen Theologie". Dieses Werk hat neben der Schrift über „die Hierarchien der Engel und der Kirche" für Jahrhunderte das geistige Leben der Christenheit befruchtet. Die christliche Mystik überhaupt als pneumatische Bewegung schien damit geboren. Da sie aber nur von einzelnen getragen wurde, nicht dagegen von der Gesamtheit, flüchtete sie zumeist in die Klöster, wo für beschauliches Leben ein günstiger Nährboden war. Wegen dieser Isolierung erscheint sie oft nur als eine Art Ersatz für die Ausgießung des Pfingstgeistes über die Urgemeinde. Doch ist dies nicht im Sinne von Paulus, der alle teilhaftig wissen wollte. Wir haben uns also mit Sicherheit von einem Christentum entfernt, wie es sich ursprünglich darstellte.

Dazu müssen wir die Frage stellen: Hängt dies vielleicht neben der Vermassung der Kirche auch mit der Einengung der Lehre auf ein Dogmensystem zusammen? Gewiß ist es verständlich und war es notwendig einst, daß man sich gegen den Ansturm einer falschen Gnosis mit all ihrem Netzwerk verwirrender Ideologien durch Schutzwälle sicherte. Auch heute ist die Gefahr noch groß, vor allem von seiten der sogenannten Okkultbewegungen, wenn sie sich nicht damit begnügen wollen, als Regulativ den echten Religionen zur Seite zu stehen; wenn sie selber Ersatzreligionen sein wollen und dadurch zur Verdrängung ursprünglicher Religionserfahrung führen. So sehr sie den Glauben und die Glaubenssprache bereichern können, zumal mit ihren experimentell gemachten Erfahrungen von der übersinnlichen Welt, so sind sie doch ihrem Zweck entfremdet, wenn sie pseudoreligiös zu wirken anfangen; ganz zu schweigen von den großen Gefahren, die auch damit verbunden sind, wie zum Beispiel Abgleiten ins Okkult-Magische. Sich abhängig zu machen von dem Kult mit den Meistern vom Himalaja kann eine furchtbare seelisch-geistige Gefangenschaft bedeuten. Sie wird auf jeden Fall von Christus wegführen.

Östliche Wundergeschichten schießen geradezu wie Pilze aus dem Boden. Wir können uns so lange daran gütlich tun, wie wir sie mit dem nötigen Instinkt für das Echte aussortieren. Vertrauenswürdig ist in dieser Hinsicht etwa die „Autobiographie eines Yogi" von Paramhansa Yogananda. Oder auch das glänzend geschriebene Erlebnisbuch von Anagarika Govinda „Der Weg der weißen Wolken". Der europäische Verfasser hat darin das buddhistische Tibet zu strahlendem Licht erweckt. Aber auch in Indien und anderswo ist es hauptsächlich die Mystik, und nicht die Magie, der wir nachspüren sollten. Ein Ramakrishna, ein Maharshi vom Arunachala, ein Sri Aurobindo können auch für Christen Vorbild sein.

Ein Überwuchern durch falsche Gnosis hatte bereits die urchristliche Lehre in ihrem Schlinggewächse zu ersticken gedroht. Aus diesem Grunde trat sogar der große Liebende Johannes im Zorn gegen sie auf. Alle Apologeten der frühen Zeit schossen ihre Pfeile nach der gleichen Richtung. Eine scharf abgegrenzte Lehre fand schließlich ihren Niederschlag im förmlichen Glaubensbekenntnis. Nicht genug damit wollte man jede neu auftauchende Glaubensfrage ein für allemal auf einen Wortlaut festlegen, der ihrem Wahrheitsgehalt entsprach. Das Dogmengebäude entstand. Im Reglementieren und Theoretisieren fanden viele Kirchenleute bald ihr eigenes Ergötzen; ein Großteil kirchlichen Lebens erschöpfte sich darin. Die Summa theologica des Thomas v. Aquin ist wohl eine staunenswerte Denkleistung; dennoch ist sie dem Pneuma nicht sehr dienlich (was er selber am Ende seines Lebens deutlich erkannte). Das Christentum fing an zu verrationalisieren. Die modernen Auswüchse und Irrwege der Theologie sind nur eine Folge davon. Und was einst der „Philosoph mit dem Hammer", Friedrich Nietzsche, in seiner Glaubensfeindlichkeit nicht zuwege brachte, das leisten an seiner Stelle heute die „Theologen mit der Spitzhacke". Im Angriff gegen den „Mythos" zerstören sie auch noch die Basis, auf der das Glaubensgebäude ruht. Erst jetzt ist es dem Einsturz nahe. Solch selbstmörderischem Beginnen der Christenheit kann nur die Mystik auf die Dauer nachhaltig entgegenwirken. Sie ist nicht angewiesen auf die Lehre allein; denn sie fußt auf unmittelbarer Erfahrung.

Atheismus wäre nicht möglich, am allerwenigsten eine „Gott-ist-tot-Bewegung" innerhalb der Kirche, wenn die Menschen sich der Realität Gottes durch Gebete versichern würden. Daß Gott erfahren werden kann im innersten Seelengrunde, bezeugen die Mystiker aller Zeiten. Myo heißt: ich schließe die Augen. Nur in der Abwendung von äußerer Betriebsamkeit und in der Hinwendung zum „Reiche Gottes", das außersinnlich-transzendent, aber auch immanent in uns thront, gibt es die Bestätigung, daß Gott ist. Und daß seine Engel sind und ein Reich des Lichtes, der Seligkeit und Schönheit ohne Grenzen. Erfüllung auf dieser Erde („Dein Reich komme zu uns!") verheißt uns die Vaterunserbitte. Und: „Suchet zuerst das Reich Gottes, alles andere wird euch dazugegeben werden!" ist ein weiteres Wort Christi. Die Mystik macht Ernst mit dieser Tatsache. Es gelingt ihr die ganz persönliche Gotteserfahrung. Wie überflüssig ist da der Wahn von der Entmythologisierung! Von ihr konnten nur jene sprechen, die niemals den Versuch gemacht hatten, Gebetserfahrung zu erlangen. Sie waren eben nur Theologen, aber keine „Gottesmänner". So ging ihnen auch das Pneuma verloren und die Gabe der Weisheit, die nur denen zuteil werden kann, die vom „inneren Licht" erhellt sind.

Als Grund für das allgemeine Versiegen des Pneumas gibt Alois Mager noch an „die ererbte und ungeordnete Leibverfangenheit und Leibversunkenheit der Seele". Wir würden heute zutreffend sagen: die materialistische Gesinnung. Einst hatte man sich durch Askese (Fasten und Gebet) für das mystische Leben eingeübt. Auch der Herr selber hatte ja beides in einem gewissen Maße für unabdingbar erklärt. Das Erwachen des geistigen Menschen ist eben abhängig von bestimmten Voraussetzungen. Dazu gehört Selbstverleugnung, ein meditatives Leben, und vor allem Herrwerden über die niederen Triebe. Von Selbstzucht weiß unsere heutige Menschheit kaum noch etwas. „Enthemmt" zu werden ist eine Devise, die dem Teufel gut ansteht.

Nach Christus können nur diejenigen Gott schauen, die „reinen Herzens" sind. Das betrifft natürlich nicht nur den Sex! Alois Mager stellt entschieden fest: „Viele sind berufen, aber wenige auserwählt; jedoch nur deshalb, weil viele den Mut zum sittlichen Kampf bis zum Letzten nicht finden. Es ist der Kampf gegen das dreifache Erbübel der Augenlust, Fleischeslust und Hoffart des Lebens, durch das wir ins Leibseelische, Leibliche und rein Sinnenfällige zu tief verwurzelt sind. Würde allgemein und folgerichtig Ernst gemacht mit der Lehre Jesu, mit der Bergpredigt, die die christliche Askese auf die einzelnen Lebenslagen und Seelenverfassungen anpaßt, dann würde auch das unmittelbare erfahrungsmäßige Wahrnehmen des göttlichen Gnadenwirkens in unserer Seele, das mystische Leben wieder zu einer allgemeineren Erscheinung werden. Immer, wenn in einem Land und in einer Zeit die

Wogen religiösen Lebens hochgingen, trat mystisches Leben mit einer verhältnismäßigen Häufigkeit auf."

Ein unverhüllter Vorwurf trifft auch die Kirchen, wenn Alois Mager ergänzt: „Die Menschen von heute haben das Verständnis für ein Christentum verloren, das ihnen immer nur als Lehre, als Gebot, als Vollzug äußerer Handlung entgegentritt. Sie verneinen es nicht, aber sie haben kein inneres Interesse mehr dafür. Was sie wollen, wonach sie hungern, ist ein Christentum, das sie innerlich erfahren als Lebens- und Seelenwerte. Sie wollen die seelenverwandelnde, seelenbefriedigende, seelenbeglückende Umwandlung des Christentums in sich erfahrungsmäßig wahrnehmen. Und das ist ein wahrhafter, ursprungsechter mystischer Zug, der unsere Zeit ergriffen. Sie haben ohne Zweifel darin recht, daß das Christentum erlebt sein will und muß, sonst ist es im eigentlichen Sinne werteleer. Erlebt werden aber kann das Christentum im eigentlichen Sinne nur, wenn der Weg eingeschlagen wird, den die Mystik von jeher wies: innere und äußere Losschälung, Demut, Selbstverleugnung, unablässiger Kampf gegen die dreifache böse Lust, häufige Erinnerung und Hingabe an den dreifaltigen Gott im Gebet, Wandel in Gottes Gegenwart. Anders kann nun einmal das Christentum nicht zum Erleben werden, weil es nur von der Seele als reinem Geist erlebt werden kann. Eine Seele aber, die noch zu tief in den Leib und in die Außendinge verwurzelt ist, kann sich nicht als reiner Geist betätigen. Erleben in jedem anderen Sinne wäre erbärmliche Selbsttäuschung, ein ästhetisierendes Christentum. Wir müssen es uns mit aller Bestimmtheit sagen: Das Christentum ist etwas Übernatürliches, eine Neuschöpfung, die Erschließung einer völlig neuen Welt von Leben und von Werten" (in seinem Buch „Mystik als Lehre und Leben").

Unsere Zeit hat das große Verdienst, der Mystik als einer Form ursprünglich pneumatischen Lebens größte Aufmerksamkeit zuzuwenden. Lange Zeit fehlte aber ein grundlegendes, zusammenfassendes Werk, in dem die mystischen Quellen ganz ausgeschöpft und verständlich gemacht wurden. Da erschien, bereits im Jahre 1911, das heute noch unübertroffene Werk der Anglikanerin Evelyn Underhill: „Mystik". (Unver. Nachdr. der Ausg. 1928 i. Turm-Verlag, Bietigheim.) Gerade weil es nicht eng konfessionell gehalten ist, sondern größte Weite und Verständnis auch für Außenseiter zeigt, ist dieses Buch so wertvoll; abgesehen von seinem überaus reichhaltigen Inhalt, der kraftvoll bildhaften Sprache und der gründlichen Durchdachtheit mystischer Phänomene. Erfahrungen aus ihrem eigenen inneren Erleben und persönlichem Gottesumgang machen sie nach Friedrich Heiler „zur kongenialsten Interpretin der Mystik unter unseren Zeitgenossen".

Eine der Definitionen über das Wesen der Mystik lautet bei Underhill: „Der Mystiker weiß, daß seine Aufgabe die Erlangung des Seins, die Vereinigung mit dem Einen, die Rückkehr zum Vaterherzen ist. Denn die Parabel vom verlorenen Sohn ist für ihn die Geschichte des Weltalls." (Wie sehr ähneln diese Sätze der Aussage bei J. Lorber!) – „Nur das Sein kann das Sein erkennen, wir schauen das, was wir sind, und sind das, was wir schauen. Aber es ist ein Funke in der menschlichen Seele, der wirklich ist, der tatsächlich *ist*; und dadurch, daß wir ihn pflegen, können wir zur Erkenntnis der Wirklichkeit gelangen. ... Die voll entfaltete und voll bewußte menschliche Seele kann also gleich dem Lotos ihren Kelch öffnen und den Ozean, der sie umspült, erkennen." Dazu gehört aber: „Den Willen ganz ausschalten, stille sein, rein empfangend, um zum kosmischen Leben zu gelangen."

Bei Jakob Böhme lesen wir: „Der Jünger sprach zum Meister: Wie mag ich kommen zu dem übersinnlichen Leben, daß ich Gott sehe und höre reden? – Der Meister sprach: Wenn du dich magst einen Augenblick in das schwingen, da keine Kreatur wohnet, so hörest du, was Gott redet. – Der Jünger sprach: Ist das nahe oder ferne? – Der Meister sprach: Es ist in dir, und so du magst eine Stunde schweigen von allem deinem Wollen und Sinnen, so wirst du unaussprechliche Worte Gottes hören. – Der Jünger sprach: Wie mag ich hören, so ich von Sinnen und Wollen stille stehe? – Der Meister sprach: Wenn du von Sinnen und Wollen deiner Selbstheit stille stehest, so wird in dir das ewige Hören, Sehen und Sprechen offenbar und höret und siehet Gott durch dich. Dein eigen Hören, Wollen und Sehen verhindert dich, daß du Gott nicht siehest noch hörest."

Evelyn Underhill erläutert: „Die Passivität der Kontemplation ist also eine notwendige Vorstufe geistiger Kraft, ein unentbehrliches Raumschaffen. Sie zieht die Flut des Bewußtseins von dem Gestade der Sinne zurück, hält das Rad der Einbildungskraft an." – „Die Seele", sagt wiederum Meister Eckehart, „ist geschaffen an einem Orte zwischen Zeit und Ewigkeit, die sie beide berührt; mit den höheren Kräften berührt sie die Ewigkeit, mit den niederen die Zeit." Evelyn Underhill erläutert: „Diese beiden Welten des Seins und Werdens sind die beiden Stufen der Wirklichkeit, die im Geiste des Menschen zusammentreffen. Während die Kontemplation uns von der zeitlichen Ebene, der niederen Wirklichkeit abschließt, gibt sie der ewigen Ebene und den Kräften, die zu ihr Zugang haben, die Möglichkeit zu wirken. In dem geborenen Mystiker sind diese Kräfte groß und liegen sehr nahe unter der normalen Bewußtseinsschwelle." Drei Stufen mystischen Lebens unterscheidet Underhill: „Das Hervortreten des transzendentalen Selbst aus der Tiefe, seine Eroberung des Bewußtseinsfeldes und die Konversion oder Umordnung seines Fühlens, Denkens und Wollens, seiner ganzen Persönlichkeit um dieses neue Lebenszentrum. ... Die Oberfläche muß mit der Tiefe zusammenwirken und endlich sich mit dieser Tiefe verschmelzen, um die Einheit des Bewußtseins auf höherer Ebene zu erzeugen, in der allein der Mensch

Frieden finden kann. Das Herz, das sich nach dem All sehnt, der Geist, der es begreift, der Wille, der das ganze Selbst darauf konzentriert, alle drei müssen ins Spiel gezogen werden. Das (niedere) Selbst muß unterworfen, es darf nicht vernichtet werden, wie manche Quietisten meinen."

Unerschöpflich ist der Reichtum an Aussagen und Betrachtungsweisen, den Evelyn Underhill allein schon im theoretischen Teil ihres Buches vor uns ausbreitet. Unter den vielen Theoretikern, die außerdem in Theologenkreisen sich mit der Mystik auseinandersetzten (es entstanden ganze Handbücher mit analysierendem Charakter), ragt Alois Mager hervor mit seinem Buch „Mystik als Lehre und Leben". Dieser Benediktinerpater weiß auch wohl zu unterscheiden (entgegen der kirchlichen Lehre, die nur eine Zweiteilung von Seele und Leib kennt;) zwischen Leib, Seele und Geist; wobei die Trichotomie des Menschen als Grundvoraussetzung für das Verständnis der Mystik wieder in Erscheinung tritt. Diese Erkenntnis schöpfte er freilich nicht ursprünglich aus sich selbst, sondern aus den Schriften der Mystikerin Theresia von Avila. In ihrer „Seelenburg" schreibt diese einmal: „Es gibt eine Scheidung in der Seele. So sonderbar es auch klingen mag, bei aller Einheit der Seele verhält es sich doch so. Deshalb sagte ich, man schaue die inneren Dinge so, daß es ganz bestimmt einen Unterschied in der Seele gibt, den wohlbekannten Unterschied zwischen Seele und Geist (alma-espiritu), obwohl beide nur ein Ganzes bilden. Die Scheidung aber ist so fein, daß es sich nur um eine verschiedene Art der Betätigung der einen Seele handelt."

So kann diese in der Selbstbeobachtung und im psychologischen Erfassen innerseelischer Vorgänge unübertroffene Mystikerin der Neuzeit (sie ist jetzt von Papst Paul VI. als erste Frau zum Kirchenlehrer erhoben worden) an anderer Stelle sagen: „Es gibt kein Bewußtsein vom Körper mehr, als wäre die Seele gar nicht mehr im Leib; nur der Geist allein ist da." Ähnlich wie in der Initiation ist es ein „Sterben", das die Seele im Zustand der Entrückung durchmacht. Das Eigentümliche der Tätigkeit des reinen Geistes ist eine unmittelbare Selbstwahrnehmung; dennoch ist das sogenannte mystische Schauen nicht gleichzusetzen mit der Schauensart der seligen Geister. Alois Mager betont: „Solange die Seele ihrem Sein nach in den Leib verhaftet ist, kann ihr geistseelisches Leben nicht unmittelbar im vollen Sinne, sondern nur halb unmittelbar sein. Daher die Irrtumsmöglichkeiten der Mystik und die Möglichkeit zu Entartungen selbst gröbster Art." Diese Tatsachen sind es vor allem, die wir bei aller Anerkennung der Mystik immer wieder zu bedenken haben.

Herrlich ist, was Mechthild von Magdeburg über den mystischen Zustand offenbart: „Das Gnadenwirken Gottes hat eine so große Kraft, daß sie dem Leib alle Macht benimmt und die Seele sich selbst offenbar macht. Es scheidet die Seele vom Leib. ... Nur der mindeste Teil ihres Lebens bleibt im

Leib. ... Da sieht sie den einen Gott in drei Personen (gemeint ist in drei Erscheinungsformen) ... sie spielt ein Spiel, das der Leib nicht weiß." Für die einzelnen Phasen mystischen Erlebens gilt seit Dionys Areopagit die Dreiteilung: Reinigung (via purgativa), Erleuchtung (via illuminativa), Einigung (via unitiva). Griechisch steht für Reinigung das Wort katharsis, für Erleuchtung ellampsis und für Einigung teléiosis oder hénosis. In kirchlichen Kreisen ist es heute üblich, die spanische Mystik, besonders Theresia von Avila, zugrunde zu legen. Die von ihr eingeführten Bezeichnungen sind wegen ihrer Differenziertheit dem praktisch-mystischen Weg sehr dienlich. Alois Mager führt im einzelnen aus: „Das mystische Erleben dauert zunächst nur kurze Zeit, wiederholt sich häufig, schließt aber während seiner Dauer andere Beschäftigung aus. Nur auf der höchsten Stufe der Mystik wird das eigentümliche mystische Erleben Dauerzustand und verbindet sich mühelos mit anderen Berufsarbeiten. Das mystische Leben ist entwicklungsfähig. In normaler Entfaltung durchläuft es drei deutlich unterscheidbare Stufen, die man seit der spanischen Mystik das ‚Gebet der Ruhe‘, das ‚Gebet der Vereinigung mit der Ekstase‘ und ‚Die geistliche Vermählung‘ nennt. Die mystische Entwicklung stellt nichts anderes dar, als negativ die stufenweise Losschälung der Seele aus dem Verflochtensein ins Leibliche und positiv eine zunehmende Verselbständigung der Seele zum reinen Geist. Schon die vormystischen Gebetsstufen des mündlichen, betrachtenden, des Affektgebetes und des Gebetes der Einfachheit zeigen psychologisch diese Entleiblichung bzw. Vergeistigung der Seele an. Das sog. Gefühl der Nähe Gottes bildet die Scheidelinie zwischen gewöhnlicher und mystischer Gebetsweise."

Halten wir fest: Den eigentlichen mystischen Erlebnisstufen (Gebet der Ruhe, Ekstase, geistliche Vermählung als unio mystica) geht ein Vorstadium voraus. Dieses zu wissen ist sehr wichtig für die praktische Durchführung der Beschauung. Die Visio beatifica, die seligmachende Anschauung, ist im Grunde für alle Christen das erstrebenswerte Ziel. Da aber nicht Schauen und Denken, sondern Liebe den Gradmesser der Vollkommenheit bildet, kann das eigentliche Wesen der Mystik nicht allein die Beschauung, sondern hauptsächlich Liebe sein: Liebe zwischen Mensch und Gott (erstes Hauptgebot), Liebe zwischen Mensch und Mensch (zweites Hauptgebot). Nicht allein im Auskosten übernatürlicher Vorgänge der Seele erreichen wir das Ziel unseres Daseins, sondern in dem Seinszustand des Liebenden, der sich aller Welt geeint weiß. Aus ihm allein wird der Opfergedanke verständlich, das Sühneleiden, das manche Mystiker auf sich nehmen nach dem Beispiel des Gekreuzigten. Heute ist diese Idee in der Theologie zu einem Fragezeichen geworden.

Die Beschäftigung mit der Mystik sollte jeden Christen angehen, auch wenn er von seiten der Kirche nicht dazu angeregt wird. Letzteres erscheint aber auch als die große Misere, die zum Beispiel den Predigten noch anhängt. Geben sie doch „vielfach Antworten auf Fragen, die gar nicht vorhanden sind, und Fragen, die alle, bewußt oder unbewußt, im Innersten bewegen, finden keine Antwort" (A. Mager). Als eine Seelenrichtung von außen nach innen bis ins Innerste der Persönlichkeit, wo der Mensch sich im Seelengrunde der Gottheit nähert, so können wir das Wesen der Mystik fassen. Auch wenn die meisten Menschen noch hart mit der Sünde zu kämpfen haben, so wird ihnen dieser Kampf dennoch erleichtert, wenn sie auch neben den sittlichen Geboten um die Möglichkeit wissen zu direkter Gottesbegegnung. Es wäre höchst zeitgemäß (denken wir nur an Johannes Tauler und Meister Eckehart, deren mystischen Predigten der Zulauf des Volkes sicher war), wenn alle Christen die Aufklärung auch von der Kanzel bekämen.

6. Die mystische Strömung der Gegenwart in ihren verschiedenen Erscheinungsformen

Die Fülle mystischer Erscheinungsformen, die unser Jahrhundert jedem religiös Suchenden anzubieten hat, können wir nur mit größter Dankbarkeit konstatieren. Als Christen müssen wir demütig anerkennen, daß auch die anderen Religionen viel dazu beigetragen haben, wenn sich heute im verborgenen so viel Lichtwerdung vollzieht. Blicken wir nur nach Indien: Wie viele echte Mystiker, mit sogar besonders ausgeprägtem Persönlichkeitsstil, hat dieses Land hervorgebracht! Zu Füßen eines Ramakrishna, eines Maharshi vom Arunachala, eines Sri Aurobindo zu sitzen, ist für Christen keine Schande. In ihrer Lehre ist so viel vom verlorengegangenen christlichen Geistesgut, daß wir aufhorchen müssen. Natürlich gibt es auch im christlichen Europa noch den charismatischen Menschen. So haben wir von den Starzen Überlieferungen, die heute allgemeines Interesse finden. In dem Buch von Igor Smolitsch „Leben und Lehre der Starzen" werden Gestalten geschildert, die sich tief einprägen.

Zu nennen ist vor allem der große Heilige Serafim von Sarow, dessen „Gespräch über den hl. Geist", das er mit dem Gutsbesitzer Nikolaj Motowilow führte, eine Perle der mystischen Literatur darstellt. Auch zu dem erleuchteten Vater Ambrosij von Optina pilgerten ungezählte Menschen. Er ging in Dostojewskijs Roman „Brüder Karamasoff" als der unvergeßliche Starze Sossima ein. Leo Tolstoj aber berichtet von ihm: „Ja, der Vater Ambrosij ist ein ganz und gar heiliger Mensch. Ich habe mit ihm gesprochen, und so leicht und erfreulich wurde mir in der Seele. Wenn du dich mit einem solchen Menschen unterhältst, dann fühlst du die Nähe Gottes."

Von einem unbekannten Autor stammt das weit verbreitete Volksbuch: „Erzählungen eines russischen Pilgrims". Im Jahr 1865 zum ersten Mal erschienen, ist es vielleicht die schönste Blüte russischer Starzenfrömmigkeit. Eine Atmosphäre von Schlichtheit und Innigkeit des Gemütes ist über das ganze Geschehen gebreitet. Erzählt wird von einem Manne, der jäh dazu getrieben wird, in seiner Unruhe zu Gott, Familie, Haus und Besitztum zu verlassen. In die weiten Ebenen Rußlands immerzu nach Osten pilgernd, findet er endlich die geistige Stillung, nach der er sich sehnte: Einsiedler und Starzen vermitteln ihm das sogenannte Herzensgebet. Dieses pneumaerweckende Mantram besteht in der ständigen Wiederholung des Namens Jesu Christi. Zumeist ist es in die kurze Formel gekleidet: „Herr Jesus Christus, Sohn Gottes, erbarme dich meiner!" Um es wirkungsvoll zu beten, bedarf es freilich einer längeren Übung und einer gründlichen Anleitung dazu. Auch in dem Büchlein „Das Jesusgebet, Mystik und Yoga der Ostkirche" (O. W. Barth-Verlag) werden wir in dasselbe eingeführt. Uralt ist seine Tradition. Schon der Hagiorit Maxim berichtet im vierzehnten Jahrhundert dem hl. Georg vom Sinai über die Wirkung dieses Gebetes. „Und, verzeiht mir schon, seit jener Stunde hört das Gebet in meinem Herzen nicht mehr auf. ... Da wird der menschliche Geist verzückt und verklärt im Lichte des Anschauens Gottes, das Herz wird still und ruhig, der Heilige Geist schüttet den ganzen Reichtum seiner Früchte aus: Freude, Frieden, Geduld, Milde, Güte, Demut, Liebe und anderes, und die Seele ergreift und erfüllt eine unbeschreibliche milde Freude!"

Von den russischen Starzen zu den Athos-Mönchen ist kein weiter Weg. Auch am Athos haftet die Sehnsucht der Suchenden als einer Oase der Stille. Diese Fatamorgana einer unerreichbaren Meditationsversunkenheit erscheint vielen wie ein verlorenes Paradies. Das Gebet der Hesychasten und Einsiedler hat Macht über die ganze Erde. Bildbände und Literatur erschienen über den „heiligen Berg" in großer Zahl. Tief gerührt schlagen wir ihre Seiten auf und möchten etwas von dem fernen Glück der Gotthingegebenheit für uns retten. Inspirierend ist schon die Landschaft, der weite Himmel und das blaue Meer und die dunklen Zypressen, die ringsum auf den Höhen Wache stehn. Wir blicken in den schwarzgoldenen Grund der Ikonen, in denen das Ewige für uns Augen aufgeschlagen. Die starke Meditationskraft der Ikonenmaler geht auf uns über. Theoria, das heißt Gottesschau, wie sie die Mönche anstreben, soll durch diese Bilder vermittelt werden. Es ist das Geheimnis der „Paradosis", der geistigen Zeugung.

Vom johanneischen Geist erfüllt hat die Ostkirche auch noch andere Schätze anzubieten. Ihre Lehre von Sophia, der weiblichen Komponente der Gottheit, war jahrhundertelang, vor allem aber seit Jakob Böhme, Gemeingut auch einer Gruppe von westlichen Christen. Der Marburger Theologe Ernst

Benz gibt in seinem Büchlein „Adam, der Mythos vom Urmenschen" die beste Zusammenstellung. Namen wie Jane Leade und John Bordage, beide den „Engelsbrüdern" zugehörig, Gottfried Arnold und Johann Georg Gichtel sind aufs engste damit verbunden. Von Rußland geht aber heute eine besonders starke Welle der Sophiaverehrung aus. Meist sind es, wie bei Solojew, höchst eigene Erlebnisse und Visionen, die die Begeisterung dafür schüren. Sehr stark wirkt in der orthodoxen Kirche die Tradition mit herein. (Denken wir nur an den Namen „Hagia Sophia", der größten Kirche Konstantinopels, die heute den Mohammedanern als Anbetungstempel dient!)

Welches ist nun das Lehrgut, das in der Sophiologie beschlossen liegt? Schon im Alten Testament erscheint die ewige Weisheit „als diejenige himmlische Gestalt, mit deren Hilfe und durch die hindurch die Schöpfung Gottes sich verwirklicht und durch die Gott mit seiner Schöpfung kommuniziert" (E. Benz). Jakob Böhme, dessen Ideen von kabbalistischen Elementen durchsetzt sind und der selbst häufige Visionen von der ewigen Sophia hatte, lehrt die ursprüngliche Einheit des Menschen mit dieser „himmlischen Jungfrau". Sie war auch die Garantie für seine Androgynität. Erst durch den Fall aus der Einheit in die Vielheit weicht die geliebte Himmelsbraut, durch die er an Gott gebunden ist, aus seinem Bewußtsein. Alle Herrlichkeit des Urkosmos geht ihm damit verloren. Erst in Christus erneuert sich das ursprüngliche Bild des androgynen Menschen wieder. Er ist „der zweite Adam".

Mancherlei Spekulationen gehen von der Sophialehre aus. Oft wird einerseits die Kirche, die Gemeinschaft der Gläubigen, zur inkarnierten Sophia auf Erden. Als „Weib, mit der Sonne bekleidet" (Johannes-Apokalypse), wird sie der Schlange den Kopf zertreten. Andererseits gibt es auch eine enge Verknüpfung Sophias mit Maria. (Siehe das Büchlein von Arthur Schult „Maria-Sophia"!) Im neunzehnten Jahrhundert haben die „Nazarener" unter Führung von Johann Wirz (1778–1857) auf der Sophiologie ihre Mariologie begründet. In der katholischen Kirche jedenfalls steht man nicht an, Maria als „Sitz der Weisheit" die herrlichen Attribute der ewigen Sophia zuzuteilen (zum Beispiel in der „Lauretanischen Litanei"). In ihr spiegelt und zentralisiert sich die göttliche Liebe, ein Ausfluß der ewigen, unerschaffenen Licht- und Gnadensonne. So verkünden es die Nazarener. „Jedoch bei aller Herrlichkeit bleibt sie ewig nur das geschaffene, durch die heilige Weisheit ausgeborene Wesen" (E. Benz). Deshalb gebührt ihr auch keine Anbetung noch göttliche Verehrung. Für die Katholiken ist sie hauptsächlich Fürbitterin am Throne Gottes. Noch Luther hatte keine Schwierigkeiten, Maria hoch zu verehren.

Zum Bild der Mystik in unserer Zeit gehört überhaupt eine gereinigte Heiligenverehrung. Walter Nigg, der evangelische Theologe, hat hier entscheidende Vorarbeit geleistet (vor allem in seinem Buch „Die großen Heiligen"). Unabhängig von einer förmlichen Heiligsprechung durch kirchliche Instanzen, die im Verlauf der Historie sowieso oft fragwürdig erscheint, brauchen wir doch die großen Vorbilder. Gleich den östlichen Meistern und Gurus können sie uns einen persönlichen Weg zu Christus weisen. Ein jeder findet unter der Vielzahl von Heiligen den ihm entsprechenden Frömmigkeitstypus. Die Hagiographie, wenn auch oft im Legendenstil gehalten, weist häufig Erscheinungen auf, die der Parapsychologie nahestehen. Schon deswegen sind sie studierenswert. In der heutigen Glaubensnot der Christen ist eben alles dienlich, was die Bibel bestätigt, und seien es auch nur ihre Wundergeschichten.

Aus diesem Grunde sind Pater Pio und Therese von Konnersreuth ein wahres Geschenk an die Menschheit. Sie haben noch zu unseren Lebzeiten Zeugnis abgelegt. Phänomene der Mystik wie Herzensschau, Levitation und Wunderheilung treten bei ihnen gehäuft auf. Nur die ewigen Zweifler, die oft auch von der Psychiatrie unterstützt werden, unterschieben ihnen krankhafte Seelenzustände. Die Gabe der Unterscheidung, die zu den Charismen gehört, ist diesen Kritikern nicht zu eigen. Über „echte und falsche Mystiker" hat auch der französische Arzt Lhermitte ein bekanntes Buch geschrieben. In Zusammenarbeit mit gelehrten Mönchen versucht er dabei Spreu vom Weizen zu sondern. Dies ist immerhin ein Bemühen, das Anerkennung verdient, denn nirgends gibt es so viel Selbsttäuschung wie auf dem Gebiete der Mystik. Zu vieles davon gehört in die Erscheinungswelt der bloßen Parapsychologie oder einfach der Hysterie. Falsche Mystiker (wie so manche „Vatermedien") unterliegen oft der Illusion, im „inneren Wort" sich mit Gott zu unterhalten. Johannes vom Kreuz sagt dazu: „Wenn sich ein Geist in sich selber versenkt und sich in die Betrachtung irgendeiner Wahrheit vertieft, spricht er selbst mit sich selber und antwortet sich, als wenn sich ein Mensch mit einem anderen unterhielte." In der Psychologie nennt man dies „geistigen Automatismus". Vor ihm sei besonders gewarnt. Doch ist es nicht einmal nötig, durch allzu peinliche Analysen, wie Karl Rahner in seinem Buche „Visionen und Prophezeiungen", zu einem Urteil zu gelangen. Die Echtheit einer mystischen Erscheinung erkennt zuerst der Herzverstand. Was uns innerlich tief anrührt, so daß unser ganzes Wesen dabei verwandelt wird im besten Sinne, kann einfach nicht schlecht sein.

Sehr wichtig erscheint eine Lehre im Sinne der Gnosis. Sie gibt uns Unterscheidungsmerkmale an die Hand. Ein Mystiker der Ostkirche, der Hl. Dorotheus, äußerte einmal: „Das (mystische) Leben ohne die Gnosis ist ohne jeden Wert." Das frei waltende Unbewußte allein ist eben noch kein Beweis für echte Mystik. Hinzukommen muß die Gotterkenntnis (Gnosis). Erst wenn die Erscheinungen vom Überbewußten her gesteuert werden, gibt es

wirkliche Erlösung. Viele Mystiker sprechen da vom „Gottbewußtsein" oder „Christusbewußtsein".
Das Buch des Wissens (Gnosis) ist identisch auch mit dem sogenannten kosmischen Bewußtsein, von dem Sri Aurobindo in seinen Schriften immer wieder predigt. Christliche Gnosis macht allerdings einen Unterschied zwischen Kosmos und Überkosmos (siehe Kobilinski-Ellis in seinem Buche „Christliche Weisheit"!). Sonach dürften wir also nicht von „kosmischem Bewußtsein" reden, wenn wir die höchste Stufe christlicher Erleuchtung meinen. Selbst der Urkosmos, den Platon einst als Kosmos noätós oder Kosmos hyperuranios kennzeichnete (die Welt der Archetypen), ist von Christus überwunden. Dieser schloß uns den Himmel auf, der über allem physischen oder astralen Kosmos liegt. Auch die Heiden können dahin nur gelangen über die Person Jesu Christi. („Niemand kommt zum Vater, es sei denn durch mich!") Jedoch können auch die Heiden durch ihre echte Mystik zu einer hohen Stufe kosmischen Bewußtseins finden. Das Einswerden mit der Gottheit vollzieht sich dabei aber nur als ein Lichterlebnis, soweit sich der Hl. Geist ihnen mitteilt. Freilich können wir auch bei so manchem indischen Mystiker feststellen, daß seine Gottesvorstellung personhaften Charakter hat. Es bleibt nicht beim „Es" eines bloßen Pantheismus. In diesem Falle wird wohl Krishna, Rama oder wie immer auch seine Gottheit heißen möge, mit Christus, dem ewigen Logos, zusammenfließen.
Die Auseinandersetzung über echte und falsche Mystik ist heute in vollem Gange. Viel Klarheit wurde in dieser Hinsicht schon geschaffen. Dazu gehört das lebendige Bekenntnis wirklich großer Theologen, die entschieden Partei nehmen für die Mystik. Neben Romano Guardini, Ernst Benz, Walter Nigg, Alfons Rosenberg und manchen anderen sind die Modetheologen unserer Zeit nur Schattengestalten. (Wenn auch das Reklamegeschrei auf ihrer Seite ist!) Rein sprachlich ist ihre Ausdruckskraft bedeutend größer, was auch schon ein Kriterium bedeutet. Erst recht aber im Inhalt haben sie viel mehr auszusagen als etwa Rudolf Bultmann, Karl Barth oder Paul Tillich. So gelehrt letztere erscheinen mögen, fehlt ihnen doch der Instinkt für das eigentlich Notwendige. Es ist aber auch höchste Zeit, daß wir über dem verhangenen Himmel die Sterne wieder sehen lernen! Viel Anregung verdanken wir auch den beiden Esoterikern Arthur Schult und Lic. Emil Bock. Im allgemeinen hat sich der Horizont schon sehr gelichtet, so daß wir mit gutem Gewissen sagen können: das Terrain ist weitgehend vorbereitet für ein kommendes Geistzeitalter.
Auch die Auseinandersetzung mit den Sekten wird heute sehr ernsthaft betrieben. Dr. Kurt Hutten hat in dieser Hinsicht beispielhaft gewirkt (wie in seinem Buche „Seher, Grübler, Enthusiasten"). Gerade bei den Sekten, wissen wir, ist die Heilserwartung sehr groß und das mystische Element tief

verwurzelt. Unabhängig von einer oft unzureichenden Lehre sind dort die Charismen besonders stark. Bei den Heilungsveranstaltungen eines William Branham, T. L. Osborne und Hermann Zaiß war ohne Zweifel der Pfingstgeist lebendig. Auch sonst fällt die brüderliche Gesinnung, das Ernstmachen mit praktischer Nächstenliebe auf. Für die Quäker spielte von Anfang an das „innere Licht", eine pneumaerweckende Kraft, die größte Rolle. Bei ihren schweigenden Andachten kommt es oft zu spontanen „Reden aus dem Geiste". Wladimir Lindenberg spendet dieser kleinen Gruppe von kaum zweihunderttausend Menschen in seinem Buch „Die Menschheit betet" das höchste Lob: „Wenn es die Quäker nicht gäbe, könnte man im heutigen Abendlande an den Menschen und an der Menschheit verzweifeln. ... Ihre Geschichte ist eine einzige Konzentration von geistigem Heldentum, Heldentum des Opfers, der Menschenliebe, der Aufrichtigkeit, des Dienstes für andere, der Toleranz und des Kampfesmuts. Wo es auch in den letzten 300 Jahren soziale Reformen gab, sie sind, man kann es fast uneingeschränkt sagen, von den Quäkern ausgegangen. Es begann mit der Postulation der Menschenrechte, die von William Penn bei der Gründung von Pennsylvanien eingeführt wurden. Die Befreiung der Menschheit von der Sklaverei, für die John Woolman sich einsetzte, die Reform der Gefängnisse, für die Elizabeth Fry kämpfte, die soziale Fürsorge, die Fürsorge für die Industriearbeiter, der Kampf gegen Diktatur und Diffamierung von Menschen, der Kampf gegen den Krieg, der Kampf um die Ehrfurcht vor dem Menschen und nicht zuletzt um den Daseinsschutz des Tieres, oder der Kampf um die Gleichberechtigung der Frau, sie sind alle von den Quäkern zu einer Zeit initiiert worden, als das Abendland noch nicht in der Lage war, alle diese Forderungen geistig zu begreifen, geschweige denn zu verdauen."

An anderer Stelle heißt es: „Keine christliche Konfession und keine religiöse oder weltanschauliche oder politische Gruppe hat den Menschen zu einer solchen Reinheit, Ehrlichkeit, Aufrichtigkeit, Friedfertigkeit, Toleranz, Güte, mitmenschlichem Verstehen, Helfen, Dienen und Disziplinieren der eigenen Triebe geformt. Diese Menschen, die eine höchst individuelle, einfache, undogmatische, aber tiefste und persönlichste Bindung zu Gott haben, haben ein christliches Idealbild des Menschen ohne innere Kämpfe, ohne Anfechtungen und Neurosen verwirklicht, weil sie sich einem liebenden, verstehenden und verzeihenden Gott zuwandten. Der Quäker vereinigt in sich den Weisen und den Heiligen, wie er nur kurze Zeit im Urchristentum lebendig war. Aber er trägt die Heiligkeit wie ein Alltagskleid, ohne Heiligenschein, und die Weisheit wie ein heiteres Kind, spielend und ohne aufgesetzte Würde. Was er uns lehrt, ist, daß der Mensch durch milde Gesinnung und Gesittung, durch Vergeistigung und unermüdliche, aber ungezwungene Selbstdisziplin sich zu einem solch reinen Gefäß des Geistes gestalten kann."

Alle Mystik ist letzten Endes vom „inneren Licht" gesteuert. Diese Tatsache ermöglicht es dem bekannten Publizisten K. O. Schmidt, die großen Mystiker aller Religionen unter diesem Namen zu vereinen. Darstellungsgemäß gehört sein Buch „In dir ist das Licht" vermöge starker Einfühlung und äußerster Konzentriertheit zu den besten Mystiker-Biographien. Gedankenmystik, wie sie etwa Adela Curtis propagierte, versteigt sich oft zu der Ausschaltung von Sünde und Leid in der Welt. Wer mit diesen Engpässen einer alogisch betriebenen Selbstsuggestion von der einzigen Wirklichkeit Gottes etwas anzufangen weiß, hat vielleicht auch Erfolg. Wenigstens vermag die ständige Einstellung auf nur positive Gedanken eine gewisse Grundstimmung in der Seele zu erzeugen, die einem starken Glauben sehr nahe kommt. Darauf fußt nicht nur die „Neugedankenlehre" (New thought), sondern auch Mary Becker Eddys „Christian Science". Als eigentliche Mystik können wir sie kaum bezeichnen.

Treten wir nun hinaus aus dem engeren Kreis rein christlicher Mystik! Da zeigt sich uns vor allem der Chassidismus als überaus beachtenswert. Seit Martin Bubers hingegebenen Forschungen ist vieles darüber bekannt geworden. Am ehesten ist diese Richtung jüdischer Mystik, die schon im achtzehnten Jahrhundert ihre Wurzeln hat, mit dem Pietismus eines Grafen Zinzendorf oder mit den Quäkern zu vergleichen. Eine Menge von Anekdoten rankt sich um Balschem-tot (Rabbi Israel ben Eliezer), den Begründer des Chassidismus. Aber auch andere Rabbis und Zaddikims (Gerechte) wurden vom Volke sehr geliebt. Sie lebten meist in den Ländern des Ostens, in Polen, Galizien und Rußland. Legenden spinnen sich beinahe um jede dieser Gestalten. Daraus quillt ein unerschöpflicher Born praktisch religiöser Unterweisung. Hier wurde ein Licht angezündet, das alttestamentliche Züge echter Prophetie in sich trägt. Sehr stark hat die Geheimlehre der Kabbala diese Mystik mitgeprägt. Für den Chassidim ist Gott überall, „in aller Kreatur, in Menschen, Tieren, Insekten, Pflanzen und Gesteinen, ja in den von Menschen bereiteten Gegenständen. Alles trägt die Funken von Gottes unermeßlicher Seele in sich. Der Mensch mit seiner größeren Intelligenz und der Freiheit der Entscheidung ist Sein Bote, ihm ist es auferlegt, die in der Kreatur und in den Dingen eingefangenen Funken von Gottes Urseele zu erlösen. Er kann es tun, wenn er sich in Liebe und Demut und Behutsamkeit aller Kreatur und allen Dingen, die in seinen Wirkungs- und Lebenskreis gelangen, zuwendet. Aus dieser Haltung wird alles Leben, alles Begegnen, alles Tun, alles Denken zu einem sakramentalen Erleben und Tun. Der Mensch lebt und handelt in Gott, er fühlt Seine Hand stets und in allen Lebenslagen über sich und weiß sich behütet. Es bedeutet Leben ohne Angst, Leben in der Geborgenheit des höchsten Wesens" (Lindenberg).

Aus dieser Geborgenheit in Gott, in der Einheit mit allem Geschaffenen, schöpft der Chassidim seine immerwährende Freude. Sogar der Tanz wird zum Ausdruck der Gottergriffenheit. Lehren werden kaum postuliert. „Auch vollzieht sich der außerrituelle Gottesdienst im Dienst und in der Liebe unter den Gemeindemitgliedern. Jeder hat sein Beispiel und seinen Ansporn an dem anderen. Der Schwächere wird von den Vermögenderen mitgetragen. So wird alle Kreatur in dieses betende und heilige Tragen mit einbegriffen" (Lindenberg).

Seit langer Zeit schon, verstärkt aber in der Gegenwart, gelangt indisches Geistesgut nach Europa. Sowohl der Brahmanismus (Hinduismus) wie der Buddhismus besitzen heute auch für viele Europäer magnetische Anziehungskraft. Es wäre engstirnig, wollten wir als Christen uns dagegen sperren, daß diese Weltanschauung mit ihrer reichen Erfahrung an praktischen Meditationsmethoden (besonders des Yoga) auch uns etwas zu sagen hat. Die tolerante Grundhaltung der Hindus zeigt sich freilich so anpassungsfähig, daß ihr ererbtes Wort- und Begriffsrepertoire sich allzuleicht übertragen läßt auf christliche Religionsvorstellungen. Darum müssen wir bei ihren Sendboten wegen der Gefahr der Verwässerung der eigenen Lehre ein wenig auf der Hut sein. Im übrigen aber ist die echte Mystik wohl nirgends mehr zuhause als gerade in Indien. Wie versittlichend seine geistigen Ideale auf das gesamte Volksleben eingewirkt haben, zeigt das politische Programm Gandhis. Ahimsa (Gewaltlosigkeit) und Satyagraha (Wahrhaftigkeit) waren seine Direktiven.

Es ist ein Glück, daß dieses selbe Indien mit seinem (scheinbaren) Polytheismus einen so bedeutenden christlichen Mystiker wie Sadhu Sundar Singh hervorgebracht hat. Er lebt die indische Seele ganz aus und bleibt doch dem einen verpflichtet, Jesus Christus. Durch Friedrich Heiler, der sich einst stark für ihn einsetzte und ihn entsprechend seinen Missionsreisen über die ganze Erde, aber auch wegen einer auffälligen Ähnlichkeit in der Lehre einen „zweiten Paulus", einen „Apostel des Westens und Ostens" nannte, wurde er sehr bekannt. Er schloß sich keiner Konfession förmlich an, auch nicht der anglikanischen, durch die er die Taufe erhielt, sondern blieb immer ein eigenständiger, freier Christ. Gerade dadurch konnte er wie Paulus „allen alles sein". Von seiner mystischen Begnadung zeugen nicht nur viele Wundertaten, sondern auch alle seine Schriften, in denen er von eigenen inneren Erfahrungen berichtet. Nirgends finden wir eine ähnlich reiche, dem Biblischen angenäherte Gleichnissprache im gesamten christlichen Bereich. Und nirgends wird das, was der Sadhu als das größte Wunder bezeichnet, nämlich der Frieden Gottes in der Seele (Santi), mit gleicher Eindringlichkeit gepredigt. Nirgends auch wird die Gestalt Christi in ihrem göttlichen Wesen als Herr der ganzen Schöpfung eindeutiger verkündet. Es ist für uns alle ein Gewinn, zumal der Sadhu bezeugen kann, in lebendigem ständigem Umgang mit dem Herrn und der Engelswelt gestanden zu haben. Was „Samadhi" (Entrückung) ist, hat er am besten vorgelebt, und so kann er auch die brauchbarsten Anweisungen geben für eine fruchtbare Meditation.

Nicht übersehen dürfen wir allerdings auch die großen hinduistischen Heiligen. Die Flut von Schriften auf dem heutigen Büchermarkt, die über sie geschrieben wurden, zeugt von der starken Anteilnahme der ganzen Welt. Neuerdings suchen auch Theologen von Rang den Kontakt mit der asiatischen Geisteswelt. Ernst Benz' „Asiatische Begegnungen" ragt in dieser Hinsicht hervor. Jean Gebsers, des Kulturphilosophen „Asiatische Fibel" schöpfte tiefe Besinnung aus der Begegnung mit dem Osten. Als „die Kultur der Stille" hat Graf Dürkheim in seinem gleichnamigen Buche die buddhistische Zen-Mystik verherrlicht.

Da Indien mit seiner Fülle profilierter Mystikergestalten dem abendländischen Menschen schon so sehr vertraut ist, als sei es ein Stück von ihm selbst, wollen wir nur noch der japanischen Zen-Mystik einige Aufmerksamkeit schenken. Auffallend ist ihre Ähnlichkeit mit dem Chassidismus. Es ist dieselbe undogmatische, auf das praktische Leben und seine Ethik gerichtete Haltung. Am bekanntesten wurde die Zen-Mystik durch die Schriften des gelehrten Japaners Suzuki. Kulturbildend ohnegleichen hat sie die ganze japanische Geschichte mitgeprägt. Der Teekult und die Kunst des Blumenbindens (Ikebana), ja sogar das Bogenschießen und der gewaltlose, geschmeidige Zweikampf des Judo gehen darauf zurück. Demütig begegnet der Japaner allen äußeren Dingen des Daseins. Dieses Einswerden mit dem ganzen Kosmos verfeinerte seinen Lebensstil bis zur höchsten Vergeistigung.

Bewußter als wir Europäer nimmt auch der Durchschnittsasiate am meditativen Leben teil. Seine Fähigkeit zur Konzentration, aber auch zur richtigen Entspannung, ist darum besonders groß. Meditative Haltung als Einstellung auf das Wesentliche prägen sein ganzes Tun und Lassen. Japanische Kunst entwickelte deshalb auch besondere Stilmerkmale. Sie ist, der europäischen ganz entgegengesetzt, auf Transzendenz gerichtet. Sie möchte zum kosmischen Erlebnis führen. Berühmt ist die Gartengestaltung als Miniatur-Kosmos. Es sind vor allem die buddhistischen Klöster, in deren Meditationshallen die Übung gemeinsamer Versenkung stattfindet (das sogenannte Koan). Reglosigkeit, Beherrschung der Atemzüge, völlige Ausschaltung eigener Gedanken und Vorstellungen führt schließlich zum „Sartori", dem tiefsten Versenkungszustand, der das Erlebnis der Einheit mit dem Kosmos schenkt. Christmas Humphreys sagt über die Symptome der Zen-Meditation: „Zuerst entsteht eine zunehmende Heiterkeit, zeitweilig gestört durch die übrigen Erregungen oder Zweifel. Dann gibt es eine Sicherheit, die sich

nicht brüstet oder aggressiv wird, sondern friedvoll ist wie ein Schiff, das
nach Seenot geborgen im Hafen liegt, während der Sturm darüber hinbraust.
Dann weicht das Interesse an den vielerlei Ausfluchtmöglichkeiten vor der
Wirklichkeit, in der wir leben. Und es steigert sich die Intensität von Absicht
und Aufmerksamkeit, wenn sie auch an Spannung verliert. Man fühlt sich
leicht, gehoben, da man die Last des Ichs und seiner Begierden abgestreift
hat, gesund und voll Jugendkraft auf den Höhen neuer Gedanken im Zwielicht der Welt. Man fühlt sich neu geboren, als hätte man wieder die ursprüngliche Einfachheit des Lebens gewonnen, die aus dem Wesen des Geistes entspringt. Man wird sogar inkonsequent, da man die relative Unwichtigkeit der alltäglichen Dinge erkennt. Zur gleichen Zeit aber wird man in
steigendem Maß der wirklichen Bedeutung von Dingen und Ereignissen
gewahr, die nun unpersönlich sind, aber unmittelbar. Der demütigste Akt
wird zum Sakrament, das niedrigste Ding gewinnt absoluten Wert, da es vom
Geist geschaffen ist."
Was wir im besonderen von der Zen-Mystik lernen können, ist ihre ausstrahlende Kulturkraft, die das ganze Dasein verwandelt. Hätte Europa wieder in
seinem lärmenden Fortschrittswesen eine solche „Kultur der Stille", es würde keinen „Verlust der Mitte" mehr geben!

7. Prophetie, das große Versäumnis der Kirchen

„Siehe, ich komme bald!" – „Ja, komme, Herr Jesus!" In diesen beiden
Sätzen aus der Johannes-Apokalypse ist die ganze adventliche Grundstimmung unserer Gegenwart ausgesprochen. Unüberhörbar sind heute die prophetischen Stimmen, die unserer Zeit das Zeugnis geben, die letzte Zeit zu
sein. Auch das vielgelesene Buch des inzwischen verstorbenen Pastors A.
Fünnen „Das feste prophetische Wort" kennt nur ein einziges Bemühen,
nämlich nachzuweisen, daß wir in der „Endzeit" leben und die Wiederkunft
Christi nahe bevorsteht. In unendlich mühevoller Kleinarbeit trägt dieser
„Rufer in der Wüste" Baustein um Baustein zusammen, um seine Thesen zu
erhärten. Unter Anführung zahlloser Belegstellen aus dem Alten und Neuen
Testament entstand auf diese Weise ein Dokument, das absolute Überzeugungskraft besitzt. Zwei Drittel der Hl. Schrift, so heißt es dort, enthielten
prophetisches Gedankengut; wer aber weiß schon, daß „über 500 Stellen,
davon 318 allein im Neuen Testament, vom zweiten Kommen Jesu handeln?
Keine Lehre der Hl. Schrift nimmt solch einen breiten Raum ein wie diese

herrliche Lehre, daß Jesus wiederkommen wird. Aber auch keine Lehre der Hl. Schrift wird in der Kirche so vernachlässigt wie diese".

Daß Pastor Fünnen hier den Finger auf eine Wunde legt, die für die ganze Christenheit sehr schmerzhaft sein muß, ist offensichtlich. Wenn es je eine Schuld der Kirche gab, so war es diese, der Prophetie zu wenig Beachtung geschenkt zu haben. Zu allen Zeiten war die Stimme des Hl. Geistes an das Prophetentum gebunden. Es ist das älteste pneumatische Amt. Seine Mittlerschaft zu Gott war nicht nur im Volke Israel allgemein anerkannt, auch in der jungen Kirche Christi blieb seine Rolle überragend. Unter den vielen Gnadengaben, die Paulus im 1. Korintherbrief 12, 7–1 und 14, 1 aufzählt, wird eine besonders hervorgehoben: die Prophetie. "Ich möchte, daß ihr alle in der Entrückung reden könntet, aber noch lieber, daß ihr alle zu Propheten werdet", heißt es auch in 1. Kor. 14, 5. Noch zahlreiche andere Stellen der Hl. Schrift bringen uns zum Bewußtsein, daß nicht nur im Alten Testament, sondern erst recht im Neuen „die Ausgießung des Geistes über alles Fleisch" (Joel) das entscheidende Ereignis der Volk-Gotteswerdung ist. Schon bei Moses lesen wir: „Möchte doch das ganze Volk des Herrn zu Propheten werden, daß der Herr seinen Geist auf sie kommen ließe." Besonders aber hat Jeremia von dem kommenden Neuen Bund verheißen, daß Gott jedem Menschen zu dieser Zeit sein Gesetz ins eigene Herz schreiben werde. An Pfingsten erleben wir schließlich höchst real, wie der Prophetengeist über eine ganze Versammlung von Betenden und Harrenden ausgeschüttet wird. Niemand sollte mehr, nach Jeremia (31, 31 ff.), seinen Bruder über Gott zu belehren brauchen, da alle ihn erkennen würden vom Kleinsten bis zum Größten. Zu jedem und durch jeden würde Gott unmittelbar sprechen, denn ein jeder sollte Geistträger sein, völlig selbständig in seinem Zeugen und Wirken für das Gottesreich.

Eine solche im echtesten Sinne demokratische Kirche war der ursprüngliche Plan Gottes. Eine Zeitlang hatte sie auch in den urchristlichen Gemeinden wirklichen Bestand, denn die Prophetie war allgemein und somit auch das Priestertum nach den Worten des Petrus: „Ihr seid das auserwählte Volk, das königliche Priestertum, ein heiliger Stamm, ein Volk zum Eigentum bestimmt, daß ihr verkündet die Tugenden dessen, der euch aus der Finsternis zu seinem wunderbaren Licht berufen hat" (1. Petr. 2, 9). Wie konnte die spätere konstitutionelle Kirche auf den Gedanken kommen, daß die Offenbarung, die doch hauptsächlich von den Propheten ausgeht, mit dem Tod der Apostel abgeschlossen sei? Damit setzte sie sich in beinahe frevlerischer Weise mit ihren eigenen Satzungen und menschlichen Ansichten an die Stelle der Propheten. „Ecclesia vivit lege romana" (die Kirche lebt nach römischem Gesetz) war nun die Direktive. Wir können es als ein wahres Wunder ansehen, daß sie dennoch bis in unsere Gegenwart einen notdürftigen Bestand hatte. Die Verheißung des Hl. Geistes durch Jesus Christus galt in verstärktem Maße. Ihre Erfüllung aber ist jahrhundertelang ausgeblieben.

„Das Abendland ist der Welt die Verwirklichung der Pfingstgeschichte schuldig geblieben", sagte einmal Pfarrer Hellmut von Schweinitz. Auch bei Arthur Schult lesen wir: „Die Vorstellung vom Hl. Geist wurde in dürftiger Weise dogmatisch eingesargt, und aus der vorchristlichen Pfingstgemeinde, der charismatischen Trägerin der Reichsgottes-Idee, wurde im Fortgang der Entwicklung das ‚Mißverständnis der Kirche'." (Siehe auch das gleichnamige Buch von Emil Brunner!)

Heute beginnt unter allen Christen allmählich die tiefe Erkenntnis zu dämmern: die beispiellose Glaubenskrise der gegenwärtigen Kirche von „Psychikern" (nach Tertullian) hat ihre entscheidende Ursache in der Verfemung des wirklichen Hl. Geistes. Halten wir uns im einzelnen folgendes vor Augen: Apostel und Propheten hatten im Urchristentum, nach dem Zeugnis der Didache (Zwölfapostellehre) und anderer Glaubensquellen, die eigentlich pneumatischen Ämter inne. Nicht dem Priester (presbyter) oder dem Bischof (episkopus) stand also ursprünglich die geistige Führungsrolle zu. Ihre Aufgabe war hauptsächlich organisatorischer Art, die allerdings in dem Maße wuchs, wie auch die Gemeinden sich vergrößerten. Als dann schließlich mit der Verstaatlichung und Vermassung der Kirche die charismatischen Gaben immer seltener wurden, rückte von selbst eine durchorganisierte Priesterhierarchie an die oberste Stelle der Christenheit. Lehre und Verkündigung war nun beinahe ausschließlich denen überantwortet, die nicht mehr unmittelbare Empfänger des Wortes Gottes waren, wie einst Propheten und Apostel. Der Verstand arbeitete hart an der Gestaltung des Glaubensbildes mit. Wegen des Mangels pneumatischer Geistesgaben mußte das Dogma notgedrungen juridelnde Formen annehmen. Freilich dürfen wir dabei nicht übersehen, daß eine Anzahl dogmatischer Formulierungen auch mit der inneren Erfahrung erleuchteter Christen in Einklang steht. Die Bibel blieb letzten Endes das Unterpfand aller Forschung.

Der verpflichtende Charakter des Dogmas ist darauf zurückzuführen, daß bei der Abstimmung über irgendeinen Glaubenssatz auf den Konzilien der Paraklet von vorneherein als mitwirkend gedacht wurde. Wofür sich die Mehrheit der Konzilsväter entschied, wurde in demokratischem Sinne als vox Dei betrachtet. Dieses Majoritätsprinzip ist erst im Jahre 1870 durch das Dogma von der Unfehlbarkeit des Papstes durchbrochen worden. Daß viele Dogmen überhaupt für unsere heutigen Begriffe zumindest einer sprachlichen Reform bedürfen, hat der katholische Theologe Josef Thomè in seinem Buch „Der mündige Christ" überzeugend dargetan. Doch dies allein genügt nicht! Es bleiben weiterhin die Engen eines zu abstrakt gefaßten Glaubensbildes, es bleiben weiterhin auch eine Anzahl schwerwiegender Mißverständnisse (um das Wort „Irrtümer" zu vermeiden). Zwei theologische Richtungen machen sich heute darüber Gedanken: Karl Rahner zum Beispiel schlägt vor, das Dogma auf gewisse Kernsätze zusammenzuziehen (in seinem Aufsatz „Zukunft der Theologie"). Sein obligatorischer Charakter wäre dann weitgehend reduziert auf das Wesentliche. Eine andere Gruppe von Theologen hat aber längst eingesehen, daß es um Entscheidenderes geht. Der Untergang der Kirche wäre trotzdem besiegelt, wenn man das große Versäumnis nicht nachholte, den gottgesandten Propheten auch unserer Zeit wieder das Ohr zu leihen. Es sind gerade die bestens geschulten Bibelkenner, die heute auf diese Tatsache mit Nachdruck hinweisen.

Hören wir den Alttestamentler Pater Dr. Norbert Lohfink vom päpstlichen Bibelinstitut zu Rom: „Die Propheten des Alten Testamentes – wie haben sie sich selbst verstanden? Im Buch des Propheten Amos, des ältesten uns bekannten Schriftpropheten, lesen wir folgende Worte: ‚Der Herr brüllt von Zion herab. Aus Jerusalem tönt seine Stimme. Da vergilben den Hirten die Auen, der Gipfel des Karmel verdorrt' (Amos 1, 2). Ist dieses Wort für uns nicht fremd und unbegreiflich? Wenn wir zu den Menschen gehören, die sich um unsere Welt Sorge machen, dann ist doch in dieser Welt nichts bedrükkender als Gottes Schweigen. Und hier begegnen wir einem Menschen, den die Stimme Gottes getroffen hat. Gott brüllt ihm ins Ohr. Er hört ihn wie einen Löwen. Er sieht, wie das Wort Gottes die Steppen und die Berge verändert. Vermutlich zieht es uns deshalb immer wieder zu den Propheten Israels hin, wenn wir ihnen auch nur einmal begegnet sind: sie erheben den Anspruch, den Unhörbaren gehört, den Unsichtbaren gesehen zu haben, und nun kommen sie mit Botschaften Gottes. Mögen sie schon zweitausend Jahre vor uns gelebt haben: wenn wir von ihnen hören, erwacht insgeheim in uns die Hoffnung, daß durch sie der in unserer Welt so sehr schweigende Gott dann doch noch irgendwie auch für uns zum Redenden werde" (aus seiner Vortragsreihe „Propheten gestern und heute").

Eine große Sehnsucht nach dem Neuaufbruch echter Prophetie spricht aus diesen Worten. Das Dogma allein genügt eben nicht, es ist zu wenig emotionell, Begeisterung entfachend. Es spricht nicht auf die augenblicklichen Nöte und Bedürfnisse eines bestimmten Zeitalters, einer bestimmten Menschengruppe an. Auch das gemeindliche Leben, der wirkliche Zusammenhalt in brüderlicher Liebe, wird erst garantiert durch ein Christentum in der Unmittelbarkeit zum Herrn. Urbild ist die Jüngergemeinde an Pfingsten: der Prophetengeist, „ausgegossen über alles Fleisch" (Joel), hatte sich dort erfüllt. Die Flamme loderte auch weiter, wie in der Gemeinde zu Korinth. Sie hätte nie erlöschen dürfen. Norbert Lohfink sagt dazu: „Wenn wir das Neue Testament nur aufmerksam genug lesen, dann begegnet uns dort das christliche, neutestamentliche Prophetentum auf Schritt und Tritt. In den Gemeinden, an die Paulus seine Briefe schreibt, gehören die Propheten fast stets zu den maßgebenden Leuten, das gleiche gilt von den Gemeinden der Geheimen Offenbarung. Jedenfalls werden bei der Aufzählung der Geistesgaben die Propheten immer sofort nach den Aposteln genannt. ... Sie halten in der Gemeinde die drängende Erwartung der Wiederkunft des Herrn lebendig, sie ergreifen das Wort zu den Nöten und Sorgen des Augenblicks, loben und tadeln, ermahnen, trösten und verheißen aus der Kraft des Gottesgeistes, der sie erfüllt. Durch die Propheten erfährt die Gemeinde den konkreten Willen Gottes für diese Stunde, für diese Situation. Offenbar formulieren die Propheten auch im Gottesdienst frei das Gebet."

Über die Wirkung der Prophetie lesen wir bei Paulus: „Wenn alle prophetisch reden, und es tritt ein Ungläubiger oder ein Unkundiger ein, so wird er von allen zurechtgewiesen und von allen ins Gericht genommen. Das Verborgene seines Herzens wird offenbar, und er wird niederfallen auf sein Angesicht und Gott anbeten und bekennen, daß Gott wahrhaft in euch ist!" Lohfink knüpft daran die Frage: „Können wir uns das in einem unserer Gottesdienste vorstellen? Das war der Gottesdienst in einer Gemeinde, in der man nie auf den Gedanken gekommen wäre, die Frage zu stellen: ‚Soll es heute noch Propheten geben?' Man wußte, es muß Propheten geben, wenn die an Jesus Glaubenden überhaupt beanspruchen, im Neuen Bund zu leben, Zeugen der schon gekommenen Endzeit zu sein."

Weil der Prophet nicht durch sein Amt, sondern allein durch Berufung an Gott gebunden ist, war eine Verrechtlichung und Durchorganisierung seines Dienstes an der Allgemeinheit gar nicht möglich. So ist es nicht verwunderlich, daß mit der Kirche als Institution die Überzeugung entstehen konnte, die Offenbarung sei mit dem Tod der Apostel für immer abgeschlossen. Nur noch Ausdeutungen und Fixierungen des Überlieferten schienen möglich. Privatoffenbarungen wurden eingeschätzt nach ihrer Ausrichtung auf das Dogma hin. Von großen Prophetengestalten, die das Glaubensgut noch hätten bereichern können, distanzierte man sich von vornherein. Sie wurden als Ketzer gebrandmarkt. Natürlich muß es unser aller Sorge sein, die echten von den falschen Propheten zu unterscheiden. Wer aber gibt uns den Maßstab zu einer richtigen Beurteilung? Da der Geist „weht, wo er will", kann es echte Prophetie auch außerhalb der kirchlichen Mauern geben. Norbert Lohfink bemerkt dazu: „Ziehen wir die Grenze des Prophetischen nur nicht zu eng, dann werden wir ihm schon auch in unserer Zeit begegnen. Und wir wissen auch nicht, in welchen ganz neuen Formen es vielleicht schon in zwei Jahrzehnten zu unser aller Überraschung auftreten wird. ... Je mehr die Kirche bereit ist, auf die Propheten, die Gott ihr sendet, einzugehen, desto dringlicher wird für sie die Unterscheidung der Geister, und die ist wahrlich nicht leicht. Aber zugleich sollten wir, minde-

stens im christlichen Europa uns immer wieder sagen, daß uns an sich das durchaus unchristliche Mißtrauen gegen die Propheten in den Knochen steckt. Wie wenige der wahren Propheten des Alten Bundes sind von ihren Zeitgenossen gehört worden! Jesaia hat es schon bei seiner Berufung zum Prophetentum erfahren müssen: Im Grunde wurde er nur dazu berufen, durch seine Botschaft das Herz dieses Volkes zu verstocken und nur ein heiliger Rest wird gerettet werden. Auch wir sollten viel größere Angst davor haben, daß wir nicht auf die Propheten achten, daß wir sie verspotten und umbringen, als daß wir auf falsche Propheten hereinfallen."
Auf die geschichtliche Tatsache eingehend, daß gerade das neuzeitliche Prophetentum in außerkirchliche Bereiche abgedrängt wurde, meint der erfahrene Alttestamentler: „Wir müssen damit rechnen, daß solche Propheten vielleicht Botschaften haben, die innerhalb unserer Kirche hätten ergehen müssen, aber wegen unserer eigenen sündigen Selbsteinkapselung dort nicht ergehen konnten. Was können wir dann tun? Wir dürfen uns nicht schämen, auch zu diesen Propheten zu gehen und von ihnen zu lernen. Für einen Teilbereich kann man das so formulieren: Nicht Konfessionalismus, sondern ökumenische Haltung. Wir müssen uns aber vor allem an die Brust schlagen und darum ringen, daß den Propheten in Zukunft in der eigenen Kirche breiterer Raum gegeben wird."
Wenn wir es recht betrachten, wird mit dieser Aufforderung das oft so ungestüme Drängen progressiver „Revolutionstheologen" auf sein gerechtes Maß zurückgeschraubt. Nicht wir können von uns aus bestimmen, wie die Zukunft des Christentums auszusehen hat; dazu sind wir viel zu kurzsichtig und ichbefangen. Gott selber muß die Zügel in seiner Hand behalten. Das geschieht durch die Propheten. Haben wir von ihnen wirklich radikal revolutionäre Umstürze zu erwarten? Pater Lohfink antwortet darauf: „Als Alttestamentler bin ich eher geneigt zu sagen: Die Propheten sind stets die großen Konservativen. Sie sind zwar in einer besonderen Unmittelbarkeit zu Gott, aber gerade in den Botschaften, die sie empfangen, haben sie doch immer wieder den Auftrag, das Alte zu wahren und in seiner Wahrheit zu erhalten. Es ist ganz erstaunlich, wie in Israel die Propheten in ihrer Botschaft immer wieder auf die Anfänge der Heilsgeschichte zurückgreifen. ... Nur daß ihnen unter der Hand das Alte, gerade um das Alte zu bleiben, zum ganz Neuen wird. Sie entdecken Aspekte des Alten, die die anderen Zeitgenossen nicht sehen, und es sind gerade die Aspekte, die jetzt wichtig werden. Es geht also weniger um den Gegensatz zwischen Alt und Neu, eher geht es um den Gegensatz zwischen dem Sicheinnisten in einer Tradition, die man zu besitzen glaubt, und der Unruhe und Bewegtheit, die sich aus einem tieferen, innerlicheren Besitz der gleichen Tradition zusammen mit äußerst hellem Gespür für die Forderung der jeweiligen Stunde ergibt. So werden wir auch

heute für das Prophetische offen sein nicht dann, wenn wir grundsätzlich allem Neuen und jeder Änderung nachjagen, sondern dann, wenn wir bereit sind, uns beunruhigen zu lassen. Wenn wir immer die Vermutung haben, daß wir uns zu gut in unserem Glauben auskennen und uns zu gut in unserer Kirche eingerichtet haben. Wenn wir stutzig werden darüber, daß uns Gott so begreiflich und unser Glaube so normal und weise erscheint. Denn die Propheten machen uns immer wieder deutlich, daß Gott unbegreiflich ist und daß unser Glaube nicht das Normale, sondern das in den Augen der Welt Törichte ist. Die Propheten zwingen uns, um unseres alten Glaubens willen ständig umzudenken, uns selbst und unsere Gedanken hinter uns zu lassen und den Weg ins Unbekannte hinein zu wagen. ... Leidenschaft im Bereich des Letzten, das ist gefordert, will man mit Propheten zusammenleben und wünscht man sie unter sich. Unsere Versuchung ist immer wieder, nicht uns den Propheten, sondern die Propheten uns anzugleichen. Alttestamentliche Forschung läuft auf Vielwisserei hinaus, wenn sie uns nicht hilft, uns selbst besser zu verstehen und für Möglichkeiten zu öffnen, die Gott heute auf uns zukommen lassen will. Wir leben oft unter dem quälenden Eindruck, daß Gott in unserer Welt schweigt. Die Propheten lassen uns nicht los, weil sie den Anspruch erheben, sie hörten Gott sprechen. So kommt alles darauf an, daß es heute unter uns wieder Propheten gibt."

Es ist ein Glück, daß unter den Theologen neuerdings Stimmen laut werden, die diese Tatsache klar erkennen. Vielleicht hätten sie sich nie hervorgewagt ohne das Zweite Vatikanische Konzil und seine Lockerungen. Der Boden ist seitdem aufgebrochen für einen neuen Samen. Auf jeden Fall ist das Schicksal der institutionellen Kirche, das auch unser aller Zukunft mitbestimmt, an ihre Bereitwilligkeit zum „Hören und Sehen" geknüpft. Schon wegen der Masse des darin beheimateten Gottesvolkes sollte ihr kein vernünftiger Christ einen raschen und unrühmlichen Untergang wünschen. Ein Umschmelzungsprozeß muß sich vollziehen, an dem wir alle mithelfen sollten und in dem vielleicht alle Kirchen und alle Christen, die Sekten mit inbegriffen, zur wirklichen Una Sancta gelangen können.

Voraussetzung dazu ist eine bessere Einsicht in das Wesen des Hl. Geistes. Bezeichnend für die große Einbuße, welche das historische Christentum durch seine unklaren Vorstellungen vom Paraklet erlitten hat, ist gerade das Dogma von der Zweiteilung des Menschen. Es entstand auf dem 8. ökumenischen Konzil von Konstantinopel im Jahre 869. Die uralte Anschauung von der Dreigliederung des Menschen nach Geist, Seele und Leib (Trichotomie) wurde damals verworfen. Dr. jur. et. phil. Karl Heyer stellt in seinem Buch „Von der Atlantis bis Rom" fest: „Diese Abschaffung des Geistes, die einer der größten weltgeschichtlichen Siege des römischen Ungeistes ist, bildet die Grundlage der Kirche und ihres Priestertums: Der Mensch, der nicht selbst im Geistigen urständet, bedarf für seine irrende Seele einer objektiven, führenden und leitenden Macht, einer stärksten Autorität, eben der Kirche, die sich gewissermaßen dem in ihm erloschenen Geistgliede substituiert." Mögen wir uns auch bemühen, dieses harte Urteil zu entschärfen, aus Liebe zur angestammten Kirche, in seinem Kern trifft es dennoch zu. Welche Vorstellung von einer kommenden Kirche wäre also die richtige? Walter Nigg, der Züricher Kirchenhistoriker, antwortet darauf: „Es bedarf einer neuen Ausprägung des Christentums, welche mit ihrer integralen Tendenz das Evangelium verdichtet und nicht verdünnt. Die Heimkehr ins Christliche besteht nicht in einer Verminderung von dessen Substanz – etwa in der Streichung von dessen mythischer Einkleidung, an der sich das rationalistische Bewußtsein in allzu kurzsichtiger Weise gestoßen hat –, sondern in einer Intensivierung der göttlichen Kräfte. Das Christentum ist reichhaltiger als seine kirchliche Verwirklichung, und das Evangelium birgt noch andere Möglichkeiten in sich, welche in der Geschichte bis dahin noch keine Realisierung gefunden haben" (in „Das Buch der Ketzer").

Ganz neue Möglichkeiten des Evangeliums haben tatsächlich lange Zeit die vielgeschmähten Ketzer aufgezeigt. Nach Walter Nigg hatten sie oft das Format von großen Heiligen. Ihre „Prophetie" aber war es vor allem, die sie den Ansturm gegen kirchliche Satzungen und damit die Gegnerschaft zur Kirche wagen ließ. Ein typisches Beispiel dafür ist das Schreibverbot, das Jakob Böhme durch den Generalsuperintendenten seines Sprengels auferlegt wurde. Wer waren denn wirklich in all den Jahrhunderten die tragenden Säulen jeglicher Kirche? Es waren die großen Heiligen und Mystiker, wie auch Ketzer und Reformatoren, die das Christentum lebendig erhielten. Der Anruf an Franz von Assisi: „Baue meine Kirche wieder auf!", von ihm selbst zunächst mißverstanden, galt für jeden geistig Wachen in gleicher Weise. Immer mußten Ruinen abgetragen und neue Fundamente gelegt werden, und immer verstand es ein veräußerlichtes Kirchenregime, neue Ruinen zu hinterlassen. Heute aber ist eine Generalbereinigung fällig. Der Umbruch im gesamten Religionsbereich wird so einschneidend werden, daß die geistige Urkirche (ecclesia spiritualis) auch die historischen Kirchen mit ihrem Lichtleib wieder durchstrahlen kann. Wir alle sind am Aufbau mitbeteiligt:

„Werkleute sind wir: Knappen, Jünger, Meister,
und bauen dich, du hohes Mittelschiff.
Und manchmal kommt ein ernster Hergereister,
geht wie ein Glanz durch unsere hundert Geister
und zeigt uns zitternd einen neuen Griff."

(R. M. Rilke)

Dieser Eine, Hergereiste, von dem in dem Gedicht die Rede ist, kann nur ein Sendbote Gottes sein, in geheimem Einvernehmen mit den himmlischen Mächten. Prophetische Gaben wird er haben müssen, damit „die Stunde uns die Stirne küsse", die „strahlend und als ob sie alles wüßte", von Gott kommt „wie der Wind vom Meer". Auch unsere großen Dichter, ein Rilke, ein Hölderlin, ein Novalis, die so viel von einem kommenden Christentum geträumt haben „voll des Heiligen Geistes", waren echte Propheten. In ihrer Schau sprengt das Christentum der Zukunft jeglichen bisherigen Rahmen und sieht etwa so aus, wie Arthur Schult es einmal beschrieben hat: „Die Pfingstbotschaft kann nur in dem Maße wieder erkannt und verstanden werden, als sie neu erfahren wird. Geistige Erfahrungen in diesem Sinne machen die Menschen heute sowohl innerhalb wie außerhalb der Kirche. Aus unserem eigenen Erleben will in den großen geistigen Umbrüchen der Gegenwart eine neue, ins Planetarisch-Kosmische geweitete Form des Christentums Gestalt annehmen. Trotz aller Veräußerlichungen und geistigen Abstürze hat das Christentum der Menschheit das tiefste Eindringen in den Weltgrund ermöglicht. Allumfassend ist die christliche Wahrheit. Selbst der materialistische Atheismus und die nihilistische Zerstörung kann noch als unterste Stufe der Wahrheit begriffen werden, von der aus der Mensch aufzusteigen vermag zum lebendigen Geist. Die neue Ausprägung des Christentums wird die heiligen Schriften der asiatischen Hochreligionen als verschiedene Spielarten der einen Logos-Religion der Menschheit anerkennen und wird auch den sogenannten Heiden ihre Würde als echte Söhne Gottes zurückgeben" (in „Pfingstgeist und Christentum").

Pfingstgeist über unserem Leben bedeutet Eingebettetsein in die große, unendliche Harmonie der Welten. Wir werden neue und poetischere Worte finden müssen, um das Feuer vom Himmel, das Christus uns einst gebracht hat, nicht ausgehen zu lassen. Wir werden zeigen müssen, daß Christentum wirklich der Überbau ist für alle Religionen. Wer etwa die Prophetie eines Jakob Lorber kennt oder das kosmosophisch ausgerichtete Weltbild der Johanna van der Meulen, der kann getrost von sich sagen: Eine solche Verkündigung traue ich mir zu, denn ich habe ja das Rüstzeug an der Hand, Gottes Heilsplan in seinem ganzen Umfang und in seiner ganzen Tiefe aufzuschließen. So düster auch die nächste Zukunft für uns aussehen mag, über allem ist doch Licht.

Das Prophetische regt sich heute, da wir in der „Endzeit" leben, in beinahe allen Winkeln der Erde. Ob Christentum oder Heidentum, Gottes Führung ist überdeutlich. Bei den längst missionierten Heidenvölkern, besonders Afrikas, bricht ein ganz neuer Geist auf. Mehr und mehr sagen sie sich los von einem nicht mehr tauglichen Schema überalteter Kirchlichkeit. Ihr Verlangen nach einem ursprünglichen Christentum wird ihnen stets in dem Maße gelohnt, wie es echt und ernst gemeint ist. Gott erweckt ihnen dann jedesmal einen geeigneten Propheten; die Gnadengaben brechen ungehindert wieder auf. Sollte uns dies nicht nachdenklich stimmen?

In einer Vortragsreihe über den Rundfunk hat der Marburger Religionsphilosoph Ernst Benz etwas Überraschendes festgestellt: Wohin wir auch in der ganzen Welt blicken, besonders aber bei den nichtchristlichen Völkern, bilden sich „Neue Religionen" (so der Titel seiner Vorlesungen). Daß nicht überall Christus seinen Siegeszug halten kann, sollte uns dabei nicht stören. Wichtig ist, daß die Sehnsucht sehr vieler Menschen heute auf Erlösung gerichtet ist. Es müßte keinen Vater im Himmel geben, wenn er diesem Ruf nicht nachgäbe. Mit Staunen erfahren wir, daß zum Beispiel im neuen Japan die sozial überaus tätige und weit verbreitete Omoto-Religion auf die Offenbarung einer Prophetin namens Nao Deguchi zurückzuführen ist. Auch sie hatte ihr Berufungserlebnis: „Sie empfing eine göttliche Offenbarung durch Innewohnung eines Gottes, der durch ihren Mund und ihre in Ekstase niedergeschriebenen kleinen Zettel der Welt eine neue Botschaft des Heils verkündete. ... Die Sammlung dieser Zettel, die bei ihrem Tod 1918 angeblich 10 000 Bände umfaßte, bildet die Grundlage der Lehre von Omoto" (aus Ernst Benz „Asiatische Begegnungen"). Weitergeführt wurde die Bewegung durch Deguchis Schwiegersohn Kisaburo. Ein göttlicher Geist kam auch über ihn. Dabei erhielt er die Gabe der Herzensschau und der Unterscheidung der Geister. In der Entrückung wurde er durch viele Tage in das Geisterreich eingeführt. Diese Erlebnisse fanden ihren Niederschlag in den 81 Bänden „Erzählungen aus dem Geisterreich". Wir sehen daraus, daß auch das Heidentum von Gott niemals ohne Licht gelassen wird.

Mag auch die christliche Kirche sich hoch erhaben dünken als die wirkliche „Stadt auf dem Berge", Gott läßt es auf jeden Fall zu, daß auch nichtchristliche Religionen ihre Zelte oder ihre Baracken am Fuße dieses Berges aufschlagen; bis ein Engel ihnen die Weisung gibt ins höhere Licht.

8. Die einzigartige Bedeutung der neueren Prophetie für die Zukunft des Christentums

Ein österlicher scharfer Wind, kalt, regnerisch, Horizonte zudeckend und wieder aufhellend, weht heute über der Christenheit. Dazwischen schießen Hagelschloße hinein, mit der Gefahr, die junge aufbrechende Saat gleich wieder zu zerstören. Ein stürmisches Aprilwetter, das manchmal auch sonnige Abschnitte kennt, zumeist aber noch den eisigen Hauch vergangener Winterstarre als Nachwehen sendet. So stellt sich uns im Bilde der Natur gleichnishaft das Hin- und Hergewoge, das unruhige Auf und Ab im Leben der Kirche dar. Sein gleichmäßiger Rhythmus von einst ist weitgehend gestört; aus der Tiefe dringen unbekannte Kräfte des Erneuerungswillens. Da faßt ein gewaltiges Sehnen den ganzen Kosmos; nicht nur die Erde, die Himmel selbst bewegen sich. Verheißungen, in prophetischer Frühzeit gegeben, wollen endlich wahr werden.

Doch Ostern ist auch des Menschensohns Tragödie! Wie sollte sich nicht am Schicksal der Kirche wiederholen, was nach dem Willen des Vaters für jenen notwendig schien: das dialektische Zusammenspiel von Kreuzigung, Grablegung und Auferstehung? Ein unumgängliches, in der Heilsgeschichte tief verankertes Mysterium!

Wir wissen es nur zu genau, daß „die Gemeinschaft der von Christus aus der Welt Herausgerufenen", zur „Ekklesia carnalis" erstarrt, ihr Gethsemane erfährt. Der Kelch, der ihr gereicht wird, ist unabwendbar. Vorwehen eines kommenden allgemeinen Gerichtes kündigen sich dabei an. Gericht heißt nicht nur Strafe für begangene Sünden und Versäumnisse; Gericht ist in der Hauptsache „Ausrichtung" auf etwas Höheres hin. Der eigene Wille wird dabei weitgehend eingeschränkt. Eine neue Blickrichtung wird uns schicksalhaft von Gott aufgezwungen; denn auch Gott hat seine genauen Termine baumeisterlicher Weiterführung des Schöpfungsplanes. Sterben muß in einem solchen Augenblick, was sich außerhalb der Ordnung geistiger Gesetze stellte und dadurch seine Lebensunfähigkeit demonstrierte.

Wir fühlen es zutiefst mit, was der Kirche heute an ihrem Äußeren widerfährt. Die eigenen Kinder wenden sich gegen die Mutter, und wer die Auswüchse radikal progressiver Katholiken zum Beispiel in ihren Exzessen beobachtet, der muß sich vor so viel Blindwütigkeit für die ganze Christenheit schämen. Bei Jakob Lorber sagt der Herr einmal: „Ist es wohl löblich, wenn Kinder ihre kranke Mutter verlassen und der Leidenden den Tod wünschen ihrer vielen Gebrechen halber? Wie kommt es denn, daß ihr (über die römische Kirche) rufet: ,Herr, lasse Blitz und Schwefel regnen auf ihr krankes Haupt!' Hört, da schaut noch ganz wenig wahre Liebe heraus! Meinet denn ihr, Vernichtung sei der Weg zur Besserung? O nein, da irrt ihr euch ganz abscheulich. So meinten denn auch alle Sektenstifter; aber sie haben sich ebenfalls sehr geirrt und die Folge war: Bruderzwist, Krieg, Mord und Greuel aller Art! – War eine solche Besserung gesegnet?"

Mit der Schar von Widersachern, welche die katholische Kirche nach dem zweiten Vatikanum aus ihrem Schoße entließ, betrat eine Menge falscher Propheten, bereits im Evangelium vorhergesagt, die lärmende Bühne. Sie sind die Vorboten des Antichrist, wenn auch im kirchlichen Gewande, das sie zur Tarnung nicht ausziehen wollen. Auf sie paßt der bekannte Spruch:

"Das ist der Clou des ganzen Spottes,
Herr Satanas im Kleid des lieben Gottes!"

Als vor einiger Zeit das dickleibige Buch von Friedrich Heer „Abschied von Höllen und Himmeln". Vom Ende des religiösen Tertiär" in den Auslagen erschien, da getraute man sich noch nicht recht beim Lesen des reißerischen Titels an einen entsprechenden Inhalt zu glauben. Es konnte doch unmöglich wahr sein, daß ein so bekannter christlicher Publizist diese hingesetzten Worte auch wirklich ernst meinte! Aber – das unmöglich Scheinende entpuppte sich als wirklich; ja, es überbot alles, was an Radikalität der Glaubensverneinung selbst der ärgste Atheist hätte aushecken können! Dem „Historiker" Friedrich Heer ist es in diesem Werk gelungen, durch Zusammenfassung alles Negativen in der langen Geschichte der Kirche seinen Lesern einen heillosen Abscheu vor dem Christentum einzuflößen. Das geht an die Wurzel nicht nur der historischen Kirche, sondern der Religion überhaupt. Auch die antiken Religionen kommen mit unter das Fallbeil. Sind sie es nicht gewesen, die mit ihrem Mythos von einer Jenseitswelt der Menschheit die Freude am Diesseits vergällten? Dies führte, nach Friedrich Heer, zur Verkrüppelung und Mißbildung der Seele. Besonders die asketisch Gesinnten, die Orphiker, Pythagoreer, Manichäer, Platoniker usw., die den christlichen Mönchen und Heiligen später das schlechte Vorbild gaben, entzogen der Menschheit das wahre Paradies auf Erden, das diese im ungehemmten Ausleben ihres Lustbegehrens hätten haben können!

a) Das Evangelium der Lust

Friedrich Heer ist kein origineller, selbständiger Denker. Bei allem, was das Buch zusammenträgt, stoßen wir auf die Spuren bestens bekannter Namen. Auf Sigmund Freud etwa, den „großen Einsamen", oder auf Herbert Marcuse. Letzterer hat bekanntlich in seinem Buch „Der eindimensionale Mensch" ein Evangelium der Lust gepredigt. „Schöpfungswonnen" nennt auch Friedrich Heer das lustvolle Sichausleben im „Paradies des Ehebetts". Selbst den Hexensabbat und die Teufelsmessen als Gesellschaftsspiel von einst findet er immer noch weniger langweilig als die „faden" Gottesdienste der Kirche. Für ihn sind sie weiter nichts als verständliche Reaktionen sexuell gesunder Naturen gegen die maßlose Unterdrückung des Geschlechtlichen durch „impotente" Geistliche und Mönche. Nach Friedrich Heers Überzeugung sind die jenseitigen Himmel und Höllen eine Ausgeburt des Rachegeistes asketisch lebender Sadisten. In einem geradezu verklärten Licht erscheint da der berüchtigte Papst Alexander VI., an dessen Renaissancehof hedonistischer

Daseinsgenuß Triumphe feierte. Wir müssen es ungeniert aussprechen: Eine solche Theologie extrem radikaler Progressisten stammt direkt vom Fürsten der Hölle. Da wird das Oberste zuunterst gekehrt, alle bisherigen Trennungslinien werden ganz verwischt und nichts bleibt unangetastet. Sogar das „Hohe Lied Salomonis", dessen Ursprung und eigentliche Bedeutung Arthur Schult in seinem Büchlein „Eros und Agape" so wunderbar durchleuchtete, wird Opfer von Friedrich Heers Lustevangelium. Da hat doch tatsächlich der bekannte Herder-Verlag sich dazu hergegeben, ein Buch auf den Markt zu bringen mit dem Titel „Recht auf Lust?"! Dieses Elaborat einer Reihe von „christlichen" Autoren enthält Schwulitäten in der Darstellung, die die Grenze des Geschmackvollen weit überschreiten. Das starke Zugpferd des ganzen Unternehmens ist wieder Friedrich Heer, der sich gleich im ersten Kapitel über das „Hohe Lied" hermacht. Wie sehr verübelt er es den Theologen, daß sie dieses sinnlich starke Liebeslied immer wieder verabstrahierten und sublimiert mit dem hieros gamos, der heiligen Hochzeit zwischen Seele und Bräutigam Christus, in Beziehung brachten. Er faßt nicht seine mystische Bedeutung und zerrt es auf die Ebene des Sexuellen hinab. (Wie ganz anders in der Prophetie eines Jakob Lorber!)

Bei Arthur Schult stehen die Worte: „Das Hohe Lied Salomonis läßt die irdische Liebe im Urbilderspiegel der Gottesliebe erstrahlen, aus der sie herabgesunken ist, zu der sie aber wieder emporschauen und an der sie genesen kann. Der Sexus, das Geschlecht, ist eine biologisch-vitale Macht und darf nicht verwechselt werden mit dem Eros. Dieser ist eine geistige Macht, die den Sexus nur als Einfallstor benutzt und ihn heiligt, aber wesensmäßig von ihm verschieden ist. Der Eros, kann man sagen, ist das Organ für die Wahrnehmung des Urbildes der geliebten Person, wie es in Gott geborgen ist. Der Eros erkennt bei dem geliebten Menschen, wo dieser mit dem unsterblichen Teil seines Wesens das Göttliche streift. Er befähigt uns, das endliche Wesen im Glanze des unendlichen zu schauen, er läßt die Liebenden ihr höheres Ich finden. Im Eros und in der Ehe erleben zwei Menschen in sympathisch gebundener inniger Liebesgemeinschaft die Begegnung mit ihrem mann-weiblichen Urbild, kommen im geschlechtlichen Austausch zur Kommunion mit ihrem Gottes-Ich. ... Die irdische Geschlechterliebe wird so transparent für die himmlische Liebe und für das kosmische Leben. Die Welt aber etwa wird im Frühlingsglanz, in Sommerpracht, in Herbstesklarheit und in Winterruhe den vom Eros Ergriffenen zur Offenbarung für das Erblühen, Wachsen und Reifen der Seele durch die Liebe. Der Rhythmus der Jahreszeiten und der Rhythmus der Liebe klingen deshalb so ineinander, weil sie Offenbarung der gleichen Urbilder in verschiedener Gestalt sind, in kosmischer und in menschlicher. Überall in der Natur und im Menschen sucht Seele den Geist und Geist die Seele. Jedes echte Liebeslied ist transparent für die Sphäre des Überirdisch-Göttlichen, weil es durch die Bilder der irdischen Liebe die himmlische Liebe hindurchschimmern läßt. In diesem Sinne ist das Hohe Lied zugleich ein Lied der irdischen Geschlechterliebe, der hohen Gottesliebe und der ‚Vermählung der Jahreszeiten' (Novalis)."

Es scheint uns wichtig, den heutigen Usurpatoren von Religion und Sittlichkeit solch erleuchtete Texte entgegenzuhalten. Sie mögen sich darin im Spiegel erkennen! Daß Friedrich Heer die in jedem Abendmahl und erst recht in der Unio mystica angestrebte Vereinigung zwischen Seele und Gott, weil sie über Christus geht, als „homoerotisch" anprangert und in Vergleich setzt mit der Homosexualität, gehört zu seinen erschreckenden Schamlosigkeiten. Ganz offensichtlich kann er nicht unterscheiden zwischen Eros und Agápe. Selbst Sigmund Freud, in dessen Weltanschauung die Libido eine alles beherrschende Rolle spielt, würde dazu sagen: „Der Verlust der Scham ist das erste Anzeichen von Schwachsinn." Übrigens macht Konrad Lorenz, der Altmeister der Verhaltensforschung, bei Freud darauf aufmerksam, daß dieser in seinen Schriften fast niemals das Wort „Freude" gebraucht, obwohl es in seinem eigenen Namen enthalten ist. Gewöhnlich tritt an seine Stelle das Wort Libido oder Lust. Sehr bezeichnend für die tatsächliche Freudlosigkeit all jener, die nichts Besseres wissen, als „Frau Welt" zu verherrlichen. Ihr unruhiges Gewissen als die innewohnende Stimme Gottes ist bald abgetötet. Mit dem Glauben an ein höchstes Wesen fällt auch der Jenseitsglaube, der mit seiner Vorstellung von einer Verantwortlichkeit im Gericht nur störend wirken könnte.

„In der Hölle brennt kein Feuer", versichert uns der einstige Mönch Thomas Sartory in seinem gleichnamigen Werk; „Jesus ist nicht an der Unsterblichkeit der Seele interessiert"; „die zweitausendjährige Lehre von der Hölle ist eine Sackgasse"; „Jesus ist auch nicht an der Hölle interessiert"; „Satan ist ein Symbol". Und Frau Dorothee Sölle-Steffensky fügt hinzu: „Christus hat auf den Himmel Verzicht geleistet" (in ihrer Schrift „Atheistisch an Gott glauben"). Der katholische Religionspädagoge O. Betz betont in seinem Aufsatz „Illusionen müssen sterben": „Keine Stelle im Neuen Testament besagt, es gäbe etwas im Menschen, das den Tod überdauere." – Man könnte die Zitate bis ins Endlose fortsetzen.

Wie sehr gerade das Fehlen einer recht verstandenen Jenseitslehre auf das sittliche Verhalten zurückwirkt, beweist uns die heutige Jugend. Mit ihrer Rauschgiftsucht und Neigung zum Anarchismus verbindet sich das Desinteresse an Religion. An ihre Stelle tritt weitgehend das Evangelium der Lust. Leider gibt es heute allzuviele Prediger dieser Weltanschauung. Friedrich Heer schleudert seinen ganzen Zorn nicht nur gegen Paulus, der bekanntlich das Gebot der Reinheit auch auf die Ehe erstreckte, sondern vor allem gegen Augustin: „Vorbildlich für Jahrtausende versaut, verdirbt Augustin den Christenmenschen den ‚Himmel auf Erden', die Erfahrung der ‚Schöpfungswonne' in der geschlechtlichen Vereinigung. Seine Lehre von der Paradiesehe überschattet zunächst die Sexualethik bis zum 13. Jahrhundert. Augustin lehrt: Vor dem Sündenfall war der Geschlechtsverkehr frei von jeder sexualen Erregung. Er widmet ein ganzes Kapitel seines ‚Gottesstaates' (Kap. 14) dem Nachweis, daß der ursprüngliche Mensch die Geschlechtsorgane mit dem Willen beherrscht hätte. Dieser Augustinismus beseelt noch die Enzyklika Pauls VI. ‚Humanae Vitae'. Der Wille zum Kind ist der einzige sittliche Beweggrund, um den ehelichen Verkehr zu rechtfertigen. Die Lust ist ein Übel."

Und doch stimmen diese Ansichten von Augustinus mit der Prophetie Jakob Lorbers haargenau überein! Zwei Welten stehen hier gegeneinander. Selbst ein großer Teil der heutigen kirchlichen Theologen, von der Wissenschaft der Psychoanalytik angesteckt, ist nicht mehr sicher auf diesem Gebiet. Wie gut, daß die Prophetie sich stets zu Worte meldet! Lassen wir den Herrn bei Jakob Lorber sprechen: „Wenn das Leben des Menschen kein tändelnder Scherz, sondern ein sehr geheiligter Ernst ist, so kann auch der Entstehungsakt desselben durchaus keine Tändelei, sondern auch nur ein sehr geheiligter Ernst sein. Die wohltuenden Empfindungen sollen nicht der Beweggrund zur Vornahme des Zeugungsaktes sein, sondern allein der Wille, daß ein Mensch gezeugt werde; denn die Empfindungen sind nur begleitende Erscheinungen und für die selbstische Natur des Menschen notwendige Anreize zum höheren Zwecke der Zeugung.

Um eine rechte und gesunde Frucht zu zeugen, müssen zwei reife Menschen Seelenverwandtschaft untereinander haben. Sind ein Mann und ein Weib in ihren Herzen (d. h. ihrem Geiste) und in ihren Seelen verwandter Natur, so sollen sie sich denn auch ehelichen und sich nach der Ordnung, wie sie in der Natur leicht zu finden ist, des Zeugungsaktes lediglich zu dem Behufe bedienen, um zu einer lebendigen Frucht nach ihrem Ebenmaße zu gelangen. Ein mehreres, als eben dazu vonnöten, ist wider die Ordnung Gottes und die Natur und somit ein Übel und eine Sünde. ... Zugleich aber soll allen Eltern ans Herz gelegt sein, daß sie ihre Kinder nicht den Reizungsgefahren aussetzen; denn ein brennbares Material kann leicht in Brand geraten. Wenn aber einmal die Flammen auf allen Seiten lichterloh aufschlagen, dann geht es mit dem schnellen Löschen oft gar nicht mehr. Und ohne Opfer schlägt keine Flamme auf; wenn sie gelöscht ist, zeigt sich der Schaden!"

Alle Fragen, die sonst mit dem Geschlechterwesen zusammenhängen, werden bei Jakob Lorber und Swedenborg in ihrer ganzen Tiefe durchforscht. Das ist eine herrliche Lehre ehelicher Zusammengehörigkeit im Himmel wie auf Erden in der rechten Liebe. Sie geht bis an den Ursprung des Menschheitsgeschlechtes und bis zu seiner letzten Bestimmung. Den Hedonisten sagt Jakob Lorber noch: „Die bloße Weiberliebe ist Eigenliebe. Denn wer von der Weiberliebe sich so weit verziehen läßt, daß ihm daneben die Nächstenliebe und aus dieser die Gottesliebe zur Last wird, der liebt sich selbst im Wesen des Weibes. Laß dich daher von der reizenden Gestalt eines Weibes nicht gefangennehmen übers rechte Maß, ansonst du untergehst in der Schwäche des Weibes, während doch das Weib in deiner Kraft erstehen soll zu einem Wesen mit und in dir!"

Die sittlichen Vorstellungen eines Menschen färben so sehr auf seine allgemeinen Religionsvorstellungen ab, daß ein hemmungsloser Triebmensch das Organ für etwas Höheres ganz verlieren kann. So kommt es zu Urteilen wie diesen: „Der Mensch ist ein intellektueller Schimpanse, Fleisch und Schutt" (der Dichter Gottfried Benn). Auch Friedrich Nietzsche meinte: „Der Mensch ist ein Affe oder ein Gelächter." Daß Tiere dann „bessere Wesen" sind, weil ihnen die Raffinesse eines überzüchteten Intellektes fehlt, ist ziemlich einleuchtend. „Die Sexualität wird ähnlich wie die Zigarette zum Genuß ohne Reue, zur Konsumsexualität", sagt Prof. Schelsky. Zur Zeit herrscht eine wahre Manie, zum Beispiel in vielen Filmen, Schaubilder von Sexdarstellungen mit dem Religiösen zu verkoppeln. Unausdenkbar, zu welchen Entartungen das noch führen wird! Maria als eine „Supervenus" im Himmel der Katholiken zu bezeichnen, vermag nur ein Mensch, dessen Mentalität schon ganz vom Sex umsponnen ist. Friedrich Heer brachte dies fertig, wie er auch die Gestalt Jesu Christi völlig pervertierte, und zwar ins Politische. Auch hier ist es nur ein Wiederkäuen schon bekannter Irrlehren der sog. Revolutionstheologen. Da aber mit der Infragestellung von Jesus Christus nicht nur die historische Kirche, sondern auch die Ekklesia spiritualis ins Herz getroffen wird, ist eine Verdunkelung seines Bildes besonders folgenschwer.

b) Das entleerte Christusbild ohne Jenseitsglaube

Der theologisierende Geschichtsprofessor Friedrich Heer doziert: „Hat sich Jesus selbst jemals als Messias bezeichnet? Das ist sehr fraglich. – Das ‚Reich der Himmel', das ‚Reich Gottes': das ist kein Reich im Jenseits. Jesus kennt kein Jenseits, als Jude ist ihm ein fahles Jenseits fremd. Er trennt nicht Leib und Geist, Seele und Fleisch, er interessiert sich weder für eine Unsterblichkeit der Seele noch für eine ‚private Auferstehung des Fleisches'. – Jesus interessiert sich nicht für Himmel und Höllen. Das ist gerade heute für eine mögliche Zukunft des Christentums fundamental wichtig, aber auch für mögliche Neubildungen in einer nachchristlichen Menschheit. – Jesus interessiert sich einzig für die Gegenwart. Das Reich steht in der Tür: das Reich des Friedens, der Gerechtigkeit, der Lebensfülle, der Liebesfülle. Dieses Reich ist bereits mitten unter uns (nicht ‚in uns', wie ein tausendjähriger Spiritualismus privatisierend verkündet). – Das Reich der Himmel (‚Himmel' steht für Gott, dessen Name nicht genannt werden soll): das bedeutet einen totalen Umsturz aller Machtverhältnisse, aller gesellschaftlichen Ordnung, die Jesus als echter Revolutionär als goldene und blutige Masken von Unordnungen durchschaut. ... Das Reich der Himmel: sein Einbruch in diese Welt bedeutet eine politische Tat. Wie macht Gott Politik auf dieser Erde? Das ist die entscheidende Frage für Jesus. – Das Paradies: das bedeutet paradiesische Erde! – Jesus organisiert ‚Zellen', die die Machtübernahme Gottes vorbereiten sollen: er sammelt seine Jünger. Zuerst zwölf, dann siebzig weitere. Sie werden ausgesandt, um für die zwölf Stämme Israels über die siebzig Völker zu herrschen. Die Jünger kehren zurück, das Reich ist nicht gekommen. Diese Enttäuschung dürfte die Mitte des Lebens, den großen Krisen- und Wendepunkt bedeuten. – Jesus wendet sich vom Volk, von der öffentlichen Tätigkeit ab. – Seit der Enttäuschung will Jesus das Reich zwingen durch sein Leiden und Sterben für die Vielen. – Die Jünger fliehen zu Recht den eben gefangen genommenen Mann. Er hat das Reich Gottes nicht gebracht." –

Dies also ist das traurige Lied, das Friedrich Heer uns von Jesus zu singen hat; von jenem enttäuschten, vom Vater verlassenen, am Marterpfahl geendeten politischen Illusionisten. Was haben seine Jünger aus der Misere gemacht? Sie erfanden das Märchen von der Auferstehung! Zuerst haben sie sich es gegenseitig eingeredet und dann glaubten sie es selbst ganz fest und der Grundstock war da, auf diesem Wahnglauben eine neue Religion zu gründen. „Das größte und fatalste Ereignis in der Geschichte des Christentums" ist aber Paulus. Er ist der eigentliche Stifter der christlichen Religion. Über ihn sagt Friedrich Heer: „Paulus hat ein homoerotisches Verhältnis zu seinem Christus, das für Jahrtausende vorbildlich wird. Die Frauen müssen zurückgedrängt werden im Gottesdienst. Christus, der ‚Bräutigam' der Seele, der keuschen, männlichen Seele, verbindet sich in heiliger Hochzeit mit ihr."

Als eine „religiös-politische Trostliteratur" für das Ausbleiben der Naherwartung des Reiches Gottes stellten sich die verschiedenen Apokalypsen ein. In der Apokalypse des Johannes ist Christus (nach Fr. Heer) zur „furchterregenden" Gestalt geworden. (Als Christus Pantokrator, als Himmelskaiser nach Art der Cäsaren!): „Das Lamm dieser Apokalypse ist ein Ungeheuer. Das Rachegeschrei der Märtyrer steigert seine Wut. ... Man versteht, wie diese Apokalypse zum Volksbuch religiös-politischer Revolutionäre, ‚linker' Täufer und Prädikanten des Bauernkrieges um Thomas Müntzer werden konnte. ... Aus der Frohbotschaft ist eine Drohbotschaft geworden."

Von den drastisch ausgemalten Geschichten einer umfangreichen Jenseitsliteratur wählt Friedrich Heer gerade jene aus, die sein ethisches und ästhetisches Gefühl zutiefst beleidigen. Dies alles ist ihm Grund genug, eine Jenseitswelt als Ganzes zu verwerfen. Am Ende seines Buches träumt der Verfasser von kommenden besseren Tagen, in denen der geistige und seelische Terror eines kirchlichen Jenseitsglaubens überwunden sein wird. Die erhofften sozialpolitischen Verbesserungen, die ihm sein Fortschrittsglaube dabei vorgaukelt, werden die „Menschwerdung des Menschen" bringen als „heilig-nüchternen Rausch der Zukunftsfreude". Naturwissenschaftler und Techniker werden die Gestalter und Vorausprojektierer des wirklichen „Reiches Gottes" auf Erden sein. Zu alledem können wir nur sagen: Wie kennt dieser vital selbstbewußte und doch so naive Autor die menschliche Seele? Weiß er nichts von ihren Unberechenbarkeiten, die gerade aus der Tiefe des Unbewußten selbst in den Zeiten des „Wohlstergehens" urplötzlich aufsteigen? Da steht Orwells grauenhafte Vision vom Jahre „1984" der Wahrheit viel näher! Bis dorthin wird vielleicht gerade das technische Arsenal, das unseren Wissenschaftlern zur Verfügung steht, die totale Manipuliertheit des Roboters Mensch ermöglichen. Wozu wäre Religion letzten Endes nütze, wenn sie nicht gerade diese Gefahren bannen könnte?

Inzwischen ist das Buch von Friedrich Heer zum Modeschlager geworden. Wer nüchternen Geistes daran geht, Beweisführung und Methodik näher zu untersuchen, dem fällt von vornherein auf, wie überaus einseitig seine Darstellungen wirken. Gar oft wird mit unredlichen Tricks gearbeitet (z. B. in der Aussage über die Bibel), besonders aber mit trügerischen Halbwahrheiten. Am allermeisten aber erschrecken die zahllosen Mißverständnisse. Sie konnten nur zustande kommen aus großer Unwissenheit. Unverzeihlich, wenn ein Historiker mit einem nur oberflächlich befirnißten Christentum nichts weiß von der uralten Entsprechungslehre (Analogielehre)! Mit ihrer Hilfe wäre es ihm ein leichtes gewesen, die unsäglich abstoßenden Bilder von Höllenschilderungen im Jenseits, wie in Dantes „Göttlicher Komödie", in sein Weltbild einzuordnen.

Gerade die irdischen Beispiele bestialischer Grausamkeiten, wie in den KZ-Höllen des Dritten Reiches oder bei Christenverfolgungen in kommunistischen Ländern mit ihrer „Gehirnwäsche" und ihren Folterungen (s. das Buch von Pfarrer Wurmbrand „Gefoltert für Christus"!), müßte doch längst genügen, um so etwas auch im Jenseits für möglich zu halten. Die inneren Höllen mancher Menschen werden ja dort im „Entsprechungsbilde" so völlig nach außen gekehrt – und zwar als „Erscheinlichkeiten", nicht als eigentliche Wirklichkeit –, daß dies einem „erbarmungslosen" Gerichtszustand gleicht. Nicht Gott aber ist es, der da richtet – auch dies ist bei Friedrich Heer ein furchtbares Mißverständnis –, sondern der Geist des Menschen selbst projiziert die Szenerien hinaus, die dazu dienlich sind, daß die Seele sich „aböden" kann. Traumbildern ähnlich, so lesen wir bei J. Lorber, sind all die „Erscheinlichkeiten" im Jenseits, wenigstens in dessen unteren Regionen. Die eigentliche absolute Wirklichkeit beginnt auch für die Seele erst dort, wo ihr Geistfünkchen, der „Gott im Menschen", ganz zum Durchbruch kommt. Das ist dann ein Zerreißen der Schleier der Erscheinungswelt, die von den weisen Indern schon immer als Welt der subjektiven Täuschungen, als Maya bezeichnet wurde. Aber auch die Wirklichkeit in Gott, von Jesus in der Vaterunserbitte als das „Reich Gottes" bezeichnet, dessen absoluter Oberherr er selber ist als Christus Pantokrator („Mein Reich ist nicht von dieser Welt"), bedeutet Naturwelt in der Vollkommenheit. Diese „verklärte Erde" (der Himmel oder das Neue Jerusalem) hat natürlich ihren Gegenpol, die Hölle; wobei auch die ebenfalls uralte „Gegensatzlehre", die zur Analogielehre hinzugehört, rein logisch dies schon fordert.

Es hängt mit der Freiheit des Willens zusammen, daß ein geistbegabtes Wesen sich aus der ursprünglichen Ordnung Gottes so weit entfernen kann, daß schließlich seine eigene ganz persönliche Hölle zustande kommt; in gänzlicher Mißgestalt und Gegensätzlichkeit zum „Schönen, Wahren und Guten", wie Swedenborg lehrt. Dabei wird die subjektive Erfahrungs- und Vorstellungswelt des betreffenden Individuums den Ausschlag geben. Diese „Abödung" im Spiegelbild dient vor allem der Selbsterkenntnis und ist gedacht als Hilfe für all das „Verkehrte" (Swedenborg), das eine gefallene Seele in sich angehäuft. Mit der kirchlichen Lehre von der Ewigkeit der Höllenstrafen wird freilich gerade dieser Sinn der Läuterungsstufen im Jenseits fast ganz ad absurdum geführt. Man kann es dem Katholiken Heer nicht einmal so sehr verübeln, daß er aus diesem unverständlichen Dogma radikale Konsequenzen zog; daß „Jenseits" für ihn überhaupt eine unleidliche Vorstellung wurde.

Und damit kommen wir zur eigentlichen Ursache so vieler Torheiten von heute: Die zahllosen Mißverständnisse im Glaubensbereich gehen vor allem auf eine ungereinigte und ungereimte Lehre der Kirche zurück! Heute muß sie es in furchtbarer Weise büßen, daß sie die Prophetie verleugnete. Ein ungeheurer Schatz von Erkenntnissen ging ihr damit verloren. Um gegen ihre vielen Widersacher bestehen zu können, wird sie in Zukunft ihre alte verengte Lehre, die noch qualvoll in den Kinderschuhen steckt, an das Weltbild der christlichen Prophetie angleichen müssen. Das Herumbessern an bloßen Äußerlichkeiten, wie Liturgie und Kirchenverfassung, geht niemals in den Kern und ist im Grunde verlorene Liebesmühe. Auf eine „Ausweitung" der Lehre kommt alles an; auf eine Anpassung an den Stand der heutigen Wissenschaft, damit Glaube und Wissen miteinander versöhnt werden.

c) Die Mitschuld der Kirche am heutigen Glaubensabfall durch unverständliche Dogmen und ein verzerrtes Gottesbild

Wie groß ist das Unheil, das schon ein einziges falsch formuliertes Dogma in der ganzen Religionsgeschichte anzurichten vermag! Bleiben wir bei dem Beispiel: Ewigkeit der Höllenstrafen! Durch Thomas von Aquin ist diese unfaßliche Lehre erst recht erhärtet worden. So kommt es auch, daß in Dantes „Göttlicher Komödie" am Eingangstor zur Hölle die furchtbaren Worte stehen: „Laßt, die ihr eingeht, alle Hoffnung fahren!" Es ist einer der schauerlichsten Sätze, die unser Ohr treffen können. Der Dichter schrieb ihn höchstwahrscheinlich nicht aus sich selbst, sondern nur im Gehorsam gegen den Glauben seiner Kirche. Freilich, ein sklavischer Gehorsam, den wir verurteilen müssen! Sein Herz hat dabei unmöglich mitgesprochen. Bei aller Anerkennung der großartigen Jenseitsschau, die beinahe auf mathematische Weise den harten Gesetzen der Analogielehre gerecht wird: dieser eine Punkt ist ein so hoffnungsloser Schönheitsfehler, daß er den theologischen Wert seiner Dichtung aufs stärkste beeinträchtigt. (Nicht dagegen die einmalige poetische Leistung!) Alles muß ins Rutschen kommen, wenn ein falsches Gottesbild an die Stelle des liebenden Vatergottes den unbarmherzigen Rachegott des Dogmas setzt! Solche theologischen Fehlleistungen haben natürlich ihre Geschichte, welche eine unvoreingenommene Exegese sehr leicht auf ihren Ursprung zurückverfolgen kann. Ein kurzer historischer Exkurs möge uns dies überzeugend dartun:

Aus Forschungen des deutschen Kurienkardinals Bea und anderer gelehrter Männer geht hervor, daß sowohl das Neue als auch das Alte Testament viele Übersetzungsfehler enthält. Ein Rückgriff auf die Quellen ist also unumgänglich. Was aber haben diese im Falle „Ewigkeit der Höllenstrafen" ergeben? Im griechischen Urtext, den die Vulgata des hl. Hieronymus leider mißverständlich übersetzte, steht das Wort: aiónios. Dieses bedeutet aber nicht „ewig", sondern nur „lang andauernd". Selbst im Lexikon für katholische Theologie und Kirche, das vor wenigen Jahren herauskam, heißt es richtig: „lange Zeit", „Zeitabschnitt"; nur in älteren Wörterbüchern steht noch fälschlich „ewig". Auch bei Papini lesen wir in seinem Buch über den „Teufel": „In Wirklichkeit hat nämlich das Wort ‚ewig', im griechischen Originaltext aiónios, die Bedeutung von etwas Dauerndem in der Zeit. Demzufolge bedeutet das Wort keinesfalls einen absoluten und metaphysischen Begriff, das heißt einer Ewigkeit, die per definitionem zeitlos ist." Den stets von Rom vertretenen Standpunkt: „auctoritas, non veritas facit legem" (die Autorität, nicht die Wahrheit macht das Gesetz) bekam auch Papini zu spüren. Seine Exkommunikation konnte gerade noch gnädig abgewendet werden. Als einst der evangelische Erweckungsprediger Hallesby bei einem Vortrag in Oslo den Zuhörern mit der Ewigkeit der Höllenstrafen einheizte, erklärte ihm Bischof Schjelderup, er sei aufs tiefste empört über solche Predigtweisen, denn die biblische Grundlage der Lehre von den ewigen Höllenstrafen sei im höchsten Grade umstritten. Nicht die Möglichkeit der Verdammnis sei zu bestreiten, sondern eine Hölle mit ewigen physischen Qualen. Eine Kontroverse dieser Art ist bei jenen Christen nicht möglich, die der Prophetie ihr Vertrauen schenken. Wie wunderbar wird alles geklärt mit den Worten des Herrn bei J. Lorber: „O ihr Narren! Gibt es wohl einen Vater von nur einiger Liebe zu seinen Kindern, der ein Kind, das gegen sein Gebot einen Fehler beging, auf lebenslänglich in einen Kerker stieße und dazu noch züchtigen möchte alle Tage, solange es lebte? Wenn aber das ein menschlicher Vater nicht tun wird, der im Grunde als Mensch doch schlecht ist, um wieviel weniger wird das der Vater im Himmel tun, der die ewige und purste Liebe und Güte selbst ist" (Gr. Ev. Bd. 6, Kap. 243, 9).

Jüdische Vorstellungen von der ewigen Hölle – die Priester bezeichneten die Masse des Volkes als massa perditionis, das heißt Masse des Verderbens, oder hebräisch „Am-haarez", das heißt vom Himmelreich Ausgeschlossene – mögen die kirchliche Lehre beeinflußt haben. Jedenfalls hat der Kirchenvater Hieronymus in einem Streitgespräch mit Rufinus, der ihn der Fälschung der Schriften des Origenes bezichtigte, unumwunden zugegeben, „daß er die Schriften des Origenes teilweise geändert und dem Zeitgeist angepaßt habe". Dies wirft ein bezeichnendes Licht auf seine sonstigen Übersetzungen. Von Origenes wissen wir, daß er die „Apokatastasis ton hapanton", das heißt die Wiederbringung alles Verlorenen als Sinn der Heilsgeschichte ansah. Nach ihm waren Höllenstrafen nur Läuterungsstrafen, die nicht ewig währen. Den gleichen Gedanken finden wir so ziemlich bei allen Somnambulen, die im Tiefschlaf mit ihrem Seelenleben Reisen in das Jenseits machten. Auch nach Walter Nigg ist die Lehre des Origenes von der zeitlich begrenzten Hölle neutestamentlichen Ursprungs. Daß die Vulgata des Hieronymus unechte Stellen enthält, wo der Wahrheit „ausgewichen und sie umgebogen wurde", behauptet auch Albert Schweitzer. Papst Paul VI. hatte eine Kommission für die Revision der Vulgata eingesetzt mit der Verlautbarung: „Die Bibelübersetzung des Hieronymus ist nicht in allen Teilen von gleicher Güte und darum von unterschiedlichem Wert." Bei Origenes stehen die Sätze: „Die Seele verläßt wieder den Reinigungsort, und ewig dauern die Strafen nicht. ... Sogar dem Teufel ist der Rückweg nicht abgeschnitten. Alle Kreatur kehrt zu Gott zurück, dessen unendliche Barmherzigkeit das letzte Nein überwindet." Dies ist das echte Evangelium, das auch vom Herrn selbst bestätigt wird. Als Beispiel diene ein Zwiegespräch bei J. Lorber. Da äußerte sich ein Pharisäer: „Würde man den Menschen

verkünden, daß am Ende auch noch aus der Hölle eine Erlösung möglich ist, dann wird es noch mehr Übeltäter auf der Erde geben."
Jesus antwortete darauf: „Wenn du glaubst, daß entweder die Hölle oder der Himmel als Beweggründe dienen sollen, durch die die Menschen vom Bösen abgehalten und zum Guten hingeleitet werden sollen, so bist du noch von einem ganz grundfalschen Glauben erfüllt. Denn der ganz schlechte Mensch lacht nur über deine Hölle und deinen Himmel, und der ganz Gute ist auch gut ohne deine Hölle und deinen Himmel. ... Es ist also schon im Anfang von den Menschen schlecht gehandelt gewesen, daß die Alten ihren Kindern die Hölle so heiß wie möglich machten. Die weitere Folge davon aber ist die nunmalige beinahe gänzliche Gottlosigkeit unter den Menschen." –

d) Die entscheidende Rolle der christlichen Gnosis
bei einer wirksamen Glaubensverkündigung

Tatsächlich kann nur der etwas Gültiges über Religion aussagen, der Religion besitzt. Das sind im allgemeinen die Mystiker mit ihrer inneren Erfahrung. In verstärktem Maße sind es die Gnostiker im Sinne der alexandrinischen Katechetenschule. Sie basieren auf dem Gnosisbegriff des Apostels Paulus. Gerade im Ringen um das Verständnis der „Tiefendimension des Evangeliums" sollte man die Gnostiker hören. Ihr Wissen ist „ein auf übernatürliche Weise (d. h. aus unbewußten Quellen) erworbenes Wissen – die unmittelbare Vision (oder die Intuition, auf die in den Kreisen der Gnostiker größter Wert gelegt wurde) im Gegensatz zum rationalistischen Wissen. ... Die Mythen der Gnosis stellen den Ursprung des Menschen und sein Wesen dar, damit er wisse, welchen Weg er zu gehen hat, nämlich den Weg zum Selbst, den Weg der Erlösung. Der gnostische Mythus berichtet gleichsam die Vorgeschichte des jetzigen fragwürdigen, gefangenen Zustandes des Menschen und leitet dazu an, den Urzustand des Menschen (‚paradiesisch' nennt ihn die Genesis) wieder zu gewinnen" (Alfons Rosenberg).
In seinem Brief an die Kolosser (1. Kap. Vers. 9) schreibt Paulus, er werde nicht aufhören zu beten und zu bitten, „daß ihr erfüllt werdet mit der Erkenntnis seines (Gottes) Willens in aller vom Geist verliehenen Sophia und Gnosis". Alfons Rosenberg sagt mit Recht: „Der Glaube erlangt demnach, wie der Apostel Paulus lehrt, erst in einer ‚sophianischen Gnosis' seine Fülle und Vollendung." Daß die echte christliche Gnosis von der falschen Gnosis mit ihrem „gottlosen Geschwätz", das nach Paulus nur „aufgeblasen" macht, von den Theologen nicht immer klar unterschieden wird, ist kein gutes Zeugnis für ihren Religionsverstand. Den „Kinderschreck", den sie von alters her aus jeglicher Gnosis gemacht haben, gilt es endgültig zu überwinden; so gut

wie die Scheu vor der neueren Prophetie. Große Namen können die Gnostiker für sich buchen: „Clemens von Alexandrien, Origenes, viele der griechischen Väter, die gnostische Theologen waren, die Denker der Schule von Chartres, Hildegard von Bingen, Dante, Böhme, Valentin Andreae, Friedrich Oetinger, Franz von Baader." (Nach A. Rosenberg in seinem Buch „Experiment Christentum", aus dem auch alle anderen Stellen entnommen sind.) Moderne Sophiologen wie Wladimir Solowjew, sein Schüler Kobilinski-Ellis, Bulgakow, Florenskij und Berdiajew treten hinzu. Georg Koepgen sagt in seinem Buch „Die Gnosis des Christentums": „Das Heilige kann nicht mit unseren alltäglichen Denkformen erfaßt werden, weder mit den logischen noch mit den dialektischen; hierzu bedarf es einer neuen Geisteshaltung: der Gnosis. Wie ‚das wahre Leben abwesend ist', so ist auch im Religiösen die wahre Erkenntnis nicht die in den Begriffen liegende, sondern sie ist jenseits davon in der religiösen Wirklichkeit mitgegeben." Unter den christlichen Denkern des 20. Jahrhunderts ragen einige hervor, die der Gnosis sehr nahe stehen. Genannt seien Leopold Ziegler, der „die Menschheitstradition, die Überlieferung, mit dem christlichen Glauben zu verbinden" trachtet (Rosenberg), der Paläontologe und Naturphilosoph Edgar Dacquè, „der aus Naturmythos und biblisch begründetem Glauben eine faszinierende christliche Gnosis schuf", und der Paläontologe und Theologe Teilhard de Chardin. Auch C. G. Jung, der bekannte Psychologe, rechnet sich selbst zu den Gnostikern. Ihnen allen geht es um die „Wiedergewinnung der Ganzheit, der Erkenntnis des Lebens aus der Mitte, die durch die (angeblich erfolgreiche analytische Geisteshaltung der letzten Jahrhunderte verloren ging" (Rosenberg). Tatsächlich können wir uns aus dem „Gott-ist-tot-Sumpf" der modernen Theologen nur dadurch herausretten, daß wir der historisch-kritischen und existenzialen Analyse der evangelischen Texte ihre „spirituelle Interpretation" (Rosenberg) entgegensetzen.

e) Umrisse einer künftigen Christenheit nach den Vorstellungen echter Progressisten

In den Nöten der Kirche von heute gibt es nur diesen einen Ausweg. Während die „Modernen" sie an das Kreuz Christi schlagen und schon die Beerdigungsinstitute verständigen, hoffen wir immer noch auf eine Auferstehung. Nicht Vernichtung, sondern Heilung sollen wir der Kirche wünschen, denn jedes geistige Werk bedarf auch im Irdischen einer fest gefügten Grundlage. Es ist das große Verdienst Alfons Rosenbergs, in seinem schon erwähnten Buch „Experiment Christentum" die „Umrisse einer künftigen Christenheit" im Versuch dargestellt zu haben. Auch er stützt sich auf die Vorausschau nachchristlicher Prophetie, vor allem eines Joachim von Fiori. Dieser erleuchtete Zisterzienserabt aus Kalabrien (um 1130–1202) war ein echtes Werkzeug Gottes. Seine Lehre von den drei Zeitaltern offenbart uns den Plan Gottes in drei verschiedenen Perioden der Menschheitsgeschichte: „Dem Zeitalter des Vaters von Abraham bis Christi Geburt folgt das zweite Zeitalter des Sohnes seit der Geburt des Heilands. Ein drittes abschließendes Zeitalter wird kommen, das des Hl. Geistes. Das Gesetz des ersten ist in den Büchern des Alten Testaments, das des zweiten in den Schriften des Neuen Testaments geschrieben. Das Gesetz des dritten Zeitalters aber wird das neue Evangelium sein, das ‚ewige Evangelium' der Johannes-Offenbarung, der Inbegriff aller in der Christuslehre verborgenen höheren Wahrheit" (E. Mikeleitis in „Der Plan Gottes").

Zu diesen Vorstellungen bemerkt der Philosoph W. Friedrich Schelling: „Für uns hat jene Dreizeitenfolge den weiteren und allgemeinen Sinn, daß die gesamte Schöpfung, die ganze große Entwicklung aller Dinge vom Vater aus durch den Sohn in den Heiligen Geist geht." Man könnte auch sagen, was das Zeitalter des Sohnes betrifft: Nach der Petruskirche (Katholizismus) und Pauluskirche (Protestantismus) wird der geistige Pate der Letztzeit Johannes sein. Joachim von Fiori schreibt: „Die Funktion dieses Apostels beginnt mit der Wiederkunft des Herrn, also mit dem letzten Zeitalter der Kirche. Denn die der Herr liebt, denen gibt er das Amt des Vollendens." Damit treten wir aber auch in die „Freiheit" (Fiori) ein. Ein bedeutsames Wort, denn es beinhaltet nicht mehr und nicht weniger, als daß jede einzelne Menschenseele in ihrer inneren Führung von Gott unmittelbar gelenkt und geleitet wird und jene Bruderkirche entstehen kann, die der Zisterzienserabt voraussagt. Keine feste Mauerkirche in bisheriger Form wird es dann mehr geben, sondern Christus wird alles in allem sein als der eigentliche Hirte seiner Herde. Und „der Geist, ausgegossen über alles Fleisch", wird jene Freundschaftsbande knüpfen unter gleichgestimmten Seelen, die nach der Vision von Alfons Rosenberg die zukünftige Form der Kirche mitbestimmen werden. Wie die bisherige Volkskirche sich zur „Kirche der Diaspora" wandelt, sieht dieser bedeutende Laientheologe ebenso voraus wie Karl Rahner. Die traditionelle Pfarrgemeinde, „die keineswegs ursprünglich ist", wird sich notgedrungen durch die Zeitverhältnisse von selbst auflösen. Eine „Kirche unterwegs" wird sich bilden: „Denn die künftigen Christen werden mit der ganzen Welt, ihren Sorgen, Nöten und großen Möglichkeiten vertraut, Wanderer und Pilger sein – sie bilden ‚Kirche unterwegs'. Die geistesmächtigen Männer, die sie begleiten und stärken, werden darum zu ‚Pilgervätern' werden. Auch wird es künftig nicht mehr auf die möglichst große Anzahl der zur Gemeinde versammelten Christen ankommen, sondern auf die Qualität und

Intensität des Christseins. Dadurch werden viele heute noch strittigen Probleme von selbst ihre Erledigung finden, so z. B. die Kindertaufe. Denn es wird wenig bedeuten, ob jemand als Kind christlich getauft oder durch den Glaubensunterricht ‚christlich dirigiert' worden ist. Schon jetzt läßt sich beobachten, wie nur ein Bruchteil der ‚Kinderchristen' als Erwachsene sich gedrängt fühlen, aktiv einer christlichen Gemeinde anzugehören. Das Bekenntnis, als Voraussetzung für einen solchen Akt, wird künftig von der Bekehrung des Herzens, d. h. der Hinwendung des ganzen Menschen zu Christus abhängen. ... Das bisherige Erbchristentum wird sich in Nachwuchs- und Wahlchristentum verwandeln."

Eine Bruderschaft als Gemeinde der Laien ist schließlich das Ideal: „Eine Ausgliederung der christlichen Existenzweise in zahllose Bünde und Bruderschaften, die zwar untereinander in Kontakt treten können, die aber nie eine Kirchenregierung über sich dulden werden." Gewissermaßen als „Lebenszellen" werden sie nach Karl Rahner die kleinsten Bausteine der Gemeinde bilden, „da sie einerseits dem Geistig-Personalen und Pneumatischen noch möglichst Raum geben ..., andererseits aber doch schon einen gewissen gesellschaftlichen Zusammenschluß bedeuten." Praktisch werden diese Lebenszellen der neuen Kirche als „Hausgemeinde" anzusehen sein. Der Klerus wird vor den Laien keine besonderen Vorrechte mehr haben. Ausschlaggebend werden die Charismen sein.

Dieser Zukunftsentwurf einer kommenden Kirche entspricht auch dem Bild, das der größte Prophet der Neuzeit, Jakob Lorber, vor über hundert Jahren zeichnete. In einer Zusammenfassung bei Dr. Walter Lutz in seinem Buch „Grundfragen des Lebens" lesen wir darüber: „Auf die äußere Form (der Kirche) kommt es dabei weniger an. Diese mag mehr lose oder streng, einfacher oder reicher gegliedert sein. Das bedeutet vor dem Auge des höchsten Herrn und Leiters nicht so viel, da dieser ja nicht aufs Äußere, sondern auf das Herz, den Geist, sieht. Und so macht es vor Gott an sich auch keinen großen Unterschied, ob eine Glaubensgemeinschaft etwa (wie die katholische Kirche und die Heilsarmee) monarchisch, das heißt einherrschaftlich oder (wie die protestantischen Kirchen und manche Sekten) mehr demokratisch, das heißt volksherrschaftlich, geordnet ist; ob sie eine feste, geschriebene Satzung oder nur lose, gewohnheitsmäßige Gepflogenheiten zur Richtordnung hat. Dies alles ist mehr oder weniger nur eine Frage der gegebenen Umstände und der Zweckmäßigkeit.

Immerhin ist zu beobachten, daß unser Gott ein Gott der Ordnung ist und eine formlose, ungeordnete Gemeinschaft sein Wohlgefallen sicher nicht finden kann, zumal im göttlichen Schöpfungswerk, und zwar in den materiellen wie in den geistigen Sphären, allenthalben eine wunderbar weise und bestimmte Ordnung sich vorfindet. Auch dürfte ein Fingerzeig für die rechte

Ordnungsform geistiger Gemeinschaften auf Erden wohl darin liegen, daß die himmlischen Geister und Engelsvereine, dem Vorbilde der gesamten Schöpfung entsprechend, nicht demokratisch, sondern durchaus monarchisch geordnet sind, das heißt mit einem obersten Regenten oder Hauptleiter, der aus göttlichem Geiste und in weiser Ordnung mit voller Machtvollkommenheit waltet. Diese Ordnungsform gewährleistet offenbar eine größere innere Einigkeit und demzufolge nach außen eine geschlossene, starke Wirkungskraft. Auch ist die Möglichkeit gegeben, daß ein erleuchtetes, starkes Haupt auf die schwächeren, unentwickelteren Glieder nachdrücklicher und fördernder einwirken kann, während bei der demokratischen Form die Gefahr naheliegt, daß die unreife Masse sozusagen ‚von unten her' ihren Sinn und Willen durchsetzt und das Haupt überwältigt und unwirksam macht."

Letztgültige Worte zu diesem Thema sind folgende Richtlinien, die der Herr selbst bei J. Lorber aufstellt: „Sage es Meinen Kindern und sage es allen, sie mögen sein, welcher Religion sie wollen – ob Römische, ob Protestanten, ob Juden, ob Türken, ob Brahmi, ob finstere Heiden – kurz für alle soll es gesagt sein: Auf der Erde gibt es nur eine wahre Kirche, und diese ist die Liebe zu Mir in Meinem Sohne! Diese Liebe ist der Heilige Geist in euch und gibt sich euch kund durch Mein lebendiges Wort! Und so bin Ich in euch; und eure Seele, deren Herz Meine Wohnstätte ist, ist die alleinige wahre Kirche auf der Erde. In ihr allein ist ewiges Leben, und sie ist die allein seligmachende!"

f) Ohne Hinwendung zum Weltbild der neueren Prophetie kein Fortbestand der Kirche

Mit der Vorausschau einer kommenden Kirche im Geistzeitalter verknüpft Joachim von Fiori auch die Idee vom „Ewigen Evangelium". Was darunter zu verstehen ist, wird uns erst ganz bewußt, wenn wir unabhängig vom kirchlichen Dogma jene gewaltige „Ausweitung" der Lehre in Augenschein nehmen, die uns durch die großen Propheten der Neuzeit nach und nach vermittelt wurde. Da gibt es nur wenige Fragen mehr, selbst für moderne Menschen mit all ihrem wissenschaftlichen Erkenntnisdrang, die offen bleiben. Trotzdem brauchen wir keine Angst zu haben, daß das biblische, in vier schmalen Heften zusammengedrängte Evangelium auf die Seite geschoben würde. Es wird immer das Samengut bleiben, aus dem hervor auch die großen Prophetien der Neuzeit sprießen. Zum wahrhaft „kosmischen Erntefeld" hat es sich bei Emanuel Swedenborg und Jakob Lorber geweitet. Wir freuen uns vor allem darüber, daß Christus Wort gehalten hat mit seiner

Verheißung: „Noch vieles hätte ich euch zu sagen, doch ihr könnt es jetzt noch nicht ertragen. Wenn aber jener, der Geist der Wahrheit, kommt, wird er euch in alle Wahrheit einführen. Er wird nicht aus sich selbst reden; er wird vielmehr reden, was er hört (durch das innere Wort), und wird euch verkünden, was künftig ist" (Joh. 16, 12–14).

Psychologisch ist es ganz verständlich, daß die volle Aufschließung des Schöpfungs- und Heilsplanes Gottes erst in der Neuzeit erfolgen konnte. Frühere Jahrhunderte hätten es noch nicht „ertragen". Der Mensch mußte sich erst selbst kulturell und zivilisatorisch, vor allem aber durch die Kleinarbeit der Wissenschaften, die Voraussetzungen dazu schaffen. Nicht einmal das Denkmaterial und selbst die Wortbezeichnungen waren ehedem vorhanden, damit das Göttliche sich in seiner ganzen Tiefe hätte erschließen können. So leben wir heute tatsächlich am Beginn eines neuen Zeitalters, mit Erkenntnissen und Umbrüchen in der menschlichen Seele, die nicht vorauszuahnen waren. Es ist eine gesegnete Zeit; doch sie zwingt zur Auseinandersetzung. Dem kirchlichen Dogma wäre es heilsam, statt die großen Prophetien zu verschweigen, seine eigene zwergenhafte Gestalt an ihnen zu messen und sich hinaufziehen zu lassen zu der Größe ihrer gewaltigen Schöpfungsschau.

Tiefste Erkenntnisse über das Wesen der Prophetie spricht Alfons Rosenberg aus in seinem Büchlein „Sibylle und Prophetin". Die grundlegenden Sätze besonders in dem ersten Kapitel haben ausgesprochen programmatischen Charakter. In einer zusammenfassenden Überschau heißt es dort: „Alle Propheten des alten Bundes konvergieren im Brennpunkt Christus, in dem sich alle Strahlen des Geistes einen. Aber zugleich gehen von ihm neue Strahlen des Geistes hervor, die in den Propheten aufleuchten: Christus ist der Urheber einer durch die Zeiten bis ans Ende reichenden Kette von Propheten. Denn diese sind vonnöten, damit Gott in seiner Gemeinde und in der Welt durchdringe, damit sich die von Christus gestiftete prophetische Gemeinde nicht dauernd zur Kultgemeinde verfestige und der Mensch nicht – gegen den göttlichen Willen – das Charisma verdingliche. Gegen eine solche, innerhalb der menschlichen Religionen durchaus gesetzmäßig sich vollziehende Entwicklung, treten die Propheten auf; sie wenden sich gegen die Priesterherrschaft und zeigen den Weg des heiligen Dienstes. Ebenso wenden sie sich gegen die Einmauerung der Thora in die Mauerkirche, gegen die falsche Treue der Traditionalisten. Alle Propheten sind eschatologisch gesinnt; sie künden das Vorwirken des Endes in der jeweiligen Gegenwart und die unvorhersehbare Freiheit Gottes, der nicht der Gefangene seines Wortes ist, sondern welcher ist, der sein wird. Darum hat die Verkündigung der Propheten in allen Jahrtausenden, bei allen notwendigen Unterschieden, ein Gemeinsames.

Dieses könnte etwa so umschrieben werden: Die Propheten rufen die gesamte Kirche, Kirchenvolk und Amtsträger zur Buße auf, zur Umkehr der Gesinnung, zur Aufgabe falscher Herrschaftsansprüche und des Mißbrauchs der Macht; sie zerbrechen die Verkrustung der Lehre, die sich durch die Systematisierung und Intellektualisierung der heiligen Überlieferung im Laufe der Zeiten ausgebildet hat; sie verkünden die umfassende Gottesherrschaft gegen die partikularisierende Priesterherrschaft. Es geht ihnen niemals um Religion, das will sagen: um Theorien über Gott oder um theurgische Praktiken, sondern darum, daß der Mensch sein Herz öffne, auf daß Gott ihm einwohnen kann. Die Propheten sind darum weder an Dogmen interessiert noch an theologischen Lehrsystemen; sie umgehen sie eher wie erratische Blöcke. Sie greifen die Ämter nicht an, aber sie relativieren deren Bedeutung derart, daß sie ihren Sinn verlieren. Denn der Gott der Propheten ist nicht auf seine Kirche und deren Lehren beschränkt. Auch wenden sich die Propheten an die weltlichen Herrscher, sie ziehen sie nicht nur zur Verantwortung für ihre oft ungerechte, selbstsüchtige Politik, für die Verletzung der Gerechtigkeit und der Würde des Menschen, sondern sie verkünden ihnen auch die Leitlinien einer Politik der Gerechtigkeit nach dem Willen Gottes. So decken sie die Verfehlung aller auf und künden das Gericht an, zugleich mit der Verheißung eines neuen Lebens. Zwar knüpfen alle Propheten in ihrer Botschaft an die altüberlieferte göttliche Urbotschaft an, aber zugleich führen sie über diese hinaus. Denn ein jeder Prophet fügt der Urbotschaft ein neues, bisher noch nicht in Erscheinung getretenes Element hinzu: der kontinuierlichen Schöpfung entspricht eine kontinuierliche Offenbarung. So bilden die Amtskirche und ihre Amtsträger zwar das knöcherne Gerüst der Kirche, die Propheten aber den Geist, der lebendig macht und der ‚Knochen und Fleisch‘ zum Leben erweckt." –

Hinhorchen auf Gottes Wort ist heute das Gebot der Stunde, wenn die Kirche sich selbst am Leben erhalten will. Kein Blindglaube wird gefordert wie bei den bisherigen Dogmen; sondern „Prüfet alles, und was gut ist, behaltet!" (Paulus) soll oberster Leitsatz sein. Der mündige Christ, der gelernt hat, die Geister zu unterscheiden, wird auch zur Prophetie die richtige Einstellung finden. Auf jeden Fall aber ist es notwendig, seinen Herzverstand sprechen zu lassen und dem Spiel der bloßen Worte einer intellektualisierten Theologie kritisch zu begegnen.

Das Endzeitgeschehen
in prophetischer Schau

1. Die jetzige Endzeit im Spiegel der Johannes-Apokalypse

Ein „Zeitalter des Heiligen Geistes" wird nach Joachim von Fiori das „Zeitalter des Sohnes" ablösen. Nach der Petrus- und Pauluskirche würde das in symbolischem Sinne eine Johanneskirche sein, da gerade der Apostel Johannes vom Herrn für eine besondere Sendung ausersehen war. Geheimnisvoll genug sind die Worte des Evangeliums: „Wenn ich will, daß dieser bleibt bis zu meiner Wiederkunft, was geht das dich (Petrus) an?" (Joh. 21, 22).

Eine mögliche Deutung dieser dunklen Stelle wäre etwa folgende: Da Johannes, entsprechend seiner tief innerlichen Beziehung zu Jesus, vor allem das Prinzip Liebe verkörpert, wird seine geistige Persönlichkeit erst dann zur vollen Geltung gelangen, wenn Liebe die alles beherrschende Macht auf Erden geworden ist. Dies aber wird gewiß nicht eher geschehen, als bis der Same des Evangeliums all die Entwicklungsstadien durchschritten hat, die zu seiner endgültigen Ausreifung notwendig sind. Zuerst mußte der Glaube feste Wurzeln gefaßt haben (darum die Petruskirche); sodann mußte die Hoffnung in der „Freiheit des Christenmenschen" sich ganz entfaltet haben (darum die Pauluskirche). „Das Größte aber ist die Liebe", heißt es in der Bibel. Durch sie allein wird die Vollendung geschehen.

Die Fülle des Heiligen Geistes kann nur der in sich aufnehmen, der alles aus der Liebe heraus tut und empfindet. So ist auch das Johannes-Evangelium das eigentlich pneumatische. Bei der Wiederkunft Christi wird es die anderen Evangelien nicht beiseite drängen, wohl aber an Bedeutung überragen. Von Johannes erfahren wir in der Pistis Sophia, einem gnostischen Evangelium des zweiten Jahrhunderts, daß er vor allen anderen vom Herrn gewürdigt wurde, die „Geheimnisse des Unaussprechlichen" zu empfangen. Der Apostel, „den Jesus lieb hatte" (Joh. 19), sollte das Allerheiligste, welches der Pfingstgeist über die Menschheit ausgoß, in seine Feder fassen dürfen, voll des gewaltigen Schauens. Die Vision der abrollenden Zeitläufte, in denen Weltgeschichte und Heilsgeschichte geheimnisvoll ineinander verschmelzen, ist am ehesten zu vergleichen mit einer Brucknerschen Symphonie. Wie dort, aus der Tiefe aufschwellend, ganze Tongebirge sich aufbauen, von Trompetenstößen und Posaunenklängen mächtig getragen, so ist die Vision des Johannes überreich an dramatischen Höhepunkten. Immer wieder wird der Vorhang vor uns aufgerissen, so daß wir bald in himmlische Höhen, bald aber auch in Höllentiefen den Blick tun dürfen. Dazwischen ist die Erdenbühne das heiß umstrittene Kampffeld in der Auseinandersetzung zwischen Licht- und Finsternismächten.

Seit Christus sich auf unserem Planeten inkarnierte, gibt es keine Unentschlossenheit mehr. Der Mensch muß sich endgültig entscheiden zwischen

Gut und Böse, das heißt aber zwischen Christ und Antichrist. Auch Luzifer, der ehedem verhältnismäßigen Spielraum hatte, weiß das sehr genau. Auch er wurde ja in seine Rolle erst hineingedrängt als Widerpart des Erlösers, dem er nicht gewachsen ist. Mit Bethlehem und Golgatha fielen auch für ihn die Würfel. Seine Alternative heißt seitdem: Entweder mögliche Heimkehr ins Vaterhaus (als der eigentliche verlorene Sohn) oder endgültiger Abfall. So sinnt der Geist des Widersachers nicht mehr auf Eroberung der Schöpfung, da Christus sie ihm aus den Händen riß, sondern allein auf deren Zerstörung. Sein „Griff nach dem Lebendigen" (s. das Buch von E. Gamber), aber auch nach dem Menschen, ohne den er auf physischem Plane nichts ausrichten könnte, wird immer spürbarer. Heute wird es uns grell bewußt: Der vergangene, für die Heilsgeschichte so entscheidende Äon (die 2000 Jahre seit Christi Geburt), ist offensichtlich am Ablaufen! Die schwer deutbaren Bilder der Apokalypse freilich, symbolisch nach der Weise der alten Mysterien, lassen diese Offenbarung Jesu „an seinen Knecht" zunächst als ein Buch mit sieben Siegeln erscheinen. Seine Aufschlüsselung ist nur jenen möglich, die mit der uralten Entsprechungslehre vertraut sind, wobei nach Swedenborg die himmlische, die geistige und die natürliche Welt in Analogie zueinander korrespondieren. Sodann mußte auch erst eine gewisse Zeit vergangen sein, damit der Mensch sich mit seiner Erfahrung, aus der Überschau über die Jahrhunderte der Weltgeschichte, an die Prophetie des Johannes ganz nüchtern heranwagen konnte.

Heute aber ist es soweit! Infolge der Eigenart der Apokalypse, den Schwerpunkt ihrer seherischen Aussagen auf das „Ende der Zeiten" zu verlegen, erkennen wir uns selbst auf einmal mit unserem geschichtlichen Standort. Es ist keine besondere Aufschlüsselung mehr nötig, um dieses zu begreifen: Die Endzeit, von der Johannes spricht, ist unsere Zeit! In allen ihren Erscheinungen bis in die Details genau. Die Physiognomie eines jeweiligen Zeitalters tritt immer erst dann ins helle Licht, wenn ein Gestaltungsprozeß am Menschen und an der Geschichte durch irgendeine Zäsur als abgeschlossen erscheint. Vor eine solche deutlich erkennbare weltgeschichtliche Schranke ist beinahe alles in unserem heutigen Leben gestellt. Die „Zeichen der Zeit" sind unverkennbar. Wie soll es auf der Erde weitergehen ohne göttliche Hilfe? Die Menschen haben sich von Luzifer verführen lassen. Nun stehen sie vor einem Abgrund: Alles, was der technisch-wissenschaftliche Mensch zu seiner Selbstzerstörung tun kann, das vollendet er auch. Nicht einmal seine Vernunft gebietet ihm da Einhalt. Professor Konrad Lorenz, der Begründer der Vergleichenden Verhaltensforschung, hat in dieser Hinsicht keine Hoffnung mehr gelassen. Für alles ist es „zu spät", denn der Ruin ist unaufhaltsam. Das Wort von Goethes Zauberlehrling: „Die ich rief, die Geister, werd ich nun nicht los", ist unsere Situation.

In seinem Buch „Die acht Todsünden der zivilisierten Menschheit" weist Konrad Lorenz neben anderem auf folgende Tatbestände hin, die pathologisches Ausmaß erreicht haben: Die Verwüstung des Lebensraums, die nicht nur unsere Umwelt und damit unsere Lebensbedingungen zerstört, sondern darüber hinaus im Menschen jede Ehrfurcht vor der Größe und Schönheit der Natur und der Schöpfung vernichtet; der „Wärmetod des Gefühls", das heißt der Verlust aller starken Gefühle und Affekte durch Verweichlichung und durch eine zunehmende Intoleranz gegen jedes Unlusterlebnis; der genetische Verfall (innerhalb der modernen Zivilisation gibt es keine Faktoren, die einen Auslesedruck auf die Entwicklung und Aufrechterhaltung sozialer Lebensformen ausüben); das Abreißen der Tradition, das durch die zunehmende Entfremdung der jüngeren Generation gegenüber den Älteren bewirkt wird; die Möglichkeit der modernen Massenmedien zu einer Manipulierung und Uniformierung eines großen Teils der Menschheit; die Aufrüstung mit Kernwaffen, „die aber bei weitem die geringste Gefahr für den Fortbestand der Menschheit darstellt". –

Was könnten wir dieser schrecklichen Aufzählung nicht noch alles hinzufügen! Wenn die Gefahr eines Atomkrieges, wegen der immerhin möglichen Abwendung durch den Willen des Menschen selbst, gegenüber den anderen Gefahren, seelischen und biologischen, bei Konrad Lorenz erst an letzter Stelle rangiert, so ist doch eines nicht wegzuleugnen: Markantestes Symbol einer wirklichen Endzeit ist und bleibt das Atom. Die Möglichkeit, nach dem Willen Luzifers, alles zu zerstören, und zwar in wenigen Augenblicken, sich selbst und seine rätselhafte Existenz, das Leben der Pflanzen und der Tiere, ja den ganzen Erdball, gibt es für den Menschen erst jetzt. So hält auch er, gleich Prometheus, im Trotz gegen die Himmlischen ein Feuer in den Händen, das sogar in den Kosmos ausgreifen könnte, wenn einer es ihm nicht verwehrte, dem allein dieser Äon (durch sein Opfer am Kreuz) zu eigen ist: Jesus Christus.

Im Evangelium lesen wir: „Betrachtet den Feigenbaum und alle anderen Bäume! Wenn ihr seht, daß sie ausschlagen, so erkennet ihr, daß der Sommer nahe ist. So erkennet auch, wenn ihr diese Dinge (Anzeichen des Weltenendes) eintreten seht, daß das Reich Gottes nahe ist." Zeichen am Feigenbaum gibt es in der Gegenwart übergenug. Da ist zunächst einmal die extreme Gottlosigkeit, die von der Apokalypse selbst als das entscheidende Merkmal der Endzeit bezeichnet wird. Ihre Stigmata Angst und Langeweile rufen zahllose andere Übel auf den Plan (z. B. die Rauschgiftsucht der Jugend, die sich vor der Sinnlosigkeit des Daseins in schöne Träume flüchtet). Gerade in der Wohlstandsgesellschaft gedeihen die giftigsten Blüten. Der Mensch verträgt es offenbar noch nicht, daß es ihm längere Zeit gutgeht. Für viele ist der Götze Lebensstandard die einzige Weltanschauung. Das hemmungslose Sichausleben und die unüberbietbare Selbstsucht erzeugen in der ganzen Öffentlichkeit ein kriminelles Klima. So waltet ein Menetekel über unserer Zeit, in der eine „Frohbotschaft" nicht mehr möglich scheint. Einen ähnlichen Kulturverfall hat es noch nie gegeben. Geschätzt wird heute nur noch jene Kunst, welche die „Disjecta membra", die auseinandergerissenen Glieder gottgewollten Menschentums darstellt, in der Perversion. Was die moderne Musik an Disharmonien und Lächerlichkeiten hervorbringt, ist Hölle in Reinkultur. Die schlimmste Bedrohung erfahren wir aber von seiten der Wissenschaft. Was wird da nicht alles experimentiert und frevlerisch gesündigt; nicht nur im Bereiche der Materie oder der Pflanzen- und Tierwelt, sondern am Menschen selbst! Die allgemeine Verintellektualisierung schrickt eben vor nichts zurück. Elektronengehirne und Automaten regeln weitgehend schon das Dasein. Wenn es erst einmal Mode wird, mit Hilfe gewisser Drogen an der Erbgene des Menschen zu manipulieren, dann ist sein Roboterdasein besiegelt.

Eine seelenlose Maschinerie ohne individuelle Prägung ist heute schon der Massenmensch. Für die nihilistischen Mächte der Unterwelt das ideale Werkzeug! Gewiß wird Luzifer sich mit Freuden vor allem derjenigen bedienen, die durch ihre Sexverfallenheit keine Fühlungnahme mehr zum Göttlichen haben. Als Antichrist hat er da ein leichtes Spiel. Wer wird und kann ihm noch die Stirne bieten? Manche Menschen fragen sich verzweifelt: Wo befindet sich eigentlich Gott in diesem schrecklichen Geschehen? Die Stimme des Herrn bei Jakob Lorber antwortet darauf: „Meine Allmacht kann und darf da nichts zu tun haben, wo sich in Meinen Kindern ein freies Leben entfalten soll. Ich darf jemandem nicht mehr tun als ihr euch untereinander tut. Ich gebe euch den Acker, den Pflug und den Weizen und bestelle die Schnitter, aber arbeiten müßt ihr selbst. Arbeitet ihr recht, und es gebricht euch an der nötigen Kraft, so werde Ich euch allezeit damit ausrüsten, wenn ihr Mich in euren Herzen darum angehen werdet. Ihr werdet dann mit erneuter Kraft zu arbeiten haben, aber für euch arbeiten kann und darf Ich nicht. Würde Ich es tun, dann hättet ihr für die Freiheit und Selbständigkeit eures Lebens keinen Nutzen, denn dann wäret ihr pure Maschinen, aber keine freien, aus sich heraus lebenden, denkenden und handelnden Menschen" (Gr. Ev. Bd. 4, Kap. 101, 9).

Es sind dies wunderbar erhellende Worte; können sie uns aber genügen? Wie gut, daß der Herr dennoch gewillt ist einzugreifen, sobald die Zerstörungssucht des Menschen an sich selbst und allem Lebendigen das Maß übersteigt! Kann Gott den Bestand der Erde, die von ihm ausersehen war einst als „Hochschule der Kinder Gottes" (Lorber), nach Goethe als „Pflanzschule der Geister", ernsthaft gefährden lassen? Und greift nicht ein Rädchen ins andere, so daß auch der ganze Kosmos darunter leiden muß, wenn die Erde nicht mehr richtig „in der Sparre" steht? Hören wir wieder den größten Propheten der neueren Zeit, durch dessen Mund, wie bei dem Apokalyptiker Johannes, der Herr uns sagen läßt: „Der Menschen Herzen sehen nun aus wie diese Zeiten mit ihren grauenhaften Erscheinungen, wodurch nun solche Trübsal über die Menschheit gekommen ist, wie ihresgleichen diese Erde noch nicht getragen und geschmeckt hat. Es ist daher nötig, daß dieser trübseligsten Zeit bald ein Ende gesetzt werde, da sonst noch jene, die bisher zu den Auserwählten gezählt werden, Schiffbruch leiden könnten. ... Die Zeit der Reinigung wird verkürzt werden, denn es wird Stunden geben, in denen mehr geschehen wird als ehedem in Jahren ... denn es wird Tage geben, von denen einer mehr bedeuten wird als ehedem ein volles Jahrhundert, ... denn es wird nun in einer Woche mehr geschehen als in der Vorzeit in siebenhundert Jahren" (kundgg. dch. J. Lorber am 6. 4. 1849; in „Die Wiederkunft Christi", Bd. 5, 11 u. 12).

Wie rasend eilt die Zeit vorwärts in unserer Gegenwart! Die Dichterin Edith Mikeleitis äußert sich darüber: „Man könnte das heutige Weltgeschehen mit der Abfahrt eines steuerlos gewordenen Wagens vergleichen, der immer schneller rast, je näher er dem Abgrund kommt. Der Zeitbegriff hat sich geändert." Es ist zweifellos für viele Gläubige ein erlösender Gedanke, daß das Ende nahe bevorsteht. Bei dem Wort „Ende" und „Endzeit" dürfen wir aber niemals an eine völlige Vernichtung der Erde denken; oder gar an einen „Weltuntergang". In keiner Prophetie, wie immer sie geartet sein mag, findet sich dieser wahnwitzige Gedanke. Zu Ende ist nur ein bestimmtes Zeitalter, ein Äon also oder, wenn wir uns astronomisch ausdrücken wollen, ein (platonisches) Weltenjahr oder ein Weltenmonat. Jenes umfaßt etwa 25 800 Jahre, dieser etwa 2160 Jahre. Mit der Präzession des Frühlingspunktes auf der Bahn der zwölf Tierkreiszeichen rücken wir jetzt vom Fischezeitalter in das Wassermannzeitalter ein, was nach den Vorstellungen der Astrosophie (s. das gleichnamige Buch von A. Schult und A. Rosenbergs „Durchbruch zur Zukunft") größte Veränderungen in der geistigen Physiognomie der Menschheit hervorruft. (Und so wird jedem Zeitalter sein kosmischer Prägestempel aufgedrückt, um eine Spielart im Wesen des „Großen Schöpfungsmenschen" ganz auszuleben.)

Nicht Vernichtung der Erde oder der gesamten Menschheit ist also vorgesehen, sondern im Gegenteil eine Erneuerung sowohl des Menschengeschlechtes wie der natürlichen Zustände auf der Welt. Wer wird zum Beispiel die Atmosphäre reinigen von ihrer radioaktiven Strahlung, deren Tödlichkeit erst spätere Jahrzehnte richtig zu spüren bekommen? Wer wird die Gewässer entgiften und das Grundwasser vor seiner Verseuchung bewahren? Wer wird dem durch chemische Mittel ausgelaugten Grund und Boden wieder neue Kraft zuführen? Die sittlichen Zustände in unserem Lande wie in der ganzen

Welt sind abgründig dekadent. Wird Gott sich seine Erlösungstat durch Jesus Christus von Luzifer aus den Händen reißen lassen? Seine Geduld ist übergroß, dauert aber nur so lange, als es für die Aufwärtsentwicklung der Seelen noch wirkliche Chancen gibt. Jetzt aber heißt es schon längst: „Der Hochmut der Völker hat alles Maß überschritten. Bis in den höchsten Himmel stieg schon der Dampf der Hölle. Die Erde selbst bat Mich, daß Ich die arge Brut des Satans doch endlich ausmerzen solle. Seht, die Zeit ist da, enthüllt vor euren Augen. Bevor Ich aber als der Herr und Schöpfer alles Lebens wiederkommen kann, muß der Erdboden von allem Unkraut gereinigt werden, und das geht nunmehr auf allen Punkten der Erde vor sich" (kundgg. dch. Jakob Lorber am 6. 4. 1849; in „Die Wiederkunft Christi", S. 16).

An dieser Stelle setzt die Apokalypse des Johannes ein. Sind schon die vergangenen Jahrhunderte eine leidvolle Passion der ganzen Menschheit gewesen (die Reiter in der Johannes-Apokalypse führen uns das vor Augen), so bringt die Eröffnung des siebten Siegels in unserer Gegenwart eine Summierung der Ereignisse. Mit dem Hervortreten der Posaunenengel kündigt sich „Letztes Gericht" an. Es zeigen sich Bilder des Schreckens, die in ihrer Aufeinanderfolge unverkennbar schon Züge dessen tragen, was wir in den beiden vergangenen Weltkriegen selbst erlebten. Die Heuschreckenplage zum Beispiel wird folgendermaßen geschildert: „Die Heuschrecken waren kriegsgerüsteten Rossen gleich. Auf ihrem Kopfe trugen sie etwas wie goldene Kronen. Ihr Gesicht glich einem Menschengesichte. Ihr Haar war wie Frauenhaar und ihre Zähne wie Löwenzähne. Sie hatten Panzer wie von Eisen, und das Geräusch ihrer Flügel war wie das Rasseln vieler Streitwagen, die in den Kampf rennen. Sie hatten Schwänze und Stacheln wie Skorpione; und mit diesen ihren Schwänzen durften sie den Menschen fünf Monate lang Schaden zufügen." Wer denkt dabei nicht an unsere Flugzeuge, besonders an die zermürbenden Stukas im letzten Weltkrieg mit ihrer todbringenden Last? Von den Reiterscharen wird gesagt: „Wie ich im Gesicht sah, trugen die Rosse und ihre Reiter feuerrote, dunkelrote und schwefelgelbe Panzer. Die Rosse hatten Köpfe wie Löwen, aus ihrem Maule kam Feuer, Rauch und Schwefel hervor. Durch diese drei Plagen wurde ein Drittel der Menschen getötet, nämlich durch Feuer, Rauch und Schwefel, die aus deren Maule hervorkamen. Denn die Kraft der Rosse liegt in ihrem Maule und in ihren Schwänzen. Ihre Schwänze sind den Schlangen ähnlich; sie haben Köpfe und mit ihnen richten sie Unheil an." Das Bild von modernen Panzern und Tanks, Geschützzügen und anderen Unheilswaffen wird vor uns lebendig. Trotz all dieser Strafgerichte als Auftakt zur eigentlichen Endkatastrophe muß auch Johannes feststellen: „Gleichwohl ließen die übrigen Menschen, die durch diese Plagen nicht getötet wurden, von den Werken ihrer Hände nicht ab, sondern dienten weiter den bösen Geistern und den Götzenbildern von Gold, Silber, Erz, Stein und Holz, die doch nicht sehen, nicht hören noch gehen können. Sie bekehrten sich nicht von ihren Mordtaten, von ihren Zaubereien, von ihrer Unzucht und von ihren Diebereien." Es ist wohl richtig, bei der Anführung der „zwei Zeugen" an das Alte und Neue Testament zu denken. Daß „ihre Leichname" heute „auf der Straße der großen Stadt liegen, die bildlich Sodoma oder Ägypten heißt", leuchtet wohl jedem ein. Man kann es als den „Greuel am heiligen Ort" bezeichnen, daß liberale Theologen durch Entmythologisierung und eine Gott-ist-tot-Bewegung die Bibel gänzlich entwerten. Jedoch getrost: der „Lebensgeist von Gott" (Apokalypse) wird wieder in sie zurückkehren! Wir dürfen annehmen, daß dabei die neuere Prophetie als die Stimme des Hl. Geistes die entscheidende Rolle spielt.

Das „dritte Weh", das über die Menschheit kommt in dieser letzten Weltzeit, vom siebten Posaunenengel angekündigt, bedeutet ein gleichzeitiges Geschehen im Himmel wie auf Erden. Der Herr ist jetzt im Kommen „mit seinem Gesalbten", die Herrschaft über die Erde anzutreten. Zugleich aber erscheint am Himmel ein Zeichen: „Ein Weib bekleidet mit der Sonne, den Mond unter ihren Füßen und eine Krone von zwölf Sternen auf ihrem Haupte. Sie war gesegneten Leibes und schrie in ihren Wehen und Geburtsschmerzen." Es liegt nahe, an die Ekklesia-Sophia und indirekt an die Gemeinde des Herrn zu denken. (Bei den Katholiken verbindet sich damit der Gedanke an Maria.) Der Drache, der „große, feuerrote mit sieben Köpfen und zehn Hörnern und sieben Kronen auf seinen Köpfen", stellte sich vor das Weib, das gebären sollte; seine Absicht war, „ihr Kind gleich nach der Geburt zu verschlingen". Das Kind ist ein Knabe und kann niemand anderes sein als Christus. Er wird, nachdem er lange Zeit nach seiner Himmelfahrt „zum Throne Gottes" entrückt war, bei seiner Wiederkunft „alle Völker mit eisernem Zepter regieren". Damit Zucht und Ordnung wiedererstehen kann in einer Welt, die sittlich und moralisch ganz aus den Fugen geraten, wird Christus durch seine erleuchteten Werkzeuge auf der Erde zunächst hart eingreifen müssen. Wie verständlich und notwendig für eine bessere Zukunft!

Vom Weibe heißt es weiter, daß es „in die Wüste" floh. „Dort hatte ihr Gott eine Stätte bereitet, wo man sie 1260 Tage pflegen soll." Die Kirche wird sicher eine Zeitlang „in die Wüste" geschickt bleiben; sie wird sich unter dem jetzigen Diktat des Antichrist kaum noch hervorwagen können. Dennoch ist sie in ihrer geistigen Substanz unantastbar. Was sagt die Seherin Anna Katharina Emmerich über ihr Schicksal aus? Sie sieht, wie eine ungeheure Menschenmenge die Peterskirche (Symbol der Kirche überhaupt) Stück für Stück abreißt. Nur das Allerheiligste (der Kern der christlichen Lehre) bleibt noch bestehen. Den gleichen Vorgang erblickt sie beim Wiener

Stephansdom (ebenfalls Symbol der Kirche). Sie sieht deutlich, wie an dem Zerstörungswerk auch viele Priester und Ordensgeistliche beteiligt sind. Ganz in unsere Gegenwart weist die Bemerkung: „Und ich sah das Verletzen der Kirche im allgemeinen schon begonnen bei den Schulen, die sie dem Unglauben übergaben. Ich hatte ein Bild vom Unglück der studierenden Jugend, daß sie auf den Straßen gingen (Demonstrationen!) und ganze Bündel Schlangen in den Händen hatten und sie durch den Mund zogen und an ihren Köpfen saugten. Und ich hörte: Das sind philosophische Schlangen! Und ich sah auch, daß die einfältigen frommen Schulmeister (von einst), die man für unwissend hielt, fromme Kinder bildeten, daß aber die neuen vortrefflichen Schullehrer und Lehrerinnen den Kindern aber auch gar nichts einflößten, weil sie mit ihrer Prahlerei und ihrem Selbstgefühl der Arbeit alle Wirkung wegnehmen und sie gleichsam selbst verzehren."

Daß die studierende Jugend gerne rebelliert und mit Schlangen in den Händen (Ideologien) auf Umsturz sinnt, wissen wir inzwischen. „Destruktion um jeden Preis", heißt eine ihrer Parolen, wie in einer Studentenzeitschrift zu lesen war. Ist aber an dem nihilistischen Gebaren nicht im Grunde eine falsche Erziehung schuld? Dieses Grundproblem unserer Zeit wird uns noch viel zu schaffen machen. Wer eine „antiautoritäre" Jugend proklamiert (schon beim Kindergarten angefangen), der wird heulend und zähneknirschend einmal die Tyrannei solcher Wildlinge über sich ergehen lassen müssen, wenn sie erst erwachsen sind. Ein eigentliches Ordnungsprinzip wird es dann nicht mehr geben, auch im Staatsleben nicht, das heute schon durch seine überspitzte Idee vom Pluralismus die Voraussetzungen zum Chaos schafft. Wie wunderbar klärend in bezug auf Kindererziehung sind da die Worte des Herrn bei Jakob Lorber: „Das Kind muß vor allem gelehrt werden, seinen noch stark tierischen, selbstsüchtigen Eigenwillen zu beugen, und darf nicht verzärtelt werden. Ein Hauptgrund der Verderbung der Menschenseelen liegt in einer gar häufigen affenliebigen Erziehung der Kinder. Man läßt das Bäumchen wachsen, wie es will, und trägt durch Verzärtelung noch alles mögliche dazu bei, um den Stamm ja recht krumm wachsen zu lassen. Ist aber der Stamm einmal erhärtet, dann nützen alle späteren Beugungsversuche nichts mehr.

Darum beugt eure Kinder in ihrer leicht lenksamen Jugend, dann wird es bald weniger materielle Seelen geben, die das Geistige nicht verstehen und sich nicht der wahren Lebensordnung fügen. ... Ein Kind ist bis ins siebente Lebensjahr stets bei weitem mehr Tier als Mensch und hat denn auch noch sehr viele tierische und wenig wahrhaft menschliche Bedürfnisse. Den Kindern werde daher nur das Nötigste gereicht! Man gewöhne sie frühzeitig an allerlei Entbehrungen! ... Gebet ihr aber den tierischen Begierden und Leidenschaften eurer Kinder zu sehr nach, dann werdet ihr allen Lastern ein weites Tor eröffnen. Und sind diese einmal heerscharenweise da, so werdet ihr vergeblich mit allerlei Waffen gegen sie zu Felde ziehen und nichts ausrichten gegen ihre Macht und große Gewalt. ... In der Zeit der Unreife sind Kinder ihren Eltern sonach unbedingten Gehorsam schuldig" (Gr. Ev. Bd. 4, Kap. 124, 1 ff.).

Diese echte Lebensphilosophie, auf Erziehung zum Geistigen und nicht zum Materiellen hin bedacht, gehört unseren Psychologen in das Stammbuch geschrieben. Über das Schicksal der Kirche sagt Katharina Emmerich weiter: Erst nach einem reinigenden Ungewitter, „einer Katastrophe, die über die ganze Menschheit kommt", werde sie in neuem Glanze erstehen. Flechten wir an dieser Stelle gleich die lange zurückgehaltene und erst jetzt der Öffentlichkeit übergebene dritte Botschaft von Fatima ein. Maria sagt dort nach dem sogenannten Sonnenwunder zu den drei Seherkindern (am 13. Oktober 1917): „Über die ganze Menschheit wird eine große Züchtigung kommen. Nicht heute (1917), selbst nicht morgen, aber in der zweiten Hälfte des 20. Jahrhunderts. ... Die Menschheit hat Gott gelästert und die erhaltenen Gnaden mit Füßen getreten. Nirgends herrscht Ordnung. Selbst an den höchsten Stellen regiert Satan und entscheidet in allen Dingen. Er wird sich selbst in die höchsten Stellen der Kirche einzuführen wissen. Er wird Verwirrung in den Gehirnen der großen Gelehrten stiften und erreichen, daß diese Waffen erfinden, mit welchen man in wenigen Minuten die Hälfte der Menschheit zerstören kann. Er wird die Mächtigen dieser Erde unter seinen Willen bringen und dazu führen, daß sie diese Waffen in Massen herstellen. Wenn die Menschheit sich nicht bekehrt ..., dann wird Gott die Menschen bestrafen, härter und schlimmer, als er sie mit der Sintflut bestrafte.
Auch für die Kirche wird die Zeit der größten Bedrängnis kommen! Kardinäle werden gegen Kardinäle, Bischöfe gegen Bischöfe sein. Satan wird sich inmitten ihrer Reihen setzen. In Rom wird es auch große Veränderungen geben. Was verfault ist, fällt, und was fällt, soll nicht aufrechterhalten bleiben. Die Kirche wird im Dunkel und die Welt in Verwirrung sein!" – Es ist weiterhin die Rede von einem kommenden großen Krieg um die Mitte des 20. Jahrhunderts, „wo Millionen und aber Millionen von einer Stunde zur andern ihr Leben lassen müssen". (Der Zweite Weltkrieg wird wohl kaum damit gemeint sein.) Und schließlich heißt es noch: „Später werden jene, die alles überleben, von neuem Gott und seine Macht anrufen und ihm dienen, so wie damals, als die Welt noch nicht so verdorben war. Ich rufe alle wahren Nachfolger meines Sohnes Jesus Christus auf, alle wahren Christen und Apostel der letzten Zeit. Die Zeit der Zeiten kommt und das Ende des Endes, wenn alles so bleibt, wie es ist, ja wenn es noch schlimmer wird. Wehe, wehe, wenn die Bekehrung nicht von oben kommt, von denen, die die Kirche und die Welt regieren!"

Die marianische Prophetie, die einst mit Lourdes, La Salette und Fatima begonnen hatte, findet ihren Höhepunkt in den sog. Amsterdamer Prophezeiungen. Sie wurden während des letzten Krieges und längere Zeit danach visionär und auditativ von einem weiblichen Medium empfangen. Heute stützen sich nicht nur Katholiken, sondern auch viele Andersgläubige auf ihre Aussagen. Sie alle fühlen sich geeint durch ein gemeinsames Gebet:

> Herr Jesus Christus, Sohn des Vaters,
> sende jetzt deinen Geist über die Erde!
> Laß den Heiligen Geist wohnen in den Herzen
> aller Völker, damit sie bewahrt bleiben mögen
> vor Verfall, Unheil und Krieg.
> Möge die Frau aller Völker, die einst Maria war,
> unsere Fürsprecherin sein. Amen.

Gebet als Katastrophenschutz ist gewiß nicht von der Hand zu weisen, und alle die vorausgesagten schrecklichen Ereignisse bräuchten ja wirklich nicht einzutreten, wenn die Menschheit ihre Gesinnung änderte. Auch bei Jakob Lorber lesen wir: „Nicht etwa, daß es so kommen müßte. Aber ich sage euch dennoch, daß es also kommen wird." Gemeint ist das große, reinigende Feuer der Endzeit, das die Wiederkunft Christi vorbereiten soll. Es wird einen dreifachen Charakter haben als ein geistiges, seelisches und naturmäßiges Feuer. In einem Petrusbrief lesen wir: „Es wird der Tag des Herrn kommen wie ein Dieb in der Nacht, an dem die Himmel vergehen mit großem Getöse und die Elemente schmelzen werden vor Hitze." Die auf Hiroshima abgeworfene Atombombe zeichnete sogar den Schatten der Menschen gespenstisch an die Wände; ein Strahlungsphänomen von erschütternder Eindringlichkeit!

In der Geheimen Offenbarung sind alle Zahlen symbolisch aufzufassen. Wir wissen darum auch nicht, wie lange die Kirche und das Christentum überhaupt in der Verbannung leben wird. Wir wissen auch nicht, wie lange das angekündigte Millennium, das tausendjährige Friedensreich auf Erden, wirklichen Bestand hat. Daß es aber kommt, mit dem Abschluß der letzten reinigenden Ungewitter, ist gewiß.

Um der Gerechten willen, damit auch diese nicht noch verführt und in ihrem Glauben wankend werden, wird die Zeit sogar abgekürzt. Ihre einzelnen Phasen sind nach der Offenbarung des Johannes: Zunächst ein „Kampf im Himmel", das heißt wohl in den übersinnlichen Bereichen des Jenseits. Michael und seine Engel stürzen „den großen Drachen, die alte Schlange, die Teufel oder Satan heißt", auf die Erde hinab. Und nun beginnt dort sein Wüten wie nie zuvor. Er verfolgt vor allem das Weib, welches den Knaben gebar. Das „Tier aus dem Meere" steigt auf und „das Tier vom Lande". Sie beide wirken große Zeichen und Wunder (die Weltmächte mit ihren technischen Erfindungen?). Viel ist an dem Zahlenwert 666 des Tieres herumgerätselt worden: „Wer Verstand hat, berechne die Zahl des Tieres; es ist die Zahl eines Menschen." Da nach der alten Geistlehre sowohl Zahlen wie Buchstaben „nur verschiedene Ausdrucksmittel für die gleichen ewigen Prinzipien sind" (M. Kahir), ist eine richtige Deutung der Zahl 666 am ehesten möglich mit Hilfe kabbalistischer und altägyptischer Zahlen- und Buchstabenmystik. M. Kahir hat in seinem einzigartigen Buch „Das verlorene Wort" wertvollste Hinweise gegeben. Zu beachten ist auch nach seiner Meinung, daß in unserer Endzeit die verwandelnde Kraft beim Übergang vom Fischezeitalter in das Wassermannzeitalter die Liebe sein wird: „Und von der Liebe handelt im tiefsten Sinn die Zahl 666." Dazu paßt auch der einfache Schlüssel, den uns der Herr bei Jakob Lorber an die Hand gibt: „Nimm die Zahl 666, die in guten und schlechten Verhältnissen entweder einen vollendeten Menschen oder einen vollendeten Teufel bezeichnet. Teile du die Liebe im Menschen gerade in 666 Teile. Davon gib Gott 600, dem Nächsten 60 und dir selbst 6! Willst du aber ein vollendeter Teufel sein, dann gib Gott 6, dem Nächsten 60 und dir selbst 600 Teile deiner Liebe." – Neuerdings hat Hans Baum in seinem Buch „Die apokalyptische Frau aller Völker" aus dem „kubus mystikus", den er als den Würfel oder „das Siegel Satans" erkannt zu haben glaubt, ebenfalls die Zahl 666 herausgefunden. Für ihn bedeutet dieser Würfel zugleich „das Bild des Tieres" in der Geheimen Offenbarung.

Mit dem „Tier" tritt bei Johannes auch der Lügenprophet auf, und schließlich der Antichrist. Vielleicht sind sie wirklich eine Art trinitarisches Gegenkonsortium zu Vater, Sohn und Heiligem Geist! Die drei Gerichtsengel werden von Gott gesandt. Der erste ruft mit lauter Stimme: „Fürchtet Gott und verherrlicht ihn, denn gekommen ist die Stunde seines Gerichtes!" Der zweite Engel verkündet: „Gefallen, ja gefallen ist das große Babylon (die antichristliche Welt), das mit Taumelwein seiner Unzucht alle Völker berauschte." Der dritte Engel warnt diejenigen, die das Tier und sein Bild anbeten und sein Zeichen an Stirn und Händen tragen, vor dem Zornweine Gottes. Es folgen die drei Ernteengel und die sieben Posaunenengel, welche die „Zornschalen" ausgießen. Im Strafurteil über Babylon wird jetzt auch die große Buhlerin genannt, mit der „die Könige und alle anderen Erdbewohner Unzucht getrieben haben". Dieses Weib sitzt auf einem scharlachroten Tier (Symbol für Luzifer-Antichrist). Es ist auf das kostbarste mit Purpur, Scharlach, Gold, Edelsteinen und Perlen bedeckt. „In seiner Hand hat es einen goldenen Becher voll der Greuel und des Schmutzes ihrer Unzucht. Auf der Stirne trug es einen geheimnisvollen Namen: Das große Babylon, die Mutter der Unzüchtigen und aller Greuel auf Erden."

Viele Deutungen hat dieses Buhlweib schon erfahren müssen. Im Grunde aber ist sein Wesen eindeutig und bezeichnet nichts anderes als „die weltliche Welt". „Frau Welt" war im Mittelalter eine beliebte Figur an den Außenwänden der Kathedralen auf hohem Sockel, umgeben von Sinnbildern des Höllenreiches (Wasserspeiern mit Teufelsfratzen, chimärischen Tiergestalten). Es ist eine einseitige Verteufelung, wenn evangelische Christen und Sektierer immer wieder behaupten, mit dem Buhlweib sei in der Hauptsache das Papsttum gemeint. Natürlich ist dieses Amt im Laufe seiner langen Geschichte auch des öfteren entweiht und von unwürdigen Päpsten besudelt worden. Dann war es wirklich Babylon. Auch im Bunde von „Thron und Altar" geschah manches Widerchristliche. Dennoch sollten wir so viel Objektivität aufbringen, daß wir das Amt als solches weder mit dem Antichrist (wie Luther) noch mit dem Weib auf dem scharlachroten Tier in Verbindung bringen.

Im Evangelium Lukas (17, 26–30) und Matthäus (24, 37–39) steht geschrieben, daß es vor der Wiederkunft Christi auf Erden zugehen werde wie in den Tagen Noahs und Lots. Wer möchte das für unsere Zeit bezweifeln? – Nun aber noch ein Wort über den Antichrist! Die Prophetien geben ihm als letztem Weltenherrscher bald persönliche, bald allgemeine Züge. Richtig scheint, daß eine ganz bestimmte Persönlichkeit, wie öfters schon in der zweitausendjährigen Geschichte nach Christus (z. B. bei Kaiser Nero u. a.), die geballte Kraft luziferischer Dämonie und Bosheit in sich verkörpern wird. Doch dürfen wir uns nicht vorstellen, daß ein solches Werkzeug Luzifers unbedingt vor aller Augen als Antichrist erkennbar wird. Der Teufel pflegt seine Karten nicht gerne aufzudecken. Seit Christus auf der Welt war, wird jede luziferische Erscheinung als Antichrist auftreten müssen. Auch ist Christentum auf jeden Fall der Strahlungspol, nach dem alle Welt sich seitdem ausrichtet: „Aus der Leiderfahrung des Opfers des selbstischen Ich für das größere Ganze hat das Christentum den höchsten Anspruch an den Menschen gestellt. Es hat die Erde dadurch zum Spannungsfeld widerstreitender Kräfte gemacht und im Menschen nie geahnte Fähigkeiten und gefährliche Verirrungen geweckt" (E. Mikeleitis in „Der Plan Gottes").

Wäre nicht die Barmherzigkeit des Ewigen, nach Jakob Lorber einer der sieben Geister Gottes, es gäbe weder ein letztes Gericht (das ja für viele bedrückte Seelen den einzigen Ausweg aus ihrer Notlage bedeutet), noch in den langen Geduldsmühlen Gottes eine mögliche Läuterungschance auch für die „letzte Seele". Ja auch für Luzifer selber, wie die Lehre von der Apokatastasis ton hapanton (Wiederbringung alles Verlorenen) behauptet. Mag der Teufel auch mit all seinem Anhang im kommenden Millennium auf tausend Jahre gefesselt und in den „Brunnen" (sein Jenseitsreich der Hölle) geworfen werden, es gehört zur Barmherzigkeit Gottes, daß es noch einmal auch für ihn eine Bewährungsprobe gibt. Oft haben ernsthafte Theologen sich Gedanken darüber gemacht, was wohl aus Luzifer würde, wenn er auch diese letzte Probe abermals nicht bestünde. Wird er dann wirklich mit all seinem Anhang in dem „ewigen Feuerpfuhl" für ewig schmachten müssen? Die Barmherzigkeit Gottes kennt noch andere Wege. Es ist freilich niemand berechtigt, darüber bestimmte, endgültige Aussagen zu machen. Wir ahnen nur, von der Prophetie Jakob Lorbers darüber belehrt, daß es im hoffnungslosesten Falle so etwas gibt wie eine Auflösung des Seelengewebes. Die Bestandteile der großen Luziferseele würden dann in die Seelenstrukturen anderer Wesen übernommen werden. Der evangelische Theologe Friedrich Heiler sprach in diesem Falle nicht von „Vernichtung", sondern von „Vernichtigung". Er wählte dafür ein besonderes Wort. Gott ist eben kein Vernichter, sondern allein ein gütiger Vater und Lenker aller möglichen Entwicklungstendenzen, auch dann, wenn sie zeitweise von ihm fortführen. Das ist der große Trost des rechten Evangeliums, daß Gott jedes Wesen aus der selbstverschuldeten Gottesferne einst heimführen wird in das Lichtreich des Christuskönig. Ist dieses aber nicht möglich, weil die Verhärtung zu groß erscheint, dann bleibt wohl nichts anderes übrig als die Auflösung einer Persönlichkeit von ihrem Ichkern her. Das Vergangene wird sodann wie wesenlos erscheinen, obgleich immer ein Hauch von Tragik darüber liegen wird. Die Johannesoffenbarung nennt dies den eigentlichen „zweiten" oder endgültigen Tod. –

Groß ist das Glücksgefühl, wenn wir die letzten Seiten der Apokalypse aufschlagen. Was wird da nicht alles verheißen an göttlichen Tröstungen! Mit der Wiederkunft Christi und dem Beginn des Tausendjährigen Reiches wird unser gemarterter, geschundener und blutiger Planet, dieses „Herzpünktchen Gottes" nach Lorber, eine Ruhepause haben. Balsam wird auf die Seelen der Menschen rinnen, welche „die große Drangsal" überstehen mußten. Wie ist es aber mit der von Paulus erwähnten „Entrückung in die Lüfte"? Werden die guten und liebenden Seelen wirklich vor dem allerletzten, fürchterlichsten Strafgericht verschont bleiben? (der „Reinigung von allem Unflat", nach Lorber). Auch in der Prophetie Jakob Lorbers wird dieses „Geheimnis" der Entrückung, ein Lieblingsthema vieler Sekten, einmal erwähnt. Es bleibt allerdings sehr verhüllt. Näher darauf einzugehen, wie auch auf die zahlreichen, in allen Prophetien angekündigten Katastrophen, gehört nicht mehr zu unserem Thema. Desgleichen fordert die Wiederkunft Christi und das Tausendjährige Reich mit seinen veränderten kirchlichen und staatlichen Verhältnissen eine eigene Betrachtung. Für uns war es vor allem wichtig, in den mannigfaltigen Erscheinungen der Gegenwart die wirkliche Endzeit der Apokalypse mit Händen zu greifen. Bleibt nur übrig, mit größter

Eindringlichkeit an das Gleichnis im Evangelium von den fünf klugen und fünf törichten Jungfrauen zu erinnern; denn „es wird keine Frist mehr sein", der Bräutigam kommt bald. „Wie ein Dieb in der Nacht" heißt es, ganz unerwartet. Die Öl in der Lampe haben, werden ihn empfangen dürfen und Hochzeit mit ihm feiern. Für die anderen wird es zu spät sein. Darum werden wir gemahnt: „Wachet und betet allezeit, damit ihr imstande seid, all dem zu entgehen, was da kommen soll, und zu bestehen vor dem Menschensohn!" (Lukas 21, 36).

2. Die jetzige Endzeit im Spiegel neuerer Prophetien

a) Von der Bibel bis zu Nostradamus

Die Vorstellung von einer Endzeit, einem Weltgericht und der Erneuerung Himmels und der Erde findet sich in den Mythen beinahe aller Religionen. So wußten auch die Germanen von einer „Götterdämmerung" (Rangnarök) und einem nachfolgenden „neuen Weltall". Erst recht hat das Spätjudentum in einer großen Zahl von Apokalypsen Weltgericht und nachfolgendes Reich Gottes ausgemalt. In ihnen allen lebt auch die Hoffnung auf einen kommenden Heilbringer (Messias). Das „Buch Daniel" mit seiner Vision von den vier Weltreichen (nach Lorber „vier aufeinanderfolgende Seinsperioden der Völker") spannt als erstes den Bogen über die gesamte Menschheitsgeschichte. Symbolisiert wird jedes dieser Reiche durch eine Tiergestalt. Die Gleichartigkeit des vierten Tieres mit den beiden Tieren der Johannes-Apokalypse springt sofort in die Augen. Der Text bei Daniel lautet dazu: „Das vierte Tier wird das vierte Reich auf Erden sein, welches wird gar anders sein denn alle drei Reiche. Es wird alle Lande fressen, zertreten und zermalmen. Die zehn Hörner bedeuten zehn Könige, so aus dem Reiche entstehen werden. Nach ihnen aber wird ein anderer aufkommen, der wird anders sein denn die vorigen und wird drei Könige demütigen. Er wird den Höchsten lästern und die Heiligen des Höchsten verstören und wird sich unterstehen, Zeit und Gesetz zu ändern. Sie werden aber in seine Hand gegeben werden dreieinhalb Zeiten. Dann wird das Gericht gehalten werden und seine Gewalt wird weggenommen, daß er zugrunde vertilgt und umgebracht werde. Aber das Reich, Gewalt und Macht unter dem ganzen Himmel wird dem heiligen Volke des Höchsten gegeben werden, und alle Gewalt wird ihm dienen und gehorchen."

An anderer Stelle lesen wir: „Zur selben Zeit wird der große Fürst Michael, der für die Kinder deines Volkes steht, sich aufmachen. Denn es wird eine solche trübselige Zeit sein, wie sie nicht gewesen ist, seit es Menschen gab auf Erden. Dann wird dein Volk errettet werden, alle, die im Buche des Lebens geschrieben stehen. Und viele, so unter der Erde schlafen (geistig Tote!), werden erwachen, etliche zum ewigen Leben (Geistbewußtsein!), etliche zu ewiger Schmach und Schande (höllischer Bewußtseinszustand der Seelen). ... Und du, Daniel, verbirg diese Worte und versiegle diese Schrift bis auf die letzte Zeit, da werden viele dahinterkommen und große Weisheit darin finden."

Unverkennbar ist es der Antichrist und unsere jetzige Endzeit, der eiserne Koloß auf tönernen Füßen, die hier gezeichnet werden. Mit dem letzten Gericht geht auch dieses Weltreich zu Ende; Gott selbst übernimmt die Herrschaft über sein Volk. Dieser Reichsgottesgedanke, bei Johannes verbunden mit dem Millennium, ist Krönung und Abschluß aller Prophetien. Das Leben auf Erden knüpft wieder an paradiesische Urzustände an. Bei Jakob Lorber erfahren wir, daß solche von Anbeginn der Menschheit bis an das Ende ihrer Entwicklung reichende Gesichte den Sehern selbst zunächst immer unverständlich und undeutbar waren. Sie stammten eben unmittelbar aus Gottes ewiger Vorausschau und waren für die Empfänger nichts weiter als ein „lebhafter Traum".

Weltgericht und kommender Immanuel sind auch das Thema bei Jesajas. Jeremias sagt die „Strafvölker von Mitternacht" und den Sturz Babels voraus. In Hesekiels Visionen spielen die „Weltzeitalter" und der „neue Tempel" eine Hauptrolle. Bei Maleachi wird Gericht gehalten über die „falschen Priester"; der „Tag des Herrn" wird angekündigt. Es ist ein großes Erbe, das Johannes von den Propheten des Alten Bundes übernahm. Die gleichen Vorstellungen, die gleichen Bilder und Symbole gingen in seine Offenbarung über; ein Zeichen, daß die gleiche lenkende Macht von oben bei ihnen allen am Werke war. Als Christus auf die Erde kam, da inkarnierte sich dieser ewige Logos, der durch die Propheten gesprochen. Die Worte aus seinem Munde fassen alles das zusammen, was jegliche Apokalypse (auch die des Neuen Testamentes, wie die Petrus-Apokalypse, der Hirte des Hermas, die Himmelfahrt des Jesajas, usw.) in der Essenz enthalten. In wenigen Sätzen, aber dafür um so eindringlicher, wird uns gesagt:

„Seht zu, daß euch niemand irreführe. Denn viele werden unter meinem Namen auftreten und sagen: Ich bin Christus, und sie werden viele irreführen. Ihr werdet von Kriegen und Kriegsgerüchten hören. Habt acht, laßt euch dadurch nicht erschrecken; es muß zwar so kommen, aber das ist noch nicht das Ende. Denn Volk wird sich gegen Volk, Reich gegen Reich erheben. Hungersnot und Pest und Erdbeben wird es bald hier, bald dort geben. Aber das alles ist erst der Anfang der Leiden. ... Wenn dann jemand zu euch sagt: Seht, hier ist Christus oder dort, so glaubt es nicht. Denn es werden falsche Christusse und falsche Propheten auftreten und große Zeichen und Wunder wirken, so daß sie womöglich selbst die Auserwählten irreführen. Seht, ich sage es euch voraus. Wenn man also zu euch sagt: Siehe, er ist in der Wüste, so geht nicht hinaus; siehe, er ist in den Gemächern, so glaubt es nicht. Denn wie der Blitz im Osten aufleuchtet und bis zum Westen hin sichtbar ist, so wird es auch mit der Wiederkunft des Menschensohnes sein. Wo ein Aas ist, da sammeln sich die Geier.

Bald nach der Drangsal jener Tage wird die Sonne sich verfinstern, der Mond wird seinen Schein nicht mehr geben, die Sterne werden vom Himmel fallen und die Kräfte des Himmels werden erschüttert werden. Dann wird das Zeichen des Menschensohnes am Himmel erscheinen. Alle Völker auf Erden werden wehklagen und werden den Menschensohn mit großer Macht und Herrlichkeit auf den Wolken des Himmels kommen sehen. Er wird seine Engel mit lautem Posaunenschall aussenden, und sie werden seine Auserwählten von den vier Windrichtungen, von einem Ende des Himmels bis zum andern, zusammenbringen." – Am Ende wird dieser Voraussage hinzugefügt: „Von dem Tage aber und der Stunde weiß niemand, selbst die Engel nicht, sondern nur der Vater allein. Gleich wie die Menschen waren in den Tagen Noahs und achteten der Zeichen nicht, bis die Sintflut kam und nahm sie alle dahin, also wird auch sein die Wiederkunft des Menschensohnes. Da werden zwei auf dem Felde sein, einer wird angenommen, der andere verlassen werden. Zwei werden auf einer Mühle mahlen: Die eine wird aufgenommen, die andere verworfen werden. Darum wachet, denn ihr wisset nicht, um welche Stunde der Herr kommen wird!"

Diese „kleine Apokalypse", wie sie gegenüber der großen des Johannes oft genannt wird, ist bei allen drei Synoptikern wiedergegeben (Matth. Kap. 24 und 25, Mark. Kap. 13 und Luk. Kap. 21, 24–28). „In den Berichten des Matthäus und des Markus sind jedoch leider die Angaben des Herrn über den nahen Untergang Jerusalems und des Tempels verwirrend zusammengeworfen mit den Kundgaben über das viel spätere Weltzeitende und die Wiederkunft des Menschensohns. Den judenchristlichen Jüngern schienen diese beiden weltgeschichtlichen Ereignisse sicher ohne weiteres zusammenfallend. Nur Lukas, ein Arzt griechischer Herkunft, hielt die Angaben des Herrn richtig auseinander" (Dr. Walter Lutz). Tatsächlich lautet der Bericht bei Lukas: „Jerusalem wird von den Heiden zertreten werden, bis die Zeiten der Heiden (Weltvölker) abgelaufen sind. Dann werden Zeichen an Sonne, Mond und Sternen zu sehen sein; und auf der Erde wird ratlose Angst der Völker beim Brausen des Meeres und seines Wogenschwalls herrschen, da die Menschen den Geist aufgeben vor Furcht und in banger Erwartung der Dinge, die über den Erdkreis kommen sollen; denn die Kräfte des Himmels werden erschüttert werden (Jes. 34, 4). Und dann wird man den Menschensohn auf einer Wolke kommen sehen mit großer Macht und Herrlichkeit (Daniel 7, 13). Wenn dies nun alles zu geschehen beginnt, so richtet euch auf und erhebet eure Häupter, denn eure Erlösung naht." Es ist wichtig, bei der heillosen Verflochtenheit vom Untergang Jerusalems und wirklichem Weltende diesen Lukastext sich stets vor Augen zu halten. Man kommt dann nicht, wie so viele liberale Theologen, zu dem verzweifelten Entschluß, über den scheinbaren Widersprüchen im Wortlaut des Evangeliums Eschatologie und chiliastische Zukunftshoffnung ganz zu begraben. In einem Sendschreiben des Apostels Paulus an die Thessalonicher lesen wir: „Was den zukünftigen Tag unseres Herrn Jesu Christi betrifft, so lasset euch, liebe Brüder, weder durch einen Geist noch durch falsche Lehren täuschen, als ob dieser Tag nahe bevorstände. Denn es muß erst der Abfall kommen und der Menschen Sünde, das Kind des Verderbens, sich zeigen; der sich aufhebt als Widersacher gegen alles, was Gott oder Gottesdienst heißt, indem er sich setzt in den Tempel Gottes und vorgibt, er sei Gott. Schon regt sich das Geheimnis der Bosheit, nur daß, wer es jetzt aufhält, zuvor weichen muß, und dann erst wird der Verruchte hervortreten, den aber der Herr vertilgen wird durch den Geist seines Wortes und vernichten durch das Licht seiner Ankunft. Des Widersachers Ankunft hingegen wird geschehen nach dem Wirken Satans mit allerlei lügenhaften Kräften, Zeichen und Wundern, wie durch gottlosen Betrug unter den Verlorenen, weil sie die Liebe zur Wahrheit nicht angenommen..." (2. Thess. 2, 1–10).

Auch diese Stelle des Evangeliums paßt in unsere Zeit. Weil das „Geheimnis der Bosheit" (Mysterium iniquitatis) im geistigen Antlitz der Gegenwart besonders stark hervortritt, wurde es ein beliebter Gegenstand theologischer Betrachtungen. Auch bei dem Schriftsteller Reinhard Raffalt wird einmal tief in seine Problematik hineingeleuchtet: „Der Sieg des Guten, das bedeutet die Niederlage des Bösen. Zu Michelangelos Zeiten fiel es noch keinem Gläubigen schwer, den Gegensatz zu Gott in der Existenz des Teufels zu begreifen. Es gab ihn als Schlange, die den Daseinsbeginn des ersten Menschen gefährdet hatte. Es gab ihn als bösen Engel, der jeden einzelnen zu Fall zu bringen sucht. Es gab ihn als den großen Verführer, der die einfachen Gesetze Gottes so lange zerlegt, bis sie sich verdrehen lassen ohne augenscheinliche Schuld. Die Beugung des Rechtes, des göttlichen und des menschlichen, zu welcher Zeit wäre sie nicht ein böser Reiz gewesen? Wann hätten die Begabten je dem Kitzel ihres Intellektes, der Lust ihrer Skepsis widerstanden, wann wären sie je zurückgeschreckt vor dem Versuch, das Geheimnis Gottes zu entschleiern und weder von ihm noch von seiner Schöpfung etwas übrigzulassen? Es lebt im Menschen ein unerhörter Drang zu zerstören, was er nicht selbst geschaffen hat. Vielleicht wird er einstmals nicht so sehr zur Verantwortung gezogen für das, was zu zerstören ihm

gelungen ist, als für alles Gebliebene, nach dessen Vernichtung es ihn einmal gelüstet hat. Unleugbar verantwortlich bleibt er für beides: für das Getane und für das Gewünschte, für seine Taten und für seinen Trieb." –
Des Paulus höchst persönliche Ansicht, der „Tag des Herrn" werde bald, möglichst noch zu seinen Lebzeiten, eintreffen, steht im Widerspruch zu seinen eigenen Ermahnungen. So täuschten sich auch viele nachfolgende Propheten der christlichen Ära immer wieder in dem Zeitpunkt ihrer eigenen Vorhersagen. Joachim von Fiori zum Beispiel (gest. ca. 1205) nahm an, daß das von ihm verkündete Zeitalter des Hl. Geistes sich noch in seinem Jahrhundert entfalten werde. Zu Beginn der Neuzeit allerdings treten Propheten auf, deren Zeitbegriff durch die Eigenart ihrer stark detaillierten Kundgaben so leicht keiner Täuschung mehr unterliegt. Da ist zum Beispiel die große Päpsteweissagung des Malachias! Es wird dort vom Jahre 1143 n. Chr. an bis hin zum „Weltuntergang" eine Reihenfolge von 112 Päpsten vorausgesagt. Natürlich schließt das einen verhältnismäßig langen Zeitraum in sich ein. So umstritten die Verfasserschaft dieser Prophetie sein mag (sie erschien erst 1595 „auf Grund alter Quellen" im Druck), so verblüffend gibt doch ihre Symbolik den geschichtlichen Zeitgeist wieder (aber auch charakteristische Wesenszüge der einzelnen Pontifices). Gerade die letzten Päpste, deren Regierungszeit wir noch miterleben konnten, bestätigen diese Tatsache. M. Kahir schreibt in seinem Buche „Nahe an 2000 Jahre": „Wir dürfen zweifellos diese Päpsteweissagung als eine echte Prophetie, das heißt als eine rein geistige Schauung über Jahrhunderte hinweg ansehen. Ihren buchstäblichen Wert beweist die Tatsache, daß immerhin eine ganze Anzahl der Papstdevisen auch dem äußeren Sinne nach deutbar waren, womit zumindest eine Art Hellsehergabe des Verfassers erwiesen wäre. Der weitaus wichtigere innere Gehalt aber liegt in ihrer Übereinstimmung mit den Grundzügen der Johannes-Offenbarung und auch der alten Propheten."
Nach dem Pastor angelicus = englischer Hirte (Pius XII.) und dem Pastor et nauta = Hirte und Schiffer (Johannes XXIII.) folgte Papst Paul VI. als der 108. in der Reihenfolge. Sein Name war flos florum, das heißt, Blume der Blumen. Vier Päpste bleiben noch übrig; der letzte wird als Petrus II. die bisherige Kirchengeschichte beenden. Von ihm heißt es bei Malachias: „Während der äußersten Verfolgung der hl. römischen Kirche wird Petrus II. aus Rom regieren. Er wird seine Herde unter vielen Bedrängnissen weiden, an deren Ende die Siebenhügelstadt zerstört werden und der furchtbare Richter sein Volk richten wird." In der historischen Reihenfolge sämtlicher Päpste wäre dieser letztgenannte genau der dreihundertste. Wie nahe stehen wir nach dieser Aufzählung des Malachias vor dem wirklichen Weltenende! Man könnte sich seinen Zeitpunkt ungefähr zusammenreimen. (In Übereinstimmung mit Jakob Lorber fände das Letzte Gericht „nahe vor 2000"

statt.) Aus der Malachias-Weissagung können wir immerhin entnehmen, daß „weder ein Weltuntergang im kosmischen Sinn noch ein Zusammenbruch der Kirche als innere Idee" erfolgen wird; vielmehr „wird die Kirche in neuer Gestalt und mit neuen Führern der Menschheit weiter dienen" (M. Kahir).

Ein anderer großer Seher war dazu berufen, dieser Vorausschau kirchlichen Schicksals in noch genaueren Einzelheiten das große Drama der äußeren Geschichte hinzuzufügen. Am Beginn der Neuzeit stehend, hatte der in Frankreich weitum bekannte Arzt und Astrologe Michel de Notre Dame, genannt Michael Nostradamus (1503–1566), eine „geradezu unglaubliche hellseherische Begabung" (Kahir). Nicht umsonst mochte der Dichter Joh. Wolfgang Goethe in seinem „Faust" nicht auf ihn verzichten: „Und dies geheimnisvolle Buch aus Nostradamus eigener Hand, ist es dir nicht Geleit genug?" Die rund 1200 Quatrains (Vierzeiler), geordnet zu Centurien, schöpfen nicht nur aus der unmittelbaren Schau und Eingebung; durch seine Kenntnis von den Planetenkräften und den sog. Örtern, d. h. Kräftekonstellationen am Himmel, war es ihm auch möglich, in kabbalistisch genauer Weise Zeitereignisse festzulegen. Mit voller Nennung der Jahreszahlen und auch der Namen entstand eine erste Niederschrift in Prosa. Bald aber verbrannte er diese wieder, offenbar aus Gewissensgründen. Heißt es doch auch bei Jakob Lorber: „Es ist für den Menschen nicht gut, wenn er zuviel voraus weiß, was in der Zukunft geschehen wird."
In Versen von „verschleiernder Symbolik", aus der ein chronologischer Ablauf nicht mehr zu ersehen ist, entstand das Ganze noch einmal. „Nur in wenigen Verszeilen nennt der Prophet offen die Namen und Daten gewisser Ereignisse. Aber wo dies der Fall ist, treffen sie mit größter Präzision ein und lassen daher den Schluß zu, daß auch an der Richtigkeit der dunkleren Verse kaum zu zweifeln ist" (Kahir). Beispiele für die Seherkraft des Nostradamus sind folgende Namen und Ausdrücke: „Dauphin" für den französischen Thronfolger, „Poilu" für den heutigen französischen Soldaten, „Industrieklasse" für die soziale Arbeiterbewegung, „Montgolfiere" für den ersten Luftballon, „Rubel" für den Wert der russischen Beute usw. In Vers IX/16 heißt es: „Aus einer Festung wird Franco die Seinen herausführen, die um Rivera geraten ins Handgemenge" (Spanischer Bürgerkrieg 1936). Präsident Roosevelt wird „die Rose der Welt" genannt, Mussolini „der Duce", Stalin „der Führer aus Armenien", Hitler „der Braune" oder „Führer der Arier" usw. Das U-Boot erkennen wir wieder in dem Ausdruck „die untergetauchte Flotte" und „Waffen, im Fisch eingeschlossen"; der Rundfunk ist gemeint, wenn er sagt: „Man schreit in den Himmelsäther", die Luftwaffe in dem Ausdruck „Nahkampf der Vögel in der Luft"; die Sturzkampfbomber

werden mit „die Stimme des ungewöhnlichen Vogels" bezeichnet, die Flakgeschütze mit „Kanonen auf dem Söller". Über die heutigen Atomwaffen heißt es: „Das, was immer lebt und ist doch unbeseelt, wird Verletzung bringen..." oder: „Über das Meer hin wird der Ball (Atompilz!) alles entseelen..." (vergleiche Hiroshima!).
Zahlreiche andere Stellen künden von der Endzeit. Einen möglichen Atommißbrauch deutet der Vers an:

„Welch großer Verlust! Was werden die Wissenschaften tun?
Bevor der Kreislauf des Mondes vollendet:
Feuer und Sintflut durch Herrschaft der Unwissenheit,
Daß es für lange Zeiten nicht wieder gutzumachen ist."

Von einem kommenden „Engelspapst" ist die Rede, der nach der Zerstörung der alten Kirche an der Spitze der neuen Kirche stehen wird:

„Vor seiner heiligen Pracht wird man die Flügel senken,
Wenn der große Gesetzgeber erscheint:
Er wird das Niedere erheben und den Abfall strafen,
Auf Erden wird nicht mehr geboren, der ihm ähnlich."

M. Kahir bemerkt dazu: „Das ist der auch in vielen späteren Prophetien immer wiederkehrende ‚Große Monarch', ein Retter der Menschheit und Erneuerer des Glaubens." Von ihm und den Priestern heißt es:

„Die Augen verschlossen, die Seele geöffnet
Den Lehren der Phantasie aus alter Zeit,
Wird das Leben der Priester verwandelt in Niedrigkeit.
Der Große Monarch wird ihr tolles Beginnen strafen
Und den verlorenen Schatz der Kirche an sich reißen."

Über das Reich des Antichrist schreibt Nostradamus in einem Brief an König Heinrich II. von Frankreich: „... Dann wird das große Reich des Antichrist beginnen im Gebiete des Attila und Xerxes (Vorderer Orient?). In ungeheurer Zahl werden seine Anhänger auftreten, so daß das Kommen des Hl. Geistes, der auf dem 48. Breitengrad herabsteigt, verzögert wird. Er flieht nicht vor den Greueln des Antichrist, der den Krieg gegen den König eröffnen wird, welcher dann der Stellvertreter Christi und seiner Kirche auf Erden ist. Das Reich des Antichrist wird eine Zeitlang bestehen, solange die Zeitumstände günstig sind. Vorher aber wird eine Sonnenfinsternis vorausgehen, die dunkelste, die es je seit der Schöpfung der Welt und seit dem Sterben Jesu Christi gegeben hat. („Vorher" bedeutet wohl „vor dem großen Strafgericht über den Antichrist".) Im Monat Oktober wird eine große Verlagerung der Erdbewegung stattfinden, so gewaltig, daß man glauben wird, die Wucht der Erde habe ihren Gang verloren und sie werde in die ewige Finsternis gestürzt. Vorausgehen werden im Frühling und nachfolgend außerordentliche Veränderungen, Umwandlung von Reichen und große Erdbeben... So viel Unheil wird durch den höllischen Fürsten angerichtet, daß fast die ganze Welt verwüstet werden wird. Bevor dies eintritt, werden einige seltsame Vögel hui, hui in den Lüften schreien (Raketenkrieg?) ... Dann wird nach dem Willen Gottes der Satan gefesselt werden, es wird allgemeiner Frieden herrschen und die Kirche Jesu Christi – erneuert von einem Manne, ausgehend vom 50. Breitengrade – wird keiner Verfolgung mehr ausgesetzt sein. Und dann beginnt ein neuer Friede zwischen Gott und der Menschheit..." Ergänzt wird diese Vorhersage in den Centurien, wo es heißt:

> „Eine Herrschaft der Menschlichkeit göttlicher Herkunft
> Kommt herauf, eine Friedenszeit der Völkergemeinschaft.
> Dann wird die Furie des Krieges gefesselt sein
> In ihrem Verließe für lange Zeit." .

Wieder an einer anderen Stelle lesen wir:

> „Das göttliche Wort wird der Substanz,
> Die Himmel und Erde in sich schließt,
> Verborgenes Gold in mystischem Licht verleihen.
> Wenn Körper, Seele und Geist die Macht gewonnen,
> Wird's unten sein wie droben am Himmelsthron!"

Diese Schilderung meint unmißverständlich die Herrschaft Christi auf Erden, die durch seine Erleuchteten stattfindet im Tausendjährigen Reich. – Wer vor einer Prophetie von solcher Überzeugungskraft bewußt die Ohren verschließt, dem ist nicht zu helfen. Freilich gibt es genug Leute, die auch gar nicht hören wollen. Ihr Lebensstil erlaubt es ihnen nicht, wären sie doch gezwungen „umzudenken" (das Metanoeite des Johannes). Den Bußruf, der in einer jeden Prophetie den Grundton bildet, hat am besten Thomas von Celano, ein persönlicher Freund des Franz von Assisi, in seinem lateinischen Gedicht „Dies irae" eingefangen. Und Wolfgang Amadeus Mozart hat in seinem „Requiem" die erschütterndste Musik dazu geschrieben. „Salva me, fons pietatis" lauten die letzten Worte dieser Hymne: „Der du die Quelle meines Glaubens bist, rette mich!"
Der „Rex tremendae majestatis", der „König von furchtbarer Majestät" wird Gericht über uns halten. Das glaubten die Menschen vergangener Zeiten noch. Heute, in dem großen Glaubensabfall (s. auch Paulus!), will man von dem Zorngericht Gottes, das eigentlich ein Liebegericht ist, nichts mehr wissen. Obwohl man unmittelbar davorsteht, stellt man sich blind und taub.

Ein englischer Bischof namens Horsley hat am Ende des achtzehnten Jahrhunderts über die Zeit des Antichrist folgendes vorausgesehen: „Die Kirche Gottes auf Erden wird der Zahl ihrer Anhänger nach stark reduziert werden durch die offene Desertion (Abfall) der Mächte dieser Welt. Diese Desertion wird beginnen mit einer erklärten Gleichgültigkeit gegenüber einer besonderen Form des Christentums unter dem Vorgeben allgemeiner Toleranz. Diese Toleranz wird aber nicht der Ausfluß eines wahren Geistes der Liebe und der Geduld sein, sondern weit darüber hinausgehen. Von der Duldung der abwegigsten Irrlehren wird man weiterschreiten zur religiösen Anerkennung des Atheismus und schließlich zu einer direkten Verfolgung der Wahrheit des Christentums. Die bloßen Namenschristen werden alle das Bekenntnis der Wahrheit im Stiche lassen, wenn die Mächte der Welt dies tun, und sie werden nicht Abtrünnige genannt werden können, weil sie niemals ernstliche Bekenner waren. War doch ihr Bekennen nichts weiter als ein Mitmachen mit der Mode und der öffentlichen Meinung. Im Prinzip waren sie immer, was sie nun offenbar sind: Heiden. Wenn dieses allgemeine Desertieren vom Glauben stattfindet, wird nichts mehr von Glanz sein in der äußeren Erscheinung der Kirche. Ihre Anhänger werden keine Unterstützung finden von den Regierungen, keine Ehren, keine Gehälter, keine Privilegien, keine Autorität. Bleiben wird ihnen nur das, was keine irdische Macht ihnen nehmen kann, was sie von Ihm selbst bekamen, der ihnen den Auftrag gab, Seine Zeugen zu sein."

Wie werden die Menschen mit ihrer großen Schuld vor dem kommenden Richter bestehen? Ist Selbstzerstörung, wie sie heute so furchtbar um sich greift, nicht schon Strafe genug? In seinem Rundfunkvortrag über „Das Jüngste Gericht" sagte Reinhard Raffalt: „Wenn wirklich ein Nuklearkrieg über die Erde braust, wird nicht dabei der allergrößte Teil der Menschheit eines Todes sterben, dessen Grauen in keinem Verhältnis zu jeder ausdenkbaren Schuld des einzelnen steht? Wozu bedarf es da noch eigens eines Richters? Die Antwort liegt in der Beendigung der Zeit. Soll nicht die Strafe, sondern die Sühne (nach christlicher Vorstellung) den Ausgleich für Schuld bieten, so muß dem Menschen eine Chance zur Sühne gegeben sein. Sie besteht in der Zärtlichkeit des Todes, das heißt der Ewigkeit des menschlichen Lebens."

In diese Ewigkeit hineingestellt bleibt Christus für jeden immer noch ein barmherziger Richter, der Mittel und Wege weiß zur weiteren Aufwärtsentwicklung. Darum ist auch das Antlitz Christi im Gemälde Michelangelos vom „Jüngsten Gericht" nicht so sehr ein richterliches als liebeerfülltes. Er selbst stellt den Typus Mensch in seiner höchsten Vollendung dar. Wir werden uns (mit Hilfe der unio mystica) zu ihm hinaufläutern müssen. Erst dann können wir von neuem das Angesicht Gottes widerspiegeln.

b) Das Dreigestirn der „Christlichen Theosophen":
Jakob Böhme, Emanuel Swedenborg und Jakob Lorber

Das Wort des Propheten Amos: „Der Herr tut nichts, er offenbare denn zuvor sein Geheimnis den Propheten", wird heute in verblüffender Weise wahr. Noch nie vielleicht, außer in den Tagen des Urchristentums, ist das Füllhorn prophetischer Kundgaben in einem solchen Ausmaß über die Menschheit ausgegossen worden; entweder durch das sogenannten Innere Wort oder auf spirituellem Wege medial oder durch große erleuchtete Seher. Wir merken daran, daß die Zeit drängend ist und wir „knapp vor einem großen Gerichte" stehen. Bei Jakob Lorber spricht der Herr: „Zur Zeit der letzten Seher und Propheten wird eine große Bedrängnis auf Erden herrschen, wie sie nie zuvor war. Manche werden diese Boten anhören und sich bessern, aber die große Welt wird sie für irrsinnige Schwärmer halten und ihnen nicht glauben, wie dies auch mit den alten Propheten der Fall war" (Gr. Ev. Bd. 9, Kap. 94, 3).

Bis in die letzte, verborgenste Zelle christlichen Gemeinschaftslebens gelangt heute das fruchtbare Quellgeriesel von oben. Den „Christlichen Theosophen" muß man das Zeugnis geben, daß sie vom Beginn der Neuzeit an in einer besonderen prophetischen Auserwählung standen. Eine Zukunft der christlichen Kirche ist nur denkbar, wenn sie als die großen Richtungsweiser für das Ganze endlich Beachtung finden. Besonders in dem Dreigestirn JAKOB BÖHME, EMANUEL SWEDENBORG und JAKOB LORBER steht einer so sehr auf den Schultern des andern, daß man wohltuend den einheitlichen Geist feststellt, der sie alle beseelt. Beides wird uns durch sie gegeben: die große Lehre, nach der wir verlangen (von der alexandrinischen Katechetenschule als „erhabene Lehre" verstanden), wie auch die Zukunftsschau. Neben die Schöpfungs- und Heilsgeschichte, wie sie unserem Gegenwartsverständnis angepaßt ist, tritt die feste Führung durch das Dunkel der Zeiten. So fließen die kleinen Rinnsale heutiger Prophetie unfehlbar hinein in den großen Strom, der von dorther fließt.

„Also redet der Geist mit offenem Munde und zeiget an, in welches Ende es gehen soll", sagt uns der Görlitzer Mystiker. Seine oft so dunkle Sprache wird überdeutlich, wenn er von der Endzeit spricht. Das geringste Verständnis brachten ihm die Theologen seiner Kirche entgegen. Er mußte durch sie, wie beinahe alle Propheten, sogar „Verfolgung leiden". Am empfänglichsten waren für ihn die kleinen Zirkel, die, im Lande verstreut, seine Lehre nach auswärts trugen (nach den Niederlanden, England, Frankreich, Rußland). Hauptthema seiner Eschatologie war der „Untergang Babels" und der Anbruch des „Lilienreiches" (gemeint ist das Tausendjährige Reich der Offenbarung Johannis). Dabei war Jakob Böhme nicht der Ansicht, daß diese von

ihm so brennend geschilderte „Zeit der letzten Posaune" schon bald eintrete. Seine eigene turbulente Gegenwart hätte ihn dazu verführen können: „Vor Gott ist tausend Jahr als ein Tag, der Geist siehet alles nahe. So vermeint auch der siderische Mensch, es sei bald, ist aber im Rate Gottes."
Von den vielen Textstellen in Jakob Böhmes Schriften über diese unsere Endzeit seien folgende angeführt: „Sie haben die Turba (Widerordnung) in sich zum Götzen gemacht, die ihnen auch die Sündflut des Feuers auf den Hals führen wird. ... Und es wird eine solche böse Welt werden, daß sie nicht wert sein wird, Menschheit zu heißen. Dann aber wird der Zorn Gottes seinen Grimm erfüllen und es geschehen lassen, daß sich die Völker ins höchste Verderben und Elend stürzen und erkennen werden, was für Übel sie sich selber getan. Doch werden meine Schriften zur selben Zeit wohl dienen: denn es kommt ein Tag des Herrn, der nicht aus dem gestirnten Himmel ist! Darin wird der Heilige Geist erscheinen mit Wundern und Kräften, was Babel jetzt noch nicht glaubt. Und doch ist's schon auf der Bahn, aber der Welt verborgen. ... Siehe, es kommt ein Bote aus Gottes Gerechtigkeit und fordert, das treulose Christentum des Namens mit Feuer und Schwert zu vertilgen und seinen wahren Kindern die Liebe Gottes zu offenbaren. Die Maulchristen werden verzagen, wenn ihr falscher Grund wird offenbar werden. Und es werden zwei große Ruten von Gott erscheinen, eine durch Kriegsverwüstung, eine durch Sterben, indem Babel soll zerbrochen werden. In der Finsternis von Mitternacht geht eine Sonne auf, die ihren Schein aus den sensualistischen Eigenschaften der Natur aller Wesen, aus dem geformten, ausgesprochenen Wort nimmt. Und das wird das Wunder sein, dessen sich alle Völker freuen werden. ... Siehe, wenn das siebente Siegel aufgetan ist, so weidet der Erzhirte seine Schafe und erquickt ihre Seelen. Und wenn der siebente Engel posaunet, da werden in seiner Zeit die Geheimnisse Gottes vollendet. Es wird fürwahr keine Zeit mehr aus den vier Elementen sein, sondern es geht an die ewige Zeit Gottes und die des Abgrunds."
Der „Gramprophet", wie ihn seine Widersacher spöttisch nannten, hatte über ein entartetes Kirchentum dasselbe prophezeit wie Nostradamus mit seiner Vorhersage: „Von Gott selbst wird die Kirche verfolgt werden", „der große Monarch wird das tolle Beginnen (der Priester) strafen und den verlorenen Schatz der Kirche an sich reißen."
Auf Jakob Böhme folgt Swedenborg. Als Gelehrter von Rang blieb er seiner Gewohnheit treu, auch das Irrationale seiner Prophetie in wissenschaftliche Denkschablone einzuzwängen. Vielleicht aber war gerade dies dem beginnenden Zeitalter des Rationalismus und der Aufklärung besonders dienlich. Auch er war den heftigsten Angriffen engstirniger Theologen ausgesetzt; freiere Geister wie Goethe huldigten ihm jedoch „als dem gewürdigten Se-

her unserer Zeiten, rings um den die Freude des Himmels war, in dessen Busen die Engel wohnten und zu dem die Geister durch alle Sinne und Glieder sprachen" (Goethe an Lavater). Das „Lallen" dieses Propheten, dem „unaussprechliche Dinge den Geist erfüllten", hatte freilich nichts zu tun mit der trockenen Verstandestheologie und dem Dogmatismus der damaligen evangelischen Kirche. Vom Herrn selbst zum „heiligen Amte" berufen (in einer Vision des Jahres 1743), stellte er dem äußeren Kirchentum seine „Neue Kirche" gegenüber als Ecclesia spiritualis (es erinnert dies an den „Neuen Tempel" bei Hesekiel!). Sie sollte dem kommenden Reich des Herrn im „Letzten Gericht" die Wege bahnen. Von dieser geistigen Kirche allein gilt das Wort des Evangeliums: „Die Pforte der Hölle werden sie nicht überwältigen."

Swedenborgs Lehre „von den Himmeln und der Hölle, vom Zustand des Menschen nach dem Tode, vom wahren Gottesdienst und dem geistigen Sinn des Wortes" fand ihre letzte Ausgestaltung und Vollendung bei Jakob Lorber (1800–1864). So umstritten, ja sogar unbekannt, dieser „Schreibknecht Gottes" bis heute auch sein mag, im ganzen gesehen müssen wir das Urteil bestätigen, das Dr. Kurt Hutten, ein führender evangelischer Theologe, freimütig fällte: „Dieses Weltbild hat Tiefe und Kraft. Es bändigt und ordnet von Gott her die Ungeheuerlichkeit des Universums und versieht sie mit einem Sinn und Ziel. Es gibt der Erde samt ihrer Geschichte und Heilsgeschichte ihre Würde wieder, verleiht dem Glauben eine kosmische Weite, verwebt Diesseits und Jenseits, Mikrokosmos und Makrokosmos ineinander, preist die alle Schöpfung durchwaltende Liebe Gottes und weist mit alledem dem Menschen einen Weg zur Geborgenheit."

Der zweimalige Ausruf in der Offenbarung des Johannes: „Hier ist Weisheit!" gilt uneingeschränkt für den Grazer Mystiker. Auch der verstorbene Theologe und Schriftsteller Hellmut v. Schweinitz sagt in einer Studie über Jakob Lorber: „Das Phänomen Lorber mit der Deutung der Tiefenpsychologie abzutun, ist keine überzeugende Erklärung. Denn was in seinen Schriften an die Oberfläche seines Bewußtseins tritt, sind Erkenntnisse, die aus der Sphäre seines beschränkten menschlichen Wissens nicht stammen können. Zu ihrer Aneignung würde ein Menschenleben nicht ausreichen und alle schöpferische Phantasie nicht genügen. Sie müßten also aus Seelentiefen stammen, die in völlig andere Weltzusammenhänge hineinreichen als die von uns erforschbaren. Sie müßten ihrerseits wieder ablesbar sein aus einer Seelenbilderschrift, die sich den Tiefen des Menschen von oben her eingeprägt hat und urplötzlich dem betreffenden Mittler sichtbar oder in ihrem tönenden Bildgehalt vernehmbar wird. Die Tiefenpsychologie ist ein unzureichender Weg zum Verständnis einer Sache, die mit psychoanalytischen Argumenten einfach nicht deutbar ist. Genausowenig kann das Lebenswerk Lorbers

durch philosophische oder theologische Spekulationen erklärt werden. Es bleibt bei ihm wie bei allen prophetischen Phänomenen ein unerklärbarer Rest, den man leugnen oder annehmen muß."
Einen unumstößlichen Beweis für Lorbers echte Prophetie liefert seine Zukunftsschau. Fast alle wichtigen Erfindungen unseres technischen Zeitalters werden vorausgesehen und beschrieben (z. B. Telegraphie und Elektrotechnik, Rundfunk, Auto, Automatisierung, Atombeherrschung, usw.). Entscheidend aber ist, wie er diese unsere Endzeit als Ganzes charakterisiert. Bei der Entartung von Religion, Wissenschaft und Kultur, vor allem aber der Evangelienlehre, hält er sich lange auf. Über die römische Kirche äußert sich der Herr bei J. Lorber: „Rom wird lange Zeit der beste Aufenthalt für Meine Lehre bleiben. ... In der Folge aber wird auch dort Meine Lehre in Abgötterei übergehen und der reine Geist sehr verschwinden. Die Menschen werden an der äußersten Rinde kauen und sie für das geistige Brot des Lebens halten. Aber dann werde Ich sie wieder auf den rechten Weg zurückführen" (Gr. Ev. Bd. 5, Kap. 9, 4–6). Die Zurückführung auf den rechten Weg fällt zusammen mit den großen Katastrophen, welche die völlig pervertierte Menschheit durch eigene Schuld heraufbeschwört: „So wie es zu Noahs Zeiten war, wird es auch dann sein. Die Liebe wird völlig erlöschen, der Glaube an eine aus den Himmeln geoffenbarte Lebenslehre und Gotterkenntnis wird in finstersten Aberglauben verwandelt werden. Dann aber wird eine große Drangsal kommen. ... In diesen Zeiten wird die Zahl Meiner wahren Nachfolger nur gering sein, weil der Antichrist regieren wird. Wenn er sich aber zuhöchst in der Welt dünken wird, dann wird er gestürzt werden für immerdar."
Das Weltgericht über den Antichrist und seine Scharen, das im Grunde bereits mit der Inkarnierung Christi auf Erden seinen Anfang nahm, wird bei Lorber immer wieder auf „nahe an 2000" angegeben: „In einem künftigen großen Weltgericht will Ich der Hure Babel ein völliges Ende bereiten, in einem Gerichte wie zur Zeit Noahs. Es werden große Zeichen geschehen auf der Erde, dem Meere und am Himmel. Und Ich werde Propheten aufstehen lassen, die werden aus Meinem Worte weissagen und mehrfach das kommende Gericht verkünden. Aber der Hochmut der Menschen wird ihrer spotten und wird sie als Narren verlachen. Dies jedoch wird das sicherste Zeichen sein, daß das große Gericht bald eintreffen und durch das Feuer alle Täter des Übels verzehren wird. Auch werden in der selben Zeit so manche Jünglinge Gesichte haben und Mägde weissagen von den Dingen, die da kommen. Wohl denen, die sich dadurch bessern und wahrhaft bekehren. ... Die echten Kinder der Welt mit ihrer Überklugheit aber lasset und rufet sie nicht, auf daß ihr Ruhe habt vor dem Drachen und seinem Anhang" (Gr. Ev. Bd. 6, Kap. 174, 1–3; Kap. 151, 11).

Was wird aber mit der „kleinen Herde" von Christen geschehen in dieser Zeit der Drangsal? Darauf erhalten wir die tröstliche Antwort: „Ich werde die wenigen Rechten und Besseren zu schützen und bewahren wissen. Die anderen aber will Ich ihrem eigenen Willen freigeben und will von ihnen nehmen allen Meinen Verband, wodurch sie in kurzer Zeitfolge gänzlich von der Erde Boden wie nichtige Schemen verschwinden werden. Ich will die Erde also sichten, daß die übriggebliebenen Besseren tagelange Reisen machen müssen, bis sie auf ein Wesen ihresgleichen stoßen werden. Wird aber die Erde völlig gereinigt sein, dann will Ich von ihr bis zu den Himmeln eine Brücke bauen, über die alle Hand in Hand wandeln sollen. ... Es ist von Mir aus in dieser Welt allem ein Maß gesetzt. Wenn einmal gar zu viele Menschen sich werden im Vollmaß ihres Bösen befinden, dann wird von Mir um der wenigen Guten und Auserwählten willen die Zeit ihres ungestraften argen Waltens abgekürzt werden. Und ihr eigenes Gericht wird sie vor den Augen der Gerechten verschlingen, wie dies zu Noahs, Abrahams und Lots Zeiten teilweise der Fall war und einst wieder in größtem Maße stattfinden wird. ... Da will Ich eine größte Sichtung über die ganze Erde ergehen lassen, und nur die Guten und Reinen werden erhalten bleiben. ... Am Ende wird eine größte Offenbarung geschehen durch Meine abermalige Darniederkunft (im Geiste!) auf dieser Erde. Ihr aber wird vorangehen ein allergrößtes und schärfstes Gericht und nachfolgen eine allgemeine Sichtung der Weltmenschen durch das Feuer und sein Geschoß, damit Ich dann eine neue Pflanzschule für wahre Menschen werde auf Erden errichten können. Von da an wird erst das Paradies auf eure Erde gesetzt werden" (BM. Kap. 169, 10 ff.; Gr. Ev. Bd. 9, Kap. 30, 1 u. 5; Bd. 6, Kap. 150, 17).

Zu dem großen Gericht, das ein universelles sein wird, bemerkt M. Kahir: „Die innere Beschaffenheit jedes Einzelnen wird entscheiden, ob ihm das Weltgericht zum Segen oder zum leiblichen, wenn nicht gar seelischen Untergang gereicht. Darum das Wort von der ‚Scheidung der Geister'. Erschütternd ist die Weissagung, wonach kaum ein Drittel der Menschheit zur erforderlichen Reife gelangt, während zwei Drittel dem auflösenden Wandlungsprozeß verfallen. Auch im biblischen Matthäus-Evangelium finden sich ähnliche Hinweise auf die Wucht und Größe jenes trennenden Geschehens."

Der kleinen Schar getreuer Christen wird bei Lorber zugesichert: „Wenn so das große Gerichtsfeuer aus den Himmeln kommt, wird es ihnen nichts antun können, weil sie ihr eigenes Lebenswasser (Außenlebenssphäre, Seelen-Aura) davor schützt. Danach erst werden der wahre Lebensfriede und seine Gottesordnung einander die Hände reichen und Zwietracht und Hader wird nicht mehr sein unter den Verbliebenen, die die gereinigte Erde bewohnen." Die eigenartige Aussage, daß die „Reinen und Guten" in dem allgemeinen Untergang „durch ihr eigenes Lebenswasser" geschützt werden, enthält einen besonderen Fingerzeig. Da sie bei Lorber selbst nicht weiter erläutert wird, können wir vermuten, daß es nach dem Willen des Herrn einer späteren Prophetie überlassen sein sollte, die dunkle Stelle aufzuhellen. Und wirklich finden wir gerade in den Vorhersagen der jüngst vergangenen Jahre zahlreiche Anhaltspunkte für ihre Enträtselung. Natürlich drängt sich uns sofort die Vermutung auf, daß zwischen dem schützenden „Lebenswasser" und der von Paulus als Geheimnis mitgeteilten „Entrückung in die Lüfte" ein Zusammenhang bestehen könnte. Wer mit den Phänomenen der Mystik oder der Parapsychologie einigermaßen vertraut ist, vermag von sich aus diesen Zusammenhang herzustellen. Levitationsheilige wie Peter von Alcantara, Josef von Copertino u. a. (sie werden in der „Christlichen Mystik" von Josef Görres geschildert) können uns leicht auf die richtige Fährte bringen. „Entrückung in die Lüfte", und zwar mit Seele und Leib, ist eine häufige Erscheinung der Ekstase. Oft sogar der bloßen Medialität, wie z. B. der Fall des Mediums Douglas Home (geb. 1833) beweist. Viele Zeugen haben unter Eid ausgesagt, daß sie ihn öfters schweben sahen. Lord Lindsay z. B. berichtet: „Herr Home verfiel in Trance und wurde dann durch das Fenster des Nachbarzimmers getragen. Die Entfernung der beiden Fenster war ungefähr zwei Meter und zwischen den beiden Fenstern bestand nicht die geringste Verbindung. Wir hörten das Nachbarfenster sich öffnen, und unmittelbar darauf sahen wir Home vor unserem Fenster. Er blieb einige Sekunden in dieser Lage, drückte dann das Fenster auf, schwebte mit den Füßen voran in unser Zimmer und setzte sich dann. Man hat zur Erklärung von Seilen und Strickleitern geredet, aber davon kann bei den Tatsachen, die wir hier beschreiben, keine Rede sein."

Der Franziskanerbruder Josef von Copertino (der fliegende Heilige genannt) ist vielleicht das auffälligste Phänomen auf diesem Gebiete. So wird berichtet, daß er im Zustand der Ekstase sich öfters bis an die Decke einer Kapelle erhob, „wohl 20 Palmen über der Erde". Einmal flog er „einem Vogel gleich von der Mitte der Kirche bis zum Hochaltar, der mehr als 50 Fuß entfernt war", ein andermal schwebte er, mit einem Chormantel angetan, auf die 15 Spannen hohe Kanzel der Kirche. Sehr bekannt sind auch die Levitationszustände der Theresia v. Avila und des Johannes vom Kreuz. Ebenso diejenigen der Kreszentia von Kaufbeuren und in jüngster Zeit von Pater Pio.

Von indischen Wundertätern, die gleich Peter von Alcantara über breite und reißende Flüsse sich schwebend hinwegsetzten, gibt es zahlreiche Beschreibungen. In dem Buche „Höhlen, Klöster, Ashrams" (O. W. Barth-Verlag) berichtet uns der bekannte Schriftsteller Arthur Osborne über Sai Baba, einen wundertätigen Heiligen Indiens: „Er schlief gewöhnlich auf einem Brett, das vom Dach der Moschee an Leinenbändern herabhing, etwa sechs

Fuß vom Boden entfernt, auf dem Petroleumlampen standen. Die Bänder waren nicht fest genug, um die Last eines Menschen zu tragen. Und es gab keine Möglichkeit, auf das Brett heraufzusteigen. Dies bedeutete, daß er nur durch einen Akt der Levitation hinaufgelangen konnte und die ganze Nacht in einem Zustand des Samadhi, gewichtlos und unbeschwert, verbrachte." – Doch genug der Beispiele, die sich noch vermehren ließen! Theologen haben derartige Erscheinungen zuweilen damit erklärt, daß in solchen Fällen der Körper bereits die Beweglichkeit des verklärten Leibes habe. Wie aber sollten bei dem Letzten Gericht in der Endzeit so viele Menschen auf einmal in einen derartigen Levitationszustand versetzt werden können? Die Antwort darauf, und zwar eine sehr schlüssige, gibt Paul Otto Hesses Buch „Der Jüngste Tag" (zuerst 1952 erschienen). Da diese Prophetie wie kaum eine andere einer besonderen Beachtung wert erscheint, soll sie vorläufig aufgespart bleiben für eine eigene Betrachtung. –

Zur „Untergangsprophetie" gibt es noch ein Wort hinzuzufügen: Wenn sie echt ist, hat sie nichts zu tun mit bloßer Panikmache. Ihre ernst gemeinten Warnungen sollen vielmehr das Gewissen der Menschheit wachrütteln. Dabei stellt sich immer wieder die Frage nach der menschlichen Willensfreiheit. Eine unabänderliche Voraussage oder einen ganz gesicherten Zeitpunkt kann es ihretwegen nicht geben. Darum sagt auch der Herr bei J. Lorber: „Ein jeder Prophet hat seine Weissagungen stets nur unter gewissen Bedingungen aufgestellt, die sich auf die Besserung oder Verschlimmerung der Menschheit bezogen. Und so zerfällt auch alles, was Ich euch geweissagt habe, notwendig in zwei Teile: entweder im Eintreffen des Schlimmen oder des Guten. Auch wird die Zeit niemals als fest angegeben, sondern sie richtet sich stets nach dem Wollen und Handeln der Menschen. ... Ich lasse es nur zu, daß die Menschen unbedingt das erreichen, wonach sie so eifrig gestrebt haben, als hinge ihr Lebensglück daran. Weiß Ich auch, was in der Folge geschehen wird, so darf Ich dennoch nicht hindernd dazwischenwirken mit Meiner göttlichen Allmacht. Täte Ich dies, so hörte der Mensch auf, ein Wesen mit freiem Willen zu sein, und wäre nur eine belebte Maschine. Der Mensch kann aus sich heraus alles tun, was er nur will. Er hat aber die Vernunft und den Verstand und kann darum durch Lehre, äußere Gesetze und Erfahrungen klug werden und das Gute, Rechte und Wahre allein wählen."

Die letzte Ursache eines jeden Geschehens auf dieser Erde liegt tatsächlich im seelischen Verhalten des Menschen selbst gegründet. Erst die Entsprechungslehre kann uns ganz verständlich machen, in welchem Ausmaß äußeres Naturgeschehen und inneres Verhalten des Menschen zusammenwirken. Es ist nach Lorber „die innere, verborgene Welt der Geister, die alle Zeiten und Räume als stets enthüllte Gegenwart in sich faßt, aufs innigste zusammenhängt und aufeinander Beziehung hat". Der Dämonie des Bösen könnte die Kraft des Guten so mächtig entgegenwirken, daß es zu den vorhergesagten Endkatastrophen niemals zu kommen bräuchte. Bedenken wir aber, wie sehr schon Gedanken nachgewiesenermaßen einen telepathischen Einfluß auf unsere Umgebung ausüben! Die Aura der ganzen Erde scheint heute sehr getrübt durch solche negativen Gedanken- und Gefühlsschwingungen. Ihr Gleichgewicht ist dadurch gestört und sie reagiert in ihrem materiellen Bestande ebenso empfindlich, wie jeder menschliche Körper, der auf homöopathische Dosierung, also auf unsichtbare Kräfte emanativer Art, aufs stärkste ansprechbar ist. Letzten Endes sind es immer Schwingungen harmonischer oder disharmonischer Natur, von denen alles abhängt. Wir können dies von Paulus lernen, der den Zusammenhang zwischen Mensch und Natur so innig sein läßt, daß er in Römer 8 sagen kann: „Denn die Schöpfung harrt mit Sehnsucht der Offenbarung der Kinder Gottes. Die Schöpfung wurde ja der Vergänglichkeit unterworfen nicht nach eigenem Willen, sondern durch den, der sie unterworfen und die Hoffnung in sie gelegt hat, von der Knechtschaft der Verderbnis erlöst zu werden und zur herrlichen Freiheit der Kinder Gottes zu gelangen. Wir wissen ja, daß die ganze Schöpfung seufzt und in Wehen liegt bis auf diesen Tag."

Ja, die ganze Schöpfung und alle Kreatur wird es zu spüren bekommen, wenn die Menschheit durch moralischen Verfall ein Gericht heraufbeschwört. Um nicht die gesamte Natur in den „Tanz mit dem Teufel" hineinzuziehen, sollten wir eher zu Heilanden an unserer Umgebung werden. Darum ruft uns der Herr durch seine Propheten immer wieder heim in die Ordnung der Himmel: „Wisset ihr nicht, höret ihr nicht, ist's euch nicht vormals verkündet worden?!" (Jesaja). Es gibt keine Entschuldigung, als wüßten wir nichts davon.

3. Der Antichrist in Vorstellungswelt und Prophetie

In einer Dichtung aus der Zeit des Expressionismus läßt ein junger Autor Antichrist von sich sagen: „Wenn Gott kein zahmer Hirte nur ist, der Wolkenschäfchen weidet am Himmelsanger; wenn er die blaue Flamme des Firmaments und firmamenter Sonnen ist, so muß er mich, den Frevler, ritterlich in seinen Steigbügel heben als einen Über-sich-hinaus."

Schon Nietzsche hatte in seiner Idee vom Übermenschen sich eine Weise ausgedacht, gleich Nimrod, dem Rebellen gegen Gesetz und Ordnung, das gewöhnliche Maß des Menschlichen zu übersteigen. Er konnte es sich nur vorstellen als Auflehnung gegen Gott oder gar, wie sein Zarathustra, als

Totengräber Gottes. Wie ein Prophet des Antichrist ging er unserer Zeit vorher und predigte die „Umwertung aller Werte". Der Durchschnittsmensch mit seiner satten, wir würden heute sagen dem Establishment verpflichteten Bürgerlichkeit, war ihm ein Greuel. Viel höher schätzte er den Herrenmenschen, der, über alle Moralitäten sich hinwegsetzend, seinen Willen der großen Masse aufzwang. Der Typ des selbstherrlichen Renaissance-Menschen, eines Cesare Borgia etwa, wurde ihm zum Vorbild. Größe erkannte er nur an, wo „Wille zur Macht" sich zeigte. Daß Hitler einst an Mussolini eine Prachtausgabe von Nietzsches „Wille zur Macht" überreichen ließ, war antichristliche Geste. Die Demut (der „Mut zum Dienen") als Grundtugend des wahren Übermenschen, des christlichen Heiligen, galt damals im falschen „Tausendjährigen Reiche" als abgetan. Solche „Vorläufer des Antichrist" auf politischer Bühne hatten aber vielleicht noch nicht Übermaß genug, um sich endgültig durchzusetzen. Die Welt war für den Herrscherwillen eines einzigen eben noch nicht reif. Erst muß alle Moralität im Volke, alles Religionswesen bis aufs äußerste pervertiert werden (die falschen Propheten sorgten bereits dafür), dann erst kann jener die Zügel ergreifen, der ganz die Merkmale Satans trägt.

Wir halten heute den Atem an, wenn wir daran denken, wie er uns prophezeit ist. Es ist, als würden wir vom Blick der Schlange unmittelbar in Bann geschlagen. Die Texte der Hl. Schrift über ihn sind im Grunde nur spärlich, aber um so eindrücklicher. Die schärfste Konturierung gibt wohl Paulus (im Zusammenhang mit der Wiederkunft des Herrn) vom „Menschen der Sünde, dem Sohn des Verderbens, dem Widersacher, der sich über alles erhebt, was Gott oder Heiligtum heißt, der sich sogar in den Tempel Gottes setzt und sich für Gott ausgibt" (2 Thess. 2, 3 f.). Daß der Herr ihn „durch den Hauch seines Mundes töten, durch den Lichtglanz seiner Ankunft vernichten" wird, weist auf sein Wirken erst in der allerletzten Endzeit hin; denn „zuvor muß der Abfall kommen", bevor jener „in der Kraft Satans" auftreten kann „mit lauter trügerischen Machttaten und Wunderzeichen und allerlei Verführung zur Schlechtigkeit bei denen, die verlorengehen, weil sie die Wahrheit nicht geliebt und angenommen haben, durch die sie hätten gerettet werden können".

Nach des Apostels Schilderung liegt es nahe, sich den Antichrist als eine ganz bestimmte Persönlichkeit vorzustellen. Unsicher werden wir aber schon durch die Briefworte des Johannes (1. Joh. 4), wo dieser vor den Irrlehrern warnt: „Geliebte, traut nicht jedem Geiste, sondern prüfet die Geister, ob sie aus Gott sind; denn es sind viele falsche Propheten in die Welt hinausgezogen. Daran erkennet den Geist Gottes: Jeder Geist, der bekennt, daß Jesus Christus im Fleische gekommen ist, ist aus Gott; der Geist aber, der Jesus nicht bekennt, ist nicht aus Gott. Das ist der Geist des Antichristen, von dem ihr gehört habt, daß er kommen soll, und der jetzt bereits in der Welt ist." Hier wird das antichristliche Wesen ganz allgemein angesehen als Nichtbekenntnis zu Jesus Christus, vor allem durch die falschen Propheten. Natürlich steckt im „Anti" auch die entschiedene Gegnerschaft, und die beiden „Tiere" der Johannes-Apokalypse verkörpern im Symbol den Antichrist als eine anonyme Macht des Widergöttlichen. Hinter ihnen, wie hinter den falschen Christussen, die nach den Worten des Herrn im Matthäus-Evangelium die Endzeit charakterisieren, agiert Luzifer. Aber schon im Buche Daniel nimmt der Antichrist bei der Beschreibung des vierten Tieres (Weltreiches) als mächtiger Weltenherrscher persönliche Züge an: „Er wird den Höchsten lästern und die Heiligen des Höchsten verstören und wird sich unterstehen, Zeit und Gesetz zu ändern."

Während Jakob Böhme, Swedenborg und Lorber es im ungewissen lassen, ob der Antichrist eine Person oder nur ein Prinzip ist, betont Nostradamus ausdrücklich den Personcharakter desselben. Auch er sieht zunächst wie Paulus den großen Glaubensabfall kommen: „Dann aber wird das große Reich des Antichristen beginnen im Gebiete des Attila und Xerxes (Asien und Vorderer Orient)!" In ungeheurer Zahl werden seine Anhänger auftreten und er wird „den Krieg eröffnen gegen den König, welcher dann der Stellvertreter Christi und seiner Kirche auf Erden ist". Gemeint ist der „Große Monarch", der nach Lorber sogar als der noch einmal inkarnierte Michael, wie einst als Johannes der Täufer (bzw. Elias), die Wiederkunft des Herrn im zweiten Advent vorbereiten soll! Der Kampf im Himmel von Anbeginn zwischen Luzifer und dem Schwertträger Gottes wird auf Erden zu einer letzten Entscheidung reifen. „Das Reich des Antichrist wird eine Zeitlang bestehen, solange die Zeitumstände günstig sind. Vorher aber wird eine Sonnenfinsternis vorausgehen, die dunkelste, die es je seit der Schöpfung der Welt und seit dem Sterben Jesu Christi bis heute gegeben hat. (,Vorher' bedeutet wohl vor seinem endgültigen Sturze.) Im Monat Oktober wird eine große Verlagerung der Erdbewegung stattfinden, so gewaltig, daß man glauben wird, die Wucht der Erde habe ihren Gang verloren und sie werde in die ewige Finsternis gestürzt." In späteren Prophetien gerade der neuesten Zeit erleben wir den gleichen Ablauf umstürzender Weltereignisse!

Um den beiden Deutungen (Antichrist als Person oder nur als Prinzip) möglichsten Spielraum zu gewähren, müssen wir die Vorstellungswelt der ganzen Christenheit mit einbeziehen. Jahrhundertelang hat die träumende und dichtende Seele der Menschheit sich hineingelebt und hineingedacht in das große Rätsel des Endzeitgeschehens. Und fordert nicht der inkarnierte Gottessohn, mit seiner Absicht, die Menschheit zu erlösen, jene andere Inkarnierung geradezu heraus, die einen Gegenspieler von möglichst gleicher Kraft und Wirkung auf den Plan rief? Der Himmel brachte die Hölle in

Bewegung. Eine Konzentrierung aller Kräfte der transzendenten Welten schien unumgänglich. So sammelte auch Luzifer seine Scharen, um sie in den Kampf zu werfen. Anklammernd an den Worten beider Evangelien stellte man sich dies im Mittelalter mit seiner Kaiser-Papst-Devise ganz real politisch vor. Es entstand „Das Spiel vom Antichrist", ein Bühnenstück der Barbarossa-Zeit im Mönchslatein. Heuchelei und Ketzerei sind dort die Bundesgenossen des Antichrist, als dieser sein Weltreich aufrichten möchte. Der immerwährende Hader zwischen Kaiser und Papst brachte es mit sich, daß kirchliche und weltliche Partei sich gegenseitig als Antichrist bezeichneten. So wurde etwa Kaiser Friedrich II., ein Freigeist modernen Stils, als solcher angesehen. In den Kreisen der Spiritualen wurde es sogar üblich, die verweltlichte Kirche und ganz besonders das Papsttum mit dem Feinde Christi zu identifizieren. Huß und Luther setzten diese Tradition fort, bis sie schließlich in der Aufklärungszeit als ein historisches Relikt einschlief. Man sah im Antichrist nicht mehr so sehr eine Person als vielmehr die allgemeine Idee der Tugendlosigkeit. Schopenhauer zum Beispiel prägte den Satz: „Was der Glaube als den Antichristen personifiziert hat, ist im Grunde die Perversität der Gesinnung, aus der die Leugnung der moralischen Bedeutung der Welt hervorgeht."
Erst Nietzsche bringt das Dämonologische im Wesen des Antichrist wieder stärker ins Bewußtsein. Der ewige Zweikampf zwischen Gut und Böse wird von ihm in seiner Tiefendimension gesehen. Merkwürdig, daß die Theologen dabei ganz zurücktreten, und das schon bei Schleiermacher! Erst recht aber in der liberalen Theologie (Renan, Gunkel, Friedländer, Bousset u. a.) findet das Eschatologische kaum noch Beachtung. So müssen sich Literaten und Philosophen des vernachlässigten Problems annehmen. Während bei Nietzsche der Antichrist als erlösender Freigeist auftritt („Was fällt, das soll man auch noch stoßen"), sieht Dostojewski in ihm das böse Ungeheuer. Beide Dichter hatten ihre Epigonen, die die gegensätzlichen Auffassungen bis zum Extrem vorwärtstrieben. Da Nietzsche die These verfocht, alles Christliche müsse durch ein Überchristliches überwunden werden, oder auch alles Schwere des Lebens „im Tanze" sublimiert werden, wird bei seinen Nachbetern der „Zauber des Leichten" zur luziferischen Verführung. Stefan George hat dies klar erkannt in seinem seherischen Gedicht „Der Widerchrist":

> „Kein werk ist des himmels, das ich euch nicht tu.
> Ein haarbreit nur fehlt und ihr merkt nicht den trug
> Mit euren geschlagenen Sinnen.
>
> Ich schaff euch für alles was selten und schwer
> Das Leichte, ein ding das wie gold ist aus lehm.
> Wie duft ist und saft ist und würze –

> ... Ihr jauchzet, entzückt von dem teuflischen schein,
> Verprasset was blieb von dem früheren seim
> Und fühlt erst die not vor dem ende."

Gerade dieses „Haarbreit" der Betörung und des Truges wird in Fr. Schreyvogels Roman „Der Antichrist" zum Trennungsstrich zwischen Christus und seinem Widerpart. Wie können sie beide unterschieden werden? Die Antwort lautet nach Urs von Balthasar (in seinem Buche „Apokalypse der deutschen Seele"): Das Dämonisch-Spielerische des Antichrist, das wie bei einem Schauspieler ganz und gar auf Geste und Pose abgestimmt ist, weiß nichts von „Gnade". Sie allein ist das echte Leben, vor dem die Pose zur Lächerlichkeit wird, die sich selber richtet. Der Antichrist Schreyvogels besitzt einen Spiegelsaal, „der ihm seine Gestalt unendlichmal wiedergibt als die ‚schlechte Unendlichkeit' des unfruchtbaren Geistes, der die befruchtende Gnade und die wahre Unendlichkeit nicht besitzen kann. Es ist die narzissische Haltung und zugleich die raffende Geste des historischen Zeitalters, die Selbstbeherrschung der Seele im gebrochenen Reichtum von tausend spiegelnden Facetten, denen allein sie noch Urbild sein kann" (U. v. Balthasar).

Das Spiegelmotiv im Zusammenhang mit dem Antichrist tritt auch bei anderen Schriftstellern auf. Gnade und Liebe allein machen den Unterschied aus zwischen Christus und seinem Gegenspieler. In Dostojewskis Perspektive entsteht noch eine weitere Version des Antichristlichen, wobei kommunistisch-chiliastische Tendenzen mit hinein verflochten sind. So findet sich in Mereschkowskijs „Christ und Antichrist" die Stelle: „Für alle, die wissen, was der russische Bolschewismus ist, steht es außer Zweifel, daß der Friede mit dem Bolschewismus eine unausbleibliche Weltkatastrophe bedeutet; etwas, was in der Tat dem Weltende, dem apokalyptischen ‚Reiche des Tieres' gleichkäme." (Dieselben Ansichten vertritt auch Pastor Wurmbrand in seinen Schriften über die Märtyrerkirche.) Bei Mereschkowskij ist das „Geheimnis des Antichrist" das Personlose. Gerade dieses aber sei der Triumph des Bolschewismus. Dieselbe Problematik wiederholt sich bei Solowjew. Dessen „Kurze Erzählung vom Antichrist" (in drei „Gesprächen") wurde von Theologen des öftern als „echte Vision" gewertet. Überzeugend wird hier ein neuer Evolutionismus und eine bloß soziale Liebe zur Menschheit ad absurdum geführt: „Es gibt einen bösen Frieden, einen Frieden der Welt, der darauf begründet ist, daß das miteinander vermischt und äußerlich verbunden wird, was sich innerlich feind ist." An anderer Stelle lesen wir: „Ich denke, daß der unmerkbare, beschleunigte Fortschritt immer ein Symptom ist, daß das Ende bevorsteht."

Ein Antichrist, der den Frieden bringt und nicht das Schwert, ist zwar für viele oberflächlich urteilende Geister beinahe undenkbar; und doch steckt gerade darin seine allergrößte Gefahr als Verführer der Massen. Ohne Zweifel wird der „Sohn des Verderbens" die meisten der ihm angemuteten Wesenszüge tragen, welche inspirierte Dichter und Denker mit seinem Bilde verknüpfen. Seine schillernde Gestalt wird aber in ihrer Wirklichkeit noch manche Überraschung bringen, auf die keine Menschenseele gefaßt sein kann. Ahnen wir überhaupt, was hinter einem Werkzeug steht, das Luzifer sich so zurüstet, als ob er sich selbst darin inkarnierte? Die ganze Hölle wird auf seiner Seite stehen, mit allen Machtmitteln gefallener Engelsgeister. Von großer Weisheit und magischem Können wird er Zeugnis ablegen und man wird ihn als den wiedergekommenen Christus feiern. Dieser „Herr der Welt" (s. das gleichnamige Buch von Benson) wird etwa so aussehen, wie ihn die Dichterin Selma Lagerlöf in ihrer Erzählung „Die Wunder des Antichrist" darstellt. Dort ist es das falsche Christusbild von Aracoeli, das dem echten aufs täuschendste ähnlich sieht. In seine Krone aber sind die Lettern eingeritzt: „Mein Reich ist von dieser Welt".

Luziferischer Übermut ließ Nimrod einst den Kampf gegen die Götter wagen. Er kannte den Erlöser noch nicht, aber sein Trotz gegen die Himmlischen wurde symbolhaft im Bilde des Turmbaus von Babel. Übermenschliches Ausmaß hatte mancher Weltenherrscher, der die Seelen knechtete und zur Geißel der Menschheit wurde. Seit Christus aber sind diese Herrn im bösen Sinne nicht mehr allein Übermenschen, sondern Antichriste. An ihnen hängt der Schatten Luzifers. So wird auch der künftige Antichrist wie Nimrod einst sich auflehnen gegen das Gesetz der oberen Welten. Die zehn Gebote Mosis wird er aufzulösen versuchen in ihrem ganzen Bestande. Um die Masse auf seine Seite zu ziehen und sie seelisch zu versklaven, wird er der sexuellen Perversion keinerlei Zügel anlegen.

Indem er eine äußerlich befriedete Welt zustande bringt und den Segen des Fortschritts preist, wird er zum Weltenheiland werden. Seine Macht wird ebensosehr eine seelische sein wie eine äußerliche. Durch ein Gebräu der verschiedensten Religionen wird er seiner Herrschaft ein weltanschauliches Fundament und einen religiösen Nimbus verleihen. Man wird es gar nicht merken, wie insgeheim in immer stärkerer Dosierung das Amoralische darin überhandnimmt. Bis es Gesetzesreife hat! Wehe dann den Menschen, die sich noch ein waches Gewissen bewahren konnten! Unter ihnen sind die Verfolgten der echten Kirche, der ecclesia spiritualis, die Christus treu geblieben in mystischer Verbundenheit. Sie werden in stärkstem Gegensatz zur großen Masse stehen, die, eingeschläfert von den Erfolgen des neuen Weltenherrschers, diesem bedenkenlos nachfolgt.

Wenn man in der bisherigen Kirche mit der Imitatio Christi die Nachfolge vor allem im Kreuztragen verstand, die Unterdrückung des niederen Ichs zugunsten des höheren Selbst, des Gottesfunkens im Menschen, so wird der

Antichrist in seiner neuen Lehre das Gegenteil predigen. Er wird das Glück der Erde (den neuen Apfel der Versuchung) als das wahre Paradies hinstellen und das Auskosten aller Sinneslüste als die wahre Erfüllung. Dies alles wird ganz harmlos in moralisierender Art geschehen, und bekräftigt wird dieses Evangelium durch magische Wundertaten.

Wohl hat auch dieser Mensch Antichrist seine persönliche Entwicklung, und man möchte mit Sicherheit annehmen, auch seine inneren Kämpfe. Er ist nicht einfach Werkzeug bloß satanischer Besessenheit. Vielleicht gibt es in der Weltgeschichte keinen Menschen, der in sich selbst Schlimmeres auszufechten hat, in größere Zwiespälte gestürzt wird; denn er trägt ja in seinem Blute immer noch das Erbe Adams. Freien Willens wird er sein Menschsein hingeben müssen, einen Pakt sozusagen mit dem Teufel schließen. Schon der wissenschaftsmüde Faust war auf Magie abgestimmt (jedenfalls in der Dichtung Goethes). Am Antichrist hängt aber nicht mehr der kleine Mephisto mit seinen clownhaften Zauberstückchen. Hinter ihm steht der Höllenfürst selbst in seiner ganzen Macht und Würde. Das gibt seiner Magieverschriebenheit die Faszination. Und so können wir es verstehen, daß ein Sieg für ihn nur möglich ist in der Nachäffung des Lebens Christi. Das Evangelium als Ganzes gilt es zu übertrumpfen!

In der Zeit nach dem Ersten Weltkrieg hat ein sehr junger Dichter (unter dem Pseudonym Friedrich Erwin) den einzigartigen Versuch gemacht, Goethes Faust und Nietzsches Antichrist in ihrem Wesensgehalt miteinander zu verschmelzen. Wohl nirgends ist die Nachäffung Christi durch den letzten Weltenherrscher so konsequent und faszinierend in Dichtung umgesetzt worden wie in diesem „Faust-Antichrist", einem „Spiel in Begegnungen". Wegen ihrer offensichtlichen Inspiriertheit wollen wir wenigstens den Verlauf einiger kurzer Szenen mitverfolgen:
Um sich zum Weltenheiland vorzubereiten, imitiert Antichrist das Leben Christi von jenem Augenblick an, da dieser in die Wüste geht. Auch er möchte sich durch strenges Fasten und Meditation zu seiner Sendung emporringen. (Asketische Disziplin hat schon immer den Geist stark gemacht!) Auf dem „Berg der Versuchung" nahe am Rande der Wüste umgibt ihn die Einsamkeit, die er gesucht; und wie Christus einst tritt auch ihm eines Tages der Teufel entgegen. (Antichrist hatte schon früher mit ihm „Begegnungen", denn er hatte sich ihm auf einem Stück Pergament bereits mit Blut verschrieben. „Blut ist ein ganz besonderer Saft", heißt es in Goethes Faust; es knüpft nämlich ein starkes fluidales Band an die übersinnliche Welt.) Hören wir aus dieser Szene ein herausgerissenes Zwiegespräch:

Luzifer: „Und ich will dir weisen alle Herrlichkeit der Welt. Es schlägt die bronzene Stunde der Mitte, wohlan! Gar kocht der Erdenapfel in seiner Feuerpfanne. In sein Fruchtfleisch sollst du beißen, sein Schaum soll deine brennende Lippe kühlen, wenn du hier niederfällst am Rand deiner selbst und mich anbetest. Sieh, einen göttlichen Augenblick lang hängen die Räder des Schicksalswagens im wunschlosen Nichts, die Scheiben summen: greif ein, wünsche; alles dein, wenn du niederfällst und mich anbetest!" –

Im Gegensatz zu Christus nimmt Antichrist Luzifer sofort beim Wort. Er ist bereit, ihn anzubeten, schon weil er glaubt, daß dieser nichts anderes sei als die Verkörperung seines eigenen Ehrgeizes, wie eine zweite Person aus ihm herausgetreten. Er erblickt in ihm sich selbst und findet nichts dahinter, sein Wunschbild zu idolisieren, wenn er Luzifer zu seinem Herrn macht. Dieser aber bietet ihm die Erde als sein Eigentum. Zum Weltenherrscher möchte er ihn machen.

Nach Beschluß dieser Szene folgt unmittelbar eine andere: Eine große Schar von Anhängern, die er sich als ihr künftiger Messias bereits herangezogen, wallt vor die Tore der Wüste. Es ist inzwischen Abend geworden und rote Herbstnebel duften, während Luzifer und Antichrist die Welt überschauen. Da sehen sie, wie die dionysisch erregte Masse ein Feuer am Rande der Wüste entzündet. Mit dem alten Mysterienruf „Evoe!" stürzen sie sich in den Tanz. Dann aber rufen sie seinen Namen; sie wollen ihn bei sich haben, ihren Messias-König. Zum „heidnischen Spiel der Leiber" wollen sie ihn nicht missen, denn er hat sie ja die Freuden des Lebens gelehrt. Als Dionysos gilt er ihnen; im Rausch wollen sie sich verschwenden. Und so tanzen sie in den Kreis, Jünglinge und Mädchen, Gesunde und Krüppelhafte. Es ist ein schrilles Alarmzeichen für ihr gesuchtes Idol Antichrist! Dieser aber entzieht sich ihnen. Im Schatten eines Wüstenfelsens bei einem einfachen Ziehbrunnen gibt er seinen getreuesten Jüngern die Anweisung heimzukehren, „jeder unter seinen Weinstock und Feigenbaum" oder auch zu seiner Jugend zurück. Sie sollen erst lernen, sich selbst zu bezähmen. Eine suggestive Weisheit spricht aus ihm. Nachdem er sie belehrt über ihr sinnloses Tun, fügt er als Letztes hinzu:

Antichrist: „Noch eins! Ich verlasse euch um meinetwillen, um nicht von vorneherein der Sklave einer wunschvollen Menge und der Hörige meiner Ungenügsamkeit zu sein. Dem Königsruf der Menge will ich in die Wüste entfliehen wie Christus und mich selbst versuchen. Denn die Mittagsstille und der falterheimliche Genuß eines Daseins, in sich ruhend, wiegend und atmend, eines Daseins, das keine Ziele und Zwecke außer seiner Erhaltung, Mehrung und seines selbstgenügsamen Blutkreislaufes kennt, dieser lotosheimliche Genuß ward meinen Sinnen noch aufgespart." –

Vor unseren Augen als Bestätigung für diese Szene tauchen Hippies und Gammler auf. Sie wollen freie Menschen sein, das Establishment hinter sich werfen, Studenten, auf die der „bleierne Hörsaal" drückt, die sich einen politischen Führer „erblöken" möchten (wie Maotse und Hotschi-Minh), um der Langeweile zu entgehen. Eine „rote Bibel" als Ersatz für die christliche sehnen sie sich herbei. Ihr Idealismus hat einen falschen Glanz. Und wir denken auch an die „Manson-Gruppe" mit ihrer unbedingten Gefolgschaft hinter dem Einen her, der ihnen Gott und Christus und Satan zugleich ist. Dionysischer Rausch der Fremdverfallenheit!

Inzwischen hat der Antichrist in der Dichtung sich die politische Machtstellung erobert, die er zu seiner Weltherrschaft benötigt. Gestützt auf die ekstatisch ihm anhangende Gefolgschaft steht er nun auf einsamer Höhe. Mit Leib und Seele ist ihm zu eigen, was sich ihm verschrieb. Die Welt hält den Atem an vor seiner sieghaften Größe. Zuletzt aber – und das ist das Tragikomische in seiner Entwicklung – sind es nur noch menschliche Masken, die sich um ihn scharen. Man fängt nämlich an, ihn zu fürchten, und betet ihn an zugleich. Eine dieser Masken äußert:

Maske: „Dieser Planet ist reif für den herrschsüchtigen Gottesfrieden dieses letzten Gottes. Hat er sich nicht selbst Tempel errichtet und Altäre, läßt er sich nicht als Gottmensch anbeten?! Bald wird ihm als Abendopfer die Erde dampfen! Wohl scheint er sich seines Menschseins bewußt und lacht, spottet über die Verehrungswut der Menge; aber eifersüchtig glaubt er an seine Schicksalhaftigkeit." –

Tatsächlich glaubt Antichrist, der Vollender von Gottes Schöpfung auf Erden zu sein und sich in Luzifer rechtfertigen zu können. Auch bei Lorber wird Luzifer vom Schöpfer gebraucht als „Schmelztiegel" für die seelischgeistige Ausreifung der Wesen. Jedoch hat er sich in diese Rolle selbst hineinbegeben, nicht Gott hat ihn ursprünglich dafür bestimmt. (Nach Goethe „ein Teil von jener Kraft, die stets das Böse will und doch das Gute schafft".) In unserer Dichtung spricht Luzifer einmal zu Antichrist über seinen Abfall von Gott: „Nenn es Frevel meinethalben, ich nenn es Erlösungstat, Empörungsgesetz, Selbstvergottung. Denn wer Gott liebt, muß sein wollen wie Gott, ihm ebenbürtig. Luzifer liebte Gott, so wollte er sein wie Gott, um seiner Liebe wert zu sein!" Die alte Zuflüsterung, die schon am Anfang der Erlösungsgeschichte stand als Sündenfall, sie soll noch einmal betören. Antichrist, ein Ausgegorener aus der Masse der Vielen, wird dabei hellhörig. Sein Menschsein lehnt sich auf gegen die Umklammerung, den Willen eines Übermächtigen. Kann er sich aber noch lösen? Der wirkliche Antichrist wird wohl einmal vor den gleichen Problemen stehen. In der Dichtung wird Antichrist von derselben Hybris geschlagen wie sein Dämon Luzifer. Sie nimmt ihm den klaren Blick für seine wirkliche Lage. Wie diese beschaffen ist, geht aus einer Szene hervor, die sich an einem Weihnachtsabend abspielt. Unfreiwillig nimmt Antichrist teil an einer Kinderbescherung im Hause seines Dieners. Da lockt ihn das Kind von Bethlehem noch einmal mit seinem süßen Lächeln. Antichrist steht fern und spürt doch den Zauber. Er möchte sich hineinstürzen, sich selbst vergessen. Erinnerungen kommen ihm aus seiner Kindheit.

Antichrist: „O Mutter, o Jugend, o Unschuld, o Glaube! – – Unschuld? Ich bin mir keiner Schuld bewußt!"

Das Gespräch mit seinem Famulus, von dem er weiß, daß er noch zu den wenigen Christen gehört, verläuft schließlich also:

Antichrist: „Was sagen die Menschen von mir?"
Diener: „Ihr geht um wie eine Sage im Volke."
Antichrist: „Eine helle oder dunkle, eine böse oder gute?"
Diener: „Ich weiß es nicht; vielleicht gut und bös."
Antichrist: „Ja, was die Menschen so nennen! Höre, sind dem fleischgewordenen Gott in der Krippe noch viele ergeben wie du?"
Diener: „Noch manche."
Antichrist: „Hab ich die Menschen nicht glücklich gemacht und furchtlos?"
Diener: „Glücklich, Herr, glücklich?! Was ist doch das rechte Glück im Todesschatten? Der Reichtum, der Friede, der Genuß, die Geistesfreiheit, die ihr uns wieder gabt, damit wir im Namen des Geistes noch zweifelnder und verzweifelter würden? Viele preisen Euch, viele opfern Euch in den übermütigen Tempeln und auf den Altären Eurer Gottheit..."
Antichrist: „Einsam und ohne Gott sich selbst vergotten müssen, da die schattenlose Wüste keinen Schattengott gebiert! – Fluchen mir auch viele und beneiden mich welche?"
Diener: „Was tuts, sie habens immer so gemacht! Ihr könnts ertragen, es muß Euch Genugtuung sein."
Antichrist: „Und Treue? wird mir auch Treue?!"
Diener (zuckt die Achseln): „Die Jugend, die Euch heidnisch liebt, die

Alten, die zänkisch von Euch Nutzen tragen, die Christen, die Euch dienen um Gottes willen, die Furchtsamen, die das Gesetzlose verabscheuen; sie alle sind Euch treu, wenn Ihrs so nennen mögt."
Antichrist: „So werde ich herrschen, solange ich lebe, und keine Empörung wird meinen Purpur sehren?"
Diener: „Ihr werdet herrschen; Euer Reich ist von dieser Welt." –

(Die Worte von Aracoeli kehren hier wieder, wie sie bei der Geschichte von Selma Lagerlöf in die Krone des falschen Christuskönigs eingeritzt sind.)

Lassen wir es genug sein mit diesen wenigen Schilderungen einer heute noch unveröffentlichten Dichtung. Ihr poetisch gestalteter Antichrist kann freilich nicht gleichgesetzt werden mit jenem, der das Endschicksal gestaltet. Menschliches Fühlen und Denken reicht einfach nicht aus, diesen ganz zu erfassen. Daß Antichrist am Ende der Dichtung, von sich selbst angewidert und seiner inneren Einsamkeit, von Luzifer sich lösen möchte, gibt ihm einen menschlichen Zug. Sehr modern gedacht (die Konzeption stammt aus dem Jahre 1921) besteigt er schließlich sein stählernes Raumschiff, in dem Wahnglauben, Luzifer werde ihm nicht nachfolgen können auf dem Weg zu fernen Gestirnen. Dieser aber heftet sich dennoch an ihn, bis über beide das Chaos hereinbricht. Eine letzte Frage wird wach: Kann der Mensch durch seine Gebundenheit an die Mächte der Tiefe auf Erden diese erlösen helfen? Die Dichtung läßt diese grandiose Möglichkeit offen.

Wie stellt sich aber nun das wirkliche Geschehen, wie es von Gott her durch Prophetie vorausgesagt wurde, gegenüber den noch euphorisch anmutenden Gedanken dieser Dichtung dar? Da ist alles wohl sehr ähnlich, aber in seiner letzten Konsequenz viel nüchterner. Halten wir uns an eine einzige Prophetie mit höchstem Wahrscheinlichkeitscharakter: Es sind die seherischen Aussagen der Jeane Dixon, jener deutschstämmigen Amerikanerin, die heute größtes Ansehen in der Welt genießt. Die meisten ihrer Vorhersagen, besonders auch über politische Ereignisse, gingen nachprüfbar in Erfüllung. Da die Seherin einen starken christlichen Glauben hat (sie ist überzeugte Katholikin) und viel praktische Nächstenliebe übt, wundert es uns nicht, daß sie einer besonderen Gnade von oben gewürdigt wurde: Sie durfte in einer Abfolge zeitlich voneinander getrennter Visionen das Wesen und Wirken des kommenden Antichrist in vielen Details erschauen! Durch sie wissen wir endlich auch, was sich an jenem denkwürdigen 4. Februar des Jahres 1962 wirklich ereignet hat!
Die ungewöhnliche Sternkonstellation war so einzigartig, daß eine Wiederholung nur in Jahrzehntausenden möglich ist. M. Kahir schrieb darüber

schon im Jahre 1957: „Am 4. Februar 1962 versammeln sich sämtliche sieben ‚klassischen' Planeten im Zeichen Wassermann! Ist diese Tatsache an sich schon erstaunlich, so wird sie noch durch den Umstand vermehrt, daß sich auch die ‚nichtklassischen' (erst zwischen 1781 und 1930 entdeckten) drei Planeten Uranus, Neptun und Pluto in keiner beliebigen Stellung zum Zeichen Wassermann befinden, sondern zu ihm genaue Quadraturen und Oppositionen bilden (Winkel von 90 bzw. 180 Grad). Damit erscheinen drei von den vier Weltecken des kosmischen Kreuzes (die vier ‚Tiere' Hesekiels und der Offenbarung) von allen bekannten Planeten besetzt."

Dieses „Strahlungsdynamit" am Himmel ließ Hunderte von Hindupriestern am Ufer des Dschamma-Flusses zusammentreten, um durch Absingen heiliger Verse eine befürchtete große Weltkatastrophe abzuwenden. Einige Astrologen und Wahrsager kündigten sogar schon Monate voraus den Weltuntergang an. Die Planetenstellung erinnerte in ihrer Bedeutung außerdem an jene zur Zeit von Christi Geburt und konnte ebenso auch die Inkarnation einer einmaligen Persönlichkeit andeuten. Hören wir nun, was die Seherin Jeane Dixon ganz unerwartet am 5. Februar 1962 „kurz vor Sonnenaufgang" zu schauen bekam! (Es war nach ihren eigenen Aussagen die bedeutungsvollste und aufwühlendste Vision ihres Lebens.) Als sie sich am frühen Morgen von ihrem Lager erhob und an das östliche Erkerfenster ihres Schlafzimmers trat, „sah sie nicht etwa die entlaubten Bäume und die Straße unter sich, sondern einen klaren blauen Himmel über einer unfruchtbaren Wüste. Direkt über dem Horizont aber stand die Sonne, und es ging eine Helligkeit davon aus, wie sie sie noch nie zuvor erlebt hatte; sie glühte wie ein goldener Ball. Nach allen Seiten versprühte der Himmelskörper seine glänzenden Strahlen, und es war, als würde die Erde magnetisch davon angezogen. Hand in Hand aber traten aus dem grellen Licht der Sonne ein Pharao und Königin Nofretete. Im anderen Arm wiegte die Königin ein kleines Kind, dessen zerlumpte und schmutzige Kleidung in krassem Gegensatz zu der prunkvollen Aufmachung des königlichen Paares stand. ‚Die Augen des Kindes waren allwissend', sagte Jeane zärtlich, ‚sie waren voller Weisheit und Erkenntnis'" (nach dem Buche von Ruth Montgomery „Ich sehe die Zukunft"). Nach einer langen Bilderfolge erblickte die Seherin noch folgendes: Das Kind war inzwischen zum Manne herangewachsen. Ein schmales Kreuz, das sich über ihm herauskristallisierte, „nahm immer größere Gestalt an, bis es die gesamte Erde in allen Richtungen umspannte. Zu gleicher Zeit aber knieten um ihn Menschen jeglicher Rasse, Religion und Hautfarbe nieder und hoben in ehrfürchtiger Anbetung die Arme. Und alle waren sie eins miteinander".

Jeane Dixon, die sich erst ebenfalls der Anbetung der vielen anschloß, hatte instinktiv das Gefühl: „Dies ist der Beginn aller Weisheit." Auf jeden Fall war ihr klargeworden, daß das Kind, dessen Geburt kurz nach 7 Uhr morgens „im Mittleren Osten" erfolgte, und zwar am 5. Februar 1962, die Welt revolutionieren werde. Sie glaubte darüber aussagen zu können: „Noch vor dem Ausgang des Jahrhunderts wird es die gesamte Menschheit in einem allumfassenden Glauben vereinigen. Es wird ein neues Christentum entstehen, denn dieser Mann wird alle Sekten und Glaubensrichtungen vereinen und unter den Menschen einhergehen, um die Weisheit des Allmächtigen zu verbreiten. Dieser Mann, wenngleich einfacher bäuerlicher Herkunft, ist ein Abkömmling der Königin Nofretete und ihres Gemahls, des bin ich gewiß. Seine Geburt war keineswegs königlich – weder Könige noch Hirten haben dem Neugeborenen gehuldigt –, aber er verkörpert die Antwort auf die Gebete einer besorgten Welt. Die Menschheit wird die Macht dieses Mannes in den achtziger Jahren unseres Jahrhunderts zu spüren bekommen, und in den darauffolgenden zehn Jahren wird die Welt eine Neugestaltung und Verbesserung erfahren. Und die Macht dieses Mannes wird noch wachsen bis zum Jahre 1999. Bis zu dieser Zeit werden die Völker dieser Erde auch die Bedeutung dieser Vision begreifen." –

Welch ein Umschwung in ihren Vorstellungen erfolgte aber nur wenig später, als sie durch immer neue Schauungen einen sehr detaillierten Einblick in die Entwicklung dieses Kindes nahm! Nun wurde es ihr ganz klar, daß es nicht etwa der wiedergekommene Christus sei (wie erst vermutet), sondern im Gegenteil der Antichrist! Durch Nachäffung des Lebens Christi, selbst in den äußeren Umständen, sollte die Täuschung gelingen. Schon in ihrer ersten Vision hatte Jeane Dixon für einen Moment das Gefühl gehabt, daß das, was von dem Kinde ausstrahlte, nicht vom Heiligen Geiste kam. Zwar überströmte sie dabei „überquellende Liebesfülle"; doch der Blick, der „auf tiefe Weisheit und Wissen" schließen ließ, erzeugte in ihr das Bewußtsein, etwas wahrzunehmen, an dem sie innerlich keinen Teil hatte (sie fühlte sich von Gott beschützt). Nach weiteren, durch Jahre hindurch erfolgten Schauungen wurde es ihr endgültig offenbar: Infolge seiner schier „allmächtigen Kraft" wird das Kind zwar ein neues Christentum formen; es wird aber die Menschen „weit weg von der ursprünglichen Lehre Christi" führen.

Auch der Antichrist hat seinen Vorläufer und Propheten (wie Jesus in Johannes), der bis zur Zeit seines öffentlichen Auftretens durch Aushöhlung der christlichen Lehre den Boden vorbereitet. Dieser falsche Prophet wird das allgemeine weltanschauliche Chaos, verstärkt durch äußere Unruhen und Rassenkämpfe besonders in den USA, gründlich auszunützen wissen. Seine Ideologie wird eine Mischung sein aus politischen, philosophischen und religiösen Vorstellungen, die so geschickt den technisch-wissenschaftlichen Fortschritt mit einbeziehen, daß viele Christen in eine tiefe Glaubenskrise gestürzt werden. In seine Verkündigung eines neuen Humanismus, der in der Selbstverherrlichung des Menschen und seiner Werke gipfelt (der Mensch als „kleiner Erdengott" nach Goethe), flicht der Prophet auch christliche Reminiszenzen ein. So wird das Ganze als christlich gefärbte Lehre erscheinen, vor deren Überzeugungskraft das traditionelle Christentum als unmodern nicht mehr bestehen kann. Dieses wird fast ganz verschwinden, wenigstens nach außen hin. Es wird in den Untergrund gehen, wie heute schon die Märtyrerkirche in den kommunistischen Ländern. Der Vorläufer des Antichrist wird die Propagandamaschine der ganzen Welt für sich in Anspruch nehmen, und es wird ihm gelingen, eine in jeder Hinsicht chaotisch gewordene Menschheit durch große Versprechungen zu betören. Seine Thesen zielen auf eine gerechte Weltregierung, in der Freiheit, Einheit, Frieden und Glück für alle möglich sind. Seine Weisheit wird „tief menschlich, allzu menschlich klingen" und ganz den Zuschnitt auf die Masse zeigen. Er wird den Menschen eine Zukunft verheißen, in der die Wissenschaften alle Geheimnisse des Daseins entschleiern werden. Es wird nach ihm keine Naturkraft mehr geben, die nicht den Menschen untertan gemacht wird. Das menschliche Leben selbst wird aller Unvollkommenheit ledig werden (vielleicht durch Manipulierung der Erbgene?). Die Menschen werden leben können, „wie sie wollen und solange sie wollen". Auch wird der Tod ganz ohne Schmerz erfolgen. Gewissensregungen, wie Sündenbewußtsein und Schuldgefühl, werden als unzulässiges Relikt veralteter Glaubensanschauungen hingestellt werden. Erst dadurch wird der Mensch von seinen vielen Skrupeln wahrhaft frei werden, so daß ein gesundes Leben garantiert ist. Der falsche Prophet wird verkünden, daß es sich sowohl für die einzelnen Individuen wie für die Nationen der Erde gar nicht lohnt, einander gegenseitig Leid zuzufügen. In seinem Weltanschauungssystem wird der ewige Friede realisiert werden können. Jeane Dixon sieht, daß diese auf die geheimsten Sehnsüchte und Instinkte der Massen abgestimmte Lehre allmählich weltweite Wirkung hat. Nun erst tritt der eine Mann auf den Plan, der die Vorzüge dieser modernsten Weltbefriedungsideologie persönlich in sich verkörpert.

Als Antichrist wird er direkt von sich sagen, daß er der wiedergekommene Christus ist. Während sein Prophet nur mit den Scheinwundern von Wissenschaft und Technik aufwarten konnte, wird er durch wirkliche Zeichen und Wunder von sich reden machen. Die Magie der Hölle steht ihm zur Verfügung. In ihrer Sehnsucht nach einem sinnerfüllten Dasein wird die verehrungssüchtige Menge diesen neuen Messias mit Begeisterung aufnehmen. Man wird ihn an die Spitze der vereinigten Nationen stellen und ihm die Zügel der Weltregierung anvertrauen. Nach Jeane Dixon gibt man ihm auch die Oberaufsicht über die gesamte militärische Macht der Erde mit ihren allermodernsten Waffen. Wer wird ihm widerstehen können? Gleich Christus wird er sich als „Friedensfürst" feiern lassen, und man wird es ihm zu danken haben, daß es längere Zeit keinen Krieg mehr gibt. Durch seine Person werden auch die inneren Sehnsüchte von Millionen Menschen gestillt werden, denn offenbar verbindet er Religiosität und guten Willen mit dem Anschein von Heiligkeit. Man wird es nicht durchschauen, daß er in Wirklichkeit ein totaler Atheist ist. (Nach dem Zeugnis Daniels wird er „den Höchsten lästern und die Heiligen des Höchsten verstören"; ja, er wird sich nach Paulus sogar „in den Tempel Gottes setzen und sich selbst für Gott ausgeben".) Jeane Dixon sagt von ihm aus, daß er das letzte und größte Idol sein wird, dem die Menschen in ihrer langen Geschichte je gehuldigt haben. Man wird ihn wie einen Gott verehren und er wird seine Macht dazu gebrauchen, sich selbst als Erlöser der Welt hinzustellen. Neben seiner eigenen Verkündigung wird er keine andere mehr dulden. Es werden infolgedessen Christenverfolgungen ausbrechen furchtbarster Art. Jeder einzelne wird seiner Kontrolle unterworfen sein (ähnlich wie bei Orwells „Großem Bruder"). Dies wird die schrecklichste Seelentyrannei der Weltgeschichte werden. Besonders wird ihm die Jugend anhangen in allen Teilen der Erde. In Scharen wird sie ihm zulaufen und ekstatisch sich von ihm gefangennehmen lassen. Seine eigentliche Wirkungsstätte wird Jerusalem sein. Indem er die westlichen Religionen mit den östlichen verbindet (wir denken dabei unwillkürlich an ähnliche Bestrebungen der Bahai-Sekte), wird sein Einfluß weltumspannend. Die Menschheit wird auf sein Kommen so vorbereitet sein (durch den falschen Propheten), daß er ein ganz leichtes Spiel hat. Alle öffentlichen Kommunikationsmittel stehen ihm zur Verfügung. Die Vereinigten Staaten, die er auf seinen Reisen des öfteren besuchen wird, sind ihm besonders hörig. Ihre regierende Macht wird mit ihm auch politisch aufs engste zusammenarbeiten. Dann aber, wenn er sie alle gefangen hat „in Angst und blinder Bewunderung", ist das Ende seiner Herrschaft nahe.

Wie aber wird dieses Ende aussehen? Jeane Dixon sieht das Weitere nur noch in einem symbolischen Bilde. Darin geht es, weil alles nur Gleichnis ist, zunächst „ganz leise" zu. (In Wirklichkeit spielt sich während dieser Zeit das furchtbare Drama des Endgerichtes ab.) Sie sieht, wie eine große Schar von Menschen auf einer langen Straße hinter dem Antichrist herzieht. Dann sieht sie, wie dieser plötzlich anhält und sich zur Menge zurückwendet. Er möchte sie mit hypnotischem Blick bis zum Ende an sich fesseln. (Dixon gebrauchte hier das Gleichnis vom „Rattenfänger von Hameln".) Wohl folgt ihm die blinde Masse mit einer gewissen Genugtuung, doch ohne eigentliche Befriedigung. Ihnen allen gibt Gott noch eine letzte Chance, während sie gemeinsam anlangen am „Tale der Entscheidung". Die Straße teilt sich nämlich plötzlich und Antichrist hält seinen Schritt an, als sei er in tiefen Gedanken. „Mit leichtem Mantelschwung" macht er jetzt eine scharfe Drehung nach links. Dies ist der Augenblick der endgültigen Entscheidung. Wird man ihm weiter folgen auf der breiten und ebenen Straße, oder wird man im Gegenteil inne werden, daß der schmale und steile Pfad zur Rechten, wie im Gleichnis des Evangeliums, der bessere ist? Doch der „Rattenfänger" hat seine Arbeit gut getan! In kritikloser Bewunderung heftet sich eine unübersehbare Menge an seine Sohlen. Am Ende der breiten Straße aber kommt plötzlich tiefste Finsternis und Verzweiflung über sie. Das ist das tragische Ende aller ihrer Illusionen.

Ganz anders spielt sich die Geschichte auf dem rechten Pfade ab. Dort sieht die Seherin nur eine kleine Gruppe von Pilgern, unentwegt alle Hindernisse überwindend. Sie sind zwar schon sehr müde und erschöpft, aber indem sie jetzt treu ausharren bei Gottes wirklichem Sohn, nehmen sie den schweren Gang auf sich als Buße für ihren vorherigen Irrweg. Ihnen gelingt es nach langer Mühsal, zu einem wirklichen „Daheim" bei Gott zu gelangen. Das Vergangene erscheint ihnen nun wie ein böser Spuk. „Das Universum geht ein in die Harmonie des Schöpfers", sagt die Seherin abschließend, die Wiederkunft Christi und das Tausendjährige Reich damit andeutend. (Alle diese Darstellungen folgen den Aussagen von Jeane Dixon in dem Buche „My Life and Prophecies", told to Rene Noorbergen, erschienen im Herbst 1970 in englischer Sprache; deutsch: „Leben und Weissagungen der Jeane Dixon".)

Daß der falsche Friedensfürst schließlich nach Überspitzung seiner Herrschaft vor der sich aufbäumenden Welt zu den Waffen greifen muß, ist prophetisch mehrmals belegt. Sein Gegenspieler, der „Große Monarch", wird den Sieg davontragen. Aus sich allein, gestützt vielleicht nur auf eine kleine Schar von Anhängern, wird er es nicht vermögen. „Das Schwert des Himmels wird herniederfahren", heißt es bei Nostradamus. Gott selbst wird mit einer außerordentlichen Maßnahme zu Hilfe kommen, und für die lange unterdrückten Christen wird es dann heißen: „Blicket auf und erhebet eure Häupter, denn die Erlösung naht!"

4. Endkatastrophen und Letztes Gericht

In den Wehen einer antichristlichen Welt sind die kommenden Jahrzehnte übersät mit Sturmzeichen nahenden Untergangs. Gerade die neueste Prophetie der letzten zwanzig Jahre hält uns immer wieder vor Augen: „Es wird keine Frist mehr sein!"

Durch Inneres Wort entstand im Jahre 1956 die Weissagung: „Ihr tretet bald in die letzte Zeit ein, von der Erwähnung getan wurde seit Beginn dieser

Erlösungsperiode, und ihr werdet bald alle Anzeichen erleben, die euch zu allen Zeiten durch Seher und Propheten verkündigt wurden. So wird sich dies erfüllen, weil Mein Wort Wahrheit ist und Ich selbst durch dieser Propheten Mund gesprochen habe. Alles, was Ich weissagen ließ, sollte die Menschen anspornen zur Arbeit an ihrer Seele . . ., doch bisher war die Zeit noch nicht erfüllt, es hatte Satan noch nicht uneingeschränkte Macht über die Menschheit gewonnen. Darum war den Menschen noch eine längere Zeit zugebilligt, weil sich noch viel gebundenes Geistiges verkörpern mußte zum Zwecke der letzten Willensprobe auf dieser Erde. Mein Heilsplan aber wikkelt sich ab nach den Gesetzen ewiger Ordnung, und keinen Tag früher oder später ist eine Epoche beendet, weil Ich von Ewigkeit ersah, was dem Geistigen dient oder seine Entwicklung behindert. ...

Nun aber nimmt das Wirken Satans immer schrecklichere Formen an, da viel des gebundenen Geistes frei wird, und sein Einfluß wirkt nach dessen Verlangen. Daher nimmt auch das teuflische Gebaren der Menschen zu, je näher das Ende heranrückt. Der Widersacher glaubt sich stark genug, Mich gänzlich besiegen zu können, und hält sich nicht mehr in den Grenzen der Machtbefugnisse, die ihm gesetzt wurden bei seinem Fall in die Tiefe. Sowie aber dieser Zeitpunkt gekommen ist, wird seinem Wirken ein Ende gesetzt werden. ... Sobald ihr alle Anzeichen eines kommenden Glaubenskampfes erseht, wisset, daß ihr dann in die letzte Phase eingetreten seid. Dann wappnet euch, die ihr Mir treu bleiben wollt, mit Zuversicht und geht mit Kraft in den Kampf! Wisset, daß Ich vorangehe, daß ihr für Mich streitet und wahrlich unbesiegbar bleiben werdet, ob ihr auch an Zahl weit unterlegen seid der Schar Meines Gegners. Ich werde ihn schlagen und gefangen nehmen, wenn die Stunde gekommen ist, die vorausbestimmt ist seit Ewigkeit. Und ihr, Meine Getreuen, werdet aus diesem Kampfe hervorgehen zu neuem Leben und nicht mehr bedrängt werden können von dem ewigen Neinsager, der noch äonenlang Mein Gegenpol bleiben wird" (abgedruckt in M. Kahirs Buch: „Nahe an 2000 Jahre").

In einer anderen Gegenwartsprophetie wird uns verkündet: „Das Gericht kommt, wenn die Völker gänzlich von Mir abfallen und Gott verwerfen. Dann wird Satan beginnen, am Räderwerk der Ur-Ordnung zu rütteln, um die ganze sichtbare Schöpfung aus den Angeln zu heben und sie zu Atomen zu zerstören. Aber fürchtet euch deshalb nicht, denn der Widersacher hat sich verrechnet!" (empfangen 1949). – Daß die alte Erde dann erbeben wird in ihren Grundfesten „unter all den Schauerlichkeiten, die ihr selbst in euren entmenschten Gehirnen zu eurem eigenen Ende ausgedacht", versichert uns der gleiche Mund. Und im Jahre 1952 wird uns gesagt: „Nicht lange mehr, und ihr werdet den Antichrist auftauchen hören und dann sehen. Aber auch seine Macht ist begrenzt, denn Meine ist größer und wird es ewig bleiben.

Euer Trost sei: Meine Engelscharen werden euch umgeben wie ein eiserner Panzer, den nichts durchdringen kann; denn Ich bin bei euch immerdar!"
Von den Naturkatastrophen, die als Begleitmusik der Religio depopulata („verwüstete Religion" nach der Päpsteweissagung des Malachias) dem Endgerichte vorausgehen, kündigt der Herr durch Inneres Wort: „Ihr habt nun den Zeitpunkt erreicht, den ihr den Anfang des Endes benennen könnt. Es wird die Welt zu einem Brandherde werden, die Flammen werden auflodern und hemmungslos wird der Haß wüten. Die Menschheit wird von Furcht erfaßt werden und keinen Ausweg mehr sehen aus der Gefahr, die unabwendbar ist. ... Wenn aber alles in Aufruhr ist, wird sich euer eine große Ruhe bemächtigen, weil ihr dann klar erkennt, daß die Zeit Meines Nahens gekommen ist. Und Ich werde dies kundtun allen Menschen, die euch anhören wollen. ... Der Brand ist entfacht und wird nicht mehr durch Menschen gelöscht werden können; doch Ich selbst werde ihn zum Erlöschen bringen, indem Ich ihm andere Elemente entgegensetze und denen gebiete, die sich gegenseitig vernichten wollen. ... Eine Naturkatastrophe wird die Erde heimsuchen und die Kämpfenden auseinanderreißen, denn es wird ihnen eine Macht in den Weg treten, der keiner der Streitenden gewachsen ist. Nur kurze Zeit wird dieser Vorgang dauern, aber eine völlig veränderte Weltlage schaffen und ein anfangs unübersehbares Chaos, große irdische Not und Trauer unter den Menschen. ... Noch müssen viele Läuterungsmöglichkeiten geschaffen werden, um möglichst viele Menschen in der kurzen Frist zur Reifung zu bringen. Das Ende ist nahe, und ihr sollt mit Gewißheit bald den Tag des letzten großen Gerichtes erwarten, auf daß sich erfüllt, was verkündet wurde durch Wort und Schrift" (empfangen 1951).
Ist es nicht die gleiche Stimme und der gleiche Geist, wie er einst aus dem Munde Jakob Lorbers sprach? Auch bei dem steirischen Seher ist immer wieder von einem Weltenbrand (germanisch „Muspilli") die Rede. Daß dieser von Menschen nicht mehr gelöscht werden kann, sondern nur noch vom Herrn allein, „indem er ihm andere Elemente entgegensetzt", ist leicht zu begreifen. Noch schrecklicher als das Wassergericht in der Vergangenheit ist das Feuergericht in der Endzeit. Schon von den Propheten des Alten Bundes wurde es oftmals vorhergeschaut. Bei Maleachi zum Beispiel lesen wir: „Es kommt der große und schreckliche Tag des Herrn, der soll brennen wie ein Feuerofen und anzünden die Gottlosen!" Und auch bei Joel heißt es: „Wehe des finsteren Tages, der da kommt wie ein Verderber! Vor ihm her geht ein verzehrendes Feuer und nach ihm eine brennende Flamme!" Besonders aufschlußreich sind die Worte Jakob Böhmes: „Die Menschen haben sich die Widerordnung zum Götzen gemacht, die ihnen auch die Sündflut des Feuers auf den Hals führen wird." Es ist das „Zornfeuer Gottes", in dem das dreimalige Wehe der Johannes-Apokalypse seine Erfüllung findet.

Zur Dämonie unseres Zeitalters gehört es, daß jegliche Ordnung im gesamten Naturhaushalt gestört erscheint. Große Erdbeben werden darum bei allen bedeutenden Propheten als Folge geschildert. Die Natur schlägt eben unbarmherzig zurück, wenn der Mensch sich bedenkenlos und frivol an ihrer Eigengesetzlichkeit vergeht. Strafe Gottes ist das nur indirekt, wie überhaupt jeder Eingriff von oben nur Hilfeleistung bedeutet in einer verfahrenen Situation. Und so ist auch das „Letzte Gericht" zu verstehen! Erst wenn in den Menschen „kein Fünklein des wahren Lebenslichtes aus Gott" mehr glimmt, wird nach Lorber das Endgericht über sie verhängt werden.

Katholiken hören auf eine Prophetie besonderer Art. Es sind die bei den häufigen Marienerscheinungen der letzten hundert Jahre (La Salette, Lourdes, Fatima, Garabandal, Zeitoun usw.) immer wiederkehrenden Weissagungen über die „Zeit der Zeiten". Eine mütterliche Stimme als die „Frau aller Völker", wie sie sich selbst benennt, spart nicht mit Ermahnungen, Tröstungen und Warnungen. In den „Amsterdamer Prophezeiungen" wird von ihr eine sehr durchsichtige, in drei Stufen gegliederte Aufeinanderfolge von Endkatastrophen angekündigt. Als erste Stufe erleben wir heute bereits die „Katastrophenstreuung". Sie macht sich bemerkbar durch immer stärker auftretende Erdbeben, Überschwemmungen, Hungerkatastrophen, kriegerische Ereignisse, gesellschaftliche Krisen, Rassenkämpfe, Währungsverfall, unbekannte Krankheiten, u. a. Die zweite Stufe nehmen die sog. Warnkatastrophen ein. Sie zählen bereits zu den „Großkatastrophen" als dritter Stufe, haben aber noch nicht deren alles vernichtende Wirkung. Eine „Schocktherapie" soll durch sie eingeleitet werden. Die Zunahme vor allem der Erdbeben ist ihr auffallendstes Merkmal. Eines davon wird nach den Angaben der „Frau" so gewaltig sein, daß es scheinen wird, „als ob die Erde platzen wollte". Es wird sich auf dem ganzen Erdkreis bemerkbar machen und schon zu den Großkatastrophen zählen. Hans Baum äußert sich dazu in seinem Buch „Die apokalyptische Frau aller Völker": „Offenbar nimmt in absehbarer Zeit der Gasdruck im Erdinnern zu, was zu erhöhter vulkanischer Tätigkeit und zu Störungen im Gefüge der Erdkruste führen müßte."
Wir erinnern uns, daß auch Edgar Cayce („Der schlafende Prophet") und William Branham des öfteren von solchen Erdbeben gesprochen haben, in Verbindung mit gewaltigen Überschwemmungskatastrophen. Amerika und auch Europa werden stark davon betroffen sein, so daß riesige Landgebiete ihnen zum Opfer fallen. Werden alle diese „Warnkatastrophen" einen Sinneswandel in der Menschheit herbeiführen? „Ich sehe das Wort ‚hoffnungslos'", heißt es in den Amsterdamer Prophezeiungen, und Hans Baum bemerkt dazu: „Der spätzeitliche Mensch hat den Geist längst mit dem bloßen Intellekt vertauscht und ist gar nicht mehr fähig, als ein Geistiger zu reagie-

ren. Für ihn sind Katastrophen nichts weiter als Funktionen von Ursachen, die man eben nicht früher zu erkennen vermochte."
Als eine der sogenannten Warnkatastrophen kündigt die „Frau aller Völker" an: „Achtet auf die Meteore!" - Schon in der Geheimen Offenbarung wird ein solcher Meteorenfall geschildert, von dem es ausdrücklich heißt, daß die Menschen seinetwegen Gott lästern würden, denn „seine Plage traf schwer". Auf Grund symbolischer Andeutungen der „Frau" glaubt Hans Baum die Ursachen erkannt zu haben. In Zusammenarbeit mit einer wissenschaftlichen Forschergruppe entwickelt er folgende Theorie: Der Schwarm der Leoniden wird eines Tages nicht mehr wie sonst in harmloser Weise die Erde nur streifen (alle Jahre Mitte November, wenn besonders viele Sternschnuppen regnen), sondern sie direkt mit seinem Kerne treffen. Durch das Aufschlagen der Meteore, unter starken Explosionsgeräuschen, wird dabei Antimaterie frei werden, die sofort in Strahlung übergeht (wie bei dem Tunguser Meteor von 1908, der in der sibirischen Taiga niederging). Unter Umständen wird dadurch auch die oft prophezeite „dreitägige Finsternis" ausgelöst. Bei Maria Taigi, einer mystischen Visionärin (gest. 1837), lesen wir darüber: „Es wird nämlich über die ganze Erde eine dichte Finsternis kommen, die drei Tage und drei Nächte dauern wird. Die Finsternis wird es unmöglich machen, irgend etwas zu sehen; ferner wird sie mit Verpestung der Luft verbunden sein. ... Solange die Finsternis dauert, wird es unmöglich sein, Licht zu machen. Wer während dieser Finsternis aus Neugierde zum Fenster hinausschauen oder aus dem Hause gehen wird, wird auf der Stelle tot hinfallen. In diesen drei Tagen sollen die Leute vielmehr in den Häusern bleiben und Gott um Barmherzigkeit anflehen."
Aber auch dieser Meteorensturz, der tatsächlich infolge der zum Kometenkopf gehörigen Gase die Luft verpesten und wegen seines Meteorenstaubs die Sonne verdunkeln würde, ist relativ harmlos und wieder nur als eine Warnkatastrophe aufzufassen. Interessant ist in diesem Zusammenhang eine Stelle im „Buche der Weisheit". Es heißt da im Kap. 17: „Da die Ungerechten meinten, das heilige Volk unterdrücken zu können, lagen sie, von den Banden der Finsternis und langer Nacht gefesselt, eingeschlossen in ihren Häusern, als Verbannte von der ewigen Vorsehung. ... Keine Kraft des Feuers war hinreichend, ihnen zu leuchten ... indes erschien ihnen doch Feuer (vom Himmel!), urplötzlich und fürchterlich. Als aber die Erscheinung schwand, hielten sie in ihrer Angst das Geschaute für schlimmer als es war." Natürlich könnte man dieses Zitat auch auf ein anderes Ereignis beziehen, denn die sog. dreitägige Finsternis läßt mehrere Deutungen zu (s. darüber auch die „Manasische Vibration" in P. O. Hesses Buch „Der Jüngste Tag").
Mit der verstärkten Tätigkeit von Erdbeben und mit der Meteorenplage ist

es aber noch nicht genug. Die Apokalypse zählt eine Menge schwerster Geißelhiebe auf, die die Menschheit außerdem treffen. Ihre Summierung läßt uns ein kaltes Grauen den Rücken hinunterrieseln. Zu den fürchterlichsten Strafen der Endzeit gehört zweifellos auch ein Atomkrieg, der uns möglicherweise sogar bald bevorsteht. Der berühmte bayrische Hellseher Alois Irlmeier und der sog. Mühlhiasl (Matthias Pregl, gest. 1825) sagten ihn in vielen Einzelheiten voraus. Ihre Prophezeiungen sind zu bekannt, um hier noch einmal wiederholt zu werden. Zum Glück soll dieser dritte Weltkrieg, bei dem auch die H-Bombe Verwendung findet, nur kurze Zeit dauern. Irlmeier sah die Zahl „drei", was nach seiner Meinung drei Tage, drei Wochen, im Höchstfalle aber drei Monate bedeuten könnte. Auch Nostradamus hatte einst prophezeit:

> „Übergesetzt in das ganze Deutschland,
> Selbst bis Brabant, Flandern, Brügge und Bologne:
> Durch heuchelndes Handeln wird Armeniens Führer
> Angreifen Wien und Köln."

Über die Zerstörungen in ganz Europa klagt er:

> „Genug der Ruinen großer, heiliger Stätten
> In der Provence, Neapel, Sizilien und Pons.
> Deutschland am Rhein und zu Kölln
> Tödlich bedrängt durch die Truppen Magogs."

Auf die Anwendung von Atomwaffen weisen folgende Verse hin:

> „Himmlisches Feuer vom Westen her droht
> Und vom Süden wird es züngeln bis Ost,
> Die Pflanzen sterben ab ohne Wurzeln.
> Das dritte Zeitalter sieht Mars am Kriegspfad,
> Karfunkel wird man feurig blitzen sehen."

Naturkatastrophen begleiten das Kriegsgeschehen. Ganz apokalyptisch klingen die Verse:

> „Unter Donnerschlägen strömt Regen vom Himmel,
> Ich sehe Wasser, Feuer und Blut durcheinander.
> Der Himmel, an dem die Sonne sonst steht, erbebt:
> Kein Lebender hat je erlebt, was nun zu sehen ist!"

Es gibt heute Atomforscher, die den Aussagen des Johannes über die furchtbaren Naturkatastrophen der Endzeit – durch den Schall der sieben Posaunen angekündigt – ein wissenschaftliches Gewicht verleihen. Bernhard Phil-

bert zum Beispiel versucht in seinem Buche „Christliche Prophetie und Nuklear-Energie" den Nachweis zu liefern, daß die komplizierten, aber folgerichtig ablaufenden Vorgänge im Falle eines Nuklearkrieges den Visionen des Sehers von Patmos auf ein Haar entsprechen. Er zieht daraus den Schluß, die Geheime Offenbarung enthalte, „wenigstens was die die Endzeit einleitenden Aktionen anbelangt, keinerlei Symbole"; vielmehr sei sie eine überaus nüchterne und kurz gefaßte Erlebnisbeschreibung, die Johannes natürlich nicht schon mit der uns heute geläufigen Terminologie belegen konnte. Da mindestens für den gläubigen Teil der Christenheit die Geheime Offenbarung kein Buch mit sieben Siegeln bleiben sollte, kann man den Gegenwartsmenschen nur zurufen: „Wer Ohren hat zu hören, der höre!"
Katastrophenstreuung, Warnkatastrophen und Großkatastrophen sind das schaurige Vorspiel des Letzten Gerichtes. Der Antichrist, nach einem Wort von Alois Winklhofer „der größte Funktionär und Statthalter Satans", wird die Seelen in Bann schlagen. Zusammen mit seinem Erzpropheten wird er „das Geheimnis der Bosheit" bis zur Neige ausgeschöpft haben, wenn der Hauch Gottes ihn tödlich trifft. Unerbittlich wird mit ihm auch „der alte Unrat" (Lorber) von der Tenne gefegt werden. Über die Gottlosen aber, die darauf nicht vorbereitet sind, sagt der Apostel Petrus in einem Sendschreiben: „Wisset vor allen Dingen, daß in den letzten Zeiten Spötter kommen werden, die nach ihren eigenen Gelüsten wandeln und werden sagen: Wo bleibt denn die Verheißung von der Wiederkunft des Herrn? Seht, es bleibt doch alles, wie es seit Urbeginn der Schöpfung war! Aber es entgeht ihnen – weil sie es wollen –, daß der Himmel einst war und die Erde in der Sündflut durch Wasser überschwemmt wurde. Der jetzige Himmel und die Erde sind durch das Wort Gottes aufbewahrt zu einem Feuerbrand auf den Tag des Gerichtes und Verderbens über die gottlosen Menschen. Nur eines entgehe euch nicht, meine Lieben: daß bei dem Herrn ein Tag wie tausend Jahre und tausend Jahre wie ein Tag sind! Der Herr verzögert nicht die Verheißung, wie es etliche wähnen, sondern daß jedermann seinen Sinn ändere und sich zum Geiste kehre. Aber kommen wird der Tag des Herrn wie ein Dieb in der Nacht, an welchem die Himmel vergehen werden mit großem Krachen, die Elemente vor Hitze zerschmelzen und die Erde samt all ihren Werken darauf im Brande vergehen. ... Wir aber harren nach seiner Verheißung eines neuen Himmels und einer neuen Erde, wo Gerechtigkeit wohnen wird..." (2. Petr., Kap. 3).
In welcher Weise das Letzte Gericht sich im einzelnen abspielen wird, ist oft beschrieben worden. Bei Matthäus (Kap. 24, 29–31) lautet der Text: „Bald nach der Drangsal jener Tage wird die Sonne sich verfinstern, der Mond wird seinen Schein nicht mehr geben, die Sterne werden vom Himmel fallen und die Kräfte des Himmels werden erschüttert werden. Dann wird das Zeichen

des Menschensohnes am Himmel erscheinen. Alle Völker auf Erden werden wehklagen und werden den Menschensohn mit großer Macht und Herrlichkeit auf den Wolken des Himmels kommen sehen. Er wird seine Engel mit lautem Posaunenschall aussenden, und sie werden seine Auserwählten von den vier Windrichtungen, von einem Ende des Himmels bis zum andern, zusammenbringen." – Die Gewalt solcher Untergangsprophetie aus dem Munde Christi selber ist unbeschreiblich. Schon die wenigen Sätze mit ihrer kosmischen Bilderfolge erzeugen in uns das Gefühl, aus allen Wurzelgründen des Daseins gerissen zu werden. Der moderne Mensch freilich mit seiner blasiert-aufgeklärten Hochmutshaltung bleibt auch davon gänzlich unberührt. Es ist völlig unmöglich, wird er sagen, daß etwa die Sterne vom Himmel fallen. Soviel Einsicht hat heute schon jedes Kind, das in der Schule belehrt wird über die wahren Größenverhältnisse der Himmelskörper oder über die unabänderlichen Gesetze der Schwerkraft. Wieviel weniger mag man einem Erwachsenen solch unverdauliche Kost zumuten!

Die meisten Menschen wissen nicht, von den Theologen zu wenig darüber aufgeklärt, daß begnadete Seher ihre Schau ganz unmittelbar und naiv wiedergeben. Sie fragen nicht nach Erklärungen oder gar wissenschaftlichen Begründungen. Ihre Schilderung verläuft ihren gewohnten Vorstellungen gemäß, wobei gerade das Fallen der Sterne vom Himmel zwar dem genauen Augenschein entspricht, nicht aber ein wirkliches Fallen bedeuten muß. Die Lösung der Frage stellt sich im Grunde ganz einfach dar, wobei auch wissenschaftliche Gesichtspunkte zu ihrem vollen Recht gelangen. Es gibt heute eine Prophetie, die unabweisbar uns die Schlüssel an die Hand gibt, auch dieses letzte Mysterium aufzuschließen. Eine lange verschlossene Truhe voll der geheimsten Schätze öffnet sich vor unseren Augen. Mit einem Schlag gehen uns Lichter der Erkenntnis auf, die beinahe alles das erhellen, was vorher im Dunkeln lag. Urälteste Vergangenheit und fernste Zukunft berühren sich dabei in einem heiligen Ringe. Man könnte sagen: Eine kosmische Weihnacht zieht herauf, die mit der tatsächlichen Wiederkunft Christi ihr volles Geläute erhält.

Bei Jakob Böhme hörten wir: „In der Finsternis von Mitternacht geht eine Sonne auf, die ihren Schein aus den sensualistischen Eigenschaften der Natur aller Wesen, aus dem geformten, ausgesprochenen Wort nimmt. Und das wird das Wunder sein, dessen sich alle Völker erfreuen werden. ... Siehe, wenn das siebente Siegel aufgetan ist, so weidet der Erzhirte seine Schafe und erquickt ihre Seelen. Und wenn der siebente Engel posaunet, da werden in seiner Zeit die Geheimnisse Gottes vollendet. Es wird fürwahr keine Zeit mehr aus den vier Elementen sein, sondern es geht an die ewige Zeit Gottes und die des Abgrunds." – Von der Sonne, die um Mitternacht aufgeht, berichtet auch die Prophetie Paul Otto Hesses. Sein Buch „Der Jüngste Tag" (Erstausgabe 1950) ist eine ausgesprochene Entsiegelung der dunklen Worte Böhmes. Auch hier war das „Innere Wort" am Werk wie bei Böhme und J. Lorber. Hesse war außerdem imstande,, durch seine technisch-wissenschaftliche Vorbildung und Kenntnis der antiken und östlichen Religionen, verständliche Kommentare dazu zu geben. Die Kosmologie des Jüngsten Tages als Offenbarung der Alliebe und Allweisheit Gottes wird von ihm als eine hohe Schwingungskraft aus der Ursonne des Heiligen Geistes eingeführt. Diese „Manasische Vibration" ist nichts anderes als der ewige Logos selbst (das „geformte Wort" Böhmes), das sich abermals zu einer Lichterscheinung wandelt wie im Uranfang der Schöpfung; und zwar dann, wenn der große Zeiger der Weltenuhr auf Erden die Mitternachtsstunde ankündigt:

„Mitternachtsstunde deshalb, weil die Menschheit der Erde, versunken in die äußerlichen Erscheinungen dieser Welt, schläft! Gemessen an den Zeitereignissen der letzten fünftausend Jahre, erscheinen die wenigen Jahre, die noch trennend zwischen einem kosmischen Weltereignis stehen – das in seiner Bedeutung alles irdische Leben ursächlich verändert –, wie nur wenige Minuten der Erwartung, wo sich der dunkle Vorhang verhüllender Macht der Natur dem Blickfeld bisheriger Daseinsbedingungen entzieht. Unser Sonnensystem muß dann wieder, weil im Plane der Weltschöpfung vorgesehen, zur Erneuerung des geistigen und auch des stofflichen Zustandes in das Dasein der Lichtfülle ursprünglicher Natur- und Lebensbedingungen eintreten.

Sinn und Zweck des Erscheinens Jesu war es, die Menschheit für die dann neu eintretenden Daseinsbedingungen geistig vorzubereiten. Den damaligen Zeitverhältnissen entsprechend hat Jesus diese hohe Mission erfüllt. Er brachte dieser Liebe sich selbst zum Opfer. Der Jüngste Tag ist nämlich in seiner Wiederkehr die Erneuerung des Liebesbundes zwischen dem Vater und dem von ihm erschaffenen Leben. Es ist der Tag, an dem ‚das Wort', das seit Anbeginn der Schöpfung da ist, Licht wird. Doch nur Liebe kann dieses kosmische Licht zur leuchtenden Erscheinung erstrahlen lassen. Mit dem Wissen von dieser Liebe hat Christus auch, unter Hinweis auf die prophetischen Verkündungen, der Menschheit im Hinblick auf den bedeutsamen Tag des Endes der ‚Finsternis' belehrende Anweisungen zu einer geistigen Haltung gegeben, die dann wirksam wird, wenn unser Sonnensystem in die kosmische Strahlsphäre des Universums eintritt. ... Der Zustand, in den unser gesamtes Sonnensystem in Kürze versetzt werden wird, ist ein manasischer, das heißt, er entspricht in der Beschaffenheit der atomistischen Materie dem des wirksam werdenden, dreifach geteilten Atoms. Wenn am Jüngsten Tag dies dreifältig wirkende Atom zu einer umfassenden Tätigkeit kosmologisch bewegt wird, so hat es die Eigenschaft, in der stofflichen Welt der Erscheinungen mittels jeden Partikelchens zu leuchten und, unter der Voraussetzung einer ganz bestimmten Schwingung, die Liebesempfindungen und hauptsächlich die diesen Empfindungen entsprechenden Gedanken des Menschen in vibrierender Art und Weise als Strahlerscheinungen sichtbar werden zu lassen."

Durch Hesses Buch erhalten wir geradezu phantastische Ausblicke für die Zukunft der Menschheit auf einer erneuerten Erde. Der Trostcharakter dieser Prophetie ist unübertroffen. Indem ein überlegener Geist ganz außerhalb unserer engen Erfahrungsgrenzen aus kosmischer Weite zu uns spricht, wird Heilsgeschichte wieder überschaubar. Als „Hohes Lied von der Urkraft der Liebe und der Weisheit des Schöpfungsplanes" (M. Kahir) erscheint das Buch Hesses. Auch ist es, trotz seiner Einflechtungen aus ältester indischer und ägyptischer Überlieferung, fundamental christlich. Die wunderbare Präzision logischer Denkprozesse befriedigt zutiefst; sie ruht aber auf einer schmalen Basis: Es liegt ihr nämlich eine Hypothese zugrunde, die Wissenschaftlern so lange als unannehmbar erscheinen muß, als ihr Wahrheitsgehalt nicht absolut erwiesen ist. Der Astronom Valliers hat übrigens schon längst vor Hesse mit dieser Hypothese gearbeitet (in Zusammenarbeit mit Surya), und in neuester Zeit wieder Dr. F. W. Sumner in seiner 1967 erschienenen Broschüre „Das kommende Goldene Zeitalter" (Urgemeinde-Verlag). Worum es geht, macht M. Kahir in folgenden Sätzen deutlich:

„Im Anfang war das Wort, heißt: Aus dem Zentrum der göttlichen Liebe strömt das schöpferische Urlicht hinaus in die Unendlichkeit. In jedem Milchstraßengebiete des Weltalls bestehen Zentralsonnen, deren reinste Ätheratmosphäre durch Berührung mit dem Urlicht zu einem strahlenden Lichtkranz aufflammen, der weit hinaus in den Weltenraum reicht. Diese Lichtschwingung bleibt durch ihre Feinheit und hohe Frequenz, wie auch durch die Trübung der Erdaura, dem menschlichen Auge verborgen, das nur den dichteren Hüllenkörper der Sonnen als Sternenglanz wahrnehmen kann. Tritt aber im Laufe der Gestirne zuweilen auch unser Sonnensystem in den Strahlungsring seiner Zentralsonne ein, so wird die Atmosphäre aller Planeten miterregt und leuchtet in ähnlichem Glanze auf. Dies so lange, bis das Sonnensystem aus jenem Lichtkegel wieder in die übrige Finsternis des Weltraums zurücktritt. Dieses einmalige Ereignis steht nun nach Hesse der Menschheit in naher Zeit bevor."

Wer mit Lorbers gewaltiger Prophetie vom materiellen Schöpfungsbau vertraut ist, weiß nicht nur, daß unsere Sonne mit all ihrem Zubehör von Planeten und Monden um eine nächsthöhere Sonne kreist, sondern daß in weit größeren Bahnen immer höhere Zentralsonnen, ja ganze „Sonnenalle" um eine „allerungeheuerste Urzentralsonne" sich drehen. Kraft und Wirkung unserer Zentralsonne wird von Dr. F. W. Sumner folgendermaßen geschildert: „Diese große Sonne hat, wie man sagen könnte, eine dreifache Strahlung, Regium, Aurium und Magnium genannt, die den Unterschied der Strahlungsintensität bezeichnen, je nachdem die Entfernung zum Mittelpunkt zunimmt. Die Strahlung des Magnium ist am weitesten entfernt und daher ihre Wirkung am geringsten. Wenn wir uns der großen Zentralsonne nähern, geraten wir nicht nur in die stärkeren Strahlen des Magnium-Einflusses, sondern auch in die des Aurium. Sie besitzen nicht nur eine ungeheure Läuterungs- und Reinigungskraft, sondern sie üben auch einen belebenden, anregenden und verjüngenden Einfluß auf alles Lebendige aus.

Diese Wirkungen werden durch die Eigentümlichkeit und Intensität der Lichtstrahlen hervorgerufen, welche den Unrat ausbrennen und das Übrigbleibende geläutert und mit neuer Lebenskraft gestärkt zurücklassen. Sogar die Erde selbst wird erneuert und aus einem dunklen, reflektierenden Himmelskörper umgewandelt in einen selbstleuchtenden Planeten. Dadurch erreicht sie einen hochempfindungsfähigen Zustand, der geeignet ist für ein höheres Stadium und eine edlere Äußerung des Lebens auf ihr. Dieses ist der kosmische Plan, der allem Lebendigen zu Wachstum und höheren Fähigkeiten verhilft. Er bedeutet eine kosmische Stufe in der das gesamte Weltall umfassenden Höherentwicklung. Durch solche neuen Einflüsse werden unsere Sinne empfindsamer für die höheren Schwingungen aus der geistigen Welt. Unsere Atmosphäre wird gereinigt, und ständig wächst die Zahl der Tausende, die der Telepathie, des Hellsehens und Hellhörens fähig werden. Dies ist in völliger Übereinstimmung mit den Prophezeiungen, die das Ende des Fische-Zeitalters betreffen."

Für den Esoteriker, der Erfahrung hat mit der Wirklichkeit des Transzendenten und der feinstofflichen Kräfte, gibt es keinerlei Schwierigkeiten, an Hesses Weltbild zu glauben. Die Aussage der Bibel, daß beim Letzten Gericht die Böcke von den Schafen geschieden werden, macht Hesse auf folgende Weise verständlich: „Auch die Zentralsonne, zu der unsere Planetarsonne gehört, wird von einem in sich geschlossenen Ring allerfeinster manasischer Materie umgeben, der dem Durchlauf unseres Sonnensystems einen Raum gewährt, um darin für die Zeit von ein- bis zweitausend Jahren zu verweilen. Durch diese leuchtende Substanz muß für die erwähnte Zeit unser Sonnensystem bei einmaligem Umlauf in etwa 24 000 Jahren zweimal hindurchgehen. Diesem Ereignis sehen wir in wenigen Jahren entgegen. Der Eintritt ist nach der Bedeutung der Worte Jesu der ,Jüngste Tag', an dem sich der Menschheit das Lichtreich Gottes offenbart und der je nach der Mentalität der Menschen den Liebenden vom Lieblosen scheidet. ... Dadurch scheiden die Menschen, die hinsichtlich ihrer geistigen Entwicklung keinerlei Fortschritte gemacht haben, für den Zeitraum von ein- bis zweitausend Jah-

ren aus der irdischen Entwicklung aus, wenn sie nicht auf die Reizschwingungen reagieren können, die jene manasische Vibration (Liebesschwingung) hervorrufen wird. Erstrahlen und damit irdisch weiterleben können nur Menschen, die in sich der dazu notwendigen Liebesstrahlung fähig sind. Deshalb sagte auch Jesus: Einer wird angenommen, der andere verlassen werden. Auch Paulus spricht vom unverweslichen Leibe, und daß am Jüngsten Tage alle verwandelt, nicht aber entschlafen werden."
Das Gleichnis von den fünf klugen und fünf törichten Jungfrauen kommt uns in den Sinn. Werden wir Öl genug in der Lampe haben (d. h. Liebefähigkeit), um vor dem Bräutigam bestehen zu können? Auch erinnern wir uns der geheimnisvollen Worte Christi bei Matthäus: „Zwei werden auf dem Felde sein; der eine wird angenommen, der andere bleibt zurück. Zwei werden in der Mühle sein; die eine wird angenommen, die andere bleibt zurück. Wachet also, denn ihr wißt nicht den Tag, an dem euer Herr kommt!" Das „Scheiden der Böcke von den Schafen" ist das hervorstechendste Merkmal des Letzten Gerichtes.
In der Prophetie Jakob Lorbers wird die Scheidung der Geister ganz ähnlich dargestellt wie bei P. O. Hesse: „Wenn so das große Gerichtsfeuer aus den Himmeln kommt, wird es ihnen (den „Reinen und Guten") nichts anhaben können, weil sie ihr eigenes Lebenswasser (Außenlebenssphäre, Seelenaura) davor schützt." Es ist zu vermuten, daß dieser außergewöhnliche Vorgang des Angenommenwerdens einer wirklichen Entrückung gleichkommt. Verständlich wäre sogar „eine Entrückung auf Wolken dem Herrn entgegen in die Luft", wie sie Paulus in 1. Thess. 4, 17 beschreibt. Auch der Herr bei Jakob Lorber spricht ja deutlich von einer Entrückung der Gläubigen „von dieser Erde", und zwar „in einem Augenblick". Zudem hören wir bei P. O. Hesse, daß abgeschiedene Seelen den Lebenden nun die erste Hilfe leisten. Blitzschnell in ihren manasischen Hüllen sich fortbewegend, werden sie dieselben an Bergungsorte führen, wo sie ganz außer Gefahr sind vor bedrohlichen Fluten und Eruptionen. Sehr stark werden die Auren auch der Lebenden nun hervorleuchten im Glanz der Regenbogenfarben. An der Intensität der Strahlung wird ihr geistiger Entwicklungszustand erkennbar werden. Die Grenze zwischen Diesseits und Jenseits wird weitestgehend verwischt sein.

Bleibt noch die schwerwiegende Frage: In welcher seelischen Verfassung muß sich ein Mensch befinden, um nicht verworfen zu werden? Die tröstliche Antwort lautet: „Es wird an diesem Jüngsten Tage von den einzelnen Menschen nicht die Vollkommenheit gefordert, sondern lediglich Liebefähigkeit als eine beseligende Schwingung des Gemütes, die den Allgeist in der Weltschöpfung mit Daseinslust empfindet. ... Jesus erscheint an diesem göttlichen Tage nicht in menschlich-körperlicher Gestalt, sondern in der

Verklärung des Christus im Urlichte; in jener kosmischen Strahlung, die hier als die manasische Vibration erklärt wird und in der auch alle Menschen mitstrahlen werden, die angenommen sind. ... Weniger günstig gestaltet sich das Leben für alle Menschen, die von der kosmischen Strahlung nicht angenommen werden. Denn sie sind aus dem Prozeß der Evolution für etwa einbis zweitausend Jahre ausgeschlossen und können ihre Seelen erst weiterentwickeln, wenn unser Sonnensystem aus dem Strahlring der Zentralsonne wieder in den Weltraum der Finsternis zurücktaucht." In solchen Erklärungen wird uns schlaglichtartig der ganze Entwicklungs- und Erziehungsvorgang im Plane Gottes wieder deutlich. Schöpfungsperioden müssen abrollen, Äonen müssen vergehen, eh durch Erfahrung, Belehrung und Führung von oben (Religio) ein Menschenkind zum Gotteskind heranreifen kann. Bis es endlich zu gottähnlicher Freiheit und Vollkommenheit gelangt ist. („Werdet vollkommen wie der Vater im Himmel!") Diese Gottesschule findet immer dann einen jähen Abbruch, wenn der Abfall von Gott und dessen gesetzlicher Ordnung das Ausmaß völliger Widerordnung (turba) angenommen hat. Paul Otto Hesse sagt dazu: „Diese etwa zehntausendjährigen, mit Unterbrechung von tausend- bis zweitausendjährigen Lichtperioden immer wiederkehrenden Zeitabschnitte dienen zur Förderung des geistigen Wachstums des Höheren Selbstes. Sie bewirken, daß die Entwicklung der Menschheit bei freier Wahl zwischen Gut und Böse im Dunkel der verhüllenden Nacht der Natur ihren Aufstieg findet. Zum andern, um die immer wieder von der Entwicklungsbahn abirrende Menschheit durch Verweilen im Urlichte in die gesetzmäßige Ordnung der Weltschöpfung zurückzuleiten. ... Angesichts dieser Offenbarung tritt uns die göttliche Größe und Güte des Vaters entgegen, der auch den schwachen Seelen erneut in einem folgenden zehntausendjährigen Zeitabschnitt weitere Möglichkeiten gibt, das Versäumte nachzuholen."
Keine ewige Verdammung also, aber oft ein langes und banges Harren auf die Erlösung wird da gepredigt. („Aus der Tiefe rufen wir zu Dir!") Eindringlich genug aber wird uns bedeutet, daß das Versäumnis einer verirrten Seele für diesen Äon nicht mehr einzuholen sein wird. Das ist ein wahrhafter Bußruf! Eine ganz neue Auslegung des biblischen Sündenfalls erscheint in unserem Gesichtskreis: Dieser wiederholt sich immer dann, wenn die „manasische Schwingung des Urlichts" durch Austritt unseres Sonnensystems aus dem Strahlungsring der Zentralsonne sich verliert. M. Kahir äußert dazu: „Die Vollendeten der nun erlöschenden Lichtperiode bedürfen keiner weiteren materiellen Körper, sie gehen als Geistwesen in die Geistwelt ein. Bekanntlich wird Satan am Ende des Tausendjährigen Reiches noch einmal auf kurze Zeit losgelassen. Das bedeutet: Knapp vor Eintritt der Erde in die neue Ära der Finsternis werden sich die bisher vom irdischen Lebensbereich

ausgeschlossenen Seelen wieder inkarnieren dürfen; zum freien Willensentscheid für oder gegen Gott. Bei letzterer Entscheidung verbleiben sie auf Erden und machen mit ihr den neuen Fall in die Finsternis mit."
Von neuem muß die gefallene Menschheit sich aus den primitivsten Anfängen von Kulturepoche zu Kulturepoche emporarbeiten. Und so geschah es nach Hesses Ansicht auch mit dem alten Atlantis, das durch eine ätherische Kraft, Vril genannt, in einer großen Katastrophe sich selbst zerstörte. Desgleichen würde auch unsere Atomenergie zum Untergang führen, wenn sie nicht „mit den Händen der Liebe" behütet wird. Zum Verständnis dessen, was manasische Schwingung in ihrem Wesen ist, führt P. O. Hesse aus: „Physikalisch wäre es möglich, ein Elektron nochmals zu teilen; doch ist dieser Prozeß noch nicht entdeckt worden. Er würde bereits in das Reich der Lichterscheinungen zu verweisen sein und entspräche metaphysisch dem Mentalstoff (manasischer Äther) und den Vibrationsbewegungen unserer Gedanken selbst. Am Jüngsten Tag wird dieser Spaltungsprozeß durch den Eintritt des Sonnensystems in die Strahlzone des Leuchtrings der Zentralsonne naturgesetzlich bewirkt werden. Eine darüber hinausgehende materielle Spaltung ist aber nach den Gesetzen des irdischen Lebens unmöglich, weil das Leben in seinen physikalischen Erscheinungen nur einer dreifachen atomistischen Teilbarkeit unterworfen ist."
Was im einzelnen sich abspielen wird, wenn unser Sonnensystem von dem Strahlungsring der Zentralsonne erfaßt wird, kann ziemlich genau errechnet werden: „Befindet sich unsere Erde zur Zeit der Ereignisse hinter der Sonne, so daß diese in der Richtung des Umlaufes zuerst in den Strahlring eintritt, so wäre im ungünstigsten Fall unter Berücksichtigung der Bewegungsgeschwindigkeit des Sonnensystems (29 km/sec.) mit einer 110stündigen Finsternis zu rechnen, bis die Erde selbst in diesen Strahlzustand gelangt. Gewissermaßen taumelt die Erde in den neuen Zustand hinein, was seherisch von den prophetischen Verkündungen sehr überzeugend mitgeteilt wurde. Astrophysikalisch werden nämlich durch Abnahme des Lichtdruckes die Gleichgewichtskräfte verändert, wodurch die Polachse der Erde ihre Lage verschiebt. Dies aber genügt bereits, um das künftige geographische Bild unseres Planeten vollständig umzugestalten."
Bei Nostradamus heißt es ebenfalls: „Im Monat Oktober wird eine große Verlagerung der Erdbewegung stattfinden, so gewaltig, daß man glauben wird, die Wucht der Erde habe ihren Gang verloren und sie werde in die ewige Finsternis gestürzt." Die eigentliche Ursache der periodischen Eiszeitbildungen ist damit wohl auch erklärt. Im weiteren Verlauf dieser endzeitlichen Himmelsmechanik finden auch die „Zeichen am Himmel", ja sogar das „Fallen der Sterne" ihre ganz natürliche Erklärung: „Planeten, die in der Zielrichtung des Sonnenumlaufs vor dieser in die Lichtzone des Universums

eindringen, werden gleich riesengroßen Feuerbällen aufleuchten, so daß es nach den prophetischen Angaben tatsächlich den Anschein haben mag, als fielen die Sterne vom Himmel. Auf die hierauf nicht vorbereitete Menschheit wird ein derartiges Ereignis sehr schreckhaft wirken, da es den Eindruck hervorruft, als würde ein Weltkörper verbrennen." Auch die Bibel spricht davon, daß die Menschen bange sein werden in „Erwartung der Dinge, die da kommen". Wie ein Blitz werde ein solches Ereignis über die Ahnungslosen hereinbrechen. Was weiterhin auf der Erde geschieht, besonders durch die Verlagerung der Polachse, erscheint zunächst sehr schockierend: „Infolge der astrophysikalischen Veränderungen und der dadurch verursachten Gleichgewichtsstörungen treten auf der Erdoberfläche Fluten auf. Glühendflüssige Substanzen unter der Erdrinde, die ebenfalls in Bewegung geraten, werden Eruptionen größeren Ausmaßes zur Folge haben. Ein großer Teil des Meerwassers wird infolge solcher tiefgreifenden Eruptionen in unvorstellbar große Erdhöhlen ablaufen, so daß besonders in der Äquatorzone der Erde neue Erdteile erstehen werden. Infolge der Reduzierung der Reibungs- und Stoßkraft der von der Sonne nach wie vor auf die Erde einfallenden Lichtstrahlen reduziert sich auch deren Wärmewirkung, so daß die klimatischen Verhältnisse hinsichtlich der Bewohnbarkeit der Erde verändert werden. Die Strahlvibrationen der manasischen Lichterscheinungen erzeugen keine Wärme. Obwohl wir in dem neuen Zustand die Sonne nicht mehr sehen können, erzeugt sie doch nach wie vor durch die Lichtreibung in der Atmosphäre die Wärme, die für die Erhaltung des Lebens notwendig ist.

Dieses Leben wird sich hauptsächlich beiderseits des Äquators südlich und nördlich bis zum 40. Breitengrad abspielen, da die außerhalb dieser Lebenszone liegenden Erdgebiete infolge des Temperaturrückganges vereisen. Eine Eiszeit tritt demnach periodisch für diese Gebiete auf die Dauer von tausend bis zweitausend Jahren immer und regelmäßig etwa alle zehntausend Jahre ein, wenn unser Sonnensystem in den Strahlring der Zentralsonne eintritt. Die Voraussetzungen unserer exakten Wissenschaft, daß solche Eiszeiten nach langen Zeiträumen immer wieder auftreten, sind daher zutreffend. Nur geschieht die Vereisung nicht allmählich, sondern unerwartet plötzlich mit den Erscheinungen des Jüngsten Tages. Die Temperatur der bezeichneten Äquatorzone wird auf die der heutigen gemäßigten Zone herabsinken. Da es in dem neuen Zustand weder Tag noch Nacht gibt und wir auch die Sterne am Himmel nicht mehr sehen können, weil wir ständig während des Verweilens des Sonnensystems in dem Strahlring der Zentralsonne von fluoreszierendem Licht umgeben sind, können wir Tag und Nacht nur an der Abkühlung der von der Sonne abgewendeten Erdhemisphäre feststellen. Dabei würden wir die überraschende Feststellung machen können, daß sich die

Umdrehungsgeschwindigkeit der Erde bedeutend verringert hat. Ursache davon ist die reduzierte Stoßkraft des Sonnenlichtes."

Diesen unangenehmen Auswirkungen der manasischen Vibration, bei denen zahllose Menschen ihr irdisches Leben hergeben müssen, stehen jedoch höchst erfreuliche gegenüber: Die Verstorbenen werden den Lebenden in den unsterblichen Hüllen ihrer unvergänglichen Körper erscheinen. (Die enge Verbindung vom Diesseits zum Jenseits wurde auch von Jakob Lorber betont.) Für den Zeitraum des manasischen Lichtes wird es auch keinen eigentlichen Tod mehr geben, wenn auch ein schmerzloses Verlassen der Hüllen. Bemerkenswert ist folgende Tatsache: „Die Atmosphäre der Erde ist dann in ein fluoreszierendes Meer von Licht umgewandelt, das Tag und Nacht auf die Dauer von etwa zweitausend Jahren seinen Urlichtschein verbreitet. Da dieses Licht in jedem einzelnen Atom manasische Schwingungen hervorruft, werden die Gegenstände auch von allen Seiten angestrahlt, und deshalb können sie nicht, wie bisher, bei Lichtwirkungen Schatten bilden. Die Helligkeitswirkung dieses Strahlphänomens übertrifft alle unsere Vorstellungen. Sie entspricht der des geteilten Elektrons, das unsere Wissenschaft noch nicht entdeckt hat, obwohl die physikalische Findung dem menschlichen Geiste nicht verwehrt ist. Man kann daher diese Strahlung mit irgendwelchen irdischen Lichterscheinungen in keinen Vergleich stellen; doch haben sie eine sehr heilbringende Wirkung und fördern das Wachstum der Pflanzen. Die Lebensdauer des irdischen Körpers wird durch die anregende Wirkung dieses Lichtes bedeutend verlängert.

Durch die vom Meerwasser frei gewordenen Erdflächen, durch Erdsenkungen, wie auch durch die weit ausgedehnten Eruptionen, wird die Erde gleichsam von den Naturkräften neu gestaltet und aus der Allweisheit der Schöpfung so gründlich gepflügt, daß die Ertragsfähigkeit unter dem Einfluß des Lichtes außerordentlich groß und mannigfaltig wird, so daß die Versorgung der Erdbevölkerung durch sehr reichhaltige Ernten gesegnet ist. Die in der Chemie bekannten lichtempfindlichen Stoffe verlieren unter der Einwirkung des Urlichtes ihre Wirkung. Photographische Aufnahmen in diesem Zustande sind daher unmöglich. Unter dem Einfluß der so unerwartet einbrechenden Strahlerscheinung steht auch die Tierwelt, die eine Lichtscheu davon abhält, tierisches Leben und das des Menschen zu zerstören. ... Angesichts der Tatsache, daß das Leben trotz des Verlustes des irdischen Körpers seinen Fortgang findet, ergibt sich auch die Zwecklosigkeit vernichtender Kriege. Der Sinn und Zweck des Lebens hat mit der Verwandlung unserer Erde am Jüngsten Tage einen hauptsächlich geistigen Charakter angenommen. Mensch und Tier werden auch entsprechend diesem Ereignis vorwiegend vegetarische Nahrung suchen. Die manasischen Strahlvibrationen durchdringen in ihrer Wirkung sämtliche Elemente und rufen uns bisher unvorstellbare Erscheinungen hervor. So ist es zum Beispiel undenkbar, daß es irgendwo einen dunklen Raum geben wird; wir werden einen solchen selbst in den tiefsten Tiefen der Erde nicht mehr finden."

Die auffälligste Erscheinung eines solchen Paradieszustandes besteht wohl darin, daß in der manasischen Lichtfluoreszenz jeder Gedanke und selbst die verborgenste Empfindung vor den anderen offenbar werden: „Das Gewissen eines Menschen (das „Buch des Lebens") kann also in dem neuen Zustande von jedermann ganz offenkundig eingesehen werden." Darum heißt es ja auch in der Bibel, wir sollen uns davor hüten, „in unserer Blöße zu wandeln". Aus vielerlei Gründen ist dieser neue Zustand nicht immer wünschenswert. Vor allem „kann das Ego (das höhere Selbst) nicht die Erfahrungen sammeln, die hauptsächlich in der Welt von Zeit und Raum gemacht werden. Hieraus ergibt sich der Tatbestand, wie außerordentlich wichtig das Erdenleben in der Verborgenheit (Finsternis) für das Ego ist und welch göttlicher Weisheit die Schöpfung entspricht".

Man könnte sagen, es ist geradezu eine triumphale Enthüllung der Heilsgeschichte in dieser Prophetie enthalten. Zahllose Stellen in der Bibel erhalten wieder ihr volles Gewicht, ja sie erweisen sich allein schon in ihrer bildhaften Wortprägung wie auch in ihrer allen Lebenslagen gerecht werdenden Spruchweisheit als unermeßlicher Erkenntnisschatz. Wie können wir dankbar sein, von der Prophetie geleitet, den kommenden Ereignissen mit Zuversicht und ohne Furcht standhalten zu können! Das Zeitalter des Hl. Geistes, dessen hohe Schwingungskraft den Geist ausschütten wird „über alles Fleisch" (Joel), wird uns das „Ewige Evangelium" bescheren. Der Herr selbst wird „auf den Wolken des Himmels" (das sind nach Swedenborgs Entsprechungslehre die Engelscharen) zur Erde wiederkehren in einem zweiten Advent. „Und dann beginnt ein neuer Friede zwischen Gott und der Menschheit", heißt es bei Nostradamus. „Der Erzhirte weidet selbst seine Schafe" (J. Böhme) im sogenannten Tausendjährigen Friedensreich.

Der wundervolle Ausklang von Hesses Buch „Der Jüngste Tag" zeigt uns noch einmal die große innere Weite dieser Prophetie. Ihre poetisch glückhafte Distanz zu allem Bloßirdischen trägt uns himmelhoch empor über das eigene Erdenleben: „Lächelnd über all den Mühen und dem Beladensein der Menschen scheint die glückverheißende Sonne. Sie zieht mit ihrem Gefolge von Planeten, Monden und Kometen dem Lichtreiche des Vaters entgegen. Und in strahlend schweigender Schönheit bewahrt sie das Geheimnis der All-Liebe, All-Weisheit und All-Güte!"

5. Der zweite Advent und die Königsherrschaft Christi im Tausendjährigen Reich

Im Bilde von zwei Bergspitzen schauten bereits die Propheten des Alten Bundes ein doppeltes Kommen des Herrn: das eine in Niedrigkeit und Leiden, das andere in Macht und Herrlichkeit. Verständlicherweise ist in ihren Schriften viel häufiger vom zweiten Kommen des Herrn die Rede (etwa achtmal so oft) als von seiner ersten Epiphanie; waren doch alle ihre Erwartungen hingespannt auf die Königsherrschaft des Messias im Anschluß an einen allgemeinen Gerichtstag.

Überhaupt nimmt keine Lehre der Hl. Schrift einen so breiten Raum ein wie der zweite Advent Christi. (An 500 Stellen, davon allein 318 im Neuen Testament, gibt es dafür Belege.) Alle Sehnsüchte des Gottesvolkes nach Heimkehr in die verlorene Paradiesesherrlichkeit sollten durch ihn ihre Erfüllung finden. Hauptthema der ganzen Bibel war schon immer die frohe Botschaft vom kommenden Reiche Gottes. Malkat Javeh heißt es in der Sprache des Alten Testamentes; vom Hebräischen ins Griechische übersetzt basileia tu theu. Es ist ein Versäumnis der Theologen, die wörtliche Bedeutung dieser Ausdrücke nicht genügend zu berücksichtigen. Es würde sonst nachhaltiger in unser Bewußtsein dringen, daß das Weltall eine hierarchische Gliederung hat. Das Christus-König-Ideal der frühmittelalterlichen Zeit war nicht nur eine Angleichung an die damaligen staatlichen Verhältnisse; es drückte sich darin auch das Verlangen aus, sich einem Ordnungsprinzip zu unterstellen, das absolut heilbringend war.

Durch den Sohn und für den Sohn, den ewigen Logos, ist (nach Paulus) diese Welt erschaffen worden. Wie konnte es anders eine letzte Geborgenheit geben als unter seinem Zepter? „Dein Königreich ist ein Königreich für alle Äonen", heißt es in Psalm 145, 13 und „Du bist Priester für die Ewigkeiten" in Psalm 110, 4. Bei Jesajas wird hinzugefügt: „Die Herrschaft ist auf seine Schulter gelegt, und er heißt: Wunderbar, Rat, Kraft, Held, Vater der Ewigkeiten, Friedefürst". Wenn Jesus vor Pilatus erklärt: „Mein Reich ist nicht von dieser Welt", so wird sich dies mit einem Schlag ändern bei seiner sichtbaren Wiederkunft. Wie gut verstehen wir Melanchthons Worte: „Wenn jenes herrliche Friedensreich am Ende dieser Weltzeit nicht wäre, so würde die ganze Weltentwicklung ein ungelöstes Rätsel sein, ein Rumpf ohne Kopf!" Es geht nicht darum, in Erinnerung an so manche Potentaten auf Erden an Glanz, Goldbrokat und Kronenherrlichkeit zu denken. Bei seinem ersten Kommen in Niedrigkeit hat Jesus das Reich Gottes ganz anders dargestellt. Als einen inneren Zustand im Menschen faßte er es auf, so wie wir auch in der Vaterunserbitte beten: „Zu uns komme Dein Reich!" Zu den Pharisäern, die ein äußerliches Messiasreich erwarteten, spricht er die Wor-

te: „Das Reich Gottes kommt nicht mit äußerlichem Gepränge; auch kann man nicht sagen: siehe, hier ist es, siehe dort; das Reich Gottes ist inwendig in euch!" (Lukas 17, 20–21).
Aber auch für die Verwirklichung dieses Gottesreiches im Herzen bedurfte es eines Mittlers. Was alle Gemüter frommer Israeliten seinerzeit bewegte und mit dem Rufe „Maran atha" nach Erfüllung drängte, es stand in seiner Machtvollkommenheit; denn dazu war er ja vom Vater gesandt worden, die Riegel aufzustoßen vor dem Himmelreich, wie unsere schönen Adventlieder es verkünden. Er predigte nicht nur das Reich Gottes, als stünde man erst noch in seiner ungezweifelten Erwartung; sein Wort hat feste Gewißheit: „Erfüllt hat sich nun die Zeit und das Reich Gottes ist nahe: Tut Buße und glaubet dem Evangelium!" Alle Gleichnisse Jesu, in ihrer Schönheit und Bildhaftigkeit allein schon erfüllt vom Geiste des Himmlischen, haben Bezug auf dieses Gottesreich. Wieviel Lichtstrahlen gehen von seiner Rede aus, wenn er das Wort darüber ergreift! Zuhörer in den Synagogen, oder am Strande des Sees von Genezareth und anderswo, haben wohl niemals eine größere Ergriffenheit gespürt. Was werden sie aber empfunden haben, wenn der Herr ihnen zusicherte: Dieses Reich ist nicht nur nahe, sondern „es ist schon da!". In ihm selbst war es zu den Menschen gekommen, in seiner eigenen Person konnte es ergriffen werden. Auf die Frage der Pharisäer, wo dieses Reich zu suchen sei, antwortete er: „Es ist mitten unter euch!"
Er allein war „der Weg, die Wahrheit und das Leben". In mystischer Verbundenheit mit Jesus konnten alle kommenden Generationen dieses Gottesreich an sich ziehen. „Das Reich Gottes ist Gerechtigkeit und Friede und Freude im Hl. Geiste", heißt es in Röm. 14, 17. Es gehört bereits in diesem Leben zur inneren Erfahrung des Mystikers, „in lumine mentis", das heißt, mit dem geistigen Lichte des Herzens Reich Gottes in sich wahrzunehmen. Es gibt aber auch die Verheißung, daß dieses königliche Regnum nicht nur im Innersten des Menschenherzens als mystische Einwohnung Gottes durch Jesus Christus erfahren werden kann; bei der Wiederkunft des Herrn auf diese Erde wird es auch äußerlich in Erscheinung treten. Ein Weltzustand wird heraufsteigen, wo „die Nationen ihre Schwerter zu Pflugscharen schmieden und ihre Spieße zu Sicheln" (Jes. 2, 4), wo „der Wolf neben dem Lamme liegt und der Pardel sich lagert zu den Böcken" (Jes. 11, 6), wo „die Erde voll sein wird der Erkenntnis des Herrn, wie Gewässer den Meeresgrund bedecken" (Vers 9).
Über das Königreich Christi im tausendjährigen Friedensreich künden die alten Propheten: „Und der Herr wird König sein über die ganze Erde; an jenem Tage wird Ein Herr sein und sein Name wird Einer sein" (Sach. 14, 9). – „Sie werden sprechen von der Herrlichkeit deines Reiches und reden von deiner Macht. Dein Reich ist ein Reich auf alle Ewigkeit und deine Herr-

schaft auf alle Geschlechter" (Psalm 145, 11.13). – „Alle werden ihn anbeten von ihrem Orte aus, alle Inseln der Heiden" (Zeph. 2, 11). – „Das Reich wird des Herrn sein" (Obadja 1, 21). Der Prophet Daniel schaute in einem Nachtgesichte: „Siehe, es kam einer in des Himmels Wolken wie eines Menschen Sohn und kam bis zu dem Altbetagten und ward vor sein Angesicht gebracht und er gab ihm Gewalt und Ehre und das Reich, daß alle Völker, Geschlechter und Zungen ihm dienten. Seine Gewalt ist ewige Gewalt, die nicht genommen wird und sein Reich ein Reich, das nicht zerstört wird" (7, 13.14). Der Christus Pantokrator, ein Lieblingsthema der romanischen Kunstepoche, blickt aus der Apsiswölbung des Weltengrundes auf uns hernieder. Ihm ist die Herrschaft anvertraut auch über diese Erde, wenn sie einmal nach Nacht und Grauen endzeitlicher Gerichtszustände in seine Hände gelegt werden wird.

Das Zeugnis des Neuen Testamentes über den zweiten Advent Christi ist so eindeutig und vielfältig, daß sich Zitate erübrigen. Am ausführlichsten wird dieses große Ereignis in jenem geheimnisvollen Buche geschildert, das der verklärte Herr selbst vom Himmel herab seinem Lieblingsjünger Johannes überreichte. Doch die Vorstellung von der Wiederkehr eines neuen „goldenen Zeitalters" ist nicht nur biblische Tradition. In Indien und Persien, Griechenland und Rom gehörte sie während des Altertums zur „Uroffenbarung". Die Lehre von den vier Weltzeitaltern (dem goldenen, silbernen, ehernen und eisernen) war allgemeines Geistesgut. Danach vollzieht sich Weltgeschichte rhythmisch in auf- und absteigender Bewegung. Einem Abstieg der Menschheit aus geistiger Höhe folgt wieder ein Aufstieg. Den Wendepunkt bildet allemal das Erscheinen eines Welterlösers. In den orphischen Hymnen Griechenlands etwa findet sich die Lehre, daß von der Zeit des Saturnus ab als dem „goldenen Zeitalter" das geschichtliche Leben sich immer mehr verschlimmere; am Ende aber werde Saturn wieder die Herrschaft an sich ziehen, was eine Rückkehr zur ursprünglichen Seligkeit bedeutet. Auch die cumäische Sibylle singt:

> „Nun endigt das eiserne Zeitalter.
> Wieder erblüht die goldene Zeit auf dem Runde der Erde.
> O der glänzenden Zeit, da die Folge der Sünden getilgt wird,
> Die wir verübt, da der ewigen Furcht sich entlastet der Erdkreis."
>
> (Vergil, Ekl. 4)

Ebenso wußten die Perser, daß Ahriman (Verkörperung des bösen Prinzips gleich Luzifer) einst Ormuzd, dem lichten Gotte, weichen müsse. Dann werde für die Menschen eine glückliche Zeit anbrechen. Von einer „Verklärung der Erde" spricht die germanische Götterlehre. Erst aber muß der tückische Loki mit seinen finsteren Genossen den guten Göttern im Kampfe unterlegen sein. Sogar die Mexikaner kannten ein verschwundenes goldenes Zeitalter, dessen Wiederkehr sie erwarteten, mit der gleichen übergroßen Fruchtbarkeit wie ehedem. Und bei den Indern stoßen wir auf Textstellen in ihren heiligen Schriften, die solchen in der Johannes-Apokalypse verblüffend ähneln: Wenn die immer mehr sich verschlimmernde Welt durch Entfesselung ungezügelter Leidenschaften ihr Ende selbst heraufbeschwört, werde Vishnu in einem Akte göttlichen Strafgerichts ganz plötzlich von oben eingreifen. Auf einem weißen Rosse werde er daherreiten und alles Unreine von der Erde tilgen. Ein neuer glücklicher Äon nimmt damit seinen Anfang.

Man müßte seine Feder in Licht und Feuer tauchen, gleich Johannes, um das gebührend schildern zu können, was zukünftig ist. Mit dem Jüngsten Tag und der Wiederkehr Christi stirbt die alte Zeit. Die Ereignisse überstürzen sich, und Jubelrufe auf der einen wie Flüche auf der anderen Seite erfüllen nebeneinander die Lüfte; denn es ist ja nicht nur der Tag des Zornes (dies irae), als den vor allem das bußfertige Mittelalter das Letzte Gericht ansah, es wird zugleich die hohe Stunde des Bräutigams sein, der seiner Braut, den Gliedern der wahren Kirche, entgegeneilt. In einem Nu wird sich alles verändert haben, was vorher war; in der Sekundenschnelle gleichsam eines Gedankens: „Denn wie der Blitz im Osten aufleuchtet und bis zum Westen hin sichtbar ist, so wird es auch mit der Wiederkunft des Menschensohnes sein." Wir denken sofort an das bereits geschilderte Phänomen der Manasischen Vibration, jener kosmischen Schwingungskraft, welche die Erde ganz und gar einhüllen wird in ihr Gericht. „Wie ein Blitz" wird ihr Licht die Erde überfluten und dabei unerbittlich die Scheidung der Geister herbeiführen. Matthäus schildert diesen „Tag des Herrn" mit folgenden Worten: „Wenn der Menschensohn in seiner Herrlichkeit kommt und alle Engel mit ihm, dann wird er den Thron seiner Herrlichkeit einnehmen. Alle Völker werden vor ihm versammelt werden und er wird sie voneinander scheiden, wie der Hirt die Schafe von den Böcken scheidet. Die Schafe wird er zu seiner Rechten, die Böcke zur Linken stellen. Dann wird der König zu denen auf seiner Rechten sprechen: Kommt, ihr Gesegneten meines Vaters! Nehmt das Reich in Besitz, das seit der Erschaffung der Welt für euch bereitet ist. ... Dann wird er zu denen auf seiner Linken sagen: Hinweg von mir, ihr Verfluchten, ins ewige Feuer, das dem Teufel und seinem Anhange bereitet ist!" Als Kriterium seines Schiedsspruches wird der Herr den Erlösten sowohl wie den Verdammten noch einmal zum Bewußtsein bringen, was die Quintessenz seines Evangeliums immer gewesen: „Wahrlich, ich sage euch, was ihr einem meiner geringsten Brüder getan (oder nicht getan), das habt ihr mir getan (oder nicht getan)!" Der Herr identifiziert sich so mit der ganzen Menschheit, deren Führergestalt er nicht nur ist, sondern die auch von seinem göttlichen Herzblut und Leben eigenes Leben empfängt.

Es ist nicht theatralische Pose, die der ewige Christus als Richter der ganzen Menschheit vor Augen führt. Matthäus und all die anderen Zeugen konnten ja nur in Bildern ausdrücken, was eigentlich unsagbar ist in der ganzen Breite des Geschehens. Während Rudolf Bultmann den Glauben sowohl an das „Ende der Welt" wie an die richtende Wiederkunft des Herrn zu jenen Vorstellungen zählt, die für den modernen Menschen „erledigt" sind, hat der katholische Theologe Joseph Ratzinger für das Richteramt Jesu zwingende Gründe anzuführen: „Wir hatten gesagt, daß Natur und Geist eine einzige Geschichte bilden, die so voranschreitet, daß der Geist immer mehr als das alles Umgreifende sich erweist und so konkret Anthropologie und Kosmologie schließlich ineinandermünden. Diese Behauptung von der zunehmenden Komplexion der Welt durch den Geist bedeutet aber notwendig ihre Vereinigung auf eine personale Mitte hin, denn der Geist ist nicht irgendein unbestimmtes Etwas, sondern wo er in seiner Eigentlichkeit existiert, besteht er als Individualität, als Person. Zwar gibt es so etwas wie ‚objektiven Geist', Geist investiert in Maschinen, im Werke vielfältigster Art; aber in all diesen Fällen besteht der Geist nicht in der ihm ursprünglichen Form: ‚Objektiver Geist' ist immer abkünftig von subjektivem Geist, er verweist zurück auf Person, die einzig eigentliche Existenzweise des Geistes. Die Behauptung, daß die Welt auf eine Komplexion durch den Geist zugehe, schließt also die Aussage ein, daß der Kosmos auf eine Vereinigung im Personalen zugeht."

Der Gedanke, daß alle Geschichte auf einen Punkt Omega zuläuft, nämlich auf die Person des Erlösers in Jesus Christus als den vollkommenen Menschen, wird bekanntlich auch von Teilhard de Chardin vertreten. Hören wir jedoch Ratzinger weiter: „Die Welt bewegt sich auf die Einheit in der Person zu. Das Ganze erhält seinen Sinn vom einzelnen und nicht umgekehrt. Dies einzusehen rechtfertigt auch noch einmal den scheinbaren Positivismus der Christologie, jene für die Menschen aller Zeiten so skandalöse Überzeugung, die einen einzelnen zur Mitte der Geschichte und des Ganzen macht. Dieser ‚Positivismus' erweist sich hier erneut in seiner inneren Notwendigkeit: Wenn es wahr ist, daß am Ende der Triumph des Geistes steht, das heißt der Triumph der Wahrheit, Freiheit, Liebe, dann ist es nicht irgendeine Kraft, die am Schluß den Sieg davonträgt, dann ist es ein Antlitz, das am Ende steht. Dann ist das Omega der Welt ein Du, eine Person, ein einzelner. Dann ist die allumgreifende Komplexion, die unendlich alles umfassende Vereinigung, zugleich die endgültige Verneinung alles Kollektivismus, die Verneinung jedes Fanatismus der bloßen Idee, auch einer sogenannten Idee des Christentums. Immer hat der Mensch, die Person, den Vorrang vor der bloßen Idee.
Das schließt eine weitere und sehr wesentliche Konsequenz ein. Wenn der

Durchbruch in die Ultrakomplexität des Letzten auf Geist und Freiheit gegründet ist, dann ist er keinesfalls eine neutrale, kosmische Drift, dann schließt er Verantwortung mit ein. Er geschieht nicht wie ein physikalischer Prozeß von selbst, sondern beruht auf Entscheidungen. Deshalb ist die Wiederkunft des Herrn nicht nur Heil, nicht nur das alles ins Lot bringende Omega, sondern auch Gericht. Ja, wir können von hier aus geradezu den Sinn der Rede vom Gericht definieren. Sie besagt genau dies, daß das Endstadium der Welt nicht Ergebnis einer naturalen Strömung ist, sondern Ergebnis von Verantwortung, die in Freiheit gründet. Von solchen Zusammenhängen her wird man auch verstehen müssen, warum das Neue Testament trotz seiner Gnadenbotschaft daran festgehalten hat, daß am Ende die Menschen ‚nach ihren Werken' gerichtet werden und daß niemand sich dieser Rechenschaft über seine Lebensführung entziehen kann. Es gibt eine Freiheit, die auch von der Gnade nicht aufgehoben, ja, von ihr ganz zu sich selbst gebracht wird: Das endgültige Geschick des Menschen wird ihm nicht an seiner Lebensentscheidung vorbei aufgedrängt. Diese Aussage ist im übrigen gerade auch als Grenze gegenüber einem falschen Dogmatismus und einer falschen christlichen Selbstsicherheit notwendig. Nur sie hält die Gleichheit der Menschen fest, indem sie die Identität ihrer Verantwortung festhält. Seit den Tagen der Kirchenväter war und ist es eine entscheidende Aufgabe christlicher Verkündigung, diese Identität der Verantwortung ins Bewußtsein zu rücken und sie dem falschen Vertrauen auf das ‚Herr-Herr-Sagen' entgegenzustellen" (aus „Einführung in das Christentum").

Es wird eine ungewöhnliche Situation sein, in welcher die Menschheit vom Gerichte überrascht wird. Nach der Geheimen Offenbarung wird auf Erden ein großes Getümmel herrschen. Zwei gewaltige Mächtegruppen ziehen da gegeneinander. Alle beide sind sie Feinde Gottes und des Gottesvolkes. Unter Anführung des „Tieres aus dem Abgrund", des Antichrist und seines falschen Propheten, wird eine westliche Heeresmacht in Israel eindringen; eine nördliche aber zieht dieser entgegen, geführt von Gog aus Magog. Und Harmagedon, das ist die große Ebene im nördlichen Palästina, ein altberühmtes Schlachtfeld, wird die Stätte der Auseinandersetzung sein. So können wir es der Johannes-Apokalypse entnehmen. Daß das heutige Israel dabei auch der Anlaß und deshalb das Zentrum eines solchen Krieges sein kann, ist nicht von der Hand zu weisen. Dieser wird jedoch in seiner weltweiten Auswirkung über alle Ländergrenzen hinwegschäumen. Es ist fast sicher, daß der Antichrist dem jüdischen Volke entstammen wird, das in ihm seinen Messias zu erkennen glaubt. Prophezeiungen deuten darauf hin, daß er dennoch wegen des Widerstands einzelner jüdischer Gruppen sein Ursprungsland erst mit Gewalt erobern muß. Halten wir uns aber nicht auf bei spitzfindiger Schriftauslegung! Einen hohen Grad von Wahrscheinlichkeit haben die

Ausführungen von Pastor Fünning über diese letzte Völkerschlacht (in seinem Buch „Das feste prophetische Wort").

Eines jedoch muß uns beschäftigen in seiner vorläufigen Undeutbarkeit: „Dann wird das Zeichen des Menschensohnes am Himmel erscheinen", heißt es bei Matthäus 24, 30. Wieder liegt es nahe, die wie ein Blitz von Aufgang bis Untergang in einem Augenblick aufleuchtende Manasische Vibration für dieses Zeichen anzusehen; wenigstens für den ganz realen Einzelfall. Bei Jakob Lorber gibt es noch eine andere Deutung, die, der allegorischen Schriftauslegung ähnlich, mehr aufs Allgemeine und Symbolische hinzielt. Demnach ist das Zeichen des Menschensohnes darin zu erblicken, daß innerhalb der Menschheit die geistige Strahlung immer mehr zunimmt. Die große Zahl der Erweckten werde dann eines Tages ganz von selber über die materiell gesinnte Menschheit obsiegen. Es ist aber auch denkbar, daß Pastor Fünning recht behält, wenn er behauptet: „Plötzlich erscheint am Himmel eine strahlende, glänzende Wolke. Was ist das? Ei, das ist das Zeichen des Menschensohnes! (Matth. 24, 30). Eine Wolke nahm ihn von ihren Augen weg. Und die Himmelsboten erklärten den Jüngern: Dieser Jesus wird wiederkommen, ebenso wie ihr ihn gesehen habt gen Himmel fahren (Apg. 1). Die Schechina ist also das Zeichen des Menschensohnes. Und diese Schechina wird feurig, glänzend sein, denn: ,Fressend Feuer geht vor ihm her und um ihn her ein großes Wetter' (Ps. 50, 3). . . . . Mit einem Male öffnet sich der Himmel, und siehe da, eine strahlende Gestalt auf weißem Pferde erscheint, schwebend vom Himmel herab. Seine Augen sind wie eine Feuerflamme. Sein Gewand ist in Blut getaucht und besprengt mit dem Blut seiner Feinde; denn er tritt die Kelter des Zornes Gottes und er drischt die Tenne und er schwingt die Sichel des Gerichtes. Aus seinem Munde geht ein scharfes Schwert. Auf seinem Haupte trägt er viele Kronen. Doch der König kommt nicht allein, sondern mit ihm kommen die Heere des Himmels auch auf weißen Pferden. Es sind die Berufenen und Auserwählten und Gläubigen. Diese wunderbare Begebenheit hat schon Henoch vor etwa 5000 Jahren geschaut, indem er ausrief: ,Siehe, der Herr kommt mit vielen tausend Heiligen' (Judas 14), ebenfalls Sacharja, der Kap. 14, 5 ausruft: ,Da wird dann kommen der Herr, dein Gott, und alle Heiligen mit ihm.'" –

Von der Schechina als der Einwohnung Gottes bei den Menschen hören wir des öfteren im Alten Testament. Sie ist eine odisch-aurische Erscheinung, die als „Wolke über dem Heiligtum" sich manifestiert. Auf keinen Fall ist sie zu verwechseln mit einem atmosphärischen Gebilde. Gleich einer lichten Nebelmasse zeigte sie sich im Tempel von Jerusalem (und nach Lorber auch in den ältesten Heiligtümern Hanochs). Der Feuernimbus, der diese Wolke umgibt, wird als „Ausglanz Gottes" (hebräisch kabbod, griechisch doxa) bezeichnet. Hohe Schwingungskräfte, die von ihr ausgehen (wie auf dem

Berge Sinai!), bringen tödliche Gefahren mit sich. In der Bundeslade wurde Aaron von den „himmlischen Chemikern", den Cherubimen, unterwiesen, wie er sich bei Annäherung an die Bundeslade verhalten müsse. Gewaltig und furchterregend als Tremendum ist jedesmal eine solche Erscheinung Gottes. Beim Letzten Gerichte, an jenem „großen und furchtbaren Tage" (Mal. 3, 23) wird es nicht anders sein; denn Christus war schon in seiner Erniedrigung (nach Hebr. 1, 3) „der Abglanz der Doxa Gottes". Auf dem Berge der Verklärung zum Beispiel überschattete ihn eine lichte Wolke und eine Stimme sprach: „Dieser ist mein geliebter Sohn!" Seit seiner Auferstehung aber gilt er als der „Herr der Doxa" (1. Kor. 2, 8). – Die Geschlechter werden in Erwartung der Dinge, die da kommen, vor Angst vergehen, heißt es in der Bibel. Und es wird uns gesagt, daß viele „aufheulen" (Matth. 24, 30) werden und „sich in Klüften und Felsenspalten verkriechen" (Jes. 2, 19). Den Bergen werden sie zurufen: „Fallet über uns!", den Hügeln „decket uns!" (Luk. 23, 30; Offb. 6, 16; 9, 6). Der „feurige Strahl" aus Christi Mund (die Manasische Vibration?) wird alle seine Feinde niederstrecken und auch der Schlacht bei Harmagedon ein jähes Ende bereiten. Der „herabsausende Stein ohne Handanlegung" (Dan. 2, 34) wird die Widermächte zermalmen. Während droben in der Herrlichkeit das Hochzeitsmahl des Lammes seinen Anfang nimmt, werden drunten die Raubvögel sich versammeln zum schaurigen Fraße. Darum mahnt uns der Psalm 2, 12: „Küsset den Sohn!", denn er ist der große Sieger über die gottlose Welt.

Wir stellen uns nun die Frage: Ist überhaupt dieses Reich Gottes, von dem die Propheten sprechen, auf unserer physischen Erde zu orten? Oder sind nicht vielmehr alle diesbezüglichen Angaben auf das Jenseitsreich der Himmel bezogen? Mögen so manche Lehren der Sektierer, besonders die der Adventisten, allzu bizarre Vorstellungen mit dem tausendjährigen Friedensreich verknüpfen, in diesem einen Punkte haben sie dennoch recht: Es wird ein wirkliches Regnum auf Erden sein unter der unmittelbaren Herrschaft Christi. Alle Bibelstellen sind darin einig. Und es wird ein Interregnum sein, denn nach Abschluß der tausend Jahre (die Zahl ist nur symbolisch zu nehmen und hat mystischen Begriffswert) wird Satan noch einmal losgelassen „auf kurze Zeit". Dies ist eine letzte Bewährungsprobe für alle abgefallenen Geister, die nach den Aussagen der Apokalypse in einem letzten, endgültigen Feuergericht ihr Ende findet. Wie sehr nicht nur im alten Judentum (besonders klar bei Daniel), sondern auch in der Zeit des Urchristentums ein Reich Gottes auf Erden erwartet wurde, bezeugen die frühen Kirchenväter. Sie alle sind Chiliasten gewesen, so daß der katholische Theologe J. N. Schneider darüber schreiben kann: „Nicht leicht ein Dogma hat so gewiegte, bestimmte und viele patristische Vertreter wie das des Chiliasmus." Sehr ausführlich behandelt das Thema „Tausendjähriges Reich" der Kirchenlehrer Irenäus (gest. 191). Er ist überzeugt, daß mit der dreieinhalbjährigen Herrschaft des Antichrist im sechsten Jahrtausend (!) die Weltgeschichte zu Ende sei. Dann würden mit der Wiederkunft Christi paradiesische Verhältnisse auf Erden eintreten. Allgemeines Gedankengut war seine Behauptung: „In wieviel Tagen die Welt geworden ist, in so viel Jahrtausenden wird sie auch vollendet." Wenn man die biblische Zeitrechnung zugrunde legt, kommen wir demnach so ungefähr auf unsere Gegenwart als dem Ende der „Weltzeit".

Befragen wir die neuere Prophetie, so gibt uns der Herr selbst bei Jakob Lorber die klare Auskunft: „Es hat schon mit Meiner Geburt das Gericht der Heiden (d. h. die Aufklärung der Ungläubigen) allerorten begonnen und dauert nun in stets erhöhterem Maße fort und wird noch bis zum Vollichte unter den Menschen auf dieser Erde fortdauern nahe an zweitausend Jahre" (Gr. Ev. Bd. 8, Kap. 46, 3). Daß das Millennium noch vor dem Jahre 2000 zu erwarten ist, entnehmen wir aus den meisten Prophezeiungen namhafter Seher von heute. Wird es aber nicht wieder, wie so oft schon bei solcher Zeitfestlegung, zu großen Täuschungen und Enttäuschungen kommen? Anknüpfend an die enttäuschte Naherwartung der ersten Christen hat der katholische Pfarrer Otto Feuerstein in seiner Broschüre „Das Tausendjährige Reich" geschrieben: „Was man in den ersten drei Jahrhunderten als beseligende Hoffnung der Zukunft festgehalten hatte, verlor sich immer mehr. Die alte Lehre des Chiliasmus war im Zeitalter Augustins bereits verschollen. Es kam die Ansicht auf, das Reich Gottes, das Tausendjährige Reich, sei schon in der Gegenwart da. Man hielt die christliche Kirche in Verbindung mit dem Staat für das Reich Gottes auf Erden. Man glaubte, die Herrschaft der Bischöfe, des Papstes und der christlichen Fürsten sei das erreichte Ideal Jesu. Man beachtete dabei nicht, daß die Weissagungen der Propheten, daß es im Reiche Gottes keine Kriege und keine soziale Ungerechtigkeit mehr geben wird, daß die Natur auffallend gesegnet, die Menschen gesund und sehr alt werden sollen, in den damaligen Zuständen gar nicht in Erfüllung gingen. Man beachtete auch nicht, daß Jesus dieses Reich Gottes als erst bei seiner Wiederkunft sich einstellend angekündigt hat. Man identifizierte Kirche und Reich Gottes und glaubte, das Tausendjährige Reich sei von der Erscheinung Christi an zu rechnen, die Gründung der christlichen Kirche sei als die erste Auferstehung, als die Anfangsepoche des Millenniums anzusehen. ...

Die Hoffnung eines erst zukünftigen Friedensreiches findet sich im Mittelalter fast nur bei den von Staat und Kirche verfolgten Häretikern. Erst im siebzehnten Jahrhundert fing es im Protestantismus zu tagen an, zuerst in der reformierten Kirche Englands und Frankreichs, dann innerhalb der lutherischen Kirche Deutschlands, bei den Vertretern des Pietismus, namentlich bei

Spener in seiner ‚Hoffnung besserer Zeiten' und ganz besonders bei Johann Albrecht Bengel und seiner Schule. Durch seine Schriften sowie durch sein ganzes Wirken als Theologe und Prediger bürgerte sich der biblische Chiliasmus wieder in der evangelischen Kirche ein, soweit sie positiv geblieben ist. Vor allem sind viele evangelische Freikirchen, wie die Adventisten, Baptisten, die Pfingstleute usw., Vertreter dieser Lehre."
Ganz verunsichert wurde die offizielle Theologie durch die Lehren des Kirchenvaters Augustinus. Pastor Johannes Bolte schreibt darüber in seiner selbstedierten Schrift „Der neue Gottesstaat": „Für Augustin zeichnet sich das Bild des Staates, wie es damals historische Wirklichkeit war, mit Recht als etwas Satanisches ab. Der römische Kaiserstaat hatte ja jahrhundertelang die Christen auf das grausamste verfolgt. Und als dann der römische Staat selbst den christlichen Firnis annahm, wurde das der Verderb der Kirche! Ganz besonders im oströmischen Reich, das ja auch der Nachwelt unauslöschlich das verwerfliche Bild des Byzantinismus hinterließ. Das Aufkommen eines immer stärker werdenden römischen Papsttums gab der christlichen Welt für lange Jahrhunderte gewissermaßen das geistige Rückgrat. Augustin hat in der Kirche den Gottesstaat gesehen! Er hat die christliche Tradition beendet, ausschließlich die Gesundung der Welt von dem Wiederkommen Christi zu erwarten. Augustinus hatte mit seinem Bild des Gottesstaates damals nicht recht behalten. Die Kirche wurde kein Idealstaat, und ist es auch weder in katholischer noch in reformatorischer Ausprägung jemals geworden!"
Allein unter der Herrschaft Christi kann es also den Idealstaat wirklich geben, von dem wir uns nichts destoweniger bereits heute eine Vorstellung machen sollten. Abgewirtschaftet haben heute so ziemlich alle Ideen der Vergangenheit: „Patriotismus, nationaler Stolz, Königtum, Kulturidealismus, das Gottesgnadentum aller Schattierungen bis hin zu dem Gottkönigtum von Tibet. Aber auch die Diktatur ist gerichtet, wenigstens für die Völker, die begriffen haben. Die Ideen der Französischen Revolution: Freiheit, Gleichheit, Brüderlichkeit, sind durch den Sozialismus und die Sozialisten mehr oder weniger beiseite gelegt. Seine Theorien stimmen heute zum großen Teil nicht mehr. Der Arbeiter will auch nicht mehr Proletarier sein, sondern autobesitzender Bürger."
Alle diese Gedanken eines theologischen Außenseiters sind erwägenswert, zumal sie fest auf chiliastischen Hoffnungen und Überzeugungen ruhen. Eine Zielweisung könnte auch sein, was als Ratschlag gegeben wird: „Alle großen Bewegungen sind in der Stille entstanden. Jesus ging in die Wüste. Paulus war drei Tage blind, Luther mußte in der Stille des Klosters erst um sein Seelenheil ringen, ehe er anderen ein reformatorisches Programm vorsetzen durfte. So wäre es die erste Aufgabe der großen politischen und

sozialen Reformbewegung, Menschen erst einmal in die Stille zu führen. Seid unbesorgt, ihr Beherrscher der Welt: Aus diesen Kreisen erwachsen euch keine Gegner, die euch einmal das Leben schwermachen könnten! Auf diesem Boden erwachsen nur Menschen, die Gott unbedingt vertrauen und nicht eher im Großen in Erscheinung treten, als Christus selber die alte Welt zerschlägt und seinen Dienern und Propheten die Macht in die Hände legt! Ihr werdet nicht glauben, daß das jemals eintreten könnte! Wir aber glauben als fest und bestimmt, daß das diese Generation noch erleben wird!"
Es ist unmöglich, die Überfülle zukunftsweisender Gedanken in dieser Schrift nur anzudeuten. Sie gehen, Gott sei Dank, auch in praktische Details und zeigen in allen Stücken echten Reformgeist. Eines jedenfalls muß uns Christen von vorneherein klar sein: „Das Gericht Gottes fängt, wie das Neue Testament sagt, am Hause Gottes selber an. Das Haus Gottes muß neu werden. Das Christentum des kommenden Zeitalters muß die große Weltüberwinderreligion werden. Es muß der Menschheit wirklich die geistige Welt offenbaren, die Verbindung mit dem Jenseits beglückend herstellen, den Menschen die großen Kraftquellen erschließen, durch die Kranke gesund und Menschen neu werden, Erkenntnisse neu durch Neuoffenbarung erschlossen werden, besser, als es bisher die Wissenschaft tun konnte. Es muß den Menschen eine Kirche vorsetzen, die wirklich vorbildlich als Führerin und wirklich interessant ist, und mit der man das Leben in all seinen Gegenwartsausprägungen meistern kann. Die Menschheit wartet auf etwas Derartiges. Nicht umsonst haben sich breiteste Massen von den christlichen Kirchen mehr oder weniger losgesagt oder die Kirchen auf einen Raum verbannt, wo sie praktisch nicht mehr viel zu sagen haben, weder die öffentliche Moral beeinflussen können noch das Geschäftsleben." –
Daß Satan in den Brunnen des Abgrunds geworfen und dieser versiegelt wird auf tausend Jahre, hat allergrößte Folgen für die künftige Menschheit. Nun erst ist ein Gemeinschaftsleben wieder möglich in göttlich ursprünglicher Ordnungsgestalt. Man bedenke, daß ein großer Teil der Menschen sich ehedem leiten ließ von den Zuflüsterungen der Dämonen. Diese sind nun aber durch Christus als unsichtbare Verführer für lange Zeit in den Abgrund gebannt. Eine neue Konstellation auch im astralen Bereich wird damit eintreten. Das Triebhafte wird leichter zu bändigen sein in jeder einzelnen Menschenseele. Es wäre jedoch eine Illusion, wollte man annehmen, daß die Menschen jetzt mit einem Schlage vollkommen wären. Eine gewisse Hinerziehung vom Egoismus zum Altruismus wird jedenfalls notwendig sein. Als Geschöpfe Gottes mit freiem Willen ausgestattet, muß auch für sie noch eine Möglichkeit der Entscheidung bleiben. Das Böse wird sie also auch weiterhin versuchen, wenn auch nicht mehr im gleichen Maße wie bisher. Da nach Lorbers Lehre die Lebensfunken in jeder Menschenseele aus dem „Acker

der Materie" aufsteigen, und damit aus der gefallenen Luziferseele selbst, wird das Böse noch einen gewissen Spielraum haben. Deshalb wird auch, nach Angaben des Herrn, selbst im Tausendjährigen Reiche „ein noch gar großer, finsterer Teil der Menschheit sich bestreben, das Gewand des Lichtes über sein schwarzes anzuziehen, um aus Eigennutz und Herrschsucht abermals ein neues antichristliches Heidentum zu schaffen". Nicht einmal die Kriege werden nach Lorber ihr völliges Ende finden, wenn sie auch eingeschränkt bleiben auf primitive Völkerschaften und kaum noch zur Gefahr werden können für die Allgemeinheit. Das soll uns aber nicht entmutigen. Der Herr versichert uns immer wieder: Die Geweckten werden durch ihren Zusammenschluß im Kampf mit dem alten Weltgeist den Sieg davontragen. „Es ist eine Zeit, in welcher der Geist das große Übergewicht bekommt." Ein „Reich des Friedens, der Eintracht, der Liebe und des fortwährend lebendigen Glaubens" wird es sein und „die Furcht vor dem Tode des Leibes wird es nicht mehr geben unter den Menschen, die in Meinem Lichte wandeln und in ständigem Verkehr und Umgang mit den Engeln des Himmels stehen werden. ... Und Ich werde Meine Kinder rechten Weges leiten immerdar" (Gr. Ev. Bd. 8, Kap. 48, 6 ff.; Bd. 1, Kap. 72, 3 ff.).

In einer Überschau hat Otto Feuerstein alle Lorberschen Aussagen über das kommende Millennium kurz zusammengefaßt: „Diejenigen, welche nach den Katastrophen des Weltgerichts die gereinigte Erde als Übriggebliebene bewohnen werden, werden immer mehr Gott in sich herrschen lassen. Damit wird das Reich Gottes sich über die ganze Erde ausbreiten und die religiösen, politischen, sozialen, wirtschaftlichen und gesundheitlichen Weltzustände immer idealer gestalten. Der Geist der wahren, selbstlosen Liebe zu Gott und allen Nebenmenschen wird das große Übergewicht bekommen und volle Harmonie zwischen Gott und der Menschheit herstellen.
Gott selbst als Jesus wird der Führer, Lehrer und Hirte der neuen Menschheit sein. ... Dieses Herrschen Jesu im Tausendjährigen Reich darf man sich natürlich nicht so vorstellen, als ob Jesus sichtbar auf Erden wohnen würde, etwa als König der Juden in Jerusalem, wie manche Sekten denken. Nein, von der Geistwelt her wird Jesus die Erde regieren und ihre Verhältnisse teils unmittelbar lenken, indem er oft die neue Menschheit besucht, teils mittelbar durch Menschen, die ihn hören können, wie einst die Propheten des Alten Bundes seine Stimme vernahmen. Der Herr wird im Friedensreich oft die Menschen besuchen. Aber nicht alle werden ihn sehen dürfen, sondern ‚wo die größte Liebe zu Ihm und die größte Sehnsucht nach Ihm vorhanden ist', wird er sich von Zeit zu Zeit zeigen unter irgendeiner Gestalt, wie einst den Emmaus-Jüngern, so daß nur das Herz ihn erkennen wird. Auch werden viele im Friedensreich das Innere Wort haben wie Lorber und Mayerhofer.

Auf diese Begnadeten wird die neue Menschheit hören und den durch sie gegebenen Weisungen des Herrn folgen.

Die staatlichen und kirchlichen Vorsteher werden Jesu ausführende Organe sein. Die ganze Erde wird zu einem Gottesstaat, einer Theokratie, von der die alttestamentliche in Israel nur ein schwaches Vorbild war. Nicht mehr autokratisch durch selbstherrliche Kaiser, Könige oder Päpste, noch demokratisch durch vom Volk gewählte Vorsteher, noch konstitutionell, noch oligarchisch, sondern theokratisch (Theos = Gott, kratein = herrschen) werden Staat und Kirche regiert werden. All die bisherigen Regierungsformen der Krone, des Adels, der Hierarchie, des Militärs, des Reichtums oder des Volkes vermochten die Menschheit nicht zu beglücken. Keine hat Blutvergießen und Krieg, Ungerechtigkeit und Unterdrückung abzuwenden vermocht. ... Bedenken wir, daß die Menschen dann in häufigem Verkehr mit Jesus und der verklärten Gemeinde stehen werden, womit das Band zwischen Himmel und Erde wieder voll angeknüpft sein wird, und daß die Verbindung mit Satan gelöst sein wird! Es darf uns nicht wundernehmen, daß alle Weltverhältnisse immer herrlicher werden, daß es, nicht der Substanz, wohl aber den Zuständen nach, ‚eine neue Erde sein wird, auf welcher Gerechtigkeit wohnt' (2. Petr. 3, 13). In religiöser Beziehung wird die Menschheit nicht mehr in unzählige Kirchen und Sekten gespalten sein, sondern es wird immer mehr ein Schafstall und ein Hirte werden (Joh. 10, 16). Dem neuen Himmel, das ist der neuen Einheitskirche, die auf die Bibel und Neuoffenbarungen gegründet sein wird – frei von Menschensatzungen, mit Geistlichen, aber ohne Priestertum, durch Jesu Besuche und Propheten stets im Verband mit dem Himmel –, wird die neue Erde, d. i. die neuen politischen und sozialen Weltverhältnisse, entsprechen. Es wird in jeder Hinsicht ein Friedensreich sein. Die Kriege werden endgültig aufgehört haben. Unter der Herrschaft des ‚Friedensfürsten' wird ‚des Friedens kein Ende sein' (Jes. 9, 5 f.).

Ebenso werden im Friedensreich aufgehört haben der innere Krieg, die Klassengegensätze, die sozialen Kämpfe. Es wird volle soziale Gerechtigkeit herrschen. Dieses ungerechte, ausbeuterische Mammonsystem, das leider die Kirche seither nicht bekämpft hat, wird beseitigt sein und an seiner Stelle herrschen der Kommunismus, nicht der sozialistisch-spartakistische, sondern der christliche. Dieser christliche Kommunismus des Tausendjährigen Reiches wird die Fehler des sozialistischen (Zwangswirtschaft) wie des Kapitalismus (zu große wirtschaftliche Freiheit) vermeiden. Es wird nur so viel staatlich geordnet werden, als unbedingt notwendig ist, um wirtschaftliche Übermacht und Übervorteilung und arbeitsloses Einkommen unmöglich zu machen. Grund und Boden werden Gemeingut sein müssen, anders kann die Grundrente nicht vermieden werden. Schon die sibyllinischen Weissagungen verkünden (8. Buch): ‚Gemeinsam wird sein die Erde für alle, ohne Mauern und Zäune, nicht in Teile geteilt, und wird Früchte in Menge tragen.' Der Tod wird im Tausendjährigen Reich nach Jes. 65, 20 noch nicht verschwunden sein, wohl aber wird er immer leichter und schmerzloser werden. Denn je lebendiger die Menschen an Jesus glauben, desto weniger werden sie den Tod schmecken. Im Laufe der folgenden Jahrtausende erst wird er ganz zu verschwinden beginnen (1. Kor. 15, 26). Die Menschen werden schließlich nicht mehr sterben, sondern durch Verwandlung ihres Körpers ins Jenseits übergehen. Auch auf die ganze Natur werden sich die Segensfolgen der Gottesherrschaft erstrecken. Der ganze Erdball und alle darauf lebenden Wesen, das ganze Tier- und Pflanzenreich werden den Typus der Liebe annehmen, den die Menschen selbst haben werden. Jedoch darf man nicht denken, daß dann die Menschen keinerlei Proben und Leid mitzumachen hätten! Diese werden allerdings zurückgedrängt sein auf ein Geringes, doch ganz fehlen werden sie nie. Nicht mit einem Zauberschlag, sondern nur allmählich werden diese Wohltaten und Segensfolgen der Gottesherrschaft auf der gereinigten Erde sich ausbreiten." –

Die Lorbersche Prophetie, wie sie Otto Feuerstein hier wiedergibt, wenn auch mit Einflechtung eigener Gedanken, läßt auch die „das Fleisch mächtig quälenden Krankheiten" nach und nach verschwunden sein. Aufgrund solcher Erwartungen können viele Christen gar nicht anders, als die gesegnete Zeit herbeisehnen mit all ihren Gefühls-, Denk- und Phantasiekräften. Eine letzte Frage beschäftigt uns: Es ist da in der Bibel an einigen Stellen von einer ersten und zweiten Auferstehung die Rede. Nach der irrigen Vorstellung der Adventisten mit ihrer Seelenschlaftheorie, die leider auch in kirchlichen Kreisen Schule machte, wird Jesus bei seiner Wiederkunft die Guten auferwecken zum ewigen Leben. Dies sei die „erste Auferstehung". Erst nach dem Tausendjährigen Reich würden auch die Gottlosen aller Zeiten dem Todesschlafe entrissen. Dies sei die „zweite Auferstehung" (in Offb. Joh. Kap. 20 erwähnt). All diesen unsinnigen Behauptungen ging Otto Feuerstein zu Leibe in seinem Büchlein „Auferstehung des Fleisches". Er rechnet darin gründlich ab mit jeglicher Art sektiererischen oder kirchlichen Wahnglaubens über den Todesschlaf. Indem er die mißdeuteten Bibelstellen überall aufspürt und in den Zusammenhängen sieht, gelingt ihm auch die einzig richtige Deutung. Als erstes stellt er fest: „Nun schlafen aber die Verstorbenen keineswegs ohne Bewußtsein, sondern leben sämtlich nach dem Leibestod mit Selbstbewußtsein in der geistigen Welt weiter. Bei der Wiederkunft Jesu kann also keine Rede davon sein, daß die Guten erst wieder ins Bewußtsein zurückkehren, so wenig wie ihre Leiber dann etwa aus den Gräbern auferstehen. Eine Auferstehung verwester Leichname am Jüngsten Tage gibt es nicht, davon steht in der Bibel kein Wort. Wohl aber –

das ist die richtige Übersetzung von 1. Thess. 4, 15 f. – machen sich bei der Wiederkunft Jesu die Toten, die in Christo sind, mit ihm auf; sie begleiten ihn vom Himmel und Paradies her. Die ‚Toten in Christo' leben ja nach dem Worte Jesu: ‚Wer an mich glaubt, wird leben, wenn er auch gestorben ist' (Joh. 11, 25). Sie bilden die Begleitung Jesu: ‚Siehe, es kommt der Herr mit seinen Tausenden von Heiligen!' (Jud. 14). Alle, die bis zur Wiederkunft Christi selig werden, bilden zusammen die erste Auferstehung. ... Diese Erstgeborenen leben und regieren dann mit Christus tausend Jahre über die Menschen des Friedensreiches (Offb. 20, 4). ‚Die übrigen Toten aber leben nicht, bis daß tausend Jahre vollendet sind' (V. 5), das heißt diejenigen Gottlosen, die bis zur Wiederkunft Jesu nicht selig wurden, werden nicht den Seinszustand der ersten Auferstehung erreichen."

Eine weitere Klärung von schwierigen Fragen, die damit zusammenhängen, enthält folgende Stelle: „Das Wort Auferstehung wird in der Hl. Schrift oft gebraucht, einfach für das Herausgehen und Fortleben der Seele und ihrer Ätherhülle, sei es nun in glücklich-seligem oder unglücklich-unseligem Zustand. Ersteres ist eine ‚Auferstehung der Gerechten', letzteres eine ‚Auferstehung der Ungerechten' (Luk. 14, 14; Apg. 24, 15). Die Auferstehung des Fleisches besteht darin, daß beim Tode die ätherischen Lebensstoffe, die edleren, nervengeistigen Teile, aus dem materiellen Leib durch Gottes Allmacht herausgezogen werden und diese dann sofort den Ätherleib, den Auferstehungsleib der Seele im Jenseits bilden. Die grobstofflichen Teile aber verwesen, ähnlich den groben Hülsenteilen beim Samenkorn, und gehen in verwester Form als Nährstoffe, als Dung und Humus, in tausend andere geschöpfliche Lebensformen über. Die Seele hat damit in alle Ewigkeit nichts mehr zu tun. ... Nur die eine Einschränkung ist zu machen, daß nach den Mitteilungen, die Jakob Lorber vom Herrn selbst erhalten hat, beim Tode nicht sofort alle nervengeistigen Teile des Leibes frei werden, sondern ein Teil davon erst während der Verwesung, und daß die Seele diese nach einer von Gott in sie gelegten Kraft allmählich während der Verwesung des Körpers zur Vervollständigung, Komplettierung des Ätherleibes an sich zieht. So wird bei der Verwesung alles Ätherische vollends ausgezogen und auf diese Weise ‚der sterbliche Leib lebendig gemacht' (Röm. 8, 11)." –

Zu viel Torheit über die letzten Dinge und das Leben im Jenseits hat sich jahrhundertelang in die Glaubensbotschaft eingenistet. Es ist an der Zeit, daß auch hier der angehäufte Unrat mit eisernem Besen ausgekehrt und von der Tenne gefegt wird. Die Menschen können dann wieder eher glauben, denn gerade das, was jeden einzelnen am unmittelbarsten angeht, der Tod und das jenseitige Schicksal, blieb in der Verdunkelung. Im Tausendjährigen Reich wird sowieso das „ewige Evangelium" (s. Joachim von Fiori!) die große Erhellung bringen. Ein „Zeitalter des Heiligen Geistes" steht uns bevor, in dem selbst die Wissenschaften sich wieder ganz mit der Religion aussöhnen werden. „Der Baum der Erkenntnis wird gesegnet werden", heißt es bei Lorber. Nicht der kleinste Riß wird bestehen bleiben zwischen dem Wissen um die Fakten der grobsinnlichen Welt und den übersinnlichen Wirklichkeiten. Man wird entdecken, daß ihre Gesetze nur scheinbar sich zuwiderlaufen und das sogenannte Wunder nur die starren materiellen Formen auflöst von einer höheren Schwingungsebene her. Dem Menschen ist dann alles in seine Hand gegeben (wie es Jesus dem Glaubenden verheißen hat), so daß er wieder Herr über die Natur sein wird (wie einst im Paradiese). Diesmal aber vom Geiste her! Man nannte das ursprünglich Magie. Ihr Mißbrauch kann freilich zur luziferischen Verführung werden und den Sturz der Seele herbeiführen. Im Tausendjährigen Reich wird aber die Herrschaft Christi solch übersinnliche Fähigkeiten in die rechten Bahnen lenken. Der Mensch wird eine ungeahnte Bewußtseinserweiterung erfahren. Was wir heute Telepathie, Hellsehen, Psychometrie, Telekinese usw. nennen, wird sich zu seiner vollen Höhe entfalten können. Die brachliegenden Kräfte des Inneren werden voll nutzbar gemacht und zur Bewältigung auch der äußeren Umwelt eingesetzt werden. Das wird die erschrecklichen Auswirkungen einer geradezu menschenfeindlichen Technik von heute weitgehend reduzieren. Dazu werden die Wissenschaften noch Entdeckungen machen (und anschließende Erfindungen), die alles das überflüssig erscheinen lassen, was heute von einem primitiven Stand der Technik aus so viele Gefahren in sich birgt. Ein Umweltschutz wird sich erübrigen. Gar viele Menschen werden es vorziehen, in einer solch gesegneten Zeit ihre Aufmerksamkeit ganz nach innen zu wenden, wo sie alles das finden werden, was ihrem Glücke dienlich ist. Sie werden ihre Heiligung anstreben. Denn es geht ja darum, daß das tausendjährige Interregnum Christi den Menschen wieder in sein ursprüngliches Ordnungsverhältnis zum Schöpfer selber zurückführt. Wenn Sadhu Sundar Singh die Erfahrung machte: „Das größte aller Wunder ist der Friede Gottes im Herzen", dann gibt es nur ein Bestreben: „Suchet zuerst das Reich Gottes, alles andere wird euch hinzugegeben werden!"

Die Formen der Meditation und des Gottesdienstes werden ungefähr so aussehen, wie Swedenborg oder Lorber sie auf anderen Himmelskörpern beschreiben. Der äußerliche Kult wird eingeschränkt werden zu Gunsten eines pneumaerweckenden Seelentrainings. Das schließt jedoch nicht aus, daß weiterhin ein bestimmter Gemeinschaftskult und liturgische Handlungen möglich sind. Sie werden auf unmittelbare Wirkung zielen, den ursprünglichen Einweihungsriten ähnlich. Es wird keine überflüssigen Zeremonien mehr geben. Wie schön sind die Schilderungen von Somnambulen, wenn sie Einweihungsstätten und Tempel in Jenseitsbereichen ausmalen! Da ist alles auf mystische Erlebensweise und unendliche Harmonie mit dem Ganzen gerichtete Alleinheitsreligion.

Ein Aspekt blieb noch unberücksichtigt: Da man sich zu dieser Zeit ebensosehr nach der physischen wie nach der astral-jenseitigen Welt hin orientieren kann, wird ein ganz neuer Zustand entstehen. Eine Art „kosmischer Frühling" wird alle jene Schranken beseitigen, die bisher zwischen der isolierten Erde und den Menschheiten ferner Planeten und Sterne bestanden haben. Schon der leib-seelische Zustand jedes einzelnen ist dann geradezu prädestiniert, Grenzen zu überschreiten sowohl zur halbmateriellen wie zur feinstofflichen Schöpfung hin. Vielleicht wird es sogar möglich sein, ganz innig in das Reich der Naturgeister einzudringen und unmittelbar in der Werkstatt Gottes sich umzusehen. Die Mythen und Märchen sind ja Wirklichkeit! Kann man es den Ufo-Anhängern verargen, daß sie sich aufgrund einer vergeistigten Technik und, wir müssen dazu sagen, der Gnadenerlaubnis Gottes, auch ein Zusammentreffen mit Bewohnern anderer Himmelskörper vorstellen? Der Austausch von Erfahrungen auf allen Gebieten des Daseins, den kulturellen, den technischen wie den religiösen, müßte äußerst befruchtend sein! Es wäre dies „das große Händereichen", das nur im gemeinsamen Lob des Schöpfers aus der überquellenden Freude des Begegnens seinen Höhepunkt fände. Und sind wir nicht, aufgemuntert durch die Prophetie eines Swedenborg und Lorber im besonderen, auch von der christlichen Botschaft her berechtigt, so etwas herbeizusehen?

Es gibt Mystiker und Gnostiker heute, die genügend eingeweiht sind in das Kommende. Ihnen aber ist vor allem klar: Alle Neugierde menschlichen Denkens und Phantasierens, die durch Gottes Ratschluß im Tausendjährigen Reich befriedigt werden kann, wird immer dann in Gefahr sein, wenn das Wesentliche aus den Augen schwindet. Dem Menschen ist in Christus die schmale Pforte gesetzt, den Weg in das Himmelreich zu beschreiten.

Eschatologie

1. Die kirchlich-theologische Auseinandersetzung mit der Eschatologie

Ein großer Teil der Theologen ist heute dabei, die eschatologischen Vorgänge neu zu sehen. Vor allem ist die lange Zeit festgehaltene „Ganztot-Theorie" so ziemlich im Schwinden begriffen. Es stellten sich gravierende Bedenken ein, ob ein leib- und seelenloser Zustand des Verstorbenen zwischen Tod und Auferstehung am sogenannten Jüngsten Tage biblisch zu rechtfertigen sei. Glaubte man erst, die „Größe Gottes" durch die Vorstellung einer gänzlichen Neuschöpfung des Menschen bei seiner Auferstehung am Jüngsten Tage unterstreichen zu müssen, so stand diesem Gedanken doch die schließliche Erkenntnis gegenüber: Eine Neuschöpfung des Menschen aus dem Nichts heraus ist schon deshalb unmöglich, weil sie eine anschließende Bestrafung für etwas nach sich zöge, wofür der neu geschaffene Mensch keine Verantwortung trägt. Der von Luther als „Seelenschlaf" bezeichnete Zustand – wobei er an biblische Bildersprache anknüpfte – ist außerdem sehr fragwürdig; denn was sollte eigentlich „schlafen" und dann „auferweckt" werden, wenn der Mensch nach dem Tode, wie sich das die evangelischen Theologen Carl Stange (1870–1959) und Adolf Schlatter (1852–1938), ebenso wie eine Zeitlang Paul Althaus (1888–1966), vorstellten, „nach Leib und Seele zugrunde geht"?

Daß die Lebensgemeinschaft zwischen Christus und den Gläubigen im Tode nicht zerstört wird, ist selbstverständliche Aussage der Bibel. Damit bleibt die personale Identität – man spricht in Theologenkreisen nicht gern von „Unsterblichkeit der Seele", weil man diesen Begriff für nichtbiblisch, sondern griechisch-platonisch hält – in ihrer „Kontinuität" gewahrt. Die Geschichte vom reichen Prasser und dem armen Lazarus (Luk. 16, 19–31), das Wort Jesu zum Schächer am Kreuz: „Heute noch wirst du mit mir im Paradiese sein!" (Luk. 23, 43), die Verklärung Jesu auf dem Berge Tabor mit dem plötzlichen Erscheinen von Moses und Elias (Mark, 9, 4), sowie der Hinabstieg Jesu zu den „Geistern im Gefängnis" (1. Petr. 3, 19) sind unumstößliche Belege. Aus diesem Grunde tendieren die Meinungen der Theologen immer mehr dahin, die „zeitliche Aufeinanderfolge von Leben-Sterben-Fortexistenz über den Tod hinaus bis zur endgültigen Auferstehung von den Toten aufzugeben zugunsten einer gewissen Gleichzeitigkeit des Geschehens, und damit den Beginn der Erneuerung der Schöpfung bereits in der Existenz des einzelnen, in seinem Werden und Sterben verwirklicht zu sehen" (Eb. Rudolph in seiner Schrift „Ist mit dem Tode alles aus?"). Die schließliche Folgerung lautet: „Der Tod wird gesehen als radikale Selbstwerdung des Menschen in seiner Entscheidungssituation. Der sterbende Mensch stirbt das Sterben Christi mit, wie er später an der Auferstehung Christi teilhaben wird. Das Jüngste Gericht erscheint somit personalisiert als Lebensfazit zum Zeitpunkt des Todes. Der Mensch verfügt im Selbstgericht über sich und sein Schicksal" (Rudolph).

Mit einer solchen Einstellung wird die Sicht endgültig wieder frei für jenseitige Entwicklungen der persönlichen Seele. Bis dahin hatte man alles für tabu erklärt, was unter dem sogenannten Geheimnis Gottes stand. Nun hat aber die Bibel selbst dieses angebliche „Geheimnis" oft genug entschleiert. So läßt sie die (geistig) „Toten" drüben an einen anderen Ort kommen als die (geistig) „Lebendigen". Schon das Alte Testament kennt einen „Ort des Fluches" (hebr. Gehenna), der deutlich unterschieden wird vom Scheol, jenem anderen Teil der Unterwelt, der unserem Purgatorium gleichkommt. Manchmal steht für beides der Ausdruck Abbadon, das heißt Abgrund. In der Bibelübersetzung aus dem Griechischen beging Luther den Fehler, das Wort Hades (hebr. Scheol), das heißt Mittelreich oder Zwischenreich, und das Wort Tartarus (hebr. Gehenna), die eigentliche Hölle, miteinander zu verschmelzen, so daß in seiner Lehre für ein Zwischenreich kein Platz mehr war.

Ein solcher Läuterungsort, der den Eintritt in das eigentliche „Leben", das heißt in die Wirklichkeit Gottes, vorbereitet, ist aber ein notwendiges Postulat, sofern man den Gedanken eines Zwischenzustandes zwischen Tod und Auferstehung nicht völlig fallenlassen will. Joseph Ratzinger äußert sich darüber folgendermaßen: „Auch wenn die Lebensentscheidung (nach kirchlicher Lehre) mit dem Tode endgültig abgeschlossen und unverrückbar ist, so muß sein (des Menschen) endgültiges Geschick nicht notwendig schon augenblicklich erreicht sein; es kann sein, daß der Grundentscheid eines Menschen von sekundären Entscheidungen überdeckt ist und gleichsam erst freigelegt werden muß. Dieser Zwischenzustand heißt in der abendländischen Tradition ‚Fegfeuer'." (Aus „Eschatologie, Tod und ewiges Leben".) Tatsächlich lehrt uns auch die Neuoffenbarung, daß selten ein Mensch sofort in den Himmel oder in die Hölle kommt, was anzunehmen ja auch naiv wäre, sondern daß fast jede Seele zuerst das Zwischenreich passieren muß; denn dort erst vollzieht sich auf individuell sehr verschiedene Weise das eigentliche persönliche „Gericht". Es offenbart sich dann das, was Ratzinger den „Grundentscheid" eines Menschen nennt. Bei Swedenborg und Lorber ist statt dessen immer von der „Grundliebe", der „Grundneigung" oder der „herrschenden Liebe" die Rede. Sie bestimmt nach dem Enthüllungsvorgang Gestalt und Aussehen der Seele. Dabei steht sie gewissermaßen nackt vor sich selber da; alles an ihr wird einsehbar, ihr ganzes vergangenes Leben, sowie Gefühle und Gedanken, die sie nicht mehr vor den anderen verbergen kann.

Die wichtigste Rolle bei diesem Enthüllungsvorgang spielt die schon von Augustinus in seinen „Confessiones" erwähnte Sonderstellung der Memoria (des Gedächtnisses). Der Kirchenlehrer erkannte nämlich, daß beim Menschen der Begriff „Zeit" in höchst relativer Weise sich in verschiedenen Schichten und so auch in verschiedenen Weisen darstellt. Erst wenn man die Tiefenschicht des eigenen Seins durchstößt, ist Vergangenheit, Gegenwart und Zukunft auf einen Punkt konzentriert. Entsprechend der Spannweite des Bewußtseins ist es das Gedächtnis als „Praesens de praeterito", aber auch als „Praesens de futuro", das die eigentliche „Gegenwart" schafft, indem es einen bestimmten Umkreis in dem steten Fluß der Dinge zusammenhält und als „Heute" präsentiert. Da der Mensch nicht nur einen Körper hat, sondern auch einen Geist, ist auch sein Zeitbegriff ein doppelter. „Seine Teilnahme an der Körperzeit prägt die Zeit seines Bewußtseins, aber in seinen geistigen Vollzügen ist er doch auf eine andere und tiefere Weise zeitlich als die physikalischen Körper es sind. ... Das bedeutet, daß sich beim Heraustreten des Menschen aus der Welt des Bios die Memoria-Zeit von der physikalischen Zeit löst und dann als reine Memoria-Zeit bleibt, aber nicht zu ‚Ewigkeit' wird. Darin liegt dann auch der Grund für die Endgültigkeit des in diesem Leben Vollbrachten und für die Möglichkeit einer Reinigung wie eines sich vollendenden letzten Geschicks in einer neuen Beziehung auf die Materie hin: Nur so bleibt Auferstehung als neue Möglichkeit des Menschen, ja, als eine für ihn zu erwartende Notwendigkeit verstehbar" (J. Ratzinger).

Diese Ansichten des Münchner Kardinals unterbauen philosophisch auf der Grundlage des Memoria-Begriffs von Augustinus, was Swedenborg und Lorber über die beiden Gedächtnisarten, nämlich das „äußere" und „innere" Gedächtnis, aussagen. Wenn der Mensch beim Enthüllungsakt im Jenseits vom äußeren in das innere Gedächtnis versetzt wird, welches die Bibel als „Buch des Lebens" zu bezeichnen pflegt, tritt sofort seine „Grundneigung" oder „Grundliebe" zutage, und diese entscheidet schließlich darüber, an welchem Ort und in welcher Gesellschaft die „gerichtete" Seele fortan bis zu ihrer Höherentwicklung verweilen wird. Neben diesem höchst „persönlichen Gericht" kennt die Bibel noch ein „allgemeines Gericht" am Ende dieses Äons. Unter den Theologen bleibt die Frage strittig, ob damit auch die „Auferstehung der Toten" kontemporiere, wie gewöhnlich angenommen. Tatsächlich vertreten einige Theologen heute – darunter auch Pater H. Lohfink – die These, daß der Tod nichts anderes sei als das Heraustreten aus der Zeit in die Ewigkeit. Folglich müsse das Problem des Zwischenzustandes zwischen Tod und Auferstehung als Scheinproblem betrachtet werden. Das „Zwischen" gebe es nur in unserer Perspektive; in Wahrheit sei das Ende der Zeiten „unzeitlich". Wer stirbt, tritt in die Gegenwart des Jüngsten Tages, des Gerichtes, der Auferstehung und der Wiederkunft des Herrn hinein. „Damit kann dann auch die Auferstehung im Tod (sofort nach dem Sterben,

d. V.) und nicht erst am Jüngsten Tag angesetzt werden. ... Jeder Mensch lebt dann in der ‚letzten Zeit'." So lesen wir bei Greshake in seiner Schrift „Auferstehung der Toten". Diese Ansicht gelangte schließlich sogar in den Holländischen Katechismus hinein. Dort heißt es sinngemäß: „Das Leben nach dem Tode ist also schon so etwas wie die Auferweckung des neuen Leibes." Ganz offensichtlich hat bei dieser Formulierung auch das Dogma von der Himmelfahrt Mariens Pate gestanden.

Unvermeidlich ist die weitere Fragestellung: In welcher Art von Leiblichkeit wird der Mensch nach dem Tode fortleben? Das Wort von der „Auferstehung des Fleisches", das in sämtlichen Symbola und Glaubensbekenntnissen enthalten ist (so auch im Nizaeno-Konstantinopolitanischen und Athanasischen), verführt zu der Schlußfolgerung, daß auch der zurückgelassene irdische Leib, mag er längst schon in einen vollständigen Verwesungszustand übergegangen sein, mit auferstehen werde. Beispielhaft für diese fast unausrottbare Vorstellung ist die Grabinschrift eines katholischen Seelenhirten auf einem Allgäuer Friedhof: „Hier erharret der Auferstehung seiner Gebeine am Jüngsten Tage der Hochwürdige Herr Geistliche Rat ..." Es gibt in der kirchlichen Vergangenheit genügend Glaubenszeugnisse, die eine solche Auffassung stützen. So lesen wir in den Fides Damasi, entstanden am Ende des fünften Jahrhunderts im südlichen Gallien: „Wir glauben, daß wir, die wir in seinem (Christi) Tod und Blut gereinigt sind, am Jüngsten Tag in dem Fleisch auferweckt werden, in dem wir jetzt leben." Und im Jahre 675 formuliert das Konzil von Toledo: „Nach dem Vorbild unseres Hauptes (Christi) wird die wahre Auferstehung aller Toten kommen. Nicht in einem luftartigen oder sonstwie anderen Fleisch werden wir, wie einige in ihrer Verrücktheit behaupten, unserem Glauben gemäß auferstehen, sondern in diesem da, in dem wir leben, bestehen und uns bewegen." Auch Papst Leo IX. erklärte im Jahre 1053: „Ich glaube an die wahre Auferstehung eben des Fleisches, das jetzt das meine ist (quam nunc gesto) und an das ewige Leben." Zuletzt noch legte das 4. Lateran-Konzil im Jahre 1215 gegen andersartige Meinungen der Albigenser und Katharer fest: „Alle werden mit dem eigenen Leib, den sie hier tragen, auferstehen."

Können solche Vorstellungen, offenbar primitivster Art, überhaupt ernst genommen werden? Zu ihrer endgültigen Klärung bedarf es noch eines historischen Rückblicks auf die jeweilige biblische Auffassung von „Fleisch" und „Leib". Bezeichnend ist schon, daß das orthodoxe und koptische Christentum den Ausdruck „Auferstehung des Fleisches" geflissentlich vermeidet und statt dessen von „Auferstehung der Toten" spricht. Vielleicht ist dies weniger mißverständlich, wenn auch nicht klar präzisierend. Gab es doch eine jüdische Auferstehungsterminologie im Sinne der Formel „alles Fleisch", womit die ganze Menschheit gemeint ist. Joseph Ratzinger sagt darüber: „Man bewegt sich damit zugleich im Bannkreis johanneischer Theologie, wie sie Justin und Irenaeus besonders nahe lag. In dieser Wendung ist also nicht einmal die Leiblichkeit, sondern die Universalität der Auferstehungshoffnung angesagt, die aber nun eben doch das Ganze im Gegenüber zu Gott als ‚Fleisch' bezeichnete Geschöpf und insofern auch seine Leiblichkeit mit meint und sie freilich vom lebenspendenden ‚Fleisch' des Herrn her versteht, von dem Johannes gesprochen hatte."

Vor dieser allgemeinen Fassung des Begriffes Fleisch ist man gezwungen zu fragen: Hat Auferstehung überhaupt etwas mit Materie zu tun? Wenn ja, dann gelangen wir zu dem Standpunkt der Neuoffenbarung, daß alle Materie letzten Endes sich in einem Gerichtszustand befindet, aus dem sie ihrer Löse harrt. Im Großen Evangelium Johannes steht der Satz: „Gott kann wohl jegliche Materie, die nur Seine durch Seinen Willen festgehaltene Idee ist, auflösen und sie in Geistiges und Unwandelbares zurücktreten lassen, aber vernichten kann Er sie ewig nicht, weil Er sich selbst und seine klaren Gedanken und Ideen nicht vernichten kann" (Bd. 8, Kap. 128, 9). Diese Worte decken sich vollständig mit den Ansichten des Apostels Paulus, der alle Natur und Kreatur in den Erlösungsvorgang mit einbezieht. Und schließlich ist der vorausgeschaute „neue Himmel" und die „neue Erde" in der Johannes-Apokalypse schon die Konkretisierung dieser Erwartungen. Materie wird zur Auferstehungsleiblichkeit! Bei Paulus wird die Erfahrung des Auferstehungsleibes Christi grundsätzlich übertragen auf jegliche „Auferstehung von den Toten". Im 1. Kor. 15, 50 lesen wir: „Das aber sage ich euch, Brüder: Fleisch und Blut können das Reich Gottes nicht erben; das Vergängliche erbt nicht das Unvergängliche." Dennoch spricht auch Paulus von der „Auferstehung des Leibes", die aber bei ihm etwas anderes ist als die „Wiederkehr der Körper nach der Weise dieser Welt. Leib gibt es für ihn nicht nur in der adamischen Weise des ‚seelenhaften Leibes', sondern auch in der von der Auferstehung Jesu Christi her vorgebildeten christologischen Weise als Leibhaftigkeit vom Heiligen Geist her. Es ist jener pneumatische Realismus, der in den Worten Jesu zum Ausdruck kommt: ‚Mein Fleisch ist eine wahre Speise und mein Blut ein wahrer Trank. Wer mein Fleisch ißt und mein Blut trinkt, der bleibt in mir und ich in ihm.' Entscheidend ist aber die Hinzufügung: ‚Der Geist ist's, der lebendig macht; das Fleisch ist zu nichts nütze'" (Ratzinger).

Das sogenannte Philippus-Evangelium aus dem zweiten und dritten Jahrhundert enthält den Text: „Der Auferstandene ist in der Tat nicht nackt, aber er trägt nicht mehr sein eigenes Fleisch, sondern das Fleisch Christi." Und hat nicht Christus selbst gesagt: „Ich bin die Auferstehung und das Leben" (Joh. 11, 25)? Kann man daraus mit Joseph Ratzinger den Schluß ziehen: „Die Verbindung zu Jesus ist jetzt schon Auferstehung; wo die Gemeinschaft mit ihm hergestellt ist, da ist hier und jetzt die Todesgrenze überschritten. Von da aus ist die eucharistische Rede zu verstehen. In ihr wird das Essen von Wort und Fleisch Jesu, das heißt das Empfangen Jesu in Glaube und Sakrament als das Genährtwerden mit dem Brot der Unsterblichkeit dargestellt. Die Auferstehung erscheint nicht als ein fernes apokalyptisches Ereignis, sondern als ein Geschehen im hic et nunc. Überall, wo der Mensch in das Ich Christi eintritt, ist er jetzt schon in den Raum des endgültigen Lebens eingetreten. Die Frage eines Zwischenzustandes zwischen Tod und Auferstehung, etwa einer Unterbrechung des Lebens, kommt gar nicht auf."?

Wenn diese Auslegung richtig ist, muß auf jeden Fall ergänzt werden: Ein solcher pneumatischer oder Auferstehungsleib kann erst in der völligen Vereinigung mit Christus erworben werden; bis dahin muß sich die Seele mit einem anderen, „ätherischen" Leib begnügen. Aber schon das Alte Testament kennt einen so hohen Grad vervollkommneter Seelen, wie im Falle Henoch und Elias, daß auch eine leibliche Himmelfahrt möglich ist; in völlig umgewandeltem Materieleib wie bei Christus selbst. Bedarf es da noch eines Auferstehungsaktes? Das theologische Resümee müßte schließlich heißen: Auferstehung des Fleisches im Sinne des kirchlichen Credo versteht sich nur dann als allgemeine Auferstehung, wenn sie auch den jetzigen Erdenleib mit einbegreift. Wie kommt es aber zu einer solchen Verwandlung, und was ist das überhaupt, ein „Auferstehungsleib"?

Origenes unterscheidet am Leib des Menschen „einerseits die stets im Fluß befindliche Materialität, die kaum zwei Tage lang in völliger Identität bestehen bleibt, und andererseits die durchhaltende Form, in der das Individuum sich unverwechselbar ausdrückt. Die Identität des Auferstehungsleibes könne gewiß nicht in dem liegen, was ohnedies sich ständig ändert, sondern in dieser ‚Gestalt', in diesem ‚Charakter', den der Mensch auspräge" (nach Ratzinger). Die Schüler des Origenes führten diesen Gedanken weiter: „Es gehe also nicht um eine Erhaltung des alten Körpers oder um seine Nachbildung, sondern um die Herstellung des Wesentlichen. Die endgültigen Körper werden, so meint man nun, nicht auf dem Zufall irdischer Situationen beruhen, sondern die wesentlichen Körper seien die Idealkörper" (Ratzinger). Bei Thomas von Aquin prägt die Seele den Körper (anima format corpus). Letzten Endes ist es jedoch die höhere Seele, die Geistseele, die das Modell abgibt für jede Form von Leib. Die formende Kraft selbst geht immer vom Geiste aus. Aristoteles bezeichnet Materie, die nicht unter einer Form steht, als prima materia. Zu einer toten Physis, die in sich selbst zerfallen muß, wird sie erst dann, wenn der Formbezug durch eine lebendige Seele unterbrochen ist. Ein neuer Status der Materie ist erst zu erwarten, wenn der Mensch in der Wiedergeburt des Geistes eine neue Entelechie erlebt. Sie ist es, die den Pneumaleib schaffen wird in der „Auferstehung des Fleisches";

und wenn auch „keine irgendwie konkretisierbaren und in die Vorstellung reichenden Aussagen über die Art des Materiebezugs der Menschen in der neuen Welt und über den Auferstehungsleib" möglich sind, so „gibt es doch die Gewißheit, daß die Dynamik des Kosmos auf ein Ziel zuführt, auf eine Situation, in der Materie und Geist einander neu und endgültig zugeeignet sein werden. Diese Gewißheit bleibt der konkrete Inhalt des Bekenntnisses zur Auferstehung des Fleisches auch heute, gerade heute" (Ratzinger).

Es ist ein Grundirrtum aller Theologen, und so auch Ratzingers, zu meinen, daß es absolut „keine Vorstellbarkeit" der neuen, das heißt der vollendeten Schöpfung gäbe. So gut wie wir aufgrund einer überwältigend schönen Landschaft eine leise Ahnung von dem erhalten, was „Paradiesgarten" in Wirklichkeit bedeutet, vermittelt uns auch unser Vorstellungsvermögen bereits einen hohen Grad ideal gedachten Daseins. Und es ist gerade die Aufgabe der Kunst, durch Inspiration und Intuition alles Irdisch-Materielle zu verklären. Sie erfüllt darin eine religiöse Funktion. Was die Menschheit heute erwartet, ist die theologische Unterbauung jener Jenseitsvisionen, wie es sie nicht nur bei Dante, Swedenborg und Lorber, sondern im unmittelbaren Erleben vieler Mystiker und Gnostiker zu allen Zeiten gegeben hat. Voraussetzung ist allerdings, daß sich die heutigen Exegeten in ihrer heillosen Zerstrittenheit über eschatologische Grundinhalte – wie Leben nach dem Tode, Jüngstes Gericht, Ewigkeit der Höllenstrafen, usw. – im Grundsätzlichen einig werden. Und das kann noch lange dauern!

Eine reiche Literatur über das Jenseits bietet uns bereits die Antike im griechisch-römischen Umkreis. Aber auch das alte Judentum, dessen Tradition vom frühen Christentum beinahe nahtlos übernommen wurde, hat noch, besonders in seinen Apokalypsen, überaus farbige Schilderungen von der anderen Welt. Beim äthiopischen Henochbuch zum Beispiel (ca. 150 v. Chr.) werden die Aufenthaltsorte der Verstorbenen genau beschrieben und geortet. Den gleichen Grundvorstellungen begegnen wir in der Esra- und Petrus-Apokalypse sowie in der „Himmelfahrt und Vision des Jesajas". Gemeinsam ist ihnen allen ein Gerichtsakt nach dem Tode. Es findet eine „Scheidung der Geister" statt, wobei der eine Weg der Seelen nach oben führt in das Paradies, der andere in das Tal Gehinnom, den Ort der Verdammnis. Bei den Geretteten spricht man auch von einer „Schatzkammer der Seelen", einem „Warten unter dem Throne Gottes" und einer „Aufnahme in Abrahams Schoß".

Von den Essenern, die ganz apokalyptisch ausgerichtet waren, schreibt der Historiker Flavius Josephus: „Es hat sich unter ihnen der Glaube gefestigt, daß der Leib verweslich und der Stoff, aus dem er besteht, vergänglich ist. Aber die Seele ist unsterblich und unvergänglich; sie bewohnt den feinsten Äther und, vom Leib wie von einem Gefängnis angezogen, vereinigt sie sich mit ihm durch eine Art natürlicher Lockung. Gelöst aber von den Banden des Fleisches, sozusagen von langer Sklaverei, nimmt sie ihren freudigen Flug in die Höhen." Wie sehr nähern sich diese Anschauungen der Vorstellungswelt Platons, ohne direkt aus ihr geschöpft zu sein! Die Gleichartigkeit frühchristlichen Denkens mit dem Jenseitsglauben des zeitgenössischen Judentums äußert sich besonders deutlich in der Geschichte vom reichen Prasser und dem armen Lazarus. „Schoß Abrahams" bedeutet auch für die Christen Geborgenheit und Erlöstheit im Lichte Gottes. Ebenso ist die Hölle, in welcher der reiche Prasser schmachtet, jüdisches Gedankengut. Im Gespräch des Gekreuzigten mit dem reuigen Schächer wird jedoch gegenüber der jüdischen Überlieferung etwas ganz Neues sichtbar; denn hier hat Einer die Vollmacht, einer scheinbar verlorenen Seele von sich aus das Paradies aufzuschließen. Joseph Ratzinger schreibt darüber: „Die Erkenntnis bahnt sich an, daß Christus selbst das Paradies, das Licht, das frische Wasser, der sichere Friede ist, worauf das Warten und Hoffen der Menschen zielt. Vielleicht darf in diesem Zusammenhang auch die neue Verwendung des Bildes vom ‚Schoß' ins Gedächtnis gerufen werden, die uns im Johannes-Evangelium begegnet: Jesus kommt nicht aus dem Schoße Abrahams, sondern vom Schoß des Vaters selbst (Kap. 1, 18). Der Jünger, der zum Bild der wahren Jüngerschaft überhaupt wird, ruht im Schoße Jesu (Kap. 13, 23). Der Christ in seiner gläubigen Liebe ist im Schoß Jesu Christi geborgen und damit letztlich im Schoß des Vaters. Was es heißt: ‚Ich bin die Auferstehung', wird hier von einer neuen Seite her deutlich."

Die theologischen Fragestellungen in bezug auf das Leben nach dem Tode müssen sich notwendigerweise mit den Begriffen „Leben" und „Tod" auseinandersetzen; denn die Bibel hat hier ihre eigene Sprache und Tradition, ohne deren Kenntnis uns sehr viele Textstellen nicht aufschließbar sind. Wenn zum Beispiel in der Offenbarung des Johannes der Tod als „der letzte Feind" (15, 26) bezeichnet wird, so ist das ein sehr weit zu fassender Begriff; denn im Kapitel 20, 13 ff. wird ausdrücklich betont, bei der Darstellung des Gerichtes über den Satan: Zuerst muß das Meer, als das mythische Bild für die Unterwelt, die „Toten" herausgeben und dann erst wird alles zusammen, sowohl Tod wie Unterwelt oder Hades, in den Feuersee geworfen und verbrannt. Vorausgegangen ist eine „erste Auferstehung", „„Selig und heilig ist, wer an der ersten Auferstehung teilnimmt", heißt es im Text. Und schließlich gibt es nach dem tausendjährigen Friedensreich und der neuerlichen Loslassung Satans aus seinem Kerker eine „zweite Auferstehung". Wer auch daran nicht teil hat, wird den „zweiten Tod" erleiden. Er betrifft alle diejenigen, die nicht im „Buche des Lebens" aufgezeichnet sind. Was ist dieser „zweite Tod"?, haben sich schon viele Christen gefragt. Bedeutet er die völlige Vernichtung einer satanisch gewordenen Seele, für die es keine Aussicht mehr

gibt, zu Gott zurückzufinden? Einige Theologen befürworten diesen Gedanken, denn er scheint aus dem Text hervorzugehen. Friedrich Heiler prägt dafür sogar das neue Wort „Vernichtung". Eine vollständige Auslöschung einer Persönlichkeit also mit Seele und Geist?
Im Neuoffenbarungswerk wird eine solche Möglichkeit verneint. Wohl kann die Seele eines Menschen, da sie unendlich teilbar ist, wie ein Gewebe aufgetrennt und mit all ihren Bestandteilen in eine andere Seele übergeführt werden; was aber geschieht dann mit dem Geist? Mit jenem unsterblichen Wesen aus Gott, das tatsächlich unzerstörbar ist? Darüber lassen sich keine Spekulationen anstellen, solange der Mund Gottes sich darüber ausschweigt. Mit dem Beginn der Alleinherrschaft Gottes über alle Schöpfung, mit der „neuen Erde" und dem „neuen Himmel", ist der Tod gänzlich ausgeschaltet. Es gibt nur noch das Leben, das ewige Leben aus Gottes Kraft und Liebe. „Tod, wo ist dein Stachel, Hölle, wo ist dein Sieg?" konnte Paulus ausrufen in der Gewißheit, daß Jesus das Leben ist und wir in den Tod Jesu hineingestorben sind; denn der Tod als Tod, sowohl geistig wie physisch, ist durch Jesus überwunden worden. Jesus selbst ist die „Auferstehung und das Leben" (Joh. 11, 25); das Leben aber hat seinen Ursprung in der Liebe. Sich von Jesu Liebe ergreifen lassen, heißt leben. „Wer an mich glaubt, wird leben, auch wenn er schon gestorben ist. Und wer im Glauben an mich lebt, wird in Ewigkeit nicht sterben" (Joh. 11, 26 f.). Diese Worte Jesu an Martha, die Schwester des Lazarus, zeigen den persönlichen Aspekt auf, in dem sich von Christus her die Erlösung vollzieht: „Ich bin der Weg, die Wahrheit und das Leben"; „Niemand kommt zum Vater denn allein durch mich".
Beide Begriffe, sowohl Tod wie Leben, werden in der Bibel geistig verstanden. Von daher gesehen ist der Tod nicht allein der Schlußpunkt unserer biologischen Existenz. Er ist bereits, wie Joseph Ratzinger sagt, „in der Uneigentlichkeit, in der Verschlossenheit und Leere unseres Alltags zugegen"; und der physische Schmerz, „die Krankheiten, die den Tod ankündigen, bedrohen unser wirkliches Leben weniger als das Vorbeiexistieren an uns selbst, das die Verheißung des Lebens ins Banale verfließen läßt und am Ende ins Leere führt". Paulus gibt uns den Trost: „Wir wissen, wenn unser irdisches Zelt abgebrochen wird, erhalten wir ein von Gott erbautes Haus, ein ewiges Haus im Himmel, das nicht von Menschenhand errichtet ist" (2. Kor. 5, 1). Eine Furcht vor dem Tode oder Angst vor der Parusie scheidet unter diesem Blickwinkel aus; „denn glaubend gehen wir unseren Weg, nicht schauend. Wenn wir aber zuversichtlich sind, dann ziehen wir es vor, aus dem Leib auszuwandern und daheim beim Herrn zu sein". Für Paulus ist das Leben in dieser Welt „Christus". Darum hat auch der Tod seine Schrecken verloren, da im „Aufgelöstwerden" das „Sein mit Christus" erst zur vollen Entfaltung kommt. In dieser Hinsicht wird auch bei Paulus, genau wie in den

antiken Mysterienreligionen und bei Christus selbst, der irdische Leib als ein „Gefängnis" aufgefaßt.

In der Esoterik der Orphiker, die Pythagoras und Empedokles, aber auch Platon weitgehend übernommen hat, spielen die Begriffe Schuld, Reinigung und Gericht eine entscheidende Rolle. So sehen auch die Jenseitsvorstellungen den christlichen sehr ähnlich. Es ist aber beschämend, daß die christlich-theologische Aussage gegenüber den farbigen Schilderungen des Jenseits in der orphischen Tradition so dürftig ausfällt. Es ist, als ob in der Dogmatisierung der Strom lebendiger Anschauung ganz zum Versiegen komme. Hören wir in einer kurzen Zusammenfassung von Zitaten, was die heute von theologischer Seite wohl am besten durchgeführte Eschatologie von Joseph Ratzinger in der Beschäftigung mit Tod und Jenseits als schließliches Fazit anbietet! Im Grunde sind es nur Paraphrasen, Umschreibungen betrachtender Art, die da an unser Ohr klingen; nur selten eine realistische Zustandsbeschreibung.

1. Über die Hölle sagt Joseph Ratzinger aus: „Alles Deuten nützt nichts: der Gedanke ewiger Verdammnis, der sich im Judentum der beiden letzten vorchristlichen Jahrhunderte zusehends ausgebildet hatte, hat seinen festen Platz sowohl in der Lehre Jesu wie in den Schriften der Apostel. Insofern steht das Dogma auf festem Grund, wenn es von der Existenz der Hölle und von der Ewigkeit ihrer Strafen spricht." Von Origenes meint J. Ratzinger, ganz gewiß zu Unrecht, daß seine Lehre von der Apokatastasis ton hapanton (Wiederbringung alles Verlorenen) als „Allversöhnungs"-gedanke „unter die Klammer des Hypothetischen" zu stellen sei. „Wenn das neuplatonische Denken die Vorstellung überakzentuiert hatte, daß das Böse eigentlich nichtig, ein Nichts sei und Gott allein die Wirklichkeit, so hat der große Alexandriner später die unheimliche Realität des Bösen, die Gott leiden machen, ja, töten kann, viel tiefer verspürt, aber doch auch die Hoffnung nicht gänzlich aufgeben können, daß eben in diesem Leiden Gottes die Realität des Bösen aufgefangen, aufgearbeitet sei und ihre Endgültigkeit verloren habe. Eine Reihe von Großen aus der Väterzeit ist ihm in dieser Hoffnung gefolgt: Gregor von Nyssa, Didymus, Diodor von Tarsus, Theodor von Mopsuestia, Evagrius Pontikus, zeitweise auch Hieronymus (und, wir müssen hinzufügen, auch Ambrosius, Hilarius und Cyprian)."

Eine „Misericordia-Lehre", wie sie von diesen Männern vertreten wurde, hatte ganz besonders Augustinus abgelehnt mit der Behauptung, daß „weitaus die Mehrzahl aller Menschen der ewigen Verdammnis anheimfallen". Joseph Ratzinger weiß etwas von dem Selbstgericht des Sünders in der Hölle und führt für diese Tatsache die „unbedingte Achtung Gottes vor der Freiheit seines Geschöpfes" ins Feld. „Die Liebe kann ihm (dem Geschöpf) geschenkt werden und damit die Verwandlung aller Dürftigkeit, die in ihm selber ist; auch das Ja zu solcher Liebe muß nicht der Mensch ‚schaffen', sie selbst ruft es mit ihrer eigenen Kraft hervor. Aber die Freiheit, auch die Erschaffung dieses Ja zu verweigern, es nicht als Eigenes anzunehmen, die bleibt. Darin liegt der Unterschied zwischen dem schönen Traum vom Bodhisattva und seiner Verwirklichung: Der wahre Bodhisattva, Christus, geht in die Hölle und leidet sie leer; aber er behandelt die Menschen nicht als unmündige Wesen, die letztlich ihr eigenes Geschick nicht verantworten können, sondern sein Himmel beruht auf der Freiheit, die auch dem Verdammten das Recht läßt, seine Verdammnis zu wollen."

2. Bei der Betrachtung des Fegfeuers stellt Joseph Ratzinger die Tridentiner Formel in den Mittelpunkt: „Erleuchtet vom Heiligen Geist, schöpfend aus der Heiligen Schrift und der heiligen Überlieferung der Väter, hat die katholische Kirche auf den heiligen Konzilien und zuletzt auf dieser allgemeinen Versammlung gelehrt: Es gibt einen ‚Reinigungsort' (Purgatorium) und die dort festgehaltenen Seelen finden eine Hilfe in den Fürbitten der Gläubigen, vor allem aber in dem Gott wohlgefälligen Opfer des Altares." Schon in den frühchristlichen Gemeinden wurden Bittgottesdienste für die Verstorbenen abgehalten und gebetet, „daß die begangene Sünde wieder völlig ausgelöscht würde". Im Hintergrund steht der Gedanke eines Purgatoriums. Diese „Vorstellung von einem als Purgatorium gefaßten zwischenzeitlichen Gehinnom" verknüpft das Sühneleiden der Seelen mit der Vorbereitung auf das endgültige Heil. Es ist also auch drüben eine Entwicklung noch möglich. Für Tertullian, so führt Joseph Ratzinger aus, ist „die Zeit zwischen Tod und Auferstehung eine Zeit der Kerkerhaft, in der die Seele Gelegenheit erhält, ‚den letzten Heller' zu bezahlen und so für die Auferstehung frei zu werden. Der Hadesaufenthalt empfängt hier eine neue theologische Begründung, die das Interim zu einem notwendigen Purgatorium für alle macht".

Über Clemens von Alexandrien berichtet Ratzinger: „Der Alexandriner hat seine Sicht in Auseinandersetzung mit der valentinianischen Gnosis und so auch im Gespräch mit der großen philosophischen Tradition der griechischen Welt – besonders des Platonismus und Stoizismus – entworfen. Clemens deutet unsere Frage, ja die Bedeutung christlicher Existenz insgesamt unter der großen griechischen Idee der ‚Erziehung' (Paideia). In sie schmilzt er die gnostische (vorher schon griechisch-römische) Idee des postmortalen Gerichtsfeuers ein und gewinnt damit zugleich Anschluß an 1. Kor. 3, 10–15, wo gleichfalls die Vorstellung vom Gerichtsfeuer auftritt. Nach Ansicht der Valentinianer ist der Gnostiker für das Feuer unberührbar – es trifft ihn nicht, weil er die beiden Löschmittel, das Wasser der Taufe und den Geist (‚Wind'), mit sich trägt, die ihn unfehlbar schützen. Der einfache Mensch aber, der ‚Hyliker', wird von dem Feuer getroffen, das eine heilsame und eine vernichtende Funktion hat. Clemens spricht von einer ‚reinigenden' und einer ‚erziehenden' Kraft des Feuers und deutet die eher naturalistische Idee der Gnosis ins Humane und Geistige um: Der Prozeß der pneumatischen Reinigung des Menschen, seiner Entschlackung aufs Göttliche hin beginnt mit der Taufe und reicht in die Ewigkeit hinein. ... Der wahre Gnostiker macht zum Tag des Herrn jenen Tag, an dem er die schlechte Sinnesart von sich abtut und die gnostische sich zu eigen macht; dadurch ehrt er die Auferstehung des Herrn. Damit verfällt Clemens nicht der Idee der Zeitlosigkeit; er findet geradezu einen tief anthropologischen Zeitbegriff, der ihn sagen läßt, wenn für den Aufsteigenden die äußerste Stufe der pneumatischen Leiblichkeit, das ‚Pleroma', sich ereigne, dann sei die Vollendung (Synteleia) erreicht und damit der eschatologische ‚Tag Gottes', das ewige Heute. ... Deutlicher als in der westlichen Tradition wird hier, daß diese Vorstellung auf dem paulinisch-johanneischen Gedanken aufruht, wonach die eigentliche Grenze der Unterscheidung nicht zwischen irdischem Leben und Nichtleben, sondern zwischen Sein-mit-Christus und Sein ohne oder gegen ihn verläuft."

Origenes führt diese Gedanken weiter. Seine Lehre von der „Wiederbringung alles Verlorenen" wird jedoch von Johannes Crysostomus bekämpft. Dessen Autorität beeinflußte auch den Lehrstatus der Ostkirche. Bei den westlichen Theologen bahnt sich immerhin die Einsicht an: „Das Fegfeuer ist nicht eine Art von jenseitigem Konzentrationslager (wie bei Tertullian), in dem der Mensch Strafen verbüßen muß, die ihm in einer mehr oder weniger positivistischen Weise zudiktiert sind. Es ist vielmehr der von innen her notwendige Prozeß der Umwandlung des Menschen, in dem er christusfähig, gottfähig und so fähig zur Einheit mit der ganzen Communio sanctorum wird. ... Er empfängt Erbarmen, aber er muß verwandelt werden. Die Begegnung mit dem Herrn ist diese Verwandlung, das Feuer, das ihn umbrennt zu jener schlackenlosen Gestalt, die Gefäß ewiger Freude werden kann."

3. Das Kapitel über den Himmel fällt bei Ratzinger sehr knapp aus. Heben wir einige Sätze heraus: „Mit dem Bildwort Himmel, das an die natürliche Symbolkraft des ‚Oben', der Höhe anknüpft, benennt die christliche Überlieferung die endgültige Erfüllung der menschlichen Existenz durch die erfüllte Liebe, auf die der Glaube zugeht. ... Der Mensch ist im Himmel dann und in dem Maß, in dem er bei Christus ist, womit er den Ort seines Seins als Mensch im Sein Gottes findet. So ist Himmel primär eine personale Wirklichkeit, die auch immer von ihrem geschichtlichen Ursprung im österlichen Geheimnis von Tod und Auferstehung geprägt bleibt. ... Christus ist der endzeitliche Tempel (Joh. 2, 19), der Himmel das Neue Jerusalem, die Kultstätte Gottes.

Im letzten geht es immer um das eine – die reine Durchdringung des ganzen Menschen von der Fülle Gottes und seine reine Offenheit, die Gott ‚alles in allem' und so ihn selbst grenzenlos erfüllt sein läßt. ... Jeder sieht Gott auf seine Weise, jeder empfängt die Liebe des Ganzen in seiner unvertauschbaren Einzigkeit: ‚Dem Sieger werde ich von dem verborgenen Manna geben, und ich werde ihm einen weißen Stein geben, und auf dem Stein ist ein neuer Name geschrieben, den nur der kennt, der ihn empfängt' (Offb. 2, 17). ... Himmel bedeutet Teilnahme an der Existenzform Christi und so wiederum Vollendung dessen, was mit der Taufe beginnt. Der Himmel kann deshalb nicht räumlich bestimmt werden, weder außerhalb noch innerhalb unseres Raumgefüges, aber er kann auch nicht einfach als ‚Zustand' vom Zusammenhang des Kosmos abgelöst werden. Vielmehr bedeutet er jene Weltmächtigkeit, die dem neuen ‚Raum' des Leibes Christi – der Communio der Heiligen – zukommt. So ist Himmel nicht räumlich, sondern essentiell ‚oben'."

Das volle Eschaton wartet aber auf den Abschluß der Geschichte: „Der Himmel wird erst dann ganz erfüllt sein, wenn alle Glieder des Herrenleibes versammelt sind. Dieses Vollsein des Christusleibes schließt, wie wir hörten, die ‚Auferstehung des Fleisches' mit ein; es heißt ‚Parusie', sofern damit die bislang begonnene Anwesenheit Christi vollendet ist."–

Das sind ganz sicher brauchbare Gedanken. Wo aber bleibt das lebendigmachende Detail, das nicht nur die ehernen Gesetzmäßigkeiten einer Entwicklung im Jenseits expliziert, sondern mit mosaikenen Leuchtsteinen gleichsam die Bildwerdung des Ganzen geschehen läßt bis tief in unseren Seelengrund hinein? Es ist eben nicht ausreichend, mit bloßen Abstraktionen theologischer Gelehrsamkeit das unendlich weite Gebiet der transzendenten Welt nur am Rande zu erfassen. Damit allein ist niemand getröstet.

2. Die Aussagen des Herrn über die „Letzten Dinge"

In seinem „Kleinen theologischen Wörterbuch" sagt Karl Rahner: „Ein schwieriges theologisches Problem der Eschatologie ist die Dialektik zwischen der individuellen Eschatologie (Tod und individuelles Gericht, Himmel oder Hölle, bzw. Fegfeuer des einzelnen) und der allgemeinen Eschatologie (universales Gericht, ewiger Himmel, ewige Hölle). Man kann die Aussagen darüber gar nicht allein dadurch ausgleichen, daß man sie auf verschiedene Wirklichkeiten verteilt, die man wie getrennte behandelt (Seligkeit der Seele, Auferstehung des Leibes), da doch der Mensch in Leib und Seele zu einer Wirklichkeit geeint ist und alle biblischen Aussagen über ihn immer das Ganze seines Wesens treffen."

Dieser Schlußsatz des bedeutenden Theologen enthüllt das furchtbare Dilemma, in welchem sich die Eschatologie (Lehre von den Letzten Dingen) ganz allgemein befindet. Eine Schizophrenie ohnegleichen, die zwischen persönlichem Gericht und allgemeinem Gericht immer neue Probleme aufwarf und auch mit der sogenannten Seelenschlaftheorie zu keiner Lösung fand, quälte die Gemüter. So geschah es vor nicht langer Zeit, daß man allen damit zusammenhängenden Fragen ganz einfach aus dem Wege ging; man rührte nicht mehr daran. Heute aber zwingt das Aufkommen von Okkultismus, Spiritismus und Parapsychologie wieder zu neuer Auseinandersetzung mit den Letzten Dingen. Aber gerade die heikelsten Fragen, wie die Ewigkeit der Höllenstrafen, die Auferstehung des Fleisches usw., bleiben auch jetzt noch unbeantwortet, da ja die Theologen es nicht mehr gewohnt sind, auf die Stimme des Heiligen Geistes zu lauschen. Diese aber hat sich zu allen Zeiten kundgegeben durch Prophetie. Durch sie allein ist eine völlige Lichtwerdung möglich, nicht aber durch Analyse der spärlichen Bibeltexte. Hören wir also, wie der Herr selbst durch den größten der neuzeitlichen Propheten, Jakob Lorber, die Nebel lichtet!

a) Die Lehre vom Seelenschlaf

Im Großen Evangelium Johannes wird uns einmal von einem Gespräch berichtet, das in Gegenwart des Jünglings Jesus zwischen dem Nährvater des Herrn und einem griechischen Wirte stattgefunden hat. Im Anblick der lieblichen Landschaft zu ihren Füßen brach Joseph unwillkürlich in die Worte aus: „Oh, ist doch diese Erde als Erziehungsstätte der Kinder Gottes schon so schön, daß man sich nichts Herrlicheres wünschen kann; wie schön muß da erst der Himmel sein, den wir nach dem Tode dieses Leibes und der Auferstehung am Jüngsten Tage zu erwarten haben! Es liegt zwischen diesem matten Leibesleben und jener herrlichen Auferstehung vielleicht eine gar lange, leblose, finstere Nacht; aber ich betrachte die Sache so: Wenn jemand eine ganze Nacht im Leibesleben durchwachen müßte, wie lange käme sie ihm dann wohl vor? Da aber der Mensch die ganze Nacht hindurch gar süß schläft, so kommt sie ihm am Morgen oft viel zu kurz vor. Und so meine ich, daß uns am Tage der Auferstehung die lange Nacht nicht zu lang erscheinen wird. Der Herr hat ja alles so eingerichtet, daß es zum Glück und größten Heile jener Menschen gereicht, die seine Gebote halten und mit aller Zuversicht auf Ihn vertrauen" (Bd. 7, Kap. 209, 10).

Als der Grieche diesen Vorstellungen widerspruchslos zustimmte, schaltete sich Jesus ein mit den Worten: „Ja, ja, das sind wohl recht schöne und weise klingende Worte! Es war das ein recht gutes Bild; nur hat es das einzig

Fatale, daß es nicht auch also wahr ist, wie es sich recht schön und erbaulich aussprechen und anhören läßt. So Ich nun aber bei euch bin, warum fraget ihr denn nicht Mich, wie sich die Sache mit dem Leben der Seele nach dem Abfall des Leibes verhalten werde? Ich werde es doch besser wissen als ihr! Ich aber weiß nichts von einer beinahe ewig langen Todesnacht der Seele nach dem Abfalle des Leibes; sondern in dem Augenblick, in dem der schwere Leib von dir abfallen wird, wirst du dich auch schon in der Auferstehung befinden und fortleben und wirken in Ewigkeit, das heißt, wenn du als ein Gerechter vor Gott diese Welt verlassen wirst. Stirbst du aber als ein Ungerechter, so wird dann wohl eine sehr lange Nacht zwischen deinem Leibestode und deiner wahren Auferstehung folgen; aber keine dir unbewußte, sondern eine der Seele wohl bewußte. Und das wird der Seele rechter und lange währender Tod sein! Denn ein Tod, um den die Seele nicht wüßte, wäre ihr auch kein Tod; aber der Tod, dessen sie bewußt sein wird im Reiche der unlauteren Geister, wird ihr zur großen Pein und Qual werden. Sehet, also steht es damit!" (Vers 12–13).

Jesus verwirft also den unsinnigen Glauben an eine Auferweckung der Seelen nach vielen tausend Jahren an einem sogenannten Jüngsten Tag, und er bezeichnet ihn förmlich als „Irrwahn"!

b) Jüngster Tag und Jüngstes Gericht

Grundsätzlich ist es notwendig, die Begriffe „Jüngster Tag" und „Jüngstes (oder Letztes) Gericht" scharf auseinanderzuhalten. Zu seinen Jüngern und Freunden sagt Jesus: „Daß Ich mit euch noch nie von einem allgemeinen Erweckungs- und Gerichtstage gesprochen habe, werdet ihr alle wohl wissen. Wohl aber war die Rede von einem besonderen ‚jüngsten Tag', der für jeden Menschen kommt und zwar in dem Augenblick, in dem seine Seele die fleischlich-irdische Probehülle verläßt. Aber freilich wird diese Erweckung nicht jedem sofort zum ewigen Leben verhelfen" (Gr. Ev. Bd. 10, Kap. 155, 1).

Dem Nathanael insbesondere bringt Jesus zum Bewußtsein: „Wer so lebt und handelt wie du (in der göttlichen Liebeordnung), der wird erweckt werden jenseits, wie auch schon diesseits, zum ewigen Leben. Und es wird so jedermanns jüngster Tag sein, wenn er von Mir erweckt wird zum ewigen Leben, sei es schon hier oder jenseits. Bestrebe sich daher ein jeder, daß er schon hier erweckt werde; denn wer schon hier im Fleische erweckt wird, der wird den Tod des Fleisches weder sehen noch fühlen und schmecken, und seine Seele wird nicht geängstigt werden" (Gr. Ev. Bd. 1, Kap. 149, 2–3). Wie kommt es aber, daß auch Jesus gegenüber seinen Jüngern manchmal die

Rede gebraucht: „Ich werde euch auferwecken am Jüngsten Tage!"? Als der Grieche Kado daraus die Schlußfolgerung zog: „O Herr und Meister, das geschähe dann schon morgen; denn ein jeder neue Tag ist für uns ein jüngster?" antwortete ihm der Herr: „Ich meine damit keinen diesirdischen Tag, sondern einen geistigen im Jenseits. Wenn du den Leib verlassen und in das Reich der Geister eintreten wirst, dann wird das dein jüngster Tag sein, und Ich werde dich aus dem Gerichte der Materie erlösen. Dies also ist das Erwecken am ‚Jüngsten Tage' " (Gr. Ev. Bd. 8, Kap. 187, 8).

Noch deutlicher wird der Herr gegenüber einer einstigen Klostervorsteherin, die auch im Jenseits noch immer auf ihren irrigen Dogmen beharrte: „Auf deinen ‚Jüngsten Tag' wirst du vergeblich warten; denn dieser ist und dauert für alle Menschen fortwährend! Er ist für die Liebegerechten ein Tag der Auferstehung zum ewigen Leben, welches ist die vollkommene Wiedergeburt im Geiste. Er ist aber auch ein Tag des Gerichts für alle jene, die Mich nicht im Geiste und in der Wahrheit und somit in aller Liebe in sich aufnehmen wollten" (GS. Bd. 1, Kap. 64, 15).

Auch der einstige Bischof Martin muß sich von einer erleuchteten Seele im Jenseits die Aufklärung gefallen lassen: „Wohl spricht der Herr von einer Erweckung am Jüngsten Tage, der bei jedem einzelnen gleich nach seines Leibes Tode anfängt; aber von einem Gericht spricht Er nur also: Jeder hat in sich schon, was ihn richten wird, nämlich Mein Wort!" (BM. Kap. 53, 19). Unmißverständlich sagt Jesus: „Wer an Mich glaubt, Meine Lehre hört und danach tut, den werde Ich selbst auferwecken an seinem ‚jüngsten Tage', der sogleich nach dem Austritt der Seele aus ihrem irdischen Leibe erfolgen wird" (Gr. Ev. Bd. 6, Kap. 54, 11).

Wir müssen uns also abgewöhnen, von einem „Jüngsten Tag" in dem Sinne zu sprechen, als erfolge dieser im Zusammenhang mit dem sogenannten Letzten Gericht; jenem Dies irae, der für die Endzeit angekündigt ist und die ganze Menschheit treffen wird. Was wird nun aber wirklich geschehen beim eigentlichen „Jüngsten Tag"? Die Antwort Jesu lautet: „Wer Meine Lehre diesseits vollernstlich annimmt, der wird die Brücke (zur himmlischen Welt) schon im Leibe überschreiten. Wer aber auf der Erde Meine Lehre nur lau, unvollständig oder gar nicht annimmt, der wird in großer Nacht in jener Welt anlangen, und es wird ihm sehr schwer werden, diese Brücke zu finden. Den Menschen aber, die diesseits von Meiner Lehre nie etwas erfahren, werden jenseits Führer gegeben, die sie zu dieser Brücke leiten. Folgen die Unwissenden ihren himmlischen Führern, so sollen auch sie über diese Brücke zum wahren, ewigen Leben kommen. Verbleiben sie jedoch hartnäckig bei ihrer (heidnischen) Lehre, so werden sie aus ihrem Lebenswandel nach ihrer alten Lehre nur geschöpflich gerichtet und können zur Kindschaft Gottes nicht gelangen" (Gr. Ev. Bd. 1, Kap. 81, 11–12).

Wenn die katholische Kirche ein „Sondergericht" annimmt, das jede persönliche Seele sofort nach ihrem Tode zu erwarten hat, so ist sie damit auf der richtigen Spur. Sie darf aber nicht außerdem noch von einem allgemeinen Weltgericht sprechen, das es in diesem Sinne gar nicht gibt; denn „was hätte es für einen Sinn", fragt Dr. Walter Lutz im Anschluß an die Neuoffenbarung, „alle Menschen, die je auf Erden gelebt haben, zu einem bestimmten Zeitpunkte vor die Person Jesu, des allgemeinen ‚Weltenrichters', zur Aburteilung treten zu lassen? Stehen wir denn nicht täglich, ja in jedem Augenblick vor Gottes Angesicht? Haben wir nicht ständig in unseren Herzen die richtende Stimme und in unseren inneren und äußeren Verhältnissen das Gericht? (Vgl. Röm. 2, 6 ff.) Sind wir nicht schon in diesem Leben und nicht minder im jenseitigen zu jeder Stunde entweder in Gott und selig, oder fern von Gott und dadurch unselig?!

Wohl hat Jesus zu verschiedenen Gelegenheiten (besonders Matthäus 11, 27 und 25, 31) gleichnisweise von einem ‚allgemeinen Gericht' gesprochen; allein diese Stellen der Schrift beziehen sich – sofern sie überhaupt getreu überliefert sind – offensichtlich nicht auf ein jenseitiges allgemeines Gericht an einem ‚Jüngsten Tage', sondern auf die geistige Scheidung der Gottes- und der Weltmenschen bei der geistigen Wiederkunft des Herrn auf unsere Erde! Da wird es in der Tat einmal heißen für die liebetätigen Gottesmenschen: ‚Kommet her, ihr Gesegneten, ererbet das Reich, das euch bereitet ist!' – Und für die selbstischen Weltmenschen: ‚Gehet hin, ihr Verblendeten, in das ewige Feuer der Gottesferne, das bereitet ist dem Teufel und seinem Anhang!'

Die auf Daniel 12, 2 sich gründende Vorstellung der Pharisäer von einer allgemeinen Auferstehung an einem ‚Jüngsten Tage', hat der Herr selbst der Martha von Bethanien gegenüber berichtigt; denn als diese zu ihm sagte: ‚Ich weiß wohl, daß er (Lazarus) auferstehen wird in der Auferstehung am Jüngsten Tage!', da entgegnete ihr Jesus: ‚Ich bin die Auferstehung und das Leben! Wer an Mich glaubt, der wird leben, ob er gleich stürbe! Und wer da lebt und glaubt an Mich, der wird nimmermehr sterben!' (Joh. 11, 25). Damit ist deutlich gesagt, daß es einer allgemeinen Auferstehung an einem Jüngsten Tage und einer Zusprechung oder Absprechung des ewigen Lebens an einem allgemeinen Weltgerichte nicht bedarf, sondern daß einem jeden Menschen schon durch seinen Glauben (d. h. natürlich den wahren, allein gültigen, der ‚durch die Liebe tätig ist'; Gal. 5, 6) die Auferstehung und das Leben in Jesu Christo gegeben ist im Diesseits wie im Jenseits" (in „Grundfragen des Lebens").

c) Auferstehung des Fleisches

„Grob und welttümlich" (Lutz) sind auch die Vorstellungen von der Auferstehung des Fleisches. Der elfte Glaubensartikel des Apostolischen Glaubensbekenntnisses lautet: „Ich glaube an eine Auferstehung des Fleisches." Aber schon, daß man dieses Ereignis mit dem allgemeinen Weltgericht und der Wiederkunft Christi zusammenfallen läßt, ist Ursache für viele Ungereimtheiten. Nach kirchlicher Lehrverkündigung sollen ja an diesem „Jüngsten Tage", nachdem die Erde verbrannt sein wird (Thomas v. Aquin, Supplem., que. 74, art. 8) alle Menschen, die je seit Adam gelebt haben, mit ihren Leibern wieder auferstehen. Der Vorgang stellt sich folgendermaßen dar: „Engel werden mit Posaunen blasen und dann werden sich die Gräber öffnen (nachdem die Erde verbrannt ist?), die zerstreuten Bestandteile des verwesten Leibes werden sich wieder vereinigen, die Seelen werden in die neu gebildeten Leiber hineinschlüpfen und dann mit ihnen auferstehen. Wäre auch ein menschlicher Leichnam schon vor Jahrtausenden zu Asche verbrannt und die Asche in den Wind oder ins Wasser gestreut worden, oder wäre ein Mensch von einem Tiere gefressen worden – Gott wird durch seine Allmacht bewirken, daß die zerstreuten Teile wieder zusammenkommen und wieder denselben menschlichen Leib wie zu Lebzeiten bilden. Es wird so derselbe Leib, den die Seele früher hatte, wieder entstehen und die Seele sich mit ihm wieder vereinigen, damit er teilnehme an ihrem Lohn oder ihrer Strafe, wie er einst teilhatte an der Ausübung des Guten oder Bösen." (Otto Feuerstein „Die Auferstehung des Fleisches".)

Das 4. Laterankonzil formulierte: „Alle Menschen werden einst mit ihren eigenen Leibern auferstehen, welche sie jetzt in ihrem Leben haben, um zu empfangen, was sie verdient oder verschuldet haben, die einen ewige Strafe mit dem Teufel, die anderen ewige Herrlichkeit mit Christus." Das Schauspiel wurde oft von Malern dargestellt (besonders bekannt ist das riesige Wandgemälde Signorellis im Dom von Orvieto!). Sie alle hatten zumeist eine Textstelle bei Ezechiel vor Augen, wo im 37. Kapitel geschildert wird, wie die Totengebeine sich sammeln und wie Fleisch und Haut darüber wächst. Von den neu entstandenen Leibern heißt es: „Und es kam in sie der Geist und sie wurden lebendig." Offensichtlich hat man das Bild als solches gründlich mißdeutet und die Entsprechungssprache zu wörtlich genommen. Was der Prophet in Wirklichkeit meinte, sagt er selbst in Vers 11 ff.: „Alle diese Gebeine sind das Haus Israel. Siehe, ich will eure Grabhügel auftun und euch, die ihr mein Volk seid, aus euren Gräbern herausführen und euch bringen ins Land Israel. Und ich will meinen Geist in euch geben, daß ihr lebet!"

Der Sinn des Ganzen ist unmißverständlich: „Das scheinbar tote und zur

Zeit des Propheten unter alle Völker zerstreute jüdische Volk soll wieder gesammelt und belebt werden. Daraus hat man dann die Auferstehung der verwesten Leichname gemacht" (Otto Feuerstein). Eine gleichsinnige Auslegung wie dieser katholische Pfarrer gibt auch der evangelische Theologe Fritz Rienecker in seinem bekannten Buch „Das Schönste kommt noch". Da heißt es über den fraglichen Text: „Es ist nicht die Rede von toten Menschen, sondern von lebendigen Israeliten in ihrem elenden und gedrückten Zustand während der Gefangenschaft." Irreführend ist auch die Stelle im Buch Job: „Ich weiß, daß mein Erlöser lebt, und ich werde am Jüngsten Tage von der Erde auferstehen und werde wieder umgeben werden mit meiner Haut und werde in meinem Fleische meinen Gott schauen" (19, 25–26). Dazu sagt Otto Feuerstein: „Der hebräische Urtext, den die katholische Bibelübersetzung der Vulgata falsch übersetzt – wie überhaupt die Vulgata, die offizielle katholische Bibelübersetzung, an die zweitausend Übersetzungsfehler aufweist –, lautet ganz anders, nämlich: ‚Ich weiß, daß mein Erretter lebt und zuletzt auf den Kampfplatz treten wird, und ist gleich meine Haut und mein Fleisch zernagt, so werde ich doch ohne mein Fleisch Gott schauen'." Also gerade das Gegenteil ist gemeint!

Das Büchlein von Otto Feuerstein „Die Auferstehung des Fleisches" räumt auch sonst alle Mißverständnisse gründlich aus, indem es nicht nur die Fehldeutungen des kirchlichen Dogmas, sondern auch den ganzen Unsinn eines naturwissenschaftlich unmöglichen Vorgangs gebührend an den Pranger stellt. Da lesen wir zum Beispiel: „Die kirchliche Lehre bedenkt vor allem nicht, daß die Stoffe, die den menschlichen Körper zusammensetzen, durch die Verwesung in die Luft und Erde und von dort in Pflanzen und mittels dieser in Tiere und von beiden Seiten aus wieder in andere Menschenleiber gelangen. Dieselben Stoffteilchen können im Lauf der Jahrtausende so und so vielen Menschen angehört haben, die dann alle bei der Auferstehung ein Recht auf sie hätten. Selbst die göttliche Allmacht kann doch nicht das Material, das zwei oder noch mehr Körpern angehört hat, ausschließlich einem einzigen zuteilen, ohne daß dadurch die anderen Leiber unvollständig würden. Würde aber Gott durch seine Allmacht das Fehlende ergänzen, so wäre es eben nicht in allem derselbe Leib, der auferstehen würde, was doch das Dogma behauptet, sondern in manchem ein anderer.

Ferner vergißt die kirchliche Lehre ganz, daß der Mensch zu verschiedenen Zeiten einen verschiedenen Leib hat. Der Leib eines Kindes ist ein anderer als der des Jünglings, ein anderer als der des Mannes, ein anderer als der des Greises. Es ist eine wissenschaftlich allgemein anerkannte Tatsache, daß durch den Stoffwechsel mindestens alle sieben Jahre der gesamte Stoff des Leibes bis zum letzten Nervchen und Fäserchen ein ganz anderer geworden ist. Ununterbrochen werden Bestandteile des Leibes ausgeschieden und neue treten an deren Stelle. Der Körper des Zwanzigjährigen weist keinen von den Stoffteilen mehr auf, aus denen der Körper des dreizehnjährigen Knaben zusammengesetzt war. Der Mensch, der siebzig Jahre alt wird, hat tatsächlich mindestens zehn voneinander ganz verschiedene Leiber gehabt. Sollen nun bei der Auferstehung des Fleisches alle von der Kindheit an bis ins hohe Greisenalter innegehabten Leibesformen oder nur die letzte, die verweste allein, wiederbelebt werden?"

Der Apostel Paulus sagt ganz deutlich: „Das aber sage ich euch, Brüder, daß Fleisch und Blut das Reich Gottes nicht erben können und die Verwesung wird nicht die Unverweslichkeit besitzen" (1. Kor. 15, 50). Unerläßlich für das Verständnis der „Auferstehung des Fleisches" ist zunächst eine Klarstellung dessen, was mit „Leib" überhaupt gemeint ist. Öfters wird ja auch ganz allgemein das Wort „Auferstehung" für das Herausgehen und Fortleben der Seele und ihrer Ätherhülle, „sei es nun in glücklich-seligem oder unglücklich-unseligem Zustand" (Feuerstein) gebraucht. Das erstere wäre dann nach dem Bibelverständnis eine „Auferstehung der Gerechten" (Luk. 14, 14), das letztere eine „Auferstehung der Ungerechten" (Apg. 24, 15). „Wie stehen die Toten auf, in welchen Leibern?" fragt Paulus. Und er gibt die Antwort: Geradeso wie sich beim Samenkorn, das in die Erde gelegt wird und dort sterben muß, aus seinem Lebenskeim ein entsprechender Pflanzenleib herausbildet (durch eine innewohnende geistige Kraft), so ist's auch mit der Auferstehung der Toten: „Gesät wird ein sinnlicher Leib, auferweckt ein geistiger Leib" (1. Kor. 15, 35–44).

In des Wortes eigentlichster Bedeutung kann Auferstehung erst dann erfolgen, wenn der Mensch nicht nur die Wiedergeburt der Seele, sondern auch des Geistes vollzogen hat. Darüber erfahren wir von Jesus: „Durch die Wiedergeburt der Seele in ihrem Geiste ist sie mit ihm so gut wie ein Wesen, so wie auch die edleren materiellen Leibesteile einer vollkommenen Seele in den vergeistigten substantiellen Leib, den ihr das Fleisch der Seele nennen könnt, übergehen und dadurch auch in den essentiellen des Geistes, worunter zu verstehen ist die Auferstehung des Fleisches an dem jüngsten und wahren Lebenstage der Seele, der dann erfolgt, wenn ein Mensch völlig im Geiste wiedergeboren ist, entweder schon hier in diesem Leben oder etwas mühevoller und langwieriger, jenseits" (Gr. Ev. Bd. 8, Kap. 24, 13).

Aus eigener Erfahrung kann der Engel Raphael dem Römer Agrikola verdeutlichen: „Als ich als Henoch viele Jahre einen Leib bewohnte, ward ich durch die Gnade des Herrn des geistigen Lebensweges inne und ging ihn mit größter Beharrlichkeit. Dadurch geschah es in meiner letzten Erdenzeit, daß mein Geist und meine Seele eins wurden, und es ward mir die volle Macht auch über meinen irdischen Leib, so daß ich ihn plötzlich auflösen konnte" (Gr. Ev. Bd. 7, Kap. 70, 1).

Eine solche „Auferstehung des Fleisches" ist aber nur wenigen Erdenbürgern beschieden. Sie nehmen auch ihren grobmateriellen Körper in die Verwandlung mit hinein. Wie ist das möglich? Darüber sagt Jesus: „Wessen Liebe zu Mir im Erdenleben übermächtig ist, der wird dadurch schon im Leibe so verwandelt, daß sein Fleisch vom Feuer seines Geistes alsbald zersetzt, geläutert und in das Leben und Wesen des Geistes aufgenommen wird, ohne daß vorher der Leib (durch den Tod) gänzlich vom Wesen des Geistes getrennt zu werden braucht" (BM., Kap. 188, 10). Und Jesus bestätigt: „Der Mensch hat zu verschiedenen Zeiten seines Lebens einen anderen Leib; so ist zum Beispiel der Leib eines Kindes ein anderer als der eines Jünglings oder der eines Mannes oder Greises. Welcher dieser verschiedenen Leiber soll da an einem ‚Jüngsten Tag' wiedererweckt werden? Etwa gar alle? Und was soll denn mit verbrannten oder von wilden Tieren verzehrten Menschenkörpern geschehen?" (Gr. Ev. Bd. 6, Kap. 54, 5). Die Antwort lautet: „Es ist selbstverständlich, daß der irdische Leib, wenn er einmal entseelt ist, nimmerdar auferstehen und in allen seinen Teilen wieder belebt wird. Denn sonst müßten an dem gewissen ‚Jüngsten Tag' auch alle durch das ganze zeitliche Leben abgelegten Teile, wie Haare, Zähne, Nägel und dergleichen, miterweckt und -belebt werden. Welch ein lächerlichstes Aussehen müßte dann solch ein Leib haben?" (Gr. Ev. Bd. 6, Kap. 54, 4).

Wenn durch die Läuterung einer Seele schon auf Erden der edlere Teil des Fleisches mit geheiligt wird, dann kann auch der Materieleib zu einem großen Teil in die Auferstehung übernommen werden. Die gleiche „Löse" erfährt alle Materie am Ende der Zeiten. Wer sich den schon früher besprochenen Odbegriff zu eigen gemacht hat, wird diesen Vorgang voll und ganz begreifen; denn ebenso wie die Seele einen Odkörper besitzt, ist auch der Leib nichts anderes als „verdichtetes Od" (Pfarrer J. Greber), und somit eigentlich ein Stück der Seele, das sich nur in einem tieferen Gerichte befindet. Es ist das Bemühen der Seele und des Geistes, auch die grobstofflichen Körpersubstanzen möglichst ganz an sich zu ziehen. Wenn der „reinste Geist im Menschen zur Alleinherrschaft" gelangt ist, dann ist auch der physische Leib nicht mehr „eine Mördergrube der Sünde", sondern er wird zum Tempel des Heiligen Geistes, und dadurch „wird auch des Leibes Fleisch und Blut zum ewigen Leben auferstehen" (Gr. Ev. Bd. 4, Kap. 109, 5–6).

Der Geist des Menschen als das Urprinzip des Lebens hat für sich genommen nichts zu seiner Vollendung nötig; die Seele aber als die Form des Geistes muß das wieder „in sich vereinigen bis auf das letzte Atom, was ihr einst aus der Fülle Meiner sie formenden Idee gegeben ward" (Ed., Kap. 28, 5), erklärt uns der Herr. Die vergeistigten Teile des ehemaligen Erdenleibes bilden dann die Außenteile des ätherischen Seelenleibes, sozusagen seine „Umhäutung". In „Robert Blum" sagt uns der Herr: Das geläuterte Fleisch muß der Seele zu einem festen, lebendigen Kleide werden, ohne das die Seele nicht die nötige Konsistenz besitzen würde (Bd. 2. Kap. 155). Diese Wiederbringung auch des „letzten Restes" (an Seelenfunken oder Wesensteilen) zur Vervollständigung des ganzen Menschenwesens ist die eigentliche „Auferstehung des Fleisches", ohne die es keine vollkommene Seligkeit gibt. Eine solche „Komplettierung" vollzieht sich nach der Mitteilung des Herrn im allgemeinen auf der Stufe des Oberen Mittelreiches oder Paradieses im Jenseits, so sie nicht schon auf Erden stattgefunden hat.

Ohne den Erlöser wäre ein solcher Akt nicht möglich, da wir aus eigener Kraft nur wenig vermögen. Es ist darum äußerst wichtig, sich mit Christus aufs innigste zu verbinden, denn – wie es in „Robert Blum" heißt – „Christus allein ist der Mittler zwischen Gott und der Menschennatur. Durch den Tod seines Fleisches und durch sein vergossenes Blut hat er allem Fleische, das da ist die alte Sünde des Satans, den Weg gebahnt zur Auferstehung und Rückkehr zu Gott! Christus aber ist die Grundliebe in Gott, das Hauptwort alles Wortes, das da ist Fleisch geworden und dadurch geworden zum Fleische allen Fleisches und zum Blute allen Blutes. ... Kein Wesen und kein Ding kann rein werden durch sich, sondern allein durch die Verdienste Christi, die da sind die höchste Gnade und Erbarmung Gottes. Du allein vermagst nichts, alles aber vermag Christus! ... In Christus allein wohnt alle Fülle der Gottheit körperlich. Und diese Fülle ist der Vater als die reinste Gottesliebe. Diese ergreife mit deiner Liebe und sie wird dein Fleisch reinigen und erwecken!" (Bd. 2, Kap. 157, 9–10).

Einmal stellte ein Mann namens Ebal an den Herrn die Frage: „Von dem Fleischleibe, welcher der Seele hier gedient hat, wird also kein Stäubchen im Jenseits, mit der Seele vereint, zum ewigen Leben auferstehen?" Da antwortete ihm Jesus: „Als Bestandteil der durch Meinen Geist ewig lebenden Seele nicht, da diese zu einem reinen Geiste wird. Aber was ihre äußere Form und ihre Bekleidung betrifft, da werden auch die Seelenätherteile ihres diesirdischen Leibes in geistiger Reinheit mit ihr wieder vereinigt, doch von dem groben Körper nicht ein Atom; denn für diesen Leib ist bestimmt, was für alle Materie der Erde gilt, die stets so in bessere Naturgeister aufgelöst wird, wie sie ursprünglich aus minder reinen, auf unterster Gerichtsstufe stehenden Naturgeistern zusammengefügt wurde" (Gr. Ev. Bd. 10, Kap. 9, 14–15).

Noch deutlicher wird der Herr, wenn er ausführt: „Jeder reine Geist wird erst dann vollkommen, wenn er all das Seinige (Leiblich-Seelische) nach der Verwesung wieder in sich aufgenommen hat, welches Aufnehmen die sogenannte ‚Auferstehung des Fleisches' ist und den Ausspruch des Paulus rechtfertigt: ‚Ich werde in meinem Fleische Gott schauen!' " (Ed., Kap. 40, 6). Ja, „auch in den Gräbern geschehen Wunder, die von den Fleischaugen der

Erdenmenschen nicht gesehen und beobachtet werden" (BM. Kap. 188, 16)! Aber – und hier gebraucht der Herr ein Gleichnis –: „Bei zu wenig Wärme schmilzt nicht einmal das Wachs, geschweige das Erz!" (BM., Kap. 188, 14). Drastisch miterleben können wir eine solche Auferstehung im Jenseits bei dem Revolutionär Robert Blum. Hören wir die Schilderung: „Durch seine große Gottesliebe und Jesu unermeßliche Gnade wandeln sich seine bisher noch unerlösten fleischlichen Seelenkräfte in himmlische Erscheinungen. Die Sinnbilder des fleischlichen Todes verschwinden und an ihrer Stelle erheben sich mächtige Lichter zum Himmelsgewölbe. Ein Engel erscheint und gestaltet aus den erlösten Fleischeskräften ein sternenbesätes, himmlisches Gewand für Roberts Seele; sein Kleid der Unsterblichkeit" (zit. n. Dr.W.Lutz, Grundfragen des Lebens, entn. Rbl. Bd. 2, Kap. 161).

Im Anschluß an diesen Vorgang bemerkt der Herr über sich selbst: „Ich bin nicht nur der Seele und dem Geiste nach auferstanden, sondern hauptsächlich dem Leibe nach. Denn Meine Seele und Mein urewiger Gottgeist bedurften keiner Auferstehung, da es doch ganz unmöglich ist, als Gott getötet zu werden. – Wie Ich selbst also dem Leibe nach auferstanden bin als ein Sieger über allen Tod, so müsset auch ihr alle dem Leibe nach auferstehen. Denn Mich, den vollkommenen Gott, könnet ihr erst in eurem auferstandenen, geläuterten und verklärten Fleische schauen. Das Fleisch aber ist im Gericht, und dieses muß dem Fleische genommen werden, ansonst es nimmer zur Festigung der Seele dienen kann. – Wie aber ich aus Meiner höchst eigenen Kraft und Macht Mein Fleisch erweckte, so müsset auch ihr alle euch durch die Kraft Meines Geistes in euch an dieses wichtigste Werk machen und es zur Vollendung bringen. Denn wer wahrhaft Mein Kind sein will, der muß Mir in allem gleichen und alles tun, was Ich getan habe, noch tue und tun werde!" (Rbl. Bd. 2, Kap. 155, 13–14).

Wesentliche Ursache für eine „Auferstehung des Fleisches" bleiben die Werke der Nächstenliebe. Sie werden gleichsam sein „das Fleisch der Seele und sie werden mit ihr auferstehen an ihrem Jüngsten Tage als ihr ätherischer Leib". Bleibt noch die Frage zu klären: Wie ist es möglich, daß auch der verwesende Leib noch Seelenfunken freigibt für die Komplettierung im Jenseits? Dieses Geheimnis wird uns von Jesus mit den Worten aufgeschlossen: „Auch der menschliche Leib besteht aus puren Seelenpartikeln (aus gefallenen Geist- oder Urlebensfunken). Aber jene, die den Leib ausmachen, sind noch grob, arg und unlauter, weshalb sie auch noch zuvor wieder in die Erde kommen, dort verwesen und von da erst aus der Verwesung aufsteigen müssen, um sich zur Komplettierung desjenigen Wesens, dem sie einst leiblich angehörten, anzuschicken, was gewöhnlich in der dritten oder obersten Erdluftsphäre (dem Oberen Mittelreich oder Paradies) sich ergibt" (Ed., Kap. 40, 6).

Noch ein Wort über die schon bei Platon erwähnten „Friedhofseelen"! Wie uns der Herr bei Lorber bestätigt, gibt es sie tatsächlich. Sie treiben sich mit Vorliebe an ihren Gräbern herum, zum Teil, weil sie sich noch mit festen odischen Banden an den verwesenden Leichnam gebunden fühlen, zum Teil aber auch, weil sie noch in der falschen Vorstellung der kirchlichen Lehre von einer Auferstehung des Leibes am Jüngsten Tag gefangen sind. Gewöhnlich sind es sehr ungeläuterte Geister, von denen der Herr sagt: „Seelen, deren Herz sehr stark an der Welt gehangen ist, hängen nach dem Hinscheiden noch gar lange an der materiellen Erde und namentlich gerne an dem Orte, wo ihr Leib verwest. Manche verweilen so lange in den Friedhöfen über den Gräbern ihrer Leiber, bis nicht ein Atom mehr von ihrem Leibe durch den Akt der Verwesung übrigbleibt. Da die Seele nach dem Tode immerwährend mit ihrem freien Geiste vereint bleibt, dessen vollkommenen Leib sie eigentlich selbst ausmacht, so wird auch in Hinsicht der ewig zu achtenden Freiheit des Willens diesen Wesen durchaus kein Zwang angetan, sondern sie werden von Zeit zu Zeit belehrt, können aber im übrigen tun, was sie wollen, geradeso, als wenn sie noch leiblich auf der Erde lebten" („Naturzeugnisse", S. 98).

Es gibt mehrere Beispiele, besonders im Alten Testament, daß Menschen entweder schon zu Lebzeiten die völlige Verwandlung und Vergeistigung ihres physischen Körpers erreichten (mit einer nachfolgenden „Himmelfahrt") oder doch wenigstens sehr bald nach ihrem Leibestode. Voraussetzung ist, daß der Betreffende alles Selbstische in seinem Wesen überwunden und in Liebe und Demut umgewandelt hat. „Dadurch wird", nach den Worten des Herrn, „auch der edlere Teil des Leibes mit geheiligt und nahezu alles Fleisch erreicht mit der Seele und dem mit ihr vereinigten Geiste eine Art Verklärung und Auferstehung und bildet dann für ewig ein mit Seele und Geist völlig vereintes Wesen. Allein, das erreichen auf Erden nur höchst wenige – aber kurz nach dem Leibestode recht viele" (Gr. Ev. Bd. 5, Kap. 184, 8).

d) *Wiedereinzeugung im Fleische*

Das Gegenstück zur „Auferstehung des Fleisches" ist die Wiedereinzeugung einer Seele auf Erden. Es wurde bereits ausführlich darüber berichtet; doch stellt sich noch die spezielle Frage: Welche Voraussetzungen müssen bestehen, daß eine solche Reinkarnation auch sinnvoll erscheint? Wo noch das Karmaprinzip festgehalten wird, wie in den östlichen Religionen, und zwar auf der Grundlage ethischer Selbsterlösung, mag Reinkarnation noch immer sehr häufig sein. Der Christ aber, der sich in lebendigem Glauben mit dem

Mittler Jesus verbindet und dadurch der Gnade teilhaftig wird, unterliegt nicht mehr dem Karmagesetz. Für ihn gilt, was der Erlöser verheißen hat: „Ich werde sie alle an mich ziehen!" Vielleicht aber sind die bloßen Namenschristen den Heiden gleichzustellen. Ihre Entwicklung verläuft dann in jenen Bahnen, die der Herr mit den Worten kennzeichnet: „Ist die Besserung einer verdorbenen Seele im jenseitigen Mittelreich bis zu einem gewissen Grade erfolgt, über den es mangels höherer Befähigung nicht hinausgeht, so kann solch eine Seele in eine bloß geschöpfliche Beseligung in der geistigen Sphäre irgendeines anderen Weltkörpers übergehen oder aber auch, wenn sie es will, noch einmal ins Fleisch dieser Erde treten, auf welchem Wege sie höhere Befähigungen erwerben und mit deren Hilfe sogar die Gotteskindschaft erreichen kann" (Gr. Ev. Bd. 6, Kap. 61, 4).

Wir erfahren hier etwas, das wie eine Bestätigung dessen klingt, was von östlichen Religionen, aber auch von Theosophen, immer wieder behauptet wird: das geistige Kapital, das heißt die sittlich-moralische Kraft eines Menschen kann an einem bestimmten Punkt der Entwicklung im Jenseits mit einem Mal verbraucht sein! Dann entsteht von selbst die Notwendigkeit, oder auch der persönliche Wunsch, noch einmal auf die Erde zurückzukehren. Tatsächlich bietet die Erde die allerbesten Möglichkeiten zur weiteren Ausreifung. Alle Gegensätze treffen hier aufeinander, das Gute wie das Böse, das Leidvolle wie das Freudvolle. Als „Hochschule der Kinder Gottes" wird sie darum vom Herrn bezeichnet. Eine nicht bestandene Prüfung kann hier noch einmal nachgeholt werden, bis jener Reifegrad erreicht ist, der eine abermalige Reinkarnation überflüssig macht. Der Vorteil einer Wiedereinzeugung im Fleische kommt vor allem jenen Seelen zugute, die im Erdenleben tief gefallen sind und jenseits in der Hölle schmachten müssen. Von ihnen sagt der Herr: „Sollte eine Seele im Jenseits wegen zu großer Verstocktheit völlig vom Gegenpol verschlungen werden, so wird sie nach langen Zeiten es sich gefallen lassen müssen, entweder auf dieser Erde oder auf einer anderen Welt, deren es ja zahllos viele gibt, eine abermalige Fleischlebensprobe durchzumachen, ohne zu wissen oder auch nur zu ahnen, daß sie schon eine solche durchgemacht hat" (Gr. Ev. Bd. 5, Kap. 232, 2). Reinkarnierte Seelen mag es viele auf unserem Planeten geben. Einmal stellte der Apostel Petrus an den Herrn die Frage: „Was wird mit jenen Menschen geschehen, die vor dieser Deiner Herniederkunft gelebt haben? Können auch sie noch zu einer wahren Lebensvollendung gelangen, und wie?" Darauf erwiderte Jesus: „Ich habe nun die Tore zum Leben nicht nur für die auf der Erde Lebenden geöffnet, sondern auch für alle, die schon lange hinübergegangen sind. Und viele der alten Sünder werden noch eine neue, kurze Fleischlebensprobe durchzumachen bekommen" (Gr. Ev. Bd. 6, Kap. 65, 1–2).

Eine mehrmalige Reinkarnation, wie sie zum Beispiel auch von Goethe geglaubt wurde, scheint gar nicht so selten. So sagt der Herr einmal in dem Lorberwerk „Himmelsgaben" (Bd. 2, S. 446): „Es leben Menschen auf dieser Erde bereits das siebente Mal, und es geht ihnen nun besser. Sie werden aber noch einige Weltkörper mit einem leichten leiblichen Überwurf durchzumachen haben, bis sie in eine rein geistige Sphäre des unteren Paradieses aufgenommen werden, auf der es noch viele Stufen gibt bis in das innere, wahre Himmelreich, in welchem die Liebe des Vaters, das Licht des Sohnes und die Kraft des Heiligen Geistes walten und jeden Geist durch und durch beleben." Die beinahe astronomisch hohen Zahlen von Wiedergeburten, wie sie östliche Religionen manchmal nennen, sind also weit übertrieben! Immerhin mögen sie für den rein kosmischen Weg eine gewisse Gültigkeit besitzen; denn auf anderen Weltkörpern gibt es ja endlose Stufen der Entwicklung. Dem „Rad der Wiedergeburten" entrinnen nach östlicher Auffassung nur jene, die eine bestimmte Höhe geistiger Reife erlangt haben, wie die sogenannten Bodhisattvas. Alle echten indischen Mystiker, wie zum Beispiel Ramakrishna oder Shri Maharshi vom Arunachala, distanzierten sich jedoch von der offiziellen Karmalehre und wußten um die erlösende Kraft der Gnade. (Sehr vergleichbar ist ja ihre Erlösergestalt Krishna mit unserem Christus!)

Eine freiwillige Wiedereinzeugung im Fleische nehmen manchmal Seelen auf sich, die sich schon auf hohen Stufen des Jenseits befinden. Sie mögen ehedem Engel Gottes gewesen sein, die schon auf Erden die Lebensschule der „Kinder Gottes" durchgemacht haben und sich dennoch aufs neue inkarnieren; manchmal zwei-, dreimal und mehr wie der Erzengel Michael. Sie alle haben den unwiderstehlichen Drang, für den Herrn dazusein und ihren Teil beizutragen an der Wiederbringung alles Verlorenen. Das können sie aber am besten auf Erden. In dem der Neuoffenbarung nahestehenden Buch von Friedrich Härdle „Diesseits und jenseits der Scheidewand" (Selbstverlag, Karlsruhe) gibt uns ein Jenseitiger kund: „Wiederverkörperung braucht nicht immer die Folge sündhaften Lebenswandels zu sein. Sie kann auch der verständliche Wunsch eines hohen reinen Geistes sein, der dienen und mithelfen will am Werden des Reiches Gottes auf Erden. ... In der Regel aber hegen die Jenseitigen nicht den Wunsch, noch einmal zur Erde herabzusteigen." Aus alledem geht hervor, daß die eigentlichen Ursachen der Wiedereinzeugung im Fleische ganz verschiedener Natur sein können und wir uns vor falschen Schlüssen hüten müssen.

Oft machen Hellseher die Wahrnehmung, daß unerlöste Geister in Tiergestalt erscheinen. So mag es auch oft genug den Sensitiven primitiver Völkerschaften ergangen sein; sie zogen daraus aber den falschen Schluß, daß der Mensch wieder auf die Stufe des Tieres zurücksinken könne. Diese Lehre verwirft Jesus gänzlich mit den Worten: „Es ist irrig zu glauben, daß die Menschenseelen wieder in das Tierreich zurückkehren. Wohl sammeln sich nach und nach in der gefesteten Ordnung Gottes die Seelenfunken aus dem Mineral-, Pflanzen- und Tierreich und bilden sich da zur Menschenseele empor, aber rückwärts ins Tierreich wandert keine noch so unvollendete Menschenseele, außer im jenseitigen Mittelreich der (flüchtigen) Erscheinlichkeit nach zu ihrer Demütigung und Besserung" (Gr. Ev. Bd. 6, Kap. 61, 3–4).

e) Ewigkeit der Höllenstrafen

Es gibt mehrere Stellen in der Bibel, die dazu verleiten könnten, eine Ewigkeit der Höllenstrafen anzunehmen. Aber schon der Ausdruck „ewig", wo immer er in diesem Zusammenhang gebraucht wird, hat im griechischen Urtext eine andere Bedeutung, als wie wir ihn verstehen. Es wurde schon einmal darauf hingewiesen, daß das von Hieronymus in seiner Vulgata übersetzte griechische Wort „aiónios" nicht einen unbegrenzten, sondern nur einen „lang dauernden" Zeitraum ausdrückt. Hieronymus selbst erklärte in seinem Kommentar an die Epheser (16): „Im Zeitpunkt der allumfassenden Wiedergutmachung, wenn der wahre Arzt Jesus Christus kommen wird, um den heute geteilten und zerrissenen Körper der Kirche zu heilen, wird ein jeder wieder seinen Platz einnehmen und zu dem zurückkehren, was er ursprünglich war. ... Der abtrünnige Engel wird in seinen ursprünglichen Zustand zurückkehren und der Mensch in das Paradies, aus welchem er verbannt war, wieder eintreten."
Hieronymus war ein großer Origenes-Verehrer. Und gerade bei Origenes (ca. 250 n. Chr.) wird es ganz deutlich, daß das griechische Wort aiónios im Zusammenhang zu sehen ist mit der stoischen Lehre von den kosmischen Zyklen. Giovanno Papini sagt darüber in seinem berühmten Buch „Der Teufel": „Demzufolge bedeutet dieses Wort – und das ergibt sich auch aus der älteren Auslegung, die es auf die Dauer des menschlichen Lebens bezieht – keinesfalls einen absoluten und metaphysischen Begriff der Ewigkeit, das heißt einer Ewigkeit, die per definitionem zeitlos ist. Das Feuer wird also nur so lange brennen, als das existiert, was der heilige Paulus ‚die Gestalt dieser Welt' nennt; es wird immer brennen, solange die gegenwärtige reale Welt bestehen wird. Wenn aber nach dem Ende der Zeit ein neuer Himmel und eine neue Erde kommen und die Zeit überhaupt ein Ende haben wird, dann wird auch die Hölle verschwinden müssen. Die Hölle hat also zwar eine immerwährende Dauer, aber im streng irdisch-zeitlichen Sinn, das heißt, auf einer niedrigen Ebene und himmelweit verschieden von der Ewigkeit."

Selbst die heutigen Theologen sind so einsichtig geworden, das griechische Wort aiónios nicht mehr einfach mit „ewig" zu übersetzen. Im „Begriffslexikon zum Neuen Testament" (1971, Bd. II, S. 1459) steht die Formulierung: „Lange Zeit, lange Zeitdauer, womit sowohl eine genau begrenzte als auch eine unbegrenzte Zeit gemeint sein kann . . .." Wenn also Origenes die „Wiederbringung alles Verlorenen" (Apokatastasis ton hapanton) predigt, geht er von der Tatsache aus, daß die Höllenstrafen zeitlich begrenzt sind; sogar für den Verursacher allen Übels, für Luzifer selbst, was auch Hieronymus annahm. Auch ihm, als dem eigentlichen „Verlorenen Sohn", wie der Herr ihn bei Lorber nennt, steht das Herz Gottes jederzeit offen, was eine Heimkehrmöglichkeit nicht ausschließt.

Im Rahmen der gesamten Heilsgeschichte gesehen stand „am Anbeginn der Zeit", wie Papini die Lehre des Origenes zusammenfaßt, „die Ausatmung Gottes – die Erschaffung der Welt –; aber mit der Menschwerdung begann die Einatmung, das heißt, eine Rückkehr von der Tiefe zur Höhe, von der Materie zum Geist, vom unvergänglichen Bösen zum ewigen Guten". Von den gefallenen Engeln, den Dämonen, sagt Origenes: „Die einen werden früher, die anderen nach langen und harten Qualen in die Schar der Engel zurückkehren; dann werden sie sich in höhere Grade erheben und die unsichtbaren und ewigen Regionen erreichen" (De Principiis I 6, 3). Nicht nur die Katechetenschule von Alexandrien, zuallererst Clemens (in Strom. VII 16, 102 u. VI 6, 46), sondern auch eine große Zahl namhafter Kirchenlehrer vertreten in frühchristlicher Zeit die Wiederheimholungslehre (Allversöhnungslehre) und damit die Begrenztheit der Höllenstrafen. Zu nennen wären vor allem Cyprian (in Ep. 55, 20), Hilarius (in Ps. 57, 5), Ambrosius (in Ps. 36, 26), Gregor von Nyssa (in Discorso catechetico XXVI 5, 9), Didymus, Diodorus von Mopsuetia, u. a. Auch Petrus Chrysologus, Bischof von Ravenna (gest. 450), lehnte die ewige Verdammnis mit den Worten ab: „Die einmal zur Hölle Verurteilten könnten nimmermehr zur Ruhe der Heiligen gelangen, würden sie nicht, durch die Gnade Christi bereits erlöst, durch die Fürbitten der Gläubigen von dem Ort der Verzweiflung befreit, so daß, was das Strafurteil ihnen verweigert, die Kirche (das Gebet der Gläubigen) ihnen erwirkt, indem sie Gnade spendet" (in seiner Schrift „Über den reichen Mann und den armen Lazarus").

Leider wurde die Lehre des Origenes von der „Allversöhnung" (Apokatastasis) im sechsten Jahrhundert kirchlicherseits verworfen. Eine bisher zumeist abgelehnte „ewige Verdammnis" trat an ihre Stelle. Darüber heißt es im „Lexikon für Theologie und Kirche" (Bd. V, S. 446): „Die ewige Dauer der Höllenstrafen wurde als Endpunkt eines langen Ringens im Jahre 543 in C 9 der Canones adv. Origenes festgestellt" (Denz. 211) und „Der Schlußpunkt unter diesen Versuch (die Lehre von der Apokatastasis des Origenes, dargestellt in ‚De Princ. I 6, 1 u. 3',) wurde unter Justinian im Zuge der allgemeinen Eliminierung des Origenismus gezogen." Es ist offensichtlich, daß hinter diesen Entscheidungen vor allem die Autorität des hl. Augustinus stand. In seinem „Handbüchlein" hatte sich dieser für eine Ewigkeit der Höllenstrafen ausgesprochen. Damit war auch die Lehre von der Apokatastasis in ihrer großen Schau unmöglich geworden. Augustinus leistete sich außerdem eine erschreckende These über das Schicksal der ungetauft verstorbenen Kinder. Er läßt sie den ewigen Höllenstrafen ausgesetzt sein, so gut wie jenen Teil der Menschheit, der von vorneherein durch Prädestination nach dem Willen Gottes für die Hölle bestimmt ist. Im Konzil von Florenz (1438-1445) folgt die Kirche wenigstens teilweise seinen Ansichten mit der Bestimmung, daß „niemand außerhalb der katholischen Kirche, weder Heide noch Jude, noch Ungläubiger (Islam) oder ein von der Einheit der Kirche Getrennter des ewigen Lebens teilhaftig wird, vielmehr dem ewigen Feuer verfällt" (Denz. 714, u. Neunes-Roos-Rahner S. 530).

Vielleicht mußte erst die Zeit der Aufklärung, bei allem Schaden, den sie sonst am metaphysischen Weltbild angerichtet hat, den Weg frei machen für eine gesunde Kritik an so absurden Lehren. Aber erst das Zweite Vatikanische Konzil in den sechziger Jahren unseres Jahrhunderts distanzierte sich unter dem Druck der Weltmeinung von früheren Formulierungen. Die Augustinische Lehre von der ewigen Verdammnis ungetauft verstorbener Kinder wurde allerdings schon frühzeitig fallengelassen. Man lehrte statt dessen, daß diese Kinder in die sogenannte Vorhölle kommen, wo sie keinen direkten Leiden ausgesetzt sind, aber auch nicht in den Himmel gelangen können. Viel tröstlicher lautet da die Neuoffenbarungslehre, die eine Weiterentwicklung früh verstorbener Kinder im Jenseits durch Aufnahme in das sogenannte Kinderreich (im geistigen Teil unserer Sonne) möglich macht. Nicht korrigiert wurde bis heute die Lehre von der Ewigkeit der Höllenstrafen. Im „Kleinen theologischen Wörterbuch" von Karl Rahner ist zu lesen, daß nach kirchlicher Lehre „die Strafe sogleich nach dem Tod (also nicht erst beim Gericht) eintrete (D 531) und daß sie ewig dauere (D 211). ... Das Dogma von der Hölle besagt somit: das Leben des Menschen ist von der realen Möglichkeit ewigen Scheiterns bedroht, die darin gegeben ist, daß er frei über sich verfügen und sich so frei Gott verweigern kann. Diese Möglichkeit des Menschen spricht Jesus direkt aus, wenn er vor den Folgen des eigensinnigen und eigenmächtigen Sichselbstverschließens (dem Fehlen der Liebe, nach der gerichtet wird) in Bildern, die der damaligen Zeit geläufig waren, warnt. Er verkündet den Ernst der gegenwärtigen Situation und die Bedeutung der menschlichen Geschichte, deren Ertrag als vom Menschen gültig gewirkt angesehen wird. Er weist damit jeden Leichtsinn (siehe Apokatastasis!) und jede Oberflächlichkeit in der Beurteilung des Verhältnisses

zwischen Mensch und Gott ab und betont damit gleichsam negativ die ins Eigene und Freie setzende und doch restlose Liebe Gottes."
Karl Rahner hat immerhin ein anderes Gottesbild vor Augen als so manche katholischen Theologen, die offenbar noch nicht begriffen haben, daß Gott pur und in allem die reinste Liebe ist. So schreibt Josef Staudinger zur Begründung der ewigen Verdammnis: „Von der verzehrenden Glut des göttlichen Hasses können wir uns keinen Begriff machen." Diese extreme Formulierung einschränkend, sich aber dabei selbst widersprechend, behauptet er außerdem: „Ja, selbst die Liebe und Barmherzigkeit Gottes fordert, so sonderbar dies klingen mag, die ewige Hölle" und „Eine zeitliche Belohnung oder Strafe allein wäre unwirksam; daher muß die göttliche Sanktion im Ewigen liegen" (in „Das Jenseits als Schicksalsfrage", Einsiedeln 1950). Wir stoßen bei diesen Aussagen wieder auf die pädagogische Zielsetzung des Höllendogmas, wie sie bereits Hieronymus vertrat. Wie falsch dieses Denken aber ist, und wie es gerade das Gegenteil bewirkt von Gesinnungswandel, erläutert uns das schon einmal zitierte Zwiegespräch zwischen einem Pharisäer und dem Herrn im Großen Evangelium Johannes. Der Pharisäer äußert da die Ansicht: „Würde man den Menschen verkünden, daß am Ende auch noch aus der Hölle eine Erlösung möglich ist, dann würde es noch mehr Übeltäter auf der Erde geben." Ihm antwortete Jesus: „Wenn du glaubst, daß entweder die Hölle oder der Himmel als Beweggründe dienen sollen, durch welche die Menschen vom Bösen abgehalten und zum Guten hingeleitet werden sollen, so bist du noch von einem ganz grundfalschen Glauben erfüllt. Denn der ganz schlechte Mensch lacht nur über deine Hölle und über deinen Himmel, und der ganz Gute ist auch gut ohne deine Hölle und deinen Himmel. ... Es ist also schon im Anfang von den Menschen schlecht gehandelt gewesen, daß die Alten ihren Kindern die Hölle so heiß wie möglich machten. Die weitere Folge davon aber ist die nunmalige beinahe gänzliche Gottlosigkeit unter den Menschen."
Ganz sicher haben jüdische Vorstellungen von der Hölle die christlichen mitgeprägt. Wurde doch bei den jüdischen Priestern, ähnlich wie bei Augustinus, der Großteil des Volkes als „massa perditionis" bezeichnet, hebräisch „Am-haarez", das heißt, vom Himmelreich Ausgeschlossene. Erhärtet wurde die Lehre von der ewigen Verdammnis durch Thomas von Aquin. Auch dessen erdrückende Autorität ließ es lange Zeit nicht mehr zu, daß daneben noch andere Meinungen Fuß fassen konnten. Erst nach der Kirchenspaltung wagte es der Reformator Martin Luther zu sagen, „die Hölle bleibe nicht Hölle, wenn man darinnen riefe und zu Gott schreie". (Zitiert bei Th. u. G. Sartory, „In der Hölle brennt kein Feuer".) Heute sind es zahlreiche evangelische Theologen, welche die Apokatastasis befürworten, wie Paul Althaus, Emil Brunner und Karl Barth.

Ein möglicherweise sehr langes, ja Äonen von Zeiträumen andauerndes Verbleiben einer Seele im Tartarus (Hölle) wird auch vom Herrn bei J. Lorber nicht ausgeschlossen. Was in diesem Falle geschieht, wird uns im Großen Evangelium mit den Worten erläutert: „Die Seelen der Erzbösen werden, wenigstens zum größten Teil, in die ‚substantiellen‘, psychoätherischen Urkraftatome aufgelöst, und es bleibt dabei von der eigentlichen Seele nach dem Abfall des Fleisches nichts übrig als etwa ein oder der andere lichtund oft nahezu völlig leblose, tierskelettartige Grundtypus, der mit dem Wesen eines Menschen keine leiseste Ähnlichkeit hat. Eine solche Seele ist dann in einem Zustand, den die mit dem geistigen Sehvermögen ausgestatteten Urerzväter She̱oul a (Hölle = Durst nach Leben) nannten und damit auch sehr wahr und richtig bezeichneten. ... Es ist das der Seele Tod, die ein Geist ist oder werden soll. ... Für euch undenkliche Zeiträume werden verstreichen müssen, bis solch eine in alle Materie sich versenkt habende Seele zu einem menschlichen Wesen wird. Und wie lange wird es gehen, bis aus solch einer Seele erst völlig ein Mensch wird?" (Bd. 5, Kap. 71, 6-9). Nicht gleichzusetzen ist diese Art von Tod mit der gänzlichen Vernichtung, an welche manche Sekten glauben. Die Schwierigkeit, eine Seele aus dem völligen geistigen Tode wieder zu erwecken, scheint riesengroß; doch der Herr macht seinen Jüngern bewußt: „Bei einem Teufel ist alles grund- und erzböse. ... Wenn ein Teufel von innen heraus einer guten Reue fähig wäre, so wäre er kein Teufel und befände sich nicht in der Hölle. Es kann darum ein Teufel von innen her, als aus sich heraus, ewig nie gebessert werden; wohl aber ist das noch nach undenkbar langen Zeitläufen durch fremde Einwirkung von außen her möglich. ... Vieles erscheint selbst den weisesten Menschen unmöglich, was bei Gott in seiner Liebe dennoch alles möglich ist. Glaubt ihr Mir dieses?" (Gr. Ev. Bd. 6, Kap. 242, 14).
Grundsätzlich sagt Jesus von der Ewigkeit der Höllenstrafen: „Da Ich selbst das ewige Leben bin, so kann ich doch nie Wesen für den ewigen Tod erschaffen haben! Es steht wohl geschrieben von einem ewigen Tod und einem ewigen Gericht. Dieses Gericht geht hervor aus Meiner ewig unwandelbaren Ordnung und ist das ‚Zorn- und Eiferfeuer Meines Willens‘, der für ewig unwandelbar verbleiben muß, ansonst es mit allem Geschaffenen völlig aus wäre! – Es muß also der Geschaffenen wegen ein ewiges Gericht, ein ewiges Feuer und einen ewigen Tod geben. Aber das hat nicht zur Folge, daß ein im Gericht gefangener Geist so lange gefangen bleiben muß, wie dieses Gericht an und für sich dauern kann, so wenig wie auf Erden die Gefangenen auf die ganze mögliche Dauer ihres festen Gefängnisses verurteilt werden können. Sind denn nicht ‚Gefängnis‘ und ‚Gefangenschaft‘ zweierlei? – Das Laster als Unordnung oder Widerordnung ist wahrlich auf ewig verdammt, jedoch der Lasterhafte nur so lange, wie er sich im Laster befindet. Also gibt

es in Wahrheit eine ewige Hölle, aber keinen Geist, der seiner Laster wegen ewig zur Hölle verdammt wäre, sondern nur bis zu seiner Besserung" (Rbl. Bd. 2, Kap. 226, 7, 9-12).

Beachtenswert sind auch die Worte Jesu gegenüber einem jüdischen Schriftgelehrten, der es nicht für ratsam hält, von der möglichen Erlösung eines Sünders aus der Hölle zu sprechen: „Gibt es wohl einen Vater von nur einiger Liebe zu seinen Kindern, der ein Kind, das gegen sein Gebot einen Fehler beging, auf lebenslänglich in einen Kerker stieße und es da noch züchtigen lassen möchte alle Tage, solange es lebt?! Wenn aber das ein irdischer Vater nicht tut, um wieviel weniger wird das der Vater im Himmel tun, der die ewige, reinste Liebe und Güte ist!" (Gr. Ev. Bd. 6, Kap. 243, 9).

Aus dem Munde eines sogenannten Ältesten in einer fernen Zentralsonne bekommen wir zu hören: „Solches wissen auch wir von Gottes Engeln, daß der Herr eher eine ganze Schöpfung zerstören würde, ehe Er ein Kind vollkommen verloren gäbe!" (GS. Bd. 2, Kap. 17, 14).

Sogar der Apostel Petrus weist einmal im Jenseits einen verstockten kirchlichen Würdenträger mit den Worten zurecht: „Wenn der Herr selbst von sich aussagt, daß Er nicht gekommen sei, um die Welt zu richten, sondern selig zu machen alle, die durch den Glauben an Ihn selig werden wollen, woher habt denn ihr euch das Recht genommen, eure schwachen Brüder zu richten und für ewig in die Hölle zu verdammen?!" (Rbl. Bd. 2, Kap. 232, 12). Auf eine unumstößliche Tatsache allerdings weist auch der Herr mit Nachdruck hin: „Die Kluft zwischen Himmel und Hölle bedeutet den nie übersteigbaren Unterschied zwischen Meiner freiesten Ordnung in den Himmeln und der ihr in allem äußerst widerstrebenden Unordnung in der Hölle. Dieser Bibeltext (in Meinem Gleichnis vom reichen Mann und vom armen Lazarus) bezeichnet also nur die Unvereinbarkeit der Ordnung und der Unordnung, nicht aber eine ewige Torsperre für denjenigen, der sich in der Unordnung befindet" (Rbl. Bd. 2, Kap. 227, 2).

Da die Hölle genauso wie der Himmel einen inneren Zustand ausdrückt, ist es niemals Gott selbst, der eine Seele verdammt, sondern der Sünder verdammt sich selbst. Aus diesem Grunde kann Hans Carossa die Verszeile formen: „Niemanden wagen wir mehr zu nennen, der verworfen wäre, auch den Weltzerstörer nicht." Auf die bange Frage eines römischen Oberrichters: „O Herr und Meister allen Seins und Lebens, wird es denn mit solch einer (verdammten) Seele ewig nimmer besser werden? Wird sie nimmerdar zum Lichte kommen?" erwidert der Herr: „Bei Gott sind alle Dinge möglich, wenn sie dem Menschen noch so unmöglich vorkommen. Doch das Wie und Wann wirst du erst dann einsehen, wenn es dir Mein Geist der ewigen Liebe und Wahrheit in deiner Seele verkünden wird" (Gr. Ev. Bd. 9, Kap. 169, 25f.). Ergänzend hören wir an einer anderen Stelle: „Was dereinst mit den in

Gottes Feindschaft verharrenden Verdammten nach der Wiederbringung aller Dinge geschehen wird, ist niemandem zu wissen gestattet. Solches weiß auch der höchste Engel nicht. Nur die Gottheit des ewigen Vaters in ihrer Heiligkeit sieht vorher die Schicksale aller Kreatur durch alle Ewigkeiten der Ewigkeiten; jeder nach dem heiligen Willen Gottes Erleuchtete in dieser überaus geheimnisvollen Sache aber erst in künftigen Zeiten!" (Hi. Bd. 2, S. 18).

Wie nun aber steht es mit den Bibelstellen, aus denen unwiderleglich eine Ewigkeit der Höllenstrafen hervorzugehen scheint? Zunächst äußert sich Jesus darüber im Großen Evangelium (Bd. 5, Kap. 272, 11) gegenüber seinen Jüngern mit den Worten: „Ich sage es dir und euch allen, daß jenseits sich alles anders verhält, als es in Bildern der Schrift dargestellt ist." Da Geistiges immer nur in Entsprechungen verdeutlicht werden kann, sind selbst die Höllenschilderungen bei Lorber nach des Herrn eigenen Worten „nur ein Schattenriß der Wahrheit, aber genau durchdacht" (Pr. 99). Die Sprache der Analogien findet sich erst recht in der Bibel wieder. Darüber sagt Jesus: „Ich schilderte ihnen (dem Volke) die Folgen der Nichtbeachtung Meiner Lehre mit den Ausdrücken ‚ins Feuer werfen' und ‚ewige Finsternis', was gleichbedeutend ist mit geistig peinigenden Vorwürfen und einem vernachlässigten Herzen." Nicht wörtlich zu nehmen ist auch das Bibelwort: „Weichet von mir, ihr Verfluchten!" Der Herr erläutert diese Stelle so: „Es fragt sich, wer sie denn verflucht hat; die Gottheit unmöglich! . . . Durch wen aber dann? Es kann niemand als nur durch sich selbst gerichtet werden. Es kann sich ein freies Wesen nur selbst ‚verfluchen', das heißt gänzlich von der Gottheit absondern" (Rbl. Bd. 1, Kap. 29, 3 u. 5).

Ihren vollen Ernst behält die Hölle auch bei J. Lorber. Wir erschaudern, wenn wir in dem Jenseitswerk „Robert Blum" den Herrn sagen hören: „Wer wegen Verkehrtheit seiner Liebe in einem ersten oder zweiten Grade der Hölle sich befindet, der kann nach vielen allerbittersten Erfahrungen wieder das werden, was er ursprünglich war. Sein Bewußtsein wird ihm belassen und seine Erinnerung bleibt ihm und er kann zur Vollendung gelangen. Aber so der Mensch durch die Mir allerunerträglichste Lauheit weder kalt noch warm ist, sich um nichts kümmert, weder um etwas Gutes noch um etwas Böses, oder es ist ihm das eine wie das andere so, daß er auf der einen Seite ganz kaltblütig die größten Greuel und so auch manchmal etwas Gutes ausüben kann – dem also gleich ist Gott oder Teufel, Tag oder Nacht, Leben oder Tod, Wahrheit oder Lüge –, der ist dem eigentlichen ewigen Tode verfallen und befindet sich so ganz eigentlich in der alleruntersten Hölle, aus der in ein und derselben Urwesenheit kein Herauskommen mehr denkbar ist. Der Grund solch eines Zustandes ist der allerkonzentrierteste Hochmut, der alle Grade der Selbstsucht und Eigenliebe durchgemacht hat und sich in solch hochgradiger Verdichtung gewisserart selbst erdrückt und so um das Urleben des Geistes gebracht hat. Und eben darin besteht der eigentliche ewige Tod, welcher das Schlimmste alles Schlimmen ist, weil da das eigentliche Sein ein völliges Ende nimmt. Solch eine Seele ist dann gänzlich verdorben. Ihre erste Gesamtheit muß durch des (göttlichen Geist-) Feuers Gewalt in ihre einzelnen Spezifikalpotenzen (Urlebensfunken) aufgelöst und darauf, mit ganz neuen gemengt, auf langen Wegen durch die Pflanzen- und Tierwelt eines anderen Planeten in einem ganz fremden Sonnengebiete in eine höchst untergeordnete Form eines Menschen übertragen werden" (Rbl. Bd. 2, Kap. 294, 4-7). – Dieser Zustand als Auflösung des Seelengewebes mag in etwa dem gleichkommen, was der evangelische Theologe Friedrich Heiler meinte mit dem selbstgeprägten Ausdruck „Vernichtigung" anstelle des Wortes „Vernichtung".

Jenseitskunde

1. Das Zeugnis der Antike vom Jenseits und Dantes „Göttliche Komödie"

Bereits im griechisch-römischen Altertum gab es eine Zeit, in der, ebenso wie heute, Literatur über das Jenseits geradezu in Mode war. Zunächst waren es die Einweihungserlebnisse an den Mysterienstätten, die allgemeine Neugierde erweckten, obwohl sie unter dem Siegel der Verschwiegenheit vor sich gingen. So schildert der römische Schriftsteller Apuleius in seinem Roman „Der goldene Esel" wenigstens teilweise die Vorgänge bei einer Einweihung in die Isis-Mysterien. Er hatte wohl selbst erlebt, was er seine Romanfigur Lucius sagen läßt: „Ich näherte mich den Grenzen des Todes, ich schritt über die Schwelle Proserpinas, ich wurde durch alle Elemente getragen und kehrte wieder zur Erde zurück. Ich sah die Sonne strahlend über Nacht und Tod leuchten, ich näherte mich den Göttern oben und den Göttern unten und betete sie an, von Angesicht zu Angesicht. Siehe, ich habe dir Dinge gesagt, von denen du, obzwar du sie gehört hast, nichts wissen sollst!"

Der Schritt über die Schwelle Proserpinas (die Todesschwelle) konnte nur dadurch gelingen, daß der Kandidat (Neophyt) von einem sogenannten Hierophanten, einem eigens für diesen Zweck ausgebildeten Priester, in eine Art Trance-Zustand versetzt wurde. „In Ägypten geschah dies zum Teil durch hypnotische Mittel, wobei auch starkes Räucherwerk, mesmerische Striche den Körper entlang und ein magisch imprägnierter Stab" den todähnlichen Zustand mit hervorrufen halfen. Die ganze Absicht und der Sinn der Einweihung war, „dem Kandidaten zu beweisen: ‚Es gibt keinen Tod!'. Und ihm wurde diese Lehre in der klarsten und praktischsten Weise, die möglich war, beigebracht, nämlich dadurch, daß er innerhalb seiner selbst den Prozeß des Sterbens und des geheimnisvollen Hinübergehens in eine andere Welt durchmachte." (Paul Brunton in „Geheimnisvolles Ägypten".)

Was die Hohenpriester von damals den heutigen Hypnotiseuren voraus hatten, war das Wissen, „wie man den Geist des Kandidaten wach hielt, während der Körper in Trance lag; sie konnten ihm eine Reihe von übernormalen Erlebnissen vermitteln, an die er sich bei seiner Rückkehr zum normalen Bewußtsein durchaus erinnerte. Auf diese Weise waren sie in der Lage, ihm ein Verständnis des Wesens der menschlichen Seele einzuprägen und ihn, indem sie zeitweise seine Seele dazu zwangen, aus dem Körper zu treten, die Existenz einer anderen Seinswelt wahrnehmen zu lassen" (Brunton). Die tieferen Seinsebenen, die dem Neophyten erschlossen wurden – unter dem Symbol der Lotosblume, das heißt der erwachenden Seele – lösten auch das Rätsel des Todes, weswegen Plutarch in seiner Abhandlung „De Iside et

Osiride" sagen kann: „Im Augenblick des Todes macht die Seele die gleichen Erfahrungen wie jene, die in die großen Mysterien eingeweiht werden." Und was sagt Platon, dem wir eine so poetische Beschreibung der sogenannten „Obererde", das heißt des Oberen Zwischenreiches oder Paradieses, verdanken? „Infolge dieser geheimen Einweihung wurden wir Zeugen von einzigartigen, gesegneten Visionen, die im reinen Lichte schwebten. Wir selbst wurden dabei rein und befreit von diesem Gewand, das wir Körper nennen, und an das wir nun gefesselt sind wie die Auster an ihre Schale."

Selbst römische Kaiser hatten noch den Ehrgeiz, wenn nicht gerade in Ägypten, so doch wenigstens in Eleusis initiiert zu werden. Gerade dort war ja das symbolische Fackelanzünden ein Zeichen der Lichtwerdung im ganzen Menschen. Und erstrebte die christliche Katechetenschule von Alexandrien etwas anderes in ihrer Arkandisziplin als das „Freiwerden von Nichtwissen" über die transzendente Welt? Auch hier wurde die Seelenreise geübt, als Aufstieg zu den jenseitigen Sphären.

In seinem zweibändigen Werk „Die Jenseitsvorstellungen vor Dante" hat der Schweizer August Ruegg die literarischen Voraussetzungen zu Dantes „Divina Commedia" zusammengestellt. Sie entstammen zum großen Teil dem griechisch-römischen Kulturkreis und gehen in der Hauptsache auf Seelenreisen zurück, die nicht in den Mysterien erlebt wurden, sondern durch reinen Zufall ungewollt entstanden.

Da ist an erster Stelle Platons Bericht von dem Pamphylier Er zu nennen, der in einem Kriege gefallen war und erst am zwölften Tage wieder aus seinem Todesschlaf erwachte. Er brachte ein volles Bewußtsein von seinen jenseitigen Abenteuern mit herüber. In seiner ausführlichen Erzählung steht im Mittelpunkt eine Gerichtshandlung, bei der die gerechten von den ungerechten Seelen geschieden werden. Lohn und Strafe wird ihnen zugeteilt. Während die einen den Weg zur Rechten nach oben nehmen dürfen in die Gefilde der Seligen, wartet auf die anderen das harte Los der unselig Verdammten. Auf dem linken Pfade gelangen sie nach und nach in das Reich der Unterwelt, tief drinnen im Inneren der Erde. Dem Jenseitspilger Er wird drüben auch gezeigt, daß acht farbige Sphärenringe, an den Spindeln der Notwendigkeit (Anangke) aufgehängt, das Stufenreich des geistigen Kosmos bilden. Ein ungewöhnliches Erlebnis wurde ihm zuteil: Er sah, wie einige Seelen sich gerade anschickten, ins diesseitige Dasein zurückzukehren. Durch Trinken aus dem Flusse „Sorgenlos" (Lethe) auf dem „Gefilde der Vergessenheit" erlaubte ihnen eine höhere Macht, den jenseitigen Plan wieder zu verlassen, wenn sie, um ihrer schnelleren Entwicklung willen, danach verlangten. Dabei mußten sie allerdings den Verlust der Rückerinnerung in Kauf nehmen. Dieser Reinkarnationsgedanke ist in vielen Religionen selbstverständliches Geistesgut und auch die christliche Prophetie (z. B. bei J. Lorber) und der höhere Spiritismus verkünden ihn als Lehre.

Ein Gegenstück zum Mnemosyne-Verlust durch Trunk aus dem Lethefluß ist das Reinigungsbad, das verstorbene Seelen auf dem Erlösungsweg im Eunoe-Fluß nehmen dürfen. (Ebenfalls bei Dante dargestellt!) Alle Schuld der Vergangenheit wird dabei aus ihrem Gedächtnis so weit hinweggetilgt, daß sie nicht mehr als lastend empfunden wird. Eine heilige Waschung also! Sie soll den unbeirrten Aufstieg ins Licht erleichtern, denn die Schatten der Vergangenheit schmerzen. Was Platon auch sonst an zahlreichen anderen Stellen seiner Schriften über das Jenseits dartut, ist von so ungewöhnlichem Umfang, daß man es als die erste geschlossene Jenseitslehre bezeichnen kann. Beinahe alles, was Hellseher, Medien oder Somnambule der letztvergangenen Jahrhunderte über die andere Welt kundgetan, findet sich in seinen Grundzügen schon bei Platon. Zum Beispiel kennt dieser schon einen ganz persönlichen Schutzengel (Dämon), der jedem Irdischen, aber auch den Toten beigegeben ist. Ja sogar die sogenannten Friedhofsseelen werden von Platon schon erwähnt, jene zahllosen Verstorbenen, die sich aus Anhänglichkeit an ihren irdischen Körper noch lange Zeit um das Grab herumtreiben. Erst nach Ablauf einer gewissen Frist ist es meist möglich, sie zu ihrem eigentlichen Jenseitsort zu bringen. (Dasselbe lesen wir bei Lorber.)

Daß auch die Gefilde der Seligen von Platon als „Obererde" in die Ätherregion des Himmelsraumes verlegt werden, entspricht ganz und gar der Prophetie der christlichen Theosophen. Dort beginnt allerdings, wie bei Dante, in den oberen Luftregionen bereits das „Irdische Paradies". Von dieser „wirklichen Erde" im Ätherraum hören wir durch Platon, daß sie „wie ein bunter Ball aus leuchtenden Farbflecken zusammengesetzt ist; alle Gewächse, Blumen, Bäume und Früchte sind schöner als auf unserer Erde. Auch Felsen und Gesteine sind glätter, durchsichtiger und farbenprächtiger. Unsere Edelsteine, die Karneole, Jaspis- und Smaragdsteine sind nichts als Splitter und Abfälle der dort vorkommenden Gesteine. Gold und Silber treten überall sichtbar zutage und erhöhen den Schmuck und die Schönheit jener Welt. Was bei uns und für uns die Luft ist, das ist für jene wahre Erde der Äther. Das Klima ist sehr günstig und das ganze Jahr hindurch so ausgeglichen und mild, daß man von Krankheiten nichts weiß und viel länger lebt als hier. Die Kraft der Sinne, des Gesichts und des Gehörs, ebenso wie die Schärfe des Verstandes sind der unseren so weit überlegen wie der Äther an Reinheit der Luft. Es gibt dort auch heilige Haine und Tempel, wo wirkliche Götter wohnen und mit den Menschen durch die Mittel der göttlichen Stimmen, Wahrsagungen und Erscheinungen in beständigem, nahen Verkehr und lebendigen Beziehungen stehen. Sonne, Mond und Sterne erblickt man dort in ihrer wahren Gestalt, und all dieser erhöhten Schönheit und Vollkommenheit entspricht die höhere Glückseligkeit derer, die dort wohnen".

So stehen die Herrlichkeiten unserer Erde in keinem Vergleich zu den Schönheiten jener Welt. Wie sehr alles in der „Entsprechung" zu unseren irdischen Verhältnissen gestaltet ist und dinghaft und anschaulich wird als Landschaft, Natur und Menschenwerk, sollte jenen Christen eine Lehre sein, die heute noch, selbst in gebildeten Kreisen, von der Vorstellung nicht loskommen, daß drüben alles „nur geistig" ist und nicht auch körperlich sinnenhaft. Man hat den Eindruck, daß die farbige Schilderung vom Paradies, wie wir sie in der Bibel lesen, gar nicht ernst genommen wird.

Auch bei Homer gibt es eine Menge Berührungen mit der Jenseitswelt. In einem feierlichen Trank- und Blutopfer zitiert der heimwehkranke Odysseus den Geist des Sehers Teiresias am Rande der Unterwelt. Er soll ihm, auf Anraten der geheimnisvollen Circe, die weitere Zukunft künden und Ratschläge für seine Heimkehr erteilen. Bei diesem Akt einer Nekromantie (Totenbeschwörung) lagern sich die Schatten der Jenseitigen scharenweise um das ausströmende Od der Opfertiere. Odysseus wehrt sie mit dem Schwerte ab und läßt nur seine verstorbene Mutter längere Zeit zu sich reden. Und wie einst der Geist des Propheten Samuel dem Saul bei der Hexe von Endor erschien, stellt sich schließlich auch Teiresias dem Fragenden zur Verfügung. Wir wissen, daß eine solche Totenbeschwörung, die an Schamanengebräuche erinnert, größte Gefahren in sich birgt.

Das schönste Zeugnis einer Seelenreise im römischen Kulturkreis besitzen wir im „Traum des Scipio", von Cicero im 6. Buch seiner „Republik" überliefert. Auch hier gewinnen wir einen tiefen Einblick in antikes Jenseitsdenken mit seinen vielen mythologischen Zutaten. Der Bericht ist außerdem eine glänzende Bestätigung von Schilderungen aus dem Munde von Somnambulen der letzten hundertfünfzig Jahre. Die Reise geht hier wie dort durch die Planetenwelt, entsprechend der Zugehörigkeit einer jeden Seele zum astralen Kosmos. Wir finden solche Beschreibungen nicht nur bei Dante, sondern in der ganzen christlichen Prophetie. Im Menschen ist eben nach antiker Vorstellung, die aber auch im christlichen Bereich sich Geltung verschaffte, ein „Tropfen Sternenessenz" wirksam; „scintilla stellaris essentiae", sagt Cicero. Die gleiche feurig-pneumatische Kraft, wie sie in den Sternen lebt, liegt auch dem Wesen der Seele zugrunde. So lehrte bereits Heraklit. Und im Urchristentum hat Origenes diesen Gedanken wieder aufgenommen. Nach ihm haben die gefallenen Seelen (ursprünglich Engel) den Verlust ihrer feurig-pneumatischen Urheimat als Wärmetod erfahren müssen. So leben sie nun nahe am Eisabgrund des Bösen und können sogar selber die Eisesnatur annehmen, wenn sie sich weiter von Gott abkehren. (Franz X. von Baader spricht in diesem Falle von „Untermaterie".) Steigen

sie aber auf ihrem Entwicklungsweg wieder nach oben ins Licht, dann wird
sie auch die ursprüngliche pneumatische Leiblichkeit aufs neue durchwärmen.
Schließlich gibt es noch ein weiteres berühmtes Zeugnis eines antiken Seelenfluges. Plutarch hat es in seinem Werk „De sera numinis vindicta" hinterlassen. Sein Berichterstatter Thespesios von Soli war drei Tage lang nach einem Sturz von einer Anhöhe im Scheintod gelegen. „Als hätte sich die Seele wie ein einziges Auge aufgetan", durchblickte er das Jenseits bis in Gestirnestiefen. Er sah die Sterne nicht nur in ungeheurer Entfernung voneinander, er hörte auch ihr Getön, während seine Seele „sanft und leicht wie in einer Windstille, von einem Lichtstern getragen, in alle Richtungen dahinglitt". Auch aus neuester Zeit gibt es zahlreiche Dokumente, die den Adlerflug einer frei gewordenen Seele, und sei es auch nur im Schlaf, durch die Räume der Unendlichkeit beschreiben. Bezeichnend ist das in der heutigen Jenseitsforschung wohlbekannte Erlebnis des Jenseitspilgers Thespesios, daß eben erst abgeschiedene Seelen eine flammenartige Blase (Odwolke) um sich bilden, bis diese schließlich zerreißt und die Seele ruhig daraus hervorgeht „in schöner menschlicher Gestalt".

Thespesios erzählt uns, er habe viele Seelen in reinem Lichte erblickt, andere aber hätten Flocken wie Schuppen an ihrem Leibe getragen. Wer erinnert sich dabei nicht an die Wahrnehmungen der Seherin von Prevorst bei unerlösten Jenseitigen, deren Seelengewand in Flicken und Fetzen herunterhing und abscheulich anzusehen war! Manchmal ähnelte ihr Leib mehr dem eines Tieres als eines Menschen. Der Erlebnisbericht von Thespesios ist offensichtlich in vielen Einzelheiten in Dantes große Jenseitsdichtung eingegangen, denn auch bei ihm sind es einzelne Seelen, die ihn durch alle Gegenden der jenseitigen Plane führen. Sie zeigen ihm die geheimnisvollen Fügungen der göttlichen Gerechtigkeit und schließen ihm auch den Sinn für ihr Verständnis auf. Warum zum Beispiel manche Menschen schon in diesem Leben, andere aber erst im jenseitigen ihre Verfehlungen abbüßen müssen, wird ihm in Einzelheiten deutlich gemacht. Ebenso werden ihm alle Straforte im Jenseits gezeigt, so daß er ebenso wie der elsässische Pfarrer Oberlin recht gut eine Geographie des Jenseits, eine sogenannte Uranographie, hätte entwerfen können.

„Wie von einem Sturmwind fortgerissen", kehrte Thespesios schließlich in seinen irdischen Körper zurück. Bei Dante finden wir nicht nur das heidnisch-antike Erbe in sein gewaltiges Epos eingewirkt, auch die Apokalypsen altjüdischer und christlicher Zeit standen ihm als Jenseitsschilderungen zur Verfügung. Zu erwähnen ist hier in der Hauptsache das Henochbuch (1. Jh. v. Chr.), die Johannes-Apokalypse, die „Apokalypse des Petrus" und „die Vision des Apostels Paulus". Ihnen allen ist, wenn man sie miteinander vergleicht, ein wirklicher consensus humanus gemeinsam „hinsichtlich des Baus und der Daseinsvollzüge der Jenseitswelten". Gibt es nicht zu denken, daß Alfons Rosenberg in seinem inhaltsreichen Buche „Die Seelenreise" anmerkt: „Es ist überraschend, welch große Ähnlichkeit zwischen den Schilderungen des Henochbuches und jenen der 16 Jahrhunderte späteren Seelenreise der ‚Göttlichen Komödie' Dantes besteht, obwohl Dante jenes nicht gekannt haben kann, weil es erst im 19. Jahrhundert wiederentdeckt worden ist. Diese ungewußte Übereinstimmung erscheint als ein deutliches Zeugnis von der Gabe der erleuchteten Seele, das Künftige und Obere als ein Gegenwärtiges gestalthaft und relativ objektiv zu schauen."

Ausdrücklich beruft sich Dante auch auf die Erlebnisse des Apostels Paulus, der nach seinen eigenen Aussagen einmal sogar in den „dritten Himmel" entrückt wurde. Er hörte dort „unaussprechliche Worte, die niemand wiederzugeben imstande ist". Paulus ist es auch, der im Gegensatz zur kirchlichen Lehre die Dreigliederung des Menschen nach Geist, Seele und Leib behauptet, was für den Entwicklungsweg einer Seele im Jenseits äußerst bedeutungsvoll ist. Selbst das Wissen um die verschiedenen Leiber des Menschen findet bei dem Gnostiker Paulus seinen Ausdruck in der Einteilung: Pneumatischer, psychischer und Fleisches-Leib.

Die Bedeutung von Dantes „Göttlicher Komödie" überragt alle Jahrhunderte. Den meisten Christen, wenigstens den Gebildeten unter ihnen, erscheint ja hier zum ersten Male eine wirkliche Übersicht über das ganze kosmische Weltgefüge. Daß hier das Weltbildschema der Antike (Ptolemäus und „Somnium Scipionis") und des christlichen Mittelalters (Thomas von Aquin) zusammenflossen, ist noch lange kein Verstoß gegen das naturwissenschaftlich aufgeklärte Weltbild unserer Tage; denn dieses umfaßt ja einzig das materielle Universum, während jenes die Tiefendimensionen eines geistig-astralen Kosmos vor sich hat. So dürfte es im eigentlichen keine Reibungsflächen geben. Im symbolischen Weltbild der Antike und des Mittelalters umschließen einander wie Kristallschalen „die sieben Planeten- oder Sternsphären, die vom Fixsternhimmel der Tierkreissternbilder, vom Kristallhimmel des Primum Mobile und schließlich von dem alle Sphären umfassenden Feuerhimmel überwölbt werden". Als „Bleibstätten der Seligen" sind sie „die himmlischen Wohnstätten jener vollendeten und gereinigten Seelen, die nach mühseliger Wanderung durch den Läuterungsberg des Purgatoriums an dem Ort ihrer himmlischen Bestimmung angelangt sind – an einem Ort des Friedens und der Gottesschau gemäß ihrer geistigen Fassungskraft. Dante erfährt dort, daß die Seelen jeweils an jenem Jenseitsorte, dessen Charakter sich für ihn in der Planetensymbolik ausdrückt, zur Ruhe kommen, unter dessen Weseneinwirkung sie im irdischen Leben gestanden haben" (A. Rosenberg). Ja noch mehr: Obwohl Dante entsprechend der kirchlichen Lehre vermutlich eine Präexistenz der Seele ablehnte, sagt er doch, „daß heim zu ihrem Stern die Seele kehrt". Er selbst wird hindurchgeführt durch alle Jenseitsbereiche. Der ungeheuer „plastischen" Darstellung von Höllenszenen folgt die „malerische" Wiedergabe des Purgatoriums und schließlich das „musikalische" Grunderlebnis des Paradieses.

Zählen wir diese in Dichtung erhobene Jenseitsaussage nicht zu den großen Prophetien, dann übersehen wir, daß diesem, von den meisten Lesern nur als Phantasiegemälde gewerteten, Sphärenkosmos eine Reihe von Visionen zugrunde liegt, die der Dichter selbst als Einweihungserleben in der Osterwoche des Jahres 1300 empfangen hat. Aber auch das, was sich kristallförmig nach allen Richtungen hin als inspirative Dichtung anschloß, ist wie etwas Gewachsenes und nicht künstlich Hinzugefügtes, denn Dante kannte auf Grund seines hohen Bildungsstandes nicht nur eine Menge fremder Visionsberichte (worunter sich auch die der Mystikerin Mechthild von Magdeburg, des irischen Edelmannes Tundalo und des Mönches Alberich von Montecassino befinden), sondern er war auch gründlich vertraut mit den Gesetzmäßigkeiten der Entsprechungslehre. Die Analogielehre als das eigentliche Fundament für jegliches Religionsverständnis, insbesondere aber für die Verhältnisse jenseitiger Zuständlichkeiten, mochte er im Zusammenhang mit seiner vermuteten Aufnahme in die Laienfraternität des Templerordens überkommen haben. Außerdem breitete sich gerade zu seiner Zeit das Geheimwissen der sogenannten Kabbala aus, von jüdischen Theosophen in die Welt getragen. Deren schönste Blüte, das Sepher ha sohar, eine Art Pentateuch-Kommentar, entstand um 1250 in Spanien.

Zahlenmystik und Analogielehre bilden zusammen das tragende Gerüst der ganzen „Göttlichen Komödie". Sie scheinen noch durch selbst in den Abläufen einzelner Jenseitsschicksale, deren Örtlichkeit, Milieu und Daseinsabläufe beinahe errechenbar sind. In Dantes Dichtung fließen außerdem christliche Esoterik, jüdisch-kabbalistische Überlieferung und Mysterienweisheit der Antike wie in einem Brennpunkt zusammen. Ganz allgemein anerkannt war zu Dantes Zeit noch die Astrologie, die Mikrokosmos und Makrokosmos ineinander spiegeln läßt.

In einem Aufsatz von Arthur Schult wird der Versuch gemacht, die zwei einander ähnlichsten großen Jenseits-Tapisserien, nämlich die von Dante und Lorber, auf ihre Gemeinsamkeiten zu untersuchen. Es wird dabei festgestellt, daß nicht nur in zahllosen Details ein einzigartiger wunderbarer Konsensus besteht, sondern daß auch das Zentralthema beider das gleiche ist, nämlich die Liebe: „Alle Sünde ist verdorbene oder irregeleitete Liebe. Immer ist zutiefst Liebe der Keim der Sünde wie der Tugend. Gott ist Liebe. Darum ist die tiefste Wurzel alles Seins im Kosmos und im Menschen die Liebe." Selbst über dem Eingang zur Hölle liest Dante die Worte:

„Gerechtigkeit trieb meinen hohen Schöpfer,
Mich baute auf die heilige Allmacht Gottes,
Die höchste Weisheit und die erste Liebe."

Bei Jakob Lorber lesen wir die bestätigenden Worte: „Auf der ganzen Erde gibt es keinen so vollkommenen Menschen, der nicht ebensogut die ganze Hölle vom Grunde aus in sich trüge, als wie er in sich trägt den ganzen Himmel. Zugleich verhalten sich Himmel und Hölle in den Menschen wie zwei entgegengesetzte Polaritäten, ohne die kein Ding existierbar gedacht werden kann. Man wird sich doch hoffentlich bei dieser Darstellung unter dem Begriff Hölle keinen positiv kerkerlichen Ort denken, in welchen man kommen kann, sondern nur einen Zustand, in welchen sich ein freies Wesen durch seine Liebestat, durch seine Handlung, versetzen kann. Ein jeder Mensch, der, nur einigermaßen reif, zu denken imstande ist, wird hier doch leicht mit Händen greifen, daß ein Mensch so lange der Hölle angehört, solange er nach ihren Prinzipien handelt. Ihre Prinzipien aber sind Herrschsucht, Eigenliebe und Selbstsucht. Diese drei sind den himmlischen Prinzipien gerade entgegen, welche sind Demut, Liebe zu Gott und Liebe zum Nächsten. Ich meine nun, das dürfte wohl hinreichen, um jedermann ziemlich handgreiflich zu machen, wann bei ihm die Hölle oder wann der Himmel zum positiven Pole wird. Es gibt nirgends einen Ort, der Himmel oder Hölle heißt, sondern alles das ist ein jeder Mensch selbst; und niemand wird je in einen anderen Himmel oder in eine andere Hölle gelangen, als die er in sich trägt". (GS. Bd. 2, Kap. 118).

Und weiter heißt es an einer anderen Stelle: „Gott selbst ist die urewige, reinste Liebe, und ihr Feuer ist das Leben und die Weisheit in Gott. Und die Liebe ist also aus Gott wie in Gott das Leben und das Licht aller Wesen. Die Funken aus dem Essenfeuer der reinsten Liebe Gottes sind die Kinder Gottes – gleichen Ursprungs aus dem Herzen Gottes! Auch du bist ein solcher Funke! Fache dich an zu einem lebendigen Brande, und du wirst in deinem Herzen Gott schauen!" (Rbl. Bd. 2, Kap. 157, 7). Und abermals wird uns gesagt: „Wenn jemand freilich seine Liebe an die materielle Welt heftet, so wird sie durch die Macht des Todes, der in der Materie ist, erdrückt. – Wer dagegen seine Liebe zu Mir richtet und an Mich heftet, der verbindet seine Liebe wieder mit der Urliebe oder mit dem Urleben alles Lebens, und der wird dann lebendig durch und durch. Nun aber siehe, die Liebe an und für sich ist blind und eben dadurch in Gefahr, sich zu verlieren und zugrunde zu gehen. Darum gebe Ich aller Liebe zu Mir nach dem Grade ihrer Größe auch alsogleich den gerechten Anteil des Lichtes hinzu. Und dies Geschenk heißt die Gnade. Mit dieser fließe ich bei jedem Menschen ein nach dem Grade seiner Liebe. – Daher, so jemand die Liebe hat und Mein Gesetz, welches die höchste Liebe ist, in sich lebendig macht, über den werden Ströme des

Lichtes ausgegossen werden, und sein Auge wird durchdringen die Erde und wird schauen die Tiefen der Himmel!" (H. Bd. 1, Kap. 4, 4-8).

Als Gemeinsamkeiten zwischen Dante und Lorber stellt Arthur Schult etwa folgendes heraus: „Auch bei Lorber gliedert sich die übersinnliche Welt in Hölle, Mittelreich und Himmel. Die höchste Region des Mittelreiches, das Paradies, entspricht dem Gipfel des Läuterungsberges bei Dante, dem ‚irdischen Paradies'. Die höllischen Geister halten sich zumeist im Erdinnern auf, von der Oberfläche der Erde bis zu ihrem Mittelpunkt. Luzifer ist wie bei Dante im Erdzentrum gefangen. Das Paradies, der Gipfel des Läuterungsberges bei Dante, reicht bei Lorber von den Spitzen der Eisberge bis zur Äthergrenze. Die niederen Schichten des Mittelreiches sind bei Lorber in der unteren Luftregion zu denken. Sehr stark materiell gebundene Seelen kommen nach dem Tode nicht gleich in das Mittelreich, sondern bleiben in den untersten Schichten der Atmosphäre in der Nähe ihrer Wohnungen, wissen überhaupt oft gar nicht, daß sie gestorben sind. Die Sphären des Himmels beginnen bei der Äthergrenze und reichen durch alle Sternen- und Raumesweiten hindurch. Die übersinnliche Welt durchdringt also die physische Welt. Die Übereinstimmung in den Lokalitäten von Hölle, Mittelreich, Paradies und Himmel bei Lorber und Dante ist also offensichtlich. Natürlich ist das Maßgebende und Entscheidende für den Aufenthalt der Seelen nicht die Lokalität, sondern ihr innerer Zustand. Der Vollendete ist stets im Himmel, wo er sich auch gerade aufhält. Der entschieden Gute, aber noch nicht Vollendete ist stets im Paradies, der Unreife im Mittelreich, der Böse in der Hölle. Schon auf Erden trägt jeder Mensch seine Welt in sich.

Im jenseitigen Leben kommen nun diese Keime zur Entfaltung. So wie das Innere einer Seele beschaffen ist, gestaltet sich auch die Welt, in der sie sich im Jenseits aufhält. Innenwelt wird da Außenwelt. Diejenigen, die gleich geartet sind, bewohnen die gleiche geistige Sphäre. Hier gilt der Grundsatz: ‚Gleich und gleich gesellt sich gern.' Den Bösen zieht es magnetisch zum Bösen hin. Wo sich auf diese Weise selbstsüchtige, rücksichtslose, herrschsüchtige, habsüchtige Geister gesellen, da müssen sie einander quälen. In diesen Qualen, welche die Bösen im Jenseits sich selber bereiten, bestehen die Qualen der Hölle. Nicht Gott stürzt die Bösen in die Hölle, sie stürzen sich selber hinein. Des Menschen Wille ist sein Himmelreich oder seine Hölle."

Neben Lorber ist es vor allem Swedenborg, bei dem diese Gedanken wiederkehren und der ja auch vom gleichen prophetischen Geiste erfüllt ist. Von der Reinkarnation lesen wir bei Dante nichts; für ihn ist der Fürst der Scholastik, Thomas v. Aquin, maßgebend gewesen. Bei Lorber jedoch wird in dieser Hinsicht einiges ergänzt. Arthur Schult faßt es folgendermaßen zusammen: „Manche Menschen kehren auch zu ihrer leichteren Entwicklung noch einmal zur Erde zurück. Doch ist die Reinkarnation auf der Erde kein allgemein bindendes kosmisches Gesetz. Wer den Gottesfunken in seinem Geiste stark genug aktiviert hat, der ja selber göttlich-überkosmischen Wesens ist, der wird vom kosmischen Gesetz des Karmas frei. Die Reinkarnation auf der Erde oder auf anderen Sternen ist also nicht die allgemeine Regel, wie die indische Philosophie, die Theosophie und Anthroposophie lehren, sondern nur so lange notwendig, als der Mensch noch nicht ergriffen ist von der Macht der Erlösung. Aber alle werden einmal erlöst."

Das Geheimnis der Erde als „heiliger Stern im All", wie Lorber sie bezeichnet, ist folgendes: „Da die Erde der Sitz Luzifers ist, der den Gesamtkosmos in den Sündenfall hineingerissen hat, vollzieht sich auch die Überwindung Luzifers durch Christus Jesus und damit die Erlösung des Gesamtkosmos auf der Erde. Die Verbannung Luzifers in den Kerker der Erde und die Inkarnation Gottes auf der Erde machen diese zum auserwählten Stern unter zahllosen Gestirnen des Weltalls. Die Erdenmenschen sind die am schwersten geprüften, am schlimmsten von Luzifer versuchten, aber auch die zur eigentlichen Gotteskindschaft bestimmten Wesen des Kosmos. Wer die Gotteskindschaft erlangen will, muß den Erdendurchgang wählen.

Der Mikrokosmos Mensch entspricht in allem dem Makrokosmos. Aber der Makrokosmos ist darum auch ein Makro-Anthropos, ein großer Mensch. In dem großen makrokosmischen Menschen der alten Schöpfung erscheint das Sternsystem, dem die Erde angehört, wie wir in Lorbers Robert Blum lesen, nur als ein winziger Punkt in der linken Zehe. In dem großen makrokosmischen Menschen der neuen, durch Christus erlösten Schöpfung dagegen befindet sich die Erde nicht mehr in der untersten kleinen Fußzehe, sondern im Zentrum des Herzens dieser neuen Schöpfung. Der ganze Kosmos ist damit zum corpus Christi mysticum, zum mystischen Leibe Christi, geworden, und die erlöste Erde ist das Herz in diesem erlösten Kosmos.

Sowohl in der Schau Lorbers wie Dantes ist der ganze Kosmos eine Liebesausstrahlung des Vaters und wird einzig durch Gottes Liebestätigkeit erhalten und auch aus seinem Falle erlöst. Dante sowohl wie Lorber kennen die Naturgeistigkeit aller Elementarreiche und das Wirken der kosmischen Engelgeister in den Planeten- und Sternensphären. Lorber und Dante erleben beide, wie auch der Apokalyptiker Johannes, Mensch, Kosmos und Gott wieder im lebendigen Zusammenhang. Aber die Art der Darstellung ist bei Lorber und Dante grundverschieden." –

2. Das biblische Zeugnis vom Fortleben nach dem Tode

Im Buch „Daniel" (ca. 150 v. Chr.) lesen wir: „Viele, die unter der Erde schlafend liegen, werden erwachen; die einen zum ewigen Leben, die anderen zu ewiger Schmach und Schande" (12,2). Mag hier auch die Rede sein von der Auferstehung, so steht doch dahinter der Glaube an ein Jenseits. Erst recht aber hinter dem Ausdruck „Schoß Abrahams". Was damit gemeint ist, verdeutlicht uns 1. Moses 35, 29, wo es heißt: „Isaak verschied und ward versammelt zu seinen Stammesgenossen" (d. h. zu seinem Volk). Auch das Neue Testament lebt noch in der gleichen Vorstellungswelt. Den besten Beweis liefert uns dafür das bekannte Gleichnis vom armen Lazarus und dem reichen Prasser. Demnach gelangen die Gerechten (oder Guten) sofort nach ihrem Tode in den „Schoß Abrahams", wohin sie von Engeln getragen werden; die Ungerechten (oder Bösen) dagegen müssen in der „Hölle" schmachten. Zwischen beiden Welten, so erfahren wir, liegt eine tiefe, unübersteigbare Kluft.

Im allgemeinen hat für die Juden das Totenreich einen düsteren Aspekt. So sagt Jakob in 1. Moses 37, 35: „Trauernd werde ich zu meinem Sohn ins Totenreich (Scheol) hinabfahren." Die ganze Sehnsucht eines gläubigen Juden war darauf gerichtet, Gott von Angesicht zu Angesicht schauen zu dürfen. So ruft der Psalmist voll Sehnsucht aus: „Meine Seele dürstet nach Gott, nach dem lebendigen Gott; wann werde ich dahin kommen, daß ich Gottes Angesicht schaue?" (Psalm 42). Ebenso heißt es in Psalm 17: „Ich aber will schauen dein Angesicht in Gerechtigkeit; ich will mich sattsehen an deinem Anblick, wenn ich erwache." Ein „Erwachen" zum ewigen Leben wird da verheißen. Noch deutlicher drückt sich Psalm 16 über die Möglichkeit eines Aufstiegs in das Licht aus tieferen Regionen des Jenseits aus: „Du wirst meine Seele nicht in der Unterwelt lassen und nicht zugeben, daß dein Heiliger die Verwesung sehe." In diesen Worten wird bereits die sogenannte „Komplettierung" angedeutet, jener Vorgang der Auferstehung des ganzen Menschen, der nach Lorber erst im Oberen Mittelreich stattfinden kann. Da zieht die Seele all das Ihrige aus dem Leibe an sich, so daß sie nicht mehr in die Verwesung mit einbezogen ist. Es beginnt damit die „Wiedergeburt im Geiste".

Wenn im Psalm 126 von „tränenvoller Aussaat" gesprochen wird und von „freudevoller Ernte", so werden wir an das Pauluswort erinnert: „Gesät wird in Verweslichkeit, auferweckt in Unverweslichkeit" (1. Kor. 15, 42). Über die Geistleiblichkeit des erlösten Menschen wußten die Juden schon deshalb Bescheid, weil ihnen das Beispiel von der Himmelfahrt des Henoch und des Elias immerzu vor Augen stand. Es war ihnen ein sicheres Zeichen für die einstige Auferstehung aller. Nur die Sadduzäer wollten an die Auferstehung nicht glauben. Das war aber schon in der Verfallszeit. Dagegen sagt Jesajas: „Aufleben werden deine (Jahves) Toten; meine (des Volkes) Leichname werden auferstehen. Wachet auf und singet den Lobpreis, ihr Bewohner des Staubes, denn dein (Jahves) Tau ist ein Tau des grünen Feldes!" (26, 19). Bei Hes. (37) steht der berühmte Satz, der allerdings auch grobe Mißverständnisse hervorrief: „Und es kam in sie der Geist und sie wurden lebendig." Ein Schlachtfeld voller Totengebeine stand vor den Augen des Propheten. Als Samuel durch die Hexe von Endor aus dem Jenseits herbeigerufen wurde, sagte er zu Saul: „Morgen wirst du mit deinem Sohne bei mir sein!" (1. Samuel 28, 19). Bei den Kanaanitern war übrigens die Totenbeschwörung gang und gäbe. Im Anblick seines verstorbenen Kindes ruft David aus: „Nun es aber tot ist, kann ich es auch wiederum holen? Wohl werde ich zu ihm fahren, es kann aber nicht selbst wieder zu uns zurückkommen" (2. Sam. 12, 23). Oft spricht das Alte Testament davon, daß auch die Toten ihre Persönlichkeit beibehalten; in Jesajas 14, 9 ff. und Hesekiel 23, 22 ff. wird uns sogar berichtet, daß die Verstorbenen einander empfangen und miteinander reden. Das deutet auf ein Wiedersehen im Jenseits hin. Von den Gerechten wird bei Daniel ausgesagt, daß sie „leuchten werden wie des Himmels Glanz, und diejenigen, welche viele zur Gerechtigkeit geführt, wie die Sterne ewiglich" (12, 3).

Angesichts von soviel Hoffnungsfreudigkeit ist es beinahe unverständlich, wie oft im Alten Testament auch schwermütige Töne angeschlagen werden. Der fromme König Hiskia zum Beispiel klagt: „Im Mittag meines Lebens muß ich zu den Pforten des Totenreichs dahinfahren. ... Nun werde ich nicht mehr schauen den Herrn im Lande der Lebendigen, werde keinen Menschen mehr erblicken bei den Bewohnern der Totenwelt. Meine Wohnung (der Leib) wird abgebrochen wie ein Hirtenzelt. Das Gewebe meines Lebens schneidet Gott vom Trumm. Noch eh der Tag zum Abend wird, macht er aus mit mir" (Jesaja 38, 10-12). König Hiskia war kein Erleuchteter im Sinne eines Zaddiks. Seine Ausdrucksweise hat aber poetische Kraft. Verzweiflung und Auswegslosigkeit spricht auch aus Psalm 6,6: „Im Tode gedenkt man deiner nicht, o Gott! Wer singt im Totenreich dein Lob?" Selbst für Hiob ist die Unterwelt nur ein „Land der Finsternis und des Todesschattens, das „düster ist wie tiefe Nacht". Ähnlich kündet auch die Johannes-Offenbarung (12, 9; 12, 3; 11,7) vom „Land des Jammers" und der Finsternis, in der die Todesschatten herrschen und ein ewiges Grauen. Es ist jener Teil der Unterwelt, der bald Scheol, bald Abbadon (das heißt Abgrund), bald Gehenna (das heißt Ort des Fluches) genannt wird. Von einer „ewigen" Feuerqual spricht Jesajas 33, 14 und im „Buch der Weisheit" (I, 1-14) hören wir von den wütenden Selbstanklagen und den Reuegefühlen, in welchen sich die Verdammten verzehren.

Immerhin wird auch im Alten Testament sehr deutlich unterschieden zwischen Seligen und Unseligen. In Jesajas 57, 2 heißt es vom Reiche der Toten: „Die einen rechten Lebenswandel führten, kommen zum Frieden und ruhen in ihren Kammern." Man glaubte also an ein Friedensreich im Jenseits. Das „Ruhen in den Kammern" kann freilich Mißverständnisse hervorrufen. Fast möchte man meinen, daß das unsinnige kirchliche Gebet: „Herr, gib ihnen die ewige Ruhe!", das praktisch einen ewigen Todesschlaf herbeisehnt, auf diese Stelle zurückzuführen ist. Auf eine mögliche Verdammnis weist Hiob hin, wenn er sagt, daß manche „mit Angst" in die Grube fahren und Gott „hört nicht ihr Schreien". – Vor dem Übergewicht dieser pessimistischen Töne im Alten Testament fragt sich Dr. Walter Lutz mit Recht: „Ob diese düstere Jenseitslehre schon uranfänglich in den heiligen Schriften der Israeliten vertreten wurde, ist fraglich. Es erscheint nicht ausgeschlossen, daß erst die durch und durch vermaterialisierte höhere Priesterschaft der späteren Zeit, die mit den Sadduzäern die Geisterwelt und das Fortleben nach dem Tode leugnete, die diesbezüglichen lichtvolleren Bekundungen der Urschriften unterdrückt hat" (in „Die Grundfragen des Lebens").
Gegenüber den verhältnismäßig sparsamen Aussagen des Alten Testaments enthält die jüdische apokalyptische Literatur oft ausführliche Beschreibungen von der jenseitigen Welt. Im „Buch Henoch" zum Beispiel findet sich die Vorstellung, daß das Paradies, oder wenigstens ein Teil desselben, von einer Mauer aus Kristall umgeben sei und außerdem von einem Flammenring umschlossen werde. Wer denkt da nicht an das „Himmlische Jerusalem" in der Johannes-Offenbarung? Bereits in altjüdischen Schriften ist nicht nur von einem irdischen Paradies die Rede, sondern auch von einem himmlischen; so zum Beispiel bei Jesajas. Der Himmel des Buches Henoch ist ein herrlich gestaltetes Haus mit vielen offenen Türen. In diesem Himmelshaus hält Gott majestätisch Hof. Anklänge an die „himmlischen Wohnungen" im Neuen Testament sind offensichtlich. Die Hölle wird im Buch Henoch als der Aufenthaltsort der gefallenen Seelen geschildert. Sie verführen die Menschen auf Erden zu allerlei Lastern. Milieuhaft wird die Hölle als ein von Schwefelgeruch und wogenden Flammen erfülltes Tal beschrieben, durchströmt von feurigen Flüssen. Besonders die Könige und Mächtigen dieser Welt büßen dort ihre Untaten ab, unter anderem ihre Wollust.
Bei Jesajas wird sogar schon von dem „großen Wurm", dem Gegenprinzip und Widersacher Gottes gesprochen. Vom „Wurm, der nicht sterben kann" und vom „Feuer, das nicht erlischt" (siehe Neues Testament!), spricht Jesajas sogar mehrmals. Verwandt mit dem großen Wurm bei Jesajas ist das Untier Beemoth und der Leviathan in Hiob 40, 15 u. 25; 3, 8. Wiederaufgenommen wird die Vorstellung vom „großen Wurm" in Markus 9, 44 ff., Mark, 3, 29 u. Matth. 12, 32. – Im Gegensatz zum Alten Testament enthält

das Neue Testament unzählige Stellen, die auf ein Jenseits hinweisen. Es ist überflüssig, sie im einzelnen aufzuzählen, zumal die meisten davon wohlbekannt sind. Ein besonders eindringliches Zeugnis vom Leben nach dem Tode gibt Paulus. Bekannt ist besonders die Stelle: „Es gibt himmlische Körper und irdische Körper" (1. Kor. 15, 40) und: „Gesät wird ein irdischer (verweslicher) Leib, auferweckt ein geistiger (unverweslicher) Leib" (V. 42). Fritz Rienecker erläutert: „Die starke Betonung der Leiblichkeit ist für des Apostels Ewigkeitshoffnungen bezeichnend. Der Gedanke eines rein geistigen Fortlebens, einer bloßen (abstrakt gedachten) Unsterblichkeit tritt bei Paulus in keiner Weise in sein Bewußtsein, weil ein solcher Gedanke heidnisch, ungöttlich, ungeistig ist!

Dagegen ist es dem Paulus ein herzliches Bedürfnis, den Herrn gerade als den immer wieder zu preisen und zu rühmen, der das Leben, das heißt die Fülle und den Reichtum des ewigen Lebens, und unvergängliches Wesen an das Licht gebracht hat, und zwar gerade im Blick auf eine verklärte und himmlische Leiblichkeit. Christus hat uns diese verklärte Leiblichkeit zunächst in seiner eigenen Herrlichkeitserscheinung gezeigt. Denn Er ist ja der Erste. Darum steht im Mittelpunkt der paulinischen Gedanken vom Himmel der erhöhte Christus, und zwar als der himmlische Mensch, und als solcher ist Er das Urbild und Haupt der erneuerten Menschheit. Auf Ihn müssen wir blicken, wenn wir von unserem himmlischen Menschsein eine Anschauung gewinnen wollen" (in „Das Schönste kommt noch").

Mit Nachdruck bringt uns Paulus zum Bewußtsein: „Wie wir als Glieder der adamitischen Menschheit das Bild des irdischen Menschen, des Adam getragen haben, so werden wir als Glieder der neuen Menschheit auch das Bild des himmlischen Menschen, des verklärten Christus, im geistlichen Leibe an uns tragen" (1. Kor. 15, 49). Vom Lichtleib des verklärten Christus machte Paulus sogar eine höchst persönliche Erfahrung auf seinem Weg nach Damaskus. Er wurde davon geblendet und zu Boden geworfen. Den himmlischen Geistleib bezeichnet Paulus auch als „pneumatischen" Leib (1. Kor. 15, 44). – Der Grundgedanke des Hebräerbriefes ist die Idee einer „neuen Schöpfung". Wir finden sie wieder in der Johannes-Apokalypse, wo der Herrlichkeitshimmel in den prächtigsten Farben ausgemalt wird. Das ist dann ein Jenseits, das in allen seinen Bereichen vollständig in die Verklärung eingegangen ist.

3. Grundsätzliches über den Umgang mit der Geisterwelt

Durch das „Hereinragen" der Geisterwelt ins Diesseits ist der Schleier des Geheimnisses, der über allem Jenseitigen liegt, nicht ganz so dicht, wie es uns erscheinen mag. Schon die Wissenschaft der Parapsychologie und erst recht Okkultismus und Spiritismus haben davon eine Erfahrung. Vom „Schleier der Isis" (d. h. des verborgenen Naturgrundes) sprachen die alten Ägypter, und in Schillers tiefsinniger Ballade bringt die Lüftung dieses Schleiers nur das zum Vorschein, wovor schon das Alte Testament eindringlich warnt: das Grauen der Tiefe, der unterweltlichen Bereiche, in denen nicht nur die Dämonen, sondern auch viele unerlöste Seelen ihr Wesen treiben. Diese Stätte der Dämonen ist nach Sigmund Freud auch in unserem eigenen Unterbewußtsein vorhanden; nämlich dort, wo die ungezügelten Triebe und Leidenschaften ihren Ursprung haben.

Für unbefugte, unreife Seelen bedeutet ein vorwitziges Eindringenwollen in die Bezirke des Übersinnlichen die größte Gefahr. Wie oft gehen daraus Besessenheiten hervor! Anders verhält es sich bei Menschen, die schon eine gewisse Stufe innerer Reifung erlangt haben. Ein Mensch, der es sich zur Gewohnheit machte, in seinem Herzen auf die Stimme Gottes zu lauschen und tätig zu sein in der Nächstenliebe, wird eines Tages an sich selbst entdecken, daß das Band mit den Himmeln auf einmal fest geknüpft ist; sein inneres Auge, das „Herzensauge", wie Paulus sagt, wird ihm aufgetan. Was muß es für Swedenborg gewesen sein, als er bei all seinem rastlosen Forschen in den Wissenschaften die Wahrheit plötzlich unmittelbar „geschenkt" bekam: Er hatte Verkehr mit Engeln und Geistern!

Auch den drei Weisen aus dem Morgenland sagte der Herr bei einer Wiederbegegnung während seiner Lehr- und Wanderjahre: „Alle von Natur aus besseren Menschen werden von Geistern auf eine mehr oder weniger fühlbare Weise unterwiesen in allerlei geistiger und natürlicher Wissenschaft. ... Und je naturgemäßer, einfacher und in sich gekehrter die Menschen irgend in der Welt leben, desto lebhafter stehen sie auch mit den besseren und guten Geistern aus dem Jenseits in Verbindung. Und das war denn auch bei euch und mit euch der Fall" (Gr. Ev. Bd. 6, Kap. 40, 4-5). Wüßten wir, oder sähen wir gar, daß die Geisterwelt unsere ständige Begleitung ist, im Guten wie im Bösen, und daß die Stimme unseres Gewissens zumeist auf ihre Einsprache zurückzuführen ist, wir wären höchst erstaunt. Welche Rolle zum Beispiel im Leben eines jeden Menschen sowohl Engel wie Schutzgeister bereits bei seiner Einzeugung spielen, macht uns der Herr mit den Worten klar: „Diese Geister sind das, was ihr Schutzgeister nennet; es sind Geister, Engel und große Engel, die alle da (bei der Entstehung eines Menschen) Einfluß nehmen. Und da gibt es keinen Menschen, der nicht wenigstens drei Schutzgeister, zwei Engel und einen großen Engel hätte, über denen noch ein Siebenter wacht. Diese Schutzgeister und Engel sind vom Augenblicke der Zeugung fortan um die eingezeugte Seele und sorgen unablässig für die ordnungsmäßige Ausbildung derselben" (Ed., Kap. 50, 5-6).

Die reichliche Umsorgung und Behütung, die wir Menschenkinder von seiten der Boten Gottes zu aller Zeit erfahren dürfen, ist aber auch ein Hinweis auf die große Bedeutung des Erdenlebens überhaupt; denn hier sollen ja die werdenden „Kinder Gottes" herangezogen werden. Da aber auch die widergöttlichen Kräfte um unsere Seelen ständig bemüht sind, ist es allerhöchste Gefahr, sich des Schutzes der guten Geister zu begeben. Sie haben automatisch keinen Einfluß mehr, wenn wir sie durch einen sündhaften Lebenswandel von uns weisen; denn des Menschen Wille ist ja von Gott aus frei. Hinter einer solchen Schutzlosigkeit lauert dann ein Unheil nach dem anderen. Darunter leiden unsere Schutzgeister nicht weniger als wir selbst. Oft sind es ja sogar Blutsverwandte oder ehemalige Freunde, die uns als jenseitige Helfer beigegeben sind.

Über ihre Ausbildung sagt der Herr: „Nun sehet, in alledem (in der richtigen Führung und Betreuung) werden unsere Schüler (in den geistigen Sphären) auf das genaueste praktisch unterrichtet. Wenn sie nun darin eine Fertigkeit erlangt haben, bekommen sie die Weihe der Vollendung und werden dann auf eine genau bestimmte Zeit den lebenden Menschen auf der Erde als Schutzgeister beigegeben, und das zumeist aus dem Grunde, um sich bei dieser Gelegenheit in der wahren Geduld des Herrn zu üben; denn ihr glaubt es kaum, wie schwer es einem solchen himmlisch gebildeten Geiste fällt, mit den halsstarrigen Menschen dieser Erde also umzugehen, daß es diese gar nie merken, daß sie von einem solchen Schutzgeiste auf allen Wegen begleitet und nach ihrer Liebe geleitet werden" (GS. Bd. 2, Kap. 105, 16).

Bei vielen Menschen ist Hellsehen eine vererbte Gabe. Das geistige Schauen und Hören kann unter Umständen aber auch in krankhaft geschwächten Nerven seine Ursache haben. Dr. Walter Lutz erklärt dazu: „Der ‚Nervengeist' ist ein aus dem Blute und den feinsten Säften des Leibes sich bildendes, halb leibliches, halb seelisch-ätherisches Fluidum, das gleichsam wie ein Kitt oder ein Bindeglied Leib und Seele verknüpft, und aus welchem die Seele auch allezeit neue, naturmäßige Kräfte schöpft. Durch Erbanlage oder aber auch durch krankhafte Verfeinerung kann dieser Nervengeist so empfindlich werden, daß er der Seele gleichsam als ein geistleibliches Empfindungsorgan die Einflüsse und Eindrücke, welche aus der umgebenden geistigen Welt auf den Menschen einströmen, vermittelt. Und ein so veranlagter Mensch kann dann dadurch die Seelen und Geister in einem gewissen Umfange ebenso wahrnehmen, das heißt schauen, hören oder sonstwie empfinden, wie ein auf geistigem Wege dazu innerlich entwickelter und gereifter Wiedergeborener" („Grundfragen des Lebens"). Denken wir nur an die mancherlei Fälle von Somnambulen, die oft, wie die Seherin von Prevorst, nur durch magnetische Striche eines seelenstarken Menschen am Leben erhalten werden können!

Die sogenannte mediale oder mittlerische Begabung ist also noch lange kein Zeichen besonderer Begnadung.

Bei Anwendung von künstlichen Mitteln, wie „Rauschgift, narkotischen Kräutern und Magnetismus" (Lorber), kann wohl eine Art von Hellsehen erzeugt werden – wenn es sich nicht um bloße Halluzinationen handelt –, doch die Verbindung mit der Geisterwelt ist dann äußerst bedrohlich. Zum ordnungsgemäßen Besitz einer echten geistigen Sehe gehört vor allem eine grundgesunde Seele. Ihre Aura muß rein und weit sein. Darüber belehrt uns der Herr: „Wer durch die Fülle seines inneren Lebens auch außer seinem Leibe eine Lebensatmosphäre überkommt, der kann die Seelen verstorbener Menschen sehen und sich mit ihnen über die wichtigsten Lebensdinge besprechen, wann und wie oft er will. Aber dazu gehört freilich eine nahezu gänzliche innere Lebensvollendung" (Gr. Ev. Bd. 6, Kap. 111, 17).

Daß auch die richtige Ernährung, ebenso wie die Reinhaltung des ganzen Körpers als „Tempel des Heiligen Geistes", den Zutritt zu den guten Geistern erleichtert, geht aus den Worten Jesu hervor: „In den früheren Zeiten, in denen die Menschen noch viel einfacher lebten als jetzt, gab es häufig solche, die das sogenannte doppelte (zweite) Gesicht hatten und ganz naturgemäß in den beiden Welten lebten. Es könnten auch Menschen in dieser Zeit gar leicht dahin gelangen, so ihre Kost einfacher wäre; aber zuallermeist schadet ihnen die gegenwärtige, komplizierte Kost. Mit ihr verpatzen (verderben) und verdummen sie ihre Natur in einer Weise, daß sich die Seele wie ein Vogel unter den Leimspindeln verwickelt und verkleistert und sie unmöglich zu jener Regsamkeit gelangen kann, in der ihr ein freier Auf- und Ausflug möglich wäre" (Ed., Kap. 35, S. 100).

Neben dem Umgang mit verstorbenen Seelen hatten die frühen Naturmenschen auch Verkehr mit der Welt der Naturgeister. Bei Lorber heißt es darüber: „Die Geister zeigten ihnen die Wirkungen der Kräuter und auch, wo hie und da auch das eine oder andere edle Metall in den Bergen verborgen lag. Sie unterrichteten sie auch darüber, wie das Metall aus dem Schoße der Erde gewonnen werden und durch Schmelzen und Schmieden zu allerlei nützlichen Dingen brauchbar gemacht werden könne. Kurz und gut, es war da selten ein Haus auf den Bergen, das nicht seine eigenen Hausgeister (Naturgeister) gehabt hätte, die wie ein anderes Hausgesinde ganz gewöhnlich zum Hause gehörten. Dadurch gab es denn auch eine Menge weiser Menschen, namentlich auf den Bergen, welche mit den geheimen Kräften der Natur in der größten Vertrautheit lebten – oder, mit anderen Worten, diese Kräfte oder Geister standen ihnen sozusagen fast allezeit zu Gebote« (Ed., Kap. 35, S. 101).

Wir denken unwillkürlich an Simon den Magier, der Petrus seine Kraft abkaufen wollte, wenn der Erzengel Raphael einem heidnischen Gaukler und

Geisterbeschwörer zuruft: „Zum wahren Geistersehen ist es nötig, dein verborgenes Inneres, das geistig ist, zu stärken, und es über deine Leibessinne sehfähig zu machen. Dann wirst du nicht nur einen Geist, sondern gar viele Geister sehen, hören und auch sprechen können" (Gr. Ev. Bd. 8, Kap. 132, 2. 8). Das ist keine Anleitung zum spiritistischen Geisterverkehr, der auf niederer Ebene verwerflich wäre; es ist im Gegenteil die Ermutigung zu echter Höherzeugung im Geiste. Einer solchen wiedergeborenen Seele hat ja der Herr Unendliches verheißen. Sie ist nicht mehr eingeengt auf die bloßen Erfahrungen der Erdenwelt; ihr Horizont weitet sich bis an die Grenzen des materiellen und geistigen Kosmos. Man muß sich nach der Gnade „strecken". Sind wir nicht alle herabgestürzt aus dem Urkosmos, wie Origenes lehrt? Schon im Altertum gab es Disziplinen, wie die Schule des Pythagoras zu Krotona, in denen der „Aus- und Aufflug" der Seele aus ihrem geistigen Gefängnis systematisch geübt wurde. Von Pythagoras selbst wird uns berichtet, daß er sogar imstande war, die Geschichte der Psyche, der leidenden und immer wieder in die Materie sich verstrickenden Seele, bis hin zu ihrem Ursprung zurückzuverfolgen. Wenn er sich „im Geiste reckte", das heißt in tiefe Meditation versank, erlebte er die vielerlei Vorexistenzen seiner eigenen Seele bis hinab ins Naturreich (siehe dazu die Metempsychoselehre!). Er schaute die verschiedenen Etappen ihres Weges, den sie im geistigen Kosmos zurücklegte.

Immer ist es die Kraft des wiedererweckten Geistes, welche die Seele aus der Erdentiefe emporträgt, über die sublunare Welt hinaus, den „Abgrund der Hekate", wie die Griechen den Schattenkegel der Erde nannten. Ein solcher Seelenflug wird uns von Eduard Schuré in seinem Buch „Die großen Eingeweihten" geschildert. Da erleben wir, wie das Geistwesen sich hindurchkämpft zu den astralen Sphären der Planeten, wo „ein neuer Schlaf, eine köstliche Ohnmacht sie umfängt wie eine Liebkosung. Sie sieht nur noch ihren geflügelten Führer (Schutzgeist), der sie mit Blitzesschnelle in die ferne Tiefe trägt. Was soll man sagen von ihrem Erwachen in den Tälern eines ätherischen Sternes ohne elementare Atmosphäre, wo alles, Berge, Blumen, die Vegetation, von einer köstlichen Art ist, empfindend und redend. Was soll man sagen vor allem von diesen lichtvollen Gestalten, Männern und Frauen, die wie ein geweihter Chor sie umringen, um sie für das heilige Mysterium ihres neuen Lebens einzuweihen?

Sind es Götter oder Göttinnen? Nein, es sind Seelen wie sie selbst; das Wunder besteht darin, daß ihr geheimster Gedanke auf ihrem Antlitz erstrahlt, daß die Zärtlichkeit, die Liebe, der Wunsch oder die Furcht durch ihre durchsichtigen Körper leuchten in schimmerndem Farbenspiel. Hier sind Leib und Gesicht nicht mehr die Masken der Seele, sondern die durchsichtige Seele erscheint in ihrer wirklichen Form, erglänzt in der Tageshelle ihrer reinen Wahrheit. Psyche hat ihre göttliche Heimat wiedergefunden. Denn das geheime Licht, in welchem sie badet, das ihr selbst entströmt und ihr wieder zurückgegeben wird in dem Lächeln der Geliebten, dieses Licht der Seligkeit – es ist die Weltenseele; in ihm fühlt sie die Gegenwart Gottes! Es gibt keine Hindernisse mehr für sie; sie wird lieben, sie wird wissen, sie wird leben, ohne eine andere Schranke zu kennen als ihre eigene Schwungkraft. O sonderbares, wunderbares Glück! Sie fühlt sich mit all ihren Gefährtinnen verbunden durch tiefe Wahlverwandtschaft. Denn im jenseitigen Leben fliehen sich diejenigen, die sich nicht lieben, und die sich verstehen, vereinigen sich. Sie wird mit ihnen die göttlichen Mysterien in schöneren Tempeln feiern in einer immer vollkommeneren Vereinigung. Sie werden sein wie lebende Gedichte, die stets sich erneuern, jede Seele eine Strophe, jede ihr eigenes Leben in dem der anderen wiederholend. Dann wird sie erschauernd in das Licht der Höhen steigen, beim Ruf der Boten, der geflügelten Genien, derjenigen, die man Götter nennt, weil sie dem Kreis der Generationen entwachsen sind."

Die hymnische Sprache allein, wie sie im Anschluß an Platon auch die christlichen Alexandriner verwendeten, wird dem großen Erleben voll gerecht. Das geheiligte Wissen von den Sphärenharmonien und der kosmischen Bedeutung der Zahlen, Figuren und Zeichen, das Pythagoras seinen Schülern nahebrachte, gehört mit in diese Schau. Zutiefst im Unterbewußtsein eines jeden Menschen wurzelt noch immer die archetypische Welt des Urkosmos, und Platon war fest davon überzeugt, daß nur die unbewußte Erinnerung an die Welt der Ideen ein Denken überhaupt erst möglich macht; denn alles auf dieser Erde ist nach dem hermetischen Entsprechungsgesetz an die obere Welt geknüpft. Das Weltbildschema der Antike (nach Ptolemäus und Ciceros „Somnium Scipionis"), das die Erde in den Mittelpunkt des Weltalls rückt, ist eine Anschauung von innen her, die uns verlorenging. Sieben Ringe oder Sphären schwingen dort umeinander und werden selbst von der obersten Sphäre, dem Kristallhimmel, noch einmal überwölbt. Jeder Nachdenkliche muß darin den Aufbau des geistigen Kosmos erkennen, wie er in der Astral- und Mentalwelt, bis hin zum „Ätherkosmos", dem „Kosmos noätos" oder „hyperuranios" Platons, auf einer höheren Schwingungsebene sich uns dartut. Dabei hängt das physische Universum an dem astralen oder psychischen Universum wie eine winzige Gondel an einem riesenhaften Luftballon! Alle diese Erkenntnisse kann derjenige in sich sammeln, der den Geist in sich erweckt. Am wunderbarsten erscheint die Tatsache, daß das scheinbare Nichts, der Äther – nach Hölderlin der „heilige Äther" – nach den Aussagen christlicher Prophetie erst recht mit Leben erfüllt ist; es ist ein Leben höchster Schwingungspotenz. Der eigentliche Himmel befindet sich dort, wo unser Auge nichts mehr sieht, ein riesengroßer Raum, der sich in die Unendlichkeit verliert, der Fülle Gottes ganz entsprechend. Um zu solchen Höhen sich emporzuschwingen, bedarf es des Zustandes der Ekstase. – Wir sollten uns nicht begnügen mit den nicht immer einwandfreien Lehren selbst des höheren Spiritismus. Viel wichtiger ist es, eine eigene lebendige Erfahrung zu machen von den kosmisch übersinnlichen Welten. Einigen neugierigen Frauen sagte einmal der Herr: „Verlanget in der Folge ja nicht mehr nach irgendeinem Geist zu eurer Belehrung, sondern lebet nach Meiner Lehre, daß ihr dadurch fähig werdet, mit Meinem Geist in den vollen Lebensverband zu treten" (Gr. Ev. Bd. 6, Kap. 125, 11). Ein solcher Reifegrad führt ganz von selbst zur lebendigen Verbindung mit der Geisterwelt. Und dann können wir auch aus der Fülle schöpfen wie der große Swedenborg. „Im praktischen Spiritismus", sagt Dr. Walter Lutz, „sehen wir zwar eine Vorstufe der Erkenntnis für Ungläubige, im Stoffwahn (Materialismus) gefangene Menschen; aber im Hinblick auf seine Schattenseiten und Gefahren sollte niemand sich davon dauernd fesseln lassen. Wir mögen ihn zur Aufklärung kennenlernen; aber wir dürfen nicht dabei stehen bleiben, sondern müssen weiterschreiten zur inneren Herzensgemeinschaft mit den reinen, seligen Geistern, ja zur Gottesgemeinschaft durch Glauben und Liebe!"

Die „Zulassung" des Verkehrs mit den Geistern ist also noch immer da, genau wie bei den Vätern der Urzeit! Als der Herr einem römischen Ratsherrn einmal das zweite Gesicht öffnete, um ihn vom Fortleben der Menschenseele nach dem Tode zu überzeugen, sah dieser alsbald seine verstorbenen Verwandten. Sie aber erklärten ihm: „Du könntest uns zu öfteren Malen sehen und sprechen, wenn deine Seele nicht so geblendet wäre von der Sinnenlust der materiellen Welt. Die einfachen Urmenschen dieser Erde konnten die Seelen der Verstorbenen sehen und sprechen; als aber dann ihre Nachkommen stets mehr und mehr in die Materie der Welt versanken, da verloren sie diese Fähigkeit und gerieten in die Nacht der Zweifel über das Fortleben der unsterblichen Seele nach dem Tode des Leibes" (Gr. Ev. Bd. 7, Kap. 218, 4-5). Auch der verstorbene Vater eines römischen Richters, dem Jesus die innere Sehe auftat, klagte seinem Sohn: „Wie hätte ich dir jemals erscheinen können? Sooft ich auch zu dir kam, nie warst du zu Hause und hattest immer zu tun in der Außenwelt und ihrem Lichte, und da ist es für uns unmöglich, jemandem zu erscheinen und ihn zu belehren" (Gr. Ev. Bd. 10, Kap. 173, 9).

Bei aller Warnung vor niederem Geisterverkehr, gilt doch das Wort Jesu: „So gefehlt es auch ist, sich als natürlicher Mensch nur mit Geistern zu beschäftigen, noch mehr gefehlt ist es dennoch, das ganze Geisterreich für null und nichtig zu erklären" (Ed., Kap. 35, 15). Ein Pharisäer forderte einst von Jesus Beweise für die Unsterblichkeit der Seele. Es war seine feste Überzeugung, daß die Menschen an ein Jenseits eher glauben könnten, wenn ein Geist sichtbarlich sich zeige. Da entgegnete ihm der Herr: „Das Leben der Seele nach dem Leibestode kann dir weder ein Mensch noch ein abgeschiedener Geist beweisen. Das mußt du in dir selbst finden durch die wahre Liebe zu Gott und zum Nächsten. – Du meinst, daß die Rückkehr einer abgeschiedenen Seele den Glauben an die Unsterblichkeit der Seele und an Gott am meisten stärken würde. Doch darin irrst du! Fürs erste hat eine abgeschiedene Seele im Jenseits für sich und ihre dortigen Nächsten zur Übergenüge zu tun und hat nicht viel Muße, zu öfteren Malen in einem aus der Luft der Erde geschaffenen Leibe den Fleischmenschen zu erscheinen und sie zu lehren, wie es drüben steht; und fürs zweite kann jeder vollkommene Geist auf die Menschen ohne Beschränkung ihres freien Willens einwirken, und solch unsichtbares Einwirken ist dem Menschen um vieles heilsamer als die Sicht- und Hörbarkeit eines abgeschiedenen Geistes" (Gr. Ev. Bd. 6, Kap. 225, 2-3).

Materialisationsphänomene in spiritistischen Sitzungen gibt es und gab es trotzdem schon übergenug. Konnte aber deswegen der gedankenlos hingesprochene Satz: „Es ist noch keiner zurückgekommen", aus dem Wege geräumt werden? Jesus betont immer wieder: „Der Glaube an das, was Ich sage, ist für die Seele heilsamer als das Schauen, weil sich die Seele im Glauben freier bewegt als im Schauen" (Gr. Ev. Bd. 7, Kap. 220, 9). Dem festen Glauben aber folgt eines Tages von selbst das geistige Schauen. Darum kann Jesus sagen: „Zur Zeit der Wiederkunft des lebendigen Lichtes in vielen Herzen werden die Menschen vielfach Umgang haben mit den reinen Geistern Meines Himmels. Diese werden ihre Lehrer sein und sie in allen Geheimnissen des Lebens in Gott unterweisen" (Gr. Ev. Bd. 7, Kap. 54, 7). Wer denkt dabei nicht unwillkürlich an die Voraussagen des Propheten Joel?!

Es gibt dann also keinen Trennungsstrich mehr zwischen Diesseits und Jenseits! Nach dem Lorberwerk „Natürliche Sonne" sind solche Verhältnisse geradezu die Regel auf vielen Planeten und Sternen, wo die dortigen Bewohner der materiellen Planeten einen ständigen Umgang haben mit abgeschiedenen Seelen in den Astralbereichen. Nur die Erde bildet hier die große Ausnahme, um der Heranerziehung der „Kinder Gottes" willen; wie überhaupt der Verlust der Rückerinnerung auf Erden am ausgeprägtesten ist! Darüber sagte ein Engel einst dem Griechen Philopold: „Es darf keiner Seele eine Rückerinnerung an ein früheres Körperleben verbleiben, da sie auf unserer Erde ein ganz neues Geschöpf aus und in Gott werden soll. Erst wenn der Mensch ein völlig neues Geschöpf geworden ist und die volle Gotteskindschaft erreicht hat, wird ihm alles (an Rückerinnerung) wiedergegeben« (Gr. Ev. Bd. 1, Kap. 214, 9). –

Noch ein Wort über den biblischen Geisterverkehr! Wir wissen, daß alle

Erzväter, Patriarchen und Propheten häufigen Umgang hatten nicht nur mit dem Herrn, sondern auch mit der Engelswelt. Die himmlischen Boten erschienen manchmal so leibhaftig, daß Abraham ihnen sogar Speisen vorsetzte. Dieser hellsehende Umgang mit den Geistern Gottes ist wohl zu unterscheiden vom sogenannten medialen Geisterverkehr. Der Unterschied besteht darin, daß nicht ein fremdes Wesen, wie bei den eigentlichen Medien, durch sie wirkte, sondern allein ihr eigener Geist. Der Hellseher ist kein Werkzeug; seine Fähigkeiten empfängt er dadurch, daß es ihm gelingt, die substantielle Seele mehr oder weniger stark vom Körper zu lösen. Es ist höchst wichtig, was in den Kundgaben bei Pfarrer Greber darüber ausgesagt wird: „Der vom Körper gelöste und teilweise aus dem Körper austretende Geist ist nicht mehr an die körperlichen Sinne gebunden. Er hat die Kräfte und Eigenschaften des körperlosen Geistes. Er sieht, hört und empfindet nach der Art der Geister des Jenseits, je nach dem Grade der Loslösung von seinem Körper und der Feinheit des ihn umgebenden Od. Die Reinheit des Od spielt bei den Hellsehern eine große Rolle. Auch durch ein unreines Glas kann man nicht deutlich sehen. Aus demselben Grunde sind auch die Geister des Jenseits je nach der Beschaffenheit ihres Odkörpers in ihren geistigen Fähigkeiten sehr verschieden entwickelt. Die einen von ihnen sehen, hören und empfinden, was die anderen Geister nicht wahrnehmen können. Das gleiche ist der Fall bei den mit der Gabe des Hellsehens, Hellhörens und Hellempfindens ausgestatteten Menschen. Auch bei ihnen sind diese Gaben in zahllosen Abstufungen, von der unvollkommensten bis zur höchsten Stufe, vorhanden. Die einen empfinden bloß die Nähe der sie umgebenden Geister und deren Einwirkungen auf sie; aber die Geister selbst sehen und hören sie nicht. Wieder andere sehen die Geister, aber hören sie nicht. Wieder andere sehen sie und hören auch ihre Worte und vermögen die einzelnen Geister in ihrem Wesen zu unterscheiden. Die vielen Irrtümer, die euren Hellsehern bei ihren Angaben unterlaufen, sind daraus zu erklären, daß bei den meisten die Gabe sehr unvollkommen ausgebildet ist" (in „Der Verkehr mit der Geisterwelt").
David hat den Engel Gottes, der die Pest als Strafgericht über Israel sandte, ganz realiter gesehen. Darauf läßt auch sein Schuldbekenntnis schließen: „Ach, ich bin's ja, der gesündigt hat, denn ich habe mich vergangen. Diese Herde aber –, was kann die schon verschuldet haben?" (2. Sam. 24, 17). Von Elisa erzählt das Buch der Könige, daß er hellsehend wahrnahm, wie sein Diener Gehasi dem geheilten Hauptmann Naeman nachlief und sich von ihm unter falschen Vorspiegelungen Geschenke für Elisa erbat (2. Kö. 5, 20). Auch die Zukunft Hasaels sah Elisa voraus. Als er deswegen in Tränen ausbrach, befragte ihn dieser nach dem Grund seines Trauerns. Da antwortete Elisa: „Weil ich weiß, wieviel Unheil du den Israeliten zufügen wirst. Ihre

festen Städte wirst du in Brand stecken, ihre jungen Männer mit dem Schwerte töten, ihre Säuglinge zerschmettern und ihren schwangeren Frauen ihren Leib aufschlitzen. Denn Gott der Herr hat dich mir als König über Syrien gezeigt" (2. Kö. 8, 12-13).

Wenn Gott den großen Propheten die Schicksale ganzer Völker oder gar der ganzen Menschheit offenbarte, geschah es meist in der Symbolsprache. Doch waren die Entsprechungszeichen ihnen vertraut; sie waren darin eingeweiht. Daß bei den auserwählten Werkzeugen Gottes mit dem Hellsehen oft auch das Hellhören verbunden war, mögen zwei Beispiele aus dem Buch Daniel bezeugen. Da sagt der Prophet an einer Stelle: „Während ich noch mein Gebet verrichtete, da kam Gabriel, den ich im ersten Gesicht gesehen hatte, in Gestalt eines Menschen eilends auf mich zu um die Zeit des Abendopfers. Er wollte mir Aufklärung geben und redete mich mit den Worten an: ‚Daniel, jetzt bin ich hergekommen, um dir zum rechten Verständnis zu verhelfen. Als du nämlich zu beten begannest, erging ein Gotteswort, und so bin ich gekommen, es dir zu verkünden; denn du bist ein besonders geliebter Mann. So achte nun auf das Wort, damit du die Offenbarung genau verstehst!'" (Dan. 9, 21–23).

Ein andermal erzählt der Prophet: „Am vierundzwanzigsten Tage des ersten Monats befand ich mich am Ufer des Tigris, und als ich dort meine Augen erhob und Umschau hielt, sah ich da einen Menschen stehen, der in Linnen gekleidet war und um die Hüften einen Gürtel von Uphasgold trug. Sein Leib war wie Chrysolith, sein Gesicht leuchtete wie Blitzesschein und seine Augen brannten wie Feuerfackeln. Seine Arme und Beine funkelten wie poliertes Erz; und wenn er redete, klang seine Stimme wie das Tosen einer Volksmenge. – Ich, Daniel, war der einzige, der die Erscheinung sah, während die Männer, die bei mir waren, die Erscheinung nicht sahen; dennoch befiel sie ein solcher Schrecken, daß sie flohen und sich versteckten. So blieb ich denn allein zurück und sah diese gewaltige Erscheinung. Aber alle Kraft schwand mir dahin; mein Gesicht verfärbte sich und ich wurde völlig kraftlos. Als er dann laut zu reden begann und ich den Klang seiner Worte vernahm, sank ich ohnmächtig auf die Erde nieder. Doch da berührte mich eine Hand und half mir, daß ich mich zitternd auf meine Knie und Hände aufrichtete" (Daniel 10, 4–10). Der Vorgang ist nur erklärlich durch die gewaltigen Schwingungskräfte elektrotheonischer Art, die von den Engeln ausgehen. Sie können aber im Umgang mit den Sterblichen diese fast tödlichen Strahlen – R. M. Rilke redet darum von „tödlichen Vögeln der Seele" (Duineser Elegien) – bedeutend herabmindern. –

Ein gutes Beispiel für Hellsehen liefert im Neuen Testament neben der visionären Schau des Johannes vor allem Paulus. In Troas stand plötzlich ein Mann vor ihm mit der Bitte: „Komm nach Mazedonien herüber und hilf

uns!" Bei der Überfahrt nach Italien sah Paulus voraus, daß es einen Schiffbruch geben werde (Apg. 27, 10). An die Korinther konnte Paulus über einen Sünder schreiben: „Ich, der ich leiblich zwar abwesend, aber mit meinem Geiste bei euch gegenwärtig bin, habe über diesen Menschen, der sich so schwer vergangen hat, bereits Gericht gehalten, als ob ich bei euch wäre" (1. Kor. 5, 3). Noch deutlicher tritt das Hellsehen des Paulus in einem Brief an die Kolosser hervor: „Wenn ich auch leiblich fern bin, so ist mein Geist doch bei euch gegenwärtig, und ich sehe mit Freuden eure fest geschlossene Kampfstellung und das feste Bollwerk eures Glaubens" (Kol. 2, 5).
Der eigentliche mediale Umgang mit den Geistern auf werkzeughafte Weise kommt ebenfalls an vielen Stellen der Bibel zum Ausdruck. So konnte im Offenbarungszelt des Moses jeder einzelne aus dem Volke Israel sich Rat geben lassen wie auch das Volk als Ganzes; denn Gott sprach dort durch seine Engel zu den bestellten Mittlern. Wenn das Kleid des Hohenpriesters mit einem „Brustschild" geziert war, so hatte das ebenfalls nur den einen Zweck: Diese edelsteingeschmückte Planchette sollte im sakralen Raum die Verbindung mit den Geistern Gottes herstellen! Machen wir es uns klar bewußt, was auch bei den gottesdienstlichen Versammlungen der ersten Christen in Wirklichkeit geschah: Es war da ein Kommen und Gehen der Geisterwelt! „Sie redete durch den einen der Versammelten in einer fremden Sprache, durch einen anderen in der Muttersprache der Anwesenden, einem dritten gab sie die Kraft, Kranke zu heilen, und wieder anderen erteilte sie andere Gaben, je nachdem sich die einzelnen für die betreffenden Gaben als Werkzeuge in der Hand der Geisterwelt eigneten. Das war damals etwas Alltägliches, und wurde als etwas Selbstverständliches betrachtet" (J. Greber).
Freilich waren die Gefahren groß, daß auch Dämonisches sich einmischte, weshalb Paulus eindringlich mahnt: „Unterscheidet die Geister!" Wir sollten überhaupt vorsichtig sein mit dem Mediumwesen. Wer sind diese Medien eigentlich? Bei Pfarrer Greber wird geantwortet: „Medien sind Mittelspersonen oder menschliche Werkzeuge, deren sich die Geisterwelt bedient, um sich den Menschen kund zu tun. Da die Geistwesen zu diesem Zweck die Odkraft nötig haben, so sind Medien solche Menschen, die der Geisterwelt als Quelle der Odkraft dienen. Die Medien geben in der Hauptsache das eigene Od an die sich kundgebenden Geister ab. Sie sind gleichzeitig aber auch Sammelstellen für das Od, das die Nicht-Medien als Teilnehmer sogenannter spiritistischer Sitzungen abgeben. Wie beim Bau einer Wasserleitung manchmal viele kleine Quellen mit dem Wasser der Hauptquelle vereinigt werden, um die Leistung der Hauptquelle zu erhöhen, so wird auch die Odleistung eines Mediums dadurch gesteigert, daß das Medium die schwächeren Odkräfte der Teilnehmer in sich aufsammelt.

Wenn auch alle Menschen Odkraft besitzen, so ist sie doch bei den meisten zu sehr an den eigenen Körper gebunden und nicht löslich genug. Sie kann daher von den Geistern nicht in ausreichender Stärke verwendet werden. Menschen, die sich als Medien eignen, sind sehr ‚sensitiv'. Das bedeutet, daß sie infolge der leichten Löslichkeit des Od alle Eindrücke viel tiefer empfinden als andere Menschen. Es ist dies nicht unbedingt etwas Krankhaftes, wie die irdischen Gelehrten meinen. Auch hat es nichts mit Nervosität, Hysterie oder Willensschwäche zu tun. Im Gegenteil, die guten Geister können nervöse, willensschwache und kranke Menschen nicht als Medien gebrauchen. Ein gutes Medium hat mehr Willenskraft und Nervenstärke und ist organisch gesünder als irgendein anderer Mensch."

Es würde zu weit führen, die verschiedenen Arten des Mediumismus in Verbindung mit der höheren oder niederen Geisterwelt hier alle aufzuzählen. In der Bibel tritt an entscheidender Stelle der Heilsgeschichte eine ganz besondere Form der Medialität hervor. Es ist die sogenannte „direkte Schrift". Die Gesetzestafeln auf Sinai zum Beispiel wurden von Gottes Hand unmittelbar beschrieben! Auch das, was beim berühmten Gastmahl des Königs Belsazar vor sich ging, gehört in die gleiche Kategorie. Der Text bei Daniel lautet: „Da kamen Finger einer Menschenhand zum Vorschein und schrieben dem Kronleuchter gegenüber auf die getünchte Wand des königlichen Saales, so daß der König den Rücken der schreibenden Hand sah" (Dan. 5, 5). Was sich hier im sakralen Bereich abspielte, kann sich jedoch auch in profaner Umgebung ereignen. Erklärlich wird dann die sogenannte direkte Schrift nur auf folgende Weise: „Mit dem vom Medium entnommenen Od materialisiert das Geistwesen die eigene Geisterhand und schreibt damit auf einen Gegenstand, der mit dem Medium nicht in Berührung steht, zum Beispiel auf eine Tafel, auf Papier oder sonstige Dinge. Dazu bedarf es einer bedeutend größeren Odmenge als beim Schreiben mit der Hand des Mediums" (Greber).

Alle diese in Verbindung mit der Geisterwelt verursachten Erscheinungen haben stets einen doppelten Aspekt: Sie können ebensogut „von unten" wie „von oben" stammen. Das Motto für den religiösen Menschen heißt: „Suchet zuerst das Reich Gottes; alles andere wird euch hinzugegeben werden!"

4. Stimmen aus dem Jenseits

(Jenseitsliteratur der letzten hundertfünfzig Jahre)

Es gibt wohl kaum ein Interessengebiet, das stärker in Bann schlagen könnte als die Kunde vom Jenseits. Warum aber dennoch so wenig Menschen sich darauf einlassen wollen, hat verständliche Ursachen: Die Kirche und mit ihr die Heerschar theoretisierender Theologen hat es von Anfang an nicht vermocht, über diesen allerwichtigsten Zweig jeglicher Religion genügend Licht zu verbreiten. Was Visionäre, wie etwa Dante, die heilige Hildegard von Bingen und der norwegische Heilige Olav Astason in großen Zusammenhängen schauten, hätte man mit Leichtigkeit zu einer Lehre vom Jenseits gestalten können. Das aber wurde gründlich versäumt. Dabei war der Glaube an ein Jenseits, wenigstens noch unter den Scholastikern, ganz unerschüttert. Schon allein die Tatsache aber, daß Thomas von Aquin über die Leibbeschaffenheit der Seele im Jenseits völlig unzureichende Theorien aufstellte, war ein Hindernis auf dem Wege der Forschung, und zwar bis in die neueste Zeit hinein.

Diese Schranke konnte auch nicht beseitigt werden, als in der Zeit der Renaissance der Aufbruch zu neuem Denken begann. Zwar machte man sich in Gelehrtenkreisen systematisch los von den allzu engen Bindungen an das kirchliche Dogma; das Pendel schlug aber nun nach der anderen Seite aus: Im Zurückdrängen der Religion überhaupt und in der Hinneigung zum bloßen Diesseitsdenken litt auch das metaphysische Weltbild Schaden. Es entstand jener Rationalismus, der schließlich über die sogenannte Natürliche Religion zur vollständigen Glaubenslosigkeit führen mußte. Seinen philosophischen Niederschlag fand er im sogenannten Positivismus, der letztlich nur noch „Sinnesdaten" gelten ließ als einzig erforschbare Wahrheit. Die metaphysische Wirklichkeit Gottes und die Transzendenz des Jenseits wurde nicht mehr gesehen.

Der Riß ging auch mitten durch die Theologen. Die fortschrittlich sich Wähnenden näherten sich immer mehr dem Zeitgeist. Man wollte möglichst nicht mehr an die mittelalterlichen Teufelsvorstellungen, ja an den gesamten Stockwerkbau von Himmel, Hölle und Fegfeuer rühren. Dennoch war unsere sogenannte Neuzeit auch ein gnadenhafter Aufbruch zu neuen Ufern, denn ebenso stark wie der Unglaube machte sich auch die geistige Hilfe von oben bemerkbar. Die riesenhafte Jenseitstapisserie der „Divina Commedia" erhielt ihre Ergänzung und Vollendung durch zwei große Propheten, welche die Grundpfeiler einer bis ins Letzte reichenden Kunde vom Jenseits errichteten: Emanuel Swedenborg (1688–1772) und Jakob Lorber (1800–1864). Die Barockzeit mit ihrer reichen Fülle von Ideen war überaus empfänglich für eine große Zusammenschau von Himmel und Erde, Diesseits und Jenseits. Wie gut paßte da Swedenborgs „Economia dei" in diesen Rahmen! So wurde dieser nordische Seher, Sohn eines evangelischen Bischofs, zum großen Anreger für seine Zeit, denn er hatte als erster wieder ein Weltbild anzubieten, das allumfassend war. Auch Goethe und später der Romancier H. Balzac versagten ihm nicht ihre Anerkennung. Besonders die in „Himmel und Hölle" zusammengefaßten Schilderungen des Jenseits erregten überall Aufsehen. Für die Kirchen wären sie eine Gelegenheit gewesen zu vertiefter Seelsorge; aber sie erkannten nicht, daß es sich auch hier wie früher in der visionären Schau Dantes um göttliche Offenbarung handelte. Und so ging die gottgeschenkte Lehre vom Jenseits an den meisten Schäflein protestantischer oder katholischer Provenienz unbeachtet vorüber.

Da kam die Hilfe sichtbarlich von oben. Es ist erstaunlich, wie plötzlich um die Wende vom achtzehnten zum neunzehnten Jahrhundert nicht nur der Geist der Romantik seinen Einzug hielt, mit äußerster Aufgeschlossenheit für übersinnliche Phänomene, sondern auch ein nie gekannter Verkehr mit der Geisterwelt einsetzte. Das bekannteste Beispiel dafür ist folgender Bericht des elsässischen Pfarrers J. Fr. Oberlin (1740–1826): „Seit dem Tode meiner Frau sah ich sie neun Jahre lang fast alle Tage, träumend oder wachend, teils hier bei mir, teils drüben an ihrem jenseitigen Aufenthaltsorte, wo ich merkwürdige Dinge, auch politische Veränderungen, lange, ehe sie sich ereigneten, von ihr erfuhr. Sie erschien aber nicht nur mir, sondern auch meinen Hausgenossen und vielen Personen im Steintal, warnte sie oft vor Unglück, sagte voraus, was kommen werde und gab Aufschlüsse über die Dinge jenseits des Grabes."

Pfarrer Oberlin war es sogar möglich, infolge der genauen Angaben von drüben eine Karte vom Jenseits zu entwerfen. Sie erhielt die Bezeichnung Uranographie. Das vielfach gegliederte Bild der unsichtbaren Welt erhielt biblische Namen. Ludwig Hoffmann sagt darüber in seinem Buch „Im Traumlicht der Ewigkeit": „Diese Karte hing groß und breit in seiner Studierstube. Und wie er seine Steintalbauern im Ackerbau, in der Baumpflege, in der Tierzucht, in der Physik und der Astronomie unterwies, so leitete er sie auch an, sich auf dieser Jenseitskarte zurechtzufinden." Die wohl genaueste und brauchbarste Biographie dieses vorbildlichen Tatchristen schrieb Alfons Rosenberg in seinem Buch: „J. Fr. Oberlin, die Bleibstätten der Toten", mit einer Original-Jenseitskarte (Turm-Verlag, Bietigheim, Württ.).

Gegen Mitte des vorigen Jahrhunderts schossen Spiritismus und Okkultismus nur so aus dem Boden! Man stillte seinen Durst nach Wahrheit an einer Quelle, die manchmal sehr getrübt, manchmal aber auch noch ganz rein und unvermischt, abseits des offiziellen Kirchentums, floß. Und Gott duldete es! Gab es denn einen anderen Weg, um die Menschen aus ihrer Unwissenheit herauszuführen? Hand in Hand mit dem Hervorbrechen eines bisher in diesem Ausmaß nie gekannten Verkehrs mit der Geisterwelt ging das Phänomen des Somnambulismus. Wir verdanken ihm eine Menge höchst brauchbarer Angaben über das Jenseits, die durchweg religiösen Charakter tragen. Der Arzt und Dichter Justinus Kerner, dem es zu verdanken ist, daß auch Schriften von J. Lorber zum ersten Mal in Druck erschienen, war um diese

Erscheinungen besonders bemüht. Er betreute mehrere Jahre lang die weltberühmte Somnambule Friederike Hauffe (1801–1829), bekannt als „Seherin von Prevorst". Kerners Aufzeichnungen über alle Phänomene, die an dieser ungewöhnlichen „Sensitiven" zu beobachten waren, gehören zu den Grundlagen übersinnlicher Forschung. Die größte Rolle im Leben der Seherin spielten Erscheinungen unerlöster Geister. Von ihnen sagt sie ganz allgemein aus: „Die Geister, die zu mir kommen, sind in den untersten Stufen des Geisterreiches, das im Luftraum ist, in einem sogenannten Zwischenreich. ... Viele Menschen, die nicht sogleich nach dem Tode verdammt, aber auch nicht sogleich selig werden können, kommen in verschiedene oft hohe Stufen dieses Reiches, je nach der Reinheit ihres Geistes. Die Geister in den unteren Stufen, die noch eine größere Schwere haben, sind in einer immerwährenden schauerlichen Dämmerung, die aus ihnen selbst hervorgeht. ... Der Sonnenkreis schwand ihnen beim Hinscheiden, und so haben sie kein Schauen mehr für unsere Erde."

Oft ist es der Seherin gelungen, den mehr tierischen als menschlichen Gestalten durch geistige Beeinflussung, Gebet usw. aus ihrem schlimmsten Zustande herauszuhelfen. Die Folge war eine Auflichtung ihres Seelenkleides.

Noch zwei weitere Somnambule verdienen es, an dieser Stelle erwähnt zu werden. Philippine Demut-Bäuerle wurde am 2. Juni 1816 in Weilheim a. d. Teck (Württ.) geboren. Ihre Astralwanderungen führten sie durch die ganze Jenseitswelt, von der Hölle bis hinauf ins Neue Jerusalem; vor allem aber durch die Astralbereiche der Planeten, unsere Sonne nicht ausgenommen. Die schlicht-poetischen Schilderungen dieser Siebzehnjährigen haben herzbewegende Ausdruckskraft. Das gleiche läßt sich von den Jenseitsoffenbarungen der „Seherin vom Schwarzwald" (Dreistern-Verlag, Stuttgart) sagen. Was diese so besonders wertvoll erscheinen läßt, ist ihre Fülle von Aussagen über religiöse Fragen. Hören wir einige Zitate! Über das Christentum sagt sie: „Es hat bis jetzt nur die Sitten gemildert; was aber die Herzenswärme, die Freiheit und das Glück der Völker betrifft, so stehen wir noch zurück im Vergleich mit dem alten Griechenland zur Zeit seiner Jugendblüte. Sie fürchteten und liebten ihre eingebildeten Götter mehr als die sogenannten Christen unserer Zeit den lebendigen Gott fürchten und lieben. Obgleich die vorgestellten Götter nicht im Himmel waren, so lebte doch der Gedanke an ihre Heiligkeit und Liebe in den glücklichen Herzen dieses Volkes. Mit Ehrfurcht achtete man auf die Aussprüche des Orakels und auf die Lehren der Weisen."

Sehr wichtig ist die Aussage: „Im Himmel und bei den Seligen herrscht kein Glaubensunterschied mehr. Wenn man nur recht tut, seinen Nächsten liebt wie sich selbst und fest an Gott glaubt, sowie seine Gebote hält." Die Frage nach der Ewigkeit der Höllenstrafen wird mit den Worten beantwortet: „Es gibt keine ewige Verdammnis; eine ewige Verstoßung und Unseligkeit verträgt sich nicht mit der Allbarmherzigkeit Gottes, welcher will, daß keines seiner Schafe verlorengehe, sondern zur Erkenntnis der Wahrheit und zu vollkommener Seligkeit komme. – Ich sage euch, die Lehre, daß Gott auf immer und ewig verdamme, hat schon namenloses Unheil angerichtet, denn mancher arme Sünder hätte noch Buße getan und seine Sünden hienieden bereut, wenn ihm nicht beigebracht worden wäre, daß er doch auf ewig verloren sei. Um nun sein von diesem Gedanken erzeugtes Elend zu vergessen, hat er Sünde auf Sünde, Schuld auf Schuld gehäuft und gesagt, es gehe vollends in einem dahin; er sei ja doch auf ewig verloren."

Die Verschiedenheit der Reinigungsorte charakterisiert sie so: „Solche Seelen, welche auf dieser Erde noch zu ihrer vollen Erkenntnis kommen, ihre Sünden herzlich bereuen, ihren Lebensweg ändern und sich eines gottseligen Lebens befleißigen, kommen, je nach dem Grad der von ihnen erlangten Herzensreinheit, der ewigen Herrlichkeit ziemlich nahe; sie haben in jenem Leben nur noch wenig Läuterungsgrade, welche überdies leicht sind, um in das Reich des Herrn einzugehen. – Solche Seelen dagegen, welche in ihrer Unbußfertigkeit beharren, kommen auf die niederste, der Hölle am nächsten stehende Stufe, auf welcher der Zustand der Seele an sich schon ein höchst unglückseliger ist und sich dadurch noch verschlimmert, daß hier die sündlichen Neigungen und Gewohnheiten des Geistes noch weit mächtiger wirken, indem ihnen nirgends ein Damm entgegensteht und kein Verkehr mit Wesen möglich ist, welche durch Religion und Gottvertrauen geheiligt sind."

Auf die Frage, ob man auch in jener Welt noch irdischen Leidenschaften frönen könne, antwortete die Seherin: „Gewiß, der Geist schwelgt darin, wie es hienieden geschah! Nur kann er sie materiell nicht ausführen; allein in seiner Einbildung existiert alles so lebhaft, wie wenn es in der Wirklichkeit vorhanden wäre. Folglich ist der böse Wille und eben dadurch auch die Sünde in ganzer Macht vorhanden. Diese Macht wird hier um so stärker, als keinerlei Zwang stattfindet und nirgends eine Schranke gesetzt ist wie auf der Erde, wo die bürgerlichen Gesetze und die Ordnung der Gesellschaft jedem frechen Frevler Schranken setzen. ... Der Wollüstling hängt in seinen Gedanken unaufhörlich seinen geilen Gelüsten und Wünschen nach, ohne sie befriedigen zu können. Dabei erleidet er wahre Höllenqualen. Der Geizige trachtet stets nach Schätzen und Besitztümern, ohne sie erlangen zu können; auch für ihn bedeutet das große Qualen. Der Ehrsüchtige strebt nach Ehre und Ansehen, ohne sich aus dem Staube emporarbeiten zu können, was auch ihm bedeutende Qualen verursacht. Der an ein unstetes, herumschweifendes Leben Gewöhnte fühlt sich an den engsten Raum gefesselt und erleidet dadurch größte Pein. Der Genußsüchtige, dessen Gott der Bauch war, sucht zu genießen, ohne irgend eine Nahrung zu finden; seine Leiden sind höllisch. Jeder wird auf die Art bestraft, welche für ihn am empfindlichsten ist."

Eindringlich warnt die Seherin vor geistigem Hochmut, von dem sie sagt, daß es manchmal sogar noch auf höheren Stufen vorkommt, „daß einzelne Geister aus der Gottseligkeit fallen, indem sie ihr Wachstum in der Erkenntnis Gottes nicht dessen Gnade zuschreiben, sondern ihrer eigenen Gerechtigkeit und Weisheit." Darüber befragt, welche abgeschiedenen Seelen auf jene Stufe des Jenseits gelangen, die den Verhältnissen auf der Erde am meisten entspricht, erwiderte sie: „Alle diejenigen, welche während ihrer irdischen Lebenszeit den Mittelweg einhielten, also sich weder der Gnade Gottes besonders teilhaftig zu machen suchten, noch auch durch böse Gedanken, Worte und Werke die Gnadenmittel verschmähten und gering achteten. Dies sind meist gleichgültige, sogenannte gutmütige Naturen, welche sich nicht leicht aus ihren Gewohnheiten und Absichten hinaustreiben lassen und auch im Jenseits oft Ewigkeiten hindurch auf ihrem alten, einmal angenommenen Wesen beharren, folglich weder in die Höhe steigen noch auch tiefer hinabsinken. Je höher die Stufe ist, um so leichter wird es, im Guten zu wachsen, und um so geringer sind die Versuchungen."

Wie sehr decken sich diese Angaben mit den Offenbarungen bei J. Lorber! Es ist gewiß kein Zufall, daß mitten in dem spirituellen Aufbruch des vorigen Jahrhunderts und beinahe parallel zur Gründung der Theosophischen Gesellschaft Madame Blavatskys, auch der größte aller Propheten, die je gelebt haben, der Steiermärker J. Lorber hervortrat. Seine Neuoffenbarungslehre, die alles Wissen über Diesseits und Jenseits, Natur, Mensch und Gott in sich zusammenfaßt und damit dem Urevangelium gleichgesetzt werden muß, ist nichts anderes als jenes „Ewige Evangelium", das in der Johannes-Apokalypse verheißen ist. Dort lesen wir an einer wenig beachteten Stelle: „Und ich sah einen anderen Engel fliegen durch die Himmelsmitte, der hatte ein ewiges Evangelium zu verkünden über die Erdbewohner und über alle Nationen und Stämme und Sprachen und Völker. Und er rief mit gewaltiger Stimme: ‚Fürchtet Gott und bringet ihm Lobpreisung, denn gekommen ist die Stunde seines Gerichtes! Ihn betet an, der gemacht hat den Himmel und die Erde und Meer und Wasserquellen!'" (14, 6).

Einen großen Raum nehmen bei J. Lorber die Kundgaben über das Jenseits ein. Da sie unbedingt zur Evangeliumsverkündung hinzugehören, sind sie auch ein wichtiges Teilstück der gesamten Lehre. Zu nennen sind vor allem – neben kleineren Schriften wie „Sterbeszenen" – drei große Werke: „Bischof Martin", „Die geistige Sonne" (2 Bände) und „Robert Blum" (2 Bände; jetzt unter dem Titel „Von der Hölle zum Himmel"). Dargestellt wird in der Hauptsache der geistige Werdegang einzelner Personen in den verschiedenen Reichen des Jenseits. Da das hochwichtige Gesetz der Analogie (Entsprechungen) allen Verhältnissen der geistigen Welt zugrunde liegt, erblicken wir uns selbst wie in einem Spiegel. Alle nur denkbaren Eigenschaften und Wesenszüge des Menschen bilden sich in dem gewaltigen Diakosmos milieuhaft ab; denn „ein jeder ist drüben der Schöpfer seines eigenen Fußbodens". Die buntschillernde Vielheit von Szenerien und Gestalten ist unübertroffen.

Die Dichterin Edith Mikeleitis bekennt über die Lorberschen Jenseitsschriften: „Wenn es nicht geboten wäre, diese Werke nicht in Verbindung zu bringen mit erfundenen Erzählungen – denn es handelt sich um reine Offenbarungen aus Bezirken, die Sterblichen nicht zugänglich sind –, dann könnte man diese Bücher die erregendsten, ungewöhnlichsten und zukunftsreichsten ‚Romane' der Weltgeschichte nennen. Wer die Entsprechungssprache versteht, findet auf jeder Seite nie gewußte Aufschlüsse über Leben und Sinn seiner eigenen Existenz. ... Die heutige Tiefenpsychologie hat entdeckt, daß nicht das ‚Unterbewußtsein' das Letzte ist, aus dem die Bilder steigen, sondern daß es ein ‚Tiefstbewußtsein' gibt, das ‚göttlich-allwissend' ist. Während das Unterbewußtsein seelisch-körperliche Reservate aus unendlichen Lebensperioden darstellt, handelt es sich beim ‚Tiefstbewußtsein' um das rein Geistige aus Gott, das der Seele wie der Lebenskeim dem Samen eingepflanzt ist. ... Mehr, als man in einem langen Erdendasein fassen kann, enthüllt uns das Geschehen (in den Jenseitswerken Lorbers) ein Reich, von dem wir gewohnt sind, nur in abstrakten Vermutungen zu denken. Es ist aber nicht abstrakt; es ist wirklicher als das, was wir Wirklichkeit nennen, denn es ist nicht mehr an die alles Geistige lähmende Materie gebunden" (in „Der Plan Gottes"). –

In genau entgegengesetzter Richtung zu dieser gewaltigen Lichtwerdung bewegte sich der Zeitgeist vorwärts. Die materialistisch-positivistische Weltanschauung führte schließlich zu der größten Verfinsterung in unserem Jahrhundert, als es ihr nach dem Zweiten Weltkrieg gelang, zutiefst in die geheiligten Bezirke der Religion einzubrechen. Mit dem Beginn der Entmythologisierung und Gott-ist-tot-Theologie hat sich etwas in der Kirche abgespielt, das mit Matthäus 24,15 und dem Propheten Daniel als „Greuel der Verwüstung an heiliger Stätte" bezeichnet werden muß. Dabei hat gerade auch unser Jahrhundert eine verstärkte Einwirkung aus der geistigen Welt erleben dürfen. Die Jenseitskundgaben reißen nicht mehr ab. Besonders sind es die Mitteilungen auf dem Wege des höheren Spiritismus, die wir unbedingt ernst nehmen müssen, auch wenn sie nicht den gleichen Gültigkeitsgrad beanspruchen können wie die großen Prophetien. Da sie aber sehr in die Details gehen und echte Stimmungsbilder des Jenseits vermitteln, manchmal sogar in kraß naturalistischer Weise, sollten wir nicht daran vorübergehen. Aus der inneren Logik des Geschehens lassen sich Schlüsse ziehen auf die

Echtheit dieser Kundgaben. Aus der großen Zahl lesenswerter Bücher seien einige besonders herausgehoben, deren Inhalt überzeugend wirkt. Zu den ergreifendsten Schilderungen der tiefer gelegenen Sphären gehört das beinahe romanhaft anmutende und doch so realistisch abgefaßte Werk: „Ein Wanderer im Lande der Geister" (Turm-Verlag, Bietigheim) von Franchezzo. Dieser Erlebnisbericht, der aus einer sogenannten „Generalbeichte" hervorging, wie sie unerlöste Seelen oft zu ihrer rascheren Erlösung vor aller Öffentlichkeit ablegen – eine Gattung von Jenseitsliteratur, die man öfters antrifft –, ist im Grunde genommen ein „Hohelied der Liebe"; denn es zeigt mit aller Deutlichkeit, wie auch scheinbar verlorene Seelen, die nach kirchlichen Begriffen für die Hölle reif wären, von der Liebe und Barmherzigkeit Gottes aufgefangen werden. Und „Liebe" ist der Grundton, der sich durch alle Geschehnisse zieht. Es gibt kaum eine spannendere und aufschlußreichere Lektüre.

Das gleiche kann man von dem zweibändigen Werk: „Reise in die Unsterblichkeit" (Drei Eichen-Verlag, München-Pasing) von Robert James Lees behaupten. Im täglichen Verkehr mit den Abgeschiedenen hat der Verfasser einen Jenseitsbericht erstellt, der ungefähr auf jener Stufe anfängt, wo das Buch von Franchezzo endet, nämlich im „Elysischen Leben". Der Weg führt uns hinauf bis vor des Himmels Tore. Hauptsächlich das, was Swedenborg als den „Zustand der Unterrichtung" bezeichnet, wird in vielen Einzelheiten vor uns abgewandelt. Die Unterweisungen machen den Hauptteil des Buches aus. Aber auch Natur und Mensch und ganz besonders die Kunst im Jenseits kommen zu ihrem Rechte.

Sehr empfehlenswert ist auch das Büchlein „Leben im himmlischen Reich" (Religio-Verlag, Berlin-Dahlem), empfangen durch „Inneres Wort" von Gottlieb Stiller. Es führt uns durch die oberen Stufen des Jenseits, wobei das, was bei J. Lorber „Oberes Mittelreich" (Paradies) und „Himmel" genannt wird, in eins zusammenfließt. Die einzelnen Sphären werden streng nach bestimmten Eigenschaften bezeichnet. So durchschreiten wir in siebenfachem Aufstieg das Land der Barmherzigkeit, der Gerechtigkeit, des Friedens, des Gehorsams, der Liebe, der Macht und der Herrlichkeit. Das Büchlein ist eine wahrhaft religiöse Lektüre von tiefem Lehrgehalt. Auch werden die innigsten Saiten der Seele angeschlagen. Sogar die Schilderungen von Natur und Menschenwerk haben poetischen Zauber.

Ebenfalls durch Inneres Wort kam der Jenseitsbericht „Diesseits und jenseits der Scheidewand" (Selbstverlag, Karlsruhe) von Friedrich Härdle zustande. Er gehört mit zu den besten Aufklärungsschriften über die andere Welt. Fast alle wichtigen Probleme werden darin im Frage-und-Antwort-Spiel angerührt. Es ist Weisheit aus den höchsten Sphären. – In den „Gesichten der geistigen Welt" von Sadhu Sundar Singh wurde der Menschheit ein

anderes, sehr aufschlußreiches Büchlein über das Jenseits geschenkt. Dieser Christ gewordene Inder, Sohn eines Brahmanen, hat ähnlich wie Paulus nicht nur die halbe irdische Welt durchwandert und missioniert, sondern auch die jenseitigen Welten in häufiger Ekstase. Oft hat sich ihm Christus persönlich geoffenbart, was seiner Botschaft eine besondere Note gibt.
Sehr bekannt geworden sind die Bucheditionen der „Geistigen Loge, Zürich". Die Botschaften, die dort unter der Leitung eines sogenannten Spirits (höheren Führungsgeistes) empfangen wurden, verdienen zweifellos Beachtung; enthalten sie doch sehr beispielhafte Szenerien, aus denen man viel lernen kann. Erwähnt seien besonders die Bücher „Vom Leben nach dem Tode" von Josef Linus, „Was uns erwartet" (zusammengestellt von Prof. Dr. Walther Hinz) und „Geborgenheit" (ebenfalls Dr. W. Hinz). Auch in diesen Schriften findet man eine der Neuoffenbarungslehre fast völlig adäquate innere Ausrichtung.
Besonderes Gewicht haben die „Protokolle aus dem Jenseits" in dem Buch von P. H. Landmann „Wie die Toten leben" (Heinrich Schwab Verlag, Argenbühl-Eglofstal). Sie kamen durch inneres Diktat zustande und geben vor allem die Verhältnisse im Oberen Mittelreich (Paradies) wieder. Da diese Sphäre eine sehr große Spannungsweite besitzt und für uns Erdbewohner noch am faßlichsten erscheint – viele Verstorbene kommen sofort auf diese Stufe –, erhalten wir von dorther auch die brauchbarsten Aufschlüsse über das Jenseits. Kaum eine wichtige Frage, die an die sogenannten Kommunikatoren gerichtet wurde, blieb unbeantwortet. So können wir das Buch geradezu als ein Lehrbuch betrachten. Dennoch hat es auch erlebnishaften Charakter mit vielen stimmungsvollen Beschreibungen von Natur und Kunst, Wohnsiedlungen, Städten, Landschaften, usw. Noch keine volle Klarheit herrscht, wie in den meisten Kundgaben aus diesen Bereichen, über gewisse Punkte der Religion, die schon immer die Gemüter entzweiten, wie zum Beispiel über die Gottheit Jesu, das Reinkarnationsproblem, usw. Ein voller Aufschluß darüber ist erst möglich auf den höchsten Stufen der geistigen Welten. Aber auch die Neuoffenbarungslehre, die aus den Himmeln selber stammt, lichtet die Nebel.

5. Wissenschaftliche Jenseitsforschung und Jenseitsleugnung durch die sogenannte Neue Theologie

Das Interesse an Parapsychologie, das in neuester Zeit durch eine wahre Bücherschwemme stark gefördert wurde, kann natürlich nicht vorbeigehen an der Frage des Weiterlebens nach dem Tode. So ist der Versuch einer wissenschaftlichen Erforschung des Jenseits bereits von mehreren Seiten in

Angriff genommen worden. Aber alles Bemühen um eine exakte Beweisführung muß immer dort ins Stocken geraten, wo noch keine Klarheit herrscht über das Wesen von Leib, Seele und Geist des Menschen, ja der Materie überhaupt. Es wird wohl in Gelehrtenkreisen noch lange dauern, bis eine Formulierung allgemein Anerkennung findet, wie sie etwa von Dipl.-Ing. M. Henry mit den Sätzen versucht wurde: „Jedes physische Phänomen, ob Molekül, Kristall, Pflanze, Tier oder Menschenleib, wird in seiner Entwicklung von einem organischen Energiekörper erzeugt und gesteuert", oder „Jedes physische Phänomen und sein Energiekörper sind in die Substanzen Materie und Energie eingeprägte und in Qualitätsorganismen gekleidete Ideen; und diese Ideen sind absolute Wirklichkeit, genauso wie die Substanzen, in welche sie eingeprägt werden"; oder „In jedem physischen Phänomen ist auch ein eigener individueller Geist am Werk. ... Unser physischer Leib und sein Energiekörper werden von einem unsichtbaren organischen Wesen gesteuert, auf welches unsere Wahrnehmungen und unsere motorischen Leistungen zurückzuführen sind. Dieses nur auf Grund äußerer Wahrnehmungen erfaßte Wesen ist identisch mit dem, was wir, auf Grund innerer Wahrnehmung, unter Geist und Seele verstehen."
Es geht also um eine Richtigstellung des Menschenbildes! Den Bemühungen von M. Henry, den „Wissenschaftlichen Beweis unseres Weiterlebens nach dem Tode" zu liefern (so lautet der Titel seines Buches, Rohm-Verlag, Bietigheim) gehen lange vorher schon experimentelle Versuche mit dem sogenannten Fluidalkörper voraus. So gelang dem Direktor der Militärtechnischen Hochschule in Paris, General de Rochas, eine künstliche Exteriorisation des feinstofflichen Leibes „entweder durch magnetische Striche, oder indem er sich mit der Versuchsperson durch einen schwachen galvanischen Strom verband, oder auch indem er sie durch einen Wimhurstschen Apparat einschläferte. Sensitive beobachteten, daß Odschichten aus dem Körper austraten, als Nebel wahrnehmbar, der langsam leuchtete. Ein Stich in den Finger des Phantoms übertrug sich vermöge des magnetischen Rapports auf die Versuchsperson, an deren korrespondierendem Finger ein Stigma entstand und Blutstropfen heraustraten". (Aus W. O. Roesermueller „Unsere Toten leben".)
Eine große Zahl eigenständiger Forscher hat die Ergebnisse bei de Rochas bestätigen können. Besonders zu nennen ist Prof. Durville, der viele Personen „dedoublierte"; gemeint ist der Austritt des fluidalen Organismus aus dem Körper. In gleiche Richtung zielen die Untersuchungen der Münchner Ärztin Dr. Dora Rohlfs. In ihren Eigenerlebnissen mit Jenseitigen stieß sie immer wieder auf das sogenannte „biologische Kraftfeld". Von ihm sagt sie aus, „daß es sich wie das aus der Physik bekannte elektromagnetische Kraftfeld mit Masse beladen kann und weiterbesteht, auch wenn die Masse ent-

fernt wird. Die Kraftfeldtheorie schließt in wunderbarer Weise Animismus und Spiritismus ein" (Roesermueller). Ausführlich berichtet über den feinstofflichen Leib der hellsehend veranlagte Arzt und Forscher Dr. med. Fr. Schwab in seinem Buch: „Geburt und Tod als Durchgangspforte des inwendigen Menschen". Von einer anderen Seite her versuchte Dr. Rudolf Schwarz den wissenschaftlichen Beweis für die Existenz des Jenseits zu liefern. Ausgehend von den Kundgaben durch P. H. Landmann begründete er eine „vergleichende Jenseitsforschung". Das Beweismaterial glaubte er in der fast völligen Übereinstimmung aller Aussagen durch Jenseitige zu finden. Auch Dr. W. Matthiesen schreibt in seinem berühmten Werk „Das persönliche Überleben des Todes" (Berlin 1936–39): „Die Tatsache bleibt bestehen und muß nachdenklich stimmen, daß in allgemeinen Zügen die Vereinbarkeit der Schilderungen vom Altertum bis in unsere Tage unverkennbar ist; daß ein Kenner wie Bozzano, der ihrer Durchforschung einige Jahre gewidmet hat, sich anheischig machte, in einem künftigen Werk ihre durchgängige Vereinbarkeit zu erweisen; ja daß ein Denker vom Range Bergsons die Möglichkeit ernsthaft ins Auge fassen konnte, aus Angaben über das Leben im Jenseits, ,wenn sie gleich Reiseberichten genau durchforscht würden, am Ende einen zwingenderen Beweis für das Überleben zu gewinnen als durch den Nachweis der bloßen Zugänglichkeit von irdischen Erinnerungen'." Dr. Rudolf Schwarz ist sogar überzeugt: „Die vergleichende Quellenforschung bezüglich der Mitteilungen über das Leben im Jenseits ist genau so wissenschaftlich wie etwa diejenige der Bibelforschung, der Historik, der Erdbeschreibung, der Völkerkunde, der Astronomie und der Kriminalistik. Es handelt sich um den Vergleich und die wertende Abwägung von Zeugnissen, die nicht nach Willkür reproduzierbar sind. Aber die Häufung gleichlautender Zeugenaussagen, unabhängig und ohne Wissen voneinander abgegeben, verleiht ihnen eine hohe Wahrscheinlichkeit" (im Vorwort zu P. H. Landmann „Wie die Toten leben"). Als gravierendsten Unterschied zwischen Diesseits und Jenseits stellt der Forscher fest: „Die diesseitige Welt unterwirft das Leibliche völlig unabänderlichen Naturgesetzen, läßt aber das Moralische frei; die jenseitige Welt unterwirft die Materie weitgehend dem menschlichen Willen, gestaltet aber dafür umgekehrt ihre Umgebung weitgehend nach moralischen Gesetzen."
W. O. Roesermueller setzte sich mit Eifer dafür ein, daß Jenseitsforschung auf ein sicheres Fundament gestellt bleibt. In seiner Schrift „Geister warnen vor Geistern" weist er vor allem auf die Täuschungsmöglichkeiten hin, die in diesem Bereich möglich sind. In der Broschüre „Die Praxis des Jenseitsverkehrs" beleuchtet er außerdem die Licht- und Schattenseiten des Experimentalspiritismus. Nicht vorüber geht er an dem heiklen Thema Besessen-

heit. Was dieses Problem anbelangt, hat sich der amerikanische Irrenarzt Dr. med. Carl Wickland die größten Verdienste erworben. In seinem Buch „Dreißig Jahre unter den Toten" (Otto Reichl-Verlag, Remagen) können wir lesen, daß viele, wenn nicht die meisten Fälle von Geistesgestörtheit auf Besessenheit zurückgehen. Diese überraschende Entdeckung war ihm nur möglich mit Hilfe seiner Frau als Medium. Sobald einmal der Kontakt mit den besessen machenden Geistern hergestellt war, gab es eine große Zahl spontaner Heilungen. Die Geister, die meist nicht einmal wußten, daß sie schon gestorben waren, ließen sich durch geeignete Aufklärung überzeugen, daß ihr Tun unrecht war, worauf sie meist von ihren Opfern abließen. Die Gespräche mit ihnen, die protokollarisch genau aufgezeichnet wurden, sind erschütternde Dokumente menschlichen Elends. Biographische Angaben, welche die Jenseitigen von ihrem Erdenleben machten, konnten fast jedesmal nachgeprüft werden; und sie haben sich meist bestätigt. Die Gründe, warum die unerlösten Geister die Lebenden manchmal von sich besessen machen, indem sie sich, bewußt oder unbewußt, in deren Aura verstricken, liegen auf der Hand: Sie versuchen auf diese ungewöhnliche Weise ihre drüben nicht mehr zu stillenden Sehnsüchte und Leidenschaften ganz real zu befriedigen, zum Beispiel durch Alkohol- und Nikotingenuß, oder auch durch Sex. Oft treiben sie ihre Opfer erst dazu an.

Erhebliches Aufsehen erregte das von Pfarrer Johannes Greber veröffentlichte Buch: „Der Verkehr mit der Geisterwelt" mit dem Untertitel „Selbsterlebnisse eines katholischen Geistlichen". Dem Autor wurde eines Tages ungewollt innerhalb seiner Pfarrei an einem kleinen Ort im Sauerland ein Erlebnis zuteil, das ihn nicht mehr losließ. In einem Freundeskreis von Männern und Frauen, die allwöchentlich zu Gebet und Bibellesungen zusammenfanden, fiel ein Junge von etwa siebzehn Jahren eines Tages plötzlich in Trance, wobei ihm die erstaunlichsten Mitteilungen aus dem Jenseits gemacht wurden. Der Vorgang wiederholte sich öfters. Pfarrer Greber, der gelegentlich zu einem Besuch eingeladen war, konnte sich persönlich überzeugen, daß die Kundgaben höchste Wahrheiten enthielten, vor allem über den christlichen Glauben und die Heilsgeschichte. Er selbst schaltete sich in ein Frage-und-Antwort-Spiel mit den Jenseitigen ein. Wegen seiner Bedeutung fühlte er sich verpflichtet, das Gehörte niederzuschreiben. Vor allem werden die Vorgänge bei urchristlichen Zusammenkünften, wie überhaupt die Gesetze der Medialität und des Geisterverkehrs jeglicher Art in dem Buch von Pfarrer Greber ausführlich behandelt. Hinzukommt eine so gründliche Odlehre, wie es sie sonst nirgends gibt.

Man sollte meinen, daß das überreiche Angebot von Schrifttum über das Jenseits die Grundlage bilden könnte für den Glauben an ein Fortleben nach dem Tode. Wer jedoch mit Scheuklappen an das Problem herantritt oder gar in der Hybris jener Gelehrten, die Arroganz mit Ignoranz zu verbinden wissen, ist kaum zu bekehren. Nicht einmal die Theologen sind gewillt – und da steht ihnen ihre Vergangenheit im Wege –, ihre völlig verschwommenen Vorstellungen über das Jenseits zu korrigieren. Lieber begnügen sie sich mit der Redensart: „Wir rühren hier an ein Geheimnis Gottes, und es wäre frevelhaft, den Schleier davon wegziehen zu wollen." In solcher Ohnmacht gefällt man sich beinahe orakelhaft. In Wirklichkeit aber fehlen ganz und gar die Grundbegriffe; denn man hat es ja versäumt, die lange dauernde Prophetie während der zwei Jahrtausende Kirchengeschichte, die schon längst den Schleier fortzog von den jenseitigen Welten, überhaupt ernst zu nehmen. So gewann innerhalb der christlichen Kirchen jene Richtung der Theologie immer mehr an Boden, die gänzlich dem Aufklärungsdenken verfallen war. Ihre „Neue Theologie" bezeichneten sie selbst als „zweite Aufklärung". Die Radikalsten unter ihnen – wie Herbert Braun, Manfred Mezger, Gerd Otto, Dorothee Sölle u. a. – leugneten von jetzt ab nicht nur ein Leben nach dem Tode, sondern auch die Existenz Gottes. Als Immanenztheoretiker („immanere" heißt „darinbleiben"; gemeint ist „in der Welt bleiben") duldeten sie keinen Gedanken mehr an Transzendenz, das heißt an eine übersinnliche Welt. Ja, sie wollten sogar anderen das Wort darüber verbieten. Apodiktisch ruft Heinz Zahrnt aus: „Kein Wort also über eine jenseitige Welt; nicht nur kein ausgemaltes Bild von ihr, auch nicht einmal die Behauptung ihrer Existenz!" (in „Gott kann nicht sterben").

Um diesem Dilemma abzuhelfen, scheute der evangelische Theologe Gerhard Bergmann nicht die Mühe, mit Hilfe von Bibel, Parapsychologie und Okkultforschung den Generalangriff gegen diese Entmythologisierer zu starten. Es ist ihm in bewundernswerter Weise gelungen in seiner Schrift: „Und es gibt doch ein Jenseits" (Schriftenmissions-Verlag, Gladbeck/Westfalen). Dabei macht die Anhäufung paranormaler Phänomene den größten Teil seines Buches aus, das ja auch den Untertitel trägt: „Auf den Spuren des Übersinnlichen". Um die Transzendenz (d. h. die unsichtbare Wirklichkeit) zu verteidigen, zitiert er unter anderem das Wort des Paulus: „Was sichtbar ist, das ist zeitlich; was aber unsichtbar ist, das ist ewig" (2. Kor. 4, 18). Dagegen bleiben die Vertreter der „Neuen Theologie" vollständig und „endgültig" (wie sie sagen) diesseitsbezogen. Es ist herzerfrischend, mit welcher Schlagfertigkeit der Autor G. Bergmann dem gedankenlosen Gerede zu Leibe rückt: „Es ist noch keiner zurückgekommen!" Das ist ein Standpunkt, der wohl einem Friedhofwärter gut anstehen könnte, nicht aber einem gebildeten Menschen. Natürlich ist es richtig, „daß noch keiner unserer Toten als Leichnam mit seinem alten Körper auferstanden ist und wieder seiner gewohnten Arbeit nachging" (Bergmann). Aber führt uns nicht schon das Phänomen des Doppelgängers auf die rechte Spur?

„Eine Wiederkehr in veränderter Form und Weise" (Bergmann) findet vor allem bei der Reinkarnation statt, die allerdings nicht die Regel ist. Für östliche Menschen gehört sie zum Glaubensgut. Tatsächlich gibt es nicht wenig medial veranlagte Menschen, die sich früherer Existenzen auf dieser Erde ganz deutlich erinnern. Auf jeden Fall ist für uns Christen die Auferstehung des Herrn ein so fester Glaubenssatz, daß mit ihm alles andere steht und fällt. Materialisationsphänomene, wie sie sich häufig in spiritistischen Zirkeln ereignen, bis zur Vollmaterialisierung von Verstorbenen, dürften wohl der drastischste Beweis sein für ein Weiterleben. Sehr überzeugend sind auch gewisse Spukphänomene, Erscheinungen von Verstorbenen kurz nach ihrem Hingang und Kundgaben aller Art. Das vorhandene Material wird aber dann nicht richtig ausgewertet, wenn man einseitig, wie unsere Lehrstuhlinhaber für Parapsychologie in Deutschland und anderswo, nur die Animismustheorie gelten läßt. Da gibt es dann unübersteigbare Schranken. Der bekannte Biologe und Parapsychologe Dr. Herbert Fritsche bemerkt dazu einmal: „Die akademische Wissenschaft Deutschlands nähert sich den Bereichen der forschenden Metaphysik nicht nur zögernd, sondern oft auch auf eine wahrhaft lächerliche Weise. Mit Ach und Krach bemüht sich dieser oder jener Privatdozent oder gar Professor, mühselig dasjenige unserer Gebiete ‚festzustellen' oder zu ‚erhärten', was sich die Okkultisten aller Zeiten und Zonen bereits seit vielen Jahrhunderten als das Allerelementarste an den Schuhsohlen abgelaufen haben. Oft bricht im Lager der Okkultisten auch noch ganz überflüssiger Jubel aus, wenn ein akademisch hoffähiger Irgendwer endlich so weit ist – meist zudem noch seine Unbelesenheit wie eine Toga tragend –, das uns längst Selbstverständliche ‚anzuerkennen', indem wir unsererseits schon seit geraumer Zeit zu der Durchforschung spezieller Fragen vorgedrungen sind. Wir sollten diese ewigen Nach-Entdecker des bereits jahrhundertelang Erwiesenen ob ihres Schneckentempos belächeln statt ihnen Lorbeeren zu weihen."
Es ist beinahe unbegreiflich, daß der hochverdiente Psychoanalytiker Prof. C. G. Jung fast ausschließlich mit der Animismustheorie arbeitete. So hält er zum Beispiel Christus „ für einen autonomen seelischen Komplex im Unbewußten des Paulus, der vor Damaskus plötzlich ins Bewußtsein ‚explodierte', worauf Paulus (als der Saulus, der er soeben noch war) sich selbst in sein eigenes Unterbewußtsein zurückdrängte und von da her hysterische Blindheit erzeugte, ‚weil er sich als Christ nicht sehen konnte'!" (Roesermueller). Dr. Herbert Fritsche bemerkt dazu: „Derartige Ungereimtheiten sind in weiten Kreisen der Psychotherapie sogar gang und gäbe." Auch der Kulturphilosoph Egon Friedell bezeichnet diese Art von Auslegung spöttisch als „eine merkwürdig scharfsinnige Form von Schwachsinn, die man die wissenschaftliche Weltanschauung nennt". Und hat nicht tatsächlich Prof. C. G.

Jung das Göttliche als „höchste Gehirnfunktion" bezeichnet? Sigmund Freud gar sieht im religiösen Glauben der Menschen eine „Anleihe auf ein Gut im Mond" und er nennt ihn eine „menschliche Zwangsneurose". Aber rücken wir endgültig ab von solchen Harlekiniaden!

Neben Gerhard Bergmann ist es der evangelische Theologe Fritz Rienecker, welcher das Jenseits verteidigt in seinem Buch „Das Schönste kommt noch" (Brockhaus-Verlag, Wuppertal). Er geht in seinen Beweisen grundsätzlich von der Bibel aus. Und noch ein anderer Geistlicher liefert einen gewichtigen Beitrag zum Jenseitsverständnis: Johann Christoph Hampe in seinem Werk: „Sterben ist doch ganz anders – Erfahrungen mit dem eigenen Tod". Wie bei Kübler-Roß, R. A. Moody, Eckart Wiesenhütter („Blick nach drüben – Selbsterfahrungen im Sterben"), Dr. E. Matthiesen u. a. geht es hier um eine Gattung von Jenseitsliteratur, die heute groß in Mode gekommen ist und auch viel Anklang findet; um Berichte nämlich von Menschen, welche die ärztliche Kunst aus dem Koma zurückholen konnte. Von hier aus scheinen unwiderlegliche Beweise für ein Fortleben nach dem Tode möglich und das „Totaliter aliter" der Theologen als stets vorgebrachte Ausrede fällt in sich selbst zusammen.

Eine besonders wertvolle Hilfestellung für den Glauben an ein Jenseits leistet der evangelische „Arbeitskreis Parapsychologie". Namen wie Ernst Benz, Dr. Kurt Hutten, Wilhelm Horkel, Prof. Adolf Köberle, Ebermuth Rudolph u. a. sind darin vertreten. Ebenso haben katholische Theologen schon sehr frühzeitig sich für die Erforschung der Grenzwissenschaften eingesetzt. Größte Verdienste erwarb sich auf diesem Gebiet die Interessengemeinschaft „Imago Mundi" mit Sitz in Innsbruck. Führende Köpfe sind der Schweizer Philosoph und Religionswissenschaftler Prof. Gebhard Frey (inzwischen gestorben) und der österreichische Theologe und Psychologe Prof. Dr. Andreas Resch. Es gibt keinen Zweifel: mit dem Fortschreiten der Grenzwissenschaften rückt auch die Jenseitskunde immer mehr in das Blickfeld!

6. Die Fürsorge für unsere Verstorbenen und das Wiedersehen im Jenseits

Es ist leider bitter wahr: In der mangelnden Fürsorge für die Sterbenden zeigt sich ein großes Defizit unserer Gesellschaft. Die inhumane Note gegenüber früheren Zeiten ist unverkennbar. „Menschen, die sich längst mit dem Sterben abgefunden haben", schreibt Ebermuth Rudolph, „werden durch die Leistungen einer gelegentlich überentwickelten medizinischen Technik gegen ihren Willen am Leben erhalten und zu immer neuem Abschiednehmen von ihren Angehörigen gezwungen; so lange, bis beide Teile psychisch am Ende sind. Nichts gegen die ärztliche Kunst, die dazu beiträgt, auch in aussichtslos erscheinenden Fällen Leben zu retten und zu erhalten. Alles aber gegen eine sinnlos gewordene Manipulation mit menschlichem Sterben, die nichts anderes ist als seelische Grausamkeit, an der natürlich auch verdient wird."

Ein Blick in die Krankenhäuser fördert noch Schlimmeres zutage: „Das mechanisierte Sterben zwischen Flaschen und Schläuchen ist unmenschlich für den Sterbenden. Die in unseren Krankenhäusern weithin geübte Praxis, den Leichnam des Verstorbenen unmittelbar verschwinden zu lassen, so daß die eine Stunde später eintreffenden Angehörigen bereits vor verschlossenen Türen stehen, wie ich es erlebte, ist unmenschlich gegenüber den Hinterbliebenen. Auch den im Krankenhause stets anwesenden Schwestern ist es nicht möglich, auf längere Zeit sich dem seinem Ende Nahenden so zu widmen, wie das in diesem Falle einfach notwendig wäre. Einmal sind die Schwestern auch anderweitig beschäftigt, andererseits ist es nur allzu natürlich, wenn diese sich denjenigen Menschen zuallererst widmen, wo noch Hoffnung besteht. Der längere Umgang mit Sterbenden überfordert unser aller psychische Reserven, hinterläßt in uns das Gefühl absoluter Ohnmacht und, wenn alles dann doch überstanden ist, nicht selten das bedrückende Bewußtsein einer nicht wieder gut zu machenden Schuld." (E. Rudolph in seiner Schrift: „Ist mit dem Tode alles aus?")

Diese erschütternde Erkenntnis eines evangelischen Geistlichen, der selber oft aus beruflichen Gründen mit Sterbenden zu tun hatte, steht nicht für sich allein da. Auch die Schweizer Ärztin Elisabeth Kübler-Roß, bekannt als „Spezialistin für den Tod", setzt sich in ihren Büchern für ein „menschlicheres Sterben" ein. „Es ist unmenschlich", klagt sie, „daß Sterbende einfach abgeschoben werden in irgendeine Kammer oder an den Schläuchen der Intensivstation isoliert und einsam sterben müssen." Wie der bekannte Arzt Dr. med. Raymond A. Moody, dessen Bestseller „Leben nach dem Tod" in allen Buchhandlungen zu finden ist, hat auch Kübler-Roß in ihren „Interviews mit Sterbenden" die Erfahrung gemacht, daß viele bereits klinisch tot gesagte Menschen nach ihrer unerwarteten Rückkehr ins Leben genaue Aussagen machen konnten über ihre Erlebnisse drüben. Und einhellig stellten sie fest, daß sie nur tiefen Frieden empfunden hätten und daß selbst der Schwellenübertritt ohne Angst, Schmerz oder Panik verlaufen sei.

Vom Sterbevorgang selbst sagt Kübler-Roß: „Ich kann es beweisen, daß der Sterbende alles mitbekommt. Alles, was gesprochen wird, selbst wenn man glaubt, da wäre nichts mehr da. Deshalb bin ich auch dafür, und so betreibe ich es bei meiner Sterbehilfe, daß meine Patienten zu Hause sterben. Dort, wo sie gelebt haben, mitten unter uns. Auch die Kinder müssen dabeisein."

Natürlich ist es für die Todgeweihten ein großer Trost, wenn sie bis zu ihrem letzten Atemzug noch die Angehörigen um sich wissen. Man kann ihnen dann noch die letzten Liebesdienste erweisen, besonders aber mit ihnen beten oder religiöse Texte vorlesen, so daß ihre Gedanken ganz auf Gott gerichtet sind. Und das scheint das Wesentlichste überhaupt zu sein, jedenfalls bei Christen: diese Konzentration auf Jesus hin. Die Furcht oder Unwissenheit über das, was folgt, mündet ein in das Gefühl der Geborgenheit, wenn der Sterbende sich dem Willen Gottes ganz überläßt.

Von guten Menschen wissen wir, daß ihr Sterbeakt oft auch den Anwesenden noch zur Erbauung gereichte. Da war das Tor zum Jenseits schon so weit geöffnet, daß alle Nebel der Ungewißheit von selbst von ihnen wichen und einer großen Zuversicht Platz machten. Der bekannte Jenseitsforscher und Lorberfreund W. O. Roesermueller schreibt: „Mitunter kommt es sogar vor, daß Sterbende mit den am Sterbebett erscheinenden Jenseitigen sprechen und sich unterhalten." Daß aber auch die Umstehenden manchmal die Geistwesen wahrnehmen, dafür gibt es zahlreiche Belege. Am wenigsten sind wir überrascht, wenn Menschen, die ein wahrhaft frommes Leben führten, einer solchen Vorschau gewürdigt werden. Ihr inneres Licht, das bei manchen Menschen ganz erloschen ist, macht sie dazu fähig, und ihre Freude scheint vollkommen. Alle Gesichtszüge erhellen sich, als seien sie schon im Zustand der Verklärung.

Jakob Böhme zum Beispiel wollte von seinen Angehörigen wissen, ob sie nicht gleich ihm die himmlische Musik vernähmen. Beim Tode von August Hermann Francke, dem Gründer des Halleschen Waisenhauses, hörten tatsächlich die Anwesenden alle eine wunderbare Musik. Mit einem Freudenschrei starb die Seherin von Prevorst. Die strahlende Gestalt eines Engels, der sie heimzuholen kam, wurde auch von der anwesenden Pflegerin gesehen. Eine ältere Dame rief im Sterben aus: „Ich sehe wunderbares Licht entgegenstrahlen und ich schaue weite, weite Gefilde!" Eine große Zahl ähnlicher Fälle hat Fritz Rienecker in seinem Buch „Das Schönste kommt noch" gesammelt. Der Dichter Eduard Mörike soll sterbend die Worte gesprochen haben: „Du bleibst meine Stütze, meine Säule, du, o Christus! Dich sehe ich!" Daß Jesus selbst auf manche Sterbende zukommt, um sie abzuholen in sein Reich des Lichtes, wird öfters bezeugt.

Aber selbst bei christgläubigen Menschen kann man zuweilen auch einen langen und harten Todeskampf beobachten. Sogar von heiligmäßigen Seelen wissen wir, daß sie diese letzten Prüfungen noch durchmachen mußten; zu ihrem Heile, denn manche von ihnen wurden erst dadurch ganz geläutert. Es kann aber auch nur den Anschein haben, daß ein Sterbender Todesqualen erleidet. So erwähnt W. O. Roesermueller folgenden Fall: „In unserem früheren Hause lag ein alter Hauptlehrer im Sterben. Sein Stöhnen und Röcheln durchzitterten das ganze Haus. Die Angehörigen beteten, um diesem grausamen Zustand ein Ende zu erflehen. Da wurde er auf dem Sterbebett von einem verwandten Hochzeitspaare, das auf der Durchreise war, aufgesucht. Die jungen Leute riefen den Sterbenden laut an. Wider Erwarten öffnete der alte Herr nochmals die Augen und machte den Besuchern den Vorwurf: „Warum habt ihr mich denn aus dieser namenlosen Herrlichkeit nochmals zurückgerufen?" Dieses Beispiel zeigt so tröstlich, daß der Sterbende keinerlei Schmerzen hatte, wie man nach dem Stöhnen und Röcheln hätte annehmen können. Dies war nur der Ausdruck des sich auflösenden Körpers. Der innere Mensch war bereits schmerzfrei und glückselig" (in der Schrift „Unsere Toten leben!"). Wir sollten also keine falschen Schlüsse ziehen!

„Wir aber sind getrost und haben viel mehr Lust, außer dem Leibe zu wallen und daheim zu sein beim Herrn" (2. Kor. 5, 8), schreibt der Apostel Paulus. Durch seine häufigen Entrückungszustände hatte er bereits einen Vorgeschmack davon bekommen, was uns drüben erwartet. Er wußte auch, daß die Seele nicht leiblos in der anderen Welt ankommt. Auch bei Lorber steht der Satz: „Wenn der Geist nach dem Willen des Herrn die Materie verläßt, dann verläßt er sie stets mit einem neuen ätherischen Leib, den er ewig nie verlassen kann" (H. Bd. 3, Kap. 88, 8). Wenn die Seele den irdischen Körper wie ein altes unbrauchbar gewordenes Gewand von sich abgestreift hat, scheint es ziemlich gleichgültig zu sein, was mit dem verwesenden Leichnam weiterhin geschieht. Er ist ja auch auf gar keinen Fall mit der verstorbenen Person selbst zu identifizieren. Daß es aber in den meisten Fällen mit dem Erkalten des Leichnams zu einer Todesstarre kommt, noch ehe der Zellenzerfall eintritt, weist hin auf ein hintergründiges Geschehen. Nach der Neuoffenbarungslehre hat dieser Zustand seine Ursache darin, daß die „hartnäckig fleischlich gesinnten Lebensfunken" das ihnen lieb und teuer gewordene Gehäuse nur ungern verlassen. Sie machen zunächst keine Anstalten, dem bereits ausgetretenen Teil der Seele und damit ihrem Geiste nachzufolgen. Trotz aller Anstrengung will es ihnen aber nicht gelingen, den führerlos gewordenen Leib wieder zu beleben. Der Betriebsstoff sozusagen reicht dazu nicht mehr aus. Und so halten sie ihn nur noch eine Zeitlang im Koma; bis auch sie in der Einsicht ihres vergeblichen Bemühens dem vorangegangenen Geiste folgen! Nun erst kann die Verwesung ungehindert einsetzen.

Bei ganz und gar materialistisch gesinnten Menschen ist die Loslösung vom Leibe besonders schwer. Es vollzieht sich dann folgender Prozeß: „Hat die Seele selbst am Ende zu viel Materielles aus ihrem Leibe in sich aufgenommen, so erreicht der Leibestod auch sie, und sie muß mit dem Leibe mit verwesen und dann erst nach mehreren Erdenjahren als natürlich höchst unvollendet erwachen, wobei es ihr dann sehr schwer wird, sich in ein höheres Licht emporzuschwingen, weil ihr alles ein finsteres Erdending ist, in dem wenig Leben in allen Winkeln rastet" (Gr. Ev. Bd. 4, Kap. 90, 6). Angesichts dieser Zusammenhänge ist es letzten Endes nicht belanglos, welche Art von Bestattung unsere Toten erhalten. Es kommt manchmal bei Jenseitskundgaben vor, daß Verstorbene aus eigener Erfahrung eine deutliche Warnung aussprechen vor dem Verbrennen der Leichen. Die radikale Vernichtung der menschlichen Hülle durch Kremation kann nämlich für die Betroffenen einen schweren Schock auslösen. Auch Naturforscher, wie der bekannte Arzt Prof. Ludwig Schleich, waren Gegner der Feuerbestattung. Über Schleich sagt W. O. Roesermueller: „Nicht aus religiösen, sondern aus biologischen Gründen war er Feind der Einäscherung, weil nur allein das Feuer das Nuklein der Zellen zerstören und um seine Unsterblichkeitsanlage bringen kann. ‚Da es eine körperliche Unsterblichkeit all unserer letzten Persönlichkeitsbestände in den Nukleinen gibt, so haben wir die Pflicht, der Erde wiederzugeben, was von der Erde kam' (Schleich)."

Eine klare Antwort darauf, ob Erdbestattung oder Feuerbestattung vorzuziehen sei, erhalten wir vom Herrn bei J. Lorber im Großen Evangelium Johannes. Da stellt ein Römer namens Agrikola die Frage: „Herr und Meister, was sagst Du zu dem bei uns üblichen Verbrennen und Einbalsamieren der Leichname?" Jesus erwiderte ihm: „Wenn ihr es nicht ändern könnt, dann belasset es beim alten Brauch. Aber das Verbrennen ist besser als das Einbalsamieren, wodurch die Verwesung sehr verzögert wird. Ein rechtes Beerdigen des Leichnams jedoch ist das Beste. Nur soll ein Leichnam erst dann beerdigt werden, wenn er völlig tot ist, was ein Arzt gar wohl beurteilen kann; denn bei Scheintoten stellen sich die eigentlichen Todeszeichen nicht ein" (Gr. Ev. Bd. 8, Kap. 84, 1–2). Ein andermal hören wir den Herrn sagen: „Es liegt in meiner Ordnung, daß der Leichnam aus verschiedenen sehr weisen Gründen nur langsam verwest und sich verwandelt" (Gr. Ev. Bd. 8, Kap. 83, 4). Dahinter steht die Begründung: „Auch der menschliche Leib besteht aus Seelenpartikeln; aber diese Partikel sind noch grob und unlauter, weswegen sie auch wieder in die Erde kommen, dort verwesen müssen, und dann erst wieder aus der Verwesung aufsteigen, um das Wesen, dem sie einst angehörten, zu vervollständigen, was sich in der dritten oder obersten Erdgeistersphäre begibt" (Ed., Kap. 40, 6).

Die häufige Identifizierung des toten Körpers mit der Person des Verstorbenen ist eine der schlimmsten Verirrungen, die sich selbst unsere Christen oft leisten. Sie machen es sich einfach nicht bewußt, daß die Begräbnisstätte nur eine Art des pietätvollen Gedenkens sein darf; niemals aber etwas anderes. Halten wir uns das Bibelwort vor Augen: „Den ihr suchet, ist nicht hier; er ist auferstanden!" Verärgert ruft der einstige Bischof Martin nach seinem

Übertritt ins Jenseits aus: „Ich weiß mir vor Hunger und Lichtmangel kaum zu helfen, und diese Narren vergöttern meinen Fleischrock!" (BM., Kap. 3, 11). Man hatte ihm ein allzu prunkvolles Begräbnis bereitet, und er durfte es von drüben her mit ansehen. Eine Bestattungsfeier soll natürlich sein, wenn auch in schlichtem Rahmen. Hemmungslose Trauer aber ist besonders für Christen beinahe eine Schande; zeugt sie doch von ihrem Unglauben! Es sind keine Trostworte, wenn der Priester das Alte Testament zitiert mit den Worten: „Der Mensch ist wie das Gras und des Grases Blumen; das Gras verwelkt und die Blume ist abgefallen." Noch hohler und hoffnungsloser klingen die Worte: „Ruhe sanft!" oder „Die Erde möge dir leicht sein!" Auch die Grabinschrift: „Hier ruht im ewigen Frieden..." ruft falsche Vorstellungen hervor. Das alles ist zutiefst unchristlich, da es den wirklichen Verhältnissen im Jenseits nicht entspricht; denn dort herrscht überall höchste Tätigkeit und Lebensfreude!

Ein besonders bei Katholiken viel geübter Brauch ist das Beten oder Messelesen für Verstorbene. Man darf sich allerdings unter den Toten nicht nur „Arme Seelen" vorstellen; gar viele von ihnen kommen sogleich in ein besseres Jenseits. Dann können sie eher für uns etwas tun als wir für sie. Wie hilfreich aber das Beten für Verstorbene dennoch ist, können wir den Erfahrungen von W. O. Roesermueller entnehmen. Er hat sich in seinen zahlreichen Schriften besonders für die „Armen Seelen" eingesetzt, zum Beispiel in seiner Broschüre: „Vergeßt die Armen Seelen nicht!". Es läßt sich nicht leugnen, daß das Beten für Verstorbene uns in einen besonders engen Kontakt mit dem Jenseits bringt, besonders dann, wenn es mit Innigkeit und Ausdauer geschieht. Davor aber scheuen viele Menschen, am meisten jedoch evangelisch Gläubige, zurück. Wegen der Gefahr, mit dunklen Mächten in Berührung zu kommen, halten sie es eher für eine Sünde als für einen Gewinn. Besonders der sonst so schätzenswerte und durch seine missionarische Tätigkeit als evangelischer Priester überaus verdienstvolle Dr. Kurt Koch erhebt auf diesem Gebiete seine warnende Stimme. Dazu ist allerdings zu sagen: Seine ständige Neigung zu einseitig negativer Beurteilung übersinnlicher Phänomene darf nicht zum Maßstab für andere werden! Wenn man sowieso, wie viele evangelische Theologen, aus einer irrigen Einstellung Martin Luthers heraus die Existenz des sogenannten Fegfeuers (Purgatoriums) leugnet und außerdem noch an der Theorie eines Seelenschlafes festhält bis zur Auferstehung am Jüngsten Tage, dann wird das Beten für Verstorbene sinnlos. Besonders ausgeprägt vertritt diesen Standpunkt der evangelische Bibelgelehrte Dr. René Pache in seinem Buch „Das Jenseits".

Bei Lorber sagt einmal der Herr: „Was die reine Liebe tut, ist alles gut!" Und Dr. Walter Lutz stellt fest: „Eine aus reinem, demütigem Herzen kommende Fürbitte treuer, erbarmender Liebe kann niemals eine Sünde sein, sondern

hat – eben um dieser selbstlosen Liebe willen – allezeit die Gewähr, beim Vaterherzen Gottes Gehör und durch seine Güte und Macht Erfolg und Segen zu finden" („Grundfragen des Lebens"). Das gilt erst recht vom Beten für Verstorbene. Im übrigen hat es einen völlig andersartigen Charakter als sonstige Fürbitten bei Gott; denn es geht hier nicht um die Erlangung von Gottes Erbarmen. Was in Wirklichkeit vor sich geht, schildert uns der Herr selbst im Großen Evangelium mit den Worten: „Es ist gut, für arme Seelen zu beten; denn das Gebet einer mit wahrer Liebe und Erbarmung erfüllten Seele im vollen Liebevertrauen auf Mich hat eine gute Wirkung auf solche wahrlich arme Seelen im Jenseits. Es bildet um sie einen gewissen Lebensätherstoff, in dem sie wie in einem Spiegel ihre Mängel und Gebrechen erkennen, sich bessern und dadurch leichter zum Lebenslichte emporkommen. ...
Aber wie sollet ihr für sie beten? Das geht ganz leicht! Ihr sollet bei euren Gebeten nicht etwa der Meinung sein, als möchtet ihr Mich dadurch zu einer größeren Erbarmung bewegen, da Ich wahrlich selbst endlos barmherziger bin denn alle besten und liebevollsten Menschen der ganzen Welt zusammengenommen. Sondern traget den armen Seelen gläubig und aus dem wahren Liebesgrunde eures Herzens – eben im Herzen – das Evangelium vor, und sie werden es vernehmen und sich auch danach richten! Alles andere beten und Worte machen aber nützt keiner abgeschiedenen Seele.

Die Art und Weise, wie Ich euch nun gezeigt habe, für die Verstorbenen zu beten und für ihre geistige Armut zu sorgen, ist sicher ein fruchtbarer Segen für sie; dagegen ist ein hochbezahltes Gebet der Pharisäer ihnen ein Fluch, den sie sehr fliehen und tiefst verachten. Dieses möget ihr euch auch als einen guten Rat wohl merken und ihn sehr wohl beachten; denn dadurch werdet ihr euch wahre, große, mächtige und sehr dankbare Freunde im großen Jenseits schaffen, die euch, so ihr in irgendeine Not geratet, nicht verlassen werden, weder diesseits noch jenseits! Solche Freunde werden dann eure wahren Schutzgeister sein und sich allzeit um das Wohl ihrer Wohltäter kümmern" (Bd. 8, Kap. 38, 1–7).

Von einer seltsamen Begebenheit, die aber doch für viele ähnlich gelagerte Fälle bezeichnend ist, berichtet im Großen Evangelium der Römer Agrikola. Ihm war einmal bei einem Aufenthalt in Memphis (Ägypten) die längst verstorbene Tochter des Pharaos Sesostris erschienen. Sie zeigte sich ihm als junges Mädchen in altägyptischer Tracht. Auf ihre herzbewegende Bitte hin, ihr Kunde von dem einen wahren Gott zu geben, damit sie aus ihrer Qual erlöst werden könne, gab Agrikola ihr den Rat: „Kehre dich an den Gott der Juden!" Da wurde die Gestalt plötzlich ganz weiß und verschwand. Eine solche Auflichtung des Seelenkleides erleben wir in vielen Hilfsaktionen an jenseitigen Geistwesen. –

Eine Frage hat die Menschen schon immer bewegt: Gibt es drüben ein Wiedersehen mit unseren Lieben? Gerade wenn wir an den Gräbern stehen, wird eine Antwort darauf mehr als dringlich. Das Versammeltwerden zu den „Vätern" oder zu seinem „Volke" war schon im Alten Testament eine Selbstverständlichkeit. Aus allen Jenseitskundgaben geht eindeutig hervor, daß es dieses Wiedersehen drüben gibt. Nur freilich bestehen in der Form gewisse Unterschiede. Während in den besseren Sphären ein ungehinderter Verkehr stattfinden kann und die lichteren Seelen auch mit denen in den tieferen Regionen Kontakt aufnehmen können, müssen die unerlösten Geister oft lange warten, bis sie ihre Angehörigen wirklich sehen und sprechen können. Oft sind sie ja noch ganz in Finsternis gehüllt! Auch in diesem Falle zeigt sich der Nachteil, zu wenig „Lebenslicht" in sich entfacht zu haben, was natürlich schon auf Erden geschehen muß durch Liebe und gute Taten. Befragen wir aber den Herrn selbst, wie das Wiedersehen im Jenseits aussieht! In dem Büchlein „Unsterblichkeit und Wiedersehen" erhalten wir folgende Antwort:

„So oder so, je nachdem der Mensch dies irdische Probeleben mehr oder weniger vollkommen nach Meiner, allen Menschen geoffenbarten Ordnung durchlebt hat! Wer es hier schon, was jedem möglich ist, zur wahren und vollen Wiedergeburt seines Geistes gebracht hat und als voll Wiedergeborener hier so lebt, daß ihm die Geisterwelt mit all ihren Verhältnissen und ihrer auf die materielle Welt einfließenden Wirkung sowie auch die materielle Welt selbst völlig klar erschaulich ist, bei dem kann die Ablegung seines ohnehin keines lebendigen Bewußtseins und irgendeiner Erinnerung fähigen Fleischleibes unmöglich irgendeine Veränderung in seinem Denken, Wollen, Erinnern und lebendigen Bewußtsein bewerkstelligen. Denn da die Materie nur als eine auf bestimmte Zeit festgehaltene Gottesidee in ein erscheinliches Sein tritt und das Leben mit allen seinen Auswirkungen schon diesseits ganz in den höchstbewußten Geist übergeht, so dürfte es für jeden heller Denkenden mit Händen zu greifen sein, daß das rein geistige Leben jenseits ein viel helleres und seiner selbst und aller Lebensverhältnisse bewußteres sein muß, und zwar um so viel mehr, als der Geist ewig erhaben ist über alle Materie.

Daß dagegen unvollkommene Seelen sich nach ihrem Freiwerden vom Leibe nur zu bald mehr und mehr verfinstern, das liegt in ihrem bösen Willen. Solche Seelen oder ‚böse Geister' sehen dann nur das, was sich aus ihrer Phantasie gleich einer niederen Traumwelt entwickelt. In solcher Phantasiewelt verharren sie oft Hunderte von Jahren. Sie sehen die stets neu ankommenden Seelen, wenn sie auch auf der Erde ihre nächsten Verwandten waren, nicht. Sie sind in diesem Zustande nur den Engeln durch pure Entsprechungen, welche diese in die Phantasiewelt solcher blinden Seelen hineinzuschieben imstande sind, zur Belehrung zugänglich. Wenn sie solche Belehrung annehmen, dann verschwindet nach und nach ihre Phantasiewelt und sie kommen dann stets mehr und mehr zum wahren Licht und zur Anschauung alles Seienden und somit auch zum Wiedersehen ihrer Verwandten und Freunde. Sie erkennen diese nun als solche wieder und haben eine rechte Freude an ihnen."

Sehr klare Antworten auf die Frage nach dem Wiedersehen im Jenseits erhalten wir auch in der medial empfangenen Schrift von P. H. Landmann „Wie die Toten leben". Da bekunden die Jenseitigen selbst: „Hier finden sich alle wieder, die innere Beziehungen zueinander hatten. ... Menschen, welche nur in einer äußeren Gemeinschaft lebten ohne innere Bindung der Herzen, finden hier nicht wieder zusammen, es sei denn, daß sie es wünschen, um das Vergangene vielleicht wieder gutzumachen (Feinde versöhnen sich also!). Im anderen Fall haben sie ein Wiederzusammenkommen nicht zu befürchten. Gemeinschaft, die nicht von innerster, liebeverbundener Art war, wird hier nicht fortgesetzt. Eine Ehe also, die nicht harmonisch war, ist hier nicht mehr verpflichtend. ... Was auf der Erde zusammenführte, war oft lediglich geschlechtliche Reizung. Das gibt es hier nicht mehr. Nur das Edle, das in einem Menschen wohnt, macht hier Eindruck! Darum ist unsere Liebe wahre Liebe, wie Gott sie hat; nicht eine Leidenschaft, die nicht standhält, wenn die äußeren Reize sich abgestumpft haben. ...

Das Geschlechtliche ist hier nicht mehr vorhanden. Die Liebe hat ihre höchste Vollendung ja nicht in der geschlechtlichen Liebe, sondern in der innersten Übereinstimmung mit Gott, welche die Herzen derer erfüllt, die innerlich zueinander gehören. ... Das ist das herrliche Glück unseres Lebens: Alle, die wir uns lieb haben, bleiben für immer vereint und jeder findet im andern sein eigenes Selbst wieder, so wie Gott es haben will (in dem Gebot): ‚Du sollst deinen Nächsten lieben wie dich selbst!'" (Heinrich Schwab Verlag, Argenbühl-Eglofstal, 1979.)

Daß wir eigentlich schon ein Drittel unseres Lebens im Jenseits verbringen und dabei auch mit unseren Abgeschiedenen drüben in Verbindung treten, ist den wenigsten Menschen bewußt. Sie wissen nicht, daß die Seele im Schlaf so lange „exteriorisiert", das heißt aus dem Körper austritt, wie unser gewöhnliches Tagesbewußtsein ausgeschaltet ist. Das Gehirn kann dann keine Eindrücke mehr registrieren, denn die Seele als eigentlicher Träger des Bewußtseins befindet sich ja außerhalb des Leibes. Sie sucht sich in den Kraftströmen der unsichtbaren Welten von Grund aus zu regenerieren und dieses unerschöpfliche Lebenselixier (das sogenannte Prana) dem Körper zuzuführen. Aus dem gleichen Jungbrunnen schöpfen die Wesen drüben. Es ist das Geheimnis des Schlafes als Bruder des Todes, daß er uns die erneuernden Kräfte schenkt. Nur ein dehnbares fluidales Band, die sogenannte

Silberschnur, hält die Seele noch am Körper fest (in der Gegend des Solarplexus), so daß sie auch wieder in den Leib zurückkehren kann. Würde diese „Nabelschnur" reißen, dann träte unfehlbar der Tod ein. Wir sind also im Grunde genommen schon jetzt Bewohner zweier Welten, da wir uns ja allnächtlich drüben genau an jenem Orte befinden, an dem wir, unserem inneren Reifezustand entsprechend, nach dem Tode sein werden. Im Schlaf und in der Ekstase verwischen sich die Grenzen von Diesseits und Jenseits.

7. Todesbangen und Sterbensfreude

In noch christlicheren Zeiten war man ständig auf das Sterben vorbereitet, denn man wußte ja: „Mitten im Leben sind wir vom Tode umfangen!" Gottes Ruf konnte auch den Gesündesten plötzlich treffen. Vor dem Sensenmann war niemand sicher, weder König noch Bettler, weder Jüngling noch Greis. Freilich galt es als eine besonders „harte Buß", aus dem blühenden Leben herausgerissen zu werden. Wie ergreifend sind die Verse eines altdeutschen Volksliedes, in dem es heißt: „Es ist ein Schnitter, heißt der Tod, hat Gwalt vom hohen Gott... Bald wird er dreinschneiden, wir müssen's erleiden: Hüt dich, schöns Blümelein!" Gegen Ende aber kehrt sich die Melancholie der ersten Strophen plötzlich um in den Schlußreim: „Trutz Tod, komm her, ich fürcht dich nit! Trutz, komm und tu ein Schnitt! Wenn er mich verletzet, so werd ich versetzet; ich will es erwarten im himmlischen Garten. Freu dich, schöns Blümelein!" – Eine solche Wendung ist nur aus tiefer Gläubigkeit möglich.

Eine stumme, aber eindringliche Predigt waren im Mittelalter die leuchtend bunten Fresken, die häufig im Vorraum von Kirchen und Kapellen an die Wände gemalt waren. Sie stellten in einer Serie von Bildern das grundverschiedene Hinübergehen von Menschen dar, die der Tod in seinen Reigen zieht. Da gibt es neben viel Herzeleid auch manche linde, barmherzige Heimholung in das Reich des Jenseits. Zur Symbolfigur des Todes, die oft auch eine schreckhafte Rolle spielt in unseren Träumen, gesellte sich gewöhnlich der Erzengel Michael mit seiner Waage. Das Gericht deutete sich an! Die himmlischen Mächte sind ja entscheidend beteiligt an dem Sterbevorgang. Wenn das Stundenglas endgültig abgelaufen ist und Thanatos seine Fackel senkt, haben die meisten Sterbenden wegen der kommenden Ungewißheiten bange Gefühle. Aber gerade dieser wichtige Augenblick des Abschiednehmens vom Erdenleben und von all den Lieben, mit denen man sich aufs engste verbunden fühlt, sollte ein Akt freudigen Einverständnisses sein mit dem Willen Gottes. Man weiß ja, daß es keine Trennung für immer gibt; vor allem aber ist es christlich zu denken, daß der Mensch beim Hinübergang eigentlich nur ein altes, unbrauchbar gewordenes Gewand abstreift, um es mit einem besseren zu vertauschen. Trotzdem ist das „Memento mori!" die beste Einstellung zum Tode.

Von den grundverschiedenen Todesarten hat uns vor allem die Neuoffenbarungslehre ein genaues Bild gezeichnet. Sehr oft aber mußte der Herr bezüglich des Fortlebens nach dem Tode die gröbsten Mißverständnisse aus dem Wege räumen. So erklärte Jesus einmal einem römischen Hauptmann: „Du meinst, daß von jetzt an nur jene Seelen ein ewiges Leben nach des Leibes Tode haben, die nun Mein Wort hören, an Mich glauben und nach Meiner Lehre handeln, daß aber alle anderen Seelen auf ewig vernichtet würden. Dagegen kann Ich dir vorerst nur das sagen, daß eines jeden Menschen Leben eine Kraft aus Gott ist, die Gott mit all seiner Allmacht ebensowenig vernichten kann wie sich selbst, weil im Grunde Er selbst ja alles in allem von Ewigkeit her ist. Gott kann wohl jegliche Materie, die nur seine durch seinen Willen festgehaltene Idee ist, auflösen und sie in Geistiges und Unwandelbares zurücktreten lassen, aber vernichten kann Er sie ewig nicht, weil Er sich selbst und seine klaren Gedanken und Ideen nicht vernichten kann" (Gr. Ev. Bd. 8, Kap. 128, 8–9).

Auch zum Erzvater Enos sagte Abedam-Jehova, der in Engelsgestalt erscheinlich gewordene Herr in den frühen Menschheitstagen: „Alle Dinge sind nur Meine durch die Liebe festgehaltenen Gedanken, die Geister aber freigestellte Ideen Meiner Liebe. Darum haben sie alle einen freien Willen und ein freies, für sich selbst abgeschlossenes Leben. Wenn Ich nun einen von Mir festgehaltenen Gedanken wieder frei lasse, sage: ist er denn darum wirklich vergangen, wenn Ich ihn von den Banden Meiner Liebe befreit habe und er nun wieder aufsteigt in den großen Kreis Meiner Geister, welche da gleich geformten Feuerflammen alle Unendlichkeit erfüllen? Oh, Ich sage es dir: Auch das Moospflänzchen, das der Meeresklippe entsproßte, besteht und lebt sogar in diesem Meinem großen Kreise noch fort! Nichts wird vernichtet, und um so weniger dereinst dieser dein Leib des Geistes! Wie er aber jetzt ist, kann er nicht bleiben; wohl aber wird er nach und nach dem vollendeten Geiste gereinigt wiedergegeben werden, wenn auch nicht in dieser Form, so aber doch als ein ewig unzerstörbares, geistiges Kleid. Darum sollte auch niemand Frevel und Sünde treiben mit seinem Leibe; denn wer solches tut, der wird dereinst auch mit zerrissenen Kleidern im Geiste einhergehen müssen. Und so gibt es keine Vergänglichkeit (Vernichtung) der Dinge, wohl aber eine Löse für sie alle!" (H. Bd. 2, Kap. 132, 14–22).

Einen wirklichen Tod gibt es nur im geistigen Sinne. Auch die Bibel meint gewöhnlich den geistigen Tod, das heißt, das zeitweilige Abgetrenntsein vom Reiche des Lichtes und damit vom Leben in Gott, wenn sie dieses Wort gebraucht. Im Lorberwerk „Haushaltung Gottes" formuliert das der Erzengel Zuriel so: „Als tot ist nur das zu betrachten, was zufolge der vom Herrn erhaltenen Willensfreiheit sich von Gott eigenwillig getrennt hat und fortbestehen will ohne Gott aus eigener Kraft" (Bd. 3, Kap. 10, 3). Daß die Todesangst bei gläubigen Menschen viel geringer ist als bei ungläubigen, kann nicht überraschen. Bei ihnen ist ja das ganze Erdenleben darauf eingerichtet, sich einmal die „Krone des Lebens" zu erwerben in himmlischer Vollendung. Der Christ weiß, daß er dies nicht aus eigener Kraft bewerkstelligen kann, sondern nur in der Einswerdung mit dem Erlöser. „Ich werde sie alle an mich ziehen!" hatte der Herr seinen Jüngern verheißen, ehe er heimkehrte in die „Herrlichkeit beim Vater".

Wie steht es aber mit den Ungläubigen und Materialisten beim Sterbeprozeß? Grundsätzlich entsteht immer wieder die Frage: Welchen Sinn können eigentlich Menschen ihrem Leben geben, die trotz Evangeliumsverkündigung und trotz der zahllosen Spukphänomene, entgegen auch allen Erfahrungen von Mystikern und Hellsehern, an kein Fortleben nach dem Tode glauben? Woher nehmen sie schließlich noch die moralische Kraft, um anderen selbstlos zu dienen? Müssen sie nicht konsequenterweise über kurz oder lang in krasse Egozentrik verfallen? Besonders die negative Erfahrung, daß es in diesem Leben keine ausgleichende Gerechtigkeit gibt, muß sich doch auf die Dauer ungünstig auf ihren Charakter auswirken!

Die Todesstunde trifft beide hart, sowohl den Glaubenslosen wie den Materialisten. Von letzterem sagt Jesus: „Zu den harten Weltmenschen werden weder Ich noch Meine Jünger kommen und ihnen der Zweifel Nacht aus ihren Herzen nehmen. Wenn aber über ihr Fleisch das Ende kommen wird, so sollen sie das Übel ihres Unglaubens und die Folgen der Nichtbeachtung Meiner Lehre fühlen, während jene, die an Mich tatkräftig glauben, des Fleisches Tod weder fühlen noch schmecken sollen! – Denn wenn Ich diesen die Türe ihres Fleisches öffne, werden sie aus ihrem Fleische wie die Gefangenen aus ihren Kerkern heraustreten" (Gr. Ev. Bd. 1, Kap. 48, 8–9). – „Sie werden den Tod nicht schmecken", lesen wir öfters im Evangelium. Diejenigen, denen schon hinieden durch die Gnade des Herrn alle Todesfurcht genommen ist, müssen freilich in der Gottes- und Nächstenliebe sich bewährt haben. Zu seinen Jüngern sagte Jesus einmal: „Hat eine Seele durch ihre Tätigkeit nach Meiner Lehre die Lebensreife (in einem klaren Seelenlebensbewußtsein) erreicht, dann ist ihr jeder weitere Beweis für ihre Unsterblichkeit ganz unnötig. Oder bedarfst du wohl dafür eines Beweises, daß du nun naturmäßig in deinem Leibe lebst?" (Gr. Ev. Bd. 6, Kap. 67, 10). Es gibt Menschen, die bereits in diesem Leben infolge einer besonderen Veranlagung – oder auch durch die Gnade Gottes zum Beispiel im mystischen Zustande – eine Exteriorisation ihres Seelenleibes erleben durften (in sogenannten Seelenreisen!). Für sie bedarf es keiner weiteren Beweise mehr, daß das Leben nach dem Tode weitergeht, denn sie haben ja schon eine bewußte Erfahrung davon gemacht.

Das Sterben wird um so leichter vor sich gehen, je weniger belastet mit Weltsorgen ein Mensch von hinnen scheidet. Da haben es die ganz Armen entschieden besser als die besitzgierigen Reichen, deren Todesfurcht in der Anklammerung an die Materie begründet ist. Wie beherzigenswert ist darum die Mahnung des Herrn: „Solange eine Seele an den Besitz- und Reichtümern dieser Welt hängt, wird sie des Gefühls der Todesfurcht weder in dieser noch in der anderen Welt je völlig ledig. Denn alle Materie ist gerichtet und somit gegenüber dem freien Geiste tot. Wenn also eine Seele an der toten Materie klebt, so kann sie auch kein anderes Gefühl haben als das des Todes. – Kehrt sich aber eine Seele von der Materie ab durch den wahren, lebendigen Glauben an den einen Gott und durch die tätige Liebe zu Ihm und zum Nächsten, dann wird sie des Gefühles der Todesfurcht bald ledig, und das ist für jeden Menschen dann ein sicheres Zeichen, daß Gericht und Tod aus seiner Seele entwichen sind" (Gr. Ev. Bd. 8, Kap. 183, 3–4).

Für das Gros der Menschen freilich, mögen sie noch so fest von der Unsterblichkeit ihrer Seele überzeugt sein, bleibt die Todesangst in mehr oder minder starker Form bestehen. Im Großen Evangelium trägt ein Wirt dem Herrn folgende Bedenken vor: „Ich bin nach Möglichkeit doch noch einer der treueren Befolger der Satzungen Mosis und habe über geistige Dinge stets am liebsten und am meisten mit den Weisen aller Nationen verkehrt; aber sie alle wußten am Ende über den fraglichen Punkt nicht mehr zu sagen als ich selbst. Die Römer und mit ihnen auch die Griechen sagen: ‚Das ist eben der verhängnisvolle Schleier der Isis, den bis jetzt noch kein Sterblicher gelichtet hat!' Ja, das ist recht schön gesagt, und es liegt auch sehr viel Wahrheit darin; aber es nützt uns leider nichts! Denn der Tote fühlt, hört und sieht nichts mehr, und wir, die wir noch an diesem Leben nagen wie die Würmer an einem faulen Stück Holz, sehen, hören und fühlen von den Verstorbenen auch nichts anderes mehr als seinen toten und stinkenden Leib, der wenige Jahre darauf zu Staub und Asche wird. Also, Herr und Meister, der Du das Leben selbst bist nach Deiner Lehre, gib mir und eigentlich uns allen darüber ein unzweifelhaftes Licht, worum ich Dich sehr bitte! Denn wahrlich, mit dem finsteren Gedanken an den Tod, an das Grab und an die Vernichtung möchte ich kein Jahr mehr gemeinschaftlich leben!" (Bd. 6, Kap. 67, 6).

Die Antwort des Herrn lautete: „Die Furcht vor des Leibes Tode liegt eigentlich nicht so sehr in dem unbestimmten Bewußtsein des Lebens der Seele nach dem Abfalle des Leibes, als vielmehr in der Liebe zur Welt und in der Selbstliebe. Durch diese beiden Liebearten wird die Seele stets mehr in ihr Fleisch vermengt, und die Folge davon ist, daß sie eben dadurch das

Gefühl des Sterbens, Vergehens und Aufhörens stets mehr und mehr zu ihrem eigenen machen und übergehen muß in allerlei Angst und Furcht.
Siehe, die Urväter der Menschen dieser Erde hatten keine Furcht vor dem Tode des Leibes, sondern oft nur Sehnsucht danach, daß sie befreit würden von dem gebrechlich gewordenen Leibe! Sie hatten ob ihres Gott wohlgefälligen Lebenswandels von Zeit zu Zeit helle Blicke und Gesichte ins Jenseits und hatten sich dadurch ein klares und wahres Bewußtsein über das Leben der Seele nach dem Abfalle des Leibes erworben.
Aber in dieser Zeit ist ja beinahe aller Glaube an Gott bei den Menschen erloschen! Wo sollte dann das helle Bewußtsein des Lebens der Seele nach dem Leibestode noch herrühren? Ich sage es dir: Wo man an dem Grunde alles Lebens schon beinahe allgemein zweifelt, da ist es dann gar nichts Wunderbares, wenn man über das Fortleben der eigenen Seele nach des Leibes Tode in starkem Zweifel ist. Gehe hin zu den Sadduzäern, und du wirst finden, daß sie fürs erste äußerst materielle, die Welt und sich über alles liebende Menschen sind, fürs zweite an gar keinen Gott glauben und darum fürs dritte auch die Unsterblichkeit der menschlichen Seele völlig ableugnen und jeden einen Narren schelten, der daran glaubt; denn für sie ist das nichts als das Phantasiegebilde schwachhirniger Menschen, was sie durch leere Reden beweisen wollen.
Weiter siehe an die rechten Kyniker, Schüler des weltweisen Griechen Diogenes! Das sind sogar wahre Feinde des Lebens, und sie verwünschen jegliche Kraft, die sie ohne ihre Einwilligung ins Leben rief. Sie leben zwar höchst gesittet und nüchtern und verachten allen Luxus, ja selbst die geringste Bequemlichkeit in ihrem Dasein; dennoch ist für sie der Tod die größte Wohltat, hinter dem sie kein Leben mehr, sondern das ihnen höchst erwünschte gänzliche Nichtsein erwarten. Aber dafür kannst du wieder in Indien noch heutzutage Menschen finden, die mit den Seelen der Verstorbenen geradeso umgehen wie mit Lebenden und sich mit ihnen über tausenderlei geheime Dinge besprechen. Diese Menschen haben auch nicht die allerleiseste Spur von einer Furcht vor des Leibes Tode; im Gegenteil: bei ihnen ist der Sterbetag ein wahrer Jubeltag und die Geburt eines Kindes zur Welt ein wahrer Trauertag" (Gr. Ev. Bd. 6, Kap. 68, 1-7).
Handgreifliche Beweise für ein Fortleben nach dem Tode forderte einst ein Schriftgelehrter von Jesus. Ihm wurde die Antwort: „Jetzt bin Ich mit dem allerhöchsten Geiste Gottes da und zeige euch durch Worte und Taten, daß es so ist, und dennoch zweifelt ihr an der Wahrheit Meiner Worte! Saget nun selbst: Was für noch größere und haltbarere Bürgschaften über ein jenseitiges Leben sollte Ich dann noch geben?!" (Gr. Ev. Bd. 6, Kap. 107, 7). Die Autorität Jesu genügte allerdings den chronischen Zweiflern nicht als Beweis. So mußte er einmal ganz deutlich werden, als er einigen heidnischen

Priesterweibern zurief: „Daß ihr nicht an das Fortleben der Seele nach dem Leibestode glaubt, daran schulden euer Hochmut, eure Selbstliebe und die Gier, vor den Menschen als Vielwisser zu glänzen und jeden anderen mit euren alten Weisheitsbrocken in den Staub zu reden. Solange ihr in diesem Hochmut verharret, werdet ihr anstatt des Lebens nur den ewigen Tod in euch fühlen; denn der Hochmut treibt die Seele in ihres Leibes Fleisch, in welchem sie dann nichts anderes fühlen kann als des Fleisches Tod" (Gr. Ev. Bd. 6, Kap. 111, 2-4).

Diese harten, aber heilsamen Worte sollten sich alle diejenigen zu Herzen nehmen, die eine zu große Todesfurcht beschleicht. Sie können sich dabei selbst im Spiegel sehen. Besonders für Übeltäter ist die Warnung Jesu gedacht: „Den ungeläuterten Seelen wird es im Sterben nicht leicht ergehen. Sie werden fürs erste in ihrem Fleische zumeist große Schmerzen verspüren; außerdem werden in der Seele Furcht, Angst und sogar Verzweiflung sich kundtun. Und wird die Seele frei von ihrem Fleische, so wird sie jenseits viele Jahre nach der Zeitrechnung dieser Welt zu tun haben, um zu einem helleren Bewußtsein zu gelangen. Von einer völligen Vergeistigung aber ist noch lange Zeiten hindurch keine Rede" (Gr. Ev. Bd. 5, Kap. 90, 6).

Auf die bange Frage eines Schriftgelehrten: „Werde ich der begangenen Sünden wegen am Ende das Herbe des Todes fühlen und schmecken müssen?" antwortete der Herr: „Wenn du so leben wirst, daß deine Seele in ihrem Geiste völlig wiedergeboren wird, so wird der Geist mit allen deinen unreinen Fleischesgeistern bald und leicht fertig werden, und du wirst eines seligen Todes sterben auch dem Leibe nach. Aber wenn jemand im allgemeinen zwar nach Meiner Lehre ganz ernstlich lebt und handelt, jedoch insgeheim noch in seine alten Gewohnheiten verfällt, da wird er diesseits nicht die völlige Wiedergeburt der Seele im Geiste erlangen können und sich's am Ende in aller Demut und Geduld schon gefallen lassen müssen, wenn er beim Scheiden noch mit manchen Leiden zu kämpfen hat. Denn da werden die Leiden das Feuer sein, durch das des Menschen Lebensgold völlig geläutert wird" (Gr. Ev. Bd. 8, Kap. 82, 10).

Wir beginnen auf Grund dieser Aussagen zu begreifen, warum oft gerade die besten Menschen vor ihrem Tode noch so viel zu leiden haben, zum Beispiel durch langes Siechtum oder schwere Krankheit. Es ist in ihrem eigenen Interesse. So lesen wir im Großen Evangelium: „Es kommt hie und da wohl vor, daß auch recht fromme, gerechte Menschen mit unsanfter Todesart von dieser Welt scheiden; aber da können wir annehmen, daß Gott so einem Menschen eine größere Geduldsprobe zukommen läßt, damit seine Seele fürs Jenseits eine um so größere Gediegenheit erlange. – Oder aber: es kann der im Alter fromm und gerecht gewordene Mensch durch manche Jugendsünden seines Leibes Natur in Unordnung gebracht haben, was ihm dann die letzten Stunden nicht angenehm macht. Aber das können wir als sicher annehmen, daß von der Wurzel an ganz nach der Ordnung Gottes lebende Menschen sanft dahinsterben" (Bd. 8, Kap. 4, 11 ff.).

Das Ideal wäre in jedem Falle: „Ein in guter Ordnung lebender Mensch wird bis in sein hohes Alter im ganzen wenig von Schmerzen zu erzählen wissen. Sein Fleisch wird bis zur letzten Stunde noch fügsam und geschmeidig verbleiben, und die Seele wird sich nach und nach ganz sachte ihrem Fleische entwinden können in der besten, wahren Ordnung Gottes" (Gr. Ev. Bd. 5, Kap. 75, 6). – Den Tod als wahrhaftige Auferstehung ins ewige Leben erfahren jene Seelen, die schon auf Erden zur Wiedergeburt im Geiste gelangt sind. Für sie wird die Sterbestunde zum Jubelereignis. Darüber sagt Jesus: „Wie sich ein Gefangener über seine Befreiung freut, so und noch mehr wird sich ein im Geist wiedergeborener Mensch freuen, wenn Mein Engel zu ihm kommt und sagt: ‚Unsterblicher Bruder, erhebe dich aus deinem Kerker, ziehe an das Lichtgewand der Ehre in Gott und wandle hinfort frei und selbständig in der Fülle des ewigen Lebens im Angesichte Gottes, dessen große Liebe dir solche hohe Gnade erweist!'" (Gr. Ev. Bd. 7, Kap. 1, 7).

Im gleichen Sinne belehrt Jesus einen Schriftgelehrten: „Dem Leibe nach wird jeder Mensch sterben, und die Seele eines Sünders wird den Tod gar wohl sehen, fühlen und schmecken, wenn er sich nicht nach Meiner Lehre bessert und rechte Buße tut. Eine Seele aber, die nach Meiner Lehre in ihrem Geiste völlig wiedergeboren ist, wird einen Tod ewig nie sehen, fühlen und schmecken, weil sie mit vollem, hellsten Lebensbewußtsein fern von aller Qual aus dem Leibe scheiden wird, wenn Ich sie für ewig zu Mir berufe. Ich sage euch, es werden von euch viele, welche die geistige Wiedergeburt erreicht haben, Mich bitten: ‚Herr, wie lange wirst Du uns noch die schwere Bürde des Fleisches auf dieser Erde tragen lassen?' Und Ich werde zu ihnen in aller Liebe sagen: ‚Geduldet euch noch eine kurze Zeit, und Ich werde euch eurer Bürde entledigen! Und wenn einer von euch von den Heiden um Meines Namens willen zum Tode geführt wird, so wird er frohlocken, daß er als Blutzeuge seines Fleisches entledigt wird, und wird Seligkeit und Wonne empfinden selbst in des Fleisches Schmerzen und Qualen!'" (Gr. Ev. Bd. 8, Kap. 81, 3 u. 5).

Dieser Hinweis auf die christlichen Märtyrer findet seine Bestätigung in der Tatsache, daß viele von ihnen singend gestorben sind und, da sie entrückten Geistes waren, nicht einmal die Foltern oder Flammen spürten. – Noch mehr ist dem geistig Wiedergeborenen verheißen: „Ein hier schon völlig im Geiste wiedergeborener Mensch, der sein künftiges Leben in aller Klarheit in sich hat und lebendig fühlt, kann seines Erdenlebens Ende schon genau zum voraus wissen; und die Abnahme der Leibesbürde wird ihn nur mit höchster Freude erfüllen!" (Gr. Ev. Bd. 8, Kap. 30, 7). Auch dafür gibt es Zeugnisse, daß besonders begnadete Menschen ihre genaue Todesstunde längst voraus wußten.

In höchster Steigerung solch triumphaler Übergänge in das Jenseits erlebte Henoch seine einstige Himmelfahrt. Er schildert sie selbst mit den Worten: „Ich bin nicht in der Weise dem Leibe nach gestorben, wie nun alle Menschen sterben, sondern die Macht des göttlichen Geistes in mir löste meinen Leib plötzlich völlig auf, so daß von ihm auch nicht ein Sonnenstäubchen groß auf dieser Erde zurückblieb. Alles Leibliche ist zu meinem ewigen, unverwüstbaren Kleide geworden, und du siehst mich nun mit Leib, Seele und Geist" (Gr. Ev. Bd. 9, Kap. 174, 11). – Über den Sterbevorgang bei den Erzvätern belehrte Jesus einen Oberstadtrichter: „Siehe, die Menschen der Urzeit, die in der ihnen vom Geiste Gottes gezeigten Ordnung und Einfachheit blieben, erreichten zumeist ein sehr hohes Alter, wurden nie krank und schliefen am Ende ganz ruhig ein, und ihre Seele empfand dabei keine Schmerzen und keine Todesangst" (Gr. Ev. Bd. 10, Kap. 182, 2).

Und wieder sagt uns der Herr: „Menschen, die schon in ihrem Leibesleben sich durch Selbstverleugnung, Demut und Liebe zu Mir mit Mir vereinigt haben, wahrlich, diese werden von des Leibestodes Angst nicht viel verspüren" (Hi. Bd. 1, S. 336, 7). Unendlich tröstlich ist in diesem Zusammenhang der Bericht eines Jenseitigen, der von sich erzählt: „Als ich noch auf Erden wandelte, hat mich oft der Gedanke an den einstigen Tod des Leibes erschüttert. Doch glaubt es mir, meine Furcht war eitel; denn als der Tod über meinen Leib kam und ich der Meinung war, für ewig zugrunde zu gehen, da erwachte ich wie aus einem tiefen Traum und ging sogleich in das wahre Leben über" (GS. Bd. 1, Kap. 7, 12). Wie gut paßt dazu die Aufforderung des Herrn: „Meine lieben Freunde, seid heiter und fröhlich in euren Herzen! Denn Ich bin bei euch (alle Tage) und freue Mich mit euch, so ihr Freude an Mir habt. Und diese Freude wird euch ein heller Stern sein, wenn ihr die Welt verlassen werdet. Sie wird euch treu geleiten auf der weiten Reise in Meine Himmel!" (Hi. Bd. 1, S. 43, 7).

Da alles im Neuoffenbarungswerk in einen größeren Rahmen hineingestellt bleibt, hinausprojiziert in kosmische Dimensionen, ist auch folgende Aussage des Herrn von größtem Interesse: „Die Menschen der (natürlichen) Sonne werden nie krank. Wenn aber ihr Geist die gehörige Reife erreicht hat, dann zerstört er im Augenblick seine Hülle durch einen flammenden Ausbruch seines Wesens und geht dann in eine höhere Welt über. Ein solches Verschwinden wird von den Sonnenbewohnern mit einer innersten, geistigen Andacht gefeiert und es wird dem Herrn ein Lob dargebracht, da Er wieder einen Bruder von den materiellen Banden befreit und ihn in das Urreich des Lichtes und Lebens zurückgeführt hat!" (NS., Kap. 24, 18 und 20).

Welch ein Atem weht uns aus diesen Worten an! – Warum aber sind gerade

die Bewohner anderer Himmelskörper so bevorzugt vor den Erdenmenschen, wenn es zum Sterben geht? Darauf antwortet Jesus: „Das Sterben der Menschen auf der Erde ist wohl für die äußeren Sinne eine sehr traurige, schmerzliche Erscheinung, und der Weltverstand findet sie sehr hart und grausam seitens der allmächtigen Gottheit. Aber der freie Geist im Menschen kann unmöglich anders von jedem seine wahre Freiheit hemmenden Gericht ledig werden als durch die Hinwegnahme seiner gerichteten leiblichen Umhüllung, die dem Geiste nur so lange belassen werden darf, bis er zur völligen Selbständigkeit gediehen ist" (Rbl. Bd. 1, Kap. 28, 1–2). Dennoch: die Todesangst müßte nicht sein! Immer wieder betont der Herr: „Wer noch eine große Furcht vor dem Tode des Leibes hat, dessen Seele steht noch in einem starken Verbande mit dem Fleisch und in einem äußerst schwachen mit dem Geiste; denn eine große Liebe zum Leben auf dieser Welt ist ein sicheres Kennzeichen, daß die Seele sich noch sehr wenig gekümmert hat um das ewige Leben ihres Geistes in ihr" (Gr. Ev. Bd. 2, Kap. 226, 2).
In den düstersten Farben malt Jesus das Hinscheiden ausgesprochener Bösewichte: „Um vieles ärger als ein heftiger Wettersturm ist der innere Sturm eines großen Sünders, wenn sein Ende naht und er den ewigen Tod vor sich und Gottes Zorn über seinem Haupte sieht. Wird bei Gott der Mensch noch Gnade und Erbarmung erhoffen können, der nie einem Armen auch nur die kleinste Barmherzigkeit erwiesen, wohl aber gar viele Menschen ins Elend gestürzt hat? Sieh, Freund, ein solcher Seelensturm ist ums Unaussprechbare schrecklicher als ein Natursturm!" (Gr. Ev. Bd. 9, Kap. 75, 7).
Da Gott selbst die Stunde des Hinscheidens für jeden einzelnen bestimmt, ist ein Auflehnen dagegen völlig unangebracht. Oft sind es die Hinterbliebenen, die sich ganz unverständig zeigen und am meisten des Trostes bedürftig sind. Dem König Abgarus Ukkuma (d. h. „der Schwarze") von Edessa schrieb Jesus wegen seines todkranken Sohnes: „Glaube ja nicht, daß dein Sohn, so er stirbt, im Ernste sterben wird! – Nein, nein! Sondern wenn er stirbt, dann erst wird er erwachen vom Todesschlaf dieser Welt zum wahren, ewigen Leben in Meinem Reiche, welches ist geistig und nicht leiblich (d. h. grobmateriell, d. V.)! ... Was deinen Sohn betrifft, so weiß Ich alles. Und es ist Mir überaus lieb, daß es mit ihm ein schönes Ende für die Welt, jedoch einen bei weitem schöneren Anfang in Meinem Reiche genommen hat. – Du aber tust wohl daran, so du um ihn ein wenig trauerst. Denn siehe, der Guten gibt es wenige auf der Welt! Die aber sind wie dein Sohn, die sind wohl einer Nachtrauer wert" (Bw. II u. IV).
Auf keinen Fall aber billigte Jesus ein gänzlich hoffnungsloses Gebaren beim Tod eines geliebten Menschen. So wies er einmal ein junges Mädchen, das sich wegen des scheinbar zu früh verstorbenen Schwesterchens hemmungslosem Schmerz hingab, mit den Worten zurecht: „Warum trauerst du, weil Ich

deine Schwester zu Mir nahm? Ist dir denn etwas Arges begegnet? – O ihr Kleingläubigen! – Meinet ihr, der Verlust eurer Schwester drücke euer Herz? O nein, sage Ich, euer schwacher Glaube ist noch immer eure größte Not! Denn wer da glaubt und liebt im Geiste und in der Wahrheit, der wird allezeit voll Freude und Dankbarkeit sein im Herzen, da er im hellsten Lichte erkennt, daß Ich, sein ewiger, liebevollster Vater, allezeit nur das Beste tue! – Danket Mir mit freudigem Herzen, daß Ich eurer Schwester umsonst das ewige Leben im Reiche der Kinder gab und ihr von da einen hellen Weg ins große Heiligtum Meiner ewigen Vaterliebe bahne!" (Hi. Bd. 1, S. 345, 8-11). Wir blicken bereits hinein in das jenseitige Kinderreich, von dem uns in der „Geistigen Sonne" eine so farbige Schilderung gegeben wird. –
Oft fragen sich die Menschen bei plötzlichen Unfällen: Was ist die Ursache, daß so etwas geschehen konnte? Gibt es denn keinen Schutz von oben? Auch ein bekehrter Judengrieche fragte einmal den Herrn: „Wer trägt wohl die Schuld an einem Schiffsuntergang mit Mann und Maus?" Ihm erwiderte Jesus: „Solch ein Geschehen ist ganz gewiß eine best begründete Zulassung von oben, und es bedeutet ungefähr dasselbe, wie wenn jemand an einer unheilbaren Krankheit leidet und zugrunde geht. Denn kein Mensch auf Erden bleibt ewig am Leibesleben" (Gr. Ev. Bd. 6, Kap. 155, 5-6). Vom Evangelisten Johannes hören wir sogar die Rede: „Gott tötet tagtäglich der Menschen Leiber, aber zur rechten Zeit, wenn der Geist seine bestimmte Reife erlangt hat. Auch die Engel des Himmels als Diener Gottes zerstören in einem fort der Menschen Leiber auf Erden, aber nicht eher, als bis sie vom Herrn den Auftrag haben, und dann nur auf die Weise, wie es der Herr haben will" (GS. Bd. 2, Kap. 78, 12).
Daß Engel bei jedem Sterbeakt zugegen sind, als Geburtshelfer in das Jenseits gleichsam, wird damit angedeutet. Im einzelnen wird uns gesagt: „Wenn der Mensch von Gott gerufen wird, diese Welt zu verlassen, dann wird ein Engel Gottes in einem Augenblick alles dem Geiste Gottes Angehörige aus der Materie frei machen, die Materie der vollen Auflösung übergeben, die Seele aber und ihren Lichtgeist, sowie alles, was der Seele angehört, in vollkommener Menschengestalt vereinigen und in die reine Welt der Geister hinüberführen, nach dem unwandelbaren Willen Gottes" (Gr. Ev. Bd. 2, Kap. 195, 2).
Ein indischer Magier beklagte sich einmal, daß im Alter die Kräfte immer mehr nachlassen und der Leib mühselig und gebrechlich wird. Ihm antwortete der Herr: „Wandelt gleichfort auf den Wegen, die Ich euch gezeigt habe, so werdet ihr (auch im Alter) wenig zu leiden haben, und euer Abgang von dieser Welt wird ein leichter sein! – Nur über jene kommen am Ende zumeist bittere Leiden, die aus allerlei Welttümlichkeiten ihre Seele zu sehr in ihr Fleisch vergraben. Denn eine solche Seele muß, damit sie nicht völlig verder-

be in ihrem Fleische, mit großer Gewalt von demselben losgetrennt werden, was im Leibe Schmerzen erzeugen muß. Und das ist gut für die Seele, weil sie durch die Schmerzen und Leiden von ihren fleischlichen Gelüsten frei wird und dadurch im Jenseits einen leichten Fortgang und ein sicheres Vorwärtsschreiten auf der Bahn des geistigen Lebens findet. – Ganz welttümliche Menschen aber, die an keinen Gott glauben und dabei doch ein gesundes Leben bis in ihr hohes Alter genießen und am Ende auch eines schnellen und schmerzlosen Todes sterben, haben ihren Lebenslohn auch schon auf dieser Erde empfangen und werden im Jenseits sehr schwer je einen zu gewärtigen haben" (Gr. Ev. Bd. 8, Kap. 16, 11-13).

Tatsächlich gibt es ein Volk auf dieser Erde, das, beispielhaft in seiner Lebensführung, den Beweis dafür liefert, wie auch im hohen und höchsten Alter der Mensch noch jugendliche Elastizität bewahren kann. So berichtet Hermann Schaefer in seinem Buch „Hunza": „Ein Leben ohne Gebrechen und die Erreichung einer hohen Altersgrenze (oft über hundert Jahre!) bei jugendlicher Gesundheit, das gibt es nur in Hunza. Ein Volk, das keine Krankheiten kennt, verdankt seine Gesundheit nicht der überlegenen medizinischen Wissenschaft, sondern . . . einem System, das den Menschen dazu anhält, freudig zu schaffen und freiwillig seine Ansprüche zu reduzieren." Voraussetzung ist natürlich eine richtige Ernährung und, wie bei den Hunzas, in allen Dingen eine hohe Sittlichkeit. Ein Hunza sagte dem Verfasser: „Wir teilen das Leben anders ein (als ihr); nämlich in die Zeit der Jugend, in die Zeit der Mitte und in die ‚Jahre des Reichtums'. So nennen wir hier das sogenannte Alter."

Wie sehr erinnert dies an die Urväterzeit! Bei ihnen kam das Sterben einem sanften Einschlafen gleich, da es völlig schmerzlos vor sich ging. Was sie drüben dann erwartete, kannten sie bereits, denn oft hatten sie Umgang mit den Engeln des Himmels und den Geistern der Verstorbenen.

8. Der Vorgang des Sterbens

Von vielen visionär veranlagten Menschen ist der Vorgang des Sterbens schon miterlebt worden. So auch von dem amerikanischen Arzt Andrew Jackson Davis (1826-1910), der uns vom Hinübergang einer älteren Frau folgende Beschreibung gibt:
„Ich sah, daß der körperliche Organismus nicht länger die verschiedenen Anforderungen des geistigen Prinzips erfüllen konnte. Aber die Organe des Körpers schienen sich der Entfernung der lebenspendenden Seele widersetzen zu wollen. Das Muskelsystem kämpfte darum, die Fähigkeit zu behalten, sich bewegen zu können. Das Nervensystem bemühte sich, das Gefühl zu

wahren, und das Gehirn strengte sich an, die Intelligenz oder das Bewußtsein festzuhalten. Der Körper und die Seele glichen zwei Freunden, die fühlten, daß sie nun für immer scheiden müßten. Dieser innere Kampf zeigte sich den äußeren Sinnen als qualvolles Leiden. Aber ich bin dankbar und glücklich, erfahren zu haben, daß diese Erscheinung nicht ein Zeichen von Schmerz oder Unglück war, sondern nur daher rührte, daß der Geist im Begriff stand, für immer das irdische Kleid abzulegen.

Nun wurde der Kopf in eine schöne, mild leuchtende Atmosphäre gehüllt, und gleichzeitig sah ich das große und das kleine Gehirn ihre innersten Teile erweitern. Ich sah sie die ihnen eigenen galvanischen Funktionen abbrechen, und später merkte ich, daß sie sich an der Lebenselektrizität und dem Lebensmagnetismus, welche untergeordneten Organen gehören, sättigten. Das Gehirn zeigte sich plötzlich zehnmal mehr positiv magnetisch als es je im gesunden Zustand gewesen war. Dieses Phänomen geht gewöhnlich der physischen Auflösung voraus.

Nun hatte der Sterbeprozeß begonnen. Das Gehirn zog nach und nach die lebenspendenden Fluide aus den übrigen Teilen des Körpers an sich, und in demselben Grade, wie die Extremitäten des Organismus dunkel und kalt wurden, erschien das Gehirn hell und strahlend. Ich sah in der milden Atmosphäre, welche vom Kopf der Sterbenden ausging, wie die unbestimmten Außenlinien eines anderen Kopfes gebildet wurden. Wie er sich nach und nach entwickelte und endlich so kompakt und strahlend wurde, daß ich länger weder durchsehen, noch ihn unverwandt ansehen konnte, wie ich gern gemocht hätte. Während dieser Kopf über dem materiellen Kopfe gebildet und organisiert wurde, sah ich, wie die leuchtende Atmosphäre, die aus dem Kopfe hinausströmte, in lebhafter Bewegung war. Aber während der neue Kopf deutlicher und vollkommener wurde, verschwand nach und nach die leuchtende Atmosphäre.

Mit großem Staunen und unbeschreiblicher Ehrfurcht betrachtete ich den geheimnisvollen Vorgang, den ich vor mir sah. Auf dieselbe Weise, wie der geistige Kopf gebildet und organisiert wurde, sah ich später, wie der Nacken, die Schulter, die Brust, ja der ganze menschliche Organismus sich nach und nach harmonisch entwickelten. Ich fühlte auch, daß es die seelischen Eigenschaften waren, die sich entwickelten und den neuen Organismus vollendeten. Die physischen Gebrechlichkeiten, die dem sterbenden Körper anhafteten, waren in dem neuen geistigen Körper fast vollständig verschwunden. Während dieser Geistkörper sich, nach meiner inneren Beobachtungsfähigkeit, vollständig sichtbar entwickelte, äußerte der materielle Körper viele Symptome von Schmerzen vor den Anwesenden. Diese Anzeichen waren indessen ganz trügerisch; sie wurden nur durch die Entfernung der Lebenskraft von den Gliedern nach dem Gehirn und danach durch ihr Ausströmen vom Gehirn in den neuen Organismus verursacht. Nun richtete sich der Geistkörper in aufrechter Haltung über dem Kopf des abgelegten Körpers empor. Aber unmittelbar vor der endgültigen Auflösung des Bandes, welches so viele Jahre diese beiden Körper miteinander verbunden hatte, sah ich etwas sehr Eigentümliches: einen Lichtstrom von Lebenselektrizität in starker Bewegung zwischen dem Kopfe des ausgestreckten physischen Körpers und den Füßen des aufrecht stehenden geistigen Körpers.

Alles dieses lehrte mich, daß das, was allgemein Tod genannt wird, nur eine Geburt des Geistes zu neuem Leben auf einer höheren Daseinsebene bildet.

Ja, die Übereinstimmung zwischen der Geburt eines Kindes in diese Welt hinein und der Geburt des Geistes in eine höhere Welt ist so vollkommen, daß nicht einmal die Nabelschnur fehlt, welche bis zuletzt die beiden Organismen verbindet. Auch hier beobachtete ich etwas, wovon ich früher keine Ahnung hatte, nämlich, daß ein unbedeutender Teil der Lebenselektrizität beim Bruch dieser Nabelschnur in den sterbenden Körper zurückströmte und sich dort gleich durch den ganzen Organismus ausbreitete, offenbar in der Absicht, den sofortigen Verfall zu verhindern.

Sobald der weibliche Geist, dessen Abtrennung vom physischen Körper ich beobachtet hatte, gänzlich befreit war, sah ich, wie er anfing, die geistigen Bestandteile der umgebenden irdischen Atmosphäre einzuatmen. Erst schien er nur mit Mühe diese neue Lebenskraft ertragen zu können, doch im Laufe von einigen Sekunden atmete er mit größter Leichtigkeit und Freude diese Elemente ein und aus. Und nun sah ich, daß er in den Besitz von Organen gekommen war, welche in jeder Hinsicht denen entsprachen, die seinem abgelegten irdischen Körper gehörten, nur veredelt und verschönert. Diese Änderung war jedoch nicht so durchgreifend, daß die Frau auch ihre Gestalt oder das Charakteristische in ihrem Äußeren verändert hätte. Sie glich ihrem früheren Ich in so hohem Maße, daß ihre alten Freunde, wenn sie sie so gesehen hätten, ganz sicher ausgerufen hätten: Nein, wie gesund du aussiehst! Wie hast du dich zu deinem Vorteil verändert! – Ich sah außerdem, wie sie sich weiter den neuen Elementen im geistigen Leben anpaßte und sich daran gewöhnte. Sie tat es ohne Gemütsbewegung, mit philosophischer Ruhe, viel zu sehr vom Ernst der Verwandlung, welche sie durchgemacht hatte, in Anspruch genommen, um den Klagen und Tränen ihrer Angehörigen ihre Aufmerksamkeit zu schenken. Diese Verwandlung hatte zweieinhalb Stunden gedauert, aber eine bestimmte Zeit für den Sterbeprozeß gibt es natürlich nicht.

Ohne meine Stellung oder meine geistige Beobachtung zu ändern, fuhr ich fort, die Bewegungen des neugeborenen Geistes zu betrachten. Sobald die Gestalt sich an die neuen Elemente, die sie umgaben, gewöhnt hatte, stieg sie durch Willensanpassung von ihrem Platz über dem Leichnam herunter und ging durch die offene Türe aus dem Schlafzimmer, wo sie so lange krank gelegen hatte. Es war Sommer und alle Türen standen offen, so daß ich ihr mit dem Blick aus dem Hause und ins Freie folgen konnte. Es war eine Freude, wie leicht sie dahinschritt. Sie schritt buchstäblich auf der atmosphärischen Luft, ganz wie wir auf der Erde. Gleich nachdem sie aus dem Hause getreten war, begegneten ihr zwei freundliche Geister, und nachdem sie zärtlich Wiedersehen gefeiert hatten, fingen sie an, durch die Luft in die Höhe zu steigen. Es war, als wenn sie eine Vergnügungstour einen Berg hinauf machten. Ich folgte ihnen mit meinem Gesicht solange ich konnte; aber bald entschwanden sie mir.

Ich kehrte in meinen gewöhnlichen Zustand zurück: aber welcher Gegensatz! Anstelle der jugendlich schönen Gestalt, welche ich eben entschwinden sah, lag nun hier der leblose Leichnam, die Puppe, die der jubelnde Schmetterling vorhin verlassen hatte." ---

Noch hören wir in dieser sehr zutreffenden und detaillierten Schilderung nichts von den Schutzgeistern, die gewöhnlich am Bett eines Sterbenden harren, um Geburtshilfe in das Jenseits zu leisten. Und auch nichts von dem gottgesandten Todesengel, dessen starker „Willenshauch" nach Lorber die Seele endgültig vom Leibe löst. Es ist aber anzunehmen, daß das Auge des Visionärs diese allzu feinstofflichen Gestalten zunächst gar nicht wahrnehmen konnte. Auf jeden Fall gibt uns der hellsichtige Arzt eine volle Bestätigung dessen, was wir auch in der Neuoffenbarung über den Vorgang des Abscheidens erfahren dürfen. So berichtet uns der Seher Mathael im Großen Evangelium Johannes über ein Erlebnis, das er bereits „im Alter von sieben oder acht Jahren" nach einer pestartigen Epidemie bei einer sterbenden Frau hatte. Es spielte sich dabei folgendes ab:

„Ein großer Geist, mit einem lichtgrauen Faltenkleide angetan, sagte zu mir, als ich ihn nach dem Wunsche meines Vaters um ein Heilmittel anging: ‚Sieh hin auf die Verscheidende! Ihre Seele entsteigt ja bereits ihrer Brustgrube, die der gewöhnliche Ausweg der Seele aus dem Leibe ist!' – Ich besah mir nun die Sterbende näher. Aus der Brustgrube erhob es sich wie ein weißer Dunst, breitete sich über der Brustgrube immer mehr aus und wurde auch stets dichter; aber von irgendeiner menschlichen Gestalt merkte ich lange nichts. Als ich das so etwas bedenklich betrachtete, da sagte der lichtgraue, große Geist zu mir: ‚Sieh nur zu, wie eine Seele ihr irdisches Wohnhaus für immer und ewig verläßt!' Ich aber sagte: ‚Warum hat denn diese scheidende Seele keine Gestalt, während doch ihr, die ihr auch pure Seelen seid, ganz ordentliche Menschengestalten habt?!' Sagte der Geist: ‚Warte nur ein wenig noch; wenn die Seele erst ganz aus dem Leibe sein wird, wird sie sich schon ganz fein zusammenklauben und wird dann auch recht schön und freundlich anzusehen sein!' – Während ich solchen Dunst über der Brustgrube der

Kranken sich immer mehr ausbreiten und verdichten sah, lebte der Leib noch immer und stöhnte zuweilen wie jemand, der von einem schweren Traume geplagt wird. Nach etwa dem vierten Teile der Zeit einer römischen Stunde schwebte der Dunst in der Größe eines zwölfjährigen Mädchens etwa zwei Spannen hoch über des sterbenden Weibes Leibe und war mit dessen Brustgrube nur noch durch eine fingerdicke Dampfsäule verbunden. Die Säule hatte eine rötliche Färbung, verlängerte sich bald und verkürzte sich auch wieder dann und wann; aber nach jedesmaligem Verlängern und abermaligem Verkürzen ward diese Dampfsäule dünner, und der Leib trat während der Verlängerungen stets in sichtlich schmerzhafte Zuckungen.

Nach etwa zwei römischen Stunden der Zeit nach ward diese Dampfsäule von der Brustgrube ganz frei, und das unterste Ende sah aus wie ein Gewächs mit sehr vielen Wurzelfasern. In dem Augenblicke aber, als die Dampfsäule von der Brustgrube abgelöst ward, bemerkte ich zwei Erscheinungen. Die erste bestand in dem völligen Totwerden des Leibes, und die andere darin, daß die ganze weißneblige Dampfmasse sich in einem Augenblicke in das mir nur zu wohlbekannte Weib des Nachbarn umwandelte. Alsogleich umkleidete sie sich mit einem weißen, faltenreichen Hemde, grüßte die umstehenden freundlichen Geister, fragte aber auch zugleich deutlich, wo sie nun sei und was mit ihr vorgegangen sei. Auch verwunderte sie sich gleich höchlichst über die schöne Gegend, in der sie sich nun befinde. Von der Gegend aber nahm ich selbst nirgends etwas wahr. Ich fragte darum meinen großen Lichtgrauen, wo denn diese schöne Gegend zu sehen wäre. Da sagte der Geist: ‚Diese kannst du aus deinem Leibe heraus nicht sehen; denn sie ist nur ein Produkt der Lebensphantasie der Verstorbenen und wird erst nach und nach in eine größere und gediegenere Realität übergehen!' Mit diesen Worten ward ich abgefertigt, und der Geist redete darauf in einer mir ganz unverständlichen Zunge; er muß aber der nun freien Seele etwas sehr Angenehmes gesagt haben, weil sich darauf ihr Angesicht gar so aufgeheitert hatte" (Gr. Ev. Bd. 4, Kap. 128).

Zu alledem gibt Jesus noch eine wichtige Erklärung: „Die Seele eines Sterbenden befindet sich bei ihrem Austritt aus dem Leibe in einer stark bebenden Erregung, so daß sie von einem geistigen Seher zunächst nur als Dunstwolke erschaut werden kann. Erst nachdem sich die Seele allmählich beruhigt hat, wird sie als menschliche Form sichtbar. Kehrt sie endlich ganz in den Zustand der Ruhe zurück, die gleich nach der völligen Ablösung vom Leibe eintritt, so ist sie in klarer Menschenform zu erschauen, vorausgesetzt, daß sie sich zuvor nicht durch allerlei Sünden zu sehr entstellt hat" (Gr. Ev. Bd. 4, Kap. 129, 1 ff.).

Der Vergleich mit einer „tiefklingenden" Harfensaite macht den Vorgang noch anschaulicher: „Wenn du sie stark angeschlagen hast, so wird sie sich eine Zeitlang also schnell hin und her schwingen, daß du ihren Körper auch nur als einen durchsichtigen Dunstfaden ansehen wirst; hat die Saite aufgehört mit dem Schwingen, dann wird infolge ihrer Ruhe auch ihre eigentliche Form wieder ersichtlich. Eine gleiche Erscheinung hast du beim Anblicke einer summenden Fliege, deren Flügel du erst dann als Flügel wahrnehmen kannst, wenn die Fliege zu fliegen und dadurch zu summen aufgehört hat. Im fliegenden Zustande hast du sie nur wie mit einem kleinen Dunstwölkchen umgeben geschaut" (Gr. Ev. Bd. 4, Kap. 129, 3 u. 4).

Oft ist in der okkulten Literatur von dem Fluidband die Rede – auch Silberschnur genannt, vergleichbar mit der Nabelschnur bei der Geburt eines Kindes –, das Leib und Seele fest aneinander bindet. Es ist wegen seiner odischen Beschaffenheit unendlich dehnbar, weswegen bei Exteriorisationen von Lebenden, deren Seelen sich auf einige Zeit vom Körper entfernen, eine Rückkehr in den irdischen Leib möglich ist. Löst sich aber dieses Fluidband endgültig vom Körper, dann besteht für den physischen Leib keine Möglichkeit mehr des Weiterlebens. Es fehlt ihm ja der „Betriebsstoff", das Od der Seele, das den Körper in Bewegung hielt. Im Lorberwerk „Bischof Martin" erfahren wir ergänzend: „Solange noch eine Wärme im Herzen ist, löst der Engel die Seele nicht vom Leib. Denn diese Wärme ist der Nervengeist, der zuvor von der Seele ganz aufgenommen werden muß, bis die volle Löse durch den Engel vorgenommen werden kann" (Kap. 1, 7).

Der große nordische Seher Emanuel Swedenborg erlebte den Sterbevorgang an sich selbst auf folgende Weise: „Ich nahm wahr, daß das Atmen des Körpers beinahe weggenommen war, während das inwendige Atmen, welches das des Geistes ist, zurückblieb. ... Zuerst ward nun eine Gemeinschaft in Rücksicht des Herzschlages mit dem himmlischen Reiche eröffnet ..., es erschienen auch zwei Engel aus demselben, einige in der Ferne und zwei nahe dem Haupte, bei welchem sie sich niederließen. Infolgedessen wurde mir alle eigene Gemütsregung weggenommen; dennoch aber blieb das Denken und das Bewußtsein. ... Die Geister, die um mich gewesen waren, entfernten sich jetzt, weil sie meinten, ich sei gestorben. ... Die Engel, die bei dem Haupte saßen, waren still; sie brachten bloß ihre Gedanken in Berührung mit den meinigen; werden jene aufgenommen, so wissen die Engel, daß der Geist des Menschen in dem Zustand ist, daß er aus dem Körper herausgeführt werden kann. ... Besonders ward mir wahrzunehmen und auch zu empfinden gegeben, daß ein Ansichziehen und gleichsam Herausreißen des Inwendigen, des Gebietes meines Gemütes, somit meines Geistes, aus dem Körper stattfand, und es ward mir gesagt, daß dies von dem Herrn kam und daß daher die Auferstehung komme" (aus „Himmel und Hölle"). –

Es ist eine bekannte Erscheinung, daß Sterbende oft längere Zeit vor ihrem

Tode schon Gesichte haben, in denen sie mit verstorbenen Anverwandten und Freunden Kontakt aufnehmen. Meist nehmen sie dabei einen hellen Lichtschein wahr. Wie sehr trägt gerade diese Tatsache dazu bei, die Angst vor dem Sterben zu nehmen! Man weiß sich ja geborgen im Kreise derjenigen Lieben, die vor einem durch das dunkle Tor gegangen sind und nun wie verklärt erscheinen. Zahllose Sterbefälle weisen darauf hin, daß der Mensch den Akt des Hinübergehens zunächst in höchster Wachheit vollzieht, auch wenn er bereits im Koma liegt und sich gegenüber seiner Umgebung nicht mehr bemerkbar machen kann. Bei sehr ungeläuterten Seelen kommt es manchmal vor, daß sich ihnen während ihres Schwellenübertritts dämonische Wesen zeigen, die sie ängstigen wollen. Es sind jene, denen sie ihr ganzes Leben hindurch unbewußt den Zutritt gestatteten anstelle der himmlischen Hüter. Der Güte Gottes aber ist es zu verdanken, daß in der letzten schwersten Phase ihres Hinübergangs auch zu diesen scheinbar verlorenen Seelen „Engel herabsteigen, die mit den Dämonen kämpfen, helles Licht verbreiten und den Verklärungszustand einleiten" (Swedenborg). Kein dunkles Wesen darf sich dann mehr dem Sterbenden nahen, „denn wenn himmlische Engel zugegen sind, so wird das Leichenhafte wie Aromatisches empfunden, und wenn dieses die Geister riechen, so können sie nicht herzunahen; so werden denn auch die bösen Geister vom Geiste des Menschen gleich bei seiner Einführung in das ewige Leben abgehalten" (Swedenborg).

Eine sehr klare Darstellung vom Sterbevorgang besitzen wir aus neuerer Zeit. Das bei P. H. Landmann enthaltene, medial empfangene „Jenseitsprotokoll" stammt aus dem Jahre 1947. Es heißt darin: „Beim Sterbeakt löst sich der Geistleib vom fleischlichen Leibe. Manchmal geschieht das recht leicht, und das Geistige wird vom Fleischlichen gelöst, wie wenn man ein verbrauchtes Kleid ablegt. Manchmal geht es auch nicht so leicht; dann nämlich, wenn der Mensch im Leben ganz irdisch eingestellt war. Es haftet dann, was ihn bindet, sehr gefährlich und verderblich an seinem geistigen Wesen und macht ihm das Sterben schwer. Er mag das, was er auf der Erde hat, nicht verlassen, und da er von dem andern nichts Gewisses weiß und sich während seines Lebens auf der Erde nicht darum gekümmert hat, hängt er am Irdischen und mag es nicht missen.

Was wird nun beim Sterben erlebt? Es ist, als wollte das deutliche Bewußtsein, welches uns im Leben begleitete, weniger deutlich werden. Dann erlischt es ganz, und im nächsten Augenblick befindest du dich außerhalb deines fleischlichen Leibes, welchen du dann auf seinem Platz siehst wie etwas, das dir nicht gehört. Du meinst, das geht dich gar nichts an. Liebe Menschen weinen vielleicht. Aber du kannst das weder begreifen noch dich darüber aufregen, da du ja lebst und dich äußerst wohl fühlst. Leider kannst du ihnen das nicht sagen, denn, da du jetzt eine andere Leiblichkeit hast, kannst du ihnen keine weiteren Mitteilungen machen. Alles, was du ihnen mitteilen möchtest, können sie nicht hören.

Dann wird dein treuer Lebensbegleiter (Schutzgeist) dich begrüßen und du darfst, was Gott bereitet hat, sehen. Im nächsten Augenblick hast du eine ganz neue Welt betreten; du machst ganz neue Erfahrungen, und deine Leiche, welche du zurückgelassen hast, verliert jede Anziehungskraft für dich. So mußt du dir dein Sterben vorstellen und brauchst wirklich keine Furcht davor zu haben" (in „Wie die Toten leben").

Abschließend sei noch über ein Gespräch berichtet, das der visionär veranlagte Sadhu Sundar Singh einst im Zustand der Entrückung mit zwei seligen Geistern des Jenseits führte. Vom Sadhu über den Sterbevorgang befragt, gab der eine ihm zur Antwort: „Der Tod ist gleich dem Schlaf. Der Übergang bereitet keine Schmerzen, außer im Falle einiger weniger Krankheiten des Leibes und Geistes. Wie der Tiefschlaf einen erschöpften Menschen überfällt, so kommt der Todesschlaf zum Menschen. Über viele kommt der Tod so plötzlich, daß sie nur mit großer Mühe inne werden, daß sie die körperliche Welt verlassen haben und in die Geisterwelt eingetreten sind. Die vielen neuen und schönen Dinge, die sie um sich herum sehen, verwirren sie, so daß sie meinen, sie besuchen irgendein Land oder eine Stadt der Körperwelt, die sie vorher noch nicht gesehen haben. Erst wenn sie eingehender belehrt worden sind und erkennen, daß ihr Geistesleib sich von ihrem früheren stofflichen Leib unterscheidet, dann geben sie zu, sie seien in der Tat aus der Körperwelt in das Reich der Geister versetzt worden."

Der andere jenseitige Geist ergänzte diese Aussage: „Gewöhnlich verliert der Leib in der Todesstunde langsam seine Empfindung. Er spürt keine Schmerzen, sondern wird nur von einem Gefühl der Schläfrigkeit überwältigt. Bei großer Schwäche oder einem Unfall entweicht der Geist, während der Leib noch bewußtlos ist. Die Geister selber, die gelebt haben, ohne daran zu denken, daß sie einmal in die Geisteswelt eingehen, und ohne sich darauf zu rüsten, werden, wenn sie so plötzlich in die Geisterwelt versetzt werden, gar sehr verwirrt und geraten wegen ihres Schicksals in einen Zustand großer Bedrängnis. Deshalb müssen sie für eine beträchtliche Zeit auf den niederen dunklen Stufen des Zwischenzustandes (Mittelreichs) bleiben. Die Geister dieser niederen Bereiche belästigen oft die Menschen in der Welt gar sehr. Aber die einzigen, denen sie ein Leid zufügen können, sind die, deren Sinn ihnen gleicht und die ihnen aus freiem Willen ihr Herz öffnen. Diese bösen Geister würden, wenn sie sich mit anderen bösen Geistern vereinigen, in der Welt ungeheuren Schaden stiften; doch Gott hat überall zahllosen Engeln aufgetragen, sie sollen Sein Volk und Seine Schöpfung behüten, so daß Sein Volk immer in Seinem Schutz geborgen ist "(aus „Gesichte der Geisteswelt").

Vergleichen wir die angeführten Zitate teils prophetischer, teils visionärer und medialer Herkunft miteinander, dann müssen wir gestehen: Es herrscht eine so weitgehende Übereinstimmung der Aussagen sogar in winzigsten Details, daß kein Zweifel an ihrer Richtigkeit möglich ist. Und für wie viele Menschen mag gerade dies ein Trost sein, daß in der Todesstunde nichts Unbekanntes auf sie zukommt, mag ein jeder auch seinen ganz persönlich gefärbten Sterbeakt vollziehen. Er bleibt auf jeden Fall an die gleichen Gesetze gebunden.

Beim Schwellenübertritt

Die strengen Engel kommen! – Sie sind schön
Und blicken dich mit hellen Augen an,
Die alles wissen und durch alles gehn
Und auch in deines Herzens Gründe sehn,
Wo du gezeichnet bist von Schuld und Wahn.

Du gibst dich ihnen willig wie ein Kind
Und fürchtest einsam nur den Richterspruch;
Sie aber führen dich hinweg geschwind
Von jener Stätte, wo noch Nebel blind
Die Sicht verhangen wie ein schweres Tuch.

Der Erde Aura dunkelt da hinein,
Und viele Geister irren noch den Pfad
Hinauf, hinab aus Nacht und Dämmerschein
Zu dem gerechten Ort, den ganz allein
Ihr eigener Wille schuf und eigene Tat.

Denn das Gericht – du weißt es endlich klar –
Ist kein Verhängnis, das dir Gott geschickt,
Sondern die Welt, die schöpferisch sich gebar,
Als du auf Erden wirkend Jahr für Jahr
Des Künftigen Muster selber dir gestickt.

So wirst du nun empfangen sein im Licht,
Wenn du der Liebe Harmonien getönt,
Und wirst im Dunkeln bergen dein Gesicht,
Wenn du versäumt, vertan, was anders nicht
Als nur durch dich Gestalt und Sein ersehnt.

9. Die ersten Erlebnisse der Seele im Jenseits

(Mit einer Auswahl typischer Beispiele)

Die ersten Erlebnisse der Seele im Jenseits werden in der einschlägigen Literatur sehr verschiedenartig dargestellt. Das bedeutet jedoch keinen Widerspruch, denn ebenso wie jeder Mensch seinen höchst eigenen Tod stirbt, verläuft auch sein jenseitiges Schicksal von Anfang an ganz individuell. Den Ausschlag gibt der innere Reifegrad des Verstorbenen, der ihn entweder für eine sofortige Aufnahme in höhere Sphären oder auch für eine mehr oder weniger lange Prüfungszeit im Mittelreich prädestiniert.

Wer ganz plötzlich durch einen Unfall ums Leben kommt, ohne innerlich darauf vorbereitet zu sein, muß drüben in eine besondere Kur genommen werden. Die dienende Fürsorge der Engel ist augenblicklich zur Stelle und läßt den Schock meist schnell vergessen. Nicht anders verhält es sich mit jenen Menschen, die eines gewaltsamen Todes sterben, zum Beispiel mit Gefallenen im Kriege. Hingerichtete befinden sich drüben in einer besonderen Situation. Die Verfinsterung in ihrem Gemüte spiegelt sich zunächst auch in ihrer Umgebung wider. Ein klassisches Beispiel dafür finden wir bei Jakob Lorber.

In dem Jenseitswerk „Robert Blum" (neuerdings unter dem Titel „Von der Hölle zum Himmel") wird uns eingehend geschildert, wie dieser auch als glänzender Redner bekannte Revolutionär nach seiner Erschießung im Jahre 1848 im Jenseits ankommt. Zunächst befindet er sich in einem äußerst lichtlosen Zustand. Zorn und Rachegedanken erfüllen sein Herz. Sein aufgewühltes Innere ist völlig außerstande, seine neue Lage zu begreifen. Allein gelassen mit seinen grübelnden Reflexionen fragt er sich bis zur Erschöpfung: „Wo in drei Teufels Namen bin ich denn? Was haben die durstigen Bluthunde (seine Richter) aus mir gemacht? Erschossen haben sie mich nicht, sonst lebte ich nicht. Eingesperrt haben sie mich auch nicht, denn da finde ich weder Wand noch Boden und keine Fesseln an meinen Gliedern. Mein vollkommenes Gefühl habe ich auch, ebenso wie die Augen. Sie sind mir nicht ausgestochen worden, und dennoch sehe ich nichts! Was haben sie nur mit mir getrieben?"

Plötzlich taucht in ihm der furchtbare Verdacht auf, man habe ihn mit chemischen Mitteln in eine Art Narkose versetzt. Doch auch diesen Gedanken verwirft er schnell wieder. Und so geht die Auseinandersetzung mit sich selbst und seinen Feinden ins Endlose fort. Bis er nicht mehr anders kann als sich die Frage stellen: „Wo ist Gott? Gibt es denn keinen Gott, der mir aus dieser qualvollen Situation heraushilft? Und wo ist Christus, der erhabene, stets unverstandene Völkerlehrer?" Es wird ihm jedoch keine Antwort zuteil! In seiner Verzweiflung fängt er schließlich sogar an, auf den Schöpfer als den Urheber allen Übels zu fluchen. Der Wunsch nach völligem Nichtsein erwacht in ihm.

Schließlich aber zwingt er sich gewaltsam zu äußerer und innerer Ruhe. Niemals hatte er an ein ewiges Leben geglaubt; jetzt aber, so ganz in Finsternis gehüllt, bricht es aus ihm hervor: „Ich muß es mir offen gestehen, daß es mir nun lieber wäre, so ein recht dummer Kerl zu sein, der an den Gottessohn, an den Himmel, nebenbei freilich auch an den ewigen Tod, an den Teufel und an eine Hölle glaubt und in solchem Wahnglauben mit ruhigem Gewissen stirbt. Ich suchte stets die Wahrheit und glaube, sie auch gefunden zu haben. Aber was nützt sie, wenn es in ihr kein Licht gibt?!"

Im Gedenken an Weib und Kinder überfällt ihn plötzlich ein tiefes Mitleid, und er beginnt sich zu fragen, ob nicht doch in dieser mißlichen Lage ein Gebet angebracht wäre. „Aber zu wem und um was und zu welchem Nutzen? ... Das Vaterunser ist an und für sich sicher ein sehr würdevolles Gebet; aber freilich nur im rechten Sinne, und nur als das, was es ist. Aber in der Art, wie es die Römlinge und auch die Protestanten gebrauchen, der barste Unsinn! – O du guter Lehrer und Meister Jesus! Wenn dein Los etwa auch dem meinigen gleicht, so wirst du nach deiner schnödesten Hinrichtung wohl sicher schon oft bereut haben, den argen Menschen so viel Gutes getan zu haben!"

Da gab es plötzlich ein starkes Blitzen um ihn her. Vor Schreck und freudiger Verwunderung verhielt er sich zunächst abwartend; doch es geschah nichts weiter. Erst als seine Gedanken abermals um Jesus kreisten, wiederholte sich das eigenartige Blitzen, und es wurde ihm auf einmal völlig klar, daß nur das Aussprechen des Namens Jesu die Ursache davon sein konnte. „Nach einer Ewigkeit", wie ihm schien, erhellte sich seine Umgebung in dem Augenblick, da sein Zorn und seine Rachegelüste sich in Bereitschaft zur Vergebung verwandelten. Der Glaube an die Unsterblichkeit und einen Gott der Liebe begann in ihm aufzukeimen.

Zu gleicher Zeit zeigte sich ihm von ferne eine menschliche Gestalt, die auf ihn zukam. Eine Ahnung stieg in ihm auf: das mußte wohl dieser Jesus sein, den er unbewußt in Gedanken herbeigerufen! Und er hatte recht. Spontan erwachte in ihm die alte Liebe zu dem „unverstandenen Völkerlehrer", dessen Schicksal dem seinigen so ähnlich schien. Und nun trat folgendes ein: In der Begegnung mit dem Heiland erlebte er die ganze Güte und Weisheit des menschgewordenen Gottes. Trotz nochmaliger „Feuerrede gegen die Tyrannen", mit welcher er sich vor Jesus zu rechtfertigen suchte, erkannte er in ihm den wahren Erlöser, dem er sich nun gänzlich anvertraute. Und wir erleben voll Staunen mit, wie dieser einstige „Revoluzzer mit Herz" seinen langsamen Stufenweg beginnt bis hinauf ins Neue Jerusalem! – – –

Die plötzliche Trennung der Seele vom Körper geschieht am häufigsten bei Unfällen. Wie kommen wohl solche geschockte Personen im Jenseits an? Wir haben auch dafür ein anschauliches Beispiel in dem zweibändigen Jenseitsbuch von Robert James Lees „Reise in die Unsterblichkeit". Dieser englische Mystiker und Visionär schildert uns darin einen Mann, der dadurch ums Leben kam, daß er einem kleinen Jungen mitten im Verkehrsgewühl der Großstadt zu Hilfe eilte. Sein jenseitiger Bericht lautet: „Plötzlich ebbte der Lärm um mich ab; meine Umgebung versank im Nichts, als ob ein großer Zauberer seinen Stab darüber geschwungen hätte. Dann aber lichtete sich das Dunkel, und ich fand mich, auf einem Wiesenhang liegend, in einem verzauberten Land wieder.

Noch immer hielt ich den Jungen in meinen Armen, doch ein Blick auf ihn belehrte mich, daß sich mehr als nur die Umgebung verändert hatte. Als ich ihm zu Hilfe geeilt war, hätte kaum jemand an dem barfüßigen, ungekämmten und im ganzen Gesicht beschmutzten Kerlchen Gefallen finden können. Jetzt aber bot er einen wahrhaft engelsgleichen Anblick! Mein eigener Straßenanzug war auf rätselhafte Weise einem locker wallenden Gewand gewichen, das irgendwie ein fester Bestandteil von mir zu sein schien. Bei alledem hatte ich im gleichen Maße wie zuvor das Bewußtsein meiner selbst. Was war nur geschehen?"

Der kleine Schützling war also auch noch im Jenseits für ihn vorhanden! Ohne Spur von Angst lachte er ihn mit Augen an und schlief dann sogar in seinen Armen ein. Weiter erzählt uns der Mann: „Ich lag am Rande eines Wiesengrundes gebettet, der wie ein riesiges Amphitheater geformt war. In seiner Mitte schienen die Akteure dieses Schauspiels mit der Begrüßung von Neuankömmlingen beschäftigt. Hätte ich begriffen, was vor meinen Augen lag, es wäre ein höchst angenehmer, ja faszinierender Anblick gewesen; so aber war ich mehr von Neugierde als von einem anderen Gefühl erfüllt."

Auf einmal merkte er, daß jemand sich ihm zuwandte, um ihn zu begrüßen. „Erst jetzt wurde ich gewahr", berichtet der Verunglückte weiter, „daß sich um mich herum noch viele andere gelagert hatten, offenbar Fremde wie ich selbst. Doch meine Aufmerksamkeit galt jetzt der vor mir stehenden Person, die mir gewiß Antwort geben konnte auf die vielen Fragen, die sich mir aufdrängten.

Der Mann wußte, was in mir vorging, noch bevor ich das erste Wort über die Lippen brachte. Auf den noch immer schlummernden Knaben weisend, sagte er: ‚Es wird gleich jemand kommen, der alle deine Fragen beantwortet! Meine Aufgabe ist es, den Jungen mitzunehmen.' –

‚Den Jungen?' fragte ich, unsicher, ob ich ihn hergeben sollte, ‚wohin? Nach Hause?' –

‚Ja, nach Hause.' –

‚Aber wie kommen wir wieder zurück? Wie sind wir überhaupt hergekommen; wo sind wir?' –
‚Du mußt noch eine Weile Geduld haben', sagte er, ‚dann wirst du alles wissen und verstehen.' –
‚Aber träume ich nicht, ist das kein Fiebertraum?' –
‚Nein, bald wirst du wissen, daß du bis jetzt geträumt hast; nun aber bist du wach.' –
‚Dann, bitte, sage mir, wo wir sind und wie wir hierherkamen! Ich bin so verwirrt von allem.' –
‚Du bist in einem Land der Überraschungen! Aber du brauchst nichts zu fürchten, es wird dir nur Ruhe und Lohn für vergangene Mühe bringen.' –
‚Das verwirrt mich nur noch mehr', sagte ich flehend. ‚Eben erst waren wir in London und ich habe den Jungen unter einem Pferdegespann hervorgeholt. Dann versank alles, und im nächsten Augenblick wachten wir hier wieder auf. Wo sind wir jetzt, wie nennt sich diese Gegend hier?' –
‚Das Land der Unsterblichkeit', war die Antwort."
Mit einem Mal wurde es ihm zur Gewißheit, daß er tatsächlich tot war und sich im Geisterland befinde. Die seltsame „Nebelwand" erschien ihm nun wie eine Schranke zwischen Diesseits und Jenseits. Immer weiter schritten die helfenden Personen in sie hinein und führten andere heraus, um sie auf den Wiesenhang zu betten. Das „Land der Unsterblichkeit" erwies sich bald auch als ein „Land der Überraschungen". Der Mann berichtet weiter: „Es ist eine weit verbreitete Vorstellung, daß wir bei unserem Eintritt in die spirituelle Welt von Freunden und Verwandten begrüßt werden, die vor uns dahingegangen sind, und in vielen Fällen ist dies auch so. Seltsamerweise kam mir kein Gedanke an ein solches Willkommen, selbst nachdem mir klargeworden war, welche Veränderung mit mir vorgegangen war; bis ich jemanden meinen Namen sagen hörte, oder besser noch ‚fühlte'. Ich wendete mich um und sah eine junge Frau, in ein Gewand von zartestem Rosa gekleidet, den Hügel herab auf mich zukommen. In ihren Zügen, so schien es mir, lag eine Ähnlichkeit mit jemandem, den ich vor langer Zeit gekannt hatte, nur daß die Sorgenfalten von damals sich zu einem Ausdruck verinnerlichter Schönheit gewandelt hatten. Ich hatte sie längst vergessen gehabt, sie aber erinnerte sich meiner und mit vor Freude strahlenden Augen reichte sie mir die Hand zum Willkomm."
Dieser Frau, einer nur flüchtigen Bekannten namens Helen, hatte der Verstorbene auf Erden eine große Wohltat erwiesen. Das dankte sie ihm nun durch ihr plötzliches Erscheinen. Bald merkte er, daß das Jenseits nicht nur eine Örtlichkeit, sondern mehr noch ein innerer Zustand ist. Es ergab sich dies aus einer langen Unterredung, die er alsbald mit der Frau hatte. Dabei äußerte er wie so nebenbei, daß er eigentlich ein förmliches Gericht erwartet

hätte. Helen antwortete ihm: „Lieber Fred, je schneller du die irdischen Vorstellungen ablegst, desto besser! Du hast die Halle des Gerichts schon durchschritten und zeigst seinen Spruch auf dem Gewand, das du trägst! ... Die Vorstellung von einem Richterstuhl ist ein Mißverständnis. Man hat die Heilige Schrift an einer Stelle wörtlich ausgelegt, wo sie nur eine Parabel enthielt. ... Der wirkliche Urteilsspruch vor dem Gericht Gottes ist viel gerechter und unfehlbarer. Kein Beweismaterial wird dabei verlangt außer dem, das der Angeklagte selbst anbietet...

Wenn die Seele durch jene Nebelregion geht, wird sie von den Attributen des fleischlichen Körpers befreit. Alles, was auf Erden künstlich angenommen wurde, zu welchen Zwecken auch immer, alles Falsche, alle Tünche, fallen von ihm ab. Das ist die Aufgabe des Nebels, alles aufzulösen außer dem Spirituellen. Durch ihn werden alle Siegel des Erdenlebens gebrochen. Was verborgen war, tritt zutage; die Bücher werden offengelegt. Wie töricht ist der Mensch, der angesichts des Todes von Furcht getrieben glaubt, durch äußere Annahme irgendeiner Glaubensform die bösen Taten seines ganzen Lebens ungeschehen zu machen, um freien Eintritt zu erhalten in das Reich der ewigen Freude. Nein, Fred! Wenn das Sterbliche abfällt, bildet sich aus der Substanz des Geistigen eine natürliche Hülle, deren Farbe von unseren Werken auf der Erde, von unserer Haltung in der Vergangenheit bestimmt wird, nicht aber von unseren Lippenbekenntnissen. Und diese Farbe ist der gerechte Urteilsspruch, den die Seele kraft des unbestechlichen göttlichen Gesetzes über sich selbst spricht.

Die Taten verhalten sich zum Glauben wie der Geist zum Körper. Jesus hat gelehrt: ‚Gott vergibt jedem nach seinen Werken', nicht nach seinem Glauben. Und nichts als Liebe und gute Taten können die Seele auf ihrem Wege in dieses Leben begleiten. ... Wir glauben, daß jeder einzelne als Kind Gottes schließlich gerettet wird; und würde es einer nicht, so wäre es allein seine eigene Schuld. ... Das augenblickliche Gericht ist aber nicht endgültig. Es bestimmt zunächst nur die Position, welche die Seele beim Eintritt in dieses Leben annehmen muß. Unbenommen bleibt ihr das Vermögen, sich höher zu entwickeln und die Hilfe derer in Anspruch zu nehmen, die immer bereit stehen, solchen zu helfen, die noch nicht die gleiche Stufe erreicht haben wie sie. Der Richterspruch ist daher weder endgültig noch rachsüchtig; er läßt jeden Bewährungs- und Gnadenweg offen."

Die Gegenfrage lautete: „Willst du damit sagen, Helen, daß es so etwas wie eine Hölle nicht gibt?" – Darauf erhielt er die bestimmte Antwort: „Keinesfalls will ich das sagen! Wir haben Höllen, deren Qualen weit schlimmer sind als deine Phantasie es ausmalen kann. Aber auch sie sind nur Purgatorien zur Reinigung der Seele und dadurch ein Werkzeug der Liebe Gottes, wie du bald einsehen wirst. ... Du wirst sehen, daß auf deinem Wege hier alle

Vorkehrungen zum Umlernen für dich bereits getroffen sind. Man lernt schnell hier, wenn man sich darum bemüht. Es ist ein tätiges Leben hier, in das du eintrittst. Jeder, der arbeiten kann, hat eine bestimmte Mission. Meine Aufgabe ist es gegenwärtig, die Neuankömmlinge zu betreuen. Man hat mich in all den Dingen unterrichtet, nach denen sie gewöhnlich zuerst fragen."

Das Gespräch ging noch lange fort und entwickelte sich für den Verstorbenen zu einer ersten gründlichen Belehrung über den Sinn des Lebens überhaupt, über Gott, über die Liebe und über das Wesen des Diesseits und Jenseits und was sie voneinander unterscheidet. Noch nie gehörte Wahrheiten drangen an sein Ohr; dies allein war schon äußerste Beglückung. Es lohnt sich, im einzelnen nachzulesen, wie der Entwicklungsweg dieser abgeschiedenen Seele im Jenseits weiterhin verlief.– – –

Welches aber sind nun die ersten Eindrücke bei einem Menschen, der ganz normal im Krankenbett gestorben ist? Hören wir auch darüber einen Jenseitsbericht, den P. H. Landmann in seinem Buch „Wie die Toten leben" anführt! Er könnte in etwa als Schema dienen für zahllose ähnlich gelagerte Fälle. Es handelt sich dabei um eine ehemalige Geschäftsfrau, von der die Hinterbliebenen aussagten, daß sie sich stets durch größte Gewissenhaftigkeit auszeichnete. Jedoch war sie kirchlich und religiös nur wenig interessiert. Ein Allerweltsfall also! Wir wundern uns vielleicht, wenn sie trotzdem zu sagen hat:

„Was ihr auf der Erde Leben nennt, verdient diesen Namen nicht. Es ist nur die Vorbereitung auf das wahre Leben, das erst hier in Erscheinung tritt, nachdem das zu Ende gegangen ist, was ihr für Leben hieltet. Ich freue mich deshalb, daß ihr darüber Bescheid erhaltet und nun das Sterben nicht mehr zu fürchten braucht. Ich wußte davon leider nichts. Deshalb graute mir vor dem Sterben, und als es soweit war, hatte ich keinen Trost, wie er euch jetzt zuteil wird. Ich war im Zweifel, ob noch etwas nach dem Tode folgen werde, da ich mich wenig um die himmlische Welt gekümmert hatte, wie die Geistlichen sie verkünden. Deshalb war ich sehr unglücklich, als der Tod seine genau zu fühlende Hand nach mir ausstreckte. Das waren wirklich keine erfreulichen Stunden, und ich hatte große Furcht, daß es jetzt nun für immer zu Ende sei.

Als ich meine Augen schloß, sah ich sofort, daß das Leben weiterging. Ich erkannte meinen Mann, der neben meinem Bett saß und sehr traurig zu sein schien. Ich sah ganz deutlich meinen Leib, der unbeweglich im Bett lag. Auch hörte ich, wie der hilflos weinende A. (ihr Mann) sich mit anderen darüber unterhielt, ob das nun das Ende sei; denn er hatte immer noch geglaubt, ich würde noch gesund werden. Ich sah das ganze Zimmer mit seiner Einrichtung, alles genau, wie es mir bekannt war. Aber im nächsten Augenblick war das verschwunden, und ich befand mich in einer ganz anderen Umgebung. Helles Licht umleuchtete mich, und ich sah eine freundliche Gestalt in einem leuchtenden Kleid. Es war mein Schutzgeist, von dem ich natürlich nie etwas geahnt hatte, da ich mich mit solchen Dingen nie beschäftigt hatte. Er sagte mir, ich sei jetzt in der anderen Welt, und das erkannte ich auch alsbald.

Ich lebte und mein Leib leuchtete auf, wie der meines Schutzgeistes, aber nicht so hell, sondern sehr matt. In einem weniger leuchtenden Kleid befand ich mich in einer wunderbar schönen Umgebung. Ein strahlender Himmel lachte über mir wie auf der Erde an einem schönen warmen Sommertag, aber noch leuchtender und heller. Ich sah Menschen wie auf der Erde, welche aber alle leuchtende Kleider trugen. Es sah aus wie eine festliche Veranstaltung. Wir kamen vorbei an blühenden Gärten mit bunten Blumen. Dann sah ich Häuser, die ebenfalls leuchteten. Ich war so verwirrt, daß ich zu träumen glaubte und meinte, das alles müßte im nächsten Augenblick verschwinden.

Jetzt führte mich mein Schutzgeist zu einem Hause. Dort begrüßte man mich mit größter Freundlichkeit, und mein Schutzgeist sagte, daß ich jetzt hier zu Hause sei. Eine herrliche Ruhezeit erwartete mich hier (Ruhehäuser für Neuankömmlinge, manchmal sogar als Spital bezeichnet, werden oft in der Jenseitsliteratur erwähnt). Sie dauerte einige Zeit, und das Erquickende dieser Zeit schien mir so köstlich, wie ich nie auf Erden etwas erlebt hatte. Beschreiben läßt sich das nicht, man muß es selbst erleben. Ich ruhte aus, umgeben von Liebe und Fürsorge, wie ich sie auf der Erde nie erfahren hatte. Immer noch meinte ich, daß das alles nur ein Traum sei und daß ich bald wieder erwachen würde in meinem Bett in der S-Straße. Endlich wurde mir aber doch klar, daß ich mich in einer neuen Welt befand, und nun war mein Glück groß. Ich kann nicht beschreiben, wie mir zumute war, als ich das erkannt hatte.

Ich ruhte in einem herrlichen Zimmer, das ganz mit Blumen geschmückt war. Die Fenster waren weit offen und ich konnte eine wunderschöne Landschaft sehen mit Bergen und Hügeln, mit Feldern und Wiesen und auch mit vielen darin liegenden Gebäuden, so wie man es auf der Erde sieht. Nur war alles viel schöner! Auch hörte ich Menschen sprechen und singen, wie es auf der Erde erlebt wird, wenn fröhliche Leute beisammen sind. Sie sahen so glücklich aus und waren so himmlisch schön, wie ich es nie für möglich gehalten hätte. In diesem Hause blieb ich lange Zeit und hatte auch bald den ersten Besuch. Es war meine liebe Mutter, welche mich zuerst begrüßte. Dann kamen auch mein Vater und meine Geschwister. Andere fanden sich später ein, soweit es ihnen gestattet wurde; denn die Ruhenden sollen nicht viel Besuch empfangen, da sie ja Ruhe haben sollen. Es war eine Freude des Wiedersehens, die ich nicht beschreiben kann.

Nach einiger Zeit wurde ich in ein neues Haus geführt, und es wurde mir gesagt, daß dies meine Wohnung sei; ich könne sie mir nach meinen Wünschen einrichten, ganz nach meinem Geschmack. Das habe ich getan, und jetzt habe ich alles, wie ich es für eine geschmackvolle Einrichtung für richtig hielt. Du würdest staunen, wie gemütlich es in meinem Hause ist. Alles herrlichste Arbeit und künstlerisch vollendet, wie es auf der Erde gar nicht möglich sein würde. Hier gehorcht das Material unserem Willen und gestaltet sich ganz, wie wir es haben möchten. Ich kann das nicht erklären. Die Natur unserer Materie ist eben ganz anders als die der irdischen. Es freut mich ungeheuer, daß ich mit euch Verbindung haben durfte. Du glaubst gar nicht, was für eine Freude es für uns ist, euch zu sagen, was euch erwartet. Macht euch keine Sorge um das Irdische, auch wenn die Zeiten noch so schwer sind. Es lohnt sich nicht, denn bald wird das alles hinter euch liegen und dann kommt ewige Freude. Das ist dann erst das wahre Leben, das Gott für die Menschen bereit hat. Sorgt nur dafür, daß das Irdische euch nicht festhält und daß ihr niemals das Herz daran hängt! Liebe, Gottvertrauen und Pflichterfüllung ist die beste Vorbereitung für das Leben hier." ---

Halten wir diesem Bericht einen anderen entgegen, der weniger lichtvoll ist! Es ist das große Verdienst des Turm-Verlages, diese äußerst spannende und aufschlußreiche Geschichte unter dem Titel „Ein Wanderer im Lande der Geister" veröffentlicht zu haben. Alle Einzelheiten darin stimmen mit den Offenbarungen bei J. Lorber überein. Auffallend ist vor allem die Ähnlichkeit der Ersterlebnisse dieses Jenseitswanderers mit denen von Robert Blum. Es walten eben die gleichen Grundgesetze! Der Mann, um den es diesmal geht, war italienischer Nationalität. Von sich selbst bekennt er: „In meinem irdischen Dasein lebte ich wie alle, die nur darauf ausgehen, sich den höchsten Grad von weltlichen Genüssen zu verschaffen. ... Ich war sowohl in körperlicher wie in geistiger Hinsicht hochbegabt. Von einer selbstaufopfernden Liebe, welche sich vollständig in der Liebe zu anderen zu verlieren vermag, tauchte nie eine Ahnung in meiner Seele auf. ... Ich war gefeiert, umschmeichelt, der verwöhnte Liebling aller Damen der Gesellschaft. Um zu gewinnen, hatte ich nur zu wünschen; sobald ich aber gewonnen hatte, verwandelte sich alles in Bitterkeit.

Dann kam eine Zeit, da beging ich den verhängnisvollsten Fehler und richtete zwei Leben zugrunde. Ich fühlte mich wie mit eisernen Ketten gefesselt, die mich drückten und verwundeten, bis ich sie endlich zerbrach und scheinbar als freier Mann davonging. ... Als ich endlich glaubte, alles gelernt zu haben, was Liebe lehren kann, und alles zu kennen, was ein Weib zu geben hat, da traf es sich, daß ich einer Frau begegnete. Ach, wie soll ich sie nennen? Sie war mehr als ein sterbliches Weib in meinen Augen und ich nannte sie den ‚guten Engel meines Lebens'. ... Ich sonnte mich in ihrer Gegenwart und erstarkte in einem heiligen Denken, von dem ich geglaubt, daß es mich für immer verlassen hätte. Ich träumte süße Träume, in denen ich befreit war von den Ketten meiner Vergangenheit, die mich so grausam hart gefesselt hielten. ... Obgleich sie so lieb und zärtlich zu mir war, daß ich das unschuldige Geheimnis ihrer Liebe erraten konnte, fühlte ich doch, daß sie auf Erden niemals die Meinige sein würde. Ihre Reinheit und Aufrichtigkeit errichteten ein Hindernis zwischen uns, das ich niemals beseitigen konnte.

Dann plötzlich, wie der Dieb in der Nacht, kam für mich der schreckliche Tag, an dem ich, ohne mir zuvor noch über meinen Seelenzustand klar zu werden, unerwartet dem Leben entrissen wurde und in jenen Tod des Körpers versank, der uns alle erwartet. Ich wußte nicht, daß ich gestorben war. Ich verfiel nach einigen Stunden des Leidens und der Agonie in tiefen, traumlosen Schlaf – und als ich erwachte, befand ich mich allein in totaler Finsternis. Ich konnte mich erheben, mich bewegen; sicherlich, es ging mir besser. Aber, wo war ich? Warum diese Finsternis? Ich erhob mich und tastete umher wie jemand in einem finsteren Raume, aber ich konnte kein Licht finden, keinen Ton hören. Nichts war da als die Stille, die Finsternis des Todes. Dann wollte ich vorwärts schreiten, um die Türe zu finden. Ich konnte mich, wenn auch langsam und mit Mühe, bewegen und tastete mich weiter. Wie lange ich so suchte, weiß ich nicht. Es schienen mir bei der immer größer werdenden Angst und Bangigkeit Stunden zu sein. Ich fühlte, ich mußte irgend jemanden, irgendeinen Ausgang aus diesem Raume finden. Doch zu meiner Verzweiflung schien es, als ob ich niemals auf eine Türe, eine Wand, überhaupt auf etwas stoßen sollte. Alles schien Raum und Finsternis um mich her.

Zuletzt, von Furcht übermannt, schrie ich laut auf! Ich brüllte, aber keine Stimme antwortete mir. Wieder und wieder rief ich, aber immer nur Schweigen; kein Echo, nicht einmal das meiner eigenen Stimme kam zurück, um mich aufzumuntern. Ich besann mich auf sie, die ich liebte; aber etwas ließ mich davor zurückschrecken, ihren Namen hier auszusprechen. Dann dachte ich an alle die Freunde, welche ich gekannt hatte, und rief nach ihnen. Keiner jedoch antwortete mir. War ich im Gefängnis? Nein. Ein Gefängnis hat Mauern und an diesem Orte gab es solche nicht. War ich verrückt, wahnsinnig, oder was? Ich konnte mich selbst, meinen Körper fühlen. Es war derselbe. Ganz gewiß derselbe? Nein. Irgendwelche Veränderung war an mir vorgegangen. Ich konnte nicht sagen, wie; aber es war mir, als ob ich zusammengeschrumpft und entstellt wäre. Meine Gesichtszüge schienen, wenn ich mit der Hand darüber hinwegfuhr, stärker, gröber und sicherlich entstellt. Was hätte ich jetzt für ein Licht, für irgend etwas gegeben, das zu mir hätte sprechen mögen, wenn es auch das Schlimmste gewesen wäre! Wollte niemand kommen? Und sie, mein Licht-Engel, wo weilte sie? Bevor ich einschlief, war sie bei mir gewesen – wo befand sie sich jetzt? Mein Gehirn fieberte und meine Kehle schien mir springen zu wollen. Ungestüm rief ich sie beim Namen, daß sie zu mir kommen möchte, wenn auch nur noch für ein einziges Mal. Ich hatte das schreckliche Gefühl, als ob ich sie verloren hätte, und rief nach ihr wie toll. Da hatte meine Stimme zum ersten Mal einen Klang und tönte zurück zu mir durch jene grauenhafte Finsternis. Weit entfernt von mir zeigte sich ein schwacher Schimmer von Licht, ähnlich einem Stern. Größer und größer wurde er und kam immer näher, bis er schließlich als ein großes Licht in sternförmiger Gestalt vor mir erschien. In dem Stern sah ich meine Geliebte. Ihre Augen waren wie im Schlafe geschlossen, aber ihre Arme waren nach mir ausgestreckt und ihre liebliche Stimme sprach zu mir in Tönen, die ich so gut kannte: ‚Ach, mein Liebster, wo bist du jetzt? Ich kann dich nicht sehen, ich höre nur deine Stimme; ich höre dich nach mir rufen und meine Seele antwortet der deinen!'

Ich versuchte, mich an sie heranzudrängen, aber ich vermochte es nicht. Eine unsichtbare Macht hielt mich zurück. Sie schien sich innerhalb eines Kreises zu befinden, den ich nicht überschreiten konnte. In höchster Pein sank ich zu Boden, sie bittend, mich nicht mehr zu verlassen. Dann schien sie bewußtlos zu werden; ihr Haupt sank auf ihre Brust und sie entschwebte mir wie von starken Armen getragen. Ich versuchte mich zu erheben und ihr zu folgen, vermochte es aber nicht. Es war, als ob eine schwere Kette mich zurückhielt, und nach einigen vergeblichen Anstrengungen sank ich bewußtlos zu Boden. Als ich wieder zu mir kam, war ich hoch erfreut, daß meine Geliebte zu mir zurückgekehrt war. Sie stand nahe bei mir und sah diesmal so aus, wie ich sie auf Erden gekannt hatte; nur war sie bleich und traurig und ganz in Schwarz gekleidet. Der Stern war verschwunden und alles rings umher finster. Doch war es keine äußerste Finsternis, denn um sie schwebte ein schwacher, fahler Lichtschimmer, bei dessen Schein ich bemerken konnte, daß sie weiße Blumen in den Händen trug. Sie beugte sich über einen niederen Hügel von frischer Erde. Ich näherte mich immer mehr und gewahrte, daß sie leise weinte, als sie die Blumen niederlegte...

Und nun stand ich neben meinem eigenen Grabe und sah, wie meine Geliebte Blumen darauf streute, und hörte, daß sie mich als tot beweinte. Als ich auf jenen Erdhügel näher hinsah, wurde er vor meinen Augen durchsichtig, und ich erblickte unten einen Sarg mit meinem Namen und dem Datum meines Todes. Darin liegend sah ich die weiße, stille Gestalt, die ich als die meinige erkannte. Zu meinem Schrecken bemerkte ich, daß dieser Körper

bereits begonnen hatte zu zerfallen und für das Auge ein ekelhafter Anblick geworden war. Seine Schönheit war dahin, seine Gesichtszüge würde bald niemand mehr erkennen. Und ich stand da, bewußt herabschauend auf ihn und dann auf mich selbst! Ich fühlte jedes Glied, folgte mit den Händen jedem vertrauten Zuge meines Gesichts und wußte, daß ich gestorben war und dennoch lebte. Der Tote lebte –, aber wo und in welchem Zustande? War diese Finsternis die Hölle? Für mich würden sie keinen anderen Ort gefunden haben. Ich war so verloren, stand so außerhalb des Schoßes der Kirche, daß sie für mich nicht einmal im Fegefeuer einen Platz gefunden hätten."
Der Tote versuchte nun mit aller Gewalt, sich an seine lebende Geliebte zu klammern. Aber was geschah? „Ich konnte mich nur wenige Schritte von meinem Grabe und meinem Körper entfernen und bemerkte auch, weshalb. Eine Kette wie von schwarzem Seidenfaden, nicht dicker als ein Spinngewebe, hielt mich an meinem Körper fest. Es gelang mir nicht, diesen Faden zu zerreißen. Sobald ich mich bewegte, dehnte er sich wie Gummi, aber immer zog er mich wieder zurück. Was aber das Schlimmste war: Ich begann jetzt zu fühlen, daß die Verwesung des zerfallenen Körpers meinen Geist angriff; wie ein irdischer Körperteil, der vergiftet ist, den ganzen Körper in Mitleidenschaft zieht. Ein neuer Schrecken befiel damit meine Seele. Da sprach die Stimme irgendeines erhabenen Wesens in der Finsternis zu mir: „Du liebst jenen Körper mehr als deine Seele. Gib nun acht, wie er in Staub zerfällt, und erkenne, für was du so sehr sorgtest und woran du so sehr hingst. Erkenne, wie vergänglich er war, wie wertlos er geworden ist; und dann blicke auf deinen geistigen Körper und siehe, wie sehr du ihn ausgehungert, gefesselt und vernachlässigt hast zugunsten der Genüsse des irdischen Leibes. Sieh, wie ärmlich, abstoßend und verunstaltet ist nun deine Seele, die doch unsterblich, göttlich und ewig dauernd ist, durch dein irdisches Leben geworden!'
Ich betrachtete mich nun selbst. Wie in einem Spiegel, der mir vorgehalten wurde, sah ich mich. O Schrecken! Es war kein Zweifel, das war ich selbst. Aber wie furchtbar verändert erschien ich mir, so gemein, so voll Niedrigkeit, so abstoßend in jedem Zuge. Selbst meine Gestalt war entstellt. Ich prallte vor meiner Erscheinung entsetzt zurück und wünschte, daß die Erde sich unter meinen Füßen öffnen und mich für immer vor aller Augen verbergen möchte. Niemals mehr wollte ich nach meiner Liebe rufen und wünschen, daß sie mich sehen solle. ... Tag für Tag – ich fühlte nämlich, daß Tage an mir vorübergingen – erwachte mein Geist mehr und mehr, und ich sah die Ereignisse meines Lebens immer klarer in langer Reihenfolge vor mir dahinziehen. Zuerst dumpf, dann allmählich immer deutlicher und heller. Und in angstvollem, hoffnungslosem Schrecken beugte ich mein Haupt,

denn ich empfand, daß es jetzt zu spät sein mußte, um auch nur einen Tag ungeschehen machen zu können."

Im weiteren Verlauf einer langen Jenseitsgeschichte, die bis in die dunkelsten Bereiche des Hades hinabführte, zeigte es sich, daß die reine Hingabe seiner Geliebten für ihn einen erlösenden Charakter hatte. Sie sandte ihm Licht und Kraft zu. Oft und oft kehrte er automatisch zu seinem Grabe zurück, und wir wissen ja – wie schon von Platon berichtet –, daß es tatsächlich Friedhofseelen gibt, die sich mit Vorliebe an ihrer Begräbnisstätte aufhalten; einesteils in der falschen kirchlichen Vorstellung einer Auferstehung am Jüngsten Tage, andererseits weil zu viele Seelensubstanzen wegen der materiellen Grundeinstellung des Verstorbenen sich noch nicht vom irdischen Körper lösen konnten. Spannender als irgendein Roman zeigt uns der poetisch gehaltene Bericht die Gesetzmäßigkeiten der jenseitigen Welt. Wir können unendlich viel daraus lernen! Im Grunde aber ist er nichts weiter als ein „Generalbekenntnis", wie es jeder Verstorbene nach J. Lorber für sich selbst ablegen muß. Hier aber dient es als Warnung für die noch Lebenden!

Dem indischen Mystiker Sadhu Sundar Singh, der in ständigem lebendigen Umgang mit Jesus lebte und viele Visionen hatte von der geistigen Welt, verdanken wir folgende allgemeine Beschreibung von der Ankunft der Seelen im Jenseits: „Ich sah, daß von allen Seiten fortwährend tausend und abertausend Seelen in der Geisterwelt eintrafen. Sie alle wurden von Engeln geleitet. Die Seelen der Guten hatten nur Engel und gute Geister bei sich, die sie von ihrem Sterbebett begleitet hatten. Böse Geister durften ihnen nicht nahen, sondern standen in der Ferne und gaben acht. Ich sah auch, daß bei den Seelen der wirklich Bösen keine guten Geister waren, sondern böse Geister umgaben sie, die mit ihnen von ihren Sterbebetten gekommen waren. Aber auch Engel standen dabei und hinderten die bösen Geister daran, daß sie der Bosheit ihrer heimtückischen Art freies Spiel ließen und die Seelen quälten. Später führten die bösen Geister diese Seelen gewöhnlich in die Finsternis; denn als sie noch im Fleische waren, hatten sie diesen fast immer gestattet, auf sie zum Bösen einzuwirken, und sich selber zu jeglicher Art von Bosheit verführen lassen. Die Engel hemmen auf keine Weise den freien Willen irgendeiner Seele. Ich sah dort auch viele Seelen, die erst kürzlich in die Geisterwelt gekommen waren. Sie wurden von guten und bösen Geistern wie auch von Engeln begleitet. Aber in Kürze begann der wurzeltiefe Unterschied ihres Lebens sich geltend zu machen und sie schieden sich selber – die Guten dem Guten und die Bösen dem Bösen entgegen.

Ich habe viele Male gesehen: Wenn die Geister der Guten – der ‚Kinder des Lichtes' – in die Jenseitswelt eintreten, so baden sie zuallererst in den nicht zu fühlenden luftgleichenden Wassern eines kristallklaren Ozeans und finden darin eine stärkende und erfrischende Belebung. Sie bewegen sich mitten in diesen wunderbaren Wassern wie in der freien Luft. Weder ertrinken sie darin, noch machen die Wassser sie naß; vielmehr treten sie, wunderbar gereinigt und geläutert, in die Welt der Herrlichkeit und des Lichtes ein, wo sie auf ewig in der Gegenwart des Herrn und in der Gemeinschaft der Heiligen und Engel bleiben werden.

Ganz anders verhält es sich mit den Seelen derer, die ein schlechtes Leben geführt haben. Voller Unbehagen in der Gesellschaft der ‚Kinder des Lichtes' und gequält von dem alles offenbarenden Licht der Herrlichkeit, mühen sie sich ab, sich an Orten zu verstecken, wo ihr unreines und sündenbeschmutztes Wesen nicht zu sehen ist. Von dem untersten und finstersten Ort der Geisterwelt steigt ein schwarzer und übelriechender Rauch auf. Und während sie sich bemühen, sich vor dem Lichte zu verbergen, werfen diese ‚Kinder der Finsternis' sich kopfüber hinein. Von dort hört man dann ständig ihre bitteren Klagen der Reue und Angst aufsteigen" (Gesammelte Schriften). ---

Vom Tod eines Kindes weiß der Sadhu im einzelnen zu berichten: „Ein kleines Kind starb an Lungenentzündung. Da kam eine Engelschar, um seine Seele in die Geisterwelt zu geleiten. Wie sehr wünschte ich, seine Mutter hätte den wundervollen Anblick sehen können! Dann hätte sie nicht geweint, sondern vor Freude gesungen; denn die Engel sorgen für die Kleinen mit einer Sorgfalt und Liebe, wie eine Mutter sie niemals zeigen könnte. Ich hörte, wie ein Engel zu einem anderen sagte: ‚Sieh nur, wie die Mutter dieses Kindes über die kurze und zeitliche Trennung weint! In nur wenigen Jahren wird sie wieder bei ihrem Kinde sein.' Dann brachten die Engel des Kindes Seele in jenen schönen und lichterfüllten Teil des Himmels, der für die Kinder bestimmt ist (nach Jakob Lorber in die geistige Sphäre der Sonne! d. V.). Dort sorgen die Engel für sie und lehren sie alle himmlische Weisheit, bis die Kleinen schließlich erwachsen sind und allmählich selber wie Engel werden.

Nach einiger Zeit starb auch des Kindes Mutter, und ihr Kind, das nun den Engeln gleich geworden war, kam mit anderen Engeln, damit es die Seele seiner Mutter willkommen heiße. Als es zu ihr sagte: ‚Mutter, kennst du mich nicht mehr? Ich bin dein Sohn Theodor!', da wurde das Mutterherz von Freude überwältigt und sie umarmten einander. Es war ein rührender Anblick. Als sie dann miteinander fortgingen, zeigte und erklärte er ihr alle Dinge in der Umgebung. Er blieb auch bei ihr während der Zeit, die ihr bestimmt war, im Zwischenzustand (Mittelreich) zu verbringen. Als endlich die Periode der Unterrichtung in jener Welt vorüber war, nahm er sie mit sich in einen höheren Bereich, wo er selber wohnte. Dort gab es wundervolle

Gegenden. Und der Sohn sagte zu seiner Mutter: ‚In der Welt, die doch nur das trübe Spiegelbild dieser wirklichen Welt ist, grämen sich unsere Lieben unseretwegen. Aber nun sage mir: Ist dies der Tod oder ist es nicht vielmehr das wirkliche Leben, nach dem sich unser Herz immer sehnte?' Die Mutter antwortete: ‚Mein Sohn, dies ist wirklich das wahre Leben. Wenn ich in der Welt die ganze Wahrheit um das Jenseits gewußt hätte, hätte ich mich niemals über deinen Tod gegrämt. Wie traurig ist es doch, daß die Menschen in der Welt so blind sind! Christus hat sich über diesen Zustand der Herrlichkeit ganz deutlich geäußert und die Evangelien reden an allen Stellen vom Reiche des Vaters. Trotzdem bleiben sogar viele Gläubige in Unkenntnis von Gottes Herrlichkeit.'" – – –

Sehr bezeichnend ist der Tod eines ausgesprochenen Rationalisten, wie ihn der Sadhu seherisch miterlebte. Er berichtet darüber: „Die Seele eines deutschen Philosophen trat in die Geisterwelt ein und sah aus der Ferne ihre unvergleichliche Herrlichkeit und die grenzenlose Seligkeit ihrer Bewohner. Zunächst war er entzückt von dem, was er sah, aber sein widerspenstiger Intellekt stand ihm im Wege, so daß er nicht eintreten und an der Seligkeit teilhaben konnte. Anstatt zuzugeben, daß das Geschaute wirklich existent war, stritt er mit sich also: ‚Es besteht gar kein Zweifel, daß ich das alles hier sehe. Aber wie läßt sich beweisen, daß es unabhängig von mir besteht, daß es nicht irgendeine Täuschung ist, die mein Geist hervorgebracht hat? Ich will an alles von einem Ende bis zum anderen den Prüfstein der Logik, Philosophie und Wissenschaft anlegen. Dann erst kann ich mich überzeugen, ob es wirklich ist und keine Täuschung.' Da antworteten ihm die Engel: ‚Deine Rede zeigt nur, daß dein Intellektualismus dein ganzes Wesen verkehrt hat! Wer die Geisteswelt sehen will, braucht dazu Geistes- und nicht Körperaugen. Ebenso braucht, wer ihre Wirklichkeit verstehen will, geistliches Verstehen und keine Verstandesübungen in den Grundlehren der Logik und Philosophie. Deine Wissenschaft, die es mit stofflichen Tatsachen zu tun hat, ist mitsamt deinem leiblichen Schädel und Gehirn in der Welt zurück geblieben. Hier kann man nur jene geistliche Weisheit gebrauchen, die aus der Furcht Gottes und der Liebe zu Ihm entspringt.'

Da sagte ein Engel zu einem anderen: ‚Wie traurig ist es doch, daß die Menschen jenes kostbare Wort unseres Herrn völlig vergessen: Es sei denn, daß ihr umkehrt und werdet wie die Kinder, so werdet ihr nicht ins Himmelreich kommen! (Matth. 18, 3).' Ich fragte einen der Engel, was wohl das Ende dieses Mannes sein würde, und er antwortete: ‚Wenn das Leben dieses Menschen durchweg schlecht gewesen wäre, dann hätte er sich sofort zu den Geistern der Finsternis gesellt; doch er ist nicht ohne sittliches Empfinden. so wird er eine sehr lange Zeit hindurch blind in dem Dämmerlicht der unteren Teile des Zwischenzustandes (Mittelreichs) herumwandern und sich

weiterhin seinen Philosophenschädel stoßen, bis er, aller Torheit müde, Buße tut. Erst dann wird er bereit sein, die nötige Belehrung von den dazu bestimmten Engeln zu empfangen. Danach wird er auch fähig sein, in das vollere Licht Gottes in den höheren Bereichen einzugehen.'" - - -
Oft stellen wir uns die Frage: Wie mag es den rechtschaffenen Heiden ergehen, die gewissenhaft nach den Vorschriften ihrer Religion ohne Kenntnis des Erlösers Jesus Christus gelebt haben? Darauf gibt der Sadhu die Antwort: „In einem Gesicht sah ich den Geist eines Götzendieners. Als dieser in der Geisterwelt ankam, begann er sofort nach seinen Götzen zu suchen. Da sagten die Heiligen zu ihm: ‚Hier ist kein Gott außer dem einen wahren Gott und Christus, der seine Offenbarung ist!' Darüber war der Mann sehr erstaunt. Da er aber ein aufrichtiger Wahrheitssucher war, gab er freimütig zu, geirrt zu haben. Nun suchte er eifrig nach der aufgezeigten Wahrheit und fragte die Heiligen, ob er denn Christus nicht sehen könne. Bald darauf offenbarte sich Christus ihm und anderen, die eben erst in der Geisterwelt angekommen waren, in einem schwachen Licht. Auf dieser Stufe hätten sie nämlich seine volle Herrlichkeit nicht ertragen können, denn sie ist so überwältigend, daß selbst die Engel Mühe haben ihn anzuschauen. Wenn er sich aber irgend einer Seele offenbart, dann bedenkt er die besondere Stufe, bis zu welcher diese fortgeschritten ist. Er erscheint sodann in einem schwächeren oder helleren Lichte, damit die Seele seinen Anblick ertragen kann. –
Als die Geister den Herrn in diesem schwachen aber anziehenden Lichte sahen, wurden sie mit einer Freude und mit einem Frieden erfüllt, die zu beschreiben unsere Kraft übersteigt. Sie wurden in den Strahlen seines lebenspendenden Lichtes gebadet und von den Wellen seiner Liebe überflutet, die beständig von ihm ausströmen. Da beugten sie sich in demütiger Anbetung vor ihm und dankten und priesen ihn als die Ewige Wahrheit. Sie hatten Heilung in ihren Herzen gefunden. Und die Heiligen, die zu ihrer Belehrung bestimmt waren, freuten sich sehr darüber." - - -

In den „Sterbeszenen" bei J. Lorber wird uns einmal geschildert, wie der Herr selbst eine geläuterte Seele vom Sterbebett wegholt. Erst sind es drei weißgekleidete Engel, die sich um den Abgeschiedenen, einen armen Tagelöhner, bemühen. Im Erforschen seiner Gedanken nehmen sie mit Freude wahr, daß diese in voller Gesammeltheit und Liebe auf Jesus gerichtet sind. Auch die Vorstellung, daß ihm vielleicht in einem lange währenden „Fegefeuer" ein schmerzvolles Leiden bevorsteht, kann ihn nicht schrecken. Seine Liebe zu Jesus ist ungeschwächt und ebenso seine Bereitschaft, sich ganz in den Willen Gottes zu ergeben.
Nach dieser Herzensprüfung durch die Engel erscheint plötzlich ein neuer Bote; der arme Tagelöhner erkennt ihn aber so lange nicht, bis ihm die Sehe

des Geistes aufgetan wird. Da merkt er, daß es der Herr selber ist, der ihn jetzt in das Vaterhaus führt mit den Worten: „Erhebe dich über deinen letzten sterblichen Resten und erstehe zum ewigen Leben in deinem Gott und Herrn, den du in Jesus Christus stets so innig geliebt hast!" In diesem Augenblick durchzuckt den Verstorbenen ein unsagbares Wonnegefühl und mit dem himmlischen Geist, der zugleich in sein ganzes Wesen einströmt, erlebt er eine nie gefühlte Kraft und Stärke.

Hanna Zluhan bemerkt zu diesem Fall: „Im Geistfeuer der Liebe Gottes werden die ‚letzten Reste' an Menschlichem verbrannt, verwandelt in Geist. Solche Menschen sterben einen ‚göttlichen Tod', wie die Alten sagten. Sie haben kein Gericht mehr zu bestehen, denn sie sind in Christus hineingestorben und in ihm nach ihrem ganzen Wesen auferstanden. Sie treten unmerklich ein in das ‚hellste Licht des Geistes' (Heil-Diätwinke, S. 138)." ---

Daß Mörder, Räuber, Diebe und Unzüchtler aller Art im Jenseits kein guter Empfang erwartet, versteht sich von selbst. Wie aber ergeht es wohl den Selbstmördern, zu denen häufig Personen zählen, die sonst aller Achtung wert sind? Über diese Bedauernswerten sagt der Herr mit großem Ernst: „Hat ihnen (den Selbstmördern) Gott denn das Leibesleben darum gegeben, daß sie es vernichten sollen? – Das Leben des Leibes ist das dem Menschen von Gott gegebene Mittel, durch welches er das (wahre, geistige) Leben der Seele gewinnen kann und soll. So er nun aber das Mittel zuvor vernichtet, womit soll er dann das Leben der Seele gewinnen und erhalten? Wenn ein Weber zuvor seinen Webstuhl zerstört und vernichtet, wie wird er auf demselben hernach seine Leinwand weben? Ich sage euch: Die Selbstmörder, so sie nicht Irrsinnige (oder Besessene) sind, werden schwerlich je das Reich des ewigen Lebens (d. h. der höchsten Seligkeit) besitzen! Denn wer einmal ein solcher Feind seines Lebens ist, in dem ist keine Liebe zum Leben. Ein Leben ohne Liebe aber ist kein Leben, sondern der Tod" (Gr. Ev. Bd. 6, Kap. 163, 2).

Einschränkend sagt Jesus an anderer Stelle: „Gott zu erkennen und in seine Ordnung einzugehen, wird bei Selbstmördern zwar stets eine ungemein schwere Sache sein, aber es gibt auch Unterschiede bei ihnen. Wenn jemand zum Beispiel aus dem Grunde, daß sein großer Hochmut zu sehr gedemütigt wurde und ihm dafür keine Möglichkeit zur Rache offensteht, sich das Leibesleben nimmt, so ist das eine böseste Art des Selbstmords. Eine solche Tat kann an einer Seele nimmer völlig gut gemacht werden." Auf gleicher Stufe steht Selbstmord aus Eifersucht: „Derartige Seelen erscheinen jenseits in der ihrer inneren Gesinnung entsprechenden Gestalt eines tierischen Gerippes und gelangen höchst schwer zu einer Vollendung des Lebens." Es gibt aber auch „Arten des Selbstmordes, die in ihren Folgen nicht so bösartig auf die

Seele wirken" (Gr. Ev. Bd. 4, Kap. 152). Dr. Walter Lutz ergänzt diese Aussage mit der Betrachtung:

„Da werden wir vor allem daran denken, daß Menschen, die infolge schwacher Veranlagung oder falscher Erziehung wenig oder nichts von Gott wissen; die in Krankheit, wirtschaftlicher Not oder sonstiger großer Bedrängnis (wie z. B. Liebeskummer) oft keinen anderen Ausweg aus ihrem Elend mehr sehen, als die Hand an sich zu legen. Hier, wo es im Grunde nicht an der Liebe zum Leben fehlt und nur die Verhältnisse stärker sind als die in ihrer Gottentfremdung auf sich selbst gestellten Seelen, da wird gewiß die Liebe und Erbarmung Gottes einen anderen Maßstab anlegen und ihre helfende Hand der verirrten Seele im Jenseits nicht versagen. Ja, solcher Ärmsten wird sich der himmlische Vater sogar mit besonderer Liebe annehmen, um auch sie schließlich noch in die himmlischen Scheunen zu bringen.

Und noch milder dürfte der Vater, der ins Verborgene sieht, sicherlich diejenigen Seelen beurteilen, die, wie es in dieser Zeit so häufig geschieht, in geistiger Störung oder unter dem Andrange der die heutige Welt besonders überlagernden Dämonen und bösen Geister als ‚Umsessene' oder ‚Besessene' gehandelt haben. Solche Störungen, sei es durch körperlich verursachtes Irresein, sei es durch aufdringliche böse Geister, fallen ja für die Seele in der geistigen Welt hinweg und können dieser in deren innerem Geistesleben nur noch als Erinnerung zur belehrenden Erfahrung dienen.

Alle diese durch Selbstentleibung aus dem Leben geschiedenen Seelen werden – ob nun ein schlimmer oder milder zu beurteilender Fall vorliegt – wie alle anderen Abgeschiedenen in ihrem inneren, traumartigen Geistesleben durch die liebevoll belehrenden Eingebungen ihrer Schutzmächte höheren Erkenntnisstufen zugeführt. Und so dürfen wir denn bei allem Ernste der Selbstmordfolgen doch auch bezüglich dieser Brüder und Schwestern auf die Erbarmung der Ewigen Liebe fest vertrauen, zumal es den Hinterbliebenen ja gegeben ist, auch diesen Abgeschiedenen durch Fürbitte Licht und eine Verbesserung ihres Loses zu verschaffen."

10. Das Jenseitspanorama in einem kurzen Überblick

Eine Darstellung der Verhältnisse im Jenseits gibt Hanna Zluhan in ihren beiden Artikeln „Was erwartet uns nach dem Tode?" (Monatszeitschrift „Das Wort", November 1973) und „Geheimnisse der anderen Welt" (August 1958). Alle Grundgedanken der Neuoffenbarungslehre über diesen Bereich finden sich darin wieder, noch dazu in einer so faßlichen und konzentrierten Form, daß die folgenden Betrachtungen sich hauptsächlich auf ihre

Aussagen stützen. Eine Zusammenfassung und Erweiterung der vorgenannten Artikel bietet schließlich noch ihr Aufsatz „Tod und Jenseits".

Schon von den alten Griechen wissen wir – und die noch erhaltenen Grabdenkmäler beweisen es –, daß das Jenseits in der Antike keineswegs nur als „Schattenland" aufgefaßt wurde, wie es gewisse überlieferte Texte nahelegen. Im Gegenteil! Aus den oft überaus lebensnahen Skulpturen dieser Stelen können wir entnehmen, daß die Menschen damals nach dem Tode eine ungebrochene Fortsetzung ihres irdischen Daseins erwarteten, mit genau den gleichen Lieblingsbeschäftigungen wie herüben und in einer sehr ähnlichen Umgebung, die freilich in ihrem Aussehen verschiedenartig gestaltet war. Da gab es zunächst das meistgenannte Zwischenreich, den „Hades". In seinen tieferen Bereichen herrscht Dämmerung und Zwielicht. Noch weiter hinab folgt der Tartarus, die eigentliche Hölle. Dieses nächtige Höhlendasein, von dem uns verschiedentlich berichtet wird, ist das Los der Verdammten. Daneben gibt es aber auch die blumigen und frühlingshaften Auen des „Elysiums", die einen paradiesischen Zustand verklärter Leiblichkeit widerspiegeln. Als „Insel der Seligen" gingen sie in die Vorstellungswelt ein, und noch der Dichter Eduard Mörike erschuf sich selbst in seiner Phantasie eine sehr verwandte Welt, sein „Orplid, das ferne leuchtet".
Dante läßt in seiner „Divina Commedia" die großen Geister der Antike in diesem Elysium versammelt sein, das wir wohl auch als den zeitweiligen Aufenthaltsort der Erzväter betrachten müssen, jene fälschlich als „Vorhölle" bezeichnete Jenseitsstufe, die mehr den Namen „Paradies" oder „Vorhimmel" verdient. Auf jeden Fall war die Kenntnis vom Jenseits und seinen Verhältnissen in dieser vorchristlichen Zeit eine viel genauere als heute, wie allein schon eine umfangreiche Literatur darüber beweist. Und sie war auch unbezweifelt, denn dieses „Land ohne Wiederkehr", wie die Babylonier es nannten, gehörte mit zum Einweihungserlebnis an den Mysterienstätten. Wenn Shakespeare in seinem „Hamlet" von einem „unentdeckten", geheimnisdüsteren Reiche spricht, gibt er nur die Auffassung des neuzeitlichen Menschen wieder, dem die übersinnliche Erfahrung mangelt. Auch die kirchliche Lehre über das Jenseits bietet ein „so farbloses Bild, daß sich das lebendige religiöse Gefühl davon nicht angesprochen fühlen kann. ... Es wird davon um so weniger berührt, als nach der traditionellen Vorstellung Auferstehung, Gericht und Zuweisung in die himmlischen Freuden oder in die höllische Qual erst am Jüngsten Tage geschehen werden. Dieser Jüngste Tag scheint dem Gläubigen in unendlich ferner Zukunft zu liegen. Kein Wunder, wenn dabei nicht nur die Erwartung himmlischer Seligkeiten das Anziehende verliert, sondern auch die Furcht vor der höllischen Qual abstumpft" (Hanna Zluhan).
Die Mystiker haben sich schon immer damit geholfen, daß sie in Überein-

stimmung mit der Bibel den Himmel in sich selber suchten, in tiefer Versenkung in Gott und in ihr wahres Selbst. So konnte Angelus Silesius sagen:

> „Der Tod bewegt mich nicht, ich komme nur durch ihn,
> Wo ich schon nach dem Geist mit dem Gemüte bin.
> Der Weise, wenn er stirbt, begehrt in Himmel nicht,
> Er ist zuvor darin, eh ihm das Herze bricht."

Es ist die alte Wahrheit, die gerade in den Neuoffenbarungsschriften herausgehoben wird: Ein jeder Mensch bereitet sich durch seinen Lebenswandel entweder den Himmel oder aber die Hölle selbst. Und er spürt es ganz deutlich in seinem Gemüt! Nach dem Tode aber wird dies auch nach außen hin sichtbar. „Der Sinn des irdischen Lebens", sagt H. Zluhan, „liegt darin, daß der Mensch durch freiwillige Erfüllung der Liebesgebote zu Gott findet und zur wahren Freiheit der Kinder Gottes heranreift. Der stoffliche Leib hat demnach nur insoweit Bedeutung, als er das notwendige Wirkungsorgan der menschlichen Seele in der materiellen Welt darstellt. Hat die Seele ihre geistige Reife erlangt, so erfolgt der Tod, denn dann ist der Zweck des Körpers erreicht. Der Tod tritt andererseits auch ein, wenn die Seele ganz in die Materie überzugehen droht." Bei Lorber heißt es: „Dann reißt ihr Geist sie, wenn auch unter den größten Schmerzen, aus dem Leibe und bildet sie jenseits für sich aus, aber stets so unvermerkt wie möglich, bei voller Freiheit der Seele" (Gr. Ev. Bd. 5, Kap. 194).

Wie Gott die Welt aus Liebe erschaffen hat und Liebe die alles bewegende Kraft ist, so bestimmt sie in erster Linie auch unseren Zustand nach dem Tode. Schon beim Hinübergang gibt sie uns „ein Wissen um das Geborgensein in der Liebe Gottes und löscht nicht nur die Todesfurcht, sondern verwandelt sie in heitere Todessehnsucht, die den Todesengel als Freund und Bruder willkommen heißt. Dieser Todesengel, den Gott dem Sterbenden sendet, veranlaßt mit seinem Willenshauche die Löse der Seele von ihrem Leib. Er ist einer der höheren Schutzengel, die in den Friedensregionen wohnen und, über den unteren Schutzgeistern herrschend, die Geschicke des Menschen nach dem Willen Gottes lenken" (H. Zluhan). Die Bestätigung gibt uns eine Stelle im Großen Evangelium: „Wenn wir von Gott aus berufen werden, diese Welt zu verlassen, dann wird ein Engel Gottes ... alles dem Geiste Angehörige aus der Materie frei machen, die Materie der vollen Auflösung übergeben, die Seele aber und ihren Lebensgeist sowie alles, was in der Materie (des Leibes) der Seele angehört, in vollkommener (ätherischer) Menschengestalt vereinigen und nach dem ewig unwandelbaren Willen Gottes in die Welt der Geister hinüberführen" (Gr. Ev. Bd. 2, Kap. 195, 2). Auch bei Paulus lesen wir in seinem ersten Brief an die Korinther: „Es wird gesät ein natürlicher Leib und wird auferstehen ein geistiger Leib."

Solange der Verstorbene noch nicht den Gerichtsakt der „Enthüllung" an sich erfuhr, lebt er noch in einem Zustand, der sich folgendermaßen darstellt: „Zufolge der noch nachzitternden irdischen Empfindungen und Einflüsse, andererseits hervorgerufen durch das mehr oder weniger starke Fehlen des Organs für die Erkenntnis der neuen Welt, entsteht zunächst einmal eine kurze Zeit der Isolierung, der Passivität. Natürlich vermögen in dieser Zeit die Eindrücke des irdischen Lebens auf die Seele mächtig nachzuwirken. Wie in einem Spiegel sieht sie ihr vergangenes Leben. Dies geschieht nicht zuletzt unter dem geheimen Einwirken ihrer Schutzgeister, deren Aufgabe es ist, die Seele in ihren Neigungen zu erforschen und diesen entsprechend ihr den Weg nach oben oder nach unten zu öffnen" (H. Zluhan). Bei Lorber wird in diesem Zusammenhang von einem „Generalbekenntnis" gesprochen, das die Seele jetzt ablegen muß. Hanna Zluhan sagt dazu: „Durch ein so gestaltiges Überdenken des vergangenen Lebens kann wohl eine Erkenntnis des Guten und Bösen eintreten und ein Entschluß zur Besserung hervorgerufen werden, und insofern ist also dieser Vorgang ein besonderer Gnadenakt, der von den himmlischen Mächten an der Seele vollzogen wird. In diesem Zustand kann durch wahre Fürbitte unsererseits den Seelen Kraft und Hilfe gebracht werden." Erst nach der „Enthüllung", wo jeder Geist „völlig nackt vor sich selber dasteht" (GS., Bd. 2, Kap. 120, 7), ist die Seele „auf das angewiesen, was im seelischen Gehirn, dem Unterbewußtsein, aufgezeichnet ist".

In der Lorberschrift „Wegweiser" lesen wir: „Alles, was der Mensch gedacht, gesprochen und getan hat, auch früher in einer andern Welt, ist aufgezeichnet im Buch des Lebens, von dem das eine Exemplar in unserer Seele, das andere aufgeschlagen vor Gott liegt. Sind wir vollendet, so finden wir alles das wieder, dann aber ohne Trauer über das Schlechte, einsehend die Führungen Gottes und nun Geduld übend gegen die noch nicht Vollendeten. Aus allen unseren Gedanken entstehen einst neue Schöpfungen, zu denen sich der Geist dann hingezogen fühlt und deren Ausbildung er übernimmt" (gemäß Gr. Ev. Bd. 4, Kap. 57, 1 ff.). In einer anderen Textzusammenstellung mit dem Titel „Unsterblichkeit und Wiedersehen" heißt es ergänzend: „So ein Mensch auf dieser Welt nur wenig oder nichts zur Belebung und Bildung dessen, was seine Seele in ihrem Herzen verborgen trägt, getan hat, sondern alles nur auf den äußeren Verstand verwendete und diesen dann dazu benutzte, um sich weltliche Schätze aller Art zu verschaffen und durch sie die feinsten Genüsse und Lustreize zu bereiten, so ist, wenn solch eines Menschen Seele jenseits ankommt, ihre göttliche Lichtkammer dicht verrammt und verschlossen. Das irdische Verstandeslicht aber – das eigentlich bloß eine Vereinigung der äußeren, materiellen Lichtbilder ist, die an den vielen Millionen Flächen der Gehirntäfelchen haften, – bleibt wie die Bildergalerie eines aus dem Leben scheidenden Bilderliebhabers in der Welt zurück." Gelangt solch eine unreife Seele auf die Stufe der „Abödung" (nach der „Scheidung der Geister"), so wird sie durch die dann eintretenden Nöte zum eifrigen Suchen und Nachdenken gezwungen. „Wer aber sucht, den läßt der Herr finden. Die suchende Seele empfängt Belehrung. Sie wird von ihren geistigen Schutzmächten unmerklich geleitet und geführt. Richtet sie sich nach deren Belehrungen, so wird sie in den Geisteszustand des sogenannten Vorhimmels (Paradies) erhoben. Bleibt sie dagegen unbelehrbar, wird ihr der Weg dahin frei gegeben, wohin ihre Neigungen sie ziehen. Sie tritt dann in die Gesellschaft jener Geister ein, die ihr im Wesen und in der Gesinnung gleichen. Die erste Stufe nach unten ist die sogenannte Vorhölle. Je nach ihrer Entwicklung steigen dann die Seelen oder fallen sie. Wie wir durch Swedenborg, Lorber u. a. wissen, gliedert sich das geistige Reich in verschiedene Stufen. Lorber spricht von drei Graden der Hölle und drei Graden der Himmel" (Zluhan).

Im Zusammenhang damit wird auch völlig klar, „daß jeder einzelne Mensch unmittelbar nach dem Tode seinen Jüngsten Tag erlebt. Und das damit verbundene Gericht vollzieht sich nicht, wie in der traditionellen Vorstellung, in einer Aburteilung des Verstorbenen, sondern im Sinne der Worte in Johannes 12, 47 f.: ‚Wer meine Gebote hört und nicht glaubt, den werde ich nicht richten... Wer mich verachtet und nimmt meine Worte nicht auf, der hat schon seinen Richter.' " Es ist nur logisch, wenn H. Zluhan in Fortführung dieses Gedankens auch die Frage nach den „ewigen Höllenstrafen" aufwirft. Darüber sagt sie: „Wer vermag sich vorzustellen, daß ein Mensch es fertig brächte, einen anderen ewig im Kerker schmachten zu lassen, ewig, ohne sich je von den Reuetränen des Gepeinigten erweichen zu lassen? Wenn schon kein Mensch so grausam zu handeln vermöchte, um wieviel weniger wird es Gott tun, der uns das Wort der allerbarmenden Liebe zurufen ließ: ‚Wenn auch eine Mutter ihres Kindes vergessen könnte, so werde ich doch deiner nie vergessen!' (Jes. 49, 15)." –

Im Urchristentum war man fest überzeugt von einer „Wiederbringung alles Verlorenen" (Apokatastasis ton hapanton). Am entschiedensten vertrat diese Lehre Origenes, zusammen mit der Präexistenzidee. Von vorneherein wird hier die Ewigkeit der Höllenstrafen ausgeschlossen. Welchen Sinn hätte sonst eine Rückführung aller gefallenen Geister, unter ihnen auch Luzifers als des eigentlichen „Verlorenen Sohnes" (nach Lorber)? Mit Recht greift H. Zluhan die bange Frage von Solowjew wieder auf: „Wären die himmlischen Freuden vollkommen und wäre die erlösende Vollendung erreicht, wenn in Ewigkeit eine Hölle existierte?" Auch Solowjew konnte sich nicht vorstellen, im Himmel auf die Dauer selig zu sein, wenn der irrende Geist und

"Atheist aus Religion" Friedrich Nietzsche für immer zur Hölle verdammt wäre.

Das Problem sieht sich so an: „Wenn auch das Feuer des Eifers Gottes nicht erlöschen darf, so liegt es aber doch im Heilsplane der göttlichen Liebe, daß die Schöpfung zurückgeführt wird zu ihrem Herrn und daß alle Geschöpfe ihre Vollendung und Seligkeit finden. Gott will doch, daß allen Menschen geholfen werde. Er ist ja der gute Hirte, der das Verlorene sucht, es läutern und durch zarten Zuspruch zum Ziel der Vollendung führen will. Nichts kann uns wohl die Größe der Liebe Gottes deutlicher machen als das Wunder, das für uns in der Möglichkeit einer ständigen Fort- und Höherentwicklung liegt, was bedeutet, daß auch unsere Seligkeit sich ewig steigern und vervollkommnen wird. Dies zeigt uns aber auch, daß in der geistigen Welt kein tatenloses Ruhen und Genießen herrscht, erst recht nicht in den höchsten Himmeln. Entwicklung setzt Tätigkeit voraus; höchste Entwicklung also höchste Tätigkeit. Von den Bewohnern des Himmlischen Jerusalem wird uns in der ‚Geistigen Sonne' gesagt, daß sie die Tätigsten sind, weil sie dem Herrn am nächsten stehen." Tatsächlich lesen wir in diesem Lorberwerk: „Wo viel Licht ist, da ist auch eine große Tätigkeit vorhanden, denn Gott selbst ist allenthalben Licht, weil die ewige, unermüdliche Tätigkeit sein Grundwesen ausmacht."

Es ist überzeugend, wenn H. Zluhan fortfährt: „Diese Ordnung finden wir auch in der naturmäßigen Welt. Die Sonnen glänzen mehr als die Planeten, weil auf ihnen eine viel größere Tätigkeit herrscht als auf den Wandelsternen. Die Tätigkeit der Himmelsbewohner bezieht sich aber nicht auf das eigene Genußleben. Wie ihre Liebe ganz in Gott verströmt, so ist auch ihr Wille ganz dem Willen Gottes hingegeben. Weil aber Gott nur danach trachtet, das Verlorene heimzubringen (und zu vollenden), so liegt auch ihr Dienst in den mannigfachen Aufgaben der Schöpfung und Erlösung. Neben dieser höchsten Tatentfaltung gibt es aber auch eine himmlische Ruhe. Sie ist ein wahrer Sabbat, an dem die Himmlischen nichts tun als ganz in der Liebe Gottes ruhen." Auch der indische Mystiker Sadhu Sundar Singh findet die Worte: „Die Größe eines Menschen hängt nicht von seinem Wissen und seiner Stellung ab, noch kann irgend jemand dadurch allein groß werden. Ein Mensch ist so groß, wie er anderen nützen kann, und er nützt ihnen so viel, wie er ihnen dient. Wie der Herr gesagt hat: ‚So jemand will unter euch groß sein, der sei euer Diener!' (Matth. 20, 26). Alle, die im Himmel wohnen, haben ihre Freude daran, daß sie einander dienen. So erfüllen sie den Sinn ihres Lebens und bleiben auf ewig in der Gegenwart Gottes."

Da der Mensch nach seinem Tode noch genau der gleiche ist wie ehedem, gestaltet sich sein jenseitiges Schicksal ganz entsprechend seinen mitgebrachten Neigungen, Gefühlen und Gedanken. „Der entschieden Gute erhält sofort auch ein entschieden gutes Los", sagt uns der Herr bei J. Lorber. Er kann erwarten, ebenso wie der entschieden Reumütige (siehe den Schächer am Kreuz!), daß er sofort in das Paradies eingeht. Zu seinen Jüngern sagte Jesus: „Alle, die an Mich glauben und nach Meiner Lehre leben und handeln werden, die werden den Tod nicht sehen, fühlen und schmecken, sondern nach dem Abfalle des Leibes werden sie in einem Augenblick verwandelt werden und bei Mir im Paradiese sein" (Gr. Ev. Bd. 10, Kap. 125, 6). Welch ein Trost für jeden wahren Christen, aber auch für jeden anderen, der sich die sittlichen Gebote zur Maxime seines Lebens machte! Sofort in den Himmel aufgenommen zu werden, ist dagegen nur höchst wenigen möglich; sie müßten denn auf Erden schon eine förmliche „Wiedergeburt im Geiste" an sich erfahren haben. Diesen Auserwählten kommt der Herr selbst am Sterbebett entgegen, um sie heimzuführen in seine „Herrlichkeit".

Den meisten Menschen haften noch so viele Mängel an, daß sie erst noch einen Läuterungsprozeß durchmachen müssen; denn „nichts Unreines kann in das Himmlische Jerusalem eingehen", sagt uns die Johannes-Offenbarung (21, 27). Die meisten Seelen gelangen zuerst in das Mittelreich (auch Zwischenreich, Purgatorium oder Fegefeuer genannt). Hier müssen sie sich nach der sogenannten Enthüllung endgültig entscheiden, „wohin es sie zieht, nach oben oder nach unten, zum Himmlisch-Guten oder aber zum Höllisch-Bösen. Und dorthin muß ihnen auch der Weg frei gegeben werden, denn es ist ein Gesetz des Jenseits, daß keiner Seele in ihrer Willensrichtung ein Zwang geschehen darf". Bei den Gutwilligen, die noch vieles abzutragen haben, führt der Weg nur allmählich aufwärts, durch die verschiedenen Abteilungen des unteren und mittleren Zwischenreiches bis hinauf zur Paradiesessphäre des Oberen Mittelreiches (nach Lorber). Ihr Aufstieg ist deshalb so mühsam, weil das, was die Seele drüben denkt und will, sich sofort in der Wirklichkeit darstellt. „Infolgedessen", sagt H. Zluhan, „sind die Prüfungen und Versuchungen dort schwerer zu überwinden als hier auf Erden, und es wird drüben der Seele viel schwerer, sich aus dem Irrsal ihrer Gedanken und Bilder zu befreien (Wegw. u. Gr. Ev.)."

Es ist eine in allen Jenseitskundgaben erwähnte Tatsache: „Viele unvollkommene Seelen wissen oft zunächst gar nicht, daß sie gestorben sind. Menschen, deren ganzer Lebensinhalt in materiellem Besitz und Genuß bestand, brauchen jenseits oft lange, manchmal sogar hundert und mehr Jahre, bis sie sich endlich bewußt werden, daß sie gestorben sind. In ihrem traumartigen Phantasieleben, das sie führen und das meist ganz ihrem seitherigen Leben auf Erden gleicht, wähnen sie sich noch immer auf dieser Erde. Sie meinen sich noch in ihren Wohnungen und gewohnten Geschäften zu befinden. Diese Abgeschiedenen sehen von der Erde aber nichts, oder nur das, woran ihr Herz hängt. Viele von ihnen kommen von diesen materiellen Bindungen oft

erst dann los und steigen von der Erdsphäre in das eigentliche Mittelreich auf, wenn diese Dinge, an denen sie hängen, zerfallen und zugrunde gehen. So müssen auch viele von ihnen mit ansehen, wie ihr toter Leib im Grab zerfällt und verwest; und selbst dann sind sie oft noch nicht von ihren Gräbern wegzubringen, weil sie dort dem Jüngsten Tage entgegenharren, wo sie in verklärten Leibern hoffen aufzuerstehen" (Zluhan).
Das also ist die schauderhafte Folge falscher kirchlicher Lehren! Wie falsch ist aber auch das Gebet beim kirchlichen Begräbnis: „Herr, schenke ihnen die ewige Ruhe...!" Eine völlig abwegige Vorstellung von einer ewigen Todesstarre, dem endlichen Ausruhen von aller Mühsal dieser Erde, muß daraus hervorgehen. Dabei liegt gerade im Tätigsein die Seligkeit der Geister! Eine innere Ruhe freilich hat jede Seele nötig. Sie findet sie aber nicht eher, „als bis sie durch Selbstverleugnung ihre Schwächen und Fehler abgelegt hat" (Zluhan). Entgegen der lutherischen Auffassung, daß die Gnade allein schon das Seligwerden verbürgt, betont Pfarrer Otto Feuerstein: „Die Gnade schließt die Mitwirkung und das Selbstringen des Menschen nicht aus sondern ein." Das gleiche gilt auch für die jenseitigen Verhältnisse. –

Von den jenseitigen Wohnwelten gibt H. Zluhan folgende Beschreibung: „Die Gegend, das Haus, die ganze Umgebung, in der sich die Seele jenseits aufhält, sind aus ihr selbst gewachsen entsprechend ihrem inneren Zustand. Aus einer guten Seele entfalten sich vermöge der jeder Seele von Gott eingepflanzten Kraft herrliche geistige Wohnwelten; aus den schlechten und falschen Neigungen einer Seele dagegen bilden sich karge, öde und schauerliche geistige Wohnwelten. Jeder ist der Schöpfer seiner eigenen Welt. Der Seele folgen ihre Gedanken, Werke und Neigungen nach. In ihnen lebt sie und aus ihnen formt sich eine nach Aussehen und Beschaffenheit ganz ihnen entsprechende Wohnwelt. Gleichgeartete Seelen bewohnen die gleiche geistige Wohnwelt und verkehren miteinander; ihre Eigensphären sind gleichsam wie in eine verbunden. Sie bilden miteinander eine Gemeinschaft oder Gesellschaft. Je mehr sich der Wille einer Seele mit dem Liebewillen Gottes eint, desto bleibender und beständiger wird ihre Welt." Auch im Großen Evangelium stehen die Worte: „Die Gedanken des reinen Geistes sind unvergänglich, weil dessen Schaffen der Endzweck des göttlichen Schaffens selbst ist" (Bd. 11).

Geradezu niederdrückend ist, was H. Zluhan im Anschluß an J. Lorber über primitive Geistwesen im Jenseits ausführt. Oft werden deren Phantasiewelten „durch stärker auftretende Leidenschaften vernichtet oder sie brechen zusammen bei Verlust der Erinnerung. Das ist dann oft der Augenblick, wo diese Seelen durch Eingreifen höherer Geister weitergeführt werden können. Oft aber taucht auch wieder die alte Phantasie auf und schafft sich eine neue Welt, die der alten Liebe entspricht. So wird dann die Phantasie einer solchen unvollendeten Seele mit der Zeit zur tiefsten Finsternis. Das ist aber keine Strafe Gottes, sondern eine selbstverschuldete Notwendigkeit. Nur in diesem Zustand der völligen Abödung kann eine solche verfinsterte Seele, indem sie schließlich zu suchen beginnt, in einen höheren Zustand geführt werden."

Es versteht sich von selbst, daß auch der räumliche Aufenthaltsort einer Seele in jedem Falle ihrem inneren Zustand entspricht. „So zieht es die noch sehr materiell gesinnten, selbstsüchtigen Geister in die materielle, grobstoffliche Sphäre der Weltkörper. Sie halten sich teilweise in den untersten Schichten der Atmosphäre auf. Zumeist sind sie jedoch entsprechend ihrem inneren finsteren Zustand im Erdinneren, von der Oberfläche der Erde an bis zu ihrem Mittelpunkt. Von den drei Graden der Hölle, die es gibt, ist der dritte zunächst dem Erdmittelpunkt. Abgeschiedene, die nach ihrem Tode noch stark an der Erde festhängen, halten sich oft noch lange in den untersten Schichten der Luftregion auf. Man sagt von diesen Seelen, daß sie sich in der Erdsphäre befinden. Die meisten spiritistischen Kundgebungen stammen aus dieser Sphäre. – Je unvollkommener und unreifer eine Seele ist, in um so tieferen Schichten ist ihr Aufenthaltsort.

Das Mittelreich oder Geisterreich (nach Swedenborg), wo die noch Unentschiedenen weilen, bevor sie nach oben, ins Paradies aufsteigen – wenn sie sich für das Gute entschieden haben – oder abwärts sinken in die Hölle – wenn sie sich vollends dem Bösen zuwenden –, umfaßt die untere (zweite) Luftregion.

Die Paradiesbewohner, also die entschieden Guten, die sich in der Sphäre des Paradieses im himmlischen Leben üben, halten sich gewöhnlich in der obersten (dritten) Luftregion auf, die sich um unsere Erde herumzieht, von den Spitzen der Schneeberge an bis zur Äthergrenze.

Die himmlischen Geister, die ‚gewordenen Engel' (im Unterschied zu den noch nicht durch das irdische Menschenleben gegangenen reinen Urgeistern oder ‚geschaffenen Engeln'), bewohnen für gewöhnlich die freien Räume des reinen Äthers. Doch können sie auch in die tiefer liegenden Sphären herabsteigen, wenn es ein Werk der Nächstenliebe im Dienste der ewigen Liebe erfordert. Trotzdem sind sie aber nach ihrem inneren Zustand stets im Himmel, auch wenn sie für die Zeit ihres Abstiegs in die unteren Sphären ihr Himmlisches verdecken müssen. Genauso wie der Gute, aber noch nicht Vollendete, stets im Paradies, der Unreife im Mittelreich und der Böse in der Hölle ist, auch wenn sie sich räumlich ganz woanders befänden. Das zeigt, daß das Entscheidende immer der innere Zustand eines jenseitigen Geistes ist.

Im allgemeinen bleiben also die Menschen von dieser Erde nach ihrem Tode in deren Nähe. Vollendet können sie aber, ohne den Ort ihres individuellen

Seins zu verändern, durch Gott im hellsten Lebenslicht die ganze Unendlichkeit durchwandern. Wer aber Sehnsucht nach dem Mond oder der Sonne hat, kommt in diese materiellen Örtlichkeiten. Er wird dort mit den Geistern jener Welten in Verkehr treten (nach dem Großen Evangelium Bd. 8, Kap. 33). Gottlose Menschen, die zu ihrer Läuterung in andere Weltkörper gebracht werden müssen, bleiben geistige Bewohner jener Weltkörper und der Vereine, die ihnen entsprechen. In den höchsten Himmel kommen sie nicht (nach dem Gr. Ev. Bd. 5, Kap. 11). Ganz materielle Seelen kommen zuweilen in den Mond, wo ihre zertragenen Seelen wieder einigermaßen zurechtgebracht werden. Zur vollen Gotteskindschaft können aber diese ‚ausgeflickten' Seelen auch nicht mehr gelangen (nach dem Gr. Ev. Bd. 8, Kap. 78)."

Ergänzend zu dieser Jenseitsschau faßt H. Zluhan noch einige wichtige Punkte ins Auge: „Mit dieser Sphärenordnung verbindet sich auch Art und Umfang der Wahrnehmung. Nach oben ist den niederen Sphären der Blick verschlossen. Sie sehen in der Regel nur Geister der gleichen Sphären. Sehr tief stehende Geister des Mittelreiches und besonders die höllischen Geister sehen zumeist nur die Ausgeburten ihrer eigenen Phantasie. Im Mittelreich können Paradies und Himmel nicht gesehen werden. Im paradiesischen Zustand dagegen ist das geistige Auge gleichsam schon halb geöffnet; es wird vieles gesehen, aber der Himmel in seinen Verhältnissen noch nicht. Auch bei den Himmlischen sind noch Unterschiede entsprechend den drei Graden des Himmels. So sind die Engelsgeister des dritten Himmels für die Geister der anderen Himmel unsichtbar. Im höchsten himmlischen Zustand können die Himmlischen alles sehen, was sie wollen, im Geistigen wie im Natürlichen. Sie können nicht nur in entsprechender innerer Abbildung die große Schöpfung wahrnehmen, sondern in der Vollreife ihres Bewußtseins sind sie auch fähig, die Schöpfung außer sich in der Wirklichkeit zu schauen, so wie Gott selbst sie schaut. ‚Was aber auch nötig ist, denn so Ich Meinen vollendeten Kindern, die da Engel sind, eine ganze Welt zur Hut und Obsorge anvertraue, so müssen sie so eine Welt ja doch auch genauest sehen' (BM., Kap. 44, 6).

Man vermag in der geistigen Welt also, anders als in den irdischen Verhältnissen, nur in dem Maße zu sehen und wahrzunehmen, als die innere Sehe und Wahrnehmung reicht, entsprechend dem Fühlen, Denken und Wollen eines Geistes. Da sich diese inneren Wahrnehmungsorgane beim vollendeten Geist mit der göttlichen Außenlebenssphäre verbinden, die als allfühlendes, allwissendes, allwirkendes und allgegenwärtiges Außenwesen Gottes die ganze Unendlichkeit durchflutet und erfüllt, so ist ihm in diesem göttlichnahen Zustand möglich, alles zu schauen. Und wie andererseits schon in der Erdenwelt das Wollen und Denken zum Beispiel eines Geizigen sich ganz in

dem engen Zirkel seines Besitzes und seiner Habsucht bewegt, so wird entsprechend sein jenseitiges Sehen und Wahrnehmen auch nur in äußerst engen und beschränkten Grenzen liegen. Sein Sehen und Wahrnehmen wird oft nicht einmal bis zur Sphäre eines zweiten Geistes reichen, weil er auf Erden und erst recht drüben alles für sich selbst haben will. Die innere Sehe und Wahrnehmung weitet sich mit der Liebe zum anderen. Wer ein weites, großes Herz hat für Gott und seine Mitmenschen, dessen Welt wird auch drüben groß und weit sein. Origenes sagt: ‚Die schlechten Werke engen den Bösen auf sich selber ein. Die Liebe Gottes aber schafft in den Seelen der Menschen breiten Raum.'
Die gleichen Grundsätze walten bei der Fortbewegung im Jenseits. Je vollkommener ein Geist ist, desto unbeschränkter und schneller kann er sich irgendwohin begeben. Die höchstvollendeten Geister des freiesten Seins können sich auch in ihrem individuellen Sein in Gedankenschnelle an einen anderen Ort versetzen. Sie brauchen nur zu wollen, so sind sie dort, wo sie zu sein wünschen, während die noch nicht vollendeten Geister auch in ihrer eigenen Welt mehr oder minder stark bewegungsunfrei sind.
So sind auch die Sphären nach oben abgeschlossen. Es ist nicht möglich, von einer niederen Sphäre ohne weiteres in eine höhere zu gelangen. Nach dem Gesetz der geistigen Schwere kommt keiner, ohne sich gleichzeitig geistig höher zu entwickeln und zu verfeinern, über die Grenzen seiner eigenen Sphäre hinaus. Nur gnadenweise kann es geschehen, daß eine Seele für Augenblicke ihrer geistigen Entwicklung wegen in einen höheren Seinszustand erhoben wird. Sogar ‚die drei Himmel sind so voneinander abgesondert, daß aus dem ersten niemand ohne weiteres in den zweiten und noch weniger in den dritten, wie auch vom zweiten in den dritten niemand gelangen kann' (Lorber). Dagegen ist der ‚höchste Liebehimmel also gestellt, daß er alle anderen umgibt, sie trägt und leitet. ... Die seligen Geister der Erde in diesem Himmel haben dann auch unbegrenzten Wirkungskreis aus der Liebe des Herrn. Sie können sich allenthalben hinverfügen' (GS., Bd. 2, Kap. 4, 19). Für den freien Geist gibt es nur dann Zeit und Raum, wenn er sie sich schafft, sonst tritt an ihre Stelle die ewige Gegenwart des Vergangenen, Gegenwärtigen und Zukünftigen (nach dem Gr. Ev. Bd. 4, Kap. 255, 11). Und in diesem Zustand unbegrenzter Freiheit liegt auch der Grund zu unbegrenzter Seligkeit" (H. Zluhan).
Zu diesen Gedanken fügt der Herr selbst noch hinzu: „Die größte Seligkeit der vollendeten Seele besteht darin, daß sie mit göttlicher Schöpferkraft ausgerüstet ist und alles bewirken kann, was Gott hervorbringt. Ein noch höherer Seligkeitsgrad besteht darin, daß sie Gott als ihren höchsten Lebensfreund fort und fort um sich haben, Ihn ohne alles Maß lieben und mit Ihm die ganze geistige und materielle Schöpfung übersehen kann. Das Aller-

höchste der Seligkeit besteht aber darin, daß sie, als mit Gott durch die Liebe völlig vereint, auch in der vollsten göttlichen Freiheit sich befindet" (Gr. Ev. Bd. 7, Kap. 67, 2–4).

11. Die Gesetze der geistigen Welt

Die größte Überraschung für jeden Neuankömmling im Jenseits ist die Feststellung, daß er noch einen Leib besitzt. Gerade dies ist ja sogar unter den Christen, die sich auf Grund totaler Unsicherheit der kirchlichen Lehrstellen nur ein höchst verschwommenes Bild von drüben machen können, eine entscheidende Erkenntnis. Sie gibt sofort einen Begriff von der absoluten Realität auch der jenseitigen Welt. Der eben erst verstorbene Bischof Martin wundert sich bei Lorber: „Ich habe Füße, Hände, Kopf, Augen, Nase, Mund, – kurz, alles, was ich auf der Erde hatte, einen Magen auch; aber der hat schon lange einen wahren Kardinalsfasttag!" (BM., Kap. 2, 18).

Nicht nur sind alle Sinnesorgane noch völlig intakt und arbeiten sogar viel intensiver als je auf der Erde – denn die Schwere der grobmateriellen Körperwelt ist ja einer feinstofflichen Welt von höheren Schwingungsgraden gewichen –, auch die ganze Persönlichkeit scheint noch die gleiche zu sein wie ehedem. Der „Tote" denkt, fühlt und will genauso wie vorher. Sogar seine ehemalige Vorstellungswelt und alle Erinnerungen an das Erdenleben haben ihn mit hinüberbegleitet. Nun kommt es allerdings sehr darauf an, ob er auch gleich so viel Licht vorfindet, daß er seine Sinne voll gebrauchen kann; manche ungeläuterte Seelen sind nämlich von Anfang an in mehr oder weniger dichte Finsternis gehüllt. Im Gegensatz dazu bringen die besseren Menschen ein „inneres Lebenslicht" (Lorber) mit hinüber, das ihnen nun zur wahren Leuchte wird. Verstärkt wird es durch die Aura der Engel und seligen Geister. Mit seiner Hilfe können sie auch in die materielle Welt hineinblicken.

Bei P. H. Landmann sagt ein sogenannter Kommunikator: „Wir sehen alles, was wir sehen wollen, auch wenn es für eure Augen verdeckt ist. Wir sehen zum Beispiel alles, was im Hause ist, wenn wir das wollen. Will ich nur das Zimmer sehen, in dem ich mich gerade aufhalte, so sehe ich es ganz so, wie du es auch siehst. Aber sobald ich meinen Willen darauf einstelle, das ganze Haus zu sehen, liegt auch dies klar in meinem Blickfeld. Mauern und für eure Augen lichtundurchlässige Gegenstände sind für unsere Augen keine Hindernisse. Das Materielle eurer Welt ist nicht imstande, unsere Wahrnehmungsmöglichkeiten einzuschränken. Es ist aber nicht so, daß wir durch das Sichtbare immer wie durch Glas hindurchschauten. Alles Sichtbare sehen wir stets als undurchsichtige Objekte, genau wie ihr auch. Wollen wir hindurchsehen, so ist dazu ein besonderer Willensakt erforderlich; dann liegt auch das durch undurchsichtige Materie Verdeckte klar in unserem Gesichtskreis.

Hätten wir die Möglichkeit nicht, unsere Augen gleichsam im Handumdrehen unserem Willen gemäß einzustellen, so müßte ja alles immer im Gedächtniskreis sein, ohne daß wir feste Materie als solche wahrnehmen könnten. Wir hätten dann den Eindruck, als gäbe es überhaupt keine Materie, die für euch lichtundurchlässig ist. Wir wissen, daß irdische Materie letztlich eine Verdichtung geistiger Kraft ist. Wir sehen das Innere alles Lebendigen, das die äußere Form willensmäßig bestimmt; ihr seht die äußere Form, aber das geistige Innere ist euren irdischen Augen verborgen. Deshalb ist es nötig, daß wir unsere Augen auf die Form einstellen, wenn wir euch in eurer Welt aufsuchen. Wir sehen eure Welt zwar, wie sie ist; aber wichtiger ist, daß wir ihr wahres Wesen erkennen. Es ist das Geistige, was wir als lebendigen Kern aller irdischen Welten zu erkennen immer in der Lage sind" (in dem Buch „Wie die Toten leben").

Diese Aussage einer schon höher entwickelten Seele zeigt uns ganz deutlich, welch große Rolle das Aurische am Menschen und an den Dingen spielt. Darüber heißt es: „Da unsere Augen ganz anderer Art sind, hat das irdische Licht keine Bedeutung für unser Sehen. Wir sehen auch in irdischer Nacht, wenn das für euch unmöglich ist. Das irdische Dunkel hat das fehlende Licht zur Veranlassung; unser Licht ist aber immer mit aus geistigen Kräften genährtem Leuchten an unseren Leib gebunden. Deshalb sehen wir auch in eurer Finsternis alles, was wir sehen möchten, durch das an die geistige Leiblichkeit gebundene Leuchten. Ich habe also die Möglichkeit, das im irdischen Dunkel euch Nichtsichtbare genau so zu sehen, als ob irdisches Licht es sichtbar mache. Das Licht, das uns leuchtet, ist sichtbare geistige Kraftwirkung. Aus lichtstrahlender Materie ist der Geistleib gebildet...
Erst wenn der irdische Leib abgelegt ist, ist es in leuchtender Klarheit das Licht, welches nie verlischt. Es ist in allem, was geistige Materie hat: also nicht nur in unserem Leib, sondern auch in den Leibern der Tiere und in allem, was in der geistigen Welt lebt. Alles strahlt Licht aus; auch die unbelebte Natur hat leuchtende Materie. Sogar die Steine haben einen leuchtenden Glanz, je nach ihrer Art mehr oder weniger. Dadurch kommt in unserer Welt eine Farbenwirkung zustande, die ihr euch nicht vorstellen könnt."

Gegenüber diesem klaren Schauen sind Seelen, die sich drüben zunächst in Finsternis befinden, vollständig auf die innere Lebensflamme (Aura) anderer Personen angewiesen. Nur in ihrem Schein können sie auf der irdischen Ebene verschwommen einiges wahrnehmen, gewöhnlich nur Teilstücke. Kein Wunder, daß es sie besonders zu solchen Personen hindrängt, die medial veranlagt sind. Die starke Aura dieser Mittelspersonen hat für sie eine magnetische Anziehungskraft, ja sie können sich mit ihrer Hilfe sogar spukhaft bemerkbar machen. Denken wir nur an die Seherin von Prevorst und alle, die mit sogenannten „Armen Seelen" zu tun haben!

Für den Eintritt in das Jenseits gilt im allgemeinen, was uns der Herr bei J. Lorber als Grundnorm aufzeigt: „Niemand kommt entweder sogleich in den Himmel noch auch sogleich in die Hölle, außer es müßte im ersten Falle jemand schon auf der Erde vollkommen wiedergeboren sein aus der reinen Liebe zum Herrn, oder er müßte im zweiten Falle ein allerböswilligster Frevler gegen den Heiligen Geist sein. ... Das ‚große Mittelreich' ist die Hauptwerkstätte für alle himmlischen Geister. Da bekommen alle vollauf zu tun. Denn denket euch diesen Ort, der alle Stunden eures Tages viele Tausende von Neuankömmlinge erhält! Diese müssen alle sogleich durchgeprüft und an den ihnen vollständig entsprechenden Ort gebracht werden; oder besser gesagt: sie müssen sobald in einen solchen Zustand hineingeleitet werden, der mit ihrer Grundliebe in eines zusammenfällt.

Daher müssen sie in all ihren Neigungen erforscht und erprobt werden. Und wohin sie dann am meisten neigen, dahin muß ihnen geistig der Weg geöffnet werden. Jeder Arzt muß ja zuvor seinen Patienten vom Grunde aus erkennen, bevor er ihm eine Medizin verschreiben kann, die ihn heilen soll. Auch jenseits ist niemandem mit einer Palliativ-Kur gedient. Also muß auch dort ein jeder Neuankömmling erstens ein Generalbekenntnis von A bis Z seines Lebens ablegen; und ist solches geschehen, dann vollzieht sich zweitens eine Veränderung seines Zustandes, welche die vollkommene Enthüllung heißt. In diesem Zustande steht dann ein jeder Geist völlig ‚nackt' da und gelangt dann in einen dritten Zustand, welcher die Abödung (vastatio) oder auch die Abtötung alles dessen genannt wird, was der Mensch (an irdischen Begierden und Schwächen ins Jenseits) mitgenommen hat." (GS. Bd. 2, Kap. 120, 4–5, 7).

Wir hörten schon, daß die erste Hilfeleistung beim Eintritt in das Jenseits durch die von Gott bestellten Engel stattfindet. Nicht alle ihre Schützlinge aber sind damit einverstanden. Bei Swedenborg lesen wir: „Wenn die himmlischen Engel bei dem Auferweckten sind, so verlassen nicht sie ihn, weil sie nämlich jeglichen lieben. Ist aber der Geist von jener Art, daß er sich nicht mehr länger in ihrer Umgebung wohlfühlt, so ist er es selbst, der sich von ihnen hinwegsehnt. In diesem Falle kommen Engel aus dem geistigen (höheren) Reich des Herrn, durch welche ihm der Genuß des Lichtes gegeben wird; denn vorher hatte er nichts gesehen, sondern nur gedacht. ... Sie sagen ihm, daß er nun ein Geist sei und unterrichten ihn über die Verhältnisse im anderen Leben, soweit er es zu fassen vermag. Will er nicht unterrichtet werden, dann sind nicht sie es, die ihn verlassen, sondern er selbst drängt von ihnen hinweg; lieben doch die Engel einen jeden und wünschen nichts sehnlicher, als zu unterrichten und in den Himmel zu erheben" (aus „Himmel und Hölle").

Da Gott nichts heiliger hält als den freien Willen seiner Geschöpfe, können sie jetzt ihrer Grundneigung folgen wie nie zuvor. Vom Herrn selbst werden wir belehrt: „Da die Seele nach dem Tode immerdar mit ihrem freien Geiste vereint bleibt, dessen Leib sie ausmacht, so wird auch in Hinsicht der ewig zu achtenden Freiheit des Willens diesen Menschen durchaus kein Zwang angetan. Vielmehr werden sie nur von Zeit zu Zeit belehrt, können aber im übrigen tun, was sie wollen, geradeso, als wenn sie noch leiblich auf der Welt lebten" (Hi. Bd. 1, S. 363, 4).

Da die sehr materiellen Seelen zunächst ohne das Licht der Engel auskommen müssen, das immer von außen her in sie einströmt, sind sie vorerst völlig isoliert; denn „die Seele als die eigentliche, äußere, substantielle Form des Menschen hat in sich kein Licht außer das, welches von außen in sie eindringt durch andere Wesen, die schon lange ein eigenes inneres Licht haben" (Rbl. Bd. 2, 151, 11). Wir erinnern uns an den Fall in Franchezzos Buch, wo erst die Aura der noch lebenden (höher stehenden) Geliebten dem „Wanderer im Lande der Geister" ein wenig Licht spenden konnte. Nur auf diese Weise war es ihm möglich, wenigstens seine nächste Umgebung mehr oder weniger klar zu erkennen. Bei besseren Seelen besteht dieses Hindernis nicht. Sie können von Anfang an vermöge der Lichtquelle in ihnen selbst auch die Gegenstände auf der Erde in größter Deutlichkeit wahrnehmen.

Wenn die noch unvollendeten Seelen sich freiwillig von den Engeln und ihrer Lichtaura entfernen, vergessen sie rasch alles wieder, was sie kurz zuvor an geistigem Licht empfangen durften. Erst jetzt kann in ihnen der Gedanke aufkommen, daß sie noch gar nicht tot sind. Zurückfallend in einen Bewußtseinszustand, der vollständig von ihren Trieben und Leidenschaften beherrscht wird, schaffen sie sich nun selbst eine künstliche Welt. Jesus sagt dazu: „Solch eine Seele lebt jenseits nur wie in einem etwas helleren Traume fort und weiß oft nicht, daß sie je in einer anderen Welt gelebt hat; auch handelt sie ihrer gewohnten Sinnlichkeit gemäß. Wird sie aber von helleren, sich ihr offenbarenden Geistern dahin ermahnt und belehrt, daß sie sich nun in einer anderen, geistigen Welt befindet, so glaubt sie das nicht und verhöhnt die seligen Geister, welche ihr die Wahrheit anzeigen" (Gr. Ev. Bd. 7, Kap. 58, 5).

Ein anschauliches Beispiel für diesen Zustand liefert uns das Jenseitswerk „Robert Blum". Da sind es einige Wiener Bürger, die lange noch nach ihrem Tode eingebildetermaßen diese Stadt bewohnen. Sie bewegen sich darin ebenso selbstverständlich wie jemand, der in einem lebhaften Traume gefangen ist. Ja, „es findet sich da alles wieder, was sie einst verlassen haben", wird uns versichert. Und dennoch ist alles nur eine selbsterzeugte Phantomwelt! Gewöhnlich nach einigen Tagen schon, wie Swedenborg sagt, manchmal aber auch erst nach Wochen, Monaten, ja selbst Jahren (besonders bei solchen, deren Herz „wie ein Polyp" an ihren Weltgütern hängt) erwacht in ihnen der Wunsch nach etwas Besserem. Der gewohnte Alltag fängt an, sie anzuekeln. Dies ist dann der entscheidende Augenblick, da Engel und Schutzgeister sich ihnen aufs neue nahen können. Sie wirken unbemerkt auf ihr Inneres ein, zum Beispiel durch belehrende Gedanken, Bilder und dergleichen; bis sie schließlich infolge ungewohnter Wahrnehmungen, besonders aber durch den von den Engeln verursachten plötzlichen Wechsel in ihrer Umgebung stutzig werden.

Die Traumgespinste beginnen dann zu verblassen und neuen Erlebnissen zu weichen. Das schöne, schloßartige Gebäude des Beduinen Cado zum Beispiel, mit seinen Gärten, Äckern, Wiesen und Wäldern, löste sich mit einem Mal wie in Nebel auf. Auch alle anderen Gegenstände „verrannen gleich einer Eisblume auf einer Glasscheibe, so sie von einer erwärmten Luft bestrichen wird" (Rbl. Bd. 2, Kap. 163, 6). Aufs neue vollzieht sich nun ein Bewußtseinswandel. Darüber lesen wir im Großen Evangelium: „Durch mancherlei Belehrungen, Erfahrungen und Erscheinungen kommt die Seele schließlich zu der Einsicht, daß alles, was sie früher zu besitzen wähnte, eitel und nichtig ist. Sie beginnt nun erst, ernsthaft über ihren Zustand Betrachtungen anzustellen, wodurch sie inne wird, daß sie die irdische Welt verlassen hat. Die Sehnsucht wird in ihr wach, eine bleibende, unwandelbare Lebensstätte zu erhalten. In solch einem Zustand wird sie dann von vollendeteren Geistern belehrt, was sie zu tun hat. Handelt sie danach, so wird es immer heller in ihr, weil ihr innerer Geist sie mehr und mehr durchdringt. Je mehr dies geschieht, desto mehr Bestand nimmt die Umwelt der sich vergeistigenden Seele an. Wenn sie endlich dahin gelangt ist, daß ihr innerer Geist sie ganz durchdringt, dann kommt sie zum vollen Bewußtsein und zur klaren Erinnerung an alles, was sie war, wie sie geworden ist, was sie gemacht hat und wie die Welt, in der sie im Leibe lebte, bestellt war. Solch eine Seele kann dann sowohl diese Erde als auch alle anderen Gestirne schauen und sich an ihrer wunderbaren Gestaltung und Einrichtung ergötzen und eine wahre, größte Freude an der Liebe, Weisheit und Macht des einen Gottes haben" (Gr. Ev. Bd. 7, Kap. 66, 10–15).

Gerade diese Seelen sind es aber, die in ihrem neuen Zustand sich gerne von ihrem eigentlichen Erlösungsziel abbringen lassen. Sie möchten erst alles sehen, was es auf Erden zu entdecken gibt oder auch auf fernen Gestirnen. Ihre Neugierde ist unbegrenzt. Dasselbe gilt allerdings auch für jene Seelen, die schon auf Erden einen starken Forschungsdrang verspürten. So wird uns einmal in den „Sterbeszenen" bei J. Lorber ein Astronom geschildert, der sich im Forschungsübereifer an seinem Teleskop eine tödliche Erkältung zugezogen hatte. In einer verzweifelten Gemütsverfassung gelangt er schließlich im Jenseits an. Da wird ihm ein großer Vorzug zuteil: Der Herr selbst tritt ihm dort als unbekannter Fremdling entgegen. Tatsächlich war der Gelehrte in seinem Glauben nicht ohne Bindung zu Jesus gewesen. Nun aber vor die Wahl gestellt, ob er sich ein für allemal dieser höchsten Führung anvertrauen oder weiterhin die Sterne erforschen wolle, entschließt er sich für Letzteres. Er war nicht imstande, sein Glück wahrzunehmen; und so mußte ihm Jesus sagen: „Es geschehe dir nach deiner Liebe! Aus diesen drei Engeln wähle dir einen, der dich führen und dir am Ende deiner Reise zeigen wird, wer dein vermeintlicher Jesus ist, den du nur als einen Menschen kennst, der gekreuzigt ward!" – Zur ganzen Menschheit gewandt fährt Jesus fort: „Sehet nun wieder, wie dieser Astronom sein Wasser sucht und darin zu Mir schwimmen will, nicht beachtend, daß Ich schon bei ihm und er bei Mir war!"

Wenn einmal in einer Seele der ungehemmte Wandertrieb steckt, dann kommt sie auch im Jenseits nicht so schnell davon los. Das ist natürlich eine Gefahr. Gewöhnlich entfalten sie auch drüben sofort eine lebhafte Reisetätigkeit. Es wird ihnen dabei kein Hindernis in den Weg gelegt, auch wenn sie, unersättlich in ihrem Wissensdrang, zunächst einmal von Stern zu Stern reisen, um alles Ungewohnte, Neuartige in sich aufzunehmen. Sie ergötzen sich an den Schönheiten der geschaffenen Welt und bekommen davon nie genug. Dabei vergeuden sie allerdings unendlich viel Zeit, die sie für ihre innere Entwicklung nötig hätten. Nur allzu leicht geraten sie in den „kosmischen Sog", so daß ihnen der Weg zur Kindschaft Gottes unter Umständen für immer verbaut ist. Das gleiche gilt für folgenden Fall: „Die erst nach ihrem Erdenleben geläuterten Weltkinder werden geistige Bewohner jener Weltkörper und jener ihnen entsprechenden Vereine bleiben, auf und in denen sie nachirdisch geläutert werden. Aber in des ewigen Vaters Hause, in des allerhöchsten Himmels Mitte werden sie nimmer aus und ein gehen wie Meine wahren Kinder, die mit Mir die ganze Unendlichkeit richten werden ewig fort!" (Gr. Ev. Bd. 5, Kap. 111, 2).

Mit Recht warnt H. Zluhan: „Für gewöhnlich bleiben die Abgeschiedenen dieser Erde in der Nähe unseres Planeten, da er die ‚Wiege der Gotteskinder' ist. Es gibt aber Menschen, die einseitig kosmisch ausgerichtet sind und die eine größere Sehnsucht nach den Sternen oder den kosmischen Wesenheiten haben als nach Christus. ... Unsere Zeit steht in Gefahr – nachdem der Kern der christlichen Botschaft immer weniger verstanden wird und der Einfluß östlicher Lehren dafür ständig zunimmt –, sich rein kosmisch festzulegen. Kosmisch gebundene Menschen können nach ihrem Tode auch örtlich dorthin kommen, wohin ihre Liebe sie zieht; es bleibt jedem die Wahl.

Diesen Weg der kosmischen Rückentwicklung müßten wir alle gehen, wenn uns nicht in und durch Christus der kürzeste, der direkte Weg von dieser Erde aus ins Himmelreich, in das Vaterhaus, eröffnet worden wäre. Der kosmische Rückweg endet im Urkosmos; die Himmel Gottes liegen aber über dem Kosmos, sie sind überkosmisch, und der Mensch kann nur in sie eingehen durch den Geist Christi. Gottes Ewigkeit kann der Mensch von sich aus nicht erreichen, sie ist nur der Gnade offen." –
Daß die Mehrzahl der Menschen, soweit sie sich um gute Grundsätze bemühten, sofort Aufnahme findet in lichtere Sphären, versteht sich von selbst. Dennoch aber gilt auch für sie ein Grundgesetz, das im Jenseits alle Verhältnisse bestimmt: „Wie des Menschen Inneres beschaffen ist, wenn er diese Welt verläßt, so wird auch jenseits die Welt beschaffen sein, die er aus sich selbst gestalten und in der er dann gut oder schlecht leben wird." Die Folge ist, wie Jesus sagt: „Alle, die in der Wahrheit und im Lichte aus Meinem Worte sind durch den lebendigen Glauben und ihr Tun danach, deren Welt in Meinem Reiche wird voll Licht und Liebe sein. – Die aber eigenwillig im Falschen und daraus im Bösen sind, deren Welt wird gleich sein ihrem lichtlosen, argen Inneren" (Gr. Ev. Bd. 6, Kap. 33, 9–10).
Ein jeder Mensch ist der „Schöpfer seines eigenen Fußbodens im Jenseits" (Ed., Kap. 28, S. 83). „Was du gesät hast, das wirst du ernten", sagt uns die Bibel. Was immer wir an guten oder schlechten Taten auf Erden vollbracht haben, tritt uns jenseits milieuhaft entgegen. Das Gesetz der Analogie – das auch dem hermetischen Grundsatz entspricht: „Wie oben, so unten; wie innen, so außen" – wirkt sich nun mit letzter Folgerichtigkeit aus. Im Großen Evangelium Johannes belehrt der Geist des Julius Cäsar einen römischen Ratsherrn: „Der Unterschied zwischen unserer und eurer Welt besteht darin: Wir Geister wohnen in unserer eigenen Welt, ihr Menschen im Fleische aber wohnet in Gottes Welt. Denn unsere Welt ist das Werk unserer Gedanken, unserer Begierden und unseres Willens; diese Erdenwelt aber ist das Werk der Liebe, der Gedanken, der Ideen und des Willens Gottes. Der Mensch hat als Ebenmaß Gottes schöpferische Kraft und kann im geistigen Zustand seine Welt selbst erschaffen und sonach in seinem völligen Eigentume wohnen" (Gr. Ev. Bd. 7, Kap. 219, 10–11).
Einem römischen Oberstadtrichter sagte einmal der Herr: „Wenn deine Seele (vom Leibe) frei wird durch Meinen Geist in ihr, so wird diese dir nun sichtbare Welt für dich vergehen; das heißt, du wirst sie allzeit noch schauen können, wenn du es willst, aber ihre für dich jetzt allenthalben harte Materie und die in ihr wohnenden Kräfte werden dir nach keiner Seite hin den geringsten Widerstand mehr bieten können. Du aber wirst im Jenseits aus deinem Inneren dir selbst eine Welt erschaffen können, die für dich, so lange du sie erhalten willst, eine ebenso vollkommene Wohnunterlage bilden wird,

wie nun diese Meine Erde für deinen Leib eine Wohn- und Tätigkeitsunterlage bildet" (Gr. Ev. Bd. 10, Kap. 195, 5).

Die gleiche Aufklärung erhielt ein indischer Weiser von Jesus: „Wenn du zur wahren, inneren Vollendung des Lebens gelangt bist und dir der Leib abgenommen wird, dann wirst du gleich Mir alles aus dir erschaffen können und wirst gleich Mir in der Örtlichkeit und Welt leben und sein, die du aus dir selbst erschaffen haben wirst" (Gr. Ev. Bd. 7, Kap. 128, 8). Und noch einmal hören wir: „Im Jenseits hat des Menschen Seele zunächst nur sich selbst und ist die Schöpferin ihrer Welt wie in einem Traum. In solch einer Welt kann es keine anderen Wege geben, als die sich eine Seele aus ihrer Liebe, ihrem Willen und ihrer Phantasie gebahnt hat. Ist ihre Liebe und ihr Wille nach Meiner Ordnung gut und gerecht, wenn auch nur zum größeren Teil, dann wird solch eine Seele nach einigen bitteren Erfahrungen sich bald für die ordentlichen Wege entscheiden, auf ihnen vorwärts schreiten und so von ihrem Phantasie- und Traumdasein in ein wahres, wirkliches Sein übergehen, in welchem ihr alles in stets hellerem Lichte verständlich und begreiflich wird. – Wie wird es aber einer Seele in der anderen Welt ergehen, die auch nicht einen halben oder viertel Weg in Meiner Ordnung hat und darum auch keinen derartigen Weg finden kann? Siehe, das ist dann schon die eigentliche Hölle" (Gr. Ev. Bd. 10, Kap. 113, 3–7).

Die Plastizität (Formbarkeit) der feinstofflichen Welten bringt es mit sich, daß sich das Innere des Menschen gewollt oder ungewollt vollständig nach außen projiziert. So wird die jeweilige Wohnwelt zum getreuen Spiegelbild der Gesamtpersönlichkeit. Es ist die schöpferische Kraft des Geistes, des Gottesfunkens in der Seele, die hier am Werke ist. Sogar das Aussehen einer Landschaft, sowie alle sonstigen Verhältnisse bis in die kleinsten Details, werden davon bestimmt. Diese subjektiv gefärbte Umgebung ist jedoch deswegen keine Schein- oder Traumwelt. Dem einstigen Bischof Martin bringt der Herr zum Bewußtsein: „Was du hier siehst, und worüber du so staunst, ist nicht außerhalb von dir, sondern in dir selbst! Daß du es aber hier wie außer dir erblickst, das liegt an deiner geistigen Sehe, die Ähnlichkeit hat mit dem Schauen von Gegenden, die du im Traume wie außer dir sahst, während du sie eigentlich doch in dir selbst mit dem Auge der Seele beschautest. Nur mit dem Unterschied, daß hier in Meiner Nähe alles Geschaute Wirklichkeit ist, was sich dir im Traume zumeist als leere Seelenspiegelung darstellt" (BM., Kap. 42, 6).

Über die Art und Weise jenseitigen Erlebens hören wir einen Verstorbenen sagen: „Ich habe auf Erden oft sehr lebhaft geträumt, aber welch ein Unterschied zwischen einem Traum und dieser einleuchtend hellen Wirklichkeit! In meinen Träumen verhielt ich mich stets passiv, und hier (in der Geisterwelt) bin ich meinem klarsten Bewußtsein nach vollkommen aktiv. Im Traume hatte ich kaum eine Rückerinnerung, hier aber ist auch sie von vollendeter Klarheit, wie die Bilder einer Camera lucida. Die Gestalten der mir im (irdischen) Traume vorkommenden Wesen waren stets sehr flüchtig und wandelbar und verdrängten einander in schneller Folge. Von einer logischen Ordnung war nie eine Spur zu entdecken. Hier hingegen geht alles, wennschon das Gepräge des Wunderbaren unleugbar an sich tragend, in einer logischen Konsequenz seinen bestimmten Weg. Welch weise Logik durchweht jede Rede der erleuchteten Geister! Wie formbeständig und architektonisch richtig ist dieser Saal erbaut! Freunde, das alles ist kein Traum, keine Phantasie, sondern eine große, heilige Wirklichkeit!" (Rbl. Bd. 1, Kap. 69, 5–9).

Wie sehr objektive Wirklichkeitswelt, die nur im Lichte Gottes möglich ist, und subjektive Erscheinungswelt einander durchdringen können, erläutert uns der Herr mit den Worten: „Die Dinge in der Geisterwelt gestalten sich in der Sphäre jedes einzelnen seligen Geistes ganz verschieden und sind dann in der anderen Gestaltung wieder ebenso gut und wahr wie in der Sphäre eines anderen Geistes. Solches muß auch im vollkommensten Reiche der Engel stattfinden, sonst wäre ja ein Geist dem anderen entbehrlich, und keiner würde dem anderen eine neue, große Seligkeit bereiten können! – Sehet, wie die Gedanken über denselben Gegenstand in vielen Menschen verschieden sind, so sind auch die Sphären der Engelsgeister verschieden; aber im Grunde gehen sie doch alle auf eine und dieselbe Wahrheit hinaus" (GS. Bd. 2, Kap. 9, 2–6).

Ganz allgemein müssen wir festhalten: „Es gibt nirgends einen eigens geschaffenen Himmel noch irgend eine eigens geschaffene Hölle, sondern alles das kommt aus dem Herzen des Menschen. Wie der Mensch glaubt, will und handelt – entweder gut oder böse –, also wird er auch seines Glaubens leben, aus dem heraus sein Wille genährt ward und ins Handeln überging." Und: „Jeder Mensch hat entweder den Himmel oder die Hölle in sich. Wer die Hölle in sich birgt, der ist taub und blind in seinem Gemüte; nur dann und wann mahnt ihn sein Gewissen. Eine Seele aber, die durch ihre guten Werke nach Meinem Willen den Himmel in sich hat, kann in sich den Himmel wohl gewahren und von Zeit zu Zeit in nächtlichen, hellen Traumgesichten erschauen." (Gr. Ev. Bd. 2, Kap. 8, 7 u. Bd. 8, Kap. 18, 6–8)

Dies alles ist für die Erde gesagt und entspricht den Worten des Herrn im Evangelium: „Das Reich Gottes ist in euch." Dazu erhalten wir noch die Lehre: „Nur der Mensch, der in diesem Leben schon das innere Lebenslicht besitzt, in welchem er sich, Gott und seine liebevollsten, weisesten Absichten mit den Menschen klar erkennt und keinen Tod, sondern nur ein ewiges, allerseligstes Leben vor sich sieht, kann hier auf Erden schon in einer himmlischen Weise selig sein. – Ein anderer Mensch dagegen, der sich nicht in solchem Lebenslicht befindet, verfällt von einem Zweifel in den anderen, ängstigt sich mit allerlei finsteren Gedanken, wirft sich darum allen sinnlichen Genüssen in die Arme und wird so anstatt ein Kind des Himmels ein Kind der Hölle und ihres Gerichtes" (Gr. Ev. Bd. 8, Kap. 102, 21).

Eine große Wahrheit geht aus alledem hervor: Wie des Menschen „Grundneigung", das heißt seine „herrschende Liebe" ist, so sieht auch im Jenseits seine Welt aus! Dieses Grundgesetz bestimmt nicht nur die Jenseitsschau J. Lorbers, sondern auch die E. Swedenborgs. Die Swedenborgschen Vorstellungen darüber gibt Alfons Rosenberg mit den Worten wieder: „Im Tode wird zwar der ‚innere Mensch' frei und kann sich dann uneingeengt durch die Physis als das kund tun, was er eigentlich ist, und zwar gemäß dem Wesen und der Kraft seiner Liebe, die ihn geprägt hat. Von allen ‚Masken' des äußeren Menschen befreit, entwickelt sich der Mensch, der sich zum Aufstieg der Seele oder, wie Swedenborg sagt, seines Geistes anschickt, in der Grundrichtung der Liebe, die ihn im Körperleben beherrscht hat, so daß sich die künftige Entwicklung nach dem Maße der Übereinstimmung vollzieht, die vor dem Tode zwischen dem äußeren, sinnlichen und seinem inneren, geistigen Menschen bestand. Das will besagen, daß die Ausrichtung, die Prägung, die Spannweite des persönlichen Lebens auf Erden auch nach dem Tode für den weiteren Auf- oder Abstieg der Seele bestimmend bleibt. Es wird demnach schon hier auf Erden die Richtung der Entwicklung der künftigen Einwohner des Geisterreiches vorgebildet. Zweifellos gehört es zum Tiefsten und Wahrsten, was Swedenborg aufgegangen ist, daß nämlich jeder Mensch identisch ist mit seiner Liebe. Durch die Art und den Gegenstand seiner Liebe bestimmt jeder die Konstitution seines inneren Menschen wie auch dessen Erkenntnis: Was einer liebt, das ist er." (Aus dem Beitrag „Die Jenseitsschau Emanuel Swedenborgs" in der Zeitschrift „Das Wort", entn. dem Buch von A. Rosenberg: „Die Seelenreise", Turm Verlag, Bietigheim.) Bei Swedenborg lesen wir auch den Satz: „Eines jeden Geistes oder Engels Leib ist die äußere Gestaltung seiner Liebe." Aus dieser Tatsache wird auch erklärlich, warum die Engel – und ganz besonders jene, die Gott am nächsten stehen – so überaus schön sind. Sie sind geformt aus der Liebe des Herrn. Bei den wahren Kindern Gottes, das heißt bei den vollendeten Geistern, verhält es sich nicht anders. Von Swedenborg hören wir außerdem: „Alle Vollkommenheit wächst gegen das Inwendige hin und nimmt ab gegen das Auswendige hin, und wie die Vollkommenheit, so wächst und schwindet auch die Schönheit." Müssen da nicht die höllischen Geister in den häßlichsten Gestalten erscheinen, entsprechend ihrer äußersten Selbstliebe? So heißt es einmal bei J. Lorber von einer Seele im Jenseits nach dem Gerichtsakt der „Enthüllung" (d. h. nachdem ihr innerer Geist sie ganz durchdrungen hatte): „Hier wird Cado ganz schwarz und seine Gestalt wird furchtbar häßlich." Die Farbe Schwarz deutet den völligen Lichtmangel an. Auch den abtrünnigen Engeln hatte der Herr mit warnender Stimme vorausgesagt: „Euer innerer Spiegel (d. h. die Gottebenbildlichkeit) wird zerbrechen und eure Gestalt wird schrecklich sein!" (H. Bd. 1, Kap. 5, 12). Entspricht das nicht genau den mittelalterlichen Teufelsdarstellungen, die in der Hauptsache auf visionäres Erleben zurückgehen? Man lese auch in dem Bericht von Justinus Kerner über die Seherin von Prevorst, in welch schrekkenerregenden Gestalten, halb Tier, halb Mensch, die unselig Verstorbenen dort erscheinen. Wo der Wesensschwerpunkt eines Menschen liegt, dahin zieht es ihn auch. Aus diesem Grunde kann der Evangelist Johannes in der „Geistigen Sonne" sagen: „Die (im Jenseits) ankommenden Seelen müssen sofort in einen solchen Zustand geleitet werden, der mit ihrer Grundliebe zusammenfällt. Daher müssen sie in allen ihren Neigungen erforscht und erprobt werden" (Bd. 2, Kap. 120, 5). Es gibt keinen Verstorbenen, der nicht zuerst von den Engeln auf Herz und Nieren geprüft und dann seinen Neigungen entsprechend an den passendsten Ort gebracht wird. Dort werden dann alle bösen Triebe im Vorgang der „Abödung" (oder auch „Abtötung") aus ihm heraus geschafft.

Hanna Zluhan macht darauf aufmerksam, daß jede der drei Seinsebenen im Menschen ihre Parallele hat in der geistigen Welt: „Der Geist im Menschen entspricht dem Himmel, die höhere Seele (Geistseele) dem Paradies und den oberen Schichten des Mittelreiches, die niedere Seele (Triebseele) den unteren Schichten des Mittelreiches und der Leib der Hölle. Aus welcher Seinsebene heraus der Mensch fühlt, denkt und will, in die entsprechende Sphäre im Jenseits zieht es ihn nach dem Tode." Dieser innere Zustand bleibt auch dann bestehen, wenn ein Wesen aus seiner Sphäre heraustritt, um anderen auf weitaus tieferen Stufen Hilfestellung zu leisten. Wie oft müssen die höchsten Engel und schon vollendete Seelen bis in die Hölle hinabsteigen, im Auftrag des Herrn! Sie bleiben dennoch unbeschadet. Einem Schriftgelehrten sagte einmal Jesus: „Wenn deine Seele aus Mir rein und stark ist, so kann sie sich in den ärgsten Teufelsvereinen befinden, und diese werden ihr nicht den geringsten Schaden zufügen können. Eine reine, aus Mir starke Seele befindet sich mitten unter Legionen von persönlichen Teufeln dennoch (geistig) vollkommen im Reiche der Himmel, die nicht sind wie ein äußeres Schaugepränge, sondern inwendig im Herzen der vollkommenen Seele. Denn solch eine Seele wird zu einer Mir ähnlichen Schöpferin ihres seligsten Wohnreiches, in das ewig kein persönlicher Teufel zu dringen vermag. Und somit kann einer reinen, aus Mir starken Seele der Wohnort der persönlichen Teufel ganz gleichgültig sein" (Gr. Ev. Bd. 8, Kap. 36, 4–5).

12. Raumörtlichkeit und Stufenbau des geistigen Kosmos

Es muß immer wieder betont werden, daß Himmel, Hölle und Fegefeuer (Zwischenreich) mehr einen inneren Zustand als eine Örtlichkeit bezeichnen. Sie sind keine Bereiche, die vor dem Menschen da sind und in die er erst durch einen göttlichen Richterspruch versetzt wird. Dessen sind sich heute auch katholische Theologen voll bewußt. Bei J. Lorber sagt der Herr: „Unter Himmel und Hölle darf man sich keinen Ort denken, in welchen man kommen kann, sondern es ist ein Zustand, in den sich ein Wesen durch seine Liebeart selbst versetzt" (GS. Bd. 2, Kap. 118, 2). Nicht viel anders lautet die Formulierung bei Swedenborg: „Der Himmel besteht aus Gesellschaften von Menschen, die im Guten und Wahren aus dem Herrn sind, und die Hölle besteht aus Gesellschaften von Menschen, deren Grundtrieb die Selbstliebe ist, aus der das Böse hervorgeht" (aus „Himmel und Hölle").

Eine vollständige „Entlokalisierung" und „Entgeographierung" des Jenseits, wie sie heute von kirchlichen Theologen gefordert wird, wäre aber für die innere Anschauung ein großer Verlust. Die Gemeindemitglieder des berühmten elsässischen Pfarrers J. Fr. Oberlin waren einst sehr getröstet, als dieser ihnen den jenseitigen Entwicklungsweg verstorbener Anverwandter anhand einer von ihm selbst entworfenen Jenseitskarte aufzeigen konnte.

Es leuchtet ein, daß eine substantielle Seele mit feinstofflichem Körper auch irgendwo eine Raumörtlichkeit bewohnen muß. Die wenigsten Menschen können sich jedoch eine Vorstellung davon machen. So mußte einmal der Herr im Großen Evangelium Johannes einem Römer den Bescheid geben: „Es hat zwar alle Geisterwelt mit dem Raum und der Zeit dieser materiellen, gerichteten und somit unfreien Welt an sich nichts mehr zu tun; aber der Raum, als eine äußerste Hülle, ist am Ende doch der Träger aller Himmel und aller Geisterwelten, weil diese sich außerhalb des unendlichen Schöpfungsraumes nirgends befinden können. Und so muß es, um klar und für euch verständlich zu reden, auch gewisse Räumlichkeiten geben, in denen sich die Geisterwelten örtlich befinden, obschon besonders einen vollendeten Geist (hinsichtlich seines Wirkens) die Örtlichkeit des Raumes ebensowenig angeht wie dich nun dieser Ölberg, wenn du dir Rom oder Athen denken willst. Denn für den Geist gibt es weder einen bestimmten Raum noch irgendeine gemessene Zeit (als Grenze seines Wollens und Wirkens). Aber was das sogenannte individuelle Wesen eines Geistes betrifft, so kann sich dieses dennoch so wenig wie Ich selbst völlig außer Raum und Zeit befinden. Und so befinden sich denn auch die Seelen der von dieser materiellen Welt Abgeschiedenen in einer bestimmten örtlichen Räumlichkeit, obwohl besonders die Lebensunvollendeten keine Ahnung davon haben – sowenig wie du in einem Traume, in dem du dich zwar auch bald in dieser

und bald in einer ganz anderen Gegend recht behaglich und sogar tätig befindest, ohne dabei die materiell-räumliche Örtlichkeit für dein persönliches Individuum auch nur um eine Linie zu verändern ...
Wenn ein Mensch in seinem Leibesleben eine besondere Liebe für diesen oder einen anderen Ort auf der materiellen Welt hatte, so bleibt er auch als abgeschiedene Seele an demselben Orte oft viele hundert Jahre lang und wird dessen, wenn auch unklar, zuweilen auf dem Wege der geistigen Entsprechung inne. Denke dir aber zum Beispiel einen Menschen, der eine große Sehnsucht in sich trägt, den Mond, die Sonne und auch die Sterne näher kennenzulernen. Wenn eines solchen Menschen Seele entleibt wird, so ist ihre materielle Örtlichkeit auch schon dort, wohin sie ihre Liebe gezogen und gestellt hat (was natürlich nur bei entwickelteren Seelen der Fall sein kann, d. V.). Dort wird sie auch bald mit den Geistern jener Welt in Verkehr treten und ihre dortigen Anschauungen und Studien in tätigen Angriff nehmen" (Gr. Ev. Bd. 8, Kap. 33, 2 ff.).
Aus alledem geht hervor, daß zwar für jeden Bewohner des Jenseits die innere Geisteswelt seine eigentliche Lebenssphäre ausmacht, daß aber auch der räumliche Aufenthaltsort nicht ohne Bedeutung ist. Entspricht doch dieser „äußere Standort" auf jeden Fall seinem inneren Zustand. Hinzukommt das Gesetz, daß Gleiches sich immer zu Gleichem gesellt. Darüber führt Dr. Walter Lutz im Anschluß an die Neuoffenbarung aus: „Dieser Lebensregel zufolge zieht es die noch sehr materiellen, das heißt selbstherrlichen und selbstliebigen Geister in die materielle, grobstoffliche Sphäre der Weltkörper. Sie wohnen daher gerne in der niedersten Luftregion, auf der Oberfläche oder gar im Innern der Weltkörper und vereinigen sich dort vielfach zu finsteren und bösen Rotten. – Die besseren, zum Lichte Gottes strebenden Geister und Seelen dagegen erheben sich in die mittlere und obere Luftregion der Weltkörper. – Die himmlisch geläuterten, reinen Geister und Engel aber leben außerhalb der materiellen Sphären und Luftregionen in den endlosen Räumen des Äthers und können vermöge ihrer himmlischen Machtvollkommenheit sich nicht nur geistig, sondern auch raumörtlich in der ganzen Schöpfung an jeden gewünschten Ort begeben."
Über die Entwicklung der Seele in den astralen Sphären hören wir von Jesus: „Des Menschen Seelenleben nach dem Abfalle des Leibes ist ein stufenweise fortschreitendes, da die Vollendung der Seele unmöglich das Werk eines Augenblicks sein kann, und das aus dem Grunde, weil die Seele als ein begrenztes Wesen das Unendliche und Ewige des Gottgeistes und seiner Werke nur nach und nach in sich aufnehmen und fassen kann" (Gr. Ev. Bd. 5, Kap. 225, 8). Es wäre ein Mißverständnis zu denken: „Wie der Baum fällt, so bleibt er liegen." Vielmehr gibt es auch drüben eine stete Weiterentwicklung, wenn auch in langsamerer Schrittart als herüben. Sehr

ernst zu nehmen ist der Appell Jesu an seine Jünger: „Wahrlich, Ich sage euch: Hier (im Erdenleben) zählt eine Stunde mehr als dort (im Geisterreich) tausend Jahre! – Diese Worte schreibt euch tief ins Herz!" (Gr. Ev. Bd. 6, Kap. 13, 10).

Hinzu kommt die eindringliche Mahnung: „Der Mensch muß dieses Leibesleben dazu benützen, das ewige Leben der Seele zu gewinnen, sonst ist er selbst schuld daran, wenn er das Leben seiner Seele verwirkt oder so weit schwächt, daß die Seele hernach jenseits eine überaus lange Zeit zu tun hat, um in ein helleres, besseres Geistesleben überzugehen. Solange eine Seele an ihrem Leibesleben und seinen Vorteilen hängt, kann sie nicht im Geiste völlig wiedergeboren werden und ins Reich Gottes eingehen, weil darin nichts Materielles bestehen kann" (Gr. Ev. Bd. 6, Kap. 162, 11).

Was das heißt, „von Stufe zu Stufe" vorwärtszuschreiten, bis hin zum eigentlichen Erlösungsziel, dem Himmlischen Jerusalem, wird uns nirgendwo anschaulicher gemacht als in den Jenseitskundgaben bei J. Lorber. Aber auch schon Dante und Swedenborg geben sehr eingehende Beschreibungen vom stufenförmigen Aufbau des astralen und geistigen Kosmos. Das strenge Schema bei Dante wurzelt noch ganz in den Vorstellungen der Antike; diese aber gehen auf Mysterienwissen zurück. Wie sehr auch die christliche Gnosis der ersten Jahrhunderte an das antike Weltbild anknüpft, ersehen wir aus einem Diagramm, das H. Zluhan im Anschluß an H. Leisegang („Dante und das christliche Weltbild") zeichnet: „Im Innern des Kosmos liegt die Erde. Über ihr befindet sich zunächst die Sphäre des Beemoth, des Untiers, das im Buche Hiob ebenso wie in der Henoch-Apokalypse zusammen mit dem Leviathan geschildert wird. Beide dienen hier als Symbole für das Reich des Bösen, das die Menschenwelt umklammert. Über dieser Sphäre, der Luftschicht, die die Erde umgibt, beginnen die sieben Planetensphären. Sie werden umfaßt vom Leviathan, der großen Schlange (vgl. H. Bd. 2, 114), die sich um den äußersten Kreis des Planetenhimmels des Saturn windet. Bis dahin reicht das Reich des Bösen (Luzifers). Über ihm wölbt sich der Fixsternhimmel, in welchem das himmlische Paradies zu orten ist. Danach folgen der Kristallhimmel und das Empyreum. Jenseits aller dieser Sphären beginnt die Ewigkeitswelt Gottes. – Neben dieser Gliederung umfaßt das Ganze noch eine Dreiteilung: Die Erde ist der Aufenthalt der aus Geist, Seele und Körper bestehenden Menschen. Die Sphären von der Luft bis zum Saturn sind das Reich der Seelen; der Fixsternhimmel selbst und die darüber liegende Region gehören den reinen Geistern." – Auch bei Lorber finden wir noch Anklänge an dieses astrosophisch ausgerichtete Weltbild.

Schon die älteste christliche Lehrschule, die der Alexandriner, kennt den Aufstieg durch die Sphären. Origenes betont mit Nachdruck, daß die meisten Seelen nach ihrem Tode noch einen sehr weiten Weg zurücklegen müssen, bis sie, von Stufe zu Stufe höher steigend, in das Himmlische Jerusalem gelangen. In seiner Schrift „De principiis" legt er außerdem dar, „wie ursprünglich alle vernunftbegabten Wesen in einen geistigen Kosmos hineingeschaffen wurden, in welchem sie Gott anhangen sollten. Alle waren sie gleichgestellt. Erst durch die Auswirkung ihres individuellen freien Willens geschah es, daß viele Seelen mehr oder weniger tief gefallen sind. Sie erhielten je nach den Orten, bis zu welchen sie herabstürzten, feinere oder dichtere Leiber, und so entstanden die verschiedenen Arten von Engeln, Menschen und Dämonen. – Es folgte die Erlösungstat Jesu Christi, der sich für alle Geistwesen, nicht nur für uns Menschen, geopfert hat. Damit kam es zu einer Umkehr des früheren Prozesses. Jedes Geistwesen macht nun einen Läuterungsprozeß durch, womit sich eine Verfeinerung seines Körpers und ein Emporsteigen verbindet, bis endlich jedes wieder seinen uranfänglichen Platz erreicht hat und die Ordnung wieder hergestellt ist." (Aglaja Heintschel-Heinegg in „Zeugen für das Jenseits".)

Es ist die orphisch-platonische Lehre, welche uns hier wieder begegnet, ins Christliche umgeschmolzen. In ihr ist auch die Idee der Präexistenz enthalten. Erst die Neuoffenbarungslehre hat wieder diese weite Schau, im Gegensatz zur Enge des kirchlichen Dogmas. – In den gewöhnlichen Jenseitskundgaben erscheint der Aufbau der geistigen Welten in einfachster Gliederung. Wenn manchmal dafür verschiedene Zahlensysteme angegeben werden, bedeutet dies keinen Widerspruch, denn sie alle sind ja nur ein Hilfsschema. In dem bekannten Buch des katholischen Pfarrers Johannes Greber „Der Verkehr mit der Geisterwelt" werden für die „geistige Schöpfung" dreizehn Stufen angegeben. Eine sehr alte Tradition spricht von sieben Sphären. Demgegenüber haben wir in Dantes „Divina Commedia" eine viel stärkere Differenzierung. Allein die Hölle weist zehn Kreise auf, die wieder in sogenannte Bulgen untergeteilt sind. Im Grunde gibt es ebensoviele Jenseitswelten wie es Individuen gibt. Sie alle müssen ja in die Verhältnisse gebracht werden, die genau ihrem inneren Zustand entsprechen. Bei P. H. Landmann sagt ein Geist: „Die Stufen sind die in jeder Sphäre eingerichteten Unterrichtsabteilungen, die jedem das bieten, was seiner inneren Lebensreife entspricht. Jeder hier Ankommende wird daraufhin geprüft, wie sein Herzenszustand ist. ... Wer sich in seinem irdischen Leben nach Gottes Geboten ausgerichtet hat und bemüht war, sich in Liebe zu üben, kommt sofort auf eine höhere Stufe. Die Durchschnittlichen, und das sind die meisten, beginnen mit der untersten Stufe (der jeweiligen Sphäre). Diese Stufen bedeuten nun, daß jeder mit denen, die ihm innerlich ungefähr gleichartig sind, eine gewisse Unterweisung erhält, welche in dafür bestimmten Häusern (Schulen) laufend erteilt wird.

Es ist nicht so, daß die verschiedenen Stufen einer Sphäre nicht in innerem

Zusammenhang stünden. Sie verkehren miteinander in allerherzlichster Verbundenheit. Die Seelen auf den höheren Stufen haben größere äußere Schönheit in ihrem leiblichen Aussehen und in allem, was sie besitzen. Aber dadurch wird niemals Mißgunst in den Herzen derer erregt, die noch nicht so weit sind; sie wissen ja, daß sie das auch noch haben werden und freuen sich darauf. Je nach dem Willen, sich immer mehr zu Gott hin zu entwickeln, dauert der Aufenthalt auf derselben Stufe für den einzelnen kürzere oder längere Zeit. Manche kommen innerlich schnell voran, bei anderen dauert es länger. Die Menschen sind eben auch hier noch durchaus verschieden, wie sie es in ihrem irdischen Leben auch waren.

Das Verbleiben auf einer Stufe richtet sich hauptsächlich nach dem Wachstum in der Liebe. ... Wie die Stufen, so sind auch die Sphären die äußere Ordnung inneren Lebens. Sobald die höchste Stufe der unteren Sphären sich innerlich ausgewirkt hat, kann eine Versetzung in die nächsthöhere Sphäre erfolgen." Ergänzend heißt es dazu wie bei J. Lorber: „Das Höhere ist immer dem Niederen unsichtbar, aber es selbst sieht auch das Niedere, wenn ihm das notwendig erscheint. So sehen wir nur das, was in unserer Sphäre sich unseren Sinnen zeigt. Die höheren Sphären sind uns vielleicht näher als wir ahnen, wir hindern einander nicht. ... Jeder lebt in seiner Sphäre in einer völlig wirklichen Welt, die in ihrem Äußeren dem inneren Lebensstand ihrer Bewohner entspricht. Ich kann es nicht deutlicher machen. Es geht über eure Vorstellungsmöglichkeiten weit hinaus. Geist und Materie können nicht miteinander verglichen werden. Ebensowenig wie Geist Materie im irdischen Sinne ist, aber doch eine höhere Materialität hat, ebensowenig ist die geistige Welt materieller Art, hat aber nichtsdestoweniger eine Materie höherer Wesensart, die eben ganz anderen Gesetzen gehorcht als die Materie der irdischen Welt" („Wie die Toten leben").

In fast allen Jenseitskundgaben wird über die Materialität der geistigen Welten dasselbe ausgesagt wie bei J. Lorber: Sie ist durch Gedanken formbar! – Wenn die Jenseitsreisen von Somnambulen und auch die bei Dante durch die Astralsphären der Planeten hindurchführen, bis hinaus zum Fixsternhimmel, und schließlich von der Sonne aus ins Neue Jerusalem, so liegt dem ein mathematisch genauer Plan zugrunde. Er ist immer auf Analogien (Entsprechungen) abgestimmt, indem Seelisch-Geistiges stets sein Gegenbild hat im astralen Raum. Auch Swedenborg und selbst der Philosoph I. Kant hielten sich an diese Wahrheit. Nach Swedenborg gibt es innerhalb der drei Reiche (Sphären) Himmel, Hölle und Purgatorium (Mittelreich) noch eine Unzahl von Zwischenetagen, das heißt, nicht zu klassifizierenden Übergangszonen. Am einfachsten erscheint die Gliederung bei J. Lorber, an die wir uns weiterhin halten wollen. Es werden dort alle drei Welten (Himmel, Hölle und Mittelreich) in jeweils drei Stufen oder Grade untergeteilt. In einer leicht

faßlichen Übersicht hat der evangelische Pfarrer Johannes Bolte eine Zusammenfassung der Jenseitsreiche versucht, die wir unbedenklich übernehmen können, da sie sich in der Hauptsache auf Lorber stützt. In seiner Broschüre „Mit Jenseitsaugen" (hg. im Selbstverlag) lesen wir:
„Wie überall in der Schöpfung, so herrscht auch in den jenseitigen Welten größte Mannigfaltigkeit. Zwischen Himmel und Hölle ist nicht einfach eine Kluft, sondern ein sehr weitschichtiges Zwischenreich eingeschaltet. Die Menschheit jedes einzelnen Sternes hat für sich auch solch ein Jenseitszwischenreich, ein hohes und ein tiefes. Erst auf der allerhöchsten Endstufe kommen die Menschheiten aller Sterne zusammen. Das wird bei Lorber angedeutet. Das Seelenzwischenreich ist erd- und materiegebunden. Es ist angelegt in echten irdischen und materiellen Räumen. Durch Lorber wissen wir, daß der entthronte Urgeist Luzifer, aus dessen Leib die Materie geschaffen ist, in das Innere unserer Erde gebannt ist. Darum ist die Erde der Stern, der am stärksten mit der Satanswelt in Verbindung steht. So sind auch die Reiche der Hölle im Inneren unserer Erde zu suchen.
Die Übergangswelt zur Hölle ist für die Seelen der Erdenmenschheit das untere Zwischenreich. Es liegt bereits unter der Erdoberfläche. Dazu sind keineswegs Hohlräume nötig, denn die beiden Arten von Materie durchdringen sich und führen eine getrennte Sonderexistenz. So, wie der Erdenmensch in der Regel nichts von der jenseitigen Welt wahrnimmt, nimmt in der Regel der jenseitige Geist die irdischen Dinge nicht mehr wahr. Oder er muß in die geistige Sphäre eines Menschen eintreten, dann kann er gewissermaßen mit den Augen des betreffenden Menschen die irdische Welt sehen. (Was nur für weniger entwickelte Seelen gilt, denn die höheren Geister können jederzeit auch den irdischen Plan erschauen! d. V.) Zwischen dem oberen und dem unteren Zwischenreich kann man ein mittleres Zwischenreich annehmen. Das wäre das Reich der erdgebundenen oder noch erdnahen Geister. Im niederen Spiritismus und in Spukgeschichten treten hauptsächlich solche Wesen in Erscheinung.
Der Seelenleib in den niederen Astralzonen ist ein sehr verdunkelter Astralleib. In der Hölle fehlt auch der Leib der Zwischenzonen und aus dem rein Geistigen der Seele ist eine Art finsteres Gegenstück zu dem rein göttlichen Seelenleib geworden. Auch im Himmel gibt es keinen Astralleib mehr, sondern einen rein geistigen Leib. Im Zwischenreich ist noch ein hochverdünnter Rest von (grober) Materie; das Obere Zwischenreich ist in höheren Luftregionen der Erde zu suchen. Je höher die Himmelsstufe, desto feiner wird der Seelenleib. Die Wesen des unteren Himmels können die Boten der oberen Himmel nicht sehen, wenn diese sich nicht ausdrücklich sichtbar machen wollen...
Bei Lorber wird der untere Himmel (der „Weisheitshimmel") als von mehr

auswendiger Art geschildert, mit pompöser Herrlichkeit auf den höheren Stufen. Die beiden höheren Himmelswelten („Liebe-Weisheitshimmel" und „Liebehimmel") zeigen die Herrlichkeit nicht so nach außen. Da ist die Glückseligkeit tief im Inneren und beruht darauf, daß die Seele Gott dienen darf an den gefallenen Seelen. So sind die dort bewohnten Häuser nach außen weniger schön als in ihrem Inneren. Im Jenseits gibt es eine ganz andere Perspektive (als im Diesseits). Ein Haus kann außen klein und bescheiden wirken, innen aber sich gewaltig ausweiten; denn es ist das Haus der Seele und stellt das Innenleben dar. So können auch in den scheinbar dicht beieinander stehenden Häusern des Neuen Jerusalems, sobald man in das Innere eintritt, sich gewaltige Räume mit dahinter liegenden Gärten zeigen, von deren Existenz in der äußeren Sicht gar nichts zu erkennen war.

Der eigentliche Himmel fängt erst bei dem Christuszentrum an, dem Neuen Jerusalem. Nach der Himmelsperspektive, das lernen wir ebenfalls bei Lorber, ist das Neue Jerusalem geradezu unendlich. Das Ganze zusammen könnte mit Lorber die „Geistige Sonne" genannt werden, denn die Engel – in Zahlen, die niemand zählen kann – sind irgendwie nicht allein selbständige Wesen, sondern ein Teil Gottes. Darin beruht ihre Vollkommenheit, Allwissenheit und Glückseligkeit..."

Wir können nur unterstreichen, was Pfarrer Bolte am Rande vermerkt: „Leider kann man die großen Wahrheiten nicht alle so nivellieren, daß sie auch jeder x-beliebige Zeitungsleser ohne besondere Schulung verstehen kann. Man kann zwar vielfach die ganz großen Wahrheiten schon einem Kinde klarmachen; wenn aber der Mensch erwachsen ist und superklug geworden, dann mißt er alle ihm vorgetragenen Wahrheiten an den Erfahrungen seines noch gar so unentwickelten Selbstes (seines ichbezogenen Wesens) und dem, was man alle Tage in der Zeitung lesen kann. Dann ist der Mensch verbildet für die geistigen Wahrheiten."

13. Die Vorgänge im großen Mittelreich

a) Das Mittelreich als „Eintrittszimmer" ins Jenseits

Es ist eine der unverständlichsten Thesen des lutherischen Glaubens, daß es zwischen Himmel und Hölle kein sogenanntes Purgatorium (Zwischenreich, Fegefeuer) gibt, weil angeblich die Bibel dafür keinen Beleg hat. Aber schon das Altertum unterschied zwischen Hades (Zwischenreich) und Tartarus (Hölle), und gerade Luther beging den unverzeihlichen Fehler, die beiden Begriffe nicht scharf genug voneinander zu trennen. Es wäre auch psychologisch kaum vorstellbar, wenn schon das kurze Erdenleben dazu ausreichen sollte, die sofortige Eintrittskarte in den Himmel zu erwerben. Das gleiche gilt umgekehrt für die Hölle, die zumindest für alle Nichtgläubigen das sichere Los wäre. Müßte man da nicht an der weisen Führung Gottes zweifeln? Viel leichter haben es in ihrem Glauben die Katholiken mit der Annahme eines Fegefeuers, das auch nach einem verfehlten Leben noch einen Hoffnungsschimmer läßt. Auch wissen sie, daß man für die unselig Verstorbenen noch vieles zu ihrem Heile wirken kann durch Gebet und inneren Kontakt. Die Notwendigkeit eines Reinigungsortes postuliert allein schon der Verstand; denn wer kann schon auf Erden von sich behaupten, für den Himmel reif zu sein? Es wäre naiv anzunehmen, daß alle Mängel und Schwächen in unserer Natur mit einem Schlag drüben ausgelöscht wären.

Zu seinen Jüngern sagte einst der Herr: „Es ist jedem Menschen die Gelegenheit gegeben, welchen Glaubens er auch immer sei, sich mehr dem Geistigen als dem Materiellen zuzuwenden. Tut er das, so kann seine Seele jenseits nicht mehr zu stark vom materiellen Pol angezogen werden, sondern bleibt mit ihrem freien Willen in der Schwebe. Dieser Seelenzustand kennzeichnet sich daher als ein ‚Mittelreich', in welchem die Seelen von vollendeteren Geistern geleitet und dem geistigen Pol zugeführt werden" (Gr. Ev., Bd. 5, Kap. 232, 1). Zum gleichen Thema äußerte sich einmal der Evangelist Johannes in dem Jenseitswerk „Die geistige Sonne" gegenüber Katholiken: „Das Mittelreich ist das, was ihr als ‚Römischgläubige', freilich stark irrig, unter dem ‚Fegefeuer' versteht. Am besten kann dieses Reich einem großen Eintrittszimmer verglichen werden, wo alle ohne Unterschied des Standes und des Ranges eintreten und sich dort zum späteren Eintritt in die eigentlichen Gastgemächer vorbereiten. Somit ist das Mittelreich auch jener erste naturmäßig-geistige Zustand des Menschen, in den er gleich nach dem Tode kommt. Denn niemand kommt sogleich in den Himmel oder in die Hölle" (Bd. 2, Kap. 120, 2).

Nur in wenigen Ausnahmefällen gelingt es einer wiedergeborenen Seele, sofort in die Christussphäre aufzusteigen. Das eigentliche Gericht geht an ihr vorüber, denn sie ist schon gerichtet, das heißt, ausgerichtet auf den einen Herrn Jesus Christus. Schon auf Erden können solche vollendeten Seelen von sich sagen: „Nicht mehr ich lebe, sondern Christus lebt in mir." Um ebenfalls mit Paulus zu reden, ist es ihr Geheimnis, in Christus „hineingestorben" zu sein und damit auch an seiner Auferstehung teilzuhaben. Wie wir bei Lorber erfahren, ist es der Herr höchst persönlich, der sie an der Schwelle zum Jenseits empfängt, um sie in sein himmlisches Reich zu führen. Welch ein Augenblick seligster Freude! Ein hochzeitliches Gewand wird ihnen angetan, denn nun sind sie ja zum Gastmahl des himmlischen Königs geladen. Der Geist, der sie auf Erden schon bis in ihre niederen Seelenhüllen hinein durchdrang, läßt sie nun „von innen heraus auf das hellste leuchten".

In dem Jenseitswerk „Robert Blum" versichert uns der Herr: „Der also wiedergeborene Geistesmensch braucht dann nicht mehr zu fragen und zu sagen: ‚Herr, was ist dies und was ist jenes?', denn der Wiedergeborene dringt selbst in alle Tiefen Meiner göttlichen Weisheit" (Bd. 2, Kap. 151, 12).

Im Gegensatz zu diesen vollendeten Seelen gibt es aber auch solche, die unmittelbar nach ihrem Hinscheiden in die Hölle gebracht werden. Sie müssen schon ausgekochte Bösewichte sein, möglicherweise in direktem Bund mit dem Satan selbst, wie so mancher Schwarzmagier, um ein so drastisches Schicksal zu erleiden. Im allgemeinen ist dieser Fall ebenso selten wie der gegenteilige einer sofortigen Aufnahme in den Himmel.

Diesen „entschieden bösen" Menschen steht die Mehrzahl der anderen gegenüber, die das Mittelreich bevölkern. Unter ihnen befinden sich auch genug solche, die sich zwar in ihrem Erdenleben an moralische Prinzipien hielten, jedoch an die Göttlichkeit Jesu nicht glauben mochten. Ein solch ernsthafter Gottsucher äußert sich einmal über die Person Jesu mit den Worten: „Was den Glauben betrifft, daß der gewisse Jesus die Fülle der Gottheit in sich fassen soll, da muß ich euch ganz offen bekennen, daß ich darin ein reinster Atheist war und bin. – Es hat zwar die reine Lehre Jesu, natürlich getrennt von den ihr beigemischten Wundermärchen, wahrhaftig die edelsten und richtigsten, mit der Natur der Menschen vollkommen übereinstimmenden Grundsätze, gegen die sich gar nichts einwenden läßt. Aber daß der Erfinder solcher Grundsätze darum ein Gott sein solle, das geht über den Horizont meines Wissens und Glaubens" (Rbl. Bd. 1, Kap. 54, 9–10). Die Parallelität zu manchen Vertretern der „Neuen Theologie" von heute ist unverkennbar!

Welches ist nun das Schicksal der „entschieden Guten" nach ihrem Schwellenübertritt? Wir müssen sie grundsätzlich von der Masse derjenigen unterscheiden, die sich in ihrem religiösen Leben als lau erwiesen und nur wenig Energie aufwandten für ein sittlich-moralisches Verhalten. Das „innere Lebenslicht", das die besseren Menschen mit hinüberbringen, wirkt sich schon im ersten Augenblick vorteilhaft für sie aus. Gewöhnlich geht der „Gerichtsakt der Enthüllung" so unbemerkt an ihnen vorüber, daß sie selbst aufs höchste erstaunt sind, auf einmal in eine paradiesisch schöne Umgebung versetzt zu sein. Und das ist dann auch schon ihre vorläufige Seelenläuterungsstätte, an der sie alle ihrem Wesen noch anhaftenden Mängel zur Schlacke ausbrennen können. Bis sie schließlich in der „Wiedergeburt des Geistes" in den Himmel selbst aufsteigen!

Was sich in den unteren Stufen und Graden des Mittelreiches abspielt, sind so vielerlei parallel zueinander verlaufende Vorgänge, daß es schwer hält, davon ein Ordnungsbild herzustellen. Da sind zunächst jene unausgereiften

Neuankömmlinge von der Erde, um die sich zwar die Engel eifrig bemühen, die aber, nachdem sie sich aus deren Lichtkreis freiwillig entfernt haben, in jenes dumpfe Traumleben versinken, von dem der Herr bei J. Lorber so ausführlich berichtet. Erst nach ihrem Erwachen aus dieser selbstproduzierten Scheinwelt kann sich an ihnen auch jener Prozeß vollziehen, der sowohl bei Swedenborg wie auch bei J. Lorber als ein „Versetztwerden aus dem äußeren Gedächtnis" in das „innere Gedächtnis" bezeichnet wird. Es ist die Voraussetzung für den eigentlichen Gerichtsakt, die sogenannte Enthüllung.

Indem ihr „innerer Geist sie mehr und mehr durchdringt", wie es bei Lorber heißt, gelangen sie schließlich zum vollen Bewußtsein ihres wahren inneren Zustandes. Diese „Enthüllung" zeigt ihnen in allen Einzelheiten auf, was je sie getan und worin sie gefehlt. Auch alle anderen Seelen im großen Mittelreich müssen durch diesen Prozeß hindurch. Dazu gehören vor allem jene, die den vorher geschilderten Traumzustand nicht durchzumachen brauchen, da sie sich von den Engeln leiten lassen. Wir sehen daraus, daß wir es am Anfang bei den meisten Verstorbenen noch nicht mit „gerichteten" Seelen zu tun haben. Es ist wahrlich Gottes Güte und Langmut zu verdanken, daß sie als noch sehr unvollendete Seelen – denn die „entschieden Guten" steigen ja sofort in das „Obere Mittelreich" (Paradies) auf – oft lange Zeit größte Freiheiten genießen. Sie nützen diese Gelegenheit weidlich aus, indem sie sich in der neuen Welt einmal gründlich umsehen und vielfach ihren Lieblingsbeschäftigungen nachgehen. Darüber sagt der Herr bei Lorber: „Da die Seele nach dem Tode immerdar mit ihrem freien Geiste vereint bleibt, dessen Leib sie ausmacht, so wird auch in Hinsicht der ewig zu achtenden Freiheit des Willens diesen Wesen durchaus kein Zwang angetan. Sondern sie werden nur von Zeit zu Zeit belehrt, können aber im übrigen tun, was sie wollen, geradeso, als wenn sie noch leiblich auf der Welt lebten" (Hi. Bd. 1, S. 363). Bis auch für sie die Gerichtsstunde schlägt! Das gleiche gilt von jenen Seelen, die sich schon sehr bald nach ihrem Tode den finsteren Rotten zugesellen, die geradezu auf sie warten, um sie für die Hölle tauglich zu machen. Bei Lorber heißt es darüber: „Unvollendete arge, unter sich gleichgesinnte Seelen schließen sich jenseits in Vereine zusammen, aber freilich in keine guten; denn in gute Vereine bünden sich nur die guten, seligen Geister!" (Gr. Ev. Bd. 8, Kap. 83, 8). Die großen Freiheiten, welche auch arge Geister nach ihrem Hinscheiden zunächst genießen, erfüllen im Plane Gottes eine wichtige Funktion. Manch einer von ihnen gelangt schließlich doch noch soweit, aus Ekel vor sich selbst und seinem Treiben eine bessere Sinnesart anzunehmen. Dann fällt auch sein Gericht nicht mehr so hart aus.

b) Der Gerichtsakt der „Enthüllung" und die „Scheidung der Geister"

Die Versetzung aus dem „äußeren Gedächtnis" in das „innere Gedächtnis" vollzieht sich bei den Verstorbenen in der kurzen Periode, da unter Einwirkung der Engel „ihr innerer Geist sie mehr und mehr durchdringt". Voraussetzung ist die Tatsache, daß der Mensch ein doppeltes Gedächtnis besitzt, ein „äußeres" und ein „inneres" (Swedenborg). Hanna Zluhan führt darüber aus: „Im äußeren Gedächtnis sind alle rein materiellen und irdischen Kenntnisse, Bilder und Eindrücke enthalten, das heißt alles, was nicht in das innere Wissen und Wesen der Persönlichkeit übergegangen war (A. Heintschel-Heinegg). Nach Art der Eigenschaften und Neigungen des Menschen ist das äußere Gedächtnis mehr oder weniger mangelhaft, verfälscht und lückenhaft. Nur das innere Gedächtnis bewahrt das tatsächliche untrügliche Bild des Menschen. Sein ganzes Leben vom Anfang bis zum Ende sind ihm eingeprägt. Alles, was der Mensch gedacht, gesprochen und getan hat, ist aufgezeichnet im ‚Buche des Lebens', von dem das eine Exemplar in unserer Seele, das große aber stets aufgeschlagen vor Gott liegt (nach Lorber Gr. Ev. Bd. 4, Kap. 57, 1). Gott bleibt trotz allem letzte richterliche Instanz (A. Rosenberg)" (aus „Tod und Jenseits").

Auch der Kirchenvater Augustinus unterscheidet diese zwei Gedächtnisarten und er betont in seinen „Confessiones" die Sonderstellung der Memoria. Erst mit dem Durchstoßen der Tiefenschichten des eigenen Wesens wird Vergangenheit, Gegenwart und Zukunft auf einen Punkt konzentriert. Es ist das Heraustreten des Menschen aus der Welt des Bios in das rein Geistige, wobei Zeit zu Ewigkeit wird. Nach der „Enthüllung" findet die „Scheidung der Geister" statt. Schon in den Jenseitskundgaben der Antike, zum Beispiel in Ciceros „Somnium Scipionis", ist davon die Rede. Die Pfade führen dort ebenso nach unten wie nach oben, nach links wie nach rechts. Man wußte, daß nach der „Enthüllung" ein jeder an seinen „gerichteten" Ort kommt. Wenn eine völlig verdorbene Seele sogleich in die Hölle verbannt wird, so zieht es sie nach dem Gesetz der geistigen Schwere mit aller Macht von selbst dorthin. Andere dagegen, deren Weg ebenfalls nach unten führt, halten sich oft noch eine geraume Zeit in den mittleren oder untersten Regionen des Mittelreichs auf. In Grenznähe des Inferno ist ihnen noch einmal Gelegenheit geboten zu einem Sinneswandel. Beharrlicher kämpfen sich jene Seelen nach oben, die sich nach ihrem Gerichtsakt ein für allemal für das Gute, das heißt für Gott, entschieden haben.

Mochte sich ehedem auch ein Geist, und zwar unmittelbar nach seinem Tode, in einer gewissen Isolierung befunden haben – was allerdings nur sein subjektiver Eindruck war, da er wegen der Lichtlosigkeit seiner Aura die ihn umgebenden Wesen nicht wahrnehmen konnte –, so hört dieser Zustand nun völlig auf. Von Swedenborg werden wir unterrichtet, daß jeder Mensch nach der Enthüllung „zu der Gesellschaft kommt, in der sein Geist schon in der Welt gewesen war; denn jeder Mensch ist seinem Geiste nach mit irgendeiner Gesellschaft, entweder einer höllischen oder einer himmlischen, verbunden". Die Vergesellschaftung gibt es ja schon bei den Engeln, und so hat auch jeder Mensch auf Erden seine Zugehörigkeit zu Familie, Nation und Kulturkreis. In dieser Beheimatung fühlt er sich geborgen, und es wäre selbst für die höllischen Geister noch eine zusätzliche unerträgliche Qual, wenn sie nicht den Kontakt hätten mit ihresgleichen. So zeigt sich Gottes Barmherzigkeit auch in diesem Falle.

Im Großen Evangelium Johannes gibt Jesus einer einsam lebenden Seele den guten Rat: „Erwecke in dir recht lebendig das Gefühl der Liebe, des Mitleids, der Erbarmung und des Wohltuns, und es werden bald mehrere Seelen zu dir kommen, denen es jetzt noch so elend geht, wie es dir ergangen ist! Teile dann mit ihnen dein Lebensbrot und deinen Lebenswein, und sie werden bald deine glücklichen Nachbarn sein. Die aber von dir nichts annehmen wollen, die laß nach ihrem Willen weiterziehen!" (Gr. Ev. Bd. 10, Kap. 175, 2).

Es entspricht den Analogiegesetzen, daß die unmittelbare Umgebung im Jenseits für jene Menschen, die stets zu „Eigenliebe, Herrschsucht, Habsucht, Neid, Völlerei und Unzucht" neigten, die sich „vom trügerischen Weltglanz blenden" ließen, eine „geistige Einöde" offenbart, die sich ganz nach außen projiziert. Die Landschaft ist dann häßlich, kahl und dürftig; manchmal auch zerklüftet und furchterregend. Dem entsprechen die oft ruinösen und schmutzigen Behausungen, ebenso wie das Aussehen der Menschen. Hunger, Not und Elend schaffen dann für diese Seelen, die sich selbst in zerreibendem Haß bekämpfen, einen Zustand der „Abödung", der ihnen jedoch nur dienlich ist. Denn das ist ja der Sinn aller Läuterungsstätten, daß die Seele durch geeignete Maßnahmen herausgerettet wird aus ihrer Gefallenheit.

„Der Weg durch die Reinigung", sagt Hanna Zluhan, „will den Menschen lösen aus seiner Selbstheit, aus der Versklavung an seine niedere Begierdenwelt, damit er eingehen kann in das ‚größere Leben' in der Freiheit und Gemeinschaft mit Gott. Im Sündenfall hat der Mensch wider Gottes Willen zu einer falschen Erkenntnis gegriffen, aus der notwendig die falsche Selbstformung folgte, der Verlust der heilen Geistesform. Er hat den ‚inneren Spiegel' zerbrochen, in dem sich die Liebe der Gottheit beschaut. So ist er zu einer Verzerrung, zu einem falschen Bild Gottes geworden. Nun soll er wieder wahres Bild Gottes werden.

In der großen Seelenläuterung dieser Jenseitsschule werden alle Schichten der Seele aus dem Verborgenen heraufgeholt, aus der Latenz gehoben und ans Licht des Geistes gebracht. Auf den ersten Stufen des Läuterungsweges wird zuerst alles Grobe aus der Seele ausgefegt. Je höher die Seele aufsteigt und reift, um so tiefer dringt das Licht hinab bis in die feinsten und verborgensten Verästelungen der Seele und fördert zutage, was an Ungöttlichem noch in ihr nistet und schlummert. Bis in die letzten Schichten der Seele muß die Reinigung geschehen." Auf Plotin gehen die Worte zurück: „Der wird das Licht nicht schauen, der da versucht, zum Schauen des Höchsten aufzusteigen, während er noch mit den Dingen, die diesem Schauen hinderlich sind, beschwert ist; denn er steigt nicht allein hinan, sondern ist noch behaftet mit dem Trennenden."

Es ist für eine Schlemmernatur nicht leicht, sich drüben mit den dürftigsten „Moospflänzchen" zufriedengeben zu müssen. Oder für einen Naturliebhaber, der sich in seinem Erdenleben allzu sehr in sexuelle Leidenschaften verstrickte, einen „stummen Frühling" zu erleben, ohne das Aufkeimen von irgendwelchen Pflanzen und Blumen. Eine einzige Rose kann auf Erden schon die Schönheit verlorener Paradieseswelten offenbaren. Der Entzug dieses Glückes war für die leidende Seele des „Wanderers im Lande der Geister" bei Franchezzo eine der schlimmsten Strafen. Daß der „gerichtete" Ort nicht einen Daueraufenthalt bedeutet, versteht sich von selbst. Man darf ihn auch nicht als Strafort auffassen, was im Gegensatz zu Gottes Wesen stünde. Vielmehr ist es ein „Fürsorge- und Erhaltungsort", nach den Worten des Herrn bei J. Lorber. Eine „Abödung" oder „Abtötung" soll stattfinden, das heißt, die Seele soll durch bestimmte Umstände und Verhältnisse dahin gebracht werden, in sich zu gehen, Reue zu empfinden und gute Vorsätze zu fassen. Erst wenn dies geschehen ist, können Helfer von oben, meist höherentwickelte Seelen oder eigens dafür bestellte Engel, sich unerkannt bei ihnen einfinden, ihnen mit Rat und Tat zur Seite stehen und schließlich bewirken, daß sie eine Stufe höher steigen dürfen. Damit ändert sich auch ihre Umgebung zusehends; sie wird freundlicher und lichter.

Daß auch der Herr sich manchmal unerkannt solchen suchenden Seelen zugesellt, erfahren wir bei Lorber (z. B. im Falle von Robert Blum). Weshalb er sich nicht direkt offenbart, ist leicht verständlich: Es soll kein innerer Zwang ausgeübt werden auf den freien Willen eines Geistes. Dieses Gesetz gilt gleichermaßen für die Geister in der Hölle. Andererseits gibt es aber dennoch zahllose Möglichkeiten, eine ungeläuterte Seele in eine wirksame Lebensschule zu nehmen, ohne ihren Eigenwillen anzutasten. Für jedes Laster gibt es drüben eine Abödungskur. Oft sind es demütigende und niedere Arbeiten, die den Hochmut stolzer Seelen brechen. Sie erklären sich dazu freiwillig bereit, unter der Aufsicht eines Engels. Sklavenarbeit an Maschinen und in finsteren Bergwerken ist manchmal das harte Los für jene Leuteschinder, die auf Erden ihre Untergebenen knechteten. Diese Unglücklichen meinen natürlich, daß Gott dies alles über sie als Strafe verhängt hat. Wie aber steht es in Wirklichkeit mit dem sogenannten Gericht?

In der Geisterwelt sagt Jesus einmal zu Robert Blum: „Die ganze Ewigkeit kann dir in Wahrheit nicht einen Fall vorweisen, wo ein Geist von Gott aus verdammt worden wäre! Aber zahllose Fälle kann Ich dir vorführen, wo Geister nur zufolge ihrer vollen Freiheit die Gottheit verabscheuen und verfluchen und um keinen Preis von ihrer endlosen Liebe abhängen wollen, da sie selbst Herren, sogar über die Gottheit, zu sein sich dünken! Kann da wohl die Gottheit an solch einer Selbstverdammung schuld sein?"(Rbl. Bd. 1, Kap. 24, 5 u. 8). Daß Gott immer und überall nur Liebe ist und entsprechend handelt, selbst in den tiefsten Höllen, geht freilich nur denen auf, die sich nicht eigenwillig von ihm losmachen. „In der Hölle ist der Hochmutsbrand am höchsten; im Himmel aber leuchtet das Licht der tiefsten Demut und Bescheidenheit und das sanfte Feuer der Liebe erwärmt und belebt alles." Aus diesen Worten Jesu geht klar hervor, daß der Mensch sich immer nur selbst sein Gericht bereitet, denn „es gibt nirgends einen eigens geschaffenen Himmel noch irgend eine eigens geschaffene Hölle, sondern alles das kommt aus dem Herzen des Menschen. Wie der Mensch glaubt, will und handelt – entweder gut oder böse –, also wird er auch seines Glaubens leben, aus dem heraus sein Wille genährt ward und ins Handeln überging" (Gr. Ev. Bd. 2, Kap. 8, 6).

Mit Nachdruck sagt Jesus zu seinen Jüngern: „Es denke von euch niemand, Ich habe dereinst die Hölle erschaffen. Das sei ferne von Mir und von euch allen! Auch denkt nicht, die Hölle sei ein Ort zur ewigen Bestrafung der Übeltäter! Sie hat sich von selbst gebildet aus jenen gar vielen Menschenseelen, die auf dieser Erde im Fleische jeder göttlichen Offenbarung Hohn sprachen, Gott leugneten und nur taten, was ihrer äußeren Sinnlichkeit behagte" (Gr. Ev. Bd. 6, Kap. 246, 1). Ebenso hören wir vom Evangelisten Johannes: „Man darf sich unter dem Begriff ‚Hölle' keinen kerkerlichen Ort denken, in welchen man kommen kann, sondern nur einen Zustand, in welchen sich ein freies Wesen durch seine Liebeart, durch seine Handlung versetzen kann. Ein Mensch gehört so lange der Hölle an, wie er nach ihren Grundsätzen denkt, will und handelt. Ihre Grundsätze aber sind: Herrschsucht und Eigenliebe. Diese sind den himmlischen Grundsätzen gerade entgegen, welche da sind Demut, Liebe zu Gott und Liebe zum Nächsten" (GS. Bd. 2, Kap. 118, 2).

Den tiefen, wahren Sinn des Gleichnisses vom reichen Prasser und armen Lazarus enthüllend, erklärt auch Robert Blum im Jenseits einer irrenden Seele: „Meinst du denn, daß die Gottheit die Hölle so eingerichtet habe?! Oh, da bist du in einer großen Irre! – Siehe, das haben von Urzeiten her die argen Geister selbst getan. Die Gottheit hat es ihnen nur zugelassen, um sie nicht in ihrer Freiheit zu beirren. Denn es gibt nirgends eine Hölle als nur im Menschen selbst. – Da aber die Gottheit allein das wahre Leben und das Licht allen Lichtes ist und sonach auch die alleinige wahre Seligkeit aller Wesen, so ist es ja wohl klar, daß ein gottloser Zustand durchaus nichts Angenehmes haben kann, da es ohne Gott kein Leben, kein Licht, kein Wahres und Gutes gibt. Ein Mensch, der die Gottheit verläßt und sie aus sich hinausschafft, muß also in sich eine wahre Hölle gestalten, die in allem böse und arg ist, weil er ja freiwillig die Gottheit aus sich verbannte!" (Rbl.,Bd. 1, Kap. 30, 6).

Weshalb die Hölle so schrecklich sein muß, begründet der Herr auch mit folgenden Worten: „Die Hölle bemüht sich, durch zahllose Trugkünste eine Seele stets näher dem erzbösen Wesen Satans zu bringen, auf daß sie mit ihm völlig eins werde, was aber nimmer geschehen kann, da jede Seele einen eigenen (reinen) Geist in sich enthält, der das Entgegengesetzte des Satansgeistes ist. Will sich eine Seele dem Satan nähern, dann tritt dieser ihr eigener Geist in ihr als Richter und Strafer auf und peinigt die Seele als ein unlöschbares Feuer von innen heraus, wodurch die Seele vom Satan wieder entfernt wird und zur Besserung übergeht. Diesem Besserungsdrange zu folgen, wird ihr um so leichter, je mehr sie sich der Reinheit ihres Geistes nähert. – Das ist der Unterschied zwischen der Seligkeit und der Verdammnis: In der Seligkeit geht die Seele ganz in den Geist über, und der Geist ist dann das eigentliche Wesen; in der Verdammnis aber will die Seele den Geist ausstoßen und einen anderen, nämlich den Satans, annehmen. In diesem Falle wird sie das dem Geiste Unähnlichste!" (Ed., Kap. 58, 10).

Hauptzweck der jenseitigen Läuterungsschulen ist es, die Seelen „in die Gärung" zu bringen (Lorber). Es gibt allerdings auch Geister, besonders in den tiefsten Höllen, bei denen alle Hilfeleistungsversuche von oben nicht das geringste fruchten. Sie bleiben trotz der „Fülle des Schmerzes", die sie oft erleiden müssen, die „hartnäckigsten Buhler" oder begehen sonst die widerlichsten Scheußlichkeiten. Auf die Frage eines Jüngers an Jesus nach der möglichen Umkehr solcher Teufel, gibt dieser im Großen Evangelium die Antwort: „Was für die langen, künftigen Zeiten vorbehalten ist, liegt im Rate Meiner Liebe und Weisheit verborgen; es wird noch lange dauern, bis die letzte der Sonnen verglüht ist! Die Menschen werden viele Sterne am Himmel verlöschen und wieder andere an ihre Stelle treten sehen, aber die eigentlichen ‚Krebse' (d. h. sehr entartete Seelen, die in ihrer Entwicklung rückwärts gehen) werden nicht viel von ihrer häßlichen Gestalt dabei verlieren! – Doch bei Mir sind tausend Erdenjahre wie ein Augenblick. Was die eine, langandauernde Zeit nicht zu bewirken vermag, das vermag vielleicht eine nächste oder die tausendste Zeitperiode! Wer da will, daß ihm geholfen werde, dem wird auch in Kürze geholfen; wer aber in seinem Starrsinn beharren will, der verharre, so lange es ihm beliebt, und will er darin ewig verharren, so steht es ihm auch frei!" (Gr. Ev. Bd. 10, Kap. 188, 19–20). Bei besser gearteten Seelen vollzieht sich die Aufwärtsentwicklung verhältnismäßig rasch. Speziell über die Wesen, die im Mittelreiche ihren gerichteten Ort haben, sagt der Herr: „Bei einer abgeschiedenen Seele tritt gewöhnlich eine Hauptleidenschaft auf, welche die Seele mehr und mehr beherrscht; was aber nicht sagen will, daß eine abgeschiedene Seele unverbesserlich ist, sondern nur, daß sie in ihrer Hauptleidenschaft gefangen bleibt, bis diese alle anderen Seelenfunken aufgezehrt hat, wodurch die Seele in einen Abödungszustand übergeht. In dieser Abödung kann der Geist erst frei werden und seine Seele zu durchdringen anfangen; und das bewirkt dann den Übergang von der zweiten in die dritte, oberste Luftregion eurer Erde." (Ed., Kap. 30, 12).

Mit „Strafe" hat die Seelenläuterung nach J. Lorber nicht das geringste zu tun. Wessen Seelenleib drüben ein tierartiges Aussehen hat oder in der abstoßendsten Weise mit Geschwüren und Aussatz bedeckt ist, hat es sich selbst zuzuschreiben. Er kann dann wenigstens in diesem untrüglichen Seelenspiegel zur rascheren Selbsterkenntnis gelangen. „In dieser Verarmung", sagt Hanna Zluhan, „in der Abödung ihrer Selbstheit, muß die Seele lernen, daß die Entbehrung, das Leiden nicht unmittelbar und notwendig hervorgeht aus dem Nicht-Haben, sondern erst aus dem Haben-Wollen; denn ‚nicht Armut schmerzt, sondern Begehrlichkeit' (K. O. Schmidt). Die Selbstliebe schafft Leiden, Leidenschaften, Begierden und Süchte, die keine Sättigung bringen, sondern die Seele ermüden, schwächen, beunruhigen, ängstigen. So muß jeder im Läuterungsfeuer des Jenseits unter viel schwierigeren und leidvolleren Verhältnissen als auf Erden alles ablegen, was er auf Erden abzulegen versäumt hat. Was eine Seele hier in einem Tage zur Lebensvollendung erreichen kann, dazu braucht sie im Jenseits oft Jahre, Jahrzehnte und länger.

Fängt die Seele einmal an, in sich zu gehen, nachzudenken, zu fragen und zu suchen – wenn es sie hungert und dürstet nach der Wahrheit –, dann wird sie in eine höhere Belehrung genommen. Wie ‚zufällig' geraten solche Seelen dann an die Wohnstätten höher gereifter Geister, die sie belehren und weiterführen. Meist haben sie mit ihnen schon in diesem Erdenleben auf irgendeine Weise in einer inneren Beziehung gestanden; oft sind es Angehörige, Freunde oder menschliche Vorbilder. Sie werden nun unterwiesen, daß nur in Übereinstimmung mit den göttlichen Urgesetzen wahre Befriedung und höchstes Glücksempfinden möglich sind."

Am besten kommen jene Seelen davon, deren Weg nach der „Enthüllung" und „Scheidung der Geister" nach oben führt. Bei Lorber ist es das Obere Mittelreich, in dem sie zum ersten Mal Paradiesesnähe spüren. Auch bei

Dante führt der Weg zur Wiedergeburt durch das Mittelreich (Purgatorium). Von den sieben Stufen des Läuterungsberges dienen die unteren zur Umkehr, Reue und Buße (sie entsprechen der ersten und zweiten Stufe des Mittelreiches bei Lorber). Auf den oberen Stufen endlich kehrt Friede und Freude ein. Das eigentliche Paradies allerdings beginnt bei Dante erst auf der Spitze des Fegefeuerberges. Es ist der gleiche Astralbereich, in dem sich das ursprüngliche (nicht irdisch-materielle) Eden der Stammeltern befand. Andeutungen für solch ein ursprünglich kosmisches Paradies gibt es auch bei Jakob Lorber.

c) Der Zustand der „Unterrichtung"

Wenn wir oft sagen hören: „Drüben wird nicht danach gefragt, wieviel einer weiß, sondern wieviel einer geliebt hat", so ist das gewiß richtig. Ein überzüchteter Intellekt kann sogar sehr hinderlich sein für die Entwicklung einer Seele. Auch die nutzlose Last spezialisierten Wissensstoffes steht drüben nur im Wege; es sei denn, es handelt sich um ein echtes Wissen um die heiligsten und höchsten Dinge. Für dieses „höhere Wissen" gebraucht Paulus sehr häufig das Wort „Geheimnis". So betrachtet er sich selbst und die Christen als „Verwalter der Geheimnisse Gottes" (1. Kor. 4, 1). Im Hohen Lied der Liebe heißt es: „Und wenn ich alle Geheimnisse wüßte und die Gabe der Erkenntnis hätte..." (13, 2). Wer mit der Sprachengabe begnadet ist, redet nach Paulus „im Geist Geheimnisse" (15, 51). In Eph. 6, 19 spricht der Apostel ausdrücklich vom „Geheimnis des Evangeliums" und in Kol. 1, 26 ist die Rede vom „Geheimnis, das verborgen war vor aller Welt und aller Zeit".

Um dieses „Geheimnis" geht es in der Hauptsache, wenn drüben im anderen Leben, das eine Auferstehung unserer Seele bewirken soll, ein heiliges Wissen gefordert wird. Schon in Daniel 2, 28 steht der Satz: „Es ist ein Gott..., der kann Geheimnisse offenbaren." Um dieser Geheimnisse teilhaftig zu werden, brauchen wir in keine andere Schule zu gehen als nur in die Schule Gottes. „Alle Schätze des Himmels" stehen dann für uns bereit, wie es bei Lorber heißt. „Wenn der Geist im Menschen einmal wach geworden, so lehrt er die Seele in einer Stunde mehr, als ein Mensch auf dieser Erde von noch so weisen Lehrern in tausend Jahren erlernen könnte", lesen wir im Großen Evangelium (Bd. 3). Es ist das, was Paulus meint, wenn er davon spricht, daß wir im Lichte Christi „von einer Klarheit zur anderen" gelangen werden. Und ist es nicht ungeheuerlich, wenn Jesus versichert: „Glaubet es Mir, die zahllosen Wunder, die da in für euch unmeßbaren Räumen kreisen und bahnen, hat ein Mensch in seinem Geiste ruhend verborgen; trachtet daher vor allem, daß euer Geist völlig erweckt werde und ihr werdet das, was kein Auge je geschaut und kein Sinn je empfunden, in euch selbst in größter Klarheit schauen und empfinden können!" (Gr. Ev. Bd. 3, Kap. 175, 8)? – Natürlich kann der Mensch schon auf Erden durch die Gnade des Höchsten ein Schauender werden, ein Wissender, einer, der durch sein Fleischesauge hindurch mit Seelen- und Geistesaugen in die Himmel hineinblickt. Denken wir nur an Swedenborg! Den meisten Sterblichen aber wird dieser Vorzug erst im Jenseits zuteil. Da der Himmel nicht nur aus der Liebe, sondern auch aus der Wahrheit des Herrn hervorgeht, wie Swedenborg sagt, ist es dringend erforderlich, daß jede einzelne Seele nach dem Gerichtsakt der „Enthüllung" und der „Scheidung der Geister" zunächst gründlich „in alle Wahrheit" eingeführt wird. Oft ist sie ja noch in den gröbsten Irrtümern befangen, besonders was ihre Glaubensvorstellungen anbelangt; und dies betrifft nicht nur die Heiden, sondern auch die Christen! So setzt nun eine Periode der Unterweisung ein, die Swedenborg mit dem Ausdruck „Zustand der Unterrichtung" bezeichnet. Die Grundwahrheiten des Evangeliums sind neben der Aufklärung über die Schöpfungsgeheimnisse Mittelpunkt dieser Lehre. Dabei wird selbstverständlich auf das Fassungsvermögen des einzelnen Rücksicht genommen. Nicht alle Verkehrtheiten irdischer Glaubensanschauungen können sofort ausgemerzt werden, denn die sitzen tief im Bewußtsein. So kommt es auch, daß bei Jenseitskundgaben oft die widersprüchlichsten Lehren zu uns gelangen. Selbst das Evangelium wird entweder ganz kirchlich-dogmatisch wiedergegeben, mit allen unausgegorenen Halbwahrheiten, oder es erhält eine willkürliche Auslegung. Dabei stellt sich immer wieder die Frage: Von welchem jenseitigen Standort aus spricht ein Geist zu uns? Natürlich kann dieser noch nicht im vollen Besitz der Wahrheit sein, wenn er erst noch im Oberen Mittelreich beheimatet ist. Und gerade von dort gelangen die meisten Botschaften des sogenannten Höheren Spiritismus zu uns. Aber schon Paulus mahnte die Gemeinde: „Unterscheidet die Geister!" Wie leicht können sich Lug- und Truggeister aus den niederen Sphären des Jenseits zu Worte melden! Sie stiften dann nur Verwirrung. Aus diesem Grunde scheidet auch der Niedere Spiritismus für die Wahrheitsfindung vollständig aus.

Zweifellos können uns aber jene Wesen aus dem Oberen Mittelreich, die uns sogar oft als Schutzgeister beigegeben sind (nach Lorber) oder die durch Gottes Zulassung als sogenannte Spirits fungieren, über die dortigen Verhältnisse viel Wissenswertes mitteilen. In religiösen Fragen dagegen, wo sie unbewußt nur ihre persönliche Überzeugung zum besten geben, sind sie keinesfalls unfehlbar. Dies ist häufig auch der Grund dafür, daß zum Beispiel über die wichtigsten Dinge, wie über die Person des Erlösers, nur Ungenaues oder Falsches verkündet wird. Wir sollten uns immer bewußt bleiben, daß die höchsten Wahrheiten nur aus den Himmeln selbst, das heißt also aus der Sphäre Gottes, zu uns gelangen können. Und dafür hat Gott zu allen Zeiten die großen Propheten erwählt! Sogar auf den untersten Stufen des Weisheitshimmels sind die Geister (nach Lorber) noch manchmal zerstritten über die Göttlichkeit Jesu.

Das Wichtigste ist aber dennoch, daß von Anfang an für emporstrebende Geister ein intensiver Unterricht einsetzt; und zwar in allen Dingen, so z. B. auch über den naturmäßigen Aufbau der Schöpfung. Nach Swedenborg erfolgt dieser „himmlische Unterricht in ganz individueller Weise, je nach Veranlagung, Vorkenntnissen und geistiger Fassungskraft. Er geht an verschiedenen Orten vor sich und wird durch verschiedene Kategorien von Engeln erteilt, je nachdem ob es sich um Kinder oder Erwachsene, um Christen, Mohammedaner, Heiden usw. handelt" (Heintschel-Heinegg in „Zeugen für das Jenseits"). In dem Büchlein über „Die Somnambüle von Weilheim a. d. Teck" sind es neben den Engeln auch höher entwickelte Geister, die den Unterricht übernehmen. Wichtig ist vor allem zu wissen: „Die Unterweisungen im Himmel unterscheiden sich von den Unterweisungen auf Erden darin, daß die Kenntnisse nicht dem Gedächtnis, sondern dem Leben übergeben werden. Von rein verstandesmäßigem Studium ist also keine Rede, alles wird intuitiv und aus innerster Neigung aufgefaßt und daher echt angeeignet und sogleich praktisch verwertet. Das bedingt begreiflicherweise eine unendliche Skala individueller Verschiedenheiten in der Art des Unterrichts wie in der Auffassung... In der Welt bloß durch Büffeln oder Streberei erworbene theologische Gelehrsamkeit erweist sich bei dieser Gelegenheit als wertlos" (Heintschel-Heinegg).

Swedenborg berichtet außerdem „von vielen eigenen traurig gescheiterten Versuchen, bösartige Geister durch Aussprache und behutsame Belehrung noch zu erziehen und zu verbessern. Er mußte dabei feststellen, daß sie Wahrheiten allenfalls noch rein intellektuell auffassen und auch darüber diskutieren, sie aber nicht mehr wirklich aufnehmen können" (Heintschel-Heinegg in einem Kapitel über Swedenborgs Jenseitsschau). Bei einer gewissen Kategorie höllischer Geister ist das lebhafte Diskutieren, alter Gewohnheit zufolge, geradezu eine Lieblingsbeschäftigung. Alles Höhere in den Staub zu reden und die ganze Niedrigkeit ihrer Gesinnung im Gotteshaß zu entladen, bedeutet für sie eine Genugtuung. Da sie in ihren Sophistereien mit tausend Finten aufwarten können, wäre es nicht einmal ratsam, sich mit ihnen in ein Gespräch einzulassen. Diese Erfahrung machte allzu oft Bischof Martin in dem gleichnamigen Jenseitswerk von J. Lorber.

Bei Lorber wird uns in der „Geistigen Sonne" auch ein Einblick gegeben in die Unterrichtung der Heiden. Es ist der paulinische Geist, in dem sie jenseits erzogen werden, denn der Völkerapostel ist es ja gewesen, für den „die

Kirche des Herrn allumfassend" war, wie Swedenborg sagt. Die Heiden an den Glauben zum Herrn zu bringen, was drüben wegen der besseren geistigen Aufnahmefähigkeit viel leichter gelingt als herüben, ist das wichtigste Stück Arbeit. Bei Lorber wird uns außerdem gezeigt, wie schon die frühverstorbenen Kinder in geistigen Schulungsstätten des Jenseits, besonders in der geistigen Sphäre unserer Sonne, herangezogen werden; „bis sie schließlich nach einer weitläufigen praktischen Erfahrungsschule in Werken der Nächstenliebe zur Vollreife gelangen" (Hanna Zluhan).

Manchmal bringen vor allem Kirchenchristen eine bestimmte Vorstellung vom Himmel mit ins Jenseits. Oft ist es nur ein kitschiger Theaterhimmel, der ihnen durch ungeistige Auslegung des Evangeliums auf Erden vorgemacht wurde. Der Herr läßt es dann zu, daß sie ihn mit Hilfe ihrer selbstschöpferischen Einbildungskraft tatsächlich eine Zeitlang so erleben dürfen; natürlich nur als „Erscheinlichkeit". Bis sie nach und nach angeödet und aufs höchste gelangweilt von dieser Atrappe genug haben! Erst dann sind sie für eine bessere Belehrung aufgeschlossen. Oft müssen sie dabei erst erkennen, „daß der Himmel sich in Liebestaten bezeugt und nicht in tatenlosem Genießen" (H. Zluhan). Wie überhaupt Tätigkeit und nicht die „ewige Ruhe" (nach kirchlicher Vorstellung) die höchste Wonne seliger Geister ist.

In der „Geistigen Sonne" warnt uns der Herr davor, nicht zu sehr bloßen „Erscheinlichkeiten" im Jenseits zu trauen. Sie gehen oft nur aus fixiertem Wunschdenken hervor und sind eine Verkehrung der Wahrheit. Andererseits können wir sie als eine „Chiffre", das heißt eine „Schrift" betrachten, deren „Grundzüge" uns doch zur inneren Wahrheit führen können; „denn einer jeden Erscheinung geht ein wirkender Grund voraus. Hat man diesen, so hat man das ganze Wesen aller Geisterwelt" (GS. Bd. 2, Kap. 125, 21). Immer kommt es auf das Wesen an, nicht aber auf die Erscheinlichkeit.

Was ein Geist selbst in den höchsten Sphären noch hinzulernen muß, um ganz in die Christussphäre eingehen zu können, kann er sich letztlich nur aus dem Erleben dessen erwerben, was das Gegenteil ist von Gott. So läßt der Herr den Robert Blum einmal unter dem schützenden Geleit eines Engels sogar in die Hölle eindringen. Ganz das gleiche erleben wir ja auch bei Dante! Es geht darum, die Bosheit des Bösesten (Satan) bis auf den Grund zu durchschauen. Nur auf diese Weise kann ein höher gearteter Geist einer verlorenen Seele wirksam beistehen. Die Gefahr ist jedoch nicht auszuschließen, daß auch der Sendbote dabei noch zu Fall kommen kann. Jede geringste Anfälligkeit gegenüber den „bestrickenden Einflüssen und Reizen" in der Sphäre Luzifers würde sich bitter rächen. Besonders sind es wieder die „ausgeklügelten Scheinwahrheiten und bestechenden Argumente" der Höllengeister, die unsicher machen könnten. Dagegen firm zu werden ist die Aufgabe eines jeden Himmelsanwärters. Und so mußte auch

Robert Blum erst lernen, durch mancherlei Demütigung im Gespräch mit Satana, wie der Umgang mit dem Bösen auszusehen hat.

Über die göttliche Ordnung wurde ihm bewußt, daß „jede Handlung eine von Gott aus entsprechende, bestimmte, sanktionierte Folge hat" (GS. Bd. 2, Kap. 106, 8), welche sich schließlich als unabänderliches Gericht darstellt. Hanna Zluhan führt dazu aus, im Anschluß an J. Lorber: „Nicht Gott richtet, sondern jede Handlung richtet sich am Ende selbst. Dabei muß einem Wesen auch allertiefst bewußt gemacht werden, daß die Hölle keine Macht gegenüber Gott besitzt, und auch nicht gegenüber denen, die in Gott sind. Es darf keine Furcht sein. Denn auch die Furcht kann dem Widersacher Macht einräumen. Die Furchtlosigkeit gehört daher mit zu den notwendigen Ablösungen." Auch der Evangelist Johannes mahnt den Bischof Martin: „Ich sage dir, nur keine Furcht vor ihm (Satan), denn auch eine Furcht vor ihm ist eine Art Hingebung unserer Macht unter seine Kraft..., was wir niemals zugeben dürfen. Denn täten wir das, so würden wir von seiner bösen Polarität so sehr angezogen sein, daß es uns dann eine große Mühe kosten würde, uns von ihm loszuschälen."

Überhaupt haben unangebrachte Gemütsregungen gegenüber den oft furchtbaren Erscheinungen der Hölle nur eine negative Auswirkung. Man muß lernen, sie „leidenschaftslos" zu betrachten, „denn sonst", so wurde einem Jenseitigen gesagt, „füllst du dein eigenes Herz mit demselben Stoff, mit welchem das Herz der höllischen Geister erfüllt ist" (Rbl. Bd. 2, Kap. 167). Beachtenswert ist der Ratschlag: „Ihr müßt euch überhaupt über gar keine Erscheinung, wie böse sie auch immer aussehen möge, auch nur im geringsten ärgern, denn das Ärgern der Kinder der Himmel verleiht der Hölle einen Vorschub und gibt ihr Stoff zum Wiederärgern." Die richtige Distanzierung zu allen Dingen des Daseins lehren auch die Mystiker und Philosophen aller Zeiten, indem sie den „Gleichmut der Seele" (gr. Ataraxia) predigen.

Es könnte uns bedenklich stimmen, wenn wir bei Lorber hören, daß jeder Mensch und jeder Engel das Bild der Hölle „erscheinlich" in sich trägt. Aber „anders bliebe sonst der Blick nach unten blind" (H. Zluhan). Und bei Lorber sagt uns der Herr: „Es wäre da keinem Engel je möglich, in diesen Ort einzudringen und da die empörten Geister zur Ruhe zu bringen." Auch gäbe es keine Hilfen! „So aber kann kein Geist in der ganzen Hölle etwas unternehmen, was die Engel nicht augenblicklich in sich zu erschauen vermöchten" (GS. Bd. 2, Kap. 117, 5). –

Ein lebendiges Bild vom „Zustand der Unterrichtung" vermittelt uns besonders das Büchlein von der Somnambule in Weilheim a. d. Teck. Alle Seligen in der Sphäre des Mondes, des Jupiters, des Saturns usw. verbringen dort einen großen Teil ihrer Zeit mit Lernen. Es stehen dafür die herrlichsten

Gebäude zur Verfügung, mit prachtvollen Anlagen drum herum. Dieser Unterricht ist keineswegs beschwerlich, wie so oft auf Erden, oder gar voller Unlustgefühle. Schon daß die Engel dort Lehrer sind oder höher entwickelte Geister, steigert die Aufmerksamkeit bis aufs höchste. Hinzu kommt ein beinahe unfehlbares Gedächtnis. „Das lasset euch gesagt sein", versichert uns da ein geistiger Führer, „die Verstorbenen erinnern sich in der Ewigkeit weit lebhafter und vollständiger an all ihr Tun und Lassen in der Welt zurück als sie es in diesem Leben getan haben. Auch jede von ihnen unerkannte Sünde wird ihnen hier offenbar; ja nicht nur diese, sondern sogar alle Gedanken, sowohl gute wie böse, werden einem jeden ganz deutlich und klar."

Das lebendige Wort Gottes, das aus dem Munde der Engel direkt in das Gemüt der Zuhörer einfließt, verwandelt nach und nach ihr ganzes Wesen. Nicht zufällig ist diese Lehrweise derjenigen am ähnlichsten, die Jesus selbst an seinen Jüngern einst praktizierte. Durch „Auftun der inneren Sehe" kam es dabei oft genug zu einer direkten Einweihung. Es ist wie in einem filmischen Geschehen: Da werden die Uranfänge aller Schöpfung mit den sich abwickelnden Entwicklungsperioden ebenso wie die ganze Heilsgeschichte und das Leben des Erlösers auf Erden bis in alle Einzelheiten wiedergegeben. Nach Origenes ist es dem Menschen ein Grundbedürfnis, den Ursachen und Urgründen aller Dinge nachzugehen. Wie der Leib nach Speisen verlangt, so die Seele nach Erkenntnis. Erkenntnis aber ist „die Speise der Engel". In seinem Psalmenkommentar sagt der Alexandriner: „Brot der Engel ißt der Mensch. Zuerst aßen es die Engel; jetzt aber essen es auch die Menschen. Essen aber bedeutet hier: Begreifen! Das nämlich ißt der Geist, was er begreift; und das ißt er nicht, was er nicht begreift."
Auch Origenes läßt die Unterweisung durch die Engel mit dem „irdischen Paradies" beginnen. (Dies entspricht den oberen Stufen des Fegfeuerberges bei Dante und dem Oberen Mittelreich bei Lorber!) Heintschel-Heinegg gibt die Lehren des Origenes folgendermaßen wieder: „Im irdischen Paradies also erhält die Seele eine erste Belehrung über die Dinge dieser Erde und Urgründen aller Dinge nachzugehen. Wie der Leib nach Speise ver-
Die Natur des Menschen und seine Teile, sowie die göttliche Gnade, die er erhält; den Sinn der Verschiedenheit der Völker; welche guten und bösen Mächte es gibt und ihre Gesinnung gegen den Menschen; die Natur und die Verschiedenheiten der Tiere; die Heilkräfte und Gifte der Pflanzen; die göttliche Vorsehung. – Gewiß sehr interessante Gegenstände, doch scheint auf den ersten Blick manches von dem, was in dem jenseitigen Auditorium gelehrt wird, rein irdisches Wissensgut zu sein, das für Verstorbene überflüssig ist. Das scheint allerdings nur so! Nach gnostischer Auffassung sind nämlich alle irdischen Dinge, auch Tiere und Pflanzen, bloß die Schatten und

Nachbilder himmlischer Wirklichkeiten, auf deren Erfassen die Seele also durch diesen nur scheinbar materiellen Lehrstoff vorbereitet wird."
Auf ihrer Weiterreise vom irdischen Paradies durch die Astralsphären der sieben Planeten – es sind die „sieben Himmel" der Heiden, Juden und Gnostiker – erwachsen den Seelen neue Probleme. Entsprechend erweitert sich auch der Lehrstoff: „Insbesondere werden die Seelen über die einzelnen Gestirne unterrichtet, ob sie beseelt sind oder nicht und warum sie an bestimmten Orten und von bestimmter Art sind und nicht anders. Die Gestirne sind ja für Origenes wie für seine Zeitgenossen geistige Mächte – ein bis heute nie ganz erloschener Glaube. Endlich gelangt dann die schon so unvorstellbar weit fortgeschrittene Seele in das Reich der Engelchöre" (Heintschel-Heinegg).
Die Engelchöre liegen nach Origenes im Bereich des Fixsternhimmels. Hier wird der Mensch selbst zum Engel und gliedert sich einer ihrer Gesellschaften ein. Diesen Gedanken hat auch Swedenborg wieder aufgegriffen, während bei Lorber die Kindschaft Gottes eine Sonderstellung einnimmt. Daß das geistige Wachstum, und damit die geistige Erziehung, bis in alle Ewigkeit nicht aufhört, auch in den höchsten Himmeln nicht, ist eine Grundidee des Origenes. Sie entspricht der Neuoffenbarung.

14. Das Obere Mittelreich oder Paradies bei Jakob Lorber

Wie sehr ist es jedem Naturfreund aus dem Herzen gesprochen, wenn der Herr uns bei J. Lorber zuruft: „Gehet gern auf die Berge!" Es ist nicht nur die reine Luft, die wir dort in die Lungen schöpfen dürfen nach dem erdrückenden Dunst der Täler oder dem Smog der Städte; was uns auf die Berge treibt, ist vor allem auch die ungewohnte Stille, in der wir fern von jedem Verkehrslärm endlich wieder in uns selber lauschen können. Dem unendlichen Firmament so nahe zu sein in einem Raum der Einsamkeit, der weite Blicke frei gibt, ist etwas gänzlich Ungewohntes. Das Donnern ferner Wasserfälle oder auch ein einsamer Vogelruf sind oft die einzigen vernehmbaren Laute. Was unser Gemüt aber am meisten erhebt, das ist das besondere Fluidum, das die Berge mit ihren Wäldern und Seen und den hoch aufragenden Gipfeln ausstrahlen. Das Geheimnis erschließt sich allerdings nur jenen, die noch in innerem Einklang stehen mit der Welt der Naturgeister und der übersinnlichen Sphäre. Man spürt es beinahe körperlich, in prickelnder, elektrizitätsgeladener Spannung, daß uns hier Wesen nahe sind, die heilend auf uns einwirken können.
Und gerade dies will der Herr uns zum Bewußtsein bringen: In einer gewis-

sen Höhe über der Erde beginnt nämlich bereits jenes Friedensreich, in welchem die Paradiesesseelen weilen; und oft steigen die seligen Geister in einer bestimmten Mission von dort herab, bis in die mittlere Luftregion! In dem Lorberwerk „Erde und Mond" wird uns gesagt: „Diese reinen Paradiesbewohner kommen nicht selten in die zweite, manchesmal auch in die erste Luftregion herab. Hauptsächlich aber sind jene Stellen auf der Erde ihre sichtbaren Niederkunftsplätze, die ihrer bedeutenden Höhe wegen fortwährend mit Schnee und Eis bedeckt sind. Und darin liegt auch der Grund, warum solche Gegenden für fast jeden Menschen eine, wie ihr zu sagen pfleget, magisch beseligende und zugleich das ganze menschliche Gemüt erheiternde, stärkende und beruhigende Anziehungskraft haben. Wer da traurigen Herzens ist und voll Unruhe in seinem Gemüte, der begebe sich in Meinem Namen auf eine solche Höhe oder gehe wenigstens in ihre Nähe, und sein Gemüt wird wie mit einem stärkenden Balsam übergossen werden. Während das Gemüt in den tieferen Regionen stets dumpfer, schwieriger und leidender wird, ähnlich dem Gefühle eines Bergschluchten- und Höhlenbesteigers, wird das Gefühl bei einem, der eine solch reinere Höhe bestiegen hat, heiterer und heiterer. Und wer da hinaufkommt, mag füglicherweise ausrufen: ‚Herr, hier ist gut sein!' Ich füge dann zwar hinzu: ‚Es ist noch nicht an der Zeit für dich, hier zu bleiben!' Aber dessenungeachtet sage Ich: Gehet gerne auf Berge! Denn auch Ich, als Ich im Leibe wandelte auf der Erde, ging häufig auf Berge. Auf einem Berge ward Ich verklärt; auf einem Berge trieb Ich den größten Versucher von dannen; auf einem Berge predigte Ich das Himmelreich; auf einem Berge betete Ich, und auf einem Berge ward Ich gekreuzigt! Darum gehet gern auf die Berge! Denn nicht nur euer Geist, sondern auch euer Leib gewinnt mehr dabei als aus hundert Apotheken" (Kap. 29, S. 87).

Der genaue Wohnsitz der Paradiesbewohner wird vom Herrn in der obersten Luftregion der Erde, in einer Höhe also von etwa siebzehntausend Metern aufwärts, angegeben; denn dort befindet sich die sogenannte Stratosphäre, in welche die unruhigen Wolkenballungen und Stürme der Troposphäre nicht mehr hinaufreichen. Der vollkommenen Windstille und Klarheit der atmosphärischen Luft entspricht auch der Seelenzustand der dort befindlichen Geister. Mit Recht wird darum diese Sphäre des „Oberen Mittelreichs" auch „Paradies" oder „Vorhimmel" genannt. Natürlich gibt es auch hier noch eine gewisse Stufung, je nach seelischer Reife. Letzten Endes aber ist es eine wirkliche „Friedensregion", denn die Geister dort genießen, nach den Worten des Herrn, „fortwährend Licht. Auch natürlichermaßen wird es in solcher Höhe nie vollkommen finster. Aber in der geistigen Natur ist da schon ein fortwährender, ununterbrochener Tag. Denn diese dritte Region bekundet schon ein reines geistiges Stadium, während die zweite (tiefere)

Region noch nicht rein und sehr häufigen Trübungen ausgesetzt ist; noch mehr aber die erste oder unterste Luftregion, in welcher, gleichsam im ersten Stadium, Gutes und Böses wie Kraut und Rüben untereinander wallet" (Ed., Kap. 28).

Welches sind nun die bevorzugten Seelen, die hier ihren Aufenthaltsort haben? Ein bekanntes Beispiel für sofortiges Eingehen in das Friedensreich bietet uns die Bibel. Hören wir dazu den Herrn: „Ich sage euch: Fürwahr, ein reumütiger Blick zum guten Vater genügt, um der Hölle zu entrinnen! – Seht den Missetäter am Kreuze! Er war ein Räuber und Mörder. Aber da blickte er zum Herrn empor und sprach mit großer, schmerzhafter Zerknirschung seines Herzens: ‚O Herr! Wenn Du in Dein Reich kommst und wider uns große Missetäter zu Gerichte ziehen wirst, da gedenke meiner und strafe mich nicht zu hart für meine großen Missetaten, die ich verübt habe!' Und sehet, der große, allmächtige Richter sprach zu ihm: ‚Wahrlich, heute noch sollst du bei Mir im Paradiese sein!'" (GS., Bd. 2, Kap. 117).

Von den „entschieden guten" Menschen dürfen wir mit Sicherheit annehmen, daß sie sofort nach ihrem Tode in das Obere Mittelreich gelangen; viele andere dagegen müssen erst noch die unteren Stufen des Mittelreichs absolvieren. Paradiesesnähe erlangen sie erst, wenn sie in sich selbst soweit geläutert sind, daß sie eine starke Sehnsucht verspüren nach der Nähe Gottes. Ihre Schutzgeister sind es dann, die ihnen weiterhelfen. Sie zeigen ihnen die Wege auf zur Selbstverdemütigung und Liebe. Haben sie sich darin bewährt, dann können auch sie zu Paradiesbewohnern werden.

Von dem Eingeweihten in die Mysterien von Eleusis, dem Dichter und Philosophen Platon, wird diese astrale Sphäre als „Obererde" bezeichnet. Von ihr gibt Dr. W. Lutz in Zusammenfassung der Neuoffenbarungslehre folgende Beschreibung: „In diesem Zustand der Entwicklung sehen sich die Seelen zumeist in wunderbaren, fried- und lichtvollen Gärten und Landschaften von himmlischer Schönheit. Selige Wesen umgeben sie und genießen mit ihnen den Umgang und die Belehrung höherer Engel, die aus den Himmeln als Boten des Vaters herniedersteigen und sie in der freundlichsten Weise über die Liebe und Ordnung Gottes, des Vaters in Jesus, und über die Geheimnisse der Himmel unterrichten" (in „Die Grundfragen des Lebens"). Über die Beschäftigung der Paradiesbewohner sagt uns der Herr: „Ein schon reiferer Geist in der Paradiesessphäre schlichtet und ordnet die Wege für jene, die als Neulinge in diese Region emporkommen, und weiset ihnen Ort und Handlung an. Dann beherrscht er belehrend die schon reineren Geister in der unteren Region; und wenn allda Reibungen und Trübungen vorkommen, so senkt er sich, wie alle seinesgleichen, als Friedensstifter hinab und wirkt da energisch.

Wenn aber fremde Geister aus anderen Weltkörpern hier (in der Friedensregion) anlangen, dann prüft er sie. Und wenn er sie als tüchtig befindet, so führt er sie auf den rechten Wegen zur Erde nieder, ist bei den Zeugungen durch seinen Einfluß zugegen und hilft solchen neu angekommenen Geistern auf den Weg des Fleisches dieser Erde. Auch sorgt er dann dafür, daß diese Geister genau jene prüfenden Wege im Fleische geführt werden, welche sie allerweltenorts, um Kinder des Herrn zu werden, zu wandeln beschlossen haben. In dieser dritten Region wandeln und wohnen denn so ganz eigentlich die euch wohlbekannten sogenannten ‚Schutzgeister' der Menschen. Doch sind diese reinen Geister noch nicht Alleinherrscher und können es auch noch nicht sein, weil ihnen noch in gar vielem die vollendete Erkenntnis mangelt. Daher sind auch fortwährend vollkommene Engelsgeister über und unter ihnen, welche diesen Geistern allezeit die richtige Anweisung geben, was sie zu tun und zu schlichten haben. Aber für die Geister dieser dritten Region ist eben diese dritte Region ein gar herrliches Paradies, wo sie alles haben, was nur immer ihr Herz in der Liebe zu Gott erfreuen kann. Da gibt es gar herrliche Gegenden, welche sich jedoch nach der Beschaffenheit des Geistes richten; denn da wird schon jeder Geist der Schöpfer seines Fußbodens und der Gegend, in der er zu Hause ist. Diese Gegend ist überaus reich an allen Dingen. Der Geist genießt da alles in der Fülle, und der Hunger in allem ist ferne von ihm" (Ed., Kap. 28).

So schön diese Welten auch sein mögen, sie sind trotzdem noch Reinigungsorte, die am ehesten dem Zustand einer „Wiedergeburt der Seele" gleichzusetzen sind, noch nicht aber des Geistes. Erst mit der „Wiedergeburt des Geistes", die zugleich in einer heiligen Hochzeit von Seele und Geist ihren Ausdruck findet, tritt der Mensch in die unmittelbare Sphäre Gottes ein. – Für viele Seelen im Oberen Mittelreich mit seinen zahllosen Abschattierungen ist dies eine so wunderbare Wohnwelt, daß sie ernstlich Gefahr laufen, zu fest darin einzuwurzeln und in ihrer inneren Entwicklung nur noch langsam vorwärtszuschreiten. So halten sie sich oft eine überlange Dauer darin auf. Es ist nun keine bloße „Scheinwelt" mehr, sondern in zunehmendem Maße der unmittelbare Ausdruck von Gottes eigener Ideenwelt. Der Mensch weiß sich hier zutiefst eingebettet in eine Wirklichkeit, die nur Gott selber geben kann.

Ein ganz entscheidender Vorgang spielt sich in der Paradiesessphäre ab. Es ist die nach und nach eintretende vollständige „Komplettierung" des Menschenwesens, die „Auferstehung des Fleisches". Darüber sagt uns der Herr: „Und sehet, eben in diesem Genusse (der Schönheiten der paradiesischen Welt) nimmt dann der Geist nach und nach alles das auf, was noch von seiner Wesenheit an der Erde kleben geblieben ist.... Und wenn er nun alles dieses aufgenommen hat und er der Erde und sie ihm gewisserart nichts mehr schuldig ist, dann erst hat er seine völlige Solidität erreicht und kann zur

höheren Vollendung in das Reich der Himmel aufgenommen werden. Es kann jedoch auch Geister geben, die noch manches ihnen Gehörige aus euch schon bekannten Gründen in anderen Weltkörpern haben. Diese steigen dann auch zu den Sphären jener Weltkörper empor, woher sie entweder ihr Hauptspezifikum bezogen oder wo sie einst schon körperlich gelebt haben, um auch dort das ihnen Gehörige abzuholen; aber das alles auf dem Wege der Liebe, welche allein das anziehende Prinzip ist. Und das muß alles durch freie Wahl geschehen, in der ein jeder Geist danach strebt, in sich das zu sammeln, was Mein (des himmlischen Schöpfers und Vaters) ist und es Mir dann in seiner großen Liebe vollkommen wiederzubringen" (Ed., Kap. 28).
Noch eine Erklärung schließt sich an: „Der Geist zwar an und für sich, als das Urprinzip des Lebens aus Mir, braucht freilich nichts aus dem Erdkörper zu seiner Vollendung; aber seine formelle Wesenheit, die Seele, muß das wieder in sich vereinen bis auf das letzte Atom, was ihr einst aus der endlosen Fülle Meiner sie formenden Idee gegeben ward. Dieses Gegebene besteht in den endlos vielen Intelligenzpartikeln . . ., welche ursprünglich zu ihrer Wesenheit gehörten und die sie auf dem langen Kreiswege (des Lebens) sich angeeignet hatte. Darum heißt es auch, daß ‚alle Haare auf dem Haupte' gezählt sind, und nur derjenige, der nach Meiner (Jesu) Lehre wandelt, der sammelt auch; wer aber anders handelt, der zerstreut. Also muß der Geist noch eine Zeit warten, bis all das Seinige von seiner Wesenheit (Seele) aufgenommen worden ist. Wie aber erkennt da der Geist das Seinige? Das liegt schon in der ewigen Ordnung! Wie jedes Gras sein Spezifikum aus dem endlosen Spezifikalgemenge genau herausfindet, noch genauer findet der Geist das Seinige" (Ed., Kap. 28).
Ergänzend heißt es an einer anderen Stelle: „In dem Wiederbringen, und zwar in dem vollkommenen Wiederbringen, liegt eben der einstige vollkommene, vollkommenste und allervollkommenste Grad der Seligkeit. Daß darob die schon rein gewordenen Geister längere Zeit noch in dieser dritten Region (Paradies) verweilen müssen, um ihre seelischen Spezifika aufzunehmen, oder, bis gewisserart ihr Irdisches verwest und aus der Verwesung in ihr Seelisches übergegangen ist, das ist nicht etwa als eine Strafe zu betrachten, sondern als eine gleiche Notwendigkeit wie die Dauer des Leibeslebens auf der Erde, welches auch eine gewisse Zeit währen muß, bei manchem kürzer, bei manchem länger, damit in dieser Lebensdauer der Geist Zeit gewinne, sich in seinem Wesen mehr und mehr zu entwickeln und zu manifestieren. Wenn manchmal solche reine Geister auch mehrere hundert Jahre in dieser dritten Region verweilen, so verlieren sie dadurch nicht nur nichts, sondern sie können nur gewinnen. Denn fürs erste geht ihnen durchaus nichts mehr ab; sie sind überaus glücklich und selig. Was aber ihre stets zunehmende Intelligenz betrifft, so ist das ja offenbar ein steter Gewinn. Und je mehr sie

da gewinnen, desto vollkommener werden sie sich dahin kehren, wo es sich um ihre endliche und ewige Bestimmung handelt. Haben sie da (in den Paradiesen) nur ein kleines Geschäft über sich, und haben sie dieses ordentlich und weise verwaltet, so werden sie einst desto tauglicher sein (in den Himmeln), Großes zu verwalten, wo sie als Engelsgeister nicht nur über einzelne Teile eines Weltkörpers, sondern über ganze Weltenalle und Sonnengebiete geistig und von da aus durch und durch auch im Materiellen werden ihre Tatkraft ausüben müssen" (Ed., Kap. 29).

Unvorstellbar ist der Herzensfriede und die immerwährende Freudigkeit der Paradiesbewohner. Wiederhergestellt ist auch die „Unschuld" ihres ganzen Wesens, so daß sie in dieser Hinsicht den Engeln gleichen. Ihre Leiber sind nun ganz leuchtend, in Übereinstimmung mit der Natur um sie herum. Aus der Schönheit ihrer Angesichter und ihrer ganzen Gestalt strahlt Jugendlichkeit hervor. Den höchsten Zustand der Verklärung erreichen sie aber erst, wenn sie in sich die „sieben Geister Gottes", das heißt alle jene Grundeigenschaften, die das göttliche Wesen selbst ausmachen, nicht nur zur vollen Entfaltung, sondern zugleich auch zur gegenseitigen Harmonisierung gebracht haben. Darüber sagt uns der Erzengel Raphael: „Nur wenige Menschen gibt es, die alle die sieben Geister – nach Lorber sind dies Liebe, Weisheit, Willenskraft; Ordnung, Ernst, Geduld, Barmherzigkeit – schon auf Erden in sich zur vollen und gleichen Tätigkeit bringen und dadurch wahrhaft Gott und uns Engeln Gottes gleich werden. Denn gar viele kümmern sich wenig darum und erkennen sonach das wahre Geheimnis des Lebens in sich ganz und gar nicht. Solche blinde und halb tote Menschen können dann auch den ihnen zugrunde liegenden Zweck des Lebens nicht erreichen, weil sie sich nur von dem einen oder dem anderen der sieben Geister leiten und beherrschen lassen. So lebt der eine pur aus dem Geiste der (alles an sich ziehenden) Liebe und achtet der anderen Geister gar nicht. Was ist dann ein solcher Mensch anderes als ein freßgieriges und nie genug habendes Raubtier? Solche Menschen sind stets voll Eigenliebe, Neid und Geiz und sind gegen alle ihre Nebenmenschen hartherzig.

Andere wieder haben eine erleuchtete Liebe und sind somit auch recht weise und können ihren Mitmenschen ganz gute Lehre geben; aber ihr Wille ist schwach, und sie können darum nichts völlig ins Werk setzen. Wieder andere gibt es, bei denen die Geister der Liebe, der Weisheit und des Willens ganz tätig sind; doch mit dem Geiste der Ordnung sieht es schwach aus. Diese Art Menschen werden auch recht klug und manchmal sogar recht weise reden und auch hie und da etwas Vereinzeltes ins Werk setzen; aber der aus allen sieben Geistern weise Mensch wird nur zu bald an ihren Worten, Reden und Werken ersehen, daß darin keine Ordnung und kein Zusammenhang waltet. –

Und wieder gibt es Menschen, welche Liebe, Weisheit, Willen und Ordnung besitzen; aber es fehlt ihnen der Geist des Ernstes. Sie sind darum ängstlich, furchtsam (und unstet) und können ihren Werken selten eine volle Wirkung verschaffen. Wieder andere sind dabei auch voll Ernst und Mut; aber mit der Geduld sieht es schwach aus; solche Menschen überstürzen sich gewöhnlich und verderben mit ihrem geduldlosen Eifer oft mehr als sie irgend gutmachen. Ja, Freund, ohne eine rechte Geduld gibt es nichts. Wer keine rechte Geduld hat, der spricht sich selbst ein gewisses Todesurteil; denn der Mensch muß warten, bis die Traube völlig reif wird, wenn er eine gute Ernte machen will. Ist er damit widerwillig, nun, so muß er es sich am Ende selbst zuschreiben, so er einen untrinkbaren Säuerling erntet.

Die Geduld ist also in allem ein notwendiger Geist: Erstens zur Beherrschung und Zurechtbringung des oft ins Unendliche gehenwollenden Geistes, den ich Ernst nannte, weil dieser Geist in Verbindung mit der Liebe, Weisheit und dem Willen in den größten Hochmut ausartet, der bekanntlich beim Menschen dann keine Grenze findet. Und zweitens, weil die Geduld die Mutter des Geistes der Barmherzigkeit ist, welcher Geist als rückdurchwirkend erst allen vorhergehenden Geistern die göttlich geistige Vollendung verleiht und der Menschenseele zur vollen und wahren Wiedergeburt im Geiste verhilft.

Darum hat der Herr selbst nun euch allen die Liebe zu Gott und zum Nächsten ans Herz gelegt und dazu gesagt: ‚Seid barmherzig, wie auch euer Vater im Himmel barmherzig ist, und seid sanftmütig und demütig, wie auch Ich von ganzem Herzen sanftmütig und demütig bin!' Der Herr gebot euch Menschen den siebenten Geist vor allem darum auszubilden, weil eben in diesem letzten Geiste alle vorhergehenden enthalten sind und durchgebildet werden. Wer demnach diesen letzten Geist mit allem Eifer bildet und stärkt, der bildet und stärkt auch die vorangehenden Geister und wird dadurch am ehesten und sichersten vollendet" (Gr. Ev. Bd. 7, Kap. 20, 1-9).

Sogar zahlenmäßig kann sich ein solcher Vollendungszustand ausdrücken: „Teile du", sagt der Herr zu dem rechnerisch veranlagten Judas, „deine Liebe gerade in 666 Teile! Davon gib Gott 600, dem Nächsten 60 und dir selbst 6, so bist du ein vollendeter, wiedergeborener Mensch!" (Gr. Ev. Bd. 2, Kap. 77, 1) Dazu noch ein anderes Wort des Herrn: „Liebe zu Mir, große Herzensgüte, Liebe zu allen Menschen – das ist in einem Bündel beisammen das richtige Zeichen der Wiedergeburt. Wo aber dieses fehlt, wo die Demut noch nicht genügend stark ist, da nützen weder Heiligenschein, noch Kutte, noch Geistervisionen, noch sonst etwas. Und alle dergleichen Menschen sind dem Reiche Gottes oft ferner als manche andere mit einem sehr weltlich aussehenden Gesichte. Denn, wie gesagt, das Reich Gottes kommt nie mit äußerem Schaugepränge, sondern lediglich inwendig in aller Stille und Unbeachtetheit in des Menschen Herz" (Ed., Kap. 70).

Der Paradiesessphäre zugehörig ist auch das Kinderreich. Bekanntlich hat die Kirche darüber wenig auszusagen. Über das Schicksal der ungetauft verstorbenen Kinder stellte sie die Lehre auf, daß diese an einen Ort gebracht werden, wo sie weder selig noch unselig sind. Augustinus hatte ihnen gar die Hölle zugedacht, was die Mütter in seinem Sprengel fast zur Verzweiflung trieb. Welch ein Trost ist es dagegen bei Lorber zu hören, daß gerade die Kinderseelen im Jenseits aufs beste aufgehoben sind! Es gibt ja auch drüben noch die Möglichkeit eines äußeren und inneren Heranwachsens bis zur völligen Reife. Oft handelt es sich, wie Dr. W. Lutz im Anschluß an die Neuoffenbarungslehre ausführt, „um zarte, schon sehr fortgeschrittene Sternenseelen, d. h. solche, die schon auf irgendeinem Gestirne ein oder mehrere Menschenleben durchgemacht haben und zu ihrer Selbständigmachung und Vollendung nur noch eines kurzen Durchgangs durch das irdische Leben bedürfen; oder die hier etwa nur irgendeine Sendung (z. B. an ihren Eltern) zu erfüllen hatten. – Andere Seelen junger Menschenkinder sind ihrer zarten und schwachen Natur wegen den rauhen irdischen Verhältnissen nicht gewachsen und ziehen sich möglichst bald in die geistige Welt zurück. – Wieder andere sieht der Herr des Lebens durch affenliebige Eltern und sonstige Erzieher verzärtelt und in ihrem Wesen derart gefährdet, daß nur ein zeitiges Hinwegnehmen die junge Seele vor dem völligen Verderben retten kann. Und so spielen denn bei jedem dieser vom irdischen Standpunkt aus oft so betrüblichen Vorkommnisse die weisesten Gründe der Ewigen Liebe mit, die wir einst, zum Schauen gelangt, mit Dank und Ehrfurcht bewundern werden" (in „Die Grundfragen des Lebens").
Was aber geschieht mit den Kinderseelen ganz real? „Diese knospenjungen Seelen werden von ihren Schutzmächtigen von der rauhen Erde hinweg in die lichte und wonnige Geistersphäre der Sonne getragen und dort in der Hut besonderer Liebegeister großgezogen" (Lutz). Diese Liebegeister sind zumeist (gewordene) Engel, die schon in ihrer Erdenzeit große Kinderfreunde waren. Im übrigen hören wir in allen Jenseitskundgaben wie auch bei J. Lorber, daß die Mutter Jesu, Maria, die Oberaufsicht über dieses Kinderreich hat. Eine große Rolle spielt natürlich die auf Erden nicht möglich gewordene Erziehung zum Sprechen und die gründliche Ausbildung von Gemüt und Verstand. Es stehen dafür viel wirksamere Mittel zur Verfügung als auf unserer Erde. In bilderreichen Darstellungen wird alles das unterrichtet, was auch in den irdischen Schulen gelernt werden muß, so zum Beispiel die geologische und geschichtliche Entwicklung unseres Planeten, sowie Entstehung und Geschichte des Menschengeschlechtes unter göttlicher Führung, die sogenannte Heilsgeschichte. Der von Moses verkündete Dekalog, als das Fundament aller göttlichen Ordnung im ganzen All, wird in seiner reingeistigen Bedeutung ausgelegt, und es gibt praktische Übungen in der

Nächstenliebe. Eine eingehende Beschreibung vom „Sonnenreich der Kinder" gibt uns das Lorberwerk „Die geistige Sonne" (Bd. 2, Kap. 67 u. 122). An deren Ende heißt es: „Haben die jungen Seelen (die sowohl körperlich wie auch seelisch viel rascher heranreifen wie auf der Erde) alle diese wunderbaren Schulen durchgemacht und sich sodann selber als Lehrer und Führer in vielen Aufgaben der geistigen Welt geübt und gestärkt, dann können auch sie zu Bürgern der heiligen Stadt Gottes werden, allwo sie jedoch zunächst wiederum die Allergeringsten sein und sich von den Hauptbürgern belehren und leiten lassen müssen für all die großartigen Geschäfte der Himmel."

15. Die unteren Stufen des Mittelreichs

In dem Lorberwerk „Erde und Mond" sagt uns der Herr: „Eines jeden Verstorbenen Seele mit ihrem Geist kommt gleich nach dem Leibestode zunächst in die mittlere Luftregion eurer Erde, in welcher sie gerade so fortlebt, wie sie auf Erden gelebt hatte; denn diese Region ist der Platz, wo die Geistwesenheiten entweder für den Himmel oder für die Hölle vorbereitet werden" (Kap. 31, 4).

Es ist jene zweite Stufe des Mittelreichs, die nicht nur als Wartezimmer für unvollendete Seelen dient, sondern auch für viele von ihnen nach der „Scheidung der Geister" zum „gerichteten" Ort wird. Erst jetzt zeigt sich in voller Deutlichkeit, wie ungereinigt noch ihr ganzes Wesen ist, wie sehr sie noch von ihren alten Leidenschaften beherrscht werden. Da sie jetzt einer Gesellschaft zugehören, die ganz ihrem eigenen Reifegrad entspricht, kommt es nicht selten vor, daß sie untereinander in die schlimmsten Händel verwickelt werden. Dabei geht es, ihrem ungezügelten Temperament entsprechend, nicht anders zu wie schon auf Erden. „Da geschehen dann vereinliche Zusammenrottungen. Und wo mehrere einmal in so einem Vereine beisammen sind, da werden bald Pläne geschmiedet, wie dieses oder jenes durch Gewalt oder durch List könnte erreicht werden" (Ed., Kap. 31, 4).

Es ist nicht schwer, sich auszumalen, daß auf diese Weise, genau wie auf der Erde, ganze Kriege gegeneinander ausgefochten werden, und die schöpferische Phantasie dieser Geister gibt ihnen auch das Rüstzeug dazu. „Aber über ihnen sind die alles durchblickenden mächtigen Friedensgeister", heißt es bei Lorber. „Diese senken sich herab, nehmen die erbitterten Heere so ganz fein gefangen und werfen sie zur Erde herab, allwo es dann wieder eine Zeit dauert, bis sie sich sozusagen zusammengeklaubt und Kraft und Mut gesammelt haben, um wieder nach und nach dorthin zurückzukehren, von

wo sie wie ein schlechter Gast aus einem Wirtshause hinaus- und hinabgeworfen worden waren" (Ed., Kap. 31, 5).
Diese sehr allgemein gehaltenen Äußerungen bei J. Lorber finden ihre Bestätigung in dem Buch „Was uns erwartet" (Verlag Geistige Loge, Zürich). In sehr detaillierter Schilderung gibt uns dort ein Verstorbener namens Albert einen äußerst anschaulichen Erlebnisbericht von seinem Hinauswurf aus der mittleren Luftregion in die untere erdnahe Zone. Er hatte unter seinen Schicksalsgenossen Unfrieden gestiftet und mußte deshalb durch eine möglichst drastische Kur von seinen Eigenheiten geheilt werden. Zwei „Vornehme", wie er sich ausdrückt – es waren das zwei Schutzgeister aus der Friedensregion, die sich rein äußerlich kaum von den anderen unterschieden –, beförderten ihn unversehens an seinen Strafort. Hören wir, wie das im einzelnen zuging! Geist Albert berichtet: „Gleich hatten mich zwei kräftige Arme erfaßt. ... Natürlich wollte ich mich wehren, und ich fragte sie, mit welchem Recht sie mir den Weg versperrten. – ,Wir stehen im Dienste Gottes', war die Antwort, ,du hast uns zu gehorchen!'... Sie führten mich von der Bühne hinunter und ich war bald in meiner Kammer. Während sie vorher doch hell gewesen war, wurde sie nun plötzlich dunkel, stockfinster. Ich versuchte, wieder hinauszugehen, aber ich fand keine Türe mehr, nur noch Wände. ,Nun haben sie mich in den Kerker geworfen', dachte ich. ,Wer mögen sie wohl sein?' ...
Ich mußte lange, lange Zeit in dieser Dunkelheit verharren. Dann kamen sie plötzlich wieder, diese zwei, und es wurde hell um mich wie früher. Ich sah auch den Ausgang wieder und verwunderte mich, warum ich ihn nicht gefunden hatte. Die beiden sprachen kein Wort zu mir. Sie wiesen mich einfach zur Türe hinaus, und schon zog es mich wie Blei ins Erdenreich hernieder. ,Das hier', dachte ich, ,ist eben wieder meine Heimat geworden...' Zwar versuchte ich unter größter Anstrengung, wieder dahin zurückzukehren, von woher ich gekommen war. Aber es ging nicht. Ich fühlte eine solche Schwere an mir! Ich wurde von der Erde so angezogen, daß ich Mühe hatte, mich überhaupt auf ihr zu bewegen. Meine Füße waren so schwer, daß ich mich nur schleppend fortbewegen konnte. Natürlich führte mich mein Weg unter die Menschen. Sie gingen an mir vorüber, ja durch mich hindurch! Ich hatte nur zu staunen, wie das zuging. Ich selbst konnte durch die Mauern hindurch! Trotz meiner Schwere vermochte ich diese irdische Materie zu überwinden. Ich ging durch Steine einfach hindurch und das verwunderte mich anfangs. Da, bei den Menschen, sah ich vieles..."
Es ist erschütternd und zugleich überaus aufschlußreich, was er nun in diesem erdnahen Bereich zu sehen bekam. Es war wohl für seine eigene Läuterung die notwendige Erfahrung. Er konnte das Tun und Treiben der Menschen genauestens beobachten. Und er sah vor allem, wieviele Wesen von

drüben sie ständig begleiteten, gute und böse: Schutzgeister, deren Füße kaum den Boden berührten und die mehr schwebten als schritten, wenn sie bei ihren Schützlingen weilten; aber auch solche Geister, die fest und schwer auf der Erde auftraten und sich an die Menschen förmlich hinhängten, um ihnen ihre bösen Gedanken einzuflößen. Sie versuchten, Macht über ihre Opfer zu gewinnen. „Ich sah, wie fünf bis zehn und noch mehr solch übler Gestalten einen Menschen regelrecht verfolgten. Sie betraten mit ihm zusammen sein Haus, sie rissen an seinen Kleidern, sie hielten ihn an Haaren und Händen; und der eine gab dem anderen die Hand wie zu einem Ringeltanz. Ich versuchte, mich in ein solches Haus hineinzuschleppen, um zu sehen, was die denn da trieben. Allmählich hatte ich das Gefühl, mein Gang werde leichter. Ich konnte plötzlich wieder laufen! So glaubte ich, ich hätte mich nun eben wieder diesen irdischen Verhältnissen angepaßt. Als ich dann in so ein Haus hineinkam, wo eine ganze Bande um einen Menschen versammelt war, bemerkte ich sogleich, wie sich die Menschen hier stritten. Der Streit ging um Geld und allerlei Dinge. Schrecklich haben sie sich gestritten. Und alle jene, die sie nicht sehen konnten, die haben gelacht! Gelacht und gefreut haben sie sich und in die Hände geklatscht..."

Oft werden diese scheußlichen Gestalten von den Schutzgeistern vertrieben, aber sie harren dann in der Entfernung aus, um aufs neue ihren Einfluß geltend zu machen. Von den Schutzgeistern sagt der Berichterstatter: „Man würde es kaum glauben, daß diese Vornehmen, die so zart und niedlich aussehen, über eine solch ungeheure Kraft verfügen. Sie berühren die anderen kaum, und schon werden diese weggeschleudert, irgendwohin." Eines Tages kam dann wieder der Augenblick, da der gedemütigte Geist nach einem Prozeß innerer Wandlung in die zweite Luftregion zurückkehren durfte; jetzt sogar in eine schönere Behausung als ehedem. Sein Körper war wieder leicht geworden. „In Blitzesschnelle", sagt er, „entschwand ich dieser Erde, und schon stand ich wieder im selben geistigen Dorf, vor dem Eingang jenes Hauses (in dem er früher gewohnt hatte)."

Es war seine Unart gewesen auf Erden, oft ihm selber unbewußt, zu viel Zwang auf seine Mitmenschen ausgeübt zu haben, sogar in religiösen Dingen. Ihm wurde vorgeworfen: „Du hast von den anderen ein tugendhaftes Leben verlangt, und dabei hattest du selbst die größten Untugenden. Du hast von den anderen gute Werke verlangt, du selbst aber hast nichts Gutes getan." Dieser Einblick in die Entwicklung einer Seele läßt zahlreiche Schlüsse ziehen auf viele ähnliche Schicksale, wie sie sich in der mittleren Luftregion des „Geisterreiches" – so bezeichnet Swedenborg das Mittelreich – im allgemeinen abspielen. Es sind dort keine direkt schlechten Menschen angesiedelt; dennoch aber haften ihnen noch so viele Untugenden an, daß sie eine Läuterung dringend brauchen. Das Beste für sie ist geregelte Arbeit, um seelisch vorwärts zu kommen. Die Engel und Schutzgeister helfen ihnen dabei. Sie haben aber auch noch ihren freien Willen und können dann Übles planen. Andererseits erhalten sie Vorträge und Unterricht. Es geht in allem sehr irdisch zu, so daß wir die Verhältnisse dort kaum von den unsrigen unterscheiden könnten.

Außerdem haben wir es mit Geistern zu tun, die teils noch in einer chimärischen Vorstellungswelt gefangen sind. Darum auch die noch möglichen Rüstungen und Kriege, von denen Lorber berichtet! Erst ein Gesinnungswandel hilft ihnen weiter. Dann kann folgendes eintreten: „Wenn die von den Friedensgeistern gedemütigten unlauteren Menschenseelen der zweiten Luftregion eurer Erde in den Stand gebracht werden, Meinen Namen auszusprechen und in diesem Namen Hilfe, Rettung und Heil zu suchen, so werden sie alsbald von den Friedensgeistern in die dritte, oberste Luftregion eurer Erde geleitet und dort, freilich im Anfang zuunterst, einquartiert, wo sie dann schon fortwährend in Verbindung mit diesen reinen Geistwesenheiten leben" (Ed., Kap. 31, 5).

Es ist selbstverständlich, daß von diesem Zeitpunkt an ihre innere Welt sich völlig verwandelt und vieles vom Scheincharakter verliert. Nicht allen Seelen, die zunächst in die zweite Stufe des Mittelreichs gelangen, gelingt ein baldiger Aufstieg. Mitunter geht ihre Entwicklung statt nach oben sogar nach unten weiter, und damit verschlechtert sich ihr Zustand. Dr. Walter Lutz führt darüber aus (im Anschluß an Lorber): „Geht eine Seele im Mittelreiche auf die Belehrungen ihrer Schutzgeister nicht ein, sondern will sie in ihren unlauteren selbstischen Gedanken und Trieben verharren und weiterhin ihren alten Leidenschaften frönen, so verändert sich ihre innere Vorstellungswelt in entsprechender Weise und die Seele gelangt in den Geisteszustand der sogenannten ‚Vorhölle'.

Wie sich dieser Zustand als Innenwelt und Innenerleben der Seele ausdrückt, dafür gibt es viele Beispiele in der ‚Geistigen Sonne' bei J. Lorber. Wir erhalten dort einen Einblick in die kahlen, kalten, dämmrig-düsteren Wohnwelten der hartherzigen Reichen, der kalten, hochmütigen Stoiker, Gelehrten und sonstigen Verstandesmenschen, der falschen Priester, untreuen Beamten, Lebemänner und Lebedamen und hören von deren licht- und freudlosem Dasein, durch dessen Öde die Seelen zur Aufnahme eines höheren Lichtes zubereitet werden sollen. Dabei erleben wir, wie die einen das von oben dargebotene geistige Licht dankbar ergreifen, während die anderen sich in Zorn und Abscheu davon abwenden. Besonders lehrreich ist das tragische Geschick eines Ehepaars, wobei der schwache Mann durch das arge, einst schöne Weib immer tiefer in das höllische Verderben gezogen wird."

Auf der untersten oder ersten Stufe des Mittelreichs, der sogenannten Vorhölle, geschehen viele Dinge, die wir von den okkulten Erscheinungen her kennen. Es ist gewissermaßen „die Rumpelkammer des Jenseits", wie sie oft genannt wird. Durch ihre unmittelbare Erdnähe sind uns die dortigen Wesen recht gut vertraut. Sie erscheinen in spiritistischen Sitzungen mit Vorliebe als Foppgeister. In welch üblem Ansehen diese Lug- und Truggeister bei höher entwickelten Seelen stehen, lesen wir in den Büchern des Jenseitsforschers und Lorberfreundes W. O. Roesermueller. Hochaktuelle Fragen werden angerührt, wenn dieser in seiner Schrift „Unsere Toten leben" berichtet: „Ich fragte verschiedene Geistwesen, wie sie über die Wiederverkörperung denken und welche Erfahrungen sie machten. Die Antwort war die: ‚Wer von uns zu Lebzeiten bereits von der Wiederverkörperung überzeugt war, der ist es auch jetzt noch und vertritt euch gegenüber dieselbe Meinung. Wer es nicht war, tut es im entgegengesetzten Sinne. Auf unserer Stufe, auf der wir jetzt stehen, solange wir noch mit euch in Verbindung sein können, wissen wir darüber noch gar nichts auszusagen. Unsere Aufgabe ist hier, langsam in höhere Sphären zu wachsen. Wir brauchen unsere ganze Kraft, um hier reif zu werden. In den erdnahen Sphären gibt es so viele Geister, niedere und böse, Witzbolde und Sprüchemacher, die die größte Freude daran haben, euch in eurer Neugierde zu belügen. Diese Sorte von Geistern läßt euch die romanhaften Inkarnationen miterleben. Ihr waret dann Könige, Fürsten, große Meister. Sie verstehen dem menschlichen Stolz (und der Eitelkeit) zu schmeicheln. Auch die Medien, aus denen Luther, Friedrich der Große, Paracelsus oder gar die Apostel und Heiligen sprechen, fallen vielfach niederen Geistern zum Opfer. Nicht immer sind es böse Geister. Oft sind es auch religiöse Phantasten, ehemalige Sektenanhänger, die meinen, durch den Gebrauch großer Namen mehr Eindruck bei den Sitzungsteilnehmern zu erwirken. Eure Forscher glauben, es wäre das Unterbewußtsein der Medien; darin täuschen sie sich.'"

Im unteren Mittelreich leben auch jene Geister, die Lebende von sich besessen machen. Diese Erscheinung ist eine Realität, von der sich vor allem die Ärzte ein besseres Bild machen sollten. Der amerikanische Arzt Dr. Wickland hat in dieser Hinsicht mit seinem Buch „Dreißig Jahre unter den Toten" beste Vorarbeit geleistet. Er mußte feststellen – mit Hilfe seiner Frau als Medium –, daß viele der Insassen seiner Nervenklinik nicht im eigentlichen Sinne geistesgestört, sondern nur besessen waren. Und er fand auch eine wirksame Heilmethode. W. O. Roesermueller erhielt von einem Jenseitigen die Aufklärung: „Solange eure Wissenschaftler jenseitige Welten und deren Bewohner leugnen, sieht es schlecht für die armen Besessenen aus. Die niederen Geister freuen sich über die Erklärungsversuche eurer stoffgebundenen Forscher, die mit Unterbewußtsein, Hysterie usw. alles erklären wol-

len. Die niedere Geisterwelt hat nur das eine Interesse, nicht entdeckt zu werden. Sie fühlt sich durch die Hypothesen eurer ungläubigen Gelehrten fein getarnt. Die Hauptsache ist, daß das Völkchen den Teufel nicht spürt, der es schon längst am Kragen hat (nach einem Goethe-Zitat)." – Wie wäre dem Übel zu steuern? Roesermueller wurde gesagt: „Durch die Praktizierung jener Methoden, die schon der Heiland lehrte, nämlich durch Beten und Fasten."
Materialisationsphänomene oder auch das häufig vorkommende Stimmenphänomen müssen nicht unbedingt aus niederen Bereichen stammen. Wie hätte sonst das Medium R. J. Lees sein wunderbares Buch „Reise in die Unsterblichkeit" (zwei Bände) schreiben können? Daß nicht alle unerklärlichen Erscheinungen auf paranormalem Gebiet dämonischer Natur sein müssen, geht allein schon aus der Geschichte der Mystik hervor. – Gegenüber den verhältnismäßig harmlosen Fällen von Besessenheit, die wir oft in Irrenhäusern antreffen und die meist von unselig Verstorbenen ausgehen, gibt es allerdings auch Fälle dämonischer Besessenheit, die höllischen Ursprungs sind. Das bekannteste Beispiel dafür lieferte der evangelische Pfarrer Johann Christoph Blumhardt (1805-1880) mit dem Phänomen Gottliebin Dittus. Die Kirche pflegt in diesen Fällen den heute leider in Mißkredit geratenen Exorzismus anzuwenden.
Viele unerlöste Seelen bedürfen dringend unserer Mithilfe zu ihrer Erlösung. Darum wollen sie mit uns in Kontakt treten. Wie unendlich viel könnten wir für sie tun, wenn wir in der rechten Art und Weise uns für sie einsetzten, vor allem durch Belehrung und Gebet. – In der erdnahen Sphäre beheimatet sind auch die sogenannten Spukgeister. Oft machen sie sich durch Klopfgeräusche, phantomartige Erscheinungen usw. bemerkbar. Ihnen selbst ist dies nicht immer ganz bewußt, denn viele sind oft lange an den Ort gebannt, wo sie einst gesündigt haben; zum Beispiel im Falle eines Verbrechens oder auch bei Selbstmord und anderem. (Über Spukphänomene lese man nach in dem äußerst lesenswerten Buch des evangelischen Pfarrers Gerhard Bergmann „Und es gibt doch ein Jenseits".) Bekanntlich geht Spuk nicht immer nur auf das Sich-bemerkbar-machen-Wollen unerlöster Seelen zurück; wenn der Spuk von noch lebenden Personen ausgeht, ist auch die Animismus-Theorie nicht fehl am Platz.
In Fällen von Schwarzmagie, wie im Makumba-Kult Brasiliens, sind weniger Geister aus dem unteren Mittelreich am Werk als vielmehr dämonische Wesen, die Satan auf die Erde schickt. Die echten Schwarzmagier bedienen sich außerdem der Elementargeister. – In seinem Buch „Zwischen Himmel und Hölle" stellt der katholische Schriftsteller Bruno Grabinski eine Anzahl von Dokumenten zusammen, die durch die Mittlerschaft hochbegabter Medien zustande kamen. In ihnen werden von den „Armen Seelen" selbst genaue

Angaben gemacht über ihren jenseitigen Zustand. Es ist erschütternd, von ihnen zu hören, wie sehr sie sich nach Erlösung sehnen. Einige Zitate seien angeführt! Ein Geist namens Heinrich sagte von sich aus: „Ich kann nur meine Sphäre sehen." Ein anderer bekundet, daß er jetzt „in eine höhere Sphäre" aufsteige. Die Seherin von Prevorst erklärte von den Geistern, die zu ihr kamen, sie seien „in den unteren Stufen des Geisterreiches". Einige von ihnen sagten ihr, daß sie jetzt in einen anderen, „besseren Ort" kämen oder sich schon dort befänden. „Wir wandeln alle in der Nacht", erklärte ein Unglücklicher, und zur hl. Margareta von Cortona sagte der Herr: „Einige werden gereinigt in dichter Finsternis."

Ein verstorbener Dominikaner gestand, zwar nicht in die unterste Stufe des Fegefeuers gekommen zu sein, aber unter großer innerer Einsamkeit zu leiden. Wieder eine Seele berichtet: „Der geistige Hochmut hat mich einsam gemacht." Einsam und verlassen fühlen sich viele. Vielleicht überraschend ist die Feststellung Grabinskis, daß das größte Leiden der Seelen im Mittelreich die ungestillte Sehnsucht nach Gott ist. Mit herzzerbrechendem Weinen ruft ein Geist dort aus: „Die Sehnsucht verzehrt mich!", und ein anderer bekennt, daß „die Sehnsucht nach Gott" ihm die allergrößten Qualen bereite. Einer der Gepeinigten gibt folgende Begründung: „Die Seele ist verzagt, wenn sie die Größe Gottes erkannt hat. Die Sehnsucht nach ihm ist dann unser Leid." Auch zur Ordensschwester Maria Lataste sagte Jesus einmal: „Das Leiden, das die mangelnde Anschauung Gottes in den Seelen des Reinigungsortes verursacht, übersteigt alles, was du dir nur vorstellen kannst; denn an diesem Ort erkennen die Seelen vollständig den Wert der inneren Verbundenheit mit Gott."

Wenn die Seelen nach langer Sühnezeit ins Obere Mittelreich gelangen, rufen sie oft in höchster Freude aus: „Ich bin im Licht!" oder „Ich sehe die Klarheit!"; „Ich bin im Lichtkreis!"; „Ich bin vorgedrungen in die Erkenntnis des Lichts!" – Zum „strahlenden Licht" aufgestiegen zu sein, bedeutet für sie die eigentliche Erlösung, wenn auch noch nicht den Himmel. Die Gewohnheit der frühen Christen weiterführend, betet auch heute noch die Kirche „Lux aeterna luceat ei!" („Das ewige Licht leuchte ihm!") Eines der wonnevollsten Erlebnisse für die erlösten Seelen ist es dann schließlich, Gott anbeten zu dürfen. „Die Nebel sind geschwunden, ich bete an!", ruft eine Stimme aus. –

Ganz anders geht es in den dunklen Sphären des Jenseits zu. Hier verwischen sich oft die Grenzen zwischen unterster Stufe des Mittelreichs und eigentlicher Hölle. Wenn einmal die Vergesellschaftung stattgefunden hat, als unausbleibliche Folge der „Scheidung der Geister", dann gibt es jene furchtbaren Szenen, wie wir sie nicht nur bei Dante, sondern genauso bei Swedenborg oder Lorber zu schauen bekommen. So wird uns einmal das Leben eines einstigen Seeräubers und Sklavenhändlers mit den Worten beschrieben: „Er und andere Geister zogen stets kämpfend in Banden umher. Wenn sie keine andere Partei fanden, um sie angreifen zu können, so fochten sie unter sich selbst. Kampf war die einzige Anregung, welche sie sich an diesem schrecklichen Orte verschaffen konnten. Hier war kein Trunk zu finden, um den furchtbar brennenden Durst zu löschen, der sie alle verzehrte. Was sie tranken, schien den Durst tausendmal zu verschlimmern und lief wie lebendiges Feuer die Kehle hinab." (Dr. R. Schwarz in „Mehr Licht aus dem Jenseits", Lebensweiser-Verlag, Büdingen-Dettenbach.)

Eine andere Schilderung lautet: „Bei der undurchdringlichen Finsternis und dem dichten Nebel war es fast unmöglich, nach irgendeiner Richtung hin weit zu sehen und, ehe wir es gewahrten, hatten wir das Land der Sümpfe erreicht. Nur die Empfindung einer kalten, feuchten, ungesunden Luft, welche uns in das Gesicht wehte, hatte dessen Nähe angekündigt. Ein großer See von wässerigem, schwarzem und stinkendem Schlamm, welcher mit einer dicken, schleimigen Schicht von schwarzem Öl bedeckt war, dehnte sich vor uns aus. Riesige Reptile mit gewaltigen, aufgetriebenen Leibern und vorstehenden Augen wälzten sich darin. Große Fledermäuse mit menschenähnlichen Gesichtern flatterten gleich Vampiren über ihm, während schwarze und graue Rauchsäulen schädlichen Dunstes von seiner fauligen Oberfläche aufstiegen und in wunderlichen gespenstischen Wolkengebilden, die sich fortwährend änderten und in neue, häßliche Formen verwandelten, über ihm schwebten. Bald erhoben sich diese Rauchwolken in Gestalt von wild drohenden Armen und zitternden, wackelnden und schwatzenden Köpfen, als ob sie Gefühl und Sprache besäßen; bald lösten sie sich wieder in Nebel auf, um neue, häßliche und schreckenerregende Formen anzunehmen...

Meine Augen, die sich nunmehr an die Dunkelheit gewöhnt hatten, unterschieden hier und da sich abmühende menschliche Gestalten, die bis zu den Schultern im Schlamme steckten. Ein Chor von Wehklagen und Hilferufen, aus denen Schmerz und Hilflosigkeit herausklangen, drang aus der Finsternis an mein Ohr." Der Herausgeber, Dr. Rudolf Schwarz, bemerkt zu diesen Berichten: „Es wäre völlig falsch, sie als Allegorien und Gleichnisse abzutun. Das ist die dunkle Sphäre des Jenseits. Es ist eine völlig müßige Frage, ob man sich diese Dunkelheit, den Schlamm, die Tiere usw. als eigene Phantasieerzeugnisse der Bemitleidenswerten zu erklären hat oder nicht. Für sie sind sie Wirklichkeit, darauf allein kommt es an. Dort unten verwandeln sich alle schlechten Eigenschaften, Lüste und Triebe in handgreifliche Scheußlichkeiten, über denen die Gottesferne als Dunkel lastet."

Mögen auch die angeführten Beispiele bereits Höllencharakter tragen – sie spielen sich ja auch in großer Lichtlosigkeit ab –, so gehen doch Finsternisreich und Land der Dämmerung fast unmerklich ineinander über. W. Altmüller schreibt darüber in der Zeitschrift „Okkulte Stimme" (Heft 4, 6. Jg.): „Um ein geringes höher liegt die Sphäre derjenigen Erdgebundenen, die nicht gerade schlecht waren auf Erden, sondern ‚nur' uninteressiert an der Vervollkommnung ihres geistigen Zustandes, da sie das Materielle und alles Dazugehörende als das einzig Erstrebenswerte im Leben ansahen. ‚Man lebt nur einmal auf der Welt', war ihre Devise. Sie hatten keine Zeit für geistige Belange, und jetzt stehen sie im Nebel ihrer Unwissenheit, in der Kälte ihres Herzens da und merken noch nicht einmal, daß sie längst gestorben sind. Die Neunmalklugen, die Besserwisser, die Verstandesdenker, sie alle finden sich unter dem grauen Himmel wieder, den kein Sonnenstrahl erhellt. Es sind keine dummen Menschen; sie konnten viel in ihrem Beruf und waren auch ganz gute Familienväter, aber eines hatten sie nicht: Interesse an einem Wissen, das ihnen dem Weltganzen gegenüber Pflichten auferlegte. Ichbezogen ließen sie es an Liebe zu anderen fehlen und mißachteten das Gebot der Arbeit an sich selbst. Und jetzt sind sie ganz auf sich gestellt, denn niemand in ihrer Umwelt kann ihnen sagen, was zu tun wäre. Sind doch die Sphären des Jenseits ‚geschichtet'; das heißt nach dem großen Strahlgesetz geht immer Gleiches zu Gleichem. Niemand weiß mehr als der andere, und ein jeder muß von nun an durch eigene Kraft zur Besinnung kommen."

Es gehört zum Wesen der Geisterwelt, daß allein schon „ein Funke wahrer, reiner Liebe" (Lorber) sofort die ganze Umgebung verwandelt. So steigen die Wesen dort oft ganz plötzlich mit Hilfe von Engeln und dienenden Geistern in eine lichtere Sphäre auf. Wir entnehmen daraus die Lehre, daß wir nie vorzeitig über einen Menschen „den Stab brechen dürfen, weil er an sich eine kranke Seele ist" (Lorber). Es kann ja auch in ihm „ein völlig gesunder Lebenskern rasten. ... Darum seid allezeit barmherzig, auch gegen die großen Sünder!", mahnt uns der Herr (Gr. Ev. Bd. 4, Kap. 58, 3-4). Es gibt Fälle, wo schon sehr tief gesunkene Seelen von heftiger Reue ergriffen werden. Dann spüren sie den unaufhaltsamen Drang, sich unter den Willen Gottes zu demütigen. Dies ist dann für den Herrn eine Gelegenheit, seine ganze „Erbarmliebe" an ihnen zu zeigen.

In dem Lorberwerk „Robert Blum" ist es eine bis zum Skelett abgemagerte unglückliche Seele, die einen solchen Reueprozeß durchmacht. Vor den Herrn gebracht, sagt dieser zu ihr: „Du stehst nun hungrig und nackt vor Mir, denn das, womit du auf der Erde deine Seele gesättigt hast, war eine schlechte und magere Kost. Wärest du nicht in der ersten Zeit deines Erdenlebens im Geiste vorgenährt worden, so wäre es beinahe unmöglich, dich jetzt zu retten; denn so es unmöglich ist, einen Fisch außer dem Wasser in der freien Luft am Leben zu erhalten, so unmöglich ist es auch, Seelen, die sich selbst zum Pfützengeschmeiß hinab- und hineingelebt haben, in dem Lichtäther der Himmel am Leben zu erhalten."

Da zeigte ihm die Seele alle ihre Krankheiten und Schwächen und deckte jede Sünde auf. Mitleidig fragte sie der Herr: „Was willst du, daß Ich dir tun soll?" Sie aber bat: „Mein Herz sagt es mir, daß Du die ewige Liebe bist! So nimm mich in Deine Liebe gnädig auf, du heiliger Vater!" Da erwiderte der Herr: „O Weib, o Tochter! Dein Glaube ist groß, und viel Liebe wohnt in deinem Herzen. Dir werde nach deinem Glauben und der Macht deiner Liebe!" Da verlor die arme Seele fast vollständig ihr früheres Aussehen. Ganz plötzlich hatte sie statt ihrer Lumpen ein azurblaues Gewand an. Überwältigt von der unerwarteten Gnade fiel sie dem Herrn zu Füßen und weinte Dankestränen. Etliche Personen „im Hintergrunde", die alles beobachtet hatten, wunderten sich über den Vorgang sehr, denn sie lebten schon längere Zeit in der Gegenwart des Herrn, hatten aber so etwas noch nie an sich selbst erfahren dürfen. Und ein früherer Erzbischof sagte zum Herrn: „Wir sind beschämt, wir stehen da wie die Stöcke, während sie Dich preist mehr als ein David! Sie ist wie ein schönster Stern Deiner Himmel, nichts Mangelhaftes zeigt sich mehr!" (Rbl. Bd. 2, Kap. 244 ff.).

Diese Episode steht im Einklang mit einer anderen Geschichte, die uns bei P. H. Landmann in seinem Buch „Wie die Toten leben" erzählt wird. Dort meldet sich eine „Stimme aus der Finsternis" mit folgendem Bericht: „Ich glaubte nicht an Gott, und das am Lichte meiner materialistischen Lebensauffassung entzündete Verlangen nach Genuß machte mich im innersten Herzen lieblos, so daß ich nur immer mein kleines Wohlbehagen im Auge hatte und hart war, wenn jemand meine Hilfe erbat. Es war meine wahrhaft traurige Lebensmaxime: Leben im Genießen der materiellen Dinge und niemals sich das Geringste entgehen lassen durch Verzicht zugunsten anderer.

Jetzt habe ich keine Möglichkeit mehr, materielle Dinge zu genießen. Die Lust dazu ist jedoch noch immer nicht erloschen, kann aber nicht befriedigt werden. Das ist ein überaus quälender Zustand, den ich in seiner Schrecklichkeit kaum annähernd schildern kann. Es ist nicht Gottes Strafe, sondern die Folge meiner eigenen (inneren) Beschaffenheit, daß es mir jetzt so geht. Aber Gottes Liebe leuchtet wie ein himmlisches Licht hinein in diese Finsternis. Sie hat mich im Herzen fest gemacht, so daß die Genossen meiner Finsternis mich nicht mehr in ihrer Gewalt halten können. Sie versuchen es zwar immer wieder, aber ihre Gründe machen keinen Eindruck mehr auf mich und ihre Schmähungen finden keinen Widerhall in meinem Herzen. Ich glaube an Gottes Liebe in freilich noch überaus schwachem Vertrauen; aber auch dieses Vertrauen hat sich bereits reich gelohnt.

Ich habe die Finsternis kennengelernt. Ich kenne das Leben derer, die sich von Gott losgesagt haben. Ich weiß, wie furchtbar es ist, wie keine Phantasie imstande ist, es sich auszumalen. Aber ich weiß auch, daß Gott Liebe ist, die

niemanden aufgibt, und daß es keine ewige Finsternis gibt für die, die ihre Sünden erkennen und denen sie leid tun. Ich gehöre zu diesen. ... Jetzt erkenne ich, daß Liebe das Entscheidende ist; daß Licht und Freude, Glück und Friede ohne Liebe undenkbar ist. Es ist nun meine Aufgabe, im Zusammenleben mit meinen Genossen zu beweisen, daß ich innerlich ein anderer geworden bin. ... Die Finsternis und der Jammer meines Daseins waren zuerst furchtbar. Seit einiger Zeit habe ich es sehr viel leichter. Mein Haus ist heller geworden, mein Leib beginnt mehr zu leuchten. Meine Kleidung ist dem Inneren entsprechend heil, während die finsteren Geister in mehr oder weniger geflickten oder gar zerrissenen Lumpen herumlaufen. Das Äußere entspricht hier genau dem Inneren, ganz anders als im irdischen Leben, wo der größte Lump oft die schönsten Kleider trägt...
Ich schäme mich, daß ich Gott nicht geehrt habe, und ich habe keinen heißeren Wunsch, als dies jetzt nachzuholen. Mein Haus ist keine halbe Ruine mehr wie die Häuser der meisten hier. Es ist wohnlich geworden und wird es mit meinem Fortschreiten immer mehr werden. – Erwähnen möchte ich noch, daß ich oft lieben Besuch meines Schutzgeistes erhalte. Er hilft mir in jeder Weise, und ich liebe ihn mit aller Inbrunst. – Einen Garten habe ich nicht. Die Gegend ist wüst und leer. Keine Bäume, keinerlei Pflanzen irgendwelcher Art sind zu sehen; nur kahle Berge und ebene, einem unfruchtbaren Lande gleichende wüste Fläche. Es gibt weder leuchtende Sterne in unserer Nacht noch Mondlicht. Alles ist finster oder in fahle Dämmerung getaucht wie an einem kurzen, sehr trüben Wintertag. Nur am Horizont sieht man einen fahlen Schimmer, der ein Widerschein aus dem lichterfüllten Paradies sein mag. Ich schaue oft danach aus. Es kommt mir vor wie eine Verheißung, daß auch ich einmal ins Licht gelangen werde."

16. Die Hölle

Wie der Himmel und das Mittelreich, so ist auch die Hölle bei Jakob Lorber in drei Stufen aufgegliedert. Darüber lesen wir in der „Geistigen Sonne": „In der ersten Hölle ist die Seele nichts als ein Genuß- und Freßpolyp, und das aus lauter stummer Selbstsucht und Selbstliebe. ... In der zweiten Hölle ist durch eine starke Fastenbehandlung die begierliche Seele mehr und mehr eingeschrumpft und dem mit ihr verbundenen Geiste dadurch mehr Freiheit geworden. Im seltenen, besseren Falle kehrt so mancher Geist hier um, kräftigt sich und erhebt dann auch seine Seele stets mehr und mehr. Im gewöhnlichen, schlimmen Falle erwacht der Geist zwar auch, da er aber bei diesem Erwachen in solcher Vernachlässigung seiner Seele sich überaus gekränkt und übel behandelt fühlt, so wird er zornig. Er läßt in diesem Zustand mehr und mehr die Idee in sich aufkeimen, daß ihm für solche Unbill von seiten der Gottheit eine kaum zu berechnende, große Genugtuung zukommen sollte. ... In diesem Gefühl wird er endlich zum vollkommenen Verächter Gottes. Er ersieht auch seine Unzerstörbarkeit und stärkt sich mit der Idee, daß der Geist sich mit der Erhöhung seiner Begriffe und Forderungen ins Unendliche stärken kann. Aus diesem Gefühl erwächst dann sogar auch die satanische Idee, daß die Gottheit sich fürchte vor der stets wachsenden Macht solcher Geister. ... Der Geist geht dann in satanischen Abscheu vor der Gottheit über, fängt an sie zu verachten und zu hassen, dabei aber sich selbst als ein höheres Wesen anzusehen. Tritt dieser Fall ein, dann ist die dritte Hölle auch schon fertig" (Bd. 2, Kap. 107, 9–10, 12–14).

Von den untersten Stufen des Mittelreichs ist kein weiter Weg in die eigentliche Hölle. Das Höllentor, welches Dante zeichnet, mag irgendwo in der „Erscheinlichkeit" bestehen. Doch gibt es keine vollständige Abgegrenztheit der beiden Welten voneinander. Sehr viele Geister pendeln nach Swedenborg noch lange Zeit zwischen ihnen hin und her. Diese Tatsache allein schon läßt die furchtbare Inschrift über dem Höllentor bei Dante: „Lasciate ogni 'speranza – Laßt alle Hoffnung fahren!" als bloßes dichterisches Stilmittel zu wirkungsvollerer Dramatisierung erscheinen. Zugleich sollte es das erbarmungslose kirchliche Dogma von der Ewigkeit der Höllenstrafen, an das Dante in Abhängigkeit von Thomas von Aquin noch fest geglaubt hat, auf einen ehernen Grund stellen. Daß dadurch freilich mehr Schaden entstehen mußte als Nutzen, weil es gegen das Liebewesen Gottes spricht, ist ihm wohl kaum bewußt geworden. Hören wir dagegen ein klärendes Wort des Herrn bei J. Lorber: „Es steht wohl geschrieben von einem ewigen Tode, welcher da ist ein ewig festes Gericht, und dieses Gericht geht hervor aus Meiner ewig unwandelbaren Ordnung. ... Wer sich nun von der Welt und ihrer Materie hinreißen läßt (die doch notwendig gerichtet sein und bleiben muß, ansonst sie keine ‚Welt' wäre), der ist freilich so lange als verloren und tot zu betrachten, als er sich von der gerichteten Materie nicht trennen will. Es muß also der Geschaffenen wegen wohl ein ewiges Gericht, ein ewiges Feuer und einen ewigen Tod geben. Aber darin liegt nicht die Folge, daß ein im Gericht gefangener Geist so lange gefangen verbleiben muß, als dieses Gericht an und für sich dauern kann – so wenig wie auf Erden, so du ein festestes Gefängnis erbaut hättest, die Gefangenen deshalb auf die ganze mögliche Dauer dieses Gefängnisses verurteilt werden sollen. ... So gibt es denn auch in aller Wahrheit eine ewige Hölle, aber keinen Geist, der seiner Laster wegen ewig zur Hölle verdammt wäre, sondern nur bis zu seiner Besserung" (Rbl. Bd. 2, 226, 9–10). Von diesem Text sagt A. Heintschel-

Heinegg: „Er bietet eine offenbar ideale Lösung für ein Jahrtausende altes Problem" (in „Zeugen für das Jenseits").

Was sind das aber für Wesen, die sich in ihrem „zweiten Zustand", dem des „inneren Gedächtnisses", von den künftigen Himmelsbewohnern radikal absonderten? Von ihnen sagt Jesus: „Wenn jenseits eine Seele in sich statt besser nur immer schlechter und böser wird, so gestaltet sich im gleichen Maße auch ihre Scheinwelt und Gesellschaft häßlicher und schlechter. Und so wie die Seele in sich wahrheits- und lichtloser wird, ebenso verdunkelt sich auch ihre Umgebung, was sie sehr drückt und quält. Mit der Steigerung der Qual wächst auch ihr Zorn und ihre Rachgier, und das ist dann schon der Eingang in die Hölle" (Gr. Ev. Bd. 6, Kap. 65, 5). Heintschel-Heinegg ergänzt diese Darstellung aus der Sicht Swedenborgs: „Sie sind fürs erste, wie jeder im ‚zweiten Zustand' total und ohne Hemmung ihrem eigenen Wollen, ihren Trieben und Neigungen ausgeliefert. Und so leben sie sich aus. Ein außenstehender Beobachter stellt fest, daß sie dabei völlig in ihren Phantasien befangen sind; sie machen, wie Swedenborg sagt, sehr oft den Eindruck von Verrückten. Mit der Zeit vergröbert sich dabei ihre – bei Geistern an sich sehr feine – Wahrnehmungsfähigkeit; ihre Sinne funktionieren am Ende sogar bedeutend schlechter als die der irdischen Menschen und sind mit denen der Engel überhaupt nicht mehr zu vergleichen. Während solche Geister sich meist selbst für überaus klug, listig und abenteuerlich mächtig halten, ist – objektiv gesehen – eine ausgesprochene Verdummung eingetreten. Ihren Wahnvorstellungen hingegeben, stiften sie mancherlei an, von Verstellungen, Lügen und grobem Unfug bis zu den widerlichsten Bosheitsakten. ... Jeder wird zum Quälgeist des anderen. Währenddessen wenden sie sich stufenweise jener höllischen Gesellschaft zu, zu der sie bereits im Erdenleben eine innere Beziehung hatten. ... Am Ende des ‚zweiten Zustandes' jedoch stürzen sie sich selbst – wie es auch Katharina von Genua gesehen hat – aus völlig freiem Willen in die Hölle zu ihresgleichen."

Wohl die lehrreichsten Beschreibungen solcher verelendeter Seelen gibt Sadhu Sundar Singh. Bereits bei ihrem Eintritt in die Geisterwelt schaut er folgendes: „Ich sah, daß von allen Seiten fortwährend tausend und abertausend Seelen in die Geisterwelt eintraten, und alle wurden von Engeln geleitet. Die Seelen der Guten hatten nur Engel und gute Geister bei sich, die sie von ihrem Sterbebett herbegleitet hatten. Böse Geister durften ihnen nicht nahen, sondern standen in der Ferne und gaben acht. Ich sah auch, daß bei den Seelen der wirklich Bösen keine guten Geister waren, sondern sie waren von bösen Geistern umgeben, die mit ihnen von ihren Sterbebetten gekommen waren, während auch Engel dabeistanden und die bösen Geister daran hinderten, daß sie der Bosheit ihrer heimtückischen Art freies Spiel ließen und die Seele quälten. Die bösen Geister führten diese Seelen meistens sofort in die Finsternis; denn als sie noch im Fleisch waren, hatten sie ihnen beständig gestattet, auf sie zum Bösen einzuwirken, und sich selber willig zu jeglicher Art von Bosheit verführen lassen. Denn die Engel hemmen auf keine Weise den freien Willen irgend einer Seele. Ich sah dort auch viele Seelen, die erst kürzlich in die Geisterwelt gekommen waren: die wurden von guten und bösen Geistern wie von Engeln begleitet. Aber binnen kurzem begann der wurzeltiefe Unterschied ihres Lebens sich geltend zu machen, und sie schieden sich selber – die guten Wesen dem Guten entgegen und die Bösen dem Bösen entgegen."

Das Gericht über die Sünder hat der Sadhu oft und oft mit eigenen Augen gesehen. So schildert er die Ankunft eines Mörders im Jenseits, oder auch eines stolzen Priesters; eines Räubers, eines Diebes, eines Ehebrechers, eines Lügners. Er berichtet uns von den „geheimen Sünden", die auf Erden nicht offenbar werden, drüben aber ins hellste Licht treten. Und einmal gibt er einen typischen Fall wieder, der vieles von den Vorgängen in der Seele eines Bösewichts gespiegelt zeigt: „Ein Mann, der ein übles Leben geführt hatte, trat nach seinem Tode in die Geisterwelt ein. Als die Engel und Heiligen ihm helfen wollten, begann er sofort, sie zu verfluchen und zu schmähen, und er sagte: ‚Gott ist überhaupt ungerecht. Er hat solchen schmeichelnden Sklaven, wie ihr es seid, den Himmel bereitet, und die übrige Menschheit wirft er in die Hölle. Dennoch nennt ihr ihn Liebe!' Die Engel entgegneten: ‚Gewiß ist Gott Liebe. Er schuf die Menschen, damit sie auf ewig mit ihm in seliger Gemeinschaft leben möchten; aber die Menschen haben sich in ihrer Hartnäckigkeit und durch den Mißbrauch ihres freien Willens von ihm abgewandt und haben sich selber die Hölle bereitet. Weder wirft Gott jemand in die Hölle, noch wird er es jemals tun, sondern indem der Mensch sich in die Sünde verstrickt, schafft er sich selber die Hölle. Niemals hat Gott eine Hölle geschaffen.'

In demselben Augenblick war die Stimme eines hohen Engels von oben zu hören: ‚Gott erlaubt, daß dieser Mensch in den Himmel geführt werde!' Begierig schritt der Mann, von zwei Engeln geführt, vorwärts; aber als sie die Himmelstüre erreicht und den heiligen und lichtumfluteten Ort mit seinen verklärten und seligen Bewohnern sahen, begann er sich unbehaglich zu fühlen. Die Engel sagten zu ihm: ‚Sieh, was für eine schöne Welt! Geh weiter und schaue den teuren Herrn an, der dort auf seinem Throne sitzt!' Er blickte von der Türe aus hinein. Als dann aber das Licht der Sonne der Gerechtigkeit ihm offenbarte, wie unrein sein sündenbeschmutztes Leben war, wandte er sich zurück, denn Ekel vor sich selber überfiel ihn quälend; und nun floh er mit solcher Hast, daß er nicht einmal im Zwischenreich der Geister anhielt, sondern gleich einem Steine jagte er hindurch und stürzte sich kopfüber in die abgrundlose Tiefe."

In dem Büchlein „Sterbeszenen" werden auch bei J. Lorber viele solcher Schicksale ungeläuterter Seelen bei ihrem Eintritt in das Jenseits beschrieben. – Fast noch grauenerregender als das Inferno Dantes sind die Höllenvisionen bei Swedenborg. Sie flößen, nach einem Worte von Heintschel-Heinegg, „ein elementares Entsetzen" ein. Und doch ist man bei dem nordischen Seher auch wieder getröstet, denn er läßt uns von den geistigen Ursachen her über nichts im unklaren: „Er erläutert das Wesen der Hölle mit viel Geduld und großem Ernst. ... Vor allem ist diese Hölle nichts von außen her Auferlegtes, kein Kerker, in den der Verurteilte gewaltsam gestoßen und eingesperrt wird. Nein, sie ist etwas ganz anderes, nämlich ein innerer Zustand; ganz ebenso wie auch der Himmel und die Geisterwelt bestimmte Zustände sind" (Heintschel-Heinegg). Auch das „Ewige Feuer", in welchem die Verdammten gepeinigt werden, nach den Aussagen der Bibel, erhält bei Swedenborg eine sehr glaubhafte Begründung von den Analogiegesetzen her. Demnach entspricht dieses Höllenfeuer der „höllischen Liebe" und kommt „aus der gleichen Quelle, aus der das himmlische Feuer oder die himmlische Liebe entspringt, nämlich aus der Sonne des Himmels oder dem Herrn. Es wird aber höllisch durch die, welche es aufnehmen; denn aller Einfluß aus der geistigen Welt wird verschieden bestimmt, je nach der Aufnahme oder den Formen, in die er einfließt".

Das Höllenfeuer ist also eine Perversion des Gotteslichtes. „Dennoch aber, so betont Swedenborg, wird das höllische Feuer nur von einem höheren Betrachter als solches wahrgenommen; für die Höllenbewohner selbst ist es weder Feuer noch überhaupt ein Brennen, sondern die ihnen eigene und ihnen angenehme Atmosphäre. Wenn aber gelegentlich etwas Wärme aus dem Himmel dort einfließt, so empfinden sie dies als Kälte und inneren Schmerz, ja es bewirkt Verfinsterung und Verblödung. In der Hauptsache aber bestehen die höllischen Qualen in dem, was die dortigen Geister sich gegenseitig antun, in dem unablässigen Wüten aller gegen alle. Ein jeder will nämlich alle anderen beherrschen, und wenn ihm das nicht gelingt, sie wenigstens in jeder erdenklichen Weise ausbeuten, martern und zugrunde richten" (Heintschel-Heinegg).

Das Problem des Feuers in jenseitigen Sphären hat vor allem Origenes beschäftigt. Er spricht von einer jenseitigen Feuertaufe, einem Feuerstrom, einem Feuermeer. Die Engel, ja Gott selbst, sind in Feuer getaucht. In der Endzeit gibt es ein Feuergericht. Aber gerade beim Feuerschein der Hölle wird uns erkennbar, daß er in der Hauptsache ein inneres Phänomen ist. „Wandelt in eurem Feuer und in der Flamme, die ihr euch angezündet habt!" heißt es in Ho. Lev. 9, 8. Bei Origenes hören wir: „Das Feuer hat eine doppelte Kraft: die eine, wodurch es erleuchtet, die andere, wodurch es brennt. ... Gehen wir zum Geistigen über, so gibt es auch hier ein doppeltes

Feuer: Es gibt ein Feuer in dieser Welt, es gibt eines in der kommenden. Der Herr Jesus sprach: ‚Feuer kam ich auf die Erde zu senden!' Dieses Feuer erleuchtet. Derselbe Herr sagt wiederum im Kommenden (bei der Ankündigung des Gerichtes) zu den Übeltätern: ‚Geht in das ewige Feuer, das mein Vater den Teufeln und seinen Engeln bereitet hat!' Dieses Feuer brennt. Und doch: es erleuchtet freilich das Feuer, das Jesus auf die Erde zu senden kam, jeden Menschen, der in diese Welt kommt, es hat aber dennoch selbst etwas Brennendes an sich wie jene bekennen, die sagen: ‚Brannte nicht unser Herz innen in uns, als Er uns die Schriften eröffnete?' (Gemeint sind die Emmaus-Jünger!) Er entzündete und erleuchtete also in einem, da Er ‚die Schriften eröffnete'. Ich weiß nicht, ob nicht etwa auch das Feuer in der kommenden Welt, das brennt, etwas Erleuchtendes hat" (Ho. Ex. 13, 4). Diese Frage wird von Swedenborg grundsätzlich bejaht.

Daß das höllische Feuer eine andere Ausstrahlung besitzt mit seinem brandig-roten Schein als das lautere Licht der Himmel, versteht sich von selbst. Wenn die Farbe, nach einem Wort von Novalis, „das Mysterium des Lichtes" ist, so ist sie auch auf Seelisches abgestimmt. Aus diesem Grunde wirken die Farbschattierungen der Hölle geheimnisvoll aufreizender als das milde Licht der Himmel und Paradiese mit ihren regenbogengleißenden Farbreflexen. Dasselbe empfinden wir oft bei modernen Gemälden, die durch ihre spezielle Farbtönung Höllisches aus dem Seelengrunde aufsteigen lassen. Im Durchgang zwischen beiden, dem Licht der Himmel und dem düsteren Schein der Höllen, steht die Nacht als Finsternis. Auch sie ist die genaue Entsprechung eines inneren Zustandes. Nicht mehr als schweigender Mutterschoß voll Leben und Zeugung, sondern als erdrückende Last des Gegengöttlichen, Blindgewordenen, wird sie nun empfunden. Sobald diese Finsternissphäre durchschritten ist, geht es hin durch das brandige Licht zum Schmerzensfluß, zum Feuerfluß, die Höllenstufen markieren. Der Jenseitswanderer Dante gelangt am Ende zum Kokytos, wo Luzifer aus seiner Eisesnatur den Tränenstrom erstarren läßt.

Dieser Luzifer hat seinen Sitz im Mittelpunkt der Erde, wohin er als persönliches Geistwesen von Gott verbannt wurde. Er ist dort „auf das engste gefesselt", wie es bei Lorber heißt, was allerdings nur symbolisch zu verstehen ist. Wie ein Kettenhund ist er eingeschränkt auf einen bestimmten Umkreis. Das bedeutet aber nicht, daß er nicht trotzdem die Möglichkeit hat, bis weit hinaus in das ganze materielle Universum mit seinen Astralbereichen als dem „großen Schöpfungsmenschen" mit Hilfe zahlloser Untergeister noch Unheil zu stiften. Sein Gifthauch ist spürbar bis in die zweite Region des Mittelreiches, ja bis an die Paradiesesgrenze, wie es Dante uns so drastisch vor Augen führt; denn auch dort windet sich noch „die arge Schlange (Symbol für den Einfluß des Bösen) zwischen Gras und Blumen". Wen ergriffe nicht das Gebet, das die „Armen Seelen" droben in Angst und innerer Unruhe während der heiligen Stille der hereinbrechenden Nacht zum Himmel senden?!

„Noch eh der Tag den Lauf vollbracht,
Erscheinen, Weltenschöpfer, wir
Vor deinem Thron und flehn zu dir:
Sei unser Schutz in finstrer Nacht!

Laß Traum und Schreckbild ferne sein,
Zerstör des Feindes List und Wut
Und lösch der Fleischeslüste Glut,
Daß wir den Körper nicht entweihn!

Um diese Gaben flehen wir,
O Vater, Sohn und Heiliger Geist,
Den Mensch und Engel ewig preist,
Mit Mund und Herz empor zu Dir."

Das „Salve Regina" singend, übergeben sie sich dem Schutz der Himmelskönigin, damit sie ihren Mantel ausbreite und sie darin einhülle. Es ist zugleich ein Lob- und Klagelied zur „Mutter der Barmherzigkeit". – Kaum war das Lied verklungen, heißt es bei Dante, als aus der Höhe zwei Engel mit entflammten Schwertern niederstiegen; „doch ihre Schwerter waren stumpf und ohne Spitzen, zum Verwunden nicht, zur Abwehr nur bestimmt".
In allem ist die Hölle eine Umkehrung (Perversion) der himmlischen Welt. Selbst die Majestät und Herrschaft Gottes mit dem himmlischen Hofstaat der Engel wird von Luzifer nachgeäfft. Seine Kumpanei ist hierarchisch gegliedert, und er selbst trägt eine schiefe Krone, wie Mystiker es schauten. Die künstliche Welt seiner Phantasie ist reich an falschem Flitter und Glanz und Täuschung. Wir heutigen Menschen müssen uns bewußt bleiben, daß eine „moderne" Hölle ganz anders aussieht als das mittelalterliche Vorstellungsbild von Hölle bei Dante, obgleich die Grundgesetze der Analogie die gleichen bleiben. Unser inneres Empfinden von Hölle beschäftigt sich mit anderen Bildern als die damaligen Zeitgenossen. Für uns, die wir im Zeitalter der Technik aufwuchsen, ist zum Beispiel schon Hölle das grauenhaft seelenlose Bild einer Industrielandschaft, zumal wenn sie am Verrotten ist. Das sklavische Gekettetsein an Maschinen, wie in der Zeit des Manchestertums, ist gewiß eine Art Verdammungszustand, der drüben ganz den gleichen Ausdruck findet. Das subjektive Erscheinungsbild aller Höllen nimmt also gewissermaßen Rücksicht auf die jeweilige Zivilisationsstufe einer Zeit. Wie kann es auch anders sein, wenn alles Äußerliche nur eine Hinausprojizierung eines inneren Zustandes ist?

Überaus dramatisch geht es in Dantes zehn Höllenkreisen zu. Eine unübertroffene Farbigkeit der Schilderung wandelt alle Möglichkeiten geistiger Entsprechungsgesetze durch Milieuzeichnung ab. Und der teuflische Anhang Luzifers mit seiner entarteten Mentalität fühlt sich sogar beschützt und wohl unter der mächtigen Schirmherrschaft seines Oberherrn Luzifer. Es sind jene mit Satana gefallenen Engel, die nun Tyrannei ausüben über verirrte Menschenseelen. Sie treiben sie dem „König der unterirdischen Hallen" zu, beaufsichtigen sie und quälen sie. Und wenn einmal ein „Eindringling" (nach ihren Begriffen) von oben aus den Himmeln mit göttlichem Auftrag und Gebot in die Unterwelt hinabsteigt, wie der Dante geleitende Engel, gibt es unter ihnen einen entsetzten Aufruhr. Dann rufen sie vor der Übermacht des himmlischen Boten ihren „Gott" zu Hilfe mit den Worten: „Papa satana, aleppe! – „Vater Satanas, komme schleunigst!" Sogar mit ihren Namen – wie Satanazzo und Drachezzo – sind sie bei Dante auf den Höllenfürsten eingeschworen, als wären sie auf ihn getauft. Ob das nur zügellose Phantasien sind eines mittelalterlichen Poeten? Sie liegen immerhin auf der Linie des Analogiegesetzes.

Wie Lorber spricht auch Swedenborg von bestimmten Landschaftsbildern, Städten, Wüsten und Sümpfen in der Hölle. Doch alle Natur ist trostlos wie das Menschenwerk, ein Zustand äußerster Disharmonien. „Die höllischen Gesellschaften" sind nach Swedenborg „ebenso mannigfaltig und zahlreich wie die himmlischen, wie überhaupt Himmel und Hölle komplementäre Gebilde darstellen. Erst beide zusammen ergeben das geistige Gleichgewicht, in dessen Mitte der irdische Mensch steht. Dieses Gleichgewicht eben bildet die unerläßliche Vorbedingung seines freien Denkens und Wollens, seiner wirklich freien Entscheidung" (Heintschel-Heinegg). Die Listen und Künste der Höllenbewohner, anderen Qualen zuzufügen, sind nach Swedenborg so unvorstellbar arg, daß es besser ist für das Gemüt der Menschen, nicht allzuviel davon zu erfahren. Das Aussehen dieser Geister stellt abbildlich immer ihr Inneres dar. Zwar nicht unter sich selbst, aber für den Blick des Außenstehenden (d. h. „im Lichte des Himmels"), erscheinen sie oft als Tiergestalten bis hin zu monströsen Ungeheuern; häufig auch kadaverartig. Auch das sind im Grunde „Erscheinlichkeiten". Nicht anders hat sie die Seherin von Prevorst wahrgenommen, wie so viele Mystiker und Heilige. Sich selber sehen die Verdammten jedoch nur als Menschen „und das aus der Barmherzigkeit des Herrn, damit sie nicht auch untereinander die scheußlichen Gestalten seien, als die sie den Engeln erscheinen" (Swedenborg). Heintschel-Heinegg sagt mit Recht: „Diese Darlegungen Swedenborgs bieten übrigens einen Schlüssel für vieles aus den mitunter eher grotesk und ungereimt wirkenden Höllenbildern anderer Visionäre."

Ein äonenlanges Verweilen in der Unterwelt (dem Tartarus der Griechen) ist keine Seltenheit. „Der Grund dafür", sagt der Herr, „liegt darin, daß solche Geister auch bei den festen Vorsätzen und bei guter Erkenntnis dennoch ein Herz voll Unflat haben, aus dem fortwährend böse Dünste in die Kammer des Willens aufsteigen und da stets einen Rücktritt bewirken, wo der bessere oder schwächere Willensanteil einen Fortschritt wollte. Es geht ja vielen auf der Welt auch so, sie kennen das Gute und Wahre und nehmen sich auch immer vor, es auszuüben; aber gewöhnlich in den Momenten, wo sie das Gute und Wahre in ihren Willen aufnehmen wollen, da dünstet dann auch ihr Fleisch am meisten. Sie werden schwach und kommen trotz ihres Strebens nicht vom Flecke; und so ist denn der Geist stets willig, aber das Fleisch ist schwach" (Rbl. Bd. 2, 170, 9).

Ein Heilungsprozeß für die Seelen kann nur dann einsetzen, wenn sie von ihresgleichen aufs äußerste gedemütigt und gepeinigt zur endlichen Erkenntnis kommen, daß sie gegen Gott, den sie immer noch mit ihrem Haß verfolgen, machtlos sind. „Und das ist dann ein wirklicher Fortschritt dieser verlorenen Schafe, und für sie stehen uns dann schon wieder eine zahllose Menge der wirksamsten Mittel zu Gebote, sie in eine hellere Belehrung zu leiten, ohne sich direkt an ihrem freien Willen, der ihr Leben ist, zu vergreifen" (Rbl. Bd. 2, 169, 7). Dieser Erklärung eines Engels gehen folgende Worte des Herrn über sich selbst voraus: „Gott ist durch und durch die reinste Liebe, und aus solcher Liebe die höchste Weisheit, Ordnung und Macht. Alles das (was in der Hölle geschieht) – und mag es dir noch so arg und schrecklich vorkommen, ist Meine Liebe, Weisheit und Ordnung, und es muß alles so geschehen, damit alles bestehe und nichts verlorengehe!" (Rbl. Bd. 2, 167, 5).

17. Das Obere Mittelreich oder Paradies in verschiedenen Jenseitskundgaben

Die meisten Stimmen, die aus dem Jenseits zu uns dringen, entstammen dem Oberen Mittelreich. Es ist das „Sommerland" der Spiritisten und, wie wir bereits wissen, jene Region des Friedensreiches in der Stratosphäre (nach Lorber), mit welcher die ersten Seligkeitsgrade ihren Anfang nehmen. Ihr Bereich dehnt sich aus bis an die Äthergrenze, in immer neuen Abstufungen nach oben; er ist das eigentliche Paradies der Bibel. Nicht nur die Natur ist dort strahlend schön, auch die Wesen, die auf diesen Planen wandeln (dem Elysium der Griechen), zeigen verklärte Jugendlichkeit. Alle irdischen Mängel sind behoben; nichts Häßliches, Entstellendes ist mehr zu finden,

ebensowenig wie Krankheit oder Invalidität. Und immer ist das Äußere der vollkommene Wesensausdruck des inneren Menschen.
Dasselbe gilt auch für die Kleidung. Sie ist überaus mannigfaltig und entspricht im allgemeinen dem Charakter der Person. „Das Kleid ist da, sobald jemand in das Paradies kommt, und seine Schönheit richtet sich nach der Reife des Trägers", wird uns versichert. Das Gewand kann schlicht weiß oder farbig sein; auf jeden Fall ist es immer leuchtend, wie auch die Körper leuchtend sind von innen heraus. Es hängt dies mit dem sogenannten Lebenslicht zusammen; wir würden vielleicht statt dessen von „Aura" sprechen. So lange wir auf Erden leben, gibt es sogar zwei Lebenslichter; das eine geht vom materiellen Leibe aus, das andere vom geistigen. In einer Jenseitskundgabe lesen wir: „Je schwächer das Licht des fleischlichen Leibes ist, um so stärker wird das des geistigen Leibes. Das steigert sich, bis das Leben des fleischlichen Leibes zu Ende ist und der leuchtende Geistleib die finstere fleischliche Hülle verläßt. Die erzeugende Kraft des fleischlichen Leuchtens (die sog. Odkraft, die von Freiherr v. Reichenbach zuerst untersucht wurde) ist das Gehirn, das mit Elektrizität geladen ist. Sobald es durch Krankheit nicht mehr genügend Elektrizität erzeugt, brennt das Licht (des fleischlichen Leibes) weniger hell.
Das Licht des geistigen Leibes ist ganz anderer Art. Es hat keine irdische Kraft als Ursache. Sobald der irdische Leib abgelegt ist, entfaltet es seine Leuchtkraft, je nach dem Zustand seines Trägers. Gottliebende Menschen leuchten sofort nach dem Sterben hell; gottfeindliche haben nur ein düsteres Glimmen, das je nach dem Grade ihrer Gottlosigkeit jeweils verschieden ist. Bei ganz großen Missetätern, die viel Unheil über andere gebracht haben, leuchtet nur ein ganz winziges Lichtlein, das sie alsbald jedem anderen als Gottfeinde bloßstellt. ... Das Leuchten des geistigen Leibes ist völlig abhängig von der Stellung zu Gott, während das Leuchten des materiellen Leibes physikalische Ursachen hat. ... Sein materielles Leuchten läßt nach, je näher das Ende kommt. Der fleischliche Leib hat dann seine Aufgabe erfüllt und kann abgelegt werden. Sofort tritt der geistige Leib in euch unvorstellbarer Herrlichkeit in lichtgewobener Schönheit an seine Stelle, und ein Leben nimmt seinen Anfang, das in jeder Hinsicht lebenswert ist.
Euch will es wie ein Märchen vorkommen, wenn ihr hört, wie es ist. Aber was wir euch darüber mitteilen können, ist nur ein Schatten der Wirklichkeit. Ich habe lange Zeit gebraucht, um mich aus dem Banne des immer wieder mich fesselnden Staunens zu lösen und dies Leben nicht als eine Illusion traumhafter Art anzusehen. Das ging keineswegs schnell, denn alles ist zu ungewohnt und steht in zu gewaltigem Gegensatz zu dem, was in der Erinnerung lebt. Denn die Erinnerung an das Irdische wird nicht ausgelöscht. Sie bleibt, um so deutlich wie möglich zu machen, daß Gott seine Menschen liebt

und sie für immer in ungetrübtem Glück sehen will" (P. H. Landmann „Wie die Toten leben").
Von der Kleidung ist zu sagen, daß sie natürlich nicht mehr wie auf Erden irgendeiner Mode unterworfen ist. Sie besteht, zum Beispiel bei den Männern, auch nicht aus Hosen, Röcken, Westen und dergleichen, die stets zu wechseln wären. Nach allgemeiner Aussage ähnelt sie am ehesten der altgriechischen Gewandung mit herrlichem Faltenwurf. Da keine Beschmutzung oder Abnützung mehr zu fürchten ist, braucht sie auch nicht abgelegt zu werden. Ebenso ist körperliche Reinigung überflüssig, denn es gibt keinen Schmutz und Schweiß mehr. Dennoch nehmen die Wesen dort auch Bäder um des wonnevollen Erlebens willen. Die Kleidung kann auch willkürlich gewechselt und nach eigenem Geschmack gestaltet werden. Dazu ist nur ein Willensakt nötig. Auf den unteren Stufen des Oberen Mittelreichs muß allerdings dieser willensmäßige Akt erst erlernt werden. Hier gilt, was eine Stimme von drüben über sich selbst mitteilt:
„Ich habe jetzt eine andere Kleidung als in der ersten Zeit meines Hierseins. Am Anfang stand sie im Verhältnis zu meiner noch mit eigennützigen Empfindungen angefüllten Liebe an Schönheit hinter dem zurück, was ich jetzt habe. Sie entspricht immer meinem inneren Entwicklungszustand und in allem meinem Willen, der sie jederzeit ohne äußeres Zutun ändern kann" (Landmann). Von den Schutzgeistern ist bekannt, daß sie gewöhnlich weiße Gewänder tragen, die je nach dem Charakter oder der Stimmung ihrer Schützlinge mehr oder weniger stark leuchten. Im übrigen dürfen wir nicht glauben, daß es etwa keine nackten Körper mehr gäbe. Die Menschen im Oberen Mittelreich empfinden es aber als Kulturlosigkeit, sich nackt zu zeigen, so schön, ja man kann sagen makellos, ihre Leiber auch sind. Darüber hören wir: „Ein jeder, der hier ankommt, hat eine Kleidung..., da das Bewußtsein, nackt zu sein, im tiefsten Innersten Gefühle hervorruft, die ihr im irdischen Leben als ‚Sich-schämen-müssen' kennt. Wir brauchen uns freilich auch ohne Kleidung nicht zu schämen, denn häßliche Gedanken im Anschauen eines nackten Körpers kennen wir hier keineswegs. Aber die Kleidung ist ein Ausdruck inneren Schönheitsgefühls."
Die Paradiesbewohner zeichnen sich nicht nur durch ein geradezu unfehlbares Gedächtnis aus, sie haben auch viel feinere Sinne als wir Erdenmenschen. Darüber sagt uns einer von ihnen: „Meine Ohren hören mehr Töne, als es auf der Erde möglich war; meine Augen sehen Farben, die ich auf der Erde nicht wahrnehmen konnte. Mein Geschmack schmeckt köstliche aromatische Früchte, wie sie es auf der Erde nicht gibt, und mein Gefühl hat herrliche Empfindungen nicht zu beschreibender Lebensfreude" (Landmann). Auch das geistige Leben nährt sich von Erkenntnissen, die immer neues Lebensglück bedeuten. Dazu kommt die Möglichkeit schöpferischer

Betätigung, wie es sie in diesem Ausmaß auf Erden nie gegeben hat. So heißt es einmal: „Es liegt in der Natur unserer geistigen Materie, daß sie unserem Willen gehorcht und sich gestaltet, wie wir es haben wollen."
Es wundert uns nicht, daß Früchte für diese seligen Geister die Hauptnahrung bilden; befinden wir uns doch im Paradies, und das heißt ursprünglich „Fruchtgarten". Die Früchte dienen allerdings nur der geistigen Kraftzufuhr; verdaut werden sie nicht. Um diese ungewohnte Tatsache zu begreifen, müssen wir erst einmal die Beschaffenheit des geistigen Leibes näher kennenlernen. Eine ausführliche Beschreibung erhalten wir durch einen Geist bei Landmann: „Der Geistleib hat dieselben inneren Organe wie der physische Leib, aber die Lebensbedingungen hier (im Oberen Mittelreich) verlangen geistige Wirkungen dieser Organe. Das Gehirn hat das geistige Leben zu leiten, wie das wesentlich auch die Aufgabe des fleischlichen Gehirns ist. Unter unseren Lebensbedingungen hat das Gehirn die Wesenseigentümlichkeit, daß es wie das Gehirn des fleischlichen Leibes das Gedächtnis sicherstellt. Es erinnert sich alles dessen, was wir gesehen und gehört haben. Aber seine Leistungen sind viel umfassender als die des Gehirns des fleischlichen Leibes. Wir haben ein viel feineres Gedächtnis. Das Vergessen betrifft nur Dinge, die keine Bedeutung haben. Wichtiges wird nie vergessen, das heißt, die Dinge, die unseren geistigen Fortschritt angehen, prägen sich dem Gedächtnis für immer ein. Anders als auf der Erde behält unser Gedächtnis das Himmlische dauernd, so daß ein Reichtum der Erkenntnis besteht, wie er größer nicht gedacht werden kann. Es gibt keine lückenhafte Erkenntnis hier. Was wir gelernt haben, bleibt für immer unser Eigentum und ist uns stets in Erinnerung, wenn wir einmal darüber sprechen.
Das Herz hat die Aufgabe, Liebe zu fühlen. Seine andere Aufgabe ist, das leibliche Leben sehr sicher zu unterstützen, das heißt, mit geistigen Kräften auszurüsten, deren Empfänger er ist. Ganz wie das Herz des fleischlichen Leibes diesen mit dem Lebensträger ‚Blut' versorgt, so unser Herz mit dem Lebensträger ‚Geist' (siehe auch das ‚Herzpünktchen' bei J. Lorber!). Wie das Blut durch die Nahrung entsteht und das Herz der Mittelpunkt ist, der es sammelt und dem ganzen Leibe zuführt, so ist unser Herz der Mittelpunkt, der unserem Leib die geistige Kraft zuführt, die wir aus unserer ‚Nahrung', das heißt, uns zugeleiteten Geisteskräften oder indirekt aus dem Genuß der Früchte empfangen. Das Blut erhält im fleischlichen Leib das Leben, solange es Leben zu erhalten hat. Es wird hier ersetzt durch die geistigen Ströme, die den Adern des fleischlichen Leibes entsprechen.
Und nun die Eingeweide, Magen, Leber, Lunge usw.! Sie sind genau wie die des fleischlichen Leibes gebildet, haben aber ganz andere Wirkungen. Sie geben das, was die geistigen Ströme an Lebensenergie darreichen, dem ganzen Körper. Das geistige Leben liegt im wirkungsvollen Zusammenarbeiten

aller Organe. Die Harmonie der körperlichen Organe wird nie durch Krankheit gestört. Das Leben hat hier nur geistige Kräfte nötig, nicht materielle wie auf der Erde. Deshalb dienen alle Organe nur dem Zweck, diese Kräfte zu empfangen und den ganzen Leib damit zu durchströmen. Sie sind also gewissermaßen ‚Empfangsstationen' dieser Kräfte. Letztere stellen unsere Nahrung dar und brauchen nicht verdaut zu werden wie die irdische Nahrung. Es gibt deshalb auch hier das nicht, was mit der irdischen Nahrung zusammenhängt: Ausscheidung. Eine Harnblase haben wir nicht mehr, ebensowenig wie Geschlechtsteile. Auch das andere, was mit der Verdauung zusammenhängt, nämlich häßliche Gerüche, gibt es infolgedessen hier nicht. Sie sind in der ganzen jenseitigen Natur des Oberen Mittelreiches nicht zu finden, da sie ja eine Folge der Zersetzung sind. Zersetzung aber bedeutet Sterben, und das gibt es hier nicht mehr.
Das Leben hier ist Leben im wahren Sinne des Wortes, wie Gott es haben will, da Er selbst das Leben ist. Wir leben nur durch Sein Leben, da Seine Geisteskräfte uns nähren. Diese Kräfte werden uns immer übermittelt, und die Organe fangen sie auf und ernähren damit unseren Leib. Wie die Nahrung des irdischen Leibes diesen erhält, freilich nur so lange, bis sein Ziel erreicht ist, so erhält die geistige Nahrung unseren Leib; aber nicht nur für eine bestimmte Zeit, sondern für immer. Es gibt nur immer neue Steigerungen des Lebens, niemals eine Abnahme.
Die Lunge atmet die Luft des Himmels, die auch geistige Kraft ist. Sie hat nichts mit Stickstoff, Sauerstoff und Kohlenstoff zu tun. Sie vermittelt geistige Kraft, die überall die Welt des Paradieses erfüllt. Sie ist also ganz anderer Art als die Luft der Erde. Sie besteht aus geistigen Energien entsprechend unserem Leibe und seinen mancherlei Möglichkeiten. Wir atmen wie ihr. Wenn ihr atmet, so gebt ihr Kohlensäure ab; unser Atmen ist eine Bereicherung der Atmosphäre, weil das, was wir von geistigen Kräften nicht verwenden, wieder frei wird und in die Luft einströmt. Das macht sie immer reicher und das ist die gesetzmäßige Ordnung hier, wie auf der Erde der Ausgleich zwischen tierischer und pflanzlicher Atmung.
Herz und Puls bewegen sich wie auf der Erde, aber nicht durch Blut, sondern durch die geistigen Ströme, die den Leib durchfluten. Nerven sind nicht vorhanden; wir brauchen sie nicht, da es keine Schmerzempfindungen gibt. Die Gefühle der Lust und des Wohlbehagens erzeugen sich nach anderen Gesetzen, die zu beschreiben mir nicht möglich ist, da ich sie selbst nicht kenne. – Unser Körper ist nicht verletzbar. Es gibt keine Möglichkeit, ihm Schaden zuzufügen, da es andernfalls auch hier Unglücksfälle gäbe wie auf der Erde. Aber so etwas gehört nur der Erde an; hier ist keinerlei Verletzung des immer gesunden Körpers möglich." –
Der Geschmack der Früchte schließt himmlische Wonnen in sich. In dem

Buch von Friedrich Härdle „Diesseits und jenseits der Scheidewand" wird uns über die Früchte gesagt: „Sie haben die Hauptstoffe, die wir brauchen. Wir nehmen jedoch alles nur auf, wenn wir vorher die Speisen in geistige Substanz aufgelöst oder verwandelt haben. Weiter fortgeschrittene Geister brauchen keine Nahrung aufzunehmen. Sie ziehen die notwendigen Stoffe aus dem Äther; im übrigen aber speisen sie selbstverständlich auch köstlichste Nahrung, je nach Verlangen."

Auch drüben gibt es noch Tag und Nacht; und es wechseln Zeiten der Ruhe mit solchen lebhafter Tätigkeit. „Wir legen uns wohl einmal nieder", sagt ein Geist bei Landmann, „besonders während unserer ‚Nacht', in der wir neue Kraft empfangen und uns ganz in Gottesgedanken versenken. Das ist ein inneres Ausruhen und köstliche Erquickung des Geistes." Der Rhythmus der Tageszeiten ist zwar vorhanden wie bei uns, doch in anderer Form. Er ist auf jeden Fall nicht auf die Erdumdrehung zurückzuführen. „Unsere Nacht ist nicht finster", hören wir, „sie hat nur keine leuchtende Sonne wie am Tag. Die Sonne ist untergegangen, und Mond und Sterne haben sie ersetzt. Wir haben auch noch andere Lichtspender, wie unsere Häuser und unsere eigenen immer leuchtenden Leiber. Alles leuchtet durch geistige Kräfte. ...

Auch dient die Nacht nicht zum Schlafe, denn dessen bedürfen wir nicht. Die Nacht ist dazu da, daß Gottes besonders gedacht werde durch Einkehr und stille Sammlung, mehr als dies am Tage möglich ist. In der völligen Stille der Nacht richten sich unsere Herzen auf Gott. Wir sind dann in unseren Wohnungen. Kein Laut unterbricht die feierliche Stille, kein Gesang ertönt auf der Straße wie am Tage. Diese Ruhe hat den Zweck, geistige Kraft zu sammeln."

Auch bei Lorber sagt der Herr: „Der Schlaf ist den Geistern fremd. Sie haben wohl auch einen entsprechenden Zustand, der Ruhe heißt, aber dennoch nicht die geringste Ähnlichkeit hat mit dem irdischen Schlaf" („Sterbeszenen"). Manchmal gehen die Paradiesbewohner des Nachts auch außer Hauses. Dann erfreuen sie sich an der herrlichen, mondüberglänzten Natur. „Kein Laut stört die feierliche Stille; nur das Rauschen in den Bäumen oder das leise musikalische Murmeln eines Baches oder Flusses sind zu hören."

Unvorstellbar muß das Erlebnis des Sonnenaufgangs sein, der allen Wesen neue Kräfte zuführt. „Die Sonne kommt nicht wie auf der Erde in regelmäßigen Abständen, sondern nach mir unbekannten Gesetzen. ... Alles strahlt dann Licht aus, auch die unbelebte Natur hat leuchtende Materie; sogar die Steine haben einen leuchtenden Glanz, je nach ihrer Art mehr oder weniger. Dadurch kommt in unserer Welt eine Farbwirkung zustande, die ihr euch nicht vorstellen könnt. ... Wir haben Landschaften, die an die irdischen erinnern, sie aber an leuchtender, völlig unirdisch wirkender Schönheit weit in den Schatten stellen. Wir haben blauen Himmel mit Sonne, Mond und

Sternen und goldfarbigem Gewölk. ... Die Wolken bringen hier niemals Regen. Sie sind wie leichtes Sommergewölk und spielen in den schönsten Farben. Sie sind gleichsam wie eine Goldeinfassung des Himmelsblaus oder wie rosig gefärbte Edelsteine auf dem Saphirteppich des Himmels. Sie leuchten grün und violett, manchmal auch lichtgrau; meist aber sind es lebhafte Farben, mit denen sie geschmückt sind ...

Wir haben das glitzernde Meer, in das sich die Flüsse ergießen. Wir haben Gebirge in allen Höhen, mit Wald und Fels, mit Gipfeln, die an das irdische Hochgebirge erinnern, aber ohne Schnee, da es hier keine Temperaturschwankungen gibt. Wir haben Blumen und Bäume jeglicher Art; aber auch Felder und Wiesen, die an das irdische Landschaftsbild erinnern. Und wir haben Häuser in großen und kleinen Siedlungen oder auch ganz im eigenen kleinen Bezirk. Da gibt es Gärten und Früchte sonder Zahl. Und schließlich haben wir auch Gotteshäuser und solche Stätten, die hohen künstlerischen Zwecken dienen."

Wenn im Jenseits so viele Wesen beisammen sind aus den verschiedensten Nationen der Erde, muß es da nicht Verständigungsschwierigkeiten geben? Tatsächlich bringt jeder Geist seine irdische Muttersprache mit hinüber und er spricht und denkt auch weiterhin in ihren Ausdrucksformen, was sich allerdings im Himmel ändert. Aber hat es nicht schon beim Pfingstereignis die unmittelbare Verständigung gegeben als sogenanntes Sprachenwunder? Genau in der gleichen Weise findet der geistige Verkehr im Jenseits statt. Darüber sagt der Herr bei Lorber: „Jeder Geist nimmt die Sprache derjenigen Welt ins Jenseits mit hinüber, auf welcher er im Leibe gewandelt ist. Bei den Geistern eurer Erde ist ein Verständnis fremder Sprachen so lange nicht vorhanden, bis sie völlig im Geiste wiedergeboren und für den Himmel geeignet sind. – Es geschieht öfter, daß Geister eurer Erde mit den Geistern des Saturn nach dem Tode zusammenkommen. Alsdann verstehen die Saturngeister die Geister eurer Erde augenblicklich; umgekehrt aber ist solches gar selten und bei unreiferen Geistern der Erde überhaupt nie der Fall. Auch sehen die Geister eurer Erde die Saturngeister nicht eher, als bis sich diese ihnen zeigen wollen. Der Grund dieser Überlegenheit liegt in der großen, inneren Weisheit der Saturngeister" (Sa., Kap. 42, 21).

Im Oberen Mittelreich herrscht bereits ein Reifegrad, der eine unmittelbare Verständigung möglich macht. „Wenn ein Mensch dem anderen begegnet, so sagt ihm sein Gefühl, was der andere denkt, das heißt, was er ihm mitteilen möchte. Das ist nicht eine Art Gedankenlesen. Die Gedanken sind auch hier wie bei euch als das, was einem jeden ganz persönlich gehört, verborgen. (Geister können also ihre Gedanken voreinander abschließen; dagegen stehen unsere Gedanken ihnen immer offen.) Aber das, was der andere wissen soll, fühlt er sofort; es braucht nicht ausgedrückt zu werden mit

Worten wie auf der Erde. Diese gefühlsmäßige (telepathische) Verständigung ist aber nun doch keineswegs ohne Lautäußerung. Das Gefühl hat freilich keine Lautäußerung nötig, um verstanden zu werden. Trotzdem hat es das, was ihr ‚Worte' nennt, und sie werden von jedem verstanden. Das Gefühl sagt jedem auch ganz genau, was der andere ihm mitteilen will, und dann hört er es in der Sprache, die er in seinem irdischen Leben als seine Muttersprache gesprochen hat. Infolgedessen gibt es hier keine Trennung dadurch, daß verschiedene Sprachen gesprochen werden. Der eine versteht den anderen und hört ihn in seiner Muttersprache mit sich reden" (Landmann).

Auch drüben ist Arbeit die Würze des Lebens, und sie ist in jedem Falle anregend und sinnvoll. Da sie zu höchster Tätigkeit anspornt – anders als auf Erden –, bedeutet sie zugleich höchste Daseinsfreude. Auch macht sie keinerlei wirkliche Mühe; es muß ja nicht mehr in oft primitivster Sklavenarbeit für Nahrung und Kleidung gesorgt werden. Im Vordergrund steht immer der Dienst am Nächsten; besonders aber die Hilfeleistung an den unerlösten Seelen in den tieferen Regionen des Jenseits. Selbst die Planetenwelt und ferne Sterne gehören zum Aufgabenbereich der Paradiesbewohner. Darüber hören wir von einem der Schutzgeister: „Die meisten Planeten sind von Menschen bewohnt. ... Doch wisset, diese Menschen (auf anderen Himmelskörpern) haben einen Vorzug vor euch: Sie sehen alle Wesen und Geister und haben somit mehr Einblick in die Weisheit Gottes. Sie haben mehr Erkenntnis. Es gibt dort wunderbare Bauten, viel schöner und herrlicher als bei euch. Aber ihr seid doch als Kinder Gottes dem Herrn näher, und der Vater liebt euch besonders; denn er gab euch ja aus Liebe sein Kind. Und ist euer Sinn auch noch nicht so gut entwickelt, die Herrlichkeit Gottes ganz fassen zu können, so ersetzt euch doch das Gefühl dies alles; denn wisset, das Gefühl ist euch von Gott gegeben, das Gefühl für die Gottheit, den Menschen auf anderen Erden (Himmelskörpern) aber nicht." (Härdle, „Diesseits und jenseits der Scheidewand".)

Zur besseren Verständlichmachung sei hinzugefügt, in Übereinstimmung mit den Ausführungen bei J. Lorber, daß man sich die Bewohner anderer Planeten und Himmelskörper nicht immer als grobmateriell, das heißt unseren irdischen Verhältnissen entsprechend, vorstellen darf. Ihre Leiber sind meist feinstofflicher als die unsrigen, weswegen wir sie mit physischen Augen kaum wahrnehmen könnten. Vielleicht sollte man in diesem Fall auch von „halbmateriell" sprechen, wie dies öfters geschieht. Doch gibt es auch dort rein ätherisch-astrale Plane wie auf unserer Erde, in denen sich die Hingeschiedenen dieser Welten aufhalten. Der Kontakt zu den Verstorbenen ist dort viel enger als bei uns, da das Hellsehen und Hellhören eine Selbstverständlichkeit ist.

Eine der wichtigsten Aufgaben der Paradiesbewohner ist ihr Dienst an uns Erdenmenschen. In dieser Funktion haben sie es gewiß nicht leicht, wenn ihr Schützling mehr zum Bösen als zum Guten hinneigt. Das fordert dann von ihnen unendliche Geduld, was natürlich auch ihrer eigenen Entwicklung förderlich ist. Ein Zwang darf nicht ausgeübt werden; ja die Schutzgeister müssen zurückweichen und dunklen Geistern Platz machen, wenn eine Einwirkung nicht mehr möglich ist.

Ihren ständigen häuslichen Wohnsitz haben diese Schutzgeister im Oberen Mittelreich. Sie sind nicht immer bei den ihnen anvertrauten Seelen; dennoch sind sie allezeit im Bilde, wie es mit diesen steht, sowohl innerlich wie äußerlich; haben sie doch die Fähigkeit, alle Vorgänge auf der Erde zu beobachten. Auch kommt es ihnen sehr zugute, daß sie mit größter Schnelligkeit ungeheure Räume durchmessen können. Im Gefahrenmoment sind sie jederzeit zur Stelle. Ihre gänzlich durchlichteten feinstofflichen Leiber vollbringen einen wahren Raptus, wie wir ihn sonst nur aus dem Ekstaseerleben von Mystikern kennen. „Im Augenblick können wir sein, wo wir sein möchten, durch entsprechende Willensbetätigung", sagt ein Paradiesbewohner. Gerade der Dienst als Schutzgeist, für den eine besondere Ausbildung erforderlich ist, bringt diese in einen sehr engen Kontakt mit uns Irdischen. Ist es doch der Wille Gottes, daß jedes werdende Gotteskind von einem oder mehreren Schutzgeistern – und ebenso auch Engeln – betreut werde.

Die Schutzgeister sind es auch, die bei Seelenreisen von Somnambulen die Führung übernehmen, und selbst bei den Zusammenkünften des höheren Spiritismus, soweit diese noch Ähnlichkeit haben mit den von Paulus erwähnten urchristlichen Zirkeln, die Kontrolle ausüben. Es ist ihnen eine Herzensangelegenheit, die Verbindung nicht abbrechen zu lassen mit ehemaligen Freunden und Verwandten auf Erden. Sie können ihnen Trost spenden und schließlich auch auf dem geistigen Pfade weiterhelfen; ein Amt, das manchmal sogar frühverstorbene Kinder an ihren Eltern übernehmen, wie in dem von Gabriel Marcel eingeleiteten Jenseitsbericht „Einklang der Welten" (Verlag Otto Walter, Olten u. Freiburg i. Br.). Alle Dokumente dieser Art wollen als Lebensschule dienen. Ein Kommentator schreibt dazu: „Sie geben wunderbare Einblicke hinter den Schleier der äußeren Erscheinungen, vermitteln Ahnungen einer vom Menschen unablässig gesuchten paradiesischen Welt und lenken den wachen Sinn auf den in allen Dingen sich offenbarenden Einklang der Welten."

Was der Welt des Oberen Zwischenreichs oder Paradieses den besonderen Glanz verleiht, das ist die spürbare Gegenwart Gottes. Noch können ihn die seligen Geister nicht von Angesicht zu Angesicht schauen, doch treffen auf sie die Worte des Sadhu zu: „Man kann Gottes Gegenwart tatsächlich fühlen und sich ihrer erfreuen, aber man kann sie nicht mit Worten ausdrücken. Wie man die Süßigkeit des Süßen wahrnimmt, indem man sie schmeckt, und nicht, indem man sie anschaulich beschreibt, so erfährt ein jeder dort die Freude der Gegenwart Gottes, und jedermann weiß auch in der Geisterwelt: seine Gotteserfahrung ist wirklich und hat es nicht nötig, daß irgend jemand versucht, ihm mit einer wörtlichen Beschreibung zu helfen" („Gesammelte Schriften").

Dennoch gibt es bereits auf den höheren Stufen des Friedensreiches die Begegnung mit Christus. Meist sind es die auch bei uns üblichen Feiertage, in Erinnerung an Jesu Erdenleben, an denen er sich persönlich zeigt. Das ist dann für die Seelen dort ein Erlebnis ohnegleichen. Er spricht dann gewöhnlich von seiner ewigen Sendung. Es ist gleichsam ein vertieftes Evangelium, so wie es nur seinen engsten Jüngern zuteil geworden ist. Er erläutert ihnen die Tage seines Erdenlebens und fordert jeden einzelnen auf, am großen Erlösungswerk mitzuwirken. Die „Apokatastasis ton hapanton" (die „Wiederbringung alles Verlorenen") ist ja der Sinn der Heilsgeschichte. Vor allem aber ist Jesus ein Künder der Liebe des Vaters. Das von ihm ausstrahlende Licht ist in seinem Glanz so weit herabgemildert, daß die Seelen es noch ertragen können. Auch hier gilt das Wort des Sadhu: „In dieser Geisterwelt kann ein jeder nur so weit Gott erkennen und empfinden, wie er geistig fortgeschritten ist; und auch Christus offenbart seine herrliche Gestalt einem jeden nur insoweit, wie er geistig erleuchtet ist und sie fassen kann. Wenn Christus denen, die in dunklen, niederen Örtern der Geisterwelt wohnen, in demselben herrlichen Licht erschiene wie denen, die an den höheren Örtern sind, dann ertrügen sie es nicht. So mildert er die Herrlichkeit seiner Selbstoffenbarung je nach dem Fortschritt und der Fähigkeit einer jeden einzelnen Seele."

Auf den tieferen Stufen des Oberen Mittelreiches (oder Paradieses) tritt Jesus zwar nicht persönlich in Erscheinung; in den sogenannten „Übungen" aber ist dennoch Gelegenheit geboten, durch „bildliche Darstellungen einen genauen Eindruck" von ihm zu erhalten, wie ein Geist uns mitteilt. „Sie entsprechen der Wirklichkeit mehr als etwa Lichtbilder auf der Erde, denn sie sind völlig materiell und erscheinen auch nicht auf einer Leinwand. Von solchen absolut lebenswahren Lehrmodellen hören wir öfters auch bei Lorber. – So verschiedenen Religionen die Bewohner des Oberen Mittelreichs auf Erden auch angehörten, nach und nach werden sie doch alle zu „Christen". Sie alle gelangen zu der Erkenntnis, „daß Christus das Licht der Welt ist und Gottes einziger Sohn, der auf Erden gelebt hat, arm und klein, der sich opferte und alle Sünden der Welt trug. Denn er war in Reinheit geboren, aus dem Geiste gezeugt. Christus ist das A und O der Himmel. Sein Name klingt von den Engelschören als schönster, glücklichster Klang". (Friedrich Härdle „Diesseits und jenseits der Scheidewand".)

Das geistige Wachstum im Jenseits hängt einzig und allein davon ab, wie das Grundgebot der Gottes- und Nächstenliebe verwirklicht wurde. In gleichem Maße wächst auch die Christuserkenntnis, und alle Kräfte helfen mit, besonders die Engel und der Herr selbst, daß eine geläuterte Seele am Ende zu ihrem eigentlichen Erlösungsziel gelangt und in den Himmel aufsteigt. Wie sehr der Herr selbst dabei behilflich ist, erfahren wir zu wiederholten Malen in den Jenseitsschilderungen bei J. Lorber. Gewöhnlich tarnt er sich dort als unbekannter Fremdling, der äußerlich sich kaum von den anderen unterscheidet. Ganz unbemerkt führt er die Seelen innerlich weiter. Bis ihn die von ihm ausgehende Weisheit und magnetische Anziehungskraft seiner schlichten Person als den Herrn verrät; denn alles an ihm ist Liebe! –

Die Beschäftigung der Paradiesbewohner ist äußerst vielseitig. Wenn sie nicht gerade als Schutzgeister im Einsatz sind, dann findet man sie für gewöhnlich an den zahllosen Schulungsstätten. Das Lernen bereitet dort keine Schwierigkeiten, denn das Gedächtnis ist nicht blockiert wie bei uns und es herrscht ein wahrer Hunger und Durst nach immer größerer Erkenntnis. Von Zeit zu Zeit finden auch längere sogenannte „Übungen" statt, mit Unterweisungen besonderer Art, die für den Himmel vorbereiten. Den Unterricht erteilen meist Geistwesen aus höheren Sphären, unter Umständen auch Engel. Geistiges Wachstum, das in alle Ewigkeiten keine Grenze findet, bedeutet dort einen immer höheren Seligkeitsgrad. Es soll ein Seinszustand erreicht werden, der nach den Worten der Alexandrinischen Katechetenschule zu einer wahren Vergottung (Theosis) führt. Außerhalb des Unterrichts bleibt noch genügend Zeit, sich vor allem den Schönheiten der Natur und erst recht der Kunst zu widmen.

Die Natur ist eine unversiegliche Quelle der Freude. Gottes ursprüngliche Ideenwelt scheint wieder transparent zu werden wie am Anfang aller Schöpfung. Da gibt es keine Ungereimtheiten mehr, nichts Häßliches, das die Harmonien stören könnte. Es ist alles vollkommen aufeinander abgestimmt. Und wie sich die Menschen jetzt gegenseitig kein Leid mehr zufügen, denn das Gebot der Gottes- und Nächstenliebe beherrscht ihren Alltag, kehrt auch zwischen Mensch und Tier wieder der alte Paradieszustand zurück. Die Tiere sind ganz vertraulich im Umgang mit dem Menschen. Und auch untereinander verloren sie ihre Wildheit. Gesänftigt durch die von allen Seiten ausstrahlende reine Aura der Dinge lagern nun, wie es in der Bibel heißt, Löwe und Lamm in Frieden beieinander.

Das Getier läßt sich sogar mit dem Willen heranholen. Bei Landmann sagt ein Geist: „Dann sind die Tiere eine Zeitlang unsere Begleiter, bis unser Wille sie wieder entläßt. ... Das wirst du als das Schönste empfinden, wenn du zu uns kommst, daß Mensch und Tier in Friede und Freundschaft miteinander leben." Das gemeinsame Hinauswandern in die Natur, mit Liedern

und Gesängen auf den Lippen, ist für die Seelen dort, wenn sie nicht gerade von Pflichten gerufen werden, die liebste Beschäftigung. Sie spüren, daß die Schöpfung Gottes zum Innersten ihres Herzens spricht: „Überall tritt uns die göttliche Allmacht entgegen. Wir fühlen seine Gegenwart in allem Geschaffenen. Es ist ein geheimnisvolles Weben, das uns die verborgenen geistigen Kräfte spürbar macht, die von überallher auf uns zuströmen; denn wir sind stets auch Empfänger geistiger Kräfte, die uns fördern. Das geschieht nicht nur durch geistige Übungen, sondern besonders durch die himmlische Natur. Alles ist (auf diesem Plan) auf unseren inneren Fortschritt bedacht...
Die Landschaft zeigt das Bild der Erde in höchster Daseinsfreude ohne irgend einen Schatten, der an die leidende Natur des irdischen Daseins erinnern könnte. Du siehst das ganze Land vor dir, mit Bergen am Horizont, mit Seen, Flüssen und kleinen Gewässern; alles in wechselnder Beleuchtung. Du siehst die Städte in der Ferne mit ihren Türmen. Du siehst kleine Ansiedlungen, in Grün gebettet. Du siehst auch einzelne Häuser in ihren Gärten mit leuchtenden Fenstern. Überall sind Menschen mit leuchtenden Gewändern. In der Nähe sind sie genau zu erkennen; aber auch die weiter Entfernten kannst du erkennen, wenn du deinen Willen darauf einstellst." Moderne technische Vehikel sind ganz aus dem Gesichtskreis entschwunden. Sie nützen drüben nichts mehr, da jedem eine raschere Fortbewegung möglich ist. Mit besonderer Liebe pflegt man Häuslichkeit und Garten. „Dein Garten", heißt es in einer Jenseitskundgabe, „sieht immer so aus, wie du ihn haben willst, ebenso wie dein Haus und die anderen Dinge, die dein Eigentum sind; dies alles kannst du nach deinem Willen gestalten. Auf anderes aber als auf dein Eigentum hat dein Wille keinen Einfluß. Es ist also nicht möglich, anderer Leute Sachen durch eigene Willensakte zu beeinflussen oder gar an irgend etwas in der Natur eine Änderung hervorzurufen" (Landmann). Geliebt werden vor allem die Blumen. „Sie haben alle mehr oder weniger das euch bekannte Aussehen, aber ihr Farbschmelz und ihr Duft übertrifft alles, was es auf der Erde gibt. ... Sie ranken sich um die Häuser und Veranden ganz wie auf der Erde. Sie stehen auch in kostbaren, kunstvollen Vasen im Hause, wie sie gepflückt sind. Das ist wie auf der Erde. Aber sie welken nicht, sondern sind immer frisch, und wenn sie verschwinden sollen, sind sie im Augenblick fort und andere treten an ihre Stelle."
Außerdem wird uns versichert: „Du glaubst nicht, welche Schönheit hier das Auge entzückt. Auch die anderen Sinne kommen auf ihre Rechnung, Geruch und Gefühl ebenso wie Gehör und Geschmack. Die Luft ist mit herrlichen Düften erfüllt, die sich aber niemals aufdrängen, wie es auf der Erde oft der Fall ist. Du hörst immer harmonische Laute, Gesang von Menschen und Vögeln, Musik aller Art. Farbige Schmetterlinge fliegen von Blume zu Blume." Alle Landschaftsbilder, wie wir sie auf Erden kennen, sind drüben da.

Wir werden nichts vermissen. Vor allem aber freuen sich die Menschen aneinander in geselligem Beisammensein. Sie erbauen sich auch gegenseitig an ihrer Schönheit; Schönheit der Gewänder, Schönheit von Gestalt und Antlitz. Sie ist für sie ein ästhetischer Genuß. Alle haben sie jugendliche Gesichtszüge, aus denen ihr Inneres hervorleuchtet. Es würde gewiß zu weit führen, wollten wir auch noch die Schönheit der Häuser und ihrer Inneneinrichtung beschreiben. Hier ist alles ganz intim auf den Wesenscharakter der Bewohner abgestimmt. Wenn man dort über die Schwelle schreitet, tritt man gleichsam auch in eine Persönlichkeit ein. –

Ein völlig anderes Empfinden als wir Irdischen haben die Paradiesbewohner von Raum und Zeit. Der Raum ist drüben insofern anders als herüben, als er sich mehr geistig darstellt. Er ist zwar „keine Spiegelung, sondern Wirklichkeit", entsteht aber doch aus dem eigenen Inneren des Menschen. Er ist also gewissermaßen nur „Vorstellung" (beinahe im Sinne von Schopenhauer); dennoch bedeutet ein gegenseitiges Ineinandergreifen der verschiedenen Sphären keine Störung. Bei Landmann heißt es: „Jeder lebt in seiner Sphäre in einer völlig wirklichen Welt, die in ihrem Äußeren dem inneren Lebensstand ihrer Bewohner entspricht." Die feinstoffliche Materie der geistigen Welten gehorcht eben ganz anderen Gesetzen als die grobstoffliche der irdischen Welt.

Auch der Zeitbegriff ist drüben ungewohnt anders: „Zeit, wie ihr sie habt, gibt es bei uns nicht. Unsere Zeit erweckt nicht das Gefühl der Vergänglichkeit. Sie kennt nur gegenwärtig und zukünftig Seiendes in enger Gemeinschaft, das heißt, wir erleben Gegenwart und Zukunft in einem genau bestimmten Zusammenhang (also eine Art ewiges Jetzt). Das bedeutet nicht, daß uns die Zukunft bekannt wäre; aber wir haben die Gewißheit, daß sie uns für eine Bereicherung des Lebens neue geistige Kräfte zuführen wird. Daraus ergibt sich, daß wir um die Zukunft keine Sorge tragen wie die Menschen auf der Erde, welche die Zukunft fürchten, weil sie ungewiß und gefahrdrohend erscheint. Unsere Zukunft ist völlig gesichert. Es gibt bei uns deshalb keinen Zeitbegriff wie im irdischen Leben (was einem ‚Ausruhen in der Zeit' gleichkommt). Gott ist Liebe. Auf der Erde ist das kaum zu erkennen; hier aber wird es völlig offenbar. Und Liebe verlangt Ewigkeit. Das ist auf der Erde ihr Leid, daß sie das Geliebte verliert. Hier macht man die Erfahrung, daß Liebe und Ewigkeit ganz eng verbunden sind. Darum gibt es keine Zeit hier wie auf der Erde. Geistige Worte haben Ewigkeitswert, fleischliche nicht. Geistige Wirkungen dauern, fleischliche vergehen. Unser Leben ist das wahre Leben; das fleischliche dagegen trügerischer Schein, eine täuschende Spiegelung. Diese Spiegelung dauert eine gewisse Zeit, dann gehört sie der Vergangenheit an. Geist und Fleisch verhalten sich zueinander wie Ewigkeit und Zeit" (Landmann).

Das allergrößte Interesse der Paradiesbewohner gilt der Kunst. Obenan steht die Musik; aber auch Dichtung, Malerei, Architektur usw. werden mit Hingabe gepflegt. Für alle Schüler dieser Kunstgattungen gibt es Akademien. Das hohe Niveau ist selbstverständlich; da wird nichts Unreines, Unedles geduldet. Der Mensch soll durch die Kunst auf das Göttliche hingestimmt werden wie eine Leier; sein ganzes Wesen soll zum Erklingen kommen. In dem Buch von Robert James Lees „Reise in die Unsterblichkeit" wird einmal eine Musikveranstaltung geschildert, die ein längeres Zitat verdient. Wir befinden uns in einem großen vollbesetzten Auditorium unter freiem Himmel. Im einzelnen hören wir: „Jede Rasse war vertreten, und alle zusammen ergaben ein Bild, das auf das harmonischste abgestimmt war – das Bild einer einzigen Familie Gottes, in der niemand gegen den anderen Haß oder Vorurteile hegte. Katholik und Protestant, Moslem und Hindu, Buddhist und Sektenanhänger saßen beieinander in Demut, Frieden und Eintracht, geeint vom allmächtigen Band einer göttlichen Kraft.

Ich war noch immer versunken in diesen Anblick, als der erste Ton eines unvergeßlichen Chorals erklang. Aller Augen richteten sich plötzlich auf den Himmelsdom, von wo im Glanze eines sprühend hellblauen Lichtes eine Taube herniederschwebte. Sie hielt etwas im Schnabel, das noch hundertfach stärker strahlte und die riesige Arena in ein überirdisches Licht tauchte. Wie auf ein Signal erhoben sich alle und beugten in Demut den Kopf. Einen Augenblick später entschwand die Taube unseren Blicken, während das strahlende Juwel aus ihrem Schnabel langsam, als sei es eine Luftblase, in unsere Mitte niedersank. Immer näher kam es herab, wurde größer und nahm noch mehr zu an strahlendem Glanz. Ich verfolgte es mit pochendem Herzen, bis es schließlich über dem Boden mit einem weichen hellen Klang in Myriaden kristallener Pünktchen zersprang, die über uns herniedersprühten und bis zum Schluß auf dem Haupt eines jeden von uns als sichtbares Zeichen des göttlichen Segens verharrten (wer erinnert sich da nicht an das Pfingstereignis!).

Wir setzten uns wieder und verweilten für sieben Takte in Schweigen; da erklang im Pianissimo die Anfangsmelodie des ersten Gesangs. Doch was für ein Gesang war das! Es war ein harmonischer Zusammenklang magnetischer Wellen und nicht ein einziger artikulierter Laut war zu hören. Ich schaute mich um und sah violette Strahlen von den Köpfen der Männer ausgehen, sich in der Mitte des Rundes vereinigen, um dann in Kreisen, bald größer, bald kleiner, den Raum zu durchziehen. Die Bewegung der Strahlenkurve erzeugte – je nach ihrer Größe und Geschwindigkeit – tiefere oder höhere Tonschwingungen. Die Melodie war so süß und glockenrein, daß Worte sie nur gestört hätten. ... Mit dem Ausklingen des ersten Chores verlangsamten sich die magnetischen Kreise, trafen und umschlossen einander, um sich schließlich wie ein Baldachin über die Arena zu legen. Nun setzten die Jünglinge und Mädchen mit einem Zweiklang von blauen und goldgelben Stimmen ein, der langsam zum Crescendo anschwoll. Schließlich fielen auch die Frauen ein; Schwingungen aus zartestem Rosa, die sich mit anderen zu einem herrlichen Dreiklang vereinten. Mit den reinen Stimmen der Kinder erreichte der tausendstimmige Chor schließlich seinen vollen Umfang – und dieser war von so majestätischer, durchdringender Kraft, daß er alle Himmel zu füllen schien. ... Mehr und mehr farbige Kreise bildeten sich zu einem Baldachin über unseren Häuptern, und jeder Klang, jedes Echo erzeugte neue Farbsymphonien. Als endlich der Schlußakkord ertönte, hatte sich über uns eine Wolke aus feinsten Farbströmen aller Schattierungen gesammelt, die alsbald als sichtbares Zeichen unseres Dankes an Gott himmelwärts emporstieg. Doch noch bevor sie unseren Augen entschwunden war, setzte ein neuer Klang von noch süßeren Stimmen ein. Ergriffen wurde ich gewahr, daß die Kristalltropfen auf unseren Häuptern die Antwort Gottes gaben und das ‚Amen' hinter die Huldigung seiner Kinder setzten."

Man sieht, wie bei den Festlichkeiten drüben immer Himmel und Erde zusammenwirken, höhere und tiefere Sphären! Vor allem aber, wie es immer ein Echo gibt durch Gott selbst! Doch die Veranstaltung ging noch weiter: „Jetzt wurde meine Aufmerksamkeit auf einen Mann gelenkt, der das große Rund durch den gleichen Korridor betreten hatte wie ich. Seine große aufrechte Gestalt war von einem strahlend-hellgrauen Gewand umschlossen, über dem er einen weiten Mantel trug. ... Um Kopf, Hüfte, Hand- und Fußgelenke trug er Streifen aus einem mir unbekannten Metall; sie waren mit Edelsteinen besetzt, von denen Lichtstrahlen ausgingen, die sich an Haupt, Rumpf und Gliedern zu sechs Strahlenkronen vereinigten und ihrem Träger eine besondere Kraft zu verleihen schienen." Es ist nicht schwer zu erraten, daß dieser unbekannte Fremdling ein Orientale war, der aber doch hier das Amt eines Dirigenten ausübte. Wir hören weiter: „Es blieb uns keine Zeit mehr zum Sprechen. Der Mann erhob nun seine Hand, die im Augenblick von einer seegrünen, transparenten Wolke umgeben war. Dann beschrieb er mit majestätischer Gebärde einen Kreis und schleuderte so den Farbkranz in die Luft. Nach kurzer Pause ein zweiter, dritter und vierter Schwung, deren jeder einen neuen Farbstreifen hervorbrachte. Es war, als ob ein großer Dirigent den Taktstock gehoben hätte. Wenige Sekunden später setzte das Orchester der tausend und abertausend Stimmen ein, formte sich zu einer machtvollen Hymne, die wiederum Wellen magnetischer Farben entstehen ließ. Es waren sanfte Wellen und Linien – keine Kreise wie zuvor – und jede Stimme erzeugte ihre eigene Farbe, rosa und blau, braun und tiefrot, grün und gold, weiß und violett. Sie umschlangen und durchflossen sich, verwoben sich zu neuen Farben und fügten zu der Musik einen

besonderen Wohlgeruch, bis die Luft erfüllt war von duftenden Schwingungen, die sich bei jedem Akkord zu neuer Form und Gestalt veränderten.
Als das Amphitheater schließlich wie ein wogendes Meer angefüllt war mit Farbe, Wohlklang und Duft, hob der Assyrer von neuem seine Hand, diesmal, um in die Farbschleier um uns herum Lichttropfen zu werfen, die wie Juwelen in der Sonne funkelten und sich zu Myriaden nach allen Richtungen ausbreiteten. Endlich ging vom Kopf des Adepten ein Lichtsignal aus: Die Musik ebbte langsam ab, aber Düfte, Licht und Farben blieben zurück."
Daß Tonbilder von der Musik ausgehen, ist für Sensitive nichts Neues. In dem Lorberwerk „Robert Blum" (Bd. 2, Kap. 292, 1) wird einmal ein himmlisches Tafelkonzert geschildert mit Orgelmusik, deren Tonverbindungen in den buntesten Farben und Formen sichtbar werden. Mediale Maler, wie Heinrich Nüßlein, haben Tonschöpfungen großer Meister ganz und gar in die phantastischsten Formen und Farben umgesetzt. So also müssen wir uns das Jenseitserlebnis von Musik vorstellen! –
Natürlich steht im Jenseits die Religion immer an erster Stelle; sie beherrscht den ganzen Alltag, ja alles Tun und Denken. Gibt es aber auch äußerliche Religionsausübung in Form von Gottesdiensten? Das Gemeinschaftsgefühl verlangt danach: Gemeinsames Gebet, gemeinsamer Gesang sind auch drüben üblich; nur anders als auf Erden. Das Wort des Predigers steht im Mittelpunkt. Und dieser muß ein Erleuchteter sein. Bei P. H. Landmann wird uns eine solche Gottesfeier geschildert: „Nach musikalischer Einleitung – Orgel- und Instrumentalmusik, darauf Chorgesang – trat der hohe Führer, der die Feier leitete, in seinem leuchtenden Gewand in Erscheinung." Es folgte eine Rede aus pneumatischem Geist, die zutiefst in die Herzen eindrang. Nach Beendigung brauste ein gewaltiger Hymnus durch das Haus. „Da neigten alle ihre Häupter zu stillem Gebet. Hierauf wurde aus dem gebräuchlichen Gesangbuch gesungen, ganz wie auf der Erde in euren Gottesdiensten, nur daß die Lieder ganz anderen Inhalt haben. Sie enthalten keine ‚Lehren' über Gott und göttliche Dinge. Die haben wir nicht mehr nötig, da wir das wahre Leben selbst besitzen. Deshalb ist der Hauptinhalt der Lieder Lob und Dank und Anbetung. Gottes Liebe und Treue, Weisheit und Größe wird gepriesen. Leid und Trübsal gibt es hier ja nicht mehr, auch keine hindernden Anfechtungen. Wir besingen mit Freude und Dankbarkeit eine Welt des Lichtes, welche uns glücklich macht und das Sehnen des Herzens nach Friede und Freude für immer stillt."
Wieder ergriff der Führer das Wort: „Er sprach von Gottes Fürsorge, Liebe und Weisheit, die uns seine Wunder in aller Schöpfung erleben läßt. Dazu erschienen immer wieder Bilder, welche das Gesagte darstellten. Es ertönten melodische Klänge, wenn Gottes Liebe erwähnt wurde. Sie kehrten im Verlauf der Rede sogar ziemlich häufig und ganz verschieden wieder. Sie entste-

hen nicht durch Instrumente, sondern haben ihren Ursprung in nicht zu erklärenden Wirkungen des göttlichen Willens. Nachdem die Rede beendet war, gedachten wir der Menschen, die noch auf der Erde zu kämpfen haben, und baten Gott um Beistand und Verkürzung ihrer Not. Das Gebet klang in Lob und Dank aus. Mit herrlichen Chorgesängen unter himmlisch schöner Musikbegleitung fand die Feier ihren Abschluß. Keine Beschreibung kann den wirklichen Eindruck wiedergeben, den eine solche Feier hinterläßt. Man muß das selbst miterleben. – Noch einige Bemerkungen zum Äußeren: Das Haus ist ein monumentales Gebäude. Durch hohe Fenster flutet Licht herein. Herrliche, in magischem Lichte leuchtende Bilder schmücken die Wände. Und auch noch anderer Schmuck ist vorhanden, zum Beispiel plastische Bildwerke aus köstlichem Material. Sie bringen Einzelheiten des göttlichen Wirkens zur Darstellung."

Wohl gäbe es noch zahllose Fragen über das Leben im Oberen Mittelreich zu beantworten; doch reicht hier nicht der Raum dazu aus. Nur noch das häusliche Wohnen möge kurz Erwähnung finden. Da berichtet ein Geist: „Mein Haus hat herrliche Räume. Ich habe allein sechs Zimmer. Im Erdgeschoß ein großes Zimmer, wo ich mich aufhalte, ist geschmückt mit Möbeln wie ein gutes Haus auf der Erde. Aber alle Zimmer haben Eigenschaften, die der Erde abgehen. Sie können sich meinen Wünschen entsprechend verändern, tun das aber nur, wenn ich es ausdrücklich so will. Ich brauche also keinen Handwerker. Ferner hat mein Haus Besuchsräume; denn wir haben viel Besuch, was hier zum Leben gehört. Alle Menschen fühlen Liebe zueinander und diese Liebe will Umgang und Aussprache. So haben wir immer Gäste bei uns, die zu bewirten uns größte Freude bereitet. Für die Bewirtung steht uns viel Gutes zur Verfügung, Besseres als auf der Erde, nämlich unsere herrlichen Früchte. Wir brauchen sie nicht, um den Hunger zu stillen, denn Hunger gibt es ja hier nicht mehr. Unsere Speise sind geistige Kräfte. Die Früchte dienen nur dem frohen Genuß...

In meinem Musikzimmer habe ich ein schönes Klavier, welches fleißig gebraucht wird. Auch andere Instrumente sind zu finden, zum Beispiel eine kleine, wunderbar klingende Orgel, und wenn Besuch kommt, haben wir die schönsten musikalischen Genüsse, denn mancher spielt noch ein anderes Instrument, zum Beispiel Geige oder Flöte oder was es sonst noch sei. Für meine Ruhe habe ich ein Ruhebett, wie ihr etwa in eurer Chaiselongue."

Auch dieser Geist bekundet über seine Arbeit: „Ich gehe wie alle zu denen, die auf tieferen Stufen sind, um ihnen Gottes Liebe zu verkünden. Das ist unsere größte Freude, die du dir nicht ausmalen kannst."

18. Die heilige Hochzeit von Seele und Geist und das Himmlische Jerusalem

Eine „heilige Hochzeit" von Seele und Geist geht dem Reifwerden für die Himmel voraus. Das bekundet auch die Neuoffenbarungslehre. So sagt der Herr bei J. Lorber: Wenn die Seele sich bis zu einem gewissen Grade der geistigen Vollkommenheit erhoben hat, dann vereinigt sich ihr reiner Licht- und Liebegeist mit ihr und der ganze Mensch ist dann ein gottähnliches Wesen und kann aus sich heraus alles ins Dasein rufen und auch weise erhalten. .... „Die Seele wird sich dann (nach der Wiedergeburt) zum Geiste stets so verhalten wie der irdische Leib zur Seele. – Der Leib einer noch so vollkommenen Seele hat gewisserart auch einen eigenen Genußwillen, durch den die Seele verdorben werden kann, so sie in denselben einwilligt. Eine recht erzogene Seele jedoch wird wohl nie in des Leibes Freßwillen eingehen und stets ein Herr über ihren Leib bleiben; aber bei den verbildeten Seelen ist solches sehr gut möglich.

Zwischen Seele und Geist eines Wiedergeborenen aber waltet stets ein solches Verhältnis wie zwischen einer urvollkommenen Seele und ihrem Leibe. Der Leib mag für sich Begierlichkeiten haben, so viele er will, und die Seele reizen zur Gewährung und Befriedigung mit allen seinen oft sehr scharfen Stacheln, so sagt die vollkommene Seele dennoch stets ein wirkungsreiches Nein dazu. Und auf ein Haar dasselbe tut der (reine, aus Gott stammende) Geist in der Seele, in die er völlig übergegangen ist! Solange die Seele in des Geistes Willen vollkommen einwilligt, so lange geschieht alles auf ein Haar nach dem Willen des Geistes, was da auch Mein (Gottes) Wille ist. Wenn aber die Seele infolge ihrer Rückerinnerung etwas mehr die sinnlichen Dinge Betreffendes will, so tritt in solchen Augenblicken der Geist zurück und überläßt der Seele allein die Ausführung des Wunsches, aus der gewöhnlich nichts wird, besonders wenn das Vollbringenwollen sehr wenig oder oft auch gar nichts Geistiges in sich als wohlbezwecklich enthält. Die Seele, ihre selbstische Schwäche und Ungeschicklichkeit bald merkend, läßt von ihren Selbstlustträumereien denn auch alsbald ab, vereinigt sich wieder mit dem Geiste auf das innigste und läßt seinen Willen vorwalten. Da ist dann natürlich wieder Ordnung und Kraft und Macht in der Fülle" (Gr. Ev. Bd. 4, Kap. 225 u. Kap. 226, 1–4).

Es ist jener Akt bräutlicher Vereinigung, den William Blake in einem mystisch-medialen Gemälde so anschaulich darstellte. In der innigsten Umarmung reißt da der Geist die nun vollendete Seele zu sich empor in himmlische Höhen. Der Jubel ist ungeheuer, und die ganze Schöpfungswelt scheint darin einzustimmen. Das männliche und das weibliche Prinzip im Menschen, der Animus und die Anima als ein Teil des ewigen Christus und der himmli-

schen Allseele Sophia, finden endlich wieder ihre vollständige Polarisierung und Harmonisierung. In gleicher Weise wird einmal die Gemeinde Christi, die Ekklesia spiritualis, Hochzeit feiern mit dem Lamm auf dem Throne. Es ist die ewige Brautschaft zwischen Christus und Sophia. „Und der Geist und die Braut sprechen: ‚Komm!'" (Joh. Offb. 22, 17). Diesen Akt der Syzigie, wie er sich zunächst an Einzelseelen ereignet, wird einmal der ganze Kosmos nachvollziehen. In der apokalyptischen Schau des Johannes wird dieser Augenblick in Symbolen wiedergegeben, denn allein in der Symbolsprache lassen sich die höchsten Geheimnisse ausdrücken. Da senkt sich die heilige Stadt, das Neue oder Himmlische Jerusalem, aus ihrer Höhe hernieder. Arthur Schult gibt folgende Deutung des Geschehens: „Der Seher schaut die neue Welt unter dem zweifachen Sinnbild der Braut und der Himmelsstadt. Die Braut als Sophia, als Gottes Weisheit, ist ein Symbol des Kosmos noaetós, der reinen Ideenwelt Gottes, des lichten Urkosmos. Die Himmelsstadt ist ein Symbol von Gottes Ewigkeitsbereich, von Gottes Feuerhimmel, Bild des göttlichen Pleroma selbst. Hier aber wird beides einander gleichgesetzt. Die neue Welt ist zugleich Braut und Stadt, zugleich Urkosmos und Empyreum. Diese Welten durchdringen einander. Die neue Erde und der neue Himmel entstehen, indem die reinen Urbilder der Schöpfung wieder voll in die natürliche Welt eintreten. Dabei nimmt der göttliche Urkosmos, die Sophia, die natürliche Welt, soweit sie geläutert und vom Geiste durchlichtet ist, in sich auf. Der Urkosmos aber geht mit dem geläuterten Kosmos ein in Gottes Feuerhimmel. Das göttliche Empyreum durchdringt nun Urkosmos und Kosmos. Da ist die göttliche Sophia zur Braut des Lammes geworden. Kosmos, Urkosmos und Feuerhimmel sind nun eines. Die als lichte Braut, als Lichtjungfrau geschaute Sophia symbolisiert das Empyreum im Menschen, die Himmelsstadt dagegen meint das Empyreum im Kosmos" (aus „Weltenwerden und Johannes-Apokalypse").
Es mag seltsam erscheinen, daß sich in der Johannes-Offenbarung das Paradies auf einmal zumittest in der heiligen Stadt befindet; es heißt da nämlich: „Er (der Engel) zeigte mir einen Strom lebendigen Wassers, glänzend wie Kristall. Er floß vom Throne Gottes und des Lammes mitten durch die Stadt. Auf beiden Seiten des Stromes stand der Baum des Lebens, der zwölf Früchte trägt; jeden Monat bringt er seine Frucht. Die Blätter des Baumes dienen den Völkern zur Heilung. Nichts Verfluchtes gibt es mehr. Der Thron Gottes und des Lammes ist in ihr (der heiligen Stadt), und seine Knechte beten Gott an. Sie schauen sein Antlitz und tragen seinen Namen an ihrer Stirne. Nacht gibt es nicht mehr, und sie brauchen weder Fackellicht noch Sonnenlicht; denn Gott, der Herr, ist ihr Licht. Sie werden herrschen von Ewigkeit zu Ewigkeit."
Nun ist es aber nicht mehr der Garten Eden, in dem Adam und Eva ihre

Unschuld verloren. Es ist auch kein kosmisches Paradies, wie wir es bereits geschildert haben; vielmehr ist es ein himmlisches Eden, hineingenommen in das Zentrum Gottes selbst. Der Strom mit dem Wasser des Lebens fließt auch nicht mehr wie in der Genesis in vier Richtungen auseinander. Daß er ungeteilt unter Gottes Thron hervorquillt, bedeutet die vollkommene Einswerdung von Natur und Übernatur. Auch der Gegensatz zwischen dem Baum des Lebens und dem Baum der Erkenntnis ist aufgehoben. „Alle Erkenntnis ist da lebendig und alles Leben von Erkenntnis durchdrungen" (Schult). Auch bei J. Lorber sagt der Herr: „Der Baum der Erkenntnis wird gesegnet werden." Das heißt aber auch, Wissenschaft und Religion gehen eine heilige Ehe ein; es gibt keinen Widerspruch mehr zwischen beiden.

Wenn wir uns fragen, welchen tieferen Sinn überhaupt das Symbol des Gartens und der Stadt haben kann, so antwortet Arthur Schult darauf: „Das Bild des Gartens am Anfang der Schöpfung deutet auf die naturverbundene Gartenbaukultur der menschlichen Frühzeit hin. Das Bild der Stadt ist Symbol der spätzivilisatorischen Stadtkulturen. Der Garten steht am Anfang, die Stadt am Ende der Entwicklung. Die Himmelsstadt aber faßt Anfang und Ende in sich, ist zugleich Garten und Stadt. Auch die Weihevollendung allen Seins in Gott vollzieht sich in der Stadt (22, 3). Die Stadt ist ja Bild des sich auf der Erde offenbarenden göttlichen Pleromas, Manifestation von Gottes Allweisheit, Alliebe und Allmacht und zugleich Bild des Kosmos und des in Gott verklärten Menschen."

Über aller Symbolik müssen wir uns dennoch bewußt bleiben, daß Garten und Stadt für die Anschauung des himmlischen Menschen nicht nur chiffrehaftes Zeichen, sondern echte Realität sind. Das beweist die ausführliche Schilderung des Neuen Jerusalem bei Johannes. In unvergleichlicher Weise hat Gustave Doré in einem seiner bekannten „Holzstiche" die Szene wiedergegeben, da der Engel dem Seher vom Patmos die Stadt Gottes zeigt. Der Text dazu lautet: „Und es kam einer von den sieben Engeln mit den sieben Schalen, voll der sieben letzten Plagen, und er sprach zu mir: ‚Komm, ich will dir die Braut zeigen, die Gattin des Lammes!' Und er entrückte mich im Geiste auf einen großen, hohen Berg und zeigte mir die heilige Stadt Jerusalem, wie sie aus dem Himmel von Gott herabkam im Glanze der Herrlichkeit Gottes. Sie funkelte wie der kostbarste Edelstein, wie der kristallhelle Jaspis. Sie hatte eine große, hohe Mauer und zwölf Tore und auf den Toren zwölf Engel und Namen darauf geschrieben, die Namen der zwölf Stämme Israels. Drei waren nach Osten, drei nach Norden, drei nach Süden und drei nach Westen gerichtet. Die Mauer der Stadt hatte zwölf Grundsteine, auf denen die zwölf Namen der zwölf Apostel des Lammes geschrieben standen . . . Die Mauer war aus Jaspis aufgebaut, die Stadt selbst war reines Gold, so rein wie Glas. Die Grundsteine der Stadtmauer waren mit allerlei Edelsteinen geschmückt. Der erste Grundstein war ein Jaspis, der zweite ein Saphir, der dritte ein Chalzedon, der vierte ein Smaragd, der fünfte ein Sardonix, der sechste ein Sardis, der siebte ein Chrysolith, der achte ein Beryll, der neunte ein Topas, der zehnte ein Chrysopras, der elfte ein Hyazinth, der zwölfte ein Amethyst. Die zwölf Tore waren zwölf Perlen, jedes Tor war aus einer Perle. Die Straßen der Stadt waren reines Gold, wie durchsichtiges Glas. Einen Tempel sah ich darin nicht; denn Gott der Herr, der Allmächtige, und das Lamm ist ihr Tempel. Die Stadt bedurfte weder der Sonne noch des Mondes zur Beleuchtung; denn die Herrlichkeit Gottes erhellte sie und ihre Leuchte war das Lamm. In ihrem Glanze werden die Völker wandeln, und die Könige der Erde werden ihre Herrlichkeit hineintragen. Die Tore werden tagsüber nicht geschlossen, und Nacht gibt es dort nicht. Die Pracht und Kostbarkeit der Völker wird man hineintragen. Aber nichts Unreines wird in sie eingehen, kein Götzendiener und kein Irrlehrer, sondern nur jene, die im Lebensbuche des Lammes geschrieben stehen..."

Wie Gott einst Mensch geworden ist, so wird in der neuen Schöpfung der Himmel zur Erde. Es ist die ewige Natur, die bis ins letzte Atom selbst der grobmateriellen Stofflichkeit hinein ihre Umwandlung erfährt. Mit den Edelsteinen wird ausgedrückt, daß alle Schöpfung nun verklärt und lichtdurchlässig ist, glanzstrahlend im Lichte Gottes; „denn die Glorie Gottes erleuchtet sie (die heilige Stadt)", heißt es in Vers 21, 23. Daß die ganze himmlische Stadt von reinstem Golde ist, läßt das alleredelste Metall als Symbol der Göttlichkeit erscheinen. Aber nur als durchlässiger Goldkristall („so rein wie Glas", wie Vers 21, 18 betont) entspricht er dem nun völlig geläuterten Wesen der neuen Schöpfung.

In einem anderen Symbol drückt sich die Überwindung allen Schmerzes aus. „Wenn die Tore aus Perlen bestehen", lesen wir bei Arthur Schult, „sollten wir uns daran erinnern, daß die Perle Symbol überwundenen Schmerzes ist. Perlen entstehen in der Muschel, wenn deren Schleimhäute durch ein eindringendes Sandkorn verletzt werden. Das Tier umhüllt dann, um den Schmerz zu überwinden, das Sandkorn mit einem Saft, der später zur Perle erstarrt. Überwundener Schmerz, überwundenes und in der rechten Gesinnung getragenes Leid macht den Menschen weise. Nur durch überwundenes Leiden, durch Perlentore, gelangt man in das Himmlische Jerusalem." Die Bestätigung gibt Johannes mit den Worten: „Jegliche Träne wird er (Gott) von ihren Augen wischen. Es wird keinen Tod mehr geben, kein Leid, keine Klage, keinen Schmerz; denn das Frühere ist vergangen" (Offb. 21, 4). ---

Das Leben der Vollendeten bedeutet die vollständige Wiederherstellung des ursprünglich gottebenbildlichen Wesens. Zu der heiligen Hochzeit von Seele und Geist, die ein Zeichen der Auferstehung ist, gesellt sich noch eine andere Komplettierung. Es ist eine Eigentümlichkeit der Himmel, daß sich meist erst hier, manchmal aber schon auf Erden, diejenigen Ehepartner zusammenfinden, die von Ewigkeit her von Gott füreinander bestimmt sind. Schon bei allen urgeschaffenen Geistern ist ja „das männlich-positive und das weiblich-negative Prinzip vollkommen gegenwärtig" (Lorber). Und so stellt auch ein Urengel die vollkommenste Ehe der Himmel Gottes dar. Durch den Fall der Geister allerdings wurde es notwendig, auf einer gewissen Stufe der Entwicklung eines jeden gefallenen Urgeistes die beiden Wesenshälften voneinander zu trennen und auf gesonderten Wegen in die Welt zu schicken. Ist es doch die Absicht Gottes, die gefallenen Seelen auf den verschiedenen Stufen des materiellen Naturlebens jene Lebensschule durchmachen zu lassen, die schließlich aus dem Gericht der Materie erlöst und zur Vollendung führt. Man mag darin eine tiefe Tragik erblicken, zumal oft ungeheure Zeitläufe vergehen, bis die beiden Hälften als „Dualseelen" wieder zusammenfinden. Es ist die Tragik einer gespaltenen Liebe, die ja auch zwischen Mensch und Gott einen klaffenden Riß hinterließ.

„Eines Tages aber", so erläutert Dr. Walter Lutz die Ausführungen bei Lorber, „werden sich nach Gottes Ratschluß in einem bestimmten Zeitpunkt der Reife, sei es im Diesseits oder im Jenseits, diese beiden ursprünglich zusammengehörigen Hälften wieder finden dürfen, bereichert durch die mit heiliger Engelsliebe erlösten und zu himmlischer Vollkommenheit geläuterten Seelenelemente. Mit tiefem, aus dem Innersten des Herzens quellendem Empfinden werden sie sich als zusammengehörig erkennen. Und solch ein auf der Liebe von Geist zu Geist begründeter Bund ist es dann, wenn die Gatten in ihrem Fühlen und Streben auch seelisch vollkommen eins geworden sind, wiederum wie im Uranfange eine ‚vollkommenste Ehe der Himmel Gottes'. Eine solche Geistes- oder Herzensehe ist – als von Gott selbst geschlossen – ewig und unlösbar und für beide Teile restlos beglückend. Und der Mann wie das Weib könnten die ganze Unendlichkeit durchschweifen und würden nirgends eine Ergänzung finden, die besser und in beseligenderer Weise zu ihnen paßte als eben diese vom liebevollsten Schöpfer uranfänglich für sie geschaffene Hälfte. ... Wenn Eva von Adam ‚genommen' ist, dann liegt nahe, daß auch jedes andere Weib von irgend einem bestimmten Manne ‚genommen' ist, um seine ewige ‚Gehilfin' und einzig taugliche ‚Ergänzung' zu bilden. Oder mit anderen Worten: Für jeden Mann hat Gott aus dessen Wesen ein Weib geschaffen, das von Ihm, dem Schöpfer und himmlischen Vater, dem Manne zur ehelichen Ergänzung und zur ewigen Lebensgefährtin bestimmt ist" (in „Die Grundfragen des Lebens").

Leider erleben wir es auf Erden, daß nicht immer die zusammenpassenden Hälften eine Ehe eingehen. Oft ist das schon deshalb nicht möglich, weil es unter Umständen sein kann, daß die beiden von Ewigkeit füreinander bestimmten Teile sich nicht zu gleicher Zeit inkarnieren. Dazu kommt noch folgendes: „Die meisten Seelen", sagt Dr. Walter Lutz, „sowohl der Männer wie der Frauen, lassen sich heute, wie zu Zeiten Noahs, nicht mehr vom Geiste, sondern vom Fleische und der Weltlust leiten. Sie denken, fühlen und streben nicht im Hinblick auf Gott und schätzen im Ehegefährten nicht die himmlischen Eigenschaften der Gottes- und Nächstenliebe, sondern suchen in der Ehe nur die Befriedigung ihrer sinnlichen Begierden oder weltlichen Ansprüche. Die Gattenwahl erfolgt nach leiblichen Reizen, irdischem Reichtum, angesehener Stellung, Versorgungsmöglichkeiten und dergleichen. Solche Ehen sind dann weit entfernt von der Vollkommenheit der Herzensehen; sie tragen nicht die Gewähr und Bestimmung ewiger Dauer, sondern im Gegenteil den Fluch der Vergänglichkeit allen Fleisches. Und solche Gatten werden auch niemals das tiefe Gefühl beseligender Zusammengehörigkeit und Ergänzung genießen, wie solches selbst in Zeiten seelischer Kämpfe und Auseinandersetzungen einem geistig verbundenen Paare vergönnt ist.

Auch noch allerlei andere Gründe der Entwicklung und Reife können manch ein wohlgesinntes Menschenkind in diesem irdischen Leben seine wahre eheliche Ergänzung nicht finden lassen. Umstände aus einem menschlichen Vordasein oder aus der Person des anderen Teiles mögen da mitspielen. Und da nur wenige aus Liebe zu Gott das rechte, vertrauensvolle Warten verstehen, werden auch von diesen Menschen im Erdenleben oft Ehen geschlossen, die nicht das unverbrüchliche Siegel göttlicher Berufung tragen."

Die ganze eheliche Not unserer Tage spricht aus diesen Zeilen. Ein kräftiges Wort richtet der Herr bei J. Lorber an die Männer: „Die bloße Weiberliebe ist Eigenliebe. Denn wer von der Weiberliebe sich so weit verziehen läßt, daß ihm daneben die Nächstenliebe und aus dieser die Gottesliebe zur Last wird, der liebt sich selbst im Wesen des Weibes! Laß dich daher von der reizenden Gestalt eines Weibes nicht gefangennehmen übers rechte Maß, ansonst du untergehst in der Schwäche des Weibes, während doch das Weib in deiner Kraft erstehen soll zu einem Wesen mit und in dir!" (Rbl., Bd. 2, Kap. 157, 12). Im Markus-Evangelium wird uns berichtet, wie Sadduzäer, die bekanntlich die Auferstehung leugneten, dem Herrn einen schwierigen Fall vortrugen. Sie erzählten ihm von sieben Brüdern, die nacheinander die gleiche Frau ehelichten, nachdem jeweils einer von ihnen gestorben war. Zuletzt stellten sie an Jesus die Frage: „Welchem von ihnen wird sie nun bei der Auferstehung als Weib angehören?" (12, 23). Die Antwort lautete: „Wenn die Menschen von den Toten auferstehen, werden sie weder freien noch sich freien lassen" (V. 25). Das aber will heißen: Für jeden Menschen ist schon von Uranfang an der ihm zugehörige eheliche Partner bestimmt!

Für die Weltehe gilt aber trotzdem: „Habt ihr eine wahre Liebe in eurem

Herzen zueinander gefaßt, dann sollt ihr dieselbe nicht brechen. Es gilt bei Mir kein anderes Gesetz für die Ehe, als welches da mit glühender Schrift (des Geistes) geschrieben steht in euren Herzen. Habt ihr euch schon beim ersten Anblicke laut dieses lebendigen Gesetzes erkannt und verbunden, dann sollet ihr euch nicht mehr trennen, so ihr nicht sündigen wollet vor Mir. Ich halte aber kein bloß weltliches Eheband für gültig, sondern allein das des Herzens. Wer dieses bricht, der ist ein wahrhaftiger Ehebrecher vor Mir. ... Wehe aber der Liebe, deren Grund (das Fleisch oder) die Welt ist. Sie sei verflucht!" Es bleibt also dabei: „Was Gott verbunden hat, das soll kein Mensch mehr trennen, und es ist sonach eine wahre (vom Geist mit dem Geiste) geschlossene Ehe für ewig unauflöslich. ... Hatte den jungen Eheleuten der Ehehonig gemundet, so müssen sie (bei eintretenden Schwierigkeiten) dann schon auch mit der Galle der Ehe sich zufriedengeben. Der Ehehonig ist ja ohnehin der schlechteste Teil derselben; erst mit dem galligen Teile nimmt des Lebens goldener Ernst seinen Anfang. Käme dieser nicht, dann stünde es mit der Saat für den Himmel schlecht. Im oft bittersten Lebensernste beginnt erst der geistige Same sich zu beleben und zu entfalten, der im beständigen Honigleben erstickt wäre" (Gr. Ev. Bd. 3, Kap. 70).

Das Besondere an der himmlischen Ehe ist noch folgendes: „Da keine Menschenseele, wenn sie einmal aus den Elementen des Naturreichs gebildet wurde, ihre Persönlichkeit je mehr verliert, so wird auch bei einem solchen geistig wiedergeborenen und vollendeten Paare der Mann sowohl wie das Weib ewig eine gesonderte Persönlichkeit bleiben. Aber infolge der ursprünglichen geistigen Zusammengehörigkeit wird zwischen ihnen in alle Ewigkeit eine ganz besondere, einzigartig wohlgestimmte und höchst wonnevolle gegenseitige Ergänzung und Wechselbeziehung stattfinden. Und ein Lebenszusammenklang wird sich ergeben, würdig des großen Meisters, der in der Tiefe seiner Schöpferliebe vor Urzeiten sein Werk erdacht und es mit unergründlicher Weisheit und Macht auf wunderbarsten Wegen zur Vollendung geführt hat" (Dr. W. Lutz).

19. Das Leben der Vollendeten

Der Weg nach oben ist im Jenseits gekennzeichnet durch eine wachsende Gottesliebe; sogar bei jenen Seelen, die ursprünglich nicht so recht an die Existenz Gottes glauben konnten. Nun sehen sie es ein und spüren es immer deutlicher, daß es nur eine Beheimatung gibt, nur einen Sinn des Daseins, nämlich die Liebe. Liebe wird ihnen allenthalben entgegengebracht von den schon geläuterten Geistwesen der oberen Sphären, die ihretwegen die größten Opfer auf sich nehmen, um sie aus der Finsternis zu erlösen. Diese Liebe pflanzt sich fort und hat ihren Mittelpunkt im Herzen Gottes, dem Urquell allen Seins. Fritz Rienecker sagt in seinem Buch „Das Schönste kommt noch": „Soweit wir in unserem Denken und Verlangen nach Gott, nach Ihm fragen und Ihn suchen, ist es immer Er Selbst, Er, der Persönliche, und nicht ein allgemeines Sein, bei dem wir als letztem Ziel ankommen. Mit Ihm wollen wir Gemeinschaft haben, an Ihm unseren Halt, Frieden, Trost finden. Unsere Seele dürstet nach Gott, nach dem lebendigen Gott, nach Ihm Selbst, zu persönlicher Gemeinschaft mit Ihm. Diese Gemeinschaft allein vermag unserem Denken, Wollen und Fühlen ein volles Genüge zu geben."

Ein im Jenseits zum Lichte Gottes aufgestiegener Mönch, dessen Glauben an Christus bereits auf Erden ins Wanken geraten war, empfing drüben die Lehre: „Jesus, der Gekreuzigte, ist allein Gott über alle Himmel und über alles, was den unendlichen Raum erfüllt. Er allein ist der Urschöpfer aller Dinge, aller Engel, Menschen, Tiere, Pflanzen und aller Materie. Er ist der Vater seinem urewigen Liebewesen nach, der ewige Sohn seiner Weisheit und der allein Heilige Geist seiner unendlichen Macht, Kraft und Wirkung nach. An diesen Jesus wende dich im Herzen wahrhaftig und getreu und liebe Ihn, der dich so sehr liebt und liebte, daß Er aus Liebe zu dir wie zu allen Menschen die Menschennatur annahm und des Leibes bittersten Tod über sich kommen ließ, auf daß dir und allen Menschen ein ewiges Leben ermöglicht werden möchte.

Das ewige, Gott völlig gleiche, seligste Leben ist durch Ihn allein ermöglicht worden und als ein unendlicher Schatz gegeben aller Kreatur. Und es bedarf nun nichts mehr und nichts weniger, als diese heilige, große Gabe des heiligen Vaters liebewillig zu verlangen und allerdankbarst anzunehmen – und der Mensch ist selig lebend in Ewigkeit in der Gesellschaft Gottes wie ein zweiter Gott. Gott, der da ist unser aller Vater Jesus, ist die reinste Liebe, die niemanden richtet und jeden seligst machen will. Aber nur muß der Mensch auch das wollen, was Gottes reinste Liebe will, sonst kann er nicht selig werden. Denn Gott tut niemandem einen Zwang an, am allerwenigsten in dieser Welt der Geister. Daher wird aber auch jedem nur das zuteil, was er selber will. Was du demnach willst, das wirst du auch empfangen! Es gibt aber kein Leben und keine Seligkeit außer in der reinen Gottesliebe. Wer diese in sich aufgenommen hat und selbst das will, was diese heilige Liebe will, der lebt und ist selig für ewig" (Rbl. Bd. 1, Kap. 126, 1–5).

Mit welcher Gewalt die Seelen oft im Jenseits von der Gottesliebe ergriffen werden, sobald sie nur in eine lichtere Sphäre gelangen, zeigt uns das Beispiel von Robert Blum. Auf Erden hatte er sich mit Feuereifer für die Belange der unterdrückten Schichten des Volkes eingesetzt und war ein Revolutionär aus Überzeugung. In Dingen der Religion aber blieb er indifferent oder skeptisch. Drüben allerdings lernte er sehr bald die Führungen Gottes kennen. Als er nun in eine bestimmte Stufe des Oberen Mittelreiches (Paradieses) eingeführt wurde, rief er entzückt aus: „O Herr, o Vater, o Gott! O schaffe in mir Kräfte, daß ich Dich für Deine endlose Güte und Herablassung mit der Glut aller Sonnen lieben kann!" (Rbl., Bd. 1, Kap. 43, 10). Bei begeisterungsfähigen Naturen steigert sich diese Liebe zu einem wahren Feuerbrand. Eine einst sehr sündige Seele bricht einmal in der Begegnung mit Jesus in die Worte aus: „O du hoher Freund aus den Himmeln, wie wohl wird mir an deiner Seite! Alles Rohe fiel wie ein Schuppenpanzer von mir! Mein grobes Denken und meine grobe Sprache haben sich verwandelt wie eine eklige Raupe in einen herrlichen Falter! Und alle meine Schmerzen schwanden wie der Schnee vor der Glut der Sonne!" (Rbl., Bd. 1, Kap. 68, 10).

Ein andermal sind es ehemalige Prälaten, die nach ihrem geistigen Erwachen eine starke Liebe zum Herrn kundtun. Sie wird ihnen von Jesus erwidert mit der Zusage: „Von nun an sollt ihr Mich lieben über alles, da eure Liebe zu Mir euer wahres, ewiges Leben ist. Und alle Brüder und Schwestern liebet wie euch selbst, denn die gegenseitige Bruder- und Schwesterliebe bedingt eure Seligkeit. Je mehr ihr der wahren, tätigen Liebe euch gegenseitig gemäß Meiner ewigen Ordnung erweiset, desto seliger werdet ihr sein! Alle Himmel mit ihren Seligkeiten ohne Maß und Zahl gehen aus der gegenseitigen wahren Nächstenliebe hervor, so wie im Gegenfalle auch alle Qualen und Martern der Hölle aus der Eigenliebe" (Rbl., Bd. 2, Kap. 266, 5–6).

Gottesliebe und Nächstenliebe sind die Grundpfeiler des Kosmos. Im übrigen sieht das Leben der Vollendeten nach den Worten des Apostels Petrus folgendermaßen aus: „Wir Himmelsgeister haben nur einen Willen, und dieser Wille ist des Herrn; was Er will und anordnet, das ist gut! Die Unendlichkeit ist voll von seinen Werken; wir sind seine Kinder und sind wie sein Arm. Daher sind wir bald hier, bald dort; wie und wo uns der Herr gebrauchen will, da sind wir auch im Augenblick, ob Milliarden Sonnenentfernungen tiefer unten oder höher oben, das ist gleich; denn für uns gibt es keine Entfernungen dem Raume nach!" (BM., Kap. 129, 3). Über die vollkommene Bewegungsfreiheit der Himmelsbewohner erfahren wir durch Jesus: „Eine vollendete Seele kann im Verband mit ihrem Geiste die ganze Schöpfung schauen und sich daran ergötzen, aber ihre größere Seligkeit besteht darin, daß sie mit einer wahrhaft göttlichen Schöpferkraft ausgerüstet ist und mit gottähnlicher Weisheit alles bewirken kann, was Gott selbst bewirkt und hervorbringt.

Ein noch höherer und eigentlich schon höchster Seligkeitsgrad einer vollendeten Seele aber besteht darin, daß sie Gott, den alleinigen Herrn und Schöpfer der Unendlichkeit, als ihren höchsten Lebensfreund fort und fort um sich haben, Ihn ohne alle Grenzen lieben und mit Ihm in einem Augenblick die ganze geistige und materielle Schöpfung übersehen kann. – Die allerhöchste Seligkeit einer vollendeten Seele jedoch besteht darin, daß sie sich, als mit Gott durch die Liebe völlig vereint, auch in der vollen göttlichen Freiheit befindet" (Gr. Ev. Bd. 7, Kap. 67, 2–4).

Und noch einmal versichert der Herr: „Ein im Geiste vollkommen wiedergeborener Mensch ist Mir völlig ebenbürtig und kann aus sich in seiner Lebensfreiheit wollen, was ihm in Meiner Ordnung nur immer beliebt, und es muß geschehen nach seinem freien Willen. In solchem lebensvollendeten Zustand ist der Mensch dann nicht nur ein Herr der Kreatur und der Elemente dieser Erde, sondern seine Herrlichkeit erstreckt sich dann, gleich der Meinigen, über die ganze Schöpfung im endlosen Raum, und sein Wille kann den zahllosen Welten Gesetze vorschreiben, und sie werden befolgt. Denn seine verklärte Sehe durchdringt alles gleich der Meinigen, und sein klares Erkennen erschaut allenthalben die Bedürfnisse in aller Schöpfung und kann darauf verordnen, schaffen und helfen, wo und was es auch sei; denn er ist ja in allem eins mit Mir!" (Gr. Ev. Bd. 4, Kap. 217, 9).

Daß dennoch für alle Zeiten ein Unterschied besteht zwischen Gott und Mensch, und sich nicht einfach die Grenzen verwischen, so daß das Geschöpf sich einbilden könnte, gleich Luzifer, „zu sein wie Gott" (sicut deus), bedarf keiner Begründung. Von Jesus hören wir: „Der unübersteigbare Unterschied zwischen Gott und dem geschaffenen Menschen, selbst der vollkommensten Art, besteht gleichfort in alle Ewigkeit darin, daß Gott in Seinem Urwesen ewig und unendlich ist, während der Mensch zwar in seinem Geistwesen stets vollkommener werden, aber dem unendlichen Urwesenmaße nach Gott nimmer erreichen kann und wird. Der Mensch kann Gott ähnlich werden in der Form, auch in der Liebe und in ihrer Kraft, jedoch ewig nie in der endlosen Tiefe der göttlichen Weisheit" (Gr. Ev. Bd. 4, Kap. 254, 1–2).

Welches Ausmaß aber auch die Erkenntnistiefe und Weisheit der Vollendeten annehmen kann, entnehmen wir aus folgenden Worten des Herrn: „Ihr (die Kinder Gottes) sollet, wenn Ich euch zu einem großen Dienst dahin oder dorthin senden werde, Mir gleich schauen alle naturmäßige Welt, und zwar vom innersten Grunde aus bis zur äußersten Rinde und auch umgekehrt bis zum innersten Grunde vollkommen. Was ihr bei einer solchen Sendung zu wirken habt, dessen werdet ihr allezeit inne werden" (GS., Bd. 1, Kap. 61, 11). Sogar etwas von der Allgegenwart Gottes ist den Himmelsbürgern zu eigen. Darüber sagt der Apostel Johannes: „Wir höchsten Himmelsgeister sind überall dort, wo wir sein müssen und wollen! – Siehe, während ich mit dir rede, bin ich nicht nur in dieser Sonne, sondern in zahllosen Sonnen und Welten, handle dort wie hier im Namen des Herrn und vollziehe nach allen meinen Kräften Seinen heiligen Willen. Was ich tue, das vollbringt

um so mehr der Herr selbst und tun alle vollkommenen Himmelsbürger!"
(BM. Kap. 132, 2–3).
Schon der Gedanke an eine Allgegenwart Gottes bereitet vielen Menschen Kopfzerbrechen. Immerhin ist es für sie noch vorstellbar, daß Gott als reiner Geist und Schöpfer aller Dinge alle Welten mit seinen Lichtstrahlen durchdringt und darum auch an jedem Orte zugegen sein kann. Bei seiner Personwerdung in Jesus aber scheinen nicht mehr die gleichen Voraussetzungen gegeben; noch weniger bei irgendeinem himmlischen Geist. Aus diesem Grunde bringt der einstige Bischof Martin gegen die Aussagen des Johannes ernste Bedenken vor: „Mein geliebter Bruder, da muß ich dir offenherzig gestehen, das ist für mich ein wenig zu rund! Es schaut deine Erklärung fast so einer himmlischen Aufschneiderei gleich! Freund, wenn aus dir, anfänglich nur *einem* Johannes in der Erdzeit von nahezu zweitausend Jahren nicht wenigstens eine Dezillion ganz gleiche Johannesse herausgewachsen sind, so ist das die reinste Unmöglichkeit von allen Himmeln und Welten! Ich bin doch nun auch ein Geist, und, weil beim Herrn, doch sicher nicht der unvollkommenste. Aber ich bin bis jetzt stets nur einer, und wo ich bin, da bin ich, und kann unmöglich zugleich irgendwo anders ganz derselbe sein!..."
Sagt zu ihm Johannes: „O Freund, das ist nur so ein kleines Nüßchen der inneren Weisheit, dir zum Aufknacken geboten!... Siehe aber, du hast nie mehr als eine Sonne nur gesehen! So dir ein oder tausend Spiegel ihr volles Bild wiedergaben, wird die Sonne darum geteilt und geschwächt in ihrer Wirkung? Nimmt nicht ein jeder Tautropfen und ein jedes Auge das Bild der Sonne wirksam in sich auf? Ist darum die Sonne nicht *eine* und ihre Wirkung nicht stets die gleiche?" (BM. Kap. 132, 4–5, 7–9). Wegen der Wichtigkeit der Problemstellung sei noch ein Stück näher darauf eingegangen! Auf die Zweifelsfragen eines anderen Himmelsbürgers, wie Jesus selbst an allen Orten zugleich sich sichtbar machen könne, ohne sich in seinem Grundwesen völlig zu zerteilen, antwortete der Herr: „Sieh empor und betrachte diese von hier aus niedrig stehende Sonne! In dieser Sonne (Gnadensonne) bin Ich ureigentümlich vollkommen zu Hause. Diese Sonne befindet sich im ewigen, unverrückten Zentrum Meines göttlichen Seins. Die Strahlen, die aus dieser Sonne ausgehen, erfüllen in ihrer Art die ganze Unendlichkeit und sind in sich selbst nichts anderes als Mein Liebewille und die aus demselben ausgehende Weisheit. Diese Strahlen sind demnach allenthalben vollkommen lebendig, sind allenthalben vollkommen gleich Meiner Wesenheit. Wo immer ein solcher Strahl hinfällt, da bin Ich Selbst also wie in der Sonne ganz vollkommen gegenwärtig, nicht nur allein wirkend, sondern auch persönlich, und diese Persönlichkeit ist demnach auch allenthalben eine und dieselbe...
Siehe nun, wenn Ich aber Einer und Derselbe bin, wie Ich bin in der Sonne, und bin aber vor dir also, daß du dich Mir vollkommen nahen kannst wie ein

Bruder dem andern, – ist solches nicht mehr wert (als sich dem Grundwesen der Gottheit unmittelbar zu nahen, was für jedes geschaffene Wesen den Tod bedeuten würde)? Und ist das nicht mehr Liebe und Erbarmung, als so du dich dieser Sonne wirklich nahen könntest, von ihr aber dann bei deiner Annäherung völlig vernichtet würdest? Ferner, wie unvollkommen glücklich wärest du und Ich, wenn es Mir nicht möglich wäre, Mich Selbst als Vater überallhin in Meiner ganzen Fülle *persönlich wesenhaft* zu versetzen, wo immer nur Meine Kinder sind!... Und wenn ein Mensch nach Meinem Wort gelebt hat, oder wenn Millionen danach gelebt haben, kann da nur einer aus ihnen sagen: ‚Christus lebt in mir', oder können das nicht alle zahllosen Gerechten sagen? Wenn aber alle solches sagen können, bin Ich darum ein geteilter Christus in ihnen oder ein ewig ungeteilter? *Ich bin ewig immer Einer und Derselbe in eines jeden Menschen Herzen.* Und wenn Millionen und Millionen ihre Herzen mit Mir erfüllt haben, und zwar jeder für sich vollkommen, so hat deswegen nicht ein jeder für sich einen eigentümlichen eigenen Christus, sondern in eines jeden Herzen wohnt ein und derselbe Christus vollkommen" (GS., Bd. 1, Kap. 60, 1–2, 15–16, 24–25).

In ihrem Dienst an der „Wiederbringung alles Verlorenen" begeben sich die himmlischen Geister oft tief hinab bis in die untersten Sphären des Jenseits. Dabei können sie von den dortigen Wesen so lange nicht gesehen werden, als sie nicht selbst die Absicht haben, sich sichtbar zu machen. Dann allerdings sind sie gezwungen, in deren „Element" einzutreten, wie es bei Lorber heißt. Sie müssen Stoff von der Stofflichkeit dieser Welten an sich ziehen. Das ist wie bei den Engelserscheinungen auf der Erde. Doch können sie sich auch jederzeit wieder entmaterialisieren. Über die Art ihrer Fortbewegung erfahren wir von einem der Ihrigen: „In den himmlischen Sphären gibt es *drei Arten* der Fortbewegung: Erstens eine *natürliche* mit den Füßen wie auf der Welt; zweitens eine *schwebende* – das ist die seelische Art, welche die Schnelligkeit der Winde hat, – und endlich drittens eine *geistige,* welche dem Blitz oder dem Flug des Gedankens gleicht. Diese dritte Art der Fortbewegung wird im Himmel nur im äußersten Notfall gebraucht. Das Mittel zu jeder schnelleren Fortbewegung ist unser fester Wille. Daher dürfen wir nur wollen in des Herrn Namen, und sogleich werden wir uns in dieser Himmelsluft freischwebend befinden; und wohin wir dann ziehen wollen, dahin geht es auch mit Windesschnelle!" (BM. Kap. 110, 11–12).

Voraussetzung für eine solche „Agilitas" ist die Beschaffenheit der himmlischen Leiber; denn diese bestehen ja nun nicht mehr, wie Dante in seiner Divina Commedia sagt, aus „Luft und Licht", sondern ausschließlich aus „reinem Licht". Sie sind „vere Substanze", das heißt wahre Substanzen geistleiblicher Natur, da in ihnen der vom Sündenfall nie berührte Gottesfunke das Bild des Menschen bis ins Leibliche hinein vollkommen durchstrahlt und vergeistigt. Dieser Umstand wirkt sich auch auf die Nahrungsfrage aus. Einen solchen Körper zu erhalten, bedarf es keiner besonderen Stärkung. Dazu bemerkt der Herr bei Lorber: „Ich bin nur auf den materiellen Weltkörpern etwas sparsam und halte da Meine wahrhaftigen Bekenner und Nachfolger so kurz wie möglich. Denn wo der Mensch die Wege des Lebens werktätig studieren muß, um sich auf diesen Wegen das ewige Leben anzueignen, dazu gehört kein voller Magen! – Dafür aber bin Ich hier (im Himmel) die unendliche Freigebigkeit selbst, und es muß alles in höchster Fülle vorhanden sein" (GS. Bd. 2, Kap. 3, 7–8).

Tatsächlich gibt es alles im Überfluß. Vom Himmlischen Jerusalem sagt Jesus sogar: „Aus dieser Stadt bezieht alle Unendlichkeit ihre Nahrung naturmäßig und geistig" (Rbl. Bd. 2, Kap. 284, 5).

Und einigen Neubürgern des Himmels bedeutet er: „Ihr sollt hier nicht sorgen um die Nahrung noch um ein anderes Bedürfnis; denn für alles das ist von Mir schon für alle Ewigkeiten gesorgt. Dies ist ja ein Reich, welches Ich von Anbeginn denen bereitet habe, die Mich lieben; es ist das große heilige Erbe an alle Meine Kinder, das Ich ihnen bereitet habe am Kreuz! Daher nehmet es von Mir als dem alleinigen Geber aller guten Gaben an und genießet dessen übergroße Herrlichkeiten und Schätze ewiglich! – Ihr sollet nicht altern in diesem Reiche, sondern immer seliger werden und stets kräftiger, jugendlicher und herrlicher! Solches also ist euer wohlgemessenes, seliges Los" (GS. Bd. 1, Kap. 100, 10–11).

Bedenken wir, daß allein schon das Licht in den himmlischen Sphären eine lebenserhaltende Kraft hat! Aus lichtstrahlender Materie ist der Geistleib selbst gewoben; da gibt es kein Altern und keinen Zerfall, aber auch keine Verwundbarkeit. In der östlichen Mystik spricht man deshalb von einem „Diamantleib"; denn er ist unzerstörbar. Aber auch die Himmlischen verzichten nicht auf wohlschmeckende Speisen; steht doch gerade das Mahl, die Agápe, genau wie zu Lebzeiten Christi, im Mittelpunkt aller Gemeinschaft. Von einem solchen Liebesmahl wird uns einmal in der „Geistigen Sonne" berichtet. Da ist es nichts weiter als Brot und Wasser, welches den Gästen vorgesetzt wird. Diese aber verwundern sich höchlichst über den „unendlichen Wohlgeschmack des Brotes und ebenso über den des Wassers"; bis der Herr ihnen bei seiner Tischrede erklärt: „Sehet, wie aus der reinen Liebe in Mir alle guten Früchte auf der Erde wie auf allen anderen Weltkörpern zum Vorschein kommen und ihr Geschmack, ihr Wohlgeruch und ihre Tauglichkeit zur Ernährung hervorgehen, so enthält dieses Brot als der Grundbegriff alles dessen, was auf allen Weltkörpern vorkommt, dieses in liebeguter und brauchbarer Art ursächlich in sich. Dieses Brot ist gleich Meiner Liebe, die sich hier allen Meinen Kindern zur ewig lebendigen Sättigung darbietet. Und dieses Wasser ist ebenfalls wie das Brot der Grund aller Dinge; denn es ist

das Licht der Liebe und somit der ewige Mitgenuß an Meiner Weisheit für alle Meine Kinder!" (Bd. 2, Kap. 3, 2–3).
Daß auch für Wohnung und Kleidung im Übermaße gesorgt ist, versteht sich von selbst. Nicht nur, daß die unendliche Schöpferkraft der Geister sich selbst eine Wohnstätte schaffen könnte nach eigenem Belieben (wie übrigens auch Nahrung aus dem Äther); gerade in der himmlischen Stadt erwartet sie jenes ewige Daheim, das der Herr ihnen selbst bereitet. Es steht in vollständiger Übereinstimmung mit ihrem Wesen. Von diesen „Wohnungen im Himmel" hören wir ja schon im Evangelium mit dem Zusatz: „Kein Auge hat es gesehen und kein Ohr hat es gehört und in keines Menschen Herz ist es gedrungen, was Gott denen bereitet hat, die ihn lieben" (1. Kor. 2, 9). Einem der Urväter namens Zuriel verspricht der Herr: „Du sollst den Tod ewig nimmer schmecken. ... Im Reiche des Liebelichtes sollst du dereinst mit allen den Deinen die schönste Wohnung haben; wahrlich, schöner als alle sichtbaren Himmel und größer als sie" (H. Bd. 1, Kap. 180, 26 f.). Daß die Seligen im Himmel sich nicht immer im gleichen Zustand höchster Vollendung befinden, erfahren wir vom Evangelisten Markus: „Im höchsten Liebehimmel sind die allerseligsten Geister nicht stets im gleich hohen Grade der innersten Weisheit aus dem Herrn, sondern auch darin findet hier ein Zustandswechsel statt, welcher zu vergleichen ist mit dem Wirkungsstande und dem darauf folgenden Raststande. Im Wirkungsstande ist jeder nach Bedarf mit der tiefsten Weisheit des Herrn ausgerüstet; im Raststande aber bedarf niemand solcher Tiefe, sondern auch hier einer gewissen Sabbatruhe in der stillen, himmlischen Liebe zum Herrn" (GS. Bd. 2, Kap. 6, 6).
Es wurde schon einmal erwähnt, daß das Jenseits seine eigenen Perspektiven hat. So kann ein Haus nach außen hin klein und bescheiden wirken, nach innen aber sich gewaltig ausdehnen; „denn es ist das Haus der Seele und stellt das Innenleben dar. So können auch in den scheinbar dicht beieinander stehenden Häusern des Neuen Jerusalem, sobald man in ihr Inneres eintritt, sich gewaltige Räume mit dahinter liegenden Gärten zeigen, von deren Existenz in der äußeren Sicht gar nichts zu erkennen ist" (J. Bolte).
Wie oft hören wir im Alten Testament, ganz besonders aber in apokryphen Evangelien, von strahlenden Engelserscheinungen! Was sie im besonderen auszeichnet, sind jene „Macht- und Würdezeichen", mit denen auch die vollendeten Geister ausgestattet werden. Darüber sagt der Herr: „Es gibt hier sehr verschiedenartige Verhältnisse und Aufgaben; oft die großartigsten Besuche aus zahllosen Weltgebieten und sehr viele Sendungen in verschiedene Welten und Sonnen sowie in die zwei unermeßlichen unteren Himmel und ihre zahllosen Vereine, ebenso Sendungen in die zahllosen Geisterregionen der Welten aller Art. Für solche Gelegenheiten müssen von hier abgesandte Engel mit Würdezeichen versehen sein und sie als Merkmal dafür tragen,

daß sie selbst den mächtigsten Sieg über sich erfochten haben und nun mit Mir Herren sind über die ganze Unendlichkeit.... Die Krone (zum Beispiel) ist ein Zeichen, daß ihr der Seele nach, die nun euer geläuterter Leib ist, Meine Kinder – und dem Geiste nach, der aus Meinem Herzen stammt und Mein Ich in euch ist, Meine Brüder seid. – Das Zepter zeigt an, daß ihr, da ihr Mein Ich in euch habt, mit Mir Regenten der Unendlichkeit seid für ewig! – Das Schwert aber ist ein Zeichen der Macht und Gewalt, die euch von Mir gegeben ist. – Und der Purpur endlich bezeugt, daß euer Äußerstes wie euer Innerstes pure Liebe ist, und daß ihr somit gleich Mir überall nur durch die Macht der Liebe alles ordnen und beherrschen wollet!" (Rbl. Bd. 2, Kap. 287, 2, 5).

Natürlich sind bei den himmlischen Geistern alle diese Insignien, wie Gürtel, Zepter, Krone usw., in ihr leibliches Wesen mit hineinverwoben, als Ausstrahlung sozusagen, nicht einfach als angelegter Schmuck. Das gleiche gilt von den Edelsteinen. Eine falsche Demut wäre es für einen Wiedergeborenen im Geiste, wenn er das ihm neu verliehene herrliche Gewand und die nun „endlose Schönheit" seiner ganzen Erscheinung von sich wiese; denn da sind die Begriffe von der „geistigen Ordnung", wie der Herr uns klar macht, noch nicht fest gegründet. So mußte ein Engel einmal den einstigen Bischof Martin mit den Worten zurechtweisen: „Es ist wohl das Herz allein, auf das der Herr sieht, und unsere Demut, durch die wahre Liebe zum Herrn erzeugt, ist wohl jedes Engels kostbarste Bekleidung; aber dessen ungeachtet erfordert es doch die Ordnung des Herrn, daß in Seinem Reiche das Kleid der Wiedergeburt und ewigen Unsterblichkeit jeden Bewohner der Himmel als das seinem Inneren Entsprechende schmücken soll" (BM. Kap. 87, 5). Es ist ganz sicher keine bloße Metapher, wenn es in der Johannesoffenbarung (2, 10) heißt, an den Engel der Gemeinde von Syrakus gerichtet: „Sei getreu bis in den Tod, und ich will dir die Krone des Lebens geben!"

Daß das Prinzip des Schönen vor allem im Weisheitshimmel seinen Ausdruck findet, erkennt man an den prächtigen Gebäuden mit ihrer überaus phantasievollen Einrichtung. Bescheidener geht es im Christuszentrum selber zu. Dafür herrscht dort im reinen Liebehimmel die höchste Idyllik als Ausdruck der vollkommenen Hingabe an den Herrn. Weitesten Spielraum hat die künstlerische Betätigung. Ein „himmlisches Tafelkonzert" zum Beispiel dürfen wir in „Robert Blum" miterleben. Einmal fragt ein schon auf Erden sehr musikliebender Einwohner des Neuen Jerusalem den Herrn nach dem jetzigen Aufenthaltsort von Händel, Bach, Mozart, Haydn, Gluck und anderen. Da gibt ihm Jesus den Bescheid: „Wenn du in den ersten und zweiten Himmel kommst, wo du ebenfalls die größten Herrlichkeiten antreffen wirst, da wirst du jene Geister auch finden" (Rbl. Bd. 2, Kap. 291, 18).

Daß das musikalische Element im Himmel einen hervorragenden Platz einnimmt, ist ohne weiteres einleuchtend; denn was kann die Seele stärker ergreifen als das Reich der Töne? Besonders im Neuen Jerusalem ertönen die herrlichsten Gesänge. Bei einer Orgelmusik erleben wir es sogar, daß deren Tonverbindungen höchst mannigfache und farbige Bilder erzeugen. Man erinnert sich an Gemälde medialer Maler, wie Heinrich Nüßlein, die bekannte Tonschöpfungen großer Meister auf ihrer Leinwand in Farben und Formen umsetzten. Am zutreffendsten aber gibt wohl R. J. Lees die himmlische Musik wieder mit all ihren magnetischen Schwingungen und Kreisen.

Gerade im Himmlischen Jerusalem mangelt es am wenigsten an Abwechslung. Darüber sagt der Apostel Petrus: „Von einer Einförmigkeit der Betätigung ist in den Himmeln nie die Rede. ... Wozu jemand die meiste Lust verspürt, damit beschäftigt er sich auch, solange es ihm Freude und Seligkeit bereitet. Findet er an einer Beschäftigung nicht mehr genügend Gefallen, dann hat er sogleich eine große Auswahl anderer vor sich und kann nehmen, was er nur immer will. Das wird doch der Freiheit in Übergenüge abgeben?!" (Rbl. Bd. 2, Kap. 288, 12). Der ungehinderte Umgang mit den Engeln gehört wohl zu den schönsten Erlebnissen der seligen Geister. Auch die Engel empfangen ja vom Zentrum Gottes aus ihre Weisungen: „Ein jeder große Engel", sagt Jesus, „hat Millionen (seliger Geister) unter sich, die seinen Willen vollbringen, und er kann, sooft er will, hierher in diese heilige Stadt kommen und von Mir selbst fernere Verhaltungsmaßregeln und dazu die nötigen Stärkungen empfangen" (Rbl. Bd. 2, Kap. 295, 15).

Antlitz, Gestalt und Gewand sind bei allen „geschaffenen", nicht weniger aber bei den „gewordenen" Engeln (den erlösten Seelen) von unbeschreiblicher Schönheit. Sie alle übertrifft aber um das Unendlichfache die Herrlichkeit des Herrn. Dem einstigen Bischof Martin sagt Jesus im Himmel: „Ich Selbst bin das Licht allenthalben! Das Licht ist Mein Gewand, weil die ewige, unermüdlichste Tätigkeit Mein Grundwesen ist. Wo eine große Tätigkeit zu Hause ist, da ist auch ein großes Licht vorhanden; denn das Licht ist eine pure Erscheinung der Tätigkeit der Engel und besseren Menschengeister. Je höher in der Tätigkeit diese stehen, um so größer ist auch ihr Licht" (BM., Kap. 47, 8). Auch der Psalmist bezeugt, daß Gottes Gewand „reinstes Licht" ist (Psalm 104, 2). Als eine lichthelle Feuermajestät erschien Gott dem Hesekiel „gleich wie ein Mensch gestaltet" (Hes. 1, 5). Die göttlich verklärte Leiblichkeit Jesu als die Offenbarung des Vaters wäre nicht in ihrem Lichtglanz zu ertragen, wenn er sie nicht abschirmte. Es ist die größte Seligkeit der Himmelsbewohner, daß dieses unmittelbare Schauen von Person zu Person ihnen ständig gegönnt ist. Der Herr gibt sich in diesem Falle auf allen Stufen der Entwicklung, erst recht aber im Neuen Jerusalem, nach außen hin ganz demütig. Überrascht ruft ein ehemaliger Franziskanerpater bei seinem Eintritt in den Himmel aus: „Herr, Gott und Vater! Wenn es mir je ein Engel auf der Erde gesagt hätte, daß es in Deinem Himmelreich so aussähe und zugehe, wie ich es nun wahrlich überselig wahrnehme und sehe, so hätte ich ihm nicht geglaubt! Denn wo ist hier der von uns gelehrte mystisch-göttliche Nimbus? Wo das schrecklich ernste Richtergesicht des Gottessohnes und des unerbittlichen Vaters? Alles ist hier so natürlich, die höchste Freundlichkeit von allen Seiten! Du aber, das allerhöchste Gottwesen, wandelst am einfachsten unter allen einher, und Deine Rede ist die schlichteste! – Ja, dies ist das wahre Himmelreich!" (Rbl., Bd. 1, Kap. 150, 9).

Einmal fragte der Älteste eines Sonnenzentralgebietes den Evangelisten Johannes, wie man es denn anstellen müsse, um Gott über alles zu lieben. Ihm wurde die Antwort zuteil: „Betrachte alles in deiner Welt für wertlos und setze den Herrn über alles in deinem Herzen, so liebst du Gott über alles; und in dieser Liebe wird der Geist Gottes in deinem Herzen Wohnung nehmen, und du wirst von diesem Augenblick an sein ein wahres Kind Gottes. Denn siehe, Gott der Herr, der gute Vater aller seiner Kinder, hat keine Freude an der Pracht und dem Glanze; darum sind auch wir, seine Kinder, ganz einfach und schlicht, und Er selbst als Vater ist der Einfachste und Schlichteste unter seinen Kindern!" (GS. Bd. 2, Kap. 59, 17–19). Desgleichen äußert sich der Evangelist Markus über ein Liebesmahl mit dem Herrn: „Niemals ist der Herr größer und unerforschlich wunderbarer, als wenn er sich am allermeisten herabläßt zu seinen Kindern. Er liebt zwar fortwährend alle seine Kinder gleich mächtig, aber nicht immer läßt Er sie die Macht seiner Liebe in solcher Fülle empfinden. Dann aber sind seine Kinder von einer solchen Seligkeit durchdrungen, daß sie von der größten Liebe zum Herrn ergriffen werden und die größte Demut in ihrem Herzen zu Ihm empfinden" (GS. Bd. 2, Kap. 8, 17–18).

Der Dichter Dante erfaßt das Wesen Gottes auf seiner Wanderung durch die Jenseitsreiche zunächst in seiner Lichtesfülle. Nachdem er die Himmelsrose erschaut, läßt er alles, was Schöpfung heißt, hinter sich. Hingelenkt durch den Blick Beatrices und der Himmelskönigin Maria-Sophia, wendet er sein Auge zum ewigen Licht, das ihn tiefer und tiefer zu sich zieht. Er tritt damit an den Rand alles Menschlichen. „Die Menschheit überschreiten, das ist unaussprechlich!" lesen wir im ersten Gesang des Paradiso (Vers 70). Erst in der Schau des ewigen Logos wird ihm die Vielheit der Dinge zu jener Einheit, nach der die Gnostiker sich immer sehnten, dem Hen kai Pan. Arthur Schult sagt darüber: „Die gegensätzlichen Kategorien des Denkens, wie Substanz und Akzidens, Wesentliches und Zufälliges, Notwendiges und Mögliches, Kern und Schale, Sein und Werden, Ruhe und Entwicklung sind aufgehoben und in der Gottheit zu höherem Sein geeint. Denn der Logos ist die

Allverbundenheit in Liebe, la Forma universal, die Idee der Ideen." Sein Erleben gibt Dante wieder in dem Vers:

> „Die Grundform dieser Allverbindung, glaub ich,
> Muß ich gesehen haben, da noch heute
> Ein Freudenstrom durch mein Gedächtnis rinnt."

Das dreifaltige Wesen Gottes offenbart sich ihm am Ende seines Weges zur Himmelsmitte in Form verschiedenfarbiger Kreise. Einzudringen in den Urgrund der Gottheit selbst bedeutet für ihn zugleich die Henosis (Einswerdung) von Gott und Mensch. Es ist ein unausdenkbares Mysterium. Alle Worte versagen dem Dichter: „Wie dies geschah, sagt keine Phantasie." Der Raptus mysticus klingt lange noch in seinem Gedächtnis nach:

> „Es schwand, was ich gesehn, fast ganz dahin;
> Und nur die Süße, die daraus entquoll,
> Steigt mir auch heute noch im Herzen auf."

Was Dante von Lorber unterscheidet, ist der Hindurchschritt durch die Planetensphären. In ihm offenbart sich eine feste Bindung an Astrosophie und Astrologie nach dem Beispiel der Antike. Dennoch dürfen wir diese Erscheinung nicht als Gegensatz zu Lorber auffassen! Die Lösung finden wir bei Arthur Schult, der nachdrücklich betont: „Die räumlich sich übereinander erhebenden Planetensphären vom Mond bis zum Saturn, zum Fixstern und Kristallhimmel sind nur symbolisches Hilfsmittel zur Andeutung der verschiedenen Seligkeitsgrade der im Empyreum (dem überkosmischen Feuerhimmel Gottes) weilenden vergotteten Menschen. Sie sind alle in der Himmelsrose und erscheinen nur in den verschiedenen Sphären oder Himmeln, und zwar in denjenigen, unter deren Einfluß sie im irdischen Leben besonders gestanden hatten.
Der Übertritt aus dem Fixsternhimmel in den Kristallhimmel symbolisiert den Übergang aus dem kosmischen Bewußtsein in das überkosmische Lichtbewußtsein des Urkosmos und der mit Gott eng verbundenen Engelswelt. In diesem Lichtbewußtsein erlebt sich Dante in der Welt der reinen Urbilder, der Ideen, die noch in unmittelbarer Verbindung mit dem göttlichen Wahrheitsbewußtsein stehen, die das Sonnenlicht des göttlichen Wahrheitsbewußtseins gleichsam in seinen Spektralfarben widerspiegeln. Der Feuerhimmel endlich, das Empyreum, stellt das überkosmisch-supramentale Wahrheitsbewußtsein des göttlichen Logos dar. Hier, im göttlichen Identitätsbewußtsein, ist die Verewigung der Persönlichkeit und die Verpersönlichung der Ewigkeit erreicht." – In einem Schema strengster Formgesetze hat Dante kabbalistische Weisheitstiefe, dichterische Intuition und eigenes visionäres Erleben zu einer unübertroffenen Jenseitsschau gestaltet.

20. Der Himmel

Für einen „Wiedergeborenen im Geiste" sind die Tore des Himmels weit geöffnet. „Aber selbst im schon vollendeten Leben gibt es noch gewaltige Unterschiede. Denn ein Leben, das sich erst jüngst zu erkennen angefangen hat, kann offenbar nicht so mächtig sein wie ein Leben, das sich schon vor Ewigkeiten in aller Fülle und Tiefe der hellsten Wahrheit nach erkannt und ergriffen hat" (Gr. Ev. Bd. 3, Kap. 32, 7).

Nach Lorber gibt es drei Himmelsstufen: den Weisheitshimmel, den Liebe-Weisheitshimmel und den Liebehimmel. Wie unterscheiden sie sich voneinander? Der Herr macht uns das in einem Vergleich anschaulich: „So ein Mensch Mein Wort hört und aufnimmt in die Tiefe seines Herzens, allda es lebendig verstanden wird, der ist gleich einem guten Lande, in das der Same fällt und je nach dem Willen und der Kraft des Menschen bald hundertfache, bald sechzigfache und bald dreißigfache Frucht an guten Werken hervorbringt. Und da ist hundertfach, wer alles für Mich tut, und sechzigfach, wer vieles für Mich tut, und dreißigfach, wer einen guten Teil für Mich tut. Also sind der Himmel in Meinem Reiche drei: der oberste für die hundertfache Frucht, der untere für die sechzigfache und der unterste für die dreißigfache" (Gr. Ev. Bd. 1, Kap. 191, 16–17).

Im Weisheitshimmel wohnen jene Seelen, bei denen das Verstandlich-Erkenntnismäßige, der reine Glaube, noch vor der Liebe und Barmherzigkeit das Übergewicht hat. Da ja der Himmel bei einem Menschen im Herzen thront – „das Himmelreich ist in euch", sagt Jesus –, kann auch ein Mensch auf Erden schon dem Weisheitshimmel zugehörig sein. Seine Kennzeichen sind: Ein starker lichtvoller Glaube, ein ausgeprägter Gerechtigkeitssinn, Reinheit und Selbstbeherrschung. Meist fehlt jedoch noch die wahre werktätige Liebe und die alles verstehende Barmherzigkeit. Als Ausdruck ihres Wesens – ihrer großen Weisheit entsprechend – herrscht in diesen Ätherwohnwelten die größte Herrlichkeit und Pracht. „Hier gibt es Landschaften, Paläste und Tempel von unerhörter Großartigkeit und Schönheit. Und diese Seelen befinden sich ihrer Lebensvollendung gemäß auch in einem entsprechend erhabenen Seligkeitsgrade, der sich in einer ausgedehnten Erkenntnis und Weisheit befindet" (Dr. W. Lutz, nach Lorber).

Wie groß der Freiheitsraum dieser Wesen ist, auch für ihren Erkenntnisdrang und Wissensdurst, erklärt uns der Herr mit den Worten: „Solch eine Seele kann sowohl diese Erde, als auch den Mond, die Sonne, und alle die anderen um diese Sonne kreisenden Planeten oder Erden und auch die Sonnen in einer oder mehreren Hülsengloben auf das allergenaueste durchschauen und sich an ihrer wunderbaren Gestaltung und Einrichtung wahrhaft im höchsten Grade ergötzen und darin die wahre und höchste Freude an der Liebe,

Weisheit und Macht des einen Gottes haben. Und doch ist diese Eigenschaft als ein mindester Grad der eigentlichen großen Seligkeit anzusehen, weil das allein eine vollendete Seele mit der Zeit ebenso anwidern wird, wie es einen Menschen anwidern würde, wenn er eine noch so schöne Landschaft hundert Jahre fort und fort betrachten und bewundern müßte" (Gr. Ev. Bd. 7, Kap. 66, 15 u. 67, 1).

Was muß eine Seele tun, um in den zweiten, den Liebe-Weisheitshimmel zu gelangen? Grundsätzlich gilt für einen Himmelsbewohner, was der Evangelist Markus in dem Lorberwerk „Geistige Sonne" ausführt: „Wenn die Menschen vom Herrn geführt werden, so überkommen sie dadurch das Licht des Glaubens und gehen ein in den untersten Himmel. – Wenn die Menschen vom Herrn gezogen werden, so heißt das: Diese Menschen werden in die Liebe des Vaters aufgenommen, oder sie kommen in den zweiten Himmel, der da besteht aus dem Glaubenswahren durch das Licht der tätigen Liebe zum Herrn und daraus zum Nächsten. – Wenn es aber heißt: Die Menschen werden vom Herrn getragen, so drückt das schon einen vollkommenen, kindlichen Zustand der Menschen aus, welche ganz und gar in die Liebe zum Herrn übergegangen sind, so daß sie Ihm auch den allerletzten Tropfen ihrer gedemütigten Eigenliebe in der allergrößten Selbstverleugnung zum Opfer dargebracht haben. Dadurch sind sie wahrhaftig Kinder Gottes und werden von Ihm als ihrem ewigen Vater in den allerhöchsten Liebehimmel aufgenommen" (Bd. 1, Kap. 101, 11–13).

Einem „überaus herrlich-schönen Ehepaar" im Weisheitshimmel sagt ein himmlischer „Führer", zum Manne gewendet: „Lieber Freund, du bist zwar herrlich bestellt in deiner Haushaltung, und deiner reinen Weisheit entstammt dein ganzes herrliches Besitztum. Aber siehe, ein Sandkörnchen im Reiche der Liebe des Herrn wiegt schon unendlichfach alle diese Herrlichkeit auf! – Siehe, Reinheit der Sitten ist eine herrliche Tugend und der Gerechte ist ein Freund des Herrn; aber siehe, so einer da ist ein Sünder und tut Buße aus der Liebe zum Herrn, der ist Ihm angenehmer denn neunundneunzig solche wie du einer bist in aller Reinheit deiner Sitten, der da nie der Buße bedurft hat." Dem Weibe aber gibt er zu bedenken: „Wahrlich, wie ein allerreinster Stern war dein Lebenswandel und eine nie gebrochene Keuschheit war dein Weg in dieses herrliche Reich! Aber siehe, im ewigen Morgen wohnen gar viele deines Geschlechtes, welche gar oft wider ihr Fleisch gesündigt haben. Diese Sünderinnen haben ihre Schuld erkannt, demütigten sich allerreuigst vor dem Herrn und erbrannten dann in großer Liebe zu Ihm also sehr, daß sie nichts anderes suchten, als nur so viel Gnade von Ihm, daß Er sich ihrer erbarmen und sie nach dem Tode aufnehmen möchte zu den Allergeringsten unter denjenigen, die sich Seiner unendlichen Erbarmung zu erfreuen hätten. – Und siehe, solche wohnen nun allerseligst in der beständi-

gen Gesellschaft des Herrn im ewigen Morgen! Wahrlich herrlich und überaus prachtvoll ist alles hier; aber eine allergeringste Strohhütte im Reiche, da der Herr wohnet, steht unendlich mal höher denn alle diese Pracht" (GS, Bd. 1, Kap. 44, 14–15).
In der Erkenntnis, daß der geistige Führer „mit mächtigen Worten Unendliches" ausgesprochen hat, bittet ihn nun das Ehepaar um praktische Hilfe für ihren weiteren Aufstieg. Da wird ihnen nahegelegt: „Habt ihr nie gehört, was da der Herr gesprochen hat zum reichen Jüngling: ‚Gib alles hintan und folge Mir nach!?' – Ferner, habt ihr nicht gelesen die Stelle im Buche, allwo der Herr einen ewig gültigen Vergleich aufgestellt hat, als zu gleicher Zeit vorne im Tempel ein gerechter Pharisäer dem Herrn seine Werke, vollkommen nach dem Gesetze Mosis, vortrug, während im tiefen Hintergrunde ein armer Sünder an seine Brust schlug und sprach: ‚O Herr, ich bin nicht würdig, meine Augen zu erheben zu deinem Heiligtume!' – Welchen hat der Herr hier gerechtfertigt? Ihr saget: ‚Den demütigen Sünder!' Nun sehet, aus diesem könnt ihr gar leicht den eigentlichen Weg zum Herrn finden. Also tuet auch ihr! Denn das Wort des Herrn hat auch in den Himmeln seine volle Geltung, und das in alle Ewigkeiten! – Sehet ferner: Vor Ihm gibt es nichts Reines und nichts Gerechtes. Denn Er allein ist rein, gut und barmherzig! Haltet euch nicht für vollkommen, sondern tut, was der Sünder im Tempel tat, und was da tat ein euch wohlbekannter Mitgekreuzigter des Herrn. So werdet ihr dann erst die wahre Rechtfertigung, welches ist die alleinige Liebe zum Herrn, finden. – Werdet arm, ja werdet vollkommen arm, damit ihr reich werdet in der Liebe des Herrn!" (GS. Bd. 1, Kap. 44, 17–18).
Die größere Seligkeit im Liebe-Weisheitshimmel beruht nicht mehr wie im Weisheitshimmel auf bloßer Erkenntnis, sondern auf dem Tätigwerden. Sie „besteht darin, daß die Seele (neben ihrem hohen Schauen und Erkennen) nun auch mit der wahrhaft göttlichen Schöpferkraft ausgerüstet ist und aus göttlicher Weisheit alles bewirken kann, was Gott selbst bewirkt und hervorbringt" (Gr. Ev. Bd. 7, Kap. 67, 2). Im Gegensatz zum Weisheitshimmel haben nun die himmlischen Wohnwelten ein äußerst schlichtes und einfaches Gepräge. Dafür wirken sie anmutiger und intimer. Ihre Idyllik ist unbeschreiblich. Eine endlos weite liebliche Hügellandschaft erstreckt sich zu unseren Füßen. Vor den schmucken, gemütlich wirkenden Häuschen, die entfernt an die niedrigen Alpenhütten der Schweiz erinnern, ruft ein Himmelswanderer aus: „Fürwahr, es sieht hier wirklich so aus wie auf Erden eine freundlich besiedelte Voralpenlandschaft! Es ist zwar ein großer Abstand zwischen solch einem Häuschen und einem Palast oder gar einer großen Stadt dort unten in der früheren (Weisheits-)Ebene, aber dessen ungeachtet möchten wir es lieber bewohnen als einen solchen Palast" (GS. Bd. 2, Kap. 46, 1).

Die Mitwirkung am großen Werk der Erlösung, der „Heimholung alles Verlorenen" an das Herz des Vaters, steht jetzt im Vordergrund. In dieser Sphäre geschieht es auch das erste Mal, daß der Vater in Jesus selbst zuweilen gestalthaft sichtbar wird, um die am sehnlichsten nach ihm verlangenden Seelen in ihren einfachen Hütten aufzusuchen oder sie in die nächste Sphäre, den allerhöchsten Liebehimmel, zu geleiten. Dieser höchste oder Liebe-Himmel stellt auch den allerhöchsten Grad der Lebensvollendung dar: „Dieser besteht darin, daß der vollendete Mensch, wohl wissend, daß er nun als ein mächtiger Herr über die ganze Natur ohne Sünde tun kann, was er nur immer will, dennoch seine Willenskraft und Macht demütig und sanftmütig im Zaume hält und bei all seinem Tun und Lassen aus der pursten Liebe zu Gott nicht eher etwas tut, als bis er unmittelbar von Gott aus dazu beordert wird. ... Wer so handelt, der ist in sich zur innersten und allerhöchsten Lebensvollendung gelangt, welche da ist die Lebensvollendung im dritten Grade. Auch ist er völlig eins mit Gott und besitzt gleich Ihm die höchste Gewalt über alle Dinge im Himmel und auf Erden, und niemand kann sie ihm ewig mehr nehmen" (Gr. Ev. Bd. 7, Kap. 155, 12 u. 14).

Vor der Menschwerdung Gottes war es für keinen Verstorbenen möglich, in den Himmel zu gelangen. Auch die Erzväter mußten erst in der sogenannten Vorhölle (wohl das „Paradies" oder das „Elysium" der Griechen) auf den Augenblick warten, da Jesus über die zwischen eigentlichem Himmel und der übrigen Jenseitswelt seit dem Sündenfall der Engel bestehende Kluft die Brücke baute. Hanna Zluhan schreibt dazu, im Anschluß an Lorber: „Für kein geschaffenes Wesen war Gott schaubar und nahbar, auch nicht für die höchsten Engelwesen. Die Gottheit als reinster Geist ist in sich ein verzehrendes Feuer. Dieses Feuer wurde in Jesu Leib gleichsam bedeckt und gedämpft; seitdem ist Gott als Vater in der verklärten Jesusgestalt für Engel und Mensch in alle Ewigkeit schaubar. In Jesus Christus sind alle Himmel grundgelegt" (aus „Tod und Jenseits"). Im Großen Evangelium sagt Jesus: „Ich bin die Pforte, der Weg und der Himmel selbst. ... Wer Mich hört, an Mich glaubt und den Vater in Mir über alles liebt, der wandelt durch die rechte Pforte allen Lebens und Seins den lichten Weg in das Reich der Himmel, das geistig geschaffen ist aus Meiner Liebe in der lichtesten und lebendigsten Form aus Meiner Weisheit" (Bd. 8, Kap. 18, 2).

Wie bei Swedenborg so hat der Himmel auch bei Lorber in seiner Gesamtheit eine menschliche Gestalt. Dieser göttliche „Lichtmensch", dem der an sich viel kleinere materielle „Schöpfungsmensch" (Luzifer) gegenübersteht, ist der Herr selbst als der Leib Gottes. Im Jenseitswerk „Die geistige Sonne" belehrt Jesus seine Zuhörer: „Wenn ihr hinauf in Meine unendliche Sphäre treten könntet, so würdet ihr das ganze unendliche Reich der Himmel nur als *einen* Geistmenschen erblicken. So ihr aber dann in seine Sphäre treten

möchtet, da würde sich dieser einige Mensch bald auflösen in zahllose Geisterwelten, welche da aussehen würden wie zahllose einzelne Sterne, ausgestreut durch die ganze Unendlichkeit." Welche Bedeutung dieser mystische Leib Christi in seiner kosmischen Hinausprojizierung hat, macht uns Ernst Benz im Anschluß an Swedenborg klar mit den Worten: „Dieser Universalmensch ist nicht identisch mit Gott selbst, sondern ist der Leib Gottes, die Gestalt, in der sich die erlösten Geistwesen zusammenfügen, und zugleich das Organ, durch das sich die Ausstrahlung des göttlichen Lebens in die unteren Bereiche des Lebens hinab vollzieht" (in „Swedenborg").
Während Weisheitshimmel und Liebe-Weisheitshimmel wegen der großen Verschiedenheit ihrer Geistwesen noch wie in unzählige Inseln aufgeteilt erscheinen, stellt sich der reine Liebehimmel als einziges ungeteiltes Ganzes, als eine letzte Einheit dar. Sie ist im Wesen der Liebe begründet. Die vollständige Hinrichtung auf den Herrn ist nun bei allen gleich. „Ja, dieser Himmel umschließt und trägt und leitet aus den göttlichen Kräften alle anderen Himmelssphären und auch alle Schöpfungskreise. ... In ihm geht die Weisheit nach der höchsten Ordnung aus der Liebe hervor. In der einfachsten, prunklosesten Form sprudeln die Ströme der höchsten göttlichen Wahrheit und Weisheit (nach den Worten des Herrn) aus dem ewigen Urquell der Liebe. ... Gleichsam die äußere Sphäre des Liebehimmels stellt sich uns dar als das Himmlische Hügelland mit den Wohnungen der Seligen, und die innere als das Himmlische Jerusalem mit dem Hause des Vaters, wie entsprechend der Geist den ‚Brennpunkt oder Funken des göttlichen Wesens' (GS. Bd. 2, Kap. 10, 14) in sich faßt. Es sind kleine, einfache Landhäuschen auf den Höhen des Himmlischen Hügellandes, wo die Seligen dieses Himmels wohnen und der Herr bei ihnen. Der Mensch ist da in seinen Wesensgrund (Liebelebensgrund) eingegangen, er ist nun wahrhaft Mensch geworden nach dem Bilde Gottes. Er ist der ‚menschgewordene' Mensch" (H. Zluhan in „Tod und Jenseits").
Erklärend heißt es dazu im „Großen Evangelium": „Der Mensch ist zuerst ein Mensch aus Gott (als sein Geschöpf), und dann erst ein Mensch aus sich. Solange er allein aus Gott ist, gleicht er einem Embryo im Mutterleib, und erst wenn er auch aus sich selbst ein Mensch wird in der Ordnung Gottes (in freier, selbständiger Gestaltung nach dem Willen Gottes), ist er ein vollkommener Mensch, weil er dadurch erst zur wahren Gottähnlichkeit gelangen kann" (Gr. Ev. Bd. 4, Kap. 56, 4).
Irdische Sprache und Vorstellung reichen nicht aus, um mehr und Anschaulicheres über das innerste Zentrum des Liebehimmels auszusagen als wie es Johannes in seiner strahlenden Schilderung der „Stadt Gottes" tat! Was aber die Erlösten selbst betrifft, so läßt sich noch folgendes sagen: Sie gelangen mit dem Eingehen in die Liebe Gottes zur göttlichen Gestalt ihres Wesens;

der Mensch wird zu „einem neuen Geschöpf, erstaunlich allen Himmeln", heißt es bei Lorber. Dem Robert Blum öffnete sich im Vaterhaus die Sicht auf die ganze materielle und geistige Schöpfung, angefangen von den Planeten über alle Sonnen bis hin zur Ursonne. Er erblickte in seiner Gesamtheit den ganzen materiellen „Schöpfungsmenschen" und er sah auch den neuen „Lichtmenschen", die verklärte neue Schöpfung. Hanna Zluhan bemerkt dazu: „Wozu eine Seele im Aufsteigen durch den Kosmos unendliche Zeiten braucht und doch immer nur eine Teilstrecke erreicht, das wird dem vollendeten Gotteskind mit einem Blick aus dem innersten göttlichen Zentrum zuteil. Der Raum, aus dem Robert Blum im Vaterhaus in die Schöpfungen Gottes hinausschaut, hat bezeichnenderweise von außen her keinen Zugang. Diese innerste göttliche Sphäre ist nicht durch kausale Zusammenhänge mit den anderen Sphären verbunden, man kann sie nicht durch Entwicklung erreichen. In diesen Raum führt nur die Gnade schenkender Liebe."

Hören wir nun, wie uns in der „Geistigen Sonne" der Einzug eines lange Zeit in kirchlichen Dogmen befangen gewesenen Priors geschildert wird! Der Herr selbst bringt den Neuankömmling in die „Scheuer Gottes". Und er läßt uns an dem Erlebnis teilnehmen mit den Worten: „Sehet, wie Scharen in höchstem Glanze uns entgegenziehen! Und wenn ihr eure Ohren öffnet, so werdet ihr ganz große Gesangschöre hören, wobei das Wort in sich selbst schon als allervollkommenste Musik zu nehmen ist. . . . Wir sind nun schon am bekannten ‚Stadttore', welches, wie die Mauer und die Häuser der Stadt, aus zahllosen Edelsteinen gemacht ist. Sehet in die Gasse, welche da genannt wird die ‚Hauptstraße', die ‚Straße des Herrn', die ‚Straße der Mitte allen Lichts', und wie in dieser Straße gar viele allerseligste Engelsgeister uns von allen Seiten entgegenströmen! Sehet, es ist alles voll des höchsten Liebe-Weisheitsglanzes; aber beschaut dagegen den Herrn! Der geht noch immer so einfach daher, wie wir Ihn am Anfang gesehen haben. Ein blauer Rock ist alles, was Ihn ziert der äußeren Erscheinlichkeit nach" (Bd. 2, Kap. 5).

Aber können diese bewußt einfach gehaltenen Worte nur den allergeringsten Widerschein geben von so viel Herrlichkeit? Armselig stehen auch bei Lorber die Worte da, die anderen, wie etwa Dante, längst im Munde zerbrachen. Die allerrührendste Szene, wie sie nirgends in Jenseitsschilderungen sonst zu finden ist, schließt sich bei Lorber an den Empfang im Vaterhause an. Gerade dort, wo die Seele nun ihre ureigenste Beheimatung erhält, in einem ihrem inneren Wesen voll und ganz entsprechenden Wohnbereich, findet nun ein „heiliges Mahl" statt. Und der Herr beginnt die Tafelrede mit folgenden Worten: „Als Ich einst auf Erden nach Meiner Auferstehung zu euch kam, da fragte Ich euch, indem ihr etwas hungrig waret und nicht viel zu essen hattet: ‚Kindlein, habt ihr nichts zu essen?' Da zeigtet ihr Mir etwas Brot und etliche Fische. Ich segnete euch die Fische und das Brot und setzte

Mich dann mit euch zu Tische und aß mit euch. Nun frage Ich euch nicht mehr, ob ihr zu essen oder nicht zu essen habt, sondern aus Meinem unendlichen Vorratsschatze habt ihr in endloser Fülle ewig genug. Aber soll darum dieses von Mir auf Erden ausgesprochene Wort hier keine Geltung haben? . . ." Am Ende seiner Rede aber mahnt der Herr: „Esset also nun mit Mir und trinket und seid dabei in aller Liebe eingedenk derjenigen, die noch in der Tiefe ihres Fleisches wohnen und nicht erschauen können Mein Reich, Meine Gnade, Meine Liebe und Erbarmung!" (GS. Bd. 2, Kap. 8).

Entsprechend der erzieherischen Absicht bei J. Lorber, die Seelen immer und überall zur Demut anzuleiten und damit auch zum Dienste an allen Wesen und Geschöpfen, stellt der Herr sich auch im höchsten Liebehimmel rein äußerlich seinen „Brüdern" und „Schwestern" völlig gleich. Ja, er demütigt sich noch eine Stufe unter sie durch seine bewußt schlicht gehaltene Gewandung, indes er den anderen die „Insignien" beläßt, die Zeichen und Symbole, die ihrem Wesenscharakter entsprechen. Dennoch ist und bleibt er auch in seiner geringsten Erscheinung der Magnet, der alle an sich zieht durch seine Liebe.

Die dauernde Gegenwart des Herrn genießen nur die Bewohner des höchsten Himmels. Dagegen steht den Seelen im Liebe-Weisheitshimmel und Weisheitshimmel die Herrlichkeit der Gnadensonne immer vor Augen. Auch das ist schon eine Epoptie oder Gottesschau. Nur den Einwohnern des Liebehimmels ist es jederzeit möglich, das Angesicht des Herrn in seiner ganzen Glorie zu erblicken als vollkommene Offenbarung des Vaters. Sie brauchen sich nur in die Selbstversenkung zu begeben, in die innerste Ruhe ihres Herzens. Durch solche ekstatische Versunkenheit in Gott wird ihnen nicht nur das Schauen, sondern auch das tiefste „Erkennen" zuteil. Das bedeutet ein Erfassen des göttlichen Wesensgrundes mit dem eigenen geschöpflichen Wesensgrund, wobei das Herz, das Gemüt, die Seele und der Geist in Liebe vereinigt sind mit dem Höchsten.

In seinen „Gesichten aus der geistigen Welt" berichtet uns Sadhu Sundar Singh: „Während einer Ekstase betrat ich den dritten Himmel. Mir wurde gesagt, daß es derselbe wäre, zu dem Paulus eingegangen sei. Und dort sah ich Christus im verklärten geistigen Leibe auf einem Throne sitzen. Sooft ich dorthin komme, immer ist es dasselbe: Christus ist immer Mittelpunkt, eine nicht mit Worten zu beschreibende Erscheinung. Sein Antlitz leuchtet wie die Sonne, blendet aber keineswegs und ist so sanft, daß ich es ohne Schwierigkeit anzuschauen vermag. Und immer lächelt es; ein liebendes, verklärtes Lächeln. Als ich Ihn zum ersten Male erblickte, hatte ich das Gefühl, als ob irgendeine alte, vergessene Beziehung zwischen uns bestehen müsse, als spräche Er, aber nicht in Worten: ‚Ich bin der, durch den du erschaffen wurdest!' Und von Christus ausströmend gewahrte ich gleichsam leuchtende und friedenbringende Wellen, die zwischen den Heiligen und Engeln und durch sie hindurchflossen und überallhin Erquickung brachten, so wie in der Hitze der Regen die Bäume erquickt. Und dies erkannte ich als den Heiligen Geist." –

Über der Gottesstadt, dem „Neuen Jerusalem", erstrahlt als Urmitte der ganzen Unendlichkeit die „Gnadensonne". Ein farbiger Funkentanz schießt aus ihr hervor. Oft haben Mystiker diese Emanation des Urlichtes geschaut, das im Grunde den Heiligen Geist selbst darstellt, seine Kraft und Fülle, seine alle Wesen nährende Ursubstanz. Für die Himmelsbewohner ist dieses Licht in keiner Weise blendend oder gar schmerzend. Sie empfinden es in seinem milden Glanz als höchste Wonne und Seligkeit, die auch ihr ganzes Wesen durchströmt; „So lieblich anzusehen wie das Licht des schönsten Morgensterns", heißt es bei Lorber. Es ist jenes in der Bibel oft genannte „unzugängliche Licht", in dem das Urgrundwesen des Vaters zentralisiert ist. Als „Urmachtzentrum" und „vollkommenster Urgeistmensch" zeigt sich dieser Vater in der Hülle des verklärten Jesus. Vom Vater in Jesus gehen in Ewigkeit die Lebenskräfte des heiligen „Gottesgeistfeuers" aus, die ganze Unendlichkeit erfüllen. Von der Gnadensonne aber, in welcher wohnt „die ganze Fülle der Gottheit wesenhaft gestaltet", sagt uns der Herr:

„Siehe, diese Sonne bin Ich im Grunde Selbst! – Nur hier im höchsten Himmel bin Ich außerhalb der Sonne, obschon auch in der Sonne (den Seligen schau- und nahbar). Außerhalb der Sonne bin Ich, wie ihr alle Mich nun unter euch sehet (das heißt verkörpert in der Seelengestalt Jesu). In der Sonne aber bin Ich urgeistig durch die Kraft und in der Kraft Meines Willens, Meiner Liebe und Weisheit. Ich Selbst bin (als Gottesgeistzentrum) im Grunde des Grundes in dieser Sonne und die Sonne bin Ich Selbst. Aber dennoch ist ein Unterschied zwischen Mir und dieser Sonne. Ich bin der Grund, und diese Sonne ist gleich einer Ausstrahlung Meines Geistes, der von hier und also aus Mir alle Unendlichkeit in ungeschwächter Kraft durchströmt und allenthalben eine ewige Ordnung schafft" (Rbl. Bd. 2, Kap. 283, 12 f.).

Ausklang

Der Prophet Jakob Lorber

a) Wesensgestalt und Werk

Es ist den heutigen Christen völlig ungewohnt zu denken, daß es mit einem Mal nach der langen Erstarrnis im inneren Wesen der Kirche, der Ekklesia carnalis, jenen Wendepunkt geben soll, der für die Endzeit angekündigt ist und in dem alles seine Erneuerung finden wird von innen heraus. Die weltbewegende Kraft, die solches bewerkstelligen kann, hat Joachim von Fiori in seiner prophetischen Zukunftsschau als das neue Wort Gottes, das „Dritte Testament", das „Ewige Evangelium" bezeichnet. Ausdrücklich berief er sich dabei auf jene Stelle der Johannes-Offenbarung, wo der Seher von Patmos ausruft: „Und ich sah einen anderen Engel fliegen durch die Himmelsmitte, der hatte ein ewiges Evangelium zu verkünden über die Erdbewohner und über alle Nationen und Stämme und Sprachen und Völker. Und er rief mit gewaltiger Stimme: Fürchtet Gott und bringet ihm Lobpreisung, denn gekommen ist die Stunde seines Gerichtes! Ihn betet an, der gemacht hat den Himmel und die Erde und Meer und Wasserquellen!"

Wer konnte wohl der Träger sein, das prophetische Medium, durch dessen Mund und Feder die neue Botschaft aus den Himmeln zu den Menschen gelangen würde? Es ist eines der vielen Wunder, die in der Heilsgeschichte schon so oft für Überraschungen gesorgt haben, daß dieser Prozeß der „Wiederkunft Christi im Wort" in aller Stille vor sich ging. In größter Verborgenheit geschah es, daß der „Schreibknecht Gottes", Jakob Lorber, vor bereits über hundert Jahren den Grund legen durfte für eine neue Ära der Menschheitsgeschichte. Für wen aber ist das heute noch glaubhaft, nachdem die Theologen auf der widersinnigen Behauptung bestehen, daß mit dem Neuen Testament, endgültig aber mit dem Tode der Apostel, die Offenbarung ein für allemal abgeschlossen sei? Hatte man denn vergessen, was der Herr selbst seinen Jüngern verheißen hatte mit den Worten: „Wenn aber jener, der Geist der Wahrheit, kommt, wird er euch in alle Wahrheit einführen. Er wird nicht aus sich selber reden; vielmehr wird er reden, was er hört (das heißt durch „Inneres Wort", d. V.), und er wird euch künden, was künftig ist." (Joh. 16, 12–14)?

Es ist unbestreitbar ein aus aller Tiefe göttlicher Weisheit schöpfendes Evangelium, welches uns der Herr durch Jakob Lorber anzubieten hat. Und welche andere Prophetie der nachchristlichen Zeit, Joachim von Fiori und Swedenborg nicht ausgenommen, enthält eine solche Fülle geistiger Eröffnungen über alles, was die Heilsgeschichte, den wahren Sinn der Bibel und das innerste Wesen von Mensch, Gott und Welt betrifft? Auch der Apologet der Württ. Evangelischen Landeskirche Dr. Kurt Hutten gesteht: „Das Weltbild Lorbers kann wirklich eine Hilfe sein, denn es ordnet von Gott her die Ungeheuerlichkeit des Universums, versieht sie mit einem Sinn und Ziel und gibt den Menschen einen Weg zur Geborgenheit" (in „Seher, Grübler, Enthusiasten").

Mit der Wiederkunft Christi im Wort geht Hand in Hand die ganz persönliche Wiederkunft des Herrn, der zunächst nur einigen wenigen, dann aber immer mehr Menschen, die ihn in sein Herz aufnehmen, ganz real erscheinen wird. Schon Swedenborg ist dafür ein Beispiel (wie so viele Mystiker), und dieser Prophet hat auch lange schon vor Lorber in Ankündigung der sogenannten Neuen Kirche Offenbarungen erhalten, die vorbereitend waren für die totale Siegelöffnung in unserer Zeit. Erst jetzt werden die Voraussagen des Propheten Joel, auf die schon Petrus in seiner Pfingstrede hingewiesen hatte, in vollem Umfang sich verwirklichen, wie denn auch der Herr sagt: „Wer an Mich glaubt, Meinen Willen tut und Mich über alles und seinen Nächsten wie sich selbst liebt, zu dem werde Ich Selbst kommen und Mich ihm treulich offenbaren. In der Folge aber wird es so sein, daß am Ende ein jeder, den es wahrhaft nach Mir als der ewigen Wahrheit dürstet, von Mir belehrt werden wird; denn Ich, als die Wahrheit im Vater, bin gleich wie ein Sohn; der Vater aber ist die ewige Liebe in Mir. Wen sonach die Liebe oder der Vater zieht, der kommt auch zum Sohne oder zur Wahrheit" (Gr. Ev. Bd. 9, Kap. 37, 3).

In welcher Zeit also leben wir? Ist sie nicht trotz Atomgefahr gänzlicher Vernichtung von Erde und Menschheit und chemischer Zugrunderichtung allen lebendigen Seins der Anfang einer neuen Heilszeit? Darauf weisen bereits die vielen Neuaufbrüche pneumatischen Christentums hin, besonders aber das Charisma des Heilens und des Wunderwirkens, das nun schon seit einigen Jahrzehnten in einem vorher nie gekannten Ausmaß sichtbar wurde. Wohl ist es für unsere Begriffe schon lange her, daß das „Ewige Evangelium" seinen schriftlichen Niederschlag fand; das mindert aber nicht im geringsten seinen Wert, im Gegenteil: was Jakob Lorber durch inneres Diktat empfangen durfte, ist, nach den Worten von Kurt Eggenstein, „ein Werk von so monumentaler Größe, daß sein Inhalt erst heute begriffen werden kann. ... Er läßt keinen Zweifel darüber offen, daß die Saat erst in unserer Endzeit voll aufgehen wird" (in „Der Prophet Jakob Lorber"). Wir brauchen nicht lange nach Gründen für diese Behauptung zu fragen. In der Entstehungszeit dieses monumentalen Werkes waren die politischen und kirchlichen Verhältnisse derart, daß, wie der Verleger Otto Zluhan ausführt, sein Inhalt „dem Zeitgeist diametral entgegengesetzt war. Erst nach hundert Jahren, nachdem zwei Weltkriege den Menschheitsacker umgepflügt haben, kann das Schrifttum Lorbers Wurzel fassen, ist Europa reif, diese Manifestation aus einer höheren Welt zu verstehen und zum Heile der gesamten

Menschheit richtig zu verwerten. ... Es wird uns in einer Zeit, in der das alte kirchliche Weltbild unter dem Ansturm der wissenschaftlichen Forschung und einer rationalistischen Philosophie ins Wanken geriet, in den Werken J. Lorbers ein neues Weltbild geboten, das die Bedürfnisse des Glaubens wie der Vernunft gleichermaßen befriedigt" (in der Schrift „Neue Prophetie").

Es war Gottes Kalkül, in einer relativen Zeit der Verborgenheit alles so vorzubereiten, daß das Licht plötzlich hervorbrechen konnte. Allein schon die Naturwissenschaften bestätigen heute das Weltbild der Neuoffenbarung in einer Weise, die niemand für möglich gehalten hätte. Aber auch dazu mußte die Zeit erst reif sein, wie in so vielen anderen Dingen. Von Nietzsche müssen wir uns sagen lassen, daß es immer die stillsten Worte sind, welche den Sturm bringen, und daß Gedanken, die mit Taubenfüßen einherschreiten, die Welt verändern und lenken. Beides trifft auf den Grazer Propheten zu. Otto Zluhan ist ganz sicher: „Einmal wird das Werk Jakob Lorbers aus seiner bisherigen Verborgenheit heraustreten und sein so lange unbegriffener Wert wird von einer Menschheit erkannt werden, die sich der umwandelnden Kraft des Geistes hinzugeben bereit ist." Inzwischen hat das Lorberschrifttum mit seinen fünfundzwanzig zum Teil sehr umfangreichen Bänden eine Auflage von über einer Million Exemplaren erreicht! Hatte man es früher in kirchlichen Kreisen kaum beachtet oder direkt abgelehnt, so setzen sich heute in der großen Glaubenskrise und Seelennot unserer Zeit immer mehr evangelische wie katholische Geistliche ernsthaft damit auseinander; ja manche von ihnen sind aufs äußerste beeindruckt.

Wir verdanken es einer größeren Geistesfreiheit innerhalb der traditionellen Kirchen und dem Zwang der Ereignisse, daß ein Umdenken und Neudenken möglich wurde. So konnte sich Dr. Kurt Hutten mit dem Urteil hervorwagen: „Dieses Weltbild hat Tiefe und Kraft, ... es gibt der Erde samt ihrer Geschichte und Heilsgeschichte ihre Würde wieder, verleiht dem Glauben eine kosmische Weite, verwebt Diesseits und Jenseits, Mikrokosmos und Makrokosmos ineinander, preist die alle Schöpfung durchwaltende Liebe Gottes und weist mit alledem den Menschen einen Weg zur Geborgenheit."
Mit gleicher Offenheit bekannte sich der evangelische Pfarrer Hermann Luger zum Neuoffenbarungswerk. Bei der Untersuchung der Frage, wie Neuoffenbarung und Altoffenbarung zusammenstimmen, fällt er das Urteil: „Beide stehen auf demselben göttlichen Grund. Lorbers Schriften atmen durchaus biblischen Geist. Nicht nur der Inhalt seiner beiden Hauptwerke ‚Das Große Evangelium Johannes' und ‚Die Haushaltung Gottes' ist ein biblischer, auch seine anderen Werke sind kernbiblisch. Viele Aussprüche und Reden des Herrn im Großen Evangelium Johannes könnten geradesogut in einem der vier biblischen Evangelien stehen. Daß sich bei Lorber vieles

findet, was in der Bibel, besonders in den vier Evangelien, vollständig fehlt, wie zum Beispiel die Reden des Herrn über die Himmelskörper und die Geheimnisse der Schöpfung, braucht uns nicht wunderzunehmen und beweist nichts gegen den biblischen Charakter der Neuoffenbarung. Es ist nur verständlich, daß Jesus in den drei Jahren seiner öffentlichen Tätigkeit viel mehr geredet und getan haben muß, als in den Evangelien der Schrift erzählt wird; und wir glauben daher ein Recht zu haben, in der Neuoffenbarung geradesogut Gottes Wort zu sehen wie in der Bibel. Bibel und Neuoffenbarung sind für uns zwei gleichberechtigte Erscheinungen, die ein und demselben Urgrund entspringen, und von denen die eine durch die andere erst recht an Wert und Bedeutung gewinnt."

Begeistert ruft der evangelische Theologe und Schriftsteller Hellmuth von Schweinitz aus angesichts der ersten Worte, die Lorber auf inneres Geheiß des Herrn niederschrieb: „Das ist stärkster prophetischer Stil!" (Sonntagsbote 1951). Der Text hatte gelautet: „So spricht der Herr für jedermann und das ist wahr und getreu und gewiß: Wer mit Mir reden will, der komme zu Mir, und Ich werde ihm die Antwort in sein Herz legen. Jedoch die Reinen nur, deren Herz voll Demut ist, sollen den Ton Meiner Stimme vernehmen. Und wer Mich aller Welt vorzieht, Mich liebt wie eine zarte Braut ihren Bräutigam, mit dem will ich Arm in Arm wandeln; er wird Mich allezeit schauen wie ein Bruder den anderen, und wie Ich ihn schaute schon von Ewigkeit her, ehe er noch war" („Haushaltung Gottes").

Hellmuth von Schweinitz gibt auch zu bedenken: „Das Phänomen Lorber mit der Deutung der Tiefenpsychologie abzutun, ist keine überzeugende Erklärung. Denn was in seinen Schriften an die Oberfläche seines Bewußtseins tritt, sind Erkenntnisse, die aus der Sphäre seines beschränkten menschlichen Wissens nicht stammen können. Zu ihrer Aneignung würde ein Menschenleben nicht ausreichen und alle schöpferische Phantasie nicht genügen. ... Die Tiefenpsychologie ist ein unzureichender Weg zum Verständnis einer Sache, die mit psychoanalytischen Argumenten einfach nicht deutbar ist. Genausowenig kann das Lebenswerk Lorbers durch philosophische oder theologische Spekulationen erklärt werden. Es bleibt bei ihm, wie bei allen prophetischen Phänomenen, ein unerklärlicher Rest, den man leugnen oder annehmen muß." Auch der katholische Geistliche Robert Ernst trifft den Nagel auf den Kopf, wenn er sagt: „Lorbers Monumentalwerk ist ein Faktum, das man nicht damit aus der Welt schafft, daß man es ignoriert." Schwierigkeiten bereitet manchen Lesern der Schriften Lorbers die etwas altertümelnde Sprache. Wenn wir aber bedenken, wie lange es schon her ist, daß diese Diktate entstanden, und wenn wir außerdem die steiermärkische Herkunft des Schreibers berücksichtigen, dann wird alles wohlverständlich. Sein ihm persönlich eigentümlicher Stil und die damals gebräuchlichen Aus-

drucksweisen müssen schon deshalb in Kauf genommen werden, weil ja alles „Innere Wort" erst durch den ganzen Seelenbereich des Empfängers hindurchgeht. Über diese Umsetzung der Verbalinspiration in das jeweilige Sprachkleid eines Mediums sagt Fr. Chr. Oetinger: „So wächst das Korn der himmlischen Offenbarung immer auf dem Halm der menschlichen Anschauung." Gott bedient sich also nicht der persönlichen Sprache des Propheten; vielmehr gibt er ihm die Gedanken direkt ein. Swedenborg veranschaulicht dies mit den Worten: „Wenn ein Engel einem Menschen, durch den Worte der Inspiration ausgesprochen oder niedergeschrieben werden sollen, Worte des Herrn einhaucht, so regt es bei demselben ein Denken an, welches in gewöhnlicher Weise in menschliche Ausdrücke fällt. Diese Ausdrücke sind solcher Art, wie sie eben bei dem Menschen vorhanden sind, der beeinflußt wird; sie sind stets seiner speziellen Auffassung und seiner besonderen Lebensform gemäß" (Adversaria III, 6865–6966).
Auch Viktor Mohr (M. Kahir) schreibt in der Zeitschrift „Das Wort" (August 1972): „Wir sollten nur nicht glauben, als bediente sich der Vatergeist dabei jener irdischen Worte, die sodann der Mittler oder die Mittlerin ausspricht oder niederschreibt. ... Deshalb ist der Maßstab für derlei Kundgaben nicht ihre Worthülse, sondern ihr innerer Gehalt im Sinne der geistigen Wahrheit." Eine besondere Wohltat bei J. Lorber ist gerade seine bildhafte, zu Herzen gehende Sprache, die mit den einfachsten Worten Unendliches auszudrücken vermag. Aber dahinter steht eben der Geist Christi selbst! Wer diesen allein im Auge behält, übersieht mit Leichtigkeit die manchmal etwas breit gesponnene Darstellungsweise wie auch die für uns heutige Menschen ungewohnte Überschwenglichkeit der Gefühle. Sie aber ist gerade der beste Beweis, wie sehr „der Schreibknecht" J. Lorber vom Geistfeuer Gottes ergriffen war. Unsere Zeit hält es leider mit dem anderen Extrem, und selbst die Theologensprache ist weitgehend von einer solch abstrakten Blässe, daß das Herz dabei leer ausgeht. Nach Kardinal Newman „hat es Gott nicht gefallen, sein Volk mit Dialektik zu retten". Bei G. Mayerhofer sagt der Herr: „Meine Worte sind einfach und klar, nur dürfen nicht die Selbstliebe der Dolmetscher und falsche Ausleger dabei sein" (Pr. 164).
Aus dem Unvermögen der Theologen, die christliche Botschaft ohne Verdeutlichung und Zwiespältigkeiten zu übermitteln, entstand schließlich jener Zustand, über den der Jesuit Karl Rahner urteilt: „Wir leben in einem Heidenland mit christlicher Vergangenheit und christlichen Restbeständen." Immerhin erleben wir gegenwärtig nach den Worten von Dr. Walter Lutz „eine geistige Weltenwende, wie solche in der Menschheitsgeschichte seit Kopernikus noch niemals dagewesen. Ein donnernder Weckruf erschallt: Höre Menschheit! Es ist ein anderer, tieferer Sinn im Leben, als der Alltag wahrhaben will! Es ist ein Gott – ein Gott der Liebe, der euer ewiges Sein zu

seliger Vollendung in seine erhabenen Lichtsphären führen will! Erkennet und liebet ihn über alles, und liebet um seinetwillen auch alle eure Mitgeschöpfe!" (in „Grundfragen des Lebens"). Dies ist der Geist der Neuoffenbarung! Um ihn zu verkünden, war Lorber seiner ganzen Wesensart nach das geeignetste Werkzeug. Die Dichterin Edith Mikeleitis hat seine Gestalt so gezeichnet: „Wenn Jakob Lorber, etwas übermittelgroß von Gestalt, breit, mit klarem Gesicht, gütigen Augen, den selbstangefertigten Tubus an der Seite hängend, um seine astronomischen Beobachtungen machen zu können, seine weiten Spaziergänge in der Umgebung von Graz unternahm, vermutete niemand in ihm den Lehrer des neu anbrechenden kosmischen Äon, das mit seinem Beginn die Welt in Erschütterungen ohnegleichen stürzen würde, um die Verengung und Begrenzung des ganz und gar zwischen Systemen lebenden Menschen zu sprengen. Daß er von Statur fest und gedrungen war, entspricht der an ihn gerichteten Forderung, die unerhörte und jede allgemeine Vorstellung übersteigende Mitteilung auch körperlich ertragen zu können. Ein nervlich Schwächerer wäre dazu nicht imstande gewesen. Außer seinen Freunden beachtete man ihn öffentlich kaum. Über dem Werk, das er treu und mit uneingeschränkter Hingabe vierundzwanzig Jahre lang (von 1840–1864) ausübte, vergaß man mehr und mehr ihn selber, und er wollte es so. In einem Brief an Anselm Hüttenbrenner schreibt er im Jahre 1846: ‚Die Welt will mir nichts geben, und ich bin dessen froh. Denn so weiß ich doch, daß ich das Unterste bin und alles von Einem empfange und habe. Bis jemand nicht die allerunterste Stufe in allen Außeninteressen seines Herzens erreicht hat, wird er in Mein Reich nicht eingehen können, sagt der Herr, denn Ich habe Mir Selbst das Niedrigste erwählt.' "

Der Grazer Mystiker hatte alle jene Grundeigenschaften, auf die man zuverlässig bauen kann, vor allem aber Demut und Liebe. Als „Sichleermachen von weltlichen Begierden und Wertungen" verstand er das Wesen der Demut. Unvereinbar schien ihm damit das häufige Lamentieren über die Welt. Vom Herrn selbst empfing er den Rat: „Klage nicht über die Welt, sondern opfere alles Mir auf. Ich werde zur rechten Zeit alles so machen und gestalten, wie es am allerrechtesten sein wird. Es hat die Welt ihren Lauf, der Himmel den seinen, und kein Tag gleicht dem anderen. Das alles ist so in der Ordnung; denn auch in aller Welt muß die Weissagung erfüllt werden, wie sie an Mir erfüllt ward. Daher mag auch ein jeder, der Mich liebt in seinem Herzen, in vollster Ruhe sein. Denn er kann es förmlich mit Händen greifen, daß überall Meine ewige Ordnung vorherrscht. Das Leben ist ein fortwährender Kampf. Daher laß dir den Weltkampf nicht zum Grauen werden! Wenn du in Meiner Liebe bist, dann wirst du mit diesem Kampf wenig zu tun haben. Ich allein bin für all die Meinen der allmächtige Kämpfer in Ewigkeit" (Brief an Elise Hüttenbrenner, 1845).

Als eine „frohe Botschaft mit frohestem Munde" hat der Herr sein Evangelium bezeichnet. Gerade für diejenigen, die schweren Sündendruck auf sich lasten fühlen, bedeutet es eine wahre Befreiung. Ist es doch der Vater selbst, der in Jesus Christus seinen Kindern entgegenkommt, wie im Gleichnis dem Verlorenen Sohn.

Nicht einmal übertriebene Ehrfurcht vor ihm, dem Meister, duldete Jesus bei seinen Jüngern: „Mit all dem würdet ihr nie fähig sein, etwas Wichtiges und Großes zu vollführen! So ihr Mich liebet aus dem Grunde eurer Herzen, so genügt Mir das vollkommen. Alles, was darüber ist, ist zu nichts nütze und macht aus dem Menschen, der Mein Ebenmaß ist, eine feige und unnütze Kreatur." Als Beispiel stellt der Herr sich selber hin mit den Worten: „Sehet, in Mir wohnt alle Fülle des wahrhaftigen Geistes Gottes, und ihr habt Mich noch nie mit einem hängenden Kopfe und frömmelnden Augen einhergehen sehen, sondern Ich gehe offen und ganz natürlichen Gesichtes einher, und Mein Weg ist stets ein gerader. Mit Ehrlichen und Heiteren bin Ich freundlich und heiter. Und die Trauernden und Ängstlichen mache Ich fröhlich und mutig. Und ihr als Meine Jünger müsset nach eurem höchst freien Willen ganz ebenso sein!"

Die befreiende, erlösende Grundstimmung erfährt jeder, der das „Ewige Evangelium" zur Hand nimmt. Seine harmonisierende Wirkung begleitet durch das ganze Leben. Es ist ja auch das Größte, was ein Mensch erleben darf, die „Lehre aus den Himmeln" mit all ihrer unendlichen Weite des Wissensgutes über Gott und Welt, Mensch und Natur in sich aufnehmen zu dürfen und zugleich zu wissen: hier spricht der ewige Vater selbst in seiner unausschöpfbaren Weisheit. Etwas ganz Neues wird uns außerdem gelehrt, was gerade für den modernen Menschen zutiefst befriedigend ist, nämlich „daß die Naturerkenntnis allein von der Gotteserkenntnis ausgehen kann und daß erst von daher sich die ganze Sicht auf das universale Geschehen in der Schöpfung öffnet" (E. Mikeleitis in „Der Plan Gottes"). Und hörten wir nicht vom Herrn selbst: „Eine rechte Naturerkenntnis ist dem Menschen vonnöten; denn wie wollt ihr Gott lieben, wenn ihr Ihn nicht in den Werken Seiner Schöpfung erkennt?" Die Kluft zwischen Religion und Wissenschaft besteht im Neuoffenbarungswerk nicht mehr.

Vom Schreiber dieses immensen Kompendiums ist zu sagen, daß er es niemals gewagt hätte, die oft bis ins kleinste Detail sich verbreitenden Ausführungen über astronomische, biologische, mathematische oder physikalische Gesetzmäßigkeiten und Fakten zu interpretieren; dazu reichte sein Bildungsstand nicht aus. Als ein „verborgener Mensch des Herzens", ausgestattet mit einem „sanften, stillen, aber unverrückbaren Geist", wie sein Biograph K. G. Ritter von Leitner ihn schildert, ist er jenen Seelen zuzuzählen, die in einem Petrusbrief als „köstlich vor Gott" gepriesen werden. Um aber in seinem ganzen Ausmaß zu begreifen, was damals im März des Jahres 1840 bei der Berufung Lorbers zum Propheten vor sich ging, wollen wir uns erst einmal seine wichtigsten Lebensdaten vor Augen halten. Sie bilden den Schlüssel für vieles.

b) Die wichtigsten Lebensdaten

Die Vorsehung wollte es so, daß uns eine relativ ausführliche Lebensbeschreibung Jakob Lorbers durch den zu seiner Zeit als Lyriker und Novellist weitum bekannten Karl Gottfried Ritter von Leitner erhalten blieb. In kurzer Zusammenfassung ergeben sich daraus folgende Daten: Von bäuerlichen Ahnen stammend – sein hochmusikalischer Vater Michael Lorber, verheiratet mit der Wendin Maria Tautscher, besaß im Weinberggebiet der Drau zwei Bergholdengründe – wurde Jakob am 22. Juli des Jahres 1800 in der Ortschaft Kanischa als erster von vier Geschwistern geboren. Früh zeichnete er sich aus durch seine Musikbegabung, die ihn mehrere Instrumente erlernen ließ (Violine, Klavier, Orgel und Harfe). Erst im Alter von neun Jahren konnte er die Dorfschule in Jahring besuchen. Seine große Wißbegier ließ ihn im Sommer 1817 von zuhause Abschied nehmen, um sich in der nahe gelegenen Stadt Marburg für den Volksschullehrerdienst vorzubereiten. Nach Prüfungsabschluß trat er zunächst einmal in St. Johann im Saggatale in den Dienst eines Lehrergehilfen. Ein Kaplan der dortigen Pfarre erkannte seine ungewöhnlichen Gaben und erteilte ihm aus diesem Grunde „einigen Unterricht in der lateinischen Sprache und eiferte ihn an, sich dem Priesterstande zu widmen" (Leitner).

Diesem Rate Folge leistend besuchte Lorber nun fünf Jahre lang das Gymnasium zu Marburg. Seinen Lebensunterhalt mußte er sich nebenbei selbst verdienen durch Orgelspiel in der Kirche und Violinunterricht. Als aber seine spärlichen Einkünfte für das notwendige Existenzminimum nicht mehr ausreichten, verließ er schweren Herzens das Gymnasium, um sich für fünf Jahre als Hauslehrer zu betätigen (Unterricht hauptsächlich in Musik und Zeichnen). Im Jahre 1829 besuchte er „den höheren pädagogischen Kurs für Lehrer an Hauptschulen", den er auch mit besten Zeugnissen abschloß. Als er aber nicht sofort eine Anstellung fand, „verlegte er sich ganz auf die Musik, gab Unterricht im Gesang, sowie im Klavier- und Violinspiel und komponierte auch einige Lieder und Konzertstücke" (Leitner). Sein weiterer Lebensweg verlief bis zum Jahre 1840 in unveränderter Form. Dabei gelangte er in einen Freundeskreis mit zum Teil hochberühmten Namen. So konzertierte er zum Beispiel öfters mit dem Komponisten Anselm Hüttenbrenner, dem Freund von Franz Schubert. Hüttenbrenner hat später aus

Begeisterung für die Lorberschen Schriften seine Musik ganz zurückgestellt, um fortwährende Abschriften der inneren Diktate des Propheten machen zu können.

Sein Ideal Paganini, dem er mit großer Virtuosität im Violinspiel nachzueifern versuchte, lernte Lorber schließlich im Jahre 1828 in Wien persönlich kennen; ja, er nahm sogar einige Stunden Unterricht bei ihm. Nicht lange danach setzte er es durch, an der berühmten Mailänder Skala ein eigenes Violinkonzert mit eigenen Kompositionen zu geben. Bekanntgeworden durch mehrere öffentliche Veranstaltungen, die gewöhnlich großen Beifall fanden, geschah es dann, daß ihm eines Tages ganz unerwartet die Stelle eines zweiten Kapellmeisters am Theater von Triest angeboten wurde. Für den in den dürftigsten Verhältnissen lebenden Musiklehrer wäre dies die längst erhoffte Aussicht auf eine sichere Lebensstellung gewesen. Doch das Schicksal beschloß es anders!

Es war am frühen Morgen des 15. März 1840 – Lorber verrichtete gerade sein Morgengebet –, als er plötzlich an seiner linken Brustseite in der Gegend des Herzens ganz deutlich eine Stimme vernahm. Obgleich sie nicht von außen zu kommen schien, war sie dennoch eindringlicher als jeder andere Laut. Und die Stimme befahl ihm: „Steh auf, nimm deinen Griffel und schreibe!" Alle Reisevorbereitungen für Triest hintanstellend, schrieb der Überraschte sofort gehorsam alles nieder, was ihm nun diktiert wurde. Und das blieb auch weiterhin so bis zu seinem Lebensende, nachdem er das Triester Angebot um dieses inneren Auftrages willen abgeschlagen hatte. Es war das Charisma des sogenannten Inneren Wortes, das ihm von Gott verliehen worden war und das ihn auch lebenslang nie wieder verließ. Von den zehntausend Druckseiten, die daraus entstanden sind, sind besonders erwähnenswert „Die Haushaltung Gottes" (drei Bände) und das fundamental wichtigste Werk für die ganze Religionsgeschichte, das „Große Evangelium Johannes", das mit seinen zehn Bänden alle wichtigen Gespräche und Ereignisse in den drei Lehrjahren Jesu getreu wiedergibt – beinahe ebenso genau wie eine phonographische Aufzeichnung – und ganz im Geiste des Johannes gehalten ist. Außerdem seien noch genannt „Die Jugend Jesu", „Die natürliche Sonne", „Erde und Mond" und die drei Jenseitswerke „Die geistige Sonne" (zwei Bände), „Robert Blum" (zwei Bände, jetzt „Von der Hölle zum Himmel") und „Bischof Martin".

„Was Lorber da empfing, waren nie gehörte, unbekannte Tatsachen und Geheimnisse göttlichen Wesens und seiner Schöpfung", sagt die bekannte Dichterin Edith Mikeleitis, die selbst ein Lorberbrevier geschrieben hat unter dem Titel „Der Plan Gottes". Eine neue Zeit brach an mit den Schriften der Neuoffenbarung. Von ihr sagt Edith Mikeleitis, daß nun „jeder, der Zugang zum Werke Lorbers findet, mit Hilfe der Vernunft und des Verstandes in die Geheimnisse des Seins einzudringen vermag, die bisher geglaubt werden mußten, ohne begriffen zu werden". Gab es irgendwelche Voraussetzungen im Leben des Propheten, die eine besondere Hinneigung zur Mystik begründet hätten? Oft genügt ja ein Anstoß von außen, um natürlicherweise vorhandene charismatische Gaben zur vollen Entfaltung zu bringen! Edith Mikeleitis teilt uns darüber in ihrer Lorberbiographie folgendes mit: „Während der Jahre reiner Musiktätigkeit bildete sich Jakob Lorber, seinen Neigungen zu geistiger Vertiefung folgend, gründlich in der Kenntnis jener Denker aus, die den ‚Weg nach innen' einschlugen. Er las Justinus Kerner, der später der erste war, welcher Schriften Lorbers drucken ließ; er las Jung-Stilling, Swedenborg, Jakob Böhme, Johann Tennhardt und J. Kerning. Während diese Studien nur zeitweise seinen Geist gefangen nahmen, trennte er sich niemals von der Bibel, die ihm bis zu seinem Tode ein Werk der Inspiration wurde."

Was die Prophetengabe Lorbers betrifft, so sei an das Wort von Hans Küng erinnert, der in seiner Schrift „Wahrhaftigkeit" feststellt: „Es gibt oft merkwürdige Charismen, Berufungen zu recht außerordentlichem Zeugnis prophetischer Aufträge." Zu viele Menschen fragen sich oft: Warum schweigt Gott? Zu viele Menschen sind aber auch in Unwissenheit darüber, daß Gott in Notzeiten der Kirche schon immer seine Propheten gesandt hat; doch der Klerus hüllt sich darüber in Schweigen. Sollte vielleicht auch jetzt das so umfassend geschenkte Wort Gottes wieder in Vergessenheit sinken? Beinahe wurden die Manuskripte Lorbers ein Opfer der damaligen durch die Kirche veranlaßten Hausinquisition. Sie mußten an einem geheimen Ort aufbewahrt werden, und es dauerte noch lange Zeit, bis eine Drucklegung erfolgte. Zuerst setzte sich der bekannte Arzt und Dichter Dr. Justinus Kerner, ebenso wie der berühmte Dr. C. F. Zimpel (Hersteller der spagyrischen Heilmittel nach Paracelsus) dafür ein. Beide waren sie von der Echtheit der Lorberschen Prophetie überzeugt. Es kostete viele Mühe und Geduld, bis endlich die Mittel für die Drucklegung des gesamten Werkes aufgebracht werden konnten.

Für viele Menschen, die mit der Tatsache des „Inneren Wortes" zu wenig oder noch gar nicht vertraut sind, möge Lorbers Brief an einen Freund im Jahre 1858 die Einführung geben; da heißt es: „Bezüglich des Inneren Wortes, wie man dasselbe vernimmt, kann ich, von mir selbst sprechend, nur sagen, daß ich des Herrn heiligstes Wort stets in der Gegend des Herzens wie einen höchst klaren Gedanken, licht und rein, wie ausgesprochene Worte vernehme. Niemand, sei er auch noch so nahestehend, kann etwas von irgend einer Stimme hören. Für mich erklingt diese Gnadenstimme aber dennoch heller als jeder noch so laute materielle Ton. Das ist aber nun auch schon alles, was ich Ihnen aus meiner Erfahrung sagen kann." Ergänzend

erfahren wir dazu, daß Lorber zwar die Stimme Jesu stets im Herzen vernahm, jene anderer Geister (Engel) dagegen immer nur im Hinterhaupt. Das ist eine bezeichnende Erscheinung.
Sein Biograph Ritter von Leitner, der dem Propheten öfters bei der Niederschrift zusehen konnte, sagt über den Schreibvorgang aus: „Lorber begann dieses Schreibgeschäft, welches von nun an die Hauptaufgabe seines Daseins blieb, fast täglich schon morgens vor dem Frühstück, welches er in seinem Eifer nicht selten ganz unberührt stehen ließ. Dabei saß er, meistens mit einer Mütze auf dem Kopfe, an einem kleinen Tischchen, im Winter knapp neben dem Ofen, und führte ganz in sich gekehrt, mäßig schnell, aber ohne je eine Pause des Nachdenkens zu machen oder eine Stelle des Geschriebenen zu verbessern, ununterbrochen die Feder wie jemand, dem von einem anderen etwas vorgesagt wird. Zu wiederholten Malen tat er, wenn er hiervon sprach, auch die Äußerung, er habe während des Vernehmens der ihm einsagenden Stimme auch die bildliche Anschauung des Gehörten. Seiner Aussage nach teilte er das innerlich Vernommene aber noch leichter mit, wenn er es einem anderen mündlich kundgeben konnte. Und in der Tat diktierte er einigen seiner Freunde einzelne Aufsätze, ja ganze Werke von mehreren hundert Schriftbogen. Dabei saß er neben dem Schreibenden, ruhig vor sich hinschauend und nie in seinem Redefluß stockend oder irgend eine Satzfügung oder auch nur einen einzelnen Ausdruck abändernd."
Ein göttliches Diktat hatten lange vor Lorber schon andere Propheten und Mystiker erhalten. Die hl. Katharina von Siena zum Beispiel (gest. 1347) schrieb auf die Titelseite einer ihrer Schriften: „Von Gott diktiert". Auch Swedenborg versichert, daß alle seine Offenbarungen direkt vom Herrn stammten. Daß Lorber seinen prophetischen Auftrag als Last empfand, deckt sich mit der allgemeinen Erfahrung bei fast allen großen Propheten, so zum Beispiel bei Jeremias. Dies aber ist eher ein Zeichen für seine Echtheit. Merkwürdig ist, daß nach einer Bemerkung des katholischen Theologen Jean Guitton, das Prophetenamt in unserer Zeit mehr und mehr auf die Laien überzugehen scheint. Vielleicht hat der katholische Theologe Professor H. Fries darauf die rechte Antwort, wenn er sagt: „Die christliche Botschaft ist den Menschen fremd geworden, weil sie höchst unzulänglich vermittelt wurde." Fragen wir uns, ob in Lorbers inneren Diktaten vielleicht auch ein angelesener Wissensstoff, aus einer bestimmten Schicht seines Unterbewußtseins wieder aufsteigend, mit hineinspielen könnte, so läßt sich darauf nur antworten: Gerade bei diesem demütigen Menschen, der es wie kaum ein anderer verstand, sich vom eigenen Ich zu lösen, dürfen wir als sicher annehmen, daß die Diktate weder aus der „rezeptiven" Schicht (nach Dr. Kohnstamms Einteilung), noch aus der darüber liegenden „affektiven" Schicht des Unterbewußtseins stammen, sondern ganz allein aus jenem „ob-

jektiven" Bereich des Überbewußtseins, das die Psychologen gewöhnlich als „Tiefstbewußtsein" bezeichnen.

Lorber war als Katholik seiner Kirche treu ergeben, mochte er auch wegen seiner Prophetengabe manche Anfeindung von dieser Seite erfahren haben. Oft spielte er bei Gottesdiensten die Orgel. Manchmal haben sich in seinem Leben echte Wunder zugetragen, die offensichtlich darauf hinweisen, daß er unter höherem Schutz stand. Er hatte den Zeitpunkt seines Todes vorausgeschaut, als er am 24. August 1864 die Erdenbühne verließ. „Kurz vor seinem Ableben ließ er seine Lage im Bett verändern, um mit dem Blick zum Sonnenaufgang die letzten Stunden zu verbringen" (Mikeleitis). – Dem Beispiel Lorbers folgend hat es nie eine Zeit gegeben, in der, von unbedeutenden Ausnahmen abgesehen, die Freunde Lorberschen Schrifttums sich zu einer Sekte zusammenschlossen. Das war auch gar nicht im Sinne des Herrn, der oft genug gegen den Sektengeist zu Felde zog. Tatsächlich gehören die Lorberfreunde in ihrer Mehrzahl den traditionellen Großkirchen an.

Vom Herrn selbst stammen die Worte: „Wie ihr einen Leib habt, durch welchen die ersten Eindrücke zur Seele gelangen und dieselbe nähren, so muß es ja auch eine geistige Speisekammer (für die ersten Glaubenseindrücke) geben, welches die äußere Kirche ist! Wer nun den Mutterleib zu früh verläßt, saget, was kann aus einem solchen werden? – Gehorsam und Demut sind die Nahrung zur Wiedergeburt des Geistes. So euch aber die Römische (Kirche) solches lehrt, was treibt euch dann weg von eurer Glaubensmutter? Was aber die Zeremonien in ihr betrifft, so ist für den Lebendigen alles lebendig, für den Reinen alles rein, dem Gehorsamen alles recht und dem Demütigen alles heilig. Darum folget eurer Kirche in ihrem (äußeren) Begehren, und lasset eure Herzen von Mir ziehen! Dann werdet ihr sehr bald zum Leben der Gnade und dadurch zur Wiedergeburt des Geistes gelangen und eure äußere Kirche beleben. ... Wer recht leben will, der kann es in jeder Kirche; denn eine Hauptregel ist: ‚Prüfet alles und das Gute davon behaltet!'" (in „Der Weg zur Wiedergeburt").

Speziell jenen Katholiken, welche an den Äußerlichkeiten der Kirche zu großen Anstoß nehmen, hält der Herr bei Lorber entgegen: „Ist es wohl löblich, wenn Kinder ihre kranke Mutter verlassen und der Leidenden den Tod wünschen ihrer vielen Gebrechen halber? Wie kommt es denn, daß ihr (über die römische Kirche) rufet: ‚Herr, lasse Blitz und Schwefel regnen auf ihr krankes Haupt!'? – Hört, da schaut noch ganz wenig wahre Liebe heraus! Meinet denn ihr, Vernichtung sei der Weg zur Besserung? O nein, da irrt ihr euch gar abscheulich. So meinten denn auch alle Sektenstifter; aber sie haben sich ebenfalls sehr geirrt, und die Folge war: Bruderzwist, Krieg, Mord und Greuel aller Art! War eine solche Besserung gesegnet? Oder kann da eine Sekte sagen: Meine Lehre ist nicht mit dem Blute der Brüder besiegelt!? Sehet, sie, die Römerin, ist dasjenige ehebrecherische Weib, welches da hätte gesteinigt werden sollen. Ich aber sage auch hier: ‚Wer ohne Sünde ist, der werfe den ersten Stein auf sie!' – Wieder ist sie das kanaanitische Weib und hat einen großen Glauben und viel Liebe. – Wieder ist sie das Weib, das da zwölf Jahre am Blutgange litt und Mir aus Meinem Kleide die Heilung stahl und genaß, da sie viel Glauben und Liebe hatte. – Und wieder ist sie gleich der großen Hure und hernach Büßerin Magdalena, die da Meine Füße salbte. Unter allen diesen Gestalten kann die römische Kirche auftreten. Zu euch aber sage Ich, daß ihr in ihr geboren und getauft wurdet, daher sollet ihr auch nicht Vernichtung, sondern Heilung ihr wünschen. Ich gebe euch den Balsam und heile in euch das Erbübel. So ihr nun lebet nach den gegebenen Regeln, so wird euch die Kirche achten. Und so sie an euch erfahren wird Wunderdinge, so wird sie selbst nach dem Balsam verlangen und wird im stillen viele ihrer Wunden heilen. So ihr aber wollet abtrünnig werden, so wird wenig Segen an eure Brüder gelangen!"

Literaturnachweis für das Gesamtwerk enthält der erste Band.

WERKE JAKOB LORBERS

Das große Evangelium Johannes
11 Bände

Nach der Verheißung Joh. 14, 26 eine genaue Schilderung der Lehrtätigkeit des Herrn. Die Geheimnisse der Person Jesu und seiner Lehre sind in diesem monumentalen Werk enthüllt. Es vermittelt nie gekannte Einsichten in alle Fragen über Gott, Schöpfung, Lebenssinn und Ewigkeit.

Die Haushaltung Gottes
Urgeschichte der Menschheit
3 Bände

Neben dem Großen Evangelium das bedeutendste Werk der Neuoffenbarung. Es behandelt die wichtigsten Fragen allen religiösen Denkens: das Wesen Gottes, die Urschöpfung der Geisterwelt, die Entstehung der materiellen Welten, die Erschaffung des Menschengeschlechtes und die Urgeschichte der Menschheit bis zur vorderasiatischen Erdkatastrophe, der Sintflut.

Die Jugend Jesu

Es handelt sich hier um das vollständige Jakobus-Evangelium, das auf der im 4. Jh. von den Kirchenvätern vorgenommenen Feststellung der kirchengebräuchlichen Schriften als unsicheren Ursprungs in den Bibelkanon nicht mehr aufgenommen wurde und sich nur noch in Bruchstücken erhielt.

Die geistige Sonne
2 Bände

Das große Lehrwerk von den Zuständen des Jenseits.

Von der Hölle bis zum Himmel
2 Bände

Dieses Werk schildert die jenseitige Führung des Freiheitskämpfers Robert Blum. Es zeugt ebenso von der Unsterblichkeit des Menschengeistes wie von der Größe eines göttlichen Schöpfungsplanes, der eine stets höhere Lebensoffenbarung des Geschöpfes Mensch bis zur Vollendung zum wahren „Ebenbild Gottes" vorsieht.

Erde und Mond

Dieses Werk sagt über unseren Planeten und seine innere Gestaltung völlig Neuartiges aus. Die Erde offenbart sich hier als ein kosmischer Körper, in dem es nichts Totes, Unbelebtes gibt.

Die natürliche Sonne

Die alte Lehre von der feuerflüssigen Gestalt der Sonne erweist sich in diesem Werk als Irrtum und wird durch eine sinnvolle Erklärung vom Wesen des Lichts und seiner Kräfte ersetzt.